한국현대체육사

이학래 지음

단국대학교출판부

이 도서는 단국대학교 개교 60주년을 기념하기 위하여
기획된 것으로, 단국대학교의 연구비 지원으로 저술되었음.

격 려 사

한국체육은 근대체육이 도입된 이래 한 세기의 역사를 거치면서 많은 성과를 이룩했으며, 분단체제하에서는 정치·경제·사회·문화·군사 등 모든 분야에서 극도의 대립과 갈등의 와중에서도 남북교류의 첨병으로 커다란 기여를 해왔습니다. 그리고 학문적 측면에서도 눈부신 발전을 이룩했습니다.

그러나 작금의 한국체육은 여러 가지로 어려움을 겪고 있습니다. 엘리트스포츠는 정책의 혼란으로 기반이 흔들리고 있으며, 학교체육은 본질적 가치에 대한 이해 부족으로 부실화되고 있습니다. 생활체육 역시 외형적 성장에도 불구하고 아직 기반이 제대로 잡히지 않고 있습니다. 이러한 상황에서 지난 반세기 동안의 우리나라 체육을 뒤돌아보고 앞으로의 체육을 전망해 볼 수 있는 이학래 교수의 『한국현대체육사』 출간은 매우 뜻깊은 일이라 하겠습니다.

그 동안 이학래 교수는 개항 이후 현재까지의 한국체육의 흐름을 정리한 많은 저서를 내놓았습니다. 또한 남북체육회담에 참가할 수 있는 기회를 갖게 되면서 「민족통일체육연구원」을 설립하여 민족통일체육 기반 조성을 위한 한민족 체육학술대회를 매년 개최해 왔으며, 『남북통일체육의 법적 과제』, 『남북통일체육의 정치적 과제』, 『스포츠교류와 한반도 평화』, 『남북통일기반 조성과 민족전통체육』, 『남북한 체육정책 비교연구』, 『남북한 체육사업 비교연구』 등의 연구논문집들을 엮어냈습니다.

이와 함께 이 교수는 대한올림픽위원회 상임위원 겸 남북체육회담 대표, 대한체육회 부회장 겸 남북체육교류협력위원장 등을 역임하면서 한국 체육계의 현장에도 깊숙이 관여해 왔습니다. 30여 년 간 체육사를 연구해온 학자로서 체육계의 현장 경험까지 해온 이 교수이기에 그의 이번 『한국현대체육사』 출간은 더욱 의미가 있다 하겠습니다.

이 책은 체육정책편과 체육행정편, 그리고 체육사업편으로 나누어 남한의 체육 전반을 다루었을 뿐만이 아니라 각 편의 마지막 장에서 북한의 체육정책, 체육행정 및 체육사업에 대해서도 정리되었습니다. 특히 본인이 수석대표로서 이 교수와 함께 남북체육회담에 참여하여 성사시킨 바 있는 남북통일축구대회 등 조국 광복 이후 지금까지의 남북한 간의 체육회담 및 스포츠 교류 전반에 대해서도 종합적으로 정리되어 있어 더욱 기쁘게 생각됩니다.

이 책은 남한의 현대체육은 물론이고 분단 이후 북한의 체육에 대해서도 종합적으로 정리된 연구서적으로서 학계의 연구뿐만 아니라 정부의 정책 수립과 일반인들의 남북한체육을 이해하는 데도 좋은 안내서가 될 것으로 믿습니다. 이 방만한 자료를 수집하고 분석하여 정리한 역작 『한국현대체육사』를 펴낸 이 교수의 노고에 다시 한번 격려의 박수를 보냅니다.

2008년 3월 일

中齋 張 忠 植

서 문

체육사란 체육에 관한 과거의 제도와 방법과 개념에 어떠한 변화가 있었으며, 정치·경제·사회·문화 등 여타 분야와는 어떠한 관계가 있었던가를 사적으로 구명(究明)함으로써 체육의 과거와 현재를 이해하고, 이를 거울삼아 보다 바람직한 미래의 체육을 전망하고 설계하고자 하는 데 그 의의와 목적이 있는 것이다.

한국체육은 대체로 역사 이전의 원시시대 체육, 무예를 중시하던 고려시대 말까지의 체육, 유교적 숭문문화가 지배하던 조선시대의 체육, 서양의 신문화가 수용되기 시작한 개항 이후의 체육으로 시대구분을 할 수 있다. 개항 이전까지의 전근대 체육을 다룬 통사 내지 개설서로는 나현성(羅絢成)의 『한국체육사연구』와 이진수(李鎭洙)의 『한국고대스포츠연구』 등이 있으며, 개항 이후의 체육을 정리한 역사책으로는 필자의 『한국근대체육사연구』, 『북한체육사연구』, 『한국체육백년사』 등이 있다.

한국체육은 근대적 개념의 체육이 도입된 이래 100년이 넘는 역사를 거치면서 많은 성과를 이룩해냈다. 일제 강점기에는 항일민족운동의 선봉으로 기여했고, 조국 광복 이후에는 엘리트스포츠를 통한 사회 통합과 국위 선양이 역할을 해왔다. 특히 88서울올림픽대회는 우리나라의 국력을 한 단계 상승시켰고, 동서 양 진영의 냉전체제 종식에도 크게 기여했으며, 나아가 1990년 남북통일축구대회를 비롯한 각종 스포츠교류는 남북을 화해와 협력의 시대로 전환시키는 데 결정적인 역할을 해냈다.

이제 체육·스포츠는 더 이상 단순한 놀이문화나 소비문화가 아니다. 88서울올림픽대회가 2조 원 이상의 흑자를 냈고, 2002 한·일월드컵축구대회가 수십조 원의 경제유발 효과와 수십만 명의 고용창출을 한 것은 차지하더라도, 박찬호·이승엽·박세리·김미현·최경주 선수 등의 국제 프로스포츠 무대에서의 활약은 스포츠산업이라고 하는 새로운 문화를 창출해내고 있다.

그러나 체육의 이와 같은 중요성에도 불구하고 21세기 한국체육의 재창출을 위해 필요한 현대체육의 역사서가 제대로 정리되어 있지 않은 실정이다. 물론 앞의 저서들 가운데 통사적인 차원에서 부분적으로는 다루어 진 것이 있지만, 8·15 조국광복 이후의 체육사가 종합적으로 정리된 것은 아직 없다. 따라서 이 책에서는 광복 이후 현 시점까지의 반세기 동안의 한국체육을 역사적 시각에서 종합적으로 정리하고자 했다.

이 책은 정책편·행정편·사업편으로 나누어 정리했다. 정책편에서는 체육정책 영역을 학교체육·생활체육·엘리트스포츠로 나누고, 군사정권과 문민정권으로 시기를 구분하여 살펴보았다. 그것은 각각의 시기가 일정한 사회적 변화를 반영하고 있기 때문이다. 먼저 광복 이후 체육이념의 모색과 그 확립과정을 정리했다. 다음으로 역대 정권의 체육정책 기조를 다루었다. 이어서 각 정권별로 학교체육정책, 생활체육정책 그리고 엘리트스포츠정책 전반을 고찰했다.

행정편에서는 우선 중앙정부의 체육행정조직 등 체육행정기구 전반을 다루었다. 다음으로 학교체육의 행정체계 변천과정, 초·중등학교 체육과 교육과정의 개편과정 및 내용 등에 대해서도 고찰했다. 이와 함께 생활체육의 행정체계, 생활체육프로그램과 생활체육지도자 양성체계도 살펴보았다. 그리고 우수선수 및 경기지도자 등 체육전문인력과 관련된 사항과 함께 스포츠과학 단체들에 대해서도 정리했다. 끝으로 체육재정을 다루었는데, 이를 중앙정부의 체육재정과 지방자치단체의 체육재정으로 나누어 고찰했다. 이와 더불어 체육시설 전반에 대해서도 살펴보았다.

사업편에서는 먼저 학생체능검사, 전국소년체육대회 등 학교체육행사를 다루었다. 또한 국민체력실태 조사 등 생활체육행사 전반과 함께, 전국체육대회 등 종합경기대회 및 종목별 경기대회도 살펴보았다. 그리고 프로축구 등 프로스포츠 및 국제경기대회 참가 전반을 살펴보았다. 이어서 서울올림픽대회 등 각종 국제종합경기대회 유치와 함께, 그 동안 국내에서 개최되어 온 각 종목별 국제경기대회도 살펴보았다. 끝으로는 국제스포츠기구 가입, 주요 국제스포츠회의 유치 등 국제스포츠 교류와 관련된 사업에 대해서 다루었다.

이와 함께 각 편의 마지막 장에서는 북한체육 전반에 대해서도 다루었다. 예컨대 정책편에서는 정권수립기에 모색된 체육이념과 정책기조의 일반적 특징과 시기별 변화과정을 고찰했다. 그리고 학교체육, 군중체육, 엘리트스포츠 등 각 영역별 정책이 어떠한 이념적 기반을 통해 수립되고, 어떠한 절차를 거치면서 확립되었는지 살펴보았다. 행정편에서는 체육행정 전반을 다루었는데, 이를 체육행정조직, 학교체육행정, 군중체육행정, 체육전문인력 양성, 스포츠과학, 체육시설 등으로 나누어 살펴보았다. 사업편에서는 체육사업 전반을 다루되, 학생체육행사, 군중체육행사, 국내경기대회, 프로스포츠경기, 국제경기대회 참가 및 유치, 국제스포츠외교 등으로 나누어 정리했다.

마지막으로 각 편별로 남북한의 체육 전반을 요약하되, 특히 개개의 성과에 역점을 두면서 총괄 정리했다. 이로써 남북한 체육의 차이점과 동질성을 가늠하고자 했다.

이 책은 물론 역사적 시각에서 정리했다. 하지만 자료 비판에는 한계가 있었음을 밝혀둔다. 그리고 정책편·행정편·사업편 상호간에 다소 중복되는 내용이 있는데, 이는 독자의 이해와 편의를 위한 조치였다. 또한 중요한 자료들은 부록으로 처리했으며,

광복 이후 현재까지의 한국체육 연표도 첨부했다. 나름대로 좋은 책을 만들고 싶어 최선을 다 했다. 하지만 부족한 점이 많다. 이 점 독자 여러분의 기탄없는 힐책과 도움을 바란다.

최근 한국 체육계는 물론이고 사회 일반에서도 체육의 본질적 가치에 대한 관심이 높아지고 있다. 이는 한국체육의 미래가 밝다는 것을 의미한다. 필자로서는 이 책이 한국체육의 질적 성장과 연구활동, 그리고 정책 수립과 행정 및 사업 추진에 있어 조그마한 밑돌이 되어 나름의 기여를 할 수 있다면 더 바랄 것이 없겠다. 끝으로 이 책이 출간될 수 있도록 평소 많은 지원과 격려를 해주신 장충식(張忠植) 전 학교법인 단국대학 이사장님께 깊은 감사를 드린다.

2008년 3월 일

저자 씀.

목 차

격 려 사 iii
서 문 v

제1부 정책편

제 I 장 체육이념

1. 조국 광복과 체육이념 모색 ………… 3
1) 조국 광복과 정부 수립 3
2) 체육이념의 모색과 신체육운동 5
2. 정치체제 변화와 민족·민주체육 ………… 13
1) 군사정권과 스포츠내셔널리즘 13
2) 문민정권과 시장주의적 체육 24

제 II 장 체육정책 기조

1. 군사정권기의 체육정책 기조 ………… 33
1) 박정희 정부와 건민체육 33
2) 전두환 정부와 체육입국 48
3) 노태우 정부와 체육선진화 55
2. 문민정권기의 체육정책 기조 ………… 61
1) 문민정부의 출범과 민간주도적 체육 61
2) 국민의 정부 출범과 시장주의적 체육 67

제 III 장 학교체육정책

1. 정부 수립기의 학교체육 ………… 75
1) 체육교육의 이념 75
2) 학교체육정책의 모색 80
2. 군사정권기의 학교체육 ………… 84
1) 체육교육의 이념 84

2) 학교체육정책의 변화 91
3. 문민정권기의 학교체육 109
1) 체육교육의 이념 109
2) 학교체육정책의 혼란 114

제 IV 장 생활체육정책

1. 생활체육의 개념 124
2. 군사정권기의 국민생활체육 126
1) 사회체육의 기반 조성 126
2) 새마을운동과 사회체육 136
3) 호돌이계획과 생활체육 141
3. 문민정권기의 생활체육 중시정책 146
1) 국민체육진흥5개년계획과 생활체육 146
2) 제2차 국민체육진흥5개년계획과 생활체육 151

제 V 장 엘리트스포츠정책

1. 군사정권기의 국가주의적 엘리트스포츠 158
1) 엘리트스포츠정책의 기반 조성 158
2) 엘리트스포츠정책 확립 166
3) 엘리트스포츠의 강화 175
4) 엘리트스포츠의 선진화 183
2. 문민정권기의 민간주도형 엘리트스포츠 187
1) 엘리트스포츠의 파행화 187
2) 엘리트스포츠의 부실화 193

제 VI 장 북한의 체육정책

1. 체육이념 197
1) 정권수립과 체육의 대중화노선 197
2) 주체체육의 확립 201
2. 체육정책 기조 215
1) 김일성 1인체제 확립과 체육 대중화 215
2) 김일성 유일체제와 주체체육 223
3) 김정일 체제와 체육의 개방화 236

3. 학교체육정책 247
1) 체육교육의 이념과 목적 247
2) 학교체육정책의 주체사상화 258
4. 군중체육정책 271
1) 군중체육의 개념 271
2) 김일성 체제와 집단주의적 군중체육 272
3) 김정일 체제와 군중체육의 자율화 경향 282
5. 엘리트스포츠정책 286
1) 김일성 체제의 '체육의 왕국'화 정책과 엘리트스포츠 286
2) 김정일 체제와 엘리트스포츠의 국제화 297

제 VII 장 요 약
1. 체육이념과 정책기조 303
2. 학교체육정책 305
3. 생활체육정책 306
4. 엘리트스포츠정책 308
5. 북한의 체육정책 311

제2부 행정편

제 I 장 체육행정기구
1. 체육행정조직 317
1) 문교부 산하 체육부서 317
2) 체육부 신설 322
3) 체육청소년부 326
4) 문화체육부 329
5) 문화관광부 체육국 331
6) 지방체육행정조직 335
2. 국민체육진흥공단의 설립과 기금조성 338
1) 국민체육진흥공단 설립 338
2) 기금의 조성 및 지원 344
3. 국군체육부대 348

1) 군체육조직 정비 348
2) 국군체육부대 창설 349
4. 민간체육단체 ········ 350
1) 대한체육회 350
2) 대한올림픽위원회 356
3) 대한학교체육회 359
4) 통합 대한체육회 360
5) 국민생활체육협의회 369
6) 기타 체육단체 372

제 II 장 학교체육행정과 체육교육기관
1. 학교체육행정 ········ 375
1) 학교체육의 행정체계 375
2) 체육과 교육과정 379
3) 체육교원 양성 및 임용제도 419
4) 체육특기생제도 430
2. 체육전문 교육기관 ········ 435
1) 시·도별 중등체육학교 435
2) 체육계열 대학 및 학과 437
3) 국립한국체육대학 440

제 III 장 생활체육행정체계와 프로그램
1. 생활체육의 행정체계 ········ 443
2. 생활체육프로그램 ········ 448
1) 직장체육관리위원회 448
2) 대한체육회 사회체육위원회 450
3) 한국사회체육진흥회 453
4) 국민생활체육협의회 454
3. 생활체육지도자 양성 ········ 458

제 IV 장 체육전문인력 양성과 스포츠과학
1. 체육전문인력 양성 ········ 465
1) 우수선수 466

2) 경기지도자 477
2. 스포츠과학 ······ 484
1) 대학부설 체육과학연구소 485
2) 체육과학연구원 487
3. 체육학술단체 ······ 491
1) 한국체육학회 491
2) 한국여성체육학회 501
3) 기타 체육학술단체 502

제 V 장 체육재정과 시설
1. 체육재정 ······ 507
1) 중앙정부의 체육재정 507
2) 지방자치단체의 체육재정 516
2. 체육시설 ······ 519
1) 학교체육시설 519
2) 생활체육시설 522
3) 전문체육시설 526
3. 국가대표선수 훈련시설 ······ 527
1) 태릉선수촌 527
2) 진해훈련분원 531
3) 태백분촌과 무주합숙소 531

제 VI 장 북한의 체육행정
1. 체육행정조직 ······ 533
1) 중앙체육지도위원회 533
2) 체육지도위원회 535
3) 조선체육지도위원회 536
4) 조선올림픽위원회 538
5) 국가체육위원회 539
6) 지방체육행정조직 541
2. 학교체육행정 ······ 544
1) 학교체육의 행정체계 544
2) 체육과 교육과정 545
3) 체육교원 양성 556

4) 체육전문 교육기관 558
3. 군중체육행정 ······ 561
1) 군중체육조직 562
2) 군중체육프로그램 565
4. 체육전문인력 양성 및 스포츠과학 ······ 568
1) 우수선수 568
2) 경기지도자 571
3) 전문선수단 육성 574
4) 스포츠과학 577
5. 체육시설 ······ 579

제 VII 장 요 약

1. 체육행정기구 ······ 586
2. 학교체육행정 ······ 590
3. 생활체육행정 ······ 594
4. 체육전문인력 양성과 스포츠과학 ······ 596
5. 체육재정과 시설 ······ 598
6. 북한의 체육행정 ······ 602

제3부 사업편

제 I 장 학생체육행사

1. 학생체능검사 ······ 611
2. 전국소년체육대회 ······ 615

제 II 장 생활체육행사

1. 국민체력실태조사 ······ 625
2. 동호인 리그 ······ 627
1) 즐거운 주말리그 629
2) 동호인 한마음리그 630
3) 직장 동호인클럽 전국리그 631
4) 종목별 동호인 전국대회 632

3. 국민체육문화축제 ········ 632
4. 국민생활체육 전국한마당축전 ········ 633

제 III 장 국내경기대회

1. 전국체육대회 ········ 636
2. 전국체육대회 하계 및 동계대회 ········ 651
3. 종목별 경기대회 ········ 655
1) 기초종목 경기대회 655
2) 구기종목 경기대회 656
3) 격투기종목 경기대회 658
4) 동계종목 경기대회 659

제 IV 장 프로스포츠경기

1. 프로야구 ········ 661
2. 프로축구 ········ 666
3. 프로농구·배구 ········ 670
4. 프로복싱·씨름 ········ 672
5. 프로골프 ········ 674

제 V 장 국제경기대회 참가

1. 하계 올림픽대회 ········ 676
2. 동계 올림픽대회 ········ 691
3. 아시아경기대회 ········ 696
4. 유니버시아드대회 ········ 706
5. 종목별 세계선수권대회 ········ 713
1) 마라톤 713
2) 역도 714
3) 탁구 715
4) 레슬링 715
5) 여자농구 716
6) 태권도 716
7) 양궁 716
8) 유도 718

9) 복싱 718
10) 배드민턴 718
11) 사격 719
12) 체조 719
13) 여자핸드볼 719
14) 야구 720
15) 빙상 721

제 VI 장 종합국제경기대회 유치

1. 서울아시아경기대회 ………… 723
1) 대회 유치 및 추진과정 723
2) 대회조직위원회 구성 724
3) 대회 참가규모 및 운영 726
4) 대회 진행 729
5) 대회 성과 731
2. 서울올림픽대회 ………… 733
1) 대회 유치 733
2) 대회조직위원회 구성 736
3) 대회 참가규모 및 운영 738
4) 대회 진행 741
5) 대회 성과 742
6) 86·88국제스포츠과학학술대회 745
3. 서울장애자올림픽대회 ………… 748
1) 대회 개최의 의의 748
2) 대회 개최의 배경 749
3) 대회 개최의 파급 효과 750
4. 무주·전주동계유니버시아드대회 ………… 752
5. 강원동계아시아경기대회 ………… 755
6. 부산아시아경기대회 ………… 759
7. 대구하계유니버시아드대회 ………… 763
8. 세계한민족축전 ………… 767

제 VII 장 종목별 국제경기대회 유치

1. 세계선수권대회 ………… 771

1) 제1회 세계태권도선수권대회 771
2) 제42회 세계사격선수권대회 773
3) 제8회 세계여자농구선수권대회 774
4) 제27회 세계야구선수권대회 775
5) 제14회 세계유도선수권대회 776
6) 제33회 세계양궁선수권대회 777
7) 세계펜싱선수권대회 778
8) 2002 FIFA 월드컵 779
2. 아시아선수권대회 ······ 788
1) 제2회 아시아축구선수권대회 788
2) 제4회 아시아야구선수권대회 789
3) 제4회 아시아농구선수권대회 790
4) 제3회 아시아유도선수권대회 791
5) 제2회 아시아육상선수권대회 791
6) 제12회 아시아역도선수권대회 792
7) 제3회 아시아핸드볼선수권대회 792
8) 제13회 아시아럭비풋볼선수권대회 793

제VIII장 국제스포츠 외교

1. 국제스포츠기구 가입 ······ 794
1) 국제올림픽위원회(IOC) 794
2) 아시아경기연맹(AGF : OCA) 795
3) 국제대학스포츠연맹(FISU) 796
2. 주요 국제스포츠회의 유치 ······ 797
1) 제5차 국가올림픽위원회연합회(ANOC)총회 797
2) 제29차 국제스포츠경기연맹(GAISF)총회 798
3) 제6차 세계생활체육총회 799
4) 제109차 국제올림픽위원회(IOC)총회 800
3. 태권도의 올림픽 정식종목 인정 ······ 801
4. 국제스포츠기구 임원 진출 ······ 803

제 IX 장 북한의 체육행사

1. 학생체육행사 ······ 807
1) 인민체력검정(소년급) 807

2) 모범체육학교 제도 810
3) 학생경기대회 811
2. 군중체육행사 ········ 815
1) 인민체력검정 816
2) 체육월간 821
3) 모범체육군(郡) 제도 827
4) 민족체육대회 828
3. 국내스포츠경기대회 ········ 830
1) 종합경기대회 830
2) 종목별 경기대회 835
4. 프로스포츠경기 ········ 837
1) 프로권투 837
2) 프로농구 837
3) 프로볼링 838
4) 민족씨름 838
5. 국제스포츠경기대회 참가 ········ 839
1) 올림픽대회 840
2) 아시아경기대회 843
3) 유니버시아드대회 846
4) 세계선수권대회 848
5) 아시아선수권대회 851
6) 주요 국제경기대회에서의 성과 852
6. 국제스포츠경기대회 유치 및 신설 ········ 854
1) 국제경기대회 유치 854
2) 국제경기대회 신설 855
7. 스포츠외교 ········ 858
1) 국제스포츠외교 859
2) 국제경기기구 가입 862

제 X 장 남북체육교류의 전개와 성과

1. 남북체육회담 ········ 864
1) 올림픽대회 단일팀 회담 864
2) 아시아경기대회 단일팀 회담 871
3) 세계선수권대회 단일팀 회담 873

2. 남북체육교류 877
1) 남북통일축구대회 877
2) 남북통일농구대회 881
3) 남북통일탁구대회 883
4) 남북 노동자축구대회 883
5) 태권도 시범경기 884
6) 제주도 통일민족평화체육축전 884
3. 남북 스포츠단일팀 구성 및 동반입장 885
1) 남북 단일팀 구성 885
2) 남북한 동반입장 890
4. 북한의 남한 주최 국제경기대회 참가 895
1) 부산아시아경기대회 895
2) 대구유니버시아드대회 898

제 XI 장 요 약
1. 국내 체육사업 901
2. 국제 체육사업 903
3. 북한의 체육사업 907
4. 남북체육교류 910

참고문헌 912
부 록 925
체육 연표 951
색 인 997

1부

정책편

제 Ⅰ 장 체육이념
제 Ⅱ 장 체육정책 기조
제 Ⅲ 장 학교체육정책
제 Ⅳ 장 생활체육정책
제 Ⅴ 장 엘리트스포츠정책
제 Ⅵ 장 북한의 체육정책
제 Ⅶ 장 요 약

제I 장

체육이념

1. 조국 광복과 체육이념 모색

1) 조국 광복과 정부 수립

1945년 8월 15일 일본은 연합국에 무조건 항복했다. 이로써 일제 식민통치가 종식되고 마침내 조국 광복을 맞이했다. 조국 광복을 맞이한 한국사회의 당면과제는 민족정신을 회복하고, 곧바로 정치·경제·사회·문화 등 모든 분야에서 자주적인 민주 독립국가를 세우는 일이었다.

그러나 일본군의 무장해제를 명목으로 미국과 소련이 설정한 북위 38도선은 단일한 성치제제 확립에 결정적 장애물로 등장했다. 결국 남과 북은 분단된 채 각기의 정부를 수립하기에 이르렀다.

남측에서는 여운형(呂運亨)을 중심으로 친일파와 부일 협력자 등을 제외한 모든 정치세력이 참여한 건국준비위원회(建國準備委員會)가 미군정이 들어서기 전까지 실질적인 행정기관의 역할을 담당했다.[1] 그리고 미군 진주 이후 김구(金九)·이승만(李承晩) 등 해외의 독립운동계열 세력이 국가 수립을 위한 준비에 착수했다.

하지만 미군정 당국은 일본 식민지 통치기구를 그대로 지속시켰을 뿐만 아니라, 임시정부계열의 독립운동가들보다는 미국에서 외교활동에 주력한 이승만은 물론이고, 친일성이 강한 인물들을 선호했다.[2] 더구나 1945년 12월 16일 모스크바에서 미국·영국·소련은 3국 외상(外相)회의를 열고 '한국을 독립국가로 재건하기 위해 임시한국정부를 세우며, 강대국이 관리하는 5년 간의 신탁통치를 실시한다'[3]는 결정을 내렸다.

1) 역사학연구소, 『한국근현대사』, 서해문집, 2004, 255~257쪽.

2) 브루스 커밍스 지음/김동노 외 옮김, 『한국현대사』, 창작과 비평사, 2001, 269~274쪽.

3) 임영태, 『대한민국50년사』 1, 들녘, 1998, 53쪽.

이같은 모스크바협정 내용이 알려지면서 남한 내의 좌우익 간에는 신탁통치에 대한 찬탁·반탁으로 극단적인 이념대립 상태로 치달았다.

1946년 3월 20일 서울 덕수궁 석조전에서 제1차 미·소(美蘇)공동위원회가 열렸다. 미·소 공동위원회의 임무는 모스크바 협정에 따라 한국 임시정부를 수립하고 새로이 수립될 임시정부와 신탁통치 문제를 처리하는 것이었다. 하지만 미·소공동위원회는 처음부터 난항에 빠졌다. 임시정부 수립을 위해 미·소공동위원회와 협의할 한국의 정당·사회단체 선정에 대한 미국과 소련의 입장이 합의점을 찾지 못했기 때문이었다. 결국 미·소공동위원회는 양측의 입장 차이만 확인한 채 5월 8일 결렬되고 말았다.[4]

미·소공동위원회가 결렬되자 남한 내에서는 테러와 반소(反蘇)·반공(反共) 분위기가 고조되었고, 지방을 순회 중이던 이승만은 끝내 1946년 6월 3일 이른바 '정읍발언'을 통해 남한만의 단독정부를 수립해야 한다고 주장하기에 이르렀다.[5] 이어 미군정 당국은 1946년 12월 12일 남조선과도입법의원을 발족시켰고, 이승만은 이 무렵 미국에서 유엔감시하의 남북한 인구비례에 의한 총선거안을 제의했다.[6]

1947년에 접어들면서 한반도에서는 점차 분단체제가 강화되기 시작했다. 미국은 한국정책에 대한 통제권을 군정당국에서 미국 행정부로 환수했으며, 유엔은 단독정부 수립을 위한 선거를 감시할 유엔 한국임시위원단을 결성하기로 결정했다.[7] 결국 1948년 5월 제헌의회는 이승만을 의장으로 선출한 뒤, 7월 12일 헌법을 제정하고 이승만을 초대 대통령으로 선출했다. 그리고 드디어 8월 15일 대한민국이 수립되었다.

한편, 이 무렵 남한 내에서는 좌우익 간의 폭력사태가 증가하여, 제주도와 여수, 순천 등지에서 좌익의 폭동이 일어나는 등 좌우 대립은 더욱 격화되었다. 또한 친일파 청산을 위한 반민특위의 활동도 이승만에 의해 좌절되었다. 이렇게 이념대립과 친일세력의 재등장은 한반도 내의 상황을 더욱 악화시켰고, 38선을 경계로 남북한 사이에 무력충돌이 빈발하는 등 극단적인 냉전대결 상태에 이르게 되었다.

요컨대 광복 이후 남한 내에서는 국내 민족세력과 해외의 독립운동세력을 중심으로 자주적인 민주독립국가를 세우기 위한 활동이 활발하게 진행되었다. 하지만 신탁통치를 둘러싼 좌우익 간의 극렬한 이념대립이 전개되어 결국 남한 내에 대한민국이 수립되었다. 이 과정에서 친일세력을 재등장시킨 이승만 등 우익세력이 주도권을 잡음으로

4) 위의 책, 62~63쪽.

5) 『서울신문』, 1946년 6월 4일자. "이제 우리는 무기 휴회된 미소공위가 재개될 기색도 보이지 않으며 통일정부를 고대하나 여의케 되지 않으니 우리는 남방만이라도 임시정부 혹은 위원회 같은 것을 조직하여 38선 이북에서 소련이 철퇴하도록 세계 공론에 호소해야 할 것이니 여러분도 결심해야 될 것이다."

6) Robert. T, Oliver, *Syngman Rhee, The man Behind the Myth*, Dodd Mead and Co, 1954, 228~232쪽.

7) 브루스 커밍스, 앞의 책, 296~297쪽.

써 반공이데올로기가 강화되었다. 반공이념의 강화는 새로운 체육이념을 모색하는데도 커다란 영향을 미쳤다. 특히 한국전쟁은 남한사회의 극심한 반공주의를 조장함으로써, 체육이념도 민주주의적 가치보다는 반공에 기반한 국가주의에 기반하게 되었다.

2) 체육이념의 모색과 신체육운동

8·15 광복에도 불구하고 미군정 실시와 남북 분단은 한국사회에 좌우 이념의 대립과 갈등을 부각시켜 정치적·사회적 혼란을 야기했다. 하지만 각계의 지도자들은 각기 자기 분야에서 새로운 진로를 모색했다.

체육계 역시 일제시대의 억압받았던 민족체육의 부활을 이루기 위해 온갖 노력을 기울였다. 이에 따라 학교체육뿐만 아니라, 일반 사회체육 모두 점차 일제시대의 국방경기 성격을 벗어나 민주적인 체육의 모습으로 바뀌어 갔으며,[8] 체육지도자들은 이를 뒷받침할 새로운 체육이념을 모색하기 시작했다.

광복 직후 체육지도자들이 조직한 공식적인 활동조직은 체육지도자회(體育指導者會)[9]와 조선체육지도연구회(朝鮮體育指導研究會)[10]를 출발점으로 삼았으나, 이를 발전적으로 해체하고 1945년 9월 23일에 결성한 조선체조연맹[11]이 구심점을 이루었다. 특히 체육지도자회는 일제시대의 군국주의적 색채를 일소하는 노력의 일환으로 광복 후 곧 전문위원회를 조직, 그때까지 전부 일본어였던 교련의 호령이나 체조 용어를 우리말로 바꾸는 작업을 시작해 약 2주일 후에 성안을 만들어 조선어학회의 수정을 받아 발표했다. 이런 사정은 다음의 글에서 확인할 수 있다.

> 경성시내 각 중등학교 체조선생과 체육관계자로 조직된 체육지도자회에서는 이번 새 조선의 젊은이들을 훈련할 학교 교련의 호령집과 도수체조 용어집을 결정 발표하였다. 이것

8) 서울특별시교육위원회, 『서울敎育史』 下, 1981, 371쪽.

9) 체육지도자회는 광복 직후 이병학, 이병위, 백용기, 한병석, 류근석 등을 주축으로 약 30여 명의 중등학교 체조선생과 체육관계자 등 체육지도자로 구성되었다(김달우, 「해방 이후 학교체육의 재편 및 정착과정에 관한 연구-1945~1955년을 중심으로」, 서울대 박사논문, 1992, 107쪽 주 20 및 127쪽).

10) 조선체육지도연구회는 광복 직후 중등학교 체육교원 120여 명을 포함한 체육계 중진 200여 명이 모여 구성하고, 1945년 9월 10일 휘문중학교 강당에 모여 위원을 선출했다. 당시 위원장으로는 김현국, 부위원장에 최주남, 그리고 13명의 위원이 추대되었다(『매일신보』, 1945년 9월 13일자).

11) 조선체조연맹은 1945년 9월 23일 오전 10시 경성 남녀 각 학교 체육지도자들이 휘문중학교 강당에 모여 결성했다. 위원장으로는 이병학, 부장으로는 이규현, 김동형 등 18명으로 이루어진 위원들로 구성했다(『매일신보』, 1945년 9월 28일자).

은 그동안 체육관계자들이 힘써 연구한 것을 조선어학회의 수정을 받아 최종적으로 결정된 것으로, 그 내용은 체육훈련으로 보나 또 아름답고 힘있는 우리말의 본질로 보나 대단히 적절한 것이다.[12]

체육지도자들의 이러한 노력은 광복 이전의 구체육을 벗어나 신체육을 모색하는 시도의 출발점이기도 했다. 이후 신체육을 모색하는 체육지도자들의 노력은 점차 미국의 진보주의 체육사상의 영향을 받으면서 체육의 민주화와 민중화를 지향하는 체육이념의 정립을 도모해 갔다.

'체육의 민주화'란 신체육의 개념과 대동소이한 것으로, 이는 개성 존중의 체육, 과거 획일적인 체조 중심을 지양하는 스포츠 중심의 체육, 신체와 정신의 조화의 체육을 주장하는 이념을 뜻한다. 또 '체육의 민중화'란 특정 계급 또는 선수 위주의 체육에서 탈피하여 국민 모두가 참여하는 체육의 생활화를 주장하는 체육이념을 말한다.[13]

광복 직후부터 전개된 체육지도자들의 체육이념 모색은 새 국가 건설을 위한 '새교육운동'[14]과 맥락을 같이하여 미국 실용주의(pragmatism)의 영향을 받았으며, 특히 미국 신체육(New Physical Education)[15] 개념의 영향을 받았다. 미국의 신체육운동은 듀이(John Dewey)에 의해 체계화되고, 길패트릭(W. H. Kilpatrick)과 보오드(Boyd Bode) 등에 의해 더욱 발전된 진보주의 교육운동의 영향을 받아, 19세기 후반부터 굴릭(L. H. Gulick), 우드(Thomas D. Wood), 헤더링턴(C. Hetherington) 등이 발전시켜 20세기 중반에 이르기까지 미국 체육계를 풍미했다.

이들 진보주의 체육사상가들은 '신체의 교육(education for the physical)'이라는 고전적 체육개념에 반대하여 체육이 단순한 신체의 단련만이 아니라, 그 이상의 목표를 갖고 있다고 주장했다. 즉 체육이 아동의 종합 적성(total fitness: 신체적·지적·사회적·정서적·정신적으로 조화 발달된 힘)을 길러서 자아실현을 할 수 있는 능력을 배양하여

---

12) 이 새로운 교련, 체조 용어는 1948년 4월 25일에 발행된 체육문화 창간호에 제정 취지와 함께 수록되어 있다(체육문화사, 『체육문화』 창간호, 조선인쇄회사, 1948, 51~52쪽).

13) 김달우, 앞의 글, 136쪽.

14) 새교육운동은 민주주의적 교육, 교수법, 교육내용 등의 교육개혁을 추진하는 활동이다. 1946년 9월 교육계는 '신교육 연구협의회'를 창설키로 함으로써 운동의 시작을 알렸고(『조선일보』, 1946년 9월 12일자), 이 해 11월 오천석은 존 듀이의 교육사상을 소개했으며, 이보다 앞서 효제초등학교 교장 윤재천은 10월 새교수법연구회를 창설하여 미국식 교육원리와 방법을 현장에 적용하기도 했다(『동아일보』, 1946년 10월 25일자). 그 외에도 광복 직후 안호상, 심태진 등 저명 인사들과 초중등학교 교사들로 이루어진 '민주교육연구회'가 11월 '민주교육연구강습회'를 여는 등(劉奉鎬, 『韓國敎育課程史硏究』, 교학연구사, 1992, 298쪽) 주로 교육강습회 개최, 기관지 발행, 교육관계 서적의 출판 등에 힘썼다(위의 글, 96쪽).

15) 위의 글, 99~104쪽.

민주사회에 적응하는 것을 중시하고, 아울러 체육의 신체적 발달 기능보다 교육적 측면에 그 의미를 부여했다.[16)]

정부 수립기 체육인들은 이러한 신체육에 대한 개념을 받아들여 체육이 더 이상 선수 등 특정인이나, 스포츠에 한정된 것에서 벗어나 일반 대중이 향유해야 한다는 점을 인식했다. 당시 조선체조연맹위원장 이병학(李丙學)의 다음과 같은 언급은 이런 사정을 잘 보여준다.

> …이리하여 체육에 관계하고 체육에 참가한 사람은 선수뿐이라고 하는 결과로 되어 일반 세인(世人)은 부지불각중(不知不覺中) 체육은 자기와는 인연이 먼 것으로서 의례히 남의 일처럼 보게 된 것이다. …우리는 단연히 체육을 선수의 손으로부터 민중의 손에 인도하기를 부르짖는 바이다. …체육이라는 것은 어디까지든지 민중 일상의 것이요, 어느 특수한 몇몇 사람의 전유물인 것은 아니다. …이제 우리나라는 모든 방면으로 민주주의 원칙하의 새로운 건설을 억세게 추진시키고 있다. 체육이라 해서 이 원칙에서 벗어날 리가 만무하다. 그러면 체육에 있어서의 민주주의 건설은 구체적으로 어떠한 내용을 가질 것인가. 그것은 전술에서 지적한 바와 같이 체육이 일부 사회층에 의한 독점 비생산적, 향락적 경향을 가진 기형적 발전형태를 극복하고 일반 민중이 일상생활에 있어서 적극적으로 체육운동에 참가하여 전 국민적 입장에서 체력의 향상, 건강의 증진, 위생사상과의 결부, 육체와 정신의 연마를 가장 합리적으로 이행할 수 있는 체제를 확립하는 것이다.[17)]

이처럼 사회의 민주주의 체제 확립과 더불어 체육도 그동안 선수 위주의 체육에서 벗어나 모든 사람들이 체육활동에 참가하여 체육의 본질적 가치를 누릴 수 있어야 한다는 것이다. 이같은 이병학의 체육 민주화에 대한 인식은 종래의 체육을 구체육으로 규정하고, 새로운 체육 곧 신체육의 개념을 확립하는 데까지 나아갔다.

윤인호(尹仁鎬)는 과거 '서전(西典; 스웨덴) 체조'나 '정말(丁末; 덴마크) 체조' 등이 훈련적인 성격을 갖고 있었고, 교사나 지도자의 호령에 따라 행해지는 등 명령과 복종의 관계로 구성되었다고 비판했다.[18)] 그러면서 그는 이같은 구체육을 대신하여 아동과

---

16) 위의 글, 103쪽.

17) 李丙學, 「體育民主化의 根本理念」, 『새교육』 1-3, 1948, 33쪽.

18) 윤인호, 「신체육의 성격」, 『교육』 창간호, 서울사대교육회, 1954, 83쪽. "체육의 과거를 돌아보면 소위 체조란 것이 체육을 대표했던 시대가 있었다. 우리나라에서는 서전체조(西典體操)와 정말체조(丁末體操) 같은 특수한 체조양식이 전적으로 채택되었기 때문에 이런 것이 소위 체육의 중심을 형성하고 있었던 것이다.…이 체조의 개념은 …명령과 복종과의 관계로 구성되고 따라서 그것이 훈련적 색채를 농후히 갖게 된 것은 할 수 없는 일이었다고 볼 수 있다. 그러나 체조와는 성격을 달리하고 있는 유희와 스포오츠까지가 이 훈련적 색채를 갖게 된 것은 가소로운 일이라고 아니할 수 없었다."

청년의 요구를 우선으로 생각하여, 이에 응하는 흥미에서 출발하여 압력과 권력에 의하여 운동하는 과거의 방법을 배척하고 자발적인 활동을 요구하는 것이 신체육이라고 지적했다.[19]

따라서 광복 이후의 신체육운동과 이에 근거한 체육이념은 아동과 청년에 그 주체성을 두고 개성과 자유를 인정하는 체육, 스포츠를 통한 사회적 성격을 육성하는 체육, 국민생활을 풍부하게 하는 생활체육, 그리고 과거의 전체주의적 체육을 거부하는 민주주의 체육이어야 함을 강조했다.[20] 이는 비록 그 이후 시대상황과 정권의 지배이데올로기에 따라 왜곡되는 경우가 있었다고 하더라도, 이미 체육의 생활화 또는 국민체육의 활성화(국민체육의 진흥)라는 이념적 싹을 내포하고 있었음을 보여주는 것이다.

이런 사정은 미군정 시기 문교부 교학국장이었던 최승만(崔承萬)과 문교부 체육과장 김영구(金永逑)가 1948년 『체육문화』 창간호에서 언급한 발언을 통해 확인할 수 있다. 최승만은 그 축사에서 '체육은 국민의 어떤 특수계급의 점유물이 되어서는 안되며, 국민 전체의 체위 향상이 그 목적'이 되어야 함을 강조했으며,[21] 김영구는 체육인 자체의 질적 발전은 물론이고 체육의 민중화를 꾀해야 함을 지적했다.[22]

한편, 광복 직후 체육인들은 곧바로 민족체육을 재건하기 위한 길을 모색했다. 스포츠를 통해 식민지 체제에 저항하고, 우리 민족의 기개와 우수성을 과시해 온 것처럼 체육인들은 독립국가로 가는 새로운 활력을 이끌어 내기 시작했던 것이다. 이에 따라 1945년 9월에 접어들면서 체육인들은 곧바로 조선체육회를 재건하려는 노력을 모았고, 이와 함께 각종 경기단체들을 재건 또는 창립하기 시작했다.

당시 체육계는 이상백(李相佰)을 중심으로 조선체육동지회(朝鮮體育同志會)를 만들어 식민지 시기 민족체육의 보루를 지켜 왔던 조선체육회 재건을 위한 본격적인 사업에 착수했다.

---

19) 김달우, 앞의 글, 109쪽.

20) 위의 글, 110쪽.

21) 崔承萬, 「健全한 體育奬勵의 推進隊」, 『체육문화』 창간호, 1948, 16쪽. "운동가는 인격자라는 대명사가 되도록 힘쓰고 노력치 않으면 안될 사명감을 느끼지 않으면 안될 것이다. 또 체육은 국민의 어떤 특수계급의 점유물이 되어서는 아니될 것이요, 국민 전체의 체위 향상이 그 목적이 아니되여서는 안될 것이다"

22) 金永逑, 「體育民衆化의 龜鑑이 되라」, 『체육문화』 창간호, 17쪽. "우리는 앞으로 체육에 대하야 과학적인 반성을 가져야 할 많은 과제를 가지고 있다는 것을 명심해야 한다. 체육에 대한 이념의 정확한 파악! 이것은 우리 체육인들이 잠시인들 경솔이 여길 수 없는 중대한 문제이다. 그럼으로 우리 체육인은 끊임없는 자기단련과 체육에 대한 실제이론을 겸한 검토가 있어야 할 것이 아닐까. 본지 발간의 취지도 이에 있는 것이다. …체육인 자체의 질적 향상에 이바지하는 바 있고, 체육에 대한 일반의 인식을 바르게 하고, 체육의 민중화를 꾀하는 데 조금이라도 기여되는 바 있다면 본지의 사명은 달성될 것이라고 자인하는 바이다."

1945년 9월 5일 구성된 조선체육동지회는 이상백이 위원장을 맡고, 총무위원에 장권(張權), 이영민(李榮敏), 권태하(權泰夏), 정상윤(丁相允), 이종구(李鍾九), 정상희(鄭商熙), 임동수(林東洙) 등이, 평의원에 김규면(金圭冕), 이길용(李吉用), 조동식(趙東植), 서상국(徐相國), 이병학, 서상천(徐相天), 임병혁(林炳赫), 김기도(金基道), 이여성(李如星), 손효준(孫孝俊), 김영구, 안동원(安東源), 이춘호(李春昊), 이운용(李耘鎔), 홍성하(洪性夏), 이세정(李世禎), 조병학(趙炳學), 김동철(金東轍), 성의경(成義慶) 등이 참여했다.[23)]

조선체육동지회의 출범으로 조선체육회를 재건하기 위한 준비작업이 본격화됨에 따라 1945년 11월 26일 YMCA에서 조선체육동지회 제1차 평의원 회의가 개최되어 헌장을 새롭게 제정하고 새 임원을 선출했다.[24)] 이날 조선체육회 재건과 함께 회장으로 추대된 여운형은 조선체육회 제11대 회장으로 취임했다.[25)]

조선체육회의 재건은 민족체육의 부활을 의미했다. 여운형의 회장 취임은 3·1독립운동의 민족정기의 표출을 민족체육의 그릇 속에 담아 보존하고자 노력했던 조선체육회 18년의 역사를 민족 광복의 새 역사로 되살리는 것이었다. 조선체육회는 일제 총독부가 1919년 2월 8일 만들었던 조선체육협회를 외면하고 1920년 7월 13일에 '협(協)'자만을 뺀 거의 동일한 명칭으로 조직하여 체육을 통한 민족주의 운동의 기치를 드높였다. 결국 1938년 7월 4일 일제에 의해 조선체육협회에 흡수, 강제 해산당하는 비운을 겪었다. 그 뒤 7년만에 조국 광복의 기쁨 속에서 다시 민족체육 재건의 기치를 드높였던 것이다.

조선체육회 집행부는 여운형 회장을 비롯하여 부회장에 유억겸(兪億兼)과 신국권(申國權)을 선임했고, 이사장에 이병학, 상무이사에 이길용, 장일홍(張日弘), 이종구, 이사에 김영구, 이상백, 조영하(趙瑛河), 조병학, 김정학(金正學), 이영민, 이운용, 김은배 등을 선임하여 짜임새 있는 진용을 이루었다.

조선체육회의 재건에 힘입어 체육계는 점차 내부 진용을 정비하면서 사회에 활력을 불어넣고 신생 독립국가로서의 위용을 내외에 과시하기 위한 노력을 펼쳐 갔다. 그러나 1946년에 접어들면서 좌우익의 대립과 찬탁·반탁을 둘러싼 데모가 가열되어 극도

---

23) 이밖에도 조선체육동지회는 상무감사 염은현(廉殷鉉), 김관우(金寬羽), 간사 김화집(金和集), 김은배(金恩培), 조인상(趙寅相), 이윤용(李尹鎔), 최해룡(崔海龍), 안중희(安重熙), 안영식(安榮植), 김영석(金永奭), 신기원(辛基源), 손기정(孫基禎), 사무국장 최감(崔橄) 등을 선임하고, 사무국에는 총무부, 재무부, 기획부, 서무부, 연락부 등을 두었다(대한체육회, 『大韓體育會七十年史』, 1990, 81쪽).

24) 韓國스포츠振興會, 『韓國體育百年史』, 1981, 226쪽.

25) 여운형은 일찍부터 스포츠를 좋아해 청년시절에는 체조 모델을 할 정도였고, 축구, 육상, 유도, 역도, 농구 등 한국체육의 초창기에 활동한 사람들이 모두 여운형과 깊은 관계를 가졌다고 할 정도로 한국체육 발전의 선구자였다(임영태, 앞의 책, 69쪽).

의 사회혼란이 야기되었다. 급기야 조선체육회도 그 영향을 받지 않을 수 없었다. 특히 여운형 회장이 과거 고려공산당과 손을 잡았던 일, 건국준비위원회를 만들어 정치적 활동을 전개한 일 등으로 색채 시비를 불러 일으켰고,[26] 이를 정치적으로 이용하려는 세력들이 있었다. 이에 따라 조선체육회는 범국민적인 지도자를 망라한다는 차원에서 임원진을 대폭 보강하고, 어떤 경우에도 체육을 정치적 목적에 이용할 수 없다는 입장을 천명했다.

1946년 2월 26일에 영입된 민족지도자들은 좌우익을 망라하는 인물들로 채워졌다. 김규식(金奎植), 안재홍(安在鴻), 김성수(金性洙), 오세창(吳世昌), 원한경(元漢慶), 이극로(李克魯), 최규동(崔圭東), 조만식 등을 고문에 추대했고, 재무위원에 박영진(朴榮鎭), 이규현(李圭鉉), 임병혁, 김승권(金承權), 정운용(鄭雲用), 이병관(李秉寬), 명인화(明麟華), 강영철(康永喆), 김종선(金鐘善), 평의원에 박필호(朴弼浩), 강진구(姜瑨求), 이병위(李炳緯), 서명학(徐明學), 박명규(朴明奎), 조동환(曺東煥), 이경석(李景錫), 손기정, 정근영(鄭近永), 남승룡(南昇龍) 등을 위촉했다.[27]

이렇게 범국민적인 조직으로 체제를 개편한 조선체육회는 1946년 4월 15일 정치적 중립을 선언하는 성명서를 여운형 회장의 이름으로 발표했다.

> 조선체육회는 3천만 민중의 체육을 지향하는 대표기관인 동시에 우리들의 공기(公器)다. 그러므로 이는 개인의 체육회도 아니요, 한 단체에 종속된 체육회도 아닌 것이다. 만약 체육회의 회원이나 간부로서 정치적 색채를 가진 사람이 있다면 이는 개인적 문제이고 체육회로서는 하등 관계할 바 아닌 동시에 (체육)회 자체가 (정치적) 색채를 갖게 되는 것은 절대로 아닌 것이다. 그러므로 조선체육회는 그 불편부당(不偏不黨)함을 이에 엄명한다.[28]

이로써 조선체육회의 재건을 출발점으로 삼아 각종 체육단체들의 재조직 또는 창립을 주도한 체육계 인사들은 정치적 성향과 거의 무관하게 참여할 수 있었다. 이같은 원칙과 입장은 미군정 시기만 아니라 정부 수립 후에도 그대로 견지되어 정부 시책에 호응하면서도 정쟁에 휩쓸리지 않게 했으며, 민족체육의 위상을 견지해 나가는 원동력이 되었다.

---

26) 광복 직후 손기정도 여운형의 건준(建準)을 돕고 있었고, 여운형이 좌우익 대립으로 혼란한 상황에 빠지자 손기정은 여운형에게 정치를 하든지 체육회장을 하든지 양자택일을 하라고 직선적인 충고를 하기도 했다(고두현, 『베를린의 월계관』, 서울올림픽기념 국민체육진흥공단, 1997, 369쪽 참조).

27) 이밖에 이사에 이병학, 이종구, 김신실(金信實), 이성구, 서상국, 김용식(金容植), 김용구, 이윤용, 사무국장에 김영구, 체육부장에 조영하, 상무이사에 이문호(李文鎬) 등을 선임했다(韓國스포츠振興會, 앞의 책, 226쪽).

28) 大韓體育會 編, 『大韓體育會史』, 1965, 241쪽.

이러한 체육계의 노력에도 불구하고 반공이데올로기에 기반한 정치체제가 세워지면서 신체육은 민주적 요소보다도 국가주의적, 민족주의적 이념에 크게 영향을 받게 되었다. 이는 무엇보다도 제2차 세계대전 이후 조성된 냉전체제에 기인한 것이다. 미국은 세계체제에 맞춰 한반도에 공산권의 세력을 저지하려는 반공국가의 수립에 주목적을 두고 있었다.[29] 특히 이승만의 비호 속에 잔존한 일부 친일세력은 반공을 내세워 오히려 식민지 시기 누렸던 기득권을 더욱 확장할 수 있었다.

이렇게 반공이데올로기에 기반한 정부의 수립과 친일파의 득세는 민족 내부의 갈등을 고조시켰다. 이는 필연적으로 사회내 갈등을 희석시키는 데 민족주의를 전면에 내세우는 결과를 가져왔다. 그 결과 남한사회는 민주주의를 지향하면서 동시에 반공에 기반한 민족주의를 주창하기에 이른 것이다.

이런 사정은 초대 문교부 장관이었던 안호상이 주창한 일민주의(一民主義)에 잘 나타나 있다. 미군정 당국은 1946년 6월 19일 '국립서울종합대학안(국대안)'을 발표했다. 그런데 이 국대안은 교육계에 친일 극우세력의 헤게모니를 확립하려는 의도에서 제시되었다.[30] 결국 국대안은 민족국가의 민족교육을 구현하려는 학생·교수들의 반대투쟁을 불러왔다.[31]

이러한 상황에서 안호상은 국대안을 찬성하고, 이를 반대하는 학생과 교수들에 대한 처벌에 적극적으로 나섰다. 그는 우익학생들의 이념적 지도자 역할을 하고 있었다. 그의 이런 태도는 그가 주장한 일민주의에 바탕한 것으로 당시 큰 영향을 미치고 있던 좌익이념과 친일청산에 대한 요구에 대항할 이념으로 떠올랐다.

안호상은 자신의 일민주의(한백성주의)를 민족적 민주교육이라 하면서 다음과 같이 그 개념을 설명하고 있다.

> 한백성주의는 온백성주의로서 한 개인이나 계급이 아니라, 이들을 없애 가진 통일체인 한 백성을 큰 한 가족과 겨레(族)로 여기는 민족주의까지 된다. …다시 말하면, 한백성주의에 있어서 온백성은 한겨레라는 민족주의가 그 내용과 목적이요, 민주주의는 이 내용과 목적의 실현의 방법이요 수단이다. …한백성주의가 민주주의로서는 개인의 돈 힘(金力, 資本)의 토대와 표준으로 된 구미식 민주주의인 자본주의적인 개인주의적 민주주의와, 또 계급의 권력과 폭력의 토대와 표준으로 된 소련식 민주주의인 공산주의적인 계급주의적 민주주의와 달라, 항상 사람힘(人力)과 인격의 토대가 표준으로 된 신라식 민주주의인 한백성의 민족적 민주주의이다.[32]

29) 역사학연구소, 앞의 책, 264쪽.

30) 김달우, 앞의 글, 62쪽.

31) 김용환, 「조선학생운동의 방향」, 『민주주의』 14, 1947, 14쪽; 한익선, 「국대안과 조선교육」, 『우리공론』 1-1, 1947, 18~24쪽.

이러한 개념의 일민주의는 민족·국가주의적 이데올로기에 다름아닌 것이며, 좌우 이념대립하의 정세에서 이승만은 이같은 일민주의를 그의 통치이념으로 삼았다. 친일파에 기반한 이승만으로서는 모든 사회의 갈등을 민족이라는 이름으로 몰각·해소하려는 일민주의가 자신의 통치 기반을 제공하는 데 충분했기 때문이다.[33)]

안호상의 일민주의는 그가 문교부장관이 되면서 제시한 교육정책에 그대로 반영되어 중학교 이상의 학교에 학도호국단이 설치되었고,[34)] 체육교육에 군사훈련을 정식과목으로 채택하는 데까지 이르렀다. 이는 결국 구체육의 한계를 벗어나지 못한 것임은 물론, 일제의 군국주의 교육조차도 청산하지 못한 것임을 단적으로 보여주는 것이다.

물론 탈이념적 민족주의에 기반한 일민주의는 교육계의 큰 호응을 얻지 못하고 사라졌다. 일민주의 자체가 군국주의적·전체주의적 특질을 내포함으로써 독일과 일본의 군국주의를 연상시켰기 때문이다.[35)]

그러나 곧이어 발발한 한국전쟁은 학교체육의 국방교육화를 제도화하는 데까지 이르게 했다. 이는 체육의 본질적 가치보다는 국가주의적, 민족주의적 이념에 더 치중하게 한 근원적 배경이 되었다. 예컨대 1948년 런던올림픽에 참가하는 데 필요한 경비를 조달하기 위해 국민성금 모금용 '올림픽 후원권'은 100여 만 장이 팔려 그 수익금 8만 달러가 마련되었다.[36)] 이는 국민들이 신생 독립국으로서 처음 올림픽에 참가하는 데 만족하는 것이 아니라,[37)] 식민지 시기 잃어버린 민족적 자긍심을 올림픽을 통해 구현하려는 바람이 반영된 것이다. 그만큼 당시 스포츠는 국위 선양과 민족적 존재의의를 확인하는 수단으로 인식된 것이라고 할 수 있다.

이렇게 정부 수립기 체육에 대한 인식은 민주주의적 이념에 기반한 신체육을 지향하면서도 민족주의적 이념에 근간했다. 이런 사정은 당시 민정장관 안재홍(安在鴻)의 다음과 같은 글에서도 확인할 수 있다.

> 체육과 문화는 현대 사람이 신문화의 면밀한 비판력에 말미암아 처음으로 발견한 것은

---

32) 안호상, 『민주적 민족론』, 어문각, 1961, 84쪽.

33) 한준상·정미숙, 「1948-1953 문교정책의 이념과 특성」, 『해방전후사의 인식』 4, 한길사, 1989, 344~345쪽.

34) 서울특별市教育委員會, 『서울教育史』 上, 1981, 590쪽.

35) 金東吉, 「民族的 民主主義라는 教育理念」, 『새교육』, 1962년 12월호, 27쪽; 한국교육문제연구소, 『문교사』, 중앙대학교출판사, 1974, 40쪽.

36) 대한체육회, 『大韓體育會七十年史』, 247쪽.

37) 사실 광복 이후 한국선수단이 최초로 참가한 올림픽게임은 런던올림픽이 아니라, 1948년 1월 30일부터 2월 5일까지 스위스 생모리츠에서 열린 제5회 동계올림픽게임이었다. 이때 참가 선수단은 감독 최용진(崔龍振), 선수 이효창(李孝昌), 문동성(文東成), 이종국(李鍾國), 매니저 정(鄭)월터였다(대한올림픽위원회, 『KOC50年史』, 1996, 53쪽).

아니고, 실은 옛날 옛적부터 우리의 조상들이 잘 알고 실천하여 온 바이다. …부여 조선의 영고놀이, 고구려의 '한몽(大會)', 마한인의 제천의식 등의 모든 신앙적 제전적인 의식을 겹드린 체육경기적인 대회는 우리의 선민들이 '몸'과 '마음' 체육과 문화 아니 그대로 체육문화 그보담도 체육문화를 주축으로 자아(自我)인 '나'를 중핵으로 또 기점으로 삼어서 국가인 '나라'를 수호하고 발전시키고 또 강화하여 가면서 어떻게 그들의 생활생존 번영발전을 도모하였는가를 잘 알 수 있다.[38]

한마디로 우리 민족문화에 이미 체육이 생활로서 존재하고 있었고, 나아가 국가발전의 토대가 되었음을 주장한 것이다. 이같은 인식은 정부 수립기 민주적 독립국가 건설이라는 시대적 상황에서 체육이 대중화·민주화되어야 하는 것은 물론, 민족주의적·국가주의적 요구에 부응해야 한다는 것을 단적으로 보여주는 것이다.

요컨대 광복 이후 정부 수립기에는 지난 시기 스포츠 본래의 가치보다는 식민지 지배체제의 연장선에 있었던 구체육을 탈피하여, 민주적이고 체육 본래의 가치에 주목하는 신체육이 모색되었다. 이 신체육에는 분명 오늘날의 국민체육이나 생활체육과 이어지는 개념이 포함되어 있었다. 다시 말하면, 국민 모두가 자신의 개성과 자발적 참여에 의해 향유함으로써 건강증진은 물론, 사회적 성격 배양, 국민생활증진을 위하여 즐기는 체육이었다. 하지만 광복 이후 격렬하게 전개되었던 좌우 이념대결이 심화되고 분단체제가 고착되면서, 오히려 과거의 구체육을 되풀이하는 경향 역시 지속되었고, 체육은 반공에 기반한 국가주의적 이념에 크게 영향을 받았다. 이런 사정은 한국전쟁을 통해 정책적·제도적으로 고착되면서, 한국사회의 체육 및 스포츠는 체육계의 염원에도 불구하고 정치적 영향력에 크게 기대는 상황을 초래했다.

2. 정치체제 변화와 민족·민주체육

1) 군사정권과 스포츠내셔널리즘

4·19 혁명으로 이승만 정권이 붕괴되고, 제2공화국이 탄생했다. 하지만 제2공화국은 학생·시민들의 피로 이룩한 혁명을 완결짓기 보다는 오히려 신·구파의 분열이라는 정치적 파행을 거듭했다.[39] 여기에 이승만 정부의 몰락에 따른 사회적 와해 현상 속에서 그동안 억눌렸던 사회 각 계층의 욕구가 분출하고 있었다. 그럼에도 제2공화국의 장면 정부는 이런 상황에 효과적으로 대처할 수 없었던 정치체제의 취약성과 정치적

38) 安在鴻, 「體育文化와 民族文化」, 『體育文化』 창간호, 1948, 12~13쪽.

39) 역사학연구소, 앞의 책, 338쪽.

리더십의 빈곤만을 드러내었다. 결국 이같은 정치·사회적 갈등과 혼란은 군부 내의 누적된 갈등으로 쿠데타를 모의하고 있었던 박정희(朴正熙) 집단에게 '무능한 장면 정권 때문에 생긴 사회 혼란과 정치 불안'[40]이라는 5·16 군사쿠데타의 명분을 제공했다.

1961년 5월 16일 군부 쿠데타로 권력을 장악한 박정희는 2년 6개월 동안 군정을 실시했다. 이 군정기간 동안 박정희는 체육의 이념적 토대를 설정했다. 박정희는 명분상으로는 5·16 쿠데타가 4·19 혁명을 계승한다고 밝혔으나,[41] 이른바 혁명공약에서 보듯이 반공을 기본이념으로 했음을 분명히 했다. 이는 4·19 혁명이 민주주의와 남북통일을 지향[42]한 것과 배치되는 것이다. 그럼에도 박정희는 반공을 내세우면서도 민족주의와 민주주의를 함양할 것을 혁명공약으로 제시했던 것이다. 혁명공약은 다음과 같다.

> 1) 반공을 국시(國是)의 제일의(第一義)로 삼고, 지금까지 형식과 구호에만 그쳤던 반공의 태세를 재정비 강화함으로써, 외침의 위기에 대비함. 2) 국련(國聯-유엔) 헌장을 충실히 준수하고 국제협약을 이행하며, 미국을 위시한 자유 우방과의 유대를 강화함으로써, 국제적인 고립에서 벗어남. 3) 구 정권하에 있었던 모든 사회적 부패와 정치적 구악을 일소하고, 청신한 기풍의 진작과 퇴폐한 국민도의와 민족정기를 바로 잡음으로써, 민족 민주 정신을 함양함. 4) 국가자립 경제재건에 총력을 경주하여 기아선상에 방황하는 민생고를 해결함으로써, 국민의 희망을 제고시킴. 5) 북한 공산세력을 뒤엎을 수 있는 국가의 실력을 배양함으로써, 민족적 숙원인 국토통일을 이룸.[43]

결국 혁명공약의 핵심은 반공을 이념적 기반으로 국가경제의 자립을 달성하는 데 있었다. 경제개발을 이루기 위한 조치의 하나로 국민의 정신적 무장과 함께 국민체력의 향상도 요구되었다. 군부가 세운 국가재건최고회의가 군정기간 동안 벌인 '재건국민운동'은 바로 이를 위한 '인간개조' 사업이었다. 1961년 6월 법률 제622호로 조직된 재건국민운동본부가 이 사업을 담당한 기관이었다.[44]

재건국민운동은 국민이 '청신한 기풍을 배양하고 신생활체제를 견지하며, 반공이념을 확고히 하기 위해' 벌이는 운동인데, 그 내용은 이렇다. 첫째 용공중립사상의 배격, 둘째 내핍생활의 권장, 셋째 근면정신의 고취, 넷째 생산 및 건설의식의 증진, 다섯째 국민도의의 앙양, 여섯째 정서관념의 순화, 일곱째 국민체위의 향상 등이었다.

---

40) 위의 책, 344쪽.
41) 朴正熙, 『國家와 革命과 나』, 向文社, 1963, 80~81쪽.
42) 역사학연구소, 앞의 책, 338~340쪽.
43) 朴正熙, 앞의 책, 81~82쪽.
44) 『官報』 2860호, 1961년 6월 12일자.

박정희는 이 재건국민운동이 '5·16 혁명의 이념을 국민혁명으로 결실 구현시키는 동시에 인간개조와 국민정신 진작을 하기 위한 순수한 기관'으로 규정하고, 전국민의 자율적 참여와 창의적 기획을 요구했다.[45)]

결국 재건국민운동에서 실시한 국민체위의 향상이 바로 박정희가 제시하는 체육이념의 출발이라고 할 수 있다. 이것이 바로 건민체육(健民體育)이었고, 반공을 주요 이념적 근간으로 하여 민족주의적·국가주의적 목표를 달성하기 위한 체육이라고 할 수 있다. '혁명정부'가 쿠데타 직후 대한체육회를 재조직하면서 '체력은 국력'이라는 표어를 내건 사실[46)]과 특히 민정 이양을 앞둔 1963년 2월 시립장충체육관 개관식에서 박정희가 행한 연설에서 이런 사정을 확인할 수 있다.

이날 박정희는 올림픽과 같은 국제경기에서 '강건한 국민정신의 함양과 국민체위의 향상을 위해 노력'할 것을 강조하면서, 다음과 같이 언급했다.

> 더욱이 벅찬 혁명대업을 완수하기 위하여 온 국민이 한 덩어리가 되어 총진군하고 있는 오늘날 이 나라의 국위를 온 세계에 과시해 온 스포츠 한국이란 빛나는 전통을 길이 이어가기 위하여 체육인 여러분은 더욱 굳센 발걸음을 내디뎌 주기를 바라는 바입니다.[47)]

즉 '개인의 명예보다 국위를 널리 만방에 선양하고 국가의 명예를 드높일 것'을 강조한 것이다. 이렇게 박정희는 체육을 국가주의적·민족주의적 이념에 근간하여 경제개발이라는 국가적 목표를 달성하기 위한 수단으로 인식했던 것이다.

물론 여기에는 반공이데올로기가 기본적인 이념으로서 관철되있다. 이런 사정은 1963년 2월 '박정희장군배쟁탈 동남아여자농구대회'에서 행한 치사에서 확인할 수 있다.

> 오늘 반공 민주우방인 자유중국과 일본의 여자 농구단 일행을 맞이하여… 이 대회의 의의가… 선수 여러분들이 이번에 맺었던 우정을 길이 간직하고, 또 여러분 국민에게도 널리 전파함으로써 반공아세아의 정신적 유대강화에 더욱 기여해 주기를 본인은 기대하는 바입니다.[48)]

이처럼 박정희는 반공에 기반한 민족주의적·국가주의적 체육을 통해 경제개발을 위한 국민적 단합과 체력 향상을 추구했다. 물론 이같은 박정희의 체육에 대한 인식은

---

45) 朴正熙, 앞의 책, 130쪽.

46) 大韓體育會, 『體育白書』, 1972, 32쪽. "혁명정부는 국책의 일환으로서 체육회의 재건을 위하여 6월에 수습위원 11명을 임명했다. 수습위원들은 '체력은 국력'이란 슬로건을 내걸고, 정관개정과 산하단체 재조직 업무에 과감했다."

47) 대통령비서실, 『박정희대통령연설문집』 1-군정편-, 1973, 372쪽.

48) 대통령비서실, 『박정희대통령연설문집』, 1965, 271쪽.

쿠데타로 권력을 장악했다는 정통성 시비를 불식시키기 위한 태도에서 비롯된 것이었다. 또한 이런 인식은 정부 수립기 체육의 이념적 모색과 크게 다른 것도 아니었음을 확인할 수 있다.

이러한 체육이념의 설정은 1963년 12월 17일 박정희가 대통령에 취임함으로써 성립한 제3공화국 시기에도 유지되었다. 박정희의 제3공화국은 선거 절차를 밟기는 했지만 군부 쿠데타를 통해 권력의 기반을 마련했다는 사실 때문에 정권의 정통성을 인정받지 못했다. 이로써 박정희 정부의 최대 현안은 하루빨리 민생을 안정시키는 것이었다. 때문에 자립경제 구축을 통한 조국 근대화 달성이야말로 쿠데타의 명분을 합리화하고 정권의 안정을 이루는 첩경이 아닐 수 없었다.[49)]

박정희는 대통령 취임연설에서 조국 근대화를 궁극적 목표로 제시하는 가운데 정치적 자주, 경제적 자립, 사회적 융화와 안정, 정신적 혁명, 민족적 주체성, 자조적 자립정신 등을 강조했다. 그는 이 가운데서도 경제적 자립과 이를 뒷받침할 경제성장에 역점을 두었다. 박정희 정부의 제1차적 과제는 무엇보다도 정치적 정통성을 확립하는 데 있었고, 경제성장이야말로 이를 확실하게 보장해 줄 수 있는 정책이었기 때문이다.

경제성장을 주 목적으로 하는 근대화를 추구하는 과정에서 국민적 통합을 도모하는 민족주의적 성향이 강하게 표출되었다. 이처럼 민중의 에너지를 국민·국가 통합의 새로운 원동력으로 삼으려는 이데올로기적 접근은 사회 모든 부문에 깊숙이 침투되었으며, 체육부문도 예외가 될 수 없었다.[50)] 이같은 맥락에서 박정희 정부는 스포츠 활동에 대한 관심을 적극적으로 드러냈으며, 그 나름의 독특한 스포츠내셔널리즘을 표출시켜 이후 정부 체육정책의 기조를 형성했다. 특히 1970년대 이른바 유신체제는 이런 스포츠내셔널리즘이 과도하게 관철된 시기이기도 했다.

박정희는 1971년에 개최된 제52회 전국체육대회 개회사에서 다음과 같이 그가 추구하는 스포츠내셔널리즘의 의미를 밝혔다.

> 우리는 체력이 곧 국력이라고 말합니다. 그 이유는 국력의 증강은 국민의 체력에 달려 있으며, 국민체력의 향상은 곧 국가의 발전을 상징하는 것이기 때문입니다. 스포츠 정신이 곧 우리가 시급히 실천해 나가야 할 민주시민의 생활윤리이며, 우리 사회와 국가를 발전시키는 원동력임을 강조하면서 국민체육의 진흥을 위한 가일층의 분발을 국민 여러분과 더불어 다짐하는 바입니다. 이 스포츠 정신의 생활화를 통해, 자기의 안일보다는 국가의 발전을 앞세우며, 나라를 위하여는 언제든지 사리를 희생할 줄 아는 진정한 민주시민의 생활윤리를 더욱 성실히 실천해 나갈 수 있도록 노력해야 하겠습니다.[51)]

49) 김종희, 「박정희 정권의 정치이념과 체육정책에 관한 연구」, 한양대 박사논문, 1999, 16쪽.
50) 李康雨, 「韓國 스포츠의 支配 이데올로기的 機能에 關한 硏究」, 성균관대 박사논문, 1993, 116쪽.
51) 大韓體育會, 『體育白書』, 3쪽.

이처럼 박정희는 신체적·정신적 욕구 충족을 통한 건강, 자기계발과 자아실현, 타인과의 연대감, 건강한 생활양식 등 체육의 본질적 가치보다는 개인의 사회구성원으로 가져야 될 사회적 목표를 강조했다.

그런데 이러한 스포츠내셔널리즘은 보다 현실적인 의미와 역할을 갖고 있었다. 이는 유신체제의 선포를 며칠 앞두고 실시된 제53회 전국체육대회의 다음과 같은 개회식 치사에서 단적으로 드러난다.

> 체력과 정신력은 곧 국력 배양의 기본이 된다는 사실을 모든 국민은 이 기회에 다시 한번 마음속 깊이 명심해야 하겠습니다. …지금 남북의 대화가 시작된 이 시점에서처럼 우리에게 국민총화에 의한 국력 배양이 절실히 요청된 때는 일찍이 없었으며, 그렇기 때문에 또한 오늘처럼 체육의 중요성이 강조된 때도 없었습니다. 나는… 이 난국을 영예롭게 타개하고, 우리 앞에 닥치는 어떠한 고난과 시련도 능히 이겨낼 수 있는 강건한 국민을 형성하기 위해, 다시 한번 명실상부한 체육한국의 중흥을 강조하는 바입니다. …이에 무엇보다도 중요한 것은 국가와 시대가 요청하는 바람직한 체육관을 정립하여… 국가 발전에 적극 기여할 수 있는, 의욕적이고 진취적인 국민을 형성하는 체육, 산업개발의 기조가 되는 체육, 국토방위를 위한 체육, 그리고 나아가서 국제 스포츠 문화에 공헌하는 체육한국의 건설에 새 전기를 마련해야 할 것입니다. …국민체육의 활성화를 기하고, 규칙을 준수하는 스포츠 정신의 함양을 통해 사회 기강을 확립하고, 국민이 서로 협동 단결하는 기풍을 진작해야 하겠습니다. 이처럼 우리가 체육진흥을 통해서 국력을 증강하고 청신한 사회기강과 기풍을 일으켜 나아간다면, 그것은 남북대화를 성공적으로 이끌어 나아갈 수 있는 큰 힘이 될 수 있다고 확신합니다.[52]

즉 스포츠내셔널리즘의 발전이 국가 발전의 초석이 되는 국민통합의 바탕이 될 뿐 아니라, 국력 배양을 통한 남북한 체제경쟁에서 중요한 역할을 하게 된다는 점을 강조한 것이다. 이 시기는 7·4 남북공동성명 발표로 인해 남북관계가 '대화있는 대결시대'로 향하는 새로운 전환점이었으므로, 국민통합의 필요성이 더 중요한 현실적 의미로 부각되기 시작했다. 이같은 의미에서 박정희가 강조한 체육의 생활화는 체제 안정과 지속적인 경제개발을 위한 대국민 동원기제였으며, 체육의 정책적 목표는 국민단합을 위한 중요한 수단으로서 엘리트스포츠에 주안점을 두는 스포츠내셔널리즘의 확립에 있었던 것이다.

이러한 스포츠내셔널리즘은 대한체육회 회장 김택수(金澤壽)의 다음과 같은 언급에서도 그대로 드러났다.

---

52) 大韓體育會, 『體育靑書』, 1973, 3~4쪽.

> 베를린올림픽을 계기로 해서 일기 시작한 스포츠 내셔널리즘은 뮌헨올림픽을 정점으로 하여 이제 전세계를 열풍과 같이 휩쓸고 있고, 더욱이 사회주의 국가군(群)은 국력의 상당한 부분을 경기력 향상에 경주하여 박차를 가하고 있다. 지난 제7회 아시아경기대회에서는 이러한 추세에 정치적 선풍까지 가세하여 중공이라는 새로운 거물이 등장하기에 이르렀고, 이의 여파는 우리의 스포츠 전도에 더욱 가중된 책임과 분발을 촉구하게끔 만들었다.[53)]

물론 체육정책의 관점에서 보면, 박정희 정부 이후 비로소 본격적인 체육정책이 펼쳐지기 시작했다는 점은 분명하다. 1960년대 조국 근대화를 기치로 내건 박정희 정부는 체육진흥정책을 본격적으로 전개하면서 국민체육시대를 열어 갔다. 실제로 5·16 초기에 제시된 혁명과업에 포함된 인간개조운동, 즉 자주의 인간, 협동의 인간, 합리의 인간, 역행(力行)의 인간, 건강의 인간 등의 내용은 체육에 관한 정책적 관심이 정권 초기단계에서부터 구체화하여 나타나 있었음을 보여주었다.[54)]

이렇게 제3공화국은 체육을 국가발전의 기본으로 인식하는 건민체육과 국위 선양을 위한 엘리트스포츠로 파악하여 체육시설 확장과 선수들의 경기력 향상 등에 집중 지원을 했다.[55)] 이같은 정책적 지원은 국민체육진흥법의 제정과 국민체육진흥재단의 설립 등 법적·제도적 장치를 마련하는 등 구체적인 형태를 갖추면서 강력한 공권력을 바탕으로 한 체육정책 전개를 가능하게 했다. 그 결과 전국민의 체위 향상을 위한 체육활동 참가 독려를 비롯하여 민족의 역량을 내외에 과시하는 우수선수 중점 육성에 이르는 본격적인 정책 추진이 이루어졌고, 이로써 명실상부한 국민체육시대로의 진입이 가능했던 것이다.

박정희 정부 시기 조성되었던 스포츠내셔널리즘은 제5공화국에 들어서 더욱 강화되었다. 군사정부의 상징이었던 박정희가 쓰러진 10·26 사태는 유신체제의 붕괴를 가져와 한국사회의 근본적인 변혁을 초래했다. 국민들은 박정희의 사망과 더불어 권위주의 통치는 끝이 나고 완전한 민주주의가 복구될 것이라고 기대했다. 하지만 정권은 또다시 전두환을 중심으로 한 이른바 신군부의 손에 장악되었다.

전두환 정부는 민주주의의 토착화, 복지사회 건설, 정의사회 구현, 교육개혁과 문화창달을 국정지표로 내걸었다. 하지만 국정지표를 실천할 만한 아무런 정당성이나 도덕성을 갖추지 못했기 때문에 집권기간 내내 반체제 세력으로부터 심각한 도전에 시달렸다. 이에 전두환 정부는 사회·문화면에서 통행금지 해제, 교복 자율화 등 정권의 안위

---

53) 金澤壽, 「스포오츠大衆化의 轉機로-제13회 體育週間을 맞으며」, 『체육』 101, 1975년 4·5월호, 6~7쪽.

54) 이성희, 「박정희대통령 집권하의 교육정책과 그의 교육이념 연구」, 강원대 석사논문, 1994, 5쪽.

55) 李學來, 『韓國近代體育史硏究』, 지식산업사, 1990, 224쪽.

와 직접적으로 연관이 없는 부분에 대해 통제를 풀기도 하여 반체제 압력에 대한 부담을 덜고자 했다.[56]

박정희 정부와 마찬가지로 전두환 정부가 역대 어느 정권보다도 체육부문에 많은 관심을 기울인 것도 바로 이같은 이유에서였다. 특히 사회적으로는 1970년대를 거치면서 경제성장의 여파로 국민소득의 향상을 가져와 여가활동에 대한 국민의 욕구가 증대하면서 스포츠에 대한 관심이 고조되었다.

이러한 사정으로 제5공화국은 출범 초기부터 직면했던 국민들의 정치적 저항과 관심을 다른 데로 돌리고, 권력을 정당화할 수 있는 조치가 필요했다. 그 결과 박정희 정부 때와 마찬가지로 스포츠내셔널리즘이 체육이념으로 중요시되었다. 이런 인식에서 전두환 정부는 10·26으로 인해 원점으로 돌아간 올림픽 유치운동을 재추진했다. 결국 1981년 9월 1988년 하계올림픽 유치에 성공한 데 이어, 1986년 아시안게임마저 유치함으로써 전두환 정부는 스포츠를 통한 정권의 정당성을 홍보할 수 있는 기회를 갖게 되었다. 유치 확정 후 나타난 국민과 언론의 기대감이 이같은 사정을 잘 보여주고 있다.[57]

물론 하계올림픽과 아시안게임의 유치는 한국 스포츠 발전의 획기적 전환점이 되었다. 하지만 기본적으로 올림픽 등 국제스포츠대회의 유치는 무엇보다는 국위 선양과 이를 통한 정권의 정통성 확보라는 정치적 목적에서 비롯된 것이었다. 애초 올림픽 유치를 추진했던 박정희 정부의 의도도 '국민총화'와 '대북한 우위 홍보'에 있었다.[58] 즉 스포츠를 통한 국가주의·민족주의의 표출로 국가권력의 정당성이나, 국민 통합, 제제 안정 등 지배체제의 안정화에 기여한다는 스포츠내셔널리즘에 기반했던 것이다.

이런 사정은 제5공화국의 올림픽 유치에서도 마찬가지였다. 12·12 이후 제5공화국 창출을 위해 설립된 국보위는 1980년 7월 대한체육회와 대한올림픽위원회의 조직을 개편했다.[59] 그리고 이해 11월 대한올림픽위원회 긴급 확대 상임위원회가 열려 제24회 올림픽 유치에 따른 타당성과 시의성을 검토했다. 그 결과 올림픽 개최는 국가의 이미지 개선과 대공산권 외교에 결정적 계기를 마련할 것이며, 유치경쟁에서 탈락하더라도 올림픽유치 후보국으로서의 명예가 남는다는 결론을 내렸다. 정부도 유치활동 자체가 국가 이익에 도움이 된다고 인식했다.[60]

---

56) 임영태, 『대한민국50년사』 2, 들녘, 1998, 216쪽.

57) 『경향신문』, 1981년 10월 1일·2일자; 『동아일보』, 10월 1일자; 『한국일보』, 10월 1일자; 『서울신문』, 10월 2일자; 『조선일보』, 10월 2일자.

58) 대한올림픽위원회, 『KOC 50年史』, 56쪽.

59) 대한체육회, 『大韓體育會七十年史』, 67쪽.

60) 體育靑少年部, 『體育靑少年行政10年史』, 1992, 480~481쪽.

이렇게 올림픽 등 국제경기대회의 유치를 국위 선양의 차원에서 추진했다는 것은 1982년 전면 개정된 국민체육진흥법의 제1조에서 단적으로 드러난다. 이전의 조항에는 '국민의 체력을 증진하고 건전한 정신을 함양하여 명랑한 국민생활을 영위하게 한다'로 되어 있었다. 그런데 그 개정 본문에 '체육을 통한 국위 선양에 이바지함'을 추가하여 스포츠의 수단적 목표, 곧 스포츠내셔널리즘을 체육정책의 이념으로 분명히 한 것이다.

특히 1981년 12월 올림픽 준비 상황을 보고받는 자리에서 내린 다음과 같은 전두환의 지시사항은 당시 정부의 올림픽에 대한 인식을 단적으로 보여주고 있다.

> 조직위원회와 문공부가 협조하여 매스컴 등을 활용, 올림픽 및 아시안게임의 의의와 효과를 꾸준히 홍보토록 하며, 대회의 성공적인 개최 후 선진국이 된다는 기대감을 부여하고, 국제신용 향상 및 상품수출 증대 등을 통하여 역사도약의 계기를 삼아야 할 것임. 또한 국민에 대한 민족주체성 확립 교육을 통하여 외국인에 대한 열등감을 불식하며, 스마일운동 등 외래어를 사용치 말고 쉽게 이해되는 우리말 사용을 홍보하여 당당한 한국인상을 정립하도록 할 것.[61]

이처럼 스포츠내셔널리즘을 체육이념으로 삼은 제5공화국은 그 정책에 있어서도 스포츠를 정치도구화하고, 국가와 시민사회를 일체화하고자 했다. 예컨대 1983년 발표된 '제5차 경제사회발전 5개년계획'에서 정부는 체육정책의 목표를 수정하여 제1목표를 '체육을 통한 국위 선양', 제2목표를 '범국민적 차원의 체육 진흥'에 두었다. 이 두 개의 목표에서는 '국민 속에 잠재되어 있는 체육역량을 개발'하고 양대(兩大) 행사, 즉 86아시안게임과 88올림픽에 대비하면서 '체육을 통한 화합과 국력신장의 기반'을 다진다는 것을 규정했다.[62] 이는 국위 선양이라는 명분하에 국민들을 하나의 방향으로 유도하고, 시민사회를 정부의 통제 아래 두어 정치적·사회적 안정을 얻기 위한 조치였던 것이다.[63]

스포츠내셔널리즘에 기반한 체육은 그 자체로도 문제점을 야기했다. 국제체육경기대회에서 국위를 선양하기 위해서는 엘리트스포츠가 주 정책대상이 될 수 밖에 없다.

---

61) 대통령비서실, 『대통령각하지시사항』, 1981, 123쪽.

62) 체육부, 『제5차 경제사회개발5개년계획: 체육부문수정계획(1984-1986)』, 1983, 2~3쪽. "88올림픽대회의 유치는 우리 민족의 긍지와 자부심을 드높이고 발전하는 선진조국의 참모습을 세계에 떨칠 수 있는 계기를 제공하였으며, 체육에 대한 일반적인 인식과 참여의 폭을 넓힐 수 있는 바탕을 마련해 주었다. 이러한 현실의 바탕 위에서 우리는 국민 속에 잠재되어 있는 체육역량을 개발하고, 양대 행사에 대비하면서 체육을 통한 복지증진, 화합 및 국력신장의 기반을 다져간다."

63) 李旭烈, 「전두환정부와 김대중정부의 체육정책 비교연구」, 숭실대 박사논문, 2002, 84쪽.

이런 사정은 제5공화국 당시 매년 발행된 행정백서에서도 확인할 수 있다. 예컨대 1985년의 경우 경기력 수준 향상, 스포츠 강국으로서의 선진체육입국 기틀 확립, 우수한 인재 발굴 등 엘리트스포츠와 관련된 사업만이 주요 정책 대상이 되었다.[64)]

물론 스포츠에서 내셔널리즘적 요소는 무시될 수 없는 문화적 현상이다. 또 올림픽의 유치와 성공적 개최는 분명 엘리트스포츠의 획기적 발전을 이룩했을 뿐만 아니라, 한국사회의 국제적 위상을 제고했다. 하지만 정부의 스포츠내셔널리즘에 대한 집착은 한정된 재원을 엘리트스포츠에 집중함으로써, 결과적으로 국민 모두가 동등하게 누려야 할 권리를 제한할 수 밖에 없었다.

스포츠내셔널리즘은 1980년대 후반에 새로운 국면을 맞이하게 된다. 그것은 한국사회의 민주화에 따른 것이었다. 제5공화국은 그 출범부터 국민의 지지를 받지 못했다. 때문에 전두환은 헌법개정을 통해 대통령 직선제를 수용하여 정권 연장을 시도하지 않을 것임을 시사했다. 하지만 민주화 운동에 대한 탄압은 여전히 지속되었다. 이같은 정부의 태도는 1987년 4·13 호헌선언과 6월 10일 노태우 대통령후보 지명 전당대회의 강행으로 나타났다. 결국 이같은 조치는 정부에 대한 전 국민적 저항을 불러 일으켰다.

6·10 항쟁은 노태우 후보의 6·29 선언을 이끌어 내었다. 이로써 직선제 개헌안이 마련되었고, 노태우가 제6공화국의 대통령으로 당선되었다. 하지만 노태우 정부는 기본적으로 제5공화국의 지배세력을 그대로 계승했으며, 주도적으로 민주화를 실천할 의지와 능력도 결여되어 있었다. 그 결과 노태우 정부는 군사정권에서 민주정권으로 이행하는 과도기적 성격에서 벗어나지 못했다.

그럼에도 제6공화국의 출범으로 민주화, 개방화, 자율화 시대의 막이 열렸다. 이러한 시대적 성격 전환은 한국사회가 점차 분단의 상처를 딛고 세계를 향해 도약하는 계기를 마련했다. 또한 남북 간의 체육교류에서 가시적 성과를 거두는 등 스포츠외교의 절정기를 맞이하게 되었다.

이 와중에서도 스포츠내셔널리즘은 여전히 체육이념으로 기능했다. 다만 노태우 정부는 올림픽 이후 국민의 스포츠 활동이 증대되자 기존 엘리트스포츠 위주 정책에서 생활체육진흥으로 정책적 변화를 시도했다. 그 기본적인 정책 기반이 바로 1990년 3월에 마련된 국민생활체육진흥종합계획, 이른바 호돌이계획이었다.[65)] 이런 정책변화는 국민의 건전한 여가생활 기회를 확대한다는 측면에서 긍정적인 조치라고 할 수 있다. 물론 그 이면에는 스포츠내셔널리즘도 여전히 내포되어 있었다.

이렇게 노태우 정부는 국민적 요구에 보다 접근하려는 체육정책을 추진하고자 했다. 그것이 바로 국민생활체육의 진흥정책으로 나타났다. 그 구체적 목표를 보면, 첫째

---

64) 이종원, 「제5공화국의 스포츠정책 연구」, 서울대 박사논문, 2002, 93쪽.

65) 문화관광부, 『2002체육백서』, 2002, 33쪽.

건전한 복지사회를 실현하고, 둘째 1980년대 축적된 국민의 에너지를 합리적으로 활용하여 국가사회의 발전을 가속화하며, 셋째 건전한 여가생활의 기반을 조성하여 바람직한 청소년을 육성하는 것 등이었다.[66] 이 가운데 '국민 에너지의 합리적 활용', '국가사회의 발전 가속화' 등이 바로 스포츠내셔널리즘이 추구하는 국가주의, 민족주의적 가치관을 반영하는 상징어라고 할 수 있다. 이처럼 국민생활체육진흥에서도 스포츠내셔널리즘에 기반한 가치가 투영되었던 것이다.

노태우 정부의 이러한 스포츠내셔널리즘적 성격은 당시 정부가 추진한 북방외교정책의 일환으로 국제 스포츠 교류를 적극 추진한 점에서도 확인할 수 있다. 북방외교는 한반도의 긴장 완화와 통일여건 조성을 위하여 소련, 중국 및 동구권 국가 등 사회주의 제국(諸國)과의 관계 개선을 적극적으로 모색하고자 하는 외교적 노력을 총체적으로 의미한다.[67] 즉 국가 주도의 통일정책을 수행하는 과정에서 그동안 제한되었던 사회주의권 국가들과의 관계 개선을 적극 추진한 것이다.

이같은 적극적인 북방외교의 추진은 무엇보다도 서울올림픽의 성공적 개최에서 비롯되었다. 예컨대 서울올림픽 이후 동구권 국가들과의 외교관계 수립은 물론이고, 1988년 이래 정부간 체육교류협정도 크게 늘어났다.[68] 이처럼 서울올림픽 개최 이후 주요 사회주의 국가들과 수교를 맺은 성과가 바로 북방외교정책에서 스포츠내셔널리즘이 커다란 역할을 했음을 단적으로 보여주는 사례이다.

결국 노태우 정부의 북방외교는 서울올림픽과 스포츠 교류를 통해 커다란 진전을 이룩할 수 있었던 것이며, 이런 성과는 바로 스포츠내셔널리즘에 기반한 것이었다. 1990년 전국체전에서 한 노태우의 다음과 같은 연설은 스포츠내셔널리즘에 입각한 6공화국의 체육이념을 잘 보여준다.

> 스포츠는 운동경기의 차원을 넘어 온 국민의 마음을 하나로 뭉치는 위대한 창조적 힘을 발휘한다는 것을 우리는 이번 북경 아시아경기대회를 통해서도 체험했습니다. 우리 선수들의 선전은 11억 중국 국민과 온 아시아인들에게 우리 국민의 뛰어난 역량을 보여주었습니다. 아시아는 자유와 번영 속에 뻗어가는 한국의 넘치는 기상을 보았으며, 우리는 더 큰 자신과 긍지를 얻었습니다. 가장 훌륭한 인류화합의 축제로 치른 서울올림픽을 계기로 우리는 닫혀 있던 북방세계의 문을 활짝 열어놓았습니다. …이제 격동의 전환기를 거쳐 온 우리 사회도 국민의 이해와 공감대를 바탕으로 새로운 민주질서를 세워야 합니다. 다양성이 조화를 이루는 질서는 스포츠에서뿐 아니라 사회와 나라를 밝고 건강하게 하며 힘찬 전진을 가능하게 하는 것입니다. …이번 전국체전은 이러한 면에서 온 국민의 창조적 힘을 결집하는 뜨거운

---

66) 공보처, 『第6共和國實錄』 4, 1992, 427~428쪽.

67) 外務部, 『韓國의 北方外交』, 1990, 28쪽.

68) 체육청소년부, 「1992년도 국정감사 교육체육청소년위원회 위원요구자료」(Ⅰ), 121쪽.

한마당이 될 것으로 확신합니다. …그리하여 이번 대회가 1990년대 빛나는 발전을 이룩한 우리 모두의 도약대로 기록될 수 있도록 최선을 다해 주시기 바랍니다.[69]

이처럼 노태우는 국제외교무대에서의 지위 상승, 사회 내적 질서의 확립, 미래에 대한 밝은 전망 등이 스포츠를 통해 이룩될 수 있다는 점을 자신있게 밝혔다. 바로 이같은 인식이 스포츠내셔널리즘의 이념적 특징을 가장 잘 보여주는 것이다.

요컨대 군사정권의 체육정책 노선은 스포츠내셔널리즘에 기반했다. 박정희 정부는 피폐한 사회경제적 상황을 개선하기 위하여 경제개발에 주인점을 둔 정책을 상력하게 시행했다. 이 과정에서 국민의 자긍심과 경제개발에서 요구되는 적극적인 참여를 위해 국위 선양은 물론 정통성 확보 차원에서 스포츠내셔널리즘을 적극 활용했다. 특히 반공이데올로기에 기반한 박정희 정부의 특성은 국제경기대회에서의 대북 우위를 확보하는 것이 무엇보다도 중요했다. 이런 측면에서 박정희 정부는 엘리트스포츠 위주의 체육정책을 추진했다. 그 결과 한국체육의 제도적·행정적 기반이 마련될 수 있었다. 이런 사정은 박정희 정부와 마찬가지로 쿠데타로 집권한 전두환 정부 시기에 들어와서도 마찬가지였다. 또한 광주민주항쟁을 진압함으로써 집권의 토대를 마련했다는 한계는 국민통합이라는 차원에서도 스포츠내셔널리즘은 중요한 체육정책의 이념적 토대가 되었다. 이에 86아시안게임과 88서울올림픽의 성공적 개최는 체육정책의 핵심이었다. 이런 사정으로 전두환 정부의 스포츠내셔널리즘은 엘리트스포츠에 대한 집중적인 지원으로 나타났고, 이를 정부의 정통성을 위한 수단으로 활용할 수 밖에 없었다. 체육부의 신설과 국민통합기제로서 올림픽개최는 그 단적인 사례라고 할 수 있다.

하지만 박정희·전두환 정부의 스포츠내셔널리즘에 근간한 체육이념은 한정된 재원의 엘리트스포츠 지원으로 국민체육진흥의 본질적 가치를 훼손하게 되었다. 또한 민주화의 진전으로 더 이상 체육이념으로서 스포츠내셔널리즘은 그 의의가 퇴색하게 되었다. 이런 사정으로 노태우 정부는 이전 정부와 달리 생활체육을 중요시하려 했다. 호돌이계획은 생활체육 중심의 정책노선을 실현하려는 그 구체적 방안이었다. 물론 이는 경제적 성장에 기인한 측면도 크다. 때문에 스포츠내셔널리즘에 기반한 노태우 정부의 체육의 이념적 바탕은 이전 시기와 비교할 때 상대적으로 크게 부각되지는 않았다. 그러나 노태우 정부에서도 스포츠내셔널리즘은 여전히 중요한 이념적 근거로 작용했다. 북방외교정책의 일환으로 추진된 공산권 국가와의 스포츠교류와 생활체육 진흥에서도 국가주의와 민족주의적 가치관이 반영된 것이 그 대표적 사례이다. 한마디로 정부의 생활체육 진흥정책조차도 단순한 복지정책의 일환으로 추진한 것만이 아니라, 정치적 커뮤니케이션으로서 대국민 관계까지도 고려한 조치였다는 것이다.[70]

---

69) 공보처, 앞의 책, 516쪽.

결국 군사정권의 스포츠내셔널리즘은 경제성장과 정권의 취약한 정통성 보장이라는 국가주의적 목표를 실현하기 위한 이념노선이었다. 이 과정에서 엘리트스포츠 위주의 체육정책이 추진되었으며, 체육발전을 위한 토대도 일정하게 달성할 수 있었다. 하지만 과도한 스포츠내셔널리즘은 체육의 본질적 발전에는 한계로 작용할 수 밖에 없었다.

2) 문민정권과 시장주의적 체육

1980년대 한국사회의 민주화 열망은 한국 정치사의 새로운 변혁을 가져왔다. 그 결과 노태우 정부가 출범했으나, 이는 본질적으로 군사정권의 연장에 지나지 않았다는 한계를 갖고 있었다. 그런데 구 소련의 붕괴 등 현실 사회주의의 실패는 군사정권을 가능하게 했던 개발독재와 남북분단을 이용한 지배의 명분을 상실하게 했다. 결국 1993년 30여 년만에 첫 민간인 출신 대통령이 탄생하게 되었다. 김영삼 정부의 수립이 그것이다.

김영삼 정부는 이른바 신한국 창조를 위한 3대 당면과제를 제시했다. 그것은 부정부패 척결, 경제 회생, 국가기강 확립이었다. 국정지표로는 깨끗한 정부, 튼튼한 경제, 건강한 사회, 통일된 조국을 제시했다.[71] 이에 따라 출범 직후부터 일련의 개혁과 사정작업을 추진하여 전폭적인 국민의 지지를 받았다. 김영삼 정부가 추진했던 각종 정치·경제분야의 개혁은 물론, 비리 공직자 숙청과 대대적인 군부 개혁, 제도적 개혁 등에 국민들이 적극적인 지지를 보냈던 것이다.[72] 김영삼 정부의 이같은 개혁조치는 문민정부가 상대적으로 군사정권보다 도덕적으로 우월하다는 국민들의 믿음과 인식이 있었기에 가능했던 것이다.

그러나 1994년부터 각종 비리사건과 대형 사고, 그리고 정치적 갈등이 되풀이 되면서 김영삼 정부의 국정 및 위기관리 능력에 대한 의구심이 일기 시작했다. 게다가 북한의 핵문제, 남북정상회담 합의, 김일성의 사망 등으로 이어진 남북관계는 조문문제를 둘러싸고 소모적인 정쟁을 야기한 것은 물론이고, 남북관계마저 경색되는 상황을 초래했다. 또한 신자유주의에 입각한 이른바 '신경제' 정책의 일환으로 추진한 노동법 개정은 입법과정에서 사회적 분열양상을 더욱 심화시켰다. 게다가 1997년에는 한보 부도사건과 대통령 아들인 김현철의 국정 개입 등 각종 비리가 드러남으로써 문민정부의 도덕성을 크게 훼손했다. 특히 국가부도사태를 야기한 외환위기로 김영삼 정부는 사실상

---

70) 李康雨, 앞의 글, 248쪽.

71) 김광웅,「역대 대통령의 취임사에서 밝혀진 이념과 정책」,『행정논총』31-1, 60~68쪽.

72) 임영태,『대한민국50년사』2, 371쪽.

통치능력을 상실했다.

이렇게 김영삼 정부는 출범 초기 전폭적인 국민의 지지에도 불구하고, 제대로 국정을 운영하지 못했다. 그 근본적인 원인은 무엇보다도 김영삼 정부가 총체적인 국정계획도 없이 순간 순간의 대중적 인기에 영합한 채 개혁을 추진하는 등, 일관성 있는 정책 수립과 집행이 이루어지지 않았기 때문이다. 집권 5년 동안 무려 25회의 개각이 이루어졌다는 사실이 그 단적인 사례일 것이다.

김영삼 정부의 이러한 국정운영방식은 체육정책에도 그대로 반영되었다. 이때부터 한국체육도 급격한 쇠퇴의 길로 들어서게 되었다. 그 시발점은 체육행정조직의 축소였다. 체육행정조직의 축소는 김영삼 정부가 국가경쟁력 제고라는 명분으로 정부조직을 개편한 데 따른 것이다. 김영삼은 자신의 회고록에서 정부조직의 축소에 대해 다음과 같이 설명하고 있다.

> 정부조직에 대해서 나는 취임 전부터 대폭 수술을 생각해왔다. 그러다가 취임 직후인 1993년 4월에 문화부와 체육청소년부를 통합하여 문화체육부로… 개편했다. 그때만 해도 반발이 이만저만이 아니었다. 심지어는 노태우씨가 나서서 체육청소년부를 문화부와 통합하는 데 반대했다. 자신이 체육부장관을 했었다는 이유로 공무원들의 기득권 옹호에 가담했다. …나는 행정쇄신 없이 이 정부의 경쟁력이 생길 수 없고 우리나라는 도저히 발전할 수 없다고 말하며 박동서(행정쇄신위원회) 위원장에게 소신있게 일해줄 것을 당부했다. …국민들은 세계화·지방화 시대에 맞춰 행정의 틀을 정비했다면서 환영의 뜻을 나타냈다.[73)]

이처럼 김영삼 정부의 행정조직 축소는 세계화·지방화 시대를 맞아 국가경쟁력을 제고하는 데 그 주 목적이 있었다. 김영삼 정부가 추진한 이른바 세계화는 세계적인 신자유주의 흐름을 따라 자본시장의 유치, 경제 활성화를 추진한다는 경제논리에서 비롯된 것이다.

당시 선진국들은 세계 각국의 보호무역정책으로 자국의 경제적 이익 확보에 어려움을 겪고 있었고, 과도한 재정지출로 경제적 위기에 쉽게 노출되고 있었다. 그 결과 선진국들은 민간부문에 대한 국가의 개입을 줄이기 위해 정부조직의 효율적 개편을 추진하고, 민간자본을 확대하기 위한 수단으로 민영화와 규제 완화를 지속적으로 추진했다. 이같은 세계적 흐름에 따라 김영삼 정부는 체육행정기구를 축소하고 지방정부로 체육정책을 이관했다. 그런데 체육청소년부의 폐지 반대를 단순히 공무원의 이기주의로 보고 있듯이, 그것은 체육에 대한 기본적인 인식도 없이 통·폐합 자체를 염두에 둔 조치였던 것이다.

---

73) 김영삼, 『회고록』 상, 조선일보사, 2001, 375~378쪽.

물론 김영삼 정부는 체육정책에서 이전과는 달리 보다 진전된 모습도 보였다. 즉 군사정권에서 지향한 스포츠를 통한 국위 선양 및 국민단결보다는 온 국민이 생활체육을 통한 건전한 신체와 정신을 함양하는 데 역점을 두고자 했다. 이같은 정책적 목표에 따라 '제1차 국민체육진흥5개년계획'이 수립되었다. 이 계획은 그동안 스포츠내셔널리즘에 기반하여 엘리트스포츠에 중점을 두었던 정책에서 벗어나, 생활체육을 중점적으로 진흥시켜 생활체육과 엘리트체육을 균형있게 육성하려는 의지를 보인 것이다.[74] 실제 김영삼은 1995년 제76회 전국체육대회 개막연설에서 이러한 정책적 의지를 밝히기도 했다.

> 스포츠는 건강과 즐거움을 줄 뿐 아니라 사회를 건전하게 만들고 산업의 생산성을 높여 줍니다. 그렇기 때문에 선진국에서는 체육을 국민복지의 중요한 분야로 여기고 있습니다. …전 국민이 즐거이 참여하여 심신을 단련하는 생활체육을 더욱 보급하고 발전시켜야 합니다. 생활체육 기반시설에 대한 공공투자를 확충하고, 직장과 가정에서 더 많은 사람들이 스포츠활동에 참여토록 해야 하겠습니다. 자라나는 2세 국민들의 체육활동도 더욱 권장해야 할 것입니다. 이들을 위한 보다 내실있는 학교체육교육이 이루어져야 하겠습니다. 정부는 생활체육과 학교체육의 중장기적 발전계획을 마련하여 추진하고, 이 분야에 대한 지원을 강화해 나갈 것입니다.[75]

비록 국가 주도하에 생활체육을 진흥시킨다는 점이 강조되기는 했지만, 생활체육 진흥에 대한 정책적 의지를 강하게 보이고 있다. 특히 일회성이 아닌 장기지속적으로 추진한다고 강조하고 있다.

그러나 실제 전체 정부예산중 체육예산의 비중을 보면 1997년 0.21%를 제외하곤 0.1% 내외로 노태우 정부의 평균 0.18%보다 오히려 낮은 비중을 차지하고 있다.[76] 1993년부터 생활체육진흥을 목표로 한 국민체육진흥5개년계획이 수립·추진되었다는 점을 고려하면, 이같은 비중은 매우 낮은 수준이다. 이런 사정은 바로 김영삼 정부가 '작은 정부' 구현을 통한 민간부문의 기능을 확대하려는 정책적 의지가 체육관련 예산에도 반영되었음을[77] 보여주는 사례일 것이다.

김영삼 정부가 이처럼 체육정책에 시장주의적 이념을 관철하려는 시도는 국민체육

---

74) 박혜란, 「김영삼 정권의 체육정책에 관한 연구」, 한양대 박사논문, 2005, 68~69쪽.

75) 김영삼, 「제76회 전국체육대회연설」, 1995년 10월 2일.

76) 이종각, 『국제경쟁력 강화를 위한 엘리트 체육 발전 모델 연구』, 국민체육진흥공단 체육과학연구원, 2000, 21쪽; 김사엽·김대광, 「한국체육행정의 변천과정에 대한 연구」, 『체육사학회지』 11, 2003, 49쪽.

77) 박혜란, 앞의 글, 97쪽.

진흥정책의 예산확보에서 두드러지게 나타났다. 종래 체육예산은 대부분 국민체육진흥공단 등 체육관련 기구의 기금과 국고에서 충당되었다. 반면 김영삼 정부는 대체로 생활체육부문 예산에 민간 자본을 적극 유치하여 일부 사업의 경우에는 예산의 1/2 이상을 민간 자본으로 충당한다는 계획을 세웠다.[78] 또한 공공체육시설의 운영도 관(官) 주도에서 민간 위탁경영으로의 전환을 추진했다.[79] 이는 운영의 합리화와 활용의 극대화를 위한 조치였다.[80] 김영삼 정부의 이같은 민간부문의 역할 확대조치로 각종 규제완화 및 제세 공과금 경감 등을 통하여 민간투자가 확대될 수 있는 여건 조성이 어느 정도 이루어진 점도 있다.

물론 김영삼 정부에서도 여전히 스포츠내셔널리즘에서 벗어나지는 못했다. '다극화하고 있는 국제사회에서 국위 선양, 국가위상 제고, 국민사기 진작 및 일체감 조성'에 크게 기여한다[81]는 인식하에서 올림픽 등 국제경기대회의 성적을 향상시키기 위해서 엘리트스포츠를 중점 육성하려는 김영삼 정부의 정책 목표는 이런 사정을 단적으로 보여준다.

하지만 김영삼 정부의 스포츠내셔널리즘은 군사정권의 그것과는 차원을 달리했다. 이제 체육은 남북교류와 민족화합을 도모하는 데 기여해야 한다는 정책적 기조[82]에서 잘 나타나 있다. 이런 스포츠내셔널리즘적 정책 방침은 군사정권 시절 남북간의 체제대결과 같은 냉정적 시각에서 접근한 것과는 차별성을 지녔다. 이는 냉전체제의 붕괴와 남한의 국제적 지위 향상 등으로 과거와 같은 적대적 대결의식에서 벗어날 수 있었기에 가능했던 것이다.

김영삼 정부는 말기에 최악의 경제위기에 봉착했다. 이른바 국제통화기금(IMF) 관리체제가 도입됨으로써, 한국사회는 큰 충격에 빠졌다. 이같은 위기상황에서 김대중 정부가 출범했다. 김대중 정부는 출범 직후 IMF 위기를 극복하기 위한 일련의 개혁 작업

---

78) 문화체육부, 『국민체육진흥5개년계획』, 1993, 생활체육관련 예산 항목. 특히 30·33·39·62·66·135·150쪽 참조.

79) 위의 책, 81쪽.

80) 위의 책, 49쪽.

81) 공보처, 『변화와 개혁-金永三정부 國政5年 資料集-』 3, 1997, 614쪽. "엘리트체육이 1980년대와 같은 비중을 지닌다고 볼 수는 없으나, 다극화하고 있는 오늘날 국제사회에서 국위 선양, 국가위상 제고, 국민사기 진작 및 일체감 조성 등에 크게 기여하기 때문에 그 육성의 필요성과 실익은 매우 크다"

82) 문화체육부, 『국민체육진흥5개년계획』, 247쪽. "체육은 …남북간의 이념적 갈등과 감정적 적대감을 해소하는 데 가장 효과적인 수단임. …뿐만 아니라, 궁극적으로는 민족동질성의 회복을 도모하고 민족사회의 일체감을 이루어 평화적 민족통일에 기여하게 될 것임. 따라서 남북한 체육교류는 남북한의 평화공존과 공동번영의 차원에서 전향적으로 적극 검토 추진되어야 하며, 점진적이고 단계적인 실천방안이 모색되어야 함."

을 시도했다. 그것은 김영삼 정부보다 더 광범위한 신자유주의적 개혁으로 나타났다. 金대중은 군사정권의 경제개발 위주 정책이 위기를 불러온 근원적 이유로 보고, 재벌 개혁과 외국의 투자 확대, 수출증대를 통해 위기를 벗어날 수 있다고 강조했다. 이같은 경제개혁 외에 민주적 개혁도 진행시켰다.[83] 이런 개혁의 근원적 토대가 바로 투명성과 경쟁력 강화였다. 이 역시 신자유주의에 바탕한 것이었다.

결국 김대중 정부도 김영삼 정부 때보다 강도 높은 신자유주의적 개혁을 추진했다. 체육정책도 이에 기반하여 마련되었다. 그 기본적인 방향은 지방화·민간화·다원화라는 환경변화에 부응하여 체육정책을 수립·집행했다. 이에 따른 체육업무의 분권화·민간주도화를 추진했다.[84] 그 종합적 계획안은 '제2차 국민체육진흥5개년계획'으로 나타났다. 여기서 제시된 정책방향은 다음과 같다.

첫째, 국가발전 촉진의 능동적 역할 수행으로 국가발전 역량 극대화.
둘째, 평생체육활동 정착으로 삶의 질 향상, 체육복지사회 실현.
셋째, 균등한 체육활동 기회 부여.
넷째, 체육활동을 통한 성숙하고 건전한 시민사회 건설.
다섯째, 공급자 중심에서 수요자·소비자 중심으로.

이처럼 김대중 정부에서도 여전히 국가주의적 체육이념이 우선적으로 관철되고 있다. 하지만 군사정권 시기에 비해 민주주의적 이념에 입각한 체육정책의 방향이 제시되었다. 또 김영삼 정부시기보다도 이같은 방향과 원칙은 더욱 강조되고 있다. 특히 주목되는 것은 김영삼 정부가 이념적 방향을 제시하긴 했지만, 구체화하지 않은 시장주의적 경향을 분명하게 제시하고 있다는 점이다. 수요자·소비자 중심이라는 정책 방향이 바로 그것이다.

이러한 정책 방향을 성취하기 위해 지역공동체 중심의 생활체육체제를 마련하고, 생활체육과 엘리트스포츠간의 연계성을 강화하여 국민체육진흥과 체육의 전문화·과학화·정보화를 적극 추진하도록 했다. 이와 함께 지역사회에서 체육의 기능을 제고하는 방안을 강구하고 체육발전을 위한 민간역량을 적극 확대하기로 했다.[85]

김대중 정부의 이같은 정책과 추진전략 등으로 체육정책이 국가주도형에서 지역사회 주도형으로 전환될 수 있는 여건이 마련되었다. 이로써 지역실정에 맞는 자치단체

83) 브루스커밍스, 앞의 책, 564~566쪽.

84) 문화관광부, 『2002체육백서』, 36쪽. "IMF 경제위기 속에서 출발한 국민의 정부는 지방화·민간화·다원화라는 환경변화에 부응하여 체육정책을 수립·집행할 수 있도록 체육업무의 분권화·민간주도화를 추진하였다."

85) 문화관광부, 『국민체육진흥5개년계획』, 1998, 30쪽.

위주의 생활체육 활성화라는 분권형 체육정책이 추진될 수 있었다. 그것은 김대중 정부가 정통성 문제로 인해 국가적 동원계획을 무리하게 세울 필요가 없었기 때문에 가능했다.86)

여기에는 보다 근원적인 이유가 있었다. 김대중 정부는 한국사회가 지향해 왔던 민주주의 체제를 확립해야 할 당위적 목표를 실현해야 했다. 이는 김대중 자신이 민주주의 운동의 상징적 인물이라는 점 외에도, 국민의 정부 출범을 가능하게 했던 시민사회의 민주주의적 욕구도 충족시켜야 하는 시대적 요구에 따른 것이다. 게다가 국민의 정부 출범 직전 초래된 IMF 위기는 신자유주의적 세계질서에 능동적이고 효율적인 대응을 하기 위해서라도 사회 각 부문의 자율적 역량을 제고할 수 있는 체제를 구축해야 했다.

김대중 정부는 이같은 환경변화에 따라 정치·경제·사회·문화 등 각 분야의 민주적 개혁을 추진했다. 체육정책도 이런 민주적 개혁작업에 따라 시민사회의 욕구와 민간부문의 자율성을 보다 확대하는 방향으로 추진되었다. 그 구체적 방안은 바로 민간 주도의 생활체육 활성화였다.

이러한 생활체육 활성화정책의 바탕에도 시장주의적 이념이 관철되었다. 민간 체육서비스의 증대에 따른 대책 마련이 그 단적인 사례이다. 즉 가계 가처분소득 증가와 노동시간 감소로 체육여가산업은 90년대에 와서 연 평균 16% 정도의 성장을 보임에 따라 체육활동의 일상화에 크게 기여할 민간체육산업의 성장에 관심을 기울여야 했다. 특히 참여 인구의 급격한 증가를 보이는 스포츠종목의 용품산업 및 시설업에 더 큰 지원책이 요구되었다. 다시 말해 공공체육부문이 국민의 이런 수요를 충족하는 데 한계가 있으므로, 생활체육의 대중화 및 일상화를 위해서는 대중성, 발전가능성이 큰 민간체육산업을 중점 지원해야 했다.87)

김대중 정부의 이러한 체육에 대한 시장주의적 접근은 스포츠 산업에서 단적으로 드러난다. 이런 사정은 다음과 같은 김대중의 언급이 잘 뒷받침해주고 있다.

> 지난 2년 동안 6·25동란 이후 최대의 국난인 IMF 경제 위기로 인해 여러분도 고통을 참아내야만 했습니다. 체육에 대한 관심과 투자가 줄어들어 많은 팀이 해체되고 우수선수들이 훈련에 어려움을 겪어야 했습니다. …우리가 맞이한 21세기는 문화와 관광·스포츠와 레저 등이 더욱 중요시되는 시대입니다. 이러한 분야는 국민의 삶의 질을 높이는 잣대가 될 뿐만 아니라, 국가경제에도 크게 이바지하는 기간산업이 될 것입니다. 소득수준의 향상에 따라 체육수요는 더욱 증가되고 한층 다양화될 것입니다. 체육산업은 갈수록 과학화, 고도화

86) 李旭烈, 앞의 글, 104쪽.

87) 문화관광부, 『국민생활체육5개년계획』, 25쪽.

되어 엄청난 부가가치를 창출하는 산업으로 발전할 것입니다.[88]

이같은 인식에서 국민의 정부는 스포츠 산업의 국제경쟁력 강화, 민간 스포츠 산업의 성장을 위한 진입규제 완화 등을 통하여 생산과 소비 등을 촉진시키고자 했다.[89] 특히 2002 월드컵을 계기로 약 5조 4천억 원의 경제유발효과를 거둬 스포츠 산업의 소비와 내수시장을 확대하여 성장 잠재력을 회복하고 경쟁력을 강화하려 했다.[90]

그러나 김대중 정부의 시장주의적 이념에 따른 체육정책은 그 긍정적 측면에도 불구하고 몇가지 문제점을 노출했다. 우선 김영삼 정부 때 위축된 체육행정조직이 체육활동인구의 급증에도 불구하고 사실상 와해되었다는 점이다. 기존 문화체육부가 문화관광부로 개편되면서 체육행정부서는 체육국 1개 부서만 남았다. 그나마 개편 당시 체육정책과, 체육지원과, 생활체육과, 체육교류과 등 4개 과도 1년만에 체육지원과와 생활체육과가 다시 체육진흥과에 통합 개편되어 3개 과로 축소 조정되었다. 그 대안인 분권형 체제도 여건상 근본적으로 도입될 수 없었다. 무엇보다도 대부분의 지방자치정부의 재정적 자립도가 현저하게 취약하다는 사실을 고려하지 않은 조치였다.

한편, 국민의 정부 역시 스포츠내셔널리즘에서 완전히 탈피하지 못했다. 그것은 IMF 위기상황에서 초래된 국민의 상실감 회복과 북한 핵위기를 둘러싼 한반도의 위기 정세에서 비롯된 측면이 크다. 2002 월드컵은 김대중 정부의 스포츠내셔널리즘에 대한 인식을 잘 보여주는 사례이다. 당시 정부는 월드컵을 통해 경제적 파급효과는 물론이고, 지역 균형발전이라는 정치적 효용성에도 크게 기대했다. 또 국가적 위상을 제고하려는 의도도 있었다.[91] 심지어는 정치적 안정을 위한 수단으로도 이용하려 했을 정도였다. 예컨대 2002년 1월 10일 월드컵의 성공적 개최를 위해 노사 양쪽에 평화협정을 제안하는 방안을 검토중이라는 경제부총리의 발표, 월드컵을 앞두고 집회와 시위에 대해 강경한 입장을 취할 것이라는 정부의 발표 등이 그 대표적인 사례일 것이다.[92]

물론 김대중 정부의 스포츠내셔널리즘은 군사정권과는 그 기본적인 접근방식이나 정책적 목적에서 두드러진 차이가 있다. 우선 국민의 자발적 참여를 이끌어 내는 데 주안점을 두었다는 점에서 그렇다. 무엇보다도 김대중 정부와 군사정권간의 스포츠내셔널리즘의 차별성은 남북체육교류에서 분명하게 나타난다. 남북체육교류는 군사정권 때에도 정치적 차원에서 시도되었는데, 성과도 어느 정도 거두었다. 국민의 정부에

---

88) 김대중대통령, 「태릉선수촌 대표선수훈련 개소식 연설」, 2000년 1월 17일자.

89) 문화관광부, 『국민체육진흥5개년계획』, 29쪽.

90) 현대경제연구원, 『2002한·일월드컵대회의 경제적 파급 효과』, 2002, 55쪽.

91) 문화관광부, 『2002체육백서』, 591~594쪽.

92) 李旭烈, 앞의 글, 165쪽.

서도 당시 정부의 주요한 정책인 햇볕정책 차원에서 남북체육교류를 시도했다는 점에서 스포츠내셔널리즘적 요소가 여전했다. 다만 국민의 정부는 군사정권과 달리 체제대결이 아니라, 대북 화해협력 차원에서 남북간의 체육교류를 추진했다. 1999년 IOC 총회 개회식에서 김대중이 한 다음과 같은 연설이 이런 사정을 잘 보여주고 있다.

> 한반도는 아직도 세계에서 유일한 냉전의 땅으로 남아 있습니다. 여러분이 보시는 바와 같이 남북분단 반세기가 지난 지금도 긴장과 대결이 지속되고 있습니다. 나는 이와 같은 한반도에 평화를 정착시키고 교류·협력의 길을 열기 위해 대통령 취임 이후 대북포용정책을 일관되게 추진해 오고 있습니다. 우리의 이러한 노력에 대해 주변의 주요 4대국은 물론 전세계가 성원을 보내고 적극 지원하고 있습니다. 그 결과 남북 사이에도 많은 변화가 있었습니다. …IOC도 그동안 북한의 올림픽 참가를 비롯한 다양한 스포츠교류를 실현하기 위해 많은 노력을 기울인 것으로 알고 있습니다. 스포츠 분야에 있어서 남북한 사이에 활발한 교류가 이루어질 수 있도록 앞으로도 지속적인 관심을 기울여 주시기 바랍니다.[93]

즉 남북체육교류가 대북포용정책의 일환으로 시도되고 있다는 것이다. 실제로 남북체육교류는 국민의 정부에 와서 큰 성과를 거두어 남북간 화합과 교류협력의 유효한 수단이었음을 입증했다. 예컨대 부산아시안게임과 대구유니버시아드대회의 유치와 성공에는 북한 선수단의 참가가 큰 역할을 한 사실이 그 단적인 사례이다.

이렇게 김대중 정부는 체육교류를 통한 남북간의 긴장완화와 민족화합 분위기를 조성하여 민족의 평화적 통일기반을 구축하고자 했다. 나아가 국제체육무대에서도 남북한의 상호협력을 강화하고자 했다.[94] 이는 체제정당성이나 대북 우위를 증명하는 데 치중한 이전의 체육교류 추진과는 분명히 다른 모습이었다. 그 결과 남북체육교류가 남북간의 화해협력 및 한반도 긴장 완화에도 크게 기여했다.

요컨대 김영삼 정부의 정통성은 군사정권에 비해 상대적으로 높았다. 그만큼 체육은 정권의 정당성을 홍보하거나 지배체제 유지를 위한 정치적 도구로서 그 기능이 줄어들었다. 오히려 군사정권이 체육을 정치도구로 삼은 데에 비판적이었다. 때문에 김영삼 정부는 생활체육을 보다 중시하는 데 정책목표를 두었다. 그런데 당시 세계적 흐름인 신자유주의에 입각한 국정목표가 수립되면서, 체육정책에도 시장주의적 시각을 적극 관철시키려 했다. 그 결과 체육행정조직은 축소되었다. 예산 책정에서도 민간자본을 유치한다는 명분으로 국고지원을 삭감한 결과, 체육예산이 줄어들었다.

---

93) 김대중, 「제109차 IOC총회 개회식 연설」, 1999년 6월 16일자.

94) 문화관광부, 『국민체육진흥5개년계획』, 243쪽. "체육교류를 통해 남북간의 긴장 완화와 민족화합 분위기를 조성하여 민족의 평화적 통일기반을 구축하여야 함. …이를 위하여 국제체육활동 무대에서 남북한 상호협력을 강화하고…"

김영삼 정부의 이러한 체육정책은 체육에 대한 본질적 가치보다는 그 수단적 가치에 더 중점을 둔 조치였다. 게다가 문민정부라는 이름에 걸맞지 않게 군사정권 못지않는 권위주의적 정부였다.[95] 그 결과 김영삼 정부의 체육정책은 국가의 개입을 최소화하면서도 민간 부분의 역할 제고에도 실패했다. 오히려 정책결정과 그 집행에서 혼란만 야기했다. 이같은 체육정책의 실패는 신자유주의의 무비판적 도입과 이에 따른 시장주의적 접근에 따른 것이었다. 결국 김영삼 정부는 체육에 대한 올바른 인식이나 이념적 바탕이 마련되지 못한 채, 아직 자생적인 토대가 취약했던 한국체육의 근간마저 흔들어 버렸던 것이다.

김대중 정부의 경우 김영삼 정부보다 시장주의적 경향을 더 강하게 지니고 있었다. 이는 민주적 개혁에 대한 국민적 관심의 제고, 경제위기에 따른 국가재정의 한계 등 변화된 사회환경과 신자유주의적 경제체제라는 국제적 흐름에 능동적으로 대처하기 위한 필요성에서 비롯되었다. 이에 김대중 정부는 생활체육의 활성화를 더 적극적으로 추진하되, 엘리트스포츠의 중요성을 인정하여 생활체육과 엘리트스포츠의 연계에 큰 관심을 기울였다. 그 방안은 지방과 민간부분의 자율성을 제고하기 위한 체육행정조직의 축소와 체육부문에 대한 민간자본의 확대로 나타났다. 하지만 지방분권을 위한 제도적·재정적 여건이 마련되지 않은 상황에서 체육행정조직의 축소 등과 같은 조치는 오히려 지난 수십 년 간 이룩한 엘리트스포츠의 발전을 정체시키는 결과를 가져왔다.

이렇게 문민정부는 군사정권 시기에 과도하게 표출되었던 스포츠내셔널리즘과 이에 기반한 엘리트스포츠 위주의 정책노선을 탈피하고자 했다. 그 대안으로 시장주의적 입장에 선 생활체육정책의 활성화 등을 내세웠다. 하지만 문민정권 역시 스포츠내셔널리즘에서 크게 벗어나지는 못했다. 문민정권 역시 국위 선양이나 국가위상 제고와 같은 국가주의적 관점에서 엘리트스포츠의 중요성을 인정했기 때문이다. 그러나 과거와 같이 반공이나 체제의 정당성을 확보하기 위한 수단으로서 스포츠내셔널리즘을 관철시킨 것은 아니었다. 문민정권의 경우 정통성 문제에서 만큼은 군사정권보다 우월한 입장이었다. 따라서 반공이나 정부의 존립 명분을 얻기 위한 수단보다는 남북교류나 민족화합의 차원에서, 혹은 경제위기를 극복하기 위한 국민사기 진작 등의 차원에서 요구된 스포츠내셔널리즘이었으며, 국민의 자발적 참여를 이끌어 내는 데 주력했다.

---

95) 이종범, 「김영삼대통령의 리더십 특성과 국정관리유형: 문민정부 1년의 정책평가」, 『한국행정학보』 28-4, 1994, 1127~1141쪽.

제Ⅱ 장

체육정책 기조

1. 군사정권기의 체육정책 기조

1) 박정희 정부와 건민체육

박정희 정부는 군사쿠데타를 통해 집권했기 때문에, 이를 정당화하는 명분과 국민적 지지가 필요했다. 쿠데타 직후 밝힌 이른바 혁명공약,[1] 즉 반공체제의 강화, 자유우방과의 유대 공고화, 국민도의 확립과 민족정기의 창달, 민생고 해결과 국가자립경제 재건, 국토통일을 위한 실력 배양이 바로 쿠데타를 정당화하는 명분이었다. 특히 국민적 지지를 확보하기 위해 자립경제체제 확립을 주된 목표로 하는 조국근대하를 강력하게 추진해 나갔다.

조국근대화의 내용은 정치적 자주, 경제적 자립, 사회적 융화와 안정, 정신혁명, 민족주체성, 자조적 자립정신이었다.[2] 이 중 경제적 자립을 위한 경제성장에 역점을 두어 제1차 경제개발계획을 추진했다. 이러한 정책적 목표는 근대화를 지향하는 국가발전이었고, 이를 위한 정책적 과제가 국민의 일체감과 사회적 통합기제를 조성하는 것이었다.

결국 박정희 정부는 정치적 정통성을 확립하여 자립경제의 기반을 마련하고 국민적 통합력을 결집하려는 민족주의적 이념을 창출하기 위해서 국민의 에너지를 국민국가의 통합기제로 삼으려는 스포츠내셔널리즘을 내세웠던 것이다. 그것은 이른바 건민체육(健民體育)으로 나타났다. 건민체육이란 힘있는 국가와 민족은 경제력과 국방력에 의해 좌우되며, 이때 전 국민의 체력은 부국강병의 초석이 된다는 것을 의미하는 것이

1) 朴正熙, 『國家와 革命과 나』, 向文社, 1963, 82쪽.

2) 박광주, 「집정관적 신중상주의국가론-권위주의 국가 현상에 대한 새로운 접근-」, 『현대한국정치와 국가』(한국정치학회편), 법문사, 1987, 194~196쪽.

다. 예컨대 1961년 6월 국가재건최고회의 산하 재건국민운동본부는 '국민체위 향상은 민족의 힘이며, 체력은 국방력에 직결한다'는 슬로건을 제시했고,[3] 민정이양 이후 출범한 제3공화국은 '체력은 국력'이라는 구호를 일반화하여 건민체육의 개념을 강조했다.

이러한 건민체육을 실현하기 위한 조치로 제정된 법률이 바로 1962년 9월 17일 국가재건최고회의가 법률 제1146호로 공포한 국민체육진흥법이었다.[4] 국민체육진흥법의 제정은 법적·제도적으로 본격적인 국민체육시대를 여는 출발점이 되었다. 박정희 정부는 당시 한국사회에서 가장 근대적 조직체계를 갖춘 군대의 효율적인 조직관리를 그대로 적용하여 근대적인 국가운영의 기틀을 마련했다. 체육정책에 있어서도 그 내적 운영구조의 합리적 기반을 마련하기 위한 제반 행정조치 및 법적체계를 정비할 수 있었다. 이 가운데 가장 핵심을 이루는 것이 국민체육진흥법이었다. 무엇보다도 국민체육진흥법에는 국민의 권리를 실현하고자 하는 정책적 의지가 반영되었다. 즉 '모든 국민은 문화적 생활의 차별을 받지 않고(제9조)', '능력에 따라 균등하게 교육을 받을 권리가 있으며(제27조)', '보건에 관하여 국가의 보호를 받을 수 있다(제31조)'는 헌법 규정을 충족하고 있다는 것이다.[5]

이렇게 박정희 정부는 한국전쟁 이후 피폐한 국내 사정으로 생활여건 개선에 급급했던 기존 정권과 달리 국민의 기본권을 실현하고, 정책의 기본 방향을 제시함으로써 체육발전을 도모할 수 있는 체육정책을 마련할 수 있었다.

국민체육진흥법[6]은 제1장 총칙에서 국민체육진흥의 목적을 국민의 체력 증진과 건전한 정신 함양에 두고 있음을 밝혔다. 그리고 정부와 지방자치단체가 체육진흥에 관한 시책을 강구하고, 국민의 자발적 체육활동에 대한 장려, 보호, 육성을 명시했다. 그 기본시책은 문교부장관이 정하도록 했다. 체육진흥을 뒷받침하기 위한 제반 조치들은 제2장에서 상세히 다루었다. 즉 체육의 날과 체육주간의 설정(제7조), 지방체육의 진흥(8조), 학교 및 직장체육의 진흥(9조), 체육지도자 육성(10조), 체육시설 설치(11조), 선수 보호 및 육성과 체육용구의 생산 장려(14조) 등을 규정했다. 그 15·16조에서는 지방자치단체와 체육단체에 대한 보조는 물론이고, 체육진흥기금을 위한 법인의 설치와 그에 대한 국가의 보조도 명시했다.

이후 1965년 6월 14일 법률 제1698호에 따라 국민체육진흥법은 개정되었다. 개정의

---

3) 『동아일보』, 1962년 9월 18일자.

4) 국민체육진흥법의 제정은 1964년에 개최될 제18회 동경올림픽에 대비하기 위한 조치가 시급히 필요했던 당시의 사정이 반영된 것이기도 했다(서울市敎育委員會, 『서울敎育史』 下, 1981, 416쪽).

5) 김종희, 「박정희 정권의 정치이념과 체육정책에 관한 연구」, 한양대 박사논문, 1999, 48쪽.

6) 한국법제연구원, 『대한민국법률연혁집』 13, 2004, 302쪽.

취지는 종전 체육진흥법 자체가 장려법 수준에 머물러 제반 규정을 강화 보완하기 위해서였다.[7] 우선 제정 당시 선수 보호에 대한 제14조를 '선수의 보호 및 육성'이라 하여 조항의 범주를 확대했다. 이에 따른 제14조의 조항은 다음과 같이 규정되었다. 제1항 국가와 지방자치단체는 선수와 그 지도자에 대하여 필요한 보호와 육성을 하여야 한다. 제2항 국가는 국가의 대표적인 선수에 대하여 장려금제도와 표창제도를 마련하여야 한다. 제3항 국영기업체 및 정부관리기업체는 대통령령이 정하는 바에 의하여 선수의 보호 및 육성에 필요한 조치를 취하여야 한다. 제4항 기업체가 선수의 보호와 육성을 위하여 필요한 조치를 할 때에는 그 조치에 소요된 경비에 상당하는 금액에 대한 법인세 및 영업세를 면제한다. 그 외에도 체육용구의 생산 장려 및 면세조치(제14조의 2), 민간 체육시설에 대한 보조와 면세(제16조의 2) 등을 신설하고, 지방자치단체와 체육단체에 대한 정부의 보조 강제, 학교 및 직장 체육진흥관리위원회 설치(제9조 2항)와 제14조 3항을 위반할 시 10만원 이하의 과태료 부과(제16조의 3 벌칙) 등을 규정했다.[8]

국민체육진흥법 시행령도 1963년 3월 각령 제1233호, 1966년 2월 대통령령 제2403호에 따라 제·개정되었다. 이후 1969년 11월 3일 국민체육진흥법 시행령[9]이 제정되는 등 관련법 제정과 관련 기구의 설립이 잇따랐다. 시행령의 공포로 학교체육, 생활체육, 엘리트스포츠를 위한 제도적 지원체계가 확립되었으며, 1972년에는 「국민체육기금에 관한 법률」[10]이 제정됨으로써 체육재정의 기반도 점차 확충되기 시작했다.

1969년의 국민체육진흥법 시행령은 제1조와 2조에서 시행령의 목적과 정의를 규정하고, 제3조부터 17조까지 학교체육과 생활체육, 엘리트스포츠에 대한 사항을 제시했다. 제3조는 체육의 날 및 체육주간을 규정하여 학교와 일정 수준 이상의 기업, 지방자치단체가 일률적으로 실시하도록 했다. 이와 관련하여 제4조에서는 학교와 직장에선 1종목 이상의 운동시설과 연 1회 이상의 운동경기를 실시하도록 했다. 제5조에서는 학교와 기업체에 체육관리위원회를 설치하도록 명시했다. 제6조에서는 일정 규모 이상의 기업체에 1종목의 운동경기부와 경기지도자를 두도록 했고, 제14조에서는 국영기업체 및 정부관리기업체도 1종목 이상의 선수단을 조직하도록 했다. 또 제7~10조

7) 위의 책, 301쪽. "국민체육진흥법 자체가 그것을 실행할 능력과 강제력을 갖지 못한 장려법이기 때문에 준수하지 않는 경향도 있어 이 법 제정의 근본 동기와 목적과는 유리된 효력없는 법률이란 감이 있으므로, 이 법의 기본정신을 구현하여 국민체육진흥에 기여할 수 있도록 관계 조문을 보완하려는 것임"

8) 위의 책, 302-2~302-3쪽. 그리고 1967년 3월 법률 제1929호에 의해 제14조 2항을 '국가는 우수선수의 육성을 위하여 필요한 장려제도와 국가의 대표적 선수에 대한 표창제도를 마련하여야 한다'로 개정했다.

9) 大韓體育會, 『體育年鑒』, 1976, 718~719쪽.

10) 한국법제연구원, 앞의 책, 312~1쪽.

및 12조는 체육지도자 및 경기지도자 양성과 자격에 관해 규정했다. 그리고 제11조와 16·17조는 체육시설, 제13조는 체육상, 제15조는 우수선수에 대해 규정했다.

국민체육진흥법 시행령에 따라 설치된 체육진흥관리위원회는 학교체육진흥관리위원회와 직장체육관리위원회로 구분되었다. 학교체육진흥관리위원회는 학교장을 위원장으로 하여 학생과 교직원의 체육진흥에 관한 사항, 학교 체육시설에 관한 사항, 학교 체육시설의 개방에 관한 사항, 학교의 체육행사에 관한 사항 등을 다루게 했다. 직장체육관리위원회는 상시 100인 이상의 종업원을 둔 국가 또는 공공단체기관, 기업체 또는 단체를 대상으로 하여 종업원의 체육진흥에 관한 사항, 직장 체육시설에 관한 사항, 직장 체육시설 개방에 관한 사항, 직장의 체육행사에 관한 사항 등을 다루도록 했다. 이에 따라 학교와 직장은 모두 단위별로 체육행사를 개최하고, 자체적인 체육진흥 방안을 강구해 나가도록 하는 제도적인 장치를 마련할 수 있었다.

국민체육진흥법 제정과 함께 체육의 날과 체육주간이 설정된 것은 획기적인 조치였으며, 이는 국민체육시대를 여는 상징적 의미를 나타내는 것이었다. '국민의 체육정신을 고취하고 체육의 보급을 도모하기 위하여 매년 체육의 날과 체육주간을 설정한다(제7조)'는 취지에 따라 국가 전체적으로 국민 체력증진을 위한 체육행사를 개최하게 되었다. 이에 대비하여 우수선수를 육성하는 등 각 단위별로 구체적인 체육진흥책을 마련하는 계기가 되었다.

국민체육진흥법은 지도자 양성의 중요성도 언급하고, 동 시행령을 통해 체육지도자 양성과 자질 향상을 위한 체육계 학교 위탁교육, 외국 체육지도자의 국내 초빙 강습, 외국 체육계 시찰, 직장의 알선 등의 조치를 취하도록 했다.[11] 이와 함께 직장에 고용된 체육지도자에 대한 신분 보장을 법적으로 규정하고, 국가대표선수에 대해서도 같은 조치를 취하도록 했다. 아울러 체육지도자의 보호·육성, 그리고 사기 진작을 위해 체육상을 제정하여 매년 수여토록 했다.

한편, 국민체육진흥법은 총칙 제5조에서 국민체육의 기본시책에 관하여 문교부장관의 자문에 응하는 기관으로서 체육심의회도 설치하도록 규정했다. 본래 체육심의회는 1961년 12월 18일 각령 제300호 체육심의회규정에 따라 설치되었다. 당시 체육심의회의 조직을 보면, 문교부차관을 위원장으로 부위원장은 문교부 체육국장과 위원 중에서 한 명을 호선하여 임명하고, 이들을 포함한 위원은 체육 보건 및 의학에 조예가 깊은 인사 중에서 문교부 장관이 위촉하되 인원은 20인 이내로 했다(제2조). 체육심의회의 의결사항은 제4조에서 국민체육·학교체육의 기본시책, 학교보건과 체육시설, 운동용구의 규격 결정, 기타 문교부장관이 제기하는 사항 등으로 규정했다.

11) 여기서의 체육지도자란 대한체육회 또는 그가 지정하는 체육단체의 추천에 의하여 문교부장관이 인정한 자를 말한다(시행령 제17조 2항).

그러다가 1963년 3월 18일 각령 제1233호로 국민체육진흥법 시행령이 제정되면서 위원을 21인 이내로 하고, 심의사항은 위원장도 제시할 수 있도록 했다. 이후 1966년 문교부 직제의 변화로 부위원장 1인은 문교부 문예체육국장이, 1969년에는 문교부 사회교육국장이 맡게 되었다.

이후 체육심의회는 1970년 3월 3일 대통령령 제4694호[12]에 따라, 그 위상이 격상되어 국무총리가 위원장을 맡는 국민체육심의위원회로 개편되었다. 국민체육심의위원회는 국무총리를 위원장으로 하고, 문교부장관을 포함한 부위원장 2명과 국민체육진흥에 직접 관여되는 관계 행정기관의 장과 체육, 보선에 관해 학식과 덕망이 있는 17명 이내의 위원으로 구성되었다.[13]

국민체육심의위원회는 국민체육의 기본계획, 학교체육의 기본계획, 체육시설에 관한 기본계획, 체육기금의 확보 및 운용계획, 운동용구의 수급계획 등에 관한 사항 등을 심의했으며, 각 부처별로 유기적인 협력관계를 이루고, 중앙과 지방을 연계하여 총력체제를 형성할 수 있었다. 그러나 실제로는 명칭만 거창할 뿐 제대로 기능을 발휘하지는 못했다.[14]

국민체육진흥법 시행령이 모법에 따라 대부분 문교부 장관의 책임하에 집행되도록 한 것에서 볼 수 있는 것처럼, 이때의 체육관련 정책은 문교부 주관하에 이루어졌다. 체육정책을 전담하는 중앙행정기구로서 문교부는 1961년 10월 12일자로 정부기구가 개편됨에 따라 종래 문화국에 속해있던 체육과를 체육국으로 승격시키고, 체육국 안에 국민체육과와 학교체육과를 별도로 설치했다. 이와 더불어 예산과 담당 직원을 확대했다.[15]

민정이양 후 행정조직이 개편된 1963년 12월 14일 다시 기구가 문예체육국으로, 1968년 7월에는 사회교육국으로 축소되었으나,[16] 1970년 대통령 시정방침에서 다시 체육의 중요성이 강조되면서 체육육성을 위한 정책이 모색되었다. 그 결과로 이해 8월 31일

---

12) 大韓體育會, 『體育年鑑』, 1976, 721쪽.

13) 국민체육심의위원회 발족 당시의 위원 구성을 보면, 위원장에 김종필(金鍾泌) 국무총리, 부위원장에 민관식 문교부장관, 김택수 대한체육회장이었고, 위원으로는 윤주영(尹胄榮) 문화공보부장관, 유재흥(劉載興) 국방부장관, 남덕우(南悳祐) 재무부장관, 이낙선(李洛善) 상공부장관, 이병희(李秉禧) 무임소장관, 길전식(吉典植) 민주공화당 사무총장, 양찬우(楊燦宇) 국회 문공위원장, 육인수(陸寅修) 국회의원, 장덕진(張德鎭) 국회의원, 장기영(張基榮) 국제올림픽위원회 위원, 김오중(金午仲) 고려대 체육과 교수, 유근석(柳根碩) 한양대 체육대학장, 박상만(朴商萬) 국정교과서주식회사 부사장, 김사달(金思達) 국회 문공위원회 전문위원, 최석채(崔錫采) 신문편집인협회장, 장태화(張太和) 신문발행인협회장, 박두병(朴斗秉) 대한상공회의소 회장 등으로 정계를 포함한 각계 인사로 구성되었다(大韓體育會, 『體育白書』, 1972, 71~72쪽).

14) 김종희, 앞의 글, 52쪽.

15) 서울特別市敎育委員會, 앞의 책, 429쪽.

16) 金鍾喆, 『敎育行政의 理論과 實際』, 敎育科學社, 1970, 95쪽.

대통령령 5320호에 따라 체육과는 체육국으로 독립 승격되어 행정기능의 강화가 이루어졌다.[17]

당시 문교부 체육국은 국민체육과, 학교체육과 등의 부서를 둠으로써 체육 업무를 확장 강화했다. 이와 함께 예산을 대폭 증액하는 한편, 담당 직원을 증원하여 실무력을 강화했다. 국민체육과는 국민체육시대의 개막을 뒷받침하기 위한 전반적인 체육진흥 정책의 내용을 담당했고, 학교체육과는 각급 학교의 체육관련 업무를 담당했다. 이를 분야별로 정리해 보면 다음과 같다.[18]

국민체육과의 주요 업무는 사회체육시설의 관리 및 직장체육의 지도, 체육단체의 설립 해산 및 그 운영의 지도 감독, 국민 레크리에이션의 보급, 국내 체육대회 개최의 지도 감독(학교체육에 관한 사항 제외), 체육도장의 지도 감독, 경기용구의 표준화 설정 및 수입의 추천, 체육지도자 및 우수선수 양성 및 관리 등이었다.

학교체육과의 주요 업무는 학교체육과 보건에 관한 기본계획 수립 및 지도 감독, 체육계 학교의 양성 및 그 운영의 지도 감독, 학교체육진흥에 관한 사항, 학교 환경 위생정화구역 관리에 관한 지도 감독, 학생 영양교육 및 식생활 개선, 기타 국내 관련 부서에 속하지 아니하는 사항 등이었다.

이렇게 학교체육에 대해서는 학교체육과에서 책임지도록 하고, 국민체육과는 사회체육 및 엘리트스포츠 전반에 걸친 사항을 담당하는 가운데 체육발전을 위한 제반 여건 개선에 역점을 두어 국민체육의 기반 조성을 위한 기능 강화를 도모했다.

박정희 정부는 국민체육진흥정책을 수행할 중앙행정기구를 정비함과 동시에 민간 체육조직의 기능강화 정책도 추진했다. 당시 민간 체육기구로는 대한체육회를 비롯하여 대한올림픽위원회, 대한학교체육회 등이 있었는데, 5·16 직후 유사단체 통합정책에 따라 사단법인 대한체육회로 통합시켰다.

그러다가 민정이양과 함께 이 통합체제는 무너졌다. 1964년 9월 8일 대한올림픽위원회가 국제올림픽헌장 제24조 및 제25조에 따라 각국 올림픽위원회의 독립과 자주성을 살려야 한다는 이유를 들어 별도의 법인격을 갖는 기구로 분리되었다.[19] 이와 함께 1956년 4월 14일 임의단체로 설립된 대한학교체육회는 체육교사의 자질 향상과 학원체육의 정상화를 통한 국민체위 향상과 스포츠 인구의 저변 확대라는 목표를 제시하고, 1965년 3월 17일에 사단법인 설립인가를 문교부로부터 받았다. 그 결과 통합기구였던 대한체육회는 올림픽사업을 전담하는 대한올림픽위원회와 학원스포츠를 담당하는 대한학교체육회가 분리됨으로써 그 사업의 관장범위가 줄어들거나 상호 중복되었다.[20]

17) 서울特別市教育委員會, 앞의 책, 458쪽.
18) 김종희, 앞의 글, 52쪽.
19) 李學來, 『韓國體育百年史』, 한국체육학회, 2000, 408쪽.

체육계는 3개 단체가 다시금 제각기 자신의 위상만을 내세우는 각축의 시대로 접어들었다. 대한올림픽위원회는 국제올림픽위원회의 헌장에 따라 각국의 올림픽위원회가 어떤 정부기구나 단체로부터도 독립된 위치에 있어야 한다는 명분을 앞세웠고, 대한학교체육회는 진정한 학교체육을 외면하고 학생들을 경기행사에만 동원하는 현실이 대한체육회의 탓이라는 점을 지적하면서 대외경기도 학교체육의 연장으로 평가의 기회가 될 수 있도록 제자리를 잡아야 한다는 주장을 내세워 대한체육회와 대립하기 일쑤였다.[21]

결국 체육단체들은 재통합으로 갔다. 우선 3개 단체가 1차적으로 통합하고, 통합단체의 출범 후에 이 단체를 모체로 한 아마추어단체들을 통합, 가맹시키는 순서를 취했다.[22] 이에 따라 대한체육회 가맹단체의 시·도 지부는 학교체육회와 경기단체 시·도 지부를 흡수 통합하게 되었다. 그 결과 대한체육회는 아마추어 경기단체로 조직되고, 대한올림픽위원회는 특별기구로 하되, 대한올림픽위원장이 대한체육회장을 겸직하도록 했다. 또 가맹경기단체는 각각 대의원 1명씩 선임하여 대한체육회 대의원총회를 구성했다. 그리고 대한체육회 시·도 지부의 조직은 시장 또는 도지사가 당연직으로 지부장이 되고, 부지부장은 3인으로 하여 교육감을 당연직으로, 나머지는 선출직으로 했다.

1968년 2월 29일에 재통합된 새 대한체육회 회장으로 민관식 회장이 선출되어 대한올림픽위원장을 겸하게 되었고,[23] 상기영 전 대한올림픽위원장은 명예회장으로 추대되어 정식으로 통합 대한체육회 시대를 열었다. 또 새 정관에 따라 기구도 크게 확장되어 종래의 선부이사 제도를 폐지하고 사무총장 제도를 도입했으며 초대 사무총장으로는 김성집 대한체육회 이사가 선임되었다.[24]

---

20) 김성규, 「한국체육진흥정책의 개선방향에 관하여」, 『체육』 69, 1972년 2·3월호 74쪽.

21) 이런 분위기는 1966년 12월 제4회 방콕아시안게임 참가 대표선수단 전형과정에서부터 대한체육회와 대한올림픽위원회가 심각하게 대립하는 양상으로 연결되었다. 즉, 대한체육회는 선수 양성만 하고 그 파견권은 대한올림픽위원회에 있으므로 대한체육회가 선수단 구성에 관여해서는 안 된다는 주장을 했는데, 문제는 선수 전형이 아닌 파견 임원의 선정 문제에서 발생했다. 당시로서는 해외여행이 특권이나 마찬가지인 상황에서 파견 임원을 선정하는 권한을 행사하려는 대한올림픽위원회에 대해 대한체육회와 경기단체들이 강한 반발을 했고, 이런 반목이 방콕 현지에서의 추태로까지 이어졌던 것이다(李學來, 앞의 책, 409쪽).

22) 대한체육회, 『大韓體育會七十年史』, 1990, 86쪽.

23) 위의 책, 87쪽.

24) 이때 재출범한 대한체육회의 새 집행부 구성은 다음과 같다. 명예회장 장기영, 회장 민관식, 부회장 정월타·김종락·성동준(成東準), 사무총장 김성집, 학교체육위원장 김명복, 사회체육위원장 오광섭(吳光燮), 이사 강재권(姜在權)·김극찬(金克燦)·김의형(金義衡)·김진웅(金振雄)·박종규·신동일·이성구(李性求)·이윤용(李尹鎔)·정승화(鄭承和)·강창성(姜昌成)·김용채(金鎔

이렇게 주요 체육단체를 모두 통합하여 출범한 사단법인 대한체육회는 새롭게 범국가적인 조직으로서의 기능을 발휘하기 시작했다. 대한체육회는 통합 체육회로 재발족하면서 개정한 정관 제3조에서 '체육운동을 범국민운동화하여 학교체육 및 사회체육의 진흥을 통해 국민의 체력 향상을 도모하고, 건전하고 명랑한 사회기풍을 진작시키며, 아마추어 경기단체를 통할 지도하고, 우수한 경기자를 양성하여 국위 선양을 도모함으로써 민족문화 발전에 이바지함을 목적으로 한다'[25]는 목적을 명시했다.

대한체육회는 이러한 목적을 달성하기 위해 한국체육 전반에 관한 사업을 추진하게 되었다. 대한체육회가 1972년에 발간한 『체육백서(體育白書)』에는 대한체육회의 사업 내용이 자세히 담겨져 있다. 이에 따르면 대한체육회는 통합기구로 출범하면서 가맹경기단체와 함께 경기 보급 내지 체육을 범국민화하여 국민체위 향상을 기하고 우수선수를 양성하여 국위를 선양한다는 2대 목적을 내세워 사업을 전개했다.[26] 주요 사업의 내용은 다음과 같다.[27]

먼저, 지부 및 가맹단체의 지도·육성사업은 가맹단체 및 시·도 지부에 대한 보조금 지급, 가맹단체 및 시·도 지부 조직의 확대 및 강화, 가맹단체에 대한 행정지도 및 감독 등이다. 학교체육진흥 사업은 학생 운동소질 및 능력 검사, 학교체육 연구발표회, 학교교사 실기강습회, 한·일 고교교환경기대회 등이다. 또 사회체육진흥 사업은 사회체육 실태조사 및 시설기준 연구, 사회체육행사 권장 및 실시, 사회체육 세미나 개최 등이고, 체육인구의 저변 확대사업은 체육주간 및 체육의 날 행사, 올림픽의 날 기념행사, 신인 발굴사업 등이다. 그리고 경기수준 향상을 위한 사업은 선수 훈련 강화, 스포츠의 과학화, 외국인 코치 초청 및 해외 전지훈련, 지도자 양성 강습회 등이고, 경기행사로는 전국체육대회, 전국체육대회 동계대회, 한·일 고교교환경기대회, 올림픽 및 아시안게임, 유니버시아드대회, 세계선수권대회 및 동 예선대회, 아시아선수권대회, 아시아청소년선수권대회, 아시아실업선수권대회, 세계학생선수권대회, 기타 공식적인 국제대회 등이 있다. 이밖에 국제회의 참가 등 국내외 체육과 관련된 사항을 모두 관장하여 그야말로 범국민적 체육진흥정책 전개의 보루 역할을 했다.

대한체육회는 이상과 같은 사업의 수행을 위해 학교체육위원회, 사회체육위원회, 선수강화위원회, 스포츠과학위원회, 체육장학회운영위원회, 해외파견 및 초청 심의위원회 등의 전문분과위원회와 특별위원회를 두어 체육의 현대화·과학화의 길을 열어가기 시작했다. 그러나 대한체육회의 사업은 정부가 관장해야 할 체육진흥정책 사업에

采)·김종렬(金鍾烈)·박원익(朴元翊)·서명학(徐明學)·유근석 등이었다(위의 책, 89쪽).

25) 大韓體育會, 『體育白書』, 78쪽.

26) 위의 책, 206쪽.

27) 위의 책, 208~222쪽.

서부터 각종 경기단체가 전담해야 할 선수 훈련에 이르기까지 지나칠 정도로 광범위했다. 여기에 체육시설의 확충과 관리 업무까지 담당하여 무리한 측면이 없지 않았고, 이런 현상은 1982년 체육부가 출범하기까지 크게 개선될 수가 없었다.

이렇게 1960년대 박정희 정부는 체육진흥을 위한 기초적인 법제도를 완비하고, 직장 및 학교에서의 체육활동을 강화하기 위한 조치를 마련했다. 국민체육진흥법과 그 시행령 등은 그 대표적 사례이다. 또한 대한체육회를 중심으로 민간 체육기구를 통합하여 엘리트스포츠 강화체제도 구축했다. 이같은 시책에 따라 학교체육, 국민생활체육, 엘리트스포츠에 대한 기본적 토대를 마련할 수 있었다. 물론 이런 체육진흥을 위한 정책적 고려는 스포츠내셔널리즘이라는 이념이 관철된 것이었다. 체력은 국력이라는 말이 이를 단적으로 보여주는 상징적 표어라고 할 수 있다.

그러다가 1970년대 들어서 박정희 정부는 체육에 대한 보다 적극적이고, 국가주의적인 정책적 기반을 제시했다. 여기에는 1960년대 말에서 1970년대 초반에 조성된 국내외의 정세변화가 시대적 배경으로 작용했다. 1960년대 말 중소 갈등, 미국 중심의 자본주의 세계체제의 분열 등 냉전체제의 완화는 한반도를 둘러싼 정세변화 즉, 미·중, 중·일관계의 정상화와 북·일 간의 화해분위기 조성으로 인한 두 개의 한국정책의 정착이 가시화되었다.[28]

이러한 정세변화는 반공이데올로기에 기반한 군사정권의 정당성을 위협하는 것이었다. 특히 1960년대 괄목할 만한 경제성장에도 불구하고, 그 혜택에선 소외되었던 노동자 및 도시빈민의 생존권 투쟁 그리고 지식인들의 반독재 운동이 1960년대 말과 1970년대 초에 활성화되면서 박정희 정부는 위기의식을 갖게 되었다. 또한 1960년대 말의 심각한 경제위기와 1971년 대통령 선거에서 김대중 후보의 선전과 국회의원 선거에서 야당의 성장은 이같은 정부의 위기의식을 더욱 부채질했다.

이처럼 1970년대 초에 조성된 박정희 정부의 위기의식은 1972년 이른바 10월 유신과 연이은 긴급조치 등을 통해 박정희 1인 장기집권을 제도화하는 데까지 이르렀다. 이같은 상황에서 정부는 이전보다 더욱 강력해진 국가권력을 동원하여 사회의 민주화에 대한 열의를 억누르면서, 정부의 정통성을 위한 경제개발과 반공이념의 확산에 주력했다.

체육정책 역시 이러한 정부의 정책을 뒷받침하는 유용한 수단으로 여겨졌다. 그것은 국민체력 향상을 위한 건민체육과 국위선양을 위한 체육으로 나타났다.[29] 그 첫 번째 조치로 1971년 1월 22일 정부는 국민체육진흥법을 개정했다. 개정의 이유는 '국민체육의 진흥과 체육인구의 확장이 시대적 요청'이며, '기존 조문이 실현성이 희박'하여 그 내용을 구체화함으로써 보다 강력한 국민체육의 향상을 도모하려는 데 있었다.[30]

28) 한국역사연구회 현대사연구반, 『한국현대사』 3, 풀빛, 1991, 106~107쪽.
29) 大韓體育會, 『體育靑書』, 1973, 39쪽.

개정 내용을 보면, 첫째 체육심의회를 지방자치단체에도 둘 것, 둘째 지방자치단체는 지역사회 단위의 직장인운동회를 연 1회 이상 개최할 것(8조 2항), 셋째 문교부장관의 요청이 있을 때는 공공기관, 기업체 및 단체는 올림픽 입상선수를 의무적으로 고용할 것(제14조의 4항), 넷째 대통령령으로 정하는 일정 규모의 직장에는 1종목 이상의 운동경기종목과 경기지도자를 둘 것 등이었다(제9조의 2). 그리고 8조 2항과 제9조의 2항, 제9조의 2, 제14조의 3항 및 4항 등을 위반할 경우 과태료를 부과하는 벌칙을 신설했다.[31)]

이어 학교체육·사회체육·엘리트스포츠에 대한 정책강화가 마련되었다. 학교체육의 경우, 1972년부터 장학방침으로 체육교육의 강화가 제시되었다.[32)] 그 내용을 보면 다음과 같다. 첫째, 체력은 국력과 직결되며, 바람직한 인간 성장의 가장 중요한 측면임을 중시하여, 보건 체육교육에 힘쓴다. 둘째, 학생의 안전과 건강을 보호 증진하기 위하여, 건강 관리의 철저, 보건위생시설의 정비 확충, 담당 교사의 자질향상 등에 주력하고, 아울러 학교 내외의 환경 정화를 도모한다. 셋째, 체육인구의 저변을 확대하고, 국민 기초체력의 향상을 도모하기 위하여 체력장제도를 실시하고, 1교 1기(一校一技) 운동을 전개하여 체육을 애호하고 생활화하는 태도를 기른다. 넷째, 체육교사의 자질향상을 위한 현직교육을 강화하고, 체육지도 내용을 개선하며 사격, 태권도, 유도, 검도, 궁도, 자전거타기, 걷기운동을 적극 권장하여 전력(戰力)증강과 직결되는 체력을 단련한다. 다섯째, 학교시설을 개방 활용하고 직장체육을 권장하며, 육상경기를 위시한 각종 경기를 활발히 전개하여 우수선수의 발굴과 계획적 육성으로 국위 선양을 도모한다. 여섯째, 건전한 국민 오락을 개발하여 국민생활의 정서적 순화에 기여한다.

이러한 방침에 따라 서울시의 경우 다음과 같이 체육교육을 강화하고자 했다.[33)] 체육교육의 정상화를 위하여 학교마다 단원별 성취기준을 세워 학년별 단원 목표를 달성하도록 체육시간 운영의 효율화를 도모했다. 그리고 종래 구기종목에 치우쳤던 체육활동을 육상경기, 체조종목 등으로 전환하여 체력장 종목 중심의 기초체력 신장에 역점을 두었다. 중간체조, 만보 걷기운동, 1인 1운동(一人一運動), 순환운동 등을 장려하여 체육인구의 저변확대를 기했다. 그리고 학교특기종목을 육성하기 위하여 1교 1종목 선택제를 실시하여 체육특기자에 대한 진학 혜택을 강구하고, 종목별 전공교사와 순회

30) 한국법제연구원, 앞의 책, 301-1쪽. "국민체육의 진흥과 체육인구의 확장이 시대적 요청인바, 실현성이 희박한 기존 조문의 내용을 구체화함으로써 보다 강력한 국민체육의 향상을 기하려는 것임"

31) 위의 책, 302~4쪽.

32) 서울特別市敎育委員會,『서울敎育史』上, 1981, 286쪽.

33) 위의 책, 292~293쪽.

코치 배치, 과학적 체력관리, 효율적 특기훈련 등으로 우수선수를 육성하고자 했다. 또한 학생 체력증진과 체육생활의 기회를 넓히기 위해 여의도에 학생전용체육장을 개설하여 체육장이 협소한 학교의 체육훈련에 이용하게 했다. 그리고 학교의 운동시설을 학년 수준에 맞게 보완하고 교내 수영장, 정구장, 기타 경기시설도 확충해 나갔다.

생활체육의 경우 '국민체육의 대중화운동', '체육인구의 저변확대' 등을 목표로 했다.[34] 구체적으로는 개인적 차원과 국가적 차원으로 나누어 그 목표를 제시했다. 즉 개인적 측면에선 심신의 건전한 성장·발달, 명랑한 성격과 협조정신, 윤택한 생활과 대인관계, 여가 선용, 활동능력의 향상, 질병에 대한 저항력 증진, 노쇠 방지, 건강의 증진과 체력육성을 제시했다. 국가적 측면에선 국민의 건강과 체력의 향상, 국민적 협력과 단결, 청소년 선도, 건전한 국민적 기풍진작, 국민의 생산성 향상, 국방력 향상, 국제친선 및 체육외교 등을 제시했다.

이렇게 박정희 정부의 생활체육정책에는 국민 개개인의 신체적·도덕적 건전성만 아니라 '국민적 기풍' 조성, '생산성 향상', '국방력 강화' 그리고 국제경기대회의 승리는 '국가의 잠재적 능력'이나, '국민적 활력을 표현하는 척도'라는 국가주의적 이데올로기가 반영되었다.

생활체육을 진흥하기 위한 정책은 주로 지역사회와 직장을 중심으로 전개되었으나, 그 밖에도 새마을운동, 스포츠소년단, 군(軍)체육, 체육클럽 등의 영역을 설정하기도 했다.[35] 지역사회의 체육은 공공단체나 체육지도자들에 의해 계획과 조직, 지도가 이루어지는 것으로 인식하고, 다음과 같은 내용을 정책방향으로 내세웠다. 첫째 지역사회 주민의 생활을 즐겁고 윤택하게 하기 위하여 레크리에이션이나 스포츠경기를 즐길 수 있게 방법이나 시설을 배려한다. 둘째 주민생활의 운동부족을 해소하여 건강 및 체력 유지·향상을 위하여 건강센타, 스포츠교실, 체력육성 및 운동처방 등의 상담 지도를 한다. 셋째 스포츠 소질이나 열의가 있는 자를 위하여 클럽조직을 지도하며, 지역체육회와 협력한다. 넷째 지역사회 내의 직장이나 기업체의 스포츠 활동과 연계·협력한다.[36]

특히 직장체육의 경우 박정희 정부의 경제개발 정책에 따라 필연적으로 그 현실적 요구가 높아지고 있었다. 따라서 1970년대 들어서 직장체육을 강화하기 위한 법적 토대와 더불어 정책적 기반도 강화되었다. 직장체육정책의 기본 방향은 근로자 중심의 직장팀을 활성화하는 데 있었다. 물론 전문선수로 구성된 기업팀을 장려하기도 했다. 이처럼 동호인 중심의 운동부와 전문 선수단을 양성하고자 하는 정책은 이른바 조국근

34) 大韓體育會, 『體育白書』, 135~136쪽.
35) 大韓體育會, 『體育靑書』, 117~127쪽.
36) 大韓體育會, 『體育白書』, 136쪽.

대화로 대표되는 경제개발 정책의 결과였다. 즉 스포츠의 성과와 명성을 기업 선전에 활용하려는 경영정책적 목적과 생산능률의 향상을 도모한다는 노무정책적 목적이 있었던 것이다.[37] 이를 위해 기업계열별로 특정 종목을 정하여 육성하도록 했다.[38]

게다가 박정희 정부는 생활체육을 새마을운동 및 전국체전과 연계하여 활성화하고자 했다. 근면·자조·협동이라는 새마을정신이 스포츠정신과 상통하며, '체육활동이 노동의 재생산'이라는 인식에서[39] 체육과 새마을운동을 연계하고자 했던 것이다. 그리하여 새마을운동의 목표달성을 가속화하고, 건전사회를 위한 토대를 세우며, 국민체력의 향상과 스포츠발전을 도모했다. 또한 리와 동, 읍과 면 등 하위 행정단위별로 체육대회를 개최하거나, 지역실정에 따라 특정 종목의 대회를 실시하여 지역사회의 체육활동을 장려하고, 나아가 신인선수를 발굴하는 효과도 기대했다.[40]

이렇게 박정희 정부는 '조국근대화'와 국방력 강화 등을 최종 목표로 한 국가주의적 체육이념에 따라 학교체육과 생활체육의 정책 기반을 마련했다. 물론 국가주의적 이념에 의한 체육정책이 보다 확고하게 제시된 것은 엘리트스포츠였다. 이는 박정희 정부의 태생적 특징에서 비롯된 면이 컸지만, 사회 전반에 걸쳐 스포츠내셔널리즘에 대한 긍정적 태도가 높았던 측면에서도 기인한 것이었다.

1972년 뮌헨올림픽 참가를 앞둔 시점에 나온 다음과 같은 『동아일보』의 사설은 이러한 스포츠내셔널리즘에 대한 사회의 분위기를 잘 보여준다.

> 올림픽에 참가하는 것은 승리보다도 참가하는 데 의의가 있다고 일컬어지고 있으나, 올림픽경기에서의 승리가 그 나라의 국위 선양에 얼마나 큰 위력이 되는가는 새삼스러운 설명이 필요없을 줄 안다. 스포츠경기의 승리는 오늘날의 국제사회에서 국명을 떨치는 가장 대중적이며, 따라서 가장 효과적인 방법이다.[41]

이처럼 스포츠내셔널리즘은 정부차원에서만 아니라, 전 사회적인 공감대를 갖고 있었다. 특히 당시 올림픽 등 국제대회에서의 아마추어리즘의 위기에 대한 비판이 제기될 만큼 스포츠내셔널리즘은 전세계적인 풍조이기도 했다.

이런 사정은 엘리트스포츠를 위주로 한 체육정책의 정당성을 확인시켜주는 외부적 요인이라고 할 수 있다. 1973년 발간된 『체육청서(體育靑書)』의 다음과 같은 주장은 이를 단적으로 보여준다.

---

37) 위의 책, 156쪽.
38) 大韓體育會, 『體育靑書』, 123쪽.
39) 위의 책, 56쪽.
40) 위의 책, 125쪽.
41) 『동아일보』, 1972년 8월 9일자.

> 우리나라에 있어서의 체육활동의 목적은 요컨대, 국제적으로 그 중요성이 널리 인정되고 있는 종합적 경기대회(올림픽이나 아시아경기대회) 또는 국제적 단일종목 선수권대회에서, 우리 선수나 팀이 탁월한 성적을 거둠으로써, 대외적으로는 우리나라의 국제적 지위와 권위가 향상되고, 대내적으로는 한민족으로서의 긍지와 자신을 고취하고 나아가서는 전반적 국민체위 향상에 기여함에 있다고 규정지을 수 있다. 이러한 한국스포츠의 내셔널리스틱(Nationalistic : 애국주의적 또는 국가주의적)한 가치관 규정은 한국스포츠가 자라난 역사적 배경과 한국스포츠가 오늘날 처해 있는 국제적 현실에 근거를 두고 있다. 우리 민족의 스포츠에 대한 내셔널리스틱한 인식은 우리나라의 특수한 역사적 배경 속에서 싹터 왔다. 일본의 식민지로서 굴욕적인 정치적 예속을 강요당했던 환경 속에서, 스포츠는 일본인 지배자에게 민족의 울분을 쏟을 수 있는 기회를 제공해 주었고, 그 당시의 우리 선수나 체육지도자는 누구나가 모두 승리를 위한 집념으로 민족의 성원에 호응했다.[42]

즉 당시 체육정책은 스포츠내셔널리즘이 세계적 상황과 한국의 전통에 기인한다는 인식에 토대를 두었던 것이다. 이에 따라 엘리트스포츠에 대한 과도한 지원이 가능했으며, 엘리트스포츠는 생활체육 등 체육 전반의 발전을 위한 초석으로 받아들여졌다. 게다가 1968년 멕시코시티올림픽과 1972년 뮌헨올림픽에서 거둔 기대 이하의 성적은 물론, 북한이 처음 참가한 뮌헨올림픽에서의 남북대결 패배는 적극적으로 엘리트스포츠를 강화하기 위한 방안 모색의 원동력이 되었다.

그 결과 엘리트스포츠에 대한 지원체제를 확립하기 위해 국민체육진흥재단을 설립하고, 경기력 향상을 위한 우수 선수 및 지도자에 대한 과학적·체계적 양성체제를 구축했다. 또한 국내외 경기대회의 운영능력을 제고하기 위한 정책도 마련했을 뿐만 아니라, 스포츠과학에 대한 본격적인 진흥방안이 제시되었다.[43] 특히 1972년부터 1976년까지 실시되는 제2차 경기력향상5개년기본계획은 이 기간을 전시체제로 규정하고, 올림픽게임, 유니버시아드대회, 아시안게임만을 대비하여 남북대결 승리, 메달 획득을 중점 목표로 삼은 대표적인 엘리트스포츠 정책이었다.[44]

박정희 정부는 체육의 발전에 필요한 재원마련에도 노력을 기울였다. 그 조치가 바로 국민체육진흥재단의 설립이었다. 국민체육진흥재단은 1972년 9월 23일 국민체육진흥법 제16조 및 1972년 8월 14일에 제정된 '국민체육진흥기금에 관한 법률'(제2336호)과 그 시행령에 따라 문교부장관의 승인을 받아 설립되었다.[45]

그러다가 국민체육진흥재단은 정관 개정을 통해 1974년 10월 31일 대한체육회장이

---

42) 大韓體育會, 『體育靑書』, 23~24쪽.

43) 김종희, 앞의 글, 85~106쪽.

44) 대한체육회, 『大韓體育會七十年史』, 442쪽.

45) 선인원, 「재단법인 국민체육진흥재단 정관의 개정과 그 현황」, 『체육』 96, 1974, 11쪽.

재단이사장을 겸직하게 되면서 대한체육회 산하기구로 편입되어 정부기구적 성격을 벗어났다. 이러한 변화는 테헤란아시안게임에서 불과 금메달 1개 차이로 남북대결에서 힘겨운 승리를 했고, 계속해서 몬트리올올림픽과 유니버시아드대회에서 남북대결이 지속될 것이란 점에서 대한체육회의 기능을 강화하고 그 재정을 안정적으로 뒷받침하기 위한 취지를 배경으로 이루어졌다.[46)]

국민체육진흥재단의 설립 목적은 국민체육의 진흥과 스포츠경기 수준의 향상에 필요한 재정지원을 위한 기금을 조성하고 이를 관리 운영하는 것으로, 5년 후 기금 조성액을 20억 원으로 정했다.[47)] 그리고 이 기금 조성을 위해 5개년 사업계획을 수립하고, 1차적으로 담배갑 광고사업[48)]에 착수했다. 그러나 당초의 계획과는 달리 담배갑 광고에 각 기업의 적극적인 호응을 얻어내지 못해 1차 연도인 1973년에는 목표액 4억 원의 4분의 1에 해당하는 1억 원에 머물고 말았다. 이에 따라 사업 2차 연도인 1974년에는 담배갑 광고 이외에 각종 경기장 입장료에 부가금을 첨가하여 모금하는 방식을 채택 실시했지만, 전년도와 마찬가지로 목표액의 4분의 1에도 미달하는 부진한 실적을 보였다.[49)]

따라서 1975년 6월 30일 국민체육진흥재단은 주무 부서인 문교부를 통해 국민체육진흥기금에 관한 법률 개정에 착수하여 국가의 재정지원을 확보하고자 했다. 그 결과 국민체육진흥기금의 재원이 국가의 출연금, 담배 포장지를 이용한 광고수입금, 기타 대통령령이 정하는 수입금 등으로 확대되어 점차 재정 확충을 기할 수 있었다.

국민체육진흥재단은 기금 조성을 위한 수익사업과 함께 이 기금을 운용하여 엘리트 스포츠 진흥정책을 뒷받침했다. 즉, 체육시설 확충을 위한 지원, 우수선수의 발굴 육성 및 지도에 대한 지원, 체육지도자의 양성 및 체육 활동에 대한 지원, 체육연구에 대한 지원, 체육지도자 및 국제대회에서 입상한 선수로서 은퇴한 자 가운데 특히 공로가 큰 사람에 대한 생활보조금 지급, 기타 체육진흥을 위한 사업 등으로 이루어졌다.[50)]

국민체육진흥재단은 선수 및 체육지도자 양성 차원에서, 그리고 국제대회에 대비하

---

46) 이때의 임원진은 이사장에 김택수 대한체육회장, 이사진에 정석모(鄭石謨) 내무부차관, 조성옥 문교부차관, 조충훈(趙忠勳) 전매청장, 고재일(高在一) 국세청장, 김원기(金元基) 한국산업은행 총재, 김효영(金孝榮) 국회의원, 박병규(朴炳圭) 해태제과공업 사장, 최재구(崔載九) 국회의원, 감사에 김성집 대한체육회 사무총장, 이종갑 대한올림픽위원회 위원 등이었다(대한체육회, 『大韓體育會七十年史』, 522쪽).

47) 大韓體育會, 『體育白書』, 366쪽.

48) 담배 광고는 청자, 남대문, 새마을로 한정하고 1갑당 광고료를 50전으로 하되 최저 300만 갑 이상으로 규정했다.

49) 李學來, 『韓國體育百年史』, 415~416쪽.

50) 선인원, 앞의 글, 11쪽.

는 측면에서 강화훈련비를 지급하고, 신인선수 발굴 지원비와 체육장학금을 지급했으며, 경기지도자에 대한 연구비를 지급했다.[51] 이러한 지원을 통해 엘리트스포츠의 발전을 기할 수 있었다. 또한 체육인 복지 향상을 도모하기 위해 대표선수의 상해보험료 지원과 특별보조금 지급, 체육용구 생산업체 및 체육시설자에 대한 자금 융자를 실시하여 체육진흥을 위한 제반 환경 개선에 힘을 기울이기 시작했다. 이밖에도 국제간의 스포츠교류를 촉진하고, 올림픽 메달 수상자에 대한 해외유학 지원도 실시해 우수선수들이 선진 외국의 체육지식과 기술 습득을 위해 보다 깊이 있는 연구의 기회를 가질 수 있도록 하는 등 다양한 측면에서 엘리트스포츠 진흥정책을 펼쳐 나갈 수 있도록 그 가능성을 열기 시작했다.[52]

요컨대 박정희 정부는 강력한 국가통치력을 바탕으로 체육진흥을 위한 기본적인 방향과 정책적 기반을 마련했다. 물론 박정희 정부의 체육정책은 쿠데타를 통해서 집권했다는 정통성의 한계를 극복하고자 하는 스포츠내셔널리즘에 기반한 것이다. 하지만 육으로 대표되는 체육진흥정책은 국민체육진흥법을 통해 법적·제도적 장치가 마련되었으며, 스포츠를 통한 국민통합과 국가발전의 희망을 불러일으킬 수 있었다.

1960년대에는 건민체육으로 대표되는 국민체위 향상을 위한 법적 기반을 마련했다. 국민체육진흥법의 제정과 연이은 개정 및 그 시행령이 바로 그것이었다. 이러한 법적 기반을 통해 직장 및 학교에서의 체육진흥을 위한 시책이 추진될 수 있었다. 또한 행정기구는 문교부의 한 개 과에 지나지 않았지만, 대한체육회를 중심으로 각종 체육단체를 일원화함으로써 체육정책의 효율적 추진을 도모할 수 있게 되었다. 물론 대한체육회는 정부의 지원에 크게 의존함으로써, 사실상 박정희 정부의 스포츠내셔널리즘에 기반한 엘리트스포츠 진흥에 크게 기여했다.

1970년대에는 박정희 1인 집권체제가 확립되었다. 따라서 체육정책은 스포츠내셔널리즘의 영향을 크게 받았다. 하지만 단지 정부적 차원에서만 아니라 일정한 국민적 동의도 있었다. 이런 사정으로 엘리트스포츠 위주의 체육정책이 본격적으로 추진될 수 있었다. 박정희 정부는 한 개 과에 불과했던 행정조직을 체육국으로 확대했을 뿐만 아니라, 기존 국민체육진흥법과 그 시행령의 법적 강제력을 강화했다. 또한 국민체육진흥재단을 설립하여 체육재정의 확대도 도모했다. 이런 제도적·재정적 지원으로 1970년대에는 비록 스포츠내셔널리즘적 이념에 크게 기대기는 했지만, 체육발전을 위한 토대가 확립될 수 있었다. 특히 1인 1기운동이나 직장팀의 구성 등 학교체육과 직장체육에 대한 본격적인 정책마련과 제도의 실현으로 우수선수 선발 및 양성 등을 위한 체계확립에 커다란 전기를 마련할 수 있게 되었다. 엘리트스포츠에 대한 국가적

51) 「체육단체 탐방/국민체육진흥재단」, 『체육』 1987년 2월호, 102쪽.

52) 위와 같음.

지원은 물론, 생활체육진흥을 위한 정책도 수립되었다. 가령 시설확대, 스포츠교실 및 클럽활성화, 지역사회와 직장의 스포츠활동 연계 등이 그것으로 이는 생활체육정책의 중요사업으로 여전히 중시되는 분야였다.

이렇게 박정희 정부 시기 국가적 차원의 본격적인 체육정책의 확립으로 한국스포츠 발전을 위한 토대가 확립되었다. 또한 한국전쟁 이후 피폐된 한국사회에 활력이 생겨나 그 결과 국가발전의 원동력이 조성됨으로써 체육만 아니라 사회 각 분야의 발전도 이룩할 수 있었다.

2) 전두환 정부와 체육입국

1979년 이른바 10·26 사태로 박정희 대통령이 측근에 의해 시해되자 유신정권도 마침내 붕괴되었다. 당시 국민들은 박정희의 사망과 더불어 군부독재가 끝이 나고 완전한 민주주의가 이루어질 것이란 기대에 부풀어 있었다. 이와 함께 유신독재로 인해 억눌려 왔던 정치적 참여의 욕구가 폭발하면서 다양한 집단과 정치인들이 활발하게 정치적 활동을 재개했다.

하지만 유신정권이 무너지면서 등장한 최규하 과도정부는 12·12 쿠데타를 일으키고, 5·17 광주민주화운동을 유혈진압한 전두환의 신군부를 통제하지 못했다. 결국 민주주의를 회복하기 위한 움직임은 1980년 5월 17일 전국적으로 확대 선포된 계엄령으로 끝나고 말았다.

신군부는 국보위 입법회의를 발족시켜 유신헌법의 주요 부분을 그대로 모방한 새 헌법, 즉 임기 7년의 단임제 대통령과 선거인단에 의한 간접선거제를 골자로 하는 헌법안을 마련한 후, 국민투표에 부쳐 채택했다. 1981년 2월 11일 대통령 선거인단 선거가 실시되었다. 여기서 선출된 통일주체국민회의 대의원들이 같은 해 2월 25일 장충체육관에서 선출한 전두환 후보가 1981년 3월 3일 제12대 대통령에 취임함으로써 제5공화국이 정식으로 출범했다.[53)]

이렇게 성립한 전두환 정부는 민주주의의 토착화, 복지사회 건설, 정의사회 구현, 교육개혁과 문화창달을 국정지표로 내걸었지만, 이같은 국정지표를 실천할 만한 아무런 정당성이나 도덕성을 갖추지 못했기 때문에 집권기간 내내 반체제 세력으로부터 심각한 도전에 시달렸다.

전두환 정부 역시 군사정권이라는 측면에서 박정희 정부와 다를 바가 없었지만 정통성의 측면에서 박정희 정부보다 더 많은 한계를 갖고 있었다. 무엇보다도 당시에는 한국사회의 민주화 열망이 고조되고 있었다. 이미 1970년대부터 지속된 노동운동과

---

53) 한승주, 「정치: 민주화의 시련과 진로」, 『계간 사상』 창간호, 1989, 68쪽.

민주화운동을 탄압한 박정희 정부에 대한 국민적 지지는 급속히 약화되었다. 그 결과 1979년 이른바 부마사태는 박정희 체제의 종말을 예고했다. 이는 한국사회에서 더 이상 어떤 명분으로도 독재정권이 성립될 수 없다는 것을 보여주는 상징적인 사건이었다.

그러나 10·26 사태 이후 전두환을 중심으로 한 이른바 신군부가 12·12 쿠데타를 일으켜 정권을 장악함으로써 군사정권의 연장을 시도했다. 결국 신군부는 1980년 5월 광주민주화운동에 대한 탄압과 이 과정에서 많은 희생자를 내는 등 사회의 민주화운동과 그 역량을 무력으로 억눌렀다.

이런 사정으로 전두환 정부는 국민의 정치적 관심을 다른 곳으로 돌리고, 정권의 정당화를 위한 획기적 조치를 마련하고자 했다. 그 일환으로 사회·문화면에서 통행금지 해제, 교복 자율화 등 정권의 안위와 직접적으로 연관이 없는 부분에 대해 통제를 풀기도 하여 반체제 압력에 대한 부담을 덜고자 했다.[54] 이런 맥락에서 컬러 텔레비전 방송이 시작되었고, 현란한 쇼 문화가 안방에 들어오기 시작했다. 심야 영화관이 문을 열고, 프로야구와 프로축구가 출범했다. 당연히 스포츠는 이같은 전두환 정부의 취약한 정통성과 허약한 지배체제를 유지 확대시키는 도구로 이용되었다.[55]

그 대표적 사례가 올림픽유치였다. 올림픽은 세계인의 관심을 끄는 대규모 국제스포츠이벤트로, 올림픽의 유치는 전두환 정부에 대한 대외적 이미지를 제고할 것으로 기대되었다. 또 준비기간 동안 국민적 관심을 지속적으로 끌어낼 수 있는 정치적 수단으로도 적질하세 이용할 수 있었다. 게다가 개최국으로서 일정한 성과를 낼 수 있다면 그 정치적 효과도 극대화할 수 있었다. 때문에 전두환 정부는 올림픽 유치에 적극 나서기 시작했고, 대회에서 우수한 성적을 얻기 위해 엘리트스포츠 육성에 총력을 기울였다.

이렇게 전두환 정부는 '스포츠 공화국'으로 불릴 만큼 '체육입국'을 표방하며 역대 어떤 정권보다도 체육부문에 많은 관심을 기울였다. 제5공화국이 체육에 각별한 관심과 정력을 쏟은 데에는 정권의 정통성과 도덕성의 부재에 있었던 것이다.[56] 이같은 사정은 제6공화국에도 그대로 적용되어 제3공화국으로부터 제6공화국으로 이어지는 군사정권의 특성을 단적으로 드러내 보여 주었다.

제5공화국은 그 출범과 함께 적극적인 체육정책을 수립·추진했다. 1981년 9월 30일 서독 바덴바덴에서 열린 국제올림픽위원회 제84차 총회에서 일본 나고야를 52대 27로 따돌리고 1988년 제24회 하계올림픽 서울 개최권을 확보한 것은 제5공화국 체육정책의

54) 임영태, 『대한민국50년사』 2, 들녘, 1998, 216쪽.

55) 고광헌, 『스포츠와 정치』, 푸른나무, 1988, 98쪽; 송형석·김홍식, 「한국 엘리트스포츠 발달의 정치적 배경에 관한 연구」, 『체육연구소논집』 10-2, 서울대, 1997, 86쪽.

56) 임영태, 앞의 책, 234쪽.

첫 개가였다. 또 두 달 후인 11월 25일에 인도 뉴델리에서 열린 아시아경기연맹(AGF) 집행위원회에서는 제10회 아시안게임 개최권도 따냈다. 이렇게 해서 86아시안게임과 88서울올림픽게임의 성공적인 개최를 통한 국위 선양, 국민체육진흥 및 국민화합과 전진의 계기 마련, 체육인구의 저변 확대를 통한 국민체력 향상과 국력신장의 기반 마련 등을 목표로 삼게 되었다.[57)]

전두환은 1983년 1월 18일 국정연설에서 이러한 체육정책의 기조를 다음과 같이 밝혔다.

> 정부는 산업입국 못지 않게 체육을 통해 국위를 떨치는 체육입국이 매우 중요하다는 인식아래 작년에 체육부를 발족시켰으며, 앞으로도 가장 중요한 정부시책의 하나로서 국민체육진흥을 적극 추진해 나갈 것입니다. 이에 따라 국민들간에 체육이 일상생활화될 수 있도록 체육·취미활동을 활성화하는 등 다각적인 국민체육진흥정책을 펼쳐 나갈 방침입니다. 이와 함께 신인선수 및 우수선수들의 경기력 향상을 지원하고 은퇴 후의 생계 및 현역선수생활 동안의 재해에 대비하여 항구적인 대책을 강구하도록 하겠습니다.[58)]

즉 산업입국(産業立國) 못지 않게 체육입국이 중요하다고 강조한 것은 박정희 정부의 국가 주도 체육정책을 더 적극적으로 전개해 나갈 것임을 천명한 것이며, 그 결과 체육분야는 국가행정에서 독립된 하나의 정책영역으로 확고히 자리잡았다. 체육부의 신설은 바로 이같은 정부의 의지를 상징하는 조치였다.

이러한 정부의 의지는 실상 아시안게임과 올림픽 개최를 염두에 둔 것으로, 스포츠를 통한 권력의 정당성과 정통성을 확보한다는 스포츠내셔널리즘에 기인한 것이다. 이같은 사정은 1982년 『행정백서』에서 밝힌 다음과 같은 체육정책의 기본 계획에서 확인할 수 있다.

> 88서울올림픽대회 및 86아시아경기대회의 유치를 계기로 우리는 이제 스포츠를 통하여 민족의 단합과 역량을 전세계에 과시하여야 할 역사적 사명을 부여받고 있다. 이와 같은 과업을 성공적으로 추진하기 위하여 유망선수의 조기 발굴·육성과 우수선수의 입체적·과학적 훈련, 학교 및 사회체육의 진흥, 체육지도자 양성 그리고 스포츠 외교의 다변화와 국민의식의 재정립을 중점 추진 방향으로 삼고 이를 적극적으로 추진하는 한편, 체육인구의 저변확대와 국민체육의 생활화를 위한 범국민적 체육활성화 운동을 전개해 나갈 계획이다.[59)]

---

57) 위의 책, 235쪽.

58) 대통령비서실, 『全斗煥大統領演說文集』 3, 1983, 400쪽.

59) 문화공보부, 『행정백서』, 1982, 467쪽.

이처럼 보다 강화된 체육에 대한 정부의 정책적 고려는 1982년 12월 국민체육진흥법의 개정을 통해 법적 기반을 갖게 되었다. 이때 개정된 국민체육진흥법은 모두 32개조 부칙 3개조로 이루어졌다. 기존 국민체육진흥법이 총 17개조였다는 점과 그 개정 내용을 고려하면 이번 개정은 전면 개정이라고 할 수 있다. 그 내용을 보면 다음과 같다.

제1장 총칙의 경우, 새로 '체육을 통한 국위선양'의 도모[60]를 추가함으로써 스포츠내셔널리즘을 이념적 토대로 함을 명확히 했다. 그리고 우수선수의 고용 주체를 기존의 진흥법 제14조 4항에서는 국가, 지방자치단체, 국영기업체로 한정한 것에 비해, 이 개정법 제15조 4항에서는 '기다 대통령령이 정하는 난체'를 포함시켰다. 이로써 우수선수의 고용 범위를 확대했다. 고용 대상도 우수선수에 한정하지 않고 경기지도자를 포함시킴으로써 경기력의 신장을 도모하고자 했다. 뿐만 아니라 개정법 제15조 5항에서는 은퇴선수의 생활보조금 지급 대상을 기존의 올림픽게임 입상자 외에 기타 대통령령이 정하는 대회 입상자와 경기지도자로 확대했다. 그 밖에도 체육용구 생산업체에 대한 지원(16조 2항), 자금융자 및 세제감면(16조 3항 및 4항), 지방자치단체 및 학교의 체육진흥에 필요한 경비 보조(17조 1항), 체육과학을 위한 연구비 등의 지원(17조 2항) 등[61]을 신설했다.

이러한 개정법의 내용은 엘리트스포츠에 대한 국가적 차원의 지원을 강화하는 것이었고, 실제로 제5공화국은 이같은 체육정책의 기조를 달성하기 위해 다각적인 노력을 기울여 상당한 성과를 거두었다.[62] 또한 올림픽, 유니버시아드, 아시안게임 등 각종 국제경기에서 메달을 딴 선수에게 점수에 따라 각종 포상금과 연금 혜택을 강화하여 경쟁심과 경제적 기대심리를 자극했다. 이같은 유인정책이 여러 가지 면에서 후유증을 유발시키기도 했지만, 스포츠종목 전반에 걸친 경기력 향상과 체육 선진화를 불러온 것은 부인할 수 없는 사실이었다.

결과적으로 스포츠 공화국이라고도 불릴 만큼 강력하게 체육정책을 펼쳤던 제5공화국은 외형적으로 화려한 성공을 거둘 수 있었다. 또한 일반 대중의 관심을 끌어내기

60) 한국법제연구원, 앞의 책, 302~5쪽. "이 법은 국민체육을 진흥함으로써 국민의 체력을 증진하고 건전한 정신을 함양하여 명랑한 국민생활을 영위하게 하며, 나아가 체육을 통하여 국위선양에 이바지함을 목적으로 한다."

61) 한국법제연구원, 앞의 책, 302-6~302-7쪽.

62) 우수선수를 발굴하고 육성하기 위해 이른바 '꿈나무' 4,359명을 선발해 집중 훈련시켰으며, 경기지도자 양성에도 많은 힘을 쏟았다. 뿐만 아니라 스포츠 과학화를 위해 스포츠과학연구소를 확대했다. 그 결과 1984년 로스앤젤레스올림픽에서 금 6개, 은 6개, 동 7개로 10위를 차지했고, 86아시안게임에서는 금 93개, 은 55개, 동 76개로 종합 2위를 달성했으며, 88서울올림픽게임에서는 금 12개, 은 10개, 동 11개로 종합 4위를 차지했다. 이러한 성과는 한국이 1948년 제14회 런던올림픽게임에 처음 참가한 이후 1976년 몬트리올올림픽게임까지 8차례의 올림픽에서 따냈던 금 1개, 은 6개, 동 11개와 비교해 볼 때 놀라운 성과가 아닐 수 없다.

위해 프로야구를 비롯한 프로스포츠를 출범시켜 스포츠의 대중화에 기여했다. 그 결과 한국은 스포츠 강국으로 도약했고, 스포츠를 통한 국민의 여가생활 활용과 건강 증진, 그리고 문화적인 성취를 뒷받침할 수 있었다.

1982년 3월 20일에 이루어진 체육부 발족은 전두환 정부가 추진한 엘리트스포츠 중심의 체육정책을 상징하는 조치임과 동시에 한국체육사에 있어 커다란 분수령이었다. 체육부 신설이 비록 86아시안게임과 88서울올림픽게임을 대비하는 차원에서 이루어진 조치이기는 했지만, 그 이전까지 문교행정의 시각에서 부분적으로 다루어져 오던 체육행정을 새로운 차원으로 끌어올려 종합적으로 추진할 수 있게 했기 때문이다.[63]

체육부 신설로 전두환 정부는 국민체육의 진흥을 본격화하고, 체육을 생활화하며, 체육을 통한 국민화합과 복지증진 및 국위선양을 도모하고자 하는 정책 의지를 관철시켜 나갈 수 있는 실행력을 지니게 되었다. 또한 이를 통해 86아시안게임과 88서울올림픽게임의 성공적인 개최를 위한 준비 업무를 국가적으로 추진할 수 있었다.

체육부는 발족 당시 1실 3국 10과 6담당관의 편제를 갖춘 중앙행정기관으로서 체육에 관한 업무를 전반적으로 관장하기에 이르렀다.[64] 체육부는 체육진흥국, 체육과학국, 국제체육국을 중심으로 체육행정을 펼치는 구조를 갖추고, 스포츠과학과 국제협력 기능을 강화하려는 의지를 분명히 드러냈다.

체육진흥국은 기존의 체육국이 담당하던 분야를 그대로 포함하면서 체육정책과 시설분야를 새롭게 강화하는 면모를 갖추었다. 체육부 신설과 함께 새로 그 모습을 드러낸 체육과학국은 86아시안게임과 88서울올림픽게임을 대비한 과학적 훈련과 정보·조사 등을 담당하기 위한 것이었고, 국제체육국은 기존의 국제경기과 외에 대외협력을 담당하는 해외협력담당관과 아시안게임과 올림픽에 대비하는 국제적 협력 강화 방안을 지원할 담당부서를 두는 등 전반적으로 두 대회를 성공적으로 치루기 위한 중앙행정기능 확보에 역점을 두었다.

이렇게 제5공화국은 체육부를 신설하여 중앙행정기관으로서 체육 업무를 전담케 했을 뿐 아니라 초대 체육부장관에 5공 핵심세력인 노태우를 임명하여 그 면모를 과시했다. 또한 체육부 신설과 함께 국무총리 행정조정실에서 맡아 온 서울올림픽지원위원회 운영 업무가 자동적으로 체육부로 이관되었다. 이에 따라 86아시안게임과 88서울올림픽 준비를 거국적으로 추진할 수 있게 되었다.

체육부의 신설은 86아시안게임과 88서울올림픽의 개최 준비나 그 진행을 위해서는 효율적이었으나, 학교체육 등 다른 부문과의 행정적인 기능 연계가 원활하지 못한 경우가 빈발하여 88서울올림픽 이후 곧바로 제기되었던 체육부 폐지론의 원인이 되기

63) 동아일보사, 『동아연감』, 1982, 420쪽.

64) 體育青少年部, 『體育青少年行政10年史』, 1992, 20쪽.

도 했다. 특히 학교체육행정 기능의 경우, 업무가 문교부와 체육부로 이원화되어 있어서 교육과정과 장학, 체육계 학교의 설립과 폐쇄 및 지도 감독, 교사 양성 및 인사, 재정 등은 문교부가 관장하고, 체육부는 학생경기대회 운영·지도, 선수 육성 및 발굴, 학생체력검사 등의 업무만을 담당하여 일선 학교에서는 행정상으로 혼선을 빚게 되는 비효율적인 운영의 원인을 제공했다.

그럼에도 불구하고 체육행정을 관장하는 중앙행정기관으로서의 체육부 발족은 체육업무의 영역을 대폭 확대하여 그 내실을 기하는 새로운 계기가 되었다. 우선 그 동안 1962년에 문교부에서 법규만 세정하고 시행이 제대로 되지 않아 유명무실하게 운영되어 오던 국민체육진흥법을 1982년 12월 31일 전면 개정하여[65] 학교체육과 직장체육의 진흥 노력에 박차를 가했다. 또한 학교체육 운영의 내실화를 기하기 위해 교육과정을 각 학교의 여건을 고려하여 편성케 함으로써 체육활동을 강화하도록 했고, 체력장 제도와 아울러 1인 1기 및 1교 1기운동을 전개하는 한편, 성장기 아동의 체위·체력 향상과 국민 식생활 개선을 위해 표준식단을 개발하는 등 학교 급식을 확대·지원하도록 했다.

체육부 발족 이전의 지방체육행정 조직은 각 시·도 교육위원회를 단위로 하여 교육·과학에 관한 업무와 함께 체육에 관한 사무를 담당하는 형태로 이루어졌다. 그러나 86아시안게임과 88서울올림픽게임 유치와 맞물려 체육부가 발족함에 따라 각 시·도에서도 그 동안 여러 부서가 산발적으로 담당하던 지방체육진흥 지원업무를 통합해 효율적으로 수행하기 위한 조치를 취하게 되었다.

그 결과 1982년 12월 28일에 국무총리 지시사항으로 '86아시안게임 및 88서울올림픽게임 지원기구 정비강화방안'이 하달되고, 1983년 1월 14일에 내무부 지침인 시·도 체육지원 전담기구 설치지침이 하달됨에 따라 각 시·도 및 교육위원회에 체육행정 담당조직이 만들어졌다.[66]

각 시·도는 형편에 따라 기획관리실장 및 체육지원담당관 또는 체육지원계를 두어 지방체육 진흥시책을 수립·추진했으며, 여기서 지역체육진흥협의회[67]와 올림픽추진위원회를 운영하고, 체육시설의 유지·관리 업무와 올림픽업무 수행에 따른 행정과 재정지원, 체육회 업무지원 등 체육진흥에 관한 업무를 담당했다. 이에 따라 부산직할시, 인천직할시, 경기도는 체육지원담당관을 신설하여 그 밑에 지원계와 시설계를 두었으며, 대구직할시, 강원도, 충청남북도, 전라남북도, 경상남북도 및 제주도는 기존의

65) 이종원, 「제5공화국의 스포츠정책 연구」, 서울대 박사논문, 2002, 119쪽.

66) 경향신문사, 『실록 제5공화국』, 1987, 544쪽.

67) 지역체육진흥협의회는 지방자치단체의 체육 진흥계획 수립 및 기타 체육 진흥에 관한 중요사항을 협의하기 위해 설치되었고, 그 조직 운영에 관하여는 당해 지방자치단체의 조례로 정하도록 했다(위와 같음).

기획담당관실에 체육지원계를 새로 두었다.

특히 서울특별시의 경우는 이보다 앞서 86아시안게임과 88서울올림픽게임 준비업무를 전담하는 올림픽기획단을 설치하고, 그 밑에 올림픽기획담당관, 올림픽시설담당관, 올림픽지원담당관을 두었으며, 올림픽 준비업무를 제외한 일반체육진흥 지원업무는 기존의 총무과 서무계에서 담당했다.

각 시·도 교육위원회는 학무국에 사회체육과를 두고 체육단체 운영의 지도·감독, 학교체육과 시민체육 및 체육행사에 관한 사항, 학교 급식관리의 지도 감독, 체육학교 운영의 지도 감독업무를 담당했다. 다만 직제상 사회체육과가 없는 제주도의 경우에는 학무국 초등교육과 및 중등교육과에서 체육에 관한 업무를 분담했다. 다시 말해 초등교육과에서는 학교체육과 시민체육 및 체육행사에 관한 사항, 학교 급식관리의 지도 관리, 체육학교 운영의 지도·감독 업무를, 중등교육과에서는 체육단체 운영의 지도·감독 업무를 담당했다.

생활체육분야에서는 직장인의 체육활동에 대한 참여를 장려하고 이들의 복지와 생산성 향상 및 경영 합리화에 체육활동이 미치는 중요성을 인식하여 선수들로 구성된 직장팀 중심의 직장 스포츠에서 벗어나 직장 종업원 전체가 참여하도록 하면서 종업원이 100인 이상인 직장은 직장체육진흥관리위원회를 두도록 규정하는 등(국민체육진흥법 시행령 제15조) 직장체육의 진흥을 위한 제반 규정을 강화했다.

체육시설분야에서는 학교 체육시설 확충과 지방 체육시설의 기틀을 다지기 위해 모든 시·군에 1운동장, 1체육관 및 1수영장 확보를 주요 정책목표로 설정했다. 이를 위해 139개소에 1,250억 원의 국고를 지원하여 체육공간 확보에 심혈을 기울인 결과, 1991년까지 전국의 시·군이 운동장 59%, 체육관 51%를 확충하는 결과를 가져왔다.[68] 이렇게 확보된 체육시설 공간을 적극 활용하고 생활체육진흥을 위해 13개의 국민경기종목을 개발하여 전국에 보급했으며, 1986년에는 국민체육 참여실태를 최초로 조사하여 각계각층에 적합하고 다양한 생활체육 프로그램을 만들어 보급하는 등 정책적 지원을 강화했다. 아울러 직장체육 진흥을 위해서는 500인 이상 직장에 1종목 이상의 직장 운동경기부를 두게 하고, 체육동호인 조직을 통해 생활체육을 활성화해 갔다. 또한 모든 직장은 연 2회 이상 체육대회를 개최하고 체육주간 및 체육의 날 행사를 반드시 갖도록 제도화하여 적극 권장했다.

이러한 전두환 정부의 체육입국정책은 전적으로 아시안게임과 올림픽게임을 염두에 둔 엘리트스포츠 위주 정책으로 학교체육이나 생활체육 분야에서 그 실효성은 사실상 없었다. 이는 국민체육진흥법과 그 시행령에서 규정하고 있는 생활체육 분야의

68) 體育青少年部, 앞의 책, 28~29쪽.

법률에도 불구하고, '부득이한 사정'에 따라 예외를 인정하고 있다는 점에서 확인할 수 있다. 이에 비해 엘리트스포츠 육성과 관련해서는 예외 조항 없이 강제적으로 이행하도록 했다.[69]

이런 사정은 학교체육정책도 마찬가지였다. 이는 예산책정에서 단적으로 확인할 수 있다. 예컨대 1983년부터 1987년까지 체육부 예산 중 체육진흥에 투입된 예산은 1983년 17억여 원이었는데, 이중 학교체육육성에는 4억 5,000만여 원을 할당했다. 이는 체육진흥예산의 26.6%였다. 게다가 1984년에는 4억 3,000만여 원으로 소폭 감소하여 체육진흥예산 19억여 원의 22.6%였고, 1985년부터는 체육진흥예산이 86억여 원, 70억여 원, 55억여 원으로 대폭 증대되었음에도 학교체육 육성분야에는 1983년 수준에서 3~6,000만여 원 정도만 증액되었고, 그 결과 체육진흥예산의 5~9%만이 반영되었을 뿐이었다.[70]

요컨대 전두환 정부는 체육입국으로 상징되는 보다 강화된 국가 주도의 체육정책을 마련했다. 그 주된 목적은 올림픽과 아시안게임의 성공적 개최를 통해 정부의 정통성을 강화하는 데 있었다. 이같은 스포츠내셔널리즘에 근간한 전두환 정부의 체육정책은 엘리트스포츠에 대한 집중적인 지원으로 나타났다. 그 결과 한국체육은 외형상 선진국 수준의 경기력을 갖출 수 있었고, 이를 기반으로 대외 이미지를 제고할 수 있는 바탕을 세울 수 있게 되었다. 하지만 과도한 엘리트스포츠 위주의 정책은 학교체육이나 생활체육의 진흥을 도외시함으로써, 균형있는 체육발전을 도모하지는 못했다. 특히 체육부가 올림픽과 아시안게임의 지원에만 집중함으로써, 이런 사정을 더욱 악화시켰다. 무엇보다도 스포츠내셔널리즘에 이념적 기반을 둔 국가 주도의 체육정책은 건전한 스포츠문화의 창출을 억제했음은 물론, 이후 한국체육의 퇴행을 가져온 근본적인 원인이 되었다.

3) 노태우 정부와 체육선진화

1985년 1월 정치풍토정화법에 묶여 있던 정치인들이 풀려나자 해금된 정치인들을 중심으로 신한민주당을 창당, 2·12 총선에서 돌풍을 일으켜 직선제 개헌투쟁을 전개하는 힘을 얻기도 했다. 그러나 전두환이 1987년 4월 13일 개헌 불가를 천명하고 정권연장의 의지를 드러내자 전국민적 항쟁이 뒤따랐다. 1987년 6월에 폭발한 전국민적인 저항운동은 마침내 대통령 직선제 수용을 핵심 내용으로 하는 6·29 선언을 이끌어

69) 이종원, 앞의 글, 130~131쪽.

70) 임용태, 「체육 청소년부 예산을 통한 체육정책의 분석에 관한 연구」, 서울대 석사논문, 1992, 67쪽.

냈고, 직선제로 치러진 12월 대통령선거에서 야권의 분열로 노태우 후보가 당선되어 제6공화국의 탄생을 가져왔다.

제5공화국에서 제6공화국으로의 이행은 군부세력과 민주화를 요구하는 시민사회간의 역학관계가 점차 균형을 취해 가는 모습을 보여 주었다. 제6공화국의 출범으로 민주화, 개방화, 자율화 시대의 막이 열리기 시작했다. 이로써 한국사회는 점차 분단의 상처를 딛고 세계를 향해 도약하는 힘을 발휘하게 했고, 남북간의 체육교류를 통한 가시적 성과를 창출하는 등 스포츠외교의 절정기를 맞이했다.

노태우는 6·29 선언을 약속대로 실천한다는 것을 보여주기 위해 '보통 사람들의 위대한 시대' 개막을 선언했으며, '민족자존, 민주화합, 균형발전, 통일번영'의 4대 시정방침을 내놓았다.[71] 과거의 권위주의적 악폐 청산, 민주적 개혁 단행, 산업민주주의와 경제정의 실현, 분단극복을 위한 통일정책 추진 등을 내세운 것이다. 하지만 노태우 정부가 국민의 직접적인 선거로 태어나기는 했어도 기본적으로 제5공화국의 연장에 지나지 않아 주도적으로 민주화를 실천할 의지도 능력도 결여되어 있었다. 그 결과 1988년 4월 26일에 실시된 제13대 총선에서는 과반수 의석 확보에 실패하여 여소야대(與小野大) 현상을 빚고 말았다.

한편, 노태우 정부는 이전의 군사정권과 달리 민주주의를 어느 정도 보장했다. 즉 대통령 직선제 실시로 정치권력이 어느 정도의 정당성과 국민적 동의의 기반을 갖추게 되었고, 입법부와 사법부의 권한과 자율성이 상대적으로 강화되어 삼권분립에 의한 견제와 균형이 이루어졌다. 또 30년만에 지방자치제가 부활되었고, 언론기본법이 폐지되어 언론의 자유가 신장되었으며, 노동운동을 비롯한 다양한 국민들의 요구가 제기되기도 했다. 특히 경제면에서는 3저 호황과 이에 따른 4년에 걸친 국제수지 흑자로 국민들의 경제 체감지수가 상당히 향상되었다.

그러나 노태우 정부는 미국의 시장 개방압력 증가 등에 적절히 대처하지 못했다. 뿐만 아니라 재벌 특혜로 빚어진 문제들을 해결하기 위해 꼭 필요한 경제개혁 및 산업구조 조정에 실패했고, 오히려 정경유착을 심화시키기도 했다. 한마디로 노태우 정부의 개혁과 구조조정은 미봉책에 그치고 말았다. 결국 노태우 정부는 군사정권에서 문민정권으로 넘어가는 과도기적 성격을 벗어나지 못했다.

제6공화국은 직선제로 선출된 의미를 부각시키고, 제5공화국과의 차별성을 부각시키기 위해 작은 정부를 선거공약으로 제기했었다. 이에 따라 출범과 동시에 대통령 공약사업으로 제기된 행정개혁작업에 착수했고, 그 연장선상에서 체육부 폐지론이 부각되었다.

---

71) 공보처, 『第6共和國實錄』 4, 1992, 425쪽.

행정개혁위원회는 1989년 5월 11일 전체회의에서 체육부를 폐지하고 문화공보부의 문화행정과 체육부의 청소년 및 사회체육행정을 흡수 통합하여 문화체육부를 설치하는 내용의 개편안을 최종 확정, 대통령에게 건의했다. 이에 대해 대한체육회를 비롯한 체육 유관단체들은 문화체육부 설치안에 대한 반대 건의안 및 결의안을 채택하고, 체육회 고문간담회, 원로 체육인회의 및 선수지도자들까지 나서서 행정개혁위원회의 결정에 반대하는 호소문을 냈다. 이들 건의문과 호소문은 한결같이 한국체육의 발전을 위해서는 체육부가 존재해야 함은 물론 독립성이 보장되어야 한다고 강조했다.[72]

그 결과 제6공화국은 선진 복지사회 구현이란 정책의시를 앞세워 체육부 폐지론을 백지로 돌리고, 오히려 관련 업무의 영역을 청소년 문제로까지 확장해 체육청소년부를 탄생시켰다. 이에 따라 1990년 12월 27일 정부조직법 개정과 함께 체육부의 명칭은 체육청소년부로 개칭되었다. 체육청소년부는 체육부 때보다 기구가 더 늘어난 2실 3국 5관 3담당관 16과로 출발했다.[73]

그러나 1990년 2월 12일 대통령령 제12927호에 따라 체육진흥국 내에서 사회체육과가 생활체육과로 개칭되고, 학교체육과는 폐지되었다. 대신 사업관리과가 신설되었으며, 체육과학국이 체육지도국으로 개칭되었다. 이로써 체육관련 조직은 체육진흥국(생활체육과, 사업관리과, 체육시설과), 체육지도국(조사기획과, 훈련과, 지도육성과), 국제체육국(지원총괄과, 국제경기과, 해외협력담당관) 체제를 유지했다. 하지만 학교체육과의 폐지로 1990년대 와서도 학교체육 업무가 여전히 분산되고 정체되는 현상이 계속될 수 밖에 없었다.

물론 체육청소년부는 매년 연초에 학교체육관리지침을 시·도 교육청에 시달해 혼선을 막고자 했다.[74] 즉 체육청소년부는 이 관리지침을 통해 체육수업의 정상적 운영, 체육교사의 자질 향상 및 사기 진작 방안, 체육연구 및 시범학교 운영의 내실화, 학교체육의 활성화를 위한 인식 제고, 학교체육진흥관리위원회 설치 및 운영, 체육시설 확충 및 활용 확대 등에 관한 사항을 시달했다. 이 지침에 따라 각급 학교는 정규 체육수업 및 학생선수 선발과 관리, 대회 운영 결과를 연말에 보고했다.

이같은 조치에도 불구하고, 학교체육의 진흥은 그리 나아지지 않았다. 각급 학교는 문교부 산하 각 시·도 교육위원회의 통제하에 있었기 때문에, 각급 학교의 보고가 형식에 치우치는 등 일선 학교와 체육청소년부의 체육업무에 대한 협조 관계가 원활하지 못했다.[75] 이런 현상은 88올림픽 이후 체육정책의 중심이 엘리트스포츠에서 생활체

---

72) 『체육』, 1989년 6월호, 15~23쪽.

73) 體育青少年部, 앞의 책, 21쪽.

74) 위의 책, 228~229쪽.

75) 황수연, 「한국 체육행정의 변천 연구」, 단국대 박사논문, 2003, 83쪽.

육분야로의 이행을 추진하려 했음에도 불구하고, 학교체육은 여전히 체육정책의 사각지대에 방치되고 있었었음을 말해 주는 것이기도 하다.

노태우 정부는 엘리트스포츠 육성정책을 모체로 하여 88서울올림픽의 성공을 이끌어 냈고, 이를 체육 발전의 재도약 발판으로 삼기 위해 국민생활체육진흥3개년종합계획을 세웠다. 이에 따라 국민생활체육협의회를 발족시켜 생활체육 발전의 기틀을 마련하고자 했다. 이같은 국민생활체육 진흥을 통해, 제6공화국은 첫째 건전한 복지사회를 실현하고, 둘째 1980년대에 축적된 국민적 에너지를 합리적으로 활용하여 국가발전을 가속화하며, 셋째 건전한 여가생활의 기반을 조성하여 바람직한 청소년을 육성하는 등 보다 내실 있는 체육정책을 추진하려 했다.[76]

일명 호돌이계획인 국민생활체육진흥3개년계획은 1990년부터 1993년까지를 1차 계획기간으로 했는데, 그 내용은 다음과 같다.[77] 첫째 생활체육 시설의 확충, 다양한 생활체육 프로그램의 개발과 보급, 생활체육지도자 육성 등을 통한 생활체육 참여 여건의 조성, 둘째 국민 각계각층의 참여 기회를 확대하기 위한 각종 생활체육대회 개최, 체육동호인조직 육성, 지역사회 생활체육교실의 상설운영, 연령별·성별 국민체력 표준치 설정 보급, 지역·학교·직장 등의 체육활동 우수사례 발굴 및 확산 등 참여의식고취 사업 실시, 전국 조직체인 국민생활체육협의회 출범 및 '생활체육 확산의 해' 설정 등이었다.

이러한 생활체육 활성화정책은 전국 스포츠교실의 종목 증가(1990년 11개 종목에서 18개 종목으로 확대), 체육시설 확충사업 지속(1,800억 원 투입), 기존 시설의 이용 여건 개선(학교 운동장, 공공 체육시설) 등으로 구체화되면서 활발한 범국민 체육생활화운동으로 귀결되었다. 그 결과 미국·독일·일본 등 선진국의 60~70% 수준에는 미치지 못하지만, 국민 가운데 주 2~3회 이상 운동참여율이 1989년 27.2%, 1991년 34.7%에 이를 정도로 그 비율이 높아졌다.[78]

그러나 노태우 정부의 생활체육 활성화정책은 모든 국민이 운동에 참여하도록 한다는 기본 목표를 달성하는 데는 미흡했다.[79] 이는 국민체육활동의 체계적인 육성과 지원 시책이 부족했기 때문이다. 이런 사정은 노태우 정부 시기 생활체육부문에 대한 체육예산의 배정을 보면 알 수 있다.

1988년 체육부문 총예산 380억여 원 가운데 생활체육 예산은 1억 8,500만 원으로 그 비율은 0.48%였다. 이후 1989년 1%, 1990년 3.86%, 1991년 3.40%, 1992년 5.02%로 증가하

76) 공보처, 앞의 책, 483쪽.

77) 위의 책, 484쪽.

78) 문화관광부, 『2002체육백서』, 2002, 165쪽.

79) 문화체육부, 『국민체육진흥5개년계획』, 23쪽.

고 있다. 반면 총예산 중 경기력향상 부분에만 1987년 193억여 원이 책정되어 총예산 대비 44.6%였다. 이후 매년 예산이 소폭 변동하여, 그 비율이 48.3%, 38.5%, 38.6%, 40.8%, 41.6%로 연평균 41.5%의 비중을 차지했을 정도로, 엘리트스포츠 부분의 예산이 압도적이었다.[80)]

더구나 대한체육회의 사업내용도 대부분 엘리트스포츠에 치중되었으며, 그나마 국민생활체육과 관련한 사업은 '학교 및 생활체육보급' 사업 단 하나로 그 예산은 전체 예산의 0.01%에도 미치지 못했다.[81)] 국민생활체육협의회 역시 민간 중심의 생활체육육성이리는 목직에도 불구하고, 그 예산을 오히려 정부에서 지원[82)]받음으로써 설립 당시부터 관변단체라는 여론의 의구심[83)]을 받았다.

이렇게 노태우 정부가 생활체육 진흥정책을 정책적 과제로 인식하여 그 활성화를 위한 구조적 노력을 꾀했다는 점에선 긍정적으로 평가할 수 있다. 하지만 엘리트스포츠와 비교하면 생활체육은 여전히 정책적 우선 순위에서 밀려나 있었다. 그 결과 노태우 정부의 생활체육 활성화정책은 그리 만족할만한 성과를 달성했다고는 할 수 없다.

노태우 정부가 비록 생활체육에 대한 관심을 제고하여 이전 정부보다 획기적인 정책을 제시했다고는 하지만 여전히 이전 군사정부와 마찬가지로 엘리트스포츠에 정책의 중점을 두었다. 이런 사정은 당시 체육예산의 배정을 살펴보면 알 수 있다. 1988년부터 1992년까지 엘리트스포츠 부문에서 선수육성 관련사업 예산에만 전체 체육예산의 48.3%, 38.5%, 38.6%, 40.8%, 41.7% 등 연평균 41.6%가 배정되었다. 반면에 생활체육은 평균 2.74%에 지나지 못했다.[84)] 결국 노태우 정부의 체육정책 기조는 이전 정부와 마찬가지로 엘리트스포츠에 있었던 것이다.

노태우 정부의 체육정책 가운데 큰 성과를 이룬 분야는 대외교류였다. 88올림픽의 성공적인 개최를 계기로 한국스포츠는 국제무대에 화려하게 등장했다. 노태우 정부는 스포츠외교를 더욱 강화하여 국제 스포츠교류에 있어 선진적인 위치와 힘을 지속시켜 나갔다. 노태우 정부 출범 이후 1991년까지 109건의 각종 국제대회를 국내에서 유치하여 선수단 2만 4,618명이 한국을 방문했고, 국제대회 1,070건에 걸쳐 1만 5,000여 명의 선수단이 해외에 파견되었다.[85)]

---

80) 임용태, 앞의 글, 98쪽, 표 26 참조.

81) 위의 글, 105~106쪽.

82) 1991년 4월 10일 체육청소년부는 각 시·도 자치단체에 국민생활체육협의회 각 시도협의회 연간 총 운영비인 1억 3,000만여 원 중 국민체육진흥기금지원액 3,000만여 원을 제외한 1억여 원을 지원하도록 했다(체육청소년부, 「1991년도 국정감사 교육체육청소년위원회 회의록」, 59~61쪽).

83) 『중앙일보』, 1990년 11월 13일자; 『한계레신문』, 1991년 1월 5일자.

84) 임용태, 앞의 글, 98쪽 표 26 참조.

특히 노태우 정부는 대공산권 스포츠교류에 역점을 두었다. 그것은 정부의 역점 사업인 북방정책의 일환으로 이루어졌다. 그 결과 서울올림픽 이후 1988년 11월부터 1989년 8월말까지 불과 1년 사이에 소련과 중국을 포함한 공산권 8개국과의 스포츠교류가 이루어졌다. 가령 무려 759명의 선수단이 파견된 대공산권 스포츠교류는 모두 공산국가에서 개최한 46개 국제친선경기대회였는데, 이 가운데 약 40%가 비공식 친선경기였다.[86] 서울올림픽 개최 이전에는 이와 같은 비공식 친선국제경기대회에 우리 나라를 초청한 사례도 없었고, 우리 정부도 파견을 생각하지 못했다. 그만큼 교류의 폭이 확대되었다는 것을 말해 준다.[87]

보다 괄목할 만한 사실은 우리 나라에서 개최되는 국제초청경기에 소련을 비롯한 대부분의 공산권 국가들이 초청에 응하여 선수단을 파견했다는 점이다. 89년 5월에 개최된 제4회 동부아시아도시대항 베테랑테니스대회에 중국 선수단 13명이 참가했고, 6월에 개최된 제18회 대통령배국제축구대회에 체코 선수단 25명이 참가했다. 89서울국제초청남녀농구대회에는 소련 선수단과 중국 선수단이 각각 26명 참가했고, 그밖에 유고, 체코, 헝가리 등도 참가했다.[88] 또한 체육지도자들의 교류 활성화를 가져와 주요 국제대회 개최시 지도급 인사는 물론, 경기 운영을 위한 기술임원, 심판 등의 교류도 활발하게 이루어졌다. 특히 경기력 향상에 도움이 되는 우수코치 초청이 이루어져 소련의 육상코치 3명이 1989년 10월에 내한하여 태릉선수촌에서 선수들을 지도했다.

요컨대 노태우 정부는 이전 군사정권과 달리 정통성 문제에서 상대적으로 자유로왔다. 이에 따라 노태우 정부의 체육정책도 엘리트스포츠 중심의 과도한 국가주의적·민족주의적 입장에서 벗어나 국민의 건강증진과 스포츠 참여율 제고에도 힘을 쏟았다. 그것은 국민생활체육진흥3개년계획을 통한 생활체육 활성화정책으로 나타났다. 하지만 노태우 정부 역시 여전히 엘리트스포츠 위주 정책을 유지했다. 이는 체육예산의 비중에서 알 수 있는데, 근본적으로 노태우 정부가 과거 군사정권의 토대에서 성립했다는 점에서 필연적인 정책적 결과라고 할 수 있다. 한편 북방외교의 한 수단으로서 국제체육교류를 크게 강화하고, 이를 토대로 국제사회에서의 한국의 국제적 지위 향상과 대북 외교 우위를 도모했다. 이 역시 여전히 노태우 정부가 이데올로기적 차원에서 체육정책을 고려했다는 점을 보여준다. 그렇다고 해도 노태우 정부의 생활체육진흥정

---

85) 공보처, 앞의 책, 469쪽.

86) 공산권 비공식 친선경기 참가는 19건 231명에 달했다. 예컨대 소련 국제배구선수권대회(모스크바), 89발틱해 국제도로사이클대회(소련), 89차이나컵 국제체조대회(북경), 제10회 판노니아컵 역도대회(헝가리 씨오톡), 89체코 국제초청 근대5종선수권대회(프라하) 등이다.

87) 李學來, 앞의 책, 515쪽.

88) 위의 책, 515~516쪽.

책과 활발한 국제체육교류 사업은 한국스포츠의 발전에 전기를 마련했다는 점은 분명하다.

2. 문민정권기의 체육정책 기조

1) 문민정부의 출범과 민간주도적 체육

1980년대 중반에 와서 그동안 군사정권이 구사해 온 개발독재는 민주화를 열망하는 국민들의 저항에 부딪쳐 더 이상 지탱할 수 없게 되었다. 여기에다 독일 통일과 구소련의 와해로 대변되는 현실 사회주의 국가의 붕괴는 분단을 빌미로 반공에 의지해 온 군부통치의 명분을 상실케 했다.

이러한 시대적 변화는 한반도에서도 점차 냉전체제로 대변되는 이데올로기 시대의 종언을 고하고, 21세기를 향한 새로운 세계질서의 창출을 예고했다. 비록 절차적 민주주의로 노태우 정부가 출범했으나, 대통령인 노태우 자신이 12·12 사태와 제5공화국의 주체세력이라는 태생적 한계 때문에, 군사정권의 속성에서 완전히 벗어나지는 못했다. 결국 1980년대 말 냉전체제의 붕괴는 적어도 남한에 있어서 만큼은 더 이상 분단을 빌미로 정권을 유지하는 군부통치의 기반을 지탱해 나갈 수 없게 만들었다 이런 시대적 조류가 마침내 문민정권의 탄생을 가져왔다.

문민시대의 개막은 한국정치가 군사정권 시대이 유산을 청산하고 새로운 민주주의 시대로 접어들었음을 뜻했다. 1993년 2월에 출범한 김영삼 정부는 역대 군사정권과 달리 더 이상 정통성 시비에 시달리지 않을 수 있었다. 하지만 김영삼은 군사정권의 토대인 민자당 소속으로 대통령에 출마했으며, 그의 지지기반도 민자당 내에 소수에 지나지 않았다. 그는 이런 여건하에서 정권을 장악했다는 태생적 한계를 지닐 수 밖에 없었다.

그렇기에 문민정부는 오히려 군사정권과의 차별성을 부각시키기 위해 정치개혁을 더욱 강조하게 되었고, 특히 군부통치의 유산을 청산하는 데 역점을 두게 되었다. 그 연장선상에서 체육정책도 군사정권 동안 엘리트스포츠에 중점을 두었던 것을 벗어나, 발전이 미흡한 생활체육을 중점 진흥하여 생활체육과 엘리트스포츠를 균형 육성하려는 데 목표를 두었다.[89] 다시 말해 그간 국가시책에 의해 보호를 받아왔던 엘리트스포츠를 점차 민간차원으로 이양하고, 국민 체력 증진과 여가 선용을 위한 생활체육의

89) 문화체육부, 『국민체육진흥5개년계획』, 19쪽. "생활체육과 엘리트체육의 균형 육성-발전이 미흡한 생활체육 중점 진흥, 엘리트체육은 여건악화에 대한 보완적 대책을 강구"

범국민적 확산에 역점을 두었다는 것이다.[90] 물론 김영삼 정부에서도 체육이 '건강한 사회'를 건설하는 주요 수단일 뿐 아니라, 개인과 사회에 활력을 더함으로써 '튼튼한 경제'의 건설에도 커다란 영향을 미친다[91]는 스포츠내셔널리즘적 정책기조를 그대로 유지했다.

문민정부의 체육정책의 전반적 기조는 1993년 7월 마련된 『국민체육진흥5개년계획』에 담겨져 있다. 여기서 김영삼 정부는 체육진흥을 국민복지차원의 주요 정책과제로 인식하여 생활체육 진흥을 중점 과제로 삼을 것임을 밝혔다.[92] 그리고 엘리트스포츠의 지속적 육성과 국제체육교류 증진, 체육과학 진흥 등도 주요 과제로 설정했다. 그 추진 전략은 첫째 생활체육과 엘리트스포츠의 균형 육성, 둘째 학교체육에 대한 정책적 노력 강화, 셋째 국민의 자발적 체육활동 참여 제고, 넷째 체육과 문화의 접목 도모, 다섯째 시대적 여건 변화에 따른 정책 및 제도의 재조정 등이었다.[93]

이같은 정책기조를 관철하기 위한 추진전략의 핵심은 각 정책부문에 민간의 역할을 제고하는 것이었으며, 구체적으로는 민간자본의 투자를 높인다는 것이었다. 가령 생활체육의 경우, 참여동기를 유발하는 것이 중요한 과제임을 분명히 하고 이를 위한 홍보사업에는 약 70%, 생활체육시설에는 54% 규모의 민간자본을 투입하고자 한 것은 그 단적인 사례이다. 특히 신도시종합체육회관은 투자규모의 96%를, 농어민체육센타 건립은 아예 전액 민간자본으로 충당하고자 했다.[94]

이런 사정은 엘리트스포츠의 경우도 마찬가지였다. 과학적인 선수양성사업비에서 학교운동부 운영을 위한 계획 예산중 국고의 비중은 9%에 그치는 반면, 국민부담으로 조성되는 체육진흥기금은 53%에 달할 정도였다. 특히 학교운동부의 운영비는 별도의 육성회비로 충당하려는 계획까지 수립했으며, 체육계 학교에 대한 전체 투자규모의 3% 정도를 국고에서 투자하고자 했다.[95] 이에 비해 과시적인 효과가 큰 스포츠외교부

---

90) 문화관광부, 『2002 체육백서』, 34쪽. "문민정부는 그 동안의 체육정책이 전문체육에 중점을 두었던 것을 벗어나, 발전이 미흡한 생활체육을 중점 진흥하여 생활체육과 전문체육을 균형 육성하려는 강력한 의지를 보였다. 즉, 제3공화국으로부터 시작하여 계속 이어진 체육입국의 국가시책에 의해 보호를 받고 있던 전문체육을 점차 민간차원으로 이양하고, 국민체력 증진과 여가 선용을 위한 생활체육의 범국민적 확산에 역점을 두게 된 것이다."

91) 문화체육부, 『국민체육진흥5개년계획』, 1993, 6쪽. "체육은 개인과 사회의 건전성을 높이므로 '건강한 사회'를 건설하는 주요 수단일 뿐 아니라, 개인과 사회에 활력을 더함으로써 '튼튼한 경제'의 건설에도 큰 영향을 미친다는 점 등에서 정부의 체육분야에 대한 정책제시가 시급한 실정임"

92) 위의 책, 5쪽. "도시화와 산업화가 진행되면서 국민의 생활여건이 나빠짐에 따라, 국민의 건강과 체력을 높이기 위한 체육진흥이 국민복지차원의 주요 정책과제로 대두되고 있음"

93) 위의 책, 19쪽

94) 위의 책, 26·62쪽.

문에는 전액 국고로 충당하고자 했으면서도, 경기대회 유치나 운영은 민자의 규모를 총 투자액의 90%를 책정할 정도였다.[96] 이는 그만큼 김영삼 정부가 추진한 엘리트스포츠의 민간주도화가 자율성 제고를 통해 그 근본적 발전을 도모한 것으로 보기 어렵다는 점을 분명히 보여주는 것이다.

김영삼 정부가 『국민체육진흥5개년계획』에서 제시한 주요 정책과제를 정리하면 <표 1-1>과 같다.

〈표 1-1〉 김영삼 정부이 주요 체육정책 과제

정책과제	추진내용
생활체육의 범국민적 확산	ㅇ국민의 체육활동 참여의식 고취 ㅇ체육활동 공간 확충 및 생활체육지도자 양성 ㅇ국민체육활동의 체계적 육성 및 지원 ㅇ국민건전여가 기회의 확대
엘리트체육의 지속적 육성	ㅇ우수선수의 과학적·체계적 양성 ㅇ국내경기대회 운영의 개선 ㅇ우수한 경기지도인력 양성 ㅇ체육인 복지향상 및 체육단체의 자율성 제고
국제체육협력의 증진	ㅇ세계 체육계에서 한국의 입지 강화 ㅇ국제체육교류사업의 효율적 추진 ㅇ체육을 통한 민족화합 도모
체육과학의 진흥	ㅇ 체육과학의 연구기반 강화 ㅇ 체육과학의 실용화
체육행정체제의 보강	ㅇ체육행정체제의 정비·보강 ㅇ체육관련 법령 및 제도의 정비

이 중에서도 김영삼 정부의 체육정책 핵심은 생활체육의 범국민적 확산과 엘리트스포츠의 지속적 육성이었다. 이런 사정은 5개년계획에서 제시한 각 정책과제에 대한 투자규모에서 확인할 수 있다.[97] 즉 1993~1997년 동안 생활체육에 대한 국고의 투자규모는 전체 50%에 해당하는 2,044억 9,800만 원, 엘리트스포츠에는 35%인 1,437억 1,700만 원으로 생활체육 및 엘리트스포츠에 전체 예산의 85%가 책정되었다. 또 같은 기간 국민체육진흥기금도 생활체육분야에 전체 예산의 40%인 793억 7,100만 원이, 엘리트스포츠에 51%인 1,029억 6,400만 원이 책정되어, 모두 91%에 해당하는 기금이 책정되었다. 결국 국고와 국민체육진흥기금을 모두 포함한 체육예산 6,113억 1,400만 원 중 5,309억

95) 위의 책, 158~162쪽.

96) 위의 책, 198~201·230~240쪽.

97) 위의 책, 285~289쪽.

8,700만 원이 생활체육 및 엘리트스포츠 부문에 책정되어 그 비중은 87%에 이르렀다.

하지만 이런 예산책정 계획은 그대로 집행되지 않았다. 예컨대 국민체육진흥기금의 경우, 생활체육에는 1993년부터 1997년까지 538억 원으로 계획예산대비 67.8%만이 지원되었고, 엘리트스포츠엔 같은 기간 동안 1,121억 원이 투입되어 계획예산대비 109%가 지원되었다.[98] 결국 생활체육부문은 계획과 달리 그 지원이 대폭 삭감된 데 비해, 엘리트스포츠는 초과 지원된 것이다.

물론 이러한 재정적 한계에도 불구하고 엘리트스포츠는 물론이고, 생활체육부문도 일정한 외형적 성과가 나타났다. 예컨대 생활체육의 범국민적 확산을 보여주는 생활체육 클럽수 및 동호인수는 집권 초기 1만 6천여 개, 66만여 명에서 1997년 3만 4,000여 개, 140만 명으로 늘어나, 그 증가율이 각각 47.7%, 47.2%였다.[99] 엘리트스포츠의 경우는 선수저변 확대, 선수 선발과 훈련의 과학화, 우수 경기지도자 양성, 체육인 복지향상, 체육단체의 전문성 및 재정자립도 제고 등을 정책적 목표로 했다. 이에 따라 전통적인 올림픽 메달종목인 양궁, 레슬링, 유도, 숏트랙에선 세계 상위권 수준을 유지했다. 그 결과 '세계10위권 경기력 유지'라는 정책적 목표를 달성했다.

그러나 예산투입이 계획보다 감소했던 생활체육은 전반적으로 정책목표가 제대로 달성되지 못했다. 가령 운동참여율이 1991년 34.7%에서 1997년 38.8%에 증가하는 데 그쳐 애초 목표로 했던 50%에도 훨씬 못미쳤다.[100] 이는 노태우 정부의 1989~1991년 사이의 증가율 7.5%포인트에도 못미치는 수준이다. 또 삶의 질 향상에 대한 체육활동의 기여도에 대한 국민의 인식에서도 커다란 변화가 없었다.[101] 사실 생활체육의 성공 여부는 홍보, 시설투자, 재원확보 등보다는 그 실제 참여도와 국민의 생활체육에 대한 인식에 있다고 할 때, 이같은 통계는 김영삼 정부의 생활체육정책이 결코 성공적이지 못했다는 사실을 단적으로 보여주는 사례이다.

엘리트스포츠도 체육진흥기금이 초과 투입되어 세계 10위권 유지라는 목표와 선수층의 저변 확대가 어느 정도 달성되었지만 전반적인 엘리트스포츠 수준의 향상에는 미흡했다. 우수선수 선발에서는 연도별 후보 선수 및 최종선발 인원은 연평균 대략 1,000여 명 내외이며, 이들이 대표선수로 선발된 경우는 1993년의 15.1%를 제외하곤, 대체로 2.4%정도였다.[102] 이런 통계는 우수선수 선발이 선발에만 초점을 맞추었을 뿐, 체계적인 관리 및 훈련을 통한 우수선수 양성은 제대로 이루어지지 않았음을 보여주는

98) 문화관광부, 『2002체육백서』, 81쪽. 표 2-33 국민체육진흥기금 지원실적 참조.

99) 박혜란, 「김영삼 정권의 체육정책에 관한 연구」, 한양대 박사논문, 2005, 103~104쪽.

100) 문화관광부, 『2002체육백서』, 165쪽.

101) 박혜란, 앞의 글, 109~111쪽.

102) 문화관광부, 『2003체육백서』, 2004, 244~245쪽.

것이다.[103] 우수지도자 확보도 목표의 절반에도 미치지 못하여, 1급 경기지도자의 경우는 당초 목표의 39%, 2급 경기지도자는 23.2%에 불과했다.[104]

체육인 복지정책 역시 만족할 만한 수준에는 이르지 못했다. 가령 1997년 체육인 복지를 위한 예산은 24억 6,422만 원으로 목표액의 3/4 정도에 이르렀으나, 경기력향상 연금의 비중이 높아 진정한 의미의 체육인 복지정책의 의미를 살리지는 못했다. 게다가 복지와 직접적인 연관이 있는 선수 및 지도자 보호지원금이나 체육장학금은 경기력 향상 연금의 10~40% 정도에 불과했다. 그나마 실제 지급되는 금액도 매우 부족했다. 가령 1994년 선수 및 지도지 보호지원금 총액은 1억 3,850만 원이며, 시급대상자는 910명으로 1인당 15만 2,000여 원에 불과했다. 또한 장애연금은 1인당 480만 원이었는데, 1989년 이래 금액변동은 없었다.[105]

더구나 김영삼 정부의 학교체육정책은 사실상 존재하지 않았다고 해도 지나친 말이 아니다. 『국민체육진흥5개년계획』에서조차 체육교육은 교육의 영역이라는 명분으로 교육부에서 추진하도록 했다. 다만 문화체육부는 교육부의 정책 추진에 적극적으로 협조한다거나, 교육영역 외의 학교체육활동에 역점을 둔다는 방안을 마련하는 정도에 그쳤다.[106] 그 결과 중고등학교 체육시간의 대폭 축소, 학생체력장제도와 입시 체력검사제도 폐지, 대학체육의 선택과목화 등으로 김영삼 정부 시기에 와서 학교체육은 고사 위기에 빠졌다.

이렇게 생활체육과 엘리트스포츠의 균형 발전을 정책기조로 삼은 김영삼 정부의 체육정책은 사실상 커다란 진전을 이룩하지 못했다. 오히려 전반적인 체육의 쇠퇴를 불러왔다. 그 필연적인 결과로 학교체육은 사실상 붕괴되었다. 이같은 사정은 체육행정기구의 축소 개편으로 인하여 심화되었다.

정치구조의 개편에 따른 행정기구의 축소는 당시 신자유주의라는 세계적 흐름에 영향을 받은 것이었다. 당시 선진국들은 국가운영의 목표로 작은 정부, 민영화와 규제완화 등으로 설정하고, 이를 통해서 자본시장의 유치, 경제 활성화를 추진하고자 했다. 김영삼 정부는 이런 세계적인 신자유주의 조류에 따라 이른바 국제화, 세계화전략을 내세워 고비용-저효율의 경제구조를 없애고 국가경쟁력을 제고한다는 '작은 정부 구현'을 국정목표로 삼았다. 그 결과 정부조직의 개편을 추진하면서 1993년 3월 6일 대통령령 제13869호에 따라 문화부와 체육청소년부를 통합한 문화체육부가 발족했다.

이러한 조치는 급기야 체육정책에 있어 전면적인 퇴보를 가져오는 발단이 되었다.

---

103) 박혜란, 앞의 글, 121쪽.

104) 위의 글, 124~125쪽.

105) 문화관광부, 『2003체육백서』, 107쪽 표 2-35참조.

106) 문화체육부, 『국민체육진흥5개년계획』, 7쪽.

즉 문화체육부는 1차관보 3실 7국 34과 12담당관 제도로 출발했다. 이 가운데 체육관련기구는 1차관보, 체육정책국, 체육지원국, 국제체육국 등 3국 등으로 구성되었으며, 그 산하에 9과를 두어 총 94명의 정원으로 출발했다.[107)]

문화체육부 기구 가운데 체육정책을 총괄 조정한 것은 체육정책국이었다. 체육정책국은 생활체육진흥과 체육시설 확충·관리를 주 업무로 하여 그 산하에 체육기획과, 생활체육과, 체육시설과를 두었다. 선수 육성과 관리, 체육단체 지원, 체육과학 진흥을 주로 담당한 체육지원국은 산하에 체육과학과, 지도육성과, 훈련지도과를 두었다. 국제체육국은 협력총괄과, 국제경기과, 해외협력과를 두어 체육교류 추진, 국제경기대회 파견 및 개최, 체육진흥 협력업무 등을 담당했다. 따라서 문화체육부 출범 당시에는 비록 문화부와 통합되면서도 구조상으로는 별다른 변화 없이 체육청소년부체제하의 기능을 그대로 유지할 수 있었다.

그러다가 1994년 12월 23일 체육지원국이 폐지되어 스포츠과학 육성과 체육지도자 양성 및 우수선수 육성을 담당하는 행정기능이 사라지는 급격한 변화를 초래했다. 이런 변화는 문민정부가 출범과 더불어 사회 각 부문에서 변화와 개혁을 이끌어 낸다는 명분하에 추진한 행정 쇄신작업의 결과이기도 했다.[108)] 하지만 이로 인해 이제 갓 스포츠 선진국의 뿌리를 내리기 시작한 한국체육이 구조적으로 위축되고 말았다. 물론 김영삼 정부가 추진한 체육행정기구의 축소는 민간주도화라는 정책기조에서 비롯되었다.

요컨대 김영삼 정부의 출범 당시에는 문민시대의 도래와 더불어 민간 체육단체의 위상이 강화되어 그 동안 양적인 팽창에 치우쳐 온 체육정책의 질적인 성숙이 이루어질 것이라는 기대와 전망도 없지 않았다. 그러나 국가정책의 방향을 좌우하는 정책라인에서는 체육 현장의 인식과 달리 기본적으로 군사정권의 유산을 청산하는 데 초점을 맞추었다. 스포츠를 그 동안 군사정권이 군부통치를 뒷받침하기 위해 동원했던 우민화정책의 도구로 인식했던 것이다.[109)] 따라서 그 직접적인 동기가 되었던 엘리트스포츠 중시정책을 비판적으로 바라보고, 이를 탈피하여 생활체육 중시정책으로 전환하려는 강력한 의지를 보였다.

하지만 신자유주의를 추구하는 국제화, 세계화전략을 기조로 한 국정목표를 달성하기 위해 체육조직을 축소했을 뿐만 아니라, 국민체육진흥계획에서 제시한 예산마저도 삭감했다. 그 결과로 김영삼 정부가 추진한 생활체육참여율 50%로 상징되는 생활체육의 범국민적 확산 정책은 실현될 수 없었다. 엘리트스포츠의 경우 경기력 세계 10위권

107) 위의 책, 270쪽.

108) 『체육』, 1994년 1·2월호, 66쪽.

109) 李學來, 앞의 책, 578쪽.

이라는 외형적 목표는 달성했으나, 우수선수 양성 등 엘리트스포츠의 지속적 성장을 위한 정책은 미흡하여 오히려 그동안 이룩한 엘리트스포츠 체제가 흔들렸을 뿐이었다. 특히 체육특기자제도에 대한 개편은 엘리트스포츠의 근간을 흔들었을 뿐 체육특기자제도에 따른 문제는 여전히 지속되었다.

이러한 김영삼 정부 시기의 체육정책이 갖는 문제는 민간주도화에 대한 몰이해에서 비롯된 것이다. 체육진흥을 위한 필수적인 정부의 역할은 무시한 채, 단순히 행정기구나 국고지원을 축소하는 데만 집중한 것이 그 단적인 사례이다. 결국 김영삼 정부의 민간주도화는 그 핵심이라고 할 민간의 자율성 제고에는 정책적 고려가 사실상 전무했던 것이다.

이런 측면에서 볼 때 체육에 관한 정책 판단에 있어 편향된 시각을 앞세웠던 문민정부의 체육정책은 체육이념에 대한 근본적인 이해를 결여한 것이라 할 수 있다. 결국 체육정책은 갈수록 체육행정 기능과 구조를 축소시키는 방향으로 전개되었던 것이다. 특히 학교체육은 교육부와 문화관광부 등이 이원적으로 관할하면서 정책적 고려가 소홀했다. 뿐만 아니라 주지주의적 교육정책과 대학입시 중심의 학교운영에 대한 개선이 없는 상황에서 학교체육정책은 사실상 존립 근거마저 상실해 버렸다.

2) 국민의 정부 출범과 시장주의적 체육

문민개혁을 표방한 김영삼 정부는 그 슬로건과 달리 군사정권기 못지않게 권위주의적이었다. 또한 주요 국정운영도 제도화된 공적인 기구가 아닌 사적 인맥을 통해 행해지는 등 정실주의에 기댄 측면도 강했다. 이런 사정으로 문민개혁은 제대로 실현되지 못하고 오히려 국정의 난맥상을 드러냈고, 그 결과 국가부도사태라는 초유의 정치·경제·사회적 위기에 빠졌다.

김영삼 정부시기 나타난 이런 문제점은 위기 극복은 물론, 사회 각 부문에 대한 지속적인 개혁의 필요성을 제기했다. 결국 1997년 15대 대통령선거에서 국민회의 김대중 총재는 김종필 자민련 총재와 손잡은 이른바 'DJP 연합'에 힘입어 승리를 거두어 국민의 정부가 탄생했다. 국민의 정부는 최초의 수평적 정권교체를 이루었다는 점에서 민주주의 발전에 커다란 진전이라는 역사적 의미를 갖는다. 하지만 국민의 정부는 국제통화기금(IMF) 관리체제라는 경제위기를 극복해야 하는 과제도 안고 있었다. 따라서 국민의 정부는 이같은 환경변화에 맞춰 체육정책을 수립해야 했다. 그 기본 방향은 민주주의적 발전에 따른 지방화·민간화·다원화에 기반하는 체육업무의 분권화·민간주도화였으며, 경제위기에 따른 체육 행정조직의 축소였다.

이러한 기본 방향에 따라 생활체육을 중시하는 제2차 국민체육진흥5개년계획을 마련했다. 민간 주도적 생활체육 중시정책은 다음과 같은 인식에서 알 수 있다.

> 제조업 중심의 산업사회에서 정보·서비스 중심의 지식산업사회로 이행됨에 따라 다양성과 창조성 및 개성이 강조될 것인 바, 체육복지서비스 수용의 다양화·고도화·전문화가 요구될 것으로 보인다. …지방자치가 정착되어 획일적인 중앙집중 현상을 탈피, 지역간 균형개발과 기회의 균등을 추구하고 주민복지 수요가 증가하는데, 특히 주민의 민주의식 고양으로 자율성과 다양성이 존중되어 뜻을 같이하는 자생적인 스포츠동호인 집단의 활동이 다양하게 전개될 것이다. …국민들은 갈수록 정신적·문화적 풍요의 가치를 중시하고 있으며, 문화와 여가활동이 일상생활에서 중요한 비중을 차지할 것으로 전망된다. 체육활동 참여율을 보면 97년 38.8%로 나타나고 있으며, 참여욕구는 이보다 훨씬 더 높은 것으로 추정되고 있다. 특히 국민들의 생활체육참여에의 욕구가 강함과 동시에 그 내용이 다원화하고 있음도 주목해야 할 것이다.[110]

이러한 인식하에 국민의 정부는 다음과 같은 정책목표를 제시했다.

> 다원화, 민주화, 자율화에 부응하여 공급자 중심의 관 주도형 수직적 정책에서 수요자 중심의 민간 주도형 수평적 정책추진으로 전환하고, 소수정예 선수와 전략종목 중심의 체육에서 국민 모두를 위한 체육으로 전환하여 체육활동의 기회균등을 추구하며, 창조적·생산적인 건강사회를 구현한다.[111]

이처럼 김대중 정부는 기존 엘리트스포츠 중시정책에서 벗어나 생활체육 중시정책으로 전환하되, 생활체육은 지역공동체 중심으로 활성화하여, 민간의 주도적 역할을 제고하는 데 역점을 두었다. 엘리트스포츠도 전문성·자율성·합리성 제고와 생활체육과의 연계를 강화하는 데 목표를 두었다.[112]

그런데 이런 민간 주도적 체육정책은 기본적으로 시장주의적 인식에 따른 것이었다. 즉 시장원리에 따라 보다 효율적이고 자율적인 체육활동을 보장한다는 것이다. 스포츠산업의 국제경쟁력 강화도 주요 목표로 설정한 것[113]은 그 단적인 사례라고 할 수

---

110) 문화관광부, 『국민체육진흥5개년계획』, 1998, 15~17쪽.

111) 위의 책, 27쪽.

112) 위의 책, 28쪽에서는 엘리트스포츠의 정책목표로 세계상위권 경기력 유지를 제시하고, '체육기량의 지속적 유지 및 생활체육과 전문체육의 연계강화'를 그 내용으로 했다. 이를 위한 기본적인 추진전략으로는 선수 발굴 및 육성체계의 전문성 보강, 경기단체의 자율성 제고, 경기운영체계의 합리화 및 전산화 강화, 스포츠클럽 육성을 통한 생활체육과 전문체육의 균형발전 등을 제시했다.

113) 문화관광부, 『2002체육백서』, 36~38쪽에서는 스포츠산업의 정책목표로 '체육산업의 국제경쟁력 강화'를 제시했다. 그 내용은 체육산업의 연구 개발, 취약지구 민간체육시설 우선 융자

있을 것이다.

김대중 정부의 시장주의적 체육정책은 2차 5개년계획의 부문별 추진 내용에서 확인할 수 있는데, 그 기본 방침은 민간자본의 투입을 전제로 한 것이다. 김대중 정부는 2차 5개년계획에서 부문별 목표와 추진내용을 <표 1-2>와 같이 밝혔다.

체육시설 확충을 위한 계획 중 하나는 기존 유휴화된 공공체육시설을 민간의 전문단체에 위탁·관리하거나, 학교체육시설에 대한 민간의 투자를 유도하는 것[114]이었다. 뿐만 아니라 동호인클럽의 육성과 지원은 총투자계획의 85%를 민자로 충당하고자 했다.[115] 결국 생활체육 중시정책은 기본적으로 민간자본의 투입을 전제로 한 것이다. 이로써 아래 표에서 언급한 민간체육시설에 대한 융자나 민간체육산업 성장을 위한 규제완화와 같은 정책이 고려되었고, 이것이 결국 체육산업의 국제경쟁력 강화라는 정책 목표로 나타난 것이다.

엘리트스포츠의 경우에도 시장주의적 정책을 관철시키고자 했다. 예컨대 김영삼 정부 시기 전액 국고에서 충당된 경기지도자 양성[116]에도 김대중 정부에 와서는 그 비중이 10%에 그치지만 민간자본을 투입하여 해결하려고 했을 정도였다.[117] 심지어 월드컵 대회에 대비하여 마련한 청소년상비군 운영을 위해서는 총투자 규모의 50%를 민간자본에서 마련하고자 했다.[118] 또한 5개년계획에서 밝힌 생활체육과 엘리트스포츠의 연계방안의 경우 그 구체적 방안으로 프로스포츠 활성화를 통한 아마추어팀 육성을 제시했다.[119] 이를 위해 연고지역 내의 운동경기부에 대한 지원을 유도하기 위한 규정 및 제도의 보완, 프로구단의 외국인 선수 고용 비용의 자율화 등을 계획했다.

그러나 민간 주도의 시장주의적 체육정책은 그 이념적 정당성에도 불구하고 추진과정에서 어려운 지경에 놓일 수 밖에 없었고, 결국 생활체육 중시정책도 그 성과를 이루지는 못했다. 이는 정책 수행의 효율성을 내세운 행정기구 축소는 물론이고, 민간자본의 투입을 전제로 한 체육예산의 감소에 따른 것이었다. 1998년 2월 28일 정부조직

지원, 민간체육산업의 성장을 위한 규제완화 추진, 체육서비스소비자의 권익 및 안전보호를 위한 조치 강구 등이었다. 한편 2001년 8월에는 '스포츠산업 육성대책'을 마련했는데, 중점과제는 스포츠용품의 세계적 브랜드 육성, 체육시설 관리 및 운영 개선, 스포츠서비스업 집중육성 등이었으며, 장기발전과제로 스포츠산업육성재단 설립과, 스포츠산업지원법령 제정 등을 제시했다.

114) 문화관광부, 『국민체육진흥5개년계획』, 61~64쪽.

115) 위의 책, 99쪽.

116) 문화체육부, 『국민체육진흥5개년계획』, 204쪽.

117) 문화관광부, 앞의 책, 211쪽.

118) 위의 책, 222쪽.

119) 위의 책, 186쪽.

법 개정(법률 제5529호)에 따라 문화체육부가 폐지되고 문화관광부가 새로 발족되어 체육전담부서가 체육국으로 축소되었다. 이같은 체육기구 축소에 대해 한국체육학회, 한국올림픽성화회, 21세기스포츠포럼 등 15개 체육단체로 구성된 한국체육단체연합[120]이 강력한 항의시위를 벌일 정도로 체육의 위기는 국민의 정부가 들어서면서 더욱 심화되었다.

〈표 1-2〉 제2차 국민체육진흥5개년계획의 목표와 추진내용[121]

부문별 목표	추진내용
생활체육참여 환경을 구축하여 지역공동체 중심의 체육활동여건 조성	○ 지역공동체 주민활동의 장으로써 체육시설 확충 ○ 미참여 인구의 생활체육 프로그램 참여 확대 ○ 생활체육지도인력의 육성 및 활용 ○ 국민체력관리의 과학적 지원 ○ 민간주도적 생활체육 확산
세계상위권 경기력의 유지 및 생활체육과 전문체육의 연계강화	○ 선수 발굴 및 육성체계의 전문성 보강 ○ 경기단체 자율성 제고 ○ 경기운영체계의 합리화 및 전산화 강화 ○ 스포츠클럽 육성을 통한 생활체육과 전문체육의 균형발전
국제교류 역량 강화 및 남북체육교류 촉진	○ 체육교류 대상국 확대 및 교류 내실화 ○ 체육외교역량의 강화로 국제체육기구내 역할 강화 ○ 남북체육교류 추진으로 민족화합 분위기 조성 ○ 국가 이미지 홍보를 위한 상징종목의 세계적 보급 확산
2002년 월드컵 축구대회의 성공적 개최로 국가발전의 재도약 전기 마련	○ 대회준비 운영체제 구축, 경기장 등 대회시설 확보 ○ 경기운영, 개회식 등 대회운영 단계적 준비 ○ 범국민적 대회 참여 분위기 조성 및 전 정부적 지원
체육산업의 국제경쟁력 강화	○ 체육산업의 연구 개발 ○ 취약지구 민간체육시설 우선 융자 지원 ○ 민간체육산업의 성장을 위한 규제완화 추진 ○ 체육서비스소비자의 권익 및 안전보호를 위한 조치 강구
경쟁력 있는 체육과학발전 추구 및 체육행정능률 향상	○ 한국체육과학연구원 기능 증대 ○ 국민체력증진 연구 및 경기력 향상 연구역량 강화 ○ 체육부문 종합정보망 구축 및 다양한 체육정보 제공 ○ 체육인력의 전문성 제고 및 지방체육조직에 전문인력 배치

문화관광부 체육국은 1998년 개편 당시 체육정책국과 국제체육국을 체육국으로 통합했으며, 기존의 체육기획과와 협력총괄과를 체육정책과로 통합했다. 또한 기존의 생활체육과는 그대로 유지하고, 지원육성과와 체육시설과를 체육지원과로, 국제경기

120) 「한국체육단체연합」은 한국체육이 위기에 처하고 있음을 인식한 체육인들이 체육단체 간의 공조체제를 강화하여 한국체육의 정상화 방안을 강구하기 위한 목적으로 1999년 4월 23일 창립되었다.

121) 문화관광부, 『2003체육백서』, 41쪽.

과와 체육교류과를 체육교류과로 통합하는 등 체육담당기구를 체육정책과, 체육지원과, 생활체육과, 체육교류과의 1국 4과 체제로 축소했다. 그 결과 총인원은 종전 77명에서 21명이 감소한 56명으로 조정했다.[122)]

이후 1999년 체육지원과와 생활체육과를 체육진흥과로 통합하여 1년여 만에 다시 3개 과로 축소 조정되었는데, 2000년 들어서면서 기업의 근무시간 단축에 따른 여가시간의 증대 등으로 생활체육에 대한 수요가 증가했다. 이에 정부는 증가한 국민의 여가시간을 건전한 체육활동으로 유도하고, 국민의 생활체육에 대한 수요의 다양화·전문화에 능동직으로 내처하고자 2002년 생활체육과를 부활시켜 1국 4과 45명으로 운영하기에 이르렀다.[123)]

체육정책과, 체육진흥과, 국제체육과, 생활체육과의 주된 업무 영역은 다음과 같다.[124)] 체육정책과는 체육정책에 관한 장·단기계획의 수립 및 조정, 국민체육진흥기금의 조성 및 운영, 경륜·경정사업 지도·감독, 체육과학의 진흥 및 체육과학연구기관의 육성·지원, 체육용구·체육시설업 등 체육산업의 진흥, 대한민국체육상 등 우수체육인에 대한 포상 업무를 수행했다. 체육진흥과는 전문체육 관련단체의 설립 및 육성·지원, 프로경기 진흥 및 경기단체의 육성·지원, 국가대표선수 및 기본종목 우수 유망선수의 육성·지원, 국가대표선수 훈련시설의 확충 및 운영, 전국체육대회 및 종목별 국내경기대회 개최 지원, 대한체육회 및 경기단체에 관련된 업무를 담당했다. 국제체육과는 2002년 월드컵축구대회 및 2002년 부산아시안게임 등 국제경기대회의 유치·개최 및 참가지원, 국제체육교류 협정체결 및 교류, 남북한 체육교류 및 협력, 태권도 등 전통스포츠의 세계보급, 스포츠외교지원 전문인력 양성 등을 소관 업무로 했다.

이러한 업무영역은 과 규모의 행정기구에서 담당하기에는 역부족일 수 밖에 없으며, 결국 이같은 과다업무는 체육행정의 공동화(空洞化) 현상으로 이어졌다. 특히 체육집행기능을 산하단체와 체육 NGO(비정부기구)에 이관하면서, 정부예산 대비 체육예산은 1998년 0.22%, 1999년 0.18%, 2000년 0.19%, 2001년 0.16%, 2002년 0.15% 등으로 계속 축소되었다.[125)] 이런 사정은 지방자치단체도 마찬가지여서 2001~2002년 지방자치단체의 전체예산 중 각각 2.07%, 2.02%가 체육예산이었으나, 이는 2002월드컵축구대회 준비에 따른 예산이 반영된 것이었다. 결국 실제로는 국민의 생활체육진흥 예산은 그만큼 줄어들 수 밖에 없었다.

물론 이런 체육예산의 축소는 민간 및 시장 주도형의 체육정책과 국민 요구의 수용

122) 문화관광부, 『2002체육백서』, 41쪽.
123) 위의 책, 42쪽.
124) 문화관광부, 『2003체육백서』, 49쪽.
125) 문화관광부, 『2002체육백서』, 72쪽.

과 민간 체육조직의 자율성을 제고하는 등 민주주의적 가치를 중시함으로써 나타난 당연한 결과이기도 하다. 하지만 이런 사정으로 정책 수행능력이 저하되고, 국민들의 상승하는 기대에 과도한 반응을 보임으로써 효율적 정책의 수행에 역행하는 결과가 초래될 수 밖에 없었다.

김대중 정부는 이전 정부들과 달리 생활체육분야에 대한 적극적인 정책적 비중을 높였다. 이는 체육재정에서 생활체육에 배정된 예산을 보면 확연하게 드러난다. 김대중 정부에 와서 체육예산의 비중은 1998년 전체 국가예산의 0.22%에서 매년 줄어들었다.[126] 반면 국민의 정부는 생활체육 활성화를 국정 100대 과제에 포함시키고,[127] 그 예산의 국고지원을 대폭 확충했다.[128] 즉 김영삼 정부 시기 생활체육부문에 대한 예산 투입을 보면, 1994년도엔 20억여 원,[129] 1995년도엔 21억여 원, 1996년엔 33억여 원, 1997년도엔 41억여 원이었다.[130] 이에 비해 김대중 정부는 1998년 75억여 원, 1999년 41억여 원, 2000년 98억여 원, 2001년 219억여 원, 2002년 290억여 원이었다.[131] 정부의 생활체육 예산 비중을 보면 월드컵, 아시안게임 등을 위한 국제부문의 예산이 전체 예산의 약 70%를 차지한 1998~2000년엔 전체예산의 4.13%, 1999년 2.67%, 5.5%로 1자리수에 머물다가 2001~2002년에는 각각 13.4%, 18.7%로 대폭 상승했다.

국민체육진흥기금에서도 1998년 200억 원이었던 생활체육 지원금을 1999년도에는 2.2배가 넘는 447억 원을 지원했다.[132] 2001년에는 생활체육분야가 전체 지원금의 41.6%를 차지했으며, 엘리트스포츠, 국제체육분야가 그 다음을 이었다.[133]

하지만 엘리트스포츠부문에 대한 정부의 체육예산은 1998~2000년에 평균 25%, 2001년엔 31.3%, 2002년엔 34%를 차지했다. 또한 국고와 기금을 합산할 경우, 체육예산의 배정비율은 2001년의 경우 국제체육 42.7%, 생활체육 28.2%, 엘리트스포츠 25.2%였다. 비록 월드컵과 관련하여 경기장 건설비용 및 국제교류 등으로 국제체육부문에 많은 지원이 이루어졌다 할지라도 이런 예산배정은 생활체육 진흥정책에도 불구하고 그 실행에서는 정책적 의지가 소홀하다는 점을 보여준다. 게다가 국제체육에 대한 지나친 예산배정에서 볼 수 있는 것처럼, 생활체육은 우선적인 정책적 고려대상에서 쉽게 제외되는 경향이 여전함을 보여주는 것이다.

---

126) 문화관광부, 『2003체육백서』, 79쪽.
127) 문화관광부, 『2002체육백서』, 36쪽.
128) 위의 책, 81쪽 표 2-33 참조.
129) 문화체육부, 『체육진흥정책평가회자료』, 1995, 9쪽.
130) 문화관광부, 『체육진흥정책평가회자료』, 1998, 17쪽.
131) 문화관광부, 『2002체육백서』, 71쪽 표 ·2-25참조.
132) 문화관광부, 『2003체육백서』, 88쪽.
133) 李旭烈, 앞의 글, 154쪽.

김대중 정부의 학교체육정책 역시 김영삼 정부와 마찬가지로 제대로 그 진흥을 위한 정책적 고려가 거의 없었다. 이미 제6차 교육과정에서 체육수업을 축소한 이래, 7차 교육과정에서도 체육수업은 더욱 축소되었을 뿐만 아니라, 고등학교 과정에선 아예 선택과목화했다.[134] 이로써 체육교육은 그 교육적 효과마저 등한시되는 결과가 초래되었다. 이같은 체육수업의 파행은 대학입시 위주의 학교교육이 성행하는 현실에서 사실상 체육교육을 포기한 것이나 다름없다.

더구나 체육교육이 원활하게 진행될 수 있도록 하는 체육시설의 부족은 국민의 정부에 와서도 개선되지 못했다. 교육과정에선 수영을 제시하면서도, 이를 실행하는 학교는 전무한 실정이었다. 예컨대 1999년 5월 당시 전국 학교 내의 수영장은 모두 128개로 초·중등학교 총 10,351개교의 1.24%에 지나지 않았는데,[135] 2002년도에는 모두 147개의 수영장 시설이 갖추어지는 데 그쳤을 뿐이었다.[136] 기본적인 체육시설이라고 할 체육관의 경우도 강당을 포함하더라도 1999년 5월 당시 전체 초등학교 5,544개교 중 726개교, 중학교 2,741개교 중 531개교, 고등학교 2,066개교 중 926개교로 평균 25.8%만이 확보되었다.[137] 2002년도에는 초등학교 833개교, 중학교 605개교, 고등학교 944개교로 소폭 상승한 정도에 그쳤다.[138]

이렇게 김대중 정부의 학교체육은 교육과정에서부터 정책적 고려가 마련되지 못했다. 게다가 기본적인 체육교육을 실행할 체육시설도 제대로 확보하지 못했다. 물론 이같은 학교체육에 대한 정책의 미비는 한국사회의 주지주의적 교육환경에도 원인이 있는 것이지만, 무엇보다도 정부의 정책적 고려와 시행의지가 미약하다는 점도 무시할 수 없다.

요컨대 김대중 정부는 김영삼 정부와 마찬가지로 군사정권 이래의 국가 주도적 체육정책을 탈피하고자 했다. 이에 따라 체육정책은 행정효율성 및 대응성 제고를 통한 정책 추진을 도모했고, 이는 지방화·민간화·다원화로 표현되는 시장 주도의 정책으로 나타났다. 체육정책은 생활체육과 엘리트스포츠의 연계 강화를 내세웠으나, 시장주의적 이념에 따라 스포츠산업에 대한 정책적 지원을 강화했다.

그런데 김대중 정부의 시장주도적 체육정책 기조는 IMF 체제하의 경제위기로 인하여 시장이 체육진흥을 주도할 여건이 마련되지 못한 실정을 고려하지 못했다. 한국체

---

134) 박명기, 「학교 체육의 발전을 위한 정책적 과제」, 『스포츠과학』 1999년 여름호, 10쪽.
135) 조미혜, 「제7차 고등학교 2-3학년 체육교육과정 운영의 문제점 및 효율적 실천방안 탐색」, 『한국스포츠교육학회지』 8-2, 2001, 11쪽.
136) 문화관광부, 『2002체육백서』, 301쪽.
137) 조미혜, 앞의 글, 11쪽.
138) 문화관광부, 『2002체육백서』, 301쪽.

육의 궁극적 발전을 위한 토대를 구축하기 보다는 신자유주의라는 시대적 조류를 추종하여, 시대에 걸맞는 효율적·능률적인 정책 추진을 한다는 명목으로 체육조직 및 예산을 축소하는 데 정책의 주안점을 두었다.

그 결과 김대중 정부가 추진한 민간화·다원화는 실현되지 못한 채, 오히려 김영삼 정부 이래 위축된 한국체육의 근간을 위협하는 결과를 가져왔다. 생활체육활성화정책을 위한 정부의 예산은 축소되었고, 동호인 클럽의 수는 줄어드는 추세였다. 또한 주지주의적 교육환경과 학교체육시설의 미비는 김영삼 정부 이래 붕괴되고 있는 학교체육의 부실화를 초래했다. 경기단체의 자율성과 선수 발굴 및 육성체계의 전문성을 목표로 내세운 엘리트스포츠정책 역시 예산이 대폭 삭감됨으로써 그 실현은 물론이고, 정부조직의 축소와 전문성 결여로 정책적 효과를 도모하지도 못했다.

이로써 국민의 정부가 추진한 생활체육과 엘리트스포츠의 균형 발전은 정책적 차원에서만 존재할 뿐이었으며, 오히려 아직 자율적 성장을 위한 토대가 마련되지 못한 한국체육의 근간을 흔들기만 한 것으로 평가할 수 있다.

제 III 장

학교체육정책

1. 정부 수립기의 학교체육

1) 체육교육의 이념

미군정이 끝나고 대한민국 정부가 출범함에 따라 본격적인 교육정책이 실시되기 시작했다. 정부는 1948년 7월 17일 제헌헌법을 공포했다. 이어 같은 해 11월 4일 대통령령 제22호에 따라 문교부 직제가 마련되었으며, 1949년 12월 31일 법률 제86호로 교육법이 제정[1]됨으로써 교육의 기본방침이 확립되었다.

새 교육법은 총 11장 173조로 이루어졌는데, 이 법에 명시된 교육이념과 교육목적에 따라 교육정책이 시행될 수 있었다. 새 교육법 제1조에서는 교육이념과 목적을 다음과 같이 밝혔다.

> 교육은 홍익인간의 이념 아래 모든 국민으로 하여금 인격을 완성하고, 자주적 생활능력과 공민으로서의 자질을 구유하게 하여 민주국가 발전에 봉사하며, 인류공영의 이념 실현에 기여하게 함을 목적으로 한다.[2]

특히 교육법 제2조에서는 교육방침으로 애국애족의 정신, 민족의 고유문화 계승 등을 내세웠다.[3] 결국 새 교육법에선 민주주의의 기본정신을 제시하면서도, 민족주의적 이념을 강하게 표방했다. 이른바 '민주적 민족교육'이라는 교육이념이 성립하게 된 것이다.

---

1) 羅絢成, 『韓國學校體育制度史』, 圖書出版敎育院, 1970, 139쪽.

2) 한국법제연구원, 『대한민국법률연혁집』 12, 1994, 22~1쪽.

3) 위와 같음. "제2조 전조의 목적을 달성하기 위하여 다음과 같은 교육방침을 세운다. …2. 애국애족의 정신을 길러 국가의 자주독립을 유지발전하게 하고 나아가 인류평화건설에 기여하게 한다. 3. 민족의 고유문화를 계승앙양하며 세계문화의 창조발전에 공헌하게 한다."

민주적 민족교육은 초대 문교부장관인 안호상(安浩相)에 의해 이념적·정책적 근거가 마련되었다. 안호상의 민족교육 이념은 그의 일민주의(一民主義; 한백성주의)사상으로 대표된다. 그는 일민주의가 민족적 민주주의이며, 일민주의의 내용과 목적이 민족주의이며, 이를 실현하는 수단이 민주주의라고 했다.[4] 이같은 일민주의에 근거한 교육은 '온 사람[全人]인 낱 사람[개인]과 한 백성인 한 민족과 한 백성인 온 백성[全民·全人類]을 지향'[5]한다는 것이다.

민족주의 역사학자 손진태(孫晉泰)는 이러한 일민주의 교육에 대해서 다음과 같이 설명하고 있다.

> 민주주의 민족교육은 의타적이 아니요, 민족 자주적이다. 타의 장점은 취하되 그 단점까지 맹목적으로 모방하지는 않는다. 그러므로 비판적이며 과학적이다. …지난 3년(미군정시기) 동안 우리는 미국의 민주주의를 배웠고, 소련의 민주주의를 들었다. 그러나 그것들은 모두 우리에게 반드시 맞는 것은 아님을 깨달았다. 그래서 우리는 우리에게 가장 적절하다고 생각하는 민주주의를 세우게 되었다. 그것은 민족적인 민주주의이며, 그것이 교육상에는 민주주의적 민족교육이란 표어로 나타나게 된 것이다.[6]

이처럼 정부 수립기의 교육이념과 목적은 민주주의 이념을 반영하기는 했지만, 기본적으로는 민족주의적 성향이 강했다.

이런 경향은 당시 남한내 정세와도 밀접한 연관이 있었다. 광복 이후 항일투쟁을 국내외에서 주도했던 좌익세력은 물론이고, 민족주의세력까지도 미군정 시기 친일세력과 이들을 비호한 미국과 이승만의 견제로 정치적 입지가 약화되었다. 친일세력은 친미 극우세력으로 변신하면서, 반공을 내세우며 존립기반을 넓혀갔다. 이 과정에서 반공은 극우적 민족주의로 포장되어 표면화되었다. 이는 교육부문도 마찬가지였다.[7]

이승만은 정부 수립 직후 단독정부의 구조적 취약성과 불안정성을 염두에 두고 문교정책의 당면과제를 국내적으로는 자유민주주의를 확고하게 하고, 국외적으로는 공산주의와 대항하여 국토와 사상의 분열을 막아 통일을 이루는 데에 두었다. 이같은 정세 속에서 초대 문교부장관에 취임한 안호상은 일민주의 사상의 보급을 최대의 문교정책으로 삼았고, 일민주의를 통해 학원의 사상적 안정과 국민사상을 강화시켜 반공체제를 확립하는 데 최우선적 목표로 삼았다.[8] 이는 체육교육에도 그대로 반영되

4) 안호상, 『민주적 민족론』, 어문각, 1961, 84쪽.
5) 孫仁銖, 『韓國教育史』 Ⅱ, 文音社, 1998, 701쪽.
6) 孫晉泰, 「民主主義 民族教育의 理念」, 『새교육』 4, 1949, 10~12쪽.
7) 김달우, 「해방이후 학교체육의 재편 및 정착과정에 관한 연구-1945~1955년을 중심으로-」, 서울대 박사논문, 1992, 50~63쪽.

었다.

안호상의 이러한 반공에 기반한 민족주의적 체육교육의 실상을 잘 보여주는 사례가 바로 학도호국단의 조직과 운영이었다. 다음과 같은 안호상의 언급은 학도호국단의 설립 목적과 성격을 단적으로 보여준다.

> 동서고금의 역사를 들쳐 보면 한 나라와 민족의 되살림[재생]운동은 항상 지성의 젊은이들을 중심으로 이뤄졌다. 우리는 일제의 압박에 조국의식이 흐려지고 미·소의 지배에 민족사상이 분열되었다. 이 흐려진 의식과 분열된 사상을 바로 잡아 민족이 재생하려면 우리 젊은 학도들에게 자주적 민족교육을 시키지 않으면 아니된다. 민족의 운명은 이 젊은 학도들이 좌우하게 된다. 이들의 올바른 교육은 일민주의의 그 첫째 단계인 제 민족의 통일독립의 사상교육에서 시작하는 것이다. 학생들은 저들의 힘으로써 학교내의 공산분자들의 파괴행동을 막아내고 진실히 공부하며, 연약하고 이기적이요 자본국가적인 행동과 생활을 버리고 항상 씩씩하고 협동적이며 조직적인 행동과 기풍을 기르기 위하여 자율적이며 자치적인 학도호국단이 필요하게 된 것이다.[9]

이처럼 안호상의 일민주의에 근거한 학도호국단의 조직은 반공은 물론 반자본주의적 인식까지 포함한 민족지상주의를 상징하는 것이었다. 즉 학도호국단은 투철한 반공의식을 토대로 대북 무력통일을 위한 군사교육을 실시하기 위한 비교육적 수단이었다. 학도호국단 단장으로 취임한 안호상의 다음과 같은 취임사는 이런 사정을 단적으로 보여주고 있다.

> 현재 우리의 조국은 불행히도 소련의 공산제국주의에 한 부분이 침략되고 있습니다. 이 침략된 북한을 완전히 해방해서 우리의 국토를 통일하자는 것이 금일에 있어서 우리 삼천만 민족의 지상의 명령입니다. 삼백만 학도 제군들! 두 동강이에 신음하는 우리의 조국은 제군들을 부릅니다. 제군들은 붓대와 총자루를 다 같이 굳게 잡고 철석같은 학도호국단의 대열에 뛰어들어 이북에 총진군을 수행하여 조국을 통일합시다.[10]

결국 1948년 10월 학도호국단 조직방안이 구체화되고 조직요강이 완성되어 같은 해 11월 10일 중학생 이상에 학도호국단을 조직하여 군사훈련을 실시하기로 했다. 그 해 11월 13일에는 중학교 이상 각 학교에 군사훈련을 정식과목으로 채택하여 현역장교의 배속을 검토했다.[11] 또한 문교부는 학도호국단 조직을 위해 1948년 12월부터

---

8) 韓國敎育十年史刊行會, 『韓國敎育十年史』, 豊文社, 1959, 120쪽.

9) 孫仁銖, 앞의 책, 701쪽.

10) 박상만, 『한국교육사』 하, 대한교육연합회, 1959, 73~74쪽.

11) 강순원, 『한국교육의 정치경제학』, 한길사, 1990, 218쪽.

각 중등학교의 학생 간부 2,400여 명을 선발하여 중앙학도훈련소에 입소시켜 단기 군사훈련을 실시했다. 그러나 각급 학교 학생들에게 군사훈련을 지도할 교관이 부족했다.[12)]

당시 국군에도 장교가 부족하여 학교에까지 현역 장교를 배속할 만한 여유가 없었으므로, 문교부는 1948년 12월 16일 각급 학교에 배속장교로 임명할 체조교원의 군사훈련을 위해 국방부와 합의하여 전국 중·고·대학의 체육교원 387명을 육군사관학교에 입소시켰다. 이들에게 군사에 관한 지식과 훈련을 받게 한 뒤에 육군 소위로 임관시켜 해당 학교에 배속했다.[13)]

문교부는 1949년 1월 23일 '학도호국단 조직요령'을 공포했고, 이에 따라 중등학교는 같은 해 2월 중에, 대학은 3, 4월 중에 조직을 완료하여 4월 22일 중앙학도호국단이 결성되었다. 이어 그 해 9월 28일 대통령령 제286호로 학도호국단 규정이 공포되었다.[14)]

이렇게 학도호국단은 학교체육이 정상화되기 이전에 군사교육으로 대체되면서 전력 증대를 위한 체력 향상에 집중되었다. 이는 일제 말기의 군국주의적 학교체육으로 회귀하는 것과 다름이 없는 것이었다. 게다가 체육교원의 부족으로 정상적 체육교육이 이루어지지 못하는 상황에서 체육교사를 배속장교로 만들어 체육교육의 질적 저하를 초래했다는 비판을 면키 어려웠다.

따라서 학도호국단을 조직하는 데 이념적 지표가 되었던 일민주의에 대한 비판도 제기되었다. 다음과 같은 김동길의 언급은 그 대표적 사례이다.

> 일본의 신도(神道)가 새 시대를 이끌고 나갈 사상이 될 수 없는 것처럼, 일민주의는 과학을 숭상하는 지식인에게 용납되기 어려운 학설이었다. 민주주의 앞에 <민족적>이라는 석자를 구태여 박아 놓을 필요는 없다고 생각하였다. 민족적이라는 마술적인 석자가 들어가야 비로소 애국·애족하는 교육을 할 수 있을 것도 아니다. 사실은 민주주의를 제대로 가르치고 그 정신으로 국민을 교육하면 자연 애국·애족하는 국민이 되고 마는 것이다. 민족사상은 일시 청소년의 가슴을 뜨겁게 할 만한 자극적이요 선동적인 구호는 될 수 있을 망정, 히틀러의 악몽이 새롭던 우리에게는 불쾌한 표어였다.[15)]

결국 일민주의 교육이념은 자체의 철학적 한계와 몰역사성만 아니라 교육계의 반발, 미국의 영향력 및 정치권력의 재편 속에서 더 이상의 영향력은 갖지 못했다.[16)] 하지만

12) 김진경, 『전환기의 민족교육』, 푸른나무, 1985, 183쪽.
13) 강순원, 앞의 책, 219쪽.
14) 孫仁銖, 앞의 책, 702쪽.
15) 金東吉, 「民族的 民主主義라는 敎育理念」, 『새교육』 1962년 12월호, 27쪽.
16) 김달우, 앞의 글, 89쪽.

교육현장에서는 군국주의적 체육교육이 성행했다.

이미 군정기 조선체조연맹이 제정한 중등학교의 체육교수목적은 '국방력의 증강에 기여함'[17]에 있었으며, 교수방침에서는 더욱 노골적으로 국방력은 물론이고 생산력 향상과도 밀접하게 연관시켜 실시해야 한다고 강조하고 있다.[18]

그러다가 1948년 문교부가 제정·공포한 중등학교 체육보건과 교수요목에서는 국방력 강화가 삭제되고, 민주국가의 공민 육성을 강조했다. 그러나 실제 교육내용은 이와 사뭇 달랐다. 우선 교과내용의 체조영역에 '맨손교련'이 포함되어 있었고, 그 내용 또한 '각개 교련', '부대 교련'으로 구분하여 군사교육의 제식훈련과 동일한 내용을 제시했다. 실제로 군사훈련이 중등학교 이상의 각 학교에 정식 과목으로 채택되어 있었다. 따라서 체육교과에 교련이 포함되어 있다는 그 자체가 '민주국가의 공민 육성'이라는 교육목표와 모순되는 것이라고 할 수 있다.[19]

물론 전체 체육교과에서는 체육의 교육적 가치를 추구한 내용을 제시했다. 하지만 교육현장에서는 이같은 교과내용이 제대로 이루어지지는 않았다. 일부 명문 사립학교를 제외하곤 대부분의 학교에서는 엄격한 분위기 속에서 제식훈련 위주로 진행되었다.[20]

이러한 군사훈련 위주의 체육교육은 한국전쟁을 계기로 더욱 강화되었다. 1951년 2월 문교부는 '전시하 교육특별조치요강'을 발표하여, 전시 교육의 중점을 '멸공필승의 신념을 배양하고 전국(戰局)과 국제 집단안전 보장의 인식을 명확히 하여 전시생활을 지도'하는 데 두었다. 그 방침으로 노력교육, 1인 1기(一人一技)교육, 국방교육을 표방했다.[21]

국방교육의 내용 가운데 국방사상을 행동화한다는 것이 있는데, 당시 문교부장관 백낙준은 이에 대해 다음과 같이 설명했다.

> 간단히 말하면, 체위향상을 위한 교육과 군사적 지식을 얻기 위한 군사교육을 의미하는 것이다. …또한 우리 학교에서 실시하는 체위향상을 위하여 음식, 거처 등 모든 문제를 무시하면서 인고단련이나 가르치는 것은 체위향상의 교육이 아닌 줄로 안다. 그러므로 우리 학교교육에서 우리 국민의 일반적 건강문제에 각별한 관심을 가지고 건강에 주요한 요인이 되는 음식과 거처와 위생 등 시설의 완비와 실천으로 국민의 건강을 증진하는 것이 국방교육

17) 위의 글, 157쪽. "체육과는 신체를 단련하고 정신을 연마하여 강건불요의 심신을 육성하며 조국애와 근로정신을 강조하여 국방력의 증강에 기여함을 목적함"

18) 위와 같음. "체육의 국가적 중대 의의를 천명하고 강인한 체력과 왕성한 정신은 국력 발전의 근원이 됨을 천명하고, 특히 체육의 성과가 국방력과 생산력의 향상에 미치는 막대한 영향을 자각하게 하며 일상생활에 있어서 이를 자진 실시하게 할 것."

19) 위의 글, 169쪽.

20) 위의 글, 187~189쪽.

21) 孫仁銖, 앞의 책, 705·707쪽.

의 한 면인 줄로 안다.[22]

이처럼 체육을 국방을 위한 수단적 가치로 인식한 것은 물론 전시라는 특수한 환경에서 비롯된 측면이 강하다. 하지만 본질적으로는 광복 이후 조성된 신체육운동에도 불구하고, 여전히 식민지 시기 군국주의적 체육에 대한 인식이 강하게 남아 있었기 때문이다. 1955년 '건강교육을 철저히 하여 학도의 체위를 향상시킴으로써 국토방위의 간성이 되게 한다'는 장학방침이 세워진 것[23]도 이와 무관한 것은 아니다. 이런 사정을 반영하듯 1956년 문교부의 장학지침에 따라 서울시에서는 국방의식의 강화를 위한 군사훈련의 이행을 장학방침으로 내세우기도 했다.[24]

요컨대 이승만 정부 시기 민주주의를 표방하면서도 남한내 좌우익 이념대립과 친일파의 득세로 반공을 내세운 극우 민족주의적 교육이념이 수립되었다. 일민주의는 이런 극우 민족주의 이념을 반영한 이데올로기였다. 비록 일민주의는 그 자체의 한계와 교육계의 반발 등으로 폐기되었지만, '민주주의적 민족교육'은 교육이념으로서 정착되었다. 체육교육도 이같은 교육이념을 반영했는데, 학도호국단은 그 대표적 사례이다. 체육교과에서 비록 신체육의 이념을 받아들여 체육교육의 본질적 가치를 수용했지만, 교과내용에서는 일제의 군국주의적 잔재가 여전했다. 심지어 군사교육이 중등학교 이상의 각급 학교에서 정식과목으로 채택되는 등 체육교육의 국가주의적·군국주의적 요소는 여전했다. 이처럼 체육교육이 극우 민족주의적 이념과 식민지 시기 군국주의적 이념에 따라 이루어진 경향은 한국전쟁을 거치면서 더욱 강화되었다.

2) 학교체육정책의 모색

광복 이후 신체육의 수용은 학교체육에도 반영되어 민주주의적 체육교육이 지향되었다. 하지만 반공에 기반한 이승만 정부는 민주주의적 체육의 교육적 가치보다는 국방력 강화라는 목표에 치중했다. 게다가 좌우의 이념대결과 정부 출범을 둘러싼 정치적 혼란은 학교체육에 필요한 기본적 물적 인적 토대를 확보하는 데도 어려운 환경을 조성했다.

미 군정기만 해도 미국의 체육교육 영향을 받아 보건과 위생에 역점을 두었다. 이에 따라 체육교과는 높은 수업시간을 배당받았다. 예컨대 1945년 9월 발표된 교육과정에 따르면, 초등학교의 경우 '체조'라 하여 1-2학년은 주당 4시간, 3학년 5시간, 4~6학년

22) 백낙준, 『한국의 현실과 이상』, 동아출판사, 1963, 132쪽.

23) 서울特別市敎育委員會, 『서울市敎育史』 上, 1981, 624쪽.

24) 위의 책, 681쪽.

3시간씩 배당했는데, 이는 국어와 산수 다음으로 비중이 높은 것이다.[25] 중등학교의 경우[26] '체육' 시간은 중학교는 주당 3시간, 고등여학교는 2시간을 배정했다.

그러다가 1946년 9월 교육과정이 개편되었는데, 이때 초등학교의 경우 체육은 '보건'으로 교과명이 바뀌었고, 연간 200시간을 1~6학년에 각각 배당했다.[27] 이는 국어 320~360시간을 제외하곤 가장 많은 시간 배당이었다. 중등학교의 경우[28] 초급중학교는 3개 학년 모두 5시간을 배정했는데, 당시 교과목의 이름을 '체육·보건'이라고 했다. 고급중학교는 3~5시간을 배당했는데, 다만 1주 15시간 이상의 '실업'을 선택할 경우 3시간으로 할 수 있었다. 이처럼 체육시간의 높은 비중은 당시 위생상태가 취약하여 학생들의 보건에 중점을 두었기 때문이었다.[29]

이렇게 군정기에는 체육교육에 대한 관심이 높아 수업시간은 다른 교과목에 비해 높은 비중을 차지했으며, 이런 교과과정은 별다른 변화없이 1955년 8월 1차 교육과정이 마련될 때까지 계속 적용되었다.

그런데 당시 체육교육은 그 교수요목에서 보듯이 국방력 강화에 목적을 두었다.[30] 이는 본질적으로 식민지 시기 군국주의적 체육교육과 다름이 없는 것이었다. 다만 체육용어를 한글로 바꾸거나 민족 고유의 무술인 씨름과 권법을 교육내용에 포함시켰을 뿐이었다. 특히 문제는 올바른 체육교육을 실시할 교과서의 부재였다. 군정 시기 인력 및 시간부족으로 조선어학회와 진단학회에서 마련한 교과서는 국어, 국사, 공민, 음악 등 소수에 불과했나.[31]

따라서 학교현장에선 식민지 시기의 자료나 서적을 사용하거나, 아예 교과서없이 수업을 신행시켰다.[32] 체육교사의 부족도 심각한 상황이었다. 체육계 학과가 설치된 대학은 겨우 6곳에 불과했으며, 기존 체육교사 중 자격증을 갖고 있는 교사는 전라북도의 경우 단 2명에 지나지 않을 정도였다.[33] 시설도 대체로 운동장에 구기종목 시설과 철봉 및 평행봉 등을 갖추고 있었을 뿐이었다. 이처럼 군정기에는 체육의 교육적 가치를 실현할 제반 여건이 사실상 전무한 형편이었다.

---

25) 김달우, 앞의 글, 112쪽.
26) 국사편찬위원회, 『자료 대한민국사 I』, 1970, 173쪽.
27) 咸宗圭, 『미군정시대의 교육과 교과과정』, 한국교육개발원, 1984, 23쪽.
28) 위의 책, 29~30쪽.
29) 김달우, 앞의 글, 113쪽.
30) 위의 글, 159쪽.
31) 吳天錫, 『韓國新教育史』, 現代教育叢書出版社, 1964, 392쪽; 이응호, 『미군정기의 한글운동』, 삼청사, 1973, 266쪽; 韓國教育問題硏究所, 앞의 책, 90쪽.
32) 김달우, 앞의 글, 182~183쪽.
33) 위의 글, 184~185쪽.

이런 사정은 정부 수립 이후에도 크게 개선되지 못했다. 특히 군사훈련적 교육은 교육과정에서 제시한 교육내용과 무관하게 강화되어 진정한 의미의 학교체육은 제대로 실현될 수 없는 형편이었다. 1948년 문교부는 '체육보건과' 교수요목을 마련했다. 이때 제시된 교수목적은 다음과 같다.

> 체육보건과는 몸을 단련하고 마음을 닦아서 굳센 마음과 몸을 길러, 열렬한 애국심과 굳은 근로정신을 기르며, 능력이 있는 민주국가의 공민이 되게 함을 목적으로 한다.[34]

이처럼 이승만 정부의 체육교육은 심신의 고른 발달을 기반으로 애국심, 근로정신의 함양에 주력했다. 비록 군정기와 달리 국방력 강화의 기여를 삭제하고, 민주국가의 공민을 궁극적 목표로 삼았지만 국가주의적 목표에 주안점을 두었다는 사실은 그 한계라고 할 수 있다. 특히 교수방침에서 신체의 고른 발달과 위생 등을 강조했으며, 교과내용은 체조, 육상, 구기, 무용 등을 편재하여 학생들의 운동기능과 신체발달을 고려했으나, 체조영역에 맨손교련을 포함시킨 것은 '민주국가의 공민육성'이라는 교육목적과는 모순되는 것이다.[35]

한국전쟁은 이러한 체육교육의 군사훈련화를 더욱 강화시켜, 정부는 1951년 1월 '전시하 교육특별조치요강'을 발표하여 국방교육을 실시하도록 지시했다.[36] 전후 교육과정에서 체육교육은 전쟁기간 강화되었던 군사훈련적 요소를 배제하고, 교육목표에서도 국가주의적 태도보다는 개인적 가치를 강조하는 등 체육의 본질적 가치에 보다 중점을 두기 시작했다.

이런 사정은 1955년 마련된 교육과정에 반영되었는데, 새 교육과정에선 체육과의 목적을 다음과 같이 제시했다.

> 보건과(초등학교) 및 체육과는 원만한 환경 밑에 신체활동을 통하여 신체 각부를 고르고 튼튼히 발달시키고 굳세고 아름다운 정신과 건전한 사회적 성격을 기르며 위생생활을 습관화하여 민주적 사회활동에 자기의 최선을 다 발휘할 수 있는 능력을 갖게 한다.[37]

이처럼 종전 후 학교체육의 목표는 이전과 달리 국방력 강화나 생산력 향상 등과 같은 국가주의적 가치나 체육의 외재적 가치를 제외하고, 학생 개인의 고른 심신의

---

34) 문교부, 「중등학교 체육보건과 교수요목」, 『초중등학교 각과 교수요목(11)』, 조선교학도서주식회사, 1948, 1쪽.

35) 김달우, 앞의 글, 169쪽.

36) 서울特別市敎育委員會, 『서울敎育史』 上, 391쪽.

37) 문교부, 『초·중·고등학교 교육과정-체육과·교련과-』(1946-1981), 2쪽.

발달 등 내재적 가치에 주안점을 두었다.

그러나 이같은 목표에 따라 제시된 수업시간[38]은 대폭 축소되었다. 예컨대 초등학교는 1년간 총수업시간 중 10~8%에 해당하는 주당 110~170분이 배당되었다. 중학교의 경우 1~3학년 모두 주당 2시간씩 총 70시간을 배당했는데, 이는 음악과 미술을 제외하곤 가장 낮은 비중이었다. 고등학교의 경우 주당 1시간씩 총 35시간을 배당했다. 이 역시 다른 교과에 비해 낮은 비중이었다. 고등학교 과정에선 선택교과도 편제했는데, 이때 체육은 음악·미술과 함께 같은 선택과목군에 포함되었고, 그나마 시간을 배정하지 않아도 되었다.

더구나 앞의 체육교육의 목적과 달리, 정부는 1955년 장학방침으로 체육교육의 목표를 '학도의 체위를 향상시킴으로써 국토방위의 간성'이 되는 데 두었다.[39] 이에 따라 서울시에는 그 구체적 지침으로 '국난을 극복하고 통일대업을 완수함에는 불요불굴의 정신력과 철석같은 신체단련이 필요할 것인즉 보건에 주력하고 체육을 장려하여 의지가 굳고 책임있는 공민을 육성함'을 제시했다.[40] 결국 체육교육은 학생들에게 기합을 주는 등 군사훈련식으로 실시되었다.[41]

이렇게 전후 학교체육은 전쟁이라는 특수한 상황을 고려할 때 군사훈력식으로 전개될 수 밖에 없었다. 그러나 그 정당성에도 불구하고 이런 체육교육은 체육을 수단적 가치만으로 인식함으로써 교육의 본질적 가치를 훼손한 것이다. 게다가 미래의 사회 중추가 될 학생들에게 이같은 군국주의적 체육교육을 시행한 것은 궁극적으로 '민주사회의 공민'을 양성한다는 교육목표를 망각한 비교육적 처사라고 할 수 밖에 없다.

요컨대 정부 수립기 학교체육정책은 인적·물적 자원의 부족으로 정상적으로 마련되지 못했다. 비록 미국의 영향으로 체육수업의 시간은 과도할 만큼 많이 확보되었으나, 실제 민주주의적 체육교육은 제대로 이뤄지지 못하고 식민지 시기와 다를 바 없는 군사훈련식으로 이루어졌다. 이런 사정은 정부 출범 후에도 크게 변하지 않았다. 오히려 반공에 기반한 국가주의적 이념에 따라 체육교육은 더욱 군국주의적 이념과 내용으로 행해졌다. 특히 한국전쟁은 이같은 군사훈련 위주의 체육교육을 더욱 강화하는 정당성을 제공했다. 전후 새로운 교육과정이 마련되면서 체육교육의 본질적 가치를 제시했음에도, 교육현장에선 여전히 군사훈련 위주의 체육교육이 이루어졌을 뿐이었다.

---

38) 문교부, 『초·중·고등학교 교육과정-총론-』(1946-1981), 대한교과서, 1986, 11~14쪽.

39) 孫仁銖, 「文敎9000日」, 『새교육』, 1970년 9월호, 135쪽.

40) 서울特別市敎育委員會, 『서울敎育史』 上, 625쪽.

41) 성내운, 『분단시대의 민족교육』, 학언사, 1989, 307쪽.

2. 군사정권기의 학교체육

1) 체육교육의 이념

광복 이후 체육이념으로 신체육이 수용되면서도, 정치적 지형의 변화와 좌우 이념대결이 격화되면서 체육교육은 군국주의적·민족주의적 이념에 커다란 영향을 받았다. 하지만 극단적 반공이데올로기에 기반한 제1공화국이 4·19 혁명으로 무너지면서, 체육교육도 그 본질적 가치를 실현할 수 있는 여건을 갖게 되었다. 그러나 제2공화국은 혁명 직후 조성된 사회적 위기를 제대로 극복하지 못했다. 그 결과 5·16 쿠데타로 군사정권이 들어서게 되었다. 이로써 체육교육은 다시금 국가주의적 이념에 기반하게 되었다. 물론 박정희 정부는 조국근대화를 표방하면서, 강력한 국가권력의 주도하에 각종 정책을 수립, 시행해 나갔다. 그 결과 체육교육은 안정된 정책적·제도적 기반 위에서 발전할 수 있는 여건이 마련된 것도 사실이다.

박정희 정부의 국가주의적 학교체육에 대한 인식은 조국근대화라는 국가의 정책적 목표에서 단적으로 드러난다. 조국근대화는 경제적 성장에 따른 근대 산업국가를 이룩하는 것만이 아니라, 정치적 자주·사회적 융화와 안정·정신적 혁명·민족 주체성 확립·자조적 자립정신을 그 내용으로 하는 것이었다.[42]

하지만 박정희는 조국근대화를 이루기 위한 이념적 기반을 '반공을 기본 토대로 한 민족주의'에 두었다. 이는 쿠데타 당시 반공을 국시(國是)로 하여 민족정기 확립과 국토통일, 자주경제 건설 등을 내세운 이른바 혁명공약[43]에서 확인할 수 있다.

이런 '혁명공약'은 이른바 조국근대화로 집약되었다. 박정희는 '혁명과업'의 핵심이 '민족의 산업혁명화에 있으며, 자유민주주의의 제1차적 목표는 경제적 자립이며, 경제적 자립이야말로 민족주체성이 세워질 기반인 동시에 민주주의가 형성 정착되는 근거가 된다'고 주장했다.[44]

이같은 '혁명공약' 혹은 '혁명과업'의 완수를 위한 교육정책의 이념은 제2차 교육과정에서 제시되었다. 1963년 2월 15일 문교부령 제119호로 공포된 제2차 교육과정에서는 교육과정 내용을 자주성, 생산성, 유용성으로 구성했다.[45] 여기서 자주성은 국가민족의 자주성, 교육의 자주성, 교육과정의 자주성, 학습의 자주성을 의미한다. 생산성은 국민경제의 조속한 발전과 생산기술의 향상을 도모하기 위하여 교육과정에서

42) 김종희, 「박정희 정권의 정치이념과 체육정책에 관한 연구」, 한양대 박사논문, 1999, 25쪽.

43) 朴正熙, 『國家와 革命과 나』, 向文社, 1963, 82쪽.

44) 위의 책, 259~260쪽.

45) 大韓教育聯合會, 『教育課程 : 理論과 運營』, 1969, 76~88쪽.

생산·산업·과학·기술 교육을 강화한다는 것이다. 유용성은 교육을 실생활과 직결시켜 학습내용을 일상생활에서 그대로 활용하게 한다는 것이다.

이에 따라 2차 교육과정은 그 구성의 기본방향을 다음과 같이 제시했다.

> 1) 민주적 신념이 확고하고 반공정신이 투철하며, 민주적 생활을 발전시킬 수 있는 인간을 양성하는 데 적합한 학습경험을 포함시킨다. 2) 독립자존의 민족적 기풍과 아울러 국제 협조의 정신을 함양할 수 있는 구체적인 학습경험을 포함시킨다. 3) 일상 생활에서 당면하는 문제를 해결하는 데 필요하고, 유익한 지식과 유용한 기능 및 과학적 생활태도를 기르는 데 직결되는 학습경험을 포함시킨다. 4) 가난을 극복하고 경제적 효율성을 증진시키는 데 필요한 학습활동을 충분히 포함시킨다. 5) 건전한 정신과 강건한 신체를 가진 국민을 양성하는 데 직접 기여할 수 있는 학습활동을 계획한다. 6) 국민생활을 순수하고 명랑하게 하는 심미적인 정서생활을 위하여 풍부한 개성을 개발하도록 한다. 7) 형식적·추상적 지식에 치우쳤던 반공·도덕 교육을 쇄신하여 일관성 있게 지도할 수 있는 계획을 수립하고, 학생들이 능동적으로 참여하는 실천적 교육에 주력한다.[46)]

이처럼 제2차 교육과정은 박정희 정부의 정책적 목표를 그대로 수용하여 민족주의적·국가주의적 이념을 반영했다. 박정희 정부의 체육교육은 바로 이같은 교육정책의 토대에서 그 이념과 목표가 설정되었다.

그것이 바로 건민(健民)체육이었던 것이다. 건민체육의 핵심은 쿠데타 세력의 재건국민운동본부가 내세운 '국민체위의 향상이 민족의 힘이며, 체력은 국방력에 직결한다'[47)]는 슬로건에 잘 나타나 있다. 이같은 건민체육의 이념은 이승만 정부의 체육에 대한 인식과 동일한 것이다. 비록 박정희 정부는 제1공화국 때처럼 국방력 강화를 체육교육의 목표에 두지는 않고, 위생적 측면이나 체육시간의 준수 등[48)]을 장학지침으로 내세우는 데 그쳤으나, 학교체육에 대한 기본적인 인식은 이런 체육이념에서 크게 벗어나지는 못했다.

실제로 박정희 정부는 강건한 체력과 국방사상을 고취하기 위하여 일부 체육종목을 선택하여 군사훈련의 일환으로 남학생은 물론 여학생들에게도 교육하기까지 했다. 즉 1963년 5월 31일 문교부 훈령 제118호[49)]로 '특수체육진흥관리위원회'를 설치하고 '학생특수체육종목'이라고 하여 낙하산훈련, 활공기, 조정, 모터보트, 승마, 등산, 수영 등 7개 종목을 보급·훈련하도록 했던 것이다.[50)]

---

46) 文敎部, 『國民學校 敎育課程解說』, 敎學圖書出版社, 1963, 23쪽.
47) 『동아일보』, 1962년 9월 18일자.
48) 서울特別市敎育委員會, 앞의 책, 432쪽.
49) 韓國敎育問題硏究所, 『文敎史』, 중앙대 출판부, 1974, 464쪽.

학교체육에 대한 민족주의적·국가주의적 이념의 관철은 1970년대 들어 더욱 강화되었다. 이는 유신체제로 대표되는 박정희의 장기집권에 따른 사회 내적 갈등을 봉합하고, 체제 안정을 도모하기 위한 필요성에서 비롯되었다. 이에 따라 학교체육 역시 반공에 기반한 민족주의적·국가주의적 이념에 크게 좌우되었다.

이와 함께 국가주의적 이념이 관철된 교육정책도 당시 학교체육의 본질적 문제점의 원인이었다. 1960년대 제3공화국의 교육정책은 5·16 쿠데타에서 내세운 통치이념을 바탕으로 삼고 있었으며, 이후 1970년대를 일관하면서 교육을 통해 국가발전을 견인하는 강력한 통제기능의 강화로 이어졌다.

이런 사정은 다음과 같은 글에서 단적으로 드러난다.

> 5·16 이후 2년 반 동안 혁명정부는 인간개조와 사회개혁을 기본목표로 제시했다. 그리하여 문교부는 인간개조를 사회교육의 선행조건으로 내세웠다. 이에 따라 각급 학교교육에서도 인간 행동의 계획적 변화라는 개념이 부각되었고, 새로운 교육의 지표를 향하여 교육적 노력을 증대시키려는 새로운 교육관을 형성시키는 계기가 되었다.[51]

이처럼 국가 발전을 앞세워 통치이념을 강조하는 교육정책은 1970년대까지 일관되게 지속되었다. 특히 10월 유신과 새마을운동을 교육이념으로 채택한 제4공화국 체제에서 체육교육은 스포츠 활동을 통한 체제순응적인 인간 육성과 대국민 통제를 용이하게 하려는 스포츠정치화의 한 단면일 수 밖에 없었다.[52] 이는 1972년 문교부가 제시한 초등학교 체육과의 지도방향에 잘 나타나 있다. 즉 체육과는 흥미 위주의 체육에서 국방 위주의 체육으로 개선하고, 국방체력과 직결되는 집단경기의 지도를 강조했는데, 이는 기초체력을 단련하여 국민체위 향상을 도모한다는 목표에 따른 것이었다.[53] 이런 체육교육의 목표는 1970년대 중반부터 '체육교육의 충실'을 문교부의 장학방침으로 정착시키면서 더욱 강화되었다.[54]

이렇게 박정희 정부하의 체육교육 목적은 기본적으로 개인의 성장발달, 자아실현, 행복 추구라는 본질적 가치에 주목하기 보다는 국가시책을 적극 옹호, 수용하는 국민상의 실현에 있었다. 학생의 체위 향상도 강한 국력을 위한 기초적 수단으로 인식되었던 것이다. 따라서 '건전한 신체활동', '학교체육의 내실화' 등의 기본 목표는 단지 하나

---

50) 1964년에는 특수체육진흥관리위원회를 문교부 산하에 설치하고, 사격, 스키, 스케이트 종목을 추가했다(서울特別市敎育委員會, 『서울敎育史』 下, 1981, 426쪽).

51) 문교부, 『문교 40년사』, 1988, 219쪽.

52) 李康雨, 「韓國스포츠의 支配이데올로기的 機能에 關한 硏究」, 성균관대 박사논문, 1994, 135쪽.

53) 서울特別市敎育委員會, 『서울敎育史』 上, 470쪽.

54) 위의 책, 502쪽.

의 구호에 그칠 뿐이었다. 이는 학교체육의 내실화를 위한 프로그램이 궁극적으로 운동기능의 향상과 이에 바탕한 선수 위주의 엘리트스포츠로 이어지고 있는 데서도 단적으로 드러난다.

그러나 기초체력 강화를 위하여 제시한 체육교육의 충실화에 따라 육상, 체조, 수영 등 기본종목과 오래달리기, 실내체조 등을 실시했을 뿐만 아니라, 체계적이고 과학적인 수업계획이 마련될 수 있었다.[55] 이같은 학교체육의 강화는 학생들의 체력 강화에 실제적으로 큰 영향을 미쳤으며, 이로써 국민체위의 향상에 크게 이바지한 것은 긍정적으로 평기해야 될 것이다.

박정희 정부의 국가주의적 체육교육 이념과 목적은 전두환 정부에 와서 그대로 유지되었다. 이는 기본적으로 전두환 정부가 쿠데타를 통해서 집권했다는 점에서 볼 때 당연한 결과였다. 이에 따라 체육정책은 정통성을 확보하기 위한 수단으로서 '체육입국'으로 표현되는 강력한 국가 주도의 스포츠내셔널리즘에 기반하여 실시했다. 그 중심에는 아시안게임 및 올림픽게임의 성공적 개최를 위한 엘리트스포츠가 있었다. 당연히 학교체육은 두 대회를 준비하기 위한 수단으로 활용되었으며, 따라서 학교체육의 내실화를 기하기 보다는 우수선수 양성과 운동기능 제고를 목표로 한 엘리트스포츠 위주로 하는 정책적 고려가 우선시되었다.

전두환 정부는 12·12 쿠데타와 5·18 광주민주화운동에 대한 무력 진압을 통해서 집권했다는 점에서 박정희 정부와 마찬가지로 정통성을 결여했다. 정통성의 결여는 과도한 국가주의적 정책을 야기할 수 밖에 없었다. 이런 사정은 교육정책에서도 그대로 관철되었다.

제3차 교육과정에서 나타난 문제점을 보완하기 위한 작업은 1978년부터 시작되었다. 그러다가 제5공화국의 출범을 앞둔 1980년 7월 30일 발표된 '교육정상화 및 과열과외 해소방안'이 마련되면서 교육과정을 개편하는 데 큰 변화가 나타났다. 경제성장에 따른 국민 생활수준의 향상은 상급학교에로의 진학 수요를 늘렸고, 그 결과 대학입학을 목적으로 한 과외 과열양상이 일어났다. 이로써 학생들의 학업부담은 더욱 가중되었다. 여기에다 신군부의 등장을 전후로 학원소요도 격화되었다. 이런 사정으로 교육개혁에 대한 필요성이 제기되었다.[56]

그런데 전두환 정부는 그때까지 세 차례의 교육과정이 학문적 적합성을 지나치게 강조하여 정치이념을 배제했다고 평가하고, 다음과 같이 교육과정의 의의를 제시했다.

> 교육은 한 국가 또는 사회체제를 형성하는 정치, 경제, 사회, 문화 등의 특수한 맥락 속에서

---

55) 서울特別市教育委員會, 『서울教育史』 下, 447쪽.

56) 이달원, 「한국 체육교육과정 변천에 따른 요인 분석」, 계명대 박사논문, 2000, 120~121쪽.

> 전개된다는 사실도 마찬가지로 중요시 되어야 한다. 교육과정의 문제는 순수한 지식의 문제로만 국한되는 것은 아니며 사회적, 정치적 이념 문제도 되는 것이다. …즉, 교육과정에서 다루어지는 지식이나 경험이 탈이념적일 수 없는 것이다. 그리하여, 교육과정이 정치적, 사회적 요구를 외면할 수 없다는 것이 인정된다고 하면, 이 외적 요구를 교육적으로 해석하여 교육내용에 통합시키는 일은 교육과정의 중요한 과제가 되는 것이다.[57]

이처럼 전두환 정부는 교육 외적 요구 즉 국가적·사회적 요구를 반영하는 제4차 교육과정을 제시했다. 이는 구체적으로 4차 교육과정의 구성 방향에서 제시한 '교육에서의 강조점'을 통해 확인할 수 있다. 즉 그 강조점의 하나가 바로 민족공동체의식의 고양을 위한 '투철한 국가의식'과 제5공화국의 국정지표를 그대로 표현한 '민주·정의·복지국가 건설의 사명감'이었다.[58]

이러한 교육에서의 국가주의적 기조 확립은 체육교육에서도 마찬가지였다. 이런 사정은 제4차 교육과정에서 교육을 통해 길러야 할 인간상으로 제시한 '건강한 사람'에 대한 설명에서 확인할 수 있다.

> 건강한 정신과 강건한 신체, 그리고 굳센 체력을 가지는 것은 인간으로서 정상적인 활동을 할 수 있는 기본적인 요건이다. 건강과 행복은 직결되며, 창조적 활동의 원동력이 된다. 이로 미루어 볼 때 국민건강과 체력은 국력의 원천이 된다. 앞으로 우리나라는 심신이 고루 건강한 사람을 키움으로써 활발히 활동할 수 있고, 나아가 무궁한 발전을 기대할 수 있다.[59]

이렇게 전두환 정부의 체육교육에 대한 인식 역시 박정희 정부와 마찬가지로 국가주의적 이념에 바탕을 두고 있었다. 하지만 박정희 정부가 '강건한 국민의 육성'을 강조[60]한 것과 달리 전두환 정부는 '전인교육', '체육의 생활화' 등을 체육교육의 기본 방향으로 제시했다.[61] 이는 보다 체육의 본질적 가치에 주안점을 둔 것으로 평가할 수 있다. 그러나 이같은 체육교육의 기본 목표는 학교체육의 엘리트스포츠화라는 정책 기조로 인하여 제대로 달성되지는 못했다.

정부 수립 이후 전두환 정부때까지 체육교육은 국가주의적·민족주의적 이념에 근간했으며, 심지어 군국주의적 양상까지 띠고 있었다. 이같은 학교체육에 일정한 변화가 생긴 것은 노태우 정부에 와서부터였다. 노태우 정부는 이전 박정희·전두환 정부와

57) 문교부, 『고등학교 새교육과정 개요』, 1982, 3쪽.
58) 劉奉鎬, 『韓國教育課程史研究』, 교학연구사, 1992, 384~385쪽.
59) 문교부, 『중학교 새 교육과정 개요』, 1982, 8쪽.
60) 문교부, 『초·중·고등학교 교육과정-체육과·교련과-』(1946-1981), 대한교과서, 1986, 227쪽.
61) 丁永權, 「中等學校 體育教育의 改善에 관한 研究」, 한양대 박사논문, 1991, 28쪽.

달리, 6·10 민주항쟁의 결과로 실시된 국민투표라는 민주주의적 절차에 의해 성립되었다. 따라서 과거 군사정권과 달리 외형상 정통성 문제는 크게 부각되지 않았고, 교육분야의 국가주의적 기조도 어느 정도 해소되었다.

제6공화국에서 적용되었던 제5차 교육과정의 개편은 전두환 정부 때인 1985년부터 추진되었다. 이때는 문교부가 단지 제4차 교육과정에서 문제가 되었던 부분만을 보완하려는 수준에서 개정하려고 했다. 그러다가 연구개발 과정에서 그 개정 폭이 확대되었다.[62] 이는 당시 정치적 민주화가 진행되는 분위기를 반영한 것이다. 그 결과 이전의 교과과정 개편이 정권의 요구가 크게 반영되었던 것에 비해, 제5차 교육과정은 상대적으로 정치적 영향력이 감소한 상황에서 마련되었다. 바로 이런 측면에서 교육의 내적인 고려가 한층 강화되었다고 평가할 수 있다.[63] 한마디로 제5차 교육과정이 제4차 교육과정의 기본 골격을 유지하면서도 현실 여건을 고려한 점진성과 효율성을 강조했다는 점[64], 그 개정 방침으로 적정화·내실화와 함께 지역화를 설정했다는 점에서 그렇다.[65] 특히 지역화의 강조는 중앙집권적 교육과정체제에서 벗어나 점차 지역 수준의 교육과정 편제를 염두에 둔 조치라고 할 수 있다.[66]

물론 제5차 교육과정에서도 추구하는 인간상의 하나로 '자주적인 사람'을 제시하면서도, 그 세부항목에서 여전히 '투철한 국가의식'을 강조하고 있다.[67] 하지만 사회의 민주화 욕구를 반영하여 보다 인간중심적 교육과정을 제시한 것은 분명하다. 이는 바람직한 인간상으로 노덕적인 사람을 제시하고, 그 세부항목에서 인간 존중의 태도를 강조했다는 사실[68]이 뒷받침해주고 있다.

이에 따라 체육교육도 박정희 정부의 군사교육적 측면이나 전두환 정부의 과도한 국가주의적 이념에서 어느 정도 탈피할 수 있었다. 이런 사정은 다음과 같은 노태우 정부의 학교체육 목적을 통해 확인할 수 있다.

> 체육이 지니고 있는 본질적인 가치가 건강이라 한다면 건강한 인간형성이 체육의 궁극적인 목적이라 할 수 있다. 이를 바탕으로 한 학교체육의 목적도 미래를 살아가야 할 건강한 청소년을 육성하는 데 두고 있다. 따라서 학생은 학교에서 체육활동이 이루어지는 모든

62) 문교부, 『초·중·고등학교 교육과정-체육과·교련과-』(1946-1981), 407쪽.

63) 이달원, 앞의 글, 139~140쪽.

64) 劉奉鎬, 앞의 책, 408쪽.

65) 홍웅선, 『새초등교육과정』, 교학연구사, 1988, 62~68쪽.

66) 교육과정·교과서연구회편, 『韓國教科教育課程의 變遷』(中學校), 大韓教科書株式會社, 1990, 32쪽.

67) 서울시 교육연구원, 『교직실무편람』, 1991, 24쪽.

68) 劉奉鎬, 앞의 책, 415쪽.

분야, 즉 교과활동에서의 체육학습활동, 특별활동에서의 체육클럽과 체육행사 및 학급별 모임시간에서의 체육보건활동 등에 적극적으로 참가하여 개인의 육성과 사회발전에 기여할 수 있는 건강한 시민이 되기 위한 초석을 다져야 한다.[69]

이렇게 박정희 및 전두환 정부가 체육을 국력의 척도로 여겨 군사훈련의 연장이나 국가주의적 목표를 달성하기 위한 수단으로 인식한 데 비해, 노태우 정부는 그 교육적 가치에 보다 주목했다.

그러나 노태우 정부에서도 위 인용문에서 확인할 수 있듯이 당위적 행위로서 학교체육활동의 참여를 강제하는 데 역점을 두었고, '사회발전'이나 '건강한 시민'이라는 외재적 가치를 강조함으로써 여전히 국가주의적 인식을 완전히 탈피하지는 못했다.

요컨대 군사정권의 체육교육은 국가주의적·민족주의적 이념에 근거했다. 물론 학교체육에 대한 이런 이념적 특징은 과거 민족운동 차원에서 전개된 민족주의·군국주의적 체육교육을 수용한 이승만 정부의 체육교육에 대한 이념의 연장선에 있는 것이다. 이후 연이어 정통성이 결여된 군사정권이 들어서면서 이같은 이념적 경향은 여전했다. 자연히 체육교육도 그 본질적 가치보다는 국가주의적 목표에 주력했다.

특히 반공에 기반한 민족주의 교육이념을 강화한 박정희 정부 때는 반공이데올로기와 경제발전이라는 시대적 요구에 부응하면서 국방력 강화와 정부시책에 부응하는 인간상을 확립하는 데 체육교육의 목표가 설정되었다. 이에 학교체육은 심지어 군사훈련의 하나로 전개되기도 했다. 이런 사정은 전두환 정부에 들어서도 그대로 유지되었다. 비록 체육교육의 목표를 국방력 강화에 두지는 않았지만, 86아시안게임과 88서울올림픽대회의 성공적 개최를 염두에 둔 스포츠내셔널리즘적 인식을 반영했다. 노태우 정부 역시 군사정권의 유산을 계승했기에 국가주의적 이념에서 자유롭지는 못했다. 하지만 노태우 정부는 여전히 체육교육의 외재적 가치를 강조했지만, 사회의 민주화 분위기를 반영해야 했기 때문에 이전 군사정부와 달리 비교적 체육교육의 본질적 가치를 수렴하고자 했다.

결국 군사정권기 학교체육은 기본적으로 민족주의·국가주의적 이념을 근간으로 하여 교육적 목표를 설정했다. 하지만 이런 과정에서 청소년들의 신체적 발달과 체육에 대한 인식은 점차 제고될 수 있었다.

---

69) 體育靑少年部, 『體育靑少年 行政10年史』, 1992, 227쪽.

2) 학교체육정책의 변화

(1) 박정희 정부의 학교체육정책

박정희 정부는 체제의 정통성을 획득하는 것이 무엇보다도 중요했다. 그것은 박정희가 합법적인 방법이 아니라 비정상적인 군사 쿠데타로 집권했기 때문이다. 그 결과 박정희 정부는 대중적 지지기반을 확보하기 위한 수단으로 국가주의와 민족주의에 기반한 체육정책을 적극 추진했다. 민족주의와 국가주의에 기반한 박정희 정부의 체육정책은 '체력은 국력'이라는 슬로건에서 단적으로 드러나듯이, 전국민의 체력향상을 꾀한 동시에, 미래를 책임질 청소년들에 대한 체육교육도 매우 중요시했다.

당시 체육교육은 국가적 요구를 충족시키는 교육목표와도 밀접하게 연계되어 실시되었다. 박정희 집권기 교육의 궁극적 목적은 민주주의의 본질적 가치보다는 민족주의적·국가주의적 이념을 관철하는 데 있었다. 때문에 학교체육정책은 체육 본래의 궁극적 가치를 추구하기 보다는 체육을 통해 획득할 수 있는 국가주의적 교육 효과, 즉 외재적 가치에 더 주력했다. 이로써 체육 교육과정의 교육목표와 내용은 필연적으로 외재적 가치에 주력하는 학교체육정책을 반영할 수 밖에 없었다.

학교체육은 청소년층을 직접적인 대상으로 하기 때문에 박정희 정부의 학교체육 진흥정책은 청소년체육에 미친 영향이 대단히 컸다. 이러한 조치로 60년대 이후 보건 체육시간이 대폭 증가되었으며, 각급 학교 입학시험에 체능검사를 부과하여 학교체육을 강화하는 초석이 마련되기 시작했다.

박정희 정부의 학교체육정책은 국민체위 향상이라는 목표에 따라 그동안 유명무실했던 체육교육의 정상화에 우선점을 두었다. 이에 따라 교과과정을 개편하여 체육교육의 본격적인 실시를 위한 정책적 기반을 마련했다. 1963년 이후 10년간을 특징짓는 제2차 교육과정기의 특색은 미국의 실용주의 교육의 영향을 받아 생활 중심 또는 경험 중심의 교육을 강조했다는 점에 있다.[70] 특히 박정희 정부는 조국의 근대화과업을 시대적 과제로 내세워 '과학기술교육 강화', '생산하는 교육'을 강조했으며, 전국민의 과학화를 제창했다. 이에 따라 교육과정에 있어서도 자주성, 생산성, 유용성, 합리성 등이 강조되었다.[71]

이런 의미에서 볼 때, 제2차 교육과정기는 민주주의 이념과 그 가치에 대한 이해와 신념을 가지도록 하면서 민족 고유의 문화를 애호하며 생산성, 과학성, 기술성을 함양하는 교육에 중점을 둔 시기로서, 이러한 교육과정의 특성에 따라 체육교과는 학생들

---

70) 大韓敎育聯合會, 앞의 책, 76~88쪽.

71) 문교부, 『초·중·고등학교 교육과정-총론-』(1946-1981), 69~72쪽.

의 생활과 체육을 연관시켜 지도하고, 학생 경험을 중요시하는 기본방향을 갖게 되었다.[72] 그리고 이때부터 그 동안 국민보건·위생의 측면에서 사용되어 오던 '보건 및 체육'이란 용어가 '체육'으로 통일되어 사용되기에 이르렀다.[73]

제2차 교육과정에서의 체육교과 목표[74]로는 기초적 운동능력을 조장하며, 신체의 모든 기관을 고르게 발달시키고, 놀이를 통해 명랑한 성격과 공정하고 협동하는 태도를 함양하며, 놀이와 건강생활에 대한 기초적 지식을 배양하고 정서를 순화하며, 위급사태에 대처할 수 있는 능력을 배양하고, 여가를 즐기며 생활을 윤택하게 하는 것 등이 제시되었다.

하지만 제2차 교육과정에서 제시한 체육교육의 이런 목표는 실제 교육현장에서 제대로 관철되지는 못했다. 제2차 교육과정에서 제시한 학교급별 체육교과의 교육목표는 주로 체육의 외재적 가치를 강조하는 것에 주안점을 둔 것이다. 체육의 외재적 가치란 '신체를 위한 교육', '신체를 통한 교육'의 관점에서 체육의 본래적 가치보다는 체육을 통해 교육적으로 가치있는 덕목과 능력을 길러주는 데 그 정당성을 두는 것이다. 이같은 교육목표는 체육이 그러한 목표를 달성하는 수단으로서 필요성과 공헌이 줄어든다면 언제든지 부정될 수 있는 것이다.[75]

더구나 교육내용도 주로 운동기능적 측면에 치우쳐 있어, 실제 교육목표의 실현을 기대할 수는 없었다. 예컨대 중학교의 경우[76] 교육목표로 스포츠를 통한 극기 자제와 사회성, 페어플레이정신의 함양을 제시하고는 있다. 하지만 정작 스포츠영역에서는 해당 종목의 기초 기능과 경기규칙, 심판법만을 설정했고, 종목별 기능 위주로 교육내용을 제시하고 있을 뿐이다. 어디에도 그런 운동기능을 통해서 제시된 교육목표를 어떻게 성취할 것인지에 대한 언급조차도 없었다. 심지어는 이에 대한 지도상의 유의점에서도 '신체 활동의 목표를 달성함에 힘쓰도록 할 것'이라고만 밝히고 있을 뿐이다. 게다가 제2차 교육과정에서는 '건전한 정신과 강건한 신체를 가진 국민을 양성하는 데 기여'하도록 교육과정을 구성하게 했다.[77] 이런 조치는 바로 체육교육의 궁극적 목표가 국가주의적 이념에 있음을 단적으로 보여주는 것이다.

박정희 정부는 교육과정 외에 제도적 측면에서도 학교체육 진흥정책을 본격적으로 제시했다. 5·16 군사정부는 광범한 교육개혁의 일환으로 1961년 8월 12일 법률 제681호

72) 한국교육개발원 교육과정개정연구위원회, 『제7차 체육과 교육과정 개발 연구』, 1997, 37쪽.
73) 김종희, 앞의 글, 67쪽.
74) 문교부, 『초·중·고등학교 교육과정-체육과·교련과-』(1946-1981), 19·114·201쪽.
75) 서지영 외, 앞의 책, 1~2쪽.
76) 문교부, 『초·중·고등학교 교육과정-체육과·교련과-』(1946-1981), 121~139쪽.
77) 문교부, 『초·중·고등학교 교육과정-총설-』(1946-1981), 32쪽.

인 '중학교, 고등학교 및 대학의 입학에 관한 임시조치법'을 공포하고, 8월 24일 동 시행령, 10월 23일 문교부령 제91호로 시행세칙을 공포했다.[78] 이 법령에 의해 중·고등학교 입학전형제도에 대한 국가관리제가 실시되었다. 이에 따라 실시된 1962학년도부터의 입시는 국가공동출제에 의한 국가관리로 시행되고, 필답고사에서의 출제범위가 체육을 포함한 전교과로 확대되었다.

이러한 국가고시제의 실시로 드러난 입시제도 개혁의 가장 큰 특징의 하나가 바로 체능검사였다. 이때 실시된 체능검사는 4개 종목의 기준표를 작성하여 5등급으로 분류하고 이를 점수로 계산하여 입시성적 총점의 7분의 1인 25점으로 했다. 그 결과 수험생뿐만 아니라 학부모들에게도 체력관리에 대한 관심이 본격적으로 제고되기 시작했다.[79]

그러나 이같은 입시제도는 그 취지에도 불구하고 오히려 입시 준비교육을 더 조장하는 등 그 효과가 기대에 못미침으로써 1년만에 폐지되었다. 이어 1963년부터 1965년까지 시행된 시도별 공동출제제도에선 체육교과는 출제범위에서 제외되었으나, 체능검사는 전교과성적의 1/8로 축소된 채 시행되었다.[80] 이후 체능검사는 국민체위와 학생들의 체력저하 등의 문제로 배점 변동은 있었지만 계속 시행되다가, 중학교입시를 둘러싼 문제가 빈발하면서 1969년부터는 중학교 무시험제가 채택되어 초등학생을 대상으로 한 체능검사는 폐지되었다. 고등학교 입시의 경우 체능시험이 포함되어 있으나, 배점은 1/30 이상으로 그 기준이 대폭 하락했다.[81]

하지만 이러한 학생체력검사제도의 실시로 학생들의 체격과 체력이 향상되었을 뿐만 아니라 기초체력 증강을 위한 기본운동 종목이 널리 보급되어 운동을 생활화하는 데 적지 않은 공헌을 했다. 실제로 1960년대 각급 학교 학생들의 체위와 체력은 꾸준하게 성장해 갔다.[82] 특히 입시 위주 교육으로 학생들이 체력관리에 소홀했다는 점에서 이를 구조적으로 변화시키는 원동력이 되었으나, 결국에는 입시 과열현상을 야기하는 데 일조하기도 했다.[83] 그러나 각급 학교에서 학생들의 체력향상을 위한 제반 환경을 개선하는 데 결정적인 역할을 했다는 점에서 학생체력검사제도 실시는 학교체육 정상화에 크게 기여한 것도 사실이었다.

요컨대 제3공화국의 교육정책은 국가주의적 통치이념을 바탕으로 삼았다. 1960년대는 세계체육사의 관점에서 보더라도 올림픽대회 등에 대한 국가적인 관심과 지원이

78) 서울特別市教育委員會, 『서울教育史』 下, 307쪽.
79) 위의 책, 308~310쪽.
80) 위의 책, 311~312쪽.
81) 위의 책, 335~337쪽.
82) 위의 책, 421~425쪽.
83) 다른 교과에서 만점이나 동점자가 늘어나면서 체능점수가 합격 여부를 좌우하기에 이르러 체능과외가 성행하기도 했다(위의 책, 327쪽).

모색되는 등 국가적 차원에서의 체력(physical fitness) 배양이 대단히 중요시되던 시기였으므로, 비록 제3공화국이 체제유지 차원에서 관심을 기울인 것이라 하더라도 본격적으로 국민들의 체력육성을 도모하기 위해 국가적인 시책 마련에 나선 것은 지극히 다행스런 일이 아닐 수 없었다.[84] 그 결과 학교체육진흥을 위한 정책이 본격적으로 마련되어 교육과정에서만 아니라, 입시에도 반영됨으로써 체육에 대한 인식을 제고할 수 있었다.

그러나 이러한 학교체육 진흥정책에도 불구하고 체육은 상급학교 진학을 염두에 둔 이른바 도구과목에 치중하는 현실로 인해 제대로 교육되지 못했다.[85] 또한 제2차 교육과정에서 제시한 체육교과의 목표는 외재적 가치에 주안점을 두었다. 교과내용도 스포츠의 기능발달에 중점을 두고 있었다. 심지어 체력이 국력이라는 국가주의적 이념에 따라 국방사상을 학생들에게 고취시킬 목적으로 운동종목을 군사훈련식으로 실시하기까지 했다.[86] 이는 제3공화국의 체육교육이 기본적으로 개인의 자아실현이나 성장이라는 체육의 본래적 가치에 주안점을 둔 것이 아님을 단적으로 보여주는 사례라고 할 수 있다.

이러한 국가주의적 학교체육정책은 1970년대에 와서 더욱 강화되었다. 1960년대 말 조성된 남북 긴장관계와 성공적인 경제개발정책은 반공에 기반한 박정희 정부의 입지를 강화시켜 주었다. 이런 과정에서 국가주의적·민족주의적 이념에 기반한 체육교육도 보다 강화되었던 것이다. 이에 따른 학교체육정책도 1970년대에 와서 본격적으로 마련되었다. 박정희 정부는 1971년 초·중등학교 학교체육관리지침을 마련하여,[87] 학교체육 진흥을 위한 정책적 기반을 갖추었다.

이때 제시된 체육교육의 방침[88]은 다음과 같다. 첫째 신체활동을 통해 신체의 정상적 발육과 발달을 촉진·조장케 하고, 둘째 체육활동을 통해 형성된 습관, 행동, 태도 등으로 사회에 적응하는 성격을 배양하며, 셋째 체육활동을 통해 지적·정서적 발달을 조장하고, 넷째 건강을 보호 유지하고 생활을 즐겁고 윤택하게 할 수 있는 여가의 활용방법을 체득하게 한다는 것 등이었다. 특히 운동학습만을 주로 하는 것이 아니라

---

84) 이학래 외, 『한국체육사』, 지식산업사, 1994, 313쪽.

85) 1960년대는 중고등학교 입학고사제를 실시했기에 초·중등학교는 상급학교 진학을 위한 주요 입시과목 위주의 교육이 팽배했다. 이런 사정으로 입시경쟁이 치열했던 서울시의 경우 장학지도의 주안점을 '교육과정운영의 정상화'로 정할 정도였다. 하지만 실제 교육현장에서는 체육시간을 국어, 영어, 수학 등 주요 입시과목으로 대치하는 일이 많았다(서울特別市教育委員會, 『서울教育史』 上, 759쪽).

86) 서울特別市教育委員會, 『서울教育史』 下, 426쪽.

87) 위의 책, 755쪽.

88) 大韓體育會, 『體育白書』, 1972, 108쪽.

건전한 신체활동을 통해서 민주사회에 공헌할 수 있는 학생의 인격을 기르기 위한 것이라는 점이 강조되었다.

이같은 방침의 내실화를 위한 구체적인 학교체육 프로그램은 이렇다.[89] 첫째, 전교생이 참가하는 학습지도 프로그램, 둘째 학습지도 프로그램에서 얻은 지식과 기능을 더 개발시키고자 하는 학생들이 참가하는 교내 프로그램, 셋째 교내 프로그램에서 더 한층 발전하고자 하는 특별한 팀이나 클럽으로 조직하여 행하는 과외활동 프로그램, 마지막으로 스포츠 기능이 우수한 학생들이 참가하는 대외경기 프로그램 등이었다. 이와 함께 초등학교, 중학교, 고등학교의 체육 교과과정 지도내용을 구체화하여 세분하고, 체육교과시간을 늘이면서 이를 다른 교과시간으로 전용하지 못하게 했다.

정부의 이러한 방침 수립과 집행은 다음 몇 가지 측면, 즉 체육장학의 강화, 체육교과과정의 개선 및 교육과정의 철저한 준수, 체육 전문교사의 배치, 과외체육활동 장려, 체육특기자 육성, 체력장제도 정착(1973년 대학입학 예비고사에 체력장제도 도입) 등의 방향으로 전개되었다.

특히 체력장제도는 학생들의 체력 향상에 크게 기여했다. 당시 입시위주의 교육현실에서 체력장제도는 학생들의 체력을 실제적이고 효과적으로 향상시킬 수 있었다. 이 제도의 목적은 학생들로 하여금 스포츠활동에 대한 이해와 이에 관한 습관과 태도를 기르게 하여 스포츠 생활화를 기하고, 국민의 체위 향상과 체육인구의 저변 확대를 도모하고자 한 것이었다. 즉 학생들에 대한 체력검사를 통해 학생들 스스로가 자신의 신체기능이나 운동능력을 인식하고 자발적으로 체육활동을 하게 함으로써 국민 모두의 체력을 증진하고자 하는 데 그 목적이 있었다.[90]

체력장제도는 1969년 시안이 마련되고 1971년부터 실시되었다. 이 시안은 국제체력검사표준위원회(International Committee for Standardization of Physical Fitness Test : ICSPFT)[91]에서 정한 기준과 종목을 대상으로 초·중·고교 99개 학교 학생들을 표집 실시하여 그 결과를 토대로 만들어졌다.

이러한 학교체육 진흥정책의 행정적 기틀을 마련하기 위한 조치는 초·중등학교에 대한 체육담당 장학관 또는 장학사 배치였다. 체육담당관이나 체육장학사의 배치는 학교체육을 본궤도에 올려놓기 위한 행정력의 강화를 의미하는 것이었다. 하지만 체육담당 장학사의 숫자가 턱없이 부족하다는 체육현장의 불만이 그치지 않았다. 예컨대 체육담당 장학사 현황을 밝힌 1972년도 『체육백서』에서도 "전국의 중학교 1,724, 고등학교 898, 합계 2,610개 학교를 11명의 장학사가 지도하고 감독한다. …이러한 절대

89) 위의 책, 109쪽.

90) 정천택, 「체력장 실시의 계획과 방향」, 『체육』 41, 1969년 7월호, 46쪽.

91) 윤남식, 「체력장제도 실시에 즈음하여」, 『체육』 41, 1969년 7월호, 15쪽.

수의 부족은 파행적인 체육교육을 낳았고, 게다가 입시의 경쟁은 주지교육으로 흘러서 곳에 따라서는 체육이란 한갓 명목일 뿐, 다른 학과에 눌려 경시 받기가 일쑤인 것이 현실이다"[92] 라고 그 문제점을 밝히고 있다.

그러나 이때에 와서 학교체육정책의 틀을 확립하고 이를 뒷받침하기 위해 체육교육의 행정적 기반을 마련하기 시작함으로써 학교체육 진흥정책의 발판이 되었다는 사실만은 긍정적으로 평가되어야 한다.

한편, 1968년 12월 국민교육헌장의 반포와 함께, '반공·도덕', '국민윤리'의 영역을 강화하는 국민교육의 지표가 발표되었다. 이에 따라 1969년 9월 4일 문교부령 제251호로 '교육과정령중 개정령'을 공포했다. 이 개편으로 교과과정에선 국민학교와 중학교의 경우는 종전 1주 1시간이 배당된 '반공·도덕과'가 2시간으로 늘어났다. 고등학교의 경우 종전 4단위의 '사회과'가 6단위의 '반공 및 국민윤리'로 개편·확대되었다. '교련'도 체육과의 독립된 영역으로 배정되는 등 반공적 국방교육이 강화되었다.[93] 국민교육헌장은 1960년대 말 한반도를 둘러싼 국제정세의 급격한 변화를 이용하여 집권체제를 연장하기 위한 이데올로기적 조치였다.

마침내 박정희는 1971년 12월 국가비상사태를 선언하고, 1972년 10월 이른바 '10월 유신'을 선포했다. 이로써 제4공화국이 출범하게 되었다. 이때 박정희는 조국 근대화를 신속하게 성취하고 국토를 평화적으로 통일함으로써 민족중흥의 사명을 완수하고자 하는 이념적 과제를 제시했다. 이에 따라 1973년 제3차 교육과정은 학문 중심의 교육과정과 국민교육헌장의 이념을 반영하고자 하는 시대의 조류를 반영했다. 즉 1973년 8월 31일 문교부령 제325호로 국민학교와 중학교의 교육과정을 공포했다. 이어 같은 해 12월 31일 문교부령 350호로 인문계 고등학교의 교육과정을 개편했다.[94]

국민교육헌장의 이념을 반영한 3차 교육과정에서는 창조, 개척, 협동 등의 국민정신을 강조하는 국가주의적 가치관이 더욱 조장되었다. 그리고 이를 뒷받침할 국민적 자질 함양을 앞세우게 되어 민족주체의식 고양을 통한 한국적 민주주의 확립을 교육정책의 전면에 내세웠다.[95] 예컨대 군사교육제도의 강화, 교련교사의 재교육, 안보특강, 대학생 특수훈련, 학도호국단 발족 등이 그 단적인 사례이다.

이같은 반공에 기반한 국가주의적 교육정책은 체육교육에서도 그대로 관철되어, '새국민 육성'이 각급 학교의 체육교과의 공통된 목표로 설정되었다. 이런 맥락에서 군사반공교육의 강화 및 학교제도의 쇄신을 추구하게 되었고, 그 결과 1975년의 학도호

---

92) 大韓體育會, 『體育白書』, 414쪽.

93) 劉奉鎬, 앞의 책, 340~341쪽.

94) 함종규, 『교육과정 연혁조사』(후편), 문교부, 1980, 215~216쪽.

95) 한국교육개발원 교육과정개정연구위원회, 앞의 책, 41쪽.

국단 발족, 중학교 무시험제도 및 고교입시제도 개선, 대학입학예비고사 실시 등 교육 전반에 걸쳐 양적·질적 변화를 도모하기에 이르렀다.

국민교육헌장의 제정과 유신체제의 출범 등으로 국가이념의 구현을 강조한 제3차 교육과정에서는 학문적 체계를 강조하고, 교과영역의 체계를 확립하는 방향으로 그 내용을 심화시키는 경향을 보여 주었다. 이에 따라 1969년 개정되었던 '반공·도덕'과 '반공·국민윤리'가 '도덕'과 '국민윤리'로 개편되었다. 하지만 기존의 반공교육이 사라진 것은 아니었으며, 교련과목은 여전히 국어나 수학, 체육 등의 과목을 제외하면 가장 많은 시간을 배정받았나.

제3차 교육과정에서 체육교육은 여전히 수업시수가 국어와 수학을 제외하면 가장 많았다. 그만큼 체육을 중요시했는데, 이는 박정희 정부의 국가주의적·민족주의적 체육정책과 무관한 것은 아니었다. 이런 사정은 특히 중고등학교의 체육교과 목표로 '왕성한 활동력과 실행력을 가진 강건한 국민'[96]을 제시했다는 점에서 단적으로 드러난다.

이렇게 제3차 체육의 교육목표는 제2차 교육과정이 개인의 바람직한 태도 육성에 주안점을 둔 것에 비해, 국가의 정책적 목표 추진을 뒷받침할 새 국민 육성이라는 국가주의적 목표 달성을 전제로 한 구체적 목표의 설정을 부각시켰다.[97] 이는 국민교육헌장 제정, 유신체제 출범 등으로 대변되는 국가이념의 구현을 강조하려는 시대 흐름에 따른 필연적 결과였다. 특히 초등학교의 경우에서조차 이런 교육목표를 기술하면서 궁극적 목적이 새국민 육성에 있다는 점을 분명히 했다.[98]

물론 제3차 교육과정의 체육교육 측면에서는 이전보다 진전된 양상을 보여주고 있다. 예컨대 중학교까지 교육목표를 일반 목표에서 제시한 내용을 학년별로 좀 더

96) 중학교 교육과정에서는 "각종 운동을 통하여 체력과 운동기능을 길러서, 왕성한 활동력과 실행력을 가진 강건한 국민으로 자라게 한다"를, 고등학교 과정에서는 "각종 운동에 대한 이해와 실천을 통하여, 체력과 운동기능을 높여서 왕성한 활동력과 실행력을 가진 강건한 국민으로 자라게 한다"를 체육교과의 목표로 제시했다(문교부, 『초·중·고등학교 교육과정-체육과·교련과-』(1946-1981), 149·227쪽).

97) 김종희, 앞의 글, 69쪽.

98) "(가) 여러가지 운동을 통하여 강한 체력과 강인한 의지력을 길러서, 왕성한 활동력과 실행력을 가진 새국민으로 자라게 한다. (나) 운동경기를 통하여 규칙과 질서를 지키며 주어진 부서에서 책임을 다하고 서로 힘을 모아 끝까지 노력하는 태도를 길러서, 올바른 경쟁심과 협동 단결력이 강한 새국민으로 자라게 한다. (다) 개인위생과 공중보건에 필요한 기초지식을 이해하고 이를 실천할 수 있는 능력과 태도를 길러서, 건강하고 안전한 생활을 할 수 있는 새국민으로 자라게 한다. (라) 운동을 생활화하여 정서를 순화하고, 여가를 선용하는 태도와 미적 표현의 창작력을 길러서, 명랑하고 활달한 성격을 지닌 새국민으로 자라게 한다"(문교부, 『초·중·고등학교 교육과정-체육과·교련과-』(1946-1981), 35쪽).

다양한 표현으로 기술한다거나, 교육내용의 영역을 더 세분화하고, 중·고등학교의 경우는 각 영역별 시간배당 비율을 명시하여 보다 체계적이고 계획적으로 실행할 수 있게 했다. 뿐만 아니라 체력 향상 및 건강 증진을 위한 과학적 지도가 될 수 있도록 교육과정을 구성했다.

교과영역의 명칭도 초등학교의 경우 '운동'이라는 용어를 사용하기 시작하여 1-2차 교육과정기에 제시된 '놀이'의 형태를 벗어나고 있었다. 이때부터 순환운동과 질서운동도 초등학교부터 고등학교까지의 교육내용에 새롭게 포함되었다. 그리고 모든 영역의 학습내용은 대개 구체적인 활동명 중심으로 기술하고, 활동내용은 경기기능과 시합에 관한 내용이 주를 이루었다.

무엇보다도 제3차 교육과정의 핵심은 학생들의 기초체력 향상에 역점을 두었다. 이를 위해 기초체력 종목인 육상과 체조에 역점을 두어 시간배당의 비율을 제시했는데, 중학교의 경우 육상에 25%, 체조·순환운동·질서운동에 30%, 고등학교의 경우엔 순환운동·체조·육상·계정운동·체육이론을 필수종목으로 하여 55%의 시간비율을 배당했다.[99] 그리고 이에 따른 단원별 성취 기준을 작성하여 체육교육의 질적 향상을 위한 과학화를 도모했다.[100]

하지만 이같은 일부 진전된 모습에도 불구하고, 제3차 교육과정은 본질적으로 기존 교육과정과 크게 다르지는 않았다. 교육내용은 이전과 마찬가지로 단순한 운동기능과 관련된 내용으로만 구성되어 있다. 더구나 제3차 교육과정에서는 1-2차 교육과정에 비해 국가주의적·민족주의적 가치를 지나치게 강조했다. 이는 제3차 교육과정이 유신체제를 합리화하기 위해 내세운 '조국근대화', '민족 중흥의 사명', '한국적 민주주의' 등을 관철시키기 위한 정치적 필요에 따라 개편되었기 때문이다.[101]

그 결과 당시 체육교육은 '당면한 국가목표인 자주국방과 자립경제 건설에 필요한 국가 요구로서 건민체육의 생활화'라는 문교부의 지침에 따라 실시되었다.[102] 이런 사정은 초등학교 체육과의 지도방향에서 단적으로 드러난다. 예컨대 1973년 서울시 교육위원회가 초등학교 체육과 지도의 개선점으로 기초체력의 향상을 요구하면서도, 흥미 위주의 체육에서 국방 위주의 체육을 제시했으며, 교육과정에서의 강조점으로는 집단 질서훈련으로 공동체의식 강화, 국방체력과 직결되는 집단 경기지도 등을 제시할 정도였다.[103] 다시 말해 체육과는 반공 및 안보교육으로 인식되었으며, 따라서 체육교

99) 위의 책, 160·232쪽.

100) 서울特別市敎育委員會, 『서울敎育史』 下, 472쪽.

101) 문교부, 『초·중·고등학교 교육과정-총론-』(1946-1981), 45쪽.

102) 이달원, 앞의 글, 113~114쪽.

103) 서울特別市敎育委員會, 『서울敎育史』 上, 470쪽.

육은 전인적 교육의 차원이 아니라 국가적 요구에 부합하는 수단으로서 간주되었던 것이다. 여기서도 박정희 집권기의 '건민체육'의 근원적 목표가 단적으로 드러난다.

요컨대 유신체제하의 학교체육정책은 유신체제를 유지하고, 반공에 기반한 국가주의적 이념을 관철하는 수단이었다. 그만큼 박정희 집권기의 교육과정의 목표는 체육의 외재적 가치에 경도되어 있었다. 특히 유신체제가 확립되면서 '새로운 국민'을 육성한다는 목표에 주안점을 둔 제3차 교육과정에서는 그런 특성이 더욱 두드러졌다. 학교급별 교육내용도 주로 운동기능의 향상에 치중함으로써 운동을 통한 교육적 효과가 이루어질 수 있는 여건조차 마련되지 못했다.

물론 박정희 정부가 추진한 국민체육진흥정책으로 정부 차원의 학교체육에 대한 관심이 높아졌던 것은 사실이다. 이에 따라 학교체육을 위한 정책적 제도적 기반이 확립되었고, 교육과정에서도 체육수업시간의 확대, 광범위한 학교체육 프로그램의 확립과 실행 등으로 청소년들의 체위와 체력이 향상될 수 있었다. 하지만 학교현장에서 행해지는 체육교육은 주로 기능적 측면이 강조되었다. 교육내용에서도 신체활동 자체의 가치에 대한 언급은 거의 없었다. 게다가 초등학교에서조차 군사훈련 위주의 체육수업을 실시하는 등 반공과 안보교육의 차원에서 체육교육의 진흥을 모색했다.

이렇게 박정희 정부의 학교체육은 외형적 측면에선 청소년들의 체력과 체위 향상에 크게 기여하는 등 발전적 모습을 보였다. 하지만 교육적 측면에서 볼 때 학교체육은 실질적으론 그다지 효과를 거두지는 못했다. 1960년대에는 입시위주의 교육현실로 체육수업은 제대로 이루어지지 못했으며, 1970년대에는 비록 정책·제도적 측면에서 그 활성화를 위한 기반이 마련되었지만, 학교체육은 국가주의적 이념을 관철하기 위한 수단으로 인식되었을 뿐이었다. 이런 학교체육의 비교육적 측면은 올바른 체육교육에 대한 인식을 사회에 각인시키기 보다는 오히려 부정적 인식을 형성하는 데 근원적 원인으로 작용했다. 이는 기본적으로 박정희 정부가 국민동원과 체제수호의 한 수단으로 삼았던 체육정책과 엘리트스포츠 위주의 체육정책이 결합되어 나타난 결과라고 할 수 있다.

(2) 전두환 정부의 학교체육정책

박정희 정부의 국가주의적 학교체육정책 방향은 제5공화국 때에도 그대로 유지되었다. 전두환 정부도 12·12 쿠데타와 5·18 광주민주화운동에 대한 무력 진압을 통해서 집권했다는 점에서 박정희 정부와 마찬가지로 정통성을 결여했다. 정통성의 결여는 과도한 국가주의적 정책을 야기할 수 밖에 없었다.

이로써 전두환 정부는 교육 전반에 걸쳐 국가주의적 목표를 설정했으며, 이는 학교

체육정책에도 반영되어, 박정희 정부가 추진한 기본적인 학교체육정책을 그대로 계승했다. 1교 1기, 1인 1기운동이 그 대표적 사례이다. 학생들의 체위와 체력향상에 커다란 기여를 해온 체력검사의 경우, 몇 가지 제도적 개편을 시도했다. 즉 1980년에는 기존 학교장관리에서 지역공동관리로, 평가방식도 상대평가에서 절대평가로 전환했으며, 1983년에는 오래달리기 종목을 추가하기도 했다.[104] 이같은 조치는 체력향상을 제고하기 위한 진전된 정책이라고 할 수 있다.

한편, 전두환 정부는 올림픽을 대비하기 위하여 체육정책을 전담할 체육부를 1982년 3월 20일 창설하고, 그 동안 문교부에서 담당해 오던 학교체육 업무도 체육부로 이관시켰다. 이에 따라 체육부 체육진흥국에 학교체육과가 설치되어 학교체육 업무를 전담했다. 또한 1962년 제정되었으나, 그동안 유명무실하게 운영되어 왔던 국민체육진흥법을 1982년 12월 31일 전면 개정하여 학교체육의 진흥에 박차를 가했다.

이처럼 학교체육의 내실화를 위한 조치가 마련되자, 체육부는 1983년 학교체육정책의 기본 방향을 다음과 같이 밝혔다.

> 학교에서의 체육교육을 충실히 하여 청소년의 신체를 건전하게 발달시키고, 건강을 유지하는 데 필요한 지식과 태도를 가르침으로써, 체육활동을 통하여 사회에 공헌할 수 있도록 학생 개개인의 인격을 길러 나가고자 한다.[105]

그러나 이러한 학교체육 진흥방침은 그 실효를 거둘 수 없었다. 당시 발간된『행정백서』를 보면, 전두환 정부가 아시안게임과 올림픽 준비에 체육정책의 핵심을 두었음을 확인할 수 있다. 또한 체육부의 신설로 학교체육행정 업무가 문교부와 체육부로 이원화되어 학교체육은 비효율적으로 운영되었다. 게다가 학교체육정책도 학생 전체의 체력증진보다는 엘리트스포츠의 진흥 차원에 맞춰 수행되었다.[106]

이런 사정은 1982년 이후 발표된 행정백서의 체육정책에서 확인할 수 있다. 행정백서에서는 학교체육의 육성과 진흥을 위한 세부계획이 제시되었다. 그 내용을 보면, 1982년과 1987년의 경우 '국민체육의 생활화와 체육입국' 항목에서 '학교체육의 진흥', '학교체육의 내실화'만을 기술하고 있다. 1983-1986년의 행정백서에는 구체적으로 '학교체육의 육성'의 내용이 제시되었는데, '학교체육의 내실화'만을 기술하고 있을 뿐 그 구체적 실행방안은 전무했다.[107] 오히려 1984년 학교체육의 육성방안으로 전국소년체육대회

104) 體育青少年部,『體育青少年行政10年史』, 240쪽.

105) 김대광,「한국체육정책의 변천과정과 방향설정」, 한국체육대학 박사논문, 2003, 104쪽.

106) 이욱렬,「전두환정부와 김대중정부의 체육정책 비교연구-정치체제와 체육정책의 상호관계를 중심으로-」, 숭실대 박사논문, 2002, 176쪽.

107) 이종원,「제5공화국의 스포츠정책 연구」, 서울대 박사논문, 2002, 87~97쪽.

운영개선, 체육계 학교 육성, 체육특기자 합리적 관리 등을, 1985년의 경우엔 학생체력 향상 도모 방안으로 지역별, 학교간 경기대회 강화, 전국체육고등학교 체육대회 실시 등을 제시하는 등 엘리트스포츠 차원의 정책과 실제 학교체육교육의 내용과 무관한 학교급식 내실화, 체력검사제도 개선 등만이 제시되어 있을 뿐이다.

이렇게 전두환 정부의 학교체육정책은 사실상 정책적 고려 대상에서 벗어나 있었으며, 오히려 엘리트스포츠 위주의 학교체육정책이 마련되었다는 사실은 당시 개정된 국민체육진흥법이나 체육부 조직의 업무 관할사항 등이 잘 뒷받침해주고 있다.

1982년 12월 31일 전면 개정된 국민체육진흥법 제9조 2항에서는 학교는 학생의 체육진흥에 필요한 조치를 강구하고, 체육진흥관리위원회를 설치하여 체육지도 및 관리를 하도록 했다.[108] 그 시행령 제15조에서는 이를 위해 학교마다 1종목 이상의 체육시설을 갖추고, 1년에 2회 이상의 종합경기대회를 실시하도록 했다. 그리고 제6장 벌칙조항에서는 이를 위반할 경우 과태료를 부과한다고 명시했다. 벌칙조항을 두었다는 것은 체육활동의 자율성을 침해한다는 본질적 문제가 있지만, 학교체육의 진흥을 위한 정책적 의지를 보여준다는 점에선 의의가 있다. 그런데 시행령 제15조의 단서조항에서 체육부 장관이 부득이한 사정이 있다고 인정하는 학교는 예외로 인정한다는 규정이 벌칙조항의 강제성을 퇴색시키고 있다. 반면에 엘리트스포츠의 육성과 관련한 조항은 예외 조항없이 강제적으로 이행하도록 했다. 결국 학교체육정책은 엘리트스포츠정책에 비해 정책적 고려의 우선 순위에서 밀리고 있는 것이다.

체육부의 조직[109]에서도 학교체육에 대한 본질적 가치를 크게 고려하지 않았음을 확인할 수 있다. 학교체육을 담당하는 체육부 체육진흥국 학교체육과의 역할은 학교체육의 진흥 및 지도, 체육계 학교의 육성 및 운영의 지도·감독, 체육특기자 관리, 종목별 체육시범학교의 지정 및 운영의 지도, 학생체력검사에 관한 기준 설정 및 집행에 관한 지도, 학교급식에 관한 기본계획의 수립 및 지도·감독, 학생영양지도 및 식생활 개선 등에 관한 사항 등이다. 이처럼 학교체육교육과 관련해서는 진흥 및 지도라는 매우 추상적인 기술로 학교체육의 업무를 규정하고 있을 뿐이다.

반면에 체육특기자 및 종목별 체육시범학교 등은 소수의 우수선수 양성을 목적으로 한 엘리트스포츠 차원의 업무 영역을 제시하고 있다. 이 밖에 학생체력검사와 학교급식, 학생영양지도 등 실제 학생들의 체육활동 참가와는 무관한 내용으로 구성되어 있다. 게다가 교육과정과 장학, 체육계 학교의 설립과 폐쇄 및 지도 감독, 교사 양성 및 인사, 재정 등은 문교부가 담당하는 등 체육행정의 이원화가 이루어짐으로써 학교체육정책은 비효율적으로 운영되는 폐단을 낳게 되었다.

---

108) 한국법제연구원, 앞의 책, 302~6쪽.

109) 體育靑少年部, 『體育靑少年行政10年史』, 228쪽.

전두환 정부의 학교체육정책 문제점은 교육과정에서도 나타났다. 제3차 교육과정에서 나타난 문제점을 보완하기 위한 작업은 1978년부터 시작되었다. 그러다가 제5공화국의 출범을 앞둔 1980년 7월 30일 '교육정상화 및 과열과외 해소방안'이 발표되면서 교육과정 개편에도 큰 변화가 일어났다. 경제성장에 따른 국민 생활수준의 향상으로 상급학교에로의 진학 수요가 늘어났고, 그 결과 대학입학을 목적으로 한 과외의 과열양상이 발생했다. 이로써 학생들의 학업부담은 더욱 가중되었다. 여기에다 신군부의 등장을 전후로 학원소요도 격화되었다. 이런 사정으로 교육개혁에 대한 필요성이 제기되었다.[110] 결국 1981년 12월 31일 문교부 고시 제442호로 제4차 교육과정이 확정되었다.[111]

제4차 교육과정의 기본 방향은 국민정신 교육의 체계화, 전인교육의 충실, 과학기술교육의 강화에 있었다.[112] 이같은 기본 방향에 따라 교육과정의 강조사항으로 건전한 심신의 육성, 지력과 기술의 배양, 도덕적인 인격형성, 민족공동체의식의 고양 등이 제시되었다.[113]

제4차 교육과정의 두드러진 특징은 학교급별로 교육목표가 제시되었다는 점이다. 그 운영지침도 매우 구체적으로 제시되었다. 학생들의 학습부담을 줄이기 위해 국민학교의 경우는 교과통합, 통합교과별 시간 배당을 했으며, 중·고등학교의 경우 교과목수 및 주당 수업시간(단위) 등을 축소시켰다.[114]

제4차 교육과정에서는 체육교육의 기본 목표로 '건강과 체력의 향상', '잠재적 운동능력의 개발', '체육의 생활화', '스포츠의 과학화' 등을 제시했다. 이 중 '잠재적 운동능력의 개발'은 '기본 움직임 익히기'의 내용과 방법이 현장 학습에 도입되는 체육교육의 세계적 추세를 반영한 것이다.[115]

체육교육의 목표로는 3차 때와 달리 개인의 운동능력 향상, 지식 습득, 정서 함양, 바람직한 생활 태도 등[116]이 강조되면서 국가주의적 이념이 어느 정도 해소될 수 있는 여건이 마련되었다. 이처럼 제4차 교육과정에서 제시된 체육교육의 목표는 운동을 통한 개인적 가치 및 인간 중심적 교육을 보다 고려했다고 평가할 수 있다.[117] 이는 3차 교육과정이 새 국민 양성 등을 제시하여 그 시대의 인간상을 구현한다는 국가적

---

110) 이달원, 앞의 글, 120~121쪽.

111) 劉奉鎬, 앞의 책, 381쪽.

112) 문교부, 『연수자료-중학교 새 교육과정 개요』, 한국원호복지공단, 1982, 10~15쪽.

113) 위의 책, 15~21쪽.

114) 劉奉鎬, 앞의 책, 386~402쪽.

115) 문교부, 『연수자료-중학교 새 교육과정 개요』, 104~105쪽; 『연수자료-고등 학교 새 교육 과정 개요』, 한국원호복지공단, 1982, 120~121쪽.

116) 문교부, 『초·중·고등학교 교육과정-체육과·교련과』(1946-1981), 71·161·234쪽.

117) 이달원, 앞의 글, 127쪽.

목표에 더 치중한 것에 비하면 진전된 것이다.

그러나 제4차 교육과정의 이러한 발전적 모습은 학교현장에서 제대로 그 취지를 살리지 못했다. 대학입시에 치중할 수 밖에 없는 현실에서 일선 학교에서는 입시과목 위주로 교과를 운영하거나, '자율학습'을 반강제적으로 실시함으로써 교과목과 수업시수 축소의 취지를 무색케 했다. 특히 대입에 고교내신이 30% 이상 반영되어 이같은 상황을 더욱 부채질했다. 또한 전인교육을 위해 마련한 '자유선택과목'은 0단위부터 배정할 수 있게 되어 사실상 편제되지 않거나, 배정되었다 하더라도 입시과목에 치중됨으로써 유명무실해졌다.

무엇보다 제4차 교육과정의 근본적인 한계는 진전된 교육목표에도 불구하고 그 구성방향에서는 '투철한 국가의식'과 제5공화국의 국정지표를 그대로 표현한 '민주·정의·복지국가 건설의 사명감'을 강조하고 있다.[118] 이처럼 전두환 정부는 교육에서의 국가주의적 기조를 확고하게 관철하고자 했다.

이렇게 제4차 교육과정의 체육교육은 제도적 측면에선 이전 시기와 달리 인간 중심 교육의 실현을 주된 목표를 삼았다. 평생스포츠와 야외활동을 강화하고, 운동기능을 합리적으로 제고하기 위한 실천적 측면이 강조된 것이 그 대표적 사례이다. 하지만 교육현실을 무시한 교육영역의 신설 등에서 알 수 있듯이, 그 목표와 교육내용은 실현되지 못했다. 이는 근본적으로 제5공화국이 추구한 과도한 엘리트스포츠 위주의 정책으로 학교체육성책이 상대적으로 소홀히 다루어질 수 밖에 없었기 때문이다.

이런 사정은 1983년부터 1987년까지 체육부 예산 중 체육진흥부분 예산의 운영[119]을 통해 확인할 수 있다. 즉 1983년 체육부 예산에서 체육진흥부분 예산의 점유율을 보면 체육진흥분야는 7%가 배정되었고, 이 가운데 26.6%인 4억 5,800만 원이 학교체육육성에 투입되었다. 이후 매년 그 액수는 비교적 꾸준한 성장세를 보였다. 하지만 전체 체육진흥분야에서 학교체육 육성에 배당된 예산의 비중은 1985년부터 급격히 감소하기 시작했다. 1984년 22.8%가 학교체육 육성에 배정되었는데, 이후 매년 5.6%, 6.6%, 9.2% 등으로 10% 미만에 그쳤다. 이는 전체 체육예산과 비교하면, 1983년 0.02%, 1984~1987년 0.01%에 해당한다.[120] 반면에 국제체육분야는 1983~1987년 각각 24.8%, 10.0%, 8.4%, 9.5%, 9.2%, 체육지도 부분은 28.7%, 29.8%, 30.5%, 40.7%, 36.8%나 차지했다. 이처럼 엘리트스포츠 위주의 체육정책으로 학교체육이 부진할 수 밖에 없었다.

요컨대 전두환 정부는 정통성 확보차원에서 아시안게임과 올림픽게임의 성공적

---

118) 劉奉鎬, 앞의 책, 384~385쪽.

119) 임용태, 「체육 청소년부 예산을 통한 체육정책의 분석에 관한 연구」, 서울대 석사논문, 1992, 67쪽.

120) 위의 글, 55쪽.

개최에 범정부적 차원의 노력을 경주했다. 그 결과 학교체육은 우수선수나 경기력 향상을 위한 엘리트스포츠 차원에서 고려되었을 뿐 학교체육진흥을 위한 정책은 사실상 전무한 실정이었다. 이는 체육진흥 예산 가운데 학교체육 진흥을 위한 예산이 10%에도 미치지 못했다는 점에서 단적으로 드러난다.

물론 전두환 정부는 1교 1기 및 1인 1기운동 등 박정희 정부의 학교체육진흥 방안을 계승했으며, 체력검사의 제도적 개편을 시도하여 학생들의 체력향상을 제고하고자 했다. 특히 체육부에 학교체육 업무를 전담하는 행정강화로 학교체육의 진흥을 도모하기도 했다. 하지만 이런 학교체육진흥을 위한 조처에도 불구하고 전두환 정부의 학교체육정책은 본질적으로 엘리트스포츠를 위한 조처였다. 전두환 정부때 발간된 『행정백서』에서 보듯이 학교체육 진흥방안은 대부분 선언적 항목의 나열에 불과하고, 그 구체적 실행방안은 마련하지 않았다. 그나마 학교체육과 관련한 구체적 방안은 엘리트스포츠 차원에서 제시된 것이지 일반 학생을 위한 체육교육과는 거리가 먼 것이었다. 게다가 교육과정상에선 박정희 정부에 비해 국가주의적 요소가 어느 정도 해소되었지만, 여전히 국가주의적 이념에 근거하고 있었다. 교과서 자체에서도 올림픽 성공을 위하여 개인이 갖추어야 할 시민적 자질 및 올림픽에 관한 지식의 내용이 상당히 포함되어 있을 정도였다.[121] 그만큼 전두환 정부의 학교체육정책은 유명무실했으며, 정규교육과정조차도 여전히 국가주의적 이념에서 벗어나지 못했다.

(3) 노태우 정부의 학교체육정책

노태우 정부는 6·10 항쟁이라는 국민의 민주화 요구에 따라 외형상 국민투표라는 절차적 민주주의의 형식을 빌어 성립되었다. 교육정책도 이같은 민주적 열망을 반영할 수 밖에 없었다. 이런 사정은 학교체육정책에서도 마찬가지였다. 즉 이전과 달리 인간중심주의와 체육의 심화로 전인교육을 강조하고, 크게 심동적(心動的)·인지적(認知的)·정의적(情意的) 영역으로 교육목표를 분류하여 균형적인 발달을 지향했다. 특히 교과목표인 신체적인 표현능력의 기능 강화와 함께, 운동과제를 창의적이고 능동적으로 해결하도록 한 것은 민주화의 열망에 부응하여 표현과 행동의 자유로움 속에서 근본적인 개인의 창의력을 최대한 개발하고자 했던 것이다.[122]

이에 따라 교육과정에서의 국가주의적 기조는 전두환 정부때보다 다소 해소될 수 있었다. 물론 제6공화국에서 적용되었던 제5차 교육과정 개편은 전두환 정부 때인 1985년부터 추진되었다. 이때는 문교부가 단지 제4차 교육과정에서 문제가 되었던 부

---

121) 李康雨, 앞의 글, 223쪽.

122) 이달원, 앞의 글, 146쪽.

분만을 보완하려는 수준에서 개정하려고 했다. 그러다가 연구개발 과정에서 그 개정 폭이 확대되었다.[123] 이는 당시 정치적 민주화가 진행되는 분위기를 반영한 것이다.

그 결과 이전의 교과과정 개편은 정권의 요구가 크게 반영되었던 것에 비해, 제5차 교육과정은 상대적으로 정치적 영향력이 감소한 상황에서 마련되었다. 바로 이런 측면에서 교육의 내적인 고려가 한층 강화되었다고 평가할 수 있다.[124] 한마디로 제5차 개정이 제4차 교육과정의 기본 골격을 유지하면서도 현실 여건을 고려한 점진성과 효율성을 강조했다는 점[125], 그 개정 방침으로 적정화·내실화와 함께 지역화를 설정했다는 점에서 그렇다.[126] 특히 지역화의 상소는 중앙집권적 교육과정체제에서 벗어나 점차 지역 수준의 교육과정 편제를 염두에 둔 조치라고 할 수 있다.[127]

제5차 교육과정에서 제시한 초·중·고등학교 체육교육의 목표[128]에서는 '민주적 생활태도', '올바른 가치관' 등 제4차 교육과정에서 사라진 체육교육의 외재적 가치가 강조되고 있다. 물론 이같은 목표는 당시 민주화에 대한 사회적 분위기를 감안한 것으로서 긍정적 평가를 내릴 수 있는 측면도 있다.

하지만 체육교육의 실제적 존재 이유라고 할 수 있는 내재적 가치는 오히려 종전보다 후퇴했다. 즉 제5차 교육과정에서는 추구하는 인간상의 하나로 '자주적인 사람'을 제시하면서도, 그 세부항목에서 여전히 '투철한 국가의식'을 강조했다.[129] 이런 사정은 1991년도 체육청소년부가 마련한 「학교체육관리 기본방향」에서 제시된 학교체육의 목표에도 반영되어 있는데, 체육교육의 정상화로 심신의 조화있는 발달 도모, 학교체육활성화로 평생체육의 기틀 마련, 기초체력과 운동기능의 신장으로 강건한 국민육성 등을 제시했다.[130]

이렇게 제5차 교육과정도 이전의 국가주의적 요소를 완전히 배제하지는 못했다. 물론 사회의 민주화 욕구를 반영하여 보다 인간중심적 교육과정을 제시한 것은 분명하다. 이런 사정은 바람직한 인간상으로 도덕적인 사람을 제시하고, 그 세부항목에서 인간 존중의 태도를 강조했다는 사실[131]이 뒷받침해주고 있다.

---

123) 劉奉鎬, 앞의 책, 407쪽.
124) 이달원, 앞의 글, 139~140쪽.
125) 劉奉鎬, 앞의 책, 408쪽.
126) 홍웅선, 『새초등교육과정』, 교학연구사, 1988, 62~68쪽.
127) 교육과정·교과서연구회편, 앞의 책, 32쪽.
128) 문교부, 『제5차 교육과정-국민학교 교육 과정』, 대한교과서주식회사, 1987, 123쪽; 대한교과서주식회사, 『중학교 교육과정』, 1987, 3~4쪽; 대한교과서주식회사, 『고등학교 교육과정』, 1988, 140쪽.
129) 서울시 교육연구원, 『교직실무편람』, 24쪽.
130) 體育青少年部, 『1991年度學校體育管理指針』, 1991, i쪽.

그러나 이러한 기본 목표도 학교현장에서 제대로 관철되지는 못했다. 제5차 교육과정에선 제4차 교육과정과 비교할 때 수업시수가 감소했다. 중학교의 경우 변동이 없지만,[132] 고등학교의 경우[133] 제4차 때 2~3학년에 최대 10단위까지 배당이 가능했던 것이 제5차 교육과정에선 2시간이 줄어든 최대 8단위만 일반계 고등학교의 인문·사회계열과 자연계열에 배당되었는데, 다른 교과목도 대체로 감소했기 때문에 그 비중이 낮아졌다고는 할 수 없다. 다만 체육을 포함하여 기준 단위가 6단위 이상인 과목의 경우, 총 204~216단위 내에서 증감하여 운영할 수 있게 했다.[134]

따라서 일선 학교에서는 입시를 위한 교과목의 수업시수를 증가시키고, 대신 체육교과의 시수를 줄일 수 있게 되어 사실상 체육교육은 위축될 수 밖에 없었다. 실제 중·고등학교 1~2학년 과정에서는 수업도 그런대로 제시된 시수를 맞추었으나, 3학년 과정에서는 체력장을 위한 연습시간을 제외하곤, 입시를 위한 이른바 주지과목에 할당되는 형편이었다.[135] 이처럼 체육시간의 조정 가능성을 열어 놓음으로써 입시위주의 교육 현실에서 대부분의 학교가 체육시간을 축소하여 실행하는 폐단을 낳았던 것이다.

초등학교의 경우는 교육내용에 대한 불명확한 기술로 교사들은 교육과정에 대한 이해력이 부족했으며, 실제 교육환경의 여건으로 움직임 교육은 그 취지에도 불구하고 교육현장에서 실현되기에는 문제점이 많았다는 연구가 제출되기도 했다.[136] 또 영역별로 보면 게임과 리듬 및 표현운동, 계절 및 민속운동 등은 소홀하게 지도되기도 했는데, 이는 시설 및 기구 등의 부족이 가장 큰 원인이었다.[137]

중·고등학교의 경우도 교육과정에서 제시한 교육내용을 실행할 수 있는 여건이 마련되지 못했다. 경남지역 중·고등학교의 경우[138] 교과과정의 기초운동 종목 중 특히 수영 시설은 전무한 형편인 것은 물론, 비교적 시설을 갖추기가 용이한 육상·체조 종목의 시설마저도 매우 부족한 실정이었다. 이런 사정은 사립학교에서 더욱 심했다. 게다가 교과과정의 운영에 있어서도 교육목표에서 제시한 사회적 성격 발달, 안전능

131) 劉奉鎬, 앞의 책, 415쪽.

132) 대한교과서주식회사, 『중학교 교육과정』, 1987, 4~5쪽

133) 대한교과서주식회사, 『고등학교 교육과정』, 1988, 5~10쪽.

134) 위의 책, 11쪽.

135) 최무현, 「중등학교 체육운영 실태-경남지역을 중심으로-」, 『교육이론과 실천』 2, 경남대 교육문제연구소, 1992, 155~156쪽.

136) 김문규 외, 「움직임 교육 현장적용 문제점과 대안 연구」, 『체육과 교육세미나 자료집』, 부산교대 초등교육연구소, 1997; 김용환, 「체육과 교육과정의 의사결정 준거」, 『1991 국제 스포츠 세미나 학술발표집』, 1991.

137) 공기화, 「제5차 교육과정의 초등학교 체육수업 운영실태」, 『學生生活硏究』 20, 부산교대 학생생활연구소, 2001, 130~134쪽.

138) 최무현, 앞의 글, 152~153쪽.

력, 여가 선용 능력 향상 등을 위한 프로그램이 매우 부족했다.[139]

물론 노태우 정부는 이러한 학교체육의 문제점을 해소하기 위한 방안을 마련했다.[140] 예컨대 무단 대체수업시 책임을 묻도록 하는 등 체육수업의 준수를 강조하거나, 학교장 및 학부모들의 인식을 제고하는 프로그램을 만들기도 했다. 그 외에도 기존 1교 1기운동의 지속 및 다양화, 과외자율체육활동의 강화, 교내외 체육대회 활성화 등 기존 학교체육정책의 지속 등을 제시했다. 그러나 이같은 방침은 입시위주의 교육환경을 해소하지 않는 이상 제대로 관철될 수 없는 행정상의 지침에 불과했을 뿐이었다.

이런 사정은 특히 학교체육 행성기구의 축소와 이원화로 인해 더욱 심화되었다. 88올림픽대회 이후 체육정책에 대한 전반적인 검토 작업이 이루어지면서 1990년 2월 12일에 체육부 직제가 개정될 때 학교체육과는 폐지되고 말았다. 이같은 직제 변화는 학교체육에 관한 중앙행정 기능을 근본적으로 뒤흔들어 놓게 되었다. 학교체육과의 폐지에 따라 학교체육 업무 가운데 급식 관련업무는 교육부로 이관되고, 그 밖에 체육특기자 및 체육계 학교의 육성 및 운영의 지도 감독과 학생 선수 및 대회 업무는 체육부 체육지도국에서, 학교 체육시설은 체육시설과에서, 그리고 학교체육 진흥정책 및 학교간 경기대회 등 교외(校外) 체육 관련업무는 생활체육과에서 각각 분담했다.[141]

이렇게 체육부 직제 개편과 이에 따른 학교체육과의 폐지 등은 학교체육 업무의 통일성을 기하지 못하고 혼선을 빚게 되어 그 후유증이 심각하게 대두되었다. 때문에 체육부가 체육청소년부로 개편되면서부터 체육청소년부는 매년 연초에 학교체육 관리지침을 시·도 교육청에 시달해 혼선을 막고자 했다. 즉 체육청소년부는 학교체육 관리지침을 통해 체육교육의 내실화를 위한 체육수업의 정상적 운영, 체육교사의 자질 향상 및 사기 진작 방안, 체육연구 및 시범학교 운영의 내실화, 학교체육의 활성화를 위한 체육에 대한 인식 제고, 학교체육진흥관리위원회 설치 및 운영, 학교 체육시설 확충 및 활용 확대, 학생선수 육성 및 학생 출전 경기대회 운영지침, 체육활동 우수학교 및 체육유공자 표창 등에 관한 사항을 시달했다. 이 지침에 따라 각급 학교는 정규 체육수업 및 학생선수 선발과 관리, 대회 운영 결과를 연말에 보고했다.[142] 그러나 문교부 산하 각 시·도 교육위원회의 통제하에 있는 각급 학교와 체육청소년부와의 관계가 원활하지 못해 각급 학교의 보고는 형식에 그치는 등 행정의 난맥상으로 학교체육의 부진을 면치 못했다.

이러한 행정상의 문제 외에도 학교체육 활성화 조치가 실효를 거두지 못하고, 여전

139) 위의 글, 155쪽.

140) 體育青少年部, 『1991年度 學校體育管理指針』, 5~22쪽.

141) 體育青少年部, 『體育青少年行政10年史』, 228~229쪽.

142) 體育青少年部, 『1991年度 學校體育管理指針』, 51쪽.

히 엘리트 위주의 학교체육으로 전개되었다는 사실은 이에 대한 국고지원을 보아도 확인할 수 있다. 전체 체육청소년부의 예산 중 학교체육 진흥부분이 있는 체육진흥예산의 비중은 1988~1992년에 걸쳐 각각 15.3%, 13.7%, 15.0%, 3.4%, 4.1%로 특히 1991년에 들어서 급격히 낮아졌다.[143] 그리고 전체 체육진흥예산 중 학교체육진흥을 위한 예산의 비중을 보면 9.4%, 9.3%, 9.9%, 14.8%, 11.1%로 평균 10% 수준을 유지하고 있다. 그 실제 예산을 보면, 9.9%의 비중을 차지했던 1990년 예산액이 6억 5,500만여 원이었으나, 14.8%였던 1991년의 예산액은 2억 5,000만여 원, 11.1%였던 1992년에는 2억 8,700만여 원에 불과했다.[144] 또 1991년부터는 엘리트스포츠를 위한 대한체육회 지원 예산항목이 삭제되고, 1990년부터 지원되던 국민생활체육진흥 예산이 1991년에 1억 원 가까이 감소한 것을 고려하면 삭감폭이 지나치게 크다고 할 수 있다.

이와 달리 1991~1992년 사이 엘리트스포츠를 위한 예산을 보면,[145] 초·중·고등학교 중 후보선수를 육성하는 학교에만 1991년에 13억 7,600만원, 1992년에는 9억 9,600만원이 지원되었다. 그리고 체육고등학교체육대회와 체육계 고교 육성지원에 1991년 2억 900만 원, 1992년 2억 1,400만 원이 지원되었다. 이는 같은 시기 학교체육 진흥예산과 비교하면 각각 6.72배, 4.28배에 해당하는 액수이다. 여전히 엘리트스포츠 육성을 염두에 둔 학교체육정책이 이어지고 있음을 보여주는 단적인 사례이다.

요컨대 노태우 정부는 정통성 문제에서만큼은 이전 군사정권과 달리 자유로왔다. 또한 사회의 민주화 운동의 결과로 출범했기에, 그 태생적 한계에도 불구하고 일정한 민주적 개혁을 시도했다. 이런 사정은 제5차 교육과정에 반영되어 학교체육의 교육목표와 교육내용은 그 구성에서 이전 시기에 비해 커다란 변화가 있었고, 진전된 면도 분명히 있었다. 하지만 실제 학교현장에서 제5차 교육과정이 제시한 체육교육의 목표와 내용은 제대로 실현되지는 못했다. 이는 기본적으로 교육목표가 구체적으로 제시되지 못했다는 기술적 문제도 있었지만, 시설의 미비는 물론 입시위주 교육환경 등으로 체육교육에 대한 근본적인 인식의 부족에서 비롯된 것이다. 이런 체육교육의 인식부족은 행정면에서도 드러나 학교체육업무를 담당하는 기구는 축소되었고, 심지어 문교부와 업무 영역이 겹치면서 행정적 효율성도 기대할 수 없는 형편이었다. 그리고 예산책정에서도 확인할 수 있듯이 여전히 엘리트스포츠 우선 정책과 노태우 정부가 본격적으로 추진한 생활체육 활성화정책으로 두 영역의 근간이 되는 학교체육은 오히려 정책적으로도 그 순위가 밀렸다.

결론적으로 말해 군사정권의 학교체육은 그 정책적 목표가 국가주의적 이념을 관철

143) 임용태, 앞의 글, 55쪽.

144) 위의 글, 67쪽.

145) 체육청소년부, 『1992년도 국정감사 교육체육청소년 위원회의원요구자료(Ⅰ)』, 73쪽.

하는 데 주안점을 두었다. 박정희 정부 시기에는 체력은 국력이라는 표어를 내세우면서 국민체위 향상에 주력했다. 학교체육은 이같은 목적을 달성하기 위한 수단으로 인식되었고, 입시에서도 체력검사를 부과하는 등 학생들의 전반적 체력향상을 위한 정책적 고려가 심화되었다. 물론 학교체육을 군사훈련의 연장선에서 실시하고, 국위선양을 위한 엘리트스포츠적 요소에 주력하는 등 체육교육의 본질적 가치를 등한시한 것도 사실이다. 하지만 체육교육을 위한 정책적·제도적 기반의 기본 틀을 확립했다는 점에서 박정희 정부의 학교체육정책은 그 의의가 크다.

올림픽의 성공적 개최를 염두에 둔 전두환 정부의 엘리트스포츠 최우선적인 체육정책으로 학교체육의 본질적 가치는 정책적 고려대상이 아니었다. 학교체육은 비록 교육과정에선 박정희 정부 시기보다 진전된 모습을 보였지만, 이전 보다 더 학교체육의 엘리트스포츠 부문에 정책적 고려를 집중했다. 이로 인해 전두환 정부가 표방한 학교체육의 내실화는 사실상 이루어지지 않았고, 입시위주의 교육환경을 개선하지 못하는 등 진전된 체육교육의 내용을 실현하기 위한 조치가 미흡했다.

이런 사정은 노태우 정부에 들어서도 크게 개선되지 못했다. 비록 학교체육활성화를 위한 프로그램을 확보하고 이를 시행하기 위한 행정적 조치가 시도되었으나, 오히려 체육수업시간의 축소로 체육교육의 부진을 초래하는 결과를 가져왔다. 특히 체육청소년부의 직제개편으로 체육교육 업무가 이원화됨으로써 행정의 효율성을 떨어뜨렸고, 엘리트스포츠 위주의 학교체육정책은 여전히 개선되지 못했다.

결국 군사정권의 학교체육정책은 국가주의적 목표와 엘리트스포츠 위주의 정책으로 인해 체육교육의 본질적 가치를 실현하는 데는 실패했다. 비록 박정희 정부 시기 마련된 학교체육 활성화정책이 이후 군사정부에서 계승했음에도 제대로 이뤄지지 못했던 본질적인 원인은 엘리트스포츠를 최우선시 할 수 밖에 없는 국가주의적 체육정책 때문이었다.

3. 문민정권기의 학교체육

1) 체육교육의 이념

김영삼 정부는 문민정부를 주창하며, 사회 각 분야의 개혁을 추진했다. 김영삼 정부의 개혁은 신자유주의라는 세계적 조류를 수용한 이른바 세계화정책으로, '신한국창조'를 위한 '변화와 개혁'이 국정지표였다. 이같은 정책적 목표에 따라 교육정책도 '신교육'을 지향했는데, 김영삼은 대통령 취임사에서 신교육을 미래를 준비하는 과학기술교육과 사람다운 사람, 민주시민을 양성하는 인간교육[146]이라고 규정했다.

그러나 김영삼 정부가 추진한 교육개혁의 핵심은 신자유주의 체제에서 요구되는 경쟁력 강화에 있었다. 이는 1995년 4월 전국교육자 대회에서 한 김영삼의 다음과 같은 언급에 잘 나타나 있다.

> 시대의 변화 또는 우리 교육의 개혁을 요구하고 있습니다. 오늘날 우리는 새로운 문명의 탄생을 지켜보고 있습니다. 근대화·산업화의 시대가 가고 정보화·세계화의 시대가 오고 있는 것입니다. 정보화시대에서는 정보와 지식이 사회발전의 원동력이 됩니다. 기술과 정보, 지식과 문화 등 지적 자산이 한 나라의 부와 힘을 결정하고 개인의 삶의 질을 좌우하게 됩니다. 그런데 한 나라의 지적 자산은 그 나라 국민의 창의력과 학습능력에 달려 있습니다. 국민의 창의력과 학습능력을 높이는 것이 바로 교육의 역할입니다.[147]

즉 미래사회를 결정하는 요소는 정보와 지식 및 창조력이며, 따라서 이같은 미래사회에 제대로 준비하기 위해서는 국민의 학습능력과 창조력이 크게 요구된다는 것이다.[148] 이같은 교육개혁의 방향은 교육을 기능적·실용적 가치만으로 판단한 것으로, 김영삼이 대통령 취임사에서 밝힌 '신교육'과는 배치되는 것이었다.

김영삼 정부가 마련한 제6차 교육과정은 지방분권형을 지향했다.[149] 즉 교육정책과 행정업무를 실무 기구 및 지방정부에 이양하여 학습수요자 중심의 교육체제를 수립한다는 것이다. 제6차 교육과정에서는 건강한 사람, 자주적인 사람, 창의적인 사람, 도덕적인 사람을 추구해야 할 인간상으로 제시했다.[150] 이를 구현하기 위한 교육과정은 도덕성과 공동체의식이 투철한 민주시민 육성, 사회의 변화에 대응할 수 있는 창의적 능력 개발, 학생의 개성·능력·요구를 고려한 교육내용과 방법의 다양화, 교육과정의 편성·운영체제 개선를 통한 교육의 질 관리 강화를 구성방침으로 정했다.

이러한 교육과정의 구성방침에 따라 학교와 학생의 교과선택권과 시간 배당의 자율성을 확대할 수 있게 되었는데, 이는 사회의 민주적 개혁이라는 큰 틀 속에서 볼 때 당연한 것이라고 할 수 있을 것이다. 이에 따라 시·도교육청과 학교에 교육과정의 편성과 운영에 대한 자율·재량 권한을 확대한 것은 물론, 다양한 이수과정과 교과목 개설, 필수과목 축소 및 선택과목 확대, 학습량과 수준 조정, 교과목 체계 및 평가방법

---

146) 『동아일보』, 1993년 2월 25일자. "오늘의 교육은 미래를 준비하는 과학기술교육과 함께 사람다운 사람, 민주시민을 양성하는 인간교육이어야 합니다. 이것이 바로 신교육입니다."

147) 공보처, 『변화와 개혁-金泳三정부 國政5년 資料集』, 1997, 98쪽.

148) 위의 책, 10쪽.

149) 교육부, 『고등학교 교육과정 해설』, 2000, 76~79쪽.

150) 교육부, 『초등학교 교육과정』, 1992, 1쪽.

개선 등을 개정의 중점 방향으로 설정했다. 이로써 교육과정 결정의 분권화, 구조의 다양화, 내용의 적정화, 운영의 효율화를 기대했다.

이같은 교육개혁에 따라 군사정권 시기 국가주의적·민족주의적 이념에 근거하여 엘리트스포츠 위주로 전개되었던 학교체육도 교육적 차원에서 새롭게 출발할 수 있는 계기가 마련되었다. 특히 군사정권과 달리 국가주의적 시각이 아니라 교육적 가치를 강조한 체육교과의 목적을 다음과 같이 규정한 것은 이를 잘 뒷받침해준다.

> 체육은 잠재된 신체적 능력과 환경에 적응할 수 있는 능력을 개발시켜, 운동 욕구를 실현하고 건강을 추구하는 신체활동에 관한 교과이다. 따라서, 체육은 신체활동을 통하여 운동능력을 개발하고, 건강을 증진시켜 풍요로운 삶을 향유할 수 있게 하는 체육문화를 계승, 발전시키는 교과이다. 체육은 신체 활동을 통하여 신체의 생리적 효율성을 높이고, 심리적 안정성을 유지시키며, 공간 지각 및 물체 조작 능력과 신체적인 상호 작용 능력을 향상시키려는 목적을 가진 교과이다.[151]

이같은 체육교과의 목적에 대한 규정은 단순한 운동기능의 숙달이나 국가가 요구하는 인간상을 추구하기 보다는, 건강한 생활이나 자아실현 등 체육교육의 내재적·외재적 가치를 고려한 것이다.[152]

그러나 실제 학교체육의 운영과정에서는 제6차 교육과정이 제시한 교육이념이나 체육교과의 목적은 관철되지 못하여, 체육교육의 본질적 가치를 실현하지는 못했다. 이는 무엇보다도 학교체육에 대한 김영삼 정부의 이중적 인식에서 비롯되었다. 김영삼 정부는 학교체육정책의 영역을 교과 중심의 교육과 엘리트스포츠 및 생활체육 영역으로 나누었다.[153]

물론 학교체육이 교육영역에서만 아니라 엘리트스포츠와 생활체육의 근간이 된다는 점에서 이같은 인식은 당연하다고 할 수 있다. 하지만 이런 인식하의 학교체육정책의 수립을 위한 제도적 장치는 그 효과를 기대할 수 없는 상황이었다. 즉 학교체육업무 중 체육교육은 교육부가, 학생전문체육업무는 문화체육부가 담당했으며, 과외체육과 관련해서는 문화체육부 및 그 외 관련 부처, 지방정부의 유관 부처 등이 담당했다.[154]

이러한 업무영역의 혼재는 기본적으로 학교체육의 본질적 가치에 대한 고려없이 시도된 행정기구의 축소에 따른 당연한 결과였다. 게다가 효율적인 업무추진을 위해 문화체육부에서 담당하던 학교체육업무를 교육부에 이관시켰으면서도, 이를 담당하

---

151) 교육부, 『고등학교 교육과정(Ⅰ)』, 1992, 231쪽.

152) 서지영 외, 『체육과 교육 목표 및 내용 체계 연구(Ⅰ)』, 한국교육과정평가원, 2002, 16쪽.

153) 문화체육부, 『체육진흥정책평가회 자료』, 1994, 14쪽.

154) 위의 책, 78쪽.

는 기구는 지방교육지원국 학교보건체육과[155]로 독립부서가 아닌 1개 과에 지나지 않았다. 1개 과의 규모로는 체육교과의 편성 및 운영은 물론, 학교운동부, 학교체육시설, 특기자, 체력검사, 학교간 경기대회 등을 담당할 수 없었다. 특히 체육수업시수의 축소, 체육수업의 타과목으로의 전용 등이 일선 학교에서 빈번하게 행해짐으로써, 체육교육이 갖고 있는 본질적 가치를 실현할 수 있는 교과운영이 이루어지지 못했다.

이러한 체육교육의 파행은 일선 학교와 사회의 대학입학 위주의 학교교육에서 비롯된 것이지만, 본질적으로는 김영삼 정부의 세계화 전략에 따른 지식·기능 위주의 교육개혁은 물론 체육교육에 대한 인식의 결핍이 크게 작용한 결과였다. 김영삼 정부의 체육교육에 대한 인식이 부족했다는 것은 1993년 12월 법률 제4689호로 개정된 국민체육진흥법에서 '학교체육의 진흥'을 독립조항으로 분리한 것[156] 외에는 구체적인 진흥 방안조차도 제시하지 않았다는 점에서도 확인할 수 있다.

김영삼 정부가 추진한 세계화 전략과 주지주의적 교육정책은 김대중 정부에 들어서 더욱 강화되었다. 김영삼 정부 말기 초래된 이른바 IMF사태는 김대중 정부의 시장주의적 개혁 추진의 정당성을 제공했고, 그 결과 정부 조직의 축소, 학교교육의 기능적·실용주의적 지식교육이 심화되었다.

김대중 정부에 와서 적용한 제7차 교육과정은 1995년 정보화·세계화 시대를 대비한 '신교육체제'의 수립을 목적으로 마련되기 시작했다. 그리하여 교육과정의 기본방향을 '21세기의 세계화·정보화시대를 주도할 자율적이고 창의적인 한국인 육성'에 두고, 건전한 인성과 창의성을 함양하는 기초·기본 교육의 충실, 세계화·정보화에 적응할 수 있는 자기 주도적 능력의 신장, 학생의 적성·능력·진로에 적합한 학습자 중심 교육의 실천, 지역 및 학교의 교육과정 편성·운영의 자율성 확대 등에 개정의 중점을 두었다.[157]

제7차 교육과정에서 추구하는 인간상은 전인적 성장의 기반 위에 개성을 추구하는 사람, 기초 능력을 토대로 창의적인 능력을 발휘하는 사람, 폭넓은 교양을 바탕으로 진로를 개척하는 사람, 우리 문화에 대한 이해의 토대 위에서 새로운 가치를 창조하는 사람, 민주시민의식을 기초로 공동체의 발전에 공헌하는 사람 등이었다.[158] 이는 정부 수립 이후 제시된 '전인교육'을 보다 강조[159]한 것으로, 이전 정권에 비해 진전된 내용이라고 할 수 있다. 그러나 김영삼 정부에서도 형식적이나마 제시한 '건강한 사람'이

155) 문화관광부, 『2002체육백서』, 2002, 286쪽.

156) 한국법제연구원, 『대한민국법률연혁집』 13, 2004, 302~17쪽.

157) 교육부, 『고등학교 교육과정 해설』, 2000, 100~101쪽.

158) 교육부, 『체육과 교육과정』, 1997, 2쪽.

159) 교육부, 『고등학교 교육과정 해설』, 2000, 102쪽.

삭제되는 등 체육교육의 가치에 대해서는 주목하지 않았다.

물론 체육교육의 이념과 목적에 대해서는 다음과 같이 규정하여 내재적·외재적 가치를 추구한다고 명시했다.

> 체육은 움직임 욕구의 실현 및 체육문화의 계승, 발전이라는 내재적 가치와 체력 및 건강의 유지·증진, 정서순화, 사회성 함양이라는 외재적 가치를 동시에 추구함으로써 인간의 '삶의 질'을 높이는 데에 공헌하는 교과이다. 체육은 이와 같은 내재적 가치와 외재적 가치를 실현하기 위하여 체·지·덕이 통합된 인간의 육성을 위한 전인교육을 궁극적인 목적으로 한다.[160]

즉 교육과정에서 보다 강조된 전인교육이 체육교육에서도 추구되고 있는 것이다. 하지만 이를 위한 제도적 지원은 사실상 전무했다. 김대중 정부가 마련한 제2차 국민체육진흥5개년계획[161]에서는 학교체육에 대한 정책은 마련되지도 못했다. 게다가 김영삼 정부와 마찬가지로 '작은 정부'를 지향한 김대중 정부는 학교체육 담당 기구를 1999년 교육부 학교시설환경과로, 그리고 2001년에는 교육부 학교정책실 학교정책과로 개편했다.[162]

이러한 조치는 학교체육정책의 입안과 실행을 더욱 악화시키는 결과를 가져왔다. 1999년 정부조직 개편 당시 학교시설환경과 체제에서는 학교체육은 부차적 업무에 지나지 않았으며, 2001년 학교정책과의 학교체육 관련 업무는 '학생체력검사 등 학생체육 관련 사항'으로 그 기능이 위축되었다. 특히 학교정책과에는 체육교시 출신의 교육연구사가 단 1명만이 있었다.[163]

학교체육정책에 있어서도 그 기본 방향으로 교육과정의 정상적 운영·자율체육활동 강화를 제외하곤, 시설 등 학교체육 환경과 월드컵대회 및 부산아시안게임과 관련한 의식교육을 제시하는 등[164] 학교체육을 위한 기본적이고 종합적인 정책은 아예 마련되지 못했다. 그나마 체육수업시간의 준수도 이미 제7차 교육과정에선 고등학교의 경우 1학년은 주 2시간으로, 2~3학년은 선택과목으로 규정한 상황에서 무의미한 조치에 지나지 않았다.

요컨대 김영삼 정부는 이전의 군사정권과 달리 학교체육에 대한 이념적 태도에서

---

160) 교육부, 『체육과 교육과정』, 28쪽.

161) 문화관광부, 『국민체육진흥5개년계획』, 1998.

162) 문화관광부, 『2002체육백서』, 286쪽.

163) 김상국, 「국민체육에 있어 중등 체육교육의 문제점과 개선 방안」, 『국민체육에 있어서 기초교육의 제문제』(제21회 국민체육진흥세미나 발표집), 한국체육학회, 2002, 67쪽.

164) 문화관광부, 『2002체육백서』, 287쪽.

진전된 모습을 보였다. 이런 이념적 변화는 정부의 정통성에 대한 자신감과 사회의 민주적 변화에 따른 결과였다. 하지만 이런 체육교육에 대한 발전적 인식은 정책과 제도적 측면에까지 연결되지는 못했다. 무엇보다도 김영삼 정부의 교육이념과 정책이 지식학습 위주의 주지주의 교육에 다름이 아니었다. 주지주의 교육에서 체육교과는 그 교육적 가치가 소홀히 인식될 수 밖에 없었고, 이는 학교체육이 정상적으로 운영될 수 없는 근원적 원인이 되었다. 또한 학교체육에 대한 인식의 부족으로 법적·제도적 방침은 거의 수립되지 못했으며, 오히려 체육수업과 체육교육담당기구의 축소로 학교체육의 근간이 흔들렸다.

한편 김대중 정부는 보다 진전된 체육교육에 대한 인식을 보였으나, 이를 교육 현장에서 구현하기 위한 조치는 미흡했다. 김영삼 정부 시기보다 더 강화된 세계화 전략을 체육교육에도 반영한 시장주의적 인식에 그 원인이 있었다. 이에 따라 학교체육을 담당할 정부조직을 대폭 축소했으며, 체육정책에서 학교체육은 정책 범주에도 포함되지 못했다. 교과과정에서조차도 수업시수가 축소되거나 선택과목화하여 대학입학에 중점을 둔 학교교육환경을 고려하지 않았다. 이같은 조치의 결과로 학교체육에 대한 진전된 교육적 목표는 정책적 측면은 물론이고, 교육현장에서 제대로 관철되지 못했다.

물론 문민정권기에는 군사정권기까지의 비교육적·비민주적 체육교육을 반성하고 그 본질적 가치를 추구함으로써 인식적 진전을 보였다. 이는 한국사회의 민주주의 발전에 기인한 것이었다. 그러나 신자유주의와 이른바 IMF체제에 따른 세계화 전략 및 효율성에 중점을 둔 기능·실용주의적 지식 습득 위주의 교육정책은 전인교육으로서 체육교육을 등한시하는 결과를 초래했다. 이로 인해 학교체육은 주지주의 교육환경 속에서 그 가치를 인정받지 못했고, 학교체육을 위한 정부조직의 축소는 이런 경향을 더욱 가속화시켰다. 결국 학교체육은 문민정권에 와서도 그 본질적 가치를 제대로 실현하지 못했던 것이다.

2) 학교체육정책의 혼란

(1) 김영삼 정부의 학교체육정책

김영삼 정부는 출범과 함께 과거 군사정권기의 비민주적·권위주의적 요소를 해소하고 사회 각 분야의 개혁을 본격적으로 시도했다. 이러한 개혁정책으로 군사정권 시기 국가주의적·민족주의적 이념에 근거하여 엘리트스포츠 위주로 전개되었던 학교체육정책도 교육적 차원에서 새롭게 출발할 수 있는 계기가 마련될 것으로 기대했었다.

따라서 김영삼 정부는 학교체육의 업무분담을 명확히 하여 학교체육에 대한 정책적 노력을 강화하고자 했다.[165] 즉 체육수업 등 체육교육분야의 업무는 교육부가 전담하여 추진하고, 학생선수 관리 등 교육 영역 외의 스포츠 업무는 문화체육부에서 담당하도록 했다. 이같은 조치는 오히려 학교체육의 행정업무를 이원화함으로써 효율적인 행정관리를 어렵게 만들었다.[166] 특히 학교체육을 담당하는 교육부의 조직은 학교보건환경과로 학교체육을 전담하는 부서로 보기 어려웠다.

실제로 교육부는 학교체육정책을 수립, 실행할 의지도 미약했다. 당시 교육부에는 교육과정 편성 및 운영, 시설의 설치 및 관리, 운동부의 구성과 운영, 과외체육활동 지원 등의 고유 업무가 있으니 많은 부분을 체육부의 주관 부서에 미루었으며, 실질적인 권한은 가지고 있으면서도 이를 담당할 전담부서조차 없는 실정이었다. 지원은 문화체육부에서, 운영은 시·도 교육청에서 알아서 하라는 식의 협력체제의 미비가 행정적 비효율성을 낳았던 것이다.[167]

보다 큰 문제는 학교체육에서의 엘리트스포츠 영역에 과도하게 집중했다는 것이다. 이는 김영삼 정부가 엘리트스포츠의 지속적 육성을 통해 세계 10위의 경기력을 유지하려는 정책에서 비롯된 것으로, 김영삼 정부의 체육에 대한 인식이 군사정권과 크게 다르지 않았음을 보여주는 것이다. 또한 생활체육적 측면에서 학교체육정책은 단순히 학교별 체육행사 위주로 마련되었을 뿐이다.[168]

결국 노태우 정부 때부터 시작된 학교체육행정의 이원화와 체육정책에서의 학교체육의 배제는 학교체육을 정규 교육과정 중심으로 이루어지도록 했다. 하지만 학교체육은 그동안 입시 위주의 교육정책에 밀려 실효를 거둘 수 없다는 사실이 분명히 드러나 있었다. 입시 위주의 학교교육은 청소년을 위한 진정한 교육으로서의 체육활동 정착을 가져오지 못했기 때문이었다. 이런 사정은 학교체육진흥관리위원회를 설치하도록 했음에도 학교 현장에서는 제대로 운영되지 못했다[169]는 점에서도 알 수 있다. 이처럼 주지주의 교육을 강조하는 교육정책은 체육을 정상적인 학교교육의 틀 속에 제대로 정착시키지 못했을 뿐 아니라, 성장기에 있는 청소년들의 체육활동 욕구도 제대로 충족시켜 주지 못했다. 실제로 청소년들의 다양한 방과후 여가활동 또는 스포츠클럽활동은 학교와 지역사회에서도 적극적으로 수용되지 못했다. 1997년 문화체육부가 발표한 「국민체육 참여 실태조사」에 따르면 청소년들은 체육활동이 삶의 질 향상에 크게

165) 문화체육부, 『국민체육진흥5개년계획』, 1993, 19쪽.

166) 황수연, 「한국체육행정의 변천 연구」, 단국대 박사논문, 2003, 101쪽.

167) 홍성표, 「교육행정가 입장에서 본 학교 엘리트스포츠의 문제점」, 『한국올림픽성화회 창립1주년 기념학술대회 자료집』, 1997, 15쪽.

168) 문화체육부, 『국민체육진흥5개년계획』, 34~35 및 40~41쪽.

169) 김대욱, 「초등학교 학교체육 운영실태」, 『학교보건·체육연구소지』 3-1호, 한국교원대, 1996, 163쪽.

기여하는 것으로 인식하고 있지만, 현실적 여건도 청소년들의 이같은 체육활동 참여 욕구를 충족시켜 주지 못하는 실정이었다.

이런 사정은 제6차 교육과정에서도 잘 나타나 있다. 제6차 교육과정에서는 체육교육의 목표를 사회적 태도의 확립 등[170]에 두는 등 외재적 가치에 중점을 두었다. 교육내용에서도 이전과 크게 달라진 면도 없었다. 이는 그만큼 김영삼 정부의 체육교육에 대한 인식이 미흡했음을 보여주는 사례라고 할 수 있다. 게다가 여전히 체육시설의 부족으로 수업이 정상적으로 진행되지 못했다.[171] 초등학교 체육시설 중 비교적 중요한 시설이라고 할 수 있는 체육관(강당 포함)과 수영장을 모두 갖춘 학교는 서울과 지방 대도시의 일부 공립학교를 제외하곤 거의 없는 형편이었다. 지방의 경우는 사정이 더욱 열악했는데, 전북권은 수영장을 갖춘 학교가 하나도 없는 실정이었다.[172] 특히 제6차 교육과정에서 제시된 고등학교의 체육교육은 이전의 교육과정과 비교할 때 구성체계에서 큰 변화를 가져왔다. 즉 일반 고등학교의 경우 체육교과는 공통필수 체육Ⅰ과 선택과목으로 체육Ⅱ로 나누었는데, 체육Ⅱ는 체육계 학교의 전문선택과목으로 구성되었다. 체육과에 배당된 수업시간은 체육Ⅰ의 경우 8단위로 주당 2~3시간을, 체육Ⅱ는 6단위로 했다. 결국 일반계 고등학교의 경우 수업시수는 편제상 5차 때와 동일했던 것이다.

그러나 체육Ⅱ는 과정별로 시·도 교육청 판단에 따라 증감하여 운영하도록 자율성을 부여했다.[173] 그 결과 최악의 경우는 공통필수 8단위로만 운영될 수 있게 되었다. 실제 제6차 교육과정에 따라 일부 지역의 고등학교에서 체육교육은 대부분 공통필수만 운영했다.[174] 게다가 실업계 및 기타계 고등학교는 체육Ⅰ마저 2단위까지 줄일 수 있도록 했다.[175] 일선 학교에서는 이미 입시에 대처하기 위해 체육시간을 다른 수업시간으로 대체하거나 파행적으로 운영해 온 상황에서,[176] 이처럼 체육교과 수업시수의 감축을 가능하게 한 조치로 인해 학교체육의 공동화(空洞化) 현상을 초래했다.

---

170) 교육부, 『국민학교 교육 과정』, 대한교과서주식회사, 1992, 131쪽; 교육부, 『중학교 교육과정』, 1992, 92쪽; 교육부, 『고등학교 교육과정』, 1992, 232쪽.

171) 홍상완·이교화, 「초등학교 체육 교육 현장 개선을 위한 실태 분석」, 『초등교육연구논총』 15, 대구교육대, 2000, 90~91쪽.

172) 박용연, 「초등학교 체육시설 실태에 관한 고찰」, 『論文集』 34, 전주교대, 1997, 214~218쪽.

173) 대한교과서주식회사, 『고등학교 교육과정(Ⅰ)』, 1992, 11쪽.

174) 이의호, 「2000년도 학교체육의 진단과 대책 : 고등학교를 중심으로」, 『교육경남』 133, 경상남도 교육청, 1998, 65쪽.

175) 대한교과서주식회사, 『고등학교 교육과정(Ⅰ)』, 12쪽.

176) 민춘기 외, 「중등체육교사의 수업현황 및 학교체육실태」, 『體育科學硏究誌』 12-1, 1994, 39쪽.

이렇게 수업 결손, 지도 소홀, 영역별 편중 지도 등으로 체육교과의 운영은 정상적으로 이뤄지지 못했다. 나아가 학교체육 활성화를 통한 스포츠 인구의 저변 확대는 애초부터 기대조차 할 수 없었다. 학생 운동선수들의 경우에도 기본 학습조차 소홀히 한 채, 연습과 경기에 치중하는 천편일률적인 지도만을 되풀이하여 선수를 운동기계로 전락시키고, 오로지 연습에만 열중하면 경기력이 향상된다는 인식으로 일관하여 결과적으로 학업과 스포츠의 연계성을 외면하는 분극화 현상을 촉진했다.[177]

또한 김영삼 정부는 학생들의 체력향상에 커다란 기여를 했던 체력장제도마저 폐지함으로써 학교체육의 마지막 토대조차 무너뜨렸다. 물론 체력장제도의 폐지를 대신하여 체력 측정 및 관리체제를 마련하고, 체육수업을 통한 체력발달을 도모했으나,[178] 단순히 검사결과를 보관하거나 통보하는 정도의 사후관리에 그쳤다. 이같은 조치는 주지주의 교육현실을 고려하지 않은 것으로, 성장기 학생들의 체력발달에 직접적으로 기여하는 장치라고는 볼 수 없는 것이다.

이처럼 김영삼 정부 시기에는 학교체육 행정의 이원화, 주지주의적 교육현실을 무시한 체육수업시간의 축소, 학교체육시설의 부족, 체력장 제도의 폐지 등으로 학교체육의 활성화라는 정책의 실현은 물론이고 오히려 학교체육의 부실화를 초래했다. 이런 사정은 김영삼 정부의 학교체육에 대한 예산배정에서도 확인된다. 예컨대 1993년부터 1997년까지 국민체육진흥기금에서 지원된 학교체육예산은 총 117여억 원으로 매년 증가했지만, 전체 기금의 지원액에서 차지하는 비중은 연평균 6% 정도에 지나지 않았다.[179] 심지어 국민체육진흥5개년계획에선 학교체육진흥방안을 제대로 마련하지 않았을 뿐더러 국고지원계획조차 수립되지 않은 실정이었다.

요컨대 김영삼 정부의 학교체육정책은 사실상 존재하지 않았다고 해도 과언이 아니다. 예산배정이 미흡한 것은 물론 주지주의적 교육현실을 고려하지 않은 채 학교체육정책은 단순히 행사 위주의 전시행정에 치우쳤을 뿐 사실상 체육교육은 문화체육부는 물론 교육부의 업무영역에서 조차 제대로 다루지 않게 되었다. 게다가 제도적으로 학생들의 체력향상과 체육교육의 기회를 박탈하기까지 했다. 체력검사제도의 폐지와 체육수업의 축소 운영 방안이 그것이다. 이런 조처로 주지주의 교육현실에서 날로 약화되는 학생들의 체력 향상을 꾀할 적절한 수단이 없어졌다. 결국 김영삼 정부는 심신의 고른 발달이라는 체육교육의 기본적 가치마저 망각한 것이었다.

---

177) 홍성표, 앞의 글, 12쪽.

178) 문화체육부, 『국민체육진흥5개년계획』, 109쪽.

179) 공보처, 『변화와 개혁; 金永三정부 國政5년 資料集』 3, 1998, 641쪽, 국민체육기금 지원 실적표 참조.

(2) 김대중 정부의 학교체육정책

김영삼 정부는 문민개혁을 국정지표로 내세웠지만, 여전히 권위주의적이고 비공식적인 인적 토대에 크게 의존했다. 이런 김영삼 정부의 국정운영은 결국 IMF 체제라는 위기를 불러왔다. 이에 한국사회가 갖고 있는 구조적 문제점에 대한 전반적인 개혁을 추진할 수 있을 것이라는 국민적 기대가 높았던 김대중 정부가 출범하게 되었다.

하지만 김영삼 정부의 학교체육정책의 문제점은 김대중 정부에서도 나타났다. 김대중 정부는 세계화, 정보화, 다양화에 따른 교육 여건의 급격한 변화를 고려하여 제7차 교육과정을 마련했다.[180] 제7차 교육과정은 21세기 정보화·세계화시대를 주도적으로 이끌어 갈 수 있는 자율적이고, 창의적인 한국인 육성이라는 기본 방향을 설정했다. 이에 따라 제7차 교육과정에서는 제6차 과정에서 제시되었던 지역 및 학교의 교육과정 편성 및 운영의 자율성 확대와 학습자 중심의 교육 실천과 함께, '건전한 인성과 창의성을 함양하는 기초·기본 교육의 충실', '세계화·정보화에 적응할 수 있는 자기 주도적 능력 신장' 등을 교육과정의 기본적인 개정 방향으로 제시했다.

건국 이후 6차례에 걸쳐 제시된 체육과의 교육과정은 시기별로 내용 영역이 조금씩 다르게 변화되어 왔지만, 기본적으로 매우 유사한 영역 구조와 교육내용을 담고 있었다. 특히 학교현장에서의 교육내용은 학교급별, 학년별 교육내용의 차이에도 불구하고, 그 범위나 수준은 크게 다르지 않았다. 주 교육내용도 스포츠기능의 학습에 촛점을 맞추어 왔다. 이러한 학교체육의 문제점은 학생의 주도적이고 창의적인 체험적 활동을 억제하고, 신체활동에 담겨진 안목과 질적 수준은 기대할 수 없는 것은 물론이고, 운동기능이 우수한 소수의 학생들 위주로 수업이 진행됨으로써 그 밖의 학생들은 수업에서 소외되는 결과를 초래했다.[181]

제7차 교육과정에서는 이런 기존 교육과정의 문제점을 해결하기 위해 체육의 내재적·외재적 가치를 동시에 실현하는 것을 그 궁극적 목적으로 삼았다.[182] 이같은 교육과정의 개편에 따라 김대중 정부의 학교체육의 기본방향은 1차적으로 교육과정의 정상적 운영을 통한 움직임 욕구 실현, 기능 및 체력 증진, 건강에 관한 지식 이해, 바람직한 태도 함양에 두었다.[183]

또한 교육과정을 '국민공통 기본교육과정'과 '고등학교 선택중심 교육과정'으로 구

180) 교육부, 『고등학교 교육과정 해설』, 2000, 100~101쪽.

181) 오정석, 「체육적 앎과 체육교육의 방향」, 『체육연구소논집』 16-2, 서울대체육연구소, 1995; 안양옥, 「게임수업의 질적 제고를 위하 대안적 접근」, 『체육』 1998년 11월호, 136~139쪽.

182) 교육부, 『체육과 교육과정』, 1997, 28쪽.

183) 문화관광부, 『2002체육백서』, 287쪽.

성[184]함에 따라 체육교육은 1차적으로 상급 단계의 학교급별 목표를 달성하기 위한 준비단계로 규정되었다. 대체로 이전까지의 체육과 교육과정의 내용은 모두 수직적 구조의 형태로서, 학년이 올라감에 따라 그 내용이 심화되면서 다시 반복하여 조직되는 나선형이었다. 때문에 교육 현장에서는 교육내용에 따라 가르치는 범위나 수준이 그다지 다르지 않았다. 이같은 문제점을 보완하기 위해 제7차 교육과정에서는 '국민공통 기본교육과정' 체제에 맞춰 영역의 내용을 달리하여 교육하도록 했다.

제7차 교육과정의 교육내용은 이처럼 그 범위를 학년별로 달리하여 국민공통 기본교육과정의 취지에 맞춰 일관된 흐름 속에서 다양화, 특성화를 추구했다. 교육목표도 수요자 중심이라는 개념하에서 지역과 학교의 특성에 맞춰 수립할 수 있도록 포괄적이고 구체적인 재량권을 제시했다.[185]

이렇게 제7차 교육과정은 학습자 중심의 교육, 내재적·외재적 가치의 균형을 강조하고 있다. 그러나 이같은 교육내용의 변화에도 불구하고 학교 현장에선 이를 실현할 여건은 조성되지 못했다. 예컨대 초등학교의 경우 수업은 교사 중심의 기능 습득 위주로 하고, 학습자 위주라 할지라도 주로 학생들이 선호하는 구기 등 일부 종목에 국한하여 실시하는 정도에 불과했다.[186]

무엇보다도 제7차 교육과정의 문제점은 수업시수가 축소되었다는 점이다.[187] 또 수업시수 축소 외에 제7차 교육과정이 추구한 선택과목 위주의 교과편제로 체육교육은 고등학교 과정에서 사실상 붕괴되는 결과를 초래했다. 즉 제7차 교육과정은 국민공통 기본교과와 선택과목으로 구분했다. 이는 학생의 교과선택권을 높이기 위한 목적으로 실시된 것이다. 하지만 교과편제의 운영지침에 따라 학생들은 예체능 과목군에서 1과목만을 선택할 수 있게 되었다. 이같은 조치는 체육시간의 타과목 전용을 가능하게 했고, 학생들의 신체적 성장에 따른 체육활동을 불가능하게 하는 원인이 되었다. 실제 학교 현장에선 학생들 특히 여학생들의 체육과 선택이 저조하며, 일부 학교에서는 아예 체육을 선택하지 않는 경우도 있었다.[188] 더구나 내재적·외재적 가치의 균형을 목표로 삼은 제7차 교육과정은 2000년부터 초등학교에서 실행될 것임에도, 이를 위한 체육시설은 미흡한 실정이었다. 특히 교육내용에 포함된 수영의 경우 그 시설은 매우 부족했다.[189]

---

184) 교육부, 『체육과 교육과정』, 116쪽.

185) 위의 책, 14~23쪽.

186) 유정애, 「제7차 교육과정에 따른 초등학교 체육 교육과정 및 수업 운영 실태 분석」, 『한국체육학회지』 43-3, 2004, 249~254쪽.

187) 교육부, 『고등학교 교육과정』, 2002, 6~7쪽.

188) 최관용·유응욱, 「여고생의 체육교과에 대한 선택과 비선택 요인 탐색」, 『한국체육학회지』 43-4, 2004, 326쪽.

김대중 정부의 체육교육행정은 김영삼 정부 시기보다 더 후퇴했다. 체육교육행정의 권한은 시·도 교육청 등 교육행정조직에 대폭 위임되었고, 1999년 2차 정부조직 구조조정의 결과 학교시설과와 학교보건환경과를 통합하여 교육자치지원국 산하에 두었다. 이 기구의 직원은 10여 명이었고, 직원들 중 체육을 전공한 담당자는 아무도 없었다.[190] 게다가 김대중 정부는 제2차 국민체육진흥5개년계획에선 아예 학교체육을 위한 정책적 과제도 설정되지 않을 정도[191]로, 학교체육정책에 대한 의지도 김영삼 정부 때보다 부족했다.

물론 김대중 정부 역시 학교체육 활성화정책을 전혀 추진하지 않았던 것은 아니다. 교육부가 마련한 2002년 학교체육의 기본방향을 첫째, 교육과정의 정상적인 운영과 이를 통한 교과목표의 달성, 둘째 생활체육선진화 추세에 따른 학교체육환경의 새롭고 다양한 조성 및 실내 체육시설 확보·활용, 셋째 인접지 체육시설을 이용한 학생들의 자율체육활동 강화로 여가 선용 유도, 비행예방, 사회생활에 건강하게 적용, 넷째 2002 한일월드컵대회와 2002 부산아시안게임을 대비한 바른 가치관 및 정체성 확립, 문화월드컵 동참 등으로 제시하고, 그 중점 목표 및 세부 추진방향을 <표 1-3>과 같이 밝혔다.[192]

이러한 학교체육의 기본방향 중 체육교육과정 운영의 내실화와 학교체육관리는 이미 이전 정권에서 추진해 왔던 것으로, 특히 교육과정 내실화는 박정희 정부부터 추진해 왔으면서도 입시 위주의 교육환경에 따른 근본적 대책을 마련하지 못했던 것이다. 즉 근원적 문제해결 방안이 제시되지 않은 이같은 방침은 유명무실하다고 밖에 할 수 없다. 다른 중점 목표 역시 크게 이전 정권과 구별되는 정책이라고 할 수는 없다.

교육부가 제시한 이런 체육교육정책에서 보다 문제가 되는 것은 학교체육시설에 대한 민간자본 유치[193]라고 할 수 있다. 이는 김대중 정부가 추진한 민간자본의 유입을 통한 작은 정부의 실현의 그 구체적 실상이라고 할 수 있다. 그런데 이같은 민간자본을 학교체육에서까지 시도한 것은 논외로 치더라도, 학교체육정책에 대한 김대중 정부의 낮은 인식을 보여준다. 즉 민간자본은 기본적으로 수익성을 기대하고 있기 때문에, 그 운영과 유지에 소요되는 비용은 결국 국민들이 직접 부담해야 한다. 이는 수요자

189) 조미혜, 「제7차 고등학교 2-3학년 체육교육과정 운영의 문제점 및 효율적 실천 방안 탐색」, 『한국스포츠교육학회지』 8-2, 2001, 39쪽; 문화관광부, 『2003 체육백서』, 2004, 305쪽.

190) 박명기, 「학교 체육의 발전을 위한 정책적 과제」, 『스포츠과학』 1999년 여름호, 15쪽.

191) 문화관광부, 『2002체육백서』, 37쪽.

192) 문화관광부, 『2003체육백서』, 289쪽.

193) 문화관광부, 『국민체육진흥5개년계획』, 1998, 64쪽.

부담원칙이라는 측면에서 타당할지는 몰라도 교육시설에 대한 투자까지 따로 국민이 부담하는 결과를 가져온다. 또한 민간자본이 높은 수익성을 고려할 경우, 학교별·지역별 차이를 초래하여 교육적 효과는 반감할 수 있다. 한마디로 김대중 정부의 체육교육정책은 기본적으로 교육적 측면은 사실상 도외시한 채, 자율화·민간화라는 미명하에 오히려 경쟁력 강화라는 국가정책을 지나치게 관철하려는 한계를 노출했다.

〈표 1-3〉 김대중 정부의 학교체육 중점 목표 및 세부추진 방향

중점목표	세부추진방향
체육교육과정 운영의 내실화	제7차 교육과정의 정상적 운영방안 마련 체육수업 시간 준수 체육활동에 대한 면밀한 계획 수립 체육교사의 전문성 함양 및 사기양양 시도교육청의 역할 강화
방과 후 자율체육의 활성화	다양한 프로그램의 개발·운영 안전대책 수립 소요예산 확충
학교체육시설·교구 확보 및 효율적 관리	실내 체육장, 간이 체육시설 확보·활용 민간자본 유치를 통한 체육관 및 다목적 교실 확충
학교체육 관리	학교체육 연구·시범학교 운영의 내실화 체육활동 안전 관리의 생활화 운동부 및 체육특기생 관리 학생체력검사 관리 학교체육활동 우수학교 및 유공자 표창계획
월드컵·아시아경기대회지원 및 월드컵 문화시민운동의 확산	대회행사 학생 참여 지원 대회기간 중 학사일정의 탄력적 운영 유도 월드컵 문화시민운동의 확산

이처럼 김대중 정부의 학교체육에 대한 정책적 고려의 미흡은 예산배정에서도 그대로 드러난다. 국민체육진흥기금에서 지원된 전체 체육예산은 매년 증가하여 집권 초기 34억 원에서 집권 말기 85억 원으로 250% 이상 증액되었지만, 학교체육예산은 엘리트스포츠와 생활체육을 포함한 전체 지원금액의 5~8%[194]로 연평균 6% 정도에 지나지 않는 것으로 김영삼 정부시기와 별반 다를 바 없는 실정이었다.

요컨대 김대중 정부는 김영삼 정부보다 더 강한 세계화전략을 채택하여 이를 학교체육정책에까지 관철시키고자 했다. 물론 교육과정에선 사회의 민주적 발전을 반영하여 수준별 교육과 학생의 능력과 적성을 고려한 교육 내용과 방법의 다양화를 그

194) 서울올림픽기념 국민체육진흥공단, 「정기국회 체육관련 법·제도정비를 위한 체육인조찬간담회 자료」, 2005, 2쪽 표 참조.

방침으로 정했다[195]는 점은 높이 평가할 만하다. 하지만 세계화·국제화 전략에 따른 기능·실용주의 위주의 교육정책을 반영함으로써 오히려 체육교육은 크게 후퇴하는 결과를 가져왔다. 수업시간의 축소, 선택과목화는 주지주의적 교육환경에서 체육교육을 사실상 방치하는 결과를 가져왔던 것이다. 또 입시 위주의 사교육이 성행하는 현실에서 재량활동 등은 이른바 도구과목의 연장수업으로 전환되었다. 이런 사정으로 제7차 교육과정에서 추진한 수업부담의 감소는 시간표상에서는 존재할지 모르나 학교현장에서의 수업 부담은 더욱 늘어났다. 그 결과 학교체육정책은 더욱 부실화하기에 이르렀다. 학교체육에 민간자본의 유입을 시도하고, 중앙부처의 체육조직축소와 행정의 이원화 등이 그 직접적인 원인이었다.

결국 학교체육정책은 국민의 정부에 와서도 주변화했음은 물론이고, 이는 궁극적으로는 한국체육의 발전에 심각한 불균형을 가져와 전체적인 체육 발전에도 부정적인 결과를 초래했던 것이다.

결론적으로 말해 학교체육정책은 문민정권의 출범 이후 부각된 주지주의 교육정책으로 인해 더욱 부실해졌다. 한마디로 문민정권이 주지주의 교육정책을 전면에 내세우게 됨에 따라 학교체육의 침체와 파행 현상을 초래했다. 이같은 학교체육의 침체와 파행은 체육행정의 난맥으로 더욱 조장되었다.

물론 그 뿌리는 멀리 1980년대로 거슬러 올라가 찾을 수밖에 없다. 제5공화국이 88서울올림픽에 대비하여 체육부를 신설하게 됨에 따라 체육정책이 엘리트스포츠에 치중하게 되고, 학교체육을 소홀히 하는 구조적 문제를 야기했기 때문이다. 이로써 교육부는 학교체육을 체육부에 떠넘겨 학교체육진흥을 위한 정책적 의지를 상실했고, 체육부는 학교체육의 교육적 기능을 염두에 두지 않고 경기력 향상만을 고려하여 학교체육 본연의 기능이 실종되는 결과를 가져왔다.

이런 군사정권기 학교체육의 문제를 해소하기 위한 문민정부의 정책은 오히려 체육교육의 기본적인 가치를 인식하지 못한 것이었다. 중·고등학교의 체육시간은 대폭 축소되었고, 체력장제도마저 폐지되었으며, 교양필수과목이었던 대학체육은 선택과목으로 밀려났다. 여기에 우수선수 조기발굴 육성을 위한 소년체전이 또다시 폐지의 위기를 맞고, 체육특기생제도마저 유명무실하게 되고 마는 최악의 상황에 이르렀었다. 그럼에도 불구하고 문민정권은 학교체육을 정상화시키는 조치를 취하려 하지 않고, 오히려 학교체육을 후퇴시키는 정책만을 앞세웠다.

뿐만 아니라 문민정권은 합리적인 행정개혁을 내세우면서도 체육행정부서의 이원화를 그대로 방치함으로써 효율적인 학교체육정책의 수립과 집행을 가로막는 장애요

---

195) 교육부, 『체육과 교육과정』, 1997, 2쪽.

인을 제공하는 결과를 초래했다. 특히 교육부는 예산 및 인력 부족을 이유로 학교체육과 관련된 기능을 거의 수행하지 못했다.[196] 문화관광부 역시 엘리트스포츠 중심의 행정과 예산 지원에만 관심이 있을 뿐, 학교체육 정상화 및 진흥에 대한 책임을 주무부서인 교육부에 미루어 학교체육의 파행을 방치해 왔다.

196) 홍성표, 앞의 글, 15쪽.

제IV장

생활체육정책

1. 생활체육의 개념

체육은 일반적으로 체육활동이 이루어지는 영역과 활동 목적에 따라 생활체육, 학교체육, 엘리트스포츠 등으로 나눌 수 있다.[1] 따라서 생활체육은 학교체육과 전문체육, 즉 엘리트스포츠를 제외한 모든 체육활동을 의미한다. 생활체육에 대해선 1993년 12월 법률 제4689호로 개정된 국민체육진흥법 제2조에서 "특정 경기종목에 관한 활동과 사업을 목적으로 설립되고 대한체육회에 가맹된 법인 또는 단체인 경기단체에 등록된 선수들이 수행하는 운동경기 활동을 제외한 모든 체육활동"[2]으로 규정하고 있다. 즉 생활체육은 건강 및 체력 증진과 여가 선용을 위하여 행하는 자발적이고 일상적인 체육활동으로서 생활의 일부분으로 이루어지는 것을 말한다.[3]

생활체육은 참가자의 성별, 연령 등 생체적 특성에 따라 유아체육, 아동체육, 청소년체육, 성인체육, 장년체육, 노인체육, 여성체육 등으로 분류가 가능하고, 활동공간에 따라 가정체육, 지역사회체육, 직장체육 등으로 나눌 수 있다.[4]

생활체육의 기본 철학인 '모든 사람을 위한 스포츠(Sport for All)'의 이상은 1960년대 노르웨이의 트림(Trim) 캠페인에서 유래되었다. 1975년 3월 벨기에의 수도 브뤼셀에서 개최된 유럽 각국 체육부장관 회의에서 '모든 사람을 위한 스포츠(Sport for All) 유럽헌장'을 채택하면서 생활체육은 사회운동으로, 국가정책으로 구체화되었다.[5] 그 내용의 핵심은 우선적으로 스포츠 활동이 인간에게 신체적, 정신적, 사회적으로 매우 유익한 활동이

1) 문화관광부, 『2002체육백서』, 2002, 23쪽.
2) 한국법제연구원, 『대한민국법률연혁집』 13, 2004, 302~16쪽.
3) 문화관광부, 『2003체육백서』, 2004, 26쪽.
4) 정동성, 『국민생활체육』, 史草, 1991, 16~20쪽; 문화관광부, 위의 책, 27쪽.
5) 문화관광부, 『2002체육백서』, 164쪽.

기 때문에 모든 사회 구성원에게 스포츠 활동의 참여를 격려해야 한다는 것이다.[6]

영국에서는 1934년경 실업자에 대한 신체훈련을 실시하면서 신체적 레크리에이션(Physical Recreation)이란 용어를 사용한 바 있고, 그 외 각 나라별로 신체적성운동(Physical Fitness), 지역사회스포츠(Community Sport), 모두를 위한 스포츠(Sport for All), 대중스포츠(Mass Sport) 등의 다양한 용어로 사용되고 있다.[7]

우리나라의 경우 1980년대 초까지 국민체육·사회체육 등이 생활체육의 개념으로 혼용되어 왔다. 1960년대에는 주로 국민체위 향상을 의미하는 건민체육이라는 개념하에서 국민체육이라는 용어가 생활체육적 의미를 갖고 있었다. 하지만 국민체육은 생활체육만을 의미하는 것이 아니라 엘리트스포츠는 물론이고, 각종 체육활동 전반을 포괄하는 의미가 강했다. 다만 1962년 제정된 국민체육진흥법에서 규정한 체육진흥의 범주가 지방체육, 학교체육, 직장체육으로 나뉘어져 있는 것[8]으로 보아, 생활체육을 체육활동 공간에 따라 구분하여 인식했음을 알 수 있다.

그러다가 1970년대에 들어서 현재의 생활체육과 다를 바 없는 사회체육이라는 용어가 본격적으로 사용되기 시작했다. 당시 사회체육은 학교체육, 즉 학교의 정규 교과과정으로 행해지는 체육활동 이외의 국민 건강 및 후생복지 향상을 목적으로 전 국민을 대상으로 한 체육활동[9]으로 규정되었다. 이러한 개념은 '비영리적인 체육활동'이라는 문구에서 보듯이, 1960년대와 달리 엘리트스포츠 영역과 확실하게 구별되는 것이다. 이같은 사회체육은 1980년대 중반 이후 국민체육 진흥정책이 본격적으로 추진되면서 '생활체육'으로 개념화되었다.[10] 즉 1986년 체육부의 의뢰를 받아 서울대 체육연구소가 작성한 『체육진흥장기계획』 보고서에서 생활체육이라는 개념이 처음 사용되었으며, 1989년 국민생활체육진흥종합계획(호돌이 계획)에서 공식적으로 사용되었다.[11]

---

6) 문화관광부, 『2003체육백서』, 27쪽.

7) 김종희, 「박정희 정권의 정치이념과 체육정책에 관한 연구」, 한양대 박사논문, 1999, 108쪽.

8) 한국법제연구원, 앞의 책, 302~1쪽. "제8조 (지방체육진흥) 지방자치단체는 각 체육단체가 시행하는 체육행사를 적극 원조한다. 제9조 (학교 및 직장체육진흥) ① 국가와 지방자치단체는 특히 학교 및 직장체육진흥에 필요한 시책을 강구하여야 한다."

9) 大韓體育會, 『體育白書』, 1972, 135쪽. "사회체육이란, 국민의 건강·후생·복지향상을 목적으로, 학교교육활동 이외의 체육·스포츠·레크리에이션 등에 의하여 이루어지는 비영리적인 체육활동이다."

10) 김민경, 「해방이후 한국 사회체육의 변천과정에 관한 연구」, 이화여대 석사논문, 1993, 4쪽.

11) 문화관광부, 『2003체육백서』, 27쪽 주 3. "1980년대에는 생활체육과 사회체육이라는 용어가 혼용되었는데, 정부에서는 1986년 체육부가 서울대에 의뢰한 "국민체육진흥장기계획" 보고서에서 생활체육이라는 개념이 처음으로 사용되었으며, 1989년 국민생활체육진흥종합계획(일명 호돌이계획)에서 공식적으로 사용되었다. 이후 체육부 내의 사회체육과가 생활체육과로 개편(1990년)되었으며, 1993년 12월 31일 국민체육진흥법에 삽입되었다."

2. 군사정권기의 국민생활체육

1) 사회체육의 기반 조성

광복 이후 체육의 대중화·보편화를 내세운 '신체육운동'이 일어났다. 신체육은 그 기본 개념상 오늘날의 생활체육과 크게 다른 것은 아니었다. 하지만 신체육운동이 생활체육의 활성화로 이어지지는 못했다. 다만 경평축구대회 등 경기대회가 개최되고 조선체육회 등 체육단체가 재건되었으며, 신생독립국으로서 한국의 위상 제고를 위한 올림픽 등 국제대회에 참가하는 등의 체육활동만 재개되었을 뿐이었다.

생활체육의 이러한 답보 현상은 이념대립에 따른 해방정국이 혼란했던 점 외에도 무엇보다 경제상황이 열악했기 때문이었다. 게다가 한국전쟁으로 거의 모든 체육시설마저 파괴되어 1950년대에는 이렇다할 생활체육정책조차 마련하지 못했다.

박정희 정부의 출범과 함께, 생활체육은 '사회정책'이라는 명칭으로 그 정책이 본격적으로 마련되기 시작했다. 박정희는 5·16 군사쿠데타 직후 '혁명공약'으로 경제건설로 대변되는 조국근대화를 내세웠다. 이에 따라 국가의 모든 역량을 경제에 집중시키려는 구체적 수단으로 재건국민운동을 실시했다. 재건국민운동은 기본적으로 경제개발을 위한 국민의식을 제고하기 위한 수단으로, 이 운동에는 '국민체위 향상'도 포함되었다.[12] 이는 체육이 국가주의적 목적을 달성하기 위한 조치로서 인식했음을 보여주는 것이다. 가령 5·16 직후 국가재건최고회의의 산하기관으로 발족한 재건국민운동본부가 '국민체위 향상은 민족의 힘이다. 체력은 국방력에 직결한다'는 슬로건 아래 국민재건체조를 제정하여 지도 보급한 사실[13]이 그 단적인 사례일 것이다

결국 사회체육 역시 국민의 기본권 신장이라는 측면보다는 국가주의적 이념이 크게 작용한 국민체위 향상이라는 정책적 고려에서 비롯되었다. 이런 군정당국의 체육에 대한 인식은 민정으로 전환하여 성립한 제3공화국 시기에도 그대로 유지되었다.

사회체육정책을 위한 법적 근거의 마련은 1962년 국민체육진흥법이 제정되면서 시작되었다. 국민체육진흥법의 목적은 '국민체육을 진흥하여 국민의 체력을 증진하고 건전한 정신을 함양하여 명랑한 국민생활을 영위'하는 데에 두었다.[14] 물론 이 법은 국가적 요구에 필요한 국민육성이라는 국가주의적 이념과 엘리트스포츠 진흥을 주 목적으로 한 것이지만, 사회체육 발전을 위한 새로운 계기도 되었다.

이 국민체육진흥법에서 제시한 사회체육과 관련한 내용은 제2장 체육진흥을 위한

---

12) 『官報』 2860호, 1961년 6월 12일자.

13) 羅絢成, 『韓國學校体育制度史』, 圖書出版教育院, 1970, 159쪽.

14) 한국법제연구원, 앞의 책, 302-1쪽.

조치로서 체육의 날과 체육주간(제7조), 지방체육 진흥(8조), 학교 및 직장체육 진흥(9조), 지도자 양성(10조), 시설의 정비(11조), 기존 시설의 이용(13조), 지방자치단체에 대한 국고 보조(15조) 등이다. 이중 11조와 13조에서는 국가와 지방자치단체가 운동장, 체육관, 수영장 등의 체육시설을 설치하고, 이를 유지·보수해야 하며(제11조), 학교 및 직장의 체육시설은 '학교 교육 및 직장 운영에 지장이 없는 범위 안에서 국민체육 진흥을 위해 이용되어야 한다'(제13조)고 명시하여 우선은 기존의 시설을 최대한 활용하면서 점차 시설 범위를 넓혀 갈 수 있도록 유도했다. 이는 사회체육을 위한 기반 시설의 부족에 따른 조치였다.

이렇게 국민체육진흥법에서 규정한 사회체육 관련 조항을 마련하여 직장과 지역사회를 중심으로 기본적인 제도적 장치가 이루어졌다. 하지만 이같은 국민체육진흥법은 그 내용을 시행할 강제조항조차 마련하지 않는 등 다분히 선언적 의미에 그쳤다.

국민체육진흥법 시행령은 1963년 3월 18일 각령 제1233호로 제정되었다. 그 제2장에서는 직장체육진흥관리위원회의 조직과 기능을 규정하고, 제3장에서 체육의 날과 체육주간을 각각 매년 10월 15일, 4월 최종 주일로 정하여 직장의 경우에는 '실정에 맞는' 행사를 체육의 날에, 지방자치단체는 체육주간에 전시 및 강연회, 씨름·그네 등 민속체육, 레크리에이션 등의 행사를 하도록 규정했다. 이처럼 국민체육진흥법 시행령은 행사 위주의 체육활동으로만 제시되었고, 그나마 직장의 경우 구체적인 사업내용을 제시하지 않고 다만 실성에 맞게 하도록 하는 등 그 실효성을 저하시켰다. 게다가 시행령에는 이런 행사에 대한 법적 구속력을 갖는 조항도 없었다.

이후 국민체육진흥법은 1965년 6월 14일 법률 제1698호[15]로 개정되었다. 사회체육과 관련해서는 체육용구의 생산 장려와 면세 조항(제14조의 2), 민간체육시설에 대한 보조 및 면세 조항(16조의 2)을 신설하고, 민간체육시설에 대한 면세 조치를 대통령령으로 정하여(제16조의 2 제2항) 체육시설과 용구 마련을 위한 민간의 참여를 장려했으며, 지방자치단체에 대한 국고보조를 기존 '보조할 수 있다'에서 '보조하여야 한다'로(제15·16조) 하는 등 사회체육활성화를 이루기 위한 정책적 실행의지를 보다 강조했다.

이런 사정은 1966년 2월 7일 제정된 시행령이 기존 각령에서 대통령령으로 격상되었다는 점 외에도 매년 4월 마지막 주일로 정한 체육주간을 마지막 주간으로 하여 기간을 연장한 사실에서도 확인할 수 있다. 하지만 직장 체육활동에 대한 구체적인 내용을 여전히 제시되지 않은 채 실정에만 맡겨두었고, 직장과 지역사회의 체육행사도 전과 같이 각각 체육의 날과 체육주간으로 나누어 행하게 하는 등 아직 정부 차원의 강력한 사회체육 진흥의지를 실현할 방안은 모색되지 않았다.

---

15) 위의 책, 302-2~302-3쪽.

이렇게 박정희 정부는 국민체육진흥법과 그 시행령의 제정으로 사회체육을 위한 기본적인 제도적 장치를 마련했다. 이들 법령의 시행을 위한 조치도 개정 과정에서 점차 강화되는 등 사회체육에 대한 정책적 의지를 어느 정도 보여주고 있다. 하지만 관련 조항의 내용 자체에 정책적 의지를 관철시킬 수 있는 엄밀성은 부족했다. 이로써 사회체육 활성화정책은 그리 만족할 만한 성과를 거두지는 못했다.

무엇보다도 사회체육활성화를 위한 정책적 의지를 실현할 체육행정기구가 미비했다. 5·16 직후 개편된 정부기구에서 체육행정은 기존 문교부 문화국 소속의 체육과를 체육국으로 승격시켜 예산을 종전 30만 원에서 1억여 원으로, 직원도 3~4명에서 20여 명 이상으로 확대하는 등 체육의 중요성과 체육행정의 강화를 모색했다.[16] 그런데 1963년 민정 이양 후 정부조직개편으로 체육국은 문예체육국의 체육과로 다시 축소되었다.[17] 비록 1970년 1월 체육진흥기획 담당관제가 신설되어[18] 기구 축소에 따른 체육행정의 미비를 보완하려 했으나, 사회체육은 물론 체육정책 전반을 다루기에는 여전히 역부족이었다.

또한 국민체육진흥법과 그 시행령에 명백히 규정되었음에도 불구하고 시설 확보 역시 그다지 호전되지는 못했다. 예컨대 서울의 경우 1971년 12월 당시 사설 체육시설로는 소체육관 25개소, 놀이터 운동장 2개소, 실내체육관 1개소, 어린이회관 등이 있었고, 수영장 11개소, 승마장 3개소, 양궁장 2개소, 스케이트장 1개소 등이 전부였다. 직장체육시설의 경우는 실내 체육관 10개, 운동장 33개소였으며, 이용가능한 종목은 육상 1종목 외에는 전부 구기종목으로, 그나마 배구 19개, 축구 14개, 야구 5개를 제외하곤 탁구와 농구 각 1개 종목만이 가능한 정도였다.[19]

이같은 시설의 부족은 제도적 장치에도 불구하고 여전히 정부의 체육시설에 대한 지원이 미흡했기 때문이었다. 가령 1965년 개정된 국민체육진흥법 제16조의 2에서는 민간시설의 소요경비 일부를 보조하고 대통령령에 의한 면세조치를 명시했으나, 실제 보조가 이루어진 사례는 1969년 동대문스케이트장에 대한 국조보조금 400만여 원 밖에 없었다.[20] 결국 직장체육 진흥을 위해서는 불가피하게 학교 체육시설과 공공 체육시설을 이용하지 않을 수 없었다. 그나마 공공 체육시설[21]은 대규모일 뿐만 아니라 공식경

16) 大韓敎育聯合會, 『韓國敎育年鑑』, 새한신문사, 1962, 233쪽.

17) 문화관광부, 『2003체육백서』, 45쪽.

18) 서울特別市敎育委員會, 『서울敎育史』 下, 1981, 429쪽.

19) 大韓體育會, 『體育白書』, 165쪽.

20) 위의 책, 430쪽.

21) 1961년부터 1979년까지 박정희 정부 때 건설된 공공체육시설을 보면 종합경기장 8, 공설운동장 27, 실내체육관 22개소 등이며, 기타 주요 경기시설로는 서울의 태릉선수촌 등이다(大韓體育會, 『體育年鑑』, 1980, 177~179쪽).

기를 치루기에도 벅찬 형편이어서 사회체육에 활용하기는 거의 불가능했다.

사회체육정책이 본격적으로 추진되기 시작한 것은 1970년대에 와서부터였다. 미국과 중국의 국교수립으로 대표되는 냉전체제의 완화와 한국사회 내부의 민주화 운동, 경제개발정책에 따른 양극화 현상 등으로 체제 위기를 느낀 박정희는 이른바 '10월유신'을 단행하고 장기집권에 나섰다. 그 결과 체육정책도 더욱 더 국가주의적 이념에 기반하게 되었다. 이는 사회체육정책에서도 마찬가지였다.

이런 사정은 1971년 10월 제52회 전국체육대회 개회식에서 스포츠정신을 강조한 다음과 같은 박정희의 언급이 잘 보여준다.

> 스포츠정신이 곧 우리가 시급히 실천해 나가야 할 민주시민의 생활윤리이며, 우리 사회와 국가를 발전시키는 원동력임을 강조하면서, 국민체육의 진흥을 위한 가일층의 분발을 국민 여러분과 더불어 다짐하는 바입니다. 이 스포츠정신의 생활화를 통해, 자기의 안일보다는 국가의 발전을 앞세우며, 나라를 위해서는 언제든지, 사리를 희생할 줄 아는 진정한 민주시민의 생활윤리를 더욱 성실히 실천해 나갈 수 있도록 노력해야 하겠습니다.[22)]

한편, 경제성장을 통한 체제의 정당성을 확보하려 했던 박정희 정부는 새마을운동으로 사회 전반에 걸쳐 구조와 의식의 변화를 도모하고자 했다. 농촌만 아니라 도시로까지 확대된 새마을운동은 지역과 직장별로 새마을운동 단위를 조직하여 '국민총화'의 기틀을 광범위하게 조성하는 데 역점을 두었다. 근면·자조·협동이라는 표어에서 알 수 있듯이, 새마을운동의 이념은 노동생산성을 제고하여 국가발전에 기여한다는 것이었다. 한마디로 그 이념상 새마을운동은 1960년대 국민재건운동과 일맥상통한 국가의 국민동원체제임과 동시에 의식개혁운동인 것이다.

이에 따라 체육정책에서도 새마을체육이라는 용어를 사용하여 사회체육의 대중화를 시도했다.[23)] 1977년 제정된 국민체조는 새마을운동과 사회체육의 연계를 단적으로 보여주는 사례인데, 대한체육회가 밝힌 다음과 같은 제정 취지에서 이런 사정을 확인할 수 있다.

> 현대사회의 산업구조의 근대화 과정에서, 우리의 생활환경은 급격한 변화를 초래하고 있다. 그 중에서도, 신체활동의 부족을 해소하고 건강하고 명랑한 국민생활을 위한 대책은 당면 과제이다. 이에 남녀노소를 막론하고 누구나가 어디서나 손쉽고 즐겁게 할 수 있는 국민체조를 제정하게 되었다. 기존 체조에 비하여, 새로운 시대적 감각이나 생활습관 등을 고려하여 몸의 유연성, 리듬, 운동량, 동작의 형식, 협동성 등에 유의하였다. 이 체조는 범국민

22) 대통령비서실, 『박정희대통령연설문집』 2, 1973, 465~467쪽.

23) 공응대, 「새마을스포츠를 통한 새마을운동활성화」, 『새마을스포츠』 27, 1984, 28쪽.

적으로 보급함으로써 체육의 생활화를 기하고 국민의 체위를 향상시켜 건전한 기풍을 진작하여 새마음운동 및 새마을운동에 기여코자 하는 데 목적을 두었다.[24]

이 취지문처럼 국민체조 제정은 본질적으로 새마을운동으로 상징되는 박정희 정부의 대중동원체제를 염두에 둔 조치인 것이다. 물론 산업화에 따른 운동부족을 해소하기 위해 사회체육적 관점에서 국민체조를 제정한 측면도 있다. 하지만 "새마을운동이나 새 국민의 씩씩한 기상을 나타내는 동작을 온몸운동에서 표현하고, 경쾌하고 명랑한 음악을 사용함으로써 발랄하고 진취적인 국민의 기상을 함양함에 기여토록 했다"[25]는 제정 취지문은 국민체조 제정의 본질적 목표가 어디에 있는지 잘 보여주는 것이라 하겠다.

박정희 정부는 새마을운동의 이러한 이념에 기초하여 사회체육정책 기조를 마련했다. 첫째, 농민과 도시인 그리고 체육인이 자율적으로 참여하여 범국민운동을 전개한다. 둘째, 스포츠를 통해 새마을정신을 행동화하고 계도하며, 셋째, 군·도 단위의 새마을체육대회를 개최하여 주민 사기를 고취하고 지역사회의 상호유대를 깊이한다. 넷째, 문교부와 대한체육회는 자립마을에 스포츠용기구의 대여 및 알선 등 지원사업을 적극 벌이도록 한다는 등이다.[26] 여기서 새마을체육을 통하여 국민통합을 유지하려는 국가주의적 의도가 단적으로 드러난다. 그 결과 새마을운동이 사회체육분야에도 관철되면서 자생적 동호인 조직까지 결성되었는데, 새마을조기체육회 설립이 바로 그것이다.

이렇게 박정희 정부는 국가주의적 이념에 기반하여 대중동원체제의 한 방편으로 사회체육 진흥정책에 관심을 기울이기 시작했다. 하지만 사회체육에 대한 정책적 고려가 단지 이런 국가주의적 목적에서 비롯된 것은 아니었다. 1960년대 이래 지속된 산업화의 결과로 여가 증대는 물론이고, 단순하고 반복적인 작업활동, 과로와 정신적 긴장감 등에 따른 체력 부족 및 노동의욕 상실 등으로 노동자의 건강관리나 후생복지, 작업능률의 향상 등이 요구되었다.[27] 정부는 이같은 사회적 요구에 따라 사회체육에도 관심을 기울였던 것이다. 한마디로 1970년대에 와서 이루어진 사회체육에 대한 정책적 고려는 국가주의적 목적만 아니라, 체육의 본질적 가치에 주목한 인식의 변화에 기인한 측면도 있었다.

박정희 정부는 이같은 정책적 목적을 실천하기 위해 법제도 개편에 착수했다. 먼저 정책 추진을 뒷받침할 국가기구가 만들어졌다. 1970년 3월 3일 대통령령 제4694호로

---

24) 大韓體育會, 『體育年鑑』, 1978, 82쪽.
25) 위와 같음.
26) 大韓體育會, 『體育靑書』, 1973, 56쪽.
27) 大韓體育會, 『體育白書』, 153쪽.

국민체육심의위원회가 출범한 것이다. 이 위원회에는 국무총리가 위원장, 문교부장관과 대한체육회장이 부회장, 그리고 문화공보부, 국방부, 재무부, 상공부장관 등이 위원으로 참여했다.[28] 그 해 8월에는 문교부 산하 문예체육국이 사회교육국으로 바뀌면서, 이에 소속되었던 체육과가 체육국으로 다시 승격되었다.[29] 이에 따라 국민체육과와 학교체육과로 그 기능이 분리되어 사회체육은 국민체육과에서 전담하게 되었다.

이어 정부는 1971년 1월 22일 그 동안 지지부진한 사회체육을 활성화하기 위해 법률 제2297호로 국민체육진흥법을 개정했다. 그 개정의 목적은 기존 법조항이 실현성이 희박하여 조문의 내용을 구체화함으로써 보다 강력한 국민체육의 향상을 꾀하기 위해서였다.[30] 주요 개정 내용을 보면, 첫째 지역사회 단위의 직장인운동회 연 1회 이상 개최(제8조), 둘째 대통령령으로 정하는 일정한 규모의 직장에는 1종목 이상의 운동경기부와 경기지도자를 둘 것(제9조의 2) 등이었다.[31]

특히 기존 제16조의 제목을 '체육단체에 대한 보조'에서 '체육단체의 보조와 체육진흥기금'으로 고쳐 재정 보조를 보다 강화하는 조항을 신설했다. 즉 동조 제2항에서는 '국가는 체육진흥에 소요되는 시설과 경기를 지원하기 위하여 체육진흥기금을 설치·운영하거나, 법인으로 하여금 설치·운영'할 것, 3항에서는 이를 '대통령령'으로 한다는 것, 4항에서는 이를 위해 국가는 법인에게 국유 또는 공유의 시설·물품 기타 재산을 그 용도 또는 목적에 지장을 주지 않는 범위 안에서 무상으로 사용 또는 수익을 허가하거나 대부한다는 것 등이었다.[32] 그 시행령은 1972년 4월 12일 대통령령 제6140호로 공포되었는데, 직장(상시 직원 100인 이상)의 경우 1종목 이상의 운동시설 구비, 3월 중 1회 이상의 운동경기 실시(제4조), 상시 500명 이상의 직장은 1종목 이상의 운동경기부 설치(제6조) 등을 규정했다.

하지만 이런 법적 조치는 거의 사문화될 정도로 기대한 성과를 제대로 달성하지 못했다. 가령 국민체육심의위원회는 그 구조 자체가 실무를 담당할 기관조차 없어 1973년까지 단 한 차례만 소집되는 등 실적이 전무한 실정이었다.[33] 특히 직장체육의 경우는 경영합리화를 이유로 운동경기부의 신설은 물론 오히려 기존 운동경기부를 해체하는 사례도 비일비재했다.[34]

---

28) 위의 책, 71쪽.

29) 大韓教育聯合會編, 『韓國教育年鑑』, 새한신문사, 1964, 243쪽.

30) 한국법제연구원, 앞의 책, 301-1쪽. "국민체육의 진흥과 체육인구의 확장이 시대적 요청인바, 실현성이 희박한 기존 조문의 내용을 구체화함으로써 보다 강력한 국민체육의 향상을 기하려는 것"

31) 위의 책, 302~3쪽.

32) 위의 책, 302~4쪽.

33) 大韓體育會, 『體育靑書』, 63·103쪽.

사회체육활성화를 위한 정책 추진은 문교부 등 정부 차원보다는 대한체육회와 같은 사회단체의 주도로 이루어졌다. 대한체육회는 1968년부터 그 산하에 사회체육위원회를 두고 사회체육의 기본방침에 관한 사항, 사회체육의 진흥방법에 관한 사항, 직장체육의 지도와 육성 및 시설에 관한 사항, 직장 체육행사에 관한 사항, 부녀자체육 진흥에 관한 사항, 사회인을 대상으로 하는 경기장·체육관의 시설 및 운영에 관한 사항 등을 심의했다.[35] 1976년에 와서 사회체육위원회는 1977년을 '사회체육진흥의 해'로 정하고, 사회체육진흥5개년계획을 발표하여 사회체육의 참여범위를 확산시켰으며, 국민들을 계몽할 사회체육 관련 책자를 발간하는 등 구체적인 움직임을 보였다.[36] 1977년부터 시행된 사회체육진흥5개년계획은 정부 관계부처와 사회단체가 체육시책의 추진 방향과 그 내용에 대해 함께 심의하도록 했다.

이같은 사회체육진흥계획은 국민의 총화 단결 및 통일과업의 수행, 경제성장과 산업구조의 기계화, 자유시간의 건전한 활용, 국민체육의 대중화 등을 목적으로 했다.[37] 5차례에 걸친 각 연도별 목표 및 주요사업은 다음과 같다.[38]

제1차 연도인 1977년에는 조사연구를 통한 진흥계획 기본자료, 진흥법의 시행촉구, 기초적이고 시범적인 사업활동을 목표로 했다. 그 주요사업으로는 텔레비전·라디오 등 대중매체를 통한 선전·계몽사업, 실태조사, 스포츠교실, 지도자강습회, 체육진흥법 시행령의 보강 등을 제시했다.

제2차 연도인 1978년의 목표로는 계몽적인 활동, 시설 확충 및 활용, 직장체육지도자 양성을 제시하고, 이를 위한 사업으로는 시도체육회의 사회체육위원회 활동강화, 사회체육 시범대상 선전, 새마을·직장운영 지도, 지도서 발간, 체조 제정 등을 제시했다.

제3차 연도인 1979년의 목표는 국민체육진흥법의 보강, 사회체육조직, 도장의 육성지도, 활동종목 개발 등이었고, 사업내용은 체육시책 건의, 체육회 사회체육관련 부서 보강, 운동종목의 개발·보급, 조직이나 단체의 지도와 육성, 중앙사회체육센터 설치 등이었다.

제4차 연도인 1980년엔 시설의 설치, 체육행정의 보강, 사업활동의 확대 등을 목표로 설정했으며, 사업으로는 시설확대와 지방사회체육센터 설치, 지도자 자격제도, 체육행정가의 전문직화, 유지·지도자의 확보, 공공체육시설에 지도자 배치 등이었다.

마지막 연차인 1981년에는 체육의 생활화를 목표로, 사회인의 스포츠테스트, 지도자

34) 위의 책, 107쪽.

35) 大韓體育會, 『體育白書』, 81~82쪽.

36) 大韓體育會, 『體育年鑒』, 1977, 104쪽.

37) 韓成一, 「社會體育振興 5個年計劃의 實施에 즈음하여」, 『체육』 1977년 1월호, 21~23쪽.

38) 大韓體育會, 『體育年鑒』, 1977, 105쪽.

및 사회체육협의회 설치, 체력장제도, 체육상담기구 개설, 군단위 사회체육센타 설치 등을 사업내용으로 정했다.[39]

각 시·도 체육회도 대한체육회의 조직적 지원 아래 사회체육 보급에 적극적으로 임했다. 대한체육회는 사회체육을 위해 각 시·도 체육회 사회체육위원회를 통해 사회체육지도자회를 조직했다. 사회체육지도자회의 위원 구성은 주로 시·도 체육회 사회체육 위원 중에서 실무 가능한 자, 사회체육지도자 강습회 수료자, 시·도 소재 대학의 체육과 학생 중 특기를 가진 자, 시·도 체육행정 담당자, 지방유지 및 독지가, 지방 사회체육단체 지도자, 지방 보건행정 담당자, 지방 직장체육지도자 등으로 이루어졌다.[40]

사회체육지도자회는 이같은 위원들을 중심으로 지역사회나 직장체육의 실기 지도, 스포츠활동의 촉진을 위한 조직 육성, 공적인 스포츠행사나 사업 협력, 스포츠단체나 행사에의 협력, 체육에 대한 이해 촉진, 체육진흥을 위한 지도 및 조언을 담당했다.

대한체육회는 각 시·도 체육회의 이러한 활동을 뒷받침하기 위해 사회체육지도자 강습회, 체력측정요원 강습회 등을 개최하고, 신세기체조 레코드 및 도해도를 배포하기도 했다. 대한체육회 각 시·도 체육회에서 개최한 사회체육지도자 강습회 개최 실태를 보면, 제1차 년도인 1968년에 69회, 1969년에 67회, 1970년에 60회, 1971년에 37회 등 4년 동안 233회를 개최하여 사회체육지도자로 배출된 인원은 1970년 60명, 1971년 37명에 이르렀다.[41]

대한체육회 이외에도 사회체육 보급 및 교육에 크게 공헌했던 단체들은 한국레크리에이션협회, YMCA, YWCA, 한국보이스카웃연맹, 한국걸스카웃연맹, 한국산악회 등이 있다. 특히 YMCA와 YWCA의 업적이 두드러졌다. 일제시대부터 체육활동의 보급에 힘써 온 YMCA는 1960년대 이후 건전한 오락으로서의 체육과 레크리에이션을 보급하는 데 중점을 두었으며, 이를 통해 한국 체육계에 끼친 공헌은 참으로 컸다. 1971년의 경우,[42] 농구, 수영, 배드민턴 등 전국규모 체육경기대회를 조직했을 뿐만 아니라, 그때까지 사회체육의 활동기회를 갖지 못했던 특수계층을 위한 프로그램을 적극적으로 실시했다. 예컨대 방학중 총 참여인원이 1,300명에 이르는 유아 및 아동 체육프로그램을 총 14회를 개최한 것을 비롯, 장애아동을 위한 수영강습을 연 4회 개최한 것은 그 대표적 사례이다. 이처럼 YMCA는 그 활동 자체만 아니라, 모든 계층이 하나의 권리로서 누려야 한다는 사회체육의 이념을 일찍부터 구현해왔던 것이다.

YWCA도 보건체육부를 두어 보건체육 분야의 지도력 양성을 위한 특별강습과 함께

---

39) 위와 같음.

40) 大韓體育會, 『體育白書』, 143쪽.

41) 위의 책, 144~145쪽.

42) 위의 책, 146~147쪽.

정기적으로 트램플린 기계체조, 배드민턴, 펜싱, 현대무용, 발레, 미용체조, 한국무용 등을 주 종목으로 하여 저변 확대에 힘썼다.[43)]

YMCA와 YWCA 외에도 보이스카웃·걸스카웃연맹이 주최하는 청소년 야영대회나 구기종목 대회 등이 활발하게 행해졌고, 특히 어린이회관에서 주최하는 체육교실이 두드러졌다.[44)] 또한 당시 사회체육이 아직 활성화되지 못한 상황에서 주된 사회체육으로 행해졌던 등산이 대한산악연맹에 의해 비교적 활발하게 전개되기도 했다. 산악연맹이 주관하는 연중 행사는 대체로 30종목에 달하며 연간 참여인원도 12만여 명에 이를 정도였다.[45)]

이렇게 정부와 대한체육회 등 사회단체의 사회체육을 위한 정책과 사업으로 사회체육은 어느 정도 활성화가 이루어졌다. 이런 사정은 1987년 발간된 『사회체육동호인클럽연감』에 수록된 1970년 이래 전국 사회체육 동호인클럽의 연도별 설립 현황(<표 1-4>)에서 단적으로 보여주고 있다.

〈표 1-4〉 1970년대 사회체육 동호인클럽 연도별 설립 현황[46)]

종목＼연도	1960년대	1970	1971	1972	1973	1974	1975	1976	1977	1978	1979	1980
축 구	11	12	11	16	31	23	50	51	47	64	39	87
테니스	10	5	1	5	11	12	15	20	23	32	23	45
등 산	13	6	9	13	4	4	9	11	24	15	20	35
야 구		1					3	2	4	5	7	7
볼 링		1							1	3	1	2
농 구		1	1			1		1			3	4
배 구				1			1			2	2	1
탁 구				3				3		1	3	2
사이클				1		1	1	3	1	4	3	4
헬 스	2						2		1			3
육 상					2			2		1	2	1
체 조											2	5
스킨스쿠버				1				1		2	1	2
행글라이딩							1	1	3	3	1	1
합 계	36	26	22	40	48	41	82	95	104	132	107	199

이 표에서 보듯이 축구와 테니스의 종목이 높은 비중을 차지하고 있지만, 1970년대 초반부터 신규 동호인클럽의 수와 종목도 증가하고 있다. 하지만 사회체육은 그 외형

43) 李學來, 『韓國體育百年史』, 한국체육학회, 2000, 453쪽.

44) 大韓體育會, 『體育白書』, 149~150쪽.

45) 위의 책, 151쪽.

46) 韓國社會體育振興會, 『社會體育同好人클럽年鑑』, 1987, 49~694쪽 지역별 동호인클럽현황표 참조.

적 성장에도 불구하고 실제 내용에서는 그리 만족할 만한 수준에 이르지는 못했다. 무엇보다 사회체육을 위한 예산 확보와 관심 부족이 가장 큰 이유였다.[47] 가령 1974년 제정한 새마을체조는 전국적으로 보급되지 못하고, 단지 새마을지도자 연수나 교직원 강습회 등에서 사회체육위원들이 교육하는 데 그쳤을 정도였다.[48]

사회체육진흥을 위한 사업도 새마을운동 조직을 이용하는 수준에 머물렀다. 예컨대 1975년 새마을스포츠교실 운영은 새마을운동 주관 부처인 내무부의 추천을 받아 우수 새마을, 우수 새마을직장 각 두 곳을 선정하여 약 4개월간 주말마다 지도요원을 파견하는 정도였다. 그 밖에 각종 체육행사에 트로피를 지원하거나 각 경기단체에서 추천한 우수 선수나 팀을 표창하는 수준에 머물렀다.[49] 그나마 1977년 기업체 한 곳에서 행해진 것을 제외하곤 새마을스포츠교실은 기업 사정 등으로 운영이 제대로 이루어지지 못했다.[50] 체육시설의 경우도 부유층을 제외하곤 일반인이 이용하기에는 경제적인 부담이 큰 입장료를 받는 실정이어서, 사회체육진흥을 위한 시설이 되지 못한다는 평가가 있을 정도였다.[51]

요컨대 박정희 정부가 출범하면서 1962년 국민체육진흥법, 1963년 그 시행령의 제정, 1965년과 1966년에 각각 그 개정령 등이 마련되면서 사회체육 진흥을 위한 법적 기반이 마련되었다. 하지만 정책적 의지를 관철할 법적 강제성이 크게 미흡했다. 또한 5·16 직후 정부조직의 개편으로 체육 행정기구가 일시 승격되었으나, 민정이양 후 1개 과로 다시 축소되었다. 게다가 사회체육공간으로서 시설의 부족도 개선되지 못했다.

1970년대에 와서 새마을운동과 연계된 사회체육 활성화정책이 점차 기반을 잡아가기 시작했다. 물론 여기에는 국가주의적 목표를 실현한다는 한계가 있었지만, 체육의 본질적 가치에 주목한 인식의 변화 역시 반영되었다. 이에 1971년 국민체육진흥법을 개정하여 법적 기반을 강화하는 등 정부 차원의 정책적 실현의지가 제고되었다. 그러나 국민체육심의위원회의 운영사례에서 보듯이, 이런 법적 조치는 큰 효력을 발휘하지 못했다. 경영합리화를 내세운 직장팀의 해체는 그 단적인 사례이다. 따라서 사회체육 활동은 주로 대한체육회와 YMCA 등 사회단체의 주도로 행해졌다. 하지만 이런 사회단체의 활동은 그 의의에 걸맞는 일정한 성과를 거두기는 했지만, 대체로 소수의 사람들만이 참여하는 정도에 그쳤을 뿐이었다. 그 이유는 사회체육 활성화정책을 위한 재정·시설 투자의 부족에 기인했는데, 이는 기본적으로 사회체육을 국가주의적 목적에 부응하는

47) 大韓體育會, 『體育年鑑』, 1977, 104쪽.

48) 大韓體育會, 『體育年鑑』, 1976, 154쪽.

49) 위와 같음.

50) 大韓體育會, 『體育年鑑』, 1978, 82쪽; 같은 책, 1979, 102쪽; 같은 책, 1980, 116쪽.

51) 大韓體育會, 『體育白書』, 294쪽.

수단으로 인식한 데서 비롯되었다. 새마을운동의 일환으로 지역체육활동을 추진한 것이 그 대표적 사례라고 할 수 있다.

결국 박정희 정부의 사회체육, 즉 생활체육정책은 그 필요성과 의의를 인식하고 법적 기반을 마련하는 데 그쳤다. 그러나 사회 전반에 걸쳐 생활체육이 활발하게 전개되지는 못했지만, 체육의 본질적 가치에 대한 인식이 제고될 수 있는 환경을 조성했다는 점에선 의의가 있다고 할 수 있다.

2) 새마을운동과 사회체육

스포츠공화국이라는 별칭에서 알 수 있듯이, 전두환 정부는 역대 어느 정부보다도 체육에 대한 정책적 관심과 그 추진력이 높았다. 하지만 전두환 정부는 기본적으로 '체육입국'으로 대표되는 스포츠내셔널리즘에 기반한 엘리트스포츠 위주의 정책을 추진했다. 그것은 정권장악 과정에서 나타난 불법성을 탈피하려는 목적에서였다.

따라서 엘리트스포츠 위주의 체육정책으로 사회체육정책은 크게 고려되지 못했고, 그나마 박정희 정부 시기의 국가주의적 이념을 관철하는 데 주안점을 두었다. 이런 사정은 1982년 12월 31일 법률 제3612호로 개정된 국민체육진흥법[52]에 그대로 반영된 데서 확인할 수 있다. 즉 제1장 총칙에서 국민체육의 진흥이 궁극적으로 국위 선양에 이바지하는 데 있다고 천명한 것이다. 이런 정책기조가 '체육입국'이라는 슬로건으로 나타났다. 결국 국민체육진흥법의 개정은 결국 86아시안게임과 88올림픽의 성공적 개최를 위한 엘리트스포츠 위주의 정책을 추진하는 데 필요한 법적 토대를 마련하는 데 주 목적이 있었던 것이다.

이처럼 '체육입국'은 전두환 정부의 정통성 확보차원에서 추진한 스포츠내셔널리즘적 정책노선이었다. 하지만 그 정책노선상 보다 광범위한 국민체육진흥이 요구되는 것이기도 했다. 체육부는 그 설립 초기에 국민체육 진흥, 우수선수 양성을 통한 국위 선양, 국제체육교류 강화, 86·88대회 준비 등을 체육정책의 기본방향으로 제시했다. 여기서 국민체육진흥의 방안으로 다음과 같은 사회체육 진흥정책을 밝혔다.

> 국민체육진흥의 가장 기본이 되는 과제는 건민육성인 바, 체육인구의 저변확대를 위해서 국민들이 이용할 수 있는 체육시설을 확충하고, 아울러 체육활동을 지도할 요원과 경기운영에 필요한 요원을 시급히 확보한다. 또한 체육전반의 진흥을 지원하는 데 소요될 재원의 조달을 위해서 국민체육진흥기금을 대폭 확충하는 방안을 연구한다.[53]

---

52) 한국법제연구원, 앞의 책, 301~1쪽.

53) 체육부, 『체육한국』, 1983, 53쪽.

이같은 정책목표에 따라 사회체육진흥을 위한 법적 조처도 강화되었다. 1983년 8월 대통령령 11121호로 공포된 시행령에서는 이전 시행령이 1년 1회의 '운동경기대회'를 개최하도록 한 것에 비해, 2회 이상의 '종합경기대회'로 확대하여 실시하도록 했다. 그 벌칙으로 기존에는 과태료 30만 원을 부과했으나, 개정 시행령에서는 100만 원으로 대폭 증액했다.

체육 중앙행정기구 역시 강화되었다. 1982년 체육부가 신설되면서부터 그 이전까지 문교행정의 차원에서 부분적으로 다루어진 체육행정이 강화되었다. 사회체육도 독자적인 정책영역으로서 체육부의 체육진흥국 사회체육과에서, 사회체육시설은 체육시설과에서 담당하게 되었다. 사회체육과의 업무는 사회체육의 진흥 및 직장체육의 지도, 체육단체의 설립 및 운영의 지도와 감독, 체육도장의 지도·감독, 국민체육진흥기금의 운영, 체육유공인의 보호 육성, 국민레크리에이션의 보급, 국내체육대회의 지도·감독, 체육상의 시상 및 체육의 날 행사 등에 관한 사항 등이었다.[54]

이렇게 사회체육 활성화정책을 실현하기 위한 법적·행정적 토대의 확충과 더불어, 체육시설 확보를 위한 조치도 강구되었다. 1982년 당시 전체 185개의 시·군의 체육시설 보유율은 체육관 55%, 운동장 88% 정도의 수준이었다.[55] 그러나 공공체육시설의 부족으로 사회체육은 학교체육시설에 의존하는 형편이었다.

이에 따라 체육부는 재정이 빈약한 시·군을 대상으로 국민체육활동을 위한 기본시설인 운동장과 체육관을 우선적으로 확보한다는 정책 목표를 세우고, 이를 지원할 수 있는 보조금의 예산 및 관리에 관한 법률을 1986년에 개정했다. 이에 근거하여 지방체육시설사업을 국고보조 대상에 포함시키고 총건설비의 50%를 국고 기준 보조율로 결정하여 시·군 체육시설 확보를 위한 사업비를 지원할 수 있었다.[56] 시·군 체육시설 건설사업은 전국 시·군마다 운동장 1개소, 체육관 1개소 건설을 목표로 추진되었다. 그 결과로 나타난 1991년의 성과를 보면, 전국 204개 시·군에 국고 654억 2,500만 원을 투입했고, 이 예산을 사용하여 운동장 121개소, 체육관 106개소를 건설했다.[57]

한편, 박정희 정부 시기 별다른 진전을 보지 못했던 사회체육과 새마을운동의 연계를 강화했다. 전두환 정부는 1981년 9월 새마을운동중앙본부의 기구 내에 새마을체육회를 두었다. 새마을체육회는 사회체육지도자의 양성에 주력했는데, 그 근거는 1982년 전면 개정된 국민체육진흥법에 따라 1984년 12월 제정된 체육지도자 연수 및 자격검정에 관한 규칙이었다. 그러다가 1985년 4월 한국사회체육진흥회가 조직되어 대한체육회

54) 체육부, 『체육한국』, 1984, 34쪽.

55) 體育青少年部, 『體育青少年行政10年史』, 1992, 178~179쪽.

56) 위의 책, 179~180쪽.

57) 위의 책, 182쪽.

의 사회체육진흥 분과위원회의 업무를 담당했다.[58] 그리하여 1986년 8월 한국사회체육진흥회가 연수원으로 지정되어 1987년부터 2년간 2급 지도자 1,219명을 양성했다.[59] 당시 한국사회체육진흥회는 15개 시도지부와 20개 회원단체 및 1백만 회원을 거느릴만큼 대단한 효과를 보았는데, 그 주된 활동은 축구, 배드민턴, 테니스, 사이클, 배구, 합기도, 야구 등 7개 종목의 보급이었다.[60]

이렇게 전두환 정부는 '체육입국'을 내세우면서 사회체육을 위한 정책적 제도적 기반을 확충했다. 하지만 이런 사회체육 진흥정책에는 많은 한계가 있었다. 먼저 국민체육진흥법에서 규정한 내용을 실현하기 위한 후속조치가 매우 부실했다. 직장체육의 활성화 조치의 경우 그 시행령에서는 '부득이한 사정'이 있을 경우 이를 적용하지 않는다고 하여 법의 강제성이 부족했다. 이에 비해 엘리트스포츠 관련 조항은 예외 규정없이 강제하도록 했는데, 이는 전두환 정부가 그만큼 사회체육의 활성화를 위한 정책적 의지의 부족을 드러내 보인 것이라고 하겠다.

또한 1972년에 공포된 국민체육진흥기금에 관한 법률을 폐지하고, 이를 개정 국민체육진흥법에 포함시켰다. 그 관련 조항을 보면, 전두환 정부가 사회체육의 활성화에 크게 주목하지 않았음을 보여준다. 즉 그 20조에서 밝힌 기금의 사용처를 보면, 대통령령이 정하는 기타 체육진흥을 위한 사업을 제외하고 7개 항목이 있는데, 이중 사회체육과 관련된 것은 국민체육진흥을 위한 연구 개발 및 그 보급 사업, 국민체육시설 확충을 위한 지원 사업뿐이다. 나머지 조항은 기금조성사업 항목을 빼면 전부 엘리트스포츠와 연관된 것이며, 특히 같은 조 3항에선 기금의 일부를 86아시안게임과 88올림픽대회기금으로 출연할 수 있도록 했다.[61]

시설 확보의 경우도 주로 전국체육대회 시설 등에 집중했고, 사회체육공간으로서 동네체육시설 확보에는 정책적 고려가 부족했다. 이런 사정을 반영하듯 1991년 당시에도 전국행정구역에 설치된 동네체육시설의 확보율은 8.6%에 불과할 정도였다.[62]

더구나 체육부의 조직은 궁극적으로 아시안게임과 올림픽게임을 성공적으로 개최하기 위하여 효율적인 행정력을 추진하는 데 있었다. 체육부의 출범이 체육의 본질적 가치를 실현하는 계기로 이어지길 바라는 여론[63]도 있었지만, 그보다는 오히려 양

58) 고광헌, 『스포츠와 정치』, 푸른나무, 1988, 100쪽.

59) 체육청소년부, 『1992년도 국정감사 교육체육청소년위원회 의원요구자료』Ⅰ, 1992, 205쪽.

60) 李康雨, 「韓國스포츠의 支配이데올로기的 機能에 關한 硏究」, 성균관대 박사논문, 1994, 203~204쪽.

61) 한국법제연구원, 앞의 책, 302~8쪽.

62) 體育靑少年部, 『體育靑少年行政10年史』, 185쪽.

63) 『동아일보』, 1982년 3월 22일자. "체력은 인간생활의 출발점이며 국가의 주춧돌이기도 하다. 그만큼 체력은 우리 생활과 밀접한 관련을 갖는 기본적이며 절대적인 요소다. 이번 새로

대회의 개최 준비를 위한 것[64]으로 받아들여지는 형편이었다. 특히 체육부장관의 다음과 같은 국회에서의 언급은 체육부의 출범 목적이 어디에 있는지 잘 보여준다.

> 여러분들이 잘 아시다시피 체육부는 체육입국을 겨냥한 온 국민의 강한 의지 아래 88년 서울올림픽과 86년 아시안게임을 성공적으로 치르기 위해서 창설되었습니다. 따라서 전세계의 이목이 집중될 이 두 대회를 잘 치르고 아울러 체육입국의 목표를 달성시켜야 한다는 측면에서 체육부가 맡은 일은 무거운 책임이 있다고 느끼고 있습니다.[65]

이처럼 아시안게임과 올림픽을 대비한 체육부의 출범으로 엘리트스포츠정책의 목표는 달성했으나, 사회체육 등 전반적인 체육발전에 대한 장기적인 계획과 노력은 미흡했다. 그 결과 올림픽게임 직후 체육부 존폐론마저 나오기도 했던 것이다. 한마디로 전두환 정부 시기 체육부의 출범과 국민체육진흥법은 아시안게임 및 올림픽게임 등 엘리트스포츠를 위한 법적·재정적 지원체제 확보를 주 목적으로 한 것이었다.

이렇게 전두환 정부는 이전 시기에 비해 사회체육을 위한 정책적 기반은 확대했으나, 그 실행을 위한 조처는 사실상 거의 없다고 해도 지나친 말은 아니다. 이는 기본적으로 정부의 체육정책이 취약한 정통성을 강화하기 위한 수단에서 마련되었기 때문이었다. 예컨대 새마을체육회를 중심으로 한 사회체육이 5공화국의 국정지표인 선진조국의 창조에 기여할 수 있는 국민의 정신개혁, 복지사회 건설에 이바지하는 이념스포츠로서 기능했다[66]는 점에서 확인할 수 있다.

그리고 이 조직은 당시 대통령 전두환의 동생인 전경환이 회장을 맡은 사실에서 보듯이 사실상 관변단체였으며, 그 운영상에서도 많은 문제점을 갖고 있었다. 단 시간에 그 규모가 크게 확대된 것도 권력자의 형제가 회장이라는 사실이 크게 작용한 것은 물론, 새마을체육대회 등을 통하여 대중을 동원함으로써 5공화국의 체제유지를 위한 역할을 그 주된 기능으로 삼았기 때문이었다. 게다가 예산 운영에서도 많은 문제점을 보였다.[67] 1985년부터 3년간 약 15억 원의 국고지원을 받았는데, 이는 대한체육회

문을 연 체육부의 발족은 이처럼 체육발전을 통한 국민체력 향상의 중요성에 비춰 뜻깊은 일이며… 앞으로는 체육을 국민 전체에 보급해서 보는 스포츠로부터 국민 스스로가 직접 참여하는 스포츠가 되도록 해야 할 줄 안다."

64) 『중앙일보』, 1982년 3월 20일자. "체육부가 오늘 드디어 발족됐다. 이로써 86년 아시안게임과 88년 올림픽을 치를 준비작업이 골간을 이룬 셈이다. 국민체육의 진흥은 새삼 강조할 필요도 없지만 양대 스포츠축전을 눈앞에 둔 우리로서는 이것이 매우 절실한 문제로 대두됐다."

65) 제24회 서울올림픽대회지원특별위원회, 『제113회 국회회의록』, 1982, 2쪽.

66) 한성일 외, 『사회체육』, 동화문화사, 1988, 33쪽.

67) 李康雨, 앞의 글, 204~205쪽.

의 체육진흥비를 유용한 것이었다. 그나마 대부분의 예산도 새마을체육회 등 각종 대회행사비에 지원되었을 뿐이고, 심지어 확보된 예산의 65~77%만 집행하는 등 예산 운용에 많은 문제점을 보였다. 이처럼 한국사회체육진흥회는 국고의 유용, 운영의 부실 등으로 사회체육을 위한 조직이라기 보다는 스포츠를 정치도구화하여 제5공화국의 체제유지를 위한 관변단체에 다름 아니었다.

결국 제5공화국의 사회체육정책은 아시안게임과 올림픽 유치에 따라 중시된 엘리트 스포츠에 가려 제대로 추진되지 못했다. 그나마 체제안정에 이용함으로써 사회체육의 기능을 왜곡하기까지 했다. 이런 사정은 전두환 정부 시기 발간된 『행정백서』를 통해서 확인할 수 있다. 1982년 『행정백서』에서는 86아시안게임과 88올림픽의 성공적 개최를 체육정책의 최우선 과제로 설정하면서도 '국민체육의 생활화'를 전개하고, 그 세부계획으로 직장단위 체육활동의 강화, 지역사회 체육활동 지원, 국민체육기금 조성 확대 등을 제시했다. 이런 사회체육에 대한 정책 기조는 1983년에도 그대로 유지되었다. 그런데 1984년에는 건전체육 풍토 정착, 체육재정 자립기반의 조성, 체육인 복지향상, 체력장제도 확대 실시, 새국민체조 제정 보급, 체육행정지원 강화 등을 제시했다. 이중 체육인 복지 향상, 체력장제도 확대 실시는 사회체육활성화와 무관한 내용이며, 나머지 항목도 사회체육을 위한 본격적인 정책이라고도 보기 어렵다.

그러다가 1985년부터는 아예 기본 계획안과 그 구체적 내용이 부실화하기에 이르렀다. 이 해 『행정백서』에서는 '사회체육진흥'에 중점을 둔다고 하면서도 정작 그 추진을 위한 계획에서는 '국민체육 활성화정책'으로 경기단체별 대회의 활성화, 체육행사의 전계절화를, '국민체육진흥기금 조성 확대'로는 우수선수 및 우수지도자 연구연금 지급을 제시하고 있다.[68] 경기력 향상을 위한 대회의 활성화와 소수 엘리트선수 지원을 '국민체육진흥'을 위한 정책으로 내세웠다는 것은 그만큼 사회체육에 대한 기본적인 인식조차 없었음을 단적으로 보여주는 사례라고 할 수 있다.

1986년 행정백서에는 국민체육 활성화를 위한 조치는 사회체육지도자 연수원 설치, 국민체력 현황조사, 다양한 체육프로그램 개발 등을 제시했음에도 정작 확대 조성한 국민체육진흥기금을 엘리트선수 복지 및 해외유학 지원 등에 투입할 것을 밝혔다.[69] 이렇게 사회체육을 활성화하기 위한 정책적 고려는 매우 미흡했는데, 이런 사정은 예산책정에서도 마찬가지였다. 1983년 사회체육육성을 위한 예산이 8,680만여 원이 집행된 이래 1986년까지 이 수준을 회복하지 못했다.[70]

---

68) 『행정백서』, 1985, 530~531쪽.

69) 이종원, 「제5공화국의 스포츠정책 연구」, 서울대 박사논문, 2002, 94쪽.

70) 임용태, 「체육 청소년부 예산을 통한 체육정책의 분석에 관한 연구」, 서울대 석사논문, 1992, 67쪽 표 15 참조.

요컨대 전두환 정부는 '체육입국'을 내세우며 엘리트스포츠 위주의 정책을 추진했지만, 국민체육진흥을 위한 토대인 사회체육을 위한 정책적·제도적 기반의 확충도 일부나마 꾀했다. 체육부의 출범으로 사회체육을 전담하는 과 규모의 행정기구를 존치한 사실, 국민체육진흥법의 개정으로 사회체육활동을 보다 강도높게 시행할 법적 기반을 마련한 점, 박정희 정부 시기 추진된 새마을체육을 강화하여 새마을체육회를 신설했다가 다시 이를 한국사회체육진흥회로 확대 개편하고 이에 대한 지원을 강화한 사실 등이 그 대표적 사례라고 할 수 있다. 그러나 이런 법적·행정적 조처는 기본적으로 86아시안게임과 88올림픽의 성공적 개최를 위한 엘리트스포츠 강화에 기본적 목표를 둔 것이었지, 사회체육 진흥을 위한 정책적 고려라고 볼 수는 없는 것이었다.

결국 전두환 정부는 취약한 정권기반을 안정시키기 위한 수단으로 엘리트스포츠 위주의 체육정책을 추진했다. 이로써 사회체육활성화를 위한 구체적 조처는 크게 미흡했다. 심지어 한국사회체육진흥회는 정치논리에 휩쓸려 관변단체화했다. 그 결과 대한체육회의 사회체육 기능마저 유명무실하게 되었다. 이처럼 전두환 정부의 사회체육정책은 국가주의적 이념을 기반으로 한 엘리트스포츠에 대한 과도한 지원으로 일부 법적, 제도적 기반의 조성을 제외하곤 별다른 성과를 내지 못했다.

3) 호돌이계획과 생활체육

6·10 항쟁으로 상징되는 민주화운동의 결과로 출범한 노태우 정부는 엘리트스포츠 위주의 정책에서 벗어나 생활체육정책을 활성화하고자 했다. 또한 86아시안게임과 88서울올림픽게임의 성공적인 개최를 위해 추진한 시설 확대와 두 대회에 대한 언론보도 등은 체육에 대한 국민의 관심을 제고했고, 이는 결과적으로 체육을 지속적으로 발전시킬 수 있는 환경을 마련하는 중요한 계기가 되었다. 특히 경제발전에 따른 국민생활수준의 향상으로 건강 증진과 삶의 질 향상을 위한 생활체육에 대한 인식이 높아졌다.

이렇게 86아시안게임과 88서울올림픽게임 이후 엘리트스포츠에만 집중되었던 체육정책과 국민들의 관심이 생활체육으로 전환되면서 국민들의 체육활동 참여가 급속히 확대되었다. 무엇보다 급속한 산업화에 따른 심리적, 생리적 스트레스가 개인의 건강을 크게 위협하고, 체육활동을 통해 운동부족을 해소하고 삶의 보람을 찾고자 하는 수요가 증가되었다.[71] 이런 사정은 올림픽을 전후로 한 체육활동 참여율의 변화에서 확인할 수 있다.

---

71) 문화관광부, 『2003체육백서』, 174쪽.

〈표 1-5〉 올림픽 전후 체육활동 참여율 변화(%)[72]

연도	매일	주2-3회 이상	주 1회 이상
1985년	8.3	21.0	26.8
1989년	9.8	27.3	39.0
1991년	10.9	34.7	51.9

이처럼 올림픽 개최를 전후로 국민의 스포츠 활동이 증가세를 보임에 따라 노태우 정부는 체육정책의 방향을 엘리트스포츠 위주에서 벗어나 생활체육 진흥정책으로의 전환을 모색하기에 이르렀다.

노태우 정부 초기 생활체육정책으로는 1988년 지역사회의 체육활동 참여확대 방안이 있었다. 이때 여건조사, 시설확충 및 이용, 프로그램 개발, 지도자 양성 및 배치, 행정 및 재정지원 방안 등이 제시되었다.[73] 이듬해 1월에는 체육정책에 관한 공청회를 열고, 이때 제기된 사안을 토대로 기본적인 생활체육 진흥방안을 마련했다. 여기서는 구체적으로 생활체육지도자 양성제도 개선, 프로그램 개발 및 보급, 체육시설 확충, 국민체육진흥기금 확대 및 지원 등 재원 확보방안이 제시되었다.[74] 그 구체적 방안을 보면 다음과 같다.

우선 각종 프로그램 개발 및 보급, 참여운동 전개사업, 지도자 양성 등은 민간단체 차원에서 추진하도록 하되, 기존 동호인 조직활동에 대한 지원을 강화하도록 했다. 프로그램의 개발과 보급을 위해서는 특히 1989년 전국 15개 시·도에 총 225억 원을 투입하여 '올림픽기념 지역생활체육센타'를 건립하여 보급하도록 한다는 구체적 방안도 마련했다. 그리고 생활체육지도자 양성과 배치의 경우 1992년까지 약 1만 명을 양성하는 것은 물론, 체육계 학과 전공자들에 대한 교육제도 개선과 관계법령 개정 등으로 생활체육지도자들을 민간체육시설과 직장체육에 의무적으로 배치하도록 했다. 그 재원 확대방안으로는 체육단체에 대한 지방자치단체의 지원기준 상향조정, 체육단체 재정자립을 위한 법인화 추진, 체육복권 등 국민체육진흥기금조성을 위한 수익사업 확대 등을 제시했다.

이러한 생활체육진흥을 위한 방안은 대부분 반영되어 1989년 8월 「체육·청소년장기종합계획(안)」에서 보다 포괄적인 생활체육 육성방안으로 구체화되었다. 그 내용을 보면 생활체육에 대한 홍보활동 강화, 다양한 프로그램 개발 및 보급, 지역체육활동 활성화, 학생과외 자율체육활동의 생활화, 직장체육의 육성, 고유민속경기 진흥, 특수계층의 체육활동 육성, 건전 여가활동 육성 등이었다.[75]

72) 李康雨, 앞의 글, 245쪽.

73) 體育部, 『올림픽이후의 體育政策에 관한 公聽會 結果報告』, 1989, 10쪽.

74) 위의 책, 11~18쪽 및 129~146쪽.

이렇게 생활체육진흥을 위한 정책의 기본 방안이 마련되었다. 노태우 정부는 이를 토대로 건전한 복지사회 실현, 국민 에너지의 합리적 활용과 국가 사회발전의 가속화, 건전한 여가생활의 기반 조성과 바람직한 청소년 육성을 체육정책의 목표로 설정[76]하고, 생활체육진흥을 위한 본격적인 정책적 기반을 마련하기 시작했다.

노태우 정부의 생활체육진흥을 위한 정책적 고려는 먼저 재정 확충의 시도로 나타났다. 그것이 바로 1989년 서울올림픽기념 국민체육진흥공단의 설립이었다. 국민체육진흥공단의 설립은 궁극적으로는 국민생활체육의 보급을 보편화하고, 각종 스포츠단체의 자립 기반을 공고히 하기 위한 조치였다.[77] 즉 국민의 체육활동 및 수요 증대에 비해 영세한 체육재정으로 생활체육진흥에 대한 지원이 거의 없었던 현실을 개선하기 위한 것이었다. 특히 기금 5,000억 원이 조성되기 전까지 불필요한 지원은 최대한 억제한다고 했다.[78] 이같은 방침은 노태우 정부의 생활체육에 대한 장기적인 계획을 보여주는 것이라고 하겠다.

국민체육진흥공단의 제1차 5개년계획(1989~1993년)은 그 주된 목표로 기금의 원활한 조성, 서울올림픽 대회성과의 지속적 확산, 올림픽 관련시설 활용의 극대화, 국민체육진흥 여건조성 등을 제시했다.[79] 이중 국민체육진흥 여건 조성을 위한 정책이 바로 '국민생활체육진흥종합계획', 일명 '호돌이계획'이었다.[80]

호돌이계획은 1990년 3월에 입안되어 1990년부터 1993년까지를 1차 계획 기간으로 하여 추진되었다. 이 계획은 정부, 지방자치단체, 민간단체가 공동으로 생활체육 진흥을 위해 추진하고자 하는 모든 계획을 종합한 것이다. 그 기본 방향은 첫째 모두가 저렴한 비용으로 체육활동에 참여할 수 있는 여건 조성, 둘째 국민의 신체 적성에 맞는 생활체육의 보급으로 체력과 정신력 발전 도모, 셋째 적극적인 생활체육의 홍보를 통해 국민의 건전한 여가생활 기회 확대 등이었다.[81] 한마디로 호돌이계획은 생활체육발전의 제도적 기반 구축을 모색한 구체적이고 본격적인 정책이라고 할 수 있다.

국민생활체육진흥종합계획의 주요 내용을 보면, 생활체육 참여 여건 조성[82]을 위해 저렴하고 손쉽게 이용할 수 있는 생활체육시설을 확충하여 시·도마다 운동장과 체육관을 1곳씩 확보하도록 했다. 또 기업의 시설투자를 유도하기 위한 지원대책 강구와

75) 體育部, 『體育·青少年長期綜合計劃』, 1989, 47~84쪽.
76) 공보처, 『第6共和國實錄』 4, 1992, 427~428쪽.
77) 위의 책, 499쪽.
78) 李康雨, 앞의 글, 276~277쪽.
79) 공보처, 앞의 책, 502쪽.
80) 體育青少年部, 『體育青少年行政10年史』, 166쪽.
81) 공보처, 앞의 책, 484쪽.
82) 體育青少年部, 『體育青少年行政10年史』, 168쪽.

더불어 체육시설에 대한 민간투자의 촉진방안도 계획했다. 물론 공공 및 학교체육시설 등 기존 시설의 개방과 활용도 제고도 추진했다. 시설 확충 외에도 연령별·성별·지역별 특성을 고려한 프로그램의 개발과 보급, 생활체육지도자 수급 실태조사 및 양성 배치계획도 마련하여 생활체육 참여의 확산을 도모했다. 특히 사회 전반적인 레저인구 및 생활체육인구의 증가에 따라 주거지 인근 지역을 중심으로 체육공원 등 생활체육시설 확충을 위해 국민체육진흥기금 89억 6,200만 원을 투입하여, 전국 읍·면·동마다 1개소 이상을 설치토록 했다.[83)]

생활체육의 보급을 위해서는 각종 생활체육대회 개최, 체육동호인 조직에 대한 지원과 육성을 계획했다. 특히 직장인의 체육활동 권장과 기업인 및 직장 간부를 대상으로 한 체육에 대한 인식 제고를 추진함으로써 기존 체육주간, 체육의 날 행사의 활성화를 꾀했다. 또 연령별·성별에 따른 국민체력기준에 관한 홍보자료의 제작 보급도 추진했다.[84)]

〈표 1-6〉 국민생활체육진흥종합계획의 주요 사업[85)]

	시 설	프로그램	지도자
주요사업	○ 생활체육시설의 확충 -서울올림픽기념생활관 건립 -소규모 근린생활체육시설 건립 -국·공립학교 (초등학교)내 테니스장 설치 -광역권별 수영장 건립 -레포츠공원 조성 ○ 기존 체육시설 활용도 제고 -공공체육시설 활용도 제고 -학교체육시설 개방·이용 확대 -올림픽시설 개방	○ 생활체육프로그램의 개발·보급 -국민경기 종목의 개발·보급 -계층별 생활체육프로그램 보급 -건강생활체조 개발·보급 ○ '90 전국 스포츠교실 운영 ○ 직장체육프로그램 개발 ○ '90 전국씨름왕선발대회 개최 ○ 국민체력평가대회 개최	○ 생활체육 지도자양성제도 개선

이러한 사업계획의 추진을 담당할 기구로 사단법인 국민생활체육협의회가 설립되기에 이르렀다. 국민생활체육협의회는 생활체육운동을 민간 차원에서 전담하여 범국민 체육운동으로 확산시키고, 다양한 생활체육동호인 활동을 체계적으로 지원 육성할 목적으로 민법 제32조 '비영리법인의 설립과 허가'에 근거하여 1991년 2월 6일 출범했다.[86)]

국민생활체육협의회의 결성은 지방조직의 결성에서부터 출발했다. 각 시·군·구에서 1990년 7월 6일부터 생활체육협의회를 결성하기 시작하여 11월 30일 15개 시·도에서

83) 위의 책, 187쪽.

84) 위의 책, 169쪽.

85) 문화관광부, 『2002체육백서』, 33쪽.

86) 공보처, 앞의 책, 486쪽.

생활체육협의회 결성을 완료했으며, 12월 20일 15개 시·도 생활체육협의회장 발기인 대회를 개최한 후 1991년 1월 8일에는 사단법인 국민생활체육협의회 창립총회를 거쳐 2월 6일 사단법인 설립허가를 받아 정식 출범했다.[87] 국민생활체육협의회는 전국 15개 시도에 시·도 협의회를 두었고, 시·도 종목별 연합회를 조직했는데, 그 규모는 모두 39개 종목, 185개에 이르렀고, 동호인클럽도 1만 3,876개에 회원이 무려 61만여 명에 달하는 등 착실한 진전을 이룩했다.[88]

생활체육협의회는 생활체육 프로그램의 개발·보급 지원, 생활체육지도자 양성 및 활용 지원, 생활체육시설의 효율적 활용 지원, 생활체육을 위한 홍보사업 전개, 종목별 생활체육행사 지원 육성, 생활체육과 한민족축전사업의 연계 추진 등을 통해 범국민 체육생활화운동을 전개했다.[89] 또한 전국 규모의 체육행사 개최를 통해 지역단위 종목별 동호인활동을 활성화시키고, 직장체육지도자 강습회 개최, 직장체육 지도서 및 프로그램을 개발·보급하는 한편, 국민체조와 건강생활체조를 보급했다. 이와 함께 민속놀이 보급과 씨름왕 선발대회 등을 개최해 민속경기를 진흥시키고, 여성지도자 강습회 개최, 주부체육교실 운영, 체조·에어로빅 경연대회 등을 통해 여성체육의 활성화에 기여했으며, 체육활성화를 위한 포스터, 스티카 등 홍보자료를 제작 배포하고 민간기업·단체의 사보, 협회보 및 유선방송을 통해 홍보사업을 전개함으로써 체육인구 저변 확대에 기여했다.[90]

물론 이러한 생활체육활성화는 본질적으로 국민소득의 증대와 국민의 여가참여 증가에 따라 체육활동에 참여하는 인구가 점차 늘어나면서 자연스럽게 이루어질 수 있었다. 체육청소년부가 1991년 전문연구기관에 의뢰하여 15세 이상 국민을 대상으로 조사한 바에 따르면, 주 1회 이상, 1시간 정도의 체육활동에 참여하는 인구는 1986년 26.8%, 1989년 39%, 1991년 51.9%로 급격한 증가세를 보여주었으며, 그 숫자도 1989년도에 160만 명에서 1991년에는 400만 명으로 늘어났다.[91] 생활체육동호인조직도 1987년까지의 동호인클럽이 3,700개인데 반해,[92] 1991년 12월 31일 기준으로 13,876개 클럽에

87) 위와 같음.

88) 위의 책, 487쪽.

89) 생활체육협의회는 출범과 동시에 중앙단위 행사와 시·도·군·구단위 행사를 주관함으로써 국민생활체육 활성화에 일익을 담당했다. 전국 차원에서는 1991년 주부 건강 달리기, 체육 소외계층 행사, 장관기 생활체육전국게이트볼대회, 제1회 장관기 생활체육전국배드민턴대회, 전국건강생활체조경연대회, 제1회 장관기 생활체육전국축구대회 등의 중앙단위 행사가 이루어져 연인원 1만 4,500명이 참가했다. 또한 각 시·도·군·구단위에서는 걷기를 비롯한 30여 종목에 걸친 각종 행사를 1만 3,120회 실시하여 총 참가인원 332만 4,460명에 이르렀다(위의 책, 494쪽).

90) 위의 책, 492~493쪽.

91) 體育靑少年部, 『體育靑少年行政10年史』, 164쪽.

610,170명이 참여[93]할 만큼 커다란 성장을 이루었다.

요컨대 노태우 정부는 이전 군사정권과 달리 생활체육진흥을 위한 정책적 관심이 높았다. 이로써 생활체육을 위한 본격적인 정책적 고려와 제도적 기반이 마련될 수 있었다. 안정적인 재정확보를 위해 설립한 국민체육진흥공단과 생활체육을 체계적으로 지원 육성하기 위한 국민생활체육협의회의 설치가 그 단적인 사례이다. 하지만 진흥공단의 경우 기금확보에만 치중했고, 그나마 이루어진 기금도 대부분 근린 체육시설의 설치에 지원되었다. 또한 공단의 상업적 수익사업은 복권발행에서 보듯이 국민들의 사행심을 조장하는 등 부작용도 따랐다. 생체협의 경우도 설립 시기부터 관변단체라는 부정적 인식을 탈피하지 못했다.

그러나 노태우 정부가 추진한 생활체육정책은 실질적인 성과가 미흡했지만, 생활체육정책에 대한 본격적인 정책적 관심과 기반을 마련했다는 점에서 의의가 자못 크다고 할 수 있다. 1980년대 중반까지만 하더라도 생활체육은 여건 및 인식의 부족으로 소수의 사람들만이 참여하는 정도에 그쳤고, 그나마 국가주의적 이념에 근거함으로써 생활체육의 본질적 가치는 크게 주목되지 못했다. 심지어 국민체육진흥기금에서 1986년 상반기까지 생활체육에 대한 지원액은 전체 지원액의 3.8%에 불과한 실정이었다.[94] 이에 비해 노태우 정부 시기인 1990~1992년까지 112억여 원을 지원하여 같은 기간 총 지원액 621억여 원의 약 18%에 이르렀다.[95] 그만큼 노태우 정부는 이전 정부보다 생활체육에 대한 정책적 고려를 제고하여 그 활성화를 위한 토대를 마련했던 것이다.

3. 문민정권기의 생활체육 중시정책

1) 국민체육진흥5개년계획과 생활체육

김영삼 정부는 문민정권이라는 역사적 의의를 갖고 있었지만, 3당 합당이라는 변칙적 정계개편을 토대로 집권했다는 한계도 지니고 있었다. 이같은 이유에서 김영삼 정부는 그간의 군사정권과 차별성을 부각시키는 데 주력했다. 이는 '신한국창조'로 대변되는 일련의 개혁조치로 이어졌다. 체육정책도 기존 엘리트스포츠 위주정책에서 탈피하여 생활체육을 활성화하는 데 정책적 목표를 두었다.

---

92) 社團法人韓國體育振興會, 앞의 책, 19~20쪽.

93) 體育青少年部,『體育青少年行政10年史』, 212쪽.

94) 서울大學校 師範大學 體育硏究所,『體育振興長期計劃』, 1986, 758쪽.

95) 문화관광부,『2002체육백서』, 81쪽 표 2-33 참조.

김영삼 정부는 1993년 7월 국민체육진흥5개년계획[96]을 수립하여 국민체력 증진과 여가 선용 도모를 첫 번째 정책적 목표로 삼았다. 그것은 1997년까지 국민의 체육활동 참여율 50%이상으로의 제고와 국민체력의 적극적 향상으로 나타났다. 이를 위한 정책적 과제로서 '생활체육의 범국민적 확산'을, 그 구체적 방안으로는 국민의 체육활동 참여의식 고취, 체육활동 공간 확충 및 생활체육지도자 양성, 국민체육활동의 체계적 육성과 지원, 국민 건전여가 기회의 확대 등을 제시했다.

김영삼 정부의 생활체육정책의 기본방향은 다음 <표 1-7>과 같다.

〈표 1-7〉 김영삼 정부의 생활체육정책[97]

정책과제	사업내용
생활체육의 범국민적 확산	체육활동 참여의식 고취, 체육활동의 공간 확충 및 지도자 양성 등 생활체육 참여여건의 조성, 국민체력관리체제 구축 및 프로그램의 개발 보급, 동호인 육성
국민의 체육활동 참여의식 고취	대중매체와의 홍보협력, 사회단체를 통한 홍보, 생활체육 홍보물 제작과 보급, 생활체육 홍보물 소책자 제작 배포, 표어 포스터 등의 제작, 체육전문 유선방송사업 추진
국민체육활동 참여기회 확대	체육의 날 체육주간 강화, 지역단위의 일반주민 참여 행사의 확산, 시군구 체육문화축제 개최, 분야별 계층별 생활체육행사 실시 확대, 직장단위 체육대회 실시 강화
국민의 체육에 대한 관심 제고	생활체육 참여 실태조사 정기실시, 체육진흥 학술세미나 정기개최
국민체육 활동공간 확충	공공체육시설의 확충, 생활권 체육시설의 설치, 신도시 지역의 종합체육관 건립, 자연속의 생활체육 공간 마련

이러한 정책과제와 사업을 뒷받침하기 위해 1993년 12월 31일 법률 제4689호로 국민체육진흥법을 개정했다.[98] 생활체육과 관련한 개정 조항을 보면, 우선 제2조에서 생활체육에 관한 정의를 신설했다. 즉 생활체육은 '건강 및 체력증진을 위하여 행하는 자발적이고 일상적인 체육활동'으로, 체육동호인조직은 '같은 생활체육활동에 지속적으로 참여하는 자의 모임'으로 정의했다. 이런 조항의 신설로 생활체육진흥을 위한 법적 토대를 확립했다는 점에서 의의를 갖는다.

이에 따라 동법 제10조 직장체육의 진흥에서 직장내 체육동호인조직의 설치, 생활체육지도자 배치 등을 명확히 하기에 이르렀다. 그리고 제12조에서는 직장은 종업원의 체육활동에 필요한 시설을 설치 운영하고, 이를 지역주민에게 개방·이용하도록 규정

96) 문화체육부, 『국민체육진흥5개년계획』, 1993.

97) 문화관광부, 『2002체육백서』, 35쪽.

98) 한국법제연구원, 앞의 책, 302~16쪽.

했다. 이는 이전 법에서 직장내 체육시설의 이용 주체가 명시되지 않은 것에 비해, 법적 효력을 제고한 것으로 평가할 수 있는 것이다. 뿐만 아니라 동법 제15조의 2를 신설하여 여가체육활동의 육성·지원을 위한 시책이 국가와 지방자치단체에 있다고 명시하기도 했다. 이처럼 김영삼 정부는 생활체육진흥을 위한 법적 토대를 이전 정권보다 더욱 분명히 함으로써 정책적 의지를 드러냈는데, 그 기본방침은 지방자치제의 실시에 따른 민간주도에 기반한다는 것이었다.

김영삼 정부는 이런 민간주도에 의한 생활체육진흥을 위해 국민생활체육중앙협의회 및 그 시·도생활체육협의회와 지방자치단체의 기능을 강화했다.[99] 이에 따라 각 지방자치단체는 생활체육 추진부서의 역할 및 기능을 강화했으며, 생체협의 경우도 노태우 정부 시기보다 확대되어 43종목 2,976개의 시·군·구 종목별 연합회, 2만 8,692개의 동호인클럽이 조직되었다.

이처럼 보다 강화된 생활체육의 법적 기반과 민간주도형 정책기조가 마련됨으로써 김영삼 정부의 생활체육진흥정책은 일정한 성과를 거두었다. 투자규모의 경우 국고와 기금에서 애초 6,113억 원을 계획했는데, 실제로는 8,005억 원이 투자되어 계획대비 31%가 증액되었다.[100] 생활체육의 범국민적 확산의 경우, 집권 초기에 비해 생활체육 클럽수나 동호인수가 47% 가량 증가했고, 생활체육인수는 3.5%로 약 2배 가까이 증가했다.[101] 생활체육지도자 양성수는 19,315명이었는데, 이는 1992년까지의 14,230명에 비해 크게 확대된 것이다.

국민의 체육활동 참여의식을 고취하기 위한 조치로 추진한 다양한 홍보 전략도 일정한 성과를 거두었다.[102] 가령 국민생활체육지의 경우 1993년부터 매년 5회씩 발간했는데, 1993~1994년에는 17,500부, 1996년에는 56,000부, 1997년에는 45,000부였다.[103] 국민체육활동 참여기회를 확대하기 위한 조치로 생활체육프로그램을 개발했는데, 그 목표치의 92%에 도달했다. 이중 어린이체능교실, 청소년체련교실, 가족생활체육캠프는 목표보다 최소 10%에서 최대 200%가까이 증설되었다. 그 운영에서도 성과가 있었다. 생활체육 활동공간 확충분야에선 수영장이 애초 계획한 9개소보다 훨씬 증가한 31개소가 신설되었다. 동네체육시설도 목표에 비해 88%가 초과 달성된 2,632개소가 증설되었다.[104] 이같은 성과로 김영삼 정부 동안 생활체육공간은 그 수나 면적에서

99) 공보처, 『변화와 개혁 : 金永三정부 國政5年 資料集』 3, 1997, 622~623쪽.

100) 문화관광부, 『체육진흥정책평가회 자료』, 1998, 5쪽.

101) 박혜란, 「김영삼 정권의 체육정책에 관한 연구」, 한양대 박사논문, 2005, 104쪽.

102) 공보처, 앞의 책, 1997, 623쪽.

103) 박혜란, 앞의 글, 107쪽.

104) 문화관광부, 『체육진흥정책평가회 자료』, 1998, 5~6쪽

약 60%의 증가세를 보였다.[105] 특히 공공체육시설의 증가는 주로 지방자치단체에 의해 이루어졌다. 이는 지방정부의 이용 가능한 재원과 토지가 매우 제한적이라는 점을 고려할 때 김영삼 정부가 생활체육활성화를 위한 물적 토대를 마련하는 데 상당한 노력을 기울였음을 알 수 있다.

이런 일부의 성과에도 불구하고 전체적인 생활체육 진흥정책은 그리 성공적이지 못했다. 1998년 문화관광부의 정책평가자료[106]를 보면, 이런 사정을 확인할 수 있다. 즉 당초 계획했던 155개의 단위사업은 이후 학교체육업무의 교육부 이관으로 11개 사업이 삭제되고, 34개의 사업이 유사성으로 인해 통폐합되었으며, 신규로 28개 사업이 추가되는 등 애초 정부의 계획이 치밀하지 못했다. 게다가 투자규모의 확대는 주로 1997년 개최된 무주·전주동계유니버시아드대회와 강원동계아시안게임의 경비와 경기장 시설비에 대한 투자로 인한 것이지, 엄밀한 의미에서 생활체육 자체를 위한 투자 확대는 아니었다.

생활체육의 범국민적 확산분야에서도 당초 목표로 한 운동참여율 50%에 미치지 못했을 뿐만 아니라, 양성한 생활체육지도자는 당초 계획의 97.6%를 양성하여 대체로 성공적이었지만 대부분이 3급 생활체육지도자였으며, 1, 2급 지도자의 수는 그다지 변동이 없었다.[107] 한마디로 양적인 측면에서 가시적인 성과에 주력한 결과라고 할 수 있다. 그나마 이들을 활용할 방안도 제대로 마련하지 못했다. 즉 1997년 생활체육 실태조사에 따르면 상업스포츠시설 이용율은 1991년 29.1%에서 1997년 23.4%로, 공공체육시설 이용율은 1991년 7.3%에서 1997년 5.1%로 오히려 낮아졌다.[108] 따라서 3급 생활체육지도사는 체육시설업 지도자인데,[109] 애써 양성한 3급 생활체육지도자의 활용이 전무한 실정이었다. 1994년의 경우 364개 지방자치단체의 운영 시설중 체육지도자는 3.5%만이 배치될 정도였다.[110]

국민의 체육활동 참여의식 고취분야의 경우에서도 국민생활지 발간은 양적인 수준에선 진전이 있었지만, 그 내용을 보면 노태우 정부 때와 그리 큰 차이를 보인 것은 아니었다.[111] 즉 1991~1992년 발행부수는 각기 2만 부와 15,000부였고, 특히 1991년엔 월간이었다. 이에 비해 김영삼 정부 시기엔 격월간이었다. 사실상 발행부수의 증가는 무의미하다고 할 수 있다.

---

105) 박혜란, 앞의 글, 113~114쪽.
106) 문화관광부, 『체육진흥정책평가회 자료』, 1998, 4~7쪽.
107) 박혜란, 앞의 글, 105쪽.
108) 문화관광부, 『체육진흥정책평가회 자료』, 1998, 293~294쪽.
109) 공보처, 앞의 책, 1997, 619쪽.
110) 문화체육부, 『체육진흥정책평가회 자료』, 1994, 36쪽.
111) 박혜란, 앞의 글, 107쪽.

이런 사정은 국민체육활동 참여기회의 확대와 공간확충 분야에서도 마찬가지였다.[112] 생활체육교실은 당초 1만 개소를 목표로 했는데, 예산부족으로 2,685개소, 장수체육대학은 450개소를 설치할 계획이었으나, 336개소만이 운영되었을 뿐이었다. 생활체육활동을 위한 공간 확충 계획도 103개소의 절반 수준인 52개소에 불과했다. 또 생활체육단체 육성분야에선 조기축구회 등 특정 종목의 단체가 많고, 특히 청소년층의 체육클럽이 활성화되지 못했다.

이러한 생활체육 투자의 미흡은 기본적으로 김영삼 정부가 국민의 자발적 체육활동을 목표로 했으면서도, 이를 실현하기 위한 근원적 정책 수단을 마련하지 못한 데에 있었다. 그것은 민간주도화를 꾀하기 위한 민간자본의 투입에 중점을 둔 사정과 연관이 있다. 예컨대 국민의 체육활동 참여를 높이기 위한 홍보와 생활체육프로그램의 실시를 민간자본으로 충당하려 했다. 대중매체와의 홍보를 위한 투자는 총 1억 7,400만 원을 계획했는데, 이중 민자가 1억 2,000만 원에 이르렀다.[113] 심지어 지역단위 체육행사에 대한 투자도 전체 700억여 원 중 국고는 80억여 원을 계상한 데 비해, 민자의 규모는 지방비와 같은 300억여 원에 달했다.[114] 특히 분야별 계층별·생활체육행사를 확대하고자 하면서도, 60억여 원의 투입예산 중 민자규모는 26억여 원을 책정했을 정도였다.[115] 그 결과 1994~1997년 기간동안 체육예산 중 생활체육 관련예산은 그 비중이 평균 4.15%에 불과했다.[116] 특히 생활체육 진흥재원에서 가장 큰 비중을 차지해야 했던 민자의 투자유치도 극히 부진했다.[117]

결국 5개년계획이 종료된 시점에서도 민간주도형 생활체육정책의 목표는 필연적으로 달성될 수 없었다. 가령 동호인조직의 상당수가 사용료가 비싼 민간체육시설을 이용함으로써 자체 예산의 반 이상을 시설사용료에 투입할 정도였으며, 다만 동호인조직 활동에는 지방비에서 일부만 지원되는 정도였다.[118] 이런 사정으로 체육 소외계층이나 중·저소득층의 생활체육 참여기회 확대라는 정책 목표는 사실상 실패할 수 밖에 없었다.

요컨대 김영삼 정부의 생활체육정책은 질적 수준의 제고에는 미흡했다. 그나마 양적인 성장조차도 대부분 목표로 했던 것에 비해 매우 저조한 실정이었다. 이는 무엇보다

---

112) 문화관광부, 『체육진흥정책평가회 자료』, 1998, 5~7쪽.

113) 문화체육부, 『국민체육진흥5개년계획』, 26쪽.

114) 위의 책, 39쪽.

115) 위의 책, 44쪽.

116) 문화관광부, 『2003체육백서』, 2004, 79쪽 표 2-25 정부예산대비 체육예산 현황 및 문화체육부, 『체육진흥정책평가회 자료』, 1994, 26쪽; 같은 책, 1998, 17쪽 생활체육예산 표 참조.

117) 문화체육부, 『체육진흥정책평가회 자료』, 1995, 22쪽.

118) 문화관광부, 『체육진흥정책평가회 자료』, 1998, 278쪽.

도 애초 계획했던 생활체육 활성화정책을 주도할 중앙행정기구가 축소된 데서 비롯되었다. 김영삼 정부는 과거 정부주도의 성장일변도 정책에 따라 비대해진 정부조직의 축소를 추진했다. 체육청소년부의 전신인 체육부가 과거 5공화국 시기에 정치적인 목적으로 탄생된 군사정권의 잔재라는 이유로, 문민정부 출범 직후인 1993년 3월 6일 법률 제4541호로 문화부와 통합하여 문화체육부로 개편했다. 그 결과 서로 상이한 활동영역을 갖고 있는 문화와 체육행정 모두 효과적으로 추진되지 못했다. 게다가 1994년에는 관광업무가 문화체육부로 이관되어 체육행정조직은 체육정책국과 국제체육국의 2국 7과 77명으로 축소되었다.[119] 이로써 생활체육과가 속하는 체육정책국은 기존 체육기획과, 체육시설과 외에 지원육성과도 거느리게 되었다. 이같은 체육행정조직의 축소로 생활체육정책의 수립과 그 지속성은 물론 전문성을 유지하기가 더욱 어려워졌다.

따라서 국민들의 체육에 대한 인식도 오히려 후퇴하는 실정이었다.[120] 이런 사정은 1994년과 1997년 체육에 대한 국민들의 평가를 보면 잘 알 수 있다. 예컨대 건강과 체력을 지키는 요소로 규칙적인 운동에 응답한 비율은 3%포인트 감소한 반면에, 수면과 휴식은 9%포인트 증가했다. 체육활동의 가치에 대해서는 건강 및 체력증진에 있다고 응답한 비율이 12.3%포인트 증가했으나, 정작 삶의 질 향상에 대한 체육활동의 기여도에서는 별다른 변화가 없었다. 이같은 국민들의 인식은 체육참여의식 고취라는 정부의 정책적 목표가 제내로 날성되지 않았음을 보여주는 단적인 사례일 것이다. 결국 김영삼 정부에 와서 일부 외형적 성장이 있었지만, 이것이 곧 생활체육정책의 성공을 의미하는 것은 결코 아니다. 오히려 생활체육에 대한 국민들의 인식이 제고되지 않았다는 점에선 부정적인 평가를 할 수 밖에 없다.[121] 이는 전적으로 생활체육의 민간주도화를 꾀하여 민간자본을 투입하려는 성급하고 치밀하지 못한 추진전략에서 비롯된 것이라고 할 수 있다.

2) 제2차 국민체육진흥5개년계획과 생활체육

김대중 정부는 출범과 동시에 김영삼 정부 말기에 발생한 이른바 IMF 위기를 극복해야 하는 과제를 안게 되었다. 이로써 국민의 정부는 경제부문의 개혁은 물론이고, 김영삼 정부가 실패한 민주적 원리에 기반한 사회체제의 정착 등 사회 각 분야의 개혁을 추진해야 했다. 그것은 민주주의와 시장경제의 병행발전이라는 정책기조[122]로 나타났다.

---

119) 문화관광부, 『2003체육백서』, 47쪽.

120) 박혜란, 앞의 글, 108~111쪽.

121) 위의 글, 117쪽.

체육부문 역시 이런 정책기조에 맞춰 새로운 정책적 기반을 마련하게 되었다. 김대중 정부의 체육정책은 기본적으로 민주주의적 원리와 신자유주의적 세계질서에 부합하는 데 주안점을 두었다. 그 결과 기존 국가주도형에서 벗어나 지역사회 주도형으로 체육정책의 기조를 변화시키고자 했다. 따라서 김대중 정부는 다원화, 민주화, 자율화에 부응한다는 명분으로 공급자 중심의 관주도형에서 수요자 중심의 민간주도형으로 생활체육정책 방향을 제시했다.[123)]

출범 초기 김대중 정부는 100대 국정과제를 선정했는데, 체육정책과 관련해서는 '사회건강은 생활체육에서'라는 과제를 제시했다. 그 중점 사업으로는 첫째 국민의 체육활동 참여기회 확대, 둘째 체육지도자 양성, 셋째 다양한 여가생활을 위한 복합체육시설 확충 등을 선정했다.[124)]

이같은 중점과제와 사업은 1998년 마련된 『국민체육진흥제2차계획』으로 나타났다. 즉 2차 계획에서는 평생체육활동을 정착시키기 위하여 생활체육 참여 활성화 및 지역공동체 주민활동의 장으로서 체육시설 확충, 미참여인구의 생활체육 프로그램 참여 확대, 생활체육지도인력의 육성 및 활용, 국민체력관리의 과학적 지원, 민간주도적 생활체육 확산 등[125)]이었다.

이러한 정책목표를 실현하기 위한 생활체육정책 목표와 그 추진전략은 <표 1-8>과 같다.

또한 2000년 1월 12일 서민층의 체육시설 이용 제고 조치로 국민체육진흥법을 일부 개정했다. 즉 기존 국민체육진흥기금조성을 위해 체육시설 입장료에 포함된 부가금제도를 폐지한 것이다.[126)] 이는 국민의 부담을 경감하여 생활체육 참여기회를 확대하고자 하는 취지[127)]에서 마련된 것이다.

이어 김대중 정부는 2001년 8월 체육환경의 변화에 적극적으로 대응하고자 생활체육 활성화정책을 수립했다.[128)] 그 목적은 국민의 삶의 질에 대한 욕구가 다양하게

---

122) 재정경제부, 『경제백서』, 1999, 26~27쪽.

123) 문화관광부, 『국민체육진흥5개년계획』, 27쪽. "다원화, 민주화, 자율화에 부응하여 공급자 중심의 관주도형 수직적 정책에서 수요자 중심의 민간주도형 수평적 정책으로 전환"

124) 문화관광부, 『2002체육백서』, 36쪽.

125) 문화관광부, 『국민체육진흥5개년계획』, 28쪽.

126) 한국법제연구원, 앞의 책, 301~5쪽. "종전에는 국민체육진흥에 소요되는 기금조성을 위하여 운동장·체육관·수영장 등 체육시설의 이용자에 대하여 입장료의 10분의 1을 초과하지 아니하는 범위 안에서 부가금을 부과·징수하도록 하였으나, 앞으로는 운동장·체육장·수영장 등 중산층 이하 국민들이 주로 이용하는 체육시설의 입장료에 대한 부가금제도를 국민부담 경감차원에서 폐지하되, 고소득 계층이 주로 이용하는 회원제 골프장시설 입장료에 대한 부가금제도는 현행대로 존속시킴"

127) 문화관광부, 『국민체육진흥5개년계획』, 27쪽.

전개되는 가운데 주5일 근무제 도입에 따른 생활방식의 변화를 대비하여 전국민에게 균등한 체육활동 기회를 제공하는 데 있었다. 그 구체적인 대책으로는 주민이 쉽게 접근하여 이용할 수 있는 주민친화형 생활체육공원·마을단위 생활체육시설·국민체육센터 등 생활체육시설을 대폭 확충하고, 뉴스포츠프로그램 개발·보급 등 프로그램의 다양화, 생활체육지도자 및 동호인 활동 강화, 신종레저스포츠 관리체계 구축 등이었다.

〈표 1-8〉 김대중 정부의 생활체육정책 목표와 추신 전략[129)]

목표	추진 전략
지역공동체 생활체육공간 확충	○ 지역중심의 생활체육 환경조성 ○ 생활체육 활동공간의 효율적 활용
생활체육 참여 확산	○ 생활체육 참여기회 확대 ○ 동호인클럽 육성 및 활동지원 ○ 직장체육활동의 체계적 육성 ○ 생활체육나눔운동 전개 ○ 생활체육프로그램의 질적 향상
체육지도인력의 확보 및 활용	○ 체육지도자의 양성 ○ 체육지도자의 효율적 관리 ○ 체육지도자의 능력개발
국민체력의 체계적 관리	○ 체육과학의 대국민 서비스 본격화 ○ 국민체력의 체계적 관리
생활체육 홍보 효율화	○ 생활체육 홍보역량 강화
생활체육 추진체제 강화	○ 생활체육 중심조직 중점 육성
생활체육과 전문체육의 연계강화	○ 스포츠클럽 육성을 통한 생활체육과 전문체육의 균형 발전

이러한 김대중 정부의 생활체육 활성화정책은 IMF 관리체제라는 경제위기 상황에서도 일정한 성과를 거두었다. 예컨대 1997년 말 경제위기 상황에도 불구하고, 생활체육 참여기회의 확대를 제공하는 사업이 꾸준히 추진되었다. 그 결과 주 2-3회 운동인구의 비율이 2003년에 와서는 39.8%에 이르러 1997년의 38.8% 수준을 넘어섰다.[130)] 생활체육동호인 수와 클럽은 1997년 3.5%에서 1998년 2.7%로 하락했지만, 매년 꾸준히 상승하여 2001년 3.3%로 1997년의 수준을 거의 회복하고 2002년에 와서는 3.7%로 소폭 상승했다.[131)]

128) 문화관광부, 『2003체육백서』, 42쪽.
129) 위의 책, 28·41~162쪽
130) 위의 책, 175쪽.

이렇게 생활체육의 참여도가 경제위기에도 불구하고 소폭이나마 늘어난 것은 지방자치제의 정착에 따른 민간주도적 생활체육이 활성화된 것에 기인한 면도 있지만, 생활체육부문 예산이 크게 상승했기 때문이다. 김영삼 정부의 체육예산중 생활체육부문 예산은 1995년 21억 6,900만 원, 1996년 33억 8,500만 원, 1997년 41억 6,700만 원이었다.[132] 이에 비해 김대중 정부의 체육예산은 전 기간에 걸쳐 전체 예산의 0.2%에 미치지 못하면서도, 생활체육활성화에 지원된 예산은 1998년 75억 1,800만 원, 1999년 41억 9,000만 원, 2000년 98억 1,300만 원, 2001년 219억 4,500만 원, 2002년 296억 5,400만 원으로 대폭 상승했다. 생활체육예산이 체육예산에서 차지하는 점유율도 1998년 4.14%, 1999년 2.67%에서 2000년~2002년 각각 5.45%, 13.4%, 18.66%로 크게 늘어났다.[133] 이같은 생활체육예산의 확충은 같은 기간 총 체육예산과 비교하면 더욱 두드러진다. 가령 총체육예산은 0.09%포인트 하락한 2000년을 제외하면 1998년 대비 매년 10%포인트 가량 감소한 반면에, 생활체육예산은 1999년을 제외하곤 매년 대폭 증액되어 2001, 2002년 사이엔 2, 3배 가까이 증가했다.[134]

그러나 생활체육 예산이 증가하긴 했지만, 전반적으로 체육예산이 감소했다는 점, 생활체육부문의 예산이 엘리트스포츠의 최소 1,500억여 원, 최대 1,800억여 원에 비해 2, 3배 가량 적다는 점에서 김대중 정부에 와서도 생활체육에 대한 정책적 고려가 여전히 미흡했다고 할 수 있다. 결국 김대중 정부 때도 일정 부분 생활체육 참여도가 증가하긴 했지만, 이것이 생활체육 전반의 활성화를 의미하는 수준은 아니었다.

이런 사정은 생활체육프로그램의 운영실태를 통해서도 확인할 수 있다. 예컨대 2001년의 생활체육교실은 전국적으로 총 3,307개소였는데, 2002년도에 와서 3,208개소로 축소되었다. 서울은 변동이 없었던 반면에 부산, 대구 등 지방 대도시 지역의 감소폭이 컸다. 특히 부산의 경우 2001년도에 240개소가 운영되었는데, 2002년도에는 110개소로 50% 넘게 축소되었다. 대구도 같은 기간 139개소에서 80개소로 줄어들었다. 기타 다른 지역의 경우는 변동이 거의 없거나 소폭 증가하는 데 그쳤다.[135]

물론 이같은 현상은 근원적으로는 이른바 IMF 경제위기에 따른 국민소득의 감소와 지역경제의 침체가 가장 큰 원인일 것이다. 하지만 생활체육예산이 크게 늘어났음에도 이런 현상이 나타난 것은 생활체육 활성화를 위한 정책이 전시행정적 측면에 중점을

131) 문화관광부, 『2002체육백서』, 166쪽.

132) 문화관광부, 『체육진흥정책평가회 자료』, 1998, 17쪽.

133) 문화관광부, 위의 책, 17쪽 생활체육부문 예산 항목 중 국고부문과 문화관광부, 『2003체육백서』, 79쪽 표 2-25 정부예산대비 체육예산 현황 참고.

134) 문화관광부, 『2003체육백서』, 79쪽, 표 2-24 분야별 예산현황 참고.

135) 문화관광부, 『2002체육백서』, 169쪽; 『2003체육백서』, 179쪽.

둔 나머지, 국민들을 실질적으로 생활체육에 참여시키기 위한 정책적 고려가 부족했기 때문이다.

이러한 생활체육에 대한 정책적 고려의 미흡은 체육행정조직이 김영삼 정부 때보다 더 축소된 데서 비롯되었다. 1998년 2월 28일 문화체육부를 문화관광부로 개편한 데서 볼 수 있듯이 체육정책은 정책 우선 순위에서 완전히 밀려나 버렸다. 생활체육과가 소속된 체육진흥국은 국제체육과와 통합되어 체육국으로 개편되었고, 체육기획과는 협력총괄과와 함께 체육정책과로 통합되었다. 이로써 전체 체육담당부서는 1국 4과로 축소되어 인원도 기존 77명 수준에서 무려 21명이나 감소했다.[136] 그러다가 1999년 5월 24일 체육지원과와 생활체육과를 체육진흥과로 통합하여 1국 3과 40명으로 다시 축소되었다.[137] 물론 생활체육에 대한 수요의 다양화·전문화에 대처하기 위해 생활체육과가 2002년 3월 다시 설치되었으나, 그 이전까지 생활체육은 별도의 과가 아닌 체육진흥과에서 전문체육과 함께 담당했다.

이러한 체육행정조직의 축소는 생활체육정책의 지속성을 유지하는 데 걸림돌로 작용할 수 밖에 없었다. 1998년 국민체육진흥5개년계획 수립 후 2001년에 또다시 생활체육 활성화대책을 마련한 것은 그 대표적 사례이다. 게다가 생활체육정책의 촛점도 생활체육 활성화를 위한 기본적인 사업에 집중하기 보다는 대규모 인원이 참가하는 경기대회의 지원에 집중되었다. 예컨대 동계스포츠교실의 운영현황을 보면[138] 2000년 5회 530명, 2001년 4회 430명, 2002년 4회 463명 등으로 큰 변동이 없었다. 반면에 전국종목별연합회 대회는 1998년 16종목에 34개 대회, 1999년에는 21개 종목에 42개 대회, 2000년에는 30개 종목에 86개 대회, 2001년에는 33개 종목에 95개 대회 등을 지원했다. 그 참여인원도 1999년 2만 2,000여 명에서 2000년 5만 4,000여 명으로 크게 늘어났다.[139] 한마디로 김대중 정부는 김영삼 정부와 마찬가지로 생활체육 활성화를 위한 기본적인 부문에 대한 투자보다는 전시행정에 가까운 대회지원에만 주력했던 것이다.

특히 생활체육을 활성화하는 데 반드시 필요한 생활체육지도자 양성과 관리체계가 여전히 미흡했다. 가령 생활체육지도자 양성인원을 보면,[140] 1급의 경우 1998년 52명을 정점으로 매년 감소했고, 2급도 1998년 이후 매년 평균 400명 수준을 유지한 반면에 양성인원 90%가 3급이었다. 게다가 양성인원도 보디빌딩, 태권도, 수영, 에어로빅 등 특정 종목에 치우쳐 있었다.

---

136) 문화관광부, 『2003체육백서』, 47쪽.

137) 위의 책, 48쪽.

138) 문화관광부, 『2002체육백서』, 172쪽; 『2003체육백서』, 184쪽.

139) 문화관광부, 『2002체육백서』, 178쪽.

140) 위의 책, 467쪽.

생활체육지도자의 활용에도 문제가 많았다. 2000년도부터 시작된 지역단위 생활체육지도자 배치사업은 지역 주민에게 과학적이고 체계적인 체육활동을 지도하고, 신규 프로그램 보급을 확산시켜 대국민 체육서비스의 질을 제고하기 위해 도입되었다.[141] 그런데 2001년 지역별 생활체육지도자의 배치현황을 보면,[142] 배치인원과 실제 근무인원이 일치한 지역은 광주, 울산, 경북 정도에 불과했다. 물론 일치하지 않은 인원은 부산의 5명 정도 등 그리 심각한 수준은 아니라고 할 수 있다. 하지만 임금수준이 일반 기업과 현저한 차이를 보이고 있고, 지역에 따라 원거리 지도, 일과외 지도에 대한 교통비, 시간외 수당이 전혀 지급되지 않고 있어 근무조건이 열악했다. 이런 사정은 시간제의 경우 더욱 심하여 그 결원 인원은 전체 928명 중 172명에 달했을 정도였다. 특히 서울, 인천, 경기 등 수도권 인구 과밀지역이 심했다.[143] 또한 배치 인원의 종목도 에어로빅(28%), 수영(12%), 보디빌딩(10%), 테니스(10%) 등에 편중되어 있었다.

무엇보다도 민간주도의 생활체육 활성화정책은 만족할 만한 성과를 가져오지 못했다. 가령 생활체육 참여종목을 보면, 1997년 등산, 농구, 체조 등이 주를 이루었고, 2000년의 경우 등산이 17.1%, 맨손체조와 줄넘기 등이 12.7%, 농구 9%였다.[144] 2003년도에는 육상, 조깅, 속보 등이 26.6%, 등산이 13.4%로 나타났다.[145] 이들 종목을 중심으로 생활체육 참여가 행해졌다는 것은 민간주도화에 따라 다양한 생활체육에 참여할 수 있는 공간과 기회가 여전히 부족했다는 것을 보여준다.

이런 사정은 연도별 운동장소 이용률을 통해서도 확인할 수 있다. 즉 1997년 운동장소는 집주변이 42.2%, 상업스포츠센터는 23.4%, 학교운동장 18.5%, 직장체육시설 2.9%, 공공체육시설 5.1%인데 반해, 2000년에는 각기 40.8%, 23.5%, 20.0%, 2.6%, 4.3%로 오히려 공공체육시설의 이용율이 감소했다.[146] 물론 2003년에는 공공체육시설의 이용이 11.2%로 증가하여 그간 공공체육시설 이용 활성화 조처가 점차 효과를 보인 것으로 판단된다. 그러나 그와 동시에 야외에서의 운동이 2.5%포인트 증가한 것을 비롯, 집안에서의 운동도 8.6%에 달해 공공체육시설 이용의 증가효과를 상쇄하고 있다. 또한 희망운동종목으로 수영이 매년 증가세를 이루고 있으나, 도시지역의 경우 스포츠서비스 지출 중 수영장이용료는 큰 변동없이 일정한 수준을 유지했다.[147] 게다가 2001~2002년 스포츠소비 지출양상을 보면, 스포츠시설 이용료와 운동강습비의 비중이 60%를 넘어 개인

141) 문화관광부, 『2003체육백서』, 466쪽.
142) 문화관광부, 『2002체육백서』, 472쪽.
143) 위의 책, 473쪽.
144) 위의 책, 113쪽.
145) 문화관광부, 『2003체육백서』, 123쪽.
146) 문화관광부, 『2002체육백서』, 116쪽 표3-7 참조.
147) 문화관광부, 『2003체육백서』, 141쪽 표 3-19참조.

적 부담이 컸음을 알 수 있다.

이렇게 등산 등 비용이 거의 안드는 생활체육 참여나, 가정이나 인근 공터와 같은 공간에서의 활동, 수영 등 개인의 경제적 부담에 크게 의존하는 스포츠 소비 등의 체육활동 양상은 김대중 정부가 추진한 민간주도화에 기인한 것으로 평가할 수 있다.

요컨대 생활체육을 활성화하기 위한 김대중 정부의 정책적 의지는 김영삼 정부보다 강했다. 그 단적인 사례로는 전체 체육예산은 점차 감소되면서도 유독 생활체육 부문 예산만은 계속 확대된 사실을 들 수 있다. 하지만 기대만큼 생활체육이 활성화되었다고 평가하기에는 많은 한계가 있다. 특히 실제 예산의 활용도를 보면, 생활체육 활성화를 위한 기본적인 부문에 대한 지원은 미흡했다. 무엇보다도 생활체육의 활성화를 국정목표로 삼았음에도 체육예산은 전체 국가예산의 0.2%에도 미치지 못했다는 점이 근본적인 한계로 작용했다. 그나마 생활체육 예산지원도 국민들의 참여 욕구가 컸던 수영, 스키 등의 보급이나 생활체육지도자 양성 등 생활체육의 활성화를 위한 기본적인 부문보다 각종 생활체육대회 등 일회성 행사에 집중되었다. 결국 김대중 정부의 생활체육정책도 여전히 양적 성장과 전시성 사업에 치중했다. 그 결과 이때에도 생활체육 활성화라는 국정목표는 큰 진전을 볼 수 없었다. 물론 이같은 생활체육정책의 부진은 국가재정이 IMF 경제위기 극복에 집중 투입될 수 밖에 없었던 환경적 요인이 컸던 것도 사실이다.

제V장 엘리트스포츠정책

1. 군사정권기의 국가주의적 엘리트스포츠

1) 엘리트스포츠정책의 기반 조성

8·15 광복으로 일제 말기에 중단되었던 체육활동이 재개되었다. 1945년 11월 26일 조선체육회 재건을 비롯하여 각종 경기단체들도 광복 직후부터 재건되거나 창립되었다. 또 경평축구대회 등의 경기대회도 활발하게 행해졌다.[1] 특히 1947년 6월 20일 대한올림픽위원회(KOC)가 국제올림픽위원회(IOC)에 가입[2]함으로써, 1948년 생모리츠동계올림픽게임과 런던 하계올림픽게임에 참가할 수 있는 발판을 마련했다.

이러한 체육활동의 재개는 일제 때 민족운동 차원에서 이루어졌던 선수 위주의 체육, 즉 엘리트스포츠의 부활을 예고하는 것이었다. 당시 활동한 체육인과 선수들은 일본의 체육전문학교 출신[3]이거나 학교운동부의 소속 선수라는 점에서 더욱 그렇다. 게다가 신생독립국으로서 민족의 존재를 과시하고, 민족적 자긍심을 고취시키기 위해 올림픽게임 등 국제대회에 참가하는 것은 거국적인 관심을 불러 일으키기도 했다. 결국 당시 체육활동은 엘리트스포츠 위주로 전개될 수밖에 없었다.

이러한 엘리트스포츠 위주의 체육활동은 정부 수립기에 와서도 여전했다. 당시 문교부 산하 문화국 내에 체육과를 둠[4]으로써 독자적인 체육정책 수립의 기반을 구축했다. 그러나 체육과의 주 업무는 사회체육과 체육연구 및 강습에 관한 사항[5]으로써 체육

---

1) 대한체육회, 『大韓體育會七十年史』, 1990, 49쪽.
2) 대한올림픽위원회, 『KOC50年史』, 1996, 52쪽.
3) 김달우, 「해방이후 학교체육의 재편 및 정착과정에 관한 연구」, 서울대 박사논문, 1992, 130쪽.
4) 문화관광부, 『2002체육백서』, 2002, 39쪽.
5) 서울特別市教育委員會, 『서울教育史』 下, 1981, 372쪽.

전반에 걸친 정부 차원의 정책 입안이나 행정력을 기대하기는 어려웠다. 이런 사정은 6·25 전쟁 동안 인적·물적 토대의 붕괴로 더욱 악화되었고, 특히 국가재정이 대부분 국방비에 투입되는 실정에서 정부 차원의 엘리트스포츠를 비롯한 체육정책의 수립과 추진은 사실상 부진했다. 제2공화국에 와서도 장면 정부가 4·19 이후 정치적 혼란 수습에 주력해야 하는 상황에서 체육정책 전반에 걸쳐 여건이 별로 호전되지 못했다.

따라서 엘리트스포츠는 정부 차원에서 보다는 대한체육회를 위시한 경기단체가 중심이 되어 경기대회를 개최하거나 올림픽 등 국제대회에 참가할 수 밖에 없었다. 한마디로 광복 이후 1950년대까지는 엘리트스포츠정책을 수립하고 집행할 행정력은 물론이고, 이를 추진할 재원도 부족하여 대한체육회 등 경기단체가 주체가 되어 국내 경기대회를 개최하거나 국제대회에 참가하는 정도였다.

국가적 차원에서 일정한 목표와 추진계획에 따라 엘리트스포츠정책을 마련하기 시작한 것은 박정희 정부에 와서였다. 5·16 쿠데타로 권력을 장악한 군사정부는 조국 근대화를 당면 과제로 내세우면서, 국민의 일체감과 국가의식을 고양하기 위해 민족주의에 입각한 엘리트스포츠정책을 추진했다.

박정희 정부의 엘리트스포츠정책은 1962년 제정된 국민체육진흥법과 1963년의 그 시행령으로 기반이 조성되었다. 국민체육진흥법은 제10조 지도자 양성에서 '국가는 국민체육진흥을 위한 지도자의 양성과 그 자질의 향상을 위하여 필요한 대책을 강구해야 한다'고 명시했고, 제14조 선수의 보호에서는 '국가대표선수와 지도자에 대한 보호조치를 강구한다'고 했다.[6] 시행령 제17조에서는 경기지도자의 양성을 위한 구체적 방안으로 첫째 국내외에서의 위탁교육, 둘째 외국 체육지도자의 초빙강습, 셋째 외국 체육계 시찰, 넷째 직장 알선 등을 제시했다. 또 제18조에서는 체육지도자의 보호를 위해 기업체 및 단체에 고용된 체육지도자는 가급적 신분을 보호하도록 했다. 제19조에선 선수보호를 위해 국가대표선수에 대한 장려금 지급과 표창 수여를 마련한다고 규정했다. 그 대상은 국내 최고기록 보유자로 선수생활을 하고 있는 자, 최근 4년내 국제경기대회에서 우수한 성적을 발휘한 자로 했다.

대한체육회를 중심으로 우수선수 육성을 위한 장기훈련계획이 수립됨과 동시에 그 법적 기반도 마련되었다. 1965년 6월 14일자로 개정된 국민체육진흥법이 그것이다. 즉 기존 제14조 '선수보호'를 '선수의 보호 및 육성'으로 고쳤다. 구체적인 조처로는 '국가의 대표적 선수에 대한 장려금제도와 표창제도 마련', '대통령령이 정하는 바에 따라 국영기업체 및 정부관리 기업체의 선수보호 및 육성에 필요한 조치를 취할 것', '기업체의 선수 보호와 육성을 위해 소요된 경비에 대한 조세면제' 등이었다.[7] 이에

6) 한국법제연구원, 『대한민국법률연혁집』 13, 2004, 302-1~302-2쪽.

7) 위의 책, 302-2쪽.

따라 1966년 2월 개정된 시행령에서는 체육장학제도 마련과 직장 알선(제19조의 2), 국영기업체 및 정부관리 기업체내 1개 이상 선수단 조직(19조의 3) 등을 신설했다. 기존 표창제도(19조의 4)도 체육상으로 고쳐 위상을 제고했다. 그 대상도 체육연구분야, 경기지도 분야, 우수선수 분야 등으로 확대했다.

이렇게 국민체육진흥법과 그 시행령을 제정·개정함에 따라 엘리트스포츠 진흥을 위한 기초적인 법적 토대가 마련되었다. 그 주된 목표는 우수선수 및 지도자 육성에 있었고, 그 방식은 신분보장과 표창 등이었다. 하지만 그 내용에서 보듯 국가 차원의 적극적인 정책 추진방안이 마련되지는 못했다. 무엇보다도 시행령에서조차도 법률의 강제성을 담보하지 않았다. 한마디로 이때의 국민체육진흥법안과 그 시행령은 선언적 수준에 불과한 상징적 조치였던 것이다.

이런 여건하에서는 올림픽 등 국제경기대회에서 성과를 내기 위한 단기적인 프로그램의 추진에 주력할 수 밖에 없었다. 그 업무는 대한체육회가 담당했다. 대한체육회는 1964년 도쿄올림픽게임을 대비하기 위하여 선수강화훈련단을 조직했다.[8] 즉 1962년 대한체육회는 선수강화훈련단을 조직하기로 결정했다. 그 이듬해인 1963년 1월 31일 임원 63명, 선수 233명으로 구성된 우수선수 강화훈련단 결성식을 가졌다. 훈련단은 지원과 전체적인 방향만 제시했고, 각 경기단체가 코치진 및 선수 선정, 훈련에 대한 책임을 맡았다. 그 조직으로는 37명으로 이루어진 선수강화위원회가 있었고, 그리고 경기단체와 시도체육회마다 종목별 강화위원회가 있었다.[9]

이러한 임시방편적 조처만으로 도쿄올림픽게임에서 큰 성과를 낼 수가 없었다. 이로써 대한체육회는 1965년 6개년 장기훈련계획을 수립했다.[10] 이 계획은 단순한 우수선수 육성이나 훈련에만 치중한 것이 아니라, 엘리트스포츠 전반에 걸친 기반 조성에 궁극적 목표를 두었다.[11] 이에 따라 선수강화위원를 확대 개편하여 그 산하에 전체위원회와 상임위원회를 두었다. 상임위원회에는 기획조사부, 훈련감독부, 스포츠과학연구부가 있었다. 이중 스포츠과학부는 도쿄올림픽게임 이후 제기된 '스포츠과학화'에 대한 정책적 고려로 만들어졌다.

6개년 장기훈련계획은 1965년에 착수하여 2개년씩의 3단계로 이루어졌다. 그 5대 중점사업은 첫째 지도자의 자질 향상, 둘째 선수 강화훈련, 셋째 훈련의 과학화, 넷째 신인선수의 발굴, 다섯째 훈련시설 확충이었다.[12] 신인선수 발굴사업으로는 선천적

8) 大韓體育會, 『體育白書』, 1972, 212쪽.

9) 대한체육회, 『大韓體育會七十年史』, 433~434쪽.

10) 위의 책, 435쪽.

11) 위의 책, 436쪽.

12) 위의 책, 437쪽.

소질과 신체적 조건을 갖춘 예비선수를 발굴하여 훈련시킨 후 최종 선발된 신인선수에게 장학금 지급, 전·입학 및 취업 알선 등의 혜택을 주었다.[13] 그 결과 1965년부터 1971년까지 11개 시도에서 뽑힌 예비선수 총 14,762명 중 350명을 선발했다.[14]

선수훈련과 관련해서는 효율적인 훈련을 위해 체력육성에 중점을 둠과 동시에, 개인별 체력향상 계획과 실시, 방콕 아시안게임 대비 훈련, 청소년 훈련, 훈련참가 규정의 설정 등이 제시되었다. 이같은 계획에 따라 매년 최소 106일에서 최대 221일에 걸친 훈련이 이루어졌다.[15]

지도자의 지질향상사업으로는 코치제도 확립, 연구·협의·발표회 실시, 외국코치 초청, 국내 코치의 해외파견 등의 방침을 마련했다.[16] 이같은 방침에 따라 1964년 코치 강습회가 시작되어, 1965년 254명, 1966년 236명이 수료했다.[17] 이후 1969년 코치 강습회는 코치 아카데미로 개편했다. 이에 따라 일반교양, 필수교양, 기초과학, 응용과학 및 실습과 연구 등의 이수과정을 마련했는데, 연간 400시간씩 3기를 원칙으로 매기마다 50명 정도가 이수했다.[18] 외국코치 초청의 경우 1965년부터 1971년까지 총 19개 종목에 걸쳐 9개국의 외국인 코치가 초빙되었다.[19]

특히 6개년 훈련계획에서 주목되는 것은 스포츠과학에 대한 인식의 제고였다. 기존에는 경험 위주의 지도방식에 의존했다. 도쿄올림픽게임에 참가한 한국 선수단은 외국의 훈련방법과 그 결과를 직접 체험하고 스포츠과학 도입의 필요성을 절감했다.[20] 물론 도쿄올림픽게임에 대비한 강화훈련에서도 스포츠과학을 중시하여 1964년 4월 27일 체력관리위원회가 발족되었는데,[21] 이것이 스포츠과학에 대한 첫 번째 조처라고 할 수 있다.

그러다가 체력관리만으로는 경기력 분석과 트레이닝 합리화 및 처방을 제대로 할 수 없다고 인식했다. 따라서 의학, 심리학, 영양학 등 관련 학문과 연계없이는 스포츠기술의 발전을 기대할 수 없다는 관점에서 1968년 3월 7일 스포츠과학위원회를 출범시켰다.[22] 스포츠과학위원회의 사업 내용은 선수 체력측정, 정밀 신체검사 등 각종 검사,

---

13) 大韓體育會, 『體育白書』, 210~211쪽.
14) 대한체육회, 『大韓體育會七十年史』, 433쪽.
15) 위의 책, 438~441쪽.
16) 위의 책, 436~437쪽.
17) 위의 책, 451쪽.
18) 위의 책, 450쪽.
19) 大韓體育會, 『體育白書』, 215쪽.
20) 體育青少年部, 『體育青少年行政10年史』, 1992, 119쪽.
21) 大韓體育會, 『體育白書』, 355쪽.
22) 위와 같음.

트레이닝 현장에서 나타난 문제점 연구, 학술연구와 그 실제 적용문제, 스포츠과학정보의 입수, 스포츠과학세미나 개최, 과학적 훈련과 선수관리 등이었다.[23] 특히 스포츠과학위원회는 의학, 심리학, 영양학, 체육학, 인간공학 등 모든 학문분야의 연구성과를 총화하여 스포츠 과학기술을 분석·발전시키는 데 역점을 두었다. 이 위원회는 스포츠의학과 스포츠과학 학술대회 개최, 체력관리 및 체력검사와 건강위생 연구, 훈련 주치의에 관한 사항 등을 심의 결정했다. 그 산하에는 보건관리분과위원회, 임상분과위원회, 측정평가분과위원회, 생리분과위원회, 심리분과위원회 등을 두었다.[24]

이렇게 1960년대에 와서 스포츠과학화에 대한 인식 제고는 대한체육회 스포츠과학위원회 외에도 대학부설 스포츠과학연구소들의 설립으로 구체화되었다. 1964년 4월에 경희대 체육과학연구소[25]가 처음 설립되었고, 같은 해 7월에 연세대 스포츠과학연구소[26]가 설립되었으며, 1965년 3월에 서울대 의과대학 국민체력과학연구소,[27] 1966년에 한양대 체육과학연구소,[28] 1968년에 고려대 행동과학연구소[29] 등이 설립되어 이른바

23) 대한체육회, 『大韓體育會七十年史』, 457쪽.

24) 大韓體育會, 『體育白書』, 356~357쪽.

25) 경희대학교 부설 한국체육과학연구소는 보건·체육·스포츠 및 레크리에이션에 관한 실태와 학술적 이론 및 기술을 조사 연구함으로써 국민의 문화세계 창조에 공헌한다는 목적으로 1964년 4월 7일에 설립되었다. 연구소 기구로 통계부·조사부·출판부·총무부를 두었고, 연구소장을 비롯하여 9명의 연구원과 조교를 두었다. 대한체육회에서 발간하는 스포츠과학연구보고서에 매년 조사·실험 결과 논문들을 발표했다.

26) 연세대학교 스포츠과학연구소는 의과대학 내에 설치되었고, 체육 각 분야에 걸쳐 과학적인 연구를 수행함으로써 한국체육의 전반적인 수준을 향상시키는 데 기여한다는 목적 하에 1964년 7월 1일 발족되었다. 연세대 스포츠과학연구소는 1963년부터 1965년까지 제4회 아시안게임 및 제18회 도쿄올림픽게임에 출전하는 선수들의 정밀 체력검사를 실시하고 체력 관리를 뒷받침했으며, 스포츠과학 세미나 개최, 멕시코올림픽 참가 선수들에 대한 저압훈련 등을 실시하여 경기력 향상에 많은 기여를 했다. 연구소는 1965년에 스포츠과학에 대한 연구 업적으로 제13회 문교부 체육연구상을 수상하기도 했다.

27) 서울대학교 국민체력과학연구소는 각 연령층의 국민체력과 체위를 파악하고 아울러 국민체력 및 체위 향상 방법을 연구하고자 1965년 3월 1일에 설립되어 의과대학 부설 연구기관으로 설치되었다. 연구소 기구로 기초체력학부·임상의학부·체력관리부·건강관리부·심리 적성부 등을 두고 의과대학의 각종 시설을 충분히 활용했으며, 스포츠과학연구보고서에 매년 다수의 논문을 발표했다.

28) 한양대학교 체육과학연구소는 제반 신체활동면의 작업과 스포츠 및 체육의 과학적 연구를 목적으로 1966년에 스포츠과학연구소로 발족되었다가 1969년 3월에 작업능률향상연구소로 개칭하면서 특히 공장 현장에서의 작업능률 향상에 필요한 연구를 심화시켜 나갔다. 그 후 1971년 2월에 체육과학연구소로 승격되어 스포츠과학 발전의 새 지평을 열어 나갔으며, 연구소 기구로 시설연구실·체육연구실·스포츠과학연구실·인간공학연구실 등을 두었다.

29) 고려대학교 행동과학연구소는 1968년 7월 10일에 설립되어 인간 행동에 관한 과학적 연구 수행과 우리 나라의 체육 인력 개발 및 기술 향상을 그 목적으로 삼았으며, 적성연구분과위원

대학 부설 스포츠과학연구소시대를 열어 가기 시작했다. 1970년대에 설립된 대학부설 스포츠과학연구소들은 이화여대 보건체육연구소(1971. 11), 강원대 체육과학연구소(1975. 4), 원광대 체력과학연구소(1975. 6), 서울대 사범대학 체육연구소(1978. 3), 한국체대 체육연구소(1978. 8) 등이었다.

6개년 훈련계획은 제5·6회 아시안게임과 멕시코올림픽게임, 도쿄유니버시아드게임 등 당면한 국제경기대회에 대비한 조치였을 뿐만 아니라, 제6회 아시안게임 서울유치를 고려하여 마련한 것이었다. 하지만 개최권의 반납으로 국내시설·재정 등 제반 여건과 기반 조성에 차질이 생겼나. 그 결과 장기종합계획은 근본적인 변경이 불가피해 당면한 국제대회에 대비하는 훈련에 치중하는 데 그쳤다.[30]

또한 우수선수를 발굴하기 위한 시·도 역시 많은 문제점이 있었다. 첫째, 재정문제로 시·도 및 각 경기단체의 자체 사업을 적극 추진하지 못했다. 둘째, 대한체육회가 직접 전국적으로 실시함으로써 면밀한 검토과정이 뒷받침되지 못했다. 셋째, 발굴한 신인을 제대로 육성하지 못했다. 넷째, 전입학에 관한 학교 행정상의 난점을 해결하지 못했다. 다섯째, 재정 부족에 따른 인원 제한으로 저변확대정책으로서 실효성이 부족했다. 여섯째, 지방자치단체가 유망주의 타도시 전출을 원치 않았다.[31]

재정문제 외에도 국내 지도자의 성의 부족, 경기단체의 수용태세 미비로 그 효과가 애초부터 의문시되었다. 경기지도자 양성 문제 역시 많은 한계를 가질 수 밖에 없었다. 이는 코치양성체세의 미비, 학력에 따른 이수자의 수강능력 편차, 실기연구과정의 필수화 부족, 실기에 능한 강사 및 교재 부족, 수료자에 대한 자격과 처우에 대한 법적 보장제도 미흡, 재정부족 등[32]으로 그러했다.

반면 6개년 훈련계획이 주안점을 두고 추진한 스포츠과학은 여러 대학 내에 체육과학연구소가 설립되는 등 스포츠과학에 대한 관심의 제고로 이어져 스포츠과학 진흥을 위한 토대의 밑거름이 되었다. 물론 당시 스포츠과학을 위한 제반 여건과 인식은 여전히 미흡했다. 예컨대 대한체육회 스포츠과학위원회의 경우 책정된 예산의 부족으로 트레이닝 닥터 활용, 학술연구회 개최, 체질측정 및 소질검사, 시청각훈련 등의 사업만 추진했을 뿐이었으며, 이것마저도 기재 및 인원 부족 등의 사정으로 체육인과 학자 간의 상호 이해차를 좁히는 데 만족해야 했다.[33] 대학연구소에서 1972년까지 발간한

회·체력연구분과위원회·인간관계연구분과위원회·교육상담분과위원회 등 4개의 분과위원회와 자료조사실·실험기기실 등을 두었다. 동 연구소에서는 독자적으로 『행동과학연구논문집』을 간행했으며, 다른 연구소에 비해 많은 실험기기들을 보유하여 스포츠과학화의 견인차 역할을 했다.

30) 大韓體育會, 『體育白書』, 213쪽.

31) 위의 책, 211~212쪽.

32) 위의 책, 217쪽.

연구논문은 총 125편이었는데, 그 내용은 주로 운동생리 48편, 체력 26편, 신체적성 17편, 체격 12편, 스포츠기술 9편 등으로 다각적이고 종합적인 연구조사는 이루어지지 못하는 형편이었다.[34)]

특히 정부의 대한체육회에 대한 국고보조금 중 스포츠과학에 투여된 예산을 보면, 1965년 233만여 원, 1966년 237만여 원, 1967년 139만여 원, 1968년 287만여 원, 1969년 145만여 원, 1970년 147만여 원이었다. 이는 동 기간 동안 대한체육회에 지원된 전체 국고보조금 1억 542만여 원, 1억 6,984만여 원, 1억 2,775만여 원, 3억 6,482만여 원, 2억 3,870만여 원, 4억 3,999만여 원, 5억 9,846만여 원의 2.2, 1.39, 1.09, 0.79, 0.03, 0.24%에 불과한 실정이었다.[35)]

따라서 1968년 멕시코올림픽, 1972년 뮌헨올림픽, 1976년 몬트리올올림픽게임에서 기대만큼의 성적을 내지 못했다. 물론 기초적인 스포츠과학화에 대한 인식이 제고되고 그 실행 조처가 마련되었다는 의의는 있었다. 그 결과 스포츠과학화에 대한 회의가 팽배해져 오히려 재래식 훈련이 낫다는 지도자들의 편견과 아집이 더 강하게 나타나 1970년대는 스포츠과학화의 혼란기였다는 평가[36)]를 받기에 이르렀다.

태릉선수촌의 건립은 엘리트스포츠 발전의 획기적인 계기였다. 1964년 1월 20일 제22대 대한체육회장에 취임한 민관식은 도쿄올림픽 이후 '합숙과 훈련이 한 곳에서 가능한 종합적인 선수촌 없이는 성공적인 경기력 향상이 불가능하다'는 인식하에 대통령 박정희를 설득하여 1966년 6월 30일 선수촌 개촌을 보게 되었다.[37)]

그 해 태릉선수촌은 부대시설을 확충하고, 12월 31일에는 220평 규모의 실내체육관을 건립하여 전천후 훈련이 가능하게 되었다. 이후 태릉선수촌 시설은 계속 확충되었는데, 1970년 3월 23일 국제수영장 개장, 1971년 2월 20일 국제스케이트 개장, 1972년 5월 20일 남자 숙소(전진관) 개관, 1975년 11월 17일 실내체육관(개선관) 개관, 1977년 1월 6일 식당(감래관) 준공, 1980년 12월 29일 스포츠과학연구소 설치, 1982년 3월 10일

---

33) 위의 책, 214~215쪽.

34) 위의 책, 359~360쪽.

35) 위의 책, 358·366쪽. 이런 사정은 1970년대 중반에도 마찬가지였다. 1976년과 1977년의 『체육연감』에 따르면, 순수 스포츠과학과 관련한 명확한 예산 항목이 없어 파악이 곤란하고, 그나마 체육지 발간에 1,000만 원 미만의 금액만 지출되었을 뿐이었다. 물론 선수강화훈련비에 포함된 스포츠과학 관련 예산이 집행되었겠지만, 『체육백서』에서 제시한 예산 항목과 비교할 경우 순수 스포츠과학과 연관된 예산은 매우 미미한 것으로 판단된다. 이후 『체육연감』에는 예산 및 지출통계가 없어 확인하지 못했다. 그만큼 정부와 대한체육회의 스포츠과학에 대한 인식과 정책적 고려가 여전히 미흡했음을 보여주는 것이라고 하겠다.

36) 體育青少年部, 『體育青少年行政10年史』, 121쪽.

37) 『체육』, 1990년 1월호, 90쪽.

남자숙소(올림픽의 집) 개관, 1983년 5월 9일 테니스 케미컬 코트 및 역도장 개장, 1984년 4월 실내아이스링크 개장, 1986년 10월 15일 선수회관 준공 등으로 이어져 한국체육 발전의 산실이 되어 왔다.

또한 스포츠과학화를 위해 1967년 태릉선수촌 안에 72평 규모의 테스트룸을 설치했다. 당시로서는 첨단 스포츠과학 기자재인 트레이드 밀, 민첩도 측정기, 심전기, 근전기 등을 도입하여 실험실로서의 면모를 갖추었고, 체육부흥 6개년계획의 일환으로 도입된 이 스포츠 과학훈련에는 1971년까지 연인원 2만여 명이 참가하는 놀라운 호응도를 보여주었다.

박정희 정부의 엘리트스포츠정책에서 또 하나의 특징은 군사정부의 특성을 반영한 군체육부대의 창설이라고 할 수 있다. 본래 군체육은 군복무 장병의 체력을 단련시킴으로써 군의 전투력을 향상시키는 데 그 목적을 두었으나, 점차 군복무 기간을 국민체력 향상과 엘리트스포츠 육성과정의 주요 구성요소로 간주하여 제도적으로 이를 뒷받침하기에 이른다. 초창기의 군체육은 구보와 맨손체조에서 시작하여 미국식 도수체조와 집총체조를 도입하는 데 불과했다. 그러나 군 교육기관과 후방부대에서 부대대항 체육행사를 갖게 됨에 따라 각종 체육대회 위주로 우수선수를 육성하는 등 점차 체계적인 체육을 실시하기 시작했다.

군은 1964년 2월 국방부 훈령 제71호에 따라 장병들의 체력을 군의 특성에 맞게 측정하고 분류하기 위해 군체력검정규정을 제정, 각 군에서 연 1회 검정을 실시했다. 이와 함께 학교 및 일반기관에서 육성되어 입대한 우수선수를 선발, 이들을 주축으로 군 운동부를 운영함으로써 선수 생명의 연장뿐 아니라 군 나름의 독특한 방식으로 훈련 강화를 도모하는 다각적인 성과를 가져왔다.

군체육조직은 국방부를 정점으로 하여 육·해·공군이 독자성을 띠면서 운영되었다. 국방부 체육진흥담당관실이 군체육의 조정기능을 담당[38]하여 일반적인 지침을 하달하고, 공통된 사업을 수행했을 뿐 아니라 국제군인체육회(CISM)[39] 한국본부로서의 기능도 아울러 수행했다.

군대별로 조직된 군체육팀을 종목별로 보면, 수영(해군), 육상(육군), 야구(육군, 해병대), 연식 야구(진해 해군), 농구(육군, 해병대), 배구(50사단, 31사단, 육군 보안사, 39사단, 군기술교육단, 육군통신학교, 수도경비사), 축구(육군, 해병대, 31사단), 럭비(육군사관학교), 사이클(육군), 유도(육군, 수도경비사), 레슬링(육군본부, 해병대, 공군), 승마(육군

---

38) 大韓體育會, 『體育白書』, 132쪽.

39) 국제군인체육회(CISM)은 1946년에 연합국 체육위원회(AFSC)로 발족하여 1947년에 해체되었다가 1948년에 CISM으로 재발족했으며, 한국은 1957년에 가입했다. 1971년 현재 43개국이 회원으로 가입하여 회원국간의 상호 이해 및 우의 증진을 도모했다(위의 책, 133쪽).

사관학교), 펜싱(203보안대), 배드민턴(공군본부), 태권도(육군, 해병대), 빙상(육군), 아이스하키(육군), 스키(해병대, 육군공수단, 육군스키부대), 탁구(공군), 테니스(육군보안사, 1군사령부) 등 34개 팀에 이르렀으며, 주로 육군에서 주도해 나가고 있었음을 알 수 있다.[40]

요컨대 1960년대에 와서 엘리트스포츠는 국민체육진흥법과 그 시행령 제정, 그리고 대한체육회가 중심이 된 우수선수 발굴 및 육성 정책 등으로 기본적인 정책기반이 조성되었다. 하지만 그것은 주로 올림픽 등 국제경기대회에서 좋은 성적을 얻어 국위를 선양한다는 스포츠내셔널리즘에 기반한 것으로, 6개년계획에서 보듯 단기적인 성과를 이루는 데 치중했다. 뿐만 아니라 정부의 주도면밀하고 계획적인 정책 수립과 추진과정을 통해 그 기반을 구축하기보다는 특정 인사의 의지와 최고권력자의 비공식적 지시에 따라 이루어졌다. 태릉선수촌의 건립 과정은 이를 단적으로 보여주는 사례이다. 게다가 제6회 아시안게임의 개최권을 반납한 데서 알 수 있듯이, 경제개발에 중점을 둔 정부의 정책으로 아직 엘리트스포츠정책은 확고한 정책적 고려의 대상이 되지는 못했다. 그러나 국제경기대회에서의 성적을 국력과 국위 선양으로 인식한 박정희 정부하에서 법적 토대는 물론이고, 선수촌 건립 등 시설투자를 통하여 엘리트스포츠 발전을 위한 기반 조성에 진전을 이루었다.

2) 엘리트스포츠정책 확립

엘리트스포츠에 대한 본격적인 정책이 마련되기 시작한 것은 1970년대부터였다. 먼저 엘리트스포츠를 위한 지원체제를 확립하기 위한 조처로 체육행정의 기틀을 강화했다. 즉 1970년 8월 31일 대통령령 제5320호로 체육행정기구를 기존 사회교육국 산하의 한 개 과에서 체육국제국으로 확대 개편했다.[41] 이로써 체육행정은 국민체육과와 학교체육과로 기능이 분화되어 엘리트스포츠정책의 수립과 추진을 위한 행정조직의 확대가 이루어졌다.

체육행정기구의 확대와 더불어 엘리트스포츠진흥을 위한 법적 기반도 확립되기에 이르렀다. 국민체육진흥법이 1971년 1월 22일 법률 제2297호로 개정[42]된 것이다. 이 개정 국민체육진흥법은 지금까지 시행령에서 권고사항으로만 제시한 직장 내 운동경기부를 제9조의 2에서 1종목 이상의 운동경기부를 두어야 한다고 명확히 규정했다. 또한 제14조의 4항을 개정하여 우수선수들이 경기생활을 지속할 수 있도록 국가와

---

40) 위의 책, 132쪽.
41) 김종희, 「박정희 정권의 정치이념과 체육정책에 관한 연구」, 한양대 박사논문, 1999, 51쪽.
42) 한국법제연구원, 앞의 책, 302~3쪽.

지방자치단체, 국영기업체는 우수선수를 고용하도록 하여 법적 효력을 보강했다.

뿐만 아니라 이 개정 국민체육진흥법에선 엘리트스포츠 진흥을 위한 재정적 기반을 확립하기 위하여 체육진흥기금을 별도의 법인을 통해 설치·운용할 수 있게 하고, 기금 조성을 위한 국유 및 공유의 시설 물품 재산에 대한 무상 사용, 수익 허가 및 대부를 할 수 있도록 했다. 이에 따라 1972년 8월 14일 법률 제2336호로 국민체육진흥기금에 관한 법률이 제정되어 담배포장지 광고에 의한 수입으로 엘리트스포츠 진흥을 위한 재원을 마련하도록 했다.[43] 그 후속조처로 1972년 9월 16일 대통령령 제6350호로 '국민체육진흥기금의 관리법인과 그 기금의 설치 및 관리 운영에 관한 규정'[44]이 공포되었다. 이에 따라 국민체육진흥재단이 설립되었고, 그 사업은 체육시설 확장, 우수선수의 발굴·양성 및 장학, 체육지도자의 양성, 체육활동, 체육연구, 체육지도자 및 우수선수의 생활보조금 등을 위한 지원으로 규정했다. 한마디로 엘리트스포츠 진흥을 위한 목적임을 명시한 것이다.

이후 1975년 12월 20일 법률 제2790호로 개정한 국민체육진흥기금에 관한 법률에서는 기금 조성방안을 기존 담배광고 외에 국가의 출연금과 대통령령으로 정하는 수입으로 확대했다.[45] 또한 국민체육진흥재단의 정관을 개정하여 1974년 10월 31일 대한체육회 회장이 재단이사장을 겸임하게 함[46]으로써 대한체육회는 명실상부한 엘리트스포츠 진흥을 위한 기구로 자리잡게 되었다.

이렇게 엘리트스포츠를 진흥하기 위한 법적·제도적 기반이 확립되자 엘리트스포츠의 근간이라고 할 수 있는 우수선수 및 경기지도자의 양성정책도 마련했다. 정부는 번서 선수발굴의 문제점을 해소하고 선수층의 저변 확대와 경기 인구의 확산을 위한 정책으로 1971년 체육 중·고등학교를 설립했다. 서울시는 1971년 신학기부터 체육을 통한 정신력 강화 및 국위 선양과 과학적이고 전문적인 지도에 의한 체육발전을 목적으로 서울체육학교를 개설했다.[47]

서울체육학교는 우수한 국가대표선수를 육성하고, 유능한 체육지도자를 양성할 목적으로 설립되어 동일계 진학을 위해 중학교와 고등학교를 두었다. 운동종목별로 육상반, 체조반, 축구반, 농구반, 배구반, 수영반, 빙상반, 태권도반, 유도반, 레슬링반 등으로

---

43) 위의 책, 311쪽. "담배포장지에 게재된 광고에 의한 수입으로 국민체육진흥을 위한 기금을 마련하여 체육계의 발전적인 운영을 기하고, 국가재원을 체육발전의 장기계획에 전용토록 하여, 부족한 시설의 확장과 우수선수 양성을 촉진시키는 등 체육중흥의 여건을 마련하는 것임"

44) 大韓體育會, 『體育年鑑』, 1976, 720쪽.

45) 한국법제연구원, 앞의 책, 312~2쪽.

46) 李學來, 『韓國體育百年史』, 한국체육학회, 2000, 415쪽.

47) 서울特別市敎育委員會, 앞의 책, 447쪽.

나누고, 그 정원은 360명으로 정했다. 선발 원칙은 전국을 대상으로 종목별로 전국 또는 시·도 대회 입상자로 체육단체 및 소속 학교장이 추천한 자 중에서 전형을 실시했다. 학생들은 전원 기숙사에 수용했으며, 모든 비용을 서울특별시 예산으로 충당했다. 입학 후의 탈락자는 정규 학교로 전학시켜 학업을 계속토록 했다. 1973년 부산, 충남, 전북, 전남, 경북의 5개도에도 체육중학교를 설립하고, 시도교육위원회가 재정지원을 하도록 했다.[48]

1979년에는 대다수 체육고등학교가 축구, 농구 등 일부 인기종목의 육성에만 치중함으로써 기본종목 및 개인종목의 특기자 육성에 소홀히 하자, 정부는 서울, 경기, 충남, 전북, 전남, 부산, 경북 등 7개 시도교육위원회에 개인 및 체급경기 외 종목의 특기자 선발을 억제하도록 했다.[49]

스포츠 엘리트를 육성하기 위한 전문교육기관으로서 체육중고등학교는 다른 일반학교에 설치 운영되고 있었던 운동부와는 그 성격을 달리 하였다. 즉 일반학교에서 육성을 기피하고 있는 종목, 즉 수영, 육상, 체조 등 낙후된 종목이나 국제무대에서 국위를 선양할 수 있는 유도, 역도, 레슬링, 복싱 등과 같은 전략종목, 전통적으로 강세를 보여 지속적으로 육성해야 하는 양궁, 사격 등의 종목을 중점적으로 육성했다.[50] 이와 함께 체육계 학교의 입시전형 방법을 개선하여 우수한 학생선수를 선발 확보하고, 훈련의 내실화를 기하여 장기적이고 지속적인 경기력 향상을 도모하고자 했다. 뿐만 아니라 체육계 고교졸업자의 체육특기자를 확대했는데, 이는 장기지속적인 경기력 향상을 위해 기본 기능에서부터 전문기능에 이르기까지 체계적인 훈련을 유도하고 학생선수의 학력저하 방지 및 체육계 학교 유인기능을 강화하기 위한 것이었다.[51]

체육학교의 설립 외에 우수선수를 양성하기 위한 획기적인 조처가 바로 중고등학교의 우수한 선수들이 상급학교에 진학할 수 있는 특혜를 부여하는 체육특기자 제도였다. 이 제도는 우수선수가 학업의 부담없이 운동에 전념하게 함으로써 경기력을 향상시키고자 하는 데 그 목표를 둔 것이었다. 즉 1972년 교육법 시행령(대통령령 제6377호)에 따라 체육기량이 우수한 선수를 학교급별로 연계하여 육성하는 체제를 확립함으로써 체육을 통해 국위를 선양하고, 나아가 유능한 엘리트체육인을 양성한다는 취지로 마련된 것이었다.[52] 이 제도는 바로 박정희 정부의 국가주의적 엘리트스포츠정책의 대표적인 사례인 것이다. 이로써 국제경기대회에서의 국위 선양은 물론 남북 스포츠대

---

48) 이옥흔, 「제3공화국과 제5공화국의 국가주의 스포츠정책 비교」, 영남대 석사논문, 2002, 28쪽.

49) 서울特別市敎育委員會, 『서울敎育史』 下, 1981, 447쪽.

50) 李康雨, 「韓國스포츠의 支配이데올로기的 機能에 關한 硏究」, 성균관대 박사논문, 1994, 148쪽.

51) 김종희, 앞의 글, 93쪽.

52) 李康雨, 앞의 글, 162쪽.

결의 필승이라는 박정희 정부의 엘리트스포츠 정책이 제도화되었다.

체육특기자의 중고등학교 입학은 교육법 시행령 제69조 및 제112조의 11에, 대학입학은 동 시행령 제71조의 2에 명시하고 있으며, 중앙교육평가원이 대한체육회가 제출한 체육특기자 심사자료를 기초로 하여 선발하고, 이들에 한해 입학고사와 관계없이 상급학교 입학을 허가했다.[53]

이러한 법적 기반이 마련되자 일선 교육현장에선 특기자 육성을 위한 조처를 마련했다. 서울시의 경우 1973년부터 특기 중·고등학교를 지정하여 체육특기자 육성방안으로 체육특기학교 관리 및 특기종목 육성지침을 제시했는데, 그 내용은 이렇다.[54] 체육특기자는 전국 시도단위 개인 또는 단체경기에 입상한 자로 하고, 추첨관리위원회는 교육감이 결정 통고한 특기종목 지정학교별로 입학 정원의 3% 범위 내에서 배정한다. 해당 학교는 특기자 육성을 위해 연간계획을 세워 철저히 지도하고, 중학교는 교육구청에, 고등학교는 교육위원회에 보고한다. 배정된 특기자가 졸업할 때까지 특기학교 지정을 취소할 수 없다.

이렇게 체육특기자에 대하여 상급학교 진학시 특례를 둔 것은 우수선수의 진학을 보장하고, 학교운동부를 활성화하여 선수들의 경기력을 지속적으로 향상시키기 위한 조치였다. 하지만 그 배경에는 경기력을 향상시켜 국제경기대회에서의 국위 선양과 특히 남북 스포츠대결에서의 승리를 최대·최고의 목표로 삼았던 국가주의적 엘리트스포츠정책이 자리잡고 있었다.

한국체육대학의 설립은 체육계 학교의 설립과 체육특기자제도로 그 기반을 확립한 우수선수의 양성체제의 확립을 가능하게 했다. 한국체육대학은 1976년 12월 30일 한국체육대학 설치령(대통령령 제8322호)이 공포 시행됨으로써 1977년 3월 7일 국내 최초의 국립 체육대학으로 설립되었다. 그 직접적인 설립동기는 1976년 몬트리올올림픽에서 금메달을 획득한 양정모 선수를 접견한 박정희 대통령이 4년 후인 1980년에 개최될 모스크바올림픽에 대한 대비를 언급하는 가운데 체육 전문학교 설립을 지시[55]하여 구체화하기에 이르렀다.

이에 따라 문교부는 1976년 12월 14일에 체육대학 설립계획을 마련하고, 이 과정에서 2년제 전문대학이 아닌 4년제 정규대학으로 설치하는 실행안을 작성 추진하여 대통령의 지시가 있은 지 불과 4개월 만에 국립 체육대학을 탄생시켰다.[56] 한국체육대학 설치령은 학생에 대해 입학금과 수업료를 면제하고, 모든 학생이 기숙사에 입사하여

53) 體育青少年部, 『體育青少年行政10年史』, 243쪽.

54) 서울特別市教育委員會, 앞의 책, 448쪽.

55) 한국체육대학교, 『한국체육대학교 20년사』, 1997, 30쪽.

56) 위의 책, 33~42쪽.

생활훈련을 받도록 했다. 그 대신 졸업자는 수업연한에 해당하는 기간 동안 문교부장관이 지정하는 학교교육 또는 체육분야의 직무에 복무할 의무가 있음을 명시하여 우수선수 및 체육지도자 육성 목적으로 설립되었음을 분명히 했다.[57)]

1977년부터 학생 정원 120명으로 출발한 한국체육대학은 초대 학장으로 한양대 체육대학장으로 재직 중이던 유근석 박사를 임명했고, 유근석 초대 학장은 체육의 과학화를 목표로 한국체육대학을 이끌어 갈 것임을 피력했다.[58)]

한국체육대학의 개교는 마침 서울체육고등학교 졸업생이 배출되는 시기와 일치되어 더욱 의의가 있었다. 1971년에 문을 열었던 체육중학교 첫 졸업생이 배출되는 해인 1974년에 체육고등학교가 개교되었고, 체육고등학교 첫 졸업생이 배출되는 해인 1977년에 체육대학이 개교된 것은 단순한 우연이 아니었으며, 그 나름으로 체육지도자의 육성을 위해 심혈을 기울여 온 한국체육계의 노력이 결실을 맺은 것이기도 했다.

개교 당시, 도봉구 공능동에 소재한 서울공대(현 서울산업대학)를 빌려 임시 교사로 사용했던 한국체육대학은 1년 만에 태릉선수촌 옆 신교사로 이전하여 체육교육의 자립적 기반을 확보할 수 있는 토대를 마련했다.[59)] 한국체육대학은 개교 당시 불과 8명의 교수진으로 출발했으나 1978년에 5명, 1979년에 4명, 1980년에 5명 등 교수진을 보강하여 진용을 갖추기 시작했다. 1977년 2학기에는 교직과정을 설치하여 졸업생들의 진로를 열고, 1979년에 한국체육대학 논문집 창간호를 발간하여 체육학 발전의 기틀을 마련하기 시작했으며, 1980년에 체육과학연구소를 설립하여 스포츠과학 분야의 학문적 기반 확충을 도모해 갔다.

첫 졸업생을 배출한 1981년에 국가대표 선수 및 상비군 63명을 배출했고, 그후 1983년 59명, 1984년 154명, 1985년 151명, 1986년 148명, 1987년 129명, 1988년 166명 등으로 지속적인 증가를 보여 국가대표선수 가운데 30% 이상을 차지하는 등 꾸준히 국가대표선수 양성의 대들보 역할을 했다.[60)] 특히 1992년 바르셀로나올림픽에는 재학생 38명, 졸업생 28명 등이 참가하여 금 7개, 은 1개, 동 1개를 획득함으로써 당시 한국이 종합성적 7위(금 12, 은 5, 동 5)를 차지하는 데 중심적 역할을 했다. 또한 1983학년부터는 비인기종목인 근대 5종, 조정, 탁구, 테니스, 필드하키, 핸드볼, 카누부를 신설해 한국스포츠의 균형적인 발전에 기여했다. 그리고 1983년 9월부터 경기지도자연수원으로 지정되어 태릉선수촌에서 담당하던 코치아카데미 과정을 이어받아 본격적인 연수원체제로 전환, 우수지도자 육성의 발판을 마련했다.

57) 위의 책, 45쪽.
58) 『日刊스포츠』, 1977년 3월 9일자.
59) 한국체육대학교, 앞의 책, 93쪽.
60) 위의 책, 247쪽.

이밖에 한국체육대학은 국립대학의 위상을 살려 체육학 발전을 위한 해외 스포츠 교류 확대에도 힘을 쏟았다. 미국 클리블랜드 주립대학(1989), 모스크바 레닌중앙체육대학(1990), 오스트레일리아 체육대학(1990), 중국 북경체육대학(1992), 멕시코 구아달라하라대학(1992), 몽고 국립체육대학(1992) 등과 자매결연을 맺고 학술연구 협력, 연구인력 교환, 각종 친선 체육활동 등을 이루어 갔다.[61] 그리고 1991년에는 국내 최초로 사회체육대학원을 설치[62]하여 생활체육, 평생체육의 발전을 위한 생활체육 진흥연구 및 지도자 양성을 도모했다. 사회체육대학원에는 생활체육과와 건강관리과 외에도 스포츠산업과를 설치하여 비약적으로 발전하는 스포츠산업 분야를 이론적·체계적으로 연구·교육토록 하여 외국에 비해 상대적으로 낙후된 이 분야에서의 우수 고급인력 양성을 뒷받침했다.

체육학 발전과 지도자 배출이란 면에서 보면, 1984~1997년간 일반대학원 과정에서 석사학위 수여자 113명, 사회체육대학원에서 1993~1997년간 54명 등을 배출했고, 1990~1997년 기간 박사학위 수여자 28명, 명예박사학위 수여자 7명 등을 배출했다. 이와 함께 1979년부터 매년 발행된 한국체육대학 논문집을 통해 1996년까지 약 300여 편의 논문을 발표했고, 체육과학연구소에서도 1982년부터 1994년까지 매년 발행된 연구소 논문집을 통해 129편의 논문을 발표했다. 또한 경기지도자 연수원에서 1983년부터 1996년까지 3,992명의 수료자를 배출하여 체육학 발전 및 체육지도자 양성의 견인차 역할을 했다. 그러나 교육내용이 점차 방만해져 국가대표선수 양성이라는 설립 당시의 특수목적 대학으로서의 특성이 약해졌으며, 특히 대학 운영체제에 있어 비전문성 요인이 개입하고 있다는 모순점도 지적되어 왔다.

한편, 박정희 정부의 엘리트스포츠정책에서 우수선수 양성과 관련하여 매우 주목할 만한 조처가 바로 병역특례법이었다. 즉 박정희 정부는 체육특기자에 대해 보충역에 편입할 수 있는 '병역의무의 특례 규제에 관한 법률'[63]을 1973년 3월 3일 법률 제2562호로 제정하여 체육특기자에 대한 병역 특혜를 법제화한 것이다. 이는 병역법 제44조 1항 7호 및 병역법 시행령 제70조에 따른 것으로, 이 혜택을 받는 선수는 현역 복무 대신 체육분야에서 5년간 종사하면 병역의무를 마칠 수 있도록 한 것이다. 헌법에 명시된 국민의 4대 의무 중 하나인 국방의 의무에 대해서도 혜택을 부여한 것은 박정희 정부가 엘리트스포츠정책을 얼마만큼 중요시했는지 잘 보여주는 것이다. 이로써 선수들이 훈련과 경기력 향상에 지장을 받지 않도록 하는 획기적인 기반이 마련되었다.

이렇게 체육특기자제도와 체육특기자 병역특례법이 마련됨으로써 체육기량이 우

61) 위의 책, 415~425쪽.

62) 위의 책, 427~429쪽.

63) 한국법제연구원, 『대한민국법률연혁집』 11, 1994, 652-1쪽.

수한 선수의 학교급별 연계 육성체제가 확립되어 체육을 통한 국위 선양 및 유능한 전문체육인 양성을 추진하는 기반이 조성되었다.

박정희 정부는 우수선수 발굴과 그 육성을 위한 법적 기반을 마련함과 동시에 이들에 대한 경기력 향상을 위한 조처도 마련했다. 먼저 1968년 3월 대한올림픽위원회, 대한학교체육회, 대한체육회를 사단법인 대한체육회로 통합하여 '경기단체를 통할·지도하고, 우수한 경기자를 양성하여 국위 선양을 도모'[64]하도록 했다. 또한 1970년 8월 31일 대통령령 제5320호로 기존 문교부 사회교육국의 체육과가 체육국으로 확대 개편되었다.[65] 이로써 대한체육회는 체육현황과 진흥방안을 마련하여 정부의 지원을 요청하고, 문교부는 독자적인 체육진흥안을 마련하여 그 방향을 결정하게 되었다.[66] 이같은 체육조직의 개편으로 대한체육회는 아마추어 경기단체의 통괄 지도, 우수선수 훈련 및 양성, 코치·심판원의 육성, 각종 국내경기대회 개최, 국제경기 개최 및 참가, 국제회의 대표 파견, 선수 훈련시설의 관리와 운영을 맡게 되었다.[67] 결국 대한체육회가 사실상 엘리트스포츠 정책 마련과 그 추진을 실질적으로 전담하게 된 것이다.

이에 따라 대한체육회는 1972년 경기력 향상을 위한 체육진흥5개년계획을 수립하여 우수선수 양성을 위한 본격적인 작업에 착수했다. 이 계획은 지금까지의 우수선수 훈련과정이 합리적이고 장기적인 계획 수립없이 비과학적으로 진행되었다는 평가에 따라,[68] 그 훈련방향으로 첫째 세계 제패와 북한 제압이 가능한 종목을 우선으로 하고, 기타 종목은 경기단체에서 책임지도록 하며, 둘째 긍지와 투철한 사명감으로 정신적 자세를 가다듬어 선수들을 단련하며, 셋째 경기지도자는 기술의 창안과 개발 및 지도에만 책임지며, 넷째 스포츠과학화를 철저히 실천하여 체력과 기술을 제고하고, 다섯째 선수와 지도자가 최대한의 잠재력을 동원하도록 여건을 조성한다 등을 제시했다.[69]

이같은 훈련방향에 따라 이 5개년계획은 다음과 같은 기본 정책에 입각하여 추진되었다. 즉 직접(훈련)·간접(여건조성) 사업으로 양분, 전기간을 전시체제로 하고 특강기를 설정, 올림픽게임 및 유니버시아드대회 대비훈련은 입상 가능성과 한국인의 신체적 조건에 맞는 종목 우선 선정, 기본종목인 육상, 수영, 체조는 특별훈련을 하며 보급향상책도 강구함, 스포츠과학위원회를 포함한 각 위원회에는 경기단체의 전체 체육인을 모두 포함함, 모든 사업은 올림픽게임의 금메달 획득과 북한 제압에 집중한다 등이었다.[70]

64) 大韓體育會, 『體育白書』, 78쪽.
65) 大韓教育聯合會, 『韓國教育年鑑』, 새한신문사, 1974, 18쪽.
66) 李學來, 『韓國近代體育史研究』, 지식산업사, 1990, 225쪽.
67) 김종희, 앞의 글, 53쪽.
68) 大韓體育會, 『體育白書』, 441쪽.
69) 위의 책, 443쪽.
70) 위의 책, 489~490쪽.

육상, 체조, 수영 등 기본종목의 경기력 향상을 위한 대책[71]은 먼저 수준향상을 위한 연구를 시행하도록 했는데, 1차 연도에는 종합지도법, 기초체력지도법, 역학 생리학 등을 제시하고, 2차 연도엔 종합지도법, 전문체력지도법, 기초기술지도법 등을, 3차 연도엔 심리학과 전문기술지도법을, 4차 연도엔 종합완성을 목표로 했다. 그리고 선수 발굴은 체력장 결과, 각종 전국경기대회, 희망자를 대상으로 한 연중 판정, 관계기관의 추천 등을 통해 그 다양화를 모색하고, 발굴된 선수는 장기관리, 연도별 개인종합평가, 개인별 관리계획 작성 등을 제시했다. 훈련은 1, 2차 연도엔 연 40일 2회, 3차 연도엔 연 60일 3회, 4차 연도엔 연 80일 4회에 걸쳐 실시하되, 단기합숙훈련, 소속코치 동반참가, 연중 처방훈련 등을 통해 하도록 했다.

이와 같은 법적·제도적 장치 마련에 힘입어 우수선수의 체계적 양성과 후보선수의 선발 육성, 국가대표의 과학적 훈련, 훈련여건의 개선 등에 상당한 진전을 이루게 되었다. 하지만 이런 5개년계획은 기본적으로 올림픽게임에서 금메달을 획득하여 국위를 선양하고, 북한을 제압함으로써 남북체제 대결에서 승리한다는 전형적인 스포츠내셔널리즘을 보여주는 것이다. 따라서 훈련 역시 메달 획득 가능성과 대북한전 승리가 가능한 종목에 치중하거나 그 방식 또한 비록 스포츠과학화를 추구했지만 스파르타식 강화훈련과 통제적 수단에 크게 기대할 수 밖에 없었다.

이런 사정은 '전시체제의 진면목을 투철하게 자각함으로써, 지도에 책임을 갖도록 하고, 총력·강력한 지도체제의 확립'을 내세운 지도체제의 정립, 입상과 메달 획득 가능성에 초점을 맞춘 훈련종목의 엄선, '최단기내 국제수준 도달'을 내세운 경기수준 목표설정 등[72]에서만 아니라, 연차별 계획이 올림픽게임과 아시안게임 등에서의 성적 향상을 염두에 두고 마련된 것이라는 점에서도 확인할 수 있다. 이같은 훈련방침은 결국 우수선수 양성을 위한 과학화와 체계적 훈련조차도 단기적 성과를 이루기 위한 임시적 조처에 불과한 것이지, 장기적인 안목에서 마련된 엘리트스포츠를 위한 기반확립과는 거리가 먼 것임을 잘 보여준다.

반면 1973년 대한체육회는 장기적인 우수선수 확보를 위한 방안을 마련하기도 했다.[73] 물론 그 목표는 몬트리올 올림픽게임에서의 메달획득이었지만, 궁극적으로는 1980년대를 대비하는 것이었다. 그 구체적인 방안을 보면, 우선 획기적이고 조직적인 관리 육성을 위해 담당코치 배정, 장학금 지급, 단기 초청훈련 등을 제시하면서도 선수 발굴의 기준을 과학적 측정에 따라 1980년대에 최대의 체력을 발휘할 수 있는 연령층을 대상으로 소질이 우수한 신인을 발굴하도록 했다. 또한 선수층의 확대를 위해 체력장

71) 大韓體育會, 『體育青書』, 1973, 157~158쪽.

72) 大韓體育會, 『體育白書』, 493~494쪽.

73) 大韓體育會, 『體育青書』, 155~156쪽.

제도·소년체육대회 등을 통한 발굴과 우수한 소질을 갖고 있는 신인의 발굴 등을 제시했다. 발굴된 우수 선수는 다음 <표 1-9>와 같은 단계별 훈련을 받도록 했다.

〈표 1-9〉 우수 소질 소유자의 장기육성계획

구분		기초단계	전문단계	완성단계
정신		전인교육 (학업성적 향상, 민주사회인으로서의 기초 형성)	스포츠맨십 확립	사명감·투지·긍지의 함양
체력	기초	기초체력 향상 (75년말 세계수준 도달)		세계수준 능가
	전문		전문체력 향상 (78년 6월 세계수준도달)	세계수준 능가
기술	기초	기초의 철저한 확립		
	전문		전문기술 체득	기술의 전체적 완성

또한 경기지도자의 수준을 높이기 위한 조처로 1972년 4월 국민체육진흥법 시행령에선 경기지도자의 자격을 구체화하여 이를 제8조에서 다음과 같이 명시했다. 즉 경기지도자는 1급과 2급으로 구분했다.

1급의 경우 2급 경기지도자 자격을 가진 자 또는 대학원에서 체육학 석사학위를 취득하고 2년 이상의 경기지도 경력이 있는 자, 대학졸업자로 4년 이상의 경기 경력과 6년 이상의 경기지도 경력이 있거나 국가대표선수로 활동하고 6년 이상의 경기지도 경력이 있는 자, 고등학교 졸업자로 6년 이상의 경기 경력과 8년 이상의 경기지도 경력이 있거나 국가대표선수로 8년 이상의 경기지도 경력이 있는 자 등으로, 모두 1급 경기지도자 양성과정을 수료하고 검정에 합격한 자로 했다. 2급의 경우 대학졸업 이상의 학력 소유자로 4년 이상의 경기 경력과 2년 이상의 경기지도 경력이 있거나 국가대표선수로 활동하고 2년 이상의 경기지도 경력이 있는 자, 고등학교 졸업 이상의 학력 소유자로 6년 이상의 경기경력과 4년 이상의 경기지도 경력이 있거나 국가대표선수로 활동하고 4년 이상의 경기지도 경력이 있는 자 등으로, 2급지도자양성 과정을 수료하고 검정에 합격한 자로 했다.

이에 따라 1972년 대한체육회는 문교부로부터 정식으로 경기지도자양성소로 지정되면서 코치 아카데미에 2급 경기지도자과정이 개설되었고, 1974년 국민체육진흥법 시행령에 따라 2급 경기지도자과정 이수자에게 문교부에서 시행하는 경기지도자 자격 검정시험에 응시할 수 있는 자격을 부여하여 합격자에게 2급 경기지도자 자격을 발급했다. 이로써 지도자 자격의 질적인 향상을 도모했다.[74] 특히 1974년에는 이수시간을

450시간으로 확대하여 실시했다.[75] 1급의 경우 1975년 심사위원회를 구성하여 서류심사로 원로급 18명을 최종 선발했다.

요컨대 박정희 정부는 1970년대에 걸쳐 엘리트스포츠 진흥을 위한 기본적인 법적·제도적 기반을 확립했다. 이로써 우수선수 발굴과 육성, 경기지도자 자질의 제고, 경기력 향상 등에서 이전 시기와 전혀 차원이 다른 한국체육의 기틀을 마련할 수 있었다. 물론 이런 엘리트스포츠정책은 스포츠내셔널리즘에 기반한 것이었다. 따라서 보다 근본적이고 체육의 발전을 모색하는 데는 미흡했다. 또한 당면과제인 경제성장에 중점을 둔 국가정책과 사회·경제적 여건으로 엘리트스포츠 진흥을 뒷받침할 수 있는 환경이 제대로 확립되지는 못했다. 이런 사정으로 엘리트스포츠정책은 단기간에 국제대회에서 좋은 성적을 올리기 위한 선수 발굴이나 육성 등에 주력할 수 밖에 없었다. 하지만 이러한 법적·제도적 보호 장치 하에 엘리트스포츠정책을 추진해 갈 수 있는 기반이 확립되었고, 이는 1980년대 한국스포츠의 새로운 원동력을 제공하는 결정적 계기가 되었다.

3) 엘리트스포츠의 강화

전두환은 12·12 쿠데타와 5·18 광주민주화 항쟁의 무력 진압으로 집권했다. 그 결과 전두환 정부는 집권 초기부터 정통성 문제에 시달렸다. 이에 따라 '체육입국'으로 상징되는 보다 강력한 엘리트스포츠 위주 정책을 마련했다. 특히 86 아시안게임과 88 올림픽게임의 유치는 정부의 체제 안정화를 위한 상징적 사업이었다. 결국 전두환 정부는 이 양 대회의 성공적 개최에 전국가적 노력을 기울였는데, 그 성패가 대회 성적으로 판명될 수 밖에 없었기 때문이었다.

따라서 전두환 정부는 지속적인 투자를 통한 시설확충, 우수선수 및 체육지도자 양성, 스포츠의 과학화를 통한 경기력 향상, 미수교국을 포함한 국제스포츠교류 확대 등 엘리트스포츠 위주의 정책을 확립했던 것이다.[76] 당시 체육부장관 노태우의 다음과 같은 언급은 이런 사정을 단적으로 보여준다.

> 86아시안게임, 88올림픽 준비에 만전을 기하고 체육입국의 획기적 계기를 마련하기 위하여 체육부를 신설하게 되었다. 이를 위해 앞으로 우수선수의 확보와 양성, 체육지도자의 양성, 체육의 과학화, 낙후된 체육시설의 확장, 대한체육회와 가맹 경기단체의 조직 강화, 학교·사회·군체육의 강화에 힘을 쓸 것이다.[77]

---

74) 대한체육회, 『大韓體育會七十年史』, 451쪽 및 김종희, 앞의 글, 95쪽.

75) 大韓體育會, 『體育年鑑』, 1976, 174쪽.

76) 체육부, 『체육한국』, 1984, 6쪽.

이처럼 전두환 정부의 엘리트스포츠 위주의 체육정책은 아시안게임과 올림픽게임의 성공적 개최로 상징되는 '체육입국'을 통해 정통성을 확립하려는 정치적 고려에서 비롯된 것이었다. 이는 체육예산의 배정에서도 단적으로 드러난다. 1983년부터 1987년까지 체육부에 배정된 예산은 244억여 원, 331억여 원, 444억여 원, 385억여 원, 433억여 원으로 연평균 367억여 원이었다. 이중 엘리트스포츠와 관련된 예산항목중 선수육성 관련부문만 전체 체육예산에서 차지하는 비중을 보면 1983년 30.7%를 시작으로 32.2%, 36.4%, 49%, 44.6%인데 비해, 생활체육은 최대 0.4%에 불과했다.[78]

이렇게 체육예산의 배분에서 알 수 있듯이 전두환 정부의 체육정책은 전적으로 엘리트스포츠정책을 위주로 추진되었다. 이는 결국 아시안게임과 올림픽게임 개최를 염두에 둔 조처다. 그 성공적 개최의 일환으로 체육부를 신설했다.

1981년 11월 2일 개편된 문교부 체육국제국을 체육부로 확대했다. 이로써 기존 문교행정의 시각에서 다루어오던 체육정책을 새로운 차원으로 끌어올려 유망선수의 조기발굴 육성과 우수선수의 입체적·과학적 훈련, 체육지도자 양성 등의 엘리트스포츠의 주요 영역을 종합적으로 추진할 수 있게 되었다. 이는 체육부의 조직의 업무 내용을 통해 확인할 수 있는데, 업무 영역은 크게 국민체육의 진흥과 아시안게임·올림픽게임 준비를 위한 엘리트스포츠 영역으로 나눌 수 있다. 즉 체육진흥국의 학교체육과는 체육계 학교의 운영 지도, 체육특기자 관리, 종목별 체육시범학교의 지도 등을 담당하고, 체육과학국의 훈련과와 지도육성과에선 국가대표 및 청소년 대표선수의 선발·훈련, 선수촌 운영, 신인선수 발굴·육성 등을, 국제체육국은 국제경기대회에의 선수단 파견 및 양 대회 준비 등을 담당한다. 한마디로 아시안게임과 올림픽게임에서 성과를 높이기 위한 행정부서의 연계체제가 이루어졌던 것이다.[79] 뿐만 아니라 엘리트스포츠 영역의 업무도 체육진흥국의 사회체육과·체육시설과에 포함되었을 정도였다. 이처럼 체육부는 본질적으로 아시안게임과 올림픽게임를 위한 국가적 지원체제의 주된 행정부서였던 것이다.

이런 체육행정의 강화와 더불어 엘리트스포츠 진흥을 위한 법적 지원체계도 강화했다. 1982년 12월 31일 법률 제3612호로 공포된 개정 국민체육진흥법은 아시안게임과 올림픽게임을 지원하기 위한 것임을 분명히 하고,[80] 우수선수에 대한 재정적 지원을

77) 정홍진, 『5공의 체육정책공과』, 동아일보사, 1993, 2쪽.

78) 임용태, 「체육 청소년부 예산을 통해 본 체육정책의 분석에 관한 연구」, 서울대 석사논문, 1992, 98쪽.

79) 이종원, 「제5공화국의 스포츠정책 연구」, 서울대 박사논문, 2002, 140쪽.

80) 한국법제연구원, 『대한민국법률연혁집』 13, 301-1~301-2쪽. "86아시안경기대회 및 88올림픽대회에 능동적으로 대처하고 국민체육진흥을 효율적으로 도모하여 국민복지와 국위선양에 적극적으로 이바지하려는 것임"

확대했다. 그 내용을 보면 기존 선수에 한하여 표창, 고용, 생활보조 등 보호·육성 조치를 취하도록 한 것을 선수 외에 경기지도자 등에게도 같은 보호를 하도록 했고, 올림픽게임에 입상한 선수에 제한했던 은퇴시 생활비 보조금지급을 세계선수권대회·아시안게임·유니버시아드대회 및 기타 공인대회 입상자와 그 지도자로 확대했다. 또 국민체육진흥기금법을 이 법에 포함하고, 그 재원도 운동장 입장료 등에의 부가모금으로 확대했다. 또한 국민체육진흥기금에서 서울아시안게임·서울올림픽게임기금에 출연할 수 있도록 함과 동시에, 사단법인 대한체육회 및 재단법인 국민체육진흥재단을 특수법인으로 하여 이를 국가가 적극 지원하도록 했다.

이렇게 체육행정의 강화와 법률적 지원체제를 확립한 외에 엘리트스포츠 진흥을 위한 조처로 선수발굴과 육성을 그 어느 때보다도 중요시하여 그 정책을 마련했다. 즉 1981년 당시 정무장관 노태우는 한국체육의 장기발전계획과 함께 86아시안게임과 88서울올림픽게임을 대비한 신인선수(꿈나무) 발굴과 육성, 국가대표코치의 전임제도 도입, 스포츠 과학화 도모 등을 강조했다. 그가 1982년 3월 20일 초대 체육부장관으로 취임하게 됨에 따라 꿈나무 발굴과 육성정책이 본격적으로 추진되었다.[81)]

이에 따라 1982년 6월 체육부는 1986년 아시안게임과 1988년 올림픽게임을 대비하는 신인선수를 전국의 10~19세 남녀 600만 명을 대상으로 3단계에 걸쳐 발굴하여 육성할 것을 밝혔는데, 그 구체적인 내용은 <표 1-10>과 같다.

〈표 1-10〉 1982년 체육부 신인선수 발굴 및 육성계획[82)]

구분	1단계	2단계	3단계
선발예정인원	10만 명	1만 명	5천 명
선발기준	○각종대회 출전선수 ○체력검사 1급자 ○중학교장 추천자 ○비취학자 중 유망자 또는 희망자	○공통기준치적용선발 (20-30개 항목)	○기계측정으로 선발 ○기준치: 46개 항목
주 관	시·도체육회 및 교육위원회	시·도체육회	대한체육회 순회측정
기 간	1982년 9월 혹은 10월	1982년 10월-11월	1982년 11월-12월

이같은 계획에 따라 선발된 유망주에 대한 육성방법은 해당종목 육성지정교(체육중·고·대학교 포함) 전학 조치, 체육특기자 장학금 혜택 부여, 기록카드 비치로 성장과정 추적, 정밀 적성검사 실시, 주니어대표선수 또는 국가대표선수 선발 등이었다.

81) 體育青少年部, 『體育青少年行政10年史』, 90~91쪽.

82) 「제113회 국회회의록 1차」, 1982, 14~15쪽.

우선 스포츠과학연구소는 각계 체육인들로부터 꿈나무 사업에 대한 의견을 수렴하여 과거의 올림픽게임, 아시안게임 및 각종 국제경기대회와 주요 국내경기대회에서의 기록을 분석하여 우수선수들의 연령 평균치를 산출했다. 이를 토대로 84로스앤젤레스 올림픽게임과 86아시안게임, 그리고 88서울올림픽게임 등에 출전할 수 있는 선수 적정 연령표를 작성했다. 체육부는 이를 참고로 하여 꿈나무 선발 육성을 위해 시·도 교육위원회의 협조를 얻어 초·중·고교생 600만 명 가운데 학교체력검사에서 특급 내지 1급을 받은 학생 10만 명을 대상으로 종목별 선수 선발기준에 의한 체력검사를 실시하여 4,359명을 선발했다.[83]

체육부와 스포츠과학연구소의 노력으로 발굴된 4,359명의 꿈나무들은 동·하계 방학기간 중 합숙훈련을 통해 전문가의 훈련지도와 평가를 받아 정예화 과정을 밟았으며, 우수 인재의 지속적 발굴을 위해 매년 봄·가을 두 차례씩 정기적으로 신인선수를 추가로 선발하여 이 정예화 과정에 포함시켰다.

이렇게 선발된 선수들을 대상으로 강도 높은 훈련이 실시되었다. 즉 1986년 아시안게임에 대비하여 1984년 11월부터 1986년 9월까지 약 700일간의 강화훈련을 실시했고, 1988년 올림픽게임을 대비해서는 1986년 11월 17일부터 1988년 9월 16일까지 504일간 9단계에 걸쳐 훈련을 실시했다.[84] 이런 과정에서 1988년 7월 하계합숙훈련을 정예화하여 꿈나무 신인선수 976명을 선발했다.[85] 하지만 이때 시도된 꿈나무 육성제도는 선수와 부모의 열의 부족, 기초 경기력을 경시한 선수 선발, 일선 교사들의 전문 지도력 부족 등으로 효과적인 선수 육성에는 미흡했다는 평가도 뒤따랐다.

이에 따라 정부는 국가대표 2진급 선수중 우수선수를 선발 육성하는 후보선수 육성제도를 제시했다.[86] 그 내용은 첫째 하계종목은 매년 동계 합숙훈련 전에(12월) 각 경기단체에서 후보선수를 결정하고, 이를 하계 합숙훈련 전(7월)에 보완 조정하도록 하되, 후보선수 정원의 30% 이상이 결원될 경우, 연중에도 보충이 가능하도록 할 것, 둘째 동계종목의 후보선수 선발은 각 종목의 특성과 경기대회 일정을 고려하여 4월 이전에 하되 정기 합숙훈련을 폐지하고 이를 특별훈련으로 대체하는 한편 동하계 합숙훈련에는 확정된 후보선수만 참가하도록 했다.

이런 결과로 수영, 체조, 레슬링, 역도, 핸드볼, 유도 등의 종목은 대부분의 후보선수가 대표선수로 발탁되었고, 미개발종목은 후보선수가 주축을 이루면서 경기력이 크게 향상되었다. 또한 체계적인 훈련과 자율적인 훈련이 이루어져, 실질적인 국가대표의

83) 體育青少年部, 『體育青少年行政10年史』, 93~94쪽.

84) 李康雨, 앞의 글, 21쪽.

85) 體育青少年部, 『體育青少年行政10年史』, 95쪽.

86) 위의 책, 96쪽.

저변이 확대되었다. 그 결과 결국 86·88 양 대회에서 후보선수는 각각 전체 참가선수의 31%와 44%를, 메달획득에선 금메달의 경우 38%, 50%를 차지하는 것으로 나타났다.[87]

특히 체육부가 창설된 1982년부터 체육학교 설립이 전국적으로 확산되어 경남체육고등학교, 충북체육고등학교, 충남체육고등학교, 강원체육고등학교 등이 설립되었다.[88] 체육중·고등학교는 특히 비인기종목의 우수선수를 육성하는 요람이 되어 엘리트스포츠 육성의 견인차 역할을 했다. 또한 1983년부터 체육중·고교가 중점적으로 육성하고 있는 종목의 선수 육성경비를 거의 매년 1억여 원 이상 지원했으며, 1984년부터는 전국 체육고등학교간에 핑가의 상을 마련하고자 전국체육고등학교체육대회를 창설하고 그 예산을 지원했다.[89]

경기지도자 양성에서도 체육부가 주관함에 따라 확대·발전되는 전기가 마련되었다. 즉 대한체육회의 경기지도자양성소를 폐지하고, 1983년 9월 한국체육대학을 2급 경기지도자연수원으로 지정하는 변화를 가져왔다.[90] 또한 군복무로 인한 경기력 저하를 막기 위해 실시되었던 군체육을 활성화하기 위해 국군체육부대도 설립했다. 1982년 제9회 인도 뉴델리아시안게임에서 한국이 종합 3위를 차지하는데 주역을 담당했던 웅비팀을 보강하여 86아시안게임과 88서울올림픽게임에 대비하려는 국방부 계획에 따라 1983년 8월 22일 국군체육부대 창설준비위원회가 발족했으며,[91] 1984년 1월 1일 대통령령 제11288호에 따라 웅비, 해룡, 성무를 통합한 국군체육부대가 창설되었다.[92]

국군체육부대의 창설 목적은, 첫째 86아시안게임과 88서울올림픽게임을 대비하여 체육발전에 기여하고, 둘째 군복무 우수선수를 발굴하여 집중 지도하며, 셋째 군 특성에 부합되는 종목을 중점관리(사격 및 개인 투기종목)하고, 넷째 군체육 및 장병들의 체력 향상을 도모하며, 다섯째 군·관·민 체육유대를 강화하는 것 등이었다.[93] 편성기준은 당시 육군체육지도대 편제 기준에 따랐다. 군별 병력 배정은 국방부 직할부대 군별 정원 분포비율에 따라 육군 80%, 해군 11%, 공군 9%로 하고, 지도관은 장교 또는 군무원, 코치는 준사관 또는 군무원으로 정했다. 또 선수는 혼합편성을 배제하여 운동종목별 단일군으로 편성했으며, 럭비, 야구, 태권도 등 비올림픽종목과 구기종목 같은 인기종목들은 군별로 적당히 분배했다.

국군체육부대는 각종 국내외 경기대회뿐 아니라 국제군인체육대회 등에 지속적으

87) 위의 책, 98쪽.
88) 위의 책, 251쪽.
89) 위의 책, 253쪽.
90) 대한체육회, 『大韓體育會七十年史』, 451쪽.
91) 국군체육부대, 『부대사』 제1권, 1쪽.
92) 위의 책, 12쪽.
93) 위의 책, 1쪽.

로 참가하여 군사외교활동의 일익을 담당했다. 국군체육부대는 군대라는 특수한 환경을 활용하여 강도 높은 선수훈련을 계속하면서 우수선수들을 국내외 경기에 참가시키는 등 한국체육의 질적 수준 제고에 크게 기여했다. 그 대표적인 사례를 든다면, 86아시안게임에서 국군체육부대 상무팀은 금 15개, 은 9개, 동 13개를 획득하여 한국이 종합 2위를 차지하는 데 결정적인 역할을 했다.[94] 상무팀은 86아시안게임에서 한국이 차지한 금 93개 가운데 16%에 해당하는 15개를 획득했고, 88서울올림픽게임에서 한국이 차지한 금 12개 가운데 3개를 차지하여 종합성적 세계 4위를 달성하는 데 결정적으로 기여하여 소기의 목적을 충분히 달성하고도 남음이 있었다.

한편, 전두환 정부는 86·88 양 대회를 대비하여 국가대표선수 강화훈련을 기후나 계절에 변화 없이 계속 추진할 수 있도록 기존 국가대표선수들의 훈련장소로 이용했던 태릉선수촌 외에 온대 지역인 진해에 전지훈련시설을 설치했다. 진해시 자은동에 마련된 '태릉훈련원 진해훈련분원'으로 불린 진해선수촌이 그것이다. 진해선수촌은 국가대표선수들이 동계훈련시에 사용했을 뿐만 아니라, 국가대표 후보선수들의 훈련 장소로도 이용되었으며, 1983년 3월 20일에 후보지로 선정된 후 1984년 10월 30일 선수촌을 열었다. 그런데 진해선수촌은 동아대학교박물관 조사팀의 발굴조사에 의해 부지 일대가 6세기 초에 축조되어 고려초까지 사용된 산성 유적지로 판명되어 더 이상의 확장이 어렵고, 동계훈련을 위해 태백선수촌 건립 등이 뒤따라 1996년 말까지 사용하고 폐촌되었다.

스포츠과학은 86아시안게임과 88서울올림픽게임을 대비하기 위해 경기력 향상을 위한 다각적인 연구의 필요성이 대두되면서 제고되었다. 스포츠과학의 진흥을 위해서는 우수한 연구인력, 첨단 정밀실험기자재, 관련 정보 가용능력 확보 등 연구 여건의 조성이 필요했다. 또한 이를 위해 스포츠과학 연구역량을 보강하고 체육관련 연구소를 육성하며, 스포츠과학 연구인력의 해외연수 등을 뒷받침할 연구진흥기금 조성이 요구되었다. 하지만 1970년대까지는 경제적인 여건이 뒷받침되지 못해 이러한 조건을 골고루 충족시키기가 힘들었다.

그러다가 1980년대에 접어들면서 86·88대회에 대한 관심 제고와 함께 무려 22개의 대학부설 스포츠과학연구소들이 설립되어 1990년에 설립된 4개의 연구소를 포함하여 모두 35개의 대학부설 스포츠과학 관련 연구소들이 있었다. 이들 대학부설 연구소들은 선수들의 체력과 기술 향상을 위한 과학적 연구를 선도하고, 그 결과를 논문으로 발표했으며 체육관련 연구인력 양성에 밑거름이 되었다.

먼저 대한체육회는 스포츠과학위원회를 확대 개편하여 1980년 12월 29일 태릉선수

94) 위의 책, 83쪽.

촌 내에 스포츠과학연구소를 설립했다.[95] 스포츠과학연구소는 연구·개발, 교육 및 현장적용 등 세 분야로 나누어 주로 기초연구와 선진스포츠과학의 도입, 코치·선수·체육전공자 교육 및 스포츠세미나 등을 통하여 국가대표선수와 상비군선수에 대한 과학적 지원에 크게 기여했다.

1986년 2월에 접어들어 전두환 대통령은 86아시안게임과 88서울올림픽게임을 준비하는 과정에서 나타난 문제점들을 체계적으로 해결해 가기 위해 스포츠과학 진흥대책을 세우도록 특별지시를 내렸다. 이에 따라 국민보건, 체육진흥을 위한 스포츠과학 개발보급방안이 새롭게 검토되기 시작했고, 선수들에 대한 과학적 훈련방법 개선을 위해 스포츠과학연구소를 활성화하는 방안이 연구·검토되었다. 그리하여 독자적 운영체제를 갖춘 종합적 연구기관인 한국체육과학연구원이 1989년 5월 25일에 설립되었다.[96]

이렇게 한국체육과학연구원은 1980년 12월에 설립된 스포츠과학연구소가 대한체육회로부터 분리되어 재단법인의 형태로 출발[97]한 것으로, 더이상 대한체육회에 예속되지 않는 독립적인 지위를 확보하고 연구기능의 확대를 통해 스포츠과학의 발전을 도모하는 새로운 계기를 이루었다. 한국체육과학연구원은 그 동안 우수선수 지원사업에 치중하여 기형적으로 편중되었던 연구활동의 범위를 넓혀 기초연구와 순수학문연구의 비중을 높였으며, 순수학문연구와 응용과학연구가 균형적으로 발전할 수 있도록 했다. 스포츠과학 분야에서도 특정 분야에 국한했던 연구활동을 전체 국민을 위한 연구로 그 영역을 넓히면서 국민체육신흥을 위한 새로운 프로그램 개발에 박차를 가했다.

연구원의 기구 편성을 보면 기획조정실 밑에 기초과학부, 응용과학부, 생활체육연구부 등 연구 전담부서를, 연수부와 전산실, 체력관리센터 등을 두었다.[98] 특히 생활체육연구부와 체력관리센터는 주로 국민체육진흥을 위한 프로그램 개발과 국민의 체격·체력연구를 담당하여 국민생활체육시대의 개막을 이끌었다.

연구원은 88서울올림픽게임 당시 총 204종 321점의 스포츠과학 기자재를 보유하여 대표선수 경기력 향상을 위해 사용했고, 1989년 이후에는 일반대학에도 이를 개방하여 체육관련 학과 학생들이 활용토록 했으며, 동·하계 방학기간 중에는 일선 체육교사와 대학생 및 경기지도자 등을 대상으로 기자재 연수를 실시하여 현장 활용도와 활용범위를 확대해 나가는 등 스포츠과학의 보급에 힘썼다.[99] 특히 올림픽 이후 경제발전과

95) 대한체육회, 『大韓體育會七十年史』, 457쪽.

96) 『체육』, 1987년 6월호, 13쪽.

97) 體育青少年部, 『體育青少年行政10年史』, 123쪽.

98) 『체육』 1987년 6월호, 12쪽.

99) 體育青少年部, 『體育青少年行政10年史』, 124쪽.

여가시간의 증대로 여가 환경의 복지화, 체육내용의 다양화, 스포츠활동의 활성화, 체육방법의 합리화 등을 통한 국민체력의 증진, 국민화합 및 건전사회 조성, 경기력의 대외경쟁력 우위 확보 등 선진 스포츠과학 국가로의 도약을 이끌어 내는 원동력이 되었다.

그러나 한편으로는 연구업적이 자연과학 중심이었고 체육정책 과제 수행이 부족하여 정책적인 발전을 뒷받침하지 못했다는 비판을 면치 못했다. 또한 연구원이 1998년에 국민체육진흥공단 산하로 편입되면서 독자성을 잃게 되었다는 우려도 자아냈다. 그러나 국민체육진흥공단으로 편입된 이후에 오히려 연구방향이 체력관리 등 자연과학 위주에서 사회과학과의 균형을 이루기 시작하여 실질적인 기능과 역할이 되살아나는 결과를 가져왔다.

이렇게 전두환 정부의 엘리트스포츠정책은 아시안게임과 올림픽게임 등 국제경기대회에서 성적을 높여 국위를 선양한다는 체육입국을 실현하기 위한 단기적 방안으로 결국 정통성 확립을 궁극적 목표로 한 스포츠내셔널리즘을 반영한 것이다. 하지만 전두환 정부는 이같은 단기적 성과의 폐단을 인식하고 보다 체계적인 엘리트스포츠 강화정책을 마련하고자 했다. 그 결과가 바로 서울대학교 체육연구소가 1986년 제출한 체육진흥을 위한 장기계획이었다. 그 2차 보고서에서는 우수선수 발굴과 육성방안의 기본방향을 대한체육회로 일원화하고, 전체 학생을 대상으로 하되 경기력은 물론 잠재능력을 고려하여 발굴할 것을 제시했다. 이를 위한 추진과제로 지속적으로 우수선수의 보급원을 마련하고, 신인선수들을 정기적으로 발굴 육성, 평가할 수 있는 종합선수발굴센타의 건립을 제안했다. 이 센타의 임무는 연차별 발굴사업 추진, 선발 기준치의 지속적 보완, 측정 및 검사도구 개발 및 보급, 해외동포 우수선수 발굴사업 추진, 각종 경기대회 선수 발굴기능 제고 등을 제시했다.[100]

또한 지금까지 선수 육성이 발굴된 신인선수에 대한 무계획적, 비과학적 합숙훈련 강행, 선수수명 단축, 사회적응능력 감소 등의 문제를 갖고 있다고 지적하고, 선수육성의 기본 방향을 첫째 일반 기초체력 단련과 전문체력, 종목별 기초이론 등의 단계별 훈련, 체육계 학교의 시설 환경 확충, 체육영재의 학력 제고 등을 제시했다. 선수양성을 위한 체계적 방안의 하나로 스포츠영재학교의 설립과 기존 한국체육대학 운영의 개선 등도 제시했다.[101] 이같은 제안은 1989년 체육부의 '체육·청소년 장기종합계획안'에 일부 반영[102]되기도 했다.

요컨대 전두환 정부는 박정희 정부때 확립된 엘리트스포츠정책을 더욱 확대하여

100) 서울大學校 師範大學 體育研究所, 『體育振興長期計劃-제2차 중간보고서-』, 1986, 101쪽.

101) 위의 책, 105~109쪽.

102) 體育部, 『體育·青少年 長期綜合計劃(案)』, 1989, 106~113쪽.

86아시안게임과 88서울올림픽게임을 대비하고자 했다. 이는 물론 쿠데타로 집권했다는 한계를 극복하기 위한 것이었다. 체육입국은 바로 이런 사정을 반영한 구호였다. 물론 전두환 정부의 엘리트스포츠정책은 양 대회의 성공적 개최만을 염두에 둠으로써 단기적인 성적 향상에 치중한 선수육성에 주안점을 두었다. 그러나 과학적 선수육성체계의 확립, 스포츠과학 진흥부문에서 커다란 진전을 이루었다. 특히 체육부의 신설에서 보듯 지금까지 문교행정의 차원에서 추진됨으로써 범정부적 지원체계가 미흡한 엘리트스포츠정책을 독립된 중앙행정부처로 단일화함으로써 획기적인 전기를 마련할 수 있었다. 이에 따라 박정희 정부때보나 확충된 예산을 전적으로 엘리트스포츠정책 부문에 투입함으로써 엘리트스포츠 발전에 커다란 공헌을 한 것은 긍정적으로 평가해야 할 것이다. 하지만 아시안게임과 올림픽게임만을 염두에 둠으로써 엘리트스포츠의 지속적 발전을 위한 체계적 정책수립으로 이어지지 못했다. 이는 결국 올림픽 이후 엘리트스포츠 위주의 정책에 대한 비판은 물론이고, 균형있는 체육발전을 모색하는 데 장애로 작용했다는 점에서 한계라고 지적할 수 있다.

4) 엘리트스포츠의 선진화

노태우 정부는 대통령직선제를 핵심으로 한 헌법개정에 따라 1987년 12월 실시된 국민투표의 결과로 탄생했다. 따라서 노태우 정부는 정통성 문제에서 반금은 과거 군사정권과 달리 상대적으로 자유로왔다. 다만 대통령 자신이 제5공화국 핵심인물이었으며, 국가정책의 수행에서도 군사정권의 한계를 갖는 권위주의적 정부였다. 그만큼 군사정권의 연속성을 지니고 있었던 것이다. 하지만 노태우 정부가 민주화운동의 성과로 탄생했기 때문에 보다 민주주의적 요소를 부각시키기 위한 정책적 고려가 요구되었다.

체육정책 역시 이런 사정을 반영하여 생활체육을 보다 강조하기에 이르렀다. 이는 특히 올림픽 이후 조성된 생활체육에 대한 국민적 관심의 제고, 엘리트스포츠 위주 정책에 대한 반성 등 환경변화에 대처해야 했기 때문이었다. 하지만 생활체육에 대한 정책적 고려를 강조했음에도 예산배정에서는 여전히 엘리트스포츠 부문에 집중되었다. 예컨대 1988년부터 1992년까지 전체 체육예산중 선수육성 부문에만 48.3%, 38.5%, 38.6%, 40.8%, 41.7%가 지출된 것에 비해, 생활체육에는 1992년 5.0%가 최대로 반영되었을 뿐이었고, 이전에는 0.5%~3.8%만 배정되는 정도였다.[103)]

그만큼 국제경기에서의 성적이 국력 과시와 국위 선양에 직결된다는 스포츠내셔널리즘적 이념이 노태우 정부의 체육정책에도 그대로 관철되었던 것이다. 다시 말해 세계 10대 무역국이라는 국력을 바탕으로 국제사회에서의 지위를 고양하고, 국위 선양을

103) 임용태, 앞의 글, 98쪽 표 26 참조.

통하여 평화적 민족통일의 길을 여는 데 엘리트스포츠정책의 목표를 설정한 것이다.[104)]

이렇게 생활체육 중시라는 공식적인 정책기조와 달리, 엘리트스포츠 위주 정책을 수립한 이유는 엘리트스포츠의 환경이 크게 변했기 때문이었다. 즉 1985년 이후 초중고등학교의 등록선수가 점차 감소했으며, 프로화에 따른 우수선수의 국가대표 선발 기피 현상이 나타났다.[105)] 특히 체육특기자 육성이 특정종목에 치우치거나 특기자에 대한 부정적 인식의 심화, 올림픽 이후 경기단체에 대한 기업후원의 축소 등으로 엘리트스포츠의 기반이 약화되고 있었기 때문이었다. 이런 사정으로 체육부의 폐지안이 나올 정도였다.

따라서 노태우 정부는 엘리트스포츠정책의 환경을 개선시키기 위한 선진화방안을 마련하고자 했다. 먼저 체육부의 폐지안을 극복하고 청소년업무를 포함한 체육청소년부를 신설하기에 이르렀다. 이로써 엘리트스포츠 영역을 담당하는 조직은 그대로 존속되는 등 대부분 체육부 조직은 체육청소년부에 이관되었다. 또한 국민체육진흥법을 개정하여 국민체육진흥재단을 '서울올림픽기념 국민체육진흥공단'으로 개편했다.[106)]

그 개편의 핵심은 체육복표의 발행(제19조의 2)에서 보듯이 공단의 수익사업을 확대하여 엘리트스포츠를 지원하는 데 있었다. 이런 사정은 1989년 이후 1992년까지 기금의 지원현황[107)]을 통해 확인할 수 있다. 즉 기금은 올림픽기념사업과 청소년육성, 국민체육진흥사업에 지원되었는데, 이중 순수 체육활동을 지원하는 항목은 국민체육진흥사업이었다. 이 사업에 투여된 기금은 47.1%인 339억 원이었다. 이중 대한체육회, 한국체육과학연구원, 후보선수 육성, 국군체육부대, 체육인 복지 등 엘리트스포츠와 관련된 항목에만 사업비의 65.2%인 221억여 원이 지원되었다. 이는 전체 기금 719억 원의 31%로 같은 기간 생활체육분야에 지원된 110억여 원의 2배가 넘는 액수였다. 결국 국민체육진흥공단은 순수 체육활동에만 지원된 기금을 고려할 때 엘리트스포츠 지원을 염두에 둔 조처라고 할 수 있다.

이렇게 노태우 정부는 행정적 지원에서만 아니라 실제 예산집행과 법적 정비를 통해 엘리트스포츠 위주의 정책을 유지했던 것이다. 이런 노태우 정부의 엘리트스포츠정책은 우수선수 육성에 중점을 두었다. 하지만 아시안게임과 올림픽게임에 대비하여 이미 많은 우수선수를 발굴했기에, 따로 선수 발굴을 시도하기 보다는 선발된 우수선

---

104) 공보처, 『第6共和國實錄』 4, 1992, 426쪽. "우리의 경우 역시 세계 10대 무역국으로 떠오른 국력을 바탕으로 국제사회에서의 당당한 위치를 자랑하고, 이러한 국위선양을 통하여 평화적 민족통일에의 길을 열어가기 위해서는 엘리트스포츠 정책 목표의 달성이 필요불가결한 것이었다."

105) 體育青少年部, 『第7次 經濟社會發展5個年계획-體育部門計劃』(1992-1996), 1991, 11쪽.

106) 한국법제연구원, 『대한민국법률연혁집』 13, 302~12쪽.

107) 문화체육부, 『체육진흥정책평가회 자료』, 1994, 338~339쪽 공단의 지원실적 표 참조.

수에 대한 육성방안에 주력했다. 이는 엘리트스포츠를 위한 기본 사업으로 메달획득 유망종목의 집중지원, 선수와 지도자 자질향상을 위한 해외 전지훈련, 외국인 코치 초빙, 우수 선수의 사기진작을 위한 환경개선 등을 설정[108]한 사실에서 알 수 있다. 그러나 메달 가능성이 높은 종목에 집중한 사실로 보아, 베이징아시안게임과 같은 국제종합경기대회를 대비하는 수준에 머물렀다. 그 결과 이런 국제적인 경기대회가 있는 연도에만 예산규모나 참가인원이 소폭 상승할 뿐, 전체적으로 88서울올림픽 이후 감소하는 추세였다.[109]

한편으로 노태우 정부는 88올림픽을 대비하여 실시한 꿈나무 육성정책이 실효를 거둘 수 없다는 판단[110]에서 후보선수 육성체계를 개선하는 방안을 마련하기도 했다. 기존에는 경기단체 등에서 추천받은 후보선수를 기존 후보선수와 함께 기존 1년 2차례에 걸쳐 합숙훈련을 실시하여 최종 선발했다. 이 경우 대부분의 경기단체는 연중 시행되는 각급 경기대회를 통해서만 선수의 경기력을 파악할 수 있다. 특히 동계종목의 경우 그 특성상 동계합숙훈련과 시기가 겹치는 문제가 있었다. 그 훈련비도 1989년에는 6억여 원이 감액되었다.

노태우 정부는 이런 문제를 해소하기 위해 1989년 2월 선수 육성체계의 개편방향을 모색했다. 즉 대회성적, 잠재력, 연령 등을 통해 경기종목별로 선발기준을 마련하여 협의체 등에서 선발을 확정하고, 선발된 선수들을 경기단체와 시·도교육위원회, 대학에서 육성하도록 한 것이나.[111] 그 해 8월에는 이를 실현하기 위한 구체적 추진방향을 제시했다.[112] 또한 체육중·고교의 급량비, 훈련비 등을 현실화하여 국고보조 부담률을 30% 수준까지 올릴 계획을 세웠다.[113] 하지만 이같은 계획은 제때 실행되지 못하여 등록선수는 매년 평균 1.37%씩 증가하고 있음에도, 초중등학교 등록선수는 자원부족으로 계속 감소하여 초중등학교의 선수육성대책이 시급히 요구되었다.[114]

이렇게 88서울올림픽 이후 노태우 정부는 변화된 환경에 따라 엘리트스포츠 위주의 정책이 갖는 한계를 극복하기 위해 엘리트스포츠 선진화방안을 모색하기에 이르렀다. 하지만 기존 정책에서 예산을 어느 정도 확대하거나 제도적 장치의 마련에 지나지 않는 등 커다란 변화를 가져오지는 못했다. 이에 따라 1991년 제7차 경제사회발전 5개년계획에서 엘리트스포츠정책을 위한 종합적 대책이 제시되었다. 그 목표는 체육강국

108) 공보처, 앞의 책, 464쪽.

109) 體育青少年部, 『體育青少年行政10年史』, 72~76쪽.

110) 위의 책, 96쪽.

111) 體育部, 『올림픽이후의 體育政策에 관한 公聽會 結果報告』, 1989, 76~77쪽.

112) 體育部, 「體育·青少年 長期綜合計劃(案)』, 106~113쪽.

113) 體育青少年部, 『體育青少年行政10年史』, 255쪽.

114) 體育青少年部, 『第7次 經濟社會發展5個年計劃-體育部門計劃』(1992-1996), 11쪽.

의 위치 견지, 국위 선양, 체육활동의 의욕 고취 등이었다.[115]

이런 목표를 달성하기 위한 조처로 후보선수 육성, 대표선수 양성, 경기지도자의 양성 및 활용, 국내경기대회의 개선, 체육인 복지증진 등을 중심으로 한 선진적인 정책 방안을 제시했다. 그 내용을 보면 후보선수 육성의 경우[116] 과학적 진단을 기초로 선수선발의 기준을 기존 경기력 외에 잠재력과 연령 등을 종합적으로 고려하되, 육상, 수영, 사격 등 기본종목을 우선적으로 실시하도록 했다. 그 대상도 해외교포 등으로 확대했다. 대표선수 양성의 경우는 코치와 선수의 처우개선을 통한 사기앙양, 훈련시설 확충, 훈련인원 확대, 해외 전지훈련 및 스포츠선진국 선수 및 코치 초청훈련 등의 방안을 마련했다.

경기지도자의 경우[117] 양성인원이나 교육기관의 확대는 물론이고 연수교육과정의 개선도 마련하여 단계적으로 유자격자들을 국가대표 및 각급 지도자로 활용코자 했다. 특히 노태우 정부는 전두환 정부보다 체육지도자 양성에 대해서 정책적 비중을 제고했다. 가령 전두환 정부때 지도자 양성에는 체육지도부문 예산중 0.1~0.5%만 반영한 것에 비해 최대 2.5%까지 예산을 집행한 것[118]이 이런 사정을 잘 보여준다. 지도자 교육체계도 개편했다. 즉 1989년 국민체육진흥법 제11조에 따라 기존의 2급 경기지도자 및 태권도 지도자 양성을 위한 연수기관인 한국체육대학과 국기원 외에 한국체육과학연구원을 1급 경기지도자연수원으로 지정하여[119] 명실공히 가장 권위 있는 경기지도자 양성기관으로 발전하는 토대가 마련되었다.

경기지도자 연수는 1급 경기지도자의 경우 연 1회, 2급 지도자 연수는 방학기간인 1월과 7월 연 2회 실시되었다. 그 연수과목은 경기지도자의 등급에 따라 1급 과정과 2급 과정이 연계될 수 있도록 편성·운영되었으며, 경기지도자 자격검정은 국가고시로서 연수과정을 이수한 자를 대상으로 실시되었다. 경기지도자 자격검정에 합격한 자에게는 정부가 경기지도자 자격증을 교부하여 그 자격을 인정했다.[120]

그 밖에도 우수선수 발굴의 모태가 되는 국내경기대회의 운영방식을 개선하여 소년

115) 위의 책, 19쪽.

116) 위의 책, 19~21쪽.

117) 위의 책, 26~30쪽.

118) 임용태, 앞의 글, 71쪽 표 16참조.

119) 공보처, 앞의 책, 465쪽.

120) 李學來, 『韓國體育百年史』, 478쪽. 경기지도자 자격검정종목은 육상, 축구, 테니스, 연식정구, 탁구, 핸드볼, 역도, 복싱, 빙상, 유도, 체조, 사이클, 농구, 배구, 씨름, 럭비풋볼, 레슬링, 수영, 야구, 스키, 승마, 아이스하키, 하키, 검도, 궁도, 사격, 펜싱, 배드민턴, 조정, 롤러스케이팅, 요트, 볼링, 양궁, 카누, 골프, 근대5종, 수상스키, 산악, 보디빌딩, 세팍타크로, 수구, 소프트볼, 우슈 등 44개 종목이다.

체전이나 전국체전의 경우 지역 및 국민축제로 승화시켜 관심을 제고하도록 했다. 특히 시·도별 대회 우승자나 팀이 참가하도록 하여 경기력 향상에 주안점을 두었다.[121] 체육인복지의 경우 취업기회의 알선 확대 외에 대표선수나 후보선수에게 한정했던 상해보험금을 일반선수에게까지 확대 지급하도록 했다.[122]

스포츠과학의 경우[123] 연구인력의 확대 및 활용을 제고하기 위한 조처로 체육과학연구원과 대학간의 인력교류는 물론이고, 관련 과학연구소 등과의 협동 연구체제를 구축하는 방안 등을 마련했다. 나아가 국민체육진흥법을 개정하여 한국체육과학연구원의 기능을 법인화하여 법적 지위를 강화하고, 스포츠과학의 중심기구로 확대하고자 했다.

요컨대 노태우 정부는 88올림픽 이후 위축된 엘리트스포츠 환경의 변화에 맞춰 그 선진화 방안을 위한 정책을 모색했다. 특히 기존 체육부 조직을 사실상 유지시킨 체육청소년부의 설립은 체육부 폐지 여론을 극복하여, 엘리트스포츠정책을 위한 행정기구의 존립을 가능하게 했다는 점에서 큰 의의를 갖는다. 체육예산에 있어서도 국민체육진흥공단 기금의 배정에서 볼 수 있듯이, 생활체육 활성화라는 정책기조와 무관하게 엘리트스포츠정책이 여전히 우선시되었다.

하지만 이같은 정책기조와 어긋난 엘리트스포츠 위주 정책은 본질적 측면에서 엘리트스포츠의 선진화 정책을 확립하는 데 장애가 되었다. 여전히 체육특기자 문제, 메달획득 유망종목에 치중된 팀 및 선수층의 구성 등 과거 엘리트스포츠 위주 정책의 한계가 반복되었다. 특히 남북체육교류가 진전을 보이면서, 과거 남북대결과 국제대회에서의 성적을 염두에 둔 엘리트스포츠는 더 이상 국민통합적 기능을 유지하기가 어려워졌다. 또한 선수와 코치 등 우수 인력이 프로스포츠에 더 관심을 갖게 되는 등 엘리트스포츠 환경이 크게 변모했다. 그럼에도 노태우 정부는 여전히 경기력 향상을 통한 국위 선양이라는 과거 스포츠내셔널리즘적 정책목표를 고수했던 것이다.

2. 문민정권기의 민간주도형 엘리트스포츠

1) 엘리트스포츠의 파행화

김영삼 정부는 30여 년간 집권한 군사정권을 종식시키고 출범한 문민정부였다. 따라서 김영삼 정부의 당면과제는 군사정권 시기 과도하게 사회 각 부문에 걸쳐 있던

121) 體育青少年部, 『第7次 經濟社會發展5個年計劃-體育部門計劃』(1992-1996), 30~31쪽.

122) 위의 책, 32쪽.

123) 위의 책, 73~76쪽.

권위주의적 요소를 해소하는 데 있었다. 이런 사정은 대통령취임사에서 밝힌 성숙한 민주사회 즉, '신한국창조'라는 슬로건이 잘 보여주고 있다. 따라서 김영삼 정부의 정책기조는 군사정권 시기의 국가주의적·권위주의적 성격을 탈피하여 민주사회에 걸맞는 민간의 자율성을 보장하는 데 주안점을 두어야 했다.

그런데 김영삼 대통령이 밝힌 신한국은 신자유주의라는 세계적 흐름에 적응한다는 명분과도 밀접한 관련이 있었는데, 국가경쟁력 제고라는 슬로건하에 추진한 정부기구 축소가 그 단적인 사례이다. 이 과정에서 군사정권의 잔재라는 이유로 체육청소년부가 1993년 3월 법률 제4541호에 따라 문화체육부로 통합·개편되었다. 개편 때에는 기존 체육부조직이 일부 축소되었어도 기본적인 업무 영역은 보장되었다. 그러다가 1994년 12월에는 체육지원국이 폐지됨으로써 엘리트스포츠정책을 담당하는 행정기능이 부실해졌다. 이로써 체육행정조직은 체육정책국(체육기획과, 생활체육과, 지원육성과, 체육시설과), 국제체육국(협력총괄과, 국제경기과, 해외협력과)의 2국 7과 77명으로 축소되었다.[124)]

이러한 행정기구의 축소는 1993년 7월 김영삼 정부가 엘리트스포츠 정책과제로 내세운 '체육단체의 자율성 제고'라는 정책적 기조[125)]하에서 이루어졌다. 이런 정책기조는 결국 1993년 12월 국민체육진흥법의 개정에도 그대로 반영되었다. 즉 법률 제4689호에 따라 개정된 동법[126)]에서 엘리트스포츠 육성과 관련한 조항을 삭제해 버렸다. 가령 국가의 우수선수 및 체육지도자 육성을 위하여 필요한 장려제도 마련을 규정한 제15조의 2항, 국영기업체 및 정부관리 기업체의 선수, 체육지도자 보호 및 육성에 필요한 조치를 규정한 3항이 삭제된 것이다. 이같은 법적·행정적 조처는 엘리트스포츠에 대한 국가지원 축소를 선언한 동시에, 엘리트스포츠 영역 역시 국가보다는 민간의 자율에 맡긴다는 정책적 의지를 밝힌 것이다.

역설적이지만 김영삼 정부는 세계 10위 이내의 경기력을 유지하기 위한 엘리트스포츠 육성정책도 제시했다. 이는 다극화되는 국제사회에서 엘리트스포츠가 국가위상 제고와 국가 홍보, 국민 사기진작 및 일체감 조성 측면에서 여전히 유효하다고 인식했기 때문이다. 그 결과 김영삼 정부는 생활체육을 최우선한다는 정책을 마련했지만, 사실상 생활체육보다는 엘리트스포츠에 보다 많은 정책적 관심을 기울였다.

이런 사정은 국민체육진흥기금에서 각 부문별로 투입된 기금 현황이 잘 보여주고 있다. 1993년부터 1997년까지 국민체육진흥에 지원된 기금은 271억 원, 354억 원, 431억 원, 439억 원, 478억 원이다. 이중 엘리트스포츠 부문에 배당된 기금은 각기 180억 원

124) 문화관광부, 『2002체육백서』, 41쪽.

125) 문화체육부, 『국민체육진흥5개년계획』, 1993, 18쪽.

126) 한국법제연구원, 『대한민국법률연혁집』 13, 302-16~302-20쪽.

(66.4%), 247억 원(64.4%), 228억 원(53%), 219억 원(50%), 247(51.7%)억 원이었다. 반면 같은 기간 생활체육에 투입된 기금은 86억 원(31.7%), 93억 원(26.3%), 104억 원(23.7%), 112억 원(25.5%), 143억 원(30%)이었다.[127] 비록 엘리트스포츠에 대한 지원의 비중이 감소하긴 했지만, 같은 시기 생활체육에 대한 기금의 배당은 평균 30%에도 못미치는 형편이었다. 그만큼 김영삼 정부에서도 생활체육 중시라는 공식적인 정책과 달리 엘리트스포츠에 대한 정책적 고려가 높았던 것이다.

다만 김영삼 정부는 기존 엘리트스포츠 지원정책기조를 유지하고 여건 악화에 대한 보완적 차원의 지원내책에 치중할 것임을 분명히 했다.[128] 이를 위한 구체적인 정책과제로 우수선수의 과학적·체계적 양성, 국내경기대회 운영의 개선, 우수한 경기지도인력 양성, 체육인 복지향상 및 체육단체의 자율성 제고를 제시했다.[129]

김영삼 정부는 우수선수 양성을 위한 조처로 학교운동부 및 체육계 학교 육성을 통한 경기인구 저변의 확대, 신인선수-후보선수-대표선수로 이어지는 단계적 육성·과학적 훈련체계 구축, 동계종목 중점 육성, 훈련여건 개선 등을 마련했다. 이런 정책과제들은 기존 우수선수 양성정책방안과 다른 것은 아니었다. 물론 선수선발에서 조기교육으로 기량의 극대화와 두터운 선수층 확보를 지향하여,[130] 1993~1997년 동안 신인선수를 각각 200명, 490명, 620명, 680명, 720명씩 선발하여 홀수해에는 그 15%, 짝수해에는 20%를 후보선수로 차출하고, 후보선수는 995명, 1,100명, 1,200명, 1,320명, 1,450명씩을 선발하여 홀수해엔 15%, 짝수해엔 50%를 대표선수로 차출하여, 대표선수의 90% 이상을 후보선수에서, 후보선수의 90% 이상을 신인선수에서 충원할 수 있도록 했다.[131]

물론 선수선발이나 육성체계가 군사정권기에 비해 다소 체계적이고 과학적이었던 것은 사실이다. 하지만 실제로는 신인선수의 경우 첫해를 제외하곤 목표 인원을 크게 밑돌았다. 그나마 대표선수로 차출되는 후보선수의 비율을 보면, 매년 1,000명 내외를 선발하여 1993년 15.1%를 기록한 이후 1994년부터는 대폭 하락하여 노태우 정부 때보다 낮은 2%대를 유지했다.[132] 이는 대표선발에만 초점을 맞추었을 뿐, 체계적인 관리

127) 문화관광부, 『2002체육백서』, 81쪽 표 2-33 국민체육진흥기금 지원실적 참조.

128) 문화체육부, 『국민체육진흥5개년계획』, 1993, 154쪽. "엘리트체육이 현재 80년대와 같은 비중을 가진다고 볼 수는 없으나, 다극화되는 국제사회에서 국가위상 제고 및 국가홍보, 국민사기의 진작 및 일체감 조성 등 육성의 필요성과 실익은 계속되고 있으며,…엘리트체육의 기반이 급격히 악화되고 있음. 따라서 앞으로의 엘리트체육 진흥은 기존의 엘리트체육 지원시책을 계속 유지하면서 여건악화에 대한 보완적 차원의 지원대책을 강구해 나가야 할 것임"

129) 위의 책 1993, 18쪽.

130) 공보처, 『변화와 개혁; 金永三 정부 國政5年 資料集』 3, 1998, 625쪽.

131) 문화체육부, 『국민체육진흥5개년계획』, 1993, 168쪽.

132) 문화관광부, 『2003체육백서』, 2004, 244~245쪽 표 6-11 참조.

및 훈련을 통한 우수선수 양성은 제대로 이루어지지 않았음을 보여준다.[133] 이런 사정은 기본종목이나 기타 육성종목에 대한 정책 및 지원에도 불구하고 국제경기에서의 성적은 기존과 마찬가지로 특정종목에 의해 유지되었다는 점에서도 확인할 수 있다.

김영삼 정부가 추진한 등록선수 확대정책으로 임기 말인 1997년에는 국민체육진흥5개년계획의 시행 초기인 1994년에 비해 30% 정도 증가하여 성과를 거두었다고 평가할 수 있다.[134] 또한 세계 10위권 유지라는 엘리트스포츠정책의 목표도 달성했다. 하지만 이런 성과는 특정 종목에서 거둔 성과이지, 정부가 정책목표로 삼았던 기초종목 등을 토대로 이룬 것은 아니었다.

결국 우수선수 발굴이나 육성을 위한 제도적 개선이 그 성과를 얻는데 미흡했다. 즉 엘리트스포츠의 제도적 기반을 확립하지는 못했던 것이다. 이로써 엘리트스포츠는 다른 체육부문보다 많은 예산을 투입했음에도 불구하고, 특정 종목에 기대어 가시적인 경기력 수준만을 유지하는 데 급급했을 뿐이었다.

김영삼 정부는 경기지도자의 양성규모 확대, 자격검정제도의 개선, 현장배치의 확대 등을 계획했다.[135] 즉 1급 경기지도자의 경우 1993년 50명, 이후 1997년까지 연간 60명씩 총 290명을, 2급의 경우 1993년 700명을, 1994년부터는 연간 1,100명 수준으로 양성인원의 규모를 확대하여 1997년까지 수요의 55%인 5,100명을 양성한다는 계획을 마련했다. 또한 자격검정기관을 일원화하여 국가공인 자격시험의 권위를 확보하고, 1,2급 경기지도자의 양성체계와도 연계하도록 했다. 그리고 현업지도자의 자격요건을 강화하여 대표선수 및 후보선수의 지도능력을 향상토록 하고, 자격취득자에 대한 유인체제를 강화하여 저변 확대 및 지도자 양성제도를 활성화하고자 계획했다. 이를 위해 기존 경기지도자들이 자격증을 취득할 수 있는 유예기간을 설정하고, 대한체육회에서 전담하도록 했다. 뿐만 아니라 경기지도자의 자질향상을 위해 재교육과정을 한국체육과학연구원에 설치하도록 하고, 자격취득 후 10년 이상 경과한 자를 대상으로 연 2회 실시하는 방안도 마련했다.

그러나 김영삼 정부의 경기지도자 양성정책은 당초 목표치를 달성하지는 못했다. 이는 교육시간의 과다, 경기지도자의 신분보장 어려움 등으로 지원자가 적었기 때문이었다.[136] 그 결과 1급 경기지도자의 경우 당초 290명의 41.7%인 121명만이, 2급 경기지도자의 경우 목표인 5,100명의 절반 정도인 2,556명을 양성하는 데 그쳤다.[137] 체육인 복지

133) 박혜란, 앞의 글, 121쪽.
134) 위의 글, 122쪽.
135) 문화체육부, 『국민체육진흥5개년계획』, 203~207쪽.
136) 문화관광부, 『체육진흥정책평가회 자료』, 1998, 8쪽.
137) 문화체육부, 『국민체육진흥5개년계획』, 203~204쪽; 문화관광부, 『2002체육백서』, 465쪽 표

증진의 경우 최고기량을 기록한 소수의 선수에게 집중된 경기력향상연금에만 편중되어 진정한 의미의 복지정책을 실현했다고 평가하기에는 부족했다.[138]

대회운영의 개선방안은 불필요한 행사의 축소, 대회개최 비용의 감소 등에선 성과를 이루었으나,[139] 전국체육대회의 경우 참가인원은 1993년을 기점으로 매년 감소했으며, 전국민의 관심을 제고한다는 측면에서도 여전히 미흡했다.[140] 이런 사정은 김영삼 정부가 추진한 지방자치제 시행에 따라 국고에 의한 지원보다는 이들 지방자치체에 투입된 지방비와 기금 등으로 엘리트스포츠에 대한 재원을 마련한 결과라고 할 수 있다. 경기단체의 자율싱 제고를 위해 추진한 재정자립의 경우도 애초 매년 110억여 원을 투입할 계획이었으나,[141] 1993년부터 1995년까지 총 적립액은 207억여 원에 불과했을 뿐이었다.[142]

이렇게 김영삼 정부의 세계 10위권 경기력 유지와 같은 엘리트스포츠정책의 외형적 목표는 일부 달성되었으나, 그 내용을 보면 소기의 목표를 이루었다고 평가하기에는 미흡했다. 이는 엘리트스포츠정책을 위한 투자방식이 가급적 국고의 부담을 줄이고 지방자치단체나 민간자본을 유입하려는 민간자율화 정책에서 비롯된 것이었다.

예컨대 선수의 과학적 체계적 양성을 위해 학교운동부 육성기금을 국민체육진흥기금 외에 자치단체 출연금, 민간 찬조금 등으로 조성하고, 심지어 운동부의 운영에 필요한 예산도 육성회비에서 확보하는 방안도 마련했다. 이에 따라 학교운동부 육성에는 전체 투자계획 313억 4,100만 원 중 국고지원은 28억 1,700만 원으로 그 비중은 9% 미만인데 비해, 지방비는 38%, 진흥기금은 53%에 달했다. 특히 체육계 학교의 경우 전체 투자계획 409억 6,800만 원 중 국고는 단 13억 3,000만 원으로 전체 투자규모의 3.24%에 불과했다.[143] 그런데 진흥기금은 체육복표, 경륜·경정, 경기장 이용료 등 각종 수익사업으로 조성되는 것으로, 사실상 국민의 이중 부담에 의한 것이었다. 게다가 전국체육대회나 소년체전의 운영 개선에도 국고나 기금보다 지방비의 비중이 75%를 상회했다. 심지어 국제경기대회의 국내유치나 종목별 국제대회 파견에는 민자의 규모를 90% 가까이 계획할 정도였다.[144]

10-17 연도별 경기지도자 양성현황 참조.

138) 박혜란, 앞의 글, 124~126쪽.

139) 공보처, 『변화와 개혁; 金永三 정부 國政5年 資料集』 3, 628쪽; 문화관광부, 『2002체육백서』, 269~270쪽.

140) 한국체육과학연구원, 『제2차국민체육진흥5개년계획 수립을 위한 기초연구』, 1996, 30쪽; 문화관광부, 위의 책, 264쪽.

141) 문화체육부, 『국민체육진흥5개년계획』, 214쪽.

142) 공보처, 『변화와 개혁; 金永三 정부 國政5年 資料集』 3, 630쪽.

143) 문화체육부, 『국민체육진흥5개년계획』, 159·162쪽.

반면에 스포츠외교와 연관된 체육지도자 해외교류, 태권도세계화, 올림픽게임 등 국제 종합경기대회에는 전액 국고만으로 지원하도록 계획했다.[145] 이러한 투자계획은 김영삼 정부의 엘리트스포츠 균형육성이라는 것이 결국 단기적 성과에 치중함으로써 국위 선양을 도모하는 데 국한되어 있음을 반영하는 것이다. 이런 사정은 취약한 동계 종목 국제대회의 국내유치에서도 드러났는데, 96 동계아시안게임, 97 동계유니버시아드대회 등의 유치에는 총 85억 7,000만 원의 투자계획을 세웠다. 이중 국고는 31억 2,000만 원으로 36%를 상회했으나, 유치활동과 관련인사 초청에만 국고의 56%를 책정하고, 정작 대회운영과 준비를 위한 투자에는 민간자본이 그 45%를 담당하도록 했다.[146] 그만큼 국가예산은 실제로 국위 선양을 위한 효과가 바로 나타나는 부문에 집중되었다는 것이다.

요컨대 김영삼 정부는 문민정권이라는 특징을 반영하여 사회 각 부문에서 민주적 개혁을 추진했다. 그 일환으로 체육정책도 기존의 엘리트스포츠 위주의 정책에서 벗어나 생활체육에 대한 정책을 강화하고자 했다. 이에 따라 엘리트스포츠는 세계 10위권의 경기력 유지라는 측면에서 악화된 환경적 요소를 개선하는 데 주력했다. 하지만 이런 공식적인 정책기조와 달리 엘리트스포츠에 대한 정부의 정책적 관심은 여전히 높았다. 국민체육진흥기금의 지원이 엘리트스포츠에 집중된 것은 그 단적인 사례일 것이다.

그러나 민주적 개혁에 따라 실시된 지방자치제와 민간 주도의 체육정책으로 엘리트스포츠정책의 목표는 큰 성과를 거두지는 못했다. 특히 엘리트스포츠의 근간이라고 할 수 있는 우수선수 육성부문에서도 민간자본에 크게 기대했다. 그 결과 국가대표선수의 육성은 그 저변이 확대되기보다는 단기적인 성과에 주력하여 메달 획득 유망종목에 치우침으로써 진정한 의미의 경기력 향상은 그 성과를 거두지 못했다. 물론 세계10위의 경기력 유지라는 외형적 목표는 달성했다. 하지만 이는 김영삼 정부의 정책결과에 의한 것이 아니라 오히려 전두환·노태우 정부 시기에 축적된 엘리트스포츠정책의 성과에서 비롯된 측면이 크다.

결국 김영삼 정부의 엘리트스포츠정책은 민간주도화라는 명분하에 국가적 지원을 축소함으로써 전체 체육예산은 이전 시기보다 더 축소되었고, 궁극적으로는 국민의 관심과 체육인들의 사기를 저하한 결과를 가져왔다.

---

144) 위의 책, 198·201·232·235쪽.

145) 위의 책, 223·227·231쪽.

146) 위의 책, 240쪽.

2) 엘리트스포츠의 부실화

김대중 정부의 출범은 역사상 최초의 수평적 정권교체라는 측면에서 커다란 의의를 갖는다. 그런데 김영삼 정부 말기 발생한 이른바 IMF 경제위기로 김영삼 정부가 추진한 신자유주의적 정책이 확대되었다. 또한 문민정부임에도 그 태생적 한계로 인해 여전히 지속되었던 김영삼 정부의 권위주의적 정치운영을 보다 민주적으로 개혁해 나갔다.

결국 김대중 정부에 와서도 생활체육 위주의 정책기조는 유지되었다. 그 바탕에는 민간의 자율적 운영을 더 강조한 시장주의적 정책기조가 있었다. 이런 사정은 1998년 12월 31일 법률 제5619호로 개정된 국민체육진흥법에서 우수선수 및 체육지도자 고용의무를 위반할 경우 과태료를 부과한다는 제31조 2항을 삭제한 사실에서 단적으로 드러난다.[147]

특히 체육행정기구의 축소[148]로 김대중 정부에 와서 엘리트스포츠의 환경은 더욱 악화되었다. 즉 체육정책은 1998년 2월 28일 문화체육부가 문화관광부로 개편됨에 따라 우선적인 정책고려의 대상에서 제외되었다. 게다가 엘리트스포츠를 담당하는 지원육성과는 체육시설과와 합쳐졌다. 이로써 체육담당부서는 1국 4과로 축소되면서 인원도 21명이나 감소된 56명에 불과했다. 이마저도 1999년 5월 체육지원과와 생활체육과가 체육진흥과로 통합되어 1국 3과 40명의 조직으로 축소되었다. 따라서 엘리트스포츠정책은 그 전문성은 물론이고, 정책추진력도 크게 쇠퇴하게 되었다. 이러한 행정조직의 축소는 경제위기에 따른 국가행정기구의 조정에서 비롯되었지만, 지방자치제의 성숙에 따른 행정의 분권화와 지역 특성화[149]를 염두에 둔 조치이기도 했다. 그만큼 민간주도적 체육정책 추진을 도모한 것이라고 평가할 수 있다.

그러나 김대중 정부에 와서도 경제위기에 따른 국민적 상실감을 극복하고 사회통합을 위한 수단으로 2000년 시드니올림픽게임과 2002년 월드컵 등 국제대회와 남북체육교류를 스포츠내셔널리즘적 차원에서 적극 이용했다.

결국 생활체육 위주의 정책기조를 유지하면서도 정부 차원의 엘리트스포츠에 대한 지원은 여전히 유지되었다. 이런 사정은 체육예산 현황에서도 확인할 수 있다. 즉 생활체육 위주 정책에 따라 이 부문에 대한 예산은 매년 증가하여 정부 말기에 이르러 총 체육예산중 그 비중이 20%에 육박했다. 하지만 예산총액에선 여전히 엘리트스포츠 부문이 더 큰 비중을 차지했다. 특히 국제스포츠부문은 연평균 60% 이상씩 증액되었다.

---

147) 한국법제연구원, 『대한민국법률연혁집』 13, 301~4쪽.

148) 문화관광부, 『2003체육백서』, 47~48쪽.

149) 문화관광부, 『국민체육진흥5개년계획』, 1998, 12·20쪽.

체육예산중 각 부분이 차지하는 점유율을 보면, 연평균 생활체육은 8.9%, 엘리트스포츠는 28.2%, 국제스포츠는 62% 이상을 차지했다.[150] 물론 국제스포츠부문의 예산이 이처럼 크게 증액된 것은 2002년 월드컵 및 부산아사인게임의 개최에 따른 것이었다.

결국 김대중 정부에 와서도 엘리트스포츠정책은 이전 시기와 마찬가지로 여전히 중요한 정책적 고려의 대상임을 확인할 수 있다. 이런 사정은 김대중 정부가 국제경기대회에서의 상위입상이 국가이미지 제고, 국민통합 등 국가발전에 기여한다는 인식에서 엘리트스포츠 육성체계의 혁신을 기획[151]했다는 점에서도 드러난다. 그 주된 정책방향으로 생활체육과의 연계, 프로스포츠계의 아마추어스포츠 지원, 전문체육단체의 자생능력 강화에 두었다.

생활체육과의 연계와 관련해서는 학교운동부의 지원 지속화·체육계 학교의 훈련여건 강화 등 기존 정책을 연계하면서도, 선수 저변확대를 위해 스포츠클럽화를 유도하고자 했다. 그런데 이를 실현하기 위한 투자는 국고보다는 지방비에 크게 의존하도록 하여 총투자액 450억여 원 중 62%에 해당하는 279억여 원을 계상했다.[152] 이같은 정책은 엘리트스포츠 활성화에서 큰 비중을 차지하는 기본종목 육성정책에서 더 크게 관철되었다. 즉 육상 및 수영종목 육성을 위한 투자계획에선 총 투자액 각기 33억 원, 22억 5,000만 원 중 76%, 67%를 민자에서 충당하고자 했다.[153]

물론 우수선수 발굴 및 육성체계의 선진화 방안과 국가대표선수의 훈련시설 확충방안이 마련되었다. 특히 2002년에는 선수 발굴 및 육성체계의 전문성 보강을 추진하여 육상, 수영, 체조 등 운동의 기본이 되고 기타 운동종목 선수확보에 파급효과가 큰 종목의 '기본종목과 꿈나무 발굴사업'에 역점을 두었다.[154] 꿈나무 선발은 종목별로 시·도에서 추천받은 인원을 대상으로 체격(30~50%), 체력(30~40%), 경기력(20~30%) 등 3가지 요소를 종합 측정, 점수화하여 이를 토대로 특성, 불안과 집중력 등 심리검사결과를 참고하여 종목별 선발위원회에서 최종 선발했다. 이들에 대한 육성방안으로 종전처럼 평시에는 학교에서, 방학기간에는 종목별 경기단체의 주관에 따라 합숙훈련을 실시했다. 다만 훈련기간은 종전 50일에서 2주일로 단축되었다.[155]

대표선수 훈련시설로는 1996년 6월에 개촌한 태백선수촌에 실내체육관을 1998년 준공하여 국가대표 선수들의 체력단련과 훈련 강화를 위해 이용하게 했다. 이 실내체

150) 문화관광부, 『2002체육백서』, 71쪽의 예산 항목 중 국고부문; 문화관광부, 『2003체육백서』, 79쪽의 표 2-24 및 2-25 정부예산대비 체육예산과 분야별 예산현황 참조.

151) 문화관광부, 『국민체육진흥5개년계획』, 24쪽.

152) 위의 책, 176쪽.

153) 위의 책, 195·197쪽.

154) 문화관광부, 『2002체육백서』, 223쪽.

155) 위의 책, 225~226쪽.

육관에는 100평 규모에 총사업비 9억 5,000만 원을 들여 체력단련실 등을 갖추었다. 2002년 현재 태릉선수촌은 총면적 9,761평(32,267㎡)의 훈련시설, 120평의 간이 실내체육관, 400m 우레탄트랙 및 운동장이 있으며, 육상, 수영, 레슬링, 빙상 등 21개 종목의 훈련시설이 있다.[156]

이런 일부 성과에도 불구하고 엘리트스포츠 활성화를 위한 기본적 정책방안은 민간자본의 유입에 크게 의존한다는 시장주의적 입장을 관철시켰다. 즉 김영삼 정부가 투자 전액을 국고로 충당하고자 한 경기지도자 양성[157]의 경우, 김대중 정부는 그 비중이 10%에 그치지만, 이것마저 민간자본을 투입하여 해결하려고 했을 정도였다.[158] 심지어 월드컵 대회에 대비하여 마련한 청소년상비군 운영을 위해서는 총투자 규모의 50%를 민간자본에서 마련하고자 했다.[159] 이는 월드컵대회 개최를 위한 경기장 건설이나 대회운영비 대부분을 지방비와 민자로 해결하고자 하는 데[160]서 볼 수 있듯이, 민간주도화를 넘어선 시장주의적 정책에서 비롯된 것이다.

이러한 시장주의적 엘리트스포츠 정책은 프로화된 일부 종목을 프로스포츠 활성화를 통해 아마추어팀을 육성[161]하고자 하는 데서 단적으로 드러난다. 즉 흥미 위주의 플레이를 유도하기 위한 각종 규정 및 제도를 보완하는 것 외에도 프로구단의 실정에 따라 외국인선수 고용인원 및 비용을 자율화하고, 연고지역의 운동경기부에 대한 구단의 지원도 유도한다는 것이었다.

이런 정책은 결국 모기업의 규모가 큰 일부 구단에게는 유리하지만 그렇지 못한 구단에게는 치명적이었다는 문제를 야기했다. IMF 경제위기로 많은 기업이 재정난으로 구단을 매각한 것은 물론, 인기종목의 경우에도 구단의 모기업 규모에 크게 영향을 받는 상황에서 구단간 경기력 차이를 가져와 오히려 관중의 흥미를 반감시켰다.

예컨대 프로축구의 경우[162] 1998년 185게임이 치뤄지면서 11,000여 명의 평균 관중을 기록했는데, 1999년에는 경기수가 10경기 늘었음에도 평균 관중은 단 2,300여 명만 늘었을 뿐이었다. 2000년에는 총관중 84만여 명이 감소했고, 평균 관중은 9,000여 명에 불과했다. 물론 2001년과 2002년에는 경기수가 181게임으로 줄었음에도 평균 관중은 연평균 1만 3,000여 명 가량 늘었다. 이는 2002월드컵에 대한 기대심리에 영향을 받은 것으로 2003년 265게임이 치뤄지는 동안 평균 관중이 다시 9,000여 명대로 감소한 것은 이런

156) 위의 책, 256쪽.

157) 문화체육부, 『국민체육진흥5개년계획』, 1993, 204쪽.

158) 문화관광부, 『국민체육진흥5개년계획』, 1998, 211쪽.

159) 위의 책, 222쪽.

160) 위의 책, 274쪽.

161) 위의 책, 186쪽.

162) 문화관광부, 『2003체육백서』, 278쪽 표 6-31 참조.

사정을 잘 보여주고 있다. 더 큰 문제는 프로구단과 지역연고지에 대한 지원체계가 최근 프로구단 안양LG의 서울 이전과 이에 따른 유소년팀의 지원 중지에서 보듯이, 시장논리에 의해 얼마든지 폐기될 수 있다는 점이 확인된 것이다. 즉 프로구단의 사정이 열악한 상황에서 이런 시장주의적 정책은 오히려 엘리트스포츠의 환경을 악화시킬 수 있다는 것이다.

김대중 정부의 이러한 시장주의적 엘리트스포츠정책은 민간자율화라는 이념적 측면에선 긍정적인 평가를 내릴 수 있지만, 경제위기에 따른 사회의 전반적 위축상황과 기업의 이윤추구라는 본질적 문제를 등한시한 것이었다. 따라서 이런 현실을 무시한 채 단순한 제도적 차원에서의 접근으로 엘리트스포츠의 환경을 더욱 악화시키는 결과를 초래했다. 가령 2002년 꿈나무선수 발굴사업이 재개되었으나, 체육영재 발굴시스템은 제 기능을 발휘하지 못하고 있다. 그 결과 엘리트선수 육성의 산실 역할을 했던 학교운동부의 구조는 항아리형이 되어 초등학교와 중학교 학교운동부의 비율이 1.1:1에 지나지 않는 등 선수 저변은 여전히 취약했다.[163] 또한 시장주의적 접근에 따른 스포츠클럽화도 진척이 미비한 실정에서 체육계에만의 진학을 허용하는 체육특기자 제도의 개편[164]으로 오히려 이 제도의 문제점만 더욱 심화시킨 결과[165]를 초래했다.

요컨대 김대중 정부는 경제위기 등의 상황에 대처하고자 이전 정부들과 마찬가지로 엘리트스포츠 위주의 정책을 여전히 유지했다. 비록 생활체육에 대한 예산을 확대하긴 했으나, 이전 시기와 마찬가지로 엘리트스포츠 부문에 대한 지원이 큰 비중을 차지한 것은 그 단적인 사례라고 할 수 있다. 특히 경제위기 등으로 초래된 국민적 상실감을 극복하고 국민통합의 기제로 삼기 위해 스포츠내셔널리즘에 기반한 엘리트스포츠 중심의 정책이 유지되었던 것이다.

그러나 김대중 정부의 엘리트스포츠 위주 정책은 김영삼 정부가 추진한 민간주도형 기조를 계승했다. 체육행정조직이 보다 축소된 것은 물론 그 명칭에서조차 아예 체육을 삭제하여 정책적 우선 고려대상에서 제외시킨 것은 그 단적인 사례이다. 이런 민간주도형 정책은 김대중 정부에 와서 경제위기에 따라 보다 엘리트스포츠를 시장주의적 환경으로 내몰았다. 학교운동부 운영을 개선하기 위하여 지방비에 크게 의존한 스포츠클럽 육성 방안을 마련한 것이나, 육상 등 기본종목 육성에서조차 민간자본에 절대적으로 의존하고자 했던 것은 그 단적인 사례이다. 그 결과 프로구단과의 연계를 통한 아마추어 팀의 육성이라는 대표적인 시장주의적 접근은 근원적으로 실패할 수 밖에 없었다.

---

163) 위의 책, 285~286쪽.

164) 류태호, 『학교체육 정책에 관한 제도개선 연구』, 교육인적자원부, 2003, 29쪽.

165) 김정명, 「청소년 인권의 사각지대 : 체육특기생」, 『청소년학연구』 6-2, 1999, 24~33쪽; 『경향신문』, 2001년 4월 4일자; 『조선일보』, 2001년 10월 8일자.

제 VI 장

북한의 체육정책

1. 체육이념

1) 정권수립과 체육의 대중화노선

(1) 북한 정권의 수립

1945년 8월 한민족은 광복을 맞아 나라를 재건하기 위한 준비에 착수했다. 그런데 미국과 소련이 각각 남북한 지역에서 군정을 실시함에 따라 한민족의 최대 염원이었던 자주적인 단일 정부의 수립은 좌절될 수 밖에 없었다. 북한에서는 광복 직후 조만식(曺晩植)이 주도하여 설성한 조선민주당과 현준혁(玄峻赫)을 대표로 하는 공산계열의 조선공산당 평남지부가 별도로 건국 준비를 추진하고 있었다. 하지만 소련은 1946년 2월 8일 김일성(金日成)을 위원장으로 하는 '북조선임시인민위원회'를 조직하여 공산정권 수립 준비를 진행시켜 나갔다.[1)]

소련 군정당국이 북한내 비공산계 정치집단을 무력화시키는 동안 김일성은 자파세력을 위주로 한 권력 재편을 시도했다.[2)] 특히 김일성은 1945년 12월 17, 18일 이틀간 열린 '조선공산당 북조선분국 제3차 확대집행위원회'에서 국내파 공산세력을 제어하고 정국의 주도권을 장악하기 시작했다.

마침내 김일성은 1946년 2월 8일 '북조선 각 정당·사회단체, 각 행정국 및 각 도·시·군 인민위원회 대표 확대협의회'를 소집하여 주도권을 장악하기에 이르렀다. 이어 같은 해 3월 5일 '토지개혁에 대한 법령'을 시작으로 친일파 척결, 사회주의정권 수립을 위한 각종 정책을 추진했다.[3)]

---

1) 김학준, 『북한 50년사』, 동아출판사, 1995, 85~105쪽.

2) 스칼라피노·이정식 지음/한홍구 옮김, 『공산주의 운동사』 2, 돌베게, 1986, 416~431쪽.

이렇게 북한에서는 김일성이 중심이 된 공산주의 정권 수립을 위한 정치적 기반이 마련되었다. 그러다가 1947년 가을 유엔이 '유엔감시하의 남북한 총선거'와 '북한 불응 시 남한에서의 단독정부 수립'을 결의하자, 북한에서도 정권수립을 위한 조치를 본격화했다. 북한 지도부는 남한에서 1948년 5월 단독정부 수립을 위한 총선거가 실시되자, 7월에 남조선노동당의 지하조직을 이용하여 이른바 '전국적인 정부'에 참여할 남쪽 대표를 선출했다.[4] 그 결과 1948년 8월 25일에 실시된 선거를 통해서 최고인민회의를 구성하고, 김일성을 내각수반으로, 남로당지도자 박헌영을 부수상 겸 외무상으로 하는 '조선민주주의인민공화국'이 이해 9월 9일 수립되었다.

한편, 북한에서는 인민위원회를 중심으로 한 권력기구가 모든 행정단위마다 세워졌다. 1946년 11월 도·시·군 인민위원회를 시작으로 면·리·동 단위 인민위원회 선거가 실시되었다. 이어 1947년 2월 12, 13일 이틀간 제1차 '북조선인민위원회의'가 개최되어 기존 최고 행정기관인 '북조선임시인민위원회'를 대신한 '북조선인민위원회'가 조직되었다.[5] 이처럼 기본 행정기관인 인민위원회가 전국적으로 설치됨에 따라 인민주의에 기초한 정치조직이 마련되었다.

더구나 북한에서는 각종 사회단체들이 광범위하게 조직되어 대중동원에 필요한 수단까지도 갖추었다. 그 대표적인 단체는 1946년 5월 기존의 '전국노동조합평의회 북조선총국'을 개편한 35만 명의 '북조선직업총동맹(직맹)', 1945년 11월에 결성된 35만 명의 '북조선민주여성동맹(여맹)', 1946년 1월 17일 기존 '공산청년동맹'을 개편한 50만 명 규모의 '북조선민주청년동맹(민청)', 1946년 1월 31일에 조직된 80만 명의 '북조선농민동맹(농맹)' 등이다.[6] 물론 이들 단체는 '로동당'의 통제를 받았다.

이렇게 북한의 공산정권은 광복 직후 인민위원회를 기초로 한 정치조직과 공산당을 정점으로 하는 대중동원단체들을 조직함으로써, 정권 기반을 갖추기 시작했다.

요컨대 북한에서는 광복 이후 공산주의 세력이 민족계열 등 비공산계열의 정치세력을 제거하고 정권을 장악했다. 이들 공산세력은 소련의 지원을 받는 김일성계열을 중심으로 여러 사회주의적 개혁을 실시하여, 인민주의에 입각한 정권을 수립했다. 그리고 김일성을 중심으로 한 북한 지도부는 당면 과제로 친일 청산, 민주개혁(사회주의 완성), 남북통일(남조선 해방) 등을 제시했다.[7] 이같은 정책목표는 체육정책에서도 그

3) 위의 책, 437~438쪽.

4) 선우몽령, 『인민정권의 수립과 그의 공고화를 위한 조선로동당의 투쟁』, 조선로동당출판사, 1958, 63쪽.

5) 스칼라피노·이정식, 앞의 책, 471쪽; 김학준, 앞의 책, 119쪽.

6) 스칼라피노·이정식, 위의 책, 476~477쪽.

7) 「조선민주주의인민공화국 정부의 정강」, 『김일성선집』 1, 조선로동당출판사, 1967, 255~259쪽.

대로 관철되었다.

(2) 체육의 대중화노선

김일성은 1946년 10월 6일 전국체육인대회에서 '체육을 대중화하기 위하여'라는 연설을 통해 체육의 기본 방침을 밝혔다. 여기서 김일성은 일제시대의 체육을 '특권계급의 유흥거리이며, 일제의 침략전쟁에 동원되는 전투훈련'으로 규정했다.[8] 따라서 그는 해방된 '민주조선'에서의 체육은 몇몇 선수 위주나 유흥거리로 전개되서는 안된다고 강조하면서, 체육의 대중화노선이라는 기본 구상을 다음과 같이 제시했다.

> 앞으로 우리의 체육은 조선의 자주독립과 민주주의적 발전을 위한 건국사업의 중요한 고리로서 발전되어야 할 것입니다. 다시 말하여 민주조선을 건설할 씩씩한 건국투사들을 키우기 위하여 인민들을 육체적으로, 정신적으로 단련시키는 전인민적 체육으로 발전시켜야 합니다. …체육을 대중화하고 생활화하며 광범한 대중 속에 널리 보급하여야만 우리 민족의 전반적인 건강증진을 보장할 수 있으며 전체 인민들로 하여금 튼튼한 체질과 건전한 사상을 가지게 할 수 있기 때문입니다. 우리는 모든 청년, 학생들과 근로자들이 늘 체육사업에 적극 참가하게 하며 대중 속에서 체육을 생활화하기 위하여 노력하여야 하겠습니다.[9]

여기서 '민주조선'은 김일성의 주장에 따르면, 모든 인민이 평등한 사회주의·공산주의 조선을, '건국사업'은 '진정한 조선의 독립', '남한의 해방'을 이루는 '민주조선'으로서 통일된 국가의 건설을 의미한다. 따라서 해방된 조국과 '민주주의적 사회'의 체육 대중화노선은 바로 모든 인민이 자신의 신체를 단련하고 즐기는 생활의 일부분이 되어야 한다는 것이다. 이런 조건에서 체육은 북한에서 사회주의국가를 건설해야 하는 당면목표를 달성하고, 나아가 남한을 해방시켜 한반도 전체에 사회주의적 이념에 기반한 통일국가인 민주조선을 건설하는 수단이 되어야 했다.

이러한 이념과 목표하에 체육활동도 대중적 차원에서 실시되었다. 1948년 9월 제정된 헌법[10] 제2장 11조 '모든 공민은 정치·경제·사회·문화생활의 모든 부문에서 동등한 권리를 가진다'는 규정에 따라 체육도 점차 주민 모두가 참여하는 군중문화사업의 일환으로 실시되었다. 군중문화사업은 민주주의적 원칙에 따라 노동자, 농민을 비롯한

---

8) 『김일성저작집』 2, 조선로동당출판사, 1979, 467~468쪽. "지난 날 일본 제국주의는 조선의 청년, 학생들에게서 온갖 자유와 권리를 빼앗았으며, 그들에게 배울 기회도 몸을 단련할 여유도 주지 않았습니다. …이러한 환경에서 체육이란 다만 특권계급의 놀음거리로 되었거나 그렇지 않으면 일본 제국주의자들의 침략전쟁에 복무하는 전투훈련에 지나지 않았습니다."

9) 위의 책, 468쪽.

10) 스칼라피노·이정식 지음/한홍구 옮김, 『한국공산주의운동사』 3, 돌베개, 1987, 857~867쪽.

광범한 인민대중에게 정치, 문화, 과학, 기술과 노동에 대한 새로운 태도를 교양하는 제반 문화교양사업이다. 여기에는 음악, 무용, 연극, 미술 등 각종 문화·예술활동은 물론 체육활동도 포함된다.[11)]

이렇게 북한에서는 체육의 기본 노선을 일단 모든 인민들이 향유해야 하는 체육의 대중화로 설정하였다. 이같은 체육의 대중화노선은 바로 체육을 노동과 국방에 연계시키기는 데 주 목적이 있었다.

이런 사정은 1946년 8월 말 진행된 조선로동당 제1차 대회에서 한 다음과 같은 김일성의 언급에서 확인할 수 있다.

> 청소년들 속에서 체육사업을 군중적으로 힘있게 벌려 젊은 세대들을 정신적으로 뿐만 아니라 육체적으로 끊임없이 단련하며 그들을 로동과 국방에 더욱 믿음직하게 준비시켜야 하겠습니다.[12)]

이처럼 체육을 노동과 국방에 연계시키는 것은 북한정권의 기본적 특성에 따른 것이다. 이론상 사회주의는 기본적으로 집단주의 원칙을 고수한다. 그리고 남녀 모두 동등한 권리와 의무를 부과한다. 이에 따라 모든 생산부문에 전 주민이 동원된다. 이같은 조건에서 모든 구성원들은 생산활동과 괴리된 어떠한 형태의 유흥도 즐길 수 없게 된다. 때문에 북한에서는 생산에서 이탈되는 직업적인 체육단체를 인정하지 않는 원칙이 제시될 수 밖에 없었으며, 노동자 및 농민과 청년학생들은 생산활동과 학습에서 유리되지 않는 체육활동을 실시해야 했다.[13)]

따라서 각 직장과 농촌에는 각기 체육단을 조직하여 체육활동을 전개하도록 하였고, 심지어 경기대회라는 명분으로 생산증대를 독려하기도 했다. 예컨대 1947년 황해도 지역에서는 각 군별로 가마니 생산경기대회가 진행되었고,[14)] 사리원시에서는 1948년 공장대항 생산기술혁신경기대회가 열렸다.[15)]

한편, 김일성은 1946년 10월 전국체육인대회에서 '건국사업', 즉 남한을 해방시킴으로써 진정한 조선의 독립을 이루기 위해서는 체육의 역할이 중요하다고 했다.[16)] 이에

---

11) 이학래·김동선, 『북한의 체육』, 사람과 사람, 1995, 154쪽.

12) 『로동신문』, 1969년 10월 12일자.

13) 조남훈, 『조선체육사2』, 금성청년출판사, 1992, 68쪽.

14) 『로동신문』, 1947년 12월 19일자.

15) 『로동신문』, 1948년 6월 2일자.

16) 「체육을 대중화하기 위하여」, 『김일성저작집』 2, 469~470쪽. "북조선 인민들은 민주주의 민족통일전선의 기치 아래 더욱 굳게 뭉쳐 민주과업을 수행하는 데서 이룩한 승리를 더욱 튼튼히 하며 민주기지를 더욱 강화함으로써 반동분자들의 음모 책동을 짓부시고 하루바삐 민주주의적 통일정부를 세우기 위하여 투쟁하여야 하겠습니다. 그러기 위하여 이러한 건국사업을

따라 체육은 남한을 해방시키기 위한 군사적 목적에도 부합되어야 했다. 결국 북한 당국은 1949년 7월 15일 직맹, 농맹, 민청 등의 대표들로 조국보위후원회를 조직하여 군사훈련 위주의 체육을 실시하도록 했다.[17)]

조국보위후원회의 중앙에는 중앙위원회를 두었는데, 위원장과 부위원장 등으로 구성되었다. 그 부서로는 군사훈련부, 선전후원부, 간부과 등을 두었다. 각 도에는 도위원회, 시와 군에는 시·군 위원회 본부를 두고 기층 조직으로 면과 리, 공장, 기업소, 학교 등에 초급단체를 두었다. 초급단체에는 최대 1,000명 이상이 회원으로 등록되기도 했는데, 조국보위후원회 결성준비위원회가 조직된 지 한 달여만에 전국적으로 2만 5,000여 개의 초급단체에 269만여 명의 회원들이 망라되었다.

요컨대 북한 정권은 전인민적으로 체육이 대중화되어야 한다는 체육의 대중화를 그 기본 노선으로 삼았다. 이같은 체육의 대중화노선은 체육을 통하여 전체 인민의 건강증진과 튼튼한 체질을 갖도록 하기 위한 것이었다. 보다 직접적으로는 모든 주민을 노동과 국방에 연계시키기 위해 취해진 조치였다. 이는 '사회주의건설'과 '남조선해방'이라는 북한 정권의 정책목표를 실현하기 위한 수단으로 체육을 규정했기 때문이다. 여기에는 사회주의이념 교양을 관철시키려는 정치적 목적도 더해졌다. 이러한 체육의 기본적인 노선은 현재까지 유지되고 있다.

2) 주체체육의 확립

(1) 한국전쟁과 주체사상의 확립

북한은 이른바 '조국해방'이란 명분하에 1950년 6월 25일 38선 전면에서 남한을 공격했다. 북한의 기습적인 남침은 준비가 부족했던 남한과 미국을 낙동강 이남으로 후퇴시켰다. 하지만 9월 맥아더의 인천상륙작전은 전세를 반전시켰고, 10월경에는 북한 인민군이 압록강까지 밀렸다. 곧 이은 중공군의 개입은 전선을 다시 38선 부근으로 옮겼고, 이후 지루한 공방전 끝에, 1953년 7월 27일 휴전협정으로 3년에 걸친 한국전쟁은 마침내 종식되었다.

한국전쟁은 남북한에 모두 엄청난 피해를 입혔지만, 북한의 경우는 상황이 더욱 심각했다. 게다가 전쟁기간 북한 주민들의 반공행위는 생각보다 당의 대중적 기반이 훨씬 취약하다는 사실을 보여주었다. 심지어 후퇴과정을 거치면서 지도부 내의 갈등도

얼마든지 맡아 할 수 있는 건강하고 씩씩한 일군들을 키워 내는 것이 매우 긴절하며 여기에서 체육이 큰 역할을 하여야 합니다."

17) 조남훈, 앞의 책, 82~83쪽 및 104~105쪽.

촉발되었다.[18] 그러나 김일성은 전후 복구사업과 당내 종파투쟁을 전개하면서 오히려 자신의 권력기반을 확고히 할 수 있었다. 이후 김일성의 지위는 더욱 공고해졌다. 그것은 주체사상으로 뒷받침되었다.

북한 정권은 그 수립 초기부터 맑스-레닌주의를 표방하지는 않았다. 그러다가 1951년 11월에 열린 당 중앙위원회 제4차 전원회의에서 조선로동당은 '맑스-레닌주의적 당'이라는 표현을 사용했다.[19] 이후 1956년 4월 제3차 당대회에서 조선로동당의 당 규약을 개정하여 당을 '노동계급과 전체 근로대중의 선봉적, 조직적 부대'로 규정하고, '맑스-레닌주의 학설을 자기활동의 지도적 지침'으로 삼았다.[20] 이때 맑스-레닌주의를 공식화하면서도 민족주의적 이념을 새롭게 부각시켰다. 이런 경향은 이미 전쟁중에 본격적으로 나타나기 시작했다.

김일성은 1952년 12월 맑스-레닌주의를 '우리나라의 정세에 부합되게' 적용하자고 제의했다.[21] 전쟁기간에는 맑스-레닌주의보다는 민족주의적 호소가 더 설득력이 있었기 때문이다. 김일성이 민족주의적 감성을 자극한 것은 전쟁으로 인한 경제적 조건의 붕괴, 당내 조직의 약화 등으로 위기에 처한 자신의 정치적 지위를 회복하려는 의도에서 비롯되었다.

김일성은 특히 문화사업에서 민족주의적 관점을 강조했다. 1952년 12월에 열린 조선로동당 중앙위원회 제5차 전원회의에서 김일성은 문화분야에서 모든 작품은 '관점은 맑스주의, 내용은 조선문제'를 담아야 한다고 주장했다. 그러면서 그는 구체적으로 문화사업에서의 민족주의를 다음과 같이 강조했다.

> 우리에게는 아직까지도 우리의 선조들이 써 놓은 역사나 지리나 기타 군사·정치·경제·문화 분야의 고귀한 유산들을 맑스-레닌주의적 견지에서 분석하고 그를 섭취하여 발전시키려는 것이 아니라, 그 고귀한 유산들을 집어 치우는 아주 용서받지 못할 엄중한 결함을 가지고 있습니다. 심지어 심한 경우에 있어서는 옛말이나 노래는 남의 것은 다 좋고 자기 것은 다 못쓰겠다고 하는 현상들까지도 있습니다. 우리는 자기의 고귀한 과학문화의 유산에 대한 이러한 참을 수 없는 현상들과 앞으로 견결히 투쟁하여야 하겠습니다. 우리는 자기의 고귀한 과학문화의 유산을 옳게 섭취하며, 그를 발전시키는 기초 위에서만이 타국의 선진 과학문화들을 급히 또는 옳게 섭취할 수 있다는 것을 반드시 알아야 하겠습니다.[22]

18) 스칼라피노·이정식, 『한국공산주의운동사』 2, 519쪽.
19) 「당단체들의 조직사업에 있어서 몇가지 결점들에 대하여」, 『김일성선집』 3, 1954, 295쪽.
20) 『로동신문』, 1956년 4월 29일자.
21) 「당의 조직적 사상적 강화는 우리 승리의 기초」, 『김일성선집』 4, 1954, 331쪽.
22) 『로동신문』, 1952년 12월 22일자.

그러다가 1955년 12월 28일 김일성은 당의 선전선동 사업을 담당하는 간부들에게 한 「사상사업에서 교조주의와 형식주의를 퇴치하고 주체를 확립할 데 대하여」라는 연설에서 처음으로 '주체' 문제를 공식적으로 언급했다.[23]

이렇게 주체문제의 표출은 한국전쟁 동안 중국과 소련으로부터 결정적인 원조를 받은 사정과 무관하지 않다. 이런 원조로 북한사회에는 이들 양국의 영향력이 커지게 되었다. 이 과정에서 당 지도부 내에 양국을 배경으로 한 세력이 형성되어 김일성 지도체제에 위협이 될 가능성이 높았다.[24] 이에 따라 김일성은 이 연설에서 당 선전사업에서 '주체'의 확립이 곧 조선혁명이라고 주장했다.[25] 이후 1956년 초에는 주체확립이 북한 정권의 기본 노선이 되었다.

1960년대 김일성 유일체제가 성립되면서, 북한체제는 확고부동한 김일성 1인체제로 재편되었다. 이와 함께 김일성의 우상화작업도 강화되었다. 앞서 김일성은 1958년 무렵 반대세력에 대한 숙청작업을 일단락짓고, 사실상 정부와 당 조직에 대한 통제력을 확고하게 장악했다.[26] 게다가 김일성의 주도하에 1957년 착수한 경제발전 5개년계획의 성과도 점차 나타났다. 그 결과 북한의 경제력은 지표상 남한의 경제력을 앞서게 되었다.[27]

김일성은 이런 자신감을 바탕으로 1961년 9월 조선로동당 제4차 대회에서 다음과 같이 주장했다.

> 도시와 농촌에서 사회주의적 개조를 완성하고 사회주의의 기초를 건설할 데 대한 역사적 혁명과업은 승리적으로 완수되었습니다. 당의 영도 밑에 우리 인민은 모든 난관을 극복하고 천리마의 대진군을 계속하여, 사회주의선설에서 첫 고지를 점령하였으며 공화국 북반부의 혁명적 민주기지를 철옹성같이 꾸려 놓았습니다.[28]

이처럼 북한에서는 이미 사회주의의 기초가 완성되었다는 것이다. 이제 완전한 사회주의 건설을 향해 전진해야 하며, 나아가 한반도 전역에 사회주의체제의 건설, 즉 남한마저 적화 통일하여 사회주의체제를 완성시켜야 한다는 것이었다.

특히 남한의 정세는 김일성의 이러한 자신감을 더욱 강화시켰다. 북한은 1960년

---

23) 「사상사업에서 교조주의와 형식주의를 퇴치하고 주체를 확립할 데 대하여」, 『김일성저작집』 9, 1980, 467~495쪽.

24) 이종석, 『현대북한의 이해』, 역사비평사, 2000, 146~147쪽.

25) 「사상사업에서 교조주의와 형식주의를 퇴치하고 주체를 확립할 데 대하여」, 『김일성저작집』 9, 468쪽.

26) 스칼라피노·이정식, 『한국공산주의운동사』 3, 656쪽.

27) 김학준, 앞의 책, 206쪽.

28) 『조선중앙년감』, 조선중앙통신사, 1962, 13쪽.

4·19 혁명과 연이은 5·16 군사쿠데타, 한일 국교정상화 문제 등으로 남한의 정세가 혼미해지자 이를 '남조선 혁명'의 호기로 인식하여 적극적인 대남공세를 취했다.

그러나 북한 지도부가 1961년 조선로동당 4차 대회에서 드러낸 이같은 인식과는 달리 북한의 경제상황은 매우 심각했다. 당시 주민의 생활형편은 간신히 빈곤을 벗어난 수준에 불과했다.

그럼에도 북한 지도부는 1962년 12월 10일부터 14일까지 열린 당중앙위원회 제4기 제5차 전원회의에서는 오히려 '경제건설과 국방건설의 병진정책'을 채택했다.[29] 하지만 이 대회에서 채택한 전인민의 무장화, 전지역의 요새화, 전군의 간부화, 장비의 현대화라는 이른바 4대 군사노선에서 보듯이, 병진노선도 결국 국방력 강화를 위주로 진행될 수 밖에 없었다. 그 결과 북한 당국은 물적·인적 자원을 국방에 집중했는데, 이는 경제발전과 주민생활 향상에 막대한 지장을 불러왔다.

이렇게 경제문제가 시급한 과제로 떠오르면서 사상에서의 주체는 경제적 측면에서도 강조되었고, 결국 주체사상이라는 용어가 공식적으로 나타나기에 이르렀다. 그것은 5차 전원회의 직후의 『로동신문』 사설에서 보인다.

당시 『로동신문』은 '주체에 대한 사상은 우리 당이 자기 행동에 확고하게 견지하고 있는 근본원칙'이며, '주체를 확립할 데 대한 김일성 동지의 사상과 그의 관철을 위한 투쟁'이 사회주의 건설에서 '혁명적 대고조, 위대한 천리마운동의 사상적 준비'라고 주장했다. 그러면서 이 논설은 주체사상의 의미를 다음과 같이 규정했다.

> 조선혁명 수행에서 주체를 확립한다는 것은 조선혁명의 주인인 조선로동당과 조선인민이 주견을 갖는 것이며, 맑스-레닌주의의 일반적 원칙을 우리나라의 구체적 현실에 창조적으로 적용하며 모든 것을 조선혁명의 성과적 수행에 복무케 한다는 것을 의미한다. …당의 주체사상을 실생활에서 더욱 철저히 관철시키기 위하여서는 맑스-레닌주의 원칙과 그를 우리나라 현실에 창조적으로 구현한 당 정책으로 튼튼히 무장하여야 한다.[30]

이렇게 경제노선에서의 문제를 이념적으로 보완하기 위하여 주체사상이 본격적으로 제시된 것이다. 그러다가 1964년 주체사상은 '자주, 자립 및 창조적 태도'가 그 주요 내용을 이루는 것으로 설명되었고, 주체의 확립은 '혁명에서 주인다운 태도를 튼튼히 가지는 것을 의미'하는 것으로 보다 명료하게 정리되었다.[31] 그리고 김일성은 1965년 4월 '우리는 사상에서 주체를 세우고 정치에서 자주, 경제에서 자립, 국방에서 자위의 원칙을 확고히 견지해야 한다'[32]고 주장함으로써 주체사상을 정식화했다. 마침내 1968

29) 한국역사연구회 현대사연구반, 『한국현대사』 3, 풀빛, 1991, 264쪽.

30) 『로동신문』, 1962년 12월 19일자.

31) 이종석, 앞의 책, 160쪽.

년 4월 25일에 열린 당중앙위원회 4기 17차 전원회의에서 김일성의 혁명사상만이 당의 유일사상임을 공식 규정했다.[33]

남한과 세계정세의 변화도 주체사상에 기반한 김일성 유일지도체제의 강화, 나아가 우상화하는 데 주요 요인이 되었다. 남한에서 4·19 혁명, 이어 반공(反共)을 내세운 군사정부가 출범함에 따라 남북간 대결구도도 한층 강화되었다. 특히 북한은 1965년 이후 '한일기본관계조약'과 남한의 베트남 파병을 한-미-일로 이어지는 협력체제의 모색으로 위기상황에 처했다.[34] 이처럼 한반도 정세가 불리하게 조성되자, 북한은 1961년 7월 소련·중국과 연이어 군사동맹조약을 맺으면서 중소 대립에도 불구하고 양국과의 관계를 원만히 유지할 수 있는 계기를 마련했다. 이어 1964년 2월 말 당중앙위원회 4기 8차대회에서는 북한, 남한, 그리고 국제사회 3면에서 혁명이 동시에 일어나야 한다고 주장했다.[35]

세계정세의 변화는 김일성 유일체제 강화에 보다 큰 요인으로 작용했다. 2차대전 이후 냉전체제에서 비롯된 소련을 중심으로 한 사회주의권의 공고한 결속력은 1950년대 말부터 무너지기 시작했다. 그것은 중·소 분쟁에서 촉발되었다. 이 과정에서 북한은 주체사상을 확고하게 확립시킬 수 있었던 것이다.[36]

이렇게 김일성의 주체사상이 로동당의 유일사상으로 공식 채택됨에 따라 김일성 자신은 물론이고 김일성 집안에 대한 우상화 작업[37]이 시작되었다. 김일성의 이름 앞에 대개 그를 찬양·미화하는 10~15개의 상투적 수식어들이 붙기 시작했다. 그의 부모는 물론 조상과 집안 인물들을 찬양하는 책·논문·영화까지 나왔다. 심지어 1969년부터는 김일성을 찬양하는 광고를 서방세계의 유력 신문에 광고까지 했을 정도였다. 이 과정에서 주체사상은 더욱 김일성 유일체제의 통치담론화되었다.[38]

주체사상은 1970년대에 하나의 독자적인 사상이론체계로 정립되면서 북한사회의 유일한 지도이념으로 자리잡았다. 1970년 11월 조선로동당 제5차 대회에서는 당 규약을 개정하여 '맑스-레닌주의를 창조적으로 적용한 김일성 주체사상을 자기 활동의

32) 『로동신문』, 1965년 4월 17일자. "우리 당은 수정주의를 반대하고 맑스-레닌주의의 순결성을 고수하기 위하여 견결히 투쟁하는 동시에 교조주의와 사대주의를 반대하고 주체를 확립하기 위하여 모든 노력을 다하여 왔다. 사상에서의 주체, 정치에서의 자주, 경제에서의 자립, 국방에서의 자위, 이것이 우리 당이 일관되게 견지하고 있는 립장이다."

33) 김학준, 앞의 책, 246~247쪽.

34) 이종석, 앞의 책, 81쪽.

35) 김학준, 앞의 책, 225쪽.

36) 이종석, 앞의 책, 150~158쪽.

37) 김학준, 앞의 책, 248쪽.

38) 이종석, 앞의 책, 162~163쪽.

지도적 지침'으로 선언했다.[39] 이어 1971년 주체사상은 혁명과 건설에서 가장 위대한 맑스-레닌주의적 지도사상으로 격상되었다.[40]

그리고 1972년 김일성은 일본 신문기자들과의 대담에서 주체사상의 개념을 다음과 같이 규정했다.

> 주체사상이란 한마디로 말하여 혁명과 건설의 주인은 인민대중이며, 혁명과 건설을 추동하는 힘도 인민대중에게 있다는 사상입니다. 다시 말하면 자기 운명의 주인은 자기 자신이며, 자기 운명을 개척하는 힘도 자기 자신에게 있다는 사상입니다. …또한 주체를 세운다는 것은 혁명과 건설에 대하여 주인다운 태도를 가진다는 것입니다. 혁명과 건설의 주인은 인민대중이기 때문에 인민대중은 마땅히 혁명과 건설에 대하여 주인다운 태도를 가져야 한다는 것입니다. 주인다운 태도는 자주적 입장과 창조적 입장에서 표현됩니다. …사람이 모든 것의 주인이며, 모든 것을 결정한다는 것이 주체사상의 기초입니다.[41]

이같은 주체사상에 대한 개념 정립과 함께, 1972년 제정된 사회주의 헌법[42]에서도 '조선민주주의인민공화국은 조선로동당의 주체사상을 자기 활동의 지도적 지침으로 삼는다(제1장 정치 제4조)'고 규정했다. 이는 결국 김일성 유일체제를 제도적으로 확정한 것이다.

이런 사정은 사회주의 헌법에 따른 지도체제를 통해서 확인할 수 있다. 사회주의 헌법은 우선 '국가주석제'를 채택하고, 국가주권의 최고지도기관인 중앙인민위원회를 신설했다. 제6장에서 주석은 국가의 수반이며, 국가주권을 대표할 뿐만 아니라, 조선인민군 최고사령관과 국방위원회 위원장을 겸한다고 규정했다. 제7장에서 중앙인민위원회는 국가주권의 최고지도기관이라 규정하고, 내각과 최고인민회의 상임위원회에 분산되어 있던 행정권을 통합한 기관으로서 사법권을 지도하는 권한까지 갖게 했다. 그리고 주석이 중앙인민위원회의 수위(首位)를 겸한다고 했다.

결국 수령의 사상과 영도는 노동계급의 당을 통하여 실현되며 당의 영도는 수령의 영도 밑에서만 실현될 수 있다는 '혁명적 수령관'이 확립되었다. 물론 김일성의 권력과 지위는 절대화되었다.[43] 그 결과 '수령의 유일적 령도'를 국가기관으로 제도화한 주석직에 김일성이 추대되고, 그 사상적 근거로서 '주체사상'이 더해지면서 김일성 유일지

39) 김학준, 앞의 책, 274쪽.

40) 「경애하는 수령 김일성동지의 주체사상은 혁명과 건설의 가장 위대한 마르크스·레닌주의적 지도사상」, 『근로자』 7, 1971, 2~14쪽.

41) 「우리 당의 주체사상과 공화국정부의 대내외 정책의 몇가지 문제에 대하여」, 『김일성저작집』 27, 1984, 390~400

42) 스칼라피노·이정식, 『한국공산주의운동사』 3, 868~882쪽.

43) 한국역사연구회 현대사연구반, 앞의 책, 275쪽.

도체제가 완결되었다. 이처럼 유일지도체계는 권력구조 서열상 수령이 당보다, 그리고 수령의 영도가 당을 통해 이루어진다는 점에서 당이 국가보다 우위에 선 체제라 할 수 있다. 마침내 주체사상은 아예 1974년부터는 '김일성주의'로까지 정식화되기에 이르렀다.[44]

(2) 주체체육

주체체육은 말 그대로 체육에서 주체사상을 구현하는 것을 의미한다. 주체사상의 지도적 원칙은 '당 및 국가활동, 혁명과 건설의 모든 분야에서 주체를 세우기 위한 지침'으로 규정되고 있다.[45] 그 명제는 첫째 '자주적인 입장을 견지'할 것인데, 이를 실현하기 위해서 사상에서의 주체, 정치에서의 자주, 경제에서의 자립, 국방에서의 자위원칙을 실현해야 한다. 두 번째 명제는 '창조적 방법의 구현'이다. 이를 위해 '인민대중에 의거하는 방법'과 '실정에 맞게 하는 방법'이 제시된다. 세 번째 명제는 '혁명의 지도적 원칙'으로, 이를 위해 '사상개조선행'과 '정치사업선행'이 제시된다. 이는 '당과 수령에 대한 충실성'을 핵으로 한 주체의 혁명관이다.

결국 주체사상은 본질적으로 김일성 유일체제의 당위성을 주장하는 이념으로 김일성의 혁명사상 그 자체라고도 할 수 있다. 조선로동당과 국가도 그 수령인 김일성의 유일적 지도를 수행하는 기구에 불과했다. 당연히 체육정책도 김일성의 교시와 지도를 우선시할 수 밖에 없었다.

따라서 주체체육은 김일성의 혁명전통을 계승하여, 김일성체제와 이념을 실현하는 것이라고 정의할 수 있다. 그 기본적인 방향은 김일성의 교시와 지도에 근거하여 체육을 매개로 인민대중을 동원하여 사상, 정치, 경제, 국방 등 사회분야에서 국가의 자주적 기반을 확립하는 데에 있다고 할 수 있다.

주체체육은 주체사상의 확립과정에 따라 제시되었다. 그 출발은 1960년대 초반이었다. 1961년 10월 21회 체육절을 맞이하여 당시 내각직속 체육지도위원회 위원장 김기수가 한 다음과 같은 언급이 그 대표적 사례이다.

> 체육기술을 급속히 제고함에 있어서 선차적으로 제기되는 것은 체육인들 속에서 당적 사상체계를 더욱 확립하여, 그 대렬을 당의 지시라면 물불을 가리지 않고 나아가는 붉은 집단으로 튼튼히 꾸리며, 교수 훈련에서 주체를 확립하고 훈련에서 땀을 많이 흘리라는 당의 의도를 더욱 철저히 관철시키는 것이다.[46]

---

44) 『로동신문』, 1974년 10월 26일자.

45) 이종석, 앞의 책, 133~134쪽.

46) 『로동신문』, 1961년 10월 8일자.

이처럼 체육에서 주체의 문제는 1차적으로 체육기술 제고에서 요구되는 훈련법을 창조하는 데 있다. 하지만 근본적인 측면에선 당적 사상체계의 확립, 당 지도의 관철이 우선시되고 있다.

이런 사정은 이어지는 김기수의 다음과 같은 지적에서 확인할 수 있다.

> 모든 체육지도기관들과 체육단체들에서는 체육인들 속에서 혁명전통 교양을 더욱 강화하며, 제4차 당 대회의 문헌과 당 정책 학습을 강화하여야 한다. 그리하여 체육인들을 당과 혁명에 대한 무한한 충실성으로 교양함으로써 그들을 김일성 동지를 수반으로 하는 당중앙위원회 주위에 철석같이 단결하며, 항상 당과 함께 숨쉬며 행동하는 붉은 전사로 육성해야 한다. 이와 함께 선수 후비를 계통적으로 육성하여 그 대열을 급속히 확대하며, 선수들이 달성한 좋은 성과와 경험들을 연구 발전시켜 우리에게 알맞는 훈련방법과 전술체계를 확립하는 동시에 우리 나라에서의 체육과학 리론을 더욱 풍부히 하여야 한다.[47]

즉 김일성을 중심으로 한 당의 사상과 지도에 따라 체육인들에 대한 사상적 통제 확립과 창조적 훈련법을 창출한다는 것이 당시 주체체육의 모습이라고 할 수 있다. 주체사상의 '창조적 방법의 구현'이라는 지도적 원칙의 명제가 체육에도 충실하게 관철하고 있는 것이다. 그러나 이때까지 '주체'는 체육기술의 제고에 한정되어 언급되고 있다. 이런 사정은 1962, 1963년 체육절 행사에서 한 김기수의 연설[48]과 1968년 『로동신문』의 기사[49]에서 확인할 수 있다.

그런데 체육기술의 제고는 체육의 발전 및 대중화노선과 불가분의 관계에 있다. 다시 말해 체육은 1차적으로 대중적이어야 하며, 그래야만 체육이 광범위하게 확산되어 발전할 수 있다는 것이다. 그리고 보다 체육을 발전시키기 위해서는 체육기술의 제고가 요구되며, 체육기술의 발전은 다시금 체육 대중화의 진전을 의미하기 때문이다. 바로 여기서 주체체육이 기존의 체육 대중화노선과 다름이 없는 것임을 확인할

---

47) 위와 같음.

48) 『로동신문』, 1962년 10월 14일자. "오늘 우리 앞에는 발전하는 현실에 적응하게 우리나라 체육기술 수준을 더욱 급속히 제고시켜야 할 과업이 제기되고 있다. 체육기술을 급속히 제고함에 있어서 선차적으로 제기되는 것은 체육인들 속에서 당적 사상체계를 더욱 철저히 확립하여 선수 대렬을 튼튼히 꾸리며 체육교수훈련에서 주체를 더욱 확립하며 훈련에서 땀을 많이 흘리라는 당의 요구를 철저히 관철하는 것이다." 이는 "오늘 우리 앞에는 체육기술 수준을 보다 급속히 제고시켜야 할 전투적 과업이 제기되고 있다. 체육기술 수준을 급속히 제고함에 있어서 제기되는 것은 체육에서 주체를 확립하며 훈련에서 더 많은 땀을 흘리라는 당의 호소를 계속 관철하는 것이다."라는 『로동신문』, 1963년 10월 13일자의 기사에서도 확인된다.

49) 『로동신문』, 1968년 10월 13일자."체육인들은 체육기술의 발전에서도 주체를 세우며 훈련에서 땀을 많이 흘릴 데 대한 우리 당의 정책을 계속 완강하게 관철해야 한다"

수 있다.

주체체육이 보다 명확한 이념적·개념적 틀을 갖추기 시작한 시기는 바로 1969년에 와서였다. 이 해 10월 11일 정성일 당시 평양시 인민위원회 부위원장은 지난 20년 동안 김일성의 주체사상이 체육분야에 관철됨으로써 커다란 성과를 가져왔다고 주장했다.[50] 그 해 11월 4일 전국체육인대회에서 김일성은 전 인민이 노동과 국방을 위한 튼튼한 체력을 가짐으로써 혁명을 완수할 수 있으며, 이를 위해서는 체육 대중화노선이 철저하게 관철되어야 한다고 역설했다. 그리고 그 사상적 토대가 주체사상임을 다음과 같이 공식화했다.

> 체육의 모든 종목들을 더욱 발전시키며 경기에서 백전백승하기 위하여서는 우리나라 사람들의 체질에 맞는 주체적인 전술체계를 세우는 것이 또한 중요합니다. 지금까지 체육을 발전시키는 데서 우리가 얻은 성과들은 중요하게는 사대주의와 교조주의를 하지 않고 주체를 세운 결과라고 말할 수 있습니다. …어떤 일에서나 사대주의와 교조주의를 하여서는 안됩니다. …오늘 우리가 체육을 더 발전시키는가 못시키는가 하는 것은 전적으로 우리의 체육인들과 체육부문 지도일군들이 우리 당의 주체사상을 체육사업에 어떻게 구현하는가 하는 데 달려있습니다. 모든 체육인들은 우리 당의 주체사상으로 튼튼히 무장하여 체육사업에서 나서는 모든 문제를 자주적 립장에서 풀어나가도록 하여야 하겠습니다.[51]

이렇게 김일성은 주체사상을 체육에 관철할 것을 분명하게 밝히고 있다. 다시 말해 종래 체육기술 제고에 주체적인 방식을 관철한다는 방법론적 인식에서 더 나아가 명확하게 '주체사상'을 체육에 구현할 것을 공식화한 것이다. 이로써 이른바 주체체육의 이념적 틀이 제시되었다.

주체체육의 이론과 그 구현에 대한 체계적인 방안을 제시한 인물은 바로 김정일이었다. 이미 1960년대 말부터 권력의 핵심에 진출한 김정일은 1970년대부터 '당 중앙'으로 표현되었는데,[52] 그가 제시한 주체체육의 실현 방안이 속도전, 사상전, 투지전, 기술전이었다. 이 방안은 개별적으로 운영되는 것이 아니라 유기적인 체계로 이루어지는 것으로, 특히 속도전이 그 핵심이다. 속도전은 본래 전후 복구 시기에 '속도'로 등장했는데, 단기간에 비약적인 복구와 발전을 이룩하는 것을 나타내는 용어로 사용되었

---

50) 『로동신문』, 1969년 10월 12일자. "체육절이 제정된 때로부터 지난 20년 동안 우리나라에서는 정치, 경제, 문화, 군사 등 모든 분야에서의 눈부신 발전과 함께 체육사업 분야에서도 혁명의 위대한 수령 김일성 동지의 불멸의 주체사상과 인민적 체육방침이 빛나게 관철됨으로써 체육력사상 있어보지 못한 커다란 성과들이 이룩되였다."

51) 「체육을 대중화하여 전체 인민들을 로동과 국방에 튼튼히 준비시키자」, 『김일성저작집』 24, 1983, 300쪽.

52) 이종석, 앞의 책, 42쪽.

다.[53] 그러다가 1974년 10월부터 진행된 '70일 전투'를 통해 구체적으로 경제운영방식으로 공식화되었다.[54]

속도전이 체육분야에서 주체체육 운영방식으로 제시된 시기는 1973년이었지만,[55] 1972년 김정일이 4·25선수단과 한 담화에서 그 기본적인 요소가 이미 마련되었다. 이 담화에서 그는 다음과 같이 주장했다.

> 4·25체육선수단 앞에 나서는 몇 가지 과업에 대하여 말하겠습니다. 첫째로, 4·25체육선수단 성원들은 당의 유일사상체계를 튼튼히 세우고 어떤 바람이 불어도 오직 수령님만을 믿고 따르며 당의 명령과 지시를 무조건 끝까지 관철하여야 하겠습니다. …둘째로, 대오의 사상의지적인 단합을 이루하여야 하겠습니다. 위대한 수령님의 혁명사상으로 튼튼히 무장하고 그에 기초하여 대오의 사상의지적 단합을 이룩하는 것은 경기에서 승리를 쟁취하기 위한 중요한 담보입니다. …셋째로, 완강한 투지와 인내력을 키워야 하겠습니다. …투지와 인내력을 키우는 문제만 해결하면 경기에서 얼마든지 속도전을 벌릴 수 있고 그 어떤 강자들과 맞다들어도 이길 수 있습니다. 넷째로, 개인기술을 높이기 위하여 적극 노력하여야 하겠습니다. …선수들의 개인기술을 완성하는 것은 경기에서 승리하기 위한 담보로 됩니다. 개인기술을 높이기 위하여서는 지도원들이 훈련지도에서 요구성을 높여야 합니다.[56]

김정일의 이같은 언급에서 북한이 독창적인 체육기법으로 내세우는 4가지 요소, 즉 사상전, 투지전, 속도전, 기술전이 확인된다. 즉 김일성의 혁명전통에 기반한 유일사상으로 무장하여(사상전), 경기에서 투쟁심과 인내력(투지전)을 바탕으로 상대보다 빠르게 움직임이며(속도전), 이때 높은 기술의 발휘(기술전)는 승리를 보장할 수 있다는 것이다.

이러한 김정일의 지시 이후 사상전과 속도전, 투지전, 기술전은 북한체육의 운영방침으로 정해졌다. 그리고 본격적으로 체육은 주체사상의 이념적 틀 속에서 운영되었다. 다시 말해 주체사상을 모든 분야에서 관철시키기 위한 지도적 원칙으로 제시된 세 가지 명제, 즉 '자주적 입장의 견지'와 '창조적 방법의 구현'에서 제시된 '인민대중에 의거하는 방법'과 '실정에 맞는 방법', '혁명의 지도적 원칙'은 체육의 대중화라는 대원칙 하에서 '우리 식'의 훈련과 기술을 창조하고, 김일성 유일사상으로 무장하도록 하는 것으로 나타났다.

---

53) 전영선, 『북한의 북한예술 운영체계와 문예 이론』, 역락, 2002, 124쪽.

54) 이종석, 앞의 책, 345쪽.

55) 사회과학원 력사연구소, 『조선전사』 32, 과학백과사전출판사, 1982, 354쪽.

56) 「4·25체육선수단 앞에 나서는 과업에 대하여」, 『김정일선집』 2, 조선로동당출판사, 1993, 388~391쪽.

사상전, 투지전, 속도전, 기술전이 바로 이 세 가지 명제를 관철하기 위한 수단이었다. 이에 대한 구체적인 주체체육의 모습을 다음의 『로동신문』 기사가 단적으로 보여주고 있다.

> 참으로 체육사업은 …모든 사회성원들이 혁명과 건설의 참다운 주인으로, 주체사상으로 살며 일하는 혁명투사로 되게 하기 위한 투쟁의 중요한 일환이다. 바로 오늘 체육사업에서 혁명적 전환을 일으키는 것은 위대한 수령님의 높은 뜻을 실현하기 위한 영예로운 투쟁으로 된다. …체육을 대중화하는 것과 함께 모든 체육인들이 자기의 전투적 임무를 훌륭히 수행하도록 하며, 체육의 모든 종목을 한 계단 더 높은 수준에 올려 세우는 것은 체육사업에서 새로운 전환을 위한 중요한 요구이다. …우리의 모든 체육인들은 …당 중앙이 제시한 '속도전'의 방침을 높이 받들고 사상전, 투지전, 기술전을 힘있게 벌려 …전투적이며 혁명적인 체육인이 되어야 한다. 체육사업에서 전환을 일으키자면 특히 주체적인 체육과학과 체육기술을 빨리 발전시켜야 한다. …당 조직들에서는 모든 당원들과 근로자들이 체육을 생활화하여, 건장한 체력을 지니고 생산과 건설에서 끊임없이 기적과 혁신을 일으키도록 사람과의 사업을 강화하며, …체육인들 속에서 '사상전'의 불길을 높여 그들이 당의 유일사상체계를 더욱 철저히 세우며 자신들을 정치사상적으로 끊임없이 단련하고 혁명화해 나가도록 해야 한다.[57]

이처럼 주체체육은 '당 중앙'으로 표현되는 김정일에 의해 구체화되고 있었다. 그는 주체사상을 김일성주의로 명명한 인물로서, 특히 후계체제를 확립한 1980년대에 주체체육을 완결지었다. 1986년 체육부문 일군들과 담화에서 한 다음과 같은 김정일의 언급이 이를 단적으로 보여주고 있다.

> 체육기술을 빨리 발전시켜야 하겠습니다. 체육기술을 발전시키는 데서 중요한 문제는 주체를 철저히 세우는 것입니다. …체육기술도 자기 나라의 실정과 자기 인민의 요구에 맞게 발전시켜야 합니다. 그래야 자기 민족의 우수성을 최대한 발양시킬 수 있으며, 체육기술을 빨리 높은 수준에 올려 세울 수 있습니다. …체육선수들의 기술수준을 높이려면 훈련을 강화하여야 합니다. …체육훈련은 우리 식으로, 과학적으로 해야 합니다. 나라마다 실정이 다르고 선수들의 체질도 다른 것만큼 체육훈련방법에서 고정격식화된 틀이 있을 수 없습니다. …선수들은 주체조선의 영예를 떨치겠다는 포부와 세계패권자가 되겠다는 야심을 가지고 훈련을 정열적으로 완강하게 하여야 합니다. …체육선수들은 경기에서 사상전, 투지전, 속도전, 기술전의 요구를 철저히 관철하여야 합니다. 사상전, 투지전, 속도전, 기술전은 우리식의 체육경기원칙이며 우월한 체육경기방법입니다. 선수들의 사상정신상태와 투지, 민첩성과 기술은 체육경기의 성과를 결정합니다. 높은 사상적 각오를 가지고 완강한 투지와 빠른

57) 『로동신문』, 1974년 10월 13일자.

속도, 높은 기술과 째인 전술로 경기를 진행하면 경기에서 주도권을 쥐고 상대방을 압도할 수 있으며 승리할 수 있습니다.[58)]

즉 체육기술의 발전은 기본적으로 '주체'가 철저히 세워질 때 이룩할 수 있는데, 주체가 요구되는 것은 사람과 민족, 나라마다 그 처해져 있는 실정이 다르기 때문이라는 것이다. 이것이 바로 주체사상이 나오게 된 인식과 동일한 점이다.

주체사상은 맑스-레닌주의의 일반적 원칙을 '우리나라의 구체적 현실에 창조적으로 적용'[59)]하여, 결국 '우리시대의 맑스-레닌주의적 지도사상'[60)] 나아가 김정일에 의해 김일성주의로까지 격상되었다.[61)] 주체체육도 마찬가지로 김일성의 유일사상체계를 체육분야에 관철시켜, 훈련과 기술도 '우리의 실정에 맞게' 주체적으로 창조·발전시킴으로써 체육을 발전시킬 수 있으며, 그래야 한다는 것이다.

한편, 주체체육은 스포츠내셔널리즘과 무관할 수 없다. 주체사상이 본질적으로 김일성 유일체제를 확립하는 과정에서 정치·경제적 측면에서 자주성을 강조했다는 점에서 내셔널리즘적 성격을 내포할 수 밖에 없었다. 주체체육의 이런 성격은 이미 북한 정권 수립기에 채택된 체육 대중화라는 이념적 특성을 그대로 계승한 것이었다. 1946년 10월 김일성이 체육인대회에서 한 다음과 같은 언급이 이를 잘 보여준다.

> 체육을 대중화하는 것이 특별히 중요한 의의를 가집니다. …북조선 인민들은 민주주의민족통일전선의 기치 아래 더욱 굳게 뭉쳐 민주과업을 수행하는 데서 이룩한 승리를 더욱 튼튼히 하며, 민주기지를 더욱 강화함으로써 반동분자들의 음모 책동을 짓부시고, 하루바삐 민주주의적 통일정부를 세우기 위하여 투쟁하여야 하겠습니다. 그러기 위하여 이러한 건국사업을 얼마든지 맡아할 수 있는 건강하고 씩씩한 일군들을 키워내는 것이 매우 간절하며, 여기에서 체육이 큰 역할을 하여야 합니다. …나는 청년, 학생 여러 동무들이 자기에게 맡겨진 사명을 더욱 깊이 깨닫고 조국의 완전한 자주독립과 전체 인민의 행복과 민족의 번영을 위하여 열심히 배우고 몸을 단련하며, 있는 힘과 재능을 다 바쳐 적극적으로 투쟁할 것을 거듭 부탁합니다.[62)]

정권 수립 초기 나타난 체육 대중화의 스포츠내셔널리즘적 성격은 주체체육의 확립과정에서 보다 명확하게 드러난다. 이런 사정은 다음의 『로동신문』 기사가 잘 뒷받침해주고 있다.

---

58) 「체육을 대중화하며 체육기술을 빨리 발전시킬 데 대하여」, 『김정일선집』 8, 1998, 408~414쪽.
59) 『로동신문』, 1962년 12월 19일자.
60) 『로동신문』, 1972년 4월 4일자.
61) 이종석, 앞의 책, 168쪽.
62) 「체육을 대중화하기 위하여」, 『김일성저작집』 2, 468~470쪽.

건강한 체력은 사람들이 혁명과 건설에 몸바쳐 나서며 자주적이며 창조적인 인간으로서의 체질을 갖추고 자연과 사회의 주인으로서의 역할을 다할 수 있게 하는 필수적 조건이다. …인민들이 육체적으로, 사상정신적으로 혈기왕성하고 강할 때 나라가 부강해지고 조국과 민족이 끝없이 륭성 번영하게 된다. 체육사업을 강화하여 인민들의 체력을 증진시키는 것은 …사회주의 제도의 우월성을 과시하며 나라의 대외적 위신을 높이 떨치기 위한 투쟁으로 된다. …우리는 당중앙의 전투적 호소를 높이 받들고 체육사업에서 새로운 혁명적 전환을 일으킴으로써, 온 사회에 전투적이며 혁명적인 기풍이 차 넘치게 하고 사회주의 대건설의 총진군운동을 더 힘차게 다그치며 나라의 무궁한 륭성 번영을 이룩해 나가야 할 것이다.[63]

이처럼 건강한 체력이 '혁명과 건설'에 필요한 자주적이며, 창조적인 인간을 만든다는 것이다. 또한 건강한 인간은 부국강병과 민족의 융성을 달성할 수 있다는 것이다.

이런 주체체육의 스포츠내셔널리즘적 성격은 김정일의 후계체제에서도 여전히 관철되고 있다. 김정일은 1986년 담화에서 '우리 실정에 맞는 체육기술의 발전이 민족의 우수성을 발양시킬 수 있다'고 강조하면서, 다음과 같이 주체체육의 스포츠내셔널리즘적 성격을 분명하게 밝히고 있다.

체육사업은 결국 조국의 부강발전을 이룩하고 나라의 방위력을 강화하며, 인민들의 건강과 민족의 륭성을 보장하기 위한 사업으로 됩니다. 이런 의미에서 체육은 나라와 민족의 흥망성쇠를 결정하는 중요한 사업이라고 말할 수 있습니다.[64]

이렇게 주체체육을 나라와 민족의 흥망성쇠를 결정하는 중요한 사업으로 간주했던 것이다. 바로 여기에서 주체체육의 스포츠내셔널리즘 성격이 명확하게 드러나고 있다.

물론 이러한 주체체육의 스포츠내셔널리즘 성격은 단순히 국가 및 민족주의적 지향점만을 갖는 것은 아니다. 주체사상을 이념적 기반으로 하는 주체체육은 김정일체제하에선 김정일에 대한 충성과 김일성 사후 조성된 북한의 위기의식을 극복하기 위한 수단이었다. 김일성 사망 1년 후인 1995년 『로동신문』에 게재된 다음과 같은 기사는 이런 사정을 잘 보여준다.

오늘 우리 앞에는 어버이 수령님께서 체육부문에 주신 유훈을 끝까지 관철하며 경애하는 장군님(김정일)의 체육방침을 충성으로 받들어 나가야 할 영예로운 과업이 나서고 있다. …위대한 수령 김일성동지께서 체육발전에 쌓으신 업적과 유훈은 오늘 위대한 령도자 김정일동지의 탁월한 령도에 의하여 전면적으로 꽃펴나고 있다. …체육부문의 모든 일군들과 체육인들은 경애하는 장군님께서 이끄시는 한 우리의 주체체육은 언제나 승승장구하며 그

63) 『로동신문』, 1974년 10월 13일자.

64) 「체육을 대중화하며 체육기술을 빨리 발전시킬 데 대하여」, 『김정일선집』 8, 402쪽.

미래는 휘황찬란하다는 확고한 립장과 관점을 가지고 당의 체육방침 관철을 위하여 헌신적으로 투쟁해야 한다.[65]

한편 북한 지도부는 자연재해로 인한 경제난의 가중으로 심각한 체제위기를 느끼자 1995년부터 '붉은기 사상'을 주창했다.[66] 이는 주체사상에 기초하여 위기를 극복하기 위한 체제수호의 모토였다. 이에 체육도 1990년대 중반부터 이런 위기극복 의지를 위한 수단으로 인식되었다. 1997년 국가체육위원회의 새해 사업에 대한 『로동신문』의 기사는 이를 잘 뒷받침해준다.

> (국가체육)위원회에서는 일군들에게 …사회주의 총진군에 떨쳐 나선 우리 인민의 혁명적 렬의에 맞게 체육사업에서 보다 혁신적인 성과들이 일어나도록 적극 떠밀어주고 있다. 위원회의 책임일군들은 …체육인들을 우리 당의 붉은기사상으로 튼튼히 무장시키고 올해의 국제 국내경기들에서 우승의 영예를 떨치도록 적극 떠밀어주고 있다. …체육기술련맹, 축구련맹, 도·시·군 체육위원회 일군들도 체육인들 속에 들어가 부닥치는 애로와 난관을 맞받아 뚫고 나가며 금메달로 경애하는 장군님(김정일)을 받들고 조국의 영예를 빛내여가기 위한 투쟁에 한결같이 떨쳐 나서도록 고무하여 주고 있다.[67]

한마디로 체육이 사회주의 체제를 수호하고 경제난을 극복하기 위한 주민동원체제의 수단이어야 한다는 것이다. 따라서 김정일을 중심으로 한 북한사회의 '영예'를 확인하는 경기대회에서의 우수한 성적이 요구된다는 전형적인 스포츠내셔널리즘적 성격이 강조되고 있는 것이다.

요컨대 주체체육은 주체사상이 관철된 체육을 의미한다. 즉 주체사상이 지향하는 자주적 태도가 체육부문에서 사상적 기반으로서, 그리고 동시에 정책의 수립, 추진과정은 물론이고 훈련방법이나, 기술제고, 체육교육 등 구체적인 체육활동에서도 구현됨을 말하는 것이다. 따라서 주체체육은 김일성 유일체제의 확립 과정과도 무관한 것은 아니다. 즉 주체사상이 아직 맑스-레닌주의의 창조적 적용이라는 수준에 머물러 있을 때에는 체육부문에서 적용되는 이론과 사상은 맑스-레닌주의의 원리도 중요시되었다. 그리고 주체사상이 북한의 유일한 지도사상이 되었을 때에는 김일성의 유일사상체계화를 의미하게 되었다.

결국 김일성이 제시하는 사상, 정책, 추진방안 등을 그대로 체육부문에서 답습하여 이를 실현해야 했다. 그것은 바로 모든 체육영역에서 '우리식'의 방안을 확립하는 것이

65) 『로동신문』, 1995년 11월 12일자.
66) 이종석, 앞의 책, 551쪽.
67) 『로동신문』, 1997년 1월 24일자.

었다. 또한 주체사상이 '현실에 맞게', '맑스-레닌주의를 창조적으로 구현'했듯이 주체체육은 속도전, 사상전, 기술전, 투지전과 같은 '우리식'의 체육기술 확립, 주체조선의 위력을 과시하는 것이어야 했다. 김일성 사후에도 주체체육은 김정일의 지도이념을 추종하고 경제난 등으로 초래된 위기의식을 극복하기 위한 이념적 장치이기도 했다. 한마디로 주체체육은 주체사상을 실현하는 수단임과 동시에, 스포츠내셔널리즘의 북한식 표현이라 할 수 있다.

2. 체육정책 기조

1) 김일성 1인체제 확립과 체육 대중화

한국전쟁은 남북한 모두에게 엄청난 피해를 입혔다. 북한의 경우는 1953년 당시 공업생산력이 전쟁 전인 1949년에 비해 58%, 농업 총생산액이 25%, 국민소득이 30%로 감소했다.[68] 반면 한국전쟁은 북한사회에 새로운 변화를 촉진시키는 계기도 되었다. 김일성은 박헌영의 남로당계열을 숙청함으로써 패전에 대한 정치적 책임에서 벗어나서, 당 내부의 권력을 장악할 수 있었다. 또 북한에 대한 원조를 배경으로 세력을 확대하기 시작한 중국과 소련 출신 세력을 숙청함으로써 김일성의 당내 기반은 더욱 확고해져 갔다.[69] 사회·경제적 측면에선 전쟁 중에 북한체제의 주요 반대세력이었던 지주자본가들이 대기 월남했고, 북한 주민 대다수가 빈농으로 전락하여 사회주의적 제도개혁을 실시할 수 있는 결정적 계기를 제공했던 것이다.[70]

전후 북한사회의 이러한 변화는 김일성 1인체제를 확립하는 근원적 요인이었다. 특히 1958년 종파투쟁으로 김일성 비판세력은 대대적으로 제거되었고, 당내 민주주의는 사라졌다.[71] 이 과정에서 김일성은 전후 복구 및 경제개발 정책을 제시하는 동시에, 광범위한 대중동원체제와 사회주의체제 확립을 도모했다. 이같은 대중동원체제와 사회주의체제의 확립은 체육정책에서도 김일성이 정권 수립기 제시한 체육의 대중화노선 강화로 이어졌다. 이론상 사회주의 체제하에선 모든 인민이 문화적 권리를 가짐과 동시에 사회 각 부문에서 참여해야 하기 때문이다.

김일성은 휴전협정 다음날인 1953년 7월 28일 다섯 가지의 '즉각적인 과제'를 제시했

---

68) 역사학연구소, 『한국근현대사』, 서해문집, 2004, 472쪽.

69) 이종석, 앞의 책, 73~74쪽.

70) 역사학연구소, 앞의 책, 473쪽.

71) 위의 책, 482쪽.

는데, 그 첫 번째 과제로 경제복구와 발전을 내세웠다.[72] 그는 같은 해 8월 5일 열린 조선노동당 중앙위원회 제6차 전원회의에서 '모든 것을 전후 인민경제복구 발전을 위하여'라는 제목으로 연설[73]할 만큼 경제재건을 전후 복구사업의 1순위로 정했다. 이어 그는 1953년 12월 8일 조선로동당 중앙위원회 정치위원회에서 전후 경제복구사업의 방향을 제시했다. 이에 따르면 경제복구사업은 다음과 같은 3단계 과정을 밟게 되었다.[74] 첫 번째 단계는 1953년 8월부터 반년 내지 1년 동안을 인민경제의 복구를 위한 준비기간으로, 두 번째 단계는 인민경제 복구발전 3개년계획기간으로 모든 경제 분야에서 전쟁 전의 수준을 회복하는 데 목표를 두었다. 세 번째 단계는 공업화의 기초를 축성하기 위한 5개년계획기간으로 공업화의 1단계 과업을 완성함으로써 자립적 공업농업국가로 발전시키는 데 목표를 두었다.

이러한 경제계획에 따라 체육분야의 복구사업도 단계별로 진행되었다. 김일성은 경제복구를 1차적 목표로 제시한 제6차 전원회의에서 '학교, 공장, 농촌을 막론하고 모든 곳에서 체력 향상을 위한 대중적 운동을 전개하고 체육단체들을 급속히 복구하며 운동장과 수영장을 비롯한 체육시설들을 많이 설치'하도록 지시했다.[75] 이에 따라 1954년 6월 24일 내각결정 93호로 내각직속 체육지도위원회가 조직되어 인민체력 향상을 위한 대책이 강구되었다.[76] 그 방안으로 전쟁 때 파괴된 체육시설을 복구·확장할 것, 자체 실정에 맞게 운동시설을 갖출 것, 휴일을 이용하여 운동회·등산·수영 등을 집단적으로 실시하여 심신단련의 효과를 높일 것 등이 제시되었다. 청소년들의 체계적인 체력 향상을 위한 특별한 조치도 취하도록 했다. 특히 청년학생 및 근로자들을 인민체력검정사업에 참가하여 체력 향상을 도모하도록 했다. 이런 조치들은 인민체력 향상을 위한 것이지만, 궁극적으로는 군중적 체육사업이 '경제건설의 성과적 수행과 국방력 강화'에 이바지하는 데 그 목적을 둔 것이었다.

1954년 8월 3일에는 이런 체육사업의 목적을 실현하고, 전후 체육복구사업을 위한 구체적 정책으로 '공화국 체육사업발전을 위한 안'이 마련되었다.[77] 이 발전안은 다음의 3단계를 거치는 1개년 계획이었다.

첫 번째 단계는 1954년 9월부터 1955년 2월까지 6개월간으로 사업의 중심방향을 보다 많은 근로대중을 체육사업에 망라시켜 인민들의 체력 향상을 꾀하는 데 두었다. 이에

---

72) 김학준, 앞의 책, 175쪽.

73) 「모든 것을 전후인민경제복구발전을 위하여」, 『김일성저작집』 8, 1980, 11~64쪽.

74) 「전후인민경제복구건설사업을 성과적으로 진행할 데 대하여」, 『김일성저작집』 8, 1980, 177쪽.

75) 「모든 것을 전후인민경제복구발전을 위하여」, 『김일성저작집』 8, 40쪽.

76) 『로동신문』, 1954년 7월 22일자.

77) 『로동신문』, 1954년 9월 15일자.

따라 각급 체육지도위원회는 1954년 11월 중순까지 중앙 및 각 도·시·군에 종목별 협회와 체육단체들을 조직하고 정상적인 체육활동을 통해 그 대열을 확대, 강화하게 했다. 이 단계에서는 인민들의 체력 향상을 도모하기 위한 인민체력검정사업에 중점을 두었다. 그 수검준비는 노동시간 외의 휴식시간을 이용하도록 했을 뿐만 아니라, 일요일과 휴식일, 기념일 등에 인민체력검정 종목을 포함시킨 체육대회를 진행하도록 했다. 또 각 공장, 광산, 기업소, 농촌, 학교 및 인민군 각 부대로 하여금 기존 경기장과 체육시설·기자재들을 시급히 재정비하는 동시에 확장하도록 했다.

두 번째 단계는 1955년 3월부터 5월까지의 3개월인데, 그 사업의 목표는 체육전문가들을 각 체육단체에 파견하여 체육훈련을 통해 우수한 선수를 선발하는 데 두었다. 선수선발은 리-시·군-도의 단계별로 선발하여 조직하게 했다. 또한 각 종목별 우수단체와 지도자들을 지방에 파견하여 순회·지도하게 하고, 리에서 도에 이르는 각 행정단위마다 각종 경기대회를 조직하여 우수선수들을 선발하게 했다. 이 단계에서는 매스게임도 광범위하게 조직하도록 했는데, 그 내용은 조국의 평화적 통일을 위한 투쟁과 전후 인민경제복구발전 3개년 계획의 실행을 위한 전인민적 투쟁 모습을 반영하도록 했다. 특히 집체성과 조직성을 반드시 구현하도록 하고, 각 마을·시군·도 단위의 경쟁조직을 통해 군중적인 운동으로 전개하도록 규정했다.

세 번째 단계는 1955년 6월부터 8월까지 3개월간으로, 이 기간 동안 선발된 선수의 훈련을 진행하고, 운동경기기술과 경기지도사업의 향상을 도모하여 8·15 해방 10주년 전국체육축전을 성공적으로 치루는 데 그 목표를 두었다. 이 목표를 달성하기 위해 선수들의 집체 훈련을 중점적으로 실시하고, 심판원·기술지도원·체육간부들의 강습회를 조직하여 지도수준을 높이게 했다. 그리고 각 기관과 단체의 매스게임 훈련을 평가하기 위한 지도검열을 진행하게 하고, 8·15 해방 10주년 체육축전에 참가할 단체의 선발작업을 실시하게 했다.

이렇게 '공화국 체육사업발전을 위한 방안'은 해방 10주년 체육대회를 성공적으로 치루기 위한 계획인 동시에, 전쟁 이후 요구된 경제복구에 필요한 노동력 제고와 체육재건을 위한 준비작업이었다. 실제로 이 방안이 제시한 단계별 사업은 그대로 관철되어 1950년대 후반 체육의 전면적 발전을 위한 정책을 입안할 수 있는 토대를 마련했다. 그 결과 1960년대 북한체육의 전성기를 이끌어내었다.

1954년 내각직속 체육지도위원회의 설치와 '공화국 체육사업발전을 위한 방안'의 실천 등으로 전후 체육사업을 위한 기초적인 작업이 마무리된 데 이어, 체육정책 기조를 마련하기 위한 조치가 이루어졌다. 1956년 2월 '체육 및 스포츠사업을 개선 강화할 데 관하여'라는 내각명령 제14호가 그 출발점이었다. 이 명령은 인민의 체력을 향상시키고 인민들을 애국주의 사상으로 교양하며, 불요불굴의 인내성과 강의성을 배양함으로써 조국보위를 위한 사업과 인민경제의 급속한 복구 발전을 위한 노력투쟁에 기여하는 데 그 목적이 있었다.[78]

그 구체적인 사업 방침은 이렇다. 첫째 각 기관, 기업소, 협동조합 및 농촌에서 체력 향상을 위한 보건체조를 광범위하게 보급 장려하여 생활화할 것, 둘째 각급 학교에서는 육체교양사업을 개선 강화하고 매주 1일 이상을 체육일로 정하며 과외시간을 이용하여 전체 학생들에게 매일 1, 2시간의 체육사업을 실시함으로써 학생들에게 체육, 스포츠 및 운동, 유희들을 광범위하게 보급 발전시킬 것. 또 여름 방학을 이용하여 수영, 야영, 행군, 명승지 및 고적(이른바 혁명유적지 및 생가 등 김일성 혹은 그 가계와 연관된 곳) 탐방사업을 전개할 것, 셋째 각 도·시·군 소재지들의 경기장과 운동장을 정비하고 평양시 대동강가에 정규 수영장을 설치할 것, 넷째 민족 체육 및 스포츠의 보급 발전을 위해서 봄·가을에 민족체육경기대회를 조직할 것, 다섯째 농어촌 청년들을 대상으로 한 체육 및 스포츠사업을 강화하기 위한 대책과 인민체육일군에 대한 국가적 대우의 개선방안을 마련할 것 등이다.

이 내용에서 보듯 내각명령 14호는 체육사업에 대중을 광범위하게 참여시켜 체육의 대중화와 생활화를 위한 토대를 마련하기 위한 조치였다. 체육 대중화정책의 목표는 물론 전후 복구사업의 진행을 보조하기 위한 것이었으며, 이 내각명령 14호는 그 구체적 실천방안을 제시한 것으로, 전후 3개년 인민경제계획의 목표를 달성하기 위해 북한 전 주민을 노동사업에 연계하는 수단이었다. 특히 전체 인민의 체력 향상을 위한 보건체조의 전국적인 보급은 전쟁 때 파괴된 생산기반을 복구하고 노동생산을 향상시키기 위한 조치였다. 또한 애국주의의 강조는 북한 지도부의 패전 책임을 회피하는 수단으로서, 민족주의 이념을 체육부문에도 관철시키기 위한 것이었다. 민족체육경기대회의 조직을 요구한 것도 바로 이같은 이유에서 비롯된 것이다.

이러한 체육 대중화정책의 기조가 마련되자, 이를 행정적·제도적 차원에서 이끌어가기 위한 체육지도자 양성체제도 수립되었다. 1958년 3월 19일 공포된 내각결정 제30호 '체육 및 스포츠 보급과 체육간부 양성사업을 개선할 데 관하여'가 바로 그것이다.[79] 이 내각결정 제30호에서는 근로자들의 건강 증진을 위하여 이들을 인민체력검정에 적극 참가시키는 동시에 1,000명 이상의 공장과 기업마다 체육사업 지도를 책임지는 전임 체육지도원 1명을 배치하도록 했다. 또한 청소년·학생·군중에 대한 스포츠의 체계적 지도를 강화할 것, 스포츠구락부를 청소년 스포츠학교로 전환할 것 등을 지시했다.

이렇게 전후 체육정책의 기조는 민족주의·애국주의에 기반하여 전후 경제건설에

78) 『로동신문』, 1956년 3월 1일자.

79) 『로동신문』, 1958년 3월 26일자.

전체 주민을 동원하는 데 있었다. 내각결정 30호가 발표된 날 진행된 전국청년사회주의건설자대회에서 한 다음과 같은 김일성의 연설은 이런 사정을 단적으로 보여준다.

> 제1차 5개년계획의 기본 과업은 공화국 북반부에서 사회주의의 경제적 기초를 더욱 튼튼히하며, 인민들의 입고 먹고 쓰고 사는 문제를 기본적으로 해결하는 데 있습니다. …우리의 모든 남녀 청년들은 제1차 5개년계획을 수행하기 위하여 인민경제 모든 분야에서 자기 앞에 나선 모든 일에 더 적극적으로 참가하여야 하겠습니다. …우리 청년들은 사회주의적 애국주의사상으로 튼튼히 무장하여야 하겠습니다. …우리 청년들이 자기에게 맡겨진 영예로운 과업을 훌륭히 수행하기 위하여서는 튼튼한 몸을 가져야 합니다. …우리 청년들은 체육사업을 적극 발전시켜 자기 몸을 더욱 단련하며 그것을 통하여 억센 투지를 키워야 할 것입니다.[80)]

1956년 내각명령 제14호와 1958년 내각결정 제30호에 따라 경제건설과 애국주의에 기반한 체육정책의 토대가 마련되자, 체육을 체제 강화수단으로 이용하기 위한 사상강화 작업도 진행되었다. 1958년 6월 30일부터 7월 1일까지 열린 전국체육열성자대회에서는 이른바 반당·반혁명 분자들을 색출하고, 이들이 획책한 자본주의와 수정주의를 폭로, 규탄했다.[81)]

이 회의는 이른바 종파투쟁의 한 과정이었다. 종파투쟁은 김일성이 제시한 중공업 중심의 전후 복구계획과 사회주의체제로의 전환을 반대한 세력을 숙청하기 위한 사상투쟁으로, 그 결과 김일성의 1인지배체제는 더욱 공고화되었다. 또 여기서는 국방체육 강화방침도 밝혀, 의무적으로 국방체육의 한 종목 이상을 습득할 수 있도록 청년들을 조직·지도할 것을 지시했다. 그리고 체육의 과학화, 스포츠 기술의 제고 등도 강조되었다.

이렇게 체육 대중화노선을 위한 제도적·사상적 기반이 마련됨에 따라, 김일성은 1958년 12월 30일 당 중앙위원회 상무회의에서 사회주의 체육의 내용을 확대하고, 체육사업을 전면적으로 개선·발전시키기 위해 군중체육사업과 체육기술을 조속히 발전시키도록 지시했다.[82)] 이론상 사회주의체제는 높은 기술적 수준에 의해 수립되어야 한다

80) 「사회주의건설에서 청년들의 과업에 대하여」, 『김일성저작집』 12, 1981, 188~200쪽.

81) 『로동신문』, 1958년 7월 2일자.

82) 『로동신문』, 1959년 1월 18일자. "최근(1958년 12월 30일) 당 중앙위원회 상무위원회는 군중체육사업을 가일층 발전시키며 스포츠 기술수준을 제고할 데 대한 결정을 채택하였다. 결정에는 발전하는 우리나라 현실에 상응하게 체육사업을 보다 높은 단계에 올려 세우며 이 사업에서 획기적인 혁신을 일으킬 데 대한 구체적 방도가 명확히 제시되어 있다. …사회주의-공산주의시대에서 살기 위하여서는 우리 근로자들은 그에 상응하게 정신적으로, 육체적으로 발전되여야 하며… 군중적인 체육의 발전과 스포츠사업의 강화는 이에 있어서도 역시 주요한 의의

는 논리에 따른 것이었다.

김일성의 이러한 지시에 따라, 내각은 1959년 2월 14일 내각결정 제15호 '군중체육사업을 발전시키며 스포츠기술수준을 제고할 데 대하여'를 채택했다.[83] 이 내각결정 제15호는 체육의 기본 정책과 제도, 실행방안을 22개 항에 걸쳐 제시했는데,[84] 이들 조항은 지금도 여전히 체육사업의 핵심을 이루는 내용이다.

1~4항은 체육의 대중화와 직접적으로 관련된 것이다. 여기에는 모든 근로자들이 매일 1시간 이상 체육운동을 실시할 것(1항)과 인민체력검정사업의 강화(3항), 생산·건설 및 사무직장·농업협동조합을 비롯한 기타 모든 주민지구(기초 행정단위)에 체육단을 조직하여 군중을 광범위하게 망라할 것(4항), 이를 위해 각 기구 책임자들과 간부들이 지도·솔선수범을 할 것(2항, 3항) 등이 포함되어 있다.

5, 6항은 학교체육의 강화에 관련된 것인데, 체육수업 증가(5항)와 학생들에 대한 의료검사사업 실시(6항) 등의 내용이 포함되어 있다. 특히 주목되는 것은 체육교육에서 교조주의와 형식주의 타파, 사상 및 과학성 제고 등이 포함되어 있다는 점이다. 이는 스포츠 분야에서 신비주의와 보수주의를 청산하고 선수들을 정치적으로 견실하게 할 것을 강조한 11항, 체육간부 양성사업에서 사상 및 과학성 제고를 강조한 18항과 함께 체육사업에서의 사상성 강조가 두드러지는 부분이다.

제7항에서는 체육사업에서 거둔 성과를 근로자의 사회주의 경쟁종목의 하나로 포함시켜 평가하도록 했다. 즉 사회주의 생산경쟁운동을 체육사업과 결부시키고 있는 것이다. 제8항에서는 기본종목을 더욱 대중화하고, 대중적 체육행사를 광범위하게 조직하는 것 이외에 국방체육을 발전시키도록 했다. 9항에서는 1960년까지 체육야영장을 백두산과 부전호수, 백암 등지에 설치하도록 했다.

10~15항에는 1959년까지 체육기술을 향상시키기 위한 구체적인 조치들이 들어 있다. 스포츠 교수 및 훈련체계의 확립, 체육의료사업, 경기지도원 육성에 대한 대책을 강구하도록 할 것(10항), 선수 육성사업과 청년팀·소년팀에 대한 교수 훈련체계의 확립 및 전문선수층의 확대(11항), 각 전문학교 및 대학, 2급 이상 기업소 및 농협조합에 주요 종목의 선수단을 구성할 것(12항), 중요한 생산 및 건설 직장과 시군 소재지에 청소년 스포츠학교 200교를 세울 것(13항), 각 종목별 연맹전대회를 만들고 국가대표팀을 1959년까지 조직할 것(14항), 선수등급 2급 이상 선수와 청소년스포츠학교 학생들에

를 가진다. 바로 그렇기 때문에 당 중앙위원회 상무위원회 결정은 광범한 근로자들과 청소년 학생들을 체육사업에 인입함으로써 체육사업의 군중화에서 일대 전환을 가져오며 우리나라의 스포츠 기술수준을 급속히 제고할 데 대한 과업을 제시하고 있다."

83) 『로동신문』, 1959년 2월 27일자.

84) 鄭慶謨·崔達坤 共編, 『北韓法令集』 4, 大陸硏究所, 1990, 2297~2299쪽.

게 기본 임무 외에 2시간 이상 체육훈련을 보장할 것(15항) 등이 그것이다. 20항에서는 체육과학 및 체육선전 사업을 강화하기 위해 1959년 6월말까지 체육과학연구소를 설치하고, 이 연구소와 의료사업을 연계·발전시키기 위해 중앙체육의료소를 1959년 4월말까지 설치하도록 규정하고 있다.

16~19항에는 체육사업의 체계를 확립하기 위한 방안들이 제시되었다. 16항에서는 각 부문의 체육협회와 종목별 분과위원회의 조직·정비 및 기능과 역할을 제고하기 위한 대책을 강구하도록 했다. 17항에서는 체육사업을 통일적으로 지도·강화할 대책을 마련하여 실시할 것, 체육 규정 및 기술지도를 단일화할 것, 체육지도위원회가 체육 및 스포츠시설들을 통일적으로 관리·운영할 것 등을 지시했다. 18항과 19항에서는 체육간부 양성을 위한 평양체육대학의 설립과 그 운영방안을 강구하도록 했다.

21, 22항에서는 체육기자재 및 시설 확보를 위해 규모가 큰 기업이나 학교를 세울 경우 반드시 체육시설를 갖추도록 했고, 평양종합체육관에 대한 기본 건설계획을 1960년까지 마련하고 수영장 및 기타 실내 훈련장을 1959년까지 건설하도록 했다.

이렇게 내각결정 제15호는 체육 대중화노선에 따라 경제와 국방에서 요구되는 바람직한 인간상 형성을 궁극적 목표로 삼은 것으로, 이를 실현하기 위한 사상·정책·제도적 기반을 포괄하는 종합적인 정책제안이라고 할 수 있다. 여기서 제시된 학교체육의 강화, 생산체육의 조직, 국방체육의 강화, 체육기술의 향상, 체육간부의 양성, 체육의 과학화, 제육설비 확충 등의 방안은 이후 체육정책에서 일관되게 적용되었다.

한편, 전후 체육사업의 정책적 기반이 마련됨과 동시에 이를 집행할 행정기구의 정비도 추진되었다. 전후 체육사업의 원활한 진행을 위한 조직사업의 미비가 노출되었기 때문이다. 이런 사정을 개선하기 위한 조치로 1954년 6월 23일 내각결정 제93호에 따라 내각직속 체육지도위원회가 조직되었다.[85] 내각직속 체육지도위원회는 이전의 중앙체육지도위원회를 대신하여 전후 체육사업을 통일적으로 지도할 수 있는 독자적 체육지도기관 설립의 필요성에 따라 조직되었다.

체육지도위원회의 중앙기구는 위원장, 부위원장 2인, 위원 8인, 서기장 1인으로 구성되었는데, 이들은 항일혁명투사를 비롯하여 정치사상적으로 검증된 당, 국가기관, 근로단체 성원들이었다.[86] 그 산하기관들로 각 도·시·군 체육지도위원회가 설치되었다. 이 체육지도위원회에서 '공화국체육사업발전을 위한 방안'을 계획하고 실행했다. 이 안의 1단계 계획에 따라 1954년 10월 각급 체육지도위원회 안에 비상설기구인 종목별 분과위원회를 두었다. 분과위원회는 종목별 체육사업을 통일적으로 지도하여 그 보급과 발전을 꾀하고, 이론과 기술수준을 높이는 데 목표를 두었다.

---

85) 『조선중앙년감』, 1954-55, 405쪽.

86) 조남훈, 앞의 책, 126쪽.

이어 1958년 1월 16일 내각결정 제5호인 '내각직속 체육지도위원회에 관한 규정'을 채택하여 체육지도위원회의 위상을 제도적으로 재정립했다.[87] 이에 따르면 체육지도위원회는 체육 및 스포츠의 대중적 보급·발전과 체육기술의 향상을 도모하여 인민의 건강증진 및 노동과 조국보위에 튼튼히 준비시키며, 고상한 애국주의 사상으로 무장시키는 데 기여하는 데 있다고 규정했다. 이같은 조치는 1958년 3월 내각결정 제30호 '체육 및 스포츠보급과 체육간부 양성사업을 개선 강화할 데 대하여'[88]에 의해 보강되었는데, 각 시의 체육지도위원회에 전임서기장을 배치하도록 한 것이 그 대표적 사례이다.

체육지도위원회의 위상을 이처럼 제도적으로 보장한 이런 조치는 1956년 4월 조선로동당 제3차 대회에서 패전의 책임을 물어 박헌영 등 국내파 공산주의계열을 숙청[89]한 이후, 김일성 1인체제를 확고히 하려는 정책과 연계된 것이다. 고상한 애국주의는 바로 김일성 1인 지배체제를 유지하기 위해 동원된 반미(反美) 정서를 김일성체제의 정책적 이데올로기로 삼은 것이었다. 이어 1958년 3월 조선로동당 제1차 대표자회의에서의 소련파, 연안파 등 반김일성세력의 완전 숙청[90]을 계기로 체육지도위원회가 중심이 되어 체육분야에서 반김일성세력을 제거하기 위한 사상투쟁이 전개되었다.[91] 이로써 김일성 1인체제에 기반한 체육조직도 확립되었다.

요컨대 전후 북한의 체육정책은 김일성이 정권 수립기에 주창한 대중화노선을 계승했다. 이같은 체육의 대중화노선은 일제 시기 특정 선수나 부르죠아 계급의 유흥거리로 전락한 체육을 새시대의 주인인 전체 인민들이 향유해야 한다는 당위성에서 비롯되었다. 그러나 북한 정권이 전후 사회주의체제 수립을 목표로 삼으면서 전체 주민을 동원할 체제가 요구되었다. 때문에 체육도 경제건설과 국방에서 요구되는 강인한 체력을 가진 인간을 양성하기 위한 수단으로 인식되었다. 1954년 '공화국 체육사업발전을 위한 방안'은 이를 위한 그 대표적인 조치였다. 가령 인민체력검정사업의 기준을 북한 실정에 맞게 조정함과 동시에, 종목별로 등급기준을 제시한 것은 효율적인 전체 주민의 체력 향상을 유도하기 위한 것이었다. 또 체육의 대중화노선의 성과를 보장하기 위하여 내각직속 체육지도위원회를 설치하여 행정의 효율성도 제고했다.

물론 이런 체육 대중화정책은 김일성 1인지배체제를 공고히 하기 위한 조치였다. 김일성이 집권의 정당성을 확보하기 위해 종파투쟁에 나선 것처럼, 궁극적으로 그가

87) 위의 책, 144쪽.

88) 鄭慶謨·崔達坤 共編, 앞의 책, 2295~2296쪽.

89) 스칼라피노·이정식 지음/한홍구 옮김, 『한국공산주의운동사』 3, 631쪽.

90) 위의 책, 645~656쪽; 이종석, 앞의 책, 424쪽.

91) 조남훈, 앞의 책, 145쪽.

제시한 중공업 우선의 경제계획이 타당한 것임을 증명해야 했다. 결국 사회주의 건설을 위한 인적 동원체제가 최우선적으로 요구되었는데, 이것이 바로 체육정책에서도 대중화노선이 강화된 배경이 되었다. 또한 이론상 사회주의는 사회의 전반적인 기술수준이 높을 때 달성된다는 논리에 따라 체육기술도 제고되어야 했다. 이런 이유에서 1959년 군중체육사업의 발전과 스포츠기술의 수준 제고를 내용으로 하는 내각결정 제15호가 마련되어 학교체육과 엘리트스포츠정책의 기본 방침이 수립되었다. 즉 학교체육은 물론이고, 엘리트스포츠 역시 체육대중화의 궁극적 발전을 위해선 없어서는 안될 기본적인 정책분야였던 것이다. 그렇기에 내각결정 제15호는 대중화 노선에 따른 향후 체육정책의 기조를 제시한 것이었다. 이처럼 체육대중화를 위한 정책이 단계적으로 수립됨으로써 체육분야에서의 획기적인 발전을 위한 토대가 마련되었던 것이다.

2) 김일성 유일체제와 주체체육

(1) 체육의 유일체제화

김일성 유일체제의 확립과 동시에 북한의 모든 정책은 김일성의 지도와 노선에 따라 이루어졌다. 이는 체육부문에서도 마찬가지여서 체육정책 역시 정치·경제·사회에 대한 김일성의 정책노선을 충실히 반영하고 실현해야 했다. 이는 북한체제의 성격과 깊은 연관이 있다. 북한은 60년대 김일성 1인 지배체제를 확립하는 과정에서 주체사상을 유일사상으로 채택하고, 이를 북한사회의 기본 지배원리로 삼았다. 특히 1974년 2월 조선로동당 중앙위원회 제9차 전원회의에서 채택된 '유일사상체계 10대 원칙'[92]에서 김일성의 교시를 집행할 때는 무조건성의 원칙을 철저히 지켜야 한다고 규정했다. 이어 1980년 10월 김정일이 김일성의 정식 후계자로 지목된 이후 김정일의 지도 역시 김일성의 교시와 같은 효력을 갖게 되었다.

체육의 유일체제화는 그 정책의 입안과 집행과정에서 단적으로 드러난다. 예컨대 1965년 2월 내각결정 제7호는 다음과 같은 과정을 거쳐 결정되었다. 1963년 12월 김일성은 군중체육사업을 전체 인민대중의 사업으로 전환할 것, 선수 육성사업을 개선 강화할 것, 체육기술을 세계적 수준으로 높일 것 등을 교시했다.[93] 이어 그는 1964년 10월 22일 교육 및 체육부문 지도일군협의회에서 '체육을 발전시키기 위해 조선체육지도위원회가 국가적으로 체육사업을 장악 지도'하도록 지시했다.[94] 1965년 2월 19일 내각은

---

92) 이명영, 『통일의 조건』, 종로서적, 1989, 59~66쪽.

93) 金詗敎, 『북한체육의 허상과 실상』, 民族統一中央協議會, 1984, 31쪽.

94) 조남훈, 앞의 책, 183쪽.

이같은 김일성의 교시와 지시를 구체화한 내각결정 제7호 '체육사업을 전 인민적 운동으로 전개할 데 대하여'를 채택했다.

체육정책의 결정이 이러한 과정을 거쳐 이루어진 것은 무엇보다도 김일성의 교시나 담화가 법체계를 뛰어넘는 초법적 권위를 가지는 북한체제의 특징에 있다. 여기에다 김일성의 교시가 매우 직접적이고 구체적인 사항까지 담고 있다는 데도 그 이유가 있다. 1969년 11월 체육인대회의 연설에서 김일성은 체육을 전인민적 운동으로 하는 방안으로 학교체육의 발전을 언급했다. 그 구체적인 방법으로 '가을과 봄철에 등산을 해야 한다', '야간행군을 많이 조직하여 몸을 단련해야 한다', '강과 바다에서 수영을 널리 해야 한다'는 등의 구체적 사항을 지시하고 있다. 기타 각 기관, 기업소, 협동농장, 광산, 가정 등에서 실시할 수 있는 방법들도 매우 구체적으로 밝히고 있을 정도이다.[95] 때문에 관련기관에서는 김일성이 지시한 구체적 방안들을 직접 실행하지 않을 수 없으므로, 내각에서는 김일성의 모든 지시사항들을 포괄하는 정책 결정문을 채택하고 있다.

이렇게 채택된 정책에 대한 사후 평가도 행해진다. 즉 기존의 체육사업을 총평하고, 앞으로의 사업에 대한 방향을 제시·확인하는 주요 체육행사가 있는데, 전국체육인대회가 그 대표적이다. 수년마다 한번씩 개최된 체육열성자대회와 거의 매년 체육절에 열리는 체육절 행사도 이런 범주에 속한다.

전국체육인대회는 1969년 11월에 개최되었다.[96] 이 대회에서는 체육정책의 기본 방침으로 혁명투쟁, 반미구국투쟁의 과업에 봉사해야 한다는 김일성의 교시와 지시를 재차 확인했다. 그리고 앞으로의 체육사업은 김일성의 유일사상에 따라 '사회주의의 승리'와 '조국통일'을 위한 수단이 되도록 전개하자고 결의했다. 즉 체육사업은 앞으로 주체사상에 기반하여 국방체육 위주로 전개해야 하고, 이 무렵 제시된 10대 정강 등의 과업을 철저히 관철해야 한다는 것이었다. 이는 북한의 체육정책이 조선로동당의 기본 노선에 의해 결정 통제되며, 체육이 국방력을 강화하고 사회주의 건설을 성과적으로 수행하는 데 이바지하는 수단[97]임을 단적으로 보여주는 것이다.

1985년 11월 30일 체육인대회[98]에서도 체육정책의 이같은 성격이 유지되었다. 다만 이념적 선동에서는 체육이 주체사상의 관철에 이바지해야 한다는 점이 유독 강조되었으며, 주로 체육정책에 대한 일반적 과업을 제시하는 데 주력했다.

95) 「체육을 대중화하여 전체 인민들을 로동과 국방에 튼튼히 준비시키자」, 『김일성저작집』 24, 296~298쪽.

96) 『로동신문』, 1969년 11월 4일자.

97) 이학래·김동선, 앞의 책, 39쪽.

98) 『로동신문』, 1985년 11월 30일·12월 1일자.

전국체육열성자대회도 체육인대회처럼 기존의 체육정책을 결산하고, 로동당의 정책이나 김일성의 교시나 지시를 결의하는 대회였다. 예컨대 1955년 전국체육열성자대회에서는 광복 이후 10년간 진행된 체육사업과 앞으로의 과업이 보고된 후, 지방 체육지도위원회 위원장, 선수대표, 도위원회 체육책임자 등이 그간 진행된 체육정책의 성과와 경험담을 발표했다.[99]

이러한 체육인대회나 열성자대회처럼 기존 체육정책이 총화되고, 앞으로의 구체적인 실행방안이 제시되는 주요 체육행사로는 체육절 행사가 있다. 체육절은 1949년 8월 2일 내각결정에 따라 내년 10월 둘째 일요일로 지정되었다.[100] 체육절에는 전국적으로 체육인들의 경축시위와 기념회를 비롯한 각종 체육행사와 종합경기대회가 열린다.[101] 이들 행사를 통해 전 주민에 대한 체육의 대중화 구현이라는 목표가 가시화되고, 그 성과가 평가되었다.

이렇게 체육인대회, 체육절 행사 등은 김일성의 교시나 지시에 대한 실행의 효과를 총화하는 동시에, 김일성의 교시나 담화 내용을 철저히 시행할 것을 결의하는 체육정책 실현과정의 한 부분인 것이다. 바로 여기에 체육의 유일체제화가 단적으로 드러난다.

1957년부터 진행된 5개년경제계획이 예정을 앞당겨 완수되자, 김일성은 1961년 9월 열린 조선로동당 제4차 대회에서 '식량문제가 기본적으로 해결'되고 '자립적 공업의 건설'에 진전을 이루었으며, 몇년 안에 인민의 생활수준이 극적으로 향상될 것이라고 공언했다.[102] 또 그는 지난 5개년경제계획이 낡은 사상 잔재를 반대하며, 대중 속에서 공산주의 교양을 더욱 강화하는 데 기여한 천리마운동과 혁명전통 교양과 공산주의 교양을 결합시켜 대중을 당 주위에 더욱 굳게 단결시키는 당 사업의 제1차적 임무가 성공했다고 주장했다.[103] 이같은 평가에 근거하여 김일성은 이해부터 시작되는 '인민경제발전 제1차 7개년계획'을 성공적으로 수행하기 위해 당 간부와 당원들에 대한 맑스-레닌주의와 당의 혁명전통 교양사업 강화는 물론, 인민 대중의 공산주의 교양과 천리마운동의 강화를 지시했다.[104]

여기서 김일성은 '로동을 사랑하는 정신'이 사회주의와 공산주의사회의 새로운 인간들의 가장 기본적인 특성이라 전제하고, 이를 근로자들 속에서 배양하며, 노동에 대한 자각적인 태도를 확립하기 위해서는 '개인주의와 이기주의를 배격'하여 근로자들을

99) 『로동신문』, 1955년 8월 22일자.
100) 국립출판사, 『조선민주주의인민공화국법규집』 5, 1961, 321쪽.
101) 『조선중앙년감』, 1951-1952, 393쪽.
102) 「조선로동당 제4차 대회에서 한 중앙위원회 사업총화보고」, 『조선중앙년감』, 1962, 21~30쪽.
103) 위의 글, 27쪽.
104) 위의 글, 49~52쪽.

집단주의 정신으로 교양해야 한다고 했다. 이 교양사업은 반드시 당의 정책과 노선을 관철하기 위한 투쟁, 그리고 당의 혁명전통 교양과 반드시 결부되어야 한다고 했다.[105]

물론 이러한 교양사업은 인민 대중을 경제계획의 수행에 동원하기 위한 이념적 토대였다. 다음과 같은 김일성의 주장은 이를 단적으로 보여준다.

> …천리마 작업반 운동은 우리 당의 영도 밑에 우리의 로동계급이 창조한 근로 대중의 훌륭한 공산주의 학교입니다. 천리마 작업반들에서는 근로자에 대한 공산주의 교양에 제1차적 의의를 부여하고 있으며, 사람을 교양 개조하여 그의 자각적 열성을 발동시키는 데서 생산에서의 집단적 혁신의 결정적 고리를 찾고 있습니다. …천리마 작업반 운동이 생산에서의 집단적인 혁신 운동일 뿐만 아니라, 사람을 교양 개조하는 가장 대중적 형태라는 것은 이미 생활에서 확증되었습니다.[106]

이처럼 맑스-레닌주의와 당의 혁명전통을 기반으로 한 공산주의 교양사업 및 노력동원체제로서 천리마운동은 1960년대 북한의 사회주의 건설혁명의 원동력으로 인식되었다.

당연히 체육도 이를 위한 수단일 수 밖에 없었다. 다음의 김일성 언급은 체육정책도 이같은 차원에서 전개되어야 한다는 점을 잘 보여준다.

> 청소년들 속에서 공산주의 교양과 혁명전통 교양을 강력히 전개하여 그들을 당과 혁명을 위하여 충실히 복무하는 정신으로 튼튼히 무장시키며 전체 청년들이 어떠한 난관이라도 용감하게 극복하고 어렵고 힘든 일에 앞장 서서 당의 정책을 끝까지 관철하도록 하여야 하겠습니다. …청소년들 속에서 체육사업을 군중적으로 더욱 강력히 전개함으로써 젊은 세대들을 정신적으로 뿐만 아니라 육체적으로 부단히 단련하며 그들을 로동과 국방에 더욱 믿음직하게 준비시켜야 하겠습니다. 이리하여 우리의 전체 청년들이 혁명적 락관주의와 창조적 정신으로 충만되고 …전면적으로 발전된 새형의 인간으로 되도록 하여야 하겠습니다.[107]

김일성의 이런 지시에 따라 내각직속 체육지도위원회 위원장 김기수는 체육을 '근로인민의 체력을 전면적으로 발전시키며, 그들을 창조적 로동과 국방을 위하여 준비된 공산주의 투사로 교양 육성함에 있어서 유력한 수단'이라 규정했다.[108]

---

105) 위의 글, 54쪽.
106) 위의 글, 55쪽.
107) 위의 글, 52~53쪽.
108) 『로동신문』, 1961년 10월 8일자. "오늘 우리나라에서 체육은 사회주의 문화혁명의 중요한 일부분으로서 그 어느 때보다도 근로인민의 체력을 전면적으로 발전시키며, 그들을 창조적 로동과 국방을 위하여 준비된 공산주의 투사로 교양 육성함에 있어서 유력한 수단으로 되고

따라서 그는 체육사업도 사회주의 건설과 더욱 밀접하게 결부시켜 진행하고, '근로자들과 청소년들에 대한 공산주의 교양에 복무하도록 해야 한다'고 주장했다. 이렇게 하기 위해서는 체육인들 속에서 '혁명전통교양을 더욱 강화하고 제4차 당대회의 문헌과 당정책 학습을 강화'하여, 체육인들을 '당과 혁명에 대한 무한한 충실성으로 교양함으로써' 그들을 김일성을 수반으로 하는 당을 중심으로 단결하고 행동하는 '붉은 전사'로 육성하자고 주장했다. 그는 이같은 과업은 '청산리 정신'과 '청산리 방법'을 철저히 구현해야만 가능하다고 강조했다. '청산리 정신'과 '청산리 방법'은 농업생산량을 극대화하기 위한 것인데,[109] 1957년에 시작된 공업부문의 '천리마 운동'과 더불어 생산증대를 높이기 위한 대중동원방식이다.

한편, 1962년 12월 조선로동당 중앙위원회 제4기 제5차 전원회의에서 경제건설과 국방건설의 병진정책이 채택되었지만, 대대적인 군사력 강화는 심각한 경제적 불균형을 초래했다. 그 결과 1963년 9월 당중앙위원회 제4기 제7차 전원회의에서는 생산노동과 체육을 보다 밀접히 결합해야 한다는 결정이 채택되었는데,[110] 이는 체육정책에 그대로 반영되었다. 예컨대 체육지도위원회 위원장 김기수는 '체육과 생산로동을 밀접히 결합할 데 대한 당의 방침에 따라' 생산체조와 생산체육경기가 진행되어 근로자들의 건강을 증진하고 노동생산의 능률을 제고하고 있다고 밝혔다.[111] 1964년 체육절행사를 맞아 『로동신문』에서도 '체육과 생산로동을 결합'하라는 당의 방침을 받들어 '모든 기관, 기업소들에서는 생산체육경기를 다양한 형식으로 조직 진행하여 생활화함'으로써 체육과 생산을 더욱 밀접하게 결합 발전시켜야 한다[112]고 강조했다.

그리다가 1966년 10월 조선로동당 제2차 대표자회의[113]에서 경제건설과 국방건설의 병진노선이 다시 채택됨에 따라 체육의 '노동과 국방에의 연계'가 보다 더 강조되기

있다."

109) 김학준, 앞의 책, 205쪽.

110) 『로동신문』, 1963년 10월 13일자.

111) 『로동신문』, 1963년 10월 13일자. "특히 체육과 생산로동을 밀접히 결합할 데 대한 당의 방침에 따라 인민경제 모든 부분에서 광범히 진행되고 있는 생산체조와 생산체육경기들은 근로자들의 건강을 증진하고 로동생산 능률을 제고함으로써 사회주의 경제건설에 직접적으로 이바지하고 있다."

112) 『로동신문』, 1964년 10월 11일자. "체육과 생산로동을 결합할 데 대한 당의 방침을 받들고 인민경제 각 부문에서 광범히 진행되고 있는 생산체조, 생산체육경기는 근로자들의 건강을 증진시키고, 직종에 적응하게 육체적 기능을 전면적으로 발전시키고 있으며, …생활이 보여주는 바와 같이 체육이 발전하는 곳에서는 생산도 올라간다. 모든 기관, 기업소들에서는 생산체육경기를 다양한 형식으로 조직 진행하고, 직업적 특성에 맞는 생산체조와 치료체육을 생활화함으로써 체육과 생산을 더욱 밀접히 결합시켜 발전시켜야 한다."

113) 스칼라피노·이정식, 앞의 책, 760~761쪽.

시작했다. 우선 1967년 4월 조선로동당 제4기 15차 전원회의에서는 '체육지도 육성강화책'을 마련하여 조선체육지도위원회의 지휘감독권을 당 중앙위원회 선전부에서 군사부로 이관함으로써 체육의 군사체계화를 꾀했다.[114)]

이 강화책에서는 체육을 통한 사상강화책도 제시했다. 즉 체육기술을 고도로 발전시켜 사회주의국가의 우월성을 과시함은 물론이고 체육정신에 입각한 단결을 이용하여 주민 전체에게 유일사상체계의 확립과 무장화를 꾀해야 한다는 것이다. 그리고 같은 해 5월 체육분야에서 당의 유일사상체계를 확립하라는 김일성의 지시에 따라 당정책 교양과 혁명전통 교양사업이 강화된 동시에, 이른바 종파분자들에 대한 사상투쟁도 전개되었다.[115)]

이렇게 1960년대에 와서 체육은 북한의 '사회주의 완성'을 위한 정책적 수단으로 인식되었다. 북한 당국의 주장에 따르면 사회주의 완성이란 내부적으로 높은 생산력을 바탕으로 풍족한 물질생활을 누리는 사회주의 사회를 이룩하여 북한사회를 사회주의 혁명을 위한 기지로서 확립하고, 이를 바탕으로 남한을 해방시키는 것을 의미한다. 이같은 사회주의의 완성을 이루기 위해서는 전체 인민이 노동과 국방에 철저히 복무해야 하며, 체육사업도 이런 바탕 위에서 전개되어야 한다는 것이다. 이런 체육정책의 기조는 당연히 김일성 유일사상=주체사상을 사상적 기반으로 한 것이다.

유일사상체계에 따른 체육정책은 1969년 전국체육인대회에서 다시금 강조·확립되었다. 김일성은 이 대회에서 '사회주의 건설을 더욱 힘있게 다그쳐 사회주의의 완전한 승리를 이룩하며 북반부의 혁명기지를 더욱 튼튼히 다져' 통일을 이루고, '세계혁명위업의 임무'를 수행하기 위해 인민들은 국방과 노동에 준비된 튼튼한 체력을 기르는데 의의가 있다고 주장했다.[116)] 이같은 체육의 의의를 달성하기 위해서는 '당의 주체사상을 체육사업에 구현'해야 하며, 체육인들에 대한 사상교양사업을 강화함으로써 당의 유일사상으로 철저히 무장하게 하여 '로동계급화·혁명화'함으로써 공산주의 사회를 건설하기 위해 투쟁하도록 해야 한다는 것이다.[117)]

이렇게 김일성의 유일사상, 곧 주체사상을 체육사업에 연계하는 것이 바로 체육의 유일지도체계화의 핵심이다. 이런 사정은 1969년 전국체육인대회에서 조선체육지도위원회 위원장인 강량욱의 보고[118)]가 잘 뒷받침해주고 있다. 보고에서 그는 '전체 인민들 속에서 국방 및 생산로동과 결합된 체육, 교육 및 사상교양과 결합된 체육을 생활화'

---

114) 대한체육회, 『북한스포츠자료집』, 1973, 10~11쪽.

115) 조남훈, 앞의 책, 201쪽.

116) 『김일성저작집』 24, 292~293쪽.

117) 위의 책, 300·303~305쪽.

118) 『로동신문』, 1969년 11월 4일자.

함으로써 사상·문화혁명에 적극 복무하며, 경제 및 국방건설에 이바지하는 사회주의적·혁명적 체육으로 발전시켜야 한다고 주장했다.

강량욱은 이러한 과업을 실천하기 위한 사상적 기반을 다음과 같이 밝혔다.

> 이 영예로운 과업을 성과적으로 실천하기 위해서는 무엇보다도 먼저 전체 체육인들이 경애하는 수령 김일성 동지의 위대한 혁명사상으로 튼튼히 무장하며 자신을 철저히 혁명화, 로동계급화하여야 합니다. 김일성 동지의 위대한 혁명사상은 조선혁명의 구체적 실정에 창조적으로 적용하고 발전시킨 맑스-레닌주의이며 정치에서 자주, 경제에서 자립, 국방에서 사위의 혁명정신으로 일관된 불멸의 주체사상입니다. 김일성 동지의 혁명사상은 조선혁명을 옳바른 승리의 한길로 이끌어주는 유일한 지도사상이며 사회주의, 공산주의 건설의 승리를 확고히 담보하는 위대한 사상입니다.[119]

이처럼 1960년대 체육정책 기조는 김일성 유일체제와 그 사상적 기반이 된 주체사상을 토대로 확립되었다. 즉 체육은 '사회주의 혁명'에 복무해야 하는 것이며, 정치에서 자주, 경제에서 자립, 국방에서 자위라는 주체사상을 근간으로 체육사업의 정책적 목적이 결정되었던 것이다. 구체적으로는 체육은 노동과 국방과의 연계를 보다 굳건히 하여 생산증대와 국방력을 강화하는 데 복무해야 한다는 것이다.

이러한 1960년대의 체육정책 기조는 1970년대들어서도 여전히 관철되었다. 특히 국방력 강화를 위힌 경제·국방선설의 병진정책으로 7개년경제계획은 3년 더 연장할 수 밖에 없었다.[120] 이후 경제조건은 외형상 향상되었다.[121] 그 결과 1970년 주선료동당 제5치대회에서 김일성은 북한이 사회주의 공업국가로 발전했다고 주장하기에 이르렀다.[122]

그런데 이 제5차 당대회에서 김일성은 6개년경제개발계획을 제시하고, 그 목표를 공업화의 성과와 기술혁명의 제고를 통해 사회주의의 물질 기술적 토대를 확립하고, 인민경제 전 분야에서 근로자들을 노동에서 해방시키는 데 두었다.[123] 이는 사회주의의 완전한 승리를 이룩하기 위한 물질적 토대를 확립한다는 것으로, 결국 이런 목표를 달성하기 위해서는 주민들에 대한 노동력 동원체제와 사상교양사업을 강화할 수 밖에 없었다.

체육정책도 이러한 목적을 위해 더욱 '노동과 국방에 복무'해야만 했다. 이 5차 당대회에서 김일성이 한 중앙위원회사업 총화보고 중 다음과 같은 체육사업의 방침은

119) 위와 같음.
120) 『로동신문』, 1966년 10월 11일자.
121) 스칼라피노·이정식, 『한국공산주의운동사』 3, 771쪽.
122) 『조선중앙년감』, 1971, 2쪽.
123) 위의 책, 16쪽.

이를 잘 보여준다.

> 근로자들의 건장한 체력은 혁명투쟁과 부강한 사회 건설의 기초입니다. 우리는 체육을 대중화하고 국방체육을 널리 발전시켜 모든 근로자들의 체력을 더욱 증진시키며, 전체 인민을 로동과 국방에 튼튼히 준비시켜야 하겠습니다. 체육사업에서 주체를 철저히 세우고 체육과학과 체육기술을 빨리 발전시켜야 하겠습니다.[124]

김일성이 계속해서 체육정책에 대한 기본 방침을 제시했음에도, 일선 현장에서는 이를 실현하기 위한 조치가 미흡했다. 때문에 그는 재차 체육사업이 제대로 노동과 국방에 복무하기 위해서는 체육의 주체화를 철저히 관철하자고 강조했다. 이는 뮌헨올림픽게임 축구 지역예선에서 북한 축구팀이 탈락한 것이 직접적인 계기가 되었다. 이런 사정은 1972년 6월 김정일의 언급에서 확인할 수 있다.[125]

그 결과 김일성은 9월 6일 당 중앙위원회 정치위원회에서 체육사업을 발전시키기 위한 구체적인 정책을 제시했다.[126] 그는 체육사업이 원활하게 이루어지지 않아 학교체육은 물론이고, 그 결과 인민군의 체력 저하가 심각하다고 지적했다. 즉 당이 체육에 대한 정책적 고려를 등한시하며, 사로청의 학교체육에 대한 지도도 미흡했다는 것이다. 이에 당 중앙위원회와 사로청이 체육사업에 대한 전반적인 지도를 하도록 지시했다. 특히 중앙당 과학교육부와 청년사업부에 향후 3년간 획기적인 체육 발전을 위하여 모든 역량을 동원하도록 지시했다.

구체적으로는 당이 체육사업에 대한 기본적인 정책입안을 하도록 했고, 사로청은 학교, 인민군, 인민경비대 등의 체육사업을 전담하도록 했다. 또한 체육교사와 체육지도자의 양성사업을 위한 방안을 제시했을 뿐만 아니라, 국제경기대회의 참가는 물론이고 국제심판 및 국제체육기구 요원 양성 등 국제교류, 체육관련 서적의 출판 등에 대해서도 지시했다. 그 외에도 체육용구의 확대에 대해서도 언급했다.

특히 김일성은 사로청 조직의 청소년을 대상으로 한 체육사업에 큰 관심을 보였다. 청소년들의 체력이 혁명과 국방 및 노동에 직결된다고 인식했기 때문이다. 이런 사정은 1973년 당 중앙위원회 비서국회의에서 한 다음과 같은 그의 언급이 잘 보여주고 있다.

---

124) 위의 책, 24쪽.

125) 「4·25체육선수단 앞에 나서는 과업에 대하여」, 『김정일선집』 2, 387~388쪽. “지금 체육부문에서는 수령님의 교시를 철저히 관철하지 못하고 있으며, 체육교류를 당이 요구하는 수준에서 제대로 하지 못하고 있습니다. 이번에 우리 선수들이 국제올림픽 축구예선경기에서 패한 것이 그 단적인 실례의 하나입니다. …당의 유일사상체계를 튼튼히 세우고 어떤 바람이 불어도 오직 수령님만을 믿고 따르며 당의 명령과 지시를 무조건 끝까지 관철하여야 하겠습니다.”

126) 「체육사업을 발전시킬 데 대하여」, 『김일성저작집』 27, 382~389쪽.

사로청조직들은 체육사업을 강화하여 청소년들을 로동과 국방에 더욱 튼튼히 준비시켜야 하겠습니다. …청소년들이 몸이 튼튼해야 공부도 잘할 수 있고, 사회주의 건설에도 적극 참가할 수 있으며 조국보위 임무도 훌륭히 수행할 수 있습니다. …청소년들의 체력을 단련하는 사업은 혁명과 건설을 촉진하며, 나라의 방위력을 강화하는 데서 커다란 의의를 가지는 매우 중요한 사업입니다. 그러므로 체육은 곧 국방이며 로동이라고 말할 수 있습니다.[127]

또한 체육은 '주체조선'의 영예를 빛내는 수단이며, 이는 항일혁명전통 계승을 통해 이룩할 수 있다고 주장했다. 이런 사정은 1975년 세계탁구선수권대회에서 우승한 탁구 신수에 대한 김일성의 평가에서 확인할 수 있다.

박영순 선수는 항일유격대의 혁명정신을 그대로 본받아 체육활동에서 강의한 의지와 완강한 투지를 발휘한 우리나라 체육인들의 본보기이며 우리 당의 체육정책을 높이 받들고 주체조국의 영예를 온 세상에 빛내인 체육영웅입니다. 동무들은 이번 세계탁구선수권대회에서 얻은 경험을 잘 살려 우리나라 체육을 더욱 발전시키기 위하여 적극 노력하여야 하겠습니다. 무엇보다도 모든 체육인들은 항일유격대의 강의한 혁명정신을 가져야 하겠습니다.[128]

이처럼 체육에서도 항일혁명전통을 계승해야 한다고 강조한 것은 주체사상이 북한 사회의 지도적 운영원리로 채택된 것과 밀접한 관련이 있다. 즉 맑스-레닌주의를 '우리의 현실'에 맞게 창조적으로 적용하여 독창적인 혁명이론이 수립될 수 있는데, 그것이 바로 김일성의 항일혁명전통이기 때문이다. 이같은 이유에서 체육에서도 항일혁명전통의 계승은 불가결한 이념적 요소였으며, 이것이 곧 체육의 김일성 유일체제화인 것이다.

요컨대 북한체육은 한국전쟁 이후 김일성의 정치적 지위가 절대화되면서, 김일성의 주체사상을 유일적 지도이념으로 삼았다. 물론 한국전쟁 직후에는 민족주의적 이념에 기반한 대중동원체제를 확립하기 위한 수단으로 체육정책을 추진했다. 이는 사회주의 혁명을 완성하기 위한 경제적 군사적 노력동원체제를 체육을 통해 확립하기 위해서였다. 전후 복구사업의 일환으로 제시한 공화국 체육사업발전방안은 그 첫 번째 정책안이었으며, 이 토대 위에서 1956년 내각명령 제14호와 1958년 내각결정 제30호가 채택되어 체육활성화를 위한 제반 제도적 기반이 마련되었다. 그러다가 이른바 반종파투쟁의 결과 김일성 1인 지배체제가 확립되자 1959년 내각결정 제15호를 채택했는데, 이는 지금까지도 북한 체육정책의 핵심사안을 포괄적으로 다룬 것이었다. 이 결정의 궁극적

127) 「청소년들을 지덕체를 갖춘 사회주의, 공산주의 건설자로 키우자」, 『김일성저작집』 28, 1984, 220~221쪽.

128) 「탁구선수들과 한 담화」, 『김일성저작집』 30, 1985, 171쪽.

목표는 국방과 경제에 복무하는 체육정책의 기조를 확립하는 데 있었다.

이런 일련의 정책기조는 체육대중화 노선에 기반을 둔 것이었다. 사회주의체제의 완성을 위한 경제개발에 전체 주민을 동원하기 위한 수단으로 체육사업은 매우 유효한 정책부문이었기 때문이었다. 또한 체육정책의 기조는 김일성 1인 지배체제를 공고히 하는 데 더 큰 목적이 있었다. 단순히 김일성의 지시가 제기되면, 이를 정책적으로 입안하고 그 집행과정을 사후 평가했을 뿐만 아니라 이런 과정에서 지속적으로 김일성의 이른바 혁명사상을 교육하는 '사상교양사업'이 추진된 것이다. 결국 1970년대에 와서 북한체육은 주체사상을 관철하는 주요한 대중사업의 차원에서 정책적 기조가 수립되었다.

결국 북한에서의 체육은 전 주민을 대상으로 한 대중화정책, 노동과 국방에의 연계, 김일성 1인 지배체제의 정당성을 확보하기 위한 수단으로서 기능했다. 이같은 정책적 목표를 달성하기 위해선 체육사업은 북한사회의 기본 지배원리인 주체사상을 그 사상적 기반으로 삼아야 했던 것이다. 이것이 바로 체육의 유일체제화인 동시에 체육정책의 기조인 것이다.

(2) 체육 대중화정책 강화

1960년 4월 교육문화성이 보통교육성과 고등교육성으로 분리되었는데, 이들 부서가 각각 인민 및 중등·고등교육기관의 체육업무를 담당했다. 이에 따라 내각직속 체육지도위원회는 전문체육 위주의 체육행정을 맡았다.[129] 1963년 6월 3일 내각직속 체육지도위원회가 '조선체육지도위원회'로 개편되어 체육사업의 지도체계도 재정립되었다. 이어 김일성은 1964년 10월 22일 교육 및 체육부문 지도일군협의회에서 조선체육지도위원회가 국가적인 체육사업을 장악 지도하여 체육을 발전시키도록 지시했다.[130]

김일성의 이러한 지시를 구체화하기 위한 방안으로 1965년 2월 19일 내각결정 제7호 '체육부문에서 체육사업을 전 인민적 운동으로 전개할 데 대하여'가 채택되었다.[131] 이 결정은 체육의 대중화정책을 보다 확대·발전시키기 위해 군중체육사업조직의 지도체계를 개편하는 것을 골자로 하고 있다. 각급 학교체육사업은 고등교육성과 보통교육성이 담당하고, 사회주의노동청년동맹 중앙위원회가 청소년·학생의 체육사업을 조직·진행토록 했다. 직장체육사업은 직총 중앙위원회가, 농촌체육사업은 농업근로자동맹 중앙위원회가 담당하게 했다. 조선체육지도위원회는 인민체력검정사업과 같은 전국적인

129) 이학래·김동선, 앞의 책, 92쪽.
130) 사회과학원 력사연구소, 『조선전사』 31, 과학백과사전출판사, 1982, 388~389쪽.
131) 『로동신문』, 1965년 2월 26일자.

군중체육사업에 대한 종합적 지도와 기술지도를 맡도록 했다.

이후 1967년 4월 노동당 제4기 15차 전원회의의 '체육지도 육성강화책'에 따라 조선체육지도위원회의 지휘 감독권을 노동당 중앙위원회 군사부로 이관했다.[132] 그러다가 1969년 전국체육인대회에서 체육지도위원회를 내각에서 분리하여, 독립기구화하기로 결정하고 체육위원회의 임무와 역할을 대폭 강화하도록 했다.[133] 그 결과 조선체육지도위원회는 모든 체육행사 및 인민체력검정의 제반 기획·관리·운영을 비롯하여 우수선수의 양성 등 체육에 대한 전반적인 업무를 관장하게 되었다.

이때 결정된 체육지도위원회의 기본 목표와 업무는 이렇다.[134] 첫째, 체육활동은 김일성 주체사상에 입각하여 사회주의 경제건설과 국방에 기여할 수 있는 공산주의 혁명투사를 양성하는 데 역점을 둔다. 둘째, 체육 과학기술과 경기전술을 창안 개발하여 세계적 수준으로 향상시키는 데 집중한다. 셋째, 국내외 경기대회에서 높은 성과를 획득함으로써 주체사상에 입각한 북한의 체육정책이 정당하고 우월하다는 것을 전세계에 과시한다. 넷째, 철저한 인민체력검정사업 실시와 함께, 공장·기업소 등의 체육활동도 적극 권장하여 체육의 대중화를 구현한다.

1965년 2월 내각결정 제7호에 따라 지방 체육조직인 지역체육지도위원회의 권한도 대폭 강화되었다. 이 결정에서는 경제부문별 조직인 각 체육협회를 해산하고, 리(읍·노동자구)·기관·기업소·협동단체와 학교마다 체육위원회를 조직하도록 했다. 그리고 시(구역)·군 체육지도위원회 및 공장·기업소의 체육지도자들의 역할을 제고하도록 했는데,[135] 지역체육위원회마다 기존 겸임위원장 대신에 전임위원장을 배치하고, 공장·기업소의 전임체육지도원도 지역체육위원회에 배속시켰다.[136]

이들 지역체육위원회는 조선체육지도위원회가 마련한 각종 운동종목이나, 경기실시 방법과 요강을 직접 보급하는 실무조직이었다. 또 해당 지역인민위원회의 체육사업을 집행하고, 관할 지역의 체육강습소와 체육시설 및 체육구락부 등의 사업을 조직·지도하는 기관이기도 했다. 지역체육위원회의 주요 역할은 다음과 같다.[137]

첫째, 체육사업에서의 사상교육을 담당한다. 즉 당의 체육정책과 정부의 결정·지시를 비롯하여 각종 체육에 대한 규칙과 규정에 대해서 대중강연과 영화 등 대중문화수단을 통해 주민들에게 교육한다.

---

132) 대한체육회, 『북한스포츠자료집』, 10~11쪽.

133) 金諄敎, 앞의 책, 40쪽.

134) 이학래·김동선, 앞의 책, 94쪽.

135) 『로동신문』, 1965년 2월 26일자.

136) 조남훈, 앞의 책, 184쪽.

137) 김순교, 앞의 책, 42~43쪽.

둘째, 지역내 체육사업을 조직·지도한다. 즉 각종 지역 군중체육행사를 통일적으로 계획하고 필요한 예산을 편성함은 물론, 지역 체육열성자들을 중심으로 종목별 체육분과를 조직하고 분과의 자립적 활동을 높이도록 지도한다. 그 구체적인 사업 진행은 조선체육위원회가 마련한 실시방법·보급요령 등에 따른다. 사업내용은 각종 경기종목을 비롯하여 인민체력검정사업, 수영·스키·스케이트 등 계절체육, 민족체육, 국방체육의 보급 등이며, 보건·의료체육의 보급도 담당한다. 이와 함께 직업총동맹, 농업근로자동맹, 사회주의로동청년동맹, 내각(정무원) 교육위원회가 개최하는 체육경기에 대한 종합적인 기술지도도 담당한다.

셋째, 전문체육 강화사업을 집행한다. 즉 조선체육위원회가 지시하는 종목의 선수와 후보를 체계적으로 양성하고, 체육기술을 높이기 위한 지도사업을 강화한다. 또 종목별 선수권대회 등 각종 체육대회를 체계적으로 개최하여 기록 향상과 함께 엘리트선수 양성에 힘쓴다.

넷째, 체육시설 및 체육기자재의 생산·공급과 관리를 담당한다. 생산과 공급은 관할지역내 체육시설과 기재의 수요를 파악하고, 지역의 예비자원을 이용하여 자체적으로 해결하도록 한다. 이때 지역내 사회단체와 학교가 통상적으로 동원된다. 그리고 도(道) 경기장, 수영장, 체육관 등의 시설과 기재를 관리하고 널리 이용하게 한다.

다섯째, 체육사업의 정치·실무수준을 제고한다. 이렇게 하기 위해서 당의 정책과 정부의 결정·지시, 그리고 조선체육위원회 및 도인민위원회의 결정·명령·지시 등의 집행 상태를 지도·보고하여, 그 개선 대책을 강구한다. 또 도내 체육기술과 군중체육 발전의 전망계획을 수립하고, 그 집행을 위한 조직사업을 추진한다.

지역 체육지도위원회의 이런 역할은 지역적 특성과 여건을 고려하거나, 지역 체육인들의 주체적인 판단과 의지에 따라 이루어지기보다는 중앙지도체제에 의한 강제적 할당의 성격을 지니고 있었다. 때문에 지역 체육사업, 나아가 북한 전체의 체육사업은 할당된 체육사업을 피동적으로 이행하는 데 머물 수 밖에 없었는데, 이는 결국 중앙에서 기대한 질적 향상을 이룰 수 없게 만들었다.

물론 체육사업에 대한 당의 통제도 여전히 지속되었다.[138] 1971년 12월 7일 당 중앙위원회 정치위원회에서는 체육지도위원회 상부조직으로 비상설기관인 국가체육위원회를 조직하여 당의 체육정책에 대한 집행을 지도·통제했다. 이어 1973년과 1977년 김정일의 지시에 따라 조선체육지도위원회의 당조직기구를 확대하여 체육사업에 대한 당의 지도체제를 보다 강화했다. 이후 1979년 9월과 10월 잇따른 김정일의 지시에 따라 11월 정무원 지시 제217호에 의해 조선체육지도위원회를 정무원의 부와 같은 급으로

138) 조남훈, 앞의 책, 276쪽.

규정하여, 그 위상을 제고했다.

김정일이 이처럼 체육사업에 관여하면서 체육의 대중화정책은 보다 강화되었다. 그 대표적인 사업이 바로 1972년 마련한 모범체육군 제도였다.[139] 이 제도는 1971년 '인민체력검정에 관한 규정'을 개정하여 시(구역)·군 인민위원회가 파견한 검정원 참관하에 자체 기관단위로 하던 판정사업[140]을 보강·확대한 것이었다. 즉 정무원이 인민체력검정사업에서 우수한 성적을 거둔 시(구역)·군에 모범체육군(구역) 칭호를 수여했는데, 이는 체력검정사업을 활성화하기 위한 조치였다. 모범체육군 제도는 군중체육의 발전을 위한 정책이었다. '모범체육군' 제도는 체육월간사업이나 인민체력검정사업과 더불어 체육 대중화정책의 핵심사업이다. '모범체육군'으로 지정받기 위해 지역체육지도기관은 체육월간사업이나 인민체력검정사업 등 군중체육사업을 적극 실천해야 했으며, 이 사업에는 사로청·직맹·농맹 등 지역내 모든 사회조직도 적극 참여해야 했다.

그러다가 1979년 6월 김일성의 교시에 따라 모범체육군 선정사업이 강화되어 군단위를 대상으로 해당 지역의 전반적 체육활동을 평가하는 사업으로 확대되었다.[141] 이해 김정일의 지휘 아래 우선 함경남도 북청군을 시범지역으로 선정하여 실시했다. 이어 모범군제도는 1981년 강원도 안변군, 1983년 북청군에서 도·시·군 체육부문 일꾼 및 사로청 일꾼들을 대상으로 방식상학(方式上學; 좋은 경험의 사례를 알려 일반화함)과 경험교환회를 진행하는 등 순비작업을 거쳐 1983년부터는 안변군에서의 경험을 일원화하여 전국적으로 실시되기에 이르렀다.

요컨내 김일성 유일지배체제하에서 북한체육은 정권수립기의 체육 대중화라는 정책기조가 여전히 관철되었다. 이를 위해 각 체육사업에 대한 당적 지도체제를 강화하고, 부문별 체육정책은 조선체육지도위원회를 중심으로 사로청 등 당 외곽단체들이 군중체육사업을 조직하도록 했다. 이로써 각종 체육종목의 보급과 활동을 강화할 수 있는 제도적 기반이 마련되었다. 물론 이러한 체육정책의 핵심은 체육을 김일성 유일체제를 위한 사상적 통제의 수단으로서 활용하는 데 있었다. 1970년대 들어 김정일이 체육사업을 전담하면서 체육 대중화기조는 더욱 강화되었다. 모범체육군사업을 통해 북한 주민을 체육사업에 광범위하게 참여하게 한 것은 그 구체적 조치였다.

---

139) 『조선중앙년감』, 1973, 275~276쪽.

140) 『조선중앙년감』, 1972, 347쪽.

141) 조남훈, 앞의 책, 317~318쪽.

3) 김정일 체제와 체육의 개방화

(1) 김정일 후계체제 확립

1972년 사회주의 헌법[142]은 주체사상을 '자기 활동의 지도적 지침'으로 삼는다고 규정했다(제1장 정치 제4조). 이후 북한에서는 김일성의 '유일적 령도' 밑에 조직되고 운영되는[143] 김일성 유일지배체제가 확립되었다. 이와 동시에 김일성에 대한 개인숭배도 강화되어 갔다. 그 결과 김일성은 소련과 중국에서 스탈린과 모택동에 대한 개인숭배가 비판받는 상황에도 불구하고, 아들 김정일에게 권력을 세습하려 했다.[144]

김정일의 권력승계는 김일성 우상화작업의 연장선에 있지만, 당시 북한이 처해있는 세대교체와도 밀접한 관련이 있었다.[145] 1970년 11월에 열린 조선로동당 제5차 대회에서는 정치위원회 후보위원 4명중 3명이 경제전문가들로 구성되었고, 소련을 비롯한 공산권에서 수학한 신진 관료들이 중앙위원회의 17.1%나 차지했다.[146] 물론 혁명세대가 여전히 과반수 이상을 차지했다. 하지만 이 대회에서 이른바 혁명 2세대 혹은 만경대혁명유자녀학원 출신들이 지도부에 본격적으로 진출하면서 권력구조에서 세대교체가 이루어지기 시작했다.[147] 이 대회에서는 전문적인 민간 행정·기술관료들로 당 지도부를 개편함으로써 경제 활성화를 추구하려는 의지를 나타냈던 것이다.[148] 이와 함께 김일성의 가족·친척들이 요직에 등용되었다.[149] 특히 김정일은 당의 문화예술부 부장으로 임명되었다.[150]

이어 김일성은 1971년 6월 사로청 6차 대회에서 '해방후 세대들이 나라의 주인으로 등장하고 있으므로 이들에게 혁명의 대를 이어 나갈 수 있게 해야 한다'고 하여, 세대교체론을 공식적으로 제기했다. 세대교체 문제는 이데올로기적 신념을 전문 기술 및 지식과 조화시키는 문제와 결부되었다. 이런 문제를 해결하기 위한 것이 바로 3대혁명소조운동이었다. 이 운동은 노간부의 풍부한 경험과 신간부의 패기 및 정열, 현대 과학기술지식 등을 결합하고, 당과 국가기관 전체에서 간부의 세대교체를 원활하게 진행하

---

142) 스칼라피노·이정식, 앞의 책, 868~882쪽.
143) 사회과학출판사, 『주체의 사회주의 헌법 리론』, 1977.
144) 김학준, 앞의 책, 293쪽.
145) 이종석, 앞의 책, 501쪽.
146) 스칼라피노·이정식, 앞의 책, 824~826쪽.
147) 한국역사연구회 현대사연구반, 『한국현대사』 3, 276쪽.
148) 김학준, 앞의 책, 264~265쪽.
149) 스칼라피노·이정식, 앞의 책, 827~828쪽.
150) 김학준, 앞의 책, 299쪽.

기 위한 것이었다. 동시에 기술혁명을 통해 경제발전을 가속화시키는 경제건설노선이기도 했다.[151)]

이러한 노선은 결국 김정일의 권력세습으로 구체화되었다. 1973년 9월 조선로동당 중앙위원회 제5기 7차 전원회의에서 김정일을 후계자로 삼기 위한 본격적인 시도가 이루어졌다. 여기서 김정일을 비서국의 비서로 격상시켜 그에게 조직·선전·선동이라는 당의 핵심 기능을 맡겼다.[152)] 게다가 '세습적 계승'을 '착취사회의 반동적 관행'으로 비난한 기존 『정치학사전』을 1973년 12월 『정치사전』으로 대체하면서 이 항목마저 아예 삭제해 버렸다. 동시에 김정일 권력세습에 대한 비판을 막기 위해 주민감시 체제도 강화했는데,[153)] 1973년 5월 기존 사회안전부 소속 정치보위국의 국가정치보위부로의 확대·창설, 1974년 '인민반 분조 담당제' 신설 그리고 형법개정 등이 그 대표적 조치들이다.

이렇게 김정일 권력세습에 대한 비판을 차단하기 위한 사전정지 작업이 일단락되자 이듬해인 1974년 2월에는 김정일을 조선로동당 정치위원회 정위원으로 승격시켰다.[154)] 그리고 이해 가을에 개최된 제9차 당중앙위원회 전원회의에서 3대혁명소조운동의 책임자로 내정되었다.[155)] 1971년부터 시작된 6개년경제계획이 제대로 추진되지 못하자 김정일을 이 계획을 성공시키기 위한 사상·기술·문화 세부분의 혁명운동의 책임자로 내세운 것이다.

이 무렵 '대를 이어 충성하자'는 구호가 『로동신문』 사설[156)]에 등장했다. 당의 이론지인 월간 『근로자』 1977년 2월호 논설에서도 '혁명적 령도력의 올바른 계승'이 김일성이 시작한 혁명과업의 궁극적 승리를 보장한다고 강조하면서 후계체제의 이론적 틀을 제공하기도 했다. 이같은 김정일 세습체제에 대한 비판이 당 이론가나 기술관료들을 중심으로 제기되었으나 반대자들은 숙청되었다. 이들의 내부 비판에 따라 노골적인 승계작업은 일시 수그러들었지만, 1979년 4월 김정일에게 북한 최고의 영예인 김일성 일급훈장이 수여되는 등[157)] 후계체제는 1970년대 전 기간에 걸쳐 구축되었다.

김정일 후계체제의 완성은 1980년 10월 10일부터 14일까지 열린 당 제6차 대회에서 이루어졌다.[158)] 이때 당 최고기관인 정치위원회를 정치국으로 고쳐 19명의 정위원과

151) 한국역사연구회 현대사연구반, 앞의 책, 276~277쪽.
152) 이종석, 앞의 책, 501쪽.
153) 김학준, 앞의 책, 300~301쪽.
154) 한국역사연구회 현대사연구반, 앞의 책, 277쪽.
155) 김학준, 앞의 책, 302~303쪽.
156) 『로동신문』, 1974년 4월 25일자.
157) 김학준, 앞의 책, 306~308쪽.
158) 위의 책, 326~328쪽; 이종석, 앞의 책, 510~512쪽.

15명의 후보위원으로 구성했는데, 정치국 안에 5인의 상무위원회를 두었다. 이 상무위원회의 서열 1위는 김일성이며, 4위는 김정일이었다. 또 10인의 비서국을 구성하여 서열 1위 김일성에 이어 김정일이 서열 2위에 올랐다. 이와 함께 군사위원회를 새롭게 구성하여 서열 1위에 김일성이, 서열 3위에 김정일이 올랐다. 상무위원회, 비서국, 군사위원회 등 3대 중추기관에 모두 참가한 것은 김일성 외에 김정일이 유일했다.

이렇게 당 제6차 대회에서 공식적으로 김정일이 김일성의 후계자로 인정된 후 그에 대한 찬양은 노골화되었다. 특히 1981년 6월부터는 언론이 '영광스러운 당 중앙'이라는 호칭 대신에 '친애하는 지도자 김정일 동지'라는 호칭으로 사용했다.[159] 1982년부터는 그를 찬양하는 전기들이 출판되었으며, 그의 성장과정과 관련이 있는 지역들이 혁명사적지로 조성되었다.[160]

1982년 김정일의 권력은 한층 더 강화되었다.[161] 김정일은 1982년 2월 28일에 실시된 제7기 최고인민회의 선거에서 대의원에 선출되었고, 그의 이론적 대부인 황장엽도 제5기와 제6기에 이어 최고인민회의 상설회의 의장에 선출되었다. 이해 4월 5일에는 인민무력부와 사회안전부가 정무원에서 독립하여 당 비서국 산하로 편제되어 김정일의 직접적인 통제하에 두어졌다. 이어 4월 14일 정치국 5인 상무위원회에서 인민무력부장 겸 군사위원회 서열 2위인 오진우를 제치고 서열 3위에 올랐다. 이로써 김정일은 서열 2위인 김일이 병으로 공식활동을 하지 못하는 점을 고려하면 김일성의 사망이나 유고시에 김일성의 지위를 계승할 수 있게 되었다. 또 그해 5월 이후에는 김정일이 김일성의 혁명정신을 계승했으며, '조선 민족의 현대사적 과제'가 김정일에 의해 완전히 달성될 것임을 주장하는 논문들이 발표되었다. 특히 김정일의 지도와 교시는 김일성의 것과 마찬가지로 '절대적으로, 그리고 무조건' 복종되어야 하는 것으로 여겨졌다.

이렇게 김정일은 1970년대부터 김일성의 권력계승자로서 부상했고, 1980년대에 와서 사실상 최고통치자의 지위에 올랐다. 이런 사정은 평양방송이 1984년 10월 당 창건 39주년을 맞아 김정일의 후계 문제가 '당과 인민의 절대적 지지와 신뢰를 받아 제때에 가장 정확히 해결되었다'고 주장하면서, 김일성의 '유일한 후계자'로서 '당과 국가 사업 전반을 통일적으로 장악, 지도하고 있다'고 보도한 데서 단적으로 드러난다.[162] 특히 김일성 자신이 1985년 5월과 6월 소련을 비롯한 동구권의 공산국가를 방문하고 난 뒤 거의 은퇴상황에 들어갔고, 심지어 1985년 6월 일본 월간지 『세계』와의 대담에서 '김정일 시대'를 언급함으로써 대외적으로도 김정일 후계체제를 공식화했다.

---

159) 『내외통신』, 1981년 6월 6일자.
160) 『내외통신』, 1987년 12월 11일자.
161) 김학준, 앞의 책, 330~333쪽.
162) 위의 책, 360~361쪽.

(2) 체육 대중화정책의 계승

북한의 체육정책은 김정일이 김일성의 권력을 승계한 뒤에도 그대로 유지되었다. 이런 사정은 1986년 5월 19일 체육 관계자들과 나눈 김정일의 담화[163]에서 확인할 수 있다. 여기서 김정일은 그때까지의 체육사업이 사대주의와 교조주의를 극복하고 주체사상을 확립하여 체육의 대중화정책에 큰 진전을 가져왔다고 평가했다. 이같은 사상적·정책적 기초 위에서 체육사업이 물질적·기술적 발전을 이루었으며, 국제무대에서의 활약도 제고되었다고 강조했다. 특히 체육이 공산혁명을 완수하기 위한 정치적 수단임을 다시 한번 밝혔다. 즉 그는 체육부문에 대한 당 차원의 가장 중요한 임무는 체육인들에 대한 사상교양사업과 당생활지도의 강화라고 지적했다. 물론 체육의 대중화가 여전히 기본 정책임을 밝히고, 이를 위해선 학교·기관·기업소·협동농장의 체육사업을 강화해야 한다고 역설했다. 또한 김정일은 체육의 대중화·생활화가 노동과 국방에 인민들을 튼튼히 준비시킬 수 있다는 언급도 했다. 김정일의 이런 언급은 김일성이 1969년 전국체육인대회에서 행한 연설[164]과 일치하고 있다. 결국 1980년대에도 체육의 대중화 정책이라는 기본적 성격은 그대로 계승되었던 것이다.

김정일 체제하에서 체육의 대중화정책은 우선 체육지도기관의 역할을 제고하는 데 있었다. 앞의 1986년 담화에서 김정일은 체육사업을 통일적으로 지도하는 국가행정기관인 조선체육지도위원회의 위상을 다시 한번 강조하면서, 체육부문 기관의 사업지도, 교육위원회를 비롯한 중앙 체육관련 기관과의 협력사업 등을 맡도록 지시했다. 또한 도·시·군의 체육지도위원회의 역할을 제고하여 해당 지역의 군중체육사업 전개, 도 및 직장 체육선수단과 시·군 체육구락부의 체육기술 발전사업 지도를 담당하게 했다.

김정일은 체육사업에서 당조직의 기능과 역할 강화도 강조했다. 각급 체육지도기관에 대한 정치사업의 개선, 당의 체육방침을 관철하기 위한 토의 및 집행대책 마련과 이에 대한 지도를 지시했다. 무엇보다도 사상교양사업과 당생활지도의 강화를 강조했다. 즉 당조직이 체육인들의 당생활과 사로청생활을 강화하여 당의 체육방침을 적극 실천하도록 했는데, 이 과정에서 유일사상 및 계급 교양, 사회주의적 애국주의 교양, 공산주의도덕 교양을 내실있게 하도록 지시했다.

체육의 대중화정책을 관철시키기 위한 대중사업도 강조했는데, 가장 중요하게 제시

163) 「체육을 대중화하며 체육기술을 빨리 발전시킬 데 대하여-체육부분 일군들과 한 담화」, 『김정일선집』 8, 400~423쪽.

164) 「체육을 대중화하여 전체 인민들을 로동과 국방에 튼튼히 준비시키자」, 『김일성저작집』 24, 289~305쪽.

된 것은 학교체육사업이었다. 11년제 의무교육의 실시에 따라 전체 인구의 1/3이 학교생활을 하는 상황에서 체육에 대한 기초지식과 일정한 체육기술의 교육은 결국 체육대중화의 발전을 위한 기반이 될 수 있기 때문이었다. 따라서 예전처럼 체육수업의 질 강화, 교사의 책임감과 역할 제고, 학교마다 1, 2개 종목의 선정·강화 등의 정책은 물론 학교체육을 활성화하기 위한 조치로 '모범체육학교' 제도의 제고도 지시했다.

모범체육학교 제도는 1983년 12월 1일 김정일의 지시에 따라 1984년부터 실시되었다.[165] 이 제도는 실시 시기로 보아 모범체육군 제도를 토대로 마련된 것으로 보인다. 애초 모범체육학교 사업도 조선체육지도위원회가 담당이었는데, 김정일의 지시에 따라 사로청 중앙위원회가 1986년 7월부터 담당했다. 이어 1987년 6월 18일 김정일의 지시에 따라 사로청 중앙위원회가 모범체육학교 칭호도 비준하고 수여했다.[166]

이렇게 김정일의 1986년 담화에서는 학교체육사업과 일반 군중체육사업을 활발하게 진행하도록 하는 대중화정책이 구체적으로 제시되었다. 여기서 제시된 내용은 이미 정권 초기부터 일정하게 제기되어 실행해 왔던 것이다. 물론 김정일 후계체제가 본격화되면서 보다 강화된 측면이 있었다. 그 대표적인 사례로는 모범체육학교 제도를 들 수 있다.

요컨대 김정일은 권력 계승후 체육정책의 기조를 정권수립기의 대중화노선에 기반했다. 이를 위해 체육지도기관의 위상을 강화하면서 조선로동당의 역할을 제고하는데 주력했다. 여기에서는 물론 공산주의·사회주의는 물론 주체사상 등의 사상사업을 중요시했다. 또한 대중화노선을 위한 구체적 사업으로 모범체육군 제도를 강화하고, 이를 토대로 한 모범체육학교제도를 실시했다.

(3) 체육의 과학·기술화 제고

북한체육은 기본적으로 북한식 사회주의체제의 우월성을 과시하는 수단이다. 따라서 정권 수립초부터 국제경기대회에서의 성적을 높이기 위한 체육의 과학 및 기술화에 대한 관심이 매우 높았다. 1959년 내각결정 제15호에서 체육과학연구소 설치, 체육과학연구소와 의료사업의 연계 및 발전을 위한 중앙체육의료소 설치 등을 규정한 것은 그 단적인 사례이다.[167] 특히 1970년대 체육의 주체사상화가 확립되면서 이른바 '주체체육의 위력'을 과시하기 위한 수단으로서 체육의 과학화와 기술화는 주요한 정책적 고려의 대상이었다.

---

165) 『조선중앙년감』, 1985, 252쪽.
166) 조남훈, 앞의 책, 287~288쪽.
167) 『로동신문』, 1959년 2월 27일자.

하지만 이때까지의 체육과학에 대한 연구는 제자리를 잡지는 못했다. 다시 말해 1970년대까지 체육기술의 제고와 과학화는 구체적인 연관성을 갖지 못했으며, 체육기술의 제고 방식도 주로 선수들의 정신자세나 이념성 강화를 강조하는 방식에 불과했다. 또한 체육과학화의 경우 주로 관련 서적의 출판이나, 기자재 마련 등에 주력했을 뿐이었다. 그런데 1980년 후반들어 체육 기술 및 과학화 제고를 위한 보다 체계적인 방안들이 마련되기 시작했다.

특히 김정일이 1986년 당 중앙위원회 책임자들과 한 담화에서 체육의 다른 부문보다도 체육기술의 발전과 과학화에 높은 관심을 보였다. 물론 여기에는 주체사상이 이념적 토대로 제시되었다.[168] 구체적으로 체육훈련의 과학화와 과학기술기재 등의 활용, 축구와 마라톤과 같은 북한의 전략종목에 대한 과학적 연구를 지시하고, 그 밖에 운동생리학, 운동영양학, 기구의 과학화 등에 대해서도 언급하고 있다.[169]

김정일의 이러한 체육과학에 대한 관심은 1989년 당 중앙위원회 책임간부들과 한 담화에서 보다 세부적이고 구체적인 분야까지 언급하는 데 이르렀다. 그는 여기서 기존 체육과학 연구사업이 주먹구구식으로 진행되었음을 비판하고, 체육기술을 세계적 수준으로 끌어올리기 위한 전망과 단계별 계획에 따라 체육과학 연구를 진행하도록 지시했다. 이어 체육기초과학을 개척하기 위한 연구사업 강화를 주문하고, 운동영양학의 연구사업 강화 방안도 구체적으로 제시했다. 스포츠의학 분야에서도 최신 의학의 성과를 수용할 것을 지적하고, 이를 위한 인적 자원의 확보 방안도 자세히 언급했다. 체육과학을 발전시키기 위한 또다른 방안으로 체육과학연구소와 체육과학도서관 등 연구지원시실의 강화를 지시했다.[170]

---

168) 「체육을 대중화하며 체육기술을 빨리 발전시킬 데 대하여」, 『김정일선집』 8, 409쪽. "우리는 철저히 우리나라의 실정과 우리 인민의 요구에 맞게 체육기술을 발전시켜야 하며, 다른 나라의 앞선 체육기술을 받아들이는 것도 이런 원칙에서 받아들여야 합니다. 그리하여 체육이 우리 인민과 우리 혁명을 위하여 복무하는 체육으로 되게 하여야 하며, 우리 식의 체육기술과 전술체계, 우리 식의 체육훈련방법을 완성하여야 합니다."

169) 위의 글, 413~415쪽. "체육부문에서는 모든 훈련공정을 과학화하고 현대적인 과학기술기재들을 이용하여 훈련을 과학적으로 하여야 합니다. …체육기술을 발전시키기 위하여서는 체육과학연구사업을 강화하여야 합니다. …체육과학연구부문에서는 체육종목별 기술을 발전시키며 특히 상징적인 체육종목들인 축구와 마라손을 비롯하여 파악있고 전망성있는 종목들의 기술을 발전시키는 데서 나서는 과학적 문제들을 풀기 위한 연구사업을 강화하여야 합니다. 우리 나라 선수들의 체질에 맞게 경기와 훈련을 과학화하며, 영양공급을 과학화하는 데서 나서는 과학 기술적 문제들을 풀기 위한 연구사업에 힘을 넣어야 합니다. 또한 체육운동과정에 일어나는 인체의 생리적 변화와 그 조절방법에 대한 연구사업을 잘하여 …최고수준에 이르게 하도록 과학적으로 안받침하여야 합니다. 체육기재를 현대화하는 데서 나서는 과학기술적 문제들을 풀기위한 연구 사업도 강화하여야 합니다."

170) 「체육을 발전시킬 데 대하여-당 중앙위원회 책임일군들과 한 담화」, 『김정일선집』 9, 1997,

요컨대 김정일은 전통적인 체육대중화 노선을 계승하면서, 김일성 1인지배체제 확립을 정책기조로 유지하면서도 이전 시기에 비해 체육의 과학화를 추진하고자 했다. 즉 각 종목별 기술 및 과학화 방안을 구체적으로 제시하고, 체계화를 제고하기 위해 체육과학연구소 등 기구의 확대는 물론, 관련 인접학문과의 연계방안도 제시했다. 물론 이런 체육과학 및 기술의 제고는 주체체육의 성과를 높이기 위한 정책적 고려였다.

(4) 스포츠의 개방화

체육기술의 발전과 관련하여 앞의 1986년과 1989년 담화에서는 김정일의 체육에 대한 또다른 인식을 확인할 수 있다. 그것은 체육분야에서 적극적인 대외교류가 필요하다는 인식을 드러냈다는 점이다. 1986년 담화에서 체육기술을 향상시키기 위한 방안의 하나로 활발한 국제경기, 특히 해외원정경기를 적극 장려했다. 여기서 김정일은 체육이 국제적으로 매우 높은 관심을 끌고 있을 뿐만 아니라, 체육활동과 체육교류가 세계적으로 널리 진행되고 있다고 지적했다. 이같은 상황에서 국제경기에 자주 출전하는 것은 북한의 영예와 민족의 슬기를 세계에 과시할 수 있는 기회인 동시에, 체육기술을 발전시켜 체육교류를 폭넓게 하면 세계 각국과의 친선관계도 발전한다고 강조했다. 1989년 담화에서도 축구에 한정되어 있긴 하지만, 한 걸음 더 나가 브라질 등 외교관계가 없는 남미국가를 비롯한 축구선진국에 선수단을 파견하는 것만 아니라 남한과의 축구경기도 해야 한다는 점을 강조했다.

김정일의 이러한 발언은 경기력 향상은 물론 국제스포츠 강국들과의 친선도모·

335~338쪽. "체육과학사업에서 중요한 것은 과학연구 전망계획을 잘 세우고 체육과학기술을 전망성있게 발전시켜 나가는 것입니다. 지금 체육과학연구사업은 똑똑한 전망계획도 없이 주먹치기로 하고 있는데, 그렇게 하여서는 체육과학을 전망성있게 발전시킬 수 없습니다. …체육생화학과 같은 체육기초과학을 새롭게 개척하기 위한 연구사업에 힘을 넣어야 하겠습니다. 체육영양학에 대한 연구사업을 강화하여야 하겠습니다. …체육종목별에 따르는 높은 칼로리 영양법을 연구하고 그에 맞게 선수들에게 영양공급을 할 생각을 하지 않고 있는데 그래서는 안됩니다. 체육영양학을 발전시키지 않고 체육선수들을 키가 크고 장수형의 적성체질을 가진 사람들로 꾸리고 그들에게 많이 먹이는 방법만으로는 체육을 발전시킬 수 없습니다. …체육의학을 발전시켜야 하겠습니다. …의학과학의 최신 성과를 받아들여야 하며 그러자면 의학자들과 합심하여야 합니다. …의학대학 2, 3학년 학생들 가운데서 우수한 학생들을 선발하여 유학을 보냈다가 들어오면 체육과학연구소에 배치하여 체육의학에 대한 연구사업을 하도록 하여야 하겠습니다. …체육과학연구소에 체육생화학과 같은 체육기초과학분야의 과학연구역량도 강력하게 꾸려야 합니다. …체육과학도서관에는 세계체육과학발전 추세에 맞는 과학기술자료와 영화필림, 녹화자료를 비롯하여 체육과학기술을 발전시키는 데 필요한 여러 가지 자료를 갖추어 놓아야 합니다.…체육과학기술에 대한 자료사업을 통일적으로 하여야 합니다."

스포츠교류를 통해 스포츠 외교역량을 강화하는 데 주력하겠다는 의지를 표현한 것이었다. 북한은 이미 1980년 10월 조선로동당 제6차 대회에서 '자주·친선·평화'라는 외교정책의 기본이념을 채택하여, 공산국가와의 단결을 강화하는 동시에 우호적인 자본주의국가와도 친선관계를 맺겠다는 대서방 외교강화 방안을 제시했다.[171] 결국 1986년과 1989년의 이런 김정일 담화는 로동당 6차 대회에서 제시되었던 대서방 외교강화 방안의 일환이라고 할 수 있다. 실제로 외국과의 스포츠교류는 이후 활발하게 진행되었다.

이러한 외교정책의 기조 아래 북한의 스포츠외교는 국제경기대회 참가는 물론 기존대회 외에도 자체의 국제대회를 다수 신설하는 방향으로 전개되었다. 1981년 개최된 만경대상 국제마라톤대회를 비롯하여 국제축구경기대회(1981년), 국제권투경기대회(1981년), 평양국제친선탁구대회(1981년), 국제유도경기대회(1983년), 국제사격대회(1984년), 국제자유형레슬링경기대회(1986년) 등을 신설, 개최했다.[172] 하지만 그 참가국 수가 점차 줄어들고, 북한 선수단이 상위권에 입상한 것에서 보듯이 이들 국제대회는 일부 사회주의국가만이 주로 참가하는 데 그쳤고, 그나마 참가선수도 국가대표팀이 아닌 단일팀 수준에 지나지 않아 국제대회에 걸맞는 수준에는 미치지 못했다. 게다가 미·소의 대결로 모스크바올림픽과 로스앤젤레스올림픽이 반쪽 대회로 그치면서 북한의 대서방 스포츠외교는 그다지 성공을 거두지는 못했다.

오히려 남한이 아시안게임과 올림픽을 유치하여 성공적으로 대회를 치루어냄과 동시에, 정치적 민주화에 성공하면서 북한의 대서방 스포츠외교는 새로운 국면을 맞게 되었다. 1988년 10월 미 국무부가 북한에 대해 학술, 문화, 스포츠, 교육 분야의 교류를 터준 것을 계기로 1991년 10월 워싱턴에서 미국 축구팀과 친선경기를 한 것은 북한의 대서방 스포츠외교에서 획기적 사건이있다.[173] 이때부터 북한은 육상, 역도, 체조 등 전략종목을 국제대회에 보다 적극 참가시켰으며, 남한과의 체육교류에도 이전과 달리 전향적인 자세를 보이기 시작했다. 하지만 1994년 김일성의 사망으로 북한의 대외체육교류는 일시 중단되었다.

북한은 1996년 애틀란타올림픽을 앞두고 국제스포츠무대에 다시 등장했다. 이미 국제무대 복귀 준비단계로 일부 국가들과 체육교류의정서를 교환하는 등 경기대회 참가 외에 체육교류를 공식화하기 시작했던 것이다. 1996년 북한은 중국과 체육교류의정서를 교환했고,[174] 1998년 2월에 개최되는 나가노 동계올림픽을 앞두고 일본과 체육교류 확대를 위한 방안을 모색하기도 했다. 이해 1월 23일 도쿄에서 개최된 북한과

---

171) 국토통일원, 『북한개요』, 1986, 248쪽.

172) 이학래, 『북한체육사연구』, 민족통일체육연구원, 2004, 175~179쪽.

173) 『세계일보』, 1991년 10월 20일자.

174) 정동길, 『북한체육스포츠영웅』, 다인미디어, 2001, 257쪽.

일본의 체육인들이 참가한 '조-일체육인 친선모임'에서 양측은 체육교류를 더욱 강화할 것'을 결의했다.[175] 이에 따라 같은 해 7월 사상 처음으로 일본과 탁구 합동훈련을 실시했다.[176] 또한 선진국들의 체육기술을 습득하기 위해 종전에는 없던 외국과의 교류를 적극 추진하기도 했다. 가령 1998년 9월 IOC 대표단을 평양으로 초청하여 북한-IOC 간의 교류와 협력을 강화하기로 합의했다.[177] 또 1999년에는 인도네시아에 배드민턴, 소프트볼 등 일부 종목 지도자와 선수들의 상호교류를 제안했다.[178]

이렇게 1990년대 이후 북한은 각종 국제경기대회에 적극 참여했을 뿐만 아니라 외국과의 스포츠교류를 보다 강화했던 것이다.

체육의 이러한 개방화정책은 북한의 군중체육에도 변화를 가져왔다. 개방정책에 따라 자본주의 스포츠가 도입되면서 볼링 등과 같은 스포츠는 주민들의 레저활동의 일환으로 행해지고 있다.[179] 가령 1994년 2월 개관한 평양볼링관의 경우 개관 이후 5년간 연인원 130여만 명이 이용했을 정도였다.[180] 자본주의 스포츠가 도입되는 등 체육의 개방화정책은 기존 노동과 국방에 복무한다는 국가주의적 군중체육활동에도 일정한 변화를 가져왔다. 즉 개인적 측면에서의 가치를 강조하는 생활체육활동이 보다 활발해지기 시작했다.

예컨대 1993년 만들어진 '건강태권도'와 '대중률동체조'는[181] 1995년부터 본격적으로 보급되기 시작되었다.[182] 덕성군의 경우 군 체육위원회와 사로청 조직이 중심이 되어 20명의 보급 책임자를 선정하여 군내 학교·공장·기업소·협동농장 등에 보급하여 활성화시켰다.[183] 또한 경쾌한 음악에 맞춰 실시하는 대중률동체조가 운동기관의 강화와 비만 및 노화방지 등 건강에 좋다는 홍보까지 했던 것이다.[184] 이런 대중률동체조의 보급은 생산체조·업간체조 등 노동생산성 향상을 주목적으로 한 체조를 강조했던 기존 군중체육과 질적인 차이를 보여주는 것이다.

물론 1998년 개정된 사회주의 헌법 제55조[185]에서 규정한 바와 같이 여전히 체육의

175) 연합뉴스, 『2000 북한연감』, 1999, 653쪽.

176) 위의 책, 657쪽.

177) 위의 책, 655쪽.

178) 연합뉴스, 『2001 북한연감』, 2000, 888쪽.

179) 『로동신문』, 1996년 11월 10일자.

180) 연합뉴스, 『2000 북한연감』, 656쪽. 그러나 주 이용객은 당 고위 간부나 북송교포, 대외부문 종사자 등 부유층에 한정되고 있다고 한다.

181) 『로동신문』, 1993년 11월 7일자.

182) 『조선중앙년감』, 1996, 247쪽.

183) 『로동신문』, 1994년 1월 20일자.

184) 『로동신문』, 1995년 1월 22일자.

185) 『조선중앙년감』, 1999, 34쪽.

근원적 목표는 '체육을 대중화, 생활화하여 전체 인민을 로동과 국방에 튼튼히 준비시키'는 데 있었다. 특히 김일성 사망 후 제기된 '주체의 강성대국' 건설은 체육의 이런 국가주의적 목표를 더욱 강화하고 있다.[186] 하지만 이런 국가주의적 목표를 달성하기 위한 체육정책의 기본 노선은 1980년대 말 개방화 조치 이후 그 방법론상에서 변화를 모색함으로써 '인민의 정서'에 부합되는 체육종목을 위주로 전개되기에 이르렀다. 즉 1980년대까지 군중체육은 김일성·김정일 부자에 대한 충성을 맹세하는 집단이어달리기 등과 국방체육, 생산체육 위주로 전개되었다.[187] 그런데 1990년대에 와서, 달리기, 걷기, 냉수마찰 등 가정내 체력단련을 보다 강조하고, 체력단련을 위한 민속놀이나 농구처럼 북한 주민들 사이에 큰 인기를 얻고 있는 종목 위주로 변화되었다.

이러한 군중체육의 종목변화는 1986년 체육부문 간부들과 한 김정일의 다음과 같은 언급에서 그 단서를 찾을 수 있다.

> 체육사업을 강화하여 사람들의 체력을 증진시키는 것은 건강한 몸으로 오래 살려는 인민들의 염원을 실현할 수 있게 하는 중요한 방도로 됩니다. 사람들이 병에 걸리지 않고, 건강한 몸으로 오래 살려면 운동을 많이 하여야 합니다. 체육은 사람들의 건강과 장수를 담보하는 가장 좋은 보약이라고 말할 수 있습니다.[188]

김정일의 이같은 언급은 물론 건강한 체력이 노동과 국방을 위한 전제조건이라는 전통적인 북한체육의 이념적 특성을 계승한 것이다. 하지만 여기서 보이는 것처럼 이전에는 무병장수와 같은 매우 개인적인 체육의 가치를 노골적으로 드러내면서 강조되지는 않았다.

이렇게 체육에 대한 개인적 가치를 강조한 것은 더 이상 국가주의적 이념이나 목표를 내세울 수 없었던 북한사회의 변화가 반영된 것으로 생각할 수 있다. 북한에서는 사상적 편향성이 지속된 결과 문화예술정책의 핵심인 선전 선동이라는 본래의 기능이 더 이상 설득력을 가질 수 없게 되었다.[189] 그 결과 1987년에는 예술작품에서는 '인민의 다양한 문화적 욕구'를 반영해야 한다는 김정일의 지시[190]가 나오기에 이르렀다. 즉 변화된 인민의 문화예술적 욕구를 반영함으로써 사상성 강화를 도모해야 할 만큼 북한사회의 변화는 뚜렷해졌다. 이같은 사회적 변화가 개인주의적 가치를 보다 강조한

186) 『로동신문』, 1998년 10월 6일자.

187) 조남훈, 앞의 책, 306~312쪽.

188) 「체육을 대중화하며 체육기술을 빨리 발전시킬 데 대하여」, 『김정일선집』 8, 402쪽.

189) 이우영, 『김정일 문예정책의 지속과 변화』, 민족통일연구원, 1998, 45쪽.

190) 「작가, 예술인들 속에서 혁명적 창작기풍과 생활기풍을 세울 데 대하여」, 『김정일선집』 9, 92쪽

김정일의 체육에 대한 인식이 나타나게 된 것이다. 특히 북한사회의 집단주의적 규범은 김일성의 사망 후 매우 이완되었고, 대신 개인주의적 가치 추구가 확산되었다.[191]

이런 사정을 반영하듯 1990년대 중반부터 『로동신문』에서는 걷기운동,[192] 사람찾기[193] 등 기존 군중체육종목과 다른 운동이 소개되었다. 또한 직장·사회단체 등을 중심으로 행해지던 군중체육경기도 '가족 농구팀', '세대주축구경기' 등처럼 가정이나 소규모 세대별로 종목별 팀이 구성되어 경기를 갖는 등 군중체육의 범주가 보다 개인화되었다.[194] 또한 군중체육의 목표로 여전히 노동과 국방에의 준비를 내세우고 있지만, 과거와 달리 국방체육이나 집단주의적 이념이 강한 종목과는 다른 종목이 권장되었다. 예컨대 북한 주민들한테 인기있는 농구의 경우 정책적으로 대중화하기 위한 선전이 확대되거나,[195] 학교에서의 체육활동도 건강태권도, 대중률동체조 등을 중심으로 행해졌던 것이다.[196]

요컨대 김정일 체제하에서 북한체육은 새로운 면모를 보이기 시작했다. 이는 이전 시기와 달리 사회주의권 국가 외에도 자본주의 국가는 물론 남한과의 교류까지도 염두에 둔 개방화 기조였다. 이런 정책기조에 따라 김일성의 사망 직후 일시 중단되기는 했지만 대서방 및 남한과의 교류에 적극적으로 나서기 시작했다. 스포츠선진국과의 활발한 교류협정을 체결한 것은 물론, 서방국가의 참가를 목적으로 한 국제경기대회 등도 신설·개최하기까지 했다. 뿐만 아니라 그동안 금기시했던 자본주의 스포츠를 적극 도입하는 등 개방화노선은 북한체육의 새로운 전기를 마련하기도 했다.

이런 개방화노선은 북한의 군중체육에도 변화를 가져와 지금까지 강조되던 집단주의적 스포츠활동보다는 개인주의적 생활체육이 활발해졌다. 이런 변화는 사상적 편향성에 따른 북한 당국의 선전선동 사업의 한계를 탈피하는 데 주 목적이 있는 것이며, 결과적으로 체육 대중화노선을 유지하는 것이기도 하다. 하지만 이런 개방화 조처로 인해 북한체육은 보다 체육의 본질적 가치에 주력하는 변화가 모색된다는 점에서 긍정적으로 평가할 수 있을 것이다.

결론적으로 북한의 체육정책 기조는 대중화노선에 기반한다고 할 수 있다. 이는 국방과 노동에의 복무라는 목표를 달성하기 위한 것이다. 이런 북한체육의 정책적 기조는 사회주의적 특징을 강조하는 것은 물론 김일성 1인지배체제의 확립에 따라

191) 이종석, 앞의 책, 247~249쪽.
192) 『로동신문』, 1996년 3월 3일자·12월 8일자.
193) 『로동신문』, 1996년 11월 26일자.
194) 『로동신문』, 1997년 5월 30일자·11월 19일자.
195) 『로동신문』, 1997년 12월 28일자.
196) 『로동신문』, 1998년, 8월 25일자.

주체사상을 사상적 근간으로 삼았다. 이런 사정은 김정일 체제에 들어서도 그대로 유지되었다. 체육대중화 노선을 강화하기 위한 수단으로 실시되는 모범체육군·모범체육학교 제도는 그 대표적 사례이다. 또한 주체체육의 위상강화라는 스포츠내셔널리즘적 기조를 위해 이전 시기보다 체육의 과학화와 기술의 제고도 추진한 것도 마찬가지 이유에서였다.

하지만 김정일 체제하에서 북한체육의 정책적 기조는 일정한 변화를 모색하게 되었다. 이때까지의 정책 기조가 사상적 편향성으로 더 이상 북한 당국이 체육정책의 목표로 삼는 국방과 노동에의 복무는 물론이고 사상통제를 위한 수단으로 그 한계가 나타났기 때문이었다. 그 결과 과거와 달리 집단주의적 규범을 강조하기보다는 체육의 개인적 가치에도 주목했다. 이에 따라 과거의 국방체육이나 사상강화를 주 목적으로 한 종목 대신 북한 주민들 사이에 유행하는 농구같은 종목이나, 건강태권도·대중률동체조·걷기운동같은 종목이 정책적으로 선전되거나, 집단주의적 활동 대신 개인활동위주의 군중체육활동이 성행하기도 했다. 심지어 자본주의 스포츠도 적극 수용하기에 이르렀다. 이는 북한의 경제개발정책이 한계에 다다르면서 자본주의 국가와의 관계개선이 요구된 사정과 무관한 것은 아니었다. 이로써 서방국가는 물론이고 남한과의 스포츠교류에도 적극적으로 나서기 시작했다.

물론 이런 개방화정책이 국가주의적 목표나 주체사상 등 이념적 토대를 부정하는 것은 아니었다. 여전히 체육은 국방과 노동에 복무해야 한다는 정책 기조는 유지되고 있기 때문이다. 하지만 더 이상 사상적 획일성만으로 운영될 수 없을 만큼 북한사회 내부의 개인주의적 경향이 미흡하나마 확대되는 사정을 반영하는 개방화 기조는 남북한의 관계개선이라는 측면에서도 긍정적으로 작용할 것으로 여겨진다.

3. 학교체육정책

1) 체육교육의 이념과 목적

광복과 더불어 북한에 진주한 소련군은 신탁통치를 둘러싸고 조만식이 중심이 된 조선민주당과 공산당과의 좌우익 통일전선이 결렬되자, 우익을 배제한 채 좌파 중심의 정치체제를 구축했다. 그 결과 1946년 2월 북조선임시인민위원회가 결성되고, 이른바 '민주개혁'이라는 사회주의적 개혁조치가 이루어졌다. 그 대표적 개혁이 바로 토지개혁이었으며, 이는 북한의 교육정책에 커다란 영향을 미쳤다.[197]

---

197) 신효숙, 『소련군정기 북한의 교육』, 교육과학사, 2003, 80~81쪽.

이런 사정은 당시 조선공산당 북조선분국의 기관지 『정로(正路)』의 다음과 같은 기사에 잘 나타나 있다.

> 조선교육계에 커다란 파문을 일으킨 것은 토지개혁이다. 지금까지의 교육은 일부 특권계급 즉 다시 말하면 자본가, 지주, 일제의 주구배들의 자제들을 위주한 교육이었다. 그 반면에 노동자 농민의 자제는 거의가 교육의 혜택을 바랄 수 없었든 것이다. 그렇든 것이 토지개혁으로 말미암아 그 토대가 뒤집히었다. 진정한 인민을 위한 교육은 이제로부터 시작되여야 될 것이다.[198]

이처럼 소련 군정기 북한의 교육개혁은 일제 때 교육기회를 박탈당했던 노동자, 농민 등에게 그 기회를 확대하는 것이었다. 물론 이는 누구나 교육을 받을 권리가 있다는 인민주의 원칙에 따른 것이었다.

하지만 소련은 1945년 9월과 10월 소련 군정당국이 발표한 포고문에서는 소비에트식 정부체제를 강요하지 않을 것임을 분명히 했는데, 이는 당시 한국의 사정이 프롤레타리아 혁명단계가 아니라 부르죠아 민주주의 혁명단계라고 보았기 때문이었다.[199] 즉 급속한 사회주의혁명을 수행할 것이 아니라, 친일세력을 철저하게 배제하여 인민정권을 수립해야 한다는 것이다.

따라서 교육 분야에서도 사회주의 교육을 실시하기보다는 일제 잔재를 청산하는 데 주력하는 북한의 정책을 지원하는 데 주안점을 두었다. 이런 소련 군정당국의 인식을 반영하듯이, 1945년 11월 17일 조선공산당 북조선분국 제3차 확대 집행회의에서는 교육정책의 기본 방향을 다음과 같이 밝혔다.

> 새로운 인민적·민주주의적 교육제도 수립의 방향으로 교육을 개혁하고 청소년들의 머리속에서 일본 제국주의의 잔재를 뿌리뽑아 버려야 한다.[200]

이어 이런 교육정책의 기본 방향을 실현하기 위한 조치로 '학교교육림시조치요강'이 같은 달 21일 제시되었다. 여기서 교육정책의 기본 방향과 원칙을 설정한 '북조선교육이념'을 "민주주의적 교육원칙에 립각하여 조선 인민의 복리 증진과 문화향상을 기할 수 있는 교육을 실시하며, 국어 력사 교육에 치중하면서 반제 교육에 주력할 것과 쏘련에 관한 지식을 풍부화시키는 동시에 과학적 세계관을 배양하도록 할 것이며, 신교의 자유를 인정하되 종교교육만은 특정 학교에 한할 것이다"[201]고 밝혔다.

---

198) 『正路』, 1946년 4월 10일자.
199) 신효숙, 앞의 책, 92쪽.
200) 『김일성선집』 1, 19~20쪽.

이렇게 북한의 교육이념은 기본적으로 '민주주의적 개혁'의 연장선에서 지향되었으며, 그 이념적 바탕은 북한식 '민주주의'에 있었다. 물론 국어와 역사교육에 치중할 것임을 명시함으로써 광복 이후 당면과제인 일제 잔재의 청산이라는 민족적 요구를 수용하여 민족주의 교육도 강조했다.

그런데 광복 이후 북한정권 수립기까지 제시되었던 기본 이념으로서 민주주의는 그 개념이 명확하게 제시되지는 않았다. 다만 '민주주의'가 서구식 민주주의를 의미하는 것은 아니었다. 이는 1945년 10월 13일 각 도의 당 간부들에게 한 김일성의 연설을 통해 확인할 수 있다. 이 연설에서 김일성은 조선 인민의 당면과제는 민주주의 인민공화국의 수립에 있다고 하면서 '진보적 민주주의'에 대해 다음과 같이 밝히고 있다.

> 오늘의 조선에는 미국이나 영국식 민주주의가 맞지 않습니다. 서구라파의 민주주의는 이미 시대에 뒤떨어졌을 뿐만 아니라, 만일 우리가 그것을 채용한다면 나라의 독립을 달성하려는 우리의 목적을 실현하지 못하고 다시 외래 제국주의의 식민지로 떨어지고 말 것입니다. 그러므로 조선에는 조선 실정에 맞는 새로운 진보적인 민주주의 제도를 세워야 합니다. …새 민주조선을 건설하느냐 못하느냐 하는 문제는 전적으로 우리가 공산당을 강화하고 민족통일전선을 결성하며 광범한 대중을 공산당의 주위에 집결하는 사업에서 성공하느냐 못하느냐에 달려있습니다.[202)]

한마디로 김일성이 언급한 진보적 민주주의는 사회주의를 의미하는 것이었다. 따라서 교육이념이 사회주의·공산주의에 있음은 분명한 것이었다. 다만 이를 공식화하시는 않았을 뿐이었다. 이는 부르죠아 혁명단계에서 노동계급과 농민은 물론이고 자본가를 포함한 애국적 민주세력을 아우른 통일전선의 결성이 요구되었기 때문이었다.[203)]

결국 김일성은 1946년 4월 열린 교원동맹 결성대회에서는 당면 과업을 제시하면서 교육의 목표를 다음과 같이 밝혔다.

> 학원에서 일본제국주의의 노예화 사상과 봉건적 잔재를 철저히 소탕하고, 무원칙한 이기적 자유주의와 편협·배타적인 국수주의 등 일체 반인민적 요소를 엄중히 지적, 청산하며 진정한 민주주의적 인민의 교육을 실시하기 위하여 분투할 것.[204)]

---

201) 교육도서출판사, 『해방 후 10년간의 공화국인민교육의 발전』, 1955, 15쪽.

202) 「각도 당책임일군들 앞에서 한 연설」, 『김일성선집』 1, 8~9쪽.

203) 위의 책, 4쪽. "민주주의인민공화국을 건설하기 위하여서는 로동계급과 농민뿐만 아니라 민족자본가도 포함한 모든 애국적 민주력량이 참가하는 통일전선을 결성하여야 합니다. …현계단에서 민족주의자들의 세력을 무시할 수 없으며 그들을 무원칙하게 배격하여 민족통일전선의 결성에 지장을 주어서는 안됩니다."

204) 『正路』, 1946년 4월 10일자.

즉 정권 수립기 북한에서는 일제 잔재의 청산과 사회주의 체제를 구축하기 위한 목적으로 민족적 요구와 사회주의적 요소로 구성된 교육이념이 모색되었던 것이다. 이는 북한식 '민주주의적 교육'으로 개념화되었다. 교육의 최우선 목표로는 일제잔재의 청산, 민족문화 건설, 자유부강한 완전독립국가 창설을 위한 노동관념의 강화, 민주사상의 배양, 과학적 세계관의 수립, 기술교육 및 과학정신 배양, 전제주의와 관료주의 극복 등이 제시되었다.[205)]

이렇게 정권 수립기 북한의 교육이념은 식민지 시기 교육을 청산하는 과도기적 민족적 과업과 '진보적 민주주의 교육'을 지향했다. 민족적 요구를 반영한 교육목표는 인민주의에 입각한 교육기회의 확대, 국어와 역사교육 강조, 국가건설을 위한 기술교육 등이었다. 교육목표는 물론 소련에 대한 이해 및 소련 인민과의 친선을 원칙으로 하되, 과학적 세계관 즉 사회주의 이념 배양에 두었다. 본질적으로 교육이념과 목표가 시대적 과제를 해결하기 위한 사회공동체의 이상과 지향점을 반영하는 것이지만, 이같은 북한의 교육이념과 목표는 지나치게 정치와 밀접한 관련을 맺는 것이었다. 이는 결과적으로 그 실천과정에서 정치권력의 정책이나 이데올로기를 정당화·공고화하는 수단으로 전락할 우려가 있는 것이었다. 실제로 북한의 교육이념과 목표는 한 개인의 성장이나 완성을 고려했다기보다는 시대적 과제 및 현실적 사회문제의 해결을 우선시함으로써, 집단과 사회 및 당을 우선시하는 국가주의적 이념을 그 기저로 삼게 되었다.[206)]

이러한 교육이념과 목표는 체육교육에서도 그대로 관철되었다. 이런 사정은 1946년 10월 전국체육인대회에서 김일성이 자주독립과 민주주의적 발전을 목표로 한 건국사업에서 체육의 중요성을 강조하고 그 기본노선으로 채택한 체육의 대중화노선에서 확인할 수 있다. 즉 이 대회에서 김일성은 체육의 대중화를 통해 민족의 전반적인 건강증진이 보장받을 수 있으며, 튼튼한 체질과 건전한 사상을 가질 수 있다고 주장했다. 그리고 이같은 체육 대중화노선의 궁극적 목표는 '민주기지'를 강화하여, '민주주의적 통일정부'를 세우는 데 있다고 단언했다.[207)]

따라서 체육교육도 이같은 목표를 달성하는 데 있었다. 이런 사정은 1947년 6월 세계청년학생축전에 참가하는 대표단에게 한 김일성의 다음과 같은 연설에서 확인할 수 있다.

> 북조선에서는 인민정권이 우리 조국의 앞날의 주인공들인 청년들을 잘 키우고 잘 교육하기 위하여 모든 조건을 지어주고 있습니다. …청년들은 반동들과의 투쟁에서 가장 용감한

---

205) 장종식, 「북조선 교육의 당면과제」, 『인민』 1-1, 1946, 21쪽.

206) 신효숙, 앞의 책, 133쪽.

207) 「체육을 대중화하기 위하여」, 『김일성저작집』 2, 468~469쪽.

전사가 되어야 하며 우리 인민의 피와 땀으로 이루어진 나라의 재산을 적들이 파괴하지 못하도록 튼튼히 지켜야 합니다. …청년들은 강한 체력과 열렬한 애국정신을 가진 씩씩하고 용감한 투사로 되기 위하여 자기의 몸과 마음을 꾸준히 단련하여야 하겠습니다. 나라의 기둥인 청년들이 정신적으로나 육체적으로 튼튼하여야만 우리 조국도 튼튼하여 질 것이며, 우리나라는 그 누구도 얕볼 수 없는 떳떳한 독립국가로 될 것입니다.[208]

이처럼 김일성은 체육교육의 목적이 '민주기지', 즉 사회주의체제 확립과 '민주주의적 통일정부' 즉 사회주의체제하의 남북통일에 기여하는 것임을 밝힌 것이다.

결국 김일성이 제시한 체육교육의 이런 목적은 정권 수립 후인 1949년 8월 내각결정 제108호 '체육절 제정에 관한 결정서'에 반영되었다. 이 내각결정은 체육절 제정의 취지를 다음과 같이 설명했다.

체육은 육체적으로 건강하게 단련되여 실지적 로동과 국방에 종사할 수 있는 성격과 지능을 소유하는 조직있고, 규율있는 청년세대를 육성하여 우리나라의 위력을 일층 제고시키며 조국을 제국주의 침략으로부터 철옹성같이 수호함에 거대한 공헌을 하는 청년 양성 사업인 동시에 대중 훈련 방법의 중요한 요소의 하나이다.[209]

즉 정권 수립기 북한의 체육교육은 사회주의 이념을 바탕으로 이른바 민주국가건설을 위한 노동과 국방에 기여하는 청년 육성에 정책적 목표를 두었다. 이같은 학교체육의 이념과 목적은 한국전쟁 이후 강화되었다.

한국전쟁으로 인한 피해를 극복하기 위하여 북한은 전후복구사업을 추진했다. 전후복구사업은 단순히 전쟁 이전의 수준으로 경제를 회복하는 것만이 아니라, 사회주의체제를 세우기 위한 물적 토대를 마련하는 것이었다. 이에 따라 경제발전계획은 중공업 육성에 주안점을 두었다. 이른바 남조선해방을 위한 군사력 강화도 시도되었다. 그리고 전쟁과정에서 북한 지도부는 약화된 지지를 회복하기 위한 수단으로 애국주의와 민족주의를 강조했고, 전쟁중 북한에 대한 소련·중국 등 사회주의 국가들의 절대적 지지와 지원을 받음으로써 프롤레타리아 국제주의에 대한 교육도 강화되었다.[210]

---

208) 「앞날의 조선은 청년들의 것이다」, 『김일성저작집』 3, 1979, 339~340쪽.

209) 국립출판사, 『조선민주주의인민공화국법규집』 5, 321쪽.

210) 이런 사정은 북한 당국이 정립한 전쟁중 교육사업의 평가에서 확인할 수 있다. "1951년 6월 교육관계자회의에서는 전시하 학생교양사업 진행정형을 분석하고 그를 강화할 데 대한 광범한 토의를 진행하였다. 회의는 학생들에게 조선 인민의 영웅적 투쟁과 쏘련 및 중국을 비롯한 인민민주주의 국가들의 우의적 원조를 깊이 체득하는 사상으로 그리고 국제주의에 립각한 애국주의의 사상과 확고한 계급적 의식으로 교양하며 전쟁승리의 굳은 신념을 가지게 하며 전시하 로력협조사업과 사회생활을 통하여 로동과 국가재산에 대한 사회주의적

이러한 이념교육의 강화 조치는 전체 북한주민을 전후복구사업에 동원하기 위한 수단임과 동시에 애국주의에 기반한 북한식 사회주의체제 확립에 토대가 되었다. 따라서 전후 북한의 체육교육도 노동과 국방에 기여해야 한다는 국가주의적 이념에 크게 좌우되었으며, 애국주의·민족주의는 물론이고, 프롤레타리아 국제주의를 학생들에게 교육하는 수단으로 인식되었다.

전후 북한 당국의 체육교육에 대한 이러한 인식은 1954년 6월 마련된 '전후경제복구발전3개년계획' 제13조에서 교육부문계획의 하나로 청년들에 대한 체육사업을 개선 강화하도록 한 사실에서 확인할 수 있다.[211] 물론 이는 경제계획에서 요구되는 인적 동원체제의 하나였으며, 사상교육사업의 일환이었다. 이런 사정은 같은 해 8월 교육성이 애국주의 사상과 '도덕적 품성' 등 학교교양사업의 조직을 강화하기 위해 체육을 통한 학생들의 관심과 흥미를 유발하도록 한 조치[212]에서 확인할 수 있다.

특히 1955년 4월 7일 조선로동당 중앙위원회 정치위원회가 채택한 '민주청년동맹사업을 개선 강화할 데 대하여'라는 결정에선 민주청년동맹조직이 학생들의 체육사업을 담당하도록 하면서 그 의의를 다음과 같이 밝히고 있다.

> 민청단체는 청년 군중 속에서 각종 체육 스포츠사업을 대중적으로 전개할 것이며, 조국보위후원회 단체들과 함께 청소년들 속에서 조국 방위를 위하여 인민군대에 복무하는 것은 청년들의 의무이며 영예라는 것을 확고히 인식시키며 그들 속에서 군사과학과 일반 군사지식 기술 및 군사체육을 광범히 보급 발전시킬 것이며 조국과 인민의 부름에 언제나 응할 수 있도록 전체 청년들을 로동과 조국보위에 부단히 준비시킬 것이다.[213]

전후복구사업이 일단락되자 북한은 1957년부터 제1차 5개년계획을 마련하여 본격적인 사회주의체제 확립을 위한 경제적 토대의 확립을 추진했다. 체육교육도 사회주의 건설을 위한 노력동원 수단이었으며, 여기에는 사회주의적 애국주의와 이에 바탕한 민족주의, 맑스-레닌주의 등이 사상적 토대로 자리 잡았다.

이러한 사정은 1958년 3월 전국청년사회주의건설자대회에서 김일성이 한 다음과 같은 지시에서 확인할 수 있다.

태도와 규률로 교양할 것을 제기하였다. …1951년 12월 5일 각도 교육부장, 각 대학총장, 학장 회의에서는 국제주의 사상으로 일관된 학생 청년들의 애국주의 교양은 전쟁승리와 인민경제복구발전에서 절실한 국가적 요구로 되며 물질적 력량으로 된다는 것을 특히 강조하였다." (교육도서출판사, 『해방후 10년간의 공화국인민교육의 발전』, 137쪽)

211) 위의 책, 182쪽.

212) 위의 책, 225쪽.

213) 김문관, 『인민체력검정지도서』, 내각체육지도위원회, 1956, 11~12쪽.

> 우리 청년들은 지난날과 마찬가지로 제1차 5개년계획을 수행하기 위한 노력전선에서도 앞장에 서야 하며… 우리나라의 모든 진보적인 것을 소중히 여기고 사랑하며 민족적 긍지감을 더욱 높여야 합니다. …참다운 국제주의자로 되지 않고는 자기 조국을 사랑할 수 없으며 참다운 애국자로 되지 않고는 프로레타리아국제주의에 충실할 수 없습니다. …모든 청년들은 확고한 맑스-레닌주의적 세계관을 세우며 우리 혁명의 승리에 대한 신심을 더욱 튼튼히 하여야 하겠습니다. …우리 청년들은 가까운 시일에 중학 이상의 지식을 가지기 위하여 노력할 뿐 아니라… 자기에게 맡겨진 영예로운 과업을 훌륭히 수행하기 위하여서는 튼튼한 몸을 가져야 합니다. …우리 청년들은 체육사업을 적극 발전시켜 자기 몸을 더욱 단련히며 그것을 통하여 억센 투지를 키워야 할 것입니다.[214]

이처럼 전후 체육교육은 맑스-레닌주의에 이념적 뿌리를 둔 동시에, 애국주의·민족주의 등 국가주의적 이념에도 기반했다. 이는 궁극적으로 신체적·사상적 교육을 강화하여 이들을 노동과 국방에서 요구되는 인간상을 관철시키기 위한 수단이었다.

이후 북한의 교육이념은 1960년대까지는 맑스-레닌주의를 기본으로 했다. 이런 사정은 1961년 9월 제4차 당 대회에서 한 '맑스-레닌주의의 교육이론을 철저히 구현하는 것이 사회주의 사회 건설의 요구에 전적으로 부합되는 것'[215]이라는 김일성의 발언에서 확인할 수 있다.

이론상 맑스-레닌주의 교육이념의 특성은 대체로 이렇다.[216] 첫째 교육권의 계급적 지배를 배격하고 동등한 무상교육을 의무적으로 실시한다. 둘째 모든 국민들을 대상으로 생산과정을 올바르게 교육시켜 육체노동과 정신노동의 동등성, 개념(이론)과 실천(노동)간의 연계성을 도모하며 노동애(勞動愛)를 육성한다. 셋째 집단주의적 교육방법론에 근거하여 협동정신을 함양한다.

이같은 맑스-레닌주의 교육이념에 따라 교육정책의 기본방향이 설정되었다. 먼저 의무교육의 경우는 1956년 4월 4년제 인민학교 교육을 의무화한 데 이어 1958년 3년제 초급중학교 교육까지 연장하여 7년제 의무교육을 단행했다. 그리고 1967년 4월 3년제 중학교와 2년제 기술학교를 통합하여 5년제 중학교로 개편하여 인민학교 4학년 과정과 함께 9년제 의무교육을 실시했다.[217] 그러다가 1972년 사회주의 헌법에 따라 10년제 의무교육으로 실시했는데,[218] 이는 4년제 인민학교와 6년제 고등중학교를 포함한 것이

214) 「사회주의건설에서 청년들의 과업에 대하여」, 『김일성저작집』 12, 193~200쪽.

215) 「조선로동당제4차대회에서 한 중앙위원회 사업총화보고」, 『조선중앙년감』, 1962, 22쪽. "인민교육체계의 이같은 개편은 교육분야에서 …맑스-레닌주의적 교육리론을 철저히 구현한 것이며, 우리나라의 사회주의 건설의 요구에 전적으로 부합되는 것입니다."

216) 김동규, 「북한 교육학의 기본원리」, 『북한의 교육』, 을유문화사, 1990, 33~34쪽.

217) 박용헌, 「교육제도와 행정」, 『북한의 교육』, 116~117쪽.

다.[219] 이어 1975년 인민학교 취학년령을 1살 낮추어 유치원 2년 과정을 포함한 11년 의무교육제도 실시를 결정한[220] 후, 1977년부터 전국적으로 실시되기에 이르렀다.[221]

북한의 체육교육에서도 이런 의무교육 확대에 따라 체육의 대중화노선을 관철할 수 있는 토대가 마련되었다. 이는 김일성이 1969년 전국체육인대회에서 행한 다음과 같은 언급에서 엿볼 수 있다.

> 체육을 전인민적 운동으로 발전시키기 위하여서는 무엇보다 먼저 학교들에서 체육을 널리 하여야 합니다. 우리나라에서는 이미 중등의무교육제를 실시한 데 기초하여 지금은 전반적으로 9년제 기술의무교육을 실시하고 있으며 …이것은 우리나라에서 체육을 전인민적으로 발전시킬 수 있는 매우 좋은 조건입니다.[222]

두 번째, 집단주의 교육이념인데, 이는 학교교육에서 공산주의적 가치관을 형성하는 데 주요한 수단이었다. 집단주의 교육은 개인적 이익에 앞서 전체 이익을 우선한다는 원칙을 따른 것이다. 이에 따라 학생들에게 '개인의 힘보다 집단의 힘이 더 강하고, 개인 영웅주의보다 집단적 영웅주의가 더 우월하며 개인의 사사로운 생활보다 조직생활과 집단생활이 더 중요하다는 것을 깨우쳐 주는'[223] 교육의 목표를 달성시키고자 했다.

이같은 집단주의 교육이념에 따라 체육교육에서도 집단체조를 중요시하고 있다. 이 역시 1969년 전국체육인대회에서 한 김일성의 다음과 같은 지적에서 확인된다.

> 체육에서 높은 성과를 거두려면 또한 모든 체육인들이 집단주의정신으로 무장하고 집체적 지혜를 발휘하는 것이 중요합니다. …어느 부문 사업에서나 집단주의가 높이 발양되면 사람들이 개별적으로 행동할 때보다 몇 배나 더 위대한 힘을 나타내게 됩니다. 특히 긴밀한 협동작전을 하여야만 성과를 거둘 수 있는 체육사업에서는 더욱 그러합니다. …우리가 집단체조를 자꾸 장려하는 것도 청년 학생들 속에서 집단주의정신을 길러내기 위한 데 중요한 목적이 있습니다. …집단체조는 청소년학생들의 체력을 증진시킬 뿐아니라 그들 속에서 집단주의정신을 기르며 조직적이며 규률있는 생활을 강화하는 데 큰 의의가 있습니다.[224]

---

218) 『조선중앙년감』, 1974, 3쪽.
219) 김형찬, 「중등교육」, 『북한의 교육』, 266쪽.
220) 박용헌, 「교육제도와 행정」, 『북한의 교육』, 118쪽.
221) 허동찬, 「교육과정」, 『북한의 교육』, 151쪽.
222) 『김일성저작집』 24, 294쪽.
223) 『김일성저작선집』 6, 조선로동당출판사, 1974, 216쪽.
224) 『김일성저작집』 24, 300~301쪽.

세 번째, 노동교육의 강조이다. 공산주의 이론상 노동계급이 주도하는 사회를 구현하기 위해서는 노동과 생산활동이 최고의 실천적 요강이다. 때문에 교육에서 노동을 강조하는 것은 필연적이다. 하지만 이같은 교육이념은 현실적으로는 한국전쟁 이후 복구사업과 1960년 이후 경제와 국방건설을 병진한다는 북한 정권의 기본정책에서 비롯되었다. 따라서 북한의 교육목표는 생산기술교육을 강화하고 학생들의 노력동원 투입에 두어질 수 밖에 없었다.

체육교육도 이런 사정과 밀접한 연관하에 실시되었다. 즉 조선로동당 제4차 대회에서 '청소년들 속에서 체육사입을 군중석으로 힘있게 벌려 젊은 세대들을 정신적으로 뿐만 아니라, 육체적으로 끊임없이 단련하며 그들을 로동과 국방에 더욱 믿음직하게 준비시켜야 한다'[225]고 강조했다. 이에 따라 체육교육이 생산과 결부되기에[226] 이르렀다.

이렇게 1960년대 북한의 교육이념은 맑스-레닌주의를 근간으로 했으나, 그 이면에는 북한식 사회주의를 정당화하고, 이를 이념적으로 지탱하기 위한 사상적 기반도 점차 마련되기 시작했다. 그것이 바로 주체사상이었으며, 이는 1958년 이른바 반종파투쟁에서 비롯되었다. 이 반종파투쟁은 중공업을 우선으로 하는 국방력 강화정책에 대한 지도부내 비판세력을 숙청하면서 김일성 유일체제의 확립으로 이어졌다.

1961년 조선로동당 제4차대회에서 김일성의 다음과 같은 발언은 이런 사정을 잘 보여준다.

> 우리 당은 맑스-레닌주의의 일반적 원리를 우리나라의 구체적 실정에 창조적으로 적용함으로써 사회발전의 성숙된 요구에 따라 제때에 사회주의적 개조의 과업을 제기하고 그것을 실현하기 위한 정확한 정책을 수립하였으며, 온갖 좌우경적 편향을 극복하면서 인민대중을 동원하여 조금도 동요없이 당의 정책을 철저히 관철하였습니다. …특히 당은 1956년 8월 전원회의와 1958년 3월 당대표자회를 계기로 하여 당내에서 반당 종파분자들을 철저히 청산하고 당의 통일과 단결을 고수하는 투쟁에서 거대한 승리를 달성하였습니다. …당은 종파의 사상적 여독과 수정주의를 반대하여 투쟁하는 동시에 혁명적 실천과 유리된 교조주의의 해독적 양향을 극복하는 사상투쟁을 계속 강력히 진행함으로써 우리 사업의 모든 분야에서 주체를 더욱 튼튼히 수립하였으며 당원들과 대중의 창발성을 고도로 발양시켰습니다.[227]

여기서 김일성이 언급한 '맑스-레닌주의의 창조적 적용', '좌우경적 편향 극복', '혁명

---

225) 『로동신문』, 1969년 11월 4일자.

226) 『조선중앙년감』, 1970, 301쪽. "학교에서의 체육은 교육 및 생산과 결부되여야 한다는 경애하는 수령 김일성 동지께서 제시하신 독창적인 방침에 따라 …학교들에서 체육활동이 활발하게 전개되고 있으며…"

227) 『조선중앙년감』, 1962, 18·48쪽.

적 실천과 유리된 교조주의 극복' 등이 바로 '주체'를 의미하는 것이며, 혁명적 실천이란 김일성이 주도한 항일혁명 전통의 계승을 말하는 것이다. 결국 주체사상은 북한 당국의 주장에 따르면 맑스-레닌주의를 북한의 실정에 맞게 재해석하여 김일성의 항일혁명정신과 노선을 추종하도록 하는 이념이라고 할 수 있다.

제4차 당대회에서 제기된 '주체'는 이후 그 보편적 이론체계가 만들어지면서, 1970년대 초반 주체사상으로 확립되었다. 주체사상이 교육이념으로 채택되어 관철된 것은 1977년 조선로동당 중앙위원회 제5기 제14차 전원회의에서 '사회주의교육에 관한 테제'가 채택된 이후였다. 이 테제는 북한의 사회주의 교육을 집대성한 것이었다. 그 지도사상이 바로 주체사상이다.

'사회주의교육에 관한 테제'에서는 다음과 같은 교육의 정의, 목적, 기본원리를 밝히고 있다. 사회주의 교육은 사람들을 자주적이며 창조적인 사회적 존재로 키우는 사업인데, 그 목적은 사람들을 자주성과 창조성을 가진 공산주의적 혁명인재로 키우는 데 있으며, 그 기본원리는 사람들을 혁명화·노동계급화·공산주의화한다는 것이었다. 즉 사람들을 공산주의 혁명사상으로 무장시키며, 이에 기초하여 깊은 과학지식과 건장한 체력을 가지도록 하자는 것이었다. 이같은 사회주의 교육을 위해서 4가지 원칙이 제시되었다.[228]

첫째, 교육에서 당성·로동계급성을 구현해야 한다. 당성과 노동계급성은 사회주의 교육의 제일 생명이며, 교육사업의 성과를 보장하는 결정적 요인이다. 여기에 유일사상체계를 세우는 것이 사회주의 교육을 발전시키는 데 가장 중요한 문제다.

둘째, 교육에서 주체를 세워야 한다. 공산주의 건설사업은 민족국가 단위로 진행되고 각국의 혁명과 건설의 주인은 그 나라 인민 자신이며, 나라마다 처해있는 환경과 조건이 다르며 혁명임무도 다르다. 때문에 사회주의 교육은 각국의 실정과 인민의 이익에 맞게 진행하며 사람들을 자국의 혁명 주인으로 키우는 주체적인 교육으로 되어야 한다. 이런 입장에서 교육에서는 사대주의와 교조주의를 반대함으로써 사회주의 교육을 주체적이며 혁명적인 교육으로 발전시켜야 한다.

셋째, 교육과 혁명실천을 결합하여야 한다. 교육은 실천과 결합될 경우 자신의 사명을 다할 수 있기 때문에 사회주의 교육은 사회주의, 공산주의를 위한 노동계급의 혁명실천과 결합되어야 하며, 이는 쓸모있는 산 지식과 실천능력을 겸비한 공산주의적 혁명인재로 키우는 필수적 요소가 된다. 결국 교육은 끊임없이 현실에 접근시켜 현실적인 발전의 요구에 맞게 교육 내용과 방법을 비롯하여 전반적인 교육사업을 더욱 개선하고 완성해야 한다.

228) 『김일성저작집』 2, 1986, 372~389쪽.

넷째, 사회주의 국가는 교육사업을 책임지고 조직·진행해야 한다. 생산수단을 국가와 사회에서 소유하고 교육기관을 국가가 지도하는 사회주의 사회에서 교육사업은 국가의 책임적인 보장에 의해서만 성과를 이룰 수 있다. 이같은 원칙에서 사회주의 국가는 모든 사회성원을 교육 교양하여 그들 모두를 자주성과 창조성을 가진 공산주의적 인간으로 키워 사람들 사이의 사상·기술·문화 수준의 차이를 해소하고, 온 사회를 노동계급화·혁명화·인텔리화할 수 있다.

이렇게 '사회주의교육에 관한 테제'에서 밝히고 있는 사회주의 교육이란 바로 주체사상을 기반으로 하여 모든 사회구성원을 노농계급화·혁명화함으로써 공산주의 사회구성원으로서 존재하도록 하는 교육이다. 그 교육 내용은 정치사상교양, 과학기술교육, 체육교육으로 나누어진다. 정치사상교양이란 주체사상에 기반하여 당의 정책교양과 혁명전통교양을 강화하고, 노동계급의 혁명의식과 공산주의 도덕을 함양하는 것이다. 즉 주체사상에 기반한 공산주의적 도덕을 의미한다. 과학기술교육은 사물 현상의 일반적 개념과 본질, 그 변화 발전의 법칙에 대한 기초적인 지식과 혁명실천에서 요구되는 자연과학·사회과학·전문기술에 대한 지식교육을 뜻한다.

체육교육은 노동과 국방에 준비시키는 데 목표가 두어졌다. 그 목표는 체육은 용감성과 대담성, 강인한 투지와 인내성을 키움으로써 사상의지를 단련하며 체육기술과 문화적 소양을 높이는 데 있다. 특히 청소년들이 혁명투쟁과 부강한 사회건설의 기초가 되는 튼튼한 체력을 갖추도록 하는 데 중요한 의의를 가져야 한다. 따라서 체육교육의 중심은 학생들의 체력을 튼튼히 하는 데 두어졌는데, 이는 청소년학생들의 체력을 증진시켜 노동과 국방에 복무시키기 위해서였다.

요컨대 정권 수립기의 북한 교육은 그 이념적 지표로서 맑스-레닌주의를 공식적으로 표방하지는 않았다. 그러다가 한국전쟁을 거치면서 애국주의와 프롤레타리아 국제주의를 제시하면서 본격적으로 맑스-레닌주의를 교육이념으로 내세우기 시작했다. 체육교육도 이같은 이념적 지표의 형성과정을 반영하여 공산주의적 인간으로서 갖추어야 할 기본적인 체력을 기르고, 청소년 학생들을 노동과 국방에 준비시키는 데 그 목표를 두었던 것이다. 특히 한국전쟁 이후 애국주의적 교육의 일환으로서만 아니라 경제복구를 위한 동원체제의 수단으로 체육교육의 목표가 확립되었다.

또한 체육교육은 의무교육의 확대에 따라 체육 대중화노선의 실현을 위한 가장 중요한 수단으로 여겨졌으며, 이런 차원에서 체육활동에 전체 학생들을 참여시키려는 정책이 고려되었다. 물론 여기에는 맑스-레닌주의에 입각한 육체노동에 대한 인식 제고와 집단주의적 교육도 크게 작용했다. 노동을 위한 체력 향상이 학교체육의 기본적 목표였고, 집단주의 정신의 제고는 체육활동에서 두드러지게 나타나기 때문이었다. 그러다가 1970년대부터는 김일성 유일체제를 뒷받침하는 이념으로서 주체사상이 체육교육에도 관철되었다. 이로써 체육교육은 주체사상을 배경으로 국가 주도의 철저한 관리·감독하에 전개되는 국가주의적 이념의 실천을 목표로 하게 되었다.

결국 북한의 체육교육은 학생들이 하나의 독립된 인격체로서 갖추어야 될 기본적인 소양으로서가 아니라, 전체주의적·집단주의적 사회체제에서 필요로 하는 하나의 객체로서 요구되는 '주체형의 인간상'을 구현하는 수단이었던 것이다. 이런 체육교육의 이념과 목표는 김정일체제에서도 여전히 관철되었다.

2) 학교체육정책의 주체사상화

(1) 김일성 체제의 학교체육

정권 수립기에 제시된 체육의 대중화노선에선 학교체육이 중요한 위치를 차지했다. 체육활동은 학생들을 지덕체를 갖춘 새사회의 믿음직한 역군으로 키우며 부강한 자주독립국가를 건설하는 데 중요한 문제였기 때문이다.[229] 그러나 광복 직후 교육체제의 붕괴와 이로 인한 인적·물적 기반의 부족으로 체육교육은 정상적으로 운영될 수 없었다.

따라서 북한 당국은 교사 및 시설 확보를 위한 조치를 취함과 동시에 경기종목의 보급, 과외체육활동을 장려했다. 가령 1946년 평양고등사범학교를 세우는 등 교사양성과 각종 재교육강습을 추진했고,[230] 민주청년동맹(민청)은 1947년 4월 22일 민청체육관을 건립하여 학생체육활동의 공간으로 활용하도록 했다. 특히 이날 개관식에서 김일성은 체육교육이 신체 단련, 체육기술 발전, 집단주의정신 함양, 애국주의사상 고양 등에 기여해야 한다는 기본방침을 제시했다.[231]

또한 김일성은 1947년 7월 31일 북조선로동당 중앙위원회 상무위원회에서 '체육문화운동정형과 당단체들의 협조정형에 대하여'라는 지시에서 체육시설 및 기자재 공급에 대한 조치를 강구하도록 했다.[232] 한편, 식민지 말기 군사훈련 위주의 학교체육정책으로 각 종목의 스포츠가 사실상 전무함으로써 체육종목의 보급이 제대로 이뤄지지 못했다.[233] 이에 1946년 11월 민청조직을 중심으로 민청체조의 보급발전과 축구 등 각종 스포츠종목에 대한 보급사업이 학교 내에 조직된 체육소조를 매개로 진행되었다.[234]

정규수업 중심의 체육교육은 1945년 11월 발표된 '북조선학교교육림시조치요강'에

229) 사회과학원 력사연구소, 『조선전사』 24, 1981, 480쪽.
230) 조남훈, 앞의 책, 74~75쪽.
231) 위의 책, 71쪽.
232) 『조선전사』 24, 476쪽.
233) 조남훈, 앞의 책, 84쪽.
234) 위의 책, 85쪽.

따라 마련되었다. 초급학교의 경우 주 3시간(고등과 여학생의 경우 2시간)을 배정했는데, 이는 국어와 산수를 제외하곤 가장 많은 시간이었고, 정규 수업시간 외에 단체경기를 적극적으로 실시하도록 했다.[235] 그만큼 체육교육을 중요시했음을 알 수 있다. 중등학교의 경우 주당 2시간을 배정했는데, 여학생에게는 전혀 배정하지 않았다.[236] 이는 학교체육을 위한 기본체제가 완비되지 않은 것은 물론, 특히 교과서 발행이 제대로 이뤄지지 않아 기존 일제 때의 교과서를 참조하는 사정[237]과 연관이 있는 것으로 보인다. 그러다가 1947년 인민학교 과정을 개편하여 1~5학년까지 수업시간을 기존 123시간에서 136시간으로 확대했다.[238] 이때 체육시간은 창가와 도화(圖畵)를 포함하여 기존 총수업시간에서 한 시간이 줄어든 총 39시간으로 전체 수업시수의 28%에 해당한다.

이렇게 소군정기에는 교육의 기본체제가 마련되지 못함으로써 정규 체육수업은 제대로 이뤄지지 못하고, 다만 교내경기대회 등 과외체육 위주로 실시되었다. 이런 사정은 1947년 6월 11일 조선로동당 중앙위원회 상무위원회에서는 '청소년 군중문화 및 체육사업에 대하여'라는 결정을 공포하여 봄과 가을에 등산 및 교내경기대회를 실시하도록 한 조치[239]에서 확인할 수 있다.

이후 1948년 9월 교육과정이 개편되면서 체육교육은 어느 정도 정상화되었으나, 기본적으로 수업시간이 축소되었다.[240] 인민학교의 경우 1945년 주당 3시간에서 주당 2시간으로, 중등학교의 경우 초급중학교는 주당 2시간이었지만, 고급중학교는 주당 1시간을 배정했다. 이같은 체육수업시간의 축소는 학제개편과 연관이 있는 것으로 보인다. 즉 인민학교는 종전 초등과 6년·고등과 2년에서 5년제로 축소되었고, 중등학교는 1945년 당시 중학교 및 고등여학교 4년제에서 초급중학교와 고급중학교로 개편되었다. 다만 정규 수업시간 외에 과외체육활동을 강화하도록 하여 체육수업시간의 축소를 보완했다. 물론 과외체육은 인민체력검정사업의 일환으로 행해졌다.[241]

한국전쟁 후 교육제도의 첫 번째 개편은 휴전협정 체결 직전인 1953년 7월 11일 내각결정 제111호에 따라 이루어졌다. 여기서 특기할 만한 사항은 인민학교 편제가 기존 5학년제에서 4년제로, 기술학교인 전문고등학교는 3년에서 4년제로 바뀌었다는 것이다. 인민학교 5년제가 4년제로 준 대신에 기술계인 전문고등학교의 수업연한을 1년 연장한 것은 전후 복구사업의 필요성 때문이었다.[242]

235) 교육도서출판사, 『해방후 10년간의 공화국인민교육의 발전』, 51~52쪽.
236) 위의 책, 52쪽.
237) 위의 책, 53쪽.
238) 위의 책, 54쪽.
239) 사회과학원 력사연구소, 『조선전사』 24, 480쪽.
240) 교육도서출판사, 『해방후 10년간의 공화국인민교육의 발전』, 56~57쪽.
241) 조남훈, 앞의 책, 94쪽.

인민학교의 교과과정[243]은 1953년의 학제 개편전인 5월 5일에 발표되었는데, 이때 체육은 학년마다 주당 2시간이 배정되었다. 이는 4년간 총수업시간 3,333시간의 7.92%인 264시간이 배정된 것으로, 1949년의 350시간보다 줄어든 것이다. 하지만 그 비중은 1949년의 7.58% 보다 조금 증가한 것이며, 총수업시간 중 50% 정도인 국어와 25.7%의 산수를 제외하면 여타 과목에 비해 많은 편에 속한다. 1955년 교과과정 개편 때도 주당 2시간을 유지했다. 이는 현재까지 그대로 유지되고 있으며, 다만 총수업시간의 변동에 따른 비중만 다를 뿐이다.

중등학교의 교과과정[244]은 3년 과정인 초등중학교의 경우 인민학교처럼 총수업시간은 3,333시간인데, 이중 체육은 총 178시간으로 주당 2시간이다. 다만 3학년 1학기만 주당 1시간을 배정했다. 이로써 체육시간의 비중은 전체 수업시간의 5.34%에 불과했다. 고등중학교의 체육시간은 3개 학년 모두 주당 2시간이 책정되어 총 198시간이었는데, 이는 총수업시간 3,432시간의 5.77%로 초등중학교와 별 차이가 없다. 그러다가 1955년도부터는 초급 및 고급중학교 전체시간의 12.7%에 해당하는 859시간이 체육관련 학과목에 배정되었다.[245] 이처럼 체육관련 과목시간이 늘어난 것은 정규 체육시간 외에 무용 등 집단체조와 관련한 시간도 포함되었기 때문인 것으로 여겨진다. 이 시기 인민학교와 중학교의 구체적인 체육교과 내용은 정보부족으로 알 수 없다.

이렇게 전후 체육교육의 시간 배정은 대체로 주당 2시간에 불과하지만 총수업시간 중 체육시간이 차지하는 비중이 높은 것은 1956년 내각 명령 제14호에 따라 정규 수업시간 외에 체육교육에 할당하도록 하는 등 전체 교과중에서 체육에 대한 중요성이 반영된 것으로 보인다. 이 명령 제14호에서는 매주 1일 이상을 체육일로 정하거나, 매일 과외체육활동에 1, 2시간을 배정하도록 했다.[246]

1954년부터 추진된 3개년 경제계획이 어느 정도 성과를 거두면서 전후 복구사업이 일단락되자, 북한 당국은 사회주의 경제체제의 기반을 마련하기 위해 1957년 제1차 5개년 경제계획을 단행했다. 이 계획에 필요한 기술자와 전문가의 양성이 요구되면서 인문계인 3년제 고급중학을 폐지하고, 그 대신 각기 2년제인 기술학교와 고등기술학교를 설치했다.[247]

---

242) 김형찬, 『북한의 주체교육사상』, 한백사, 1990, 43~44쪽.

243) 교육도서출판사, 『해방후 10년간의 공화국인민교육의 발전』, 206쪽.

244) 위의 책, 209쪽.

245) 교육도서출판사, 『조선교육사』, 1961, 207쪽.

246) 『로동신문』, 1956년 3월 1일자. "또한 각급 학교들에서는 육체교양사업을 개선 강화하며 학생들에게 체육, 스포츠 및 운동, 유희들을 광범위 보급 발전시키기 위하여 매주 1일 이상을 체육일로 정하고 과외시간을 리용하여 전체 학생들에게 1, 2시간 동안 체육사업을 실시하도록 …제시되여 있다."

이처럼 경제개발 5개년 계획에 따라 생산노동의 집중과 기술위주 교육의 필요성에서 교육과정이 개편되었다. 이런 사정은 당 기관지 『근로자』의 다음 기사에서 확인할 수 있다.

> 이 교육개정령의 근본적 특징은 1960년부터 시작하여 인민의 교육제도를 근본적으로 재조직하여서 교육과 생산로동의 결합을 더욱더 공고히 하고, 젊은이들의 교육 및 정치 그리고 기술의 질을 높이고 기술자와 전문가를 양성하는 데 있다. 이것은 인민교육을 발전시킨다는 면에서 획기적인 것일 뿐아니라 또 사회주의를 더욱 일찌기 실현하기 위한 과학적 문화적 혁명을 빠르게 하는데도 획기적인 것이다.[248]

이같은 기술교육의 강화를 목표로 한 교과과정의 개편은 1959년 10월 28일 내각결정 제2호에 따라 이루어졌다.[249] 즉 4년제 초등학교와 3년제 초등중학교를 포함한 7년제 일반교육과정을 마련하고, 그 상급과정으로 각각 2년제인 기술학교와 고등기술학교를 설치했다.

이때 체육교육에는 인민학교의 경우 이전처럼 주당 2시간을 배정했는데, 각 학년마다 보건 1시간을 추가했다.[250] 기술학교의 경우는 총 1,663시간 중 170시간을 배정하여 체육시간이 10.2%의 비중이 되었는데, 이는 총 9과목 중 수학, 역사, 물리, 화학을 제외하고는 가장 높은 것이었다. 특히 고등기술학교의 경우는 총 1,250시간 중 240시간이 체육에 배성되어 그 비중이 19.2%인데, 이는 총 11과목 중 가장 높은 것이다.[251]

이처럼 체육수업시간의 비중이 높아진 것은 1959년 2월 27일 '체육사업을 발전시키며 스포츠 기술수준을 제고할 데 대하여'라는 내각결정 제15호에 따른 것이다. 이 결정에서는 학교체육과 관련한 기본방침을 다음과 같이 제시했다.

> 체육부문 앞에는 전체 근로 인민들을 육체적으로 발전되고 건강하고 단련된 사회주의 건설자로 육성시킬 데 대한 중요한 과업이 제기되고 있다. …아직도 체육사업체계가 확립되지 못하고, …특히 각급 학교 육체교양사업과 체육기술수준은 매우 락후한 형편에 놓여있다. 1. 군중 체육사업을 급속히 발전시키기 위하여… 교육문화상은 각급 학교 체육수업시간을 증가하는 방향에서 체육 과정안 및 교수요강을 재검토할 것이며, 체육교수 사업에서 교조주의와 형식주의를 퇴치하고 사상 및 과학성을 제고하며 학생들의 육체교양에 대한 교육일군들의 책임성을 제고할 데 대한 대책을 강구 실시할 것. 학교내 체육단 사업을 강화하

247) 김선호, 「고등 교육」, 『북한의 교육』, 291쪽.
248) 김형찬, 『북한 교육 발달사』, 한백사, 1988, 105쪽.
249) 허동찬, 앞의 글, 142쪽.
250) 장경표, 「남북한 초등(인민)학교 체육교육에 대한 비교연구」, 한양대 석사논문, 2000, 37쪽.
251) 허동찬, 앞의 글, 151쪽.

는 동시에 교원 및 학생들의 과외체육운동을 매일 1시간 이상씩 조직 진행할 것.[252]

즉 학교체육이 체계화되지 못한 실정을 개선하여 수업시간의 증가, 교수법의 과학화와 교사들의 책임감을 제고하고, 교내 체육조직의 활성화 및 과외체육을 강제하는 것을 기본방침으로 제시한 것이다.

그런데 1962학년도에 와서 체육시간은 오히려 대폭 감소되었다. 기술학교의 총수업시간 1,962시간 중 64시간이 체육교과에 배정되어 그 비중이 3.26%인데, 이는 전 과목 중 한문·음악을 제외하고는 가장 비중이 낮은 것이었다. 고등기술학교의 경우 총 949시간 중 60시간만이 체육교과에 배정되어, 그 비중이 6.32%인데, 이 역시 한문·천문을 제외하면 비중이 가장 낮은 것이었다.[253]

이렇게 체육수업시간이 1962년에 와서 대폭 축소된 것은 인문적 교육보다는 기술과 노동연계 교육에 큰 비중을 둔 결과에서 비롯되었다. 당시 고등교육성 관리가 교육과 생산노동의 결합을 공고히 해야 한다[254]고 밝히고 있듯이, 기술학교에서 생산실습을 빙자한 건설노동을 실시한 것은 물론이고 인민학교에서조차도 노동교육을 학과목으로 배정할 정도였다.[255] 이처럼 학생의 노동력동원 제도화가 이루어진 이래 최근까지도 모든 학생은 일정시간 노동에 동원되고 있다. 가령 인민학교 학생은 연간 2~4주, 고등중학교 학생은 4~8주, 고등전문학교 학생은 연간 10주, 대학생은 연간 12주 동안 의무적으로 노동에 참여해야 한다.[256]

요컨대 1960년대 초반까지 교육과정에서 체육시간이 차지하고 있는 비중은 다른 과목에 비해 그다지 높은 것은 아니었다. 때로는 개편과정에서 비중이 낮아지기도 했다. 하지만 학생들은 학년이 올라갈수록 수업시간이 줄어든 만큼 생산노동에 참여해야 하는 이른바 생산체육에 동원되었을 뿐만 아니라, 정규 교육과정 외에 과외체육이나 국방체육 등에도 참여해야 했기 때문에 체육교과는 그만큼 큰 비중을 차지했다고 할 수 있다. 특히 인민체력검정사업의 체계가 개편되면서 학교체육수업은 인민체력검정을 대비하는 데 주력했다. 가령 기존 인민체력검정 기준이 소련의 게테오(Г Т О)를 그대로 적용함으로써 현실성이 떨어지자 1955년 이를 보완하고 학교에서 이에 대한 준비사업을 강화하도록 했다.[257] 이에 따르면 검정준비를 위한 훈련사업은 교수 시간 외에도 1주 1, 2회의 체육의 날을 제정하여 이에 맞춰 실시하도록 했고, 유희 및 검정종

252) 국립출판사, 『조선민주주의인민공화국법규집』 5, 325·327쪽.
253) 허동찬, 앞의 글, 147~148쪽.
254) 김형찬, 앞의 책, 39쪽.
255) 허동찬, 앞의 글, 144·153쪽.
256) 국토통일원, 『남북한 사회문화 현황』 66, 1985, 26쪽.
257) 김문관, 앞의 책, 37~38쪽.

목을 경기화하여 학생들을 참가하게 했다. 또한 학년 대항 또는 교내 체육경기회 등에서 그 성적을 평가하고, 학기말에는 일정한 자체 검정을 실시하는 방안을 내리기도 했다.

학교체육이 어느 정도 궤도에 이르게 된 것은 1960년대 들어서면서 부터였다. 1962년 5월 3일 김일성은 청소년교양사업을 개선·강화하기 위한 내용의 교시를 발표했다.[258] 이 교시에 따라 학교체육의 교육내용에 많은 변화가 있었던 것으로 보이나, 정보 부족으로 구체적 실상은 확인할 수 없다. 다만 이 교시의 내용이 학생들을 지덕체를 겸비한 믿음직한 공산주의 건설의 역군으로 교양 육성하는 데 있다[259]고 한 것으로 보아, 학교체육의 기본방침을 제시한 것으로 볼 수 있다.

그 대체적인 내용은 이런 김일성 교시 이후 채택된 1965년 2월 내각결정 제7호 '체육부문에서 체육사업을 전 인민적 운동으로 전개할 데 대하여'[260]를 통해 그 윤곽을 가늠할 수 있다. 이에 따르면 체육교육은 성별·연령별·학년별 및 심리적 특성에 맞게 개선하고, 이를 위해 체육교수요강과 그 과정안을 학생들의 신체 발육에 맞춰 개편하도록 했다. 또한 인민체력검정에 대한 각급 학교별 합격기준이 제시된 것을 볼 때, 체육교육에서 인민체력검정종목이 강화된 것으로 보인다.

이같은 체육교육의 기본방침에 따라 학생들의 체력단련을 위한 육상·체조·수영 등 기본종목 및 구기종목과 함께, 민족체육·국방체육 등이 강화되었다. 특히 여학생들에게는 예술체조와 체육무용의 교육이 강조되었다.[261] 예술체조와 체육무용에 대해서는 신체를 유연하고 부드럽게 하며, 균형있는 신체를 발달시킨다고 규정하고 있다. 여기에다 체육무용의 경우 일정한 주제를 표현하는 것인데, 체육교육면만 아니라 사상교양적 측면에서도 중요한 의의를 가지는 것으로 정의되고 있다.[262]

그러나 학교체육에 대한 정부의 계속된 강화방안에도 불구하고 일선 교육현장에선 이같은 방침들이 제대로 관철되지는 않았다. 이런 사정은 "지금 학교들에서는 체육사업을 잘하지 못하고 있습니다. 이것은 교육부문 일군들이 체육을 다른 과목들과 같이

---

258) 『조선중앙년감』, 1963, 252쪽. "1962년 5월 3일 청소년 교양사업을 개선 강화할 데 대한 김일성동지의 교시가 있은 후 군중체육에서 중요한 의의를 갖는 학교체육사업은 보다 높은 단계로 발전하였으며…"

259) 『로동신문』, 1963년 10월 13일자. "당은 청소년학생들 속에서 체육사업을 발전시키기 위하여 항상 깊은 관심과 배려를 돌려 왔으며 온갖 물질적 보장을 아끼지 않고 있다. 특히 청소년학생들을 지, 덕, 체를 겸비한 믿음직한 공산주의 건설의 역군으로 교양 육성할 데 대한 1962년 5월 3일 김일성동지의 교시는 학교체육사업 발전에서 중요한 전환점으로 되었다."

260) 『로동신문』, 1965년 2월 26일자.

261) 『조선중앙년감』, 1963, 253쪽.

262) 이학래·김동선, 앞의 책, 397쪽.

중요하게 여기지 않고 체력단련에 대하여 많은 관심을 돌리지 않고 있기 때문입니다. …학교들에서 체육교육을 강화하기 위하여서는 체육시간을 맞춤하게 정하는 한편 과외시간을 몸을 튼튼히 하기 위한 체력단련에 많이 돌려야 합니다"[263]고 한 1969년 전국체육인대회의 김일성 연설에서 확인할 수 있다.

이처럼 체육교육은 교육 현장에선 이를 제대로 행하지는 않았다. 즉 국가주의적 목표와 무관하게 체육의 교육적 가치에 대해서 정확히 인식되지 못했던 것이다.

그러다가 1972년 제정된 사회주의 헌법 제39조에서 규정한 '국가는 사회주의 교육학의 원리를 구현하여, 후대들로 하여금 사회와 인민을 위하여 투쟁하는 견결한 혁명가로, 지·덕·체를 갖춘 공산주의적 새인간으로 키운다'라는 교육이념과 목적이 확립되면서 체육교육의 강화를 위한 헌법적 기반이 마련되었다. 이런 사회주의 교육의 이념은 주체사상에 기초한 것이며, 물론 체육교육도 노동과 국방에 복무하는 체육의 기본적 목표를 그대로 답습했고, 그 사상적 근거는 주체사상이었다.

체육교육을 통한 주체형 인간양성을 위해 김일성은 1973년 당 중앙위원회 비서국회의에서 사로청의 역할을 제고할 것을 지시하면서, 다음과 같이 언급했다.

> 청소년들을 지덕체를 갖춘 능력있는 사회주의, 공산주의 건설자로 키우는 것은 사로청조직들 앞에 나서는 가장 중요한 과업입니다. …청소년들 속에서 지덕체 교양을 실속있게 하여 우리 혁명의 대를 이어나갈 모든 청소년들이 풍부한 지식과 공산주의 도덕과 건장한 체력을 가지도록 하여야 하겠습니다. …우리 당의 유일사상, 주체사상으로 튼튼히 무장시켜야 하겠습니다. 그리하여 우리나라의 모든 청소년들이 로동을 사랑하며 혁명과업 수행에서 높은 책임성과 주인다운 태도를 가지도록 하여야 하겠습니다. …청소년들의 체력을 단련하는 사업은 혁명과 건설을 촉진하며, 나라의 방위력을 강화하는 데서 커다란 의의를 가지는 매우 중요한 사업입니다. 그러므로 체육은 곧 국방이며 로동이라고 말할 수 있습니다.[264]

이처럼 체육은 지덕체를 갖춘 전인교육의 하나로 인식되면서도, 그 본질적 가치는 여전히 국방과 노동에 복무하는 주체형의 인간을 양성하는 데 있었다. 즉 정권 수립기부터 부여된 체육교육의 궁극적 목표를 견지하면서, 그 이념적 토대를 주체사상에 둔 것이다.[265] 이런 체육교육에 대한 기본 방침은 같은 해 9월 당 중앙위원회 정치위원

263) 「체육을 대중화하여 전체 인민들을 로동과 국방에 튼튼히 준비시키자」, 『김일성저작집』 24, 294~296쪽.

264) 「청소년들을 지덕체를 갖춘 사회주의, 공산주의 건설자로 키우자」, 『김일성저작집』 28, 1984, 218~221쪽.

265) 주체사상에 기초한 사회주의 교육이론에서 체육교육은 다음과 같은 목표를 갖는다. "건장한 체력을 가지지 않고서는 자주적이며 창조적인 활동을 할 수 없다. 사회주의 교육은 사람들의 체력을 증진시키는 데 적극 이바지하여야 한다(사회과학원, 『주체사상에 기초한 사회주의

회에서 다시금 강조되었다.[266]

이렇게 연이은 김일성의 지시는 결국 1977년 '사회주의교육에 관한 테제'가 마련되면서 구체적인 체육교육의 기본 방침이 마련되었다. 그 내용은 이렇다.[267] 첫째, 자연지리적 조건과 민족적 체질의 특성, 청소년 학생들의 성별·나이·인체생리학적 요구에 맞춘다. 둘째, 체계적으로 키를 크게 하고 골격을 균형적으로 발전시킨다. 셋째, 국방체육을 강화한다. 넷째, 체육을 대중화·생활화하여 광범한 학생들이 망라되는 집단적 체육활동을 일상적으로 진행한다. 다섯째, 과외체육을 널리 조직하여 업간체조, 집단달리기, 집단체조, 체육대회를 비롯한 각종 체육활동을 전개하고, 각종 체육소조활동을 활발하게 벌임으로써 모든 학생들이 체력을 끊임없이 단련하며, 한 가지 이상의 체육기술을 갖도록 한다.

북한의 학교체육은 정규 교과과정에 따른 체육수업 외에 이루어지는 과외체육에 의해서 보다 활성화되어 있다. 과외체육은 정규 수업시간에 포함되어 있지 않지만 사실상 학교체육 수업의 연장이다. 과외체육은 체육의 대중화정책을 실현하고, 체육기술을 발전시키는 데 주안점을 둔 일종의 체육사업이지만, 근본적으로는 북한사회의 대중동원체제에서 비롯된 것이다. 나아가 사상적으론 과외체육활동을 통해 김일성 주체사상을 교육하고, 체육을 노동과 국방에 연계한다는 기본정책을 실현하는 주요한 수단으로 이용되고 있다.

과외체육은 1959년 내각결정 제15호에서 그 강화방안이 제시되었음에도 제대로 관철되지 못하다가, 1962년 5월 3일 청소년교양사업의 개선 강화에 대한 김일성의 교시가 있은 후 본격적으로 이루어졌다.[268] 이 교시에 따라 과외체육활동을 청소년학생들의 정서와 특성에 맞게 다양하게 진행하도록 정책 방향이 설정되었다.[269]

이같은 조치로 실제 일부 지역에서는 방학이나 과외시간을 이용하거나 매주 토요일을 체육의 날로 정하여 행했다. 이런 사정은 다음의 1962년 평안남도 용강 고등경제학교와 함경남도 북청군 성남중학교의 사례에서 확인할 수 있다.

> 그(용강 고등경제학교 체육교원 김형찬)는 과외체육활동을 일과표에 포함시켜 학급별로 매일 2시간씩 륙상종목의 훈련을 하게 하였으며 주 1차 반별 경기, 월 1차 교내 경기를 정상적

교육리론』, 사회과학출판사, 1975, 38쪽)."

266) 「체육사업을 발전시킬 데 대하여」, 『김일성저작집』 27, 382~389쪽.

267) 『김일성저작집』 32, 1986, 389쪽.

268) 『조선중앙년감』, 1963, 253쪽.

269) 『로동신문』, 1962년 10월 14일자. "우리의 모든 교육교양기관들에서는 자라나는 청소년 후대들에 대한 당과 김일성동지의 극진한 배려를 깊이 명심하고, 체육교육의 질을 일층 제고하며 특히 과외체육활동을 그들의 정서와 특성에 맞게 다양하게 조직 진행하며…"

으로 조직하였다. …그리고 7명의 학생선수들을 선발하고 그들을 체질에 맞게 과학적으로 훈련시켜 우수한 선수로 육성한 다음 그 대렬을 점차 확대함으로써 전반적 학생들의 체육기술을 높이였다. …함남도 북청군 성남중학교 초급체육단체 위원장 김원춘은 과외체육활동의 의의를 강조하면서 매주 토요일에 체육의 날을 조직 운영하는 과정에서 얻은 경험을 소개하였다. 그의 토론에 의하면 1960년 2월초부터 매일 과외 1시간 체육을 정상화한 이 학교에서는 매주 토요일을 체육의 날로, 월요일을 체육기술학습의 날로 정하고 …이 행사에서는 인민체력검정 종목을 기본으로 하고 각종 경기를 우리 당의 혁명전통과 수상 동지의 교시 내용을 결부시켜 진행하고 있다. 결과 전체 학생들의 체력은 전면적으로 발전되고 학과 학습에서도 능률이 오르게 되었을 뿐만 아니라 체육 기술수준이 현저히 제고되었다.[270]

이처럼 학교현장의 경험이 일정한 성과를 이루었다는 평가를 토대로 1965년부터는 아예 내각결정 제7호에 따라 매일 1시간 이상의 과외체육활동을 보장할 것과 일요일 및 휴일에도 체육사업을 진행하도록 했다.[271] 나아가 체육구락부를 설치하여 과외체육활동도 실시하게 했다. 체육구락부에는 수많은 청소년 학생들이 망라되어 해당 종목의 수업과 훈련을 공훈체육인, 체육명수, 유급 체육지도원, 체육전문가 등이 지도하고, 교수훈련에 필요한 체육시설과 기재들은 모두 국가에서 무료로 제공하고 있다.[272] 체육구락부는 정규 체육교육기관은 아니지만 학생들의 과외체육활동의 중심기구로서 시·군·구역에 1개씩 설치되어 있는 체육회관을 중심으로 운영되고 있다.[273]

한편, 1967년부터 명절과 기념일을 계기로 체육행사를 1년에 1, 2차례 진행하고, 체육소조도 매주 2, 3회 정도 운영하고 있다. 체육소조는 인민학교 상급학년 25명 이상의 신청이 있을 때 체육담당 교사나 학교장이 임명한 지도원에 의하여 15~20명 단위로 조직했다.[274] 한편, 이해부터 전체 학생들을 노동과 국방에 튼튼히 준비시키는 데 중점을 두어 등반봉 오르내리기, 수영, 도하 훈련, 강행군, 산야횡단, 군사체육 등 국방체육을 기본으로 한 체육교육이 본격화되었다.[275] 그러다가 1969년부터는 키크기 운동이 과외체육의 하나로 실시되기도 했다. 그 결과 '토요체육의 날', '국방체육의 날' 등을 이용한 철봉, 평행봉, 배구, 농구, 예술체조, 체육무용, 달리기 운동이 강화되었다.[276]

이렇게 과외체육의 종목으로는 육상, 체조, 수영 등 기본적인 체력단련 종목, 각종

270) 『로동신문』, 1962년 11월 4일자.
271) 『로동신문』, 1965년 2월 26일자.
272) 『조선중앙년감』, 1966-67, 245쪽.
273) 이학래·김동선, 앞의 책, 183쪽.
274) 위의 책, 124쪽.
275) 『조선중앙년감』, 1968, 197쪽.
276) 『조선중앙년감』, 1970, 302쪽; 조남훈, 앞의 책, 281~282쪽.

구기 및 민족체육 종목은 물론이고 국방체육 종목도 중요한 위치를 차지했다. 기본체력단련 종목에는 철봉, 평행봉, 밧줄달리기 등만이 아니라, 혁명전적지답사처럼 사상적 의지와 체력을 단련하는 종목도 포함되어 있다. 이는 북한에서의 교육이 사상·육체적으로 준비된 '혁명후비대'의 육성을 주요한 국가적 목표로 하고 있는 것에서 기인한다. 그 결과 일반 체력단련 종목도 '공산주의적 인간' 양성과 국방체육이라는 관점에서 실시되었다.

수영과 스키같은 겨울철 종목도 국방체육으로 인식되고 있다. 이런 사정은 김일성이 1973년 노동당 중앙위원회 비서국회의에서 사로청 체육사업의 역할과 임무에 대한 지시[277]에서 확인할 수 있다. 여기서 김일성은 강과 바다를 무서워해서는 적과 대적할 수 없다고 지적하면서 학교마다 수영장을 만들어 학생들에게 수영을 가르치도록 지시했다. 또 2차대전 당시 소련군의 사례를 인용하며 청소년들에게 스키훈련을 강화할 것을 지시했다. 이처럼 일반 체력단련 종목과 수영 및 스키같은 겨울철 경기종목들을 국방체육으로 인식하여 과외체육종목에 포함시켜 교육하고 있다. 게다가 방학기간을 이용하여 '등산대'나 '답사행군대'와 같은 행군훈련 외에도 야간행군 등 실제 군사훈련도 과외체육종목으로 실시했다.

요컨대 김일성 체제하의 학교체육정책은 기본적으로 체육의 대중화정책이라는 기본 노선에 따라 전개되었으며, 그 기본 방침은 노동과 국방에 기여하는 인간 형성에 있었다. 이는 맑스-레닌주의의 교육이 강조하는 노동애와 전후 복구사업은 물론 경제개발에 필요한 인력동원체제의 필요성에 기인한 것이었다. 또한 사회주의 완성을 의미하는 남한과의 무력충돌을 염두에 둔 군사훈련이 요구되었다. 이런 사정으로 북한의 체육교육은 노동과 국방에 복무한다는 체육정책을 그대로 수용하여 생산체육, 국방체육 중심으로 행해졌다. 또 체육교육은 정규 수업 외에도 과외체육의 형식으로 행해지기도 했다. 특히 의무교육의 확대와 체육대중화 노선에도 불구하고 교육현장에서 체육교육이 제대로 행해지지 못하는 상황에서 과외체육활동은 중요시 여겼다. 이 과외체육은 단순한 체육교육의 측면만 아니라, 사상교육과 체육 대중화노선, 체육의 노동과 국방에의 연계라는 기본 정책의 실현을 위한 수단이기도 했다. 그러다가 1960년대 이래 김일성 유일체제와 1970년대 주체사상의 확립으로 체육교육은 주체형의 인간을 양성하는 수단으로 인식하면서 체육교육의 강화책이 마련되었는데, 1977년 '사회주의교육에 관한 테제'에서 그 구체적 방안이 마련되었다. 결국 본질적으로는 북한 사회체제가 요구하는 인간 양성이라는 학교체육정책의 기본 방침이 세워진 것이다.

277) 『김일성저작집』 28, 220~226쪽.

(2) 김정일 체제의 학교체육

1960년대부터 김정일은 문화사업에서 김일성 유일체제를 확립하기 위한 사상투쟁을 주도했다. 그 결과 1960년대 경제와 국방의 병진정책을 둘러싼 북한 지도부의 노선대립을 초래한 반 김일성세력이 숙청되었고, 김정일은 이를 기반으로 김일성의 후계자로서 북한 지도부의 신임을 얻게 되었다. 이에 김정일은 1970년대부터 본격적으로 문화·예술 및 사상교양사업은 물론 체육분야에서도 김일성 유일체제를 확립하는 데 중요한 역할을 담당했다. 특히 1980년대 전반기에 김정일은 체육교육을 공산주의적 혁명인재 양성의 필수적 조건으로 여겼다.[278] 이같은 그의 인식은 1984년 7월 22일 체육교육을 강화하도록 한 조치로 이어졌다.[279] 이런 체육교육의 강화지침은 교육과정에서 관철되었다.

1983년에 이루어진 교육과정 개편 내용은 이렇다. 인민학교의 체육교과[280]에는 전체 4개 학년 총 3,603시간 중 학기당 2시간씩 모두 304시간이 배정되었다. 이는 약 8.44%의 비중으로 국어와 수학을 제외하면 가장 높은 수준이다. 특히 체육교과는 김일성 숭배교육·국어·수학·자연과 함께 시험과목으로 규정되어 있어, 그 위상은 시간비중에 비해 높다고 할 수 있다. 고등중학교의 경우[281]는 6개 학년 중 3학년까지는 주당 2시간, 4~6학년은 주당 1시간이 배정되어 전체 6,626시간 중 302시간이 배당되었다. 이는 약 4.56%의 비중인데, 김일성사상교육·국어·수학·외국어·과학을 제외하면 가장 높은 수준이다. 1986년과 1996년에도 교육과정이 개정되었지만 큰 변화는 없었다. 체육시간도 이전과 거의 같은 수준인 4.6~4.7%를 유지했다.[282]

그런데 김정일은 체육교육의 주체사상적 토대를 그대로 관철하면서도 보다 체육교육의 본질적 가치에 접근하려는 모습도 보였다. 이런 사정은 1986년 체육부문 간부들과 한 다음과 같은 담화에서 확인할 수 있다.

> 학교체육사업을 강화하여 학생들에게 체육에 대한 기초지식과 일정한 체육기술을 배워주면 그들이 학교를 졸업하고 사회에 나가서 군중체육을 발전시키는 데 이바지하게 될 것입니다. 학교체육사업에서 기본은 학생들의 키를 크게 하고 몸을 조화롭게 발달시키며 그들이 체육에 대한 기초지식과 한 가지 이상의 체육기술을 소유하도록 하는 것입니다. …학교체육

278) 리영환, 『조선교육사』 6, 사회과학출판사, 1995, 50쪽.
279) 김정일, 『교육사업을 더욱 발전시킬 데 대하여』, 구월서방(도쿄), 1984, 11쪽.
280) 허동찬, 앞의 글, 155쪽.
281) 위의 글, 159쪽.
282) 김남주, 「남·북한 체육교육 비교분석을 통한 이질화 극복 방안」, 세종대 박사논문, 1999, 53~54쪽.

> 사업에서 중요한 것은 체육수업의 질을 높이는 것입니다. 체육수업의 질을 높여야 학생들에게 체육활동을 자립적으로 할 수 있는 기초를 닦아주고 일상적으로 체육을 하는 버릇을 붙여줄 수 있습니다. 교육부문에서는 학생들에게 체육의 기초지식을 습득시키고 운동기능을 키워주며 그들의 성장발육을 촉진할 수 있도록 과정안을 잘 만들고 체육수업을 교육학적 요구에 맞게 잘하여야 합니다.283)

이같은 김정일의 언급은 체육교육의 본질적 가치에 보다 주목한 것이라고 할 수 있다. 물론 학교체육정책의 기본 방침이 궁극적으로는 노동과 국방에 기여하는 인간형성에 있는 것이지만, 지난 시기 행해진 과도한 국가주의적 교육지침보다는 진전된 것이라고 할 수 있다. 특히 체육교육의 본질적 가치를 교과과정에서 수행하도록 한 지시는 지금까지 학교현장에서 체육교육이 달성하지 못한 교육적 가치를 염두에 둔 발언이라고 할 수 있다. 결국 김정일은 체육교육의 내재적 가치를 실현하기 위한 기본 방향을 제시한 것이다.

이렇게 체육교육의 내재적 가치를 강조한 김정일의 교육지침은 교육내용에서도 확인될 수 있다. 즉 1980년대 전반기 체육교육의 내용은 주로 국방체육을 중심으로 실시되어, '완강한 투지, 대담성, 혁명적 동지애를 키우며, 군사기술기재를 능숙하게 다룰 수 있는 기술기능을 높여주는 체육'으로 구성되었다.284)

이에 비해 1986년 담화에서 김정일은 다음과 같은 교육내용을 제시했다.

> 학교들에서는 학생들의 체력을 단련하며 체육기술을 발전시키는 데서 기초로 되는 체육종목을 적극 장려하여야 합니다. 륙상과 철봉운동, 평행봉 운동을 비롯한 기계체조는 청소년들의 성장발육을 촉진시키는 데 좋은 운동입니다. …구기는 청소년들에게 가장 알맞은 운동입니다. 학생들이 구기를 많이 하면 몸이 튼튼해지고 키가 클 뿐아니라, 조직성과 규률성, 용감성과 대담성, 강의성과 민활성을 키울 수 있습니다.285)

이처럼 1980년대 후반들어 김정일은 학교체육의 내용에서도 종전의 국방체육 위주의 교육에서 학생 개개인의 신체적 성장을 염두에 둘 것을 지시했다. 이 밖에도 수영과 무용교육을 제시했는데, 무용교육이 여학생들의 신체적 균형과 풍부한 정서를 함양하는 데 있음을 강조했으며, 특히 과외체육에서는 학생들의 소질과 취미에 따라 할 수 있도록 하는 등 기존의 국가주의적 목표에서 벗어난 지침을 하달했다.286)

---

283) 「체육을 대중화하며 체육기술을 빨리 발전시킬 데 대하여」, 『김정일선집』 8, 403·405쪽.
284) 이창우, 『북한의 교육실태와 특징』, 국토통일원, 1986, 90쪽.
285) 「체육을 대중화하며 체육기술을 빨리 발전시킬 데 대하여」, 『김정일선집』 8, 403~404쪽.
286) 위의 글, 405쪽.

김정일의 이런 지시에 따라 각 지역단위에선 학년별 학생들의 체격과 소질, 취미 등을 고려한 운동종목을 적극 실시하도록 했는데, 기본적으로는 정규 교육과정 외에 체육소조활동 등 기존 과외체육을 중심으로 이루어졌다. 이런 사정은 “각급 학교들에서는 과정안에 예견된 체육교육의 질을 더욱 높이며 체육전문화소조활동과 구락부생들의 체육활동을 강화하여야 한다”는 1991년 『로동신문』의 기사[287]에서 확인할 수 있다. 이에 실제 각 지역의 학교에서는 이런 지침을 실행에 옮기기도 했으며,[288] 또한 학교체육기구들을 자체적으로 마련하는 데 주안점을 두기도 했다. 가령 안주시의 경우 키크기 운동에 필요한 시내 학교에 모두 70여 종의 체육기구를 수백 점씩 갖추어 놓았을 정도였으며, 시 체육위원회가 주도하여 체육전문화소조 등 기존 과외체육활동 중심의 체육교육을 강화하기도 했다.[289]

이같은 체육교육정책이 학생들의 체격이나 취미, 소질 등을 고려하여 체육기술은 물론 교육적 가치만을 추구한 것은 결코 아니었다. 여전히 체육의 대중화노선을 실현하고, 국가주의적 이념을 관철한다는 교육목표가 우선시되었던 것이다. 이런 사정은 학교체육이 갖는 가치가 신체의 조화로운 발달에 있다고 하면서도, 청년학생들을 공산주의적 인간으로 양성한다는 절대적 가치를 지적한 다음과 같은 『로동신문』의 기사에서 확인할 수 있다.

> 특히 청소년학생들 속에서 체육사업을 강화하는 것은 그들로 하여금 지덕체를 겸비한 혁명인재로 되게 하며 나라의 체육발전을 위한 데서 중요한 요구로 나선다. …청소년 시절은 사람들의 혁명적 세계관 형성과 육체적 준비에서 가장 중요한 시기이다. 한창 성장 발육하는 청소년시절에 올바른 세계관과 함께 건장한 체력을 소유하여야 전면적으로 발전된 공산주의적 인간으로 믿음직하게 준비할 수 있다.[290]

이렇듯 1990년대 들어서도 학교체육은 공산주의적 인간을 양성한다는 기본적 가치를 구현하는 정책적 틀을 유지했다.

요컨대 김정일 체제하에서 학교체육정책은 기본적으로 김일성 체제하의 주체사상에 기반했다. 이에 따라 학교체육정책 역시 ‘주체형의 혁명인재’를 양성을 하는 데 주안점을 두었다. 그 결과 체육교과는 시간배당이나 중요성에서 많은 비중을 차지했고, 교육내용도 국방체육 중심의 투지와 혁명성, 군사기술 제고 등을 위한 것으로 구성되었다. 그러다가 1980년대 후반에 들어서면서 체육교육은 체육의 본질적·내재적 가

287) 『로동신문』, 1991년 3월 2일자.

288) 『로동신문』, 1991년 11월 12일·12월 12일자; 1992년 2월 6일·6월 28일·9월 29일자.

289) 『로동신문』, 1990년 1월 25일자.

290) 『로동신문』, 1991년 3월 2일자.

치에 점차 치중하기 시작했다. 이는 그전까지 사상교육, 노동과 국방에의 기여 등 국가주의적 목표에 주력한 북한사회가 이 시기에 들어서면서 일정한 변화를 겪게 된 것과 무관한 것은 아니었다. 즉 더 이상 북한사회는 정치·사상적 통제로 지탱할 수 없을 만큼 미약하나마 변모하고 있었기 때문이었다. 이로써 체육교육은 체육에 대한 기초지식 습득은 물론이고, 성장 발육에도 관심을 두기 시작했다. 그만큼 체육교육이 국가주의적 목표에서 벗어나, 그 본질적 가치를 추구한 것이다. 하지만 이런 체육교육의 변화가 결코 주체형의 공산주의적 인간 양성이라는 기본적 목표를 부정한 것은 아니었다.

4. 군중체육정책

1) 군중체육의 개념

북한에선 생활체육에 해당하는 개념은 군중체육이다. 하지만 군중체육은 모든 사람이 참여한다는 점을 제외하곤 그 실제 내용은 생활체육과 사뭇 다르다. 1946년 전국체육인 대회에서 김일성은 '조선의 체육은 몇몇 개인선수들을 내세우기 위한 체육에 그쳐서는 안될 것이며 또한 얼마 안되는 사람들의 놀음거리로 되어서도 안될 것입니다'[291]고 하여, 모든 사람이 체육을 향유해야 한다는 군중체육의 개념에 대해 밝혔다. 결국 군중체육은 모든 사람을 위한 체육(Sport for All)이라는 개념에서 출발했다고 할 수 있다.

그러나 군중체육은 본질적으로 노동과 국방에의 복무를 그 핵심적 목표로 삼고 있다. 물론 이러한 군중체육의 개념은 북한사회가 이념적으로 인민민주주의를 기반으로 하기 때문이지만, 궁극적으로는 사회주의체제 확립을 정권목표로 삼은 데서 비롯된 것이다. 이론상 사회주의는 높은 생산력을 바탕으로 전 인민의 생활이 향상된 체제여야 하므로, 전체 주민의 활동은 기본적으로 노동과 연계되어야 한다. 이는 '로동에 몸바쳐 일하도록 하여 나라의 경제에 이바지함으로써 인민생활을 향상시킨다'[292]는 체육에 대한 기본 인식에 잘 나타나 있다. 또한 북한의 지정학적 위치상 사회주의체제를 유지하는 데에는 군사력 강화도 절대적이었다. 때문에 군중체육도 국방과 연계될 수 밖에 없었다.

이렇게 군중체육은 '광범한 군중이 다 참가하여 일상적으로 체력을 단련할 수 있는 대중적인 체육'[293]이라는 생활체육과 같은 개념에 바탕을 두고 있지만, 본질적으로

291) 「체육을 대중화하기 위하여」, 『김일성저작집』 2, 468쪽.
292) 박종선, 『위대한 수령 김일성 동지의 로작해설문고』, 사회과학출판사, 1976, 8~9쪽.

노동과 국방을 위한 대중동원체제의 한 형식이라고 할 수 있다. 이같은 군중체육은 체육대중화 노선의 핵심 영역일 뿐만 아니라, 주체사상을 구현한 인민적 체육형식이기도 하다.[294]

요컨대 군중체육은 생활체육의 본질적 가치를 추구하기보다는 전체 주민을 생산과 국방에 동원하는 체계로서 일반적인 체육활동만 아니라 생산체육 및 국방체육을 포괄하는 북한식 생활체육이라고 할 수 있다.

2) 김일성 체제와 집단주의적 군중체육

광복과 함께, 김일성 중심의 좌익세력은 소련의 후원하에 이른바, '민주개혁', 즉 일제의 잔재 청산에 착수했다. 일제하에선 대중의 사회참여가 배제되었기 때문이다. 따라서 민주개혁은 일제의 잔재 청산없이는 대중이 사회 각 분야에 자유롭게 참여할 수 없다는 인식에서 비롯되었다. 이는 체육분야에서도 그대로 관철되었는데, 1946년 전국체육대회에서 김일성이 한 다음과 같은 언급이 잘 뒷받침해주고 있다.

> 동무들은 지난 날과 같이 제국주의의 쇠사슬에 얽매인 노예가 아닙니다. 동무들은 자기나라와 자기 운명의 떳떳한 주인이며 조국땅 위에서 마음껏 활개치며 몸을 얼마든지 단련할 수 있고 마음껏 배워 지식을 얼마든지 넓힐 수 있는 해방된 조선의 자라나는 아들 딸입니다. …우리는 모든 청년, 학생들과 근로자들이 늘 체육사업에 적극 참가하게 하며, 대중 속에서 체육을 생활화하기 위하여 노력하여야 하겠습니다.[295]

이같은 김일성의 언급은 모든 사람을 위한 체육이란 생활체육의 개념을 반영하는 것이다. 체육에 대한 김일성의 이런 인식은 당시 북한 당국이 군중체육이 이루어지고 있다고 공언한 다음과 같은 주장에서 확인된다.

> 북조선의 체육은 인민대중의 물질문화생활 향상과 아울러 중요한 사회생활의 일면으로 확대되고 있다. 과거 일부 특권계층의 전유물로 되었던 체육 운동경기는 전 인민에게 돌아왔다. 오늘 어느 공장, 어느 농촌, 어느 개인을 물론하고 전 근로인민들은 자유롭게 체육에 참가하여 체력 향상과 문화적 생활의 향유에로 나아가고 있다. 지난 날의 일부 시민을 중심한 선수중심주의적인 스포-츠 세력은 해소되고 전 직장 전 농촌 전 학원을 통트른 군중체육의

---

293) 과학백과사전출판사, 『체육백과사전』 상, 1985, 121쪽.

294) 한편 1994년 무렵부터 『로동신문』에선 '대중체육'이라는 용어를 사용(『로동신문』, 1994년 5월 17일·11월 10일·12월 2일자)하기 시작하는 등 최근에는 군중체육과 대중체육을 혼용하고 있다(『로동신문』, 2000년 5월 6일·10월 24일자).

295) 「체육을 대중화하기 위하여」, 『김일성저작집』 2, 467~468쪽.

규모로 확대 발전되었다.[296)]

이처럼 북한에선 정권 수립 이전부터 생활체육과 유사한 군중체육이 행해지고 있었다. 하지만 북한의 군중체육은 개념상 생활체육과 일맥상통하지만, 그 본질은 국가주의적 이념에 바탕을 두었다.

이런 사정은 1946년 전국체육인대회에서 한 김일성의 연설이 단적으로 보여준다. 여기서 그는 체육이 '자주독립'과 '건국사업'의 중요한 요소라고 강조했다.[297)] 이같은 그의 지적은 체육, 나아가 군중체육이 국가주의적 이념에 도대를 두고 있음을 분명히 한 것이다. 앞의 '건국사업'은 사회주의화를 의미한다. 체육은 이 사업에 기여하는 것으로 간주되었다. 나아가 앞의 '자주독립' 즉 조국보위에도 이바지해야 하는 것이었다.

결국 군중체육은 사회주의사회에 걸맞는 생산수준 향상과 조국보위를 위한 것이어야 했다. 이런 사정은 "북반부의 체육은 육체적으로 건강하게 되어 근로와 조국보위에 종사할 수 있는 성격과 기능을 소유하는 조직있고 규율있는 청년세대를 육성하여 직접 생산과 조국보위에 결부되는 방향으로 발전되고 있다[298)]"라는 1949년도 체육사업 총결산보고서 기사가 잘 보여준다.

이렇게 북한의 군중체육은 생활체육의 기본 개념을 분명히 내포하고 있었지만, 그 본질은 사회주의사회의 기초가 되는 생산증대와 함께, 조국보위에 필요한 모든 인민의 강건한 육체를 이루는 수단이 되어야 하는 것이었다. 그 결과 군중체육은 노동과 국방에 연계된 생산체육, 국방체육을 중심으로 행해질 수 밖에 없었다.

이처럼 군중체육은 기본적으로 생산과 국방을 위한 수단이었기 때문에, 정권 초기부터 체육정책의 근간을 이루고 있었다. 따라서 체육사업에서 대중을 광범위하게 동원하는 것이 무엇보다도 중요했다. 그 첫 정책이 바로 인민체력검정사업이었다.

인민체력검정사업은 1948년 7월 8일 교육국 명령 제8호에 따라 인민체력검정제도를 제정 공포함으로써 실시되었다.[299)] 이 사업은 같은 해 9월부터 11월 15일까지 처음 행해진[300)] 후 매년 시행되고 있다. 인민체력검정 규정 1조는 '인민들의 기본 체력을 정확히 판정하며 인민들로 하여금 자신의 체력과 인민체육에 대한 관심을 높이며, 체육을 대중화 생활화함으로써 인민들의 체력 향상을 도모하는 것'이라고 하여, 인민체력검정사업의 목적이 체육의 대중화임을 밝히고 있다. 그 검정내용은 일상생활과

296) 『조선중앙년감』, 1949, 149쪽.

297) 「체육을 대중화하기 위하여」, 『김일성저작집』 8, 469~470쪽.

298) 國土統一院, 『北韓의 體育分野 事業總和集』(1949-1970), 1973, 5쪽.

299) 金諄教, 앞의 책, 1984, 26쪽.

300) 『조선중앙년감』, 1949, 150쪽.

노동생활에 필요한 집중력, 인내력, 조약력, 투척력, 현수력, 운반력 또는 원행력, 영력 등의 기본 체력 측정이다.[301]

그러나 검정기준이 소련의 게테오를 그대로 모방했기에 한국인에게는 맞지 않았다. 이에 따라 1949년 첫 번째 개정[302]이 있은 후 여러 차례 검정기준, 검정대상, 시기, 방법 등을 개정했다. 특히 한국전쟁 이후에는 체육에 대한 법제가 개편되면서 인민체력검정사업에 관한 규정도 다시 개정되었다.[303]

1955년 4월 20일 내각체육지도위원회 위원장 명령 제1호로 개정된 규정 제1조는 그 목적을 다음과 같이 밝히고 있다.

> 인민체력검정은 인민들을 체육과 스포츠에 계통적으로 인입하여 그들의 건강증진과 육체적 기능의 전면적 발전 및 체육 스포츠의 보급과 기술 향상을 도모하며 부강한 조국 건설을 위한 투쟁에서 온갖 곤난을 극복 타개할 수 있는 건강하고 인내성있는 애국자들을 육성하므로서 그들을 로력과 조국보위에 튼튼히 준비시킴을 목적으로 한다.[304]

이처럼 인민체력검정은 체육과 노동 및 국방과의 연계를 위한 목적으로 개정되었다. 한마디로 인민체력검정으로 대변되는 군중체육은 노동과 국방에 복무하는 수단이었던 것이다.

이러한 군중체육의 기본적 정책노선은 천리마운동과 연계되어 보다 체계화되었다. 경제노선을 둘러싼 1958년 이른바 '반종파투쟁'으로 김일성의 단일지도체제가 확립되면서 중공업 우선의 경제정책은 더욱 강화되었다. 특히 1956년 4월 열린 제3차 당대회와 8월의 제6차 전원회의에서 중공업 우선정책을 핵심으로 한 제1차 5개년경제계획이 공식화하면서 천리마운동이 시작되었다. 당시 북한은 중공업 우선의 인민경제복구건설 3개년계획을 완료했으나, 생필품의 부족 등 주민들의 일상생활은 여전히 어려웠다.[305] 이런 사정으로 중공업 우선의 제1차 5개년계획을 수행하기 위해서는 주민들의 인내와 적극적인 호응이 절대적으로 필요했다.

따라서 혁신적인 공산주의사상으로 전 인민이 무장하고 합심단결하여 헌신적인 노력 투입으로 신속하게 사회주의사회를 건설함으로써 어려운 상황을 극복하자는 천리마운동이 전개되었다. 즉 북한 당국의 공식적인 입장에 따르면 천리마운동은 대중적 혁신운동이자 사회주의 경쟁운동으로서, 경제와 문화·사상·도덕의 모든 분야에서

301) 조남훈, 앞의 책, 77쪽.

302) 『조선중앙년감』, 1952, 393쪽.

303) 『조선중앙년감』, 1956, 141쪽.

304) 김문관, 앞의 책, 7쪽.

305) 한국역사연구회 현대사연구반, 앞의 책, 251쪽.

뒤떨어지고 낡은 것을 일소하고 새로운 혁신을 일으키면서, 사회주의 건설을 촉진하는 근로자들의 혁명운동으로 제시되었다.

이러한 천리마운동은 군중체육정책에도 그대로 적용되었다. 1958년 12월 당중앙위원회 상무회의에서는 군중체육을 발전시켜 '천리마 대고조'에 상응하는 체육사업의 개선·발전 방안을 마련하도록 했다.[306] 이에 따라 1959년 2월 14일 내각결정 제15호로 '군중체육사업을 발전시키며 스포츠기술수준을 제고할 데 대하여'가 채택되었다.[307] 당시 『로동신문』은 이 내각결정의 의의를 다음과 같이 밝혔다.

> 오늘 우리의 근로자들은 사회주의 건설의 높은 봉우리에 올라서기 위한 웅대한 과업의 실천을 위하여 천리마를 탄 기세로 내닫고 있다. 당은 대중의 앙양된 기세를 계속 견지하여 사회주의 건설에서의 혁명적 고조를 더욱 높일 것을 요구하고 있다. 바로 이러한 사회주의 건설의 촉진을 위한 혁명 임무 수행에서 군중적인 체육을 가일층 발전시키는 것은 매우 긴요한 문제로 제기되고 있다.[308]

즉 군중체육은 천리마운동을 통한 사회주의 혁명의 중요한 요소라는 것이다. 이러한 정책기조를 실행에 옮기기 위한 방안이 바로 내각결정 제15호인데, 그 구체적 내용은 다음과 같다. 첫째 근로자들은 매일 1시간 이상 운동을 실시할 것, 둘째 매년 3·6·8·10월 둘째 주를 인민체력검정주간으로 정하고 주민들의 사업 참여를 강화할 것, 셋째 생산 및 선설·사무 직장과 농업협동조합 및 거주단위에 체육단을 조직할 것, 넷째 체육사업의 성과를 근로자의 경쟁종목으로 포함시킬 것, 다섯째 체조·육상·수영과 스키의 대중화 및 국방체육·민족체육 발전을 도모하고 대중적 체육행사를 조직할 것 등[309]이었다. 이같은 정책목표를 실현하기 위해 제1차 5개년경제계획 기간 동안 투입된 체육예산 1,600만여 원 중 약 47%에 해당하는 750만여 원을 1960년 한해 동안 집행했을 정도였다.[310]

이후 생산활동과 관련된 이른바 생산체육경기를 비롯[311]한 민족체육, 등산, 야영, 혁명전적지와 명승고적지 답사행군 등[312]이 군중체육이란 이름으로 진행되기 시작했는데, 특히 답사행군은 김일성 유일체제를 확립하는 과정에서 나타난 김일성숭배와

---

306) 사회과학원 력사연구소, 『조선전사』 29, 1981, 396~397쪽.
307) 조남훈, 앞의 책, 146쪽.
308) 『로동신문』, 1959년 1월 18일자.
309) 鄭慶謨·崔達坤 共編, 앞의 책, 2297~2299쪽.
310) 國土統一院, 『北韓의 體育分野 事業總和集』, 47쪽.
311) 『조선중앙년감』, 1961, 231쪽.
312) 『조선중앙년감』, 1962, 282쪽.

직결되는 행사였다.

1960년대에 와서 중소대립 등 사회주의 내부의 갈등 심화와 남한내 군사정권의 수립과 한미일 동맹체제의 확립으로 남북한의 긴장이 고조되었다. 이에 대응하여 북한은 중공업 우선정책과 국방력 강화를 위한 대중동원체계를 더욱 강화했다.

1962년 12월 조선로동당 중앙위원회 제4기 제5차 전원회의에서 경제 및 국방건설의 병진정책과 4대 군사노선이 채택되면서 국방체육의 중요성과 필요성이 재차 강조되었다. 또한 1963년 9월 당 중앙위원회 제4기 7차 전원회의에서는 생산노동과 체육을 보다 밀접히 결합해야 한다는 결정이 내려졌다.[313] 이에 따라 인민체력검정사업의 강화는 물론이고, 다양한 형식의 생산체육경기 및 직업적 특성에 맞는 생산체조와 치료체육의 생활화가 추진되었다.[314]

이어 김일성이 1964년 10월 교육 및 체육부문 지도일군협의회에서 체육사업의 활성화를 지시하자, 1965년 2월 19일 내각결정 제7호 '체육 사업을 전인민적 운동으로 전개할 것'이 채택되었다.[315] 이로써 군중체육사업의 체계가 한층 강화되었다. 이 내각결정 제7호에 따르면 직장 체육사업은 직총 중앙위원회가, 농촌체육사업은 농업근로자동맹 중앙위원회가, 청소년 체육사업은 사회주의로동청년동맹 중앙위원회가 그 책임을 맡게 되었다. 그리고 경제부문별 체육협회를 해산하고 리(읍, 로동자구), 기관, 기업소, 협동단체마다 체육위원회를 조직함과 동시에 시(구역)·군 체육지도위원회와 공장·기업소의 체육지도원들의 역할을 제고했다. 이후 직장별, 직능별 등 모든 단위의 체육소조와 종목별 소조의 책임과 역할을 높이고,[316] 규모가 큰 공장, 기업소는 직장 단위로, 협동농장은 작업반 단위로 체육소조를 조직하여 운영하기 시작했다.[317] 이처럼 군중체육은 사회 각 부문의 대중조직과 긴밀하게 연계되면서 전개되었다.

한편, 이 결정에서는 국방체육 강화책으로 근로자와 학생들에게 사격·행군·활쏘기·활공기·모형항공·무선통신 등 국방 실용 체육종목을 널리 보급하도록 했다. 이와 관련하여 국방실용체육의 종목별 '소조'를 조직 운영하는 동시에 국방체육구락부를 조직하게 했다.[318] 이런 국방체육의 강화는 '국방집단체력경기'라는 형식으로 실행되어 집단주의정신을 배양하는 수단으로 활용되었다.[319]

이렇게 1960년대에 와서 확립된 군중체육의 노동 및 국방에의 연계는 결국 1969년

313) 『로동신문』, 1963년 10월 13일자.
314) 『로동신문』, 1964년 10월 11일자.
315) 『로동신문』, 1965년 2월 26일자.
316) 『로동신문』, 1968년 10월 13일자.
317) 『조선중앙년감』, 1972, 347쪽.
318) 『로동신문』, 1965년 2월 26일자.
319) 『조선중앙년감』, 1966-1967, 244쪽.

전국체육인대회에서 한 김일성의 지시에 따라 군중체육의 기본 노선으로 구체화되었다. 이 대회에서 김일성은 "오늘 우리나라에서 체육을 널리 발전시키는 것은 모든 근로자들을 로동과 국방에 튼튼히 준비시키는 데서 매우 중요한 의의를 가집니다. …이 모든 것은 평화적 로동에 참가하고 있는 근로자들이나 조국보위의 초소에 서있는 군인들이나 할 것없이 전체 인민이 그 어느 때보다도 튼튼한 체력을 가질 것을 절박하게 요구하고 있습니다"[320] 라고 하여, 군중체육이 노동과 국방에 기여해야 하는 당위성을 강조했다. 이를 실천하기 위한 구체적 방안으로 업간체조 실시 강화, 주말 국방체육활동 등을 제시했다.

이같은 김일성의 군중체육 정책노선은 기본적으로 김일성의 혁명사상, 즉 주체사상에 입각한 사상교양을 반영하는 것이기도 했다. 이런 사정은 김일성의 이 연설을 해설한 조선체육위원회 위원장 강양욱의 다음과 같은 언급에서 단적으로 드러난다.

> 무엇보다도 먼저 전체 체육인들이 …김일성 동지의 위대한 혁명사상으로 튼튼히 무장하며 자신을 철저히 혁명화, 로동계급화하여야 합니다. 김일성 동지의 위대한 혁명사상은 …불멸의 주체사상입니다. …우리는 정치사상교양의 중요한 수단의 하나로서 체육사업의 전인민적 운동으로 활발히 벌림으로써 전 사회를 혁명화, 로동계급화하는 데 적극 이바지하여야 하겠습니다. 체육이 사상혁명에 이바지한다는 것은 체육활동을 통하여 사람들의 의식 속에 남아있는 온갖 낡은 사상잔재를 뿌리뽑고 모든 근로자들과 청소년들에게 개인이 리익보다 집단과 전사회의 리익을 위하여 물불을 가리지 않고 몸바쳐 싸우는 불굴의 혁명정신과 집단주의정신을 배양하는 것을 의미합니다.[321]

즉 체육은 김일성의 혁명정신=주체사상을 그 이념적 기반으로 하여 배양하여 전 사회를 혁명화·노동계급화하는 데 적극 복무해야 한다는 것이다. 그는 체육사업의 이같은 목표를 실현하기 위해 다음과 같은 군중체육사업을 제시했다.

> 우리는 공장, 기업소, 협동농장, 학교 등 모든 단위들에서 경애하는 수령 김일성 동지의 위대한 혁명력사 학습과 결부된 만경대, 보천보 등 혁명사적지와 전적지에로의 집단달리기, 등산, 야영, 행군을 비롯한 다양한 군중적인 체육활동을 널리 진행하여 …공산주의적 생활기풍을 배양하도록 하여야 하겠습니다. 또한 우리는 근로자들과 청소년들 속에서 정치사상성이 풍부한 집단체조와 예술체조, 체육무용 등을 대중적으로 보급하여야 하겠습니다. 이와 함께 중앙 및 도, 시, 군들에서와 각급 학교들에서 경기체계를 세우고 경기대회를 널리 조직진행하며 모든 체육활동이 근로자들과 청소년들에 대한 당정책교양과 혁명전통교양, 공산

320) 『김일성저작집』 24, 290~292쪽.
321) 『로동신문』, 1969년 11월 4일자.

주의교양에 더 잘 이바지하도록 하여야 하겠습니다.[322]

이처럼 군중체육사업은 사상성이 강한 집단달리기와 집단체조처럼 대규모 군중이 동원되는 체육활동이 위주가 되어야 하는 것은 물론, 일상적인 체육활동 역시 사상교양의 수단으로 이루어져야 한다는 것이었다. 이어서 그는 전체 인민이 유사시 경제건설과 국방건설을 동시에 복무할 수 있도록 육체적으로도 더욱 준비되어야 하는 과제를 안고 있다고 전제하면서, 국방체육과 생산활동에 연계된 체육활동을 실시하자고 강조했다.[323]

따라서 북한의 군중체육은 현재 '모든 군중이 다 참가할 수 있는 체육'으로 정의되고, 그 목표는 '체육을 대중화하고 근로자들의 체력을 더욱 증진시키며 인민들을 로동과 국방에 튼튼히 준비시키는 것'에 두어졌다.[324] 그리고 김일성 유일지배체제가 확립됨에 따라 집단달리기와 집단체조 등 대규모 군중동원이 가능한 체육활동이 강조되었음은 물론이고, 김일성의 주체사상과 조선로동당의 정책이념을 교육하는 수단으로 행해지기도 한다. 그 대표적인 군중체육이 바로 집단체조다.

집단체조는 북한의 독특한 체육종목으로, 특히 북한의 사상, 정책, 제도적 특성을 총체적으로 구현한 종목이다. 이 체조는 북한의 체육이념이나 정책을 잘 반영하는 주요 사업 가운데 하나인데, 국가적인 행사 때 자주 공연된다. 북한에서는 집단체조를 '청소년들과 근로자들을 영생 불멸의 주체사상으로 튼튼히 무장시키며 조직성, 규율성, 집단주의 정신으로 교양하는 동시에 그들의 몸을 튼튼히 단련하는 효과적인 수단의 하나'로 규정하고 있다.[325] 결국 집단체조는 체육의 대중화 및 전인민화정책을 반영하는 사업으로 국가적 차원에서 매우 중요시할 뿐만 아니라 북한사회의 우월성을 보여주는 선전도구로까지 활용되고 있다.

집단체조가 오늘날과 같은 체제를 갖추기 시작한 것은 1954년 8월 '공화국 체육사업 발전을 위한 안'이 공포되면서였다.[326] 그러다가 1960년대에 와서 집단체조는 각종 기

---

322) 위와 같음.

323) 위와 같음. "조성된 정세는 전체 인민들이 한 손에는 낫과 망치를 들고 유사시에는 생산도 계속할 수 있고 전투도 할 수 있도록 정치사상적으로, 육체적으로 더욱 튼튼히 준비할 것을 요구하고 있습니다. 각급 체육기관들은 근로자들과 청소년들 속에서 …강철같은 체력과 강의한 투지를 가질 수 있도록 대중적인 국방체육을 널리 진행하여야 하겠습니다. …사회주의 경제건설을 힘있게 촉진할 수 있도록 생산과 결부된 체육을 보다 광범위 벌리어야 하겠습니다."

324) 사회과학출판사, 『조선문화어사전』, 1973, 91쪽.

325) 과학백과사전출판사, 『백과전서』(Ⅰ), 1984, 215쪽.

326) 『로동신문』, 1954년 9월 15일자.

념일이나 체육대회의 개막식 때 본격적으로 공연되었다. 그 내용은 주로 김일성의 항일투쟁, 주체사상 등이나 당의 정책과 노선도 포함되었다. 그 동원 인원이나 형식에서 커다란 진전을 보여 질적·양적으로 발전하면서 사회주의권이나 제3세계의 외교사절단에게 관람시켰다.[327] 뿐만 아니라 집단체조 전문가들을 캄보디아, 콩고에 파견하기도 했다.[328]

이후 70년대부터는 본격적으로 집단체조 기술을 제3세계에 보급하기 시작하여,[329] 그 결과 1980년대 중엽에는 세계 40여 개 국에서 70여 개의 집단체조작품이 북한의 집단체조 전문가들의 지도하에 창작·공연될 정도였다고 주장하고 있다.[330] 그만큼 집단체조는 정권 차원에서 매우 중요시되었다는 것이다. 이런 사정은 『조선중앙년감』 분량에서 단적으로 드러난다. 『조선중앙년감』 1968년판부터는 따로 집단체조 항목을 두고 그 해 집단체조 관련행사를 개괄하다가 1975년판부터는 본격적으로 특정 작품에 대해서 자세히 기술하기 시작했다. 그 분량도 체육항목의 반 이상을 차지하는 경우도 있었다. 이는 당의 정책과 김일성의 사상, 업적을 표현하고 교육하는 수단으로서 집단체조의 기능을 보다 강조하는 정책의 산물로 볼 수 있다.

한편, 1987년 김정일이 집단체조 창작가들과 한 담화[331] 이후 집단체조는 그 내용과 형식에서 큰 변화가 있었다. 김정일은 이 담화에서 집단체조의 내용과 형식을 시대적 요구와 미적 감각에 맞게 개선할 것을 지시했는데, 그 기본 내용은 대략 세 가지이다. 첫째 김일성의 위대성과 영도, 불멸의 혁명업적, 공산주의적 덕성을 폭넓고 깊이 있게 형상해야 한다. 둘째 당의 노선과 정책도 기본 내용으로 삼아야 하지만, 그 모태가 되는 주체사상과 김일성의 교시를 잘 반영해야 한다. 셋째 당과 수령을 중심으로 뭉쳐 장엄한 투쟁을 하는 인민의 모습을 실감있게 묘사해야 한다.

이같은 김정일의 지시에 따라 집단체조는 주로 김일성에 대한 충성과 주체사상 등을 소재로 만들어졌고, 1990년대 들어서는 김일성과 더불어 김정일에 대한 충성을 소재로 한 집단체조도 만들어졌다. 이런 사정을 반영하듯 『조선중앙년감』 1993년판부터는 김일성과 김정일의 생일을 축하하거나 그들에 대한 충성을 소재로 하는 작품만을 기술해 오고 있다.

이렇게 집단체조는 대규모의 군중을 동원하여, 그들을 주체사상과 집단주의정신으로 무장시키는 군중체육의 한 형식으로, 사상통제와 대중동원체제를 주 목적으로 한

---

327) 『로동신문』, 1964년 10월 25일·11월 3일; 1965년 10월 7일자; 1968년 9월 11일자.

328) 『조선중앙년감』, 1966-1967, 247쪽.

329) 『조선중앙년감』, 1972, 348쪽.

330) 『로동신문』, 1987년 8월 7일자.

331) 「집단체조를 더욱 발전시킬 데 대하여」, 『김정일선집』 9, 1~21쪽.

점에서 북한의 군중체육이 지향하는 목표를 확인할 수 있다.

군중체육정책은 1970년대에 와서 새로운 전환을 모색했다. 김일성은 1971년 12월 7일 이른바 체육의 왕국을 이루자는 체육 전민화방침을 제시[332]하여 군중체육을 보다 활성화하고자 했다. 이는 닉슨 독트린과 미국과 중국의 수교로 대표되는 1960년대 말 이래 조성된 세계의 데탕트정세와 1971년부터 시작된 남북대화 분위기에 따른 조치였다. 이같은 대내외 정세변화에 따라 국제 스포츠교류를 염두에 둔 군중체육의 활성화가 체육사업의 주요한 목표로 제시되었다.

김일성이 제시한 체육 전민화방침의 목적은 다음의 『로동신문』 기사에서 단적으로 드러난다.

> 체육을 전민화하는 것은 인민들의 체력을 건전하게 하며 나라를 부강하게 하는 데서 매우 중요한 의의를 가진다. 체육을 전민화하여야만 근로자들의 건강을 증진시켜 그들이 언제나 명랑하고 활기있고 행복하게 생활할 수 있으며 건장하고 튼튼한 몸을 가지고 로동과 국방에 적극 참가할 수 있다. 체육을 전민화하고 체육기술을 발전시키는 것은 또한 다른 나라의 인민들과의 친선단결을 강화하며 나라의 대외적 위신을 높이는 데서도 중요한 역할을 한다. ……체육의 전민화 방침을 관철하는 데서 가장 중요한 것은 체육인들과 전체 인민들이 수령님의 위대한 혁명사상, 체육사상으로 튼튼히 무장하는 것이다.[333]

이같은 체육 전민화방침을 추진하기 위한 조직사업의 일환으로 각급 학교와 공장, 기업소, 협동농장의 체육소조 활동을 강화하도록 했다.[334] 전민화 방침에 따른 군중체육의 활성화를 위해 취해진 대표적인 정책이 바로 1972년 마련한 모범체육군 제도였다.[335] 이 제도는 1971년 '인민체력검정에 관한 규정'을 개정하여 시(구역)·군 인민위원회가 파견한 검정원 참관하에 자체 기관단위로 하던 판정사업[336]을 보강·확대한 것이었다. 즉 정무원이 인민체력검정사업에서 우수한 성적을 거둔 시(구역)·군에 모범체육군(구역) 칭호를 수여했는데, 이는 체력검정사업을 활성화하기 위한 조치였다.

---

332) 『조선중앙년감』, 1973, 274쪽. "1971년 12월 7일에는 또다시 나라의 체육사업형편을 전면적이며 과학적으로 분석하시고 체육의 전민화방침을 실현하여 우리나라를 체육의 나라로 만들며 나아가서는 우리나라를 <<체육의 왕국>>으로 되게 할 데 대한 강령적 교시를 주시였다." 이는 "체육의 전민화방침은 수령님께서 우리 혁명발전의 객관적 요구와 사회주의 하에서 체육문화 건설에 대한 요구를 과학적으로 분석하신 데 기초하시여 제시하신 위대한 체육강령이다."는 『로동신문』, 1972년 10월 8일자의 기사에서도 확인된다.

333) 『로동신문』, 1972년 10월 8일자.

334) 『로동신문』, 1973년 10월 14일자; 1974년 10월 13일자.

335) 『조선중앙년감』, 1973, 275~276쪽.

336) 『조선중앙년감』, 1972, 347쪽.

그러다가 1979년 6월 김일성의 교시에 따라 모범체육군 선정사업이 강화되어 군 단위를 대상으로 해당 지역의 전반적 체육활동을 평가하는 사업으로 확대되었다.[337] 이해 김정일의 지휘 아래 우선 함경남도 북청군을 시범지역으로 선정하여 실시했다. 이어 모범군제도는 1981년 강원도 안변군, 1983년 북청군에서 도·시·군 체육부문 일꾼 및 사로청 일꾼들을 대상으로 방식상학과 경험교환회를 진행하는 등 준비작업을 거쳐 1983년부터는 안변군에서의 경험을 일원화하여 전국적으로 실시되기에 이르렀다.

모범체육군 칭호는 다음과 같은 조건을 갖추어야만 받을 수 있었다.[338] 첫째 기본적으로 군 단위에 소속된 기관, 기업소, 협농농장 등 전체가 인민체력검정에서 '우'의 성적을 받아야 한다. 둘째 군내의 기관, 기업소, 협동농장들은 종목별 체육소조를 운영해야 한다. 셋째 매년 중앙과 도의 체육경기대회에서 2, 3개 이상의 종목이 순위권 안에 들어야 한다. 또 명절, 기념일 또는 과외시간을 이용하여 국방체육을 위주로 한 체육경기도 실시해야 한다. 넷째 일정 수준의 체육시설과 기자재를 갖추어야 한다. 즉 일상적으로 이용할 수 있도록 군내의 모든 기관, 기업소, 협동농장은 물론이고 공원, 유원지 등 문화휴식공간에도 각종 체육시설을 갖추어야 한다. 또 종합체육경기대회를 개최할 수 있는 체육관, 수영장, 공설운동장은 물론 체육기자재 생산시설까지 마련하여 수급할 수 있어야 한다.

한편, 1970년대에 와서 국방체육 위주의 군중체육이 더 강화되었다. 우선 1969년 전국체육인대회에서 김일성이 한 지시에 따라 1970년부터 공장, 기업소, 사무직장에서 직장, 작업반 단위로 토요일과 일요일에도 국방체육훈련을 실시하기에 이르렀다.[339] 또 같은 해에는 기존 국방체육구락부를 더욱 강화하도록 하는 동시에 일반체육구락부를 국방체육구락부로 개편하여 이론과 실기를 안배하여 각 소조별로 행군, 사격, 장애물돌파, 격검, 활쏘기, 모형항공, 자동차, 트랙터 운전, 무선통신, 모터싸이클의 훈련을 강화하도록 했다.[340]

그러다가 1975년 4월 25일 '국방체육 강화지침'을 하달했다.[341] 이 지침은 1975년 4월 월남의 붕괴상황에서 나왔는데, 북한 역시 남한을 점령하기 위해선 국방체육을 더욱 더 강화해야 한다는 것이다. 이 지침은 첫째 청소년 학생들이 '보위사업'을 성공적으로 수행하도록 체력을 키워줄 것, 둘째 키크기 운동과 달리기를 잘하도록 축구·농구·권투·사격 등을 다양하게 가르칠 것, 셋째 노동자들에게 생산과 국방을 결합시킨

337) 조남훈, 앞의 책, 317~318쪽.

338) 위의 책, 316~317쪽.

339) 『조선중앙년감』, 1972, 347쪽.

340) 『조선중앙년감』, 1971, 272쪽.

341) 『내외통신』, 1975년 4월 29일자.

체육을 지도하고 특히 아침체조와 달리기를 시킬 것, 넷째 전투적인 군중체육 행사를 모든 기관, 기업소에서 벌일 것, 다섯째 체육시설과 기구를 마련하고 씨름, 궁술 등 전투적인 체육을 권장할 것 등을 그 주요 내용으로 하고 있다.

이렇게 국방체육은 남한과 달리 단순히 군인들의 체력을 단련시킴으로써 군의 전투력을 향상시키는 데 주 목적을 둔 것은 아니었다. 즉 북한에선 국방체육을 "청소년들과 근로자들에게 군사활동의 요구에 적응할 필요한 지식과 기술 기능을 소유시키며, 그들의 몸과 마음을 튼튼히 단련할 목적으로 진행하는 국방활동과 밀접히 결합된 체육이다"[342] 라고 정의하고 있다. 다시 말해 국방체육은 완강한 투지, 대담성, 혁명적 동지애를 키우며 군사 기술·기재를 능숙하게 다룰 수 있는 능력을 높여 주는 중요한 역할[343]을 하는 것으로, 군중체육의 국방과의 연계를 노골적으로 관철시키고 있음을 보여주고 있다.

한마디로 국방체육은, 첫째 순수한 스포츠활동이라기보다는 주민들에게 군사적인 기초지식과 기술을 신체단련이라는 명목으로 습득·훈련시킴으로써 유사시 누구나 유능한 전투원이 되게 한다는 점, 둘째 군인만이 아니라 학생이나 근로자 등도 하고 있다는 점, 셋째 준군사훈련적 성격을 지닌 점에서 독특한 체육활동이다.[344]

요컨대 김일성 체제하의 군중체육은 기본적으로 노동과 국방에의 복무를 궁극적 목표로 한 것이었다. 즉 군중체육은 체육과 노동, 국방 등 3개 요소를 충족시키기 위하여 북한 나름대로 창안해 낸 독특한 형태의 체육활동이라고 할 수 있다. 물론 정권수립기부터 체육의 대중화노선에 따라 군중체육은 생활체육의 기본적 개념을 지니고 있었다. 그러나 사회주의 사회 건설을 과제로 내세운 북한정권은 이를 실현하기 위한 목적으로 전체 주민을 경제 발전과 군사력 강화에 동원하고자 했다. 군중체육은 바로 이를 실현하는 대중동원체계로 인민체력검정제도와 모범체육군제도는 이런 군중체육사업의 목적을 위해 실시한 대표적인 사업이었다. 결국 군중체육은 집단주의 원리와 김일성 유일사상을 반영할 수 밖에 없었고, 그 결과 생산력 향상을 위한 생산경기, 특히 집단체조와 국방체육 위주로 전개될 수 밖에 없었다.

3) 김정일 체제와 군중체육의 자율화 경향

김정일은 1980년 10월 10일부터 14일까지 열린 조선로동당 제6차 대회에서 공식적으로 김일성 후계자가 되었다.[345] 하지만 그의 정치 참여는 이미 1960년대 중반부터 시작

342) 과학백과사전출판사, 『백과전서』(1), 480쪽.
343) 사회과학출판사, 『정치용어사전』, 1970, 61쪽.
344) 이학래·김동선, 앞의 책, 169쪽.

되었고, 특히 체육사업을 포함한 문화선전사업을 주도했다. 물론 김정일 체제에서도 군중체육정책은 김일성 체제 때와 마찬가지로 노동과 국방에의 복무가 기본 노선이었으며, 지금까지도 그 기조는 유지되고 있다. 다만 1980년대 개방화노선이 채택되고, 북한사회가 더 이상 사상 일변도의 통제체제로서는 그 한계를 보이자 군중체육정책도 일정한 변화를 모색하게 되었다.

김정일이 1986년 체육부문 간부들과 한 담화에서 그 징후를 엿볼 수 있다. 이 담화에서 그는 체육의 궁극적 목표가 노동과 국방 준비에 있다는 점을 분명히 하고, 체육대중화노선을 강화할 것을 지시했다. 그런데 이 담화에서는 체육이 기본적으로 개인의 건강과 무병장수 욕구를 보장하는 데 그 가치가 있음을 인정[346]하는 등 이전 시기와 달리 개인적인 체육의 가치도 강조했다.

그러면서 김정일은 군중체육을 활성화하기 위한 구체적인 방침을 다음과 같이 제시했다.

> 체육을 대중화, 생활화하기 위하여서는 학교에서뿐 아니라 기관, 기업소들과 협동농장들에서도 체육사업을 강화하여야 합니다. 기관, 기업소들에서는 자기 단위의 특성에 맞게 체육시간을 정하고 모든 종업원들이 아침체조와 업간체조, 걷기와 달리기를 비롯한 여러 가지 운동을 정상적으로 하도록 하여야 합니다. 기관, 기업소들과 협동농장들에서는 쉬는 날이나 명절날 같은 때 배구, 탁구, 국방체육 경기를 비롯하여 자기 단위의 실정에 맞는 여러 가지 체육경기와 체육유희를 계획적으로 조직하여야 합니다. 가정들에서도 체력을 단련하기 위한 운동을 널리 하여야 합니다. …아침체조와 걷기, 달리기, 랭수마찰을 비롯하여 몸을 단련하며 건강을 증진하는 데 좋은 운동을 많이 하여야 합니다. 체육을 대중화, 생활화하기 위하여서는 체육월간사업과 모범체육군창조운동을 활발히 벌려야 합니다.[347]

이러한 김정일의 언급에서 지금까지 행해졌던 군중체육정책의 계승을 확인할 수 있지만, 집단주의이념에 근거한 기존 군중체육사업과는 달리 개인의 체육활동을 강조

345) 이종석, 앞의 책, 84쪽.

346) 「체육을 대중화하며 체육기술을 빨리 발전시킬 데 대하여」, 『김정일선집』 8, 401~402쪽. "체육을 발전시켜 인민들을 건강한 체력과 강인한 의지, 용감성을 가진 힘있는 존재로 키워야 그들이 혁명투쟁과 건설사업에서 주인으로서의 역할을 원만히 수행할 수 있습니다. …인민들을 로동과 국방에 튼튼히 준비시키기 위해서는 반드시 체육사업을 강화하여야 합니다. 체육사업을 강화하여 사람들의 체력을 증진시키는 것은 건강한 몸으로 오래 살려는 인민들의 염원을 실현할 수 있게 하는 중요한 방도로 됩니다. 사람들이 병에 걸리지 않고, 건강한 몸으로 오래 살려면 운동을 많이 하여야 합니다. 체육은 사람들의 건강과 장수를 담보하는 가장 좋은 보약이라고 말할 수 있습니다."

347) 위의 글, 406쪽.

하고 있음도 확인할 수 있다.

이런 변화된 군중체육에 대한 인식은 이 담화에서 기존 군중체육정책의 달성을 위해 사상교양 등 이념적 홍보에 치중한 것과 달리, TV나 출판물 등을 통해 체육상식이나 해외 유명선수들에 대한 각종 자료 등을 소개하여 체육에 대한 사회적 관심을 제고하도록 한 조처[348]와 일맥상통한다.

특히 1989년 1월 5일 당 중앙위원회 책임간부들과 한 담화에서 기존의 사상강화에 치중한 문화생활사업을 지양하고 보다 다양한 형식을 이끌어내도록 한 다음과 같은 김정일의 지시는 이전과 다른 정책적 변화를 엿보게 한다.

> 당조직들과 근로단체조직들은 근로자들이 문화정서생활을 바로 하도록 여러 가지 형식과 방법으로 사상교양사업을 잘하는 한편, 문화정서생활을 하는 것을 시비하거나 통제하며 조건을 보장해주지 않는 것을 비롯하여 문화정서생활기풍을 세우는 데 저해를 주는 온갖 그릇된 현상을 반대하여 투쟁을 벌어야 합니다. 동무들은 온 사회에 문화정서생활을 세울 데 대한 당의 의도를 똑똑히 알고 조직정치사업을 활발히 벌려 우리 인민들의 문화정서생활에서 새로운 전환을 일으켜야 하겠습니다.[349]

이같은 문화전반에 대한 새로운 전환모색은 1990년대에 와서 분명하게 드러난다. 이런 현상은 군중체육정책과 그 양상에서도 확인할 수 있다. 예컨대 1990년대 들어 남북체육교류가 본격적으로 이루어지면서, 엘리트스포츠 위주의 체육정책에서 생활체육으로의 전환이 강조되었다.[350]

이런 변화는 기존 사상전의 형식으로 전개되었던 군중체육이 생활체육 본래의 가치를 추구하는 데까지 이르게 한 것이었다. 건강태권도와 대중률동체조를 만들어 보급한 것은 그 대표적 사례이다. 건강태권도와 대중률동체조는 각각 조선태권도위원회와 체육과학연구소에서 대중운동종목으로 모두 1993년에 제정되었다. 태권도동작을 응용한 건강태권도는 3분간 57개 동작을, 대중률동체조는 5분간 15개 동작을 반복하도록 했는데, 모두 음악에 맞춰 율동적이며 유연하게 할 수 있는 동작으로 구성되었다.[351] 이 밖에도 1995년에는 소년태권도, 노인태권도 등이 제정 보급되기 시작했다.[352]

이렇게 군중체육정책이 보다 생활체육에 접근하는 변화는 1990년대 중반에 와서 더욱 분명해졌다. 이는 1994년 김일성의 사망과 이후 북한 지도부의 위기의식에 따른

348) 위의 글, 420~421쪽.
349) 「온 사회에 문화정서생활기풍을 세울 데 대하여」, 『김정일선집』 9, 332쪽.
350) 연합뉴스, 『2000북한연감』, 651쪽.
351) 『로동신문』, 1993년 11월 7일자.
352) 연합뉴스, 『2001북한연감』, 901쪽.

사상강화책에도 불구하고 전개되었다는 점에서 주목되는 현상이라고 할 수 있다. 이 시기 북한은 1993년 종결된 제3차 7개년경제계획이 이후 3년간의 연장기간에도 불구하고 실패했으며, 연이은 자연재해로 식량난이 심화되는 등 경제위기가 고조되었다. 그 결과 북한사회에는 체제 이완현상까지 나타났다.[353] 이런 사정으로 주체사상의 강화 외에도 '붉은기사상', '고난의 행군' 등 사회통제를 강화하는 수단으로 사상강화가 진행되는 한편에서도, 주민들은 다양한 형태로 개인적 행위를 추구하는 경향이 늘어가고 있었다.[354]

따라서 군중체육정책에서도 개인단위의 체육활동을 정책적으로 조장하고 있었다. 예컨대 가족 단위나 동호인 단위의 농구팀이 구성되어 경기를 갖기도 하고,[355] 『로동신문』에서는 개인의 건강을 유지하고 강화하는 운동법을 빈번하게 소개하기도 했으며,[356] 최근에는 생활체육을 전담하는 국가비상설군중체육지도위원회라는 국가기구가 설립되어 군중체육사업을 추진하고 있다.[357]

그러나 개인의 건강 등 보다 생활체육의 본질적 가치에 주목하는 이러한 군중체육 정책의 변화는 본질적으로 노동과 국방을 위한 수단이라는 정책기조에서 비롯된 것이다. 이는 '건강한 체력은 로동과 국방의 믿음직한 담보이다. 모두 다 운동에 참가하자'는 제목의 다음과 같은 『로동신문』 기사에서 확인할 수 있다.

> 모든 일군들은 혁명하는 시대의 일군들에게 있어서 체육활동에 적극 참가하여 운동하는 기풍을 세우는 것을 중요한 요구로 여기고 체육사업을 항구적으로 밀고나가야 한다. 육체적으로 로쇠해지면 자그마한 고난과 시련 앞에서도 주저앉아 뭉개면서 뚫고 나갈 용기를 가지지 못하게 된다. 모든 일군들과 당원들, 근로자들은 운동을 하는 분위기를 확고히 세우고 체육활동을 대중화, 생활화함으로써 보다 건장하고 튼튼한 몸으로 주체의 강성대국을 건설하기 위한 투쟁에서 보다 큰 성과를 이룩하여야 할 것이다.[358]

이처럼 최근 전개되고 있는 생활체육적 관점의 군중체육 활성화정책은 전통적인 군중체육의 정책기조를 벗어나고 있는 것은 결코 아니었다. 이는 주민의 자발적인 생산활동 참여의식을 제고하고, 자신감을 심어줌으로써 1990년대 중반 조성된 북한내 위기의식을 극복하고자 하는 목적에서 비롯된 것이었다.

---

353) 이종석, 앞의 책, 534쪽.

354) 『중앙일보』, 1995년 2월 7일자.

355) 『로동신문』, 1997년 5월 30일자; 1998년 1월 20일자

356) 『로동신문』, 1996년 3월 3일자·12월 1일자; 1997년 1월 19일자.

357) 『로동신문』, 2002년 1월 17일자.

358) 『로동신문』, 1998년 10월 6일자.

요컨대 김정일 체제하의 군중체육정책도 체육대중화 노선에 입각한 노동과 국방에의 복무라는 김일성 체제의 정책을 그대로 계승했다. 하지만 이전 시기와 달리 보다 개인적 차원의 군중체육활동을 강조하는 변화를 보이기도 했다. 건강태권도와 대중률동체조의 보급이 그 대표적인 사례이다. 이는 군중체육이 사상통제 및 대중동원체계로서 이전과 같은 효력을 발휘하지 못할 만큼 북한 주민들이 개인적 행위를 추구하는 등 북한사회의 변화에 따른 조처였다. 이런 사정으로 김정일 체제하에서 군중체육은 집단주의적 원리에서 벗어난 가족 단위, 동호인 단위의 군중체육활동이 정권 차원에서 장려되기도 했다. 이같은 군중체육의 변모는 북한사회가 일정 부분 생활체육의 본질적 가치에도 주목하고 있음을 보여주는 사례이다. 물론 이런 생활체육의 이념에 근접한 인식의 변화가 군중체육의 노동과 국방에의 연계를 부정한 것은 아니었고, 그 연장선에서 북한의 체제위기의식을 극복하는 수단으로서 추진되고 있는 것이다.

5. 엘리트스포츠정책

1) 김일성 체제의 '체육의 왕국'화 정책과 엘리트스포츠

엘리트스포츠의 영역에는 우수선수 선발 및 체계적·과학적 육성·관리, 선수지도를 위한 우수한 경기지도자 양성, 선수훈련을 위한 훈련시설 확충, 전문체육을 전담하는 경기단체와 체육조직의 운영 및 지원 육성 등이 포함된다.

남한의 경우 국민체육진흥법에서 엘리트스포츠를 운동선수들이 행하는 운동경기활동으로 규정하고 있는데, 대한체육회 경기단체에 등록된 선수들이 행하는 경기활동과 프로스포츠협회에 등록된 프로선수들이 하는 프로스포츠가 있다.[359] 따라서 엘리트스포츠는 각종 스포츠종목에서 뛰어난 운동기능을 지닌 전문선수들이 강한 의도성을 갖고 승리를 목표로 하며 직업적인 특성이 강한 스포츠활동이라고 할 수 있다.

이런 엘리트스포츠는 특히 국가의 위상과 이미지를 제고하는 데 큰 역할을 담당한다. 때문에 국가가 정책적 차원에서 적극 지원하기도 한다. 때로는 국민통합의 수단으로 이용되는 이른바 스포츠내셔널리즘을 표출시키기도 한다.

북한에서는 정권 초기 스포츠가 일부 계층의 유흥거리이며 선수 위주로 전개된 것을 비판하고, 체육대중화를 기본 정책으로 삼았기에 엘리트선수 위주의 체육정책에 소극적이었다. 하지만 북한 당국 역시 체육의 스포츠내셔널리즘적 성격을 부정한 것은 결코 아니었다. 예컨대 1947년 6월 23일 김일성은 체코슬로바키아의 프라하에서 열리

359) 문화관광부, 『2002체육백서』, 2002, 25쪽.

는 세계청년학생축전에 참가하는 대표단 환송식에서 다음과 같이 연설했다.

> 이번에 우리 청년들이 세계청년축전에 참가하여 자기 나라의 영예를 떨칠 수 있게 된 것을 우리는 매우 기쁘게 생각하며 동무들의 활동에서 큰 성과가 있을 것을 바랍니다. …청년들은 강한 체력과 열렬한 애국정신을 가진 씩씩하고 용감한 투사로 되기 위하여 자기의 몸과 마음을 꾸준히 단련하여야 하겠습니다. 나라의 기둥인 청년들이 정신적으로나 육체적으로 튼튼하여야만 우리 조국도 튼튼하여 질 것이며 우리나라는 그 누구도 얕볼 수 없는 떳떳한 독립국가로 될 것입니다. 동무들은 조국에 더욱 충실하기 위하여 학습과 사상단련과 몸단련에 더욱 힘써야 하겠습니다.[360)]

즉 국제경기대회의 참가는 국위 선양의 기회이며, 애국주의에 바탕한 강한 체력은 국력이라는 전형적인 스포츠내셔널리즘적 인식을 보여주고 있다. 이같은 체육에 대한 인식은 체육대중화라는 정책기조와 결코 무관한 것은 아니었다. 가령 체육의 대중화정책을 실현하기 위한 조처로 1947년 8월 2일 체육절을 제정하는 데에는 '인민들의 건전한 체위와 무한한 애국심과 고도로 발전하는 체육문화를 국내외에 시위'하는 목적[361)]도 있었던 것이다.

이러한 스포츠내셔널리즘에 기반한 체육인식은 한국전쟁 이후 더욱 강화되어 체육대중화노선과 엘리트스포츠의 연계는 확고하게 자리잡게 된다. 이런 사정은 『로동신문』의 다음과 같은 기사가 단적으로 보여주고 있다.

> 인민체력검정과 인민보건체조가 광범한 군중들 속에서 그들의 문화적 생활의 중요 부분의 하나로 되고 있으며 …각종 체육경기들에서 우리의 체육인들은 일부 경기종목에서 선진국가들의 기술수준에까지 도달하였으며 전반적 종목에 걸쳐서 그를 따라가고 있다. 특히 수차에 걸쳐 우리 체육대표단은 국제무대에서 우리의 발전 향상되고 있는 체육문화와 스포츠의 기술적 성과를 과시하였으며 …이러한 일련의 제 성과들은 곧 인민들의 물질문화수준의 향상과 복리증진을 자기의 최고 지침으로 삼고 있는 우리 당과 공화국정부의 인민적 시책의 결과이며 우리나라 인민민주주의제도의 우월성과 그의 위력을 말해주는 또 하나의 명백한 표시로 된다.[362)]

---

360) 「앞날의 조선은 청년들의 것이다」, 『김일성저작집』 3, 336·340쪽.

361) 『조선중앙년감』, 1951-1952, 393쪽. "공화국 내각은 체육을 통하여 도덕과 조국보위에 준비된 인민들의 건전한 체위와 무한한 애국심과 고도로 발전하는 체육문화를 국내외에 시위하며 국가적으로 인민들과 청년들에게 더욱 광범하게 체육교양을 받도록 추진시키기 위하여 매년 10월 둘째 일요일을 체육절로 제정할 것을 1949년 8월 21일 내각결정으로 채택하였다."

362) 『로동신문』, 1956년 4월 1일자.

이처럼 체육 대중화정책의 상징인 인민체력검정사업 등을 통해 스포츠문화가 발전하고, 이에 기반하여 스포츠기술이 선진국 수준에 이르렀을 뿐만 아니라 체제의 우월성을 보여주고 있다는 것이다. 결국 체육의 대중화정책도 스포츠기술을 제고하고 국가 이미지와 체제의 우월성까지도 보장하는 엘리트스포츠와 연계될 수 밖에 없었다.

따라서 북한의 엘리트스포츠정책은 우수선수 양성에 주안점을 두었다. 그 대표적 조처가 1954년 6월 23일 내각직속 체육지도위원회의 출범과 동시에 실시한 선수급별제였다.[363] 그해 8월 3일 전후복구사업의 일환으로 마련된 '공화국 체육사업발전을 위한 안'[364]에 따라 1955년 2월부터 5월까지 3개월 동안 도-시·군-리 단계별로 각 대표선수를 선발하도록 했다. 바로 이 선발제도가 인민체력검정사업과 연계되었다.

인민체력검정사업에는 중량들기, 등반봉 오르기, 수류탄 던지기 등 국방체육과 연관된 종목도 포함되어 있지만, 달리기, 높이뛰기, 팔굽혀펴기 등 각종 경기종목에서 요구되는 기초체력을 측정할 수 있는 종목들이 대부분 포함되어 있다. 때문에 인민체력검정사업은 체육의 대중화정책에 기반하여 일반 대중 속에서 우수한 선수를 폭넓게 발굴하자는 의도에도 잘 부합되는 제도다.

결국 1955년 4월 20일 '인민체력검정에 관한 규정'을 개정하여[365] 소년급, 제2급, 제1급의 3단계로 구분하고, '스포츠선수 등급제에 관한 규정'도 채택하여 공화국체육명수, 제1급~제3급, 그리고 청소년 제1급, 제2급을 두었다.[366] 체육명수는 인민체력검정 제1급중 성적이 우수한 자, 제1급과 제2급은 인민체력검정 제1급에, 제3급과 청소년 제1급은 인민체력검정 2급에, 청소년 제2급은 인민체력검정 소년급에 각각 합격한 자로 했다.[367] 이로써 전문체육선수의 기본적인 선발 육성 제도가 마련되었다. 이와 함께 '심판원 자격 부여에 관한 규정'을 제정하여 심판자격을 공화국심판관, 심판원 및 시·군심판원 등 3개의 급으로 나누고, 스포츠기술 제고를 위해 1955년 11월 1일부터 스포츠구락부를 평북을 비롯한 여러 도시 지역에 설치했다.[368]

이후 전문체육선수를 본격적으로 양성하기 위한 조처로 1958년 3월 19일 내각 결정 제30호 '체육 및 스포츠 보급과 체육간부 양성사업을 개선할 것에 관하여'[369]가 채택되었다. 이 결정에서는 스포츠선수 등급소유자 확대 대책을 강구하게 함은 물론, 선수육성을 위한 조치로 스포츠구락부를 청소년스포츠학교로 개편하되 각 체육협회는 같은

363) 『조선중앙년감』, 1954-55, 465쪽.
364) 『로동신문』, 1954년 9월 15일자.
365) 김문관, 앞의 책, 1956, 3쪽.
366) 『조선중앙년감』, 1956, 141쪽.
367) 조남훈, 앞의 책, 129~130쪽.
368) 『조선중앙년감』, 1956, 141쪽.
369) 『로동신문』, 1958년 3월 26일자.

해 4월 말까지, 각 도는 7월 말까지를 그 개편 시한으로 정했다. 이에 따라 청소년스포츠학교는 1959~60년 2년간 중요 생산 및 건설 직장과 시 소재지 등에 200개교가 세워졌다.[370] 이로써 청소년스포츠학교는 청소년들을 대상으로 한 최대의 선수 선발·육성기관으로 자리잡게 되었다. 또한 평양사범대학 체육학과와 신의주교원대학 체육과를 통합한 평양체육대학 설립을 명시함으로써 체육지도자 양성을 위한 교육체제도 확립하고자 했다. 평양체육대학은 1993년에 11개 대학교에 체육대학(과)이 신설되기까지[371] 유일한 체육대학으로서 우수선수는 물론 고급 체육지도자들을 배출해 왔다. 이 밖에 각 사범대학과 교원대학에서도 신수들을 양성했다.[372]

이렇게 우수선수 양성을 위한 제도정비와 교육체계를 확립한 뒤 엘리트스포츠정책을 본격적으로 시행하기 위한 조치로 1959년 2월 14일 내각 결정 제15호 '군중체육사업을 발전시키며 스포츠 기술 수준을 제고할 데 대하여'[373]가 마련되었다. 이 결정에서는 첫째 체육에 대한 제반 규정 및 각급 체육단체들의 기능·역할 정비, 둘째 기업소·학교·농업협동조합 및 공원의 체육시설을 제외한 모든 체육시설에 대한 체육지도위원회의 일원적 관리, 셋째 국가대표 선수단 및 체육과학연구소의 구성·설치, 넷째 체육 의료사업체계 확립, 다섯째 평양체육대학 예과 및 3개월 시한의 재교육반 설치와 전문부 학생 추가 양성 등을 제시했다. 그 대표적 내용을 보면, 사상성에 기초한 학교 및 직장 선수단의 훈련체계 확립 및 선수층 확대(11·12항), 청소년스포츠학교 확대(13항), 국가대표신수단 소식(14항), 사회 각 부문별 체육협회 및 종목별 분과위원회 정비 및 역할 제고(15항) 등이다.

우수선수 양성과 체계적인 훈련을 위한 구체적 조처로는 같은 해 4월 말까지 각 전문학교 및 대학은 물론 2급 이상의 기업소와 농업협동조합 등에 체조, 육상, 수영, 사격, 축구, 농구, 배구를 비롯한 주요 경기종목 선수단을 조직하는 것이었다. 이후 전문선수단의 본격적인 설립이 뒤를 이었고, 1962년에는 국가대표 선수를 훈련시키는 국가종합선수단이 세워졌다.[374]

특히 이 내각결정 15호에서는 스포츠과학화를 위한 지침도 제시되었다. 이 결정 제10항에서는 스포츠의 교수 및 훈련체계를 확립하고, 선수들의 신체단련과 기술수준의 제고를 위한 사업을 체육의료사업과 결부시키도록 했다. 이와 함께 1959년 6월까지 체육과학연구소를 설치하며 체육과학과 의료사업을 밀접하게 결부시켜 발전시키기

370) 鄭慶謨·崔達坤 共編, 앞의 책, 2298쪽.
371) 『로동신문』, 1993년 9월 3일자.
372) 『조선중앙년감』, 1965, 191~192쪽.
373) 『로동신문』, 1959년 2월 27일자.
374) 『로동신문』, 1962년 11월 4일자.

위한 체육의료사업체계도 확립하도록 했다(20항). 이에 따라 같은 해 4월 중앙체육의료소가, 6월에는 내각직속 체육지도위원회 산하기관으로 체육과학연구소를 설치하여 스포츠과학을 본격적으로 연구하기 시작했다. 또한 평양체육대학을 중심으로 지도자 육성의 과학화도 제고(제18항)하도록 했다.

이렇게 1959년 내각결정 제15호는 선수저변 확대, 훈련 및 지도체계의 확립, 스포츠 과학화 등에 걸쳐 엘리트스포츠 활성화를 위한 방안을 제시한 것이었다. 이런 방안을 마련한 데에는 단순히 스포츠기술 수준을 높이는 것만 아니라, 1950년대 중반 이후 이른바 반종파투쟁에 따른 김일성 유일체제가 사실상 확립됨으로써 체제 정당성을 확보하려는 의도도 있었다.[375] 그 이면에는 올림픽게임 참가 등 국제경기에서 북한의 체제를 선전하고, 대외적 이미지를 제고하려는 목적도 반영되었다.

이렇게 스포츠내셔널리즘에 입각한 엘리트스포츠정책의 기반이 마련됨과 동시에 대외경기대회에서 뛰어난 성적을 성취한 체육인에 대한 대우를 제고하기 위한 정책도 추진했다. 그 대표적인 사례가 바로 "체육명수" 및 "공훈체육인" 칭호의 제정이었다. "체육명수"는 1954년 8월 3일 내각비준 '선수등급제정과 심판원자격에 관한 규정'에 따라 1955년부터 체육지도위원회(당시 내각직속체육지도위원회)가 수여했다.[376] 그 대상은 사상성을 감안하여 국내외 경기대회에서 뛰어난 성적을 냈거나, 해당 급의 기준을 넘은 선수들로, 현역 우수선수들에 대한 표창으로는 이 칭호가 가장 실질적이다. 그러다가 1960년 11월 11일 최고인민회의 상임위원회에서 "공훈체육인" 칭호가 제정되었다.[377] 그 대상은 대체로 1년에 2회 이상 신기록을 세우거나 각종 국제대회에서 우수한 성과를 나타낸 자, 아시안게임 우승자에게 수여하는 칭호로 최고인민회의에서 결정했다. 공훈체육인 칭호는 통상 노력훈장과 함께 수여한다. 오늘날에는 1966년 10월 8일 최고인민회의 상임위원회 정령으로 제정된 "인민체육인" 다음가는 영예칭호이며, 수상자에 대한 혜택으로는 60세 이후 은퇴시 매월 70원 정도의 급여를 지급하고 있다.

북한은 1950년대 중반까지 주로 사회주의 국가와의 스포츠교류에 주력했다. 그러다가 1956년 국제배구연맹에 가입한 후 참가한 세계배구선수권대회에서 미국 등 서방국가들을 꺾는 등 성과를 이룬 것을 계기로, 같은 해 사격과 농구 등의 국제경기기구에 가입하는 등 국제무대에의 진출을 적극적으로 모색했다.

그 결과 1957년과 1958년 사이에 탁구, 권투, 빙상, 축구, 사격 등의 종목별 국제경기기구에 가입하기에 이르렀다.[378] 특히 1952년 헬싱키올림픽게임 이후 스포츠외교의 중요

375) 조남훈, 앞의 책, 145쪽.

376) 과학백과사전출판사, 『체육백과사전』 하, 1987, 228쪽.

377) 국립출판사, 『조선민주주의인민공화국법규집』 5, 502쪽.

378) 조남훈, 앞의 책, 178쪽.

성을 인식하고 국위 선양을 위해 올림픽게임 출전방안을 모색했다. 그 일환으로 국제올림픽위원회(IOC) 가입을 추진했다.[379] 그러다가 1955년 동서독 단일팀 구성을 조건으로 동독이 IOC에 가입한 사례에 고무되어 이듬해인 1956년 4월 제3차 조선로동당대회에서 남북체육교류 문제를 언급하기 시작했다.[380] 이어 1957년 9월 제54차 IOC 총회에서 북한올림픽위원회의 잠정적 승인을 얻어냄으로써, 올림픽 참가 가능성이 높아졌다. 1958년 '체육 및 스포츠 보급과 체육간부 양성사업을 개선할 데 대하여'라는 내각결정 제30호는 이런 사정으로 마련된 것이었다.[381]

그러다가 1962년 6월 모스크바에서 열린 제59차 국제올림픽위원회 총회에서 남북한이 1964년 도쿄올림픽에 단일팀으로 출전한다는 조건하에 국제올림픽위원회 가입을 승인받았다.[382] 이같은 상황에서 1962년 10월 내각결정 제57호 '체육기술수준을 급속히 제고할 데 대하여'가 채택되었다. 이 결정은 국제체육기구와의 적극적인 협력사업을 진행하는 동시에, 세계적 수준의 팀이나 국가대표팀과의 체계적인 교류를 위한 법률적인 장치였다.[383]

이와 관련하여 1962년 11월 전국체육열성자대회에서 다음의 구체적인 대책들이 제시되었다.

> 보고와 결의문에서는 우리나라 체육기술을 전 종목에 걸쳐 세계적 수준에로 올려 세우기 위하여 가까운 년간에 선수 대렬을 50만 명으로, 훈련지도원을 6천 명으로, 체육명수 대렬을 5천 명으로 각각 장성시킬 것을 목표로 내세웠다. 이를 위하여 금번 새로 조직되는 국가종합선수단과 각 도 체육강습소를 비롯한 선수집단들을 튼튼히 꾸리며 륙상, 체소, 수영 등 우리나라 선수들의 특성에 맞을 뿐만 아니라, 국제올림픽경기의 전반적 성적에서도 큰 자리를 차지하는 종목들을 위주로 하면서 젓기배(조정), 유술(유도), 빙상 및 설상 종목들과 지상 혹케이(필드하키)를 비롯한 체육기술의 각 종목을 전반적으로 발전시킬 구체적인 대책들이 지적되였다.[384]

이처럼 1960년대 초 국제올림픽위원회 가입과 올림픽게임 참가 가능성이 높아지면서, 북한은 국위 선양을 위해 올림픽 출전종목을 중점 육성하는 철저한 국가체육주의(state amateurism)를 실현하기 위한 엘리트스포츠정책을 마련했다. 이러한 스포츠내셔널

---

379) 朴柱漢, 「南北韓 스포츠交流의 史的 考察과 展望」, 한국체육대학 박사논문, 1997, 16쪽.

380) 대한올림픽위원회, 『南北體育交流 資料集』, 1992, 5쪽.

381) 극동문제연구소, 『북한전서』, 1980, 294쪽.

382) 조남훈, 앞의 책, 237쪽.

383) 위의 책, 225쪽.

384) 『로동신문』, 1962년 11월 4일자.

리즘적 엘리트스포츠정책은 현재까지 유지되고 있다.

한편, 1950년대 말과 1960년대 초반 중국과 소련의 갈등으로 북한은 이른바 대외관계에서 주체노선을 확립하기에 이르렀다. 대외노선에서의 주체문제는 북한 당국의 공식 입장에 따르면 맑스-레닌주의의 창조적 적용이라는 주체사상의 출현으로 나타났다. 이는 엘리트스포츠정책에도 그대로 관철되었다.

1961년 10월 제21회 체육절행사에서 김기수 내각직속 체육지도위원회 위원장은 '체육기술의 제고는 주체를 확립하여 우리에게 맞는 훈련방법과 전술체계를 확립'[385]함으로써 가능하다고 주장했다. 즉 국제경기대회에서 국위 선양을 달성하기 위해서는 체육기술의 제고가 요구되는 데 이는 주체사상을 관철할 때만 가능하다는 것이다. 결국 엘리트스포츠의 주체사상화 토대가 마련된 것이다.

이런 사정은 1963년 체육사업에 대한 『조선중앙년감』의 다음과 같은 평가가 잘 보여준다.

> 체육기술분야에서도 커다란 성과를 이룩하였다. 맑스-레닌주의 체육리론 및 체육 생리학의 일반적 원칙을 우리나라의 구체적 특성에 맞게 창조적으로 적용한 교수 훈련방법을 창안 도입하며, 훈련에서 땀을 많이 흘리며 당의 요구를 관철하기 위하여 투쟁한 결과 체육기술수준이 급속히 발전하였다.[386]

이에 따라 우수선수 양성을 위한 방안으로 학교체육 활성화방안이 마련되었다. 즉 1960년대에 와서는 학교의 과외체육활동을 통한 우수선수 양성 조처가 마련되었다. 청소년들의 집중적인 육성방침은 바로 우수선수의 발굴과 육성에 큰 효과를 볼 수 있는 것이었다. 그것은 청소년기는 신체적으로 성장이 왕성하여 교육·훈련의 성과가 뛰어나기 때문이다.

따라서 우수선수를 육성하는 데 있어 학교체육 즉, 과외체육활동에도 역점을 둘 수 밖에 없었다. 예컨대 1960년대 초 평안남도 용강 고등경제학교에서 학생들의 육상기술을 제고하기 위한 조치를 취했는데, 과외체육활동을 아예 일과표에 포함시켜 학급별로 매일 2시간씩 훈련을, 주마다 반별 경기를, 월 1회 교내경기를 진행시켰다. 그 결과 1961년 2·3급 선수 7명, 1962년 1급 선수 5명 등 총 103명의 유급선수를 배출했다.[387]

---

385) 『로동신문』, 1961년 10월 8일자. "체육기술을 급속히 제고함에 있어서 선차적으로 제기되는 것은 체육인들 속에서 당적 사상체계를 더욱 확립하여 그 대렬을 당의 지시라면 물불을 가리지 않고 나아가는 붉은 집단으로 튼튼히 꾸리며 교수훈련에서 주체를 확립하고, …우리에게 알맞은 훈련방법과 전술체계를 확립하는 동시에 우리나라에서의 체육과학리론을 더욱 풍부히 하여야 한다."

386) 『조선중앙년감』, 1964, 223쪽.

이러한 성공사례에 따라 유치원과 인민학교 과정에서 체육에 소질이 있는 어린이를 조기 선발하여 교육하고, 고등중학교 및 체육전문학교 과정의 청소년들에겐 매년 각종 청소년 체육대회에 참가하게 하여 우수한 신인선수의 발굴을 제도화했다.[388] 물론 이런 조처는 국제경기대회에서의 성과를 높이기 위한 것이었다. 가령 1962년 10월 내각결정 제57호로 '체육기술을 급속히 제고할 데 대하여'를 채택하여 외국의 국가대표팀이나 우수한 팀과의 교류를 모색한 것[389]이 그 대표적 사례이다.

그러다가 1963년 12월 19일과 21일 김일성은 세계 각국의 모든 스포츠종목을 전인민적으로 시행할 것과 선수 육성사업을 개선·강화하여 체육기술을 세계적 수준으로 높일 것을 지시했다.[390] 이같은 김일성의 지시에 따라 1965년 2월 19일 내각결정 제7호 '체육사업을 전 인민적 운동으로 전개할 데 대하여'를 채택했다.

그 주된 내용은 체육지도체계의 개선과 지도자 육성, 스포츠과학화의 토대 구축 등이었다.[391] 특히 우수선수 육성을 위해 정규 교육과정 외에 도 및 직할시 단위의 청소년체육학교를 시(구역) 및 군 단위의 청소년체육구락부로 확대 개편하여 우수선수를 선발·육성하도록 했다. 구락부생들의 교수훈련은 공훈체육인, 체육명수, 유급 체육지도원, 체육전문가들이 담당하며, 필요한 체육시설과 기재들은 모두 국가가 무료로 제공했다.[392] '학교체육을 총괄하는 각 시·군·구역 단위의 지역별 체육구락부 활동을 적극 지원하여 우수선수 선발 체계를 제고하자'는 1969년 전국체육인대회의 결의[393]에서 보듯이, 청소년체육구락부는 북한의 우수선수 육성의 기본적인 교육기관이 되었다. 그리고 1964년 이후 매년 개최되는 전국체육구락부생경기대회[394]에서 특출한 성적을 거둔 선수들을 발탁하여 훈련을 집중 실시하여 국가 대표선수로 선발될 때까지 각 시·도 대표선수단 소속 선수로 활동하게 했다.[395]

내각결정 제7호에서는 또한 배드민턴, 야구, 하키, 유도, 조정 등 보급이 미흡한 종목을 발전시켜 3년 내에 세계적 수준으로 높이도록 했다. 그리고 체육지도자 양성기관을

---

387) 『로동신문』, 1962년 11월 4일자.

388) 이학래·김동선, 앞의 책, 58쪽.

389) 사회과학원 력사연구소, 『조선전사』 31, 388쪽; 조남훈, 앞의 책, 225쪽.

390) 『조선중앙년감』, 1965, 190쪽. "군중체육사업을 전체 인민대중의 사업으로 전환시키며 모든 종목을 포치하고 선수육성 사업을 보다 개선 강화하며 체육기술을 전반적으로 세계적 수준에 올려 세울 데 대한 김일성 동지의 1963년 12월 19일과 12월 21일 교시는 체육의 군중화와 체육기술 발전에서 획기적인 전환의 계기로 되었다."

391) 『로동신문』, 1965년 2월 26일자.

392) 『조선중앙년감』, 1966-67, 245쪽.

393) 『로동신문』, 1969년 11월 4일자.

394) 『로동신문』, 1974년 8월 22일자.

395) 金詗教, 앞의 책, 49쪽.

단일화하여 각 도 체육간부양성소를 폐지하고, 대신 평안남도 체육간부양성소를 조선체육지도위원회 체육간부양성소로 개편했다. 이같은 개편은 60년대에 와서 체육지도자 양성이 일정한 궤도에 올라, 보다 체계적이고 일원화된 육성방안이 요구된 사정을 반영한 것이라고 할 수 있다. 즉 1962년 전국체육열성자대회에서 훈련지도원 6천 명을 배출하기로 결정[396]한 이후, 공식기록에 따르면 1964년에는 그 전해보다 20%나 늘어난 체육간부들을 양성할 정도였다고 한다.[397]

이러한 육성정책은 가네포 등 사회주의 국가들이 참가하는 국제대회는 물론이고 비록 1964년 도쿄대회의 참가는 무산되었지만 올림픽게임을 염두에 둔 조치였다. 이처럼 국제대회를 염두에 둔 스포츠기술의 제고 정책은 우수선수를 조기에 발굴하여 체계적으로 교육시키는 데 중점을 두었다.

이와 함께 체육인에 대한 우대정책도 강화했다. "인민체육인" 칭호도 1966년 10월 8일 최고인민회의 상임위원회의 정령으로 제정된 것이다.[398] 체육 부문에 수여하는 칭호중 가장 영예로운 칭호이다. 자격은 당의 체육정책을 높이 받들고 체육기술을 발전시키는 데 큰 공로가 있는 자, 올림픽이나 세계선수권대회 등에서 우승을 한 선수나 임원 등에게 중앙인민위원회의 정령으로 수여하는데, 주로 "공훈체육인"이 그 대상이다.

이 칭호를 받은 체육인에게는 국가훈장 제1급을 수여하며, 노후연금도 지급한다. 이들은 중앙기관의 국장급에 해당하는 사회적 지위를 부여 받게 되며, 경우에 따라서는 고급 승용차 등을 선물로 받기도 하는 등 파격적인 대우를 받는다.[399]

이렇게 북한 당국은 정권 수립 초기부터 1960년대까지 엘리트스포츠정책에 큰 관심을 기울였다. 그렇다고 해서 체육 대중화노선을 포기한 것은 아니었다. 오히려 이런 엘리트위주 선수육성방안은 철저한 대중화정책의 연장선에서 비롯된 것이었다. 이런 사정은 김일성이 1969년 전국체육인대회에서 한 다음의 언급에서 단적으로 드러난다.

> 체육을 대중화하는 것과 전문체육인 대렬을 강화하는 사업은 서로 유기적으로 련관되여 있습니다. 광범한 인민대중이 체육을 하는 과정에서만 기술수준이 높고 재능있는 체육인들이 많이 나올 수 있습니다. 또 전문체육인들이 높은 체육기술을 가져야 전체 인민의 체육수준도 높은 수준에 올려세울 수 있습니다.[400]

---

396) 『로동신문』, 1962년 11월 4일자.
397) 『조선중앙년감』, 1965, 192쪽.
398) 과학백과사전출판사, 『체육백과사전』 하, 1987, 603쪽.
399) 『서울신문』, 1992년 8월 3일자.
400) 『김일성저작집』 24, 299쪽.

이처럼 엘리트스포츠정책은 기본적으로 체육대중화노선에 기반했다. 물론 엘리트스포츠정책 역시 사상적 측면에서는 주체사상의 관철을 전제로 한 것이었다. 즉 1960년대 이른바 경제와 국방건설의 병진정책이 시행되면서 북한은 외형적으로 경제발전을 이루었지만, 과도한 국방비 지출로 주민들의 생활은 악화되고 있었다. 그 결과 병진정책을 비판한 정파가 생겨났는데, 이들에 대한 대대적인 숙청이 이루어졌다. 이 과정에서 김일성 유일체제는 더욱 확고해졌고, 주체사상도 맑스-레닌주의보다 우선시되었다.

이런 사정은 엘리트스포츠정책에서도 마찬가지였는데, 1972년 6월 4·25체육선수단과 한 김정일의 다음과 같은 언급에서 확인할 수 있다.

> 지금 체육부문에서는 수령님의 교시를 철저히 관철하지 못하고 있으며, 체육교류를 당이 요구하는 수준에서 제대로 하지 못하고 있습니다. 이번에 우리 선수들이 국제올림픽 축구예선경기에서 패한 것이 그 단적인 실례의 하나입니다. …당의 유일사상체계를 튼튼히 세우고 어떤 바람이 불어도 오직 수령님만을 믿고 따르며 당의 명령과 지시를 무조건 끝까지 관철하여야 하겠습니다.[401]

이처럼 엘리트스포츠의 주체사상화는 1971년 김일성이 '체육의 왕국'을 목표로 한 방침[402]을 제시하면서 본격화되었다. 이어 1972년 뮌헨올림픽에서의 성과에 고무된 김일성이 다시 1970년대 말까지 '체육의 왕국'을 만들 것을 지시했다.[403] 이에 따라 조선로동낭 숭앙위원회 정치위원회는 1973년 8월 10일 '체육시설건설을 전인민적 운동으로 전개할 데 대하여'가 채택되었다.[404] 그 결과 1974년 3만석 규모의 경기장을 비롯하여 수영장과 야구장, 정구장, 실내체육관 등을 구비한 남포체육촌을 세워 국가대표 훈련장으로 활용하기에 이르렀다.[405] 또한 훈련에서는 김정일 주체사상에 입각하여 창안했다는 사상전·속도전·기술전·투지전을 통한 기술향상 제고도 이 무렵부터 추진되었다.[406]

---

401) 「4·25체육선수단 앞에 나서는 과업에 대하여」, 『김정일선집』 2, 387~388쪽.

402) 『조선중앙년감』, 1973, 274쪽. "수령님(김일성)께서는 …1971년 12월 7일에는 또다시 나라의 체육사업형편을 전면적이며 과학적으로 분석하시고 체육의 전민화방침을 실현하여 우리나라를 체육의 나라로 만들며 나아가서는 우리나라를 <<체육의 왕국>>으로 되게 할 데 대한 강령적 교시를 주시였다."

403) 『조선중앙년감』, 1974, 227쪽. "수령님께서는 1971년 12월 7일 교시와 1972년 9월 6일, 9월 21일 교시에서 체육을 전민화하고 체육기술을 빨리 발전시켜 1970년대 말에 가서 우리나라를 <<체육의 왕국>>으로 만들며 3년 안으로 체육사업에서 일대 변혁을 가져올 데 대하여 가르치시였으며…"

404) 사회과학원 력사연구소, 『조선전사』 32, 354쪽.

405) 『조선중앙년감』, 1974, 227쪽; 이학래·김동선, 앞의 책, 229쪽.

전문체육학교 설립을 통해서도 우수선수를 양성했다. 1972년 각 도마다 고등체육전문학교를 설립하여 선수들을 육성했다.[407] 1977년에는 인민학교 졸업생을 대상으로 한 8년제 초급 체육교육기관인 중앙체육학원을 남포에 세우기도 했다.[408] 같은 해 평양체육대학의 경기학과를 체육교원과 종목별 체육지도원을 양성하는 체육학부와 전문선수를 양성하는 경기학부로 확대 개편하는 동시에, 체육단 선수들을 체육지도원으로 양성하는 1년제 양성반을 두었다.[409]

이러한 선수 육성체계의 확립 이후 우수선수의 선발 기준 및 방법은 대체로 다음과 같았다.[410] 먼저 체육과학위원회와 각 종목별 전문가들이 매년 개최되는 각종 국내 및 국제대회에서의 기록과 성적을 종합 검토하여 우수한 자를 추천한다. 이어 선발 당시는 물론 장차 우수선수로서 체력조건을 유지할 수 있는지를 판단하여 동일한 조건이면 가능한 한 최연소자를 선발했다. 이외에도 투철한 공산주의 사상으로 무장된 자라야 한다는 등 제반 고려 요소를 참작하여 최종적으로 적격자를 선발한다.[411]

이렇게 선발된 자는 다음의 3단계 훈련과정을 받는다.[412] 제1단계는 기초체력 단련과정으로 4주간 실시하는데, 숙달될 때까지 200미터 이상되는 고지의 맨 아래와 정상을 달려서 오르내리는 산악훈련을 반복한다. 이는 선수들의 기초체력 배양과 순발력, 민첩성 등을 발달시키는 데 그 주된 목적이 있다. 제2단계는 군사체육훈련으로 체육선수로서 갖추어야 할 인내심, 지구력, 담력, 단결력 등의 배양에 주 목적을 둔다. 배낭을 지고 4km 정도의 구간을 30분 이내에 행군하도록 하는 것을 비롯하여, 모래 각반을 차고 달리기, 장애물 극복 훈련 등 일종의 유격훈련에 가까운 고된 훈련을 2주간에 걸쳐 반복시킨다. 제3단계는 전문분야 훈련으로 1, 2단계를 통과한 선수들만이 해당 종목별로 참가하게 된다. 훈련기간은 연 300일이 넘고, 그 훈련내용은 종목마다 다르다. 이때는 사상교양에도 중점을 두고 있다. 최근에는 현대적 체육시설을 이용하여 연간 200일 경기와 100일 훈련을 실시하고 있다.[413]

요컨대 김일성 체제하에서 엘리트스포츠정책은 정권 수립기부터 체육 대중화노선

406) 『조선중앙년감』, 1975, 404쪽. “경애하는 수령님의 위대한 주체적인 체육지도사상을 가장 완벽하게 구현하여 당중앙(김정일)에서는 체육사업에서 사상전, 투지전, 속도전, 기술전을 힘있게 벌일 데 대하여 탁월한 사상을 제시하였다.”

407) 『조선중앙년감』, 1973, 276쪽.

408) 『조선중앙년감』, 1978, 319쪽.

409) 위와 같음.

410) 『서울신문』, 1992년 8월 3일자.

411) 金詢教, 앞의 책, 50쪽.

412) 북한연구소, 『북한총람』, 1983, 1425~1426쪽.

413) 『로동신문』, 1989년 8월 20일자.

에 기반하여 국위 선양과 체제정당성을 확립하는 데 주 목적을 두었다. 이에 따라 1960년대까지 인민체력검정 등을 통한 우수선수 발굴과 청소년스포츠구락부 등 학교체육 중심의 선수 육성체제가 이미 확립되었다. 또한 체육과학연구소를 설립하는 등 스포츠과학화에도 일찍부터 관심을 제고하기도 했다. 물론 이런 엘리트스포츠정책의 이념적 근거는 주체사상이었다. 1970년대에 와서는 1972년 뮌헨올림픽에서의 성과에 고무되어 '체육의 왕국'이라는 슬로건으로 대표되는 엘리트스포츠정책이 보다 강조되었다. 그 결과 체육전문학교 등을 중심으로 한 선수육성체제의 발전을 모색했을 뿐만 아니라, 대표선수 훈련수로 남포체육촌 등이 건립되는 등 시설분야에서도 진전을 이루었다. 특히 김정일의 주도하에 체육기술에서도 주체사상화가 시도되었다.

2) 김정일 체제와 엘리트스포츠의 국제화

1980년 제6차 당대회에서 김정일은 김일성의 후계자로 공식 지명되었다. 또한 이 당대회에서는 사회주의의 완전한 승리를 위한 조처로 온 사회의 주체사상화를 내세웠다.[414] 이는 경제개발정책에서도 마찬가지여서 인민경제의 주체화, 현대화, 과학화를 내세운 것이 이런 사정을 잘 보여준다. 그런데 사회주의 완성이라는 전제가 있었지만, 이전 시기와 달리 대외교류를 특별히 강조했다.[415] 1984년 1월 열린 최고인민회의에서 사회주의 국가들과의 교류 확대와 함께, 그 해 9월 대외경제 강화책의 일환으로 채택한 합영법은 이런 대외교류 활성화를 위한 구체적 조처였다.[416]

이런 대외교류 확대를 위한 경제정책은 체육부문에도 적용되었다. 이런 사정은 1986년 체육부문 간부들과 한 김정일의 담화에 잘 나타나 있다.

> 조국의 영예를 빛내이며 세계 여러 나라들과의 친선관계를 발전시키기 위해서도 체육사업을 발전시켜야 합니다. 오늘 국제적으로 체육에 대한 관심이 높아지고 세계적 범위에서 체육활동과 체육교류가 널리 진행되고 있습니다. 이런 조건에서 우리의 체육인들이 국제경기에 많이 나가 우수한 성과를 이룩하고 공화국 기발을 휘날리면 조국의 영예와 민족의 슬기를 세계에 떨칠 수 있습니다. 체육기술을 발전시켜 체육교류를 널리 하면 세계 여러 나라들과의 친선관계를 발전시키는 데도 이바지할 수 있습니다.[417]

이처럼 국위를 선양하고 외국과의 친선관계를 발전시키기 위한 스포츠 국제화정책

---

414) 『조선중앙년감』, 1981, 39~40쪽.

415) 위의 책, 51쪽.

416) 한국역사연구회 현대사연구반, 『한국현대사』 4, 풀빛, 1991, 275쪽.

417) 「체육을 대중화하며 체육기술을 빨리 발전시킬 데 대하여」, 『김정일선집』 8, 402쪽.

을 제시한 것이다. 즉 김정일은 이 담화에서 '현 시기 우리 나라 체육기술 발전의 기본방향은 우리 인민의 기호와 체질에 맞고 전망성이 있는 종목들의 기술을 선차적으로 발전시키면서 다른 모든 종목들의 기술을 발전시켜 여기에 따라 세우는 것'이라고 하면서, 마라톤을 비롯한 육상, 축구 등 구기종목, 권투 등 격투기 종목, 사격과 양궁 등을 중점적으로 발전시킬 것을 강조했다. 이를 위해 과학적 훈련법·선수육성방안, 스포츠과학화의 제고 등을 제시했다. 특히 도, 시, 군 소재지 등에 체육시설을 더욱 확장하는 방안을 비롯하여 평양에 현대적 체육촌의 건설을 지시하기도 했다. 이는 결국 1988년 9월 평양 청춘거리에 총건설부지 175만여 평방미터에 20개 종목의 경기를 동시에 치룰 수 있는 종합스포츠시설의 완공으로 그 결실을 보게 되었다.[418]

물론 이런 조처는 1988년 서울올림픽 개최에 자극받은 경쟁심리에서 비롯된 것이기도 하지만, 각종 국제경기대회 개최 등을 염두에 둔 조처이기도 하다. 엘리트스포츠정책의 국제화노선은 남한에서의 남북축구대결을 염두에 둔 1989년 당 중앙위원회 책임간부들과 한 담화로도 확인된다. 이 담화에서 김정일은 축구선진국들과의 교류만 아니라 남한과의 축구경기를 예상하고, 기술 제고와 훈련 강화를 명확하게 지시했던 것이다.[419]

이렇게 1980년대 중반부터 북한은 체육분야의 국제화노선을 내세웠는데, 이런 사정은 1986년 체육관계자들과 한 김정일의 담화[420]에 잘 나타나 있다. 이 담화에서 그는 체육기술 수준을 국제수준에 이르도록 하기 위한 지도자 양성사업의 필요성을 제시했는데, 경기지도자들의 임무로는 첫째 '우리 식의 체육기술과 전술체계, 훈련방법'을 완성하고 세계의 체육기술 발전 경험들을 깊이 체득할 것, 둘째 훈련계획을 잘 세우고 훈련의 모든 과정에서 과학적인 지도를 보장할 것, 셋째 우수한 전술방안을 작성하여 매 경기마다 활용할 것 등을 지시했다.

김정일의 이러한 지시는 비록 '주체적인'이란 용어를 사용하긴 했어도 국제수준의 체육기술을 획득하기 위해 체육간부나 지도자들에게 과학적 방식이나 교수훈련법을 요구한 것으로 이해된다. 또 스포츠과학화에 대한 개괄적인 필요성을 강조하면서 축구와 마라톤과 같은 북한의 전략 종목에 대한 과학적 연구를 지시했다. 그 밖에 운동생리학, 운동영양학 등에 대해서도 간단히 언급했다.

게다가 1989년 조선로동당 중앙위원회 책임간부들과 한 담화[421]에서는 보다 세부적이고 구체적인 분야까지 언급했다. 우선 기존 체육과학 연구사업이 주먹구구식으로 진행되었음을 비판하고, 체육기술을 국제적 수준으로 끌어올리기 위한 전망과 단계별

418) 조남훈, 앞의 책, 326~327쪽.
419) 「체육을 발전시킬데 대하여」, 『김정일선집』 9, 333쪽.
420) 「체육을 대중화하며 체육기술을 빨리 발전시킬 데 대하여」, 『김정일선집』 8, 408~413쪽.
421) 「체육을 발전시킬 데 대하여」, 『김정일선집』 9, 333~341쪽.

계획에 따라 체육과학 연구를 진행시킬 것을 지시했다. 이어 체육관련 기초과학을 개척하기 위한 연구사업의 강화를 주문하고, 운동영양학의 연구사업을 강화하는 방안을 구체적으로 예시했다. 스포츠의학 분야에서도 의학의 최신 성과를 수렴할 것을 지적하고, 이를 위한 인적 자원의 확보방안도 자세히 언급했다. 체육과학을 발전시키기 위한 또다른 방안으로 체육과학연구소와 체육과학도서관 등 연구지원시설의 강화방안에 대해서도 지적했다.

이처럼 스포츠과학 발전에 있어 큰 전환점이 된 것은 김정일의 1986년 5월 19일 체육관계자들과 한 담화, 1989년 6월 2일 당 중앙위원회 책임자들과 한 담화였다. 물론 이 두 담화에서 김정일은 주체체육을 강조하여 기존 김일성의 담화나 연설 내용과 크게 벗어난 것은 아니었다. 하지만 그의 발언 가운데 김일성의 담화나 연설과 달리 체육기술 발달에 대한 언급이 큰 비중을 차지하고 있다. 그 가운데서도 체육기술 발달을 위한 스포츠과학분야에 대해서 높은 관심을 나타냈다.

이렇게 1980년대 김정일의 스포츠과학에 대한 높은 관심은 구체적인 스포츠과학 활성화방안으로 이어졌다. 예컨대 체육과학연구소에서는 축구·배구 등 구기종목, 육상·수영 등 기록종목, 레슬링 및 유도와 같은 중경기종목별로 전담부서를 두고 과학적 훈련기법과 기술개발에 힘썼다. 이 외에도 학교 및 군중체육의 과학적 발전과 체육교육을 위한 각종 교재개발도 했다.[422] 또 20여 개에 달하는 각 시·도의 대학부설 연구소와 긴밀한 연계 체제를 마련하여 정보를 교환했다.[423] 특히 세계 체육의 발전상을 보여주는 과학영화를 촬영 편집하여 각 선수단은 물론 각급 교육기관과 학교에서 효과적으로 이용하게 했다.[424]

체육과학연구소는 김정일이 1986년과 1989년 관계자들과 한 담화[425]에서 체육과학에 큰 관심을 보인 이후 더욱 활성화되었다. 예컨대 개원 당시 17명의 전문연구진이 1990년대에는 체육력학, 체육생화학, 운동기능실험, 체육생리 등 4개 분야 300여 명으로 증원되었다.[426] 이들은 1989년까지 3,000여 건의 연구논문, 참고자료와 100여 권의 각종 도서를 집필하는 등 많은 역할을 했다.[427]

1959년 3월 창립된[428] 체육의료소는 1983년 3월 세워진 체육위생연구소를 흡수 통합함으로써 그 기능이 더욱 확대되었다. 체육의료소에는 북한 내에서 가장 우수한 의료

422) 『로동신문』, 1989년 3월 20일자; 1989년 3월 22일자.
423) 이학래·김동선, 앞의 책, 188쪽.
424) 『로동신문』, 1989년 3월 20일자; 1990년 3월 27일자.
425) 「체육을 발전시킬 데 대하여」, 『김정일선집』 9, 333~341쪽.
426) 『로동신문』, 1990년 3월 27일자; 정동길, 앞의 책, 193쪽.
427) 조남훈, 앞의 책, 349쪽.
428) 『로동신문』, 1989년 3월 11일자.

인재들이 집중 배치되어 있다. 이곳에서는 양의학과 한의학을 접목시키는 노력을 하고 있는데, 가벼운 부상은 양의학을 이용하고, 골절 및 디스크 등 내상의 경우는 주로 한의학을 활용하고 있다.[429]

이같은 스포츠과학에 대한 연구 투자로 1999년 제7회 세계육상선수권대회 마라톤경기에서의 정성옥 우승은 체육과학연구소의 성과라고 소개한 사실[430]에서 보듯이, 일정한 성과를 이룬 것으로 보인다.

한편, 스포츠과학에 대한 집중적인 정책적 배려와 함께 1980년대에 와서 체육관과 체육구락부들이 급속히 늘어나자 체육지도원들을 체계적으로 양성할 필요성도 제기되었다. 이러한 체육지도자 및 간부양성 제도의 정비는 1960년대 이후 북한체육이 그 발전의 한계를 드러낸 상황과도 깊은 관련이 있다. 이때까지 체육지도자의 육성은 당과 김일성의 지시에 따라 정치 사상적 기초 위에서 '주먹구구식' 교수 및 훈련을 통해 이루어졌다. 그 결과 국제대회에서의 성적은 60년대의 전성기를 기점으로 계속 하락했다.

이에 따라 1981년 2월 2일 평양체육대학에 2년제 특설반을 두었는데, 1985년 4월 3년제로 개편하고 모집인원도 늘렸다. 그 입학 대상은 체육선수단 지도원, 선수, 체육부문 일꾼(간부)들이며, 졸업생에게는 체육훈련지도원 자격을 주었다.[431] 1983년 4월 8일에는 중앙체육간부양성소를 새로 설치하여 체육선수단의 종목별 훈련지도원 재교육반을 두었다.[432] 재교육반은 1년 3, 4기 과정으로 운영하고 있다.

중앙체육간부양성소에서는 체육선수단과 체육구락부의 종목별 훈련지도원들에게 체육의 기초이론과 전공종목의 이론·실기·지도방법 교육을 기본으로, 체육훈련 및 종목별 기술발전 추세를 반영하는 과학 기술적·방법론적 지식도 교육했다. 그 실습은 평양시에서 개최되는 국제 및 국내경기들과 국가종합체육선수단을 비롯한 중앙급 체육선수단의 교수훈련에 대한 참관 및 기술분석·훈련 등으로 진행했다. 이어 1988년 1월 7일에는 중앙체육간부양성소가 중앙체육간부학교로 개편되었는데, 체육간부들의 외국어 전문교육도 담당하고 있다. 설치 이후 1988년 8월까지 중앙체육간부학교에서 양성 및 재교육한 인원은 600여 명에 달했다.

엘리트스포츠에서의 국제화정책은 1990년대 들어서도 여전히 유지되었다. 물론 이

---

429) 『경향신문』, 1991년 5월 15일자.

430) 『로동신문』, 2001년 3월 13일자. "(체육과학연구소의) 륙상연구실에서만도 마라손을 비롯한 륙상종목들에 대한 과학연구사업을 힘있게 벌려 자랑할 만한 성과를 거두었다. 세계 <<마라손 녀왕>> 정성옥 선수를 비롯한 륙상선수들이 이룩한 성과 속에는 그들의 훈련을 과학적으로 든든히 안받침해준 륙상연구실 연구집단의 숨은 노력이 깃들어 있다."

431) 조남훈, 앞의 책, 334~335쪽.

432) 위의 책, 335쪽.

시기 동구 사회주의 국가의 몰락과 1994년 김일성의 사망, 경제난 등으로 개방화 노선의 일시적인 위축을 가져왔다. 하지만 1996년 미국 애틀란타올림픽게임을 앞두고 국제스포츠무대에 다시 등장하면서, 스포츠선진국들의 체육기술을 습득하기 위한 대외교류가 재추진되었다.

예컨대 1996년 중국과의 체육교류의정서 교환,[433] 1998년 일본과의 체육교류강화협의,[434] 1998년 9월 IOC와의 교류협력 강화 합의[435] 등이 그 대표적 사례이다. 뿐만 아니라 농구와 권투 등 일부 종목에 한하여 프로화가 진행되는 등[436] 새로운 변화를 모색하고 있다. 2000년대에 들어서도 북한은 국제대회에 적극 참가하는 동시에, 남한과의 친선경기에도 적극적으로 나서고 있다.[437]

물론 김정일의 사상전, 투지전, 속도전, 기술전이라는 주체화노선이 관철된 데[438]서 보듯이, 엘리트스포츠의 이념적 토대는 주체사상이었다. 이런 사정은 1992년과 1998년 개정된 헌법에서 '전체 인민들을 로동과 국방에 튼튼히 준비시키며, 우리나라 실정과 현대 체육기술 발전추세에 맞게 체육기술을 발전시킨다'[439]고 규정한 데에서도 확인할 수 있다. 이러한 주체사상에 기반한 엘리트스포츠정책은 2000년대에 와서도 그대로 관철되었다. 특히 1999년 정성옥 선수의 세계육상선수권대회 마라톤 제패는 주체사상에 입각한 체육정책의 승리로 홍보하는 기폭제가 되었다.[440]

요컨대 김정일 체제하의 엘리트스포츠정책은 체육의 주체사상화에 기반하면서도 개방석 경향도 가지고 있었다. 물론 이런 정책은 대외교류와 국제경기대회 참가를 확대하여 '주체조선', '주체체육'의 '위력'을 과시하는 스포츠내셔널리즘에 기반한 정책적 고려였다. 이에 따라 기존 체육정책의 한계로 쇠퇴하고 있었던 엘리트스포츠를 활성화하기 위해 우수 선수 및 지도자 양성체제의 개선 등에 주력했다. 특히 체육의 대외교류 및 스포츠과학화에 큰 관심을 기울였다. 1986년과 1989년 김정일의 담화가 그 대표적 사례이다. 물론 이러한 엘리트스포츠의 국제화정책도 주체사상에 입각한

433) 정동길, 앞의 책, 257쪽.

434) 연합뉴스, 『2000북한연감』, 653쪽.

435) 위의 책, 655쪽.

436) 연합뉴스, 『2001북한연감』, 888쪽; 『2002북한연감』, 2001, 812쪽.

437) 김남주, 「남북한 학생선수 양성체제 및 교류 방안」, 『남북한 평화통일을 위한 학교체육교류의 이론과 실천방향』(제6회 민족통일 기반조성을 위한 한민족 체육학술대회자료집), 2005, 101쪽.

438) 『조선중앙년감』, 1993, 328쪽.

439) 위의 책, 143쪽; 『조선중앙년감』, 1999, 34쪽.

440) 정성옥의 마라톤 제패 이후 『로동신문』은 9월 한달간 거의 매일 관련기사를 여러 면에 걸쳐 보도하는 등 정성옥을 주체체육의 정당성을 입증해준 사례, 나아가 체제 홍보수단으로 적극 활용했다.

기존 체육정책의 연장선상에서 이루어진 것이지, 결코 본질적인 변화를 추구한 것은 아니었다.

제 VII 장 요 약

1. 체육이념과 정책기조

조국광복 이후 남한에서는 민주적이고 체육 본래의 가치를 추구하는 신체육이 소개·도입되었다. 하지만 분단체제로 인하여 반공이데올로기에 기반한 국가주의적 체육이념이 관철됨에 따라, 신체육 운동은 좌절되고 말았다.

이러한 국가주의적 체육이념은 군사정권기에 와서 스포츠내셔널리즘으로 전환되었다. 박정희 정부의 '체력은 국력', 전두환 정부의 '체육입국'은 이를 상징하는 대표적 슬로건이었다. 노태우 정부는 이전 군사정권과 달리 정통성 문제에서 상대적으로 자유로왔지만, 이때의 체육이념도 여전히 스포츠내셔널리즘에 기반했다. 군사정권기의 이 같은 스포츠내셔널리즘은 국력배양을 통한 남북한 체제경쟁과 국민단합을 위한 중요한 수단으로 기능했다.

문민정권은 군사정권 시기에 과도하게 표출되었던 스포츠내셔널리즘에서 탈피하고자 했다. 그 대안으로 민주주의적 가치를 실현하기 위한 민간 주도적인 체육이념을 모색했다. 하지만 문민정권 역시 스포츠내셔널리즘에서 크게 벗어나지는 못했다. 그것은 국위 선양이나 국가위상 제고와 같은 엘리트스포츠의 순기능을 인정했기 때문이다. 다만 문민정권, 특히 김대중 정부의 스포츠내셔널리즘은 군사정권과 달리 남북교류나 민족화합, 혹은 IMF 경제위기에 따른 국민 사기 진작 등의 수단으로 활용되었다.

군사정권은 강력한 공권력을 바탕으로 체육진흥을 위한 기본적인 방향과 정책적 기반을 마련하여, 국가주의적 목적을 달성하는 데 주안점을 두었다. 박정희 정부하에서 학교체육이 국가주의적 목표 달성에 부합하는 국민 육성의 차원에서 이루어져 군사훈련에 중점을 둔 체육교육이 실시된 것은 그 대표적 사례이다. 생활체육도 국민 체위 향상이라는 건민체육의 목표를 실현하는 데 그 정책적 목표를 두었다. 이에 따라 국민체육진흥법의 제정과 연이은 개정을 통해 그 법적·제도적 뒷받침을 강화해 나갔다. 이는 박정희 정부가 생활체육의 본질적 가치를 인식했기 때문이었다. 하지만 생활체육활동조차도 새마을운동과 연계하고, 생활체육단체를 관변화하는 등 정치적 목적에 이용했다. 그만큼 생활체육정책 역시 국가주의적 이념에서 자유로울 수 없었던 것이다.

엘리트스포츠는 박정희 정부의 스포츠내셔널리즘을 관철하는 중요한 정책영역이었다. 따라서 엘리트스포츠 진흥을 위한 법적·제도적 기반을 마련하는 데 적극적이었다. 그 결과 우수선수 및 지도자 양성, 과학적 훈련 도입, 국가 차원의 선수훈련소 건립에 주력했다. 하지만 국제경기대회에서의 성과를 내는 데 초점을 맞추었기 때문에 엘리트스포츠 진흥을 위한 장기적이고 근원적인 정책을 수립하지는 못했다.

전두환 정부 때에 와서 '체육입국'으로 상징되는 보다 강화된 국가 주도의 체육정책이 수립되었다. 체육부의 신설로 문교부의 학교행정 차원에서 이루어지던 체육행정을 확대하여, 정책 추진의 효율성을 극대화했다. 하지만 그 주된 목적은 88올림픽게임과 86아시안게임의 성공적 개최를 통해 정부의 정통성을 확보하는 데 있었다. 이같은 정책기조는 엘리트스포츠에 대한 집중적인 지원으로 나타났다. 그 결과 한국체육은 외형상 선진국 수준의 경기력을 갖출 수 있었지만, 균형있는 체육발전을 도모하지는 못했다. 학교체육은 예산 배정에서 보듯이 엘리트스포츠 영역에 집중했을 뿐 학교체육 진흥을 위한 기본적인 조처는 미흡할 정도로, 그 정책적 고려는 사실상 부재했다. 생활체육은 직장체육 진흥을 위한 법적 토대를 강화하고, 기존 새마을체육회를 한국사회체육진흥회로 확대·개편하는 등 그 외형적 진전을 이루었다. 하지만 생활체육단체의 관변화와 예산 전용 등으로 그 실제적 효과는 거의 없었다.

노태우 정부는 올림픽의 성공적 개최와 국민들의 체육에 대한 관심의 제고를 바탕으로 생활체육 위주의 정책기조를 마련했다. 학교체육에서는 학교체육관리지침을 통해 체육수업의 정상화, 체육시설 확충 및 활용 확대 등을 도모하고자 했다. 생활체육은 호돌이계획으로 대표되는 획기적인 진흥방안을 마련하는 등 법적·정책적 기반이 확립되었다. 그 결과 과거 국가주의적 입장에서 벗어나 국민의 건강증진과 스포츠참여율 제고에도 일정한 성과가 있었다. 물론 노태우 정부는 기본적으로 엘리트스포츠 위주의 정책기조에서 완전히 벗어난 것은 아니었다. 결국 체육청소년부의 신설에 따른 학교체육행정의 이원화, 수업시간의 축소 등으로 학교체육은 부실화했고, 생활체육도 국민생활체육협의회가 관변화하는 등 여전히 정치논리에 예속되었다. 엘리트스포츠 역시 특정 종목에 편중된 선수층 구성 등 과거 엘리트스포츠의 한계를 극복하지는 못했다.

문민정권은 엘리트스포츠 위주의 정책에서 벗어나 생활체육 활성화에 중점을 둔 정책기조를 마련했다. 이는 지방화·민간화·다원화로 표현되는 민간 주도의 시장주의적 정책으로 나타났는데, 체육행정기구의 축소, 체육부문 예산에 민간 자본 유치, 민간 위탁의 공공체육시설 운영이 그 대표적 사례이다.

학교체육분야는 실질적인 정책적 고려는 전무했다. 오히려 체력장제도와 체력검사제도 폐지, 수업시간의 축소나 선택과목화 등으로 학교체육은 더욱 부실화했다. 생활체육분야에선 자율적 생활체육진흥정책을 본격적으로 마련하여 경제성장에 따른 참여기회나 활동의 폭을 제고하고자 했다. 엘리트스포츠분야에서는 생활체육과의 연계강화, 우수선수의 과학적 양성, 경기대회운영의 개선, 체육단체의 자율성·전문성·합리성 제고를 정책기조로 삼았다.

하지만 문민정권의 민간 주도의 시장주의석 정책기조는 엘리트스포츠는 물론이고 생활체육정책도 그다지 성공적이지 못했다. 수익성을 전제로 한 민간자본의 성격을 고려하지 않은 채 예산은 1회성 사업에 집중되었고, 그나마 국가이미지 제고를 위한 영역에만 국고를 투입했기 때문이다. 결국 생활체육과 엘리트스포츠는 민간자본의 투자에 크게 기대한 결과 자율화에 따른 활성화보다는 국민부담만 증가시켰고, 엘리트스포츠와 생활체육의 연계라는 정책기조는 실현될 수 없었다.

2. 학교체육정책

이승만 정부는 민주주의를 표방하면서도 남한내 좌우익 이념대립의 영향으로 '민주주의적 민족교육'이라는 민족주의적 교육정책을 수립했다. 그 결과 교육과정에서 신체육의 이념을 받아들여 체육교육의 본질적 가치를 수용했지만, 교과내용에선 중등학교 이상의 각급 학교에서 군사교육이 정식과목으로 채택되는 등 체육교육의 국가주의적·군국주의적 요소가 강했다.

군사정권하의 체육교육도 그 본질적 가치보다는 국가주의적 목표에 주력했다. 박정희 정부 시기에는 학교체육이 군사훈련의 연장선에서 실시되었다. 때문에 체육교육의 본질적 가치를 등한시할 수 밖에 없었다. 하지만 체력은 국력이라는 슬로건에서 보듯이, 학교체육을 통한 국민체위 향상에도 주력했다. 이에 따라 체육교육을 위한 정책적·제도적 기반의 기본틀을 확립하고, 신체활동을 통한 성장을 중시하는 학교체육의 기본방침을 마련했다. 그 결과 교육내용에서도 기초체력 종목에 역점을 두었다. 뿐만 아니라 입시에서도 체력검사를 부과하는 등 학생들의 전반적 체력 향상을 위한 정책적 고려가 심화되었다. 이로써 체육에 대한 관심 제고는 물론 학생들의 신체적 성장에도 큰 진전이 있었다.

전두환 정부의 학교체육정책은 기본적으로 박정희 정부의 진흥방안을 그대로 계승했다. 하지만 교육과정에선 박정희 정부 시기보다 진전된 모습을 보였고, 체육수업의 시간과 교내 경기대회의 규모를 확대하기도 했다. 또한 학생들의 체위나 체력 향상을 위한 체력검사제도는 일부 개선하기도 했다. 그러나 88올림픽의 성공적 개최를 염두에 두고 학생선수의 양성이나 체육계 학교에 대한 지원 강화 등 이전보다 더 학교체육의 엘리트스포츠 부문에 정책적 고려가 집중되었다. 그 결과 체육교육의 본질적 가치는 정책적 고려의 대상이 되지 못한 채 전두환 정부가 표방한 학교체육의 내실화는 사실상 이루어지지 않았다.

노태우 정부에 와서 학교체육 활성화를 위한 방안을 마련하고 이를 시행하기 위한 행정적 조치가 마련되었다. 교육내용에서도 신체적 표현능력이나 기능은 물론 개인의 창의적 활동을 개발하는 데 중점을 두었다. 그러나 교과과정의 운영에서는 이를 구현할 프로그램이 매우 부족했다. 게다가 체육수업의 시간 축소로 현장에선 학교체육 진흥방안을 실현할 수 없었다. 특히 체육청소년부의 직제개편에 따라 학교체육 업무가 이원화됨으로써 행정의 효율성이 낮아졌고, 학교체육진흥 예산이 체육계 학교에 지원된 예산에도 미치지 못하는 등 엘리트스포츠 위주의 학교체육정책은 여전히 개선되지 못했다.

문민정권이 출범함에 따라 군사정권기의 비교육적·비민주적 체육교육을 반성하고 그 본질적 가치를 추구함으로써 학교체육에 대한 인식에서는 진전이 있었다. 그러나 IMF체제에 따른 세계화 전략 및 효율성에 중점을 둔 기능·실용주의적 지식 습득 위주의 교육정책은 전인교육으로서 체육교육을 등한시하는 결과를 초래했다. 그것은 문민정권이 체육교육의 기본적인 가치를 제대로 인식하지 못했기 때문이었다. 따라서 문민정권은 입시위주의 교육환경을 고려하지 않은 채 학교체육을 정규 교육과정에만 한정했다. 게다가 중·고등학교의 체육시간은 대폭 축소되었다. 특히 김대중 정부에 와서 고등학교 2, 3학년의 체육은 아예 선택과목화되었다. 그간 학생들의 체력향상에 큰 공헌을 했던 체력장제도마저 폐지되었다. 더구나 제7차 교육과정에선 학습자 중심의 교육을 강조했으나, 교육 현장에선 학생들이 선호하는 구기 등 일부 종목 위주로 체육활동이 이루어졌을 뿐이었다. 이는 입시 위주의 교육환경을 전혀 고려하지 않은 채 자율화, 특성화, 다양화의 원리를 적용한다는 명분으로 오히려 체육교육의 본질적 가치를 훼손하는 결과를 가져왔다.

3. 생활체육정책

생활체육정책은 1960년대 박정희 정부가 그 필요성과 의의를 인식하고 국민체육진흥법과 그 시행령 등의 법적 기반을 마련하면서 추진되었다. 이로써 체육의 날이나 체육주간 등의 설정은 물론 직장 내 운동경기부 등이 세워져 직장 내 체육활동이 전개될 수 있었다. 비록 사회 전반에 걸쳐 생활체육이 활발하게 전개되지는 못했지만, 체육의 본질적 가치에 대한 인식이 제고될 수 있는 환경을 조성했다는 점에선 의의가 있다. 그러다가 1970년대에 와서 새마을운동과 생활체육이 연계되면서 지역 중심의 생활체육정책 기반이 조성되기 시작했다. 이에 따라 국민 모두가 차별없이 참여한다는 생활체육의 이념이 점차 정착되기에 이르렀다.

그러나 국민체육심의위원회 활동의 미미, 경영합리화를 내세운 직장팀의 해체에서 보듯이, 법적 조치와 그 실제 활동이 미흡했다. 또 생활체육활동도 대한체육회와 YMCA 등 사회단체의 주도로 일정한 성과를 거두기는 했지만, 대체로 소수의 사람들만이 참여하는 정도에 그쳤을 뿐이었다. 그것은 재정·시설투자의 부족에 기인했는데, 이는 기본적으로 생활체육마저 국가주의적 목적을 관철하는 수단으로 인식한 데서 비롯된 것이다. 새마을운동의 일환으로 지역체육활동을 추진한 것이 그 대표적 사례일 것이다.

전두환 정부는 체육부을 신설하여 생활체육을 전담하는 과 규모의 행정기구를 설치했다. 국민체육진흥법의 개정으로 생활체육을 위한 법적 기반도 어느 정도 확대되었다. 하지만 이는 기본적으로 86아시안게임과 88올림픽게임의 성공적 개최를 위한 엘리트스포츠 강화에 기본적 목표를 둔 것이었지, 생활체육진흥을 위한 정책적 고려라고 볼 수는 없다. 이런 시정으로 체육 전반에 걸쳐 엘리트스포츠 중심의 국가주의적 이념이 지나치게 강조되었다. 또한 박정희 정부 시기 추진된 새마을체육회를 확대·개편하고 그 지원을 강화한 한국사회체육진흥회가 정치논리에 휩쓸려 관변단체화하여 대한체육회의 생활체육기능조차 유명무실하게 만들었다. 이렇게 전두환 정부 시기 생활체육정책은 엘리트스포츠에 대한 과도한 지원으로 일부 제도적 기반의 조성을 제외하곤 주목할 만한 진전은 없었다.

노태우 정부는 생활체육진흥을 위한 본격적인 정책적 고려와 제도적 기반을 마련했다. 호돌이계획은 그 실천을 위한 방안이었다. 이 계획에 따라 안정적인 재정확보를 위해 국민체육진흥공단을 설립하고, 생활체육을 체계적으로 지원 육성하기 위한 국민생활체육협의회를 조직했다. 하지만 진흥공단의 경우 기금확보에만 치중했고, 그나마 이루어진 기금도 대부분 근린 체육시설의 설치에 지원되었다. 또한 공단의 수익사업은 복권발행에서 보듯이, 국민들의 사행심을 조장하는 등 부작용도 따랐다. 생체협의 경우도 설립 시기부터 관변단체라는 부정적 인식을 탈피하지 못했다. 그러나 노태우 정부가 추진한 생활체육정책은 실질적인 성과가 미흡했지만, 생활체육정책에 대한 본격적인 정책적 관심과 기반을 마련했다는 점에서 의의가 크다고 할 수 있다.

문민정권은 군사정권과 달리 정통성 시비에서 자유로왔다. 이런 연유로 문민정권은 엘리트스포츠 위주에서 민간 주도의 생활체육진흥을 위한 정책을 추진해갔다. 제1·2차 국민체육진흥5개년계획은 이런 생활체육정책의 기본 방향을 제시한 것이었다.

김영삼 정부는 국민의 체육에 대한 관심 제고, 참여기회의 확대, 생활체육공간의 확충 등을 정책 목표로 내세우면서, 지방자치단체와 민간단체의 기능과 활동을 강화하고 생활체육의 예산을 증액했다. 김대중 정부 역시 이런 김영삼 정부의 정책기조를 더 강화하여 시장주의적 접근을 시도했다. 이에 따라 생활체육 예산을 대폭 증대하는 한편, 민간 자본의 생활체육에 대한 투자를 확대하고자 했다.

그러나 문민정권은 국가경쟁력 제고 등을 명분으로 체육행정조직의 축소, 현실을 무시한 과도한 민간주도의 시장주의적 정책을 추진함으로써 오히려 생활체육의 진흥이라는 정책목표를 제대로 달성하지 못했다. 즉 문민정권의 생활체육정책은 그 활성화를 위한 본질적 사업보다는 1회성 행사에 대한 지원에 주력했던 것이다. 물론 김대중 정부의 경우 경제위기를 극복하기 위한 정책적 고려가 우선시될 수 밖에 없었다. 그 결과 총체육예산 가운데 생활체육 예산 비중은 늘어났지만, 생활체육에 대한 국가적 차원의 지원은 미흡할 수 밖에 없었다. 이런 사정으로 생활체육의 참여는 개인의 경제적 능력에 따라 격차가 크게 날 수 밖에 없었다. 결국 국민 모두가 참여하고 고르게 향유해야 한다는 국민복지 차원의 생활체육 실현이라는 문민정권의 근본적 정책목표는 달성될 수 없었다.

4. 엘리트스포츠정책

엘리트스포츠정책은 1960년대부터 기본적인 방안이 마련되었다. 우선 국민체육진흥법과 그 시행령 제정으로 우수선수와 경기지도자의 신분보장과 여건을 개선하는 법적 기반이 마련되었다. 그리고 대한체육회의 주도하에 우수선수 발굴 및 육성 정책 등이 수립되어 국제경기대회에서의 성적을 제고할 수 있는 선수 육성체제와 스포츠과학화 등 엘리트스포츠정책의 기본 체제가 마련되었다.

그러나 그것은 주로 올림픽 등 국제경기대회에서 좋은 성적을 얻어 국위를 선양한다는 스포츠내셔널리즘에 기반한 것으로, 1965년부터 추진된 '6개년 장기훈련계획'에서 보듯 단기적인 성과를 이루는 데 치중했다. 뿐만 아니라 정부의 주도면밀하고 계획적인 정책 수립과 추진과정을 통해 그 기반을 구축하기보다는 특정 인사의 의지와 최고권력자의 비공식적 지시에 따라 이루어졌다. 태릉선수촌의 건립 과정은 이를 단적으로 보여주는 사례이다. 게다가 제6회 아시안게임의 개최권을 반납한 데서 알 수 있듯이, 경제개발에 중점을 둔 정부의 정책으로 아직 엘리트스포츠정책은 확고한 정책적 고려의 대상이 되지는 못했다. 하지만 국제경기대회에서의 성적을 국력과 국위선양으로 인식한 박정희 정부하에서 법적 토대는 물론이고, 선수촌 건립 등 시설투자에는 적극적이어서 엘리트스포츠 활성화를 위한 기반 조성은 큰 진전을 이루었다.

1970년대에 와서 엘리트스포츠 진흥을 위한 법적·제도적 기반이 확대되었다. 무엇보다도 국민체육진흥기금에 관한 법률의 제정으로 재정확보에 큰 진전을 이루었다. 또 체육계 학교와 한국체육대학, 국군체육부대의 설립 및 체육특기자제도, 병역특례법의 제정으로 우수선수 발굴과 육성, 경기지도자 자질 및 경기력을 향상시키고자 했다.

물론 이런 엘리트스포츠정책은 스포츠내셔널리즘에 기반한 것이었다. 따라서 보다 근본적인 체육의 발전을 모색하는 데는 미흡했다. 또한 대북 우위의 확보 등 국가주의적 목표에 중점을 둔 엘리트스포츠정책은 단기간에 국제대회에서 좋은 성적을 올리기 위한 선수 발굴이나 육성 등에 주력할 수 밖에 없었다. 하지만 이러한 법적·제도적 장치하에 엘리트스포츠정책을 국가적 차원에서 추진해 갈 수 있는 기반이 확립되었고, 이는 1980년대 한국 스포츠의 새로운 원동력을 제공하는 결정적 계기가 되었다.

체육입국을 표방한 전두환 정부는 86아시안게임과 88올림픽게임의 성공적 개최를 목표로 엘리트스포츠 진흥정책을 강화했다. 먼저 1982 국민체육진흥법의 개정으로 엘리트스포츠를 위한 법적 지원체계를 강화했다. 또한 꿈나무 발굴과 체육계 학교의 확대, 과학적 선수육성체계의 확립은 물론, 스포츠과학 진흥부문에서도 정책적 진전을 이루었다. 특히 체육부의 신설에서 보듯 지금까지 문교행정의 차원에서 추진됨으로써 범정부적 지원체계가 미흡한 엘리트스포츠정책을 독립된 중앙행정부처로 단일화함으로써 획기적인 전기를 마련할 수 있었다. 이에 따라 박정희 정부때보다 대폭 증액된 예산을 전적으로 엘리트스포츠정책 부문에 투입함으로써 엘리트스포츠 발전에 커다란 공헌을 한 것은 긍정적으로 평가해야 할 것이다.

하지만 86아시안게임과 88올림픽게임만을 염두에 둠으로써 엘리트스포츠의 지속적 발전을 위한 체계적 정책수립은 확립되지 못했다. 이는 결국 올림픽게임 이후 엘리트스포츠 위주의 정책에 대한 비판으로 이어졌음은 물론이고, 균형있는 체육발전을 모색하는 데 장애로 작용했다.

노태우 정부는 88올림픽게임 이후 위축된 엘리트스포츠 환경의 변화에 맞춰 그 선진화 방안을 위한 정책을 모색했다. 특히 기존 체육부 조직을 사실상 유지시킨 체육청소년부의 설립은 체육부 폐지 여론을 극복하여, 엘리트스포츠정책을 위한 행정기구의 존립을 가능하게 했다는 점에서 큰 의의를 갖는다. 또한 국민체육진흥재단을 올림픽기념국민체육진흥공단으로 개편하여 엘리트스포츠 지원을 위한 재정을 확대했다. 그리고 우수선수 발굴 및 훈련, 경기지도자 양성을 체계화하여 기존 단기적인 성과 획득 위주의 엘리트스포츠 체제를 개선하고자 했다. 국민체육진흥공단 기금의 배정에서 보듯이 체육예산도 생활체육 활성화라는 정책기조와 무관하게 엘리트스포츠에 집중 지원했다.

이러한 엘리트스포츠 위주 정책은 본질적 측면에서 엘리트스포츠의 선진화 정책을 확립하는 데 장애가 되었다. 특히 남북체육교류가 진전을 보이면서, 과거 남북대결과 국제대회에서의 성적을 염두에 둔 엘리트스포츠는 더 이상 국민통합적 기능을 유지하기가 어려워졌다. 또한 선수와 코치 등 우수 인력이 프로스포츠에 더 관심을 갖게 되는 등 엘리트스포츠 환경이 크게 변모했다. 그럼에도 노태우 정부는 여전히 경기력 향상을 통한 국위 선양이라는 과거 스포츠내셔널리즘적 정책목표를 고수했다. 그 결과 정책적 목표와 달리 실제로는 베이징아시안게임 등을 목표로 단기적인 성과획득에 주력했다. 이로써 체육특기자 문제, 메달 획득 유망종목에 치중된 팀 및 선수층의 구성 등 과거 엘리트스포츠 위주 정책의 한계를 극복하지는 못했다.

문민정권은 엘리트스포츠 위주 정책에서 벗어나고자 했다. 다만 김영삼 정부는 세계 10위권의 경기력 유지라는 측면에서 엘리트스포츠의 환경적 요소 개선을, 김대중 정부는 생활체육과의 연계를 정책 목표로 내세웠다. 물론 문민정권의 엘리트스포츠에 대한 정책적 관심은 여전히 높았다. 국민체육진흥기금의 지원이 학교체육이나 생활체육보다 엘리트스포츠에 더 집중된 것은 그 단적인 사례일 것이다.

문민정권의 엘리트스포츠정책은 기본적으로 기존 정책방안을 계승하여 보다 체계적이고 과학적으로 개선하는 데 있었다. 그 핵심은 자율화·효율화 제고라는 목표를 민간 주도의 시장주의적 입장에서 추진한다는 것이었다. 이로써 행정기구를 축소하고 국가의 재정부담을 줄이고 대신 민간의 자본을 적극 투입하고자 했다. 그러나 민간 주도의 체육정책으로 엘리트스포츠정책의 목표는 큰 성과를 거두지는 못했다. 행정기구의 축소로 엘리트스포츠를 담당할 부서의 전문성이 저하되었으며, 특히 엘리트스포츠의 근간이라고 할 수 있는 우수선수 육성부문에서도 민간자본에 크게 기대했다.

그 결과 김영삼 정부 시기 전체 체육예산은 오히려 감소하는 추세였다. 물론 김대중 정부의 체육예산은 확대되었으나, 실제 엘리트스포츠 진흥을 위한 기본종목 육성 등에 필요한 예산에도 민간 자본에 절대적으로 의존했다. 결국 우수선수 육성은 여전히 단기적인 성과에 주력하여 메달 획득 유망종목에 치우침으로써 진정한 의미의 경기력 향상은 달성되지 못했다. 선수층 저변도 확대되지는 못하고 항아리형의 구조를 갖게 되었다. 특히 프로구단과의 연계를 통한 아마추어팀의 육성이라는 대표적인 시장주의적 정책은 역설적으로 기업의 이윤추구라는 시장논리에 따라 실패했다.

한마디로 문민정권의 엘리트스포츠정책은 민간 주도의 시장주의 관철이라는 명분하에 국가적 지원을 축소함으로써 자율화라는 정책목표는 물론이고 궁극적으로는 국민의 관심과 체육인들의 사기를 저하시키는 결과를 가져왔다.

5. 북한의 체육정책

북한의 체육정책도 국가주의적 이념이 관철되기는 마찬가지였다. 북한 당국은 정권 초기에 인민주의에 입각한 체육 대중화노선을 제시했지만, 이는 체육의 본질적 가치보다는 전체주의적 이념에 따른 노동과 국방에의 복무라는 국가주의적 목표를 실현하고자 하는 수단에 불과했다. 그것은 주체사상을 체육의 이념적 근거로 삼았기 때문이었다. 김정일 체제에서 비록 개방적인 경향이 나타나 체육의 본질적 가치를 강조하기는 했지만, 주체사상을 이념적 기반으로 하는 체육정책의 기조가 포기된 것은 결코 아니었다.

북한의 학교체육은 학생들이 하나의 독립된 인격체로서 갖추어야 될 기본적인 소양으로서가 아니라, 전체주의적·집단주의적 사회체제에서 필요로 하는 하나의 객체로서 '주체형의 인간상'을 구현하는 수단이다. 정권 수립기에는 그 이념적 지표로서 맑스-레닌주의를 공식적으로 표방하지는 않았다. 그러다가 한국전쟁을 거치면서 애국주의와 프롤레타리아국제주의를 제시하면서 본격적으로 맑스-레닌주의를 교육이념으로 내세우기 시작했다. 체육교육도 이같은 이념적 지표의 형성과정을 반영하여 공산주의적 인간으로서 갖추어야 할 기본적인 체력을 기르고, 청소년 학생들을 노동과 국방에 준비시키는 데 그 목표를 두었던 것이다.

체육교육은 정규 수업 외에도 과외체육의 형식으로 행해지기도 했다. 과외체육은 단순한 체육교육의 측면만 아니라, 사상교육과 체육 대중화노선, 체육의 노동과 국방에의 연계라는 기본 정책의 실현을 위한 수단이기도 했다. 그러다가 1960년대 김일성 유일체제와 1970년대 주체사상의 확립으로 체육교육은 '주체형의 인간'을 양성하는 수단으로 인식되면서 체육교육의 강화책이 수립되었는데, 1977년 '사회주의교육에 관한 테제'에서 그 구체적 방안이 마련되었다. 이는 본질적으로는 북한 사회체제가 요구하는 인간 양성이라는 학교체육정책의 기본 방침을 내세운 것이었다. 이런 사정은 김정일 체제에서도 그대로 관철되었다.

1980년대 후반에 들어서면서 체육교육의 본질적·내재적 가치에 주목하기 시작했다. 이는 그전까지 사상교육, 노동과 국방에의 기여 등 국가주의적 목표에 주력한 북한사회가 이 시기에 들어서면서 일정한 변화를 겪게 된 것과 무관한 것은 아니었다. 더 이상 북한사회는 정치·사상적 통제로 지탱할 수 없을 만큼 변모하고 있었기 때문이었다. 그러나 이런 학교체육정책의 변화는 '주체형의 인간 양성'이라는 체육교육의 궁극적 목표를 부정하는 것은 결코 아니었다.

군중체육은 체육과 노동, 국방 등 3개 요소를 충족시키기 위하여 북한 나름대로 창안해 낸 독특한 형태의 체육활동이다. 물론 군중체육에서도 생활체육의 기본 개념을 분명히 내포하고 있지만, 그 본질적 가치를 추구하는 것은 결코 아니다. 군중체육에도 기본적으로 김일성의 혁명사상, 즉 주체사상에 입각한 사상교양을 반영했다. 체육 역시 집단주의정신과 김일성의 혁명정신=주체사상을 배양하여 전 사회를 혁명화·노동계급화하는 데 적극 복무해야 하기 때문이다. 그 정책의 궁극적 목표도 기본적으로 노동과 국방에의 복무에 있다. 그 결과 군중체육은 이를 실현하는 대중동원체계로 인식되었고, 인민체력검정제도와 모범체육군제도는 이런 군중체육사업의 목적을 위해 실시한 대표적인 사업이었다. 결국 군중체육은 집단주의 원리와 김일성 유일사상을 반영할 수 밖에 없었고, 생산력 향상을 위한 생산경기, 특히 집단체조와 국방체육 위주로 전개될 수 밖에 없었다.

김정일 체제하의 군중체육은 체육대중화 노선에 입각한 노동과 국방에의 복무라는 김일성 체제의 정책을 그대로 계승했다. 하지만 이전 시기와 달리 일정 부분 생활체육의 본질적 가치에도 보다 주목하는 인식의 변화가 나타났다. 건강태권도와 대중률동체조의 보급이 그 대표적인 사례이다. 그러나 이런 군중체육의 변화 역시 노동과 국방에의 연계를 부정한 것은 아니었고, 오히려 그 연장선에서 체제위기 의식을 극복하는 수단으로서 추진되고 있는 것이다. 결국 현재까지 북한의 군중체육은 여전히 전체 주민을 노동과 국방에 튼튼히 준비시켜 사회주의사회를 건설하고 조국을 보위한다는 북한정권의 근본적인 정책목표를 실현하는 대중동원체제의 한 형식인 것이다.

김일성 체제하에서 엘리트스포츠정책은 정권 수립기부터 체육 대중화노선에 기반하여 국위 선양과 체제정당성을 확립하는 데 주 목적을 두었다. 이에 따라 1960년대까지 인민체력검정 등을 통한 우수선수 발굴과 청소년스포츠구락부 등 학교체육 중심의 선수 육성체제가 이미 확립되었다. 또한 체육과학연구소를 설립하는 등 스포츠의 과학화에도 일찍부터 관심을 가지고 있었다. 1970년대에는 뮌헨올림픽에서의 성과에 고무되어 '체육의 왕국'이라는 슬로건으로 대표되는 엘리트스포츠정책이 보다 강조되었다. 그 결과 체육전문학교 등을 중심으로 한 선수육성체제의 발전을 모색했을 뿐만 아니라, 대표선수 훈련소로 남포체육촌 등을 건설하는 등 시설분야에서도 진전을 이루었다. 특히 김정일에 의해 체육기술에서도 주체사상화가 시도되었다.

김정일 체제하의 엘리트스포츠정책은 주체사상을 이념적 기반으로 하면서도 개방적 경향도 가지고 있었다. 물론 이런 정책은 대외교류와 국제경기대회 참가를 확대하여 '주체조선', '주체체육'의 '위력'을 과시하는 스포츠내셔널리즘에 기반한 정책적 고려였다. 이에 따라 기존 체육정책의 한계로 쇠퇴하고 있었던 엘리트스포츠 부문을 활성화하기 위해 우수선수 및 지도자 양성체제의 개선 등에 주력했다. 특히 기술향상의 제고를 위한 대외교류 및 스포츠과학화에 큰 관심을 기울였다. 이같은 측면에서도 남한과의 교류까지 염두에 둔 엘리트스포츠의 개방화가 요구되었다. 1986년과 1989년 김정일의 담화가 그 대표적 사례이다. 이같은 개방적 정책은 1990년대 이후 남북체육교류의 확대, 현실 사회주의의 몰락이라는 정세 변화로 보다 강화되었다. 하지만 김정일 체제의 안정성 등을 대내외에 과시하기 위하여 체육의 주체사상화의 연장선에서 이루어진 정책의 일환이지 북한사회의 본질적인 변화를 보여주는 것은 결코 아니다.

2부

행정편

제 I 장 체육행정기구
제 II 장 학교체육행정과 체육교육기관
제 III 장 생활체육행정체계와 프로그램
제 IV 장 체육전문인력 양성과 스포츠과학
제 V 장 체육재정과 시설
제 VI 장 북한의 체육행정
제 VII 장 요 약

제I장 체육행정기구

1. 체육행정조직

1) 문교부 산하 체육부서

미군정청은 1946년 3월 29일 군정법령 제64호로 중앙행정조직의 개편을 단행하여 종래의 국을 부로, 과를 처 또는 국으로 승격시켰다. 이에 따라 교육 업무를 담당하는 기구도 학무국에서 문교부로 승격되었다. 이어 1946년 7월 10일에는 문교부의 조직이 종래의 3실 7과[1]에서 7국 1관 21과 20계로 개편되었다. 이중 1관은 국사관으로 국사편찬위원회의 진신이나. 7국은 총무국, 보통교육국, 고등교육국, 편수국, 성인교육국, 문화국, 기상국 등이었고, 문화국에 문화시설과, 예술과, 체육과, 교도과를 두어 체육과가 독립된 행정체계로 편성되었다. 체육과에는 일반체육계와 단체체육계를 두었다.[2]

교육행정을 주관하는 문교부는 1948년 7월 17일 제헌헌법과 더불어 공포된 정부조직법(법률 제1호)에 따라 개편되었다.[3] 문교부는 11부 4처 2위원회 3청으로 조직된 정부행정조직의 하나로 교육, 과학, 기술, 예술, 체육 및 문화 전반에 관한 사항을 관장하는 역할을 맡았다. 문교부의 행정직제는 1실 5국 22과로 출발했다. 기구 편성은 보통교육국, 고등교육국, 과학교육국, 문화국, 편수국 등 5국으로 이루어졌으며, 문화국 산하에 체육과, 예술과, 교도과, 생활개선과, 성인교육과 등 5개의 부서를 두어 독립된 체육행정의 기반을 구축했다.

---

1) 1946년 1월 21일 정비된 학무국 조직은 학무국장, 차장 밑에 3실 7과를 두었다. 즉, 총무실, 연구실, 특수학과실(음악) 등 3실과 편수과, 초등교육과, 중등교육과, 성인교육과, 문화과, 기상과 등 7과로 편성되었고, 문화과에 박물도서관계, 미술계, 오락계, 종교계 등이 분류되어 체육은 별도의 행정체계 속에 포함되어 있지 못했다.

2) 조성일·김영출, 『한국교육행정사』, 집문당, 1996, 22쪽.

3) 서울특별시 교육위원회, 『서울교육사』하, 1981, 372쪽.

1948년 대한민국 정부 수립 이후 1950년대까지의 우리나라의 중앙 행정조직의 구조와 체계는 대륙법(大陸法)에 입각한 것이었으나 그 조직을 운영하는 기술과 방식은 미군정기의 영미식(英美式) 관리방법을 도입·적용하게 됨으로써 제도와 운영간의 괴리가 생기거나 모순이 발생하여 형식주의를 유발하게 되고 행정의 비능률을 가져왔다.[4] 더구나 건국 초기의 혼돈과 6·25 전쟁으로 인한 사회적 혼란은 행정조직체계의 파행을 불가피하게 했다. 전쟁의 후유증은 정부 수립으로 틀을 잡아가던 사회구조 전반에 영향을 미쳤고, 이를 재구조화하기 위한 조직구조 정비에 많은 시간과 노력을 기울이게 만들었다.

1955년 2월 17일에 정부조직법 개정이 이루어져 문교부 직제는 종전의 5국 17과에서 5국 16과로 축소 조정되었다.[5] 종전의 문교부가 관장하던 방송관리, 출판, 영화 등에 관한 기능 가운데 영화 제작에 관한 업무가 공보실로 이관된 것이다. 반면 보통교육국, 고등교육국, 기술교육국에 교육의 조사와 감독에 관한 사항을 관장하는 장학관을 두어 교육행정상으로는 지도 감독권을 강화했다.[6] 체육행정 업무를 관장하는 문교부 문화국의 업무는 직제개편에 따라 종전의 성인교육과, 생활개선과, 교도과, 예술과, 체육과 등 5개 부서에서 사회교육과, 문화보존과, 예술과, 체육과 등 4개 부서로 축소 조정되었다. 이러한 조정은 겉으로 보기에 축소된 것으로 보이지만, 내용상으로는 사회상의 변화를 반영하여 합리적인 조정을 가져온 것으로 볼 수 있다. 그러나 체육행정의 경우에는 조직상의 변동이 없이 지속성을 보여 주었다.

광복 이후 1950년대까지의 체육과에는 4~5명 정도의 소수 직원이 모든 국민의 체육과 보건에 관한 업무를 담당했기 때문에 그 실적은 아주 미미했다. 다만 이 시기에는 대한체육회 중심의 민간단체가 사실상 올림픽대회 등 국제경기대회 파견을 위주로 하는 체육행정 전반을 주도했다.

5·16 군사 정변을 계기로 국가 운영체제에는 일대 혁신이 이루어졌다. 조국 근대화를 내세워 근대국가로의 면모를 갖추고자 한 군사정권은 1961년 10월 2일 정부조직법을 전면 개정하여 정부 수립 후 가장 큰 변화를 몰고 왔다. 이에 따라 문교부의 조직개편이 이루어졌는데, 기층별 조직의 원칙에 의한 편성, 체육행정의 강화, 기획기구의 창설 등에 역점을 두었다. 그 결과 학무국, 학교관리국, 체육국, 문예국 등 4국 14과로 조직 개편이 이루어졌고 별도로 총무과를 두었다.[7] 종래 문화국에 예속되었던 체육과

4) 한정일, 『한국정치행정론』, 박영사, 1979, 371쪽

5) 조성일·김영출, 앞의 책, 28쪽.

6) 1950년대 후반기에는 전임 체육장학사를 배치하여 학교체육의 질적 향상을 도모했으며, 학교체육 실태를 조사하여 과학적인 자료를 모음으로써 체육교육 발전에 노력했다(서울특별시 교육위원회, 앞의 책, 393쪽).

를 체육국으로 독립 승격시켰으며[8] 체육국 내에 국민체육과와 학교체육과를 따로 두어 체육 업무를 확장 강화했다. 이와 함께 예산을 대폭 증액하는 한편, 담당 직원도 늘려 실무력을 강화했다.

그러나 체육국의 독립 승격 지위는 오래가지 못했다. 1963년 12월 14일에 공포된 제3공화국의 새 정부조직법에 의해 체육국이 폐지되고 문예체육국으로 개편됨에 따라 체육행정을 담당하는 기구는 5·16 군사 정변 이전과 비슷한 상태로 환원되어 문예체육국 내의 한 과(課)로 격하[9]되는 등 체육 업무를 담당하는 기구의 축소가 이루어졌기 때문이다.

제3공화국의 출범과 더불어 새로 짜여진 정부조직 기구에서 문교부의 조직 구성은 종전의 4국 14과에서 2실 4국 14과로 확장되었다. 기획관리실과 장학실을 새로 두어 확장된 모습을 보여주었다. 이 과정에서 편수과는 편수국으로 확장되었고, 그 대신 체육국과 문예국을 통합해 문예체육국으로 축소하는 결과를 가져왔다. 이때의 통합 결과를 보면, 문예국 산하의 3개과는 그대로 두고, 체육국 산하의 국민체육과와 학교체육과를 묶어서 체육과로 축소한 형태여서 체육행정 기능만 축소된 것임을 뚜렷이 보여주고 있다.

그 후에도 1960년대 말까지는 상황이 호전되지 않았다. 1968년 7월 24일 정부조직법 개정으로 문교부 직제가 다시 개정되어 출판, 저작권, 문화예술의 기능 등 문화예술행정이 문화공보부로 이관되면서 문예체육국은 사회교육국으로 명칭이 변경되었고, 그 결과 체육과는 사회교육국 산하 1개 부서에 지나지 않았다.[10]

그러다가 1970년대에 접어들어 정부 행정부처에 담당관제가 도입되면서 체육진흥기획담당관과 학생군사교육담당관을 두어 체육행정 기능이 점차 강화되는 모습을 보여주기 시작했다. 제3공화국 정부는 1970년대에 접어들면서 다시금 체육의 중요성을 강조하기 시작하여 체육행정조직의 개편을 포함한 육성책을 다각적으로 모색했던 것이다. 이에 따라 1970년 8월 31일 대통령령 5320호의 공포로 체육국을 신설하여 그 산하에 국민체육과와 학교체육과를 두어 기능을 분리시켰다.[11] 체육국의 신설과 아울러 이루어진 국민체육과와 학교체육과의 기능 분립은 1961년 10월의 체육국 신설 당시의 체육행정 기능을 복원시킨 것으로 체육행정 기능의 강화가 다시 이루어지게 되었음을 보여주었다.

---

7) 조성일·김영출, 앞의 책, 33쪽.

8) 서울시특별시 교육위원회, 앞의 책, 415쪽.

9) 大韓教育聯合會編, 『韓國教育年鑑』, 새한신문사, 1962, 187쪽.

10) 김종철, 『교육행정의 이론과 실재』, 교육과학사, 1970, 95쪽.

11) 김종희, 「박정희 정권의 정치이념과 체육정책에 관한 연구」, 한양대 박사논문, 1999, 51쪽.

당시 문교부 체육국은 국민체육과, 학교체육과 등의 부서를 둠으로써 체육 업무를 확장 강화했다. 이와 함께 예산을 3,000만 원에서 1억 원으로 대폭 증액하는 한편, 담당 직원을 4~5명에서 20명으로 크게 늘려[12] 실무력을 강화했다. 국민체육과는 국민체육시대의 개막을 뒷받침하기 위한 전반적인 체육진흥정책의 내용을 관장했고, 학교체육과는 각급 학교의 체육관련 업무를 담당했다. 이를 분야별로 정리해 보면 다음과 같다.[13]

국민체육과의 주요 업무는 사회체육시설의 관리 및 직장체육의 지도, 체육단체의 설립 해산 및 그 운영의 지도 감독, 국민 레크리에이션의 보급, 국내 체육대회 개최의 지도 감독(학교체육에 관한 사항 제외), 체육도장의 지도 감독, 경기용구의 표준화 설정 및 수입의 추천, 체육지도자 및 우수선수 양성·관리 등이었다.

학교체육과의 주요 업무는 학교체육과 보건에 관한 기본계획 수립 및 지도 감독, 체육계 학교의 양성 및 그 운영의 지도 감독, 학교체육진흥에 관한 사항, 학교 환경위생정화구역 관리에 관한 지도 감독, 학생 영양교육 및 식생활 개선, 기타 국내 관련 부서에 속하지 아니하는 사항 등이었다.

이렇게 학교체육에 대해서는 학교체육과에서 책임지도록 하고, 국민체육과는 생활체육 및 엘리트스포츠 전반에 걸친 사항을 담당하는 가운데 체육발전을 위한 제반 여건 개선에 역점을 두어 국민체육의 기반 조성을 위한 기능 강화를 도모했다.

한편 1970년 3월 3일 대통령령 제4694호[14]에 따라 국무총리 직속 하의 국민체육심의위원회를 두어 체육에 관한 기본정책을 심의하는 기능을 강화하고, 각 지방에도 도지사 직속 하에 지방체육심의위원회를 두는 등 실무적인 기능을 강화했음은 주목할 만한 사항이었다. 즉 국민체육심의위원회는 국무총리(김종필)를 위원장으로 하고, 문교부장관(민관식)을 당연직 부위원장으로, 대한체육회장(김택수)을 호선 부위원장으로 했으며, 문화공보부장관(윤주영), 국방부장관(유재흥), 재무부장관(남덕우), 상공부장관(이낙선)과 함께 무임소장관(이병희), 민주공화당 사무총장(길전식), 국회 문공위원장(양찬우), 국회의원(육인수, 장덕진), 국제올림픽위원회 위원(장기영), 대학교수(김오중, 유근석) 등이 모두 위원으로 참여했다.[15]

이처럼 국민체육심의위원회는 국무총리를 위원장으로 하고, 문교부장관을 포함한 부위원장 2명과 국민체육진흥에 직접 관련되는 관계 행정기관의 장과 체육, 보건에 관해 학식과 덕망이 있는 17명 이내의 위원으로 구성되었다. 이와 같은 국민체육심의위원회는 체육심의회로부터 출발했다. 체육심의회는 1969년 11월 3일 대통령령 제4187

12) 體育青少年部, 『體育青少年 行政10年史』, 1992, 25쪽.

13) 김종희, 앞의 글, 52쪽.

14) 大韓體育會, 『體育年鑒』, 1976, 721쪽.

15) 大韓體育會, 『體育白書』, 1972, 71~73쪽.

호로 제정된 국민체육진흥법 시행령에 따라 설치되어 문교부차관을 위원장으로 하고, 문교부 사회교육국장을 포함한 2인의 부위원장과 "체육, 보건 및 의학에 관한 학식과 경험이 풍부한 자 중에서 문교부장관이 위촉"(시행령 제1조 3항)한 위원 등 21인 이내로 구성되었다.

체육심의회는 발족 4개월만인 1970년 3월 3일 대통령령 제4694호에 따라 그 위상이 격상되어 국민체육심의위원회로 개편된 것이다. 국민체육심의위원회는 국민체육의 기본계획을 총체적으로 관장하며, 각 부처별로 유기적인 협력관계를 이루어 중앙과 지방을 연계시킴으로써 총력체제를 형성하고자 한 것이었다. 그러나 실제로는 명칭만 거창할 뿐 제대로 기능을 발휘하지 못했다.

〈표 2-1〉 1970년도 체육행정 기구표

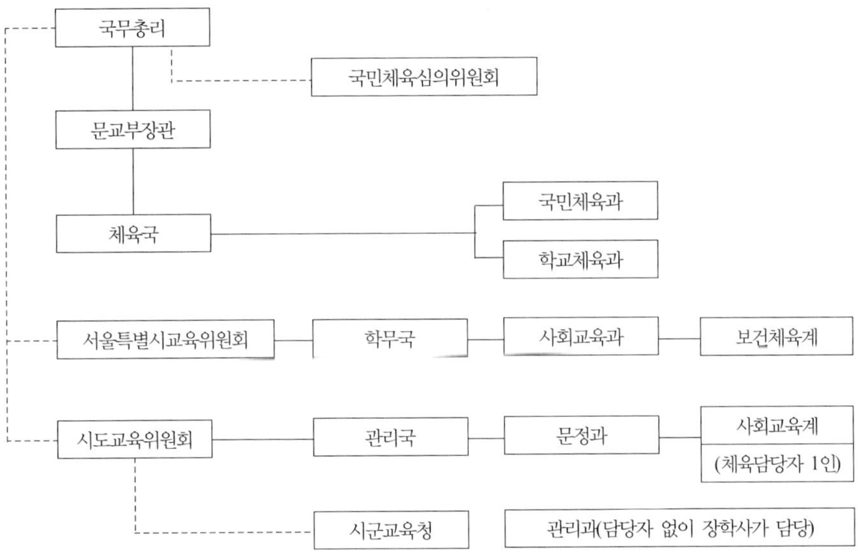

1972년 10월 17일 비상조치에 의해 국회가 해산되고, 같은 해 11월 24일 유신헌법이 제정되어 마침내 제4공화국이 탄생되었다.[16] 이와 함께 정부조직법의 개정이 뒤따라 1973년 3월 9일 문교부의 직제 개정(대통령령 제6595호)이 이루어졌다. 문교부 직제는 종전의 2실 6국 14과 15담당관제에서 2실 7국 19과 12담당관제로 변경되었다.[17] 이때 체육행정 업무와 관련해서는 체육국 산하에 학교급식과가 추가되어 2개 과로부터 3개 과로 늘었다. 그러다가 1979년 3월 19일에 이루어진 문교부 직제 개정(대통령령 제9380

16) 임영태, 『대한민국 50년사』2, 들녘, 1998, 16쪽.
17) 조성일·김영출, 앞의 책, 40쪽.

호)으로 체육국의 업무 조정이 이루어져 종전의 학교체육과, 국민체육과, 학교급식과로부터 체육과, 학교보건과, 체육교류과로 변경되었다.[18] 이러한 조정은 학교체육과와 국민체육과를 체육과로 통합한 것이나 다름없었으며, 체육교류과를 신설하는 한편, 학교급식과를 학교보건과로 명칭을 변경한 것이었다.

1970년대에 와서 이처럼 체육행정 기능이 점차 확대되어 그 기능이 강화된 모습을 보여주었으나 1980년대에 들어서서는 체육부가 신설되는 등 체육행정이 전혀 새로운 차원으로 발전되었다. 제5공화국 출범 초기까지만 해도 체육 관련 업무가 문교부에 그대로 남아 있었다. 1981년 11월 2일자 정부조직 개편으로 인한 문교부 직제 개정(대통령령 제10535호) 때에도 종전의 체육국이 체육국제국으로 명칭이 변경되었으며 학교체육과, 국민체육과, 국제경기과, 교육협력과, 재외국민교육과로 정비되었을 뿐이었다.[19] 이러한 조치는 단지 종전의 체육과, 학교보건과 그리고 체육교류과를 학교체육과, 국민체육과, 국제경기과로 조정한 것으로 커다란 변화를 나타내는 것은 아니었다.

국제경기과[20]의 주요 업무는 국제경기대회에 관한 사항, 국제체육기구에 관련되는 사항, 선수의 국외 파견 및 체육인 교육, 대한올림픽위원회의 지도 감독, 체육 정보자료의 수집 교환, 체육관계 각종 국제회의와 관련되는 사항 등이었다.

이상의 내용을 보면, 학교체육에 대해서는 학교체육과에서 책임지도록 하고, 국민체육과는 생활체육 전반에 걸친 사항을 담당하는 가운데 체육발전을 위한 제반 여건 개선에 역점을 두어 국민체육의 기반 조성을 위한 기능 강화를 도모했으며, 국제경기과를 늘려 국제경기대회에 파견하는 선수와 체육국제교류 관련 사항을 집중적으로 지도 감독하는 등 조직적인 행정관리의 기틀을 마련했었음을 알 수 있다.

2) 체육부 신설

1982년 3월 20일에 이루어진 체육부 발족은 한국 체육사에 있어 커다란 분수령이었다. 체육부 신설이 비록 1986년 아시아경기대회와 1988년 서울올림픽대회를 대비하는 차원에서 이루어진 조치이기는 했지만, 그 이전까지 문교행정의 시각에서 부분적으로 다루어져 오던 체육행정을 새로운 차원으로 끌어올려 종합적으로 추진할 수 있게 했기 때문이다.[21]

---

18) 위의 책, 42쪽.

19) 위의 책, 49쪽.

20) 체육부가 신설되기 직전인 1981년 11월 2일에 체육국이 체육국제국으로 확대되면서 국제경기과가 설치되어 체육국제교류에 대한 업무가 본격화되었다.

21) 1982년도 『동아연감』은 체육부 창설 의미를 다음과 같이 언급했다. “지난 3월 20일 발족한 체육부는 70년 한국 스포츠 사상 획기적인 일대 전환점을 마련한 것으로 평가되고 있다.

체육부 신설로 제5공화국 정부는 국민체육의 진흥을 본격화하고, 체육을 생활화하며, 체육을 통한 국민화합과 복지증진 및 국위선양을 도모하고자 하는 정책 의지를 관철시켜 나갈 수 있는 실행력을 지니게 되었다. 또한 이를 통해 서울아시아경기대회와 서울올림픽대회의 성공적인 개최를 위한 준비 업무를 국가적으로 추진할 수 있었다.

체육부는 발족 당시 1실 3국 10과 6담당관의 편제를 갖춘 중앙행정기관으로서 체육에 관한 업무를 전반적으로 관장하기에 이르렀다. <표 2-2>[22]에서 볼 수 있는 것처럼 체육부는 체육진흥국, 체육과학국, 국제체육국을 중심으로 체육행정을 펼치는 구조를 갖추고 스포츠과학과 국제협력 기능을 강화하려는 의지를 분명히 드러냈다.

〈표2-2〉 체육부 기구표

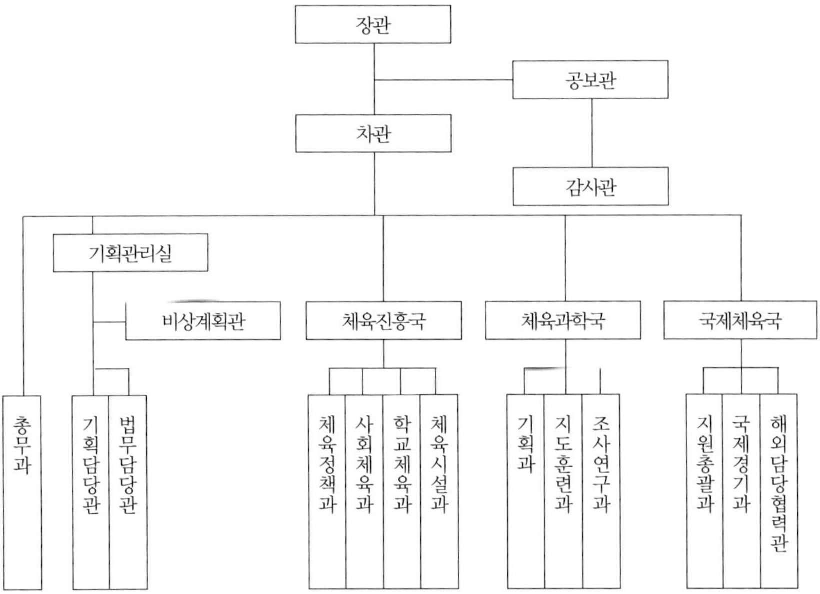

체육진흥국은 기존의 체육국이 담당하던 분야를 그대로 포함하면서 체육정책과 시설분야를 새롭게 강화하는 면모를 갖추었다. 체육부 신설과 함께 새로 그 모습을 드러낸 체육과학국은 서울아시아경기대회와 서울올림픽대회를 대비한 과학적 훈련과 정보·조사 등을 담당하기 위한 것이었고, 국제체육국은 기존의 국제경기과 외에

81년 9월 서독 바덴바덴 국제올림픽위원회(IOC) 총회에서 88년 올림픽이 서울에 유치되고, 이어 11월 86년 아시아경기 주최권까지 따낸 한국으로서는 체육부 발족이 당연한 귀결이었다"(동아일보사, 『동아연감』, 1982, 420쪽).

22) 體育青少年部, 앞의 책, 20쪽.

대외협력을 담당하는 해외협력담당관과 86·88 양 대회를 대비하는 국제적 협력 강화 방안을 지원할 담당부서를 두는 등 전반적으로 86·88 양 대회를 성공적으로 치루기 위한 중앙행정기능 확보에 역점을 두었다.

이러한 체육부 부서들 가운데 실질적인 체육행정을 주도하는 부서는 체육진흥국, 체육과학국, 국제체육국 등 3개국인데, 구체적인 업무는 다음과 같다.[23]

체육진흥국의 사회체육과는 사회체육 진흥 및 직장체육 지도, 체육단체 설립 및 운영 지도·감독, 체육도장 지도·감독, 국민체육진흥기금 운영, 체육유공자 보호 육성, 국민레크리에이션 보급, 국내 체육대회 개최 지도·감독, 체육상 시상 및 체육의 날 행사 등에 관한 사항을 관장했다. 학교체육과의 경우는 학교체육 진흥 및 지도, 체육계 학교 육성 운영(체육에 관련된 업무에 한함)의 지도·감독, 체육특기자 관리, 종목별 체육시험학교 지정 및 운영(체육에 관련된 업무에 한함)의 지도, 학생체력검사에 관한 기준 설정 및 집행에 대한 지도, 학교급식 기본계획 수립 및 지도·감독, 학생영양지도, 식생활 개선에 관한 사항 등을 담당했다. 체육시설과는 학교체육시설과 사회체육시설 확보 및 운영의 지도·감독, 각종 체육장비 확보, 경기용구 표준화 설정 및 수입 추천에 관한 사항 등을 맡았다.

체육과학국의 조사기획과는 체육과학진흥계획 수립 및 조정, 체육과학 연구·개발 및 응용, 체육과학기관 지도·감독, 국제체육과학 학술회의, 체육과학 정보자료 조사·연구와 수집 및 관리·보급, 체육정보자료실 운영 및 지도·감독, 체육통계 작성 및 분석 등의 사항을 관장했다. 훈련과의 경우는 국가대표선수 및 청소년대표선수의 선발·훈련, 선수촌 운영의 지도·감독, 해외경기지도자 초청 등에 관한 사항을 담당했다. 지도육성과는 신인선수 발굴 및 육성, 후보선수 선발 및 훈련, 선수선발 기준치의 설정, 경기지도자 양성·훈련 및 자격검정 등에 관한 사항을 맡았다.

국제체육국의 지원총괄과는 올림픽대회 지원임무 총괄·조정, 아시아경기대회조직위원회 및 서울올림픽대회조직위원회의 운영 지도·감독, 서울아시아경기대회 및 서울올림픽대회의 요원 양성, 86·88 양 대회에 관련된 해외파견, 올림픽주간 행사 등에 관한 사항을 관장했다. 국제경기과는 국제경기대회 선수단 파견 및 국제경기대회 국내 개최, 국제친선교류경기와 프로경기교류 등에 관한 사항을 맡았다. 해외협력담당관의 경우는 국제체육교류 및 국제체육기구와의 협력, 체육관계 각종 국제회의, 해외스포츠 지원 등에 관한 사항을 담당했다.

제5공화국은 이처럼 체육부를 신설하여 중앙행정기관으로서 체육 업무를 전담케 했을 뿐 아니라 초대 체육부장관에 5공 핵심세력인 노태우를 임명하여 그 면모를 과시

---

23) 체육부, 『체육한국』, 1984, 34~36쪽.

했다. 또한 체육부 신설과 함께 국무총리 행정조정실에서 맡아 온 서울올림픽지원위원회 운영 업무가 자동적으로 체육부로 이관되었다. 이에 따라 서울아시아경기대회와 서울올림픽대회 준비를 거국적으로 추진할 수 있게 되었다.

그러나 체육부의 신설이 서울아시아경기대회와 서울올림픽대회의 개최 준비나 그 진행을 위해서는 효율적이었으나 학교체육 등 다른 부문과의 행정적인 기능 연계가 원활하지 못한 경우가 빈발하여 서울올림픽대회 이후 곧바로 제기되었던 체육부 존폐론의 원인이 되기도 했다. 특히 학교체육행정 기능의 경우, 업무가 문교부와 체육부로 이원화되어 있어서 교육과정과 장학, 체육계 학교의 설립과 폐쇄 및 지도 감독, 교사 양성 및 인사, 재정 등은 문교부가 관장하고, 체육부는 학생경기대회 운영·지도, 선수 육성 및 발굴, 학생체력검사 등의 업무만을 담당하여 일선 학교에서는 행정상으로 혼선을 빚게 되는 비효율적인 운영의 원인을 제공했다.

그럼에도 불구하고 체육행정을 관장하는 중앙행정기관으로서의 체육부 발족은 체육 업무의 영역을 대폭 확대하여 그 내실을 기하는 새로운 계기가 되었다. 우선 그동안 1962년에 문교부에서 법규만 제정하고 그 시행이 제대로 되지 않아 유명무실하게 운영되어 오던 국민체육진흥법을 1982년 12월 31일 전면 개정하여 학교체육과 직장체육의 진흥 노력에 박차를 가했으며, 학교체육 운영의 내실화를 기하기 위해 교과과정을 각 학교의 여건을 고려하여 편성케 함으로써 체육활동을 강화했고, 체력장제도와 아울러 1인 1기 및 1교 1기 운동을 전개하는 한편, 성장기 아동의 체위·체력 향상과 식생활 개선을 위해 표준식단을 개발하는 등 학교 급식을 확대·지원했다.

생활체육분야에서도 직장인의 체육활동에 대한 참여를 장려하고 이들의 복지와 생산성 향상 및 경영 합리화에 체육활동이 미치는 중요성을 인식하여 선수들로 구성된 직장팀 중심의 직장 스포츠에서 벗어나 직장 종업원 전체가 참여하도록 하면서 종업원이 100인 이상인 직장은 직장체육진흥관리위원회를 두도록 규정하는 등 직장체육의 진흥을 위한 제반 규정을 강화했다.

체육시설분야에서는 학교체육시설 확충과 지방체육시설의 기틀을 다지기 위해 모든 시·군에 1운동장, 1체육관 및 1수영장 확보를 주요 정책목표로 설정했다. 이를 위해 139개소에 1,250억 원의 국고를 지원하여 체육공간 확보에 심혈을 기울인 결과, 1991년까지 전국의 시·군이 운동장 59퍼센트, 체육관 51퍼센트를 확충하는 결과를 가져왔다.[24] 이에 따라 확보되는 체육시설 공간을 적극 활용하고 생활체육진흥을 위해 13개의 국민경기종목을 개발하여 전국에 보급했으며, 1986년에는 국민체육 참여실태를 최초로 조사하여 각계각층에 적합하고 다양한 생활체육 프로그램을 만들어 보급하는 등

---

24) 體育靑少年部, 앞의 책, 28~29쪽.

정책적 지원을 강화했다. 아울러 직장체육 진흥을 위해서는 500인 이상 직장에 1종목 이상의 직장 운동경기부를 두게 하고, 체육동호인 조직을 통해 생활체육을 활성화해 갔다. 또한 모든 직장은 연 2회 이상 체육대회를 개최하고 체육주간 및 체육의 날 행사를 반드시 갖도록 제도화하여 적극 권장했다.

재정분야에서도 국민체육진흥에 필요한 시설과 경비를 지원하고 체육재정 자립기반을 조성하기 위해 국민체육진흥법을 개정하여 1972년 8월 14일에 설치된 국민체육진흥기금의 관리와 운영을 전담할 서울올림픽기념 국민체육진흥재단을 1989년 4월 20일에 설립했다. 국민체육진흥재단은 국민체육진흥법에 의거하여 정부출연금, 담배갑 광고수입, 경기장 입장료 부가모금 등의 사업을 확장하여 기금을 조성했다. 이 기금은 각종 주요 국제대회에서 좋은 성적을 거둔 우수선수 및 지도자의 복지 향상을 위해 국민주택 특별분양과 연금 등으로 지원되기도 했다.[25)]

3) 체육청소년부

제6공화국은 직선제로 선출된 의미를 부각시키고, 제5공화국과의 차별성을 부각시키기 위해 작은 정부를 선거공약으로 제기했었다. 이에 따라 출범과 동시에 대통령 공약사업으로 제기된 행정개혁작업에 착수했고, 개혁작업의 선상에서 체육부 폐지론이 부각되자 체육계는 이에 강력히 반발했다.

행정개혁위원회는 1989년 5월 11일 전체회의에서 체육부를 폐지하고 문화공보부의 문화행정과 체육부의 청소년 및 사회체육행정을 흡수통합하여 문화체육부를 설치하는 내용의 개편안을 최종 확정, 대통령에게 건의했다. 이에 대해 대한체육회를 비롯한 체육 유관단체 및 국가대표선수들은 문화체육부 설치안에 대한 반대 건의안 및 결의안을 채택하고, 체육회 고문간담회, 원로 체육인회의 및 후보선수 전임지도자들까지 나서서 행정개혁위원회의 결정에 반대하는 호소문을 냈다. 이들 건의문과 호소문은 한결같이 한국 체육의 발전을 위해서는 체육부가 계속 존재해야 함은 물론 독립성이 보장되어야 한다는 점을 주장했다.[26)]

그 결과 제6공화국은 선진 복지사회 구현이란 정책의지를 앞세워 체육부 폐지론을 백지로 돌리고 오히려 관련 업무의 영역을 청소년 문제로까지 확장해 체육청소년부를 탄생시켰다. 이에 따라 1990년 12월 27일 정부조직법 개정과 함께 체육부의 명칭은 체육청소년부로 개칭되었다. 체육청소년부는 오히려 체육부보다 더 기구를 확대하여 2실 3국 5관 3담당관 16과로 출발했다.[27)]

---

25) 위의 책, 29쪽.

26) 『체육』, 1989년 6월호, 15~23쪽.

〈표 2-3〉 체육청소년부 기구표

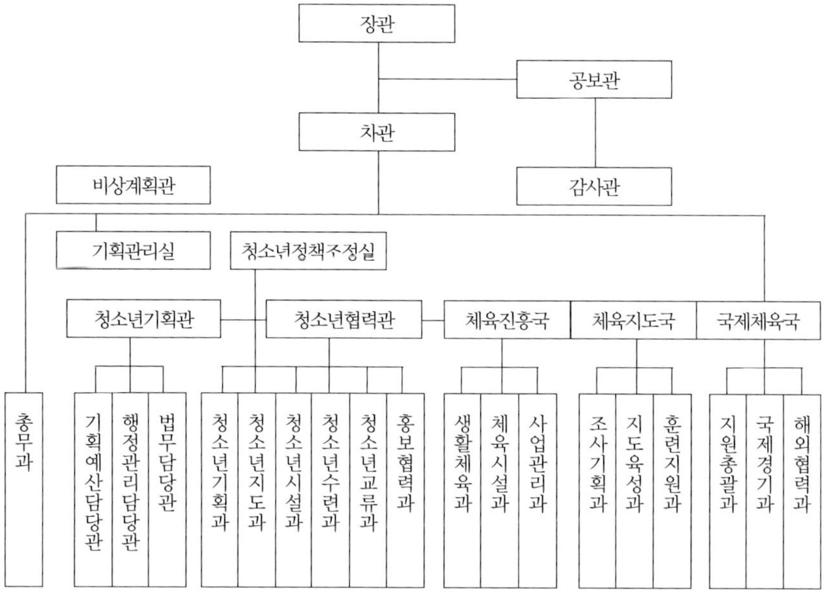

이 가운데 체육 관련 기구는 체육진흥국, 체육지도국, 국제체육국 등 3국으로 구성되었으며, 그 산하에 9과를 두어 총 94명의 정원으로 출발했다. 그 주요 업무는 다음과 같았다.[28]

체육진흥국은 생활체육진흥정책 장·단기계획 수립, 국민체력증진시책 수립·시행, 생활체육지도자 양성, 학교체육시설 확충, 공공 및 민간 체육시설업 육성 등 체육진흥에 관한 사항을 관장했다. 체육지도국의 경우는 체육과학 연구·개발 및 응용, 체육과학연구기관 지도·감사, 체육지도자 관리, 신인선수 발굴 및 육성, 국가대표선수 훈련, 선수촌 관리운영, 경기지도자 양성, 국내경기대회 개최의 지도·감독 등에 관한 사항을 담당했다. 국제체육국은 국제체육교류 및 훈련계획 수립, 국민체육진흥기금 조성, 국제경기대회 파견 및 유지, 국제체육기구와의 협력, 남북체육회담 등의 사항을 맡았다.

그러나 1990년 2월 12일 체육부 직제 개편(대통령령 제12927호) 당시 체육진흥국이 축소되면서 학교체육과를 폐지한 상태는 그대로 남아 있어 1990년대에 와서도 학교체육 업무가 분산되고 정체되는 현상은 고쳐지지 못했다. 이러한 모습은 체육부 출범으로 엘리트체육에 두어졌던 무게의 중심이 서울올림픽대회 이후 생활체육분야로 옮겨짐에 따라 학교체육이 1980년대 이후 계속해서 체육정책의 주된 관심 분야에서 밀려나 있었음을 말해 주는 것이기도 하다.

27) 體育青少年部, 앞의 책, 21쪽.

28) 김승영, 「역대 정권별 체육정책에 관한 연구」, 조선대 박사학위논문, 98쪽.

체육청소년부는 체육부 시절과는 달리, 제5공화국에 이르기까지 가장 역점을 두어 왔던 엘리트체육 위주의 정책을 벗어나 국민복지 차원의 생활체육으로 방향 전환을 시도했다. 그 결과로 나타난 것이 국민생활체육진흥종합계획, 일명 '호돌이계획'이었다.[29] 이 계획에 따라 체육청소년부는 국민 모두가 참여하는 생활체육정책 기반을 조성하고 아울러 근로청소년, 유아, 여자, 노인, 장애자 및 소외집단을 포함한 각계각층에 대해 적합한 생활체육 프로그램과 국민 개개인이 스스로 자신의 체력을 평가할 수 있도록 국민체력 기준치를 만들었다. 이와 함께 전국 조직체인 국민생활체육협의회를 출범시키고, '생활체육 확산의 해'를 설정하는 등 강력한 정책을 구사했다. 체육청소년부의 생활체육 활성화정책은 전국 스포츠 교실의 종목 증가(1990년 11개 종목에서 18개 종목으로 확대), 체육시설 확충사업 지속(1,800억 원 투입), 기존 시설의 이용 여건 개선(학교 운동장, 공공 체육시설) 등으로 구체화되면서 범국민 체육생활화 운동으로 활발히 전개되었다.

한편, 제6공화국 출범과 동시에 정부기구 개편으로 새롭게 단장한 체육청소년부는 공산권과 미수교 국가들과의 스포츠 외교활동도 적극적으로 전개했다. 즉 북방 사회주의국가 및 국제 스포츠계의 주요 인사들을 초청해 스포츠 교류를 활성화하고자 했다. 이를 통해 기존의 유대관계를 더욱 공고히 했고, 아울러 해당 국가의 체육기관과 스포츠교류협정 체결을 확대했다. 그 결과 1988년부터 1991년 사이에 정부 차원에서 체결된 체육교류협정이 11건, 올림픽위원회 사이의 체결된 체육교류협정이 4건 등에 이르러 무려 15개국과 새로운 체육교류협정을 맺는 성과를 보여주었다.[30]

특히 1990년 10월에는 세계 스포츠계에서 최강을 자랑해 온 소련과 정식으로 체육교류협정을 체결했다. 당시 소련과 체육교류협정을 맺게 된 것은 국제사회에서 갖는 정치·외교적 의의가 컸을 뿐 아니라 소련인 코치의 한국 초빙과 상호 교류를 통해 체조, 역도, 레슬링, 복싱, 펜싱 등의 종목에서 한국 선수들의 기량을 크게 향상시킬 수 있었다는 점에서 획기적인 전환점을 뜻하는 것이기도 했다.

이밖에도 서울올림픽대회 성공의 여세를 몰아 1990년에 유고(5. 21), 불가리아(5. 23), 루마니아(5. 25) 등과 연쇄적으로 체육교류협정을 맺어 스포츠 외교의 새 전기를 마련했고, 1991년 5월에는 정동성 체육청소년부장관이 체코를 공식 방문하여 체육교류협정을 체결했다. 체코와의 체육교류협정 체결은 양국 사이에 국제대회 상호 참가, 상호

29) 『체육』, 1990년 3월호, 6~9쪽.

30) 1988년 11월 16일 한국과 스페인 사이에 체육교류협정이 체결되어 한국은 서울올림픽대회의 개최 경험과 정보를 92바르셀로나올림픽대회를 치룰 스페인에 제공하면서 체육지도자, 선수, 체육정보 등을 서로 교환했다. 이와 함께 체육청소년부는 카타르, 이란, 폴란드, 말리, 유고, 불가리아, 루마니아, 모로코, 소련 등과 체육교류협정을 체결했다.

전지훈련 실시, 코치 교환, 스포츠 과학정보 교환 등을 포함한 협력체계를 구축했을 뿐만 아니라 그 동안 동구 스포츠 강국들과 맺었던 체육교류협정 체결을 마무리짓는 것이기도 했다.

1991년 10월 23일에는 베트남, 그리고 10월 25일에는 라오스와 체육교류협정을 맺었다. 이들 국가들은 동남아시아의 미수교국으로 정치적으로 미묘한 위치에 있었으므로 체육교류협정을 통해서 수교 협상의 길을 모색한다는 뜻을 내포하고 있었다. 이에 따라 한국은 베트남에 태권도 사범단을 파견하고, 베트남 사격선수단을 초청하는 등 활발한 교류를 시작했다.

4) 문화체육부

1993년 문민정부의 출범은 체육행정조직에 큰 변화를 가져왔다. 새 정부는 방만해진 정부 조직을 개편하여 작은 정부를 구현한다는 목표를 앞세워 비효율적이고 업무의 중복이 두드러진 부처를 통폐합하면서 체육청소년부를 문화부에 흡수 통합했다. 이에 따라 체육청소년부는 출범 3년만에 폐지되고, 1993년 3월 6일 대통령령 제13869호에 따라 문화부와 체육청소년부를 통합한 문화체육부가 발족했다.

문화체육부는 1차관보 3실 7국 34과 7담당관 체제로 출발했다. 이 가운데 체육 관련 기구는 체육정책국, 체육지원국, 국제체육국 등 3국으로 구성되었으며, 그 산하에 9과를 두어 총 94명의 정원으로 출발했다(<표 2-4>참조).[31]

문화체육부 기구 가운데 체육정책을 총괄 소성한 것은 체육정책국이었다. 체육정책국은 생활체육진흥과 체육시설 확충·관리를 주 업무로 하여 그 산하에 체육기획과, 생활체육과, 체육시설과를 두었고, 선수 육성과 관리, 체육단체 지원, 체육과학진흥을 주로 담당한 체육지원국은 산하에 체육과학과, 지도육성과, 훈련지도과를 두었다. 국제체육국은 협력총괄과, 국제경기과, 해외협력과를 두어 체육교류 추진, 국제경기대회 파견 및 개최, 체육 진흥 협력 업무 등을 담당했다. 따라서 문화체육부 출범 당시에는 비록 문화부와 통합되면서도 구조상으로는 별다른 변화 없이 체육청소년부 체제하의 기능을 그대로 유지할 수 있었다.

이후 개방화 정책의 일환으로 1994년 5월 4일 대통령령 제14249호로 문화체육부의 본부조직 개편과 함께, 국제지원국의 해외협력과가 체육교류과로 그 명칭이 바뀌었다. 이어 같은 해 12월 23일 체육지원국이 폐지되어 체육정책국 및 국제체육국만이 존속하는 1차관보 2국 7과 77명으로 축소되었다.[32]

---

31) 문화체육부, 『국민체육진흥5개년계획』, 1993, 270쪽.

32) 박혜란, 『김영삼 정권의 체육정책에 관한 연구』, 한양대 박사학위논문, 2005, 89쪽.

〈표 2-4〉 문화체육부 기구표

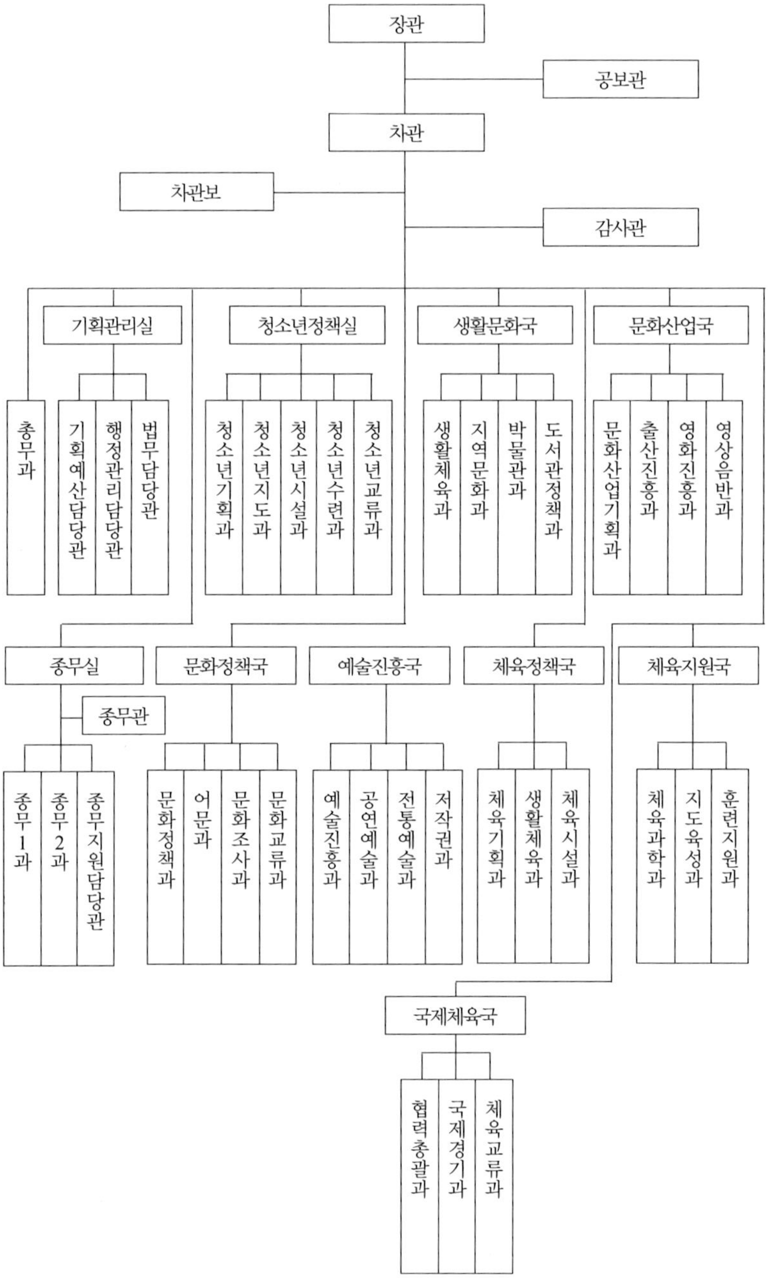

이처럼 체육지원국이 폐지됨으로써 스포츠과학 육성과 체육지도자 양성 및 우수선수 육성을 담당하는 행정기능이 사라지는 급격한 변화를 초래했다. 이러한 변화는

문민정부가 출범과 더불어 사회 각 부문에서 변화와 개혁을 이끌어 낸다는 명분하에 추진한 행정 쇄신 작업의 결과이기도 했다.[33)]

5) 문화관광부 체육국

1998년 국민의 정부 출범과 더불어 문화체육부는 문화관광부로 개편되면서 체육관련 행정부서는 더욱 축소되는 결과를 가져왔다. 문화관광부는 1998년 2월 28일 정부조직법 개정(법률 제5529호)에 따라 문화체육부를 폐지하고 새로 발족되었으며, 발족

〈표 2-5〉 문화관광부 기구표

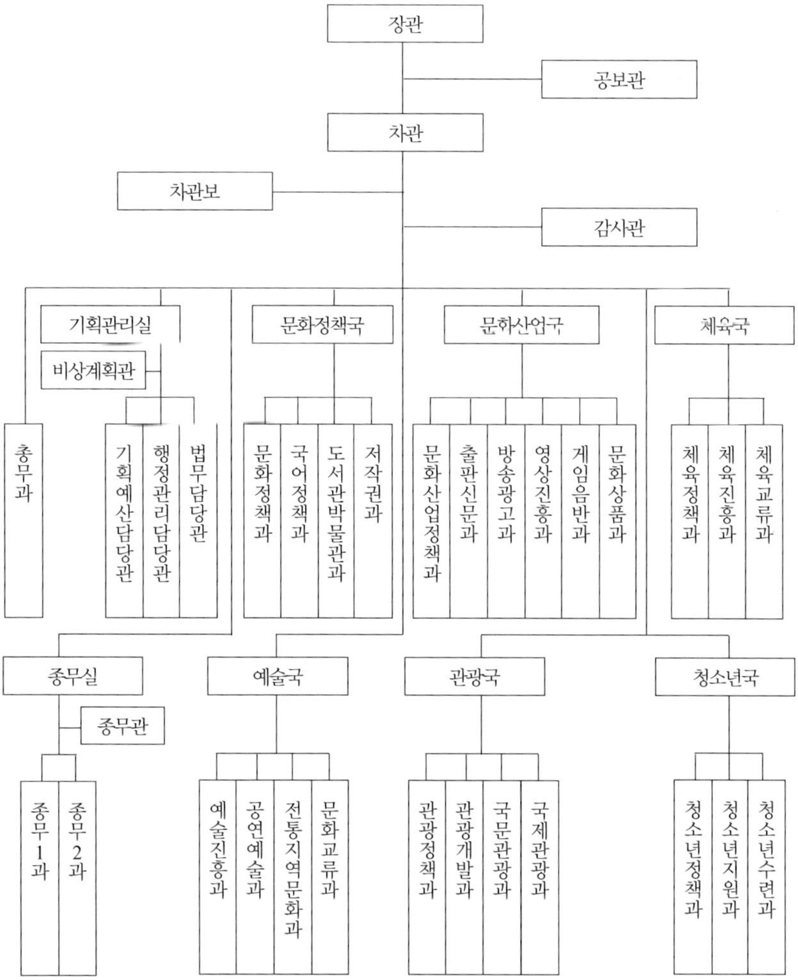

33) 『체육』, 1994년 1·2월호, 66쪽.

당시 1차관보 2실 6국 27과 7담당관제로 출범했다.[34]

<표 2-5>에서 볼 수 있듯이, 문화관광부의 체육담당 기구는 체육국 1개국에 불과했다. 결국 제6공화국에 와서 체육관련 기구는 체육청소년부의 3개국 체제에서 시작해 문화체육부로 넘어와서도 처음에는 똑같이 3개국으로 출발했지만, 곧이어 2개 국으로 축소되었다가 문화관광부로 개편되면서 마침내 체육국 1개국으로 축소되는 결과를 가져오고 말았다.

이와 같은 체육기구 축소에 대해 한국체육학회, 한국올림픽성화회, 21세기스포츠포럼 등 26개 체육단체들로 구성된 한국체육단체연합[35]은 강력한 항의 시위를 벌였다. 한국체육단체연합은 체육기구 축소에 대해 보다 적극적인 대응책으로 '체육청 설치를 위한 토론회'를 개최했으며, '국민체육진흥기금 공공기금화 반대성명서' 발표, '한국체육의 정상화를 위한 토론회' 등을 통해 체육행정기구 축소의 부당성과 체육정책의 파행을 지적하며 이를 바로잡기 위한 노력을 기울였다.

그러나 관광 분야 역시 그 나름으로 일사분란한 조직력을 동원, 대정부 활동을 전개하여 체육기구 축소에 따른 상대적 이익 확보를 위해 총력을 기울인 반면, 일부 체육단체들은 체육계의 이러한 대응에 미온적 태도를 나타내거나 오히려 분열된 행동[36]을 보여 결국 정부의 계획대로 진행되고 말았다.

문화관광부 체육국은 개편 당시 체육정책과, 체육지원과, 생활체육과, 체육교류과

---

34) 李學來, 『韓國體育百年史』, 한국체육학회, 2000, 580~584.

35) 한국체육단체연합(대표 이학래)은 한국체육이 위기에 처해 있음을 인식한 체육인들이 체육단체 간의 공조체제를 강화하여 한국 체육의 정상화 방안을 강구하기 위한 목적으로 1999년 4월 23일 창립되었다. 한국체육단체연합은 한국체육학회(이학래), 21세기스포츠포럼(이태영·김창규), 한국올림픽성화회(정동구), 전국교수테니스연맹(정청회), 전국대학체육교수협의회(정청희), 한국여성체육학회(나정선), 한국여성스포츠회(신민자), 한국여가레크리에이션협회(김경수), 한국학교체육학회(맹관호), 한국스포츠법학회(연기영), 한국안전교육학회(이근배), 한국오륜불암회(송순천), 전국족구연합회(김성관), 한국에어로빅스건강과학협회(이영숙), 한국유산소운동과학회(홍양자), 한국태권도학회(정찬모), 한국수영장경영자협회(박용운), 인천스포츠아카데미(강재성), 한국스키교육연구회(임번장), 한국스포츠외교문화원(박영우), 한국스키장사업협회(박동석), 한국체력단련장경영자협회(김덕현), 한국체육지도자총연합회(권오석), 한국스포츠문학가협회(신상성), 대한공수도연맹(정도모), 대한택견협회(김상현) 등이 가입하고 점차 그 범위를 넓혀 갔다.

36) 일부 체육단체에서는 체육을 민간기구로의 이양을 명분으로 체육기구 축소 반대운동에 역행하는 태도를 취했고, 이를 위해 출처도 명기되지 않은 괴문서를 통해 집단 이기주의적 행동을 함으로서 체육계의 분열 양상을 드러냈다. 결국 이 괴문서는 한국체육계에서 중추적 역할을 해야 할 주요 체육단체 내 특정인사들에 의해 작성된 것으로 알려져 많은 체육인들로부터 지탄을 받았고, 이처럼 뼈아픈 체험은 체육계 자성의 필요성을 일깨워 주는 계기가 되었다.

등 4개 과로 편성되었으나, 1년 여만에 체육지원과와 생활체육과를 체육진흥과로 통합해 다시 3개 과로 축소 조정되었다. 그러다가 2002년 3월 9일 근무시간의 단축으로 여가시간의 증가를 건전한 체육활동으로 유도하고, 국민의 생활체육에 대한 수요의 다양화·전문화에 능동적으로 대처하기 위해서 생활체육 전담부서의 신설이 요구됨에 따라 생활체육과가 다시 설치되었다.[37)]

이런 과정을 거치면서 김대중 정부의 체육행정을 펼쳐온 체육정책과, 체육진흥과, 생활체육과, 국제체육과 등 4개 과의 주된 업무 영역은 다음과 같았다.

체육정책과는 체육정책에 관한 장·단기계획의 수립 및 조정, 체육 종합계획의 추진상황 분석 및 평가, 체육관련 통계자료의 수집·분석 및 체육지표 개발, 체육 정보화에 관한 사항, 국민체육진흥기금의 조성 및 운용에 관한 사항, 체육과학의 진흥 및 체육과학연구기관의 육성·지원, 체육산업진흥에 관한 사항 등 가장 핵심적인 내용을 담당했고, 그 외에도 경륜·경정사업에 관련된 사업과 한국마사회 및 서울올림픽기념 국민체육진흥공단에 관련된 업무를 다루어 체육정책에 있어 전반적인 방향을 좌우하는 핵심적인 위치에 놓여 있었다.

체육진흥과는 생활체육 및 전문체육 진흥을 위한 계획의 수립 및 시행, 체육시설의 확충 및 관리에 관한 사항, 지역체육의 진흥 및 체육주간·체육의 날 행사에 관한 사항, 생활체육 및 전문체육 관련단체의 설립 및 육성·지원에 관한 사항, 체육지도자의 양성에 관한 사항 등 체육발전의 원동력을 제공하는 중요한 기능을 담당했다. 특히 체육진흥과는 프로스포츠 진흥에 관한 사항과 직장·학교 운동 경기부 및 선수의 육성·지원에 관한 사항을 다루었으며, 이밖에 대한민국 체육상 등 우수체육인 포상 및 체육유공자의 보호·육성, 전국체육대회, 전국소년체육대회 및 종목별 국내경기대회 개최 지원, 공공체육시설·직장체육시설 및 민간 비영리체육시설의 확보 지원, 체육시설업 및 관련 단체의 육성·지원, 대한체육회 및 경기단체에 관련된 업무 등을 관장했다.

생활체육과는 생활체육진흥계획의 수립 및 조정, 체육주간 및 체육의 날 행사, 생활체육 관련단체의 설립 및 육성·지원, 생활지도자의 양성·배치, 국민 여가스포츠의 개발·육성, 체육시설업 및 관련단체의 육성·지원, 생활체육동호회 활동의 육성·지원 등의 주요 업무를 수행했다.

국제체육과는 국제체육교류 진흥을 위한 기본계획의 수립 및 시행, 2002년 월드컵축구대회 및 2002년 부산아시아경기대회 개최 지원에 관한 사항, 국제 체육교류협정 체결 및 교류에 관한 사항과 함께 남북한 체육교류 및 협력에 관한 사항 등을 담당해 이미 세계 10위권 안에 진입한 스포츠 강국으로서의 면모를 충분히 과시할 수 있는

37) 문화관광부, 『2002 체육백서』, 2002, 41~42쪽.

힘을 발휘할 수 있어야만 했다. 이러한 업무 과다현상은 결국 체육행정의 공동화(空洞化) 현상으로 이어질 수밖에 없었다.

이후 스포츠여가산업에 대한 수요 및 관심 증가에 따라 2004년 11월에 다시 문화관광부 체육국 직제를 개편하여 스포츠여가산업과를 신설하는 한편, 체육진흥과를 폐지하고 체육진흥과 업무 가운데 학교운동부, 전국체전 등의 사항은 생활체육과로, 프로단체 육성 등에 관한 사항은 국제체육과로 이관했다. 이어 2005년 12월에는 보건복지부로부터 장애인 관련 체육에 관한 사항을 이관 받아 장애인체육과를 신설하여 장애인체육 진흥 업무를 추진하게 했다.[38]

〈표 2-6〉 문화관광부 체육국 기구표

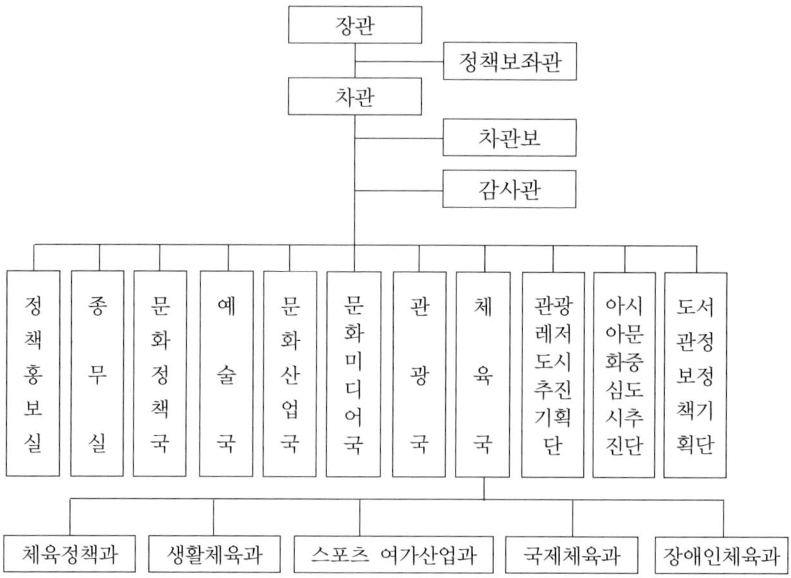

이로써 2005년 5월 현재 문화관광부 체육국은 체육정책과와 생활체육과, 스포츠여가산업과, 국제체육과, 장애인체육과의 5개 과로 구성되어 있다. 각 부서의 주요업무는 다음과 같다.

체육정책과는 체육정책에 관한 중장기계획의 수립·조정, 국민체육진흥기금 조성·운영, 체육과학의 진흥 및 체육연구기관의 육성·지원, 경륜·경정사업 지도·감독, 체육진흥투표권사업 지도·감독, 체육주간·체육의 날 행사 개최, 대한민국체육장 등 우수체육인의 포상 등을 담당하고 있다.

38) 문화관광부, 『2005 체육백서』, 2006, 19~20쪽.

생활체육과는 생활체육진흥 계획 수립·시행, 생활체육 관련단체의 설립 및 육성·지원, 체육지도자의 양성·배치, 생활체육동호인 활동의 육성·지원, 후보선수 및 운동경기부의 육성·지원, 전국체육대회 및 전국소년체육대회 개최 지원, 국민생활체육참여실태조사 및 국민체력실태조사, 생활체육시설 확충 등의 업무를 관장하고 있다.

스포츠여가산업과는 스포츠·여가산업 진흥 중장기계획 수립·시행, 스포츠여가산업 진흥 기반 조성, 스포츠·여가정책에 관한 조사·연구, 스포츠·여가산업관련 전문인력 양성, 등록 및 신고시설업의 관리, 프로운동경기의 진흥 및 관련단체의 육성·지원, 태권도공원 조성, 우수체육용구 생산 지원·장려 등을 수행하고 있다.

국제체육과는 국제경기대회의 유치·개최 및 참가 지원, 국제체육교류 협정 체결 및 교류, 남북한 체육교류 및 협력, 스포츠외교력 향상, 전문체육 진흥을 위한 계획의 수립 및 시행, 전문체육 관련단체의 설립 및 육성·지원, 국가대표선수의 육성·지원, 국가대표선수 훈련시설의 확충 및 운영, 스포츠반도핑정책 수립의 소관 업무를 담당하고 있다.

장애인체육과는 장애인 체육진흥을 위한 장·단기 발전계획의 수립, 장애인체육환경의 조성 및 지원체계 개선 등에 관한 사항, 장애인 체육활동 프로그램의 개발 및 보급, 장애인 체육교류의 활성화 및 장애인 체육 관련 전문인력의 양성, 전국장애인체육대회·종목별 경기대회 등 장애인 체육활동의 지원, 대한장애인체육회와 관련된 업무를 관장하고 있다.

6) 지방체육행정조직

1948년 정부수립 이후 중앙행정기구와 연계된 지방행정기구의 경우 역시 체육행정 업무는 교육을 담당하는 기구를 중심으로 이루어졌다. 1948년 11월 4일에 개편된 문교부 직제는 5국 1실 22과이었다. 1950년 3월 3월 30일에 5국 17과로 개편되었다가 1958년 1월 29일 다시 5국 16과로 개편되었다. 이 시기 동안 체육과는 문화국 소속으로 1961년 5월 16일까지 체육 전반에 관한 업무를 관장했다. 그러다가 1962년 지방자치제가 실시됨에 따라, 서울특별시와 각 도에는 물론 시·군까지에도 교육위원회가 설치되었다. 서울특별시 교육위원회의 경우는 학무국 학무과, 각 도는 문화사회국(제주도는 총무국) 학무과, 시·군은 교육청 학무과에서 각각 학교체육을 비롯한 체육 전반에 관한 사항을 담당했다.[39]

제3공화국 정부는 1970년대에 접어들면서 체육의 중요성을 인식하여 체육행정기구를 확대했는데, 1970년 8월 31일 대통령령 5320호의 공포로 문교부 산하에 체육국을

---

39) 서울특별시 교육위원회, 앞의 책, 393쪽.

다시 설치했다.[40] 이와 동시에 문교부장관의 자문기관인 체육심의회를 국무총리 직속의 국민체육심의회로 승격하여 체육에 관한 기본 시책을 심의하게 했다.

각 시·도에도 도지사 소속하에 지방체육심의위원회를 설치하게 했다. 그 행정체제로는 서울특별시의 경우를 보면, 교육 학예에 관한 업무를 관장하는 교육위원회 교육국 산하에 문화과를 두어 여기서 학예, 성인교육, 체육을 담당하게 했다. 그 밖의 시·도교육위원회는 관리국 산하의 문화과 사회체육계에 체육담당 1명을 두고, 그리고 시·군교육청은 관리과에서 장학사가 겸임하여 체육에 관한 업무를 관장하게 했다.[41]

이처럼 1982년 체육부 발족 이전까지는 지방정부에는 체육을 담당하는 부서가 없었다. 다만 지방체육행정기구는 각 시·도 교육위원회를 단위로 하여 교육·과학에 관한 업무와 함께 체육에 관한 사항을 담당하는 형태로 이루어졌다. 게다가 학교체육에 관한 업무도 전국체육대회에 관련된 것이 대부분이었다. 지방정부 차원에서는 전국체육대회에 대비하여 한시적인 조직을 운영하고 있는 정도였다.

그러나 1986년 서울아시아경기대회와 1988년 서울올림픽대회 유치와 맞물려 체육부가 발족함에 따라 각 시·도에서도 그 동안 여러 부서가 산발적으로 담당하던 지방체육진흥 지원업무를 통합해 효율적으로 수행하기 위한 조치를 취하게 되었다.

그 결과 1982년 12월 28일에 국무총리 지시사항으로 86아시아경기대회 및 88올림픽대회 지원기구 정비강화방안'이 하달되고, 1983년 1월 14일에 내무부 지침인 시·도 체육지원 전담기구 설치지침이 하달됨에 따라 각 시·도 및 교육위원회에 체육행정 담당조직이 만들어졌다.[42]

각 시·도는 형편에 따라 기획관리실장 및 체육지원담당관 또는 체육지원계를 두어 지방체육 진흥시책을 수립·추진했으며, 여기서 지역체육진흥협의회[43]와 올림픽추진위원회를 운영하고, 체육시설의 유지·관리 업무와 올림픽대회 업무수행에 따른 행정과 재정지원, 체육회 업무지원 등 체육진흥에 관한 업무를 담당했다. 이에 따라 부산직할시, 인천직할시, 경기도는 체육지원담당관을 신설하여 그 밑에 지원계와 시설계를 두었으며, 대구직할시, 강원도, 충청남북도, 전라남북도, 경상남북도 및 제주도는 기존의 기획담당관실에 체육지원계를 새로 두었다.

서울특별시의 경우는 이보다 앞서 서울아시아경기대회와 서울올림픽대회 준비업

40) 위의 책, 458쪽.

41) 大韓體育會, 『體育白書』, 68쪽.

42) 경향신문사, 『실록 제5공화국』, 1987, 544쪽.

43) 지역체육진흥협의회는 지방자치단체의 체육 진흥계획 수립 및 기타 체육 진흥에 관한 중요사항을 협의하기 위해 설치되었고, 그 조직 운영에 관하여는 당해 지방자치단체의 조례로 정하도록 했다(경향신문사, 위의 책, 544쪽).

무를 전담하는 올림픽기획단을 설치하고, 그 밑에 올림픽기획담당관, 올림픽시설담당관, 올림픽지원담당관을 두었으며, 올림픽대회 준비업무를 제외한 일반체육진흥 지원업무는 기존의 총무과 서무계에서 담당했다.

각 시·도 교육위원회는 학무국에 사회체육과를 두고 체육단체 운영의 지도·감독, 학교체육과 시민체육 및 체육행사에 관한 사항, 학교 급식관리의 지도·감독, 체육학교 운영의 지도·감독 업무를 담당했다. 다만 직제상 사회체육과가 없는 제주도의 경우에는 학무국 초등교육과 및 중등교육과에서 체육에 관한 업무를 분담했다. 즉, 초등교육과에서는 학교체육과 시민체육 및 체육행사에 관한 사항, 학교 급식관리의 지도 관리, 체육학교 운영의 지도·감독 업무를, 중등교육과에서는 체육단체 운영의 지도·감독 업무를 담당했다.

그러다가 노태우 정부의 적극적인 생활체육진흥정책과 함께, 지방차지제가 정착되면서 지방체육행정의 중요성이 점차 높아졌다. 이같은 시대적 흐름에 맞춰, 1988년 서울특별시를 시작으로 각 시·도의 새마을과(課)에 체육청소년계가 신설되어 생활체육 업무를 담당하게 되었다.[44] 이어 1989년에는 지방체육을 활성화하기 위해 시·도별로 주민의 생활체육, 체육시설 관리 운영 등 주민 체육업무를 전담할 행정부서를 생활체육과로 확대 설치했다.[45] 그 다음해에는 시·군·구별로 총무국의 새마을과 산하에 체육청소년계를 설치했다.[46]

문민정권의 출범과 함께 지방자치단체의 체육행정조직은 '작은정부론'의 등장과 IMF 경제위기 등을 거치면서 일부 축소·조정되기도 했다. 하지만 국민의 생활수준 향상, 여가시간 증가 등으로 생활체육에 대한 관심 및 수요가 점차 늘어났다. 이에 따라 지방체육행정기구도 점차 확대되어 왔다.

2005년 현재 광역자치단체인 각 시·도에서는 문화체육(관광)국 체육청소년과의 체육진흥팀(계, 담당)과 체육시설팀(계, 담당)이 지방의 체육진흥업무와 시설관리운영을 담당하고 있으며, 근무 인력은 10-20명 내외이다. 제주도는 스포츠를 통한 지역 발전을 추진한다는 취지에서 스포츠산업육성기획단을 설치하여 운영했으나 2003년에 스포츠산업과로 재편했다. 또한 아시아경기대회를 개최한 부산광역시, 유니버시아드대회를 치루었던 대구광역시 등 일부 자치단체는 양적으로 크게 늘어난 체육시설의 효율적 관리·운영을 위해 체육시설관리사업소를 설치하여 운영해오고 있다. 그밖에 월드컵 경기가 끝난 후 월드컵경기장을 보유한 서울, 대구, 광주 등의 지방자치단체는 월드컵 경기장관리사무소를 신설하기도 했다(<부록 1> 참조).[47]

---

44) 李康雨, 「韓國 스포츠의 支配이데올로기的 機能에 關한 硏究」, 성균관대 박사논문, 1994, 269쪽.
45) 문화관광부, 『2002 체육백서』, 44쪽.
46) 李康雨, 앞의 글, 269쪽.

기초자치단체인 시·군·구의 경우에는 문화체육과, 문화관광과, 문화공보과, 체육청소년과, 자치행정과, 사회진흥과 등에서 생활체육팀, 체육시설팀, 주민자치팀, 생활환경정비팀 등 매우 다양한 형태로 체육행정조직을 운영해오고 있으며, 보통 10명 내외의 인력이 배치되었다(<부록 2> 참조).[48]

2. 국민체육진흥공단의 설립과 기금조성

1) 국민체육진흥공단 설립

서울올림픽기념 국민체육진흥공단은 국민체육진흥재단을 모체로 하여 1989년 4월 20일 설치되었다. 재단법인 국민체육진흥재단은 1972년 9월 23일 국민체육진흥법 제16조 및 1972년 8월 14일에 제정된 국민체육진흥기금에 관한 법률(제2336호)[49]과 그 시행령에 따라 문교부장관의 승인을 받아 설립되었다.[50]

설립 당시의 임원진은 이사장 심창유 문교부장관, 이사 조성옥 문교부 기획관리실장, 황천성 문교부 체육국장, 장재식 전매청 업무국장, 길전식 대한승마협회장, 오재경 한국기독교방송국 이사장, 이원경 대한체육회 부회장, 감사 김사달 의학박사, 문영기 문교부 감사관실 서기관 등이었다.[51]

국민체육진흥재단은 정관 개정을 통해 1974년 10월 31일 대한체육회장이 재단이사장을 겸직하게 되면서 대한체육회 산하기구로 편입되어 정부기구적 성격을 벗어났다. 이러한 변화는 테헤란아시아경기대회에서 불과 금메달 1개 차이로 남북대결에서 힘겨운 승리를 했고, 계속해서 몬트리올올림픽대회와 유니버시아드대회에서 남북대결이 지속될 것이란 점에서 대한체육회의 기능을 강화하고 그 재정을 안정적으로 뒷받침하기 위한 취지를 배경으로 이루어졌다.

이때의 임원진은 이사장에 김택수 대한체육회장, 이사진에 정석모 내무부차관, 조성옥 문교부차관, 조충훈 전매청장, 고재일 국세청장, 김원기 한국산업은행 총재, 김효영 국회의원, 박병규 해태제과공업 사장, 최재구 국회의원, 감사에 김성집 대한체육회 사무총장, 이종갑 대한올림픽위원회 위원 등이었다.

국민체육진흥재단의 설립 목적은 국민체육의 진흥과 스포츠 경기수준의 향상에 필

---

47) 문화관광부, 『2005 체육백서』, 22~24쪽.

48) 위의 책, 25~26쪽.

49) 대한민국 국회사무처, 「제93회 국회 문교공보위원회 회의록 제1호」, 1975년 7월 4일, 2~3쪽.

50) 선인원, 「재단법인 국민체육진흥재단 정관의 개정과 그 현황」, 『체육』통권 96호, 11쪽.

51) 『체육』, 1972년 8월호, 34쪽.

요한 재정지원을 위한 기금을 조성하고 이를 관리 운영하는 것으로, 기금 조성의 목표액을 20억 원으로 정했다. 그리고 이 기금 조성을 위해 5개년 사업계획을 수립하고, 1차적으로 담배갑 광고사업[52]에 착수했다. 그러나 당초의 계획과는 달리 담배갑 광고에 각 기업이 적극적인 호응을 얻어내지 못해 1차 연도인 1973년에는 목표액 4억 원의 4분의 1에 해당하는 1억 원에 머물고 말았다. 이에 따라 사업 2차 연도인 1974년에는 담배갑 광고 이외에 각종 경기장 입장료에 부가금을 첨가하여 모금하는 방식을 채택하여 실시했지만, 전년도와 마찬가지로 목표액의 4분의 1에도 미달하는 부진한 실적을 보였다.

이에 따라 1975년 6월 30일에 국민체육진흥재단은 주무 부서인 문교부를 통해 국민체육진흥기금에 관한 법률 개정에 착수하여 국가의 재정지원을 확보하고자 했다.[53] 그 결과 국민체육진흥기금의 마련이 국가의 출연금, 담배 포장지를 이용한 광고수입금, 기타 대통령령이 정하는 수입금 등으로 확대되어 점차 재정 확충을 기할 수 있었다.

1972년에 설치된 국민체육진흥재단의 1979년까지의 수입재원별 기금조성 실적을 보면, 정부 출연금이 39억 5천만 원으로 가장 많은 부분을 차지하고 있다. 그밖에 체육시설 입장료에 대한 부가모금이 6억 700만 원, 담배갑 광고수익금 2억 2,400만 원, 이자수입금 9억 9,400만 원, 기타 수입금 1억 7,000만 원 등이다.[54]

국민체육진흥재단은 기금 조성을 위한 수익사업과 함께 이 기금을 운용하여 국민체육진흥정책을 뒷받침했다. 즉 체육시설 확충을 위한 지원, 우수선수의 발굴 육성 및 지도에 대한 지원, 체육지도자의 양성 및 체육 활동에 대한 지원, 체육연구에 대한 지원, 체육지도자 및 국제대회에서 입상한 선수로서 은퇴한 자 가운데 공로가 큰 사람에 대한 생활보조금 지급, 기타 체육진흥을 위한 사업 등으로 이루어졌다.[55]

특히 국민체육진흥재단은 선수 및 체육지도자 양성 차원에서, 그리고 국제대회에 대비하는 측면에서 강화훈련비를 지급하고, 신인선수 발굴 지원비와 체육장학금을 지급했으며, 경기지도자에 대한 연구비를 지급했다.[56] 이러한 지원을 통해 엘리트스포

52) 담배 광고는 청자, 남대문, 새마을로 한정하고 1갑당 광고료를 50전으로 하되 최저 300만 갑 이상으로 규정했다.

53) 국민체육진흥재단 김사달 전문위원은 1975년 7월 4일 제93회 국회 문교공보위원회 제1차 회의에 참석하여 과거의 국민체육진흥기금에 관한 법률에 따르면 진흥기금을 오로지 담배포장지 광고료로만 충당하도록 되어 있어 이 수입금만으로는 체육시설의 현대화, 우수선수 양성 및 유공체육인 생계보조에 필요한 기금을 조성하기가 어렵다는 점을 강조하고, 전면적인 법 개정을 통해 국가의 재정지원에 필요한 법적 근거를 마련하여 일정한 기금을 국가가 출연할 수 있어야 한다는 취지를 설명했다.

54) 김종희, 앞의 글, 61쪽.

55) 선인원, 앞의 글, 11쪽.

56) '체육단체 탐방/국민체육진흥재단', 『체육』, 1987년 2월호, 102쪽.

츠의 발전을 기할 수 있었다. 또한 체육인 복지 향상을 도모하기 위해 대표선수의 상해보험료 지원과 특별보조금 지급, 체육용구 생산업체 및 체육시설자에 대한 자금 융자를 실시하여 체육진흥을 위한 제반 환경 개선에 힘을 기울이기 시작했다. 이밖에도 국제 간의 스포츠교류를 촉진하고, 올림픽대회 메달 수상자에 대한 해외유학 지원도 실시해 우수선수들이 선진 외국의 체육학문과 기술 습득을 위해 보다 깊이 있는 연구의 기회를 가질 수 있도록 하는 등 다양한 측면에서 체육진흥정책을 펼쳐 나갈 수 있도록 그 가능성을 열기 시작했다.[57]

그러나 국민체육진흥정책의 획기적인 발전을 이루게 된 것은 1980년대 이후였다. 제5공화국에 들어서서 서울올림픽대회 유치를 결정하게 되자 국가적 차원에서 86·88 양 대회에 대비하기 위한 재원 마련을 본격화하여 1982년 국민체육진흥법을 전면 개정했다.[58] 이때 새로운 장(제3장)을 추가하여[59] 국민체육진흥기금에 관한 구체적인 내용을 자세히 다루었으며, 서울올림픽대회를 성공적으로 개최한 후에는 서울올림픽 기념 국민체육진흥공단이 국민체육진흥재단을 모체로 하여 1989년 4월 20일 설립되어 보다 안정된 재정 기반을 마련할 수 있었기 때문이다.

국민체육진흥기금은 서울올림픽대회 이전까지는 기금 규모가 적어 주로 대표선수 양성 등 엘리트스포츠 부문에 집중되었다고 해도 과언이 아니었다. 하지만 서울올림픽대회 이후 국민체육진흥공단이 설립되어 상황은 많이 달라졌다. 특히 서울올림픽대회 개최로 인해 국민들의 체육에 대한 관심이 폭발적으로 증가하고 이로 인해 기금 수요도 크게 증대되어 그 규모도 커지게 됨으로써 국민체육진흥기금은 엘리트스포츠뿐 아니라 학교체육, 생활체육, 체육과학, 스포츠교류 등 국가 재정이 미치기 어려운 분야에 광범위하게 본격 지원되는 새로운 전기를 마련했던 것이다.

서울올림픽기념 국민체육진흥공단은 체육재정의 자립기반 구축, 서울올림픽대회 영광의 전승 발전, 복지사회 건설의 일익 담당이라는 목표 아래 설립되었다.[60] 국민체육진흥법 제24조의 규정에 의해 서울올림픽대회를 기념하고 국민체육진흥을 위한 기금의 조성, 관리 등을 위해 서울올림픽대회 조직위원회 직원 중 잔류 인원을 기반으로 하여 설립된 것이다.[61] 이로써 국민체육진흥공단은 설립과 함께 체육재정 자립의 길을

57) 위와 같음.

58) 1982년 12월에 전면 개정되어 1983년 1월부터 시행하게 된 국민체육진흥법 개정은 한국체육계 전체로부터 국민체육진흥사업을 한 차원 높인 것으로 크게 환영받았으며, 86아시아경기대회와 88서울올림픽대회를 앞둔 시점에서 이루어져 한국 체육이 일대 전환점에 접어든 새로운 계기 마련으로 평가되었다(『체육』, 1982년 8·9월호, 12쪽).

59) 교육법전편찬회편, 『교육법전』, 교학사, 1991, 1681쪽.

60) 서울올림픽기념 국민체육진흥공단,『제1차 5개년 발전계획(1989~1993)』, 1989, 3쪽.

61) 體育青少年部, 앞의 책, 498쪽.

열어 나갔다.

사실 제3공화국 이후 국가적 차원에서 펼쳐진 체육진흥정책은 전적으로 국가 재정에 힘입었다. 따라서 1986년 아시아경기대회와 1988년 서울올림픽대회를 치르기에는 벅차기 때문에 점차 재벌기업을 끌어들여 체육단체장을 맡기게 되었고, 86·88 양 대회도 기업들의 힘을 빌려 성공적으로 치러 낼 수 있었다. 하지만 서울올림픽대회 이후 국가정책적인 차원에서 엘리트스포츠 위주로부터 국민생활체육시대로 그 무게의 중심을 옮기게 되자, 더 이상 기업인들에 의존할 수도 없는 상황이 되어 새로운 방향에서 재정 문제 해결의 방도를 찾지 않을 수 없었다.

다행히 서울올림픽대회가 성공적으로 마무리되어 더 이상의 재정적인 부담을 걱정하지 않아도 되었다. 서울올림픽대회는 상당액의 흑자를 남겨 자립재정의 기틀을 마련할 수 있었다. 제6공화국은 서울올림픽대회의 성공적인 개최와 남북 스포츠교류의 실현 등으로 재정적인 자립기반을 갖추는 가운데 명실상부한 체육입국의 발판을 마련하고자 했다. 체육입국의 실현이야말로 1970년대 이후의 고도 경제성장과 1980년대 이후의 국제적 지위 향상을 통해 축적된 국력의 신장을 뒷받침하여 21세기 통일민족사의 개막을 이끌어 낼 수 있는 지름길이라고 여겨졌기 때문이었다.[62]

노태우 정부의 체육정책지표였던 체육입국 구현과 이를 위한 재정 자립기반의 조성은 궁극적으로 국민생활체육의 보급을 보편화하고, 엘리트스포츠정책의 지속을 가능하게 하는 각종 스포츠단체의 자립 기반을 공고히 하기 위한 것이었다. 이와 같은 맥락에서 노태우 정부는 서울올림픽대회의 정신을 계승하고, 국민체육의 토대 확립을 도모하기 위해 국민체육진흥공단의 설립을 추진한 것이다.

국민체육진흥공단은 그 정식 명칭이 '서울올림픽기념 국민체육진흥공단'인 것에서도 알 수 있는 것처럼, 서울올림픽대회가 끝난 후 이를 위해 준비했던 방대한 시설과 자금, 그리고 인력 등 올림픽대회 자원의 효율적 활용을 목적으로 했다. 이는 1982년 12월 31일에 개정된 국민체육진흥법의 내실을 기함으로써 국민체육시책이 본궤도에 진입해 알찬 결실을 거둘 수 있게 하는 것이었고, 이를 위해 노태우 정부는 1989년 3월 31일에 국민체육진흥법을 대폭 개정했다.[63]

국민체육진흥법의 개정은 중앙정부와 지방자치단체의 체육행정기능을 강화하는 한편, 지방자치시대의 자립체육 기반을 마련하고 이를 뒷받침하는 국민체육진흥기금의 조성을 법률적으로 뒷받침했다. 특히 개정된 국민체육진흥법은 국민체육진흥에 소요되는 시설비용 기타 경비를 지원하는 국민체육진흥기금을 설치(제18조 1항)하고, 이 기금을 서울올림픽기념 국민체육진흥공단이 운용 관리토록(제18조 2항) 규정함으

62) 공보처, 앞의 책, 499쪽.

63) 위의 책, 500쪽.

로써 국민체육진흥공단이 자립체육 기반 확립의 중추적 역할을 담당하도록 했다.

이상과 같은 법률적 설립요건을 충족시킨 뒤, 이를 구체화하는 정관을 채택하고 사업 추진계획 등을 승인 처리한 제1차 이사회가 1989년 4월 28일에 개최됨으로써 국민체육진흥공단은 실질적인 사업 추진에 임하게 되었다.

국민체육진흥공단의 사업 전개방향은 대체로 국민체육진흥을 위한 연구, 개발 및 보급, 국민체육시설의 확충을 위한 사업 및 재정 지원, 엘리트 스포츠 정책의 내실을 기하기 위한 선수 및 지도자 양성과 지원, 건전한 청소년 육성을 위한 사업과 재정 지원, 체육을 통한 국제화합 및 친선교류, 서울올림픽대회 기념행사 및 올림픽정신 계승사업 등으로 집약되었다.[64)]

국민체육진흥공단은 국민체육진흥법 개정에 의해 1989년 4월 발족 당시 공단본부와 경륜 및 올림픽파크텔 등 2개의 사업본부, 한국스포츠TV(주)와 한국체육산업개발(주) 등 2개의 출자회사를 둔 비영리재단법인체로 조직되었다.[65)]

공단 설립 당시의 기구는 3본부 2실 9국 17부 5사업소로서 임원 4명, 관리직 4명, 일반직 315명, 기능직 122명 등 444명으로 출발했다. 공단본부는 이사장 등 상임 임원 4인과 4국(실) 11부 21과의 정원 133명, 경륜본부는 2실 7부(원) 18과의 정원 75명, 올림픽파크텔본부는 1실 2부 8과의 230명 등 438명의 인력을 갖추었고, 출자회사인 한국체육산업개발은 2센터 8부(사업소) 16과의 정원 278명, 한국스포츠TV는 1실 4국 10부(센터) 2과의 정원 204명, 국민생활관은 2부(실) 2과의 정원 60명 등 모두 980명이었다.

공단본부는 경영기획 및 관리를 총괄하면서 기금의 조성·운영 및 지원을 담당했고, 올림픽 기념사업은 물론 신규사업의 개발 등 공단의 설립목적에 부합하는 본연의 사업과 업무를 관장했다. 그러나 출자기관 등 산하기관에 대한 경영 및 인사권에 대한 제약으로 책임 경영에 있어 자체적인 한계를 나타내기도 했다.

경륜사업본부는 경륜사업이 본격적으로 실시된 1995년에 21억 원의 적자를 기록했으나 시설투자비에 대한 추가 부담이 경감되고 운영에 대한 효율성이 제고됨으로써 점차 운영 수지가 개선되어 1996년 이후에는 연 100억 원 이상의 흑자를 가져왔다.

한국스포츠TV(주)는 국민의 건강 증진, 스포츠 활성화를 통해 국민생활문화 정착에 기여하고 나아가 국내 스포츠의 발전과 국제 교류의 확대로 스포츠의 세계화와 국제화를 촉진하는 것을 목표로 1993년 12월에 설립되었다. 사업면에서는 우리 나라의 케이블 TV 역사가 짧고 그 시장규모가 적어 1995년도에 96억 원의 당기 순손실을 기록했으며, 추가적인 투자가 불가피하여 적자의 누적을 가져왔다.

한국체육산업개발(주)는 올림픽공원, 조정경기장을 비롯한 올림픽대회 시설물의 효

64) 위와 같음.

65) 李學來, 앞의 책, 567~568쪽.

과적 관리와 운영을 위해 공단의 전액 출자로 1990년 7월에 설립되었다. 공단 시설물의 관리 외에도 생활체육시설 확충을 위해 각 지역에 스포츠센터를 세우고 전문 인력의 양성을 뒷받침했다.

올림픽파크텔은 청소년 활동 공간과 국제 체육교류의 편의를 제공하기 위해 세워졌으며, 유스호스텔과 일반 호텔의 복합 운영을 했다. 올림픽파크텔은 1995년 이후부터 흑자를 가져오기 시작했다.

이후 국민체육진흥공단은 1999년 1월에는 한국체육과학연구원을 통합하여 부설기관으로 설치했다. 2000년 2월에는 공단 경영효율화의 한 방편으로 한국스포츠TV(주)를 매각했으며, 2002년 6월에는 수상레저스포츠인 경정사업을 시작했다.[66]

2004년 현재 국민체육진흥공단은 본부 이외에 경륜운영본부와 올림픽파크텔운영본부, 경정운영본부, 골프장운영본부, 체육과학연구원을 두고 있으며, 출자회사로서 한국체육산업개발(주)이 있다. 다음의 <표 2-7>은 국민체육진흥공단 조직 현황이다.[67]

〈표 2-7〉 국민체육진흥공단 조직 현황

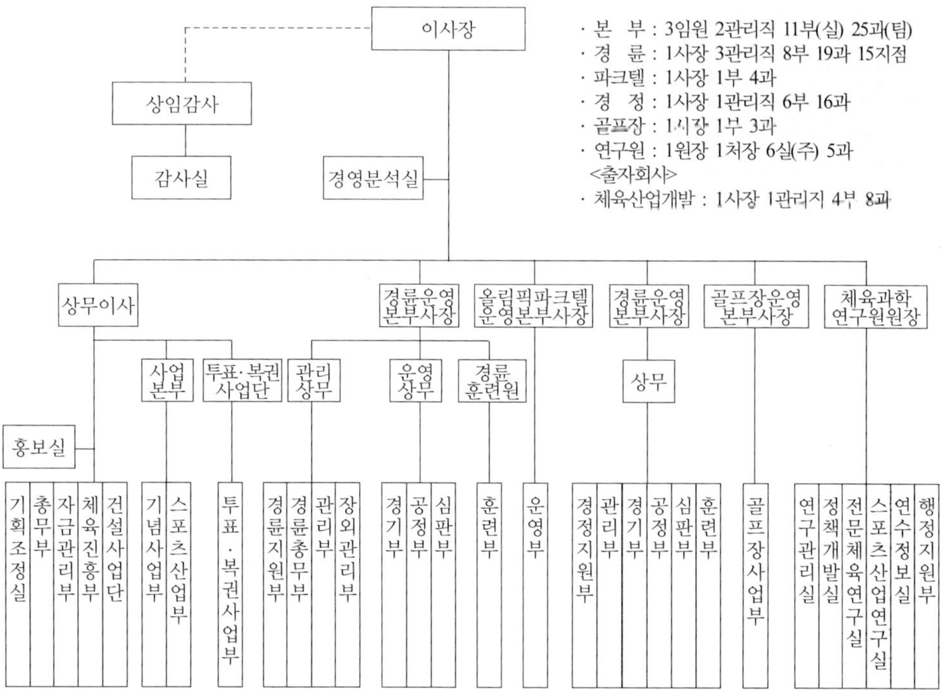

66) 문화관광부, 『체육백서 2002』, 48쪽.

67) 문화관광부, 『체육백서 2004』, 2005, 63~64쪽.

2) 기금의 조성 및 지원

체육입국을 지향하는 자립체육 기반의 조성을 위해서는 무엇보다 먼저 이를 뒷받침할 수 있는 재정적 지원방안이 마련되어야 한다. 노태우 정부가 국민체육진흥법의 개정을 통해 국민체육기금 조성을 보다 구체화하고 그 운용을 위한 전담기구의 설립을 추진한 까닭이 여기에 있었다.

국민체육진흥법 제19조는 국민체육기금의 조성을 위한 가능한 재원의 마련을 다음과 같이 명시하고 있다. 즉 정부 및 정부 외의 자의 출연금, 담배갑 포장지를 이용한 광고 및 기타 체육청소년부장관이 승인하는 광고사업의 수익금, 운동장·체육관·수영장·골프장 기타 대통령령이 정하는 체육시설의 입장료 또는 경마 마권에 대한 부가모금액, 체육시설의 운영에 따른 수수료 또는 사용료 등 체육시설과 이에 따른 부동산의 취득·운영으로 생기는 수익금, 기금의 운영으로 생기는 수익금, 기타 대통령령이 정하는 수익금 등이다.

국민체육진흥기금 조성의 원동력이 된 것은 서울올림픽조직위원회의 잉여금 3,110억 원이다. 서울올림픽대회의 성공적 개최의 결과로 남겨진 이 기금과 국민체육진흥공단 설립의 모태가 된 국민체육진흥재단의 재단기금 411억 원을 보탠 3,521억 원으로 1차적인 재원을 삼았다. 국민체육진흥공단은 3,521억 원에 달하는 국민체육진흥기금을 토대로 국민체육진흥기금의 확충을 도모하여 1991년 말 현재 4,703억 원의 기금을 조성했으며, 1992년도에 5,000억 원 기금을 달성하여 국민체육진흥공단 설립 당시에 계획했던 당초 목표, 즉 국민체육진흥 제1차 5개년 발전계획이 끝나는 1993년까지 5,000억 원 기금 조성 목표를 앞당겨 이루었다(<표 2-8> 참조).[68]

국민체육진흥기금의 조성과 확충은 조세를 근간으로 한 국가 재정만으로는 그 실질적 성과를 기대하기 어렵다. 때문에 일본의 경우에도 레저 스포츠사업에 속하는 경마, 경륜, 경정사업을 시행하여 그 수익금을 지방재정 투자비용과 체육진흥 등 공익사업에 충당하여 온 것이다. 단적인 예로, 일본은 1948년부터 1989년까지 무려 3조 1,728억 엔의 수익금을 올려서 이 가운데 4,211억 엔을 체육진흥 등 공익사업에 투자했다. 이와 같은 사실은 어느 국가이건 국가예산의 많고 적음을 떠나 보다 다양한 레저산업의 개발을 통해 사회복지 차원의 각종 체육진흥기금이 마련되고 있음을 말해 준다.[69]

체육청소년부는 이와 같은 맥락에서 경마, 경륜, 경정 사업 등 수익 사업의 개발과 흡수 노력을 기울여 국민체육기금의 조성을 다변화하려 했다. 물론 기존의 경마사업과 달리 경륜·경정사업의 경우는 상당한 시일을 요하게 될 것임이 분명했다. 그러나 이처

68) 국민체육진흥공단, 『국민체육진흥기금운용평가보고서』, 2000, 22쪽.

69) 李學來, 앞의 책, 570~571쪽.

럼 수익 스포츠사업의 기반을 확충해 나간 사실 자체가 장기적인 안목에서 볼 때 뜻깊은 일이 아닐 수 없었다.

〈표 2-8〉 연도별 기금조성 현황 (단위: 억 원)

구분	1989~94	1995	1996	1997	1998	1999	계
기금 (기초)	3,521	3,684	3,994	4,264	5,256	6,246	-
이자수입 (a)	3,055	481	517	577	822	691	6,143
조성사업 기금편입액(b)	(1,306)	375	301	1,008	871	281	1,530
수요(c) (기금지원)	1,586	546	548	593	703	972	4,948
기금조성액 (a+b-c)	163	310	270	992	990	0	2,725

경륜·경정사업은 1990년대 초까지 국내에 도입되지 못한 신규 수익사업의 대표적인 경우이다. 앞에서 설명한 것처럼 경륜사업은 1994년부터 사업을 시행하기 시작했으며, 경정사업은 여건 조성의 미비로 제대로 시행되지 못하다가 2002년 6월에 와서야 시행되었다.

체육청소년부는 올림픽대회 광고사업의 성과를 지속시켜 이를 국민체육진흥기금으로 충당할 수 있도록 국민체육진흥 광고사업을 승인(1989. 4. 3)했으며, 내무부에서도 국민체육진흥 광고를 관리지침 및 광고물 등 관리법 시·도 시행규칙을 제정(1989. 4. 1)하여 국민체육진흥기금의 수익 다변화를 기했다. 이에 따라 국민체육진흥공단은 공단에 부여된 광고사업권을 광고 전문업체에 대행케 하고 그 대가로 대행업체로 하여금 일정 기금을 체육진흥기금으로 납부케 했다. 이때 대행업체가 광고주를 유치하여 국민체육진흥공단에 광고물 설치허가 신청 의뢰를 해 오면 공단이 이를 검토하여 시·구·군청 등에 공단 명의로 허가 신청하여 광고물 설치 허가를 받게 했다. 광고사업의 종류는 시내버스 외부광고, 영업용 택시광고, 환경정화용 대형광고, 탑광고, 전광·네온광고 등으로 수익성이 높았다.

이밖에도 국민체육진흥공단은 체육복권의 발행과 골프장 사업, 관광개발사업, 기념품사업, 공중전화카드 광고사업 등을 지속적으로 시행하여 국민체육진흥기금의 수익성 제고를 도모했다.

체육진흥공단은 설립 후 제1차 5개년 발전계획(1989~93)을 수립 추진했으며, 그 주된 목표를 체육재정의 자립기반 구축, 서울올림픽 영광의 전승 발전, 복지사회 건설의 일익 담당 등으로 설정하고, 그 구체적 추진을 위한 중점과제를 설정했다. 이 중점과제들은 체육진흥기금의 원활한 조성, 서울올림픽대회 성과의 지속적 확산, 서울올림픽대회 관련 시설 활용의 극대화, 국민체육진흥 여건 조성 등에 두어졌다.

국민체육진흥기금은 국민체육 진흥 및 청소년 건전 육성 지원 등을 제외하고도 2005년 현재 국민체육진흥기금 3,521억 원에서 7,123억 원으로 확충하여 체육재정 자립기반을 마련했다(<표 2-9> 참조).[70]

〈표 2-9〉 기금조성 내역 (단위 : 억 원)

구 분	발족기금	조성금액	기금지원액	적립기금
'89~'04	3,521	28,275	△24,947	6,849
'05	-	2,457	△ 2,183	274
합 계	3,521	30,732	△27,130	7,123

제1차 5개년 발전계획에 따르면, 주요 사업은 체육진흥사업을 근간으로 하여 공익사업, 수익사업, 시설관리사업 등으로 구분되었다. 이 가운데 가장 핵심적인 체육진흥사업의 내용을 보면, 청소년 육성, 체육단체 지원, 체육인 복지, 체육시설 활용, 생활체육단체 육성, 체육동호인단체 육성, 스포츠교실 운영, 생활체육 프로그램 개발사업 등이 망라되어 있었다.[71]

국민체육진흥공단은 설립연도인 1989년부터 국민체육진흥 및 청소년 육성사업에 심혈을 기울여 공단 발족 이후 1991년 말까지 390억 원에 이르는 국민체육기금을 지원해 왔다. 이때까지 국민체육진흥기금의 지원 현황을 보면, 청소년육성기금 150억 원, 체육단체 지원 78억 원, 동네 체육시설 설치 59억 원, 체육인 복지 증진을 위한 연구연금 및 체육장학금 지원사업 등으로 명실공히 체육진흥 여건 조성에 상당한 기여를 해왔다.

이때의 국민체육기금 지원 세부내역을 살펴보면, 한국체육과학연구원을 비롯하여 한국체육대학과 한양대학교 체육과학연구소 등에 1억 원을 지원하여 체육과학 연구발전을 뒷받침했다. 아울러 체육인 복지를 위해 47억 원, 한민족제전, 김수녕기념관 건립 등에 약 30억 원을 지원하는 등 국민체육진흥을 위한 다양한 사업을 펼쳤다. 이밖에도 자금을 필요로 하는 우수 체육용기구 생산업체에 국민체육진흥기금을 융자지원함으로써 국내 체육용기구산업 육성 발전에도 활력을 불어넣는 등 다양한 형태로 국민체육 여건 조성에 기여했다.

70) 문화관광부, 『체육백서 2005』, 60쪽.

71) 서울올림픽기념 국민체육진흥공단, 앞의 책, 8쪽.

국민체육진흥공단은 청소년 및 도시인에게 건전 여가 선용을 위한 공간을 확보하여 보다 명랑하고 건전한 사회기풍을 진작시키고, 국민생활체육의 보급 기회를 확대하기 위해 신도시 지역인 분당, 평촌 지역에 각종 근린 생활체육시설(수영장, 아이스링크, 볼링장, 체력 단련장, 공공시설, 문예관 등)로 구성된 체육·청소년 복합시설을 설치하고, 이를 적극적으로 확산시켜 나갔다.

1989년 설립 이후 2005년도까지의 기금지원 실적을 살펴보면, <표 2-10>과 같다.[72]

〈표 2-10〉 기금지원 실적 (단위 : 억 원)

구 분		실적													
		소계	'89~'93	'94	'95	'96	'97	'98	'99	'00	'01	'02	'03	'04	'05
계		14,928	1,112	472	546	548	593	704	972	2,708	1,031	1,243	1,726	1,526	1,747
국민체육진흥	소계	13,883	609	354	431	439	478	649	942	2,708	1,031	1,243	1,726	1,526	1,747
	전문체육	7,537	389	240	304	300	305	415	443	2,324	522	603	829	420	443
	생활체육	5,429	197	93	104	113	145	200	447	301	430	555	747	952	1,145
	학교체육	917	23	21	23	26	28	34	52	83	79	85	150	154	159
청소년육성		774	290	110	100	100	100	44	30	-	-	-	-	-	-
올림픽기념		271	213	8	15	9	15	11	-	-	-	-	-	-	-

※ 전문체육 부무에는 월드컵경기장 건설비(2,103억 원) 포함

이처럼 서울올림픽대회 잉여금 등 3,521억 원을 기초재원으로 출발한 국민체육진흥기금은 그동안 내실있는 조성과 운영을 통해 2005년 말 기준 7,123억 원을 적립했으며, 기금조성 기간중에도 국민체육진흥분야에 1조 3,883억 원, 청소년분야에 774억 원, 올림픽기념사업에 271억 원 등을 지원했다. 이중 국민체육진흥을 위하여 전문체육에 7,537억 원, 생활체육에 5,429억 원, 학교체육에 917억 원을 지원했다.

국민체육진흥공단의 업무는 크게 기금조성과 기금지원 분야로 구분되어 있다. 이러한 업무를 집행하기 위한 부서별 기능은 다음과 같다.[73]

조직의 관리와 지원부서로서 감사실, 홍보실, 기획조정실, 총무국이 있으며, 사업집행부서로는 기금관리국과 기념사업국이 있다. 감사실에서는 감사계획의 수립 및 조정, 회계 및 결산에 관한 감사 업무, 인력운영에 관한 감사 업무 등을 담당하며, 홍보실에서

72) 문화관광부, 『체육백서 2005』, 60쪽.

73) 金炫錫, 『韓國體育行政組織의 發展方案에 關한 硏究』, 한양대 박사논문, 1998, 65~66쪽.

는 홍보계획 수립 및 시행, 홍보매체 개발·조정 및 시행, 국제협력 및 올림픽시설물 홍보 안내 등의 업무를 관장한다.

기획조정실에선 연간 사업계획 수립 및 조정, 예산집행 관리 및 사업진도 분석, 사업 추진실적 분석 평가, 업무개선계획의 수립·시행, 종합전산 기본계획 수립 및 시행, 조직과 정원 관리 부서간 업무 조정, 정관 제규정 제정 및 개·폐 업무, 기금지원 및 융자계획 수립 및 시행, 체육인 복지사업에 관한 사항 등을 담당한다.

총무국에서는 각종 행사계획 수립 및 시행, 물품구매·제조·시설공사·용역 등 계획 체결, 직원 후생시설 관리, 인력운용에 관한 기본계획 수립, 임·직원의 인사에 관한 사항, 후생복지계획 수립 및 시행, 재무재표 작성 및 결산, 급여 및 제수당 지급·관리, 자산관리 총괄, 고정자산 관련 업무, 자금운용계획 수립 등의 업무를 관장한다.

기금관리국에선 기금적립금 운영, 기금지원금 및 사업자금의 배정, 복권사업계획 수립 등에 관련된 업무, 광고사업계획 수립 등에 관한 업무, 부가금사업계획 수립 등에 관련된 업무 등을 담당하며, 기념사업국에서는 서울올림픽대회 기념사업 등 서울올림픽대회에 관련된 기념사업, 공단 시설물 관리 업무, 서울올림픽기념관 건립과 관련된 업무, 스포츠센터 확충계획 및 관련 업무 등을 담당한다.

3. 국군체육부대

1) 군체육조직 정비

군체육은 군복무 장병의 체력을 단련시킴으로써 군의 전투력을 향상시키는 데 그 목적을 두었으나, 점차 군복무기간을 국민체력 향상과 엘리트스포츠 육성과정의 주요 구성요소로 간주하여 제도적으로 이를 뒷받침하기에 이른다. 초창기의 군체육은 구보와 맨손체조에서 시작하여 미국식 도수체조와 집총체조를 도입하는 데 불과했다. 하지만 군 교육기관과 후방부대에서 부대대항 체육행사를 갖게 됨에 따라 각종 체육대회 위주로 우수선수를 육성하는 등 점차 체계적인 체육을 실시하기 시작했다.

군은 1964년 2월 국방부 훈령 제71호에 의해 장병들의 체력을 군의 특성에 맞게 측정하고 분류하기 위해 군체력검정규정을 제정, 각 군에서 연 1회 검정을 실시했다. 이와 함께 학교 및 일반기관에서 육성되어 입대한 우수선수를 선발, 이들을 주축으로 군 운동부를 운영함으로써 선수 생명의 연장뿐 아니라 군 나름의 독특한 방식으로 훈련 강화를 도모하는 다각적인 성과를 가져왔다.

군체육조직은 국방부를 정점으로 하여 육·해·공군이 독자성을 띠면서 운영되었다.

국방부 체육진흥담당관실이 군체육의 조정기능을 담당[74]하여 일반적인 지침을 하달하고, 공통된 사업을 수행했을 뿐 아니라 국제군인체육회(CISM)[75] 한국본부로서의 기능도 아울러 수행했다.

군대별로 조직된 군체육 팀을 종목별로 보면, 수영(해군), 육상(육군), 야구(육군, 해병대), 연식 야구(진해 해군), 농구(육군, 해병대), 배구(50사단, 31사단, 육군 보안사, 39사단, 군기술교육단, 육군통신학교, 수도경비사), 축구(육군, 해병대, 31사단), 럭비(육군사관학교), 사이클(육군), 유도(육군, 수도경비사), 레슬링(육군본부, 해병대, 공군), 승마(육군사관학교), 펜싱(203보안대), 배드민턴(공군본부), 태권도(육군, 해병대), 빙상(육군), 아이스하키(육군), 스키(해병대, 육군공수단, 육군스키부대), 탁구(공군), 테니스(육군보안사, 1군사령부) 등 34개 팀에 이르렀으며, 주로 육군에서 주도해 나가고 있었음을 알 수 있다.[76]

한편, 국제군인체육회를 통해 국제군인체육대회에 참가한 한국은 1955년 8월 그리스에서 개최된 제10회 대회에서 육상종목 금메달(공군 서영주)을 획득한 것을 비롯하여 매년 꾸준히 참가했으며, 1971년 6월 한국에서 개최된 극동지역 국제군인체육축구대회에서는 1위를 차지하기도 했다.[77]

2) 국군체육부대 창설

1982년 제9회 인도 뉴델리아시아경기대회에서 한국이 종합 3위를 차지하는데 주역을 담당했던 웅비팀을 보강하여 1986년 서울아시아경기대회와 1988년 서울올림픽대회에 대비하려는 국방부 계획에 따라 1983년 8월 22일 국군체육부대 창설준비위원회가 발족했으며,[78] 1984년 1월 1일 대통령령 제11288호에 따라 웅비, 해룡, 성무를 통합한 국군체육부대가 창설되었다.[79]

국군체육부대의 창설 목적은, 첫째 서울아시아경기대회와 서울올림픽대회를 대비하여 국가 체육발전에 기여하고, 둘째 군복무 우수선수를 발굴하여 집중 지도하며, 셋째 군 특성에 부합되는 종목을 중점 관리(사격 및 개인 투기종목)하고, 넷째 군체육

74) 大韓體育會, 『體育白書』, 132쪽.

75) 국제군인체육회(CISM)은 1946년에 연합국 체육위원회(AFSC)로 발족하여 1947년에 해체되었다가 1948년에 CISM으로 재발족했으며, 한국은 1957년에 가입했다. 1971년 현재 43개국이 회원으로 가입하여 회원국간의 상호 이해 및 우의 증진을 도모했다(위의 책, 133쪽).

76) 위의 책, 132쪽.

77) 위의 책, 134쪽.

78) 국군체육부대, 『부대사』 1, 발간년도 미상, 1쪽.

79) 위의 책, 12쪽.

및 장병들의 체력 향상을 도모하며, 다섯째 군·관·민 체육유대를 강화하는 것 등이었다.[80)]

편성기준은 당시 육군체육지도대 편제 기준에 따랐다. 군별 병력 배정은 국방부 직할부대 군별 정원 분포비율에 따라 육군 80퍼센트, 해군 11퍼센트, 공군 9퍼센트로 하고, 지도관은 장교 또는 군무원, 코치는 준사관 또는 군무원으로 정했다. 또 선수는 혼합편성을 배제하여 운동종목별 단일군으로 편성했으며, 럭비, 야구, 태권도 등 비올림픽종목과 구기종목 같은 인기종목들은 군별로 적당히 분배했다.

국군체육부대는 창설된 후, 군대라는 특수환경을 활용하여 강도 높은 선수훈련을 계속함으로써 입영으로 인해 야기될 수 있는 엘리트스포츠의 공백을 메우는 중요한 역할을 했다. 국군체육부대를 대표하여 상무팀으로 출전한 국군체육부대 소속 선수들이 각종 국내외 경기대회에서 입영 이전보다 훨씬 좋은 성적을 거두는 경우가 많았다는 사실이 이를 반증한다.

국군체육부대는 국내외 경기대회뿐 아니라 국제군인체육대회 등에 지속적으로 참가하여 군사외교활동의 일익을 담당했다. 국군체육부대는 군대라는 특수한 환경을 활용하여 강도 높은 선수훈련을 계속하면서 우수선수들을 국내외 경기에 참가시키고, 각종 연구발표 및 초빙교육을 통해 한국 스포츠의 질적 수준 제고에 크게 기여했다. 예컨대 서울아시아경기대회에서 국군체육부대 상무팀은 금 15개, 은 9개, 동 13개를 획득하여 한국이 종합 2위를 차지하는데 결정적인 역할을 했으며, 서울올림픽대회에서 한국이 차지한 금 12개 가운데 3개를 차지하여 종합성적 세계 4위를 달성하는데 결정적으로 기여하여 소기의 목적을 충분히 달성하고도 남음이 있었다.

4. 민간체육단체

1) 대한체육회

1945년 8월 15일 조국광복과 함께 체육인들은 조선체육회 재건에 착수하여 1945년 11월 26일 마침내 조선체육회가 부활되었다. 조선체육회는 일제 총독부가 1919년 2월 8일에 만들었던 조선체육협회를 외면한 채 1920년 7월 13일에 '협(協)'자 만을 뺀 거의 동일한 명칭으로 조직했다. 하지만 조선체육회는 1938년 7월 4일 일제의 강압에 의해 조선체육협회에 통합됨에 따라 해체되고 말았다. 그 뒤 7년만에 조국 광복과 함께 조선체육회는 마침내 재건되었던 것이다.

일제의 압박 속에서 온갖 고초와 고난을 겪어 왔던 체육인들은 조국 광복의 기쁨을

---

80) 위의 책, 1쪽.

맞아 곧바로 힘을 합쳐 민족체육 재건의 길을 찾아 나섰다. 일제시대에 스포츠를 통해 한민족의 기개와 우수성을 과시하고 민족적 분노를 발산하는 돌파구의 역할을 해 온 것처럼 체육인들은 조국 광복의 기쁨을 신생 독립국가로 가는 새로운 활력으로 이끌어 내기 위해 지체 없이 움직이기 시작했던 것이다. 1945년 9월에 접어들면서 체육인들은 곧바로 조선체육회를 재건하려는 노력을 모았고, 이와 함께 각종 경기단체들을 재건 또는 창립하기 시작했다.

당시의 체육계 활동은 체육인들 가운데 일부가 사회 혼란에 대처하기 위해 치안유지에 힘을 보태고, 한편으로는 체육인들이 모이는 서클을 재조직하는 형태로 전개되었다.[81] 치안유지대 조직에 관여한 장권, 정상윤, 윤환섭 등은 거리 청소를 비롯한 치안유지 활동에 앞장섰고, 이상백을 중심으로 하는 일부 체육인들은 일제 치하에서 민족체육의 보루를 지켜 왔던 조선체육회 재건을 위해 조선체육동지회를 만들었다.

1945년 9월 5일에 조직된 조선체육동지회는 이상백이 위원장을 맡고, 총무위원에 장권, 이영민, 권태하, 정상윤, 이종구, 정상희, 임동수 등이, 평의원에 김규면, 이길용, 조동식, 서상국, 이병학, 서상천, 임병혁, 김기도, 이여성, 손효준, 김영구, 안동원, 이춘호, 이운용, 홍성하, 이세정, 조병학, 김동철, 성의경 등이 참여했다. 그리고 상무감사에는 염은현, 김관우, 간사 김화집, 김은배, 조인상, 이윤용, 최해룡, 안중희, 안영식, 김영석, 신기원, 손기정 등으로 구성되었으며, 사무국(사무국장 최감)에는 총무부, 재무부, 기획부, 서무부, 연락부 등을 두었다.[82]

조선체육동지회의 출범으로 조선체육회를 재건하기 위한 준비작업이 본격화됨에 따라 1945년 11월 26일 YMCA에서 조선체육동지회 제1차 평의원회의가 개최되어 헌장을 새롭게 제정하고 새 임원을 선출했다.[83] 이날 조선체육회 재건과 함께 회장으로 추대된 여운형은 조선체육회 제11대 회장으로 취임했다.[84]

조선체육회의 부활은 민족정기의 부활을 의미했다. 여운형의 제11대 회장 취임은 3·1독립운동의 민족정기 표출을 민족체육의 그릇 속에 담아 보존하고자 애써 왔던 조선체육회 18년의 역사를 조국 광복의 새 역사로 되살리는 것이었다. 조선체육회는 일제 총독부가 1919년 2월 8일에 조직했던 조선체육협회를 외면하고 1920년 7월 13일에 '협(協)'자 만을 뺀 거의 동일한 명칭으로 출범하여 체육을 통한 민족운동의 기치를

81) 한국농구80년사편찬위원회, 『한국농구 80년』, 한국농구협회, 1989, 273쪽.

82) 대한체육회, 『大韓體育會七十年史』, 1990, 81쪽.

83) 韓國體育百年史編纂委員會, 『韓國體育百年史』, 1981, 226쪽.

84) 여운형은 일찍부터 스포츠를 좋아해 청년시절에는 체조 모델을 할 정도였고, 축구, 육상, 유도, 역도, 농구 등 한국 체육의 초창기에 활동한 사람들이 모두 여운형과 깊은 관계를 가졌다고 할 정도로 한국체육 발전의 선구자였다(임영태, 『대한민국 50년사』1, 1998, 69쪽 참조).

드높였으나, 결국 1938년 7월 4일 일제에 의해 조선체육협회에 흡수, 강제해산당하는 비운을 겪었었다.[85] 그 뒤 7년만에 조국 광복의 기쁨 속에서 다시 민족체육 재건의 기치를 다시금 드높였던 것이다.

조선체육회는 여운형 회장을 비롯하여 부회장에 유억겸, 신국권을 선임했고, 이사장에 이병학, 상무이사에 이길용, 장일홍, 이종구, 이사에 김영구, 이상백, 조영하, 조병학, 김정학, 이영민, 이운용, 김은배 등을 선임하여 짜임새 있는 진용을 이루었다.

조선체육회의 재건에 힘입어 체육계는 점차 내부 진용을 정비하면서 사회에 활력을 불어넣고 신생 독립국가로서의 위용을 내외에 과시하기 위한 노력을 펼쳐 갔다. 그러나 1946년에 접어들면서 좌우익의 대립과 찬탁·반탁을 둘러싼 데모가 가열되어 극도의 사회혼란이 야기되었고, 급기야 조선체육회도 그 영향을 받지 않을 수 없었다. 특히 여운형 회장이 과거 고려공산당과 손을 잡았던 일, 건국준비위원회를 만들어 정치적 활동을 전개한 일 등으로 색깔 시비를 불러 일으켰고,[86] 이를 정치적으로 이용하려는 세력들도 있었다. 이에 따라 조선체육회는 범국민적인 지도자를 망라한다는 차원에서 임원진을 대폭 보강하고, 어떤 경우에도 체육을 정치적 목적에 이용할 수 없다는 입장을 천명했다.

1946년 2월 26일에 영입된 민족지도자들은 좌우익을 망라하는 인물들로 채워졌다. 김규식, 안재홍, 김성수, 오세창, 원한경, 이극로, 최규동, 조만식 등을 고문에 추대했고, 재무위원에 박영진, 이규현, 임병혁, 김승권, 정운용, 이병관, 명인화, 강영철, 김종선, 평의원에 박필호, 강진구, 이병위, 서명학, 박명규, 조동환, 이경석, 손기정, 정근영, 남승룡 등을 위촉했다. 이밖에 이사에 이병학, 이종구, 김신실, 이성구, 서상국, 김용식, 김용구, 이윤용, 사무국장에 김영구, 체육부장에 조영하, 상무이사에 이문호 등을 선임했다.[87]

이렇게 범국민적인 조직으로 체제를 개편한 조선체육회는 1946년 4월 15일 정치적 중립을 선언하는 성명서를 여운형 회장의 이름으로 발표했다.

---

85) 조선체육회 회장은 초대(1920. 7. 13~1921. 7. 22) 장두현 회장을 비롯하여 2대(1921. 7. 23~1923. 11. 27) 고원훈, 3대(1923. 11. 28~1924. 6. 24) 최린, 4대(1924. 7. 1~11. 12) 박창하, 5대(1924. 11. 13~1925. 3. 29) 이동식, 6대(1925. 3. 30~9. 10) 김규면, 7대(1925. 9. 11~1927. 7. 14) 신흥우, 8대(1927. 7. 18~1928. 8. 17) 유억겸, 9대(1928. 8. 18~1937. 7. 2) 윤치호, 10대(1937. 7. 3~1938. 7. 30) 유억겸 회장을 거쳐 제11대 여운형 회장에 이르렀다(대한체육회, 『大韓體育會七十年史』, 79~80쪽).

86) 광복 직후 손기정도 여운형의 건국준비위원회를 돕고 있었고, 여운형이 좌우익 대립으로 혼란한 상황에 빠지자 손기정은 여운형에게 정치를 하던지 체육회장을 하든지 양자택일을 하라고 직선적인 충고를 하기도 했다(고두현, 『베를린의 월계관』(이야기 한국체육사 제1권), 서울올림픽기념 국민체육진흥공단, 1997, 369쪽 참조).

87) 이학래, 앞의 책, 330~331쪽.

조선체육회는 3천만 민중의 체육을 지향하는 대표기관인 동시에 우리들의 공기(公器)다. 그러므로 이는 어떤 개인의 체육회도 아니요, 1개 단체에 종속된 체육회도 아닌 것이다. 만약 체육회의 회장이나 간부로서 정치적 색채를 가진 사람이 있다면 이는 개인적 문제이고 체육회로서는 하등 관계할 바 아닌 동시에 체육회 자체가 정치적 색채를 띠는 것은 절대로 아닌 것이다. 그러므로 조선체육회는 그 불편부당(不偏不黨)함을 이에 엄명한다.[88)]

이로써 조선체육회의 재건을 출발점으로 삼아 각종 체육단체들의 재조직 또는 창립을 주도한 체육계 인사들은 정치적 성향과 거의 무관하게 참여할 수 있었다. 이러한 원칙과 입장은 미군정 시기에서뿐만 아니라 정부 수립 후에도 그대로 견지되어 정부 시책에 호응하면서도 정쟁에 휩쓸리지 않게 했으며, 민족체육의 위상을 견지해 나가는 원동력이 되었다.

조선체육회의 재건 움직임에 힘입어 종목별 경기단체들이 잇달아 설립되었다. 대한육상경기연맹의 전신인 조선육상경기연맹(회장 김승식)이 가장 빠른 시기인 1945년 9월 23일에 창립[89)]되어 체육계에 힘을 불어넣었으며, 1947년 국제아마추어육상경기연맹(IAAF)에도 가입하여 대내외적으로 활력을 불어넣었다. 조선축구협회(회장 하경덕) 역시 거의 비슷한 시기인 9월에 재건되어, 1947년에는 국제축구연맹에 가입했다.[90)] 조선탁구협회(회장 조동식)도 이 시기에 발족[91)]되어 선두주자에 포함되었다.

조선농구협회는 이성구의 적극적인 참여와 임동수, 염은현 등의 제의에 의해 협회 창설을 위한 첫 모임을 광복 직후인 1945년 9월 초에 가진 후 10월 19일에 창립총회를 개최했다. 창립총회에서는 김영구를 회장으로, 이성구를 이사장으로 선출할 예정이었으나 김영구가 군정청 체육과장으로 재직하고 있어 회장 선출을 유보하고 이성구 이사장이 회장직을 대행하는 체제로 운영되었다.[92)]

이외에 1945년에 창립 또는 복원된 경기단체와 대표자들은 조선정구협회(회장 황명원), 조선연식정구협회(회장 김인수), 조선탁구협회(회장 조동식), 조선아마추어권투연맹(회장 안동원), 조선유도연맹(회장 이범석), 조선체조연맹(회장 서상천), 조선빙상경기협회(회장 최도용), 조선역도연맹(회장 이병학), 조선승마협회(회장 유동열), 조선송구협회 등이었고[93)] 조선산악회, 전국학생육상경기연맹, 전국학생경기연맹 등 3개 단

---

88) 韓國體育百年史編纂會, 앞의 책, 226쪽.

89) 대한체육회, 『大韓體育會七十年史』, 551쪽.

90) 위의 책, 553~554쪽.

91) 위의 책, 561쪽.

92) 이때 농구협회 이사진은 정상윤, 임동수, 민영진, 김진수, 김진악, 안태경, 손희준 등이었다(대한농구협회, 앞의 책, 197쪽 참조).

93) 대한체육회, 『大韓體育會七十年史』, 560~604쪽; 韓國體育百年史編纂會, 앞의 책, 712쪽.

체도 설립되었다.

1946년에는 조선배구협회(위원장 조동식)[94]를 비롯하여 조선럭비축구협회(이사장 이종구),[95] 조선야구협회(회장 서상국),[96] 조선씨름협회(회장 서상천),[97] 조선스키협회(이사장 권영대),[98] 조선궁도협회(회장 박창번)[99]와 조선수상경기연맹, 조선연식야구연맹(회장 최선익), 조선아마추어레슬링연맹(회장 김동원), 조선자전거경기연맹(회장 민원식) 등이 창립되었고,[100] 1947년 이후 대한민국 정부 수립 이전까지 조선아이스하키협회(회장 최선익),[101] 조선필드하키협회,[102] 조선검도회(임시회장 강낙원),[103] 조선펜싱연맹(회장 윤치영)[104] 등이 설립 또는 복원되어 체육단체의 부활을 거의 마무리지었다.

대한체육회 시·도지부도 1946년 2월에 창립된 경기도체육회(회장 구자옥)를 시작으로 속속 결성되기 시작했다.[105] 충남체육회(회장 이영진)는 경기도체육회와 거의 동시에 출범했고, 이어 다음달에 충북체육회(회장 윤하영)도 정식으로 발족했으며, 강원도체육회는 1946년 5월 1일에 출범했다. 전북체육회는 여타 시·도체육회보다 한참 늦은 1960년 6월에 와서야 공식 출범했는데, 그 전까지의 체육행사는 도청 문화사회국 문화과에서 주도했다. 전남체육회의 경우는 그 출범 시기나 초대회장을 둘러싸고 여러 설이 존재하나, 주봉식의 주도하에 1946년에 창립되었다는 설이 유력하다. 1946년 1월에는 경북체육회(회장 윤상태)가 출범했고, 1945년 12월에 창립한 경남체육협회(회장 박기출)는 그 이듬해 4월 정기총회를 열고 경남체육회로 개칭하여 공식 출범하고 회장은 유임되었다. 제주도체육회(회장 홍순지)의 경우는 전쟁 중인 1951년 6월에 공식 출범했다.

서울특별시체육회(회장 김봉선)는 당시 시청 문화과 체육계장인 최창흡의 주도로 1953년에 창립되었다. 부산직할시체육회는 부산시가 1963년 1월 직할시로 승격되자 그해 3월 17일 창립총회를 열어 탄생되었다. 대구시가 1981년 직할시로 승격된 후 대한체육회의 방침에 따라 대구직할시체육회(회장 정채진)는 그해 7월 20일 창립총회를

94) 대한배구협회, 『韓國排球70年史』, 1994, 73쪽.

95) 대한체육회, 『大韓體育會七十年史』, 590쪽.

96) 대한야구협회·한국야구위원회, 『韓國野球史』, 1999, 401~402쪽.

97) 위의 책, 589쪽.

98) 위의 책, 602쪽.

99) 韓國體育百年史編纂會, 앞의 책, 712쪽.

100) 위와 같음

101) 위의 책, 713쪽.

102) 위와 같음.

103) 위와 같음.

104) 대한체육회, 『大韓體育會七十年史』, 617쪽.

105) 위의 책, 649~678쪽.

개최하고 정식 출범했다. 1981년 인천시가 경기도와 분리되어 직할시로 승격되자 인천직할시체육회(회장 김찬희)도 같은 해 8월 5일에 창립되었다. 1986년 11월 광주시가 직할시로 승격되어 전라남도에서 분리됨에 따라 광주직할시체육회(회장 김양배)도 전남체육회로부터 분리 독립되었다.

1948년 8·15 광복절을 기해 대한민국 정부가 수립되자, 조선체육회는 9월 3일부터 4일까지 임시평의회를 개최하여 그 명칭을 대한체육회로 개칭하고 신익희를 새 회장으로 하는 14대 집행부를 구성했다. 그 집행부 구성은 다음과 같다. 회장 신익희, 부회장 김동성, 옥준진, 이사장 이성주, 이사 김원권, 김윤근, 심성학, 김태식, 백용호, 전이락, 이종호, 이성환, 감사 김용택, 박영진, 서형석 등이다.[106]

그러나 14대 집행부는 정화 문제 등으로 구설수에 시달리다가 임원을 모두 바꾸며 1949년 10월 29일 제15대 신흥우 체제를 발족시켰다. 제15대 집행부 구성은 다음과 같다. 회장 신흥우, 부회장 손기정, 현동완, 이사장 정상희, 이사 김성곤, 김신실, 김영구, 김옥규, 김재위, 김정연, 김태식, 나추건, 서복희, 이순재, 이영민, 이종호, 이창근, 현정주, 황을수 등이다.[107] 하지만 15대 집행부가 내부적인 체제를 안정시키기도 전에 6·25 전란을 맞게 되어 피난길에 올랐다.

대한체육회는 1·4후퇴 직후 부산시 창선동 1가 문화극장 옆에 연락사무소를 정하고 남하해 온 체육인들의 등록을 받기 시작했다.[108] 전쟁이 계속되는 비상사태 속에서도 대한체육회는 1952년에 개최될 헬싱키올림픽에 대비하기 위해 새로운 집행부를 구성했다.[109] 1951년 6월 17일에 개최된 정기총회에서 조병옥이 대한체육회 제16대 회장으로 선출되었나. 그러다가 1952년 9월에 이기붕이 제17대 회장으로 등장한 이후 대한체육회는 제1공화국이 끝날 때까지 이기붕 체제로 존속했다. 이기붕 회장 체제 출범 당시 집행부는 회장 이기붕, 부회장 임송본과 김용택, 이사장 정상희 등이다.[110]

휴전으로 인해 전쟁의 상흔을 씻어 내듯 대한체육회도 새 출발을 하게 되어 체육단체가 재정비되는 계기를 맞이했다. 대한체육회는 1954년 3월 16일에 사단법인 설립허가를 받았으며, 6월 20일에 정기총회를 개최하여 사단법인 정관을 채택하고 대회헌장과 심판규정을 제정했다.[111]

이후 대한체육회 정관은 1964년도까지 7차례 개정되어 1964년에는 전문 23장 63조가

106) 韓國體育百年史編纂會, 앞의 책, 227쪽.
107) 위와 같음.
108) 대한체육회, 『大韓體育會七十年史』, 82쪽.
109) 위와 같음.
110) 韓國體育百年史編纂會, 앞의 책, 228쪽.
111) 대한체육회, 『大韓體育會七十年史』, 52쪽.

되었다. 대한체육회는 정관에서 본회의 목적을 체육운동의 범국민화, 학교체육 및 생활체육 진흥에 두고 국민의 체력 향상과 건전하고 명랑한 기풍을 진작하는 데 두었으며, 현장에서 아마추어 경기단체를 통괄 지도하고 우수한 선수 및 경기지도자를 양성하여 국위선양과 민족문화 발전에 이바지한다는 점을 분명히 밝혔다.

정관에 명시된 사업내용은 가맹단체와 지부의 육성·지도·감독과 정부에 대한 자문 및 건의, 올림픽대회 등 국제경기대회에 관한 사업, 전국체육대회 개최, 국민체력 향상에 관한 조사연구 및 국민체육의 육성·보급, 학교체육 육성, 경기기술의 연구 및 향상, 체육운동시설에 관한 연구와 설치 및 관리 등 광범위했다.

사단법인체로 재출발한 대한체육회는 1954년 8월 15일 서울시청 회의실에서 50여 명의 발기인들이 모여 국민체육관 건립위원회를 구성했다.[112] 국민체육관 건립위원회 구성은 국민체육 진흥의 기반 마련의 시발점이기도 했다. 건립위원회는 국회건설 전문위원과 김윤기 교통부차관이 제시한 설계안을 채택했는데, 이 설계안은 1만여 명을 수용할 수 있는 3층 건물에 야외경기를 제외한 육상경기까지 할 수 있는 시설과 더불어 지하층에 수영풀장을 마련키로 하고 제1 후보지를 효창운동장으로 제시했다. 이를 위해 계상된 재정규모는 내자 5억 원과 외자 80만 달러였다.[113]

그러나 당시의 형편이 여의치 못해 실제로 추진되지는 못했다. 다만 1955년 4월 7일 대한체육회 사무실을 서울시청 앞의 관재청(管財廳) 건물에 마련하게 되어 곁방살이를 면하고 안정적인 기반 위에서 이른바 태평로시대를 열게 되었다. 같은 해 6월에 이기붕 대한올림픽위원장이 처음으로 국제올림픽위원회 위원에 피선되어[114] 국내외적인 위상을 갖추게 되었다.

2) 대한올림픽위원회

국제올림픽위원회(IOC) 역사상 정부 성립 이전에 국가 단위의 올림픽위원회가 승인된 경우는 대한올림픽위원회(KOC)가 유일했다. 대한올림픽위원회의 창립은 일제 식민통치로부터 해방되어 신생 독립국가로서의 위상을 국제사회에서 공인받는 것을 의미했다. 국제올림픽위원회는 이미 신생 독립국가로서의 위상을 갖추고 모든 준비를 끝낸 상태로 보아 1948년에 개최되는 런던올림픽대회 출전 자격이 충분히 있다는 점을 인정하여 대한올림픽위원회의 국제올림픽위원회 가입을 기꺼이 승인했던 것이다.

조선체육회는 대한민국 정부 수립 직전에 개최되는 올림픽대회에 어떤 일이 있어도

112) 위와 같음.

113) 韓國體育百年史編纂會, 앞의 책, 229쪽.

114) 대한올림픽위원회, 『KOC 50年史』, 1996, 292쪽.

출전해야 한다는 목표를 세우고 이에 대한 대책을 강구했다. 우선 올림픽대회 출전을 위해서는 국내 올림픽기구를 구성하여 국제올림픽위원회의 승인을 얻어야 했다. 그리하여 조선체육회는 1946년 7월 15일 런던올림픽대책위원회를 결성했다. 대책위원회는 위원장에 조선체육회 부회장 유억겸, 부위원장에 전경무, 이상백, 그리고 이병학, 천갑진, 이운용, 민원식, 이길용, 조병학, 정상희, 정상윤, 박인덕, 박삼규, 안철영, 김정연 등을 상무위원으로 구성했다.[115] 그리고 조선체육회는 1947년 6월 15일 조선올림픽위원회를 결성했다.[116] 이렇게 탄생된 KOC 초대위원장에는 여운형 조선체육회장이 겸임하게 되었다[117]

국제올림픽위원회는 1947년 6월 20일에 개최된 스톡홀름 총회에서 조선올림픽위원회를 승인했고, 이에 따라 한국은 1948년 8월에 개최되는 런던올림픽대회에 정식으로 초청을 받아 참가할 수 있었다.

국제올림픽위원회 회원국이 되기 위해서는 국내 올림픽위원회가 존재하는 것 외에도 올림픽대회 종목의 경기단체들이 각각 국제경기연맹에 가입되어 있어야 했다. 이에 따라 대책위원회는 조선체육회 가맹 경기단체 가운데 올림픽대회 종목에 해당되는 육상, 수영, 축구, 농구, 역도, 권투, 레슬링, 빙상 등 각 경기단체로 하여금 각각의 국제경기연맹에 가입절차를 밟도록 했다.

1947년 봄에 전경무 부위원장은 애버리 브런디지(Avery Brundage) 당시 국제올림픽위원회 부위원장을 방문하여 한국의 올림픽대회 참가를 위한 협조를 교섭해 승낙을 얻었다. 그런데 에버리 브런디지의 권고로 그해 6월 15일부터 스톡홀름에서 열리는 국제올림픽위원회 총회에 참석하기 위해 미 군용기 편으로 떠났던 전경무 부위원장은 비행기가 추락하여 사망하는 사고를 당하고 말았다. 이에 대책위원회는 미국에 있던 이원순에게 급히 전문을 보내 국제올림픽위원회 총회에 대신 참석토록 했고, 조선올림픽위원회는 1947년 6월 20일자로 국제올림픽위원회 회원국으로 정식 승인을 받을 수 있었던 것이다.

이렇게 탄생된 조선올림픽위원회는 1948년 8월 15일 대한민국 정부가 수립되자 그 명칭을 대한올림픽위원회로 바꾸어 오늘에 이르고 있다. 대한올림픽위원회는 1964년 9월 8일 사단법인체로 문교부장관의 승인을 얻어 대한체육회로부터 완전 분리된 독립기구로 새출발을 하게 되었다.[118]

사단법인으로의 조직을 갖추기 위한 준비는 이미 1957년 4월 9일 대한체육회 대의원

115) 위의 책, 52쪽.

116) 위의 책 468쪽.

117) 위의 책 52쪽.

118) 대한올림픽위원회, 앞의 책, 53쪽.

총회에서 결의를 모아 추진되기 시작했으며, 종전의 규약을 정관으로 바꾸는 안까지 마련했다. 하지만 대한체육회와 문교부 간의 이견 등으로 미루어져 오다가 1960년과 1962년 두 차례의 정관 개정을 거친 끝에 1964년에 와서야 결실을 보게 되었다. 새로이 사단법인으로 출범하게 된 대한올림픽위원회는 이상백 위원장, 장기영 부위원장, 정월타, 김유량, 김종렬, 이종갑, 유태영, 조동재, 손기정, 김극환, 오광섭, 허정구 상임위원 등으로 집행부를 구성하여 본격적인 활동에 들어갔다. 1966년 4월 14일 이상백 위원장이 서거하자 대한올림픽위원회는 그해 6월 15일 임시총회를 열어 장기영 부위원장을 위원장으로 선출하고 상임위원 15명과 비상임위원 23명을 뽑아 체제를 재정비했다.

그러나 이같은 장기영 위원장체제는 2년도 유지하지 못한 채 1968년 2월 대한올림픽위원회는 대한체육회로 다시 통합됨에 따라 대한체육회의 특별기구로서 오늘에 이르고 있으며, 위원장도 대한체육회 회장이 겸임하고 있다.

대한올림픽위원회의 주요 기능은 올림픽대회, 아시아경기대회와 IOC의 후원을 받은 지역대회, 대륙대회, 대륙간 대회에 선수단을 구성·파견·관리하는 것이다. 또한 국내에 있어서 아마추어스포츠의 진흥 및 올림픽운동의 발전을 도모하고 올림픽 표창을 관리한다. 그리고 올림픽청소년캠프, 올림픽아카데미, 스포츠예술전 등 올림픽문화행사의 대표자 선정, 파견 및 이를 주관한다. 이와 함께 스포츠 의학 및 약물에 관한 사업, 올림픽운동 확산을 위한 홍보사업, 대한대학스포츠위원회 사업, 각국 올림픽위원회와의 스포츠교류, 올림픽대회 및 아시아경기대회 등의 국내 개최시 대회조직 책임, 기타 본 위원회의 목적 달성에 필요한 사업 등이다.[119]

대한올림픽위원회는 대한민국 국적을 가진 국제올림픽위원회 위원, 올림픽대회 및 아시아경기대회 종목에 해당하는 경기단체로서 대한체육회 및 당해 종목의 국제경기단체에 가입한 경기단체가 회장단에서 선출한 각 1인의 위원, 대한체육회 회장, 대한체육회 부회장(1인) 및 사무총장, 대한체육회 회장이 동회 이사중에서 추천하는 위원 2인, 위원총회가 학식과 경험이 풍부한 자 가운데 선출하는 위원 등 30인 이내의 위원으로 구성된다. 위원장은 위원총회에서 대한체육회 회장을 추천 선임한다.[120]

역대 대한올림픽위원 위원장은 <표 2-11>과 같다.[121]

대한올림픽위원회는 최고의결기구인 위원총회와 최고집행기구인 상임위원회, 각종 위원회를 두고 있다.[122] 위원총회는 임원의 선임 및 해임, 사업계획 및 예산(안)의 심의 및 승인, 사업보고 및 결산보고의 승인, 규정의 개정 등을 심의 의결한다. 상임위

119) 문화관광부, 『체육백서 2002』, 32쪽.

120) 위의 책, 52~53쪽.

121) 문화관광부, 『체육백서 2005』, 32쪽.

122) 문화관광부, 『체육백서 2002』, 53쪽.

원회는 IOC위원, 위원장, 부위원장 및 상임위원으로 구성하고 위원총회의 결의 또는 위임된 사항의 집행 처리, 위원총회 부의사항의 작성 상정, 다음 연도 예산(안) 및 사업 계획의 작성, 긴급을 요하는 사항의 처리 등의 업무를 관장한다. 각종 위원회로는 대한대학스포츠위원회, 문화위원회, 의무위원회, 보도위원회, 올림픽아카데미위원회, 남북교류대책위원회, 선수위원회, 방송위원회 등이 있다.

〈표 2-11〉 역대 대한올림픽위원회 위원장[123)]

	성 명	기 간		성 명	기 간
제 1대	여운형	1947. 6 ~ 1947. 9	제14대	김택수	1971.11 ~ 1979. 2
제 2대	정항범	1948. 2 ~ 1948. 9	제15대	박종규	1979. 2 ~ 1980. 7
제 3대	신익희	1948. 9 ~ 1949.10	제16대	조상호	1980. 7 ~ 1982. 7
제 4대	신흥우	1949.10 ~ 1951. 6	제17대	정주영	1982. 7 ~ 1984.10
제 5대	조병옥	1951. 6 ~ 1952. 9	제18대	노태우	1984.10 ~ 1985. 4
제 6대	이기붕	1952. 9 ~ 1960. 4	제19대	김종하	1985. 4 ~ 1989. 2
제 7대	김동하	1961. 7 ~ 1962. 1	제20대	김종렬	1989. 2 ~ 1993. 2
제 8대	이주일	1962. 3 ~ 1962.12	제21대	김운용	1993. 2 ~ 1997. 2
제 9대	이 효	1962.12 ~ 1964. 1	제22대	김운용	1997. 2 ~ 2001. 2
제10대	이상백	1964. 1 ~ 1966. 4	제23대	김운용	2001. 2 ~ 2002. 3
제11대	장기영	1966. 6 ~ 1968. 2	제24대	이연택	2002. 5 ~ 2005. 2
제12대	민관식	1968. 3 ~ 1971. 7	제25대	김정길	2005. 2 ~ 현재
제13대	김용우	1971. 7 ~ 1971.11			

3) 대한학교체육회

대한학교체육회(회장 김종익)는 1956년 4월 14일 체육교사의 권익 보호 및 자질 향상, 나아가 학교체육의 건전한 발전이라는 목적하에 출범했다. 정관에 규정된 대한학교체육회의 사업은 학교체육 발전책 강구, 학교체육에 관하여 정부 자문에 응하고 정부 및 기타 관계기관에 건의, 세계 각국의 학교체육단체와의 유대 강화, 가맹단체와 시·도 학교체육회 관리·감독, 학교체육행사 후원, 학교체육에 관한 조사 및 자료수집, 학교체육에 관한 계몽·선전, 연구발표회 및 강습회 개최, 학교체육유공자 표창, 학생경기단체 육성·지도, 교원 및 학생체육대회 주최 등이다.[124)]

마침내 대한학교체육회는 1965년 3월 17일에 문교부로부터 정관을 정식으로 승인받

123) 『대한체육회 70년사』에는 김택수의 KOC위원장 취임 날짜가 1974년 2월 13일로 되어 있으나, 대한체육회와 KOC가 이미 1968년에 통합된 것으로 보아 그의 대한체육회 회장 취임 날짜인 1971년이 정확할 것으로 보인다.

124) 『學校體育界』2, 1965년 5월, 大韓學校體育會, 8쪽.

아 사단법인으로 새로이 출범했다. 대한학교체육회는 이처럼 사단법인으로 공식 출범함에 따라 1965년 7월에 제1회 전국학도체육대회(경기종목 : 육상, 축구, 농구, 유도, 씨름, 정구, 배구, 탁구, 야구, 송구)를 대전에서 개최할 예정이었으나[125)]준비 부족으로 열리지 못했다. 그 이듬해 5월에 와서야 제1회 학도체육대회를 효창운동장에서 개최할 수 있었다.

대한학교체육회는 전국학도체육대회를 전국체육대회와 쌍벽을 이루는 대회로 키울 계획이었으나 1967년 초 박정희 대통령의 대한체육회, 대한올림픽위원회, 대한학교체육회 3개 체육단체 통합 지시로 제1회 대회로 그치고 말았다.

4) 통합 대한체육회

5·16 군사정변 이후 유사단체 통합이라는 정부 시책에 따라 모든 체육단체는 사단법인 대한체육회 산하로 통합되었다. 즉 당시 민간 체육기구로는 대한체육회를 비롯하여 대한올림픽위원회, 대한학교체육회 등이 있었는데, 5·16 군사 정변 직후 유사단체 통합정책에 따라 사단법인 대한체육회로 통합시켰다.

그러나 민정 이양과 함께 이 통합기구는 서서히 허물어지기 시작했다. 1964년 9월 8일, 대한올림픽위원회가 국제올림픽헌장 제24조 및 제25조에 의해 각국 올림픽위원회의 독립과 자주성을 살려야 한다는 이유를 들어 사단법인체라는 별도의 법인격을 갖는 기구로 분리되었다. 이와 함께 1956년 4월 14일에 임의단체로 설립된 대한학교체육회는 체육교사의 자질 향상과 학교체육의 정상화를 통한 국민체위 향상과 스포츠 인구의 저변 확대라는 목표를 제시하고, 1965년 3월 17일에 사단법인 설립인가를 문교부로부터 받았다. 이로 인해 통합기구였던 대한체육회는 올림픽사업을 전담하는 대한올림픽위원회와 학원스포츠를 담당하는 학교체육회가 분리됨으로써 그 사업의 관장 범위가 줄어들거나 상호 중복되었다.[126)]

이에 따라 체육계는 3개 단체가 다시금 제각기 자신의 위상만을 내세우는 각축의 시대로 접어들었다. 대한올림픽위원회는 국제올림픽위원회의 헌장에 따라 각국의 올림픽위원회가 어떤 정부기구나 단체로부터도 독립된 위치에 있어야 한다는 명분을 앞세웠고, 대한학교체육회는 진정한 학교체육을 외면하고 학생들을 경기행사에만 동원하는 현실이 대한체육회에 그 책임이 있다는 점을 지적하면서 대외경기도 학교체육의 연장으로 평가의 기회가 될 수 있도록 제자리를 잡아야 한다는 주장을 내세워 대한체육회와 대립하기 일쑤였다.

---

125) 『學校體育界』3, 1965년 8월, 18쪽.

126) 김성규, 「한국체육진흥정책의 개선방향에 관하여」, 『체육』, 1972년 2·3월호, 74쪽.

이런 상황은 1966년 12월 제4회 방콕아시아경기대회 참가 대표선수단 전형과정에서부터 대한체육회와 대한올림픽위원회가 심각하게 대립하는 양상으로 연결되었다. 즉 대한체육회는 선수 양성만 하고 그 파견권은 대한올림픽위원회에 있으므로 대한체육회가 선수단 구성에 관여해서는 안 된다는 주장을 했는데, 문제는 선수 전형이 아닌 파견 임원의 선정 문제에서 발생했다. 당시로서는 해외여행이 특권이나 마찬가지인 상황에서 파견 임원을 선정하는 권한을 행사하려는 대한올림픽위원회에 대해 대한체육회와 경기단체들이 강한 반발을 했고, 이러한 반목이 방콕 현지에서의 추태로까지 이어졌던 것이다.[127]

대한학교체육회 역시 대외경기가 마땅히 체육교육의 연장이며 평가 기회가 되어야 한다는 기치를 내걸고 제1회 학도체육대회를 1966년 5월에 효창운동장에서 개최하였고 전국적으로 그 기세를 몰아가기 시작했다. 대한학교체육회는 각 시·도 지부장을 교육감이 맡고 있었고, 전무이사를 체육장학관이나 보건체육과장이 맡고 있었으므로 일사불란하게 업무를 진행할 수 있었다. 뿐만 아니라 대한학교체육회는 학생의 전인적 교육을 위해 수업 결손을 최대한 방지해야 한다는 명분을 내세워 중앙의 대한체육회 가맹 경기단체가 주최하는 종목별 경기에 연간 출장횟수를 제한하거나 자제시키는 등의 움직임을 보여 대한체육회로서는 큰 위협을 느끼지 않을 수 없게 되었다. 결국 대한체육회는 각종 언론매체를 앞세워 문제의 심각성을 부각시키고, 재통합의 필요성을 강력히 주장하는 대정부 건의를 거듭했다.

그 결과 획일주의를 선호하던 박정희 대통령은 3개 체육단체의 통합을 지시했고, 통합의 수순으로 1967년 초 행정개혁조사위원회는 '체육행정의 개선을 위한 조사보고서'를 작성하여 체육단체 다원화 현상에 따라 일어나는 부작용을 해소하기 위해 체육단체 통합이 필요하다는 의견을 제시했다. 1968년 2월 대통령의 체육단체기구 일원화 지시로 대한체육회, 대한올림픽위원회, 대한학교체육회 등 3개 단체는 사단법인 대한체육회로 통합되었다.[128]

통합작업은 3개 단체에서 각각 3인의 대표를 선정하여 9인 위원회를 구성했지만, 실제로는 대한체육회의 주도하에 정관 개정과 사무처 통합작업 등이 진행되었다. 3개 단체 대표자회의인 9인 위원회에는 대한올림픽위원회에서는 장기영 위원장, 김택수 부위원장, 김종렬 상임위원이 참석했고, 대한체육회에서는 민관식 회장, 김종락 부회장, 박준규 배구협회장이, 대한학교체육회에서는 윤천주 회장, 김명복 부회장, 신동일 전무이사 등이 대표로 참석했다.

---

127) 李學来, 앞의 책, 407쪽.

128) 중앙체육단체의 통합 작업은 박정희 대통령이 1966년 1월 18일 문교부 초도 순시에서 체육단체 통합을 조속히 이루도록 지시하여 통합 논의가 진행되었다.

9인 통합위원회는 대한올림픽위원회의 경우 대외적인 성격을 고려하여 그 독자성을 존속시키는 특별기구[129]로 포괄하기로 하고 통합의 실현을 보았다. 그러나 대한올림픽위원회가 이처럼 대한체육회내 하나의 특별위원회로 되어 허울좋은 독립성을 유지하는 모습에 대해 비판적인 견해도 없지 않았다. 국제올림픽위원회 가입 199개 회원국 올림픽위원회 가운데 독립된 법인격을 갖추지 못하고 있는 것은 한국이 유일하다는 이유에서였다.[130]

대한체육회는 대한학교체육회가 통합되자 그 기능을 존중한다는 의도에서 개정 정관에 사회체육위원회, 학교체육위원회, 경기력향상위원회 등 3대 주요 위원회 설치 근거를 명시했다. 이에 따르면 학교체육위원장은 대한체육회의 당연직 부회장으로 되었고 30인 이사 가운데 5인 이상을 반드시 체육 교직계에서 선임토록 하는 규정을 두었다. 그러나 시간이 흐르면서 이러한 통합정신은 퇴색되고, 임원 인선 과정에서도 원칙 적용이 희미해져 학교체육사업은 실종되고 말았다는 비판이 일었다.

통합작업은 우선 3개 단체가 1차적으로 통합하고, 통합단체의 출범 후에 이 단체를 모체로 한 아마추어단체들을 통합, 가맹시키는 순서를 취했다.[131] 이에 따라 대한체육회 가맹단체의 시·도 지부는 대한학교체육회와 경기단체 시·도 지부를 흡수 통합하게 되었다. 그 결과 대한체육회는 아마추어 경기단체로 조직되고, 대한올림픽위원회는 특별기구로 하되, 대한올림픽위원장이 대한체육회장을 겸직하도록 했다. 또한 가맹경기단체는 각각 대의원 1명씩 선임하여 대한체육회 대의원총회를 구성했다. 그리고 대한체육회 시·도 지부의 조직은 시장 또는 도지사가 당연직으로 지부장이 되고, 부지부장은 3인으로 하여 교육감을 당연직으로, 나머지는 선출직으로 했다.

대한체육회는 통합 체육회로 재발족하면서 개정한 정관 제3조에서 "체육운동을 범국민운동화하여 학교체육 및 사회체육의 진흥을 통해 국민의 체력 향상을 도모하고, 건전하고 명랑한 사회기풍을 진작시키며, 아마추어 경기단체를 통할 지도하고, 우수한 경기자를 양성하여 국위선양을 도모함으로써 민족문화 발전에 이바지함을 목적으로 한다."[132]는 목적을 명시했다.

1968년 2월 29일에 통합된 새 대한체육회 회장으로 민관식 회장이 선출되어 대한올림픽위원장을 겸하게 되었고, 장기영 전 대한올림픽위원장은 명예회장으로 추대되어 정식으로 통합 대한체육회 시대를 열었다. 또한 새 정관에 따라 기구도 크게 확장되어

---

129) 대한올림픽위원회, 앞의 책, 54쪽.

130) 대한올림픽위원회가 독립된 법인격을 갖추지 못한 것을 비판하는 사람들은 중국과 북한까지도 NOC가 10여년 전에 이미 독립법인으로 재출발했다는 점을 강조했다.

131) 대한체육회, 『大韓體育會七十年史』, 86쪽.

132) 大韓體育會, 『體育白書』, 78쪽.

종래의 전무이사 제도를 폐지하고 사무총장 제도를 도입했으며 초대 사무총장으로는 김성집 대한체육회 이사가 선임되었다.[133]

〈표 2-12〉 통합대한체육회 출범 당시 기구표

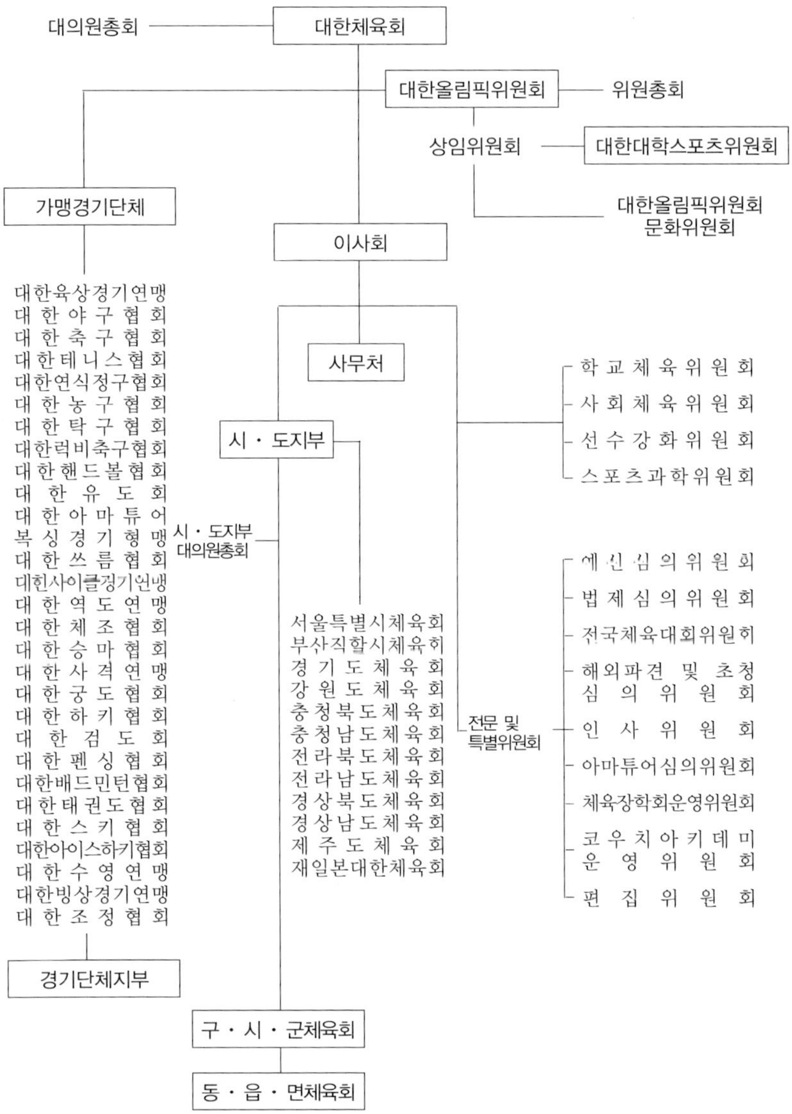

大韓體育會, 『體育白書』, 1972, 79쪽.

133) 대한체육회, 『大韓體育會 七十年史』, 87~90쪽.

이때 재출범한 대한체육회의 새 집행부 구성은 다음과 같다. 명예회장 장기영, 회장 민관식, 부회장 정월타·김종락·성동준, 사무총장 김성집, 학교체육위원장 김명복, 사회체육위원장 오광섭, 이사 강재권·김극찬·김의형·김진웅·박종규·신동일·이성구·이윤용·정승화·강창성·김용채·김종렬·박원익·서명학·유근석 등이었다.

통합 대한체육회장으로 선출된 민관식은 중앙체육기구의 통합을 통해 체육행정의 일원화가 가능해졌다는 점을 지적하고, 이를 한국 체육사의 하나의 전환점으로 평가했다. 그는 "과거 우리 나라 체육의 발전을 저해한 가장 주된 요소의 하나가 인화(人和) 문제, 특히 파벌의식이라고 일컬어지니, 여기에서 빚어진 가지가지 불협화음이 국민의 빈축과 실망을 자아낸 전철을 다시 밟지 않기 위해서라도, 형식적인 단체의 통합이 아닌, 모든 체육인 개개인의 양식과 자세가 혼연일치된 통합이라야 한다."[134]는 점을 강조했다.

대한체육회는 통합 출범과 동시에 한국 체육의 현황 분석을 토대로 앞으로의 체육진흥방안을 마련[135]하여 정부 지원을 요청했고, 문교부는 이를 참고로 종합적인 체육진흥안을 작성하여 대통령의 재가를 받아 국민체육진흥 방향을 결정했다.[136] 이때 확정된 대한체육회의 주요 기능은 다음과 같다.[137]

먼저, 지부 및 가맹단체의 지도·육성사업은 가맹단체 및 시·도 지부에 대한 보조금 지급, 가맹단체 및 시·도 지부 조직의 확대 및 강화, 가맹단체에 대한 행정지도 및 감독 등이다. 학교체육진흥 사업은 학생 운동소질 및 능력 검사, 학교체육 연구발표회, 학교교사 실기강습회, 한·일 고교교환경기대회 등이다. 또 사회체육진흥 사업은 사회체육 실태조사 및 시설기준 연구, 사회체육행사 권장 및 실시, 사회체육 세미나 개최 등이고, 체육인구의 저변 확대사업은 체육주간 및 체육의 날 행사, 올림픽의 날 기념행사, 신인 발굴사업 등이다. 그리고 경기수준 향상을 위한 사업은 선수 훈련 강화, 스포츠의 과학화, 외국인 코치 초청 및 해외 전지훈련, 지도자 양성 강습회 등이고, 경기행사로는 전국체육대회, 전국체육대회 동계대회, 한·일 고교교환경기대회, 올림픽대회 및 아시아경기대회, 유니버시아드대회, 세계선수권대회 및 동 예선대회, 아시아선수권대회, 아시아청소년선수권대회, 아시아실업선수권대회, 세계학생선수권대회, 기타 공

---

134) 『체육』, 1968년 2월호, 13쪽.

135) 대한체육회는 1969년 2월과 9월에 한국 체육의 현황과 진흥 방안을 마련하여 정부에 제출했다. 1차안은 체육의 대중화, 지도자의 자질 향상, 경기 수준 향상과 국위 선양, 체육행정 관리의 과학화 등이었으며, 2차안은 정부체육담당 기구의 확대(체육청, 체육심의위원회 신설 및 제도 조직의 정비 강화), 스포츠 외교의 목표 및 방향 전환, 스포츠대학 창설, 전담코치제 실시, 지도자의 해외 위탁교육 및 외국인 지도자 초청, 시·도별 종합체육시설 완비, 지방 스포츠센터 건립 등의 내용을 담았다.

136) 이학래, 앞의 책, 225쪽.

137) 大韓體育會, 『體育白書』, 208~222쪽.

식적인 국제대회 등이 있다. 이밖에 국제회의 참가 등 국내외 체육과 관련된 사항을 모두 관장하여 그야말로 범국민적 체육진흥정책 전개의 보루 역할을 했다.

대한체육회의 이상과 같은 기능은 정부가 관장해야 할 체육진흥정책 사업에서부터 각종 경기단체가 전담해야 할 선수 훈련에 이르기까지 지나칠 정도로 광범위했다. 여기에 체육시설의 확충과 관리 업무까지 담당하여 무리한 측면이 없지 않았다. 반면에 문교부의 체육 관련 업무는 학교 및 사회체육의 기본시책 수립, 스포츠 인구의 저변 확대와 국민체위 향상책 수립, 체육시설의 확충 및 재정 지원, 레크리에이션 및 민속놀이의 지도육성 등[138]에 불과했다. 이런 현상은 1982년 체육부가 출범하기까지 크게 개선될 수가 없었다.

1971년 7월 5일 민관식 회장이 문교부장관으로 입각함에 따라 제23대 김용우 회장체제가 출범했으나, 김용우 회장이 대한적십자사 총재로 옮겨감으로써 단명에 그쳤다. 그해 11월 20일에 열린 임시대의원총회에서 제24대 회장으로 김택수를 선출했다. 김택수 회장체제는 1979년 2월 15일 제25대 박종규 회장이 취임할 때까지 장기간 유지되었다.[139]

1979년 10·26사태로 제4공화국이 종말을 고한 뒤 1980년 봄의 격랑 속에서 박종규 회장은 회장직을 사퇴하기에 이르렀다. 그해 7월 14일에 개최된 임시대의원총회에서 조상호 회장직무대리를 26대 회장으로 선출했다. 1982년 3월 20일 체육부가 정식 발족하고 서울올림픽대회 유치가 확정됨에 따라, 그해 7월 12일 아시아경기대회와 올림픽대회 순비에 총력을 기울이기 위해 올림픽대회 유치에 크게 기여한 정주영 현대그룹회장을 제27대 회장으로 선출했다.[140]

이때 구성된 새 집행부는 다음과 같다. 회장 정주영, 부회장 김상겸·김우중·김종규·김종렬·김준, 사무총장 김용준, 이사 김성집·김영기·김용모·박만태·박성인·박진관·박철빈·서윤복·성정순·오완건·유건호·윤석병·이긍세·이대희·이동수·이명박·이상주·이상찬·이정석·이회림·전경환·한양순·한재원 등이다.

1983년 1월 1일자로 시행된 국민체육진흥법 개정법률 제4장(대한체육회 등의 육성)에 따라 대한체육회는 같은 해 6월 23일 체육부장관의 승인을 받아 법정법인(특수법인) 기구로서 새롭게 출발하게 되었다. 이처럼 사단법인에서 법정법인으로 승격된 대한체육회는 1984년 2월 13일 정기대의원총회에서 법정법인으로서의 새로운 정관을 통과시켰다. 새로 개정된 정관에 따른 대한체육회의 목적과 사업은 다음과 같다.[141]

대한체육회는 체육운동을 범국민화하여 학교체육 및 사회체육의 진흥으로 국민의

---

138) 李康雨, 앞의 글, 138쪽.

139) 대한체육회, 『大韓體育會 七十年史』, 92~99쪽.

140) 위의 책, 102~106쪽.

141) 위의 책, 106~108쪽.

체육향상과 건전하고 명랑한 기풍을 진작함과 아울러 아마추어경기단체를 통괄 지도하고 우수한 경기자를 양성하여 국위선양을 도모함으로써 민족문화 발전에 이바지하고, 나아가 스포츠를 통한 국제친선과 세계평화에 기여함을 목적으로 했다.

이같은 목적을 달성하기 위하여, 전반적인 체육운동에 관한 기본방침의 심의 결정, 체육운동의 아마추어정신 확립, 각 가맹단체와 지부의 육성·지도·감독, 전반적 체육운동에 관한 정부 자문에 응하고 정부 및 기타 관계기관에 대한 건의, 올림픽대회·아시아경기대회·국제대학생경기 및 이에 준하는 국제적 종합경기에 관한 사업, 스포츠의 국제교류, 전국체육대회와 전국소년체육대회 개최, 학생의 보건 및 체력향상에 관한 조사연구와 체육의 육성, 국민체력 향상에 관한 조사연구 및 국민체육의 육성·보급, 경기기술의 연구 및 향상, 과학적 방법에 의한 경기자 및 경기지도자의 양성, 체육 및 경기시설의 설치·관리와 용기구에 관한 연구·개발, 체육운동에 관한 자료 수집 및 조사·통계, 체육운동에 관한 선전 계몽, 체육운동에 관한 각종 간행물 발간, 본회의 목적 달성에 필요한 경비를 조달하기 위해 본회 회관의 임대사업, 수영장 및 스케이트장의 일반 공개사업, 기타 본회의 목적 달성에 필요한 수익사업 등을 추진했다.

1984년 10월 2일 정주영회장의 뒤를 이어 노태우 서울올림픽조직위 위원장이 제28대 회장으로 취임했다. 서울아시아경기대회 개최를 눈 앞에 둔 시점에서 노태우 회장이 정계로 복귀함에 따라, 1985년 4월 26일 임시대회원총회에서 김종하 대한핸드볼협회장을 제29대 회장으로 선출했다. 이 김종하 회장체제로 86·88 양대회를 치렀는데, 그 집행부 구성은 다음과 같다.[142)]

회장 김종하, 부회장 김상겸·김성집·김영기·김우중·김집·최낙철·최만립, 사무총장 김용모, 이사 강표원·구본석·김진선·김진원·박갑철·박관주·박길준·박진관·박진희·박찬규·박철빈·서윤복·성정순·손종묵·오상영·이광호·이긍세·이동수·이상찬·이상환·이세준·이수영·이우세·이정석·전경환·정기철·정성태·조동표·조석인·조정순·최세진·최순영·최열곤·최정환·한양순·한재원 등이다.

이렇게 일제 식민지 시기에 민족체육의 보루였던 대한체육회는 1945년 광복과 함께 부활했다. 이어 1954년 3월 사단법인화했다가 1968년 3월에 대한올림픽위원회 및 대한학교체육회를 흡수 통합한 대한체육회는 1983년 6월 법정법인(특수법인)으로 지정받아 오늘에 이르고 있다. 역대 대한체육회 회장은 <표 2-13>과 같다.

2005년 12월 현재 대한체육회는 53개 가맹경기단체와 16개 시·도지부, 15개 해외지부를 두고 있다. 시·도체육회는 해당 시·도의 행정구역별로 조직된 219개 시·군·구체육회와 읍·면·동체육회가 구성되어 있다.[143)]

---

142) 위의 책, 117~118쪽.

143) 문화관광부, 『체육백서 2005』, 35~37쪽.

〈표 2-13〉 역대 대한체육회 회장

	성 명	기 간		성 명	기 간
제 1대	장두현	1920. 7 ~ 1921. 7	제18대	이철승	1961. 1 ~ 1961. 5
제 2대	고원훈	1921. 7 ~ 1923. 7	제19대	김동하	1961. 7 ~ 1962. 1
제 3대	최린	1923.11 ~ 1924. 6	제20대	이주일	1962. 1 ~ 1962.12
제 4대	박창하	1924. 7 ~ 1924.11	제21대	이효	1963. 4 ~ 1964. 1
제 5대	이동식	1924.11 ~ 1925. 3	제22대	민관식	1964. 1 ~ 1971. 7
제 6대	김규면	1925. 3 ~ 1925. 9	제23대	김용우	1971. 7 ~ 1971.11
제 7대	신홍우	1925. 9 ~ 1927. 7	제24대	김택수	1971.11 ~ 1979. 2
제 8대	유억겸	1927. 7 ~ 1928. 8	제25대	박종규	1979. 2 ~ 1980. 7
제 9대	윤치호	1928. 8 ~ 1937. 7	제26대	조상호	1980. 7 ~ 1982. 7
제10대	유억겸	1937. 7 ~ 1938. 7	제27대	정주영	1982. 7 ~ 1984.10
제11대	여운형	1945.11 ~ 1947. 9	제28대	노태우	1984.10 ~ 1985. 4
제12대	유억겸	1947. 9 ~ 1947.11	제29대	김종하	1985. 4 ~ 1989. 2
제13대	정항범	1948. 2 ~ 1948. 9	제30대	김종렬	1989. 2 ~ 1993. 2
제14대	신익희	1948. 9 ~ 1949.10	제31~33대	김운용	1993. 2 ~ 2002. 3
제15대	신홍우	1949.10 ~ 1951. 6	제34대	이연택	2002. 5 ~ 2005. 2
제16대	조병옥	1951. 6 ~ 1952. 9	제35대	김정길	2005. 2 ~ 현 재
제17대	이기붕	1952. 9 ~ 1960. 4			

이렇게 구성된 대한체육회는 정관상 최고의결기관인 대의원총회와 최고집행기관인 이사회, 각종 위원회와 사무처리를 위한 사무처를 두고 있다. 각종 위원회는 학교체육위원회, 여성체육위원회, 생활체육위원회, 경기력향상위원회 그리고 필요에 따라 이사회의 의결로 설치되는 특별위원회 등으로 구성되어 있다. 그리고 대한체육회는 회장 아래 사무처와 선수촌을 두고 회장 직속의 비서실과 홍보실 및 혁신평가실을 두고 있다. 사무처는 사무총장 직속의 감사실을 두고, 사무총장 아래 기획조정실, 총무부, 학교생활체육부, 경기운영부, 국제부, 스포츠사업단를 두며, 선수촌에는 선수촌장을 두고 그 아래에 관리부, 훈련지원부, 스포츠의과학부를 두고 있다.

1968년 통합 체육단체로 새로이 출범한 대한체육회는 1986년 서울아시아경기대회와 1988년 서울올림픽대회를 개최하여 국민들의 체육에 대한 인식을 높인 동시에 한국스포츠의 국제경쟁력 및 국제적 위상을 크게 제고했다. 이같은 성과를 발판삼아 1997년 무주·1999년 강원동계아시아경기대회, 2002년 부산아시아경기대회, 2003년 대구하계유니버시아드대회 등 국제경기대회와 제5차 국가올림위원회연합회총회, 제29차 국가스포츠경기연맹총회, 제6차 세계생활체육총회, 제109차 국제올림픽위원회 총회 등 국제스포츠기구회의 등을 성공적으로 개최해 왔다.

〈표 2-14〉 대한체육회 기구표(2006)

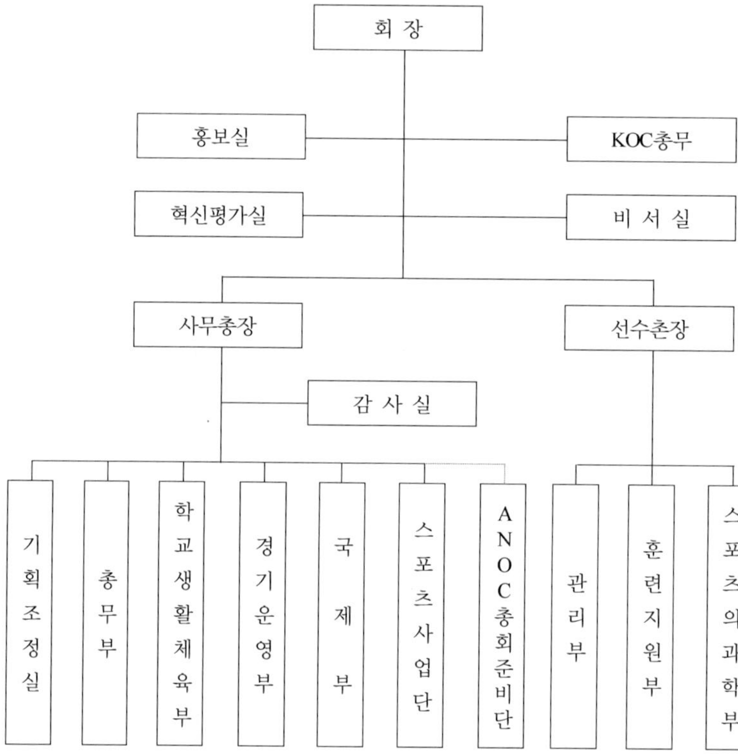

이러한 빛나는 업적에도 불구하고 대한체육회의 전망은 현재 그다지 밝지 못한 게 사실이다. 1968년 통합 출범 당시 한국 체육의 통합적 기능을 가지고 있던 대한체육회는 마치 국가대표 선수만을 관리하는 대한올림픽위원회의 기능을 가지고 있는 단체로 전락하고 말았다. 따라서 "세계 각국의 사례처럼 대한올림픽위원회는 독립시키되, 현재 정부내 독립적인 중앙행정부처가 없는 상황에서 대한체육회는 1968년 통합 체육단체 출범 당시처럼 한국 체육의 통합적 기능(엘리트스포츠, 국민생활체육, 스포츠과학, 우수선수 및 경기지도자 육성 등)을 가진 단체로 거듭나야 한다."는 주장이 제기되고 있다.

이같은 대의 차원에서 체육계 인사들이 각자의 조직이기주의에서 벗어나 대한체육회, 대한올림픽위원회, 국민생활체육협의회 등의 분리·통합 문제를 공론화하여 해결책을 진지하게 모색해 나가야 한다는 것이 한국 체육의 새로운 과제로 부상하고 있다.

5) 국민생활체육협의회

생활체육은 나라마다 다른 명칭과 내용으로 장려되고 있다.[144] 한국의 경우는 사회체육이라는 용어와 함께 생활체육, 국민체육, 평생체육, 생활스포츠 등을 혼용해서 사용하고 있다. 이 가운데 생활체육이란 용어는 1980년대 중반에 등장한 새로운 개념으로 국민체육진흥을 추진하는 정책 실행의 차원에서 개념화한 것이기도 했다.[145]

1970년대까지만 하더라도 생활체육은 여건 및 인식의 부족으로 소수의 사람들만이 참여하는 정도에 그쳤고, 1980년대에 들어서면서 비로소 본격적인 관심을 불러일으키기 시작했다. 하지만 1980년대까지는 체육 전반에 걸쳐 엘리트스포츠가 지나치게 강조되어 생활체육의 저변 확대는 제한적 수준에 머물렀다.

그러다가 1988년 서울올림픽대회 개최 후 엘리트스포츠에만 집중되었던 국민들의 체육에 대한 관심이 생활체육으로 전환되면서 생활체육활동 참여가 급속히 확대되어 '생활 속에서 체육활동을 즐기는 것'이 하나의 사회적 현상으로 나타나는 생활체육 정착 시기로 접어들었다.

이에 따라 노태우 정부는 서울올림픽대회의 성공적인 개최 이후 체육정책의 방향을 엘리트스포츠 중심으로부터 국민생활체육 진흥으로 전환하는 커다란 변화를 보였다. 이를 반영한 것이 일명 '호돌이 계획'이었다.[146] 1990년 3월에 입안되어 추진된 호돌이 계획은 국민생활체육진흥3개년종합계획으로 구체화되어 생활체육발전의 제도적 기반 구축을 모색하기에 이르렀다.

이러한 계획 추진을 위해 사단법인체인 국민생활체육협의회가 설립되기에 이르렀다. 국민생활체육협의회는 생활체육운동을 민간 차원에서 전담하여 범국민 체육 운동으로 확산시키고 다양한 생활체육동호인 활동을 체계적으로 지원 육성할 목적으로 민법 제32조 '비영리법인의 설립과 허가'에 근거하여 1991년 2월 6일 사단법인체로 탄생되었다.[147] 설립 당시의 임원을 보면, 회장에 최일홍, 부회장에 김상구, 최현락, 조웅호, 마형열, 정현옥, 김용철, 이사에 이상호, 권상선, 권재희, 이창승, 이윤채, 이용득 등이었다.

국민생활체육협의회의 결성은 지방조직의 결성에서부터 출발했다. 각 시·군·구에서 1990년 7월 6일부터 생활체육협의회를 결성하기 시작하여 11월 30일에 15개 시·도에서 생활체육협의회 결성을 완료했으며, 12월 20일 15개 시·도 생활체육협의회장

144) 독일은 Trimming 130, 노르웨이는 TRIMM, 호주는 Life, Be in it, 캐나다는 Participation Action, 체코슬로바키아는 Spartakiade, 소련은 '1 + 2운동' 등으로 생활체육 운동의 명칭을 저마다 달리했다(體育青少年部, 앞의 책, 161쪽).

145) 김민경, 「해방이후 한국 사회체육의 변천과정에 관한 연구」, 이화여대 석사논문, 1993, 4쪽.

146) 體育青少年部, 앞의 책, 166쪽.

147) 공보처, 앞의 책, 486쪽.

발기인 대회를 개최한 후 1991년 1월 8일에는 국민생활체육협의회 창립총회를 거쳐 2월 6일 사단법인 설립허가를 받아 정식 출범했다.148)

출범 당시 국민생활체육협의회는 전국 15개 시도에 시·도 협의회를 두었고, 시·도 종목별 연합회를 조직하여 33개 종목 185개에 이르렀으며, 38개 종목의 시·군·구연합회도 조직되었다.149)

본부 인원은 창립 초기 임원인 회장, 사무총장을 포함해 정원 25명으로 출범한 이래 다양한 생활체육프로그램의 개발 및 보급과 증가한 국민생활체육 수요에 적극 부응하기 위한 조직의 확대 필요성이 크게 제기되고 있던 중 정부의 체육단체 통폐합 정책에 따라 1994년 7월 31일 세계한민족체전위원회를 통합하여 정원을 47명으로 증원했다. 이후 21세기 정보화·세계화시대에 대비하여 생활체육 정보화사업을 적극적으로 추진하기 위한 정보·전산인력의 확충이 절실히 요구되어 1996년 3월 11일 직제규정을 개정하여 정원 52명으로 조직을 확대 개편했으나, 1998년 IMF로 인한 정부의 구조조정 방침에 따라 정원 38명으로 축소되었다.150)

〈표 2-15〉 역대 국민생활체육협의회 회장

	성 명	기 간
제 1~3대	최일홍	1991. 1. 8 ~ 1998. 6. 25
제 4~6대	엄상탁	1998. 7. 23 ~ 2005. 10. 10
직무대행	박철빈	2005. 10. 10 ~ 2007. 7. 12

이렇게 출범한 국민생활체육협의회의 적극적인 활동에 따라, 2005년 12월 현재 전국 16개 시·도생활체육협의회와 46개 전국 전국종목별연합회 및 6개 협력단체가 있으며, 시·도생활체육협의회에는 해당 시·도 행정구역별 시·군·구생활체육협의회와 생활체육 시·도별 종목별연합회로 구성되어 있다. 전국적으로 234개 시·군·구생활체육협의회와 66종목 538개의 시·도종목별연합회가 있고, 시·군·구생활체육협의회는 109종목 4,360개 시·군·구종목별연합회로 구성되어 있다(<표 2-16>참조).151)

국민생활체육협의회는 정관상 최고의결기관인 대의원총회와 최고집행기관인 이사회 및 사무처리를 위한 사무처로 구성되어 있다. 사무처에는 1실 3부 10팀이 있으며, 기획조정실에 기획예산팀, 총무팀, 정보센터팀을 두고 기획·예산·인사·회계, 전산 등의 업무, 지역진흥부에 지역총괄팀, 클럽진흥팀을 두고 지역협의회 조직관리, 스포

148) 위와 같음.

149) 體育靑少年部, 앞의 책, 215쪽.

150) 문화관광부, 『체육백서 2002』, 65~66쪽.

151) 문화관광부, 『체육백서 2005』, 42~43쪽.

츠클럽육성지원 및 사업지원업무, 종목육성부에 종목총괄팀과 종목육성팀을 두고 생활체육프로그램 개발, 전국종목별연합회 육성 및 동호인 육성 사업 지원업무, 사업홍보부에 교류지원팀과 홍보팀을 두고 세계한민족축전 개최업무, 소외계층 지원업무, 신구사업 개발 및 홍보·공보 등의 업무를 수행해 왔다. 또 사무총장 직속으로 혁신평가팀을 두어 정부산하기관관리기본법에 따른 경영평가 및 내부혁신 업무를 해오고 있다(<표 2-17>참조).[152]

〈표 2-16〉 국민생활체육협의회 구성도

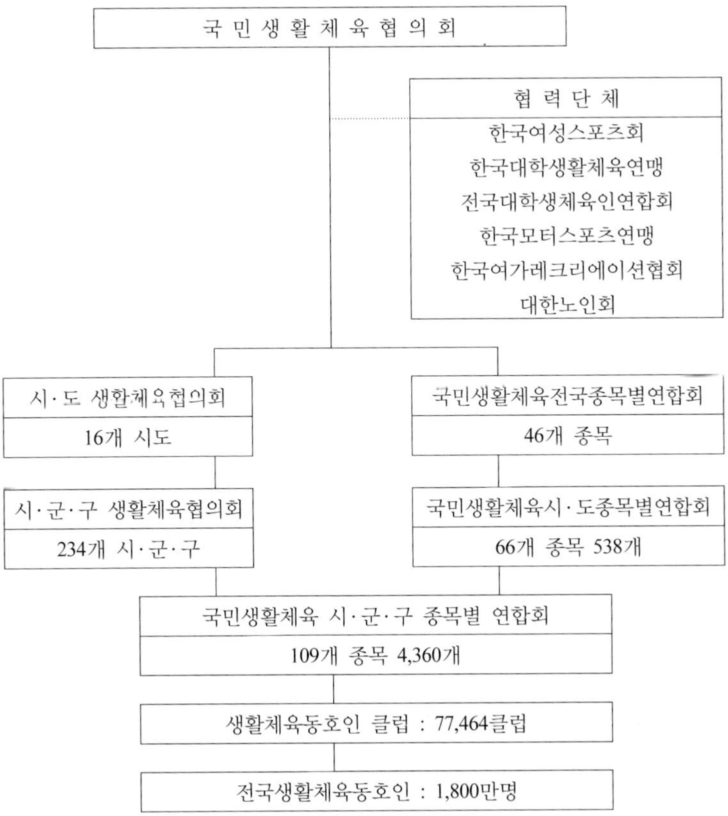

152) 위의 책, 42, 44쪽.

〈표 2-17〉 국민생활체육협의회 사무처 기구 : 1실 3부 10팀

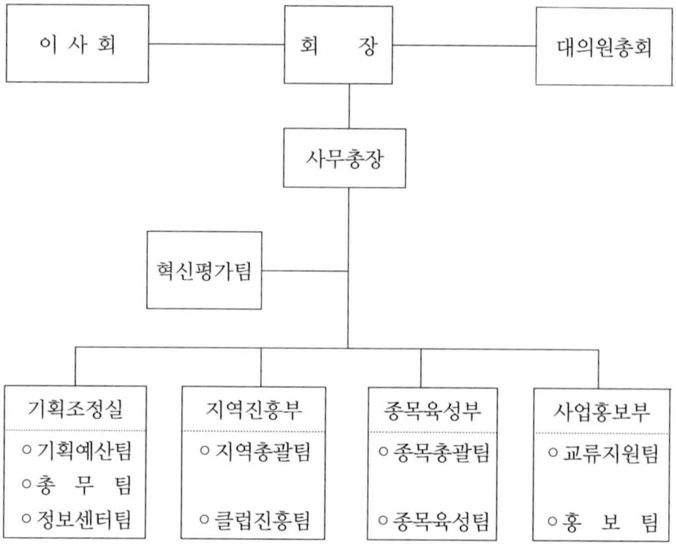

6) 기타 체육단체

(1) 한국여성스포츠회

한국여성스포츠회(초대 회장 : 박신자)는 은퇴한 국가대표선수들이 1981년 4월 국가를 위해 평생체육을 바탕으로 많은 여성들에게 스포츠 보급 및 지도, 계몽을 통하여 건강한 가정과 사회의 일원으로 명랑한 시민생활을 영위하게 하며, 후배선수들을 위해 대학진학과 은퇴 후의 진로를 도와줌으로서 자신의 기량을 충분히 발휘할 수 있는 여건을 마련해줄 목적으로 창립되었다. 이후 1990년 4월 체육부로부터 사단법인 한국여성스포츠회로 인가받았다.[153)]

이렇게 사단법인체로 공식 출범한 한국여성스포츠회의 주요 추진사업은 다음과 같다. 스포츠 외교강화를 도모하기 위한 한·일 친선 어머니 탁구교류대회, 한·중 친선 어머니 테니스교류대회, 한·중 친선 어머니 배드민턴교류대회, 한·일 친선 어머니 교루대회 등의 개최, 생활체육 활성화를 위한 전국어머니 배드민턴대회, 전국여성체육대회, 전국어머니 테니스대회, 전국어머니 탁구대회 및 꿈나무 조기 발굴을 위한 전국어린이탁구대회 등의 개최, 여성체육지도자 연수회 개최, 국내·외 유관단체와의 협력체제 강화, 장학 사업 등이다.

153) 한국여성스포츠회, 「사단법인 한국여성스포츠회 연혁」. 2007.

(2) 한국에어로빅스건강과학협회

상명여자사범대학 이영숙 교수가 1975년 미국 타우슨 주립대학에서 연수한 Jackie Sorenson의 Aerobic Dance Program(건강을 위한 에어로빅댄스)을 도입하여 1975년 8월 한국여성체육학회 주최 하계 전국 체육·무용지도자 강습회에서 소개한 것이 한국에어로빅스운동의 최초이다. 이후 각 대학을 중심으로 초·중등학교, YMCA 등 사회단체 등에서 본격적으로 보급되었다.

이같은 본격적인 보급에 따라 사단법인 한국에어로빅스건강과학협회(초대 회장 : 이영숙)가 1989년 에어로빅스운동의 과학화를 모색하기 위한 이론과 실기를 활성화시키고 국민체력 증진과 여가 선용으로 국민생활의 명랑화와 건전한 사회기풍을 조성함으로써 올바른 생활체육을 정착시키고 명랑한 사회를 이룩하는데 기여함을 목적으로 설립되었다.[154)]

설립 이후 한국에어로빅스건강과학협회가 추진한 주요 사업은 국민 모두의 생활체육 활동을 위한 에어로빅스운동 전개, 생활체육 활성화를 위한 에어로빅스프로그램 개발 및 조사연구, 에어로빅스 현장을 위한 지도자 육성 및 관리, 에어로빅스활동의 홍보 및 전문지 발간, 에어로빅스 동호인클럽 및 회원단체의 지도 육성, 청소년과 장애자를 위한 에어로빅스 연구 및 지원, 직장체육을 위한 에어로빅스 활성화 지원, 주부 및 노인 에어로빅스 단계적 프로그램 개발, 에어로빅스 운동상해 예방연구 등이었다.

(3) 한국체육단체총연합

1999년 2월 5일부터 한국체육학회를 비롯한 26개 체육단체를 중심으로 '체육청 설치를 위한 토론회', '국민체육진흥기금 공공기금화 저지궐기대회', '한국체육정상화를 위한 토론회' 등을 주도해 오다가, 같은 해 4월 12일 상기 단체장들이 모여 한국체육단체총연합을 결성하기로 의견을 모으고 창립총회준비위원회를 구성했다.[155)]

1999년 4월 23일 경희대학교에서 한국체육학회를 포함한 26개 체육단체가 발기단체로 참가한 가운데 창립총회를 개최하고 이학래 창립총회준비위원장을 초대 한국체육단체총연합 대표로 선출했다. 출범 이후 한국체육단체총연합은 2000년 6월 16일 제1회 정기총회를 개최하고 각종 사업을 본격적으로 추진해 왔다.

특히 2000년 12월 28일 올림픽파크텔에서 회원 454명이 참가한 가운데 국민체육진흥기금의 공공기금화 저지투쟁을 위한 발대식을 가진 후 이듬해 1월 8일 여의도광장

---

154) 한국에어로빅스건강과학협회, 「한국 에어로빅스 보급 30주년의 발자취」, 2005.
155) 한국체육단체총연합 재결성식준비위원회, 한국체육단체총연합 재결성식 경과 보고, 2007.

문화마당에서 한국체육단체총연합 회원단체를 포함한 45개 체육단체 2,380명의 체육인이 참석한 가운데 국민체육진흥기금 공공기금화저지 궐기대회를 성공적으로 치루었다. 이후 한국체육단체총연합은 한국체육의 현안문제들을 심도있게 다루었는데, 특히 체육단체 상호간의 유대 강화에 큰 역할을 해 왔다.

2003년 이후 활동이 잠시 소강상태에 있던 한국체육단체총연합은 2007년 2월 3일 김영환 한국체육학회장, 정청희 전 한국체육단체총연합 사무총장, 김승철 한국올림픽성화회장, 임태성 한국체육정책학회장, 장윤창 함께하는사람들 대표, 김택천 한국중등체육교육연구회 사무총장, 박진식 전국체육교사모임 대표 등의 발의로 2007년 3월 16일 재출범하여 창립 당시의 뜻을 이어 나가게 되었다.

제Ⅱ장 학교체육행정과 체육교육기관

1. 학교체육행정

1) 학교체육의 행정체계

미군정청은 1946년 3월 29일 중앙행정기구의 개편을 단행하여 종래의 국을 부로 승격시키고 종래의 과를 처 또는 국으로 승격시켰는데, 교육 업무를 담당하는 기구도 학무국에서 문교부로 승격되었다.[1] 미군정의 과도기가 끝나고 대한민국 정부가 수립됨에 따라 민주체육을 지향하는 본격적인 교육정책이 실시되기 시작했다. 교육행정을 주관하는 문교부는 1948년 7월 17일 제헌헌법과 더불어 공포된 정부조직법(법률 제1호)에 따라 설치되었다.[2]

문교부는 11부 4처 2위원회 3청으로 조직된 중앙행정기구의 하나로 교육, 과학, 기술, 예술, 체육 및 문화 전반에 관한 사항을 관장하는 역할을 맡았다. 문교부의 행정직제는 1실 5국 22과로 출발했다. 기구 편성은 보통교육국, 고등교육국, 과학교육국, 문화국, 편수국 등 5국으로 이루어졌으며, 문화국 산하에 체육과, 예술과, 교도과, 생활개선과, 성인교육과 등 5개의 부서를 두어 독립된 체육행정의 기반을 구축했다.

이처럼 문교부 산하 문화국의 체육과가 5·16쿠데타 전까지 체육 전반에 관한 업무를 관장했다.[3] 당시 체육과에는 겨우 4~5명의 직원이 소속되어 있었다. 이들이 국민체육, 학교체육 그리고 보건에 관한 모든 사항을 담당했으므로 그 기능이 유명무실하여 그 명맥만 유지했을 정도였다.

민정이양 이후 출범한 제3공화국은 1962년 9월 17일 법률 제1146호로 국민체육진흥

---

1) 조성일·김영출, 『한국교육행정사』, 집문당, 1996, 22쪽.
2) 서울特別市教育委員會, 『서울教育史』 下, 1981, 372쪽.
3) 康吉秀, 『教育行政』, 豊國學園, 1957, 258쪽.

법을 공포했다.[4] 이후 1965년 6월 14일 법률 제1698호에 따라 국민체육진흥법은 개정되었다. 개정의 취지는 종전 체육진흥법 자체가 장려법 수준에 머물러 제반 규정을 강화 보완하기 위해서였다.[5]

국민체육진흥법 시행령도 1963년 3월 각령 제1233호, 1966년 2월 대통령령 제2403호에 따라 제·개정되었다. 이후 1969년 11월 3일에 또 다시 국민체육진흥법 시행령[6]이 개정되는 등 관련법 개정과 이에 따른 관련 기구의 설립이 잇따랐다.

국민체육진흥법 시행령에 따라 설치된 체육진흥관리위원회는 학교체육진흥관리위원회와 직장체육관리위원회로 구분되었다. 이중 학교체육진흥관리위원회는 학교장을 위원장으로 하여 학생과 교직원의 체육진흥에 관한 사항, 학교 체육시설에 관한 사항, 학교 체육시설의 개방에 관한 사항, 학교의 체육행사에 관한 사항 등을 다루게 했다. 국민체육진흥법 시행령이 모법에 따라 대부분 문교부 장관의 책임하에 집행되도록 한 것에서 볼 수 있는 것처럼, 이때의 체육관련 행정은 문교부 주관하에 이루어졌다.

5·16 이후 군사정권은 체육행정을 강화하는 방안의 일환으로 1961년 10월 12일자 정부기구를 개편하여 문교부 산하 문화국의 체육과를 체육국으로 승격시키고, 체육국 안에 국민체육과와 학교체육과를 별도로 설치했다.[7] 이로써 학교체육과가 독자적으로 학교체육에 관한 업무를 수행할 수 있게 되었던 것이다.

1963년 12월 14일 다시 체육국이 문예체육국으로, 1968년 7월에는 사회교육국으로 축소되었으나,[8] 1970년 대통령 시정방침에서 다시 체육의 중요성이 강조되면서 체육행정기구 확대가 모색되었다. 그 결과로 같은 해 8월 31일 대통령령 5320호에 따라 체육과는 체육국으로 독립 승격되어 행정기능의 강화가 이루어졌다.[9]

당시 문교부 체육국은 국민체육과, 학교체육과 등의 부서를 둠으로써 체육 업무를 확장 강화했다. 이중 학교체육과가 각급 학교의 체육관련 업무를 담당했다.[10] 학교체육과의 주요 업무는 학교체육과 보건에 관한 기본계획 수립 및 지도 감독, 체육계

---

4) 국민체육진흥법의 제정은 1964년에 개최될 제18회 동경올림픽대회에 대비하기 위한 조치가 시급히 필요했던 당시의 사정이 반영된 것이기도 했다(서울特別市敎育委員會, 앞의 책, 1981, 416쪽).

5) 위의 책, 301쪽. "국민체육진흥법 자체가 그것을 실행할 능력과 강제력을 갖지 못한 장려법이기 때문에 준수하지 않는 경향도 있어 이 법 제정의 근본 동기와 목적과는 유리된 효력없는 법률이란 감이 있으므로, 이 법의 기본정신을 구현하여 국민체육진흥에 기여할 수 있도록 관계 조문을 보완하려는 것임"

6) 大韓體育會, 『體育年鑑』, 1976, 718~719쪽.

7) 서울特別市敎育委員會, 앞의 책, 429쪽.

8) 金鍾喆, 『敎育行政의 理論과 實際』, 敎育科學社, 1970, 95쪽.

9) 서울特別市敎育委員會, 앞의 책, 458쪽.

10) 김종희, 「박정희 정권의 정치이념과 체육정책에 관한 연구」, 1999, 한양대 박사논문, 52쪽.

학교의 양성 및 그 운영의 지도 감독, 학교체육진흥에 관한 사항, 학교 환경 위생정화구역 관리에 관한 지도 감독, 학생 영양교육 및 식생활 개선, 기타 국내 관련 부서에 속하지 아니하는 사항 등이었다. 이처럼 학교체육에 대해서는 학교체육과에서 책임지도록 했다.

1982년 3월 20일 체육부 창설과 더불어, 그 동안 문교부에서 담당해 오던 학교체육 업무는 체육부로 대폭 이관되었다. 이에 따라 체육부 산하 체육진흥국에 학교체육과가 설치되어 학교체육 업무를 전담하다시피 했다. 학교체육과가 담당했던 업무는 학교체육의 진흥 및 지도, 체육계 학교의 육싱 및 운영의 지도·감독과 종목별 체육시범학교의 지정 및 운영과 체육특기자 관리, 학생체력검사에 관한 기준 설정 및 집행에 대한 지도·감독, 학교 급식에 관한 기본계획 수립 및 지도·감독, 학생 영양지도 및 식생활 개선, 학교체육에 관한 대외 협조에 관한 사항 등 전반적인 내용을 포괄했다.[11]

하지만 체육부의 신설로 학교체육행정 업무가 문교부와 체육부로 이원화되어 학교체육에 관련된 행정은 비효율적으로 운영되었다. 즉 문교부는 교육과정과 장학, 체육계 학교의 설립과 폐쇄 및 지도감독, 교사양성 및 인사, 재정을, 체육부는 학생경기대회 운영 및 지도, 선수 육성 및 발굴, 학생체력검사 등의 업무를 담당했다. 이로 인해 일선 학교에서는 행정상의 혼란을 겪었고, 체육행정 전반의 능률이 저하되었다.[12]

서울올림픽대회 이후 체육정책에 대한 전반적인 검토 작업이 이루어지면서 1990년 2월 12일에 대통령령 제12927호로 체육부 직제가 개정될 때 학교체육과는 폐지되고 말았다.[13] 이런 변화는 학교체육에 관한 중앙행정 기능을 근본적으로 뒤흔들어 놓게 되었다. 학교체육과의 폐지에 따라 학교체육 업무 가운데 급식 관련업무는 교육부로 이관되고, 그 밖에 체육특기자 및 체육계 학교의 육성 및 운영의 지도 감독과 학생선수 및 대회 업무는 체육부 체육지도국에서, 학교 체육시설은 체육시설과에서, 그리고 학교체육진흥정책 및 학교간 경기대회 등 교외(校外) 체육 관련업무는 생활체육과에서 각각 분담했다.[14]

이렇게 체육부 직제 개편과 이에 따른 학교체육과의 폐지 등은 학교체육 업무의 통일성을 기하지 못하고 혼선을 빚게 되어 그 후유증이 심각하게 대두되었다. 때문에 체육청소년부[15]는 매년 연초에 학교체육 관리지침을 시·도 교육청에 시달해 혼선을

11) 체육부, 『체육한국』, 1984, 35쪽.

12) 황수연, 「한국 체육행정의 변천 연구」, 단국대 박사논문, 2003, 82쪽.

13) 體育青少年部, 『體育青少年行政10年史』, 1992, 228~229쪽.

14) 李學來, 『韓國體育百年史』, 한국체육학회, 2000, 471~472쪽.

15) 제6공화국이 들어서면서 체육부 존폐문제가 제기되었으나, 체육청소년 분야의 행정수요는 국가 주도로 수행하는 것이 효과적이라는 의견과 선진복지사회 구현에 대한 정부의 의지가 반영되어 1990년 12월 정부조직법 개정으로 기존 체육부를 체육청소년부로 확대 개편했다(體

막고자 했다. 즉 체육청소년부는 학교체육 관리지침을 통해 체육교육의 내실화를 위한 체육수업의 정상적 운영, 체육교사의 자질 향상 및 사기 진작 방안, 체육연구 및 시범학교 운영의 내실화, 학교체육의 활성화를 위한 체육에 대한 인식 제고, 학교체육진흥관리위원회 설치 및 운영, 학교 체육시설 확충 및 활용 확대, 학생선수 육성 및 학생 출전 경기대회 운영지침, 체육활동 우수학교 및 체육유공자 표창 등에 관한 사항을 시달했다. 이 지침에 따라 각급 학교는 정규 체육수업 및 학생선수 선발과 관리, 대회 운영 결과를 연말에 보고했다.[16]

그러나 문교부 산하 각 시·도 교육위원회의 통제하에 있는 각급 학교와 체육청소년부와의 관계가 원활하지 못해 각급 학교의 보고는 형식에 그치는 등 행정의 난맥상으로 학교체육의 저조를 면치 못했다.

더구나 김영삼 정부는 행정개혁을 내세워 체육을 전담해 온 중앙행정기구인 문화체육부에서 학교체육을 소외시키고, 원론적인 차원에서 그 책임만을 교육부에 전가함으로써 학교체육이 제자리를 찾지 못하고 파행을 면하지 못하게 만들었다. 출범 당시 문화체육부는 1차관보 3실 7국 34과 12담당관 제도로 출발했다. 이 가운데 체육 관련기구는 체육정책국, 체육지원국, 국제체육국 등 3국으로 구성되었으며, 그 산하에 9과를 두었는데,[17] 학교체육을 담당하는 기구는 없었다.

학교체육에 관한 업무는 이처럼 체육행정기능으로부터 멀어지고 그 대신 교육부의 감독 기능만으로 대체되었다. 이로 인해 1994년 5월 16일 대통령령 제14264호로 학교체육 관련업무를 이관받은[18] 교육부가 오히려 이에 대처하는 아무런 정책적 의지와 실행력도 지니지 못하는 왜곡된 현실을 빚고 만 것이다.

결국 학교체육에 관련된 행정부서의 이원화는 효율적인 학교체육 행정체계의 확립을 저해하는 요인으로 작용했을 뿐만 아니라, 일관성 있는 학교체육정책의 수립과 집행을 가로막는 장애요인이 되었다. 특히 교육부는 예산 및 인력 부족을 이유로 학교체육과 관련된 기능을 거의 수행하지 못했다.[19] 문화관광부 역시 엘리트스포츠 중심의

育青少年部, 앞의 책, 32쪽).

16) 體育青少年部, 『1991年度 學校體育管理指針』, 1991.

17) 문화체육부, 『국민체육진흥5개년계획』, 1993, 270쪽.

18) 박혜란, 「김영삼 정권의 체육정책에 관한 연구」, 한양대 박사논문, 2005, 89쪽.

19) 당시 교육부에는 교육과정의 편성 및 운영, 시설의 설치 및 관리, 운동부의 구성과 운영, 과외체육활동 지원 등의 고유 업무가 있으나 많은 것을 체육부의 주관 부서에게 미루었으며, 실질적인 권한은 가지고 있으면서도 이를 담당할 전담부서 조차 없는 실정이었다. 지원은 문화체육부에서, 운영은 시·도 교육청에서 알아서 하라는 식의 협력체제의 미비가 행정적 비효율성을 낳았던 것이다(홍성표,「교육행정가 입장에서 본 학교 엘리트스포츠의 문제점」,『한국올림픽성화회 창립1주년 기념학술대회 자료집』, 1997, 15쪽).

행정과 예산 지원에만 관심이 있을 뿐, 학교체육 정상화 및 진흥에 대한 책임을 주무부서인 교육부에 미루어 학교체육행정의 파행을 방치해 왔다.

국민의 정부 출범과 함께 1998년 2월 28일 정부조직법 개정(법률 제5529호)에 따라 문화체육부가 폐지되고 문화관광부가 새로 발족되어 체육 전담부서가 일개 체육국으로 축소되었다. 문화관광부 체육국은 개편 당시 체육정책과, 체육지원과, 생활체육과, 체육교류과 등 4개과로 편성되어, 김대중 정부에 와서도 체육을 담당하는 중앙행정기구에서 학교체육는 소외되었다.

예컨대 문화관광부 체육진흥과에서는 학교 운동경기부 및 선수의 육성·지원에 관한 사항, 전국체육대회와 전국소년체육대회 및 종목별 국내경기대회 개최 지원 등 엘리트스포츠와 관련된 학교체육 업무를 담당하고, 학교체육의 육성·지원, 학생 체육활동 및 체력검사에 관한 사항, 학교 체육시설의 운영 지원 등에 관한 사항은 교육부의 학교보건환경과에서 담당하도록 하여 학교체육 관장기구를 이원화함으로써 종합적인 행정관리를 어렵게 만들었다.

한마디로 김대중 정부에 와서도 학교체육 행정체계는 주변부화했고, 이는 궁극적으로 한국체육의 발전에 심각한 불균형을 가져왔으며, 전체적인 체육 발전에도 부정적인 결과를 초래했던 것이다.

2) 체육과 교육과정

문교부는 1950년 6월 2일 문교부령 제9호로 교수요목제정심의회와 1951년 3월 30일 문교부령 제16호로 교과과정연구위원회를 조직하고 교과과정의 개정에 착수했으나 6·25사변으로 교과과정 개정작업을 일단 중지한 바 있었다. 그러나 6·25 전란 중에도 문교부는 1952년 임시수도 부산에서 교과과정의 개정작업을 계속적으로 추진했다. 교육계 및 기타 각계의 권위자 115명으로 교과과정심의회를 구성하고 총 29회의 토의를 거쳐 각급 학교 교과과정 시간배당 기준을 작성, 1954년 4월 20일 문교부령 제35호로 공포했다.[20]

문교부는 교과과정의 개정에 다시 박차를 가해 각 교과위원회를 구성, 교과과정 전체위원회가 세운 기본원칙에 따라 각 교과과정의 제정에 착수하도록 했다. 각 교과위원회가 전체위원회의 심의를 거친 후 1955년 8월 1일 각급 학교 교과과정이 문교부령 제44호, 제45호, 제46호로 공포되었다.[21] 종래의 교육과정은 그 내용에 있어서나 시대성에 비추어 합치되지 않으므로 이를 개정하여 교육과정 전반에 걸친 쇄신을 이루고자

---

20) 문교부, 『중학교 체육과 교육과정해설』, 1988, 22쪽.

21) 서울特別市敎育委員會, 앞의 책, 384쪽.

했던 것이다.

1955년에 제정된 1차 교과과정(1955~1962)의 특색은 종래의 지식 중심의 교과과정을 지양하고 학생들의 경험과 생활을 존중하는 교과과정을 편성하도록 노력한 데 있었다. 이는 미국의 진보주의 교육의 영향을 받은 결과로서 '민주국가의 공민 육성'을 강조하여 교육의 민주화를 이끌어 가는 지표가 되었다.

새 교육법의 제정과 이에 따른 교과과정의 개정에 따라 체육교육에 관한 내용이 확정되어 교과명은 체조에서 보건과(保健科), 체육과로 변경되었고, 체육교육의 계획과 운영도 중앙 통제를 벗어나 지역사회의 특수성과 지도자의 창의력을 중시하는 방향으로 개선되었다.

이때는 학교급별 목표만을 제시하고 학년별 목표는 제시하지 않았다. 총괄 목표는 신체적 발달의 목표와 사회적 발달의 목표, 위생 및 민주생활을 위한 목표로 구분했다. 그리고 각 학교급별로 신체적 목표, 사회적 목표, 지적·정서적 목표, 안전지도, 레크리에이션 등 5개 영역으로 나누어 세부 목표를 제시했다.[22]

뿐만 아니라 체육과의 목적도 사회적 성격의 육성과 레크리에이션 스포츠를 강조하고 학생 중심적 입장에서 교재 선택을 하도록 했으며, 건강교육을 중시하고 필기고사 및 실기측정 등 체육교육의 과학화를 도모토록 했다.

박정희 집권기에는 두 차례의 교육과정 개편이 있었다. 제2차 교육과정(1963~1973)과 제3차 교육과정(1973~1981)이 그것이다.[23] 제2차 교육과정의 특색은 생활 중심 또는 경험 중심의 교육을 강조했다는 점에 있다.[24] 생활 중심 교육에서는 교육과정을 '학교의 지도하에 학생들이 가지는 경험의 총화'로 간주했다.[25] 한마디로 경험 자체를 교육과정으로 보는 것이다.

이러한 교육과정의 특성에 따라 체육교과는 건강한 정신과 강건한 신체를 가진 국민 양성에 직접 기여할 수 있는 학습 활동의 계획을 목표로 설정했다.[26] 이때부터 그 동안 국민보건·위생의 측면에서 사용되어 오던 '보건 및 체육'이란 용어가 '체육'으로 통일되어 사용되기에 이르렀다.[27] 체육교과에서도 학생들의 생활과 체육을 연관시켜 지도하고, 학생 경험을 중요시하는 기본 방향을 갖게 되었다.[28]

박정희 정부는 1971년 12월에 국가비상사태를 선언하고, 1972년 10월 이른바 '10월

---

22) 서지영 외, 『체육과 교육 목표 및 내용 체계 연구(Ⅰ)』, 한국교육과정평가원, 2002, 9쪽.

23) 한국교육개발원 교육과정개정연구위원회, 『제7차 체육과 교육과정 개발 연구』, 1997, 36쪽.

24) 大韓教育聯合會, 『教育課程: 理論과 運營』, 1969, 76~88쪽.

25) 문교부, 『초·중·고등학교 교육과정-총론-』(1946-1981), 대한교과서, 1986, 32쪽.

26) 위의 책, 34쪽.

27) 김종희, 앞의 글, 67쪽.

28) 한국교육개발원 교육과정개정연구위원회, 앞의 책, 37쪽.

유신'을 선언했다. 이같은 정치적 변혁에 따라 제3차 교육과정이 마련되었다. 즉 1973년 8월 31일 문교부령 제325호로 국민학교와 중학교의 교육과정을 공포했다. 이어 같은 해 12월 31일 문교부령 350호로 인문계 고등학교의 교육과정을 개편했다.[29)]

제3차 교육과정에서는 생활 중심의 교육과정을 지양하고 학문 중심의 교육과정을 강조했으며,[30)] 국민학교와 중학교에 편제되었던「반공·도덕」영역도 제외해 버렸다.[31)] 하지만 제3차 교육과정에서도 여전히 국민교육헌장의 이념을 구현하기 위하여 '민족주의 강화', '개인의 발전과 국가의 융성과의 조화'라는 기본 방침을 제시하고, 그 운영상에서 도덕·국사·체육교육을 강화하는 데 역점을 두었다.[32)]

더구나 제3차 교육과정에서는 제1, 2차 교육과정에 비해 국가주의적·민족주의적 가치를 지나치게 강조했다. 이는 제3차 교육과정이 유신체제를 합리화하기 위해 내세운 '조국근대화', '민족 중흥의 사명', '한국적 민주주의' 등을 관철시키기 위한 정치적 필요에 의해 개편되었기 때문이다.[33)]

그 결과 당시 체육교육은 '당면한 국가목표인 자주국방과 자립경제 건설에 필요한 국가 요구로서 건민체육의 생활화'라는 문교부의 지침에 따라 실시되었다.[34)] 즉 체육교육이 전인적 교육의 차원이 아니라 국가적 요구에 부합하는 수단으로서 간주되었다는 것이다. 여기서도 박정희 집권기의 '건민체육'의 근원적 목표가 단적으로 드러난다.

박정희 정부의 이러한 국가주의적 체육과 교과과정의 기본 방향은 제5공화국 때에도 그대로 유지되었다. 전두환 정부도 12·12 쿠데타와 5·18 광주민주화운동에 대한 무력진압을 통해서 집권했다는 점에서 박정희 정부와 마찬가지로 정통성을 결여했다. 정통성의 결여는 과도한 국가주의적 정책을 야기할 수 밖에 없었다. 이로써 전두환 정부는 교육 전반에 걸쳐 국가주의적 목표를 설정했으며, 이는 체육교육에도 반영되었다.

제3차 교육과정에서 나타난 문제점을 보완하기 위한 작업은 1978년부터 시작되었다. 그러다가 제5공화국의 출범을 앞둔 1980년 7월 30일 발표된 '교육정상화 및 과열과외 해소방안'이 마련되면서 교육과정을 개편하는 데 큰 변화가 나타났다. 경제개발에 따른 국민 생활수준의 향상은 상급학교에로의 진학 수요를 늘렸고, 그 결과 대학입학을 목적으로 한 과외의 과열양상이 일어났다. 이로써 학생들의 학업부담은 더욱 가중되었다. 여기에다 신군부의 등장을 전후로 학원소요도 격화되었다. 이런 사정으로 교육개

---

29) 함종규, 『교육과정 연혁조사』(후편), 문교부, 1980, 215~216쪽.

30) 문교부, 『중학교 교육과정 해설』, 교학도서, 1973, 2~3쪽.

31) 劉奉鎬, 『韓國敎育課程史 硏究』, 교학연구사, 1992, 355쪽.

32) 위의 책, 352·356쪽.

33) 문교부, 『초·중·고등학교 교육과정-총론-』(1946-1981), 45쪽.

34) 이달원, 「한국 체육교육과정 변천에 따른 요인 분석」, 계명대 박사논문, 2000, 113~114쪽.

혁에 대한 필요성이 제기되었다.[35] 결국 1981년 12월 31일 문교부 고시 제442호로 제4차 교육과정(1981~1988)이 확정되었다.[36]

제4차 교육과정의 기본 방향은 국민정신 교육의 체계화, 전인교육의 충실, 과학기술 교육의 강화에 있었다.[37] 이같은 기본 방향에 따라 교육과정의 강조사항으로 건전한 심신의 육성, 지력과 기술의 배양, 도덕적인 인격의 형성, 민족공동체 의식의 고양 등이 제시되었다.[38]

이같은 제4차 교육과정에서는 체육교육의 기본 목표로 '건강과 체력의 향상', '잠재적 운동능력의 개발', '체육의 생활화', '스포츠의 과학화' 등을 제시했다. 이 중 '잠재적 운동능력의 개발'은 '기본 움직임 익히기'의 내용과 방법이 현장 학습에 도입되는 체육교육의 세계적 추세를 반영한 것이다.[39] 제4차 교육과정에서 나타난 가장 중요한 특징은 이전 시기와 달리 '교과 목표'를 심동적(心動的)·지적(知的)·정의적(情意的)인 요소로 나누어 일반적이고 포괄적인 서술을 시도하고, 이를 다시 구체적으로 4개 항목으로 구체화·상세화했다는 점이다.[40] 이같은 체제는 이후 교육과정에서도 그대로 적용되었다.

제6공화국이 성립하면서 교육의 국가주의적 기조는 어느 정도 해소되었다. 물론 제6공화국에서 적용되었던 제5차 교육과정 개편은 전두환 정부 때인 1985년부터 추진되었다. 이때는 문교부가 단지 제4차 교육과정에서 문제가 되었던 부분만을 보완하려는 수준에서 개정하려고 했다. 그러다가 연구개발 과정에서 그 개정 폭이 확대되었다.[41] 이는 당시 정치적 민주화가 진행되는 분위기를 반영한 것이다. 그 결과 이전의 교과과정 개편은 정권의 요구가 크게 반영되었던 것에 비해, 제5차 교육과정(1988~1992)은 상대적으로 정치적 영향력이 감소한 상황에서 마련되었다. 바로 이런 측면에서 교육의 내적인 고려가 한층 강화되었다고 평가할 수 있다.[42]

한마디로 제5차 개정이 제4차 교육과정의 기본 골격을 유지하면서도 현실 여건을 고려한 점진성과 효율성을 강조했다는 점[43], 그 개정 방침으로 적정화·내실화와 함께

35) 위의 글, 120~121쪽.
36) 劉奉鎬, 앞의 책, 381쪽.
37) 문교부, 『연수자료-중학교 새 교육과정 개요』, 한국원호복지공단, 1982, 10~15쪽.
38) 위의 책, 15~21쪽.
39) 위의 책, 104~105쪽; 『연수자료-고등학교 새 교육과정 개요』, 한국원호복지공단, 1982, 120~121쪽.
40) 위와 같음.
41) 劉奉鎬, 앞의 책, 407쪽.
42) 이달원, 앞의 글, 139~140쪽.
43) 劉奉鎬, 앞의 책, 408쪽.

지역화를 설정했다는 점에서 그렇다.[44] 특히 지역화의 강조는 중앙집권적 교육과정체제에서 벗어나 점차 지역 수준의 교육과정 편제를 염두에 둔 조치라고 할 수 있다.[45]

이런 사정은 체육교육도 마찬가지였다. 즉 이전과 달리 인간중심주의와 체육의 심화로 전인교육을 강조하고 크게 심동적·인지적·정의적 영역으로 교육목표를 분류하여 균형적인 발달을 지향했다. 특히 교과목표인 신체적인 표현능력의 기능 강화와 함께, 운동과제를 창의적이고 능동적으로 해결하도록 한 것은 민주화의 열망에 부응하여 표현과 행동의 자유로움 속에서 근본적인 개인의 창의력을 최대한 개발하고자 했던 것이다.[46]

김영삼 정부는 과거 군사정권기의 비민주적·권위주의적 요소를 해소하고 사회 각 분야의 개혁을 본격적으로 시도했다. 그 일환으로 1992년 교육부 고시 제1997-11호, 제1997-16, 제1997-19호로 개정된 제6차 교육과정(1992~1997)이 마련되었다.[47] 제6차 교육과정은 건강한 사람, 자주적인 사람, 창의적인 사람, 도덕적인 사람이라는 인간상을 추구하는 데 그 목적을 두었다.

이러한 목표를 구현하기 위한 교육과정의 구성 방침은, 첫째 도덕성과 공동체 의식이 투철한 민주시민 육성, 둘째 사회의 변화에 대응할 수 있는 창의적인 능력 개발, 셋째 학생의 개성·능력·요구를 고려한 교육 내용과 방법의 다양화, 넷째 교육과정 편성·운영체제 개선을 통한 교육의 질 관리 강화였다.[48] 이는 21세기 한국사회상과 교육적 필요를 반영한 것이며, 특히 다원주의 가치체계를 포괄할 수 있는 기초적이고 통합적인 인간 특성의 차원에서 설정한 것이었다.[49]

제6차 교육과정은 그 자체로도 사회의 민주화를 반영했다. 즉 사상 처음으로 '중앙집권형'에서 '지방분권형' 교육과정으로 전환이 이루어진 것으로 개정의 중점을 교육과정 결정의 분권화, 교육과정 구조의 다양화, 교육과정 내용의 적정화, 교육과정 운영의 효율화 등 네 가지로 설정한 것이다.[50]

이에 따라 시·도교육청과 학교에 교육과정의 편성과 운영에 대한 자율·재량 권한을 확대한 것은 물론, 다양한 이수과정과 교과목 개설, 필수과목 축소 및 선택과목 확대, 학습량과 수준 조정, 교과목 체계 및 평가방법 개선 등을 개정의 중점 방향으로 설정했다. 이로써 교육과정 결정의 분권화, 구조의 다양화, 내용의 적정화, 운영의 효율

44) 홍웅선, 『새초등교육과정』, 교학연구사, 1988, 62~68쪽.

45) 교육과정·교과서연구회편,『韓國教科教育課程의 變遷』(中學校), 大韓教科書株式會社, 1990, 32쪽.

46) 이달원, 앞의 글, 146쪽.

47) 교육부, 『고등학교 교육과정 해설』, 2000, 76쪽.

48) 교육부, 『국민학교 교육과정』, 대한교과서주식회사, 1992, 1쪽.

49) 교육부, 『고등학교 교육과정 해설』, 79~80쪽.

50) 이달원, 앞의 글, 153~154쪽.

화를 기대했다.

이같은 제6차 교육과정의 목표와 이념적 특성은 제7차 교육과정(1997-)에서 보다 분명하게 제시되었다.[51] 제7차 교육과정의 개편은 세계화, 정보화, 다양화에 따른 교육 여건의 급격한 변화를 고려한 것이었다. 이런 변화에 대처하기 위해 21세기 정보화·세계화 시대를 주도적으로 이끌어 갈 수 있는 자율적이고, 창의적인 한국인 육성이라는 기본 방향을 설정했다. 이에 따라 제7차 교육과정에서는 제6차 과정에서 제시되었던 지역 및 학교의 교육과정 편성 및 운영의 자율성 확대와 학습자 중심의 교육 실천과 함께, '건전한 인성과 창의성을 함양하는 기초·기본 교육의 충실', '세계화·정보화에 적응할 수 있는 자기 주도적 능력 신장' 등을 교육과정의 기본적인 개정 방향으로 제시했다.

제7차 교육과정의 주된 특징은 '국민공통 기본 교육과정'과 '고등학교 선택중심 교육과정'으로 구성했다는 점이다.[52] 즉 초등학교 1학년부터 고등학교 1학년까지의 10년간을 국민공통 기본교육 기간으로 규정하고, 3학년부터 10학년까지는 한 교과당 하나씩의 공통 기본과목을 편성하도록 했다. 그리고 고등학교 2, 3학년에 해당하는 11, 12학년은 선택중심의 교육과정으로 편제했다. 또한 학생들의 부담을 줄인다는 명분으로 각 교과의 수업시수를 전반적으로 축소했다. 그 결과 제7차 교육과정에서는 이전보다 수요자인 학생들의 선택권을 확대시켰다. 이는 학생들의 요구와 진로에 따른 심화학습을 가능하게 했다고 평가할 수 있다.

그러나 이러한 취지와 제도개선에도 불구하고 의도한 교육의 효과가 실효를 거둘 것으로 받아들여지진 않았다.[53] 특히 체육교과는 고등학교 2, 3학년 과정에선 체육계 진학을 원하는 학생 외에 사실상 선택이 이루어지지 않았다.[54] 게다가 여전히 입시 위주의 주지주의 교육이 팽배해 있는 현실에서 이같은 제도는 체육교육의 파행을 더욱 조장하는 결과를 가져왔다.

(1) 초등학교

1955년에 마련된 제1차 교육과정에서는 체육과를 초등학교의 경우 '보건과'로, 중·고등학교는 '체육과'로 명칭이 달랐다. 제1차 교육과정에서는 초등학교 보건과(체육과)의 목적을 다음과 같이 제시했다.

---

51) 교육부, 『고등학교 교육과정 해설』, 100~101쪽.

52) 위의 책, 116쪽.

53) 『한국교육신문』, 2000년 10월 23일자.

54) 유응욱·최관용·최정환·김승일, 「제7차 선택 중심 교육과정에서 체육과목 선택에 대한 학생 인식 조사」, 『지방화시대와 스포츠』(제39회 한국체육학회 학술발표회논문집), 2001, 193~199쪽.

보건과 및 체육과는 원만한 환경 밑에 신체활동을 통하여 신체 각부를 고르고 튼튼히 발달시키고 군세고 아름다운 정신과 건전한 사회적 성격을 기르며 위생생활을 습관화하여 민주적 사회활동에 자기의 최선을 다 발휘할 수 있는 능력을 갖게 한다.[55)]

이처럼 종전(終戰) 후 학교체육의 목표는 이전과 달리 국방력 강화나 생산력 향상 등과 같은 국가주의적 가치나 체육의 외재적 가치를 제외하고, 학생 개인의 고른 심신의 발달 등 내재적 가치에 주안점을 두었다.

그 교육내용은 체조 중심에서 운동·놀이 중심으로 변하했다. 이같은 교육목표 및 내용에 따라 제시된 수업시간은 1년간 총수업시간 중 10~18%에 해당하는 주당 110~170분이 배당되었는데,[56)] 이는 음악과 미술을 제외하곤 가장 낮은 비중이었다.

제2차 교육과정에서 도입된 생활 중심의 교육과정에 따라 놀이 및 여가생활을 통해 체육을 학습할 수 있게 했다. 교과 명칭도 체육과로 통일되었다. 이같은 제2차 교육과정에서 제시한 초등학교 체육교과의 교육목표는 다음과 같다.

1) 여러 가지 운동을 통하여 기초적인 운동 능력을 조장하여, 신체의 모든 기관을 고르게 발달하도록 한다.
2) 놀이를 통하여 명랑한 성격과 공정하고 협동하는 태도를 길러, 자기 책임을 성실히 이행하는 사회성을 기르도록 한다.
3) 놀이와 건강 생활에 대한 기초적 지식을 알게 하며, 합리적인 신체활동을 함으로써 정서를 순화하고 생활을 풍부하게 한다.
4) 보건 위생과 안전한 생활 방법을 가르쳐, 위급 상태에 대처할 수 있는 능력을 기른다.
5) 레크리에이션 활동에 참가하여 여가를 즐길 수 있게 하며, 생활을 윤택하게 하도록 한다.[57)]

이러한 제2차 교육과정의 체육교육의 목표는 제1차 교육과정에서처럼 체육의 내재적 가치를 강조하는 것에 주안점을 둔 것이다. 체육의 외재적 가치란 '신체를 위한 교육', '신체를 통한 교육'의 관점에서 체육의 본래적 가치보다는 체육을 통해 교육적으로 가치있는 덕목과 능력을 길러주는 데 체육교육의 정당성을 두는 것이다. 이런 교육목표는 체육이 그러한 목표를 달성하는 수단으로서 필요성과 공헌이 줄어든다면 언제든지 부정될 수 있는 것이다.[58)]

제2차 교육과정에서 제시한 초등학교 체육교과의 교육내용은 <표 2-18>과 같다.

---

55) 문교부, 『초·중·고등학교 교육과정-체육과·교련과-』(1946~1981), 대한교과서, 1986, 2쪽.
56) 문교부, 『초·중·고등학교 교육과정-총론-』(1946~1981), 대한교과서, 1986, 11쪽.
57) 한국교육개발원 교육과정개정연구위원회, 앞의 책, 19쪽.
58) 서지영 외, 앞의 책, 1~2쪽.

〈표 2-18〉 초등학교 체육교과의 교육내용[59)]

영 역	교육 내용
체조놀이	맨손체조놀이, 재주놀이
놀 이	달리기놀이, 던지기놀이, 뜀뛰기놀이, 공놀이, 물놀이
춤 놀이	리듬놀이, 표현놀이
보건위생	위생생활, 몸, 바른자세, 음식과 물, 청결, 병, 운동과 보건

이런 교육내용을 수행하기 위한 주당 수업시수는 1~2학년 때에는 2.5~3시간, 3~6학년의 경우는 3~3.5시간이다.[60)] 이같은 수업시수의 배당은 1~2학년의 경우 국어와 산수과를 제외한 다른 과목보다 높은 비중이며, 3~4학년은 국어·산수·사회, 5~6학년은 국어·산수·사회·자연 다음으로 높은 것이었다. 즉 학년이 올라갈수록 다른 기초 교과보다 비중이 낮아지는 것이다. 하지만 다른 예능과목에 비해서는 그 비중이 최대 2배 정도 높았다.

전체적으로 볼 때, 제2차 교육과정의 내용은 제1차 교과과정과 비교하여 구성 체제나 내용이 크게 달라진 것은 아니었다. 예컨대 1차 때의 '위생'이 '보건 위생'으로, '리듬놀이'가 '춤놀이'로 그 영역 명칭이 바뀌고, 내용의 분류가 조금 합리적으로 구성되었다는 점 외에는 1차 교과과정을 약간 수정하는 정도에 그쳤을 뿐이었다.

제3차 교육과정에서는 학문 중심의 교육과정을 강조했다. 이는 국민교육헌장 제정, 유신체제 출범 등으로 대변되는 국가이념의 구현을 강조하려는 시대 흐름에 따른 필연적 결과였다. 때문에 제3차 교육과정에서는 기본 개념의 이해와 지식의 구조적 학습 및 탐구 능력을 중시했던 것이다.[61)]

제3차 교육과정에서 제시한 초등학교 체육교과의 교육목표는 다음과 같다.

1) 여러 가지 운동을 통하여 강한 체력과 강인한 의지력을 길러, 왕성한 활동력과 실행력을 가진 새 국민으로 자라게 한다.
2) 운동경기를 통하여 규칙과 질서를 지키며 주어진 부서에서 책임을 다 하고 서로 힘을 모아 끝까지 노력하는 태도를 길러, 올바른 경쟁심과 협동 단결력이 강한 새 국민으로 자라게 한다.
3) 개인 위생과 공중 보건에 필요한 기초 지식을 이해하고 이를 실천할 수 있는 능력과 태도를 길러, 건강하고 안전한 생활을 할 수 있는 새 국민으로 자라게 한다.
4) 운동을 생활화하여 정서를 순화하고, 여가를 선용하는 태도와 미적 표현의 창작력을 길러,

59) 문교부, 『초·중·고등학교 교육과정-체육과·교련과-』(1946~1981), 22~33쪽.
60) 문교부, 『초·중·고등학교 교육과정-총론-』(1946~1981), 39쪽.
61) 劉奉鎬, 앞의 책, 350쪽.

명랑하고 활달한 성격을 지닌 새 국민으로 자라게 한다.[62]

이처럼 초등학교 체육교과의 교육목표는 첫째, 연령에 따른 체력 발달 도모, 둘째 경기를 통한 협동성·준법성 제고, 셋째 위생과 안전 능력 향상, 넷째 레크리에이션 활동을 통한 운동의 생활화와 정서 순화 등의 네 영역으로 구성되었다. 물론 '강건한 국민', '새 국민'에서 보듯이, 그 교육목표의 핵심은 국민교육헌장의 이념을 반영하여 새로운 국민성의 육성에 있었다.

한편 제3차 교육과정에서의 초등학교 체육교육은 이전 보다 진전된 양상을 보여수고 있다. 예컨대 5, 6학년에서 민속놀이를 여가활동에 추가하는 특징을 보여주고 있다. 이전의 교육과정과 달리 1~3학년의 교육과정에서는 보건 영역이 따로 설정되지는 않았으나, 지도상의 유의점 제7항에서 보건 지도를 하도록 명시하고 있다.

제3차 교육과정에서의 초등학교 체육교과의 교육내용은 <표 2-19>와 같다.

〈표 2-19〉 초등학교 체육교과의 교육내용[63]

영 역	교육내용
기초력 운동	순환운동, 맨손체조, 질서운동, 씨름
기 계 운 동	철봉운동, 뜀틀운동, 매트운동
육 상 운 동	달리기, 뜀뛰기
공 운 동	농구, 축구, 야구, 배구(3학년부터)
수 영	헤기, 뛰어들기(4학년부터)
무 용	민속무용, 표현무용
보 건	4학년; 눈·귀·이의 질병과 예방, 건강한 생활꾸미기 5학년; 심신의 발달, 안전한 생활 6학년; 질병의 예방, 공중 보건

이러한 교육내용을 수행하기 위한 체육교과의 수업시수는 1학년 때에는 주당 2시간씩 1년간 총 70시간을, 2~6학년의 경우는 주당 3시간씩, 1년간 총 105시간을 배정했다.[64] 이는 특별활동 시간을 제외하면, 1~6학년 각각 전체 수업시간의 9.1%-8.7%-8%-7.1%-6.7%-6.5%로 국어와 산수를 제외한 다른 교과와 비슷한 수준이다.

반면 교육영역은 제1, 2차 때에 비해 4개 영역에서 7개 영역으로 보다 세분화되었다. 교과영역의 명칭도 '운동'이라는 용어를 사용하기 시작하여 제1, 2차 교육과정기에 제시된 '놀이'의 형태를 벗어나고 있었다. 이때부터 순환운동과 질서운동도 초등학교부터

62) 문교부, 『초·중·고등학교 교육과정-체육과·교련과-』(1946~1981), 35쪽.

63) 위의 책, 38~68쪽.

64) 문교부, 『초·중·고등학교 교육 과정-총론-』(1946-1981), 50쪽.

교육내용에 새롭게 포함되었다. 그리고 모든 영역의 학습내용은 대개 구체적인 활동명 중심으로 기술하고, 활동내용은 경기기능과 시합에 관한 내용이 주를 이루었다.

그러나 제3차 교육과정에서 신체활동을 보다 구체적·체계적으로 실행하거나, 체력 향상 및 건강 증진을 위한 과학적 지도가 이루어지도록 교육목표를 설정했다고 했으나,[65] 기존 교육과정과 크게 다르지는 않았다. 교육내용은 이전과 마찬가지로 단순한 운동기능과 관련된 내용으로만 구성되어 있다.

제4차 교육과정에서 제시된 초등학교 체육 교육과정의 목표를 보면 다음과 같다.

1) 간단한 운동에 즐겁고 활발하게 참여하여 체력과 기초적인 운동기능을 기른다.
2) 운동과 건강 생활에 필요한 기초 지식을 습득하여, 이를 실천하는 태도를 기른다.
3) 운동의 규칙과 예의를 지키고 서로 협력하여 바르게 생활할 수 있는 태도를 기른다.
4) 운동에 흥미를 가지고, 여가를 선용하여 즐거운 생활을 할 수 있는 태도를 기른다.[66]

이처럼 제4차 교육과정에서 제시된 체육교육의 목표는 운동을 통한 개인적 가치 및 인간 중심적 교육을 보다 고려했다고 평가할 수 있다.[67] 이는 제2·3차 교육과정의 교육목표에서 사회성이나 새 국민 양성 등을 제시하여 그 시대의 인간상을 구현한다는 국가적 목표에 더 치중한 것에 비하면 진전된 것이다.

제4차 교육과정의 이같은 체육교육의 목표를 실현하기 위한 초등학교의 교육내용을 보면 <표 2-20>과 같다.

이처럼 초등학교의 학년별 교육영역은 2개 학년씩 나누어 제시했는데, 1~2학년에서는 놀이를 중심으로 한 게임 영역을 두어 운동에 대한 흥미를 높혀 학습효과를 제고하도록 했다. 그리고 1~2학년의 놀이 영역을 운동으로 새로 개념화하여 3~4학년은 기계운동, 5~6학년은 육상과 구기운동 영역을 설정함으로써 운동을 통한 체력 향상을 도모하도록 했다. 하지만 영역 분류는 개념을 달리했을 뿐, 교육 내용은 이전과 동일했다. 그럼에도 학년별 교과 영역을 재분류한 것은 연령에 따른 신체발육 상태를 고려하여 일관된 체력 향상을 꾀할 수 있도록 한 것이라고 할 수 있다.

한편, 제4차 교육과정이 제시한 초등학교 체육교과 수업[68]의 특징은 1~2학년에서 통합교과를 운영하도록 했다는 점이다. 즉 도덕·국어·사회는 '바른 생활'로, 산수·자연은 '슬기로운 생활'로, 체육·음악·미술은 '즐거운 생활'로 통합한 것이다. 이것은 초등학교 저학년의 통합적 경험세계에 맞추어 교과를 제시하려는 의도에서 비롯된

65) 서지영 외, 앞의 책, 12쪽.
66) 문교부, 『초·중·고등학교 교육과정-체육과·교련과』(1946~1981), 71쪽.
67) 이달원, 앞의 글, 127쪽.
68) 문교부, 『국민학교 교육과정』 별책 2, 대한교과서주식회사, 1982, 4~5쪽.

것이다.[69] 통합교과체제에서 체육이 포함된 '즐거운 생활'은 1학년의 경우는 연간 204시간, 2학년은 238시간으로 각각 주당 6, 7시간을 배당했다. 3~6학년은 각기 연간 102시간, 주당 3시간이 배당되었는데, 이는 전체 수업시간 중 각각 11.5%(3학년), 10.7%(4학년), 10%(5~6학년)에 해당된다.[70]

〈표 2-20〉 초등학교 체육교과의 교육내용[71]

학년	영 역	교육 내용
1, 2학년	기본운동	집합·정렬·바른자세·행진 등의 집단활동, 맨손운동, 걷기·달리기·뜀뛰기, 고정 시설과 작은 기구를 이용한 운동, 물 놀이
	게 임	전력달리기, 이어달리기, 술래잡기, 간단한 공 운동, 당기기와 밀기
	무 용	간단한 움직임으로 노래에 맞추어 놀이하기, 사물의 모양과 움직임 흉내내기
	보 건	바른 식사습관, 깨끗하고 단정한 몸가짐·바른 화장실 및 급수 시설 이용(1학년), 치아관리·계절에 맞는 옷 입기(2학년), 안전생활
3, 4학년	기본운동	집단활동, 맨손운동, 시설 및 기구를 이용한 운동
	게 임	전력달리기, 이어달리기 오래달리기, 술래잡기, 멀리뛰기, 높이뛰기, 공운동, 씨름, 장애물달리기(4학년)
	기계운동	매트운동, 철봉운동, 뜀틀운동, 평균대운동
	계절 및 민속운동	수영, 팽이치기와 연날리기, 제기차기와 사방치기(4학년)
	무 용	민속무용, 사물 및 느낌 표현하기
	보 건	바른 식생활, 영양소(4학년), 치아관리, 질병예방, 안전생활
5, 6학년	기본운동	집단활동, 맨손운동, 고정시설 및 작은 기구를 이용한 운동
	육상운동	전력달리기, 이어달리기, 오래달리기, 장애물달리기, 멀리뛰기, 높이뛰기
	기계운동	매트, 철봉, 뜀틀, 평균대 운동
	구기운동	배구, 농구, 축구, 야구
	계절 및 민속운동	수영, 씨름, 태권도
	무 용	민속무용, 사물 표현, 무용창작
	보 건	신체의 발달과 건강, 건강진단의 중요성, 영양소, 각종 질병, 안전사고, 준비운동과 정리운동, 수면과 휴식·구급처치·신체 검사요령·공중보건(6학년)

제5차 교육과정에서의 체육과 교육과정은 외형적으로 제4차 교육과정에 비해 별다른 변화를 보이지 않았다. 다만 교육목표의 분류체계가 조금 달라졌다. 즉 각 학교급별 기본목표는 제4차 때와 거의 동일하나, 크게 심동적·인지적·정의적 영역에 해당하는 목표를 각각 2-1-1개 항목으로 나누어 기술했다. 이같은 학교급별 목표에 맞춰 학년별 교육영역도

69) 이달원, 앞의 글, 129~130쪽.

70) 문교부, 『초·중·고등학교 교육과정-총론-』(1946~1981), 58쪽.

71) 문교부, 『초·중·고등학교 교육과정-체육과·교련과』(1946~1981), 71~81쪽.

기존 개별 항목을 역시 심동적·인지적·정의적 영역으로 구분하여 제시했다.

제5차 교육과정에서 제시한 초등학교 체육교과의 교육목표는 다음과 같다.

1) 신체적 움직임의 기본 능력을 기르게 한다.
2) 기초적인 체력과 운동기능을 기르게 한다.
3) 운동, 건강, 안전 생활 및 여가 선용에 필요한 기초 지식을 습득하고, 적용하는 능력을 기르게 한다.
4) 운동을 생활화하여 정서를 함양하고, 바람직한 사회적 태도를 가지게 한다.[72)]

이처럼 초등학교 체육교육의 목표에서는 '민주적 생활태도', '올바른 가치관' 등 제4차 교육과정에서 사라진 체육교육의 외재적 가치가 강조되고 있다. 물론 이같은 목표는 당시 민주화에 대한 사회적 분위기를 감안한 것으로서 긍정적 평가를 내릴 수 있는 측면도 있다. 하지만 체육교육의 실제적 존재 이유라고 할 수 있는 내재적 가치는 오리려 이전의 교과과정보다 후퇴했다.

이같은 목표를 수행하기 위한 교육내용을 보면, 제4차 교육과정과 달리 구체적인 지도 내용을 기술하지 않았다. 교과의 목표를 크게 심동적, 인지적, 정의적 영역으로 나누었다. 따라서 지도 내용도 이 세 영역 내에서 세분했다는 점에서 특징적이다.

초등학교의 경우 1, 2학년은 통합교과로서 '즐거운 생활'에서 음악·미술 교과에 해당하는 활동과 통합적으로 시행하도록 했는데, 놀이 중심의 기초적인 신체활동을 위주로 했다.[73)] 즉 신체의 움직임과 느낌을 시·청각적 활동을 통해 표현하고 감상하는 데 목표를 두었다. 이에 따른 교육내용도 신체활동, 표현활동, 감상활동으로 나누어 제시했다. 3학년부터는 내용 영역에서 놀이라고 했던 제2차 교육과정, 운동이라 했던 제3차 교육과정과 달리 '신체의 움직임'이라고 하여 개념의 변화가 보인다. 결국 기본 운동 영역은 제4차 교육과정 때와 달리 이동, 비이동, 조작 운동의 기능을 익히는 데 주 목적을 두고 있다.

그 세부적인 교육내용은 대체로 2개 학년씩 각 영역별로 이같은 운동기능의 향상을 도모하도록 제시하되, 개략적으로 기술할 뿐 구체적으로 교육내용을 자세히 다루지는 않았다.[74)] 이는 각 학교의 사정에 따라 교사의 재량을 넓히기 위한 조치로 여겨진다.

특별활동 시간을 제외한 수업시수[75)]를 보면, 1학년은 연간 총 760시간이 배당되었다. 이 중 통합교과인 '즐거운 생활'의 시간은 180시간인데, 이는 제4차 교과과정의 204시간

72) 문교부, 『제5차 교육과정-국민학교 교육 과정』, 대한교과서주식회사, 1987, 123쪽.
73) 위의 책, 34~36쪽.
74) 위의 책, 123~134쪽.
75) 위의 책, 4~5쪽.

보다 줄어든 것이다. 하지만 총시간 당 비중이나 다른 교과와 비교해 보면 증대된 것이다. 통합교과가 적용되는 2학년과 3~6학년의 수업시수는 이전과 동일하다.

한마디로 제5차 교육과정에서 학교체육의 교육목표와 교육내용은 그 구성에서 이전 시기에 비해 커다란 변화가 있었고, 진전된 면도 분명히 있었다. 하지만 실제 학교현장에서 제5차 교육과정이 제시한 교육내용은 제대로 실현되지는 못했다. 초등학교의 경우는 교육내용에 대한 불명확한 기술로 교사들은 교육과정에 대한 이해력이 부족했으며, 실제 교육환경의 여건으로 움직임 교육은 그 취지에도 불구하고 교육현장에서 실현되기에는 문제점이 많았다는 연구결과가 보고되기도 했다.[76] 또한 영역별로 보면 게임과 리듬 및 표현운동, 계절 및 민속운동 등은 소홀하게 지도되기도 했는데, 이는 시설 및 기구 등의 부족이 가장 큰 원인이었다.[77]

1993년에 출범한 김영삼 정부는 교육정책의 주요 목적을 전인교육의 지속적 추진과 학교교육의 정상화 실현으로 삼았다. 이를 교육과정에서 구현하기 위해 창의적 능력 개발과 교육내용과 방법의 다양화 등을 구성방침으로 내세웠다.[78]

이러한 견지에서 제6차 교육과정의 초등학교 체육과의 교육목표는 다음과 같이 제시되었다.

가) 기본 운동기능과 기초적인 신체적 표현 능력을 기르게 한다.
나) 운동의 기초기능을 익히고, 건강에 필요한 체력을 기르게 한다.
다) 운동, 건강, 안전, 여가 선용에 대한 기초지식을 습득하여 생활에 적용하게 한다.
라) 운동에 적극적으로 참여하여 강인한 의지를 기르고, 명랑한 생활태도를 가지게 한다.[79]

이러한 목표를 달성하기 위한 국민학교 체육교과의 교육내용은 기본 운동(3, 4학년), 리듬 및 표현운동, 기계 운동, 게임, 계절 및 민속운동, 체력운동(5, 6학년)과 보건 등으로 구성했다.[80] 체력운동 영역이 신설된 것을 제외하면 제4차·제5차 교육과정과 동일했다. 다만 실기와 이론의 통합을 위하여 운동 단원에 기능만 아니라 운동에 필요한 주된 원리를 학습 내용으로 제시한 것이 그 특징이었다.

<표 2-21, 2-22>는 제6차 교육과정에서 제시된 초등학교 체육교과의 교육내용이다.

---

76) 김용환, 「체육과 교육과정의 의사결정 준거」, 『1991 국제 스포츠세미나 학술발표집』, 1991; 김문규 외, 「움직임 교육 현장적용 문제점과 대안 연구」, 『체육과 교육세미나 자료집』, 부산교대 초등교육연구소, 1997.

77) 공기화, 「제5차 교육과정의 초등학교 체육수업 운영실태」, 『學生生活硏究』20, 부산교대 학생생활연구소, 2001, 130~134쪽.

78) 교육부, 『고등학교 교육과정 해설』, 80~81쪽.

79) 교육부, 『국민학교 교육 과정』, 1992, 131쪽.

80) 위의 책, 132~142쪽.

〈표 2-21〉 초등학교(3~4학년) 체육교과의 교육내용[81]

	3학년	4학년
기본운동	· 비이동, 이동, 조작운동·운동의 명칭, 움직임의 형태와 공간의 관계·즐겁고 적극적으로 참여하는 태도	· 집단으로 비이동, 이동, 조작 운동·움직임과 힘, 속도의 관계·협동하며 즐겁게 참여하는 태도
리듬 및 표현운동	· 비이동, 이동, 가동 범위를 넓히는 움직임 · 움직임의 명칭, 움직임의 형태와 공간관계 · 즐겁고 다양하게 움직이려는 태도	· 신체, 공간, 힘의 요소를 결합한 움직임 · 춤의 기본 요소 · 독창적인 표현과 자신감있는 태도
기계운동	· 구르기, 균형잡기, 뛰기, 오르기 · 작은 기구를 조작하는 기능·운동의 명칭, 신체 모양과 균형관계·안전, 적극적인 태도	· 구르기, 균형잡기, 뛰기, 오르기, 돌기·운동과 공간의 관계·작은 기구를 조작하는 기능·안전, 자신감 있는 태도
게 임	· 이동, 비이동, 조작운동 중심의 단순한 게임 · 운동 용어와 개념 이해 ·준법성, 협동심	· 이동, 비이동, 조작운동 중심의 단순한 게임·운동 용어와 개념 이해·준법성, 협동심
계절 및 민속운동	· 배영·몸 모양, 공간지각 중심의 스케이팅 · 연날리기, 굴렁쇠굴리기, 팽이치기·부력과 뜨기, 호흡, 마찰과 운동의 이해·적극성과 안전에 유의하는 태도	· 자유형·공간 및 힘 지각 중심의 스케이팅·널뛰기, 제기차기·부력과 뜨기, 호흡, 마찰과 운동의 관계 이해 ·안전에 유의하고 인내하는 태도
보 건	· 음식물의 중요성, 바른 식사방법·치아의 역할, 충치의 원인, 예방·청결과 건강의 관계·도로안전	· 영양소의 중요성·눈, 코, 귀, 목의 질병·기생충의 피해, 예방과 감염경로·안전생활방법·즐거운 여가생활 방법

이같은 교육내용을 실현하기 위한 체육교육의 수업시수[82]는 제5차 교육과정보다 그 비중이 상대적으로 증가했다. 제6차 교육과정에선 수학·도덕 등의 시간을 축소하여 4~6학년의 경우 34~36시간을 줄이는 대신에, 기존 특별활동 시간 외에 3~6학년의 '학교재량시간'으로 34시간을 추가했다. 반면에 1~2학년의 경우 체육이 포함된 '즐거운 생활'의 수업시수는 각각 180~238시간, 3~6학년의 체육시간은 각각 102시간을 배정하여 제5차 때와 동일했다. 이로써 전체 수업시수에서 차지하는 체육시간의 비중은 상대적으로 증가되었다.

물론 제6차 교육과정에서도 체육교육은 많은 문제점을 노출하고 있었다. 초등학교 1~2학년의 경우 제5차 때와 마찬가지로 음악과 미술을 체육과 함께 '즐거운 생활'로 통합되었는데, 그 실행과정에서 통합교육 본래의 목적을 상실했다. 즉 체육교과의 목표와 내용은 다른 두 교과와 확연히 다르며, 그 지도 방법도 크게 다르다는 교육과정의 기본 원리를 이해하지 못하고, 강제 통합했던 것이다. 때문에 실제 지도에서는 세 교과

81) 위의 책, 132~134쪽.
82) 위의 책, 2쪽.

가 각각 분리·운영되어 외형상의 통합에 그쳤다.[83] 그럼에도 제6차 교육과정에서도 여전히 통합교과체제를 유지했던 것이다.

〈표 2-22〉 초등학교(5~6학년) 체육교과의 교육내용[84]

	5학년	6학년
리듬 및 표현운동	·리듬에 따라 걷기, 집단으로 춤의 형태 만들기·리듬과 움직임, 춤의 형태와 단순한 춤 익히기·독창적인 표현과 감상하는 태도	·리듬에 따라 걷기, 집단으로 춤의 형태 만들기·리듬과 움직임, 춤의 형태·독창적인 표현과 감상하는 태도
기계운동	·구르기와 돌기, 뛰틀넘기, 절봉오르기·운동용어와 사용기구의 특성·균형잡기·작은 기구를 조작하는 기능·정리하고 도전하는 태도	·구르기와 돌기, 뛰틀넘기, 철봉오르기, 균형잡기·운동용어와 사용기구의 특성·균형잡기·작은 기구를 조작하는 기능·정리하고 도전하는 태도
게 임	·이동, 비이동, 조작운동을 결합한 게임·게임의 형태와 규칙 이해·정직성과 협동심	·이동, 비이동, 조작운동을 결합한 게임·게임의 형태와 규칙 이해·복종심과 상대방을 존중하는 태도
계절 및 민속운동	·평영·힘 지각 중심의 스케이팅·태권도와 씨름·무게중심과 움직임 이해·안전에 유의하고 자신감있는 태도	·접영·속도 중심의 스케이팅·태권도와 씨름·무게중심과 안전한 움직임 이해·안전에 유의하고 자신감있는 태도
체력운동	·근력 및 지구력·체력과 건강의 관계, 체력의 요소·규칙적으로 운동하는 태도	·유연성, 심폐 지구력·체력과 건강, 체력의 요소·건강에 유의하고 규칙적으로 운동하는 태도
보 건	·신체의 발달과 건강·호흡기와 소화기·신체검사의 중요성·야외 활동의 안전·환경과 건강·합리적인 식생활	·신체의 성장과정과 특성·식품 위생·유행성 질병·건강 진단이 중요성 공중보건 ·여가 선용

3~6학년의 경우노 비록 두 개 학년씩 수준별 교육을 제시하고 있으나, 표현이 구체적이지 못함으로써 교사들은 특히 '기계운동'과 '리듬 및 표현운동'의 지도에 어려움을 느끼고 있었다.[85] 이 밖에도 학교체육진흥관리위원회를 설치하도록 했음에도 학교현장에서는 제대로 운영되지 못했으며,[86] 여전히 체육시설과 용구의 부족으로 수업이 정상적으로 진행되지 못했다.[87] 초등학교 체육시설 중 비교적 중요한 시설이라고 할 수 있는 체육관(강당 포함)과 수영장을 모두 갖춘 학교는 서울과 지방 대도시의 일부 공립학교를 제외하곤 거의 없는 형편이었다. 지방의 경우는 사정이 더욱 열악했는데,

83) 강신복, 「체육교육 중요성 경시한 6차 교육과정 시안」, 『체육』276, 1991, 17쪽.

84) 위의 책, 132~134쪽.

85) 박신률, 「초등학교 체육과 교육과정 운영 실태와 개선에 관한 연구」, 전남대 석사논문, 1995, 23쪽; 박성학, 「초등학교 체육과 교육과정 운영 실태 분석」, 한남대 석사논문, 1996, 30~31쪽.

86) 김대욱, 「초등학교 학교체육 운영실태」, 『學校保健·體育硏究所論文集』 3-1, 한국교원대 學校保健·體育硏究所, 1996, 163쪽.

87) 홍상완·이교화, 「초등학교 체육 교육 현장 개선을 위한 실태 분석」, 『초등교육논총』 15, 대구교육대 초등교육연구소, 2000, 90~91쪽.

전북권은 수영장을 갖춘 학교가 하나도 없는 실정이었다.[88]

광복 이후 김영삼 정부시기까지 6차례에 걸쳐 제시된 체육과의 교육과정은 시대별로 내용 영역이 조금씩 다르게 변화되어 왔지만, 기본적으로 매우 유사한 영역 구조와 교육내용을 담고 있었다. 특히 학교현장에서의 교육내용은 학교급별, 학년별 교육내용의 차이에도 불구하고, 그 범위나 수준은 크게 다르지 않았다. 대체적으로 체육교육의 기본 방향이 신체적·정신적·사회적으로 건전한 전인교육에 있는 것이 아니라, 스포츠기능의 학습에 촛점을 맞추어 왔던 것이다.

이러한 학교체육의 문제점은 학생의 주도적이고 창의적인 체험적 활동을 억제하고, 신체활동에 담겨진 안목과 질적 수준은 기대할 수 없는 것은 물론이고, 운동기능이 우수한 소수의 학생들 위주로 수업이 진행됨으로써 그 밖의 학생들은 수업에서 소외되는 결과를 초래했다.[89] 제7차 교육과정에서는 이런 기존 교육과정의 문제점을 해결하기 위해 체육의 내재적·외재적 가치를 동시에 실현하는 것을 그 궁극적 목적으로 삼았다.[90]

이에 따른 초등학교 체육교육의 기본 목표[91]는 다음과 같다.

1) 아동의 움직임 욕구 실현.
2) 다양한 신체활동을 수행하는 데에 필요한 기초 운동능력과 체력 육성.
3) 건강한 생활을 영위할 수 있는 지식의 습득.
4) 운동에 즐겁고 적극적으로 참여하는 실천적 태도 형성. 이를 통해 중학교에서의 다양한 스포츠 활동을 학습할 기반 마련.

이처럼 제7차 교육과정에서 제시하는 체육교육은 1차적으로 상급 단계의 학교급별 목표를 달성하기 위한 준비단계로 규정되었다. 이전까지 체육 교육과정의 내용은 모두 수직적 구조의 형태로서, 학년이 올라감에 따라 그 내용이 심화되면서 다시 반복하여 조직되는 나선형이었다. 때문에 현장에서는 교육내용에 따라 가르치는 범위나 수준이 그다지 다르지 않았다. 이같은 문제점을 보완하기 위해 제7차 교육과정에서는 '국민공통 기본교육과정' 체제에 맞춰 영역의 내용을 달리하여 교육하도록 했다.

다음 <표 2-23>은 제7차 교육과정에서 제시한 체육교과의 교육내용 체계이다.[92]

---

88) 박용연, 「초등학교 체육시설 실태에 관한 고찰」, 『論文集』 34, 전주교육대학교, 1997, 214~218쪽.

89) 오정석, 「체육적 앎과 체육교육의 방향」, 『체육연구소논집』 16-2, 서울대체육연구소, 1995 및 안양옥, 「게임수업의 질적 제고를 위하 대안적 접근」, 『체육』 1998년 11월호, 136~139쪽.

90) 교육부, 『체육과 교육과정』, 28쪽.

91) 위의 책, 28~29쪽.

〈표 2-23〉 학년별 교육내용 체계

	내용체계			
학년	3, 4학년	5, 6학년	7~10학년 (중학교1~고등학교1학년)	11, 12학년 (고등학교2, 3학년)
영역	체조활동 게임활동 표현활동 보　건	체조활동 육상활동 게임활동 표현활동 체력활동 보　건	체　조 육　상 수　영 개인 및 단체운동 무　용 체력운동 이　론 보　건	개인운동 단체운동 야외운동 체력운동 무　용 선강과 운동 처방

〈표 2-24〉 초등학교 체육교과 내용[93]

		3학년	4학년		5학년 / 6학년
영역		지도내용		영역	지도내용
체조활동	기본 움직임	비이동·이동·조작움직임 기능의 필수내용/선택내용		체조활동	맨손체조, 기구체조 활동의 필수내용/선택내용
	활　동		맨손체조, 기구체조 활동의 필수내용/선택내용		
게임활동	기본 운지인	비이동·이동·조작움직임 기능의 필수내용/선택내용		육상활동	달리기, 뜀뛰기, 던지기 활동의 필수내용/선택용
	활　동		육상, 구기, 민속, 계절활동의 필수내용/선택내용	게임활동	구기, 민속, 계절활동이 필수내용/선택내용
표현활동	기본 움직임	비이동·이동·조작움직임 기능의 필수내용/선택내용		표현활동	창작표현, 민속표현 활동의 필수내용/선택내용
	활　동		창작표현, 민속표현 활동의 필수내용/선택내용		
보건	신체 성장과 발달의 필수내용/선택내용			보건	신체 성장과 발달의 필수내용/선택내용
	질병 예방법의 필수내용/선택내용				질병 예방법의 필수내용/선택내용
	여가 및 안전생활 필수내용/선택내용				여가 및 안전생활의 필수내용/선택내용
				체력활동	유연성, 근력 및 근지구력, 심폐지구력 활동의 필수내용/선택내용

92) 위의 책, 29쪽.
93) 위의 책, 30쪽.

이전의 교육과정과 달리, 제7차 교육과정의 교육내용은 이처럼 그 범위를 학년별로 달리하여 국민공통 기본교육과정의 취지에 맞춰 일관된 흐름 속에서 다양화, 특성화를 추구했다. 교육목표도 수요자 중심이라는 개념하에서 지역과 학교의 특성에 맞춰 수립할 수 있도록 포괄적이고 구체적인 재량권을 제시했다.[94]

그 구체적인 초등학교 교육내용을 보면 <표 2-24>와 같다.[95]

이처럼 제7차 교육과정은 학습자 중심의 교육, 내재적·외재적 가치의 균형을 강조하고 있다. 그러나 이같은 교육내용의 변화에도 불구하고 학교현장에선 이를 실현할 여건은 조성되지 못했다. 예컨대 초등학교의 경우 수업은 교사 중심의 기능 습득 위주로 하고, 학습자 위주라 할지라도 주로 학생들이 선호하는 구기 등 일부 종목에 국한하여 실시하는 정도에 불과했다.[96]

(2) 중등학교

① 제1차 교육과정

1955년 8월 1일에 공포된 문교부 제1차 교과과정에 따른 중·고등학교 체육과의 교육목표는 "원만한 환경 밑에 신체활동을 통하여 신체 각부를 고르게 튼튼히 발달시키고, 굳세고 아름다운 정신과 건전한 사회적 성격을 기르며, 위생생활을 습관화하여 민주적·사회적 사회생활에 자기의 최선을 다 발휘할 수 있는 능력을 가지게 한다."는 것으로 집약되었다.[97]

이러한 체육과정의 교육목적은 '민주적·사회적 사회생활에의 원만한 적응'에 있으며, 이를 달성하기 위한 목표를 다섯 가지 영역으로 세분했다. 즉, 신체적 목표, 사회적 목표, 지적·정서적 목표, 안전 지도, 레크리에이션 지도 등으로 구분되었다.[98]

---

94) 위의 책, 14~23쪽.

95) 위의 책, 30·53쪽.

96) 유정애, 「제7차 교육과정에 따른 초등학교 체육 교육과정 및 수업 운영 실태 분석」, 『한국체육학회지』 43-3, 2004, 249~254쪽.

97) 문교부, 『교육과정』, 1955, 159쪽.

98) 영역별 목표는 다음과 같다. 첫째, 신체적 목표로는 운동을 통한 기능과 신체의 조화적 발달 및 건강의 증진을 꾀하며 또한 신경과 근육의 협응작용, 지구력 및 운동적 기능의 발달을 도모한다. 둘째, 사회적 목표로는 타인과 원만한 인간관계 형성, 특히 정의감, 책임감, 협동심, 규칙 준수, 자제심 등의 사회적 품성을 기른다. 셋째, 지적·정서적 목표로는 각종 스포츠의 개요, 건강생활 및 해부학적 지식에 대한 이해, 그리고 사리판단 및 자신력 함양과 감성 및 의지의 통일 작용을 수련하며, 미적 표현, 창작, 감상력을 발달시킨다. 넷째, 안전 지도로 안전에 대한 지식, 습관, 태도를 기르며 수상, 빙상, 화재 등의 안전과 구급법을 지도한다. 다섯째,

이에 따라 체육교과 교육은 각급 학교별로 신체적·정신적 특징을 열거하고, 각각 연령에 적합한 운동과 위생적 내용을 예시하며, 이에 알맞는 지도상의 유의점을 명시하고, 마지막으로 지도한 성과를 종합평가하고 신체검사와 기타 측정의 목표 또는 방법의 개요를 표시하는 형태로 진행되었다. 예컨대 중등학교의 경우 스포츠를 중심으로 하여 지도함을 원칙으로 했으며, 특히 스포츠 지도에 있어 사회적 성격의 지도를 강조했다.

그러나 앞의 체육교육의 목표와 달리, 정부는 1955년 장학방침으로 체육교육의 목표를 '하도의 체위를 항상시킴으로써 국토방위의 간성'이 되는 데 두었다.[99] 이에 따라 서울시에는 그 구체적 지침으로 '국난을 극복하고 통일대업을 완수함에는 불요불굴의 정신력과 철석같은 신체단련이 필요할 것인즉 보건에 주력하고 체육을 장려하여 의지가 굳고 책임있는 공민을 육성함'을 제시했다.[100] 결국 체육교육은 학생들에게 기합을 주는 등 군사훈련식으로 실시되었다.[101]

이렇게 전후(戰後) 학교체육은 전쟁이라는 특수한 상황을 고려할 때 군사훈력식으로 전개될 수 밖에 없었다. 하지만 그 정당성에도 불구하고 이런 체육교육은 체육을 수단적 가치만으로 인식함으로써 교육의 본질적 가치를 훼손한 것이다. 게다가 미래의 사회 중추가 될 학생들에게 이같은 군국주의적 체육교육을 시행한 것은 궁극적으로 '민주사회의 공민'을 양성한다는 교육목표를 망각한 비교육적 처사라고 할 수 밖에 없다.

1954년 4월 20일에 문교부령 제235호로 공포된 교과과정 시간배당기준령에 따르면, 중학교의 경우 이전 주 1~2시간이던 체육시간이 2시간으로, 고등학교는 필수 1시간, 선택 0~6시간, 교련 4시간을 실시하도록 하는 한편, 중·고학교 모두 1~3시간의 특별활동시간을 배정함으로써 체육시간의 증가를 가져왔다.[102] 이에 따라 중학교는 주당 2시간, 고등학교는 주당 1시간에 교련 주당 4시간 이상의 수업을 하도록 했다.

그 대표적인 예로, 서울특별시는 '학교 체육활동 강화에 관한 지시사항'(서교학제 348)을 각급 학교에 보내어 중학교는 필수 2시간에 선택 1시간을 배당하고, 고등학교는 1시간의 체육(필수)시간과 군사훈련 4시간 중 2시간을 합쳐 3시간, 여자고교는 필수 1시간, 선택 2시간을 배당토록 하고, 이와 함께 체육 전임교사 배치, 교과과정의 완비,

---

레크리에이션으로는 레크리에이션 활동의 계획, 참가 및 지도를 한다(김달우, 앞의 논문, 171쪽).

99) 孫仁銖, 「文敎9000日」, 『새교육』, 1970년 9월호, 135쪽.

100) 서울特別市敎育委員會, 『서울敎育史』 上, 1981, 625쪽.

101) 성내운, 『분단시대의 민족교육』, 학언사, 1989, 307쪽.

102) 서울特別市敎育硏究會 編, 『서울敎育史』下, 385쪽.

선수 양성을 위한 편중지도 금지, 국민체조 실시, 신체 허약자 특별지도 등을 유의토록 조치했다.

학교체육에 있어 체육교재가 갖추어지기 시작한 것은 1950년대 이후였다. 그 이전의 체육이론 수업은 심판법 등을 포함한 경기규칙, 구급법, 위생, 체육사 등을 체육교사가 교과서 없이 진행할 수밖에 없었다. 이러한 체육이론 수업은 체육교사 자신이 소지하고 있는 자료에 의해 실시되었으며, 이 자료는 일제시대에 사용했던 자료이거나 교사 자신이 교육받으면서 정리한 자료들이었다.[103)]

중등학교 체육 교과서로서 최초의 것은 장영완의 『고등체육과 고등체육교본』으로 1952년 5월 30일에 장왕사에서 발행되었다. 이 교과서는 1953년 수정 발행된 후 같은 해 4월 22일에 문교부 검정을 받아 1955년 4월 10일에 재발행되었다. 1957년에는 이병위의 『중등체육』이 검인정본으로 춘조사에서 발행되어 체육교재가 점차 갖추어지기 시작했다.[104)]

그 중 장영완의 『고등체육과 고등체육교본』은 운동의 생리, 의학적 기초, 운동학습법, 체육사, 국제경기, 자세, 의식주, 안전사고, 위생, 신체검사 등의 내용으로 구성되었다. 현행 체육 교과서와 비교할 때 실기종목에 대한 설명이 빠져 있고, 보건에 관한 내용이 절반을 차지하고 있으며, 체육사의 내용은 거의 대부분 외국의 것으로 채워져 있었다.[105)]

② 제2차 교육과정

제2차 교육과정에서 도입된 생활 중심의 교육과정에 따라 놀이 및 여가생활을 통해 체육을 학습할 수 있게 했다. 또 기초 학력의 증진을 강조한다는 취지에 따라 체육과의 교육목표를 체계화하여 일반 목표, 학년 목표로 세분화했다.[106)] 구체적인 체육과의 교육목표는 주로 놀이 및 여가생활을 통하여 체육을 학습할 수 있도록 설정했다. 그 세부 목표도 제1차 교육과정[107)]과 달리, 학교급별 목표 아래 중·고등학교는 학년별로

---

103) 김달우, 앞의 논문, 182~183쪽.

104) 위의 논문, 183쪽.

105) 위와 같음.

106) 한국교육개발원 교육과정개정연구위원회, 앞의 책, 39~40쪽.

107) 1955년 8월 각각 문교부령 제44-46호로 제정된 초·중·고등학교 제1차 교육과정에서는 학교급별 목표만을 제시하고 학년별 목표는 제시하지 않았다(문교부, 『초·중·고등학교 교육과정-체육과·교련과-』(1946~1981), 2~6·84~88·170~173쪽). 총괄 목표는 신체적 발달의 목표와 사회적 발달의 목표, 위생 및 민주생활을 위한 목표로 구분했다. 그리고 각 학교급별로 신체적 목적, 사회적 목적, 지적·정서적 목표, 안전지도, 레크리에이션 등 5개 영역으로 나누어 세부 목표를 제시했다.

제시했다.

제2차 교육과정에서 제시한 중·고등학교 체육교과의 교육목표는 다음과 같다.

중학교 :

1) 운동의 기술과 기능을 발달 조장시켜 신체 각 부위의 생리적 성장 및 조화적 발달을 꾀한다.
2) 스포츠를 통하여 극기 자제하며 타인과 협력할 수 있는 사회성을 길러 페어플레이하는 정신을 기른다.
3) 건강 생활과 각종 스포츠의 개요를 가르쳐 감정과 의지의 통일 작용을 수련시키고, 미적인 표현, 창작, 감상력을 통하여 정서를 순화한다.
4) 보건과 안전에 대한 지식과 기능을 길러 사회 안전 훈련에 협력하도록 한다.
5) 레크리에이션 활동을 계획하고 창작하여 윤택한 민주 생활을 하도록 한다.[108]

고등학교 :

1) 운동의 기술과 기능을 숙달시켜 신체 각부를 균형있게 발달시키고 건강 증진에 힘쓰도록 한다.
2) 스포츠를 통하여 명랑 성실한 성격과 페어플레이의 태도를 지니게 하여 솔선 실행하는 사회적 성격을 기른다.
3) 각종 스포츠와 신체적 표현의 개요를 가르쳐, 강인한 의지와 판단력을 기르고 정서를 순화하도록 한다.
4) 건강과 안전에 대한 지식, 습관, 태도를 길러 사회 안전에 이바지하도록 한다
5) 레크리에이션 활동을 계획하고 참가 지도할 수 있게 하여 윤택한 민주 생활을 추진하도록 한다.[109]

이처럼 제2차 교육과정에서의 중등학교 체육과의 교육목표는 체육의 외재적 가치를 강조하는 데에 주안점을 두었다.

이러한 체육과의 교육 목표를 달성하기 위한 중학교 체육교육과정의 교육내용은 <표 2-25>와 같다.

이같은 교육내용을 달성하기 위해 중학교 수업시수 전학년 모두 30~33시간 가운데 체육과에 배당된 수업시수는 1, 2학년의 경우는 3~4시간, 3학년 때에는 2~4시간이다.[110] 그 비중은 국어와 외국어를 제외한 다른 교과와 비교할 때 동일하다.

---

108) 위의 책, 114쪽.

109) 위의 책, 201쪽.

110) 문교부, 『초·중·고등학교 교육과정-총론-』(1946~1981), 80쪽.

〈표 2-25〉 중학교 체육교과의 교육내용[111]

영 역	교육 내용		
	1학년	2학년	3학년
체 조	맨손체조, 기계체조, 스턴츠		
스포츠	육상, 구기(축구, 소프트볼, 트라이볼-이상 남자, 농구, 핸드볼, 배구), 헤엄, 투기(남자; 유도·씨름)		
무 용	몸 익히기, 리듬훈련, 옮겨가기, 나타내기, 춤추기, 이론·감상		
레크리에이션	캠프, 소년·소녀단행사, 썰매, 배드민턴 (기타 스포츠 활동)	1학년 교육내용 외에 뱃놀이, 낚시, 스케이트 (기타 스포츠 활동)	1·2학년 교육내용 외에 등산, 답사, 스키 (기타 스포츠 활동)
	레크리에이션은 과외 활동이나 휴가 중 활동의 사전 지도를 중시하되, 계획이나 시설이 있는 학교는 실제 지도를 한다.		
보건·위생	건강과 위생, 몸, 병, 음식, 운동 위생		
체육 이론	체육일반, 체육사		

제2차 교육과정에서 제시된 고등학교 체육교과의 교육내용은 <표 2-26>과 같다. 이처럼 고등학교의 교육내용은 레크리에이션 영역을 제외하곤 중학교와 거의 같았다. 다만 세부적으로는 운동기능에 관한 내용만 다를 뿐이다. 중학교와 마찬가지로 레크리에이션 영역을 설정하고 있으나, 과외활동으로 실시하도록 함으로써 제시된 교육목표의 실현은 사실상 이루어지지 못했다. 게다가 시설을 갖추었을 경우는 지도를 하도록 했으나, 당시 대다수 학교들이 관련 시설을 갖추지 못했던 실정을 고려하면 레크리에이션 영역의 설정은 사실상 무의미한 것이라고 할 수 있다.

한편 고등학교 수업시수는 단위제로 제시했는데, 체육교과의 경우는 계열구분 없이 24단위이다.[112] 이는 3년간 24단위, 즉 1년간 8단위로 한 학기당 주 4시간을 배당한 것이다. 그 비중은 국어Ⅰ과 함께 다른 교과보다 3~4배 높다. 그러다가 1969년 문교부령 제251호에 따라 교련 12단위가 체육교과에 포함되면서 체육과는 18단위로 조정되었다.[113] 이는 1년간 6단위로 한 학기당 주 3시간을 배정한 것이다. 이같은 체육교과의 시간 배당은 1963년에 비해 줄어든 것이다. 하지만 국어Ⅱ·외국어 등 일부 계열 필수교과목을 제외한 다른 교과목보다 높은 비중을 차지했다는 점에서 체육교과는 여전히 중요시되었다고 할 수 있다.

전체적으로 볼 때, 제2차 교육과정의 내용은 제1차 교과과정과 비교하여 구성 체제나 내용이 크게 달라진 것은 아니었다. 다만 제2차 교육과정에서 체육교과의 특징이라면 생활 중심의 교육과정에 따라 중·고등학교에서 레크리에이션 영역이 새로 추가되

111) 위의 책, 116~139쪽.

112) 문교부, 『초·중·고등학교 교육과정-총론-』(1946-1981), 129~131쪽.

113) 위의 책, 136쪽.

고, 학년별 교육목표가 제시되었다는 정도이다. 하지만 레크리에이션은 과외 활동으로 실시하도록 하여, 실제 교육과정에서 다룬 것은 아니었다.

〈표 2-26〉 고등학교 체육교과의 교육내용[114]

<table>
<tr><th rowspan="2">영 역</th><th colspan="3">교육내용</th></tr>
<tr><th>1학년</th><th>2학년</th><th>3학년</th></tr>
<tr><td>체 조</td><td colspan="3">맨손체조, 기계체조, 스턴츠</td></tr>
<tr><td>스포츠</td><td colspan="3">육상, 구기(축구·연식야구·터치풋볼·럭비-이상 남자, 농구(여), 핸드볼, 배구), 헤엄, 투기(남자; 유도·씨름)</td></tr>
<tr><td>무 용</td><td colspan="3">몸 익히기, 리듬훈련, 옮겨가기, 나타내기, 춤추기, 이론·감상</td></tr>
<tr><td rowspan="2">레크리에이션</td><td>캠프, 도보여행, 배드민턴
(기타 스포츠 활동)</td><td>1학년 교육내용 외에
보트, 해양훈련, 포크댄스,
스케이트
(기타 스포츠 활동)</td><td>1·2학년 교육내용 외에
등산, 스키
(기타 스포츠 활동)</td></tr>
<tr><td colspan="3">레크리에이션은 과외 활동이나 휴가 중 활동의 사전 지도를 중시하되, 계획이나 시설이 있는 학교는 실제 지도를 한다.</td></tr>
<tr><td>보건·위생</td><td colspan="3">건강과 위생, 몸, 병, 음식, 운동 위생</td></tr>
<tr><td>체육 이론</td><td colspan="3">체육일반, 체육사</td></tr>
</table>

더구나 교육내용이 주로 운동기능적 측면에 치우쳐 있어, 실제 교육목표의 실현을 기대할 수는 없었다. 예컨대 중학교의 경우[115] 교육목표로 스포츠를 통한 극기·자제와 사회성, 페어플레이정신의 함양을 제시하고 있으나, 정작 스포츠 영역에서는 해당 종목의 기초 기능과 경기규칙, 심판법만을 설정했고, 종목별 기능 위주로 교육내용을 제시하고 있을 뿐이다. 어디에도 그런 운동기능을 통해서 제시된 교육목표를 어떻게 성취할 것인지에 대해서는 언급조차도 없었다. 심지어 이에 대한 지도상의 유의점에서도 '신체 활동의 목표를 달성함에 힘쓰도록 할 것'이라고만 밝히고 있을 뿐이다.

③ 제3차 교육과정

제3차 교육과정에서는 학문 중심의 교육과정을 강조했다. 따라서 제3차 교육과정에서는 기본 개념의 이해와 지식의 구조적 학습 및 탐구 능력을 중시했다.[116]

제3차 교육과정에서 제시한 중·고등학교 체육과의 교육목표는 다음과 같다.

---

114) 문교부, 『초·중·고등학교 교육과정-체육과·교련과-』(1946~1981), 201~225쪽.

115) 문교부, 『초·중·고등학교 교육과정-체육과·교련과-』(1946~1981), 121~139쪽.

116) 劉奉鎬, 앞의 책, 350쪽.

중학교 :

1) 각종 운동을 통하여 체력과 운동기능을 길러, 왕성한 활동력과 실행력을 가진 강건한 국민으로 자라게 한다.
2) 운동경기를 통하여 규칙과 질서를 지키고, 맡은 바 책임을 다하며 서로 협력하고 공명정대하게 경쟁하는 태도를 기른다.
3) 개인 위생과 공중 보건 및 체육활동에 필요한 기초 지식과 실천을 통하여, 건강하고 안전한 생활을 하는 능력과 태도를 기른다.
4) 운동을 생활화하게 함으로써 여가 선용과 정서 순화를 도모하여 명랑하고 활달한 성격을 기른다.[117]

고등학교 :

1) 각종 운동에 대한 이해와 실천을 통하여 체력과 운동기능을 높여, 왕성한 활동력과 실행력을 가진 강건한 국민으로 자라게 한다.
2) 운동경기의 자발적인 참여와 실천을 통하여 공명 정대한 경쟁 의식과 협동심, 준법성, 책임감 등의 건전한 사회적 태도를 기른다.
3) 심신의 건강과 안전 생활에 대한 이해와 실천을 통하여, 공중 보건 의식을 높이고 안전 능력을 기른다.
4) 운동을 생활화하여 여가를 선용하고 정서를 순화하여 명랑한 성격과 활달한 기상을 지니게 한다.[118]

이처럼 중·고등학교 체육교과의 교육목표는 첫째, 연령에 따른 체력 발달 도모, 둘째 경기를 통한 협동성·준법성 제고, 셋째 위생과 안전 능력 향상, 넷째 레크리에이션 활동을 통한 운동의 생활화와 정서 순화 등의 네 영역으로 구성되었다. 물론 '강건한 국민', '새 국민'에서 보듯이, 그 교육목표의 핵심은 국민교육헌장의 이념을 반영하여 새로운 국민성의 육성에 있었다.

한편 제3차 교육과정에서의 체육교육은 이전보다 진전된 양상을 보여주고 있다. 예컨대 중학교까지 교육목표를 일반 목표에서 제시한 내용을 학년별로 좀 더 다양한 표현으로 기술하고 있다. 교육내용도 그 영역이 제2차 교육과정보다 더 세분화되었다. 중학교의 교육내용의 영역도 2차 때에 비해 보다 세분화되어 종전 6개 영역에서 10개 영역으로 늘어났다. 또한 제2차 교육과정과 달리 영역별 시간 배당도 제시했다. 그 내용은 <표 2-27>과 같다.

117) 문교부, 『초·중·고등학교 교육과정-체육과·교련과-』(1946~1981), 149쪽.
118) 위의 책, 227쪽.

〈표 2-27〉 중학교 체육교과의 교육내용과 시간배당[119)]

<table>
<tr><th rowspan="2">영 역</th><th colspan="3">교육 내용</th><th rowspan="2">대상 및 시간배당</th></tr>
<tr><th>1학년</th><th>2학년</th><th>3학년</th></tr>
<tr><td>순환운동</td><td colspan="3">걷기-달리기-뜀뛰기-매달리기-던지기-들기-밀기-당기기-굽혀펴기-기어오르기-기타</td><td rowspan="3">남자 30%
여자 25%</td></tr>
<tr><td>체조</td><td colspan="3">맨손체조, 기계체조(철봉, 뜀틀, 매트, 평행봉-남자, 평균대-여자)</td></tr>
<tr><td>질서운동</td><td>자세-집합 정돈-걷기와 뛰어가기-방향바꾸기-경례하기</td><td colspan="2">기본자세-집합 정돈-번호 부르기-줄 수 늘리기와 좁히기-걷기와 뛰어가기-방향바꾸기-경례</td></tr>
<tr><td>유상경기</td><td colspan="3">달리기, 뜀뛰기, 던지기</td><td>남자 25%
여자 20%</td></tr>
<tr><td>구 기</td><td colspan="3">핸드볼, 농구, 배구, 축구(남자)</td><td>20%</td></tr>
<tr><td>투 기</td><td>씨름</td><td>태권도</td><td>유도</td><td>남자 5%</td></tr>
<tr><td>계절운동</td><td colspan="3">수영, 빙상운동</td><td>5%</td></tr>
<tr><td>무 용</td><td colspan="3">민속무용, 창작무용</td><td>여자 15%</td></tr>
<tr><td>보 건</td><td>건강과 생활, 신체의 성장 발달</td><td>환경위생, 일과 피로, 안전한 생활</td><td>질병의 예방, 정신보건, 국민의 건강</td><td>10%</td></tr>
<tr><td>체육이론</td><td>체육의 필요성, 운동의 특징과 선택, 운동의 연습, 국내 경기대회(스포츠소년대회, 전국체육대회)</td><td>체력 육성법, 체력 측정과 평가, 우리나라 체육의 발달</td><td>현대생활과 체육활동, 현대생활과 레크리에이션, 교내 체육대회의 계획과 운영, 스포츠맨십, 여러 나라 체육의 발달, 국제 경기</td><td>5%</td></tr>
</table>

※ 단 구기에 있어서는 종목별 내용을 통합해서 두 종목 이상을 학년별로 배당하여 운영하여도 무방함.

이러한 교육내용을 실현하기 위한 수업시수는 1~3학년의 경우는 모두 주당 3시간씩, 1년간 105시간을 배당했다.[120)] 이는 특별활동 시간을 제외한 총 1,120~1,225시간의 8.6~9.4%에 해당되며, 국어·수학·과학을 제외한 여타 교과보다는 높은 비율에 해당된다. 또 영역별 시간배당을 제시하여 이에 맞춰 교육하도록 했다. 특히 1972년에 공포된 '학교체육 및 보건관리 지침'에 따라 의무종목인 육상은 물론 선택종목인 체조, 수영 등도 적극적으로 실시하도록 했다.[121)] 이는 스포츠의 기본 종목을 중점 교육하여, 성장하는 중학교 학생들의 체력 향상을 도모하기 위한 조치라고 할 수 있다.

고등학교 교육내용의 영역도 종전 6개에서 9개로 확대하여 제시했다. 또 영역별 시간 배당도 구체적으로 제시되어 있다. 그 내용은 <표 2-28>과 같다.

이처럼 제3차 교육과정에 따른 고등학교의 체육교과는 중학교와 마찬가지로 영역별 시간 배당을 제시하여 그 비율에 맞춰 지도하도록 했다. 단 보건은 체육과에 배당된

119) 위의 책, 150~160쪽.

120) 문교부, 『초·중·고등학교 교육과정-총론-』(1946-1981), 94쪽.

121) 이달원, 앞의 글, 114쪽.

전체 시간의 1/4을 부과했다. 그리고 지도상의 유의점에선 중학교와 달리 실기 영역의 시간은 매 학년 고르게 하고, 체육이론은 관련 단원과 교과, 학년 및 학교 실정을 고려하여 융통성있게 운영할 수 있도록 했다. 이런 지침은 고등학교 체육교육이 실기 위주의 운동기능 습득에 주안점을 두었음을 보여주는 사례라고 할 수 있다.

〈표 2-28〉 고등학교 체육교과의 교육내용과 시간배당[122)]

영 역	교육내용	대상 및 시간배당	비고
순 환 운 동	걷기-달리기-뜀뛰기-구르기-매달리기-던지기-밀고 당기기-들기-기어오르기	남자 55% 여자 45%	필수종목
체 조	맨손체조, 철봉, 뜀틀, 매트, 평행봉-남자, 평균대-여자		
육 상 경 기	달리기, 뜀뛰기, 던지기		
계 절 운 동	수영, 빙상운동		
체 육 이 론	체육활동에 필요한 기초 과학(체육생리와 역학, 체육심리), 운동유형, 현대생활과 체육(체력과 운동, 스포츠의 발전과 인간 생활, 사회생활과 체육, 우리나라 체육과 세계 여러 나라 체육의 발달)		
구 기	핸드볼, 농구, 배구, 축구·럭비(남자)	2종목이상 남자 25% 여자 20%	필수선택
투 기 (남자)	씨름, 유도, 태권도	1종목이상 10%	
무 용 (여자)	민속무용, 창작무용	25%	
자 유 선 택		10%	자유선택

※ 선택 종목 중 자유 선택은 학교장이 교육적인 가치와 지역적인 특수성 및 학교 실정을 고려하여 탁구, 테니스, 공기총 사격, 배드민턴, 캠프, 등산, 권투, 역도, 레슬링, 보트, 소프트볼, 자전거 등의 스포츠 활동과 민속 운동을 선택하여 운영하도록 함.

체육과 수업시수는 음악·미술과와 합쳐 26단위로 제한했지만, 이 세 과목 전체 시수의 60% 이상에 해당되는 3년간 14~18단위를 배당했다.[123)] 이로써 체육교과의 수업시수는 주당 2~3시간이 되었다. 이는 모든 과목들 가운데 국어 20~24단위, 과학 16~20단위에 이어 세번째로 높은 비중이다. 이런 시간비중은 3년간 24단위를 배당한 제2차 교육과정기나 1969년 개정 때보다 축소된 것이다.

반면 교육영역은 제1, 2차 때에 비해 중학교의 경우는 6개 영역에서 10개, 고등학교는 6개 영역에서 9개 영역으로 보다 세분화되었다. 또 중·고등학교의 경우는 각 영역별

122) 문교부, 『초·중·고등학교 교과과정-체육과·교련과-』(1946~1981), 227~233쪽.
123) 문교부, 『초·중·고등학교 교육과정-총론-』(1946-1981), 150~151쪽.

시간배당 비율을 명시하여 보다 체계적이고 계획적으로 실행할 수 있게 했다. 뿐만 아니라 체력 향상 및 건강 증진을 위한 과학적 지도가 될 수 있도록 교육과정을 구성했다. 그리고 모든 영역의 학습내용은 대개 구체적인 활동명 중심으로 기술하고, 활동내용은 경기기능과 시합에 관한 내용이 주를 이루었다.

그러나 제3차 교육과정에서 신체활동을 보다 구체적·체계적으로 실행하거나, 체력 향상 및 건강 증진을 위한 과학적 지도가 이루어지도록 교육목표를 설정했다고 했으나,[124] 기존 교육과정과 크게 다르지는 않았다. 교육내용은 이전과 마찬가지로 단순한 운동기능과 관련된 내용으로만 구성되어 있다.

더구나 제3차 교육과정에서는 제1, 2차 교육과정에 비해 국가주의적·민족주의적 가치를 지나치게 강조했다. 이는 제3차 교육과정이 유신체제를 합리화하기 위해 내세운 '조국근대화', '민족 중흥의 사명', '한국적 민주주의' 등을 관철시키기 위한 정치적 필요에 의해 개편되었기 때문이다.[125] 그 결과 당시 체육교육은 '당면한 국가목표인 자주국방과 자립경제 건설에 필요한 국가 요구로서 건민체육의 생활화'라는 문교부의 지침에 따라 실시되었다.[126] 한마디로 체육교육이 전인적 교육의 차원이 아니라 국가적 요구에 부합하는 수단으로서 간주되었다는 것이다.

④ 제4차 교육과정

제4차 교육과정에서는 체육교육의 기본 목표로 '건강과 체력의 향상', '잠재적 운동능력의 개발', '체육의 생활화', '스포츠의 과학화' 등을 제시했다. 이 중 '잠재저 운동능력의 개발'은 '기본 움직임 익히기'의 내용과 방법이 현장 학습에 도입되는 체육교육의 세계적 추세를 반영한 것이다.[127]

그 구체적인 중·고등학교 체육 교육과정의 목표를 보면 다음과 같다.

중학교 :

1) 여러가지 운동을 적극적으로 실천하여 체력을 기르고 운동기능을 향상시킨다.
2) 건강 생활과 신체 활동에 필요한 지식을 습득하며, 이를 생활에 활용하는 능력을 기른다.
3) 운동경기를 통하여 규칙과 질서를 지키고 서로 협력하며, 공정하게 운동하는 태도를 기른다.
4) 운동을 통하여 여가를 선용하고, 정서를 함양하며, 명랑한 성격을 기른다.[128]

---

124) 서지영 외, 앞의 책, 12쪽.

125) 문교부, 『초·중·고등학교 교육과정-총론-』(1946~1981), 45쪽.

126) 이달원, 앞의 글, 113~114쪽.

127) 문교부, 『연수자료-중학교 새 교육과정 개요』, 104~105쪽; 『연수자료-고등 학교 새 교육 과정 개요』, 120~121쪽.

고등학교 :

1) 여러 가지 운동을 합리적으로 실천하여 체력과 운동기능을 향상시킨다.
2) 스포츠의 기초 과학과 보건 안전 지식을 운동과 생활에 적용할 수 있는 능력과 태도를 기른다.
3) 자율적으로 운동경기에 참여하여, 공명 정대한 정신과 협동심, 준법성, 책임감 등의 민주적인 생활 태도를 기른다.
4) 평생 동안 운동을 생활화할 수 있는 바탕을 마련하여, 여가를 선용하고 정서를 함양한다.[129]

이처럼 제4차 교육과정에서 제시된 체육교육의 목표는 운동을 통한 개인적 가치 및 인간 중심적 교육을 보다 고려했다고 평가할 수 있다.[130] 이는 제2·3차 교육목표에서 사회성이나 새 국민 양성 등을 제시하여 그 시대의 인간상을 구현한다는 국가적 목표에 더 치중한 것에 비하면 진전된 것이다.

제4차 교육과정의 이같은 체육교육의 목표를 실현하기 위한 중학교의 각 학년별로 교과 목표를 학년 수준과 학생의 신체발달 수준을 고려하여 <표 2-29>와 같이 제시했다.

그리고 이러한 목표 요소와 학년별 목표는 <표 2-30>과 같은 교육내용을 통해 실현하고자 했다.

〈표 2-29〉 중학교 체육과의 학년 목표[131]

목표요소	1학년	2학년	3학년
○ 체력향상면	조정력, 순발력에 중점을 둔 기초체력향상	순발력, 지구력에 역점을 둔 체력의 향상	근력, 순발력, 지구력 등에 중점을 둔 체력강화
○ 운동기능 신장면	단순기능의 향상	복합적 응용기능의 향상	다양한 경기기능의 향상
○ 보건, 안전, 운동 지식의 습득 및 활용면	기초 지식의 습득	기초 지식의 활용	전문적 기초 지식의 습득 활용
○ 건전한 사회성의 형성면	협동심, 준법성, 공정성 등 건전한 태도 형성	협동심, 준법성, 공정성, 책임감 등의 건전한 태도 형성	협동심, 준법성, 공정성, 책임감, 자제력, 최선의 노력, 리더십 등의 건전한 사회적 태도 형성
○ 다양한 운동을 통한 여가 선용과 풍부한 정서 함양	안정감, 성공감, 만족감의 체험	안정감, 성공감, 만족감, 행복감의 체험	안정감, 성공감, 만족감, 행복감, 희열감의 체험

128) 문교부, 『초·중·고등학교 교육과정-체육과·교련과』(1946~1981), 161쪽.
129) 위의 책, 234쪽.
130) 이달원, 앞의 글, 127쪽.
131) 문교부, 『연수자료-중학교 새 교육과정 개요』, 105~106쪽.

〈표 2-30〉 중학교 체육교과의 교육내용[132)]

영 역	교육 내용		
	1학년	2학년	3학년
육상운동	달리기, 뜀뛰기, 던지기		
체 조	맨손체조, 기계체조(매트, 뜀틀, 철봉·평행봉-남자, 평균대-여)		
개인 및 대인운동	사격, 궁도, 스케이트, 탁구, 배드민턴, 테니스, 씨름·태권도·유도(남)		
구 기	핸드볼, 축구(남)	농구, 배구	배구, 축구(남), 소프트볼
수 영	각종 영법		
무 용	리듬동작, 민속·외국무용, 창작무용(여)	민속·외국무용, 창작무용 응용(여), 무용감상(여)	민속·외국무용, 창작무용 구성(여), 무용감상(여)
체육이론	체육활동의 가치, 운동의 종류와 특성, 운동의 효과, 운동선택법, 질서	체력의 중요성, 체력육성법, 체력 측정과 평가방법, 질서	현대생활과 체육, 레크리에이션, 질서
보 건	건강의 유지와 증진, 일과 피로(회복), 인구증가와 건강생활, 신체의 성장과정과 특성, 신체 발달과 영양과의 관계	가정·학교 및 지역사회의 환경보건, 안전생활	질병, 정신보건, 국민보건

이처럼 제4차 교육과정의 체육과 교육내용은 기존 순환운동, 질서운동, 계절운동 영역 대신 개인 및 대인 운동인 수영 영역을 신설했으며, 체육이론도 학년별 수준에 따라 단계적으로 구체화했다. 이는 평생 스포츠의 바탕을 마련하고, 운동을 합리적으로 실천하여 체력과 운동기능의 향상을 도모한 것으로서 제4차 교육과정의 이념인 인간중심 교육을 지향했다고 평가할 수 있다.

이러한 교육목표와 내용을 실행하기 위한 체육교과의 수업시수 비중[133)]은 실업교과를 비롯한 다른 교과의 수업시간 축소 등으로 상대적으로 높아졌다. 1학년의 경우는 자유선택을 제외한 연간 총 1,088시간 중 102시간이 배정되어 그 비중은 10.67%로 증대되었다. 2, 3학년은 연간 총 1,088시간 중 역시 102시간이 배당되어 그 비중은 10.3~11%로 높아졌다.

제4차 교육과정에서 제시된 고등학교 체육교과의 기본 방향은 다음과 같다.[134)]

가) 신체적으로나 정신적, 사회적으로 건전한 발달을 꾀하기 위한 전인적 교육 강조
나) 자발적이고 창의적인 다양한 스포츠활동 기회 부여
다) 평생 즐겨 실천할 수 있는 스포츠 권장
라) 스포츠과학 이론의 도입
마) 스포츠를 통한 여가 선용과 소외감 해소
바) 전이가(轉移價)가 높은 기본 경기기능의 향상과 체력의 강화
사) 페어플레이 정신의 함양 강조

132) 문교부, 『초·중·고등학교 교육과정-체육과·교련과』(1946~1981), 161~167쪽.
133) 문교부, 『연수자료-중학교 새 교육과정 개요』, 26쪽.
134) 문교부, 『연수자료-고등 학교 새 교육 과정 개요』, 121~122쪽.

아) 지도 내용의 적정화

자) 자율적 체육활동의 권장으로 스포츠의 생활화

이같은 기본 방향을 실행하기 위한 고등학교 체육교과의 교육내용은 <표 2-31>과 같다.

이처럼 제4차 교육과정에서 제시한 고등학교 체육교육은 중학교와 마찬가지로 평생스포츠와 개인운동 및 대인운동을 신설함으로써 인간 중심 교육의 실현을 지향하고자 했다. 이에 따라 교과과정 목표의 취지를 살려 학년별 영역은 물론이고, 각 영역의 세부항목도 설정하지 않았다. 특히 지도 및 평가상의 유의점에서 영역별 종목이 학년별로 중복되지 않도록 하여, 체조는 맨손체조와 기계체조에서 각 1종목을, 구기와 투기는 학년별로 1종목을 선택하여 집중적으로 지도할 수 있게 했다.

이같은 교육내용을 실현하기 위한 수업시수[135]는 제3차 교육과정 때와 마찬가지로 14~18단위를 배정했다. 다만 1학년 공통필수로 6~8단위를, 2, 3학년 계열과정에선 8~10단위로 했다. 이렇게 제3차 때와 같은 수업시수를 배당하면서 학년별로 단위를 달리한 것은 제4차 교육과정이 학년별 영역과 세부항목을 설정하지 않음으로써 학교현장에서 유연하게 실시하도록 한 조치라고 여겨진다. 하지만 제4차 교육과정에서 제시된 교육내용은 여전히 실현되기 어려운 면이 많았다. 가령 새로 편제된 수영의 경우는 학교의 시설과 여건에 크게 좌우되기에 주말이나 여름 방학을 이용하여 집중적으로 지도하도록 했다. 이런 조치는 교육현실에서 볼 때, 사실상 유명무실할 수 밖에 없는 것이다. 게다가 이 때 신설된 평생스포츠와 야외활동의 경우 크로스컨트리·등산·캠핑·낚시 등을 제시하고, 동호인끼리 자율적 활동이 되도록 지도하도록 했다. 입시위주 교육이 정규 교육시간 외에 방학 중에도 실시된 상황에서 이같은 편제는 무의미할 수 밖에 없다.

〈표 2-31〉 고등학교 체육교과의 교육내용[136]

영 역	교육내용
육상 경기	달리기(단거리·중거리·장거리·장애물), 뜀뛰기(멀리뛰기·높이뛰기·세단뛰기), 던지기(포환·원반·창던지기)
체 조	맨손체조, 철봉·평행봉(남), 뜀틀, 매트, 평균대(여)
평생 스포츠 및 야외활동	평생스포츠와 야외활동의 선택 및 기능 습득, 적극 참가
투 기(남)	씨름, 태권도, 유도, 복싱, 레슬링
수 영	각종 영법, 수상 안전
무 용	국내외 민속무용, 무용창작 및 감상(여)
체육 이론	체육의 의의와 가치, 국내외 체육의 발달 과정, 체육 기초과학, 현대생활과 체육
보 건	정신건강, 영양과 건강, 질병, 가족 건강, 중독성 약물, 안전사고, 공중보건, 보건사업

135) 문교부, 『연수자료-고등 학교 새 교육 과정 개요』, 24~26쪽.

136) 문교부, 『초·중·고등학교 교육과정-체육·교련과』(1946~1981), 234~237쪽.

⑤ 제5차 교육과정

제5차 교육과정에서 체육교과는 제4차 교육과정과 비교해 외형적으로 별다른 변화를 보이지 않았다. 다만 교육목표의 분류체계가 조금 달라졌다. 즉 학교급별 기본 목표는 제4차 때와 거의 동일하나, 크게 심동적·인지적·정의적 영역에 해당하는 목표를 각각 2-1-1개 항목으로 나누어 기술했다.

제5차 교육과정에서 제시한 중·고등교 체육교과의 교육목표는 다음과 같다.

중학교 :

1) 경기를 즐길 수 있는 운동기능과 체력을 기르게 한다.
2) 신체적인 표현 능력을 기르게 한다.
3) 운동과 건강 및 여가 선용에 필요한 지식을 습득하고, 적용하는 능력을 기르게 한다.
4) 정서를 함양하고 바람직한 사회적 태도를 가지게 한다.[137)]

고등학교 :

1) 종목별 경기 특성에 따른 운동기능과 체력을 기르게 한다.
2) 신체활동을 통하여 사상과 감정의 표현 및 감상 능력을 기르게 한다.
3) 운동, 건강, 안전 및 여가 선용에 필요한 지식을 습득하고, 생활에 적용하는 능력을 기르게 한다.
4) 운동에 대한 올바른 가치관을 가지고 운동을 생활화하며, 민주적인 생활 태도를 가지게 한다.[138)]

이처럼 중·고등학교 체육교육의 목표에서는 '민주적 생활태도', '올바른 가치관' 등 제4차 교육과정에서 사라진 체육교육의 외재적 가치가 강조되고 있다. 물론 이같은 목표는 당시 민주화에 대한 사회적 분위기를 감안한 것으로서 긍정적 평가를 내릴 수 있는 측면도 있다. 하지만 체육교육의 실제적 존재 이유라고 할 수 있는 내재적 가치는 오히려 종전보다 후퇴했다.

이같은 목표를 수행하기 위한 교육내용을 보면, 제4차 교육과정과 달리 구체적인 지도 내용을 기술하지 않았다. 교과의 목표를 크게 심동적, 인지적, 정의적 영역으로 나누었다. 따라서 지도 내용도 이 세 영역 내에서 세분했다는 점에서 특징적이다.

---

137) 대한교과서주식회사, 『제5차 교육과정-중학교 교육 과정』, 1987, 82쪽.

138) 대한교과서주식회사, 『제5차 교육과정-고등학교 교육 과정』, 1988, 140쪽.

〈표 2-32〉 중학교 체육교과의 학년별 교육내용[139)]

학년	영역	교육내용	
1학년	심동적 영역	육상운동	달리기·뜀뛰기·던지기 기초 기능 익히기
		체 조	맨손·기구·기계 체조의 기초 기능 익히기
		수 영	각종 영법 익히기, 되돌기 기능 익히기
		개인 및 단체 운동	각종 개인 및 구기 운동의 기초 기능 익히기
		무 용	기본 움직임의 결합, 무용의 기본 요소 결합, 기본 요소와 무용과의 관계 지각 기능 익히기
		체력운동	근력과 근 지구력, 심폐 지구력, 유연성 기르기
	인지적 영역	이 론	운동의 기본 원리와 법칙, 운동의 역사, 용어 및 규칙, 체육의 발달 과정
		보 건	신체 성장 과정과 특성, 건강생활의 조건, 운동 및 일과 피로, 안전생활
	정의적 영역	자발적 참여, 사고력, 최선	
2학년	심동적 영역	육상운동	달리기·뜀뛰기·던지기의 복합 기능 익히기
		체 조	맨손 및 기구를 이용한 체조의 복합 기능 익히기, 마루·평균대·뜀틀·철봉 및 평행봉 운동의 복합 기능 익히기
		수 영	여러 가지 영법을 혼합한 수영, 입수 기능 익히기
		개인 및 단체운동	각종 개인 및 구기 운동의 복합 기능 익히기
		무 용	느낌·생각·소재에 따른 다양한 표현, 무용의 기본자세와 걸음, 형태를 갖추어 춤추기
		체력운동	전신 근력과 근 지구력, 심폐 지구력, 전신 유연성 기르기
	인지적 영역	이 론	운동과 호흡순환 및 근육의 관계, 운동의 신체기관에 미치는 효과
		보 건	가정, 학교 및 지역 사회의 환경 보건 이해하기, 인구와 건강 생활의 관계, 기호품 및 약품의 소비자 보건
	정의적 영역	협동심과 경쟁, 심판복종, 성공과 실패에 대한 긍정적 태도	
3학년	심동적 영역	육상운동	달리기·뜀뛰기·던지기 경기 익히기
		체 조	맨손·기구·기계 체조 경기 기능 익히기
		수 영	각종 수영 경기 익히기, 수상안전 기능 익히기
		개인 및 단체운동	각종 개인 및 구기 경기 익히기
		무 용	사람 및 물체와의 관계 구성한 무용, 각종 무용 익히기
		체력운동	전신 근력과 근 지구력, 심폐 지구력, 전신 유연성 기르기
	인지적 영역	이 론	현대생활과 체육, 안전한 운동법, 여가활용법, 운동과 진로
		보 건	자신감과 정서 안정, 집단 구성원과의 관계, 공중 및 지역사회 보건
	정의적 영역	타인의 능력과 자신의 한계인정, 책임과 의무, 운동능력에 맞는 목표설정과 실천	

139) 대한교과서주식회사, 『중학교 교육과정』, 82~89쪽.

〈표 2-33〉 고등학교 체육교과의 교육내용[140]

영역	교육 내용	
심동적 영 역	육 상	달리기·뜀뛰기·던지기 경기 익히기
	체 조	맨손·리듬·기계체조 경기 익히기
	수 영	각종 영법의 수영경기·다이빙·수중발레·잠영 익히기, 수상안전 기능 익히기
	구 기	축구, 농구, 배구, 핸드볼, 럭비, 야구 등 경기 익히기
	무 용	기본 움직임, 사상과 감정에 따라 춤추기, 작품창작, 민속무용, 감상
	투 기	씨름, 태권도, 유도, 복싱, 레슬링 경기 익히기
	평생 스포츠	탁구, 배드민턴, 테니스, 사격, 궁도, 스케이트, 볼링 등의 경기 익히기
	야 외 활 동	등산, 캠핑, 하이킹, 사이클, 낚시, 보트, 수상스키 등의 기능 익히기
	체 력 운 동	체력 요소별 체력 기르기, 자신만의 운동 프로그램을 만들어 체력 기르기
인지적 영 역	이 론	운동의 의의와 가치 이해하기, 체육의 발달과정, 운동에 필요한 역학·생리학·심리학·사회학적 지식, 경기의 규칙·용어·전략·안전 및 예절, 운동과 진로
	보 건	건강과 영양, 정신보건, 전염 및 비전염성 질병, 가족 건강과 인구, 소비자 보건, 공중 및 환경보건, 안전사고
정의적 영 역	긍정적 자세, 책임감과 적극성, 원만한 대인관계, 신체활동의 미적 경험, 창의적 활동, 운동의 생활화, 협동적 문제해결 능력, 지도력, 극기와 자제력, 경기규칙과 예절	

이처럼 중·고등학교의 교과 내용은 영역별 구분이 시도되었지만, 구체적으로 제시되어야 할 교육내용이 포괄적으로 기술되어 있어 이전 시기의 교육과정들 보다 이해하기가 다소 어렵다. 또한 정의적 영역은 그 내용이 목표 기술에 가깝고, 어떤 방법과 활동을 연계해 학습을 성취해야 하는가에 대한 안내가 모호하다.[141]

한편 제5차 교육과정의 수업시수를 제4차 교육과정 시기와 비교하면, 중학교의 경우 변동이 없다.[142] 반면에 고등학교의 경우[143] 제4차 때 2, 3학년에 최대 10단위까지 배당이 가능했던 것이 제5차 교육과정에선 2시간이 줄어든 최대 8단위만 일반계 고등학교의 인문·사회계열과 자연계열에 배당되었는데, 다른 교과목도 대체로 감소했기 때문에 그 비중이 낮아졌다고는 할 수 없다. 다만 체육을 포함하여 기준 단위가 6단위 이상인 과목의 경우, 총 204~216단위 내에서 증감하여 운영할 수 있게 했다.[144]

따라서 일선 학교에서는 입시를 위한 교과목의 수업시수를 증가시키고, 대신 체육교과

140) 대한교과서주식회사, 『고등학교 교육 과정』, 140~141쪽.

141) 서지영 외, 앞의 책, 22쪽.

142) 대한교과서주식회사, 『중학교 교육과정』, 4~5쪽.

143) 대한교과서주식회사, 『고등학교 교육 과정』, 5~10쪽.

144) 위의 책, 11쪽.

의 시수를 줄일 수 있게 되어 사실상 체육교육은 위축될 수 밖에 없었다. 실제 중·고등학교 1, 2학년 과정에서는 수업도 그런대로 제시된 시수를 맞추었으나, 3학년 과정에서는 체력장을 위한 연습시간을 제외하고는, 입시를 위한 이른바 주지과목에 할당되는 형편이었다.145)

결론적으로 말해, 제5차 교육과정에서 학교체육의 교육목표와 교육내용은 그 구성에서 이전 시기에 비해 커다란 변화가 있었고, 진전된 면도 분명히 있었다. 하지만 실제 학교현장에서 제5차 교육과정이 제시한 교육내용은 제대로 실현되지는 못했다. 예컨대 경남지역 중·고등학교의 경우146) 교과과정의 기초운동 종목 중 특히 수영 시설은 전무한 형편인 것은 물론, 비교적 시설을 갖추기가 용이한 육상·체조 종목의 시설마저도 다른 종목에 비해 매우 부족한 실정이었다. 이런 사정은 사립학교에서 더욱 심했다. 게다가 교과과정의 운영에 있어서도 교육목표에서 제시한 사회적 성격 발달, 안전능력, 여가 선용 능력 향상 등을 위한 프로그램이 매우 부족했다.147)

이렇게 제5차 교육과정에서 제시된 교육목표와 내용 역시 실제 학교현장에서 제대로 이뤄지지 못한 실정이었다. 이는 기본적으로 교육목표가 구체적으로 제시되지 못했다는 기술적 문제도 있었지만, 시설의 미비는 물론 입시위주 교육 등 체육교육에 대한 근본적인 인식의 부족에서 비롯된 것이다.

⑥ 제6차 교육과정

김영삼 정부는 교육정책의 주요 목적을 전인교육의 지속적 추진과 학교교육의 정상화 실현으로 삼았다. 이를 교육과정에서 구현하기 위해 창의적 능력 개발과 교육내용과 방법의 다양화 등을 구성방침으로 내세웠다.148)

제6차 교육과정에서 제시된 중·고등학교 체육교과의 교육목표는 다음과 같다.

중학교 :
가) 경기에 참여할 수 있는 운동기능과 건강에 필요한 체력을 기르게 한다.
나) 신체적인 표현 능력을 기르게 한다.
다) 운동과 여가 활동 및 건강에 필요한 지식을 습득하여 실천하는 능력을 기르게 한다.
라) 바람직한 운동 태도와 사회적인 태도를 가지게 한다.149)

---

145) 최무현, 「중등학교 체육운영 실태: 경남지역을 중심으로」, 『教育理論과 實踐』 2, 경남대 교육문제연구소, 1992, 155~156쪽.

146) 위의 글, 152~153쪽.

147) 위의 글, 155쪽.

148) 교육부, 『고등학교 교육과정 해설』, 80~81쪽.

고등학교 :

가) 운동경기를 즐길 수 있는 운동기능과 건강에 필요한 체력을 기르게 한다.

나) 신체활동을 통하여 사상과 감정의 표현 능력을 기르게 한다.

다) 운동과 건강 및 여가 활동에 필요한 체계적인 지식을 이해하여 실천하는 능력을 기르게 한다.

라) 운동에 대한 올바른 가치관을 가지고 운동을 생활화하며, 바람직한 사회 생활 태도를 가지게 한다.150)

이러한 목표를 달성하기 위한 중·고등학교 체육교육의 내용과 수업시수도 제5차 교육과정과 별다른 차이가 없다. 다만 운동기능 외에 원리 교육이 강조되고, 제5차 때의 정의적 영역을 운동별 영역에서 다룬 점이 다를 뿐이다.

중·고등학교 체육교과의 교육내용은 <표 2-34, 2-35>와 같다.

〈표 2-34〉 중학교 체육교과의 교육내용151)

학년 영역	1학년	2학년	3학년
육 상	기초기능 운동의 역사와 원리 적극적 참여와 인내	복합기능 운동의 가치와 특성 및 원리 인내심, 도전심	경기기능 경기내용과 규칙 및 원리 경쟁심, 규칙준수
체 조	기초기능 체조의 역사와 원리 준비성	복합기능 체조의 가치와 특성 및 원리 자신감, 원리	경기기능 경기내용과 규칙 및 원리 도전심, 안전
수 영	기초기능 수영의 역사와 원리 공중 위생 및 안전	복합기능 수영의 가치와 특성 및 원리 인내심, 안전	경기기능 경기 내용과 규칙 및 운동의 원리 자신감, 도전심
개인 및 단체운동	기초기능 운동의 역사와 원리 타인 존중, 책임감, 자제심	복합기능 운동의 가치와 특성 및 원리 협동심, 관용, 감투 정신, 예의	경기기능 경기 내용과 규칙 및 운동의 원리 협동심, 책임감, 통솔력, 희생정신
무 용	기본 움직임을 결합한 기능 무용의 역사 및 원리 움직임을 창의적으로 표현하는 태도	소재에 따른 다양한 표현 기능 무용의 가치와 특성 소재의 특성을 창의적으로 표현하는 태도	다양한 형식으로 표현하는 기능 무용의 형식과 양식 움직임을 아름답게 표현하는 태도
체 력 운 동	건강 체력 체력운동의 방법과 원리 인내심, 즐겁게 참여	건강 체력 체력운동의 효과와 원리 자아존중, 자발적 참여	건강 체력 체력의 구성과 원리 성취감, 생활화
이 론	체육의 발달 과정 운동의 기본 원리와 법칙	운동과 호흡 순환 및 근육의 관계 운동이 신체기관에 미치는 효과	현대생활과 체육 운동과 안전 여가활동 방법 운동과 진로
보 건	신체의 성장 과정과 특성 건강 생활의 조건 운동과 피로 안정 생활	환경보건 인구문제 소비자 보건	정서안정 집단구성원간의 관계 공중 및 지역사회 보건 성 역할 이해

149) 교육부, 『중학교 교육과정』, 1992, 92쪽.

150) 교육부, 『고등학교 교육과정』, 1992, 232쪽.

151) 교육부, 『중학교 교육과정』, 93~94쪽.

〈표 2-35〉 고등학교 체육교과의 교육내용[152]

영 역	교육 내용
육 상	달리기, 뜀뛰기, 던지기; 과학적 기초지식, 경기 내용 및 규칙; 인내심, 도전심, 공정성
체 조	리듬·기계체조; 과학적 기초지식, 경기 내용 및 규칙; 도전심, 성취감
수 영	경영, 수상안전; 과학적 기초지식, 경기 내용 및 규칙; 안전, 성취감
구 기	축구, 농구, 배구, 핸드볼, 럭비, 야구; 과학적 기초지식, 경기 내용과 규칙 및 전략; 협동심, 책임감, 준법정신
무 용	형식과 양식에 따른 춤; 무용의 미적 특성, 주제를 아름답게 표현하는 태도
투 기	씨름, 태권도, 유도, 복싱, 레슬링; 과학적 기초지식, 경기 내용과 규칙 및 전략; 타인존중, 경쟁심, 감투정신
평 생 스 포 츠	탁구, 배드민턴, 테니스, 사격, 양궁, 스케이트, 스키, 볼링; 과학적 기초지식, 경기 내용과 규칙; 경기감상, 특기 종목의 생활화
야외활동	등산, 캠핑, 하이킹, 사이클, 낚시, 보트, 수상스키; 과학적 기초지식; 안전, 극기심
체력운동	체력요소별 체력 기르기; 과학적 기초지식, 운동 프로그램 구성 방법
이 론	체육의 의의와 가치; 운동의 구조와 과학적 기초지식; 현대 사회와 체육의 역할 및 진로
보 건	공중 및 환경보건; 소비자 보건; 운동과 안전; 정신 건강

이처럼 제6차 교육과정에서 제시된 중·고등학교 체육교과의 교육내용은 5차 교육과정과 비교할 때 크게 변화된 부분은 없다. 다만 심동적·지적·정의적 영역 구별을 폐지하고 대신에 운동 영역별로 제시하고, 기존 정의적 영역의 내용을 각 운동영역에서 다루었다는 점이 두드러진 차이라고 할 수 있다.

물론 제6차 교육과정에서도 체육교육은 많은 문제점을 노출하고 있었다. 중·고등학교의 경우는 교육내용을 운동 영역별로 기능, 지식, 태도의 세 가지 목표 개념으로 새롭게 구성했다. 하지만 그 개념이 너무 포괄적이고, 모든 영역에 획일적으로 적용했다. 때문에 영역별 또는 내용별로 달성해야 할 성취 수준과 목표에 대한 혼란이 초래되었다.[153] 물론 포괄적인 개념의 제시는 교사의 창의성과 자율성을 제고할 수 있다. 특히 제6차 교육과정에서 제시된 고등학교의 체육교육은 이전의 교육과정과 비교할 때 구성체계에서 큰 변화를 가져왔다. 즉 체육교과를 일반 고교에 적용되는 체육Ⅰ과 체육계 학교의 전문 선택과목으로 구성된 체육Ⅱ로 나누었다. 그리고 체육Ⅰ을 공통필수과목으로 정하여 8단위로 주당 2, 3시간을 배당하고, 체육Ⅱ는 과정별 필수과목에 배정하여 6단위로 했다. 결국 일반계 고등학교의 경우 수업시수는 편제상 제5차 때와 동일했다.

그러나 체육Ⅱ는 과정별로 시·도 교육청 판단에 따라 증감하여 운영하도록 자율성을 부여했다.[154] 그 결과 최악의 경우는 공통필수 8단위로만 운영될 수 있게 되었다. 실제

152) 교육부, 『고등학교 교육과정』, 233~234쪽.

153) 서지영 외, 앞의 책, 22쪽.

154) 대한교과서주식회사, 『고등학교 교육과정(Ⅰ)』, 1992, 11쪽.

제6차 교육과정에 따라 일부 지역의 고등학교에서 체육교육은 대부분 공통필수만 운영했다.[155] 게다가 실업계 및 기타계 고등학교는 체육Ⅰ마저 2단위까지 줄일 수 있도록 했다.[156]

일선 학교에서는 이미 입시에 대처하기 위해 체육시간을 다른 수업시간으로 대체하거나 파행적으로 운영해 온 상황에서,[157] 이처럼 체육교과 수업시수의 감축을 가능하게 한 조치로 인해 학교체육의 공동화 현상을 초래했다. 결국 생활수준의 향상으로 학생의 체격은 급격히 신장되는 데 비해, 체력은 오히려 감소하는 현실[158]을 더욱 부채질했다.[159]

이렇게 수업 결손, 지도 소홀, 영역별 편중 지도 등으로 체육교과의 운영은 정상적으로 이뤄지지 못했다. 나아가 학교체육 활성화를 통한 스포츠 인구의 저변 확대는 애초부터 기대조차 할 수 없었다. 학생 운동선수들의 경우에도 기본 학습조차 소홀히 한 채, 연습과 경기에 치중하는 천편일률적인 지도만을 되풀이하여 선수를 운동기계로 전락시키고, 오로지 연습에만 열중하면 경기력이 향상된다는 생각으로 일관하여 결과적으로 학업과 스포츠의 연계성을 외면하는 분극화 현상을 촉진했다.[160]

⑦ 제7차 교육과정

정부 수립 이후 김영삼 정부 시기까지 6차례에 걸쳐 제시된 체육과의 교육과정은 시대별로 내용 영역이 조금씩 다르게 변화되어 왔지만, 기본적으로 매우 유사한 영역 구조와 교육내용을 담고 있었다. 특히 학교현장에서의 교육내용은 학교급별, 학년별 교육내용의 차이에도 불구하고, 그 범위나 수준은 크게 다르지 않았다. 제7차 교육과정에서는 이런 기존 교육과정이 문제점을 해결하기 위해 체육의 내재적·외재적 가치를 동시에 실현하는 것을 그 궁극적 목적으로 삼았다.[161]

이에 따른 고등학교 1학년까지 적용되는 체육교육의 기본 목표[162]는 다음과 같다.

155) 이의호, 「2000년도 학교체육의 진단과 대책 : 고등학교를 중심으로」, 『교육경남』133, 경상남도 교육청, 1998, 65쪽.

156) 대한교과서주식회사, 『고등학교 교육과정(Ⅰ)』, 12쪽.

157) 민춘기 외, 「중등체육교사의 수업현황 및 학교체육실태」, 『體育科學硏究誌』 12-1, 충남대체육과학연구소, 1994, 39쪽.

158) 학생들의 체격과 체력 수준이 서로 균형을 이루지 못하고 "좋은 체격에 비해 체력은 뒤떨어지는 것"으로 우려를 자아낸 것은 이미 1980년대부터였다(『체육』, 1987년 4월호, 17쪽).

159) 『동아일보』, 1998년 11월 2일·1999년 1월 3일자; 김상국, 「국민체육에 있어 중등 체육교육의 문제점과 개선 방안」, 『국민체육에 있어서 기초 교육의 제문제』(제21회 국민체육진흥세미나 발표집), 2002, 63쪽.

160) 홍성표, 앞의 글, 12쪽.

161) 교육부, 『체육과 교육과정』, 1997, 28쪽.

162) 위의 책, 28~29쪽.

중등학교;

1) 다양한 운동경험, 보다 향상된 운동기능 발휘, 체력 및 건강 증진.

2) 실제 운동에필요한 초보적인 지식활용력 육성.

3) 정서적 만족을 통한 자아 실현 추구 및 바람직한 사회적 태도 조성. 이를 통해 고등학교의 평생 스포츠활동 학습력 준비.

고등학교;

1) 보다 전문화된 운동기능 발휘.

2) 체력의 향상 및 건강 증진.

3) 체육이론의 활용능력.

4) 정서 함양과 윤리적 규범 습득. 이를 통해 중학교 학습 내용의 심화, 다양한 운동경험, 2, 3학년의 심화단계 준비.

이처럼 제7차 교육과정에서 제시하는 체육교육은 1차적으로 상급 단계의 학교급별 목표를 달성하기 위한 준비단계로 규정되었다.

그 구체적인 중·고등학교 교육내용을 보면 <표 2-36, 2-37>과 같다.

〈표 2-36〉 중학교 체육교과 내용[163)]

		7학년	8학년	9학년
영 역		지도내용	지도내용	지도내용
체 조	맨손 체조	맨손체조, 매트운동 외 선택	뜀틀운동 또는 평균대운동 외 선택	철봉운동 외 선택
	기계 체조			
	리듬 체조			
육 상	달 리 기	단거리 달리기, 멀리뛰기 외 선택	이어달리기, 높이뛰기 외 선택	장애물달리기, 포환던지기 외 선택
	뜀 뛰 기			
	던 지 기			
수 영	자 유 형	자유형 외 선택	배영 외 선택	평영 외 선택
	배 영			
	평 영			
	접 영			
개인 및 단체운동	개인 운동	핸드볼, 축구, 태권도 외 선택	농구, 배드민턴, 씨름 외 선택	배구, 소프트볼 외 선택
	단체 운동			
무 용	창작 무용	창작무용 외 선택	한국의 민속무용 외 선택	외국의 민속무용 외 선택
	민속 무용			
보 건	공중 보건	공중 보건	소비자 보건	안전
	소비자보건			
	안 전			
체력운동	건강 체력	근력 및 근지구력 운동, 심폐지구력 운동, 유연성 운동 등의 개념 이해와 적용		
이 론	체육 관련 학문적지식	체육의 본질과 가치	체육의 발달	체육의 과학적 원리

163) 위의 책 30쪽.

〈표 2-37〉 고등학교 체육교과 내용[164)]

<table>
<tr><th></th><th>10학년</th><th></th><th>11-12학년</th></tr>
<tr><th>영역</th><th>지도내용</th><th>영역</th><th>지도내용</th></tr>
<tr><td>체조</td><td>맨손체조, 기계체조, 리듬체조 등</td><td rowspan="2">개인 운동</td><td rowspan="2">육상, 체조, 수영, 볼링, 탁구, 배드민턴, 테니스, 씨름, 유도, 태권도, 검도, 스케이트, 승마, 복싱, 레슬링, 궁도, 사격, 골프 등</td></tr>
<tr><td>육상</td><td>달리기, 뜀뛰기, 던지기 등</td></tr>
<tr><td>수영</td><td>자유형, 배영, 평영, 접영 등</td><td>단체 운동</td><td>축구, 농구, 배구, 핸드볼, 럭비풋볼, 야구, 소프트볼 등</td></tr>
<tr><td>개인 및 단체운동</td><td>개인운동, 단체운동 등</td><td>야외 운동</td><td>등산, 캠핑, 사이클, 스키, 보트, 수상스키, 윈드서핑 등</td></tr>
<tr><td>무용</td><td>창작무용, 민속무용 등</td><td>체력 운동</td><td>조깅, 에어로빅, 웨이트 트레이닝 등</td></tr>
<tr><td>보건</td><td>환경보건, 정신건강, 올바른 성의식 등</td><td>무용</td><td>한국무용, 현대무용, 발레, 민속무용 등</td></tr>
<tr><td>체력운동</td><td>심폐지구력 운동, 근력 및 근지구력 운동, 유연성 운동</td><td rowspan="2">건강과 운동 처방</td><td rowspan="2">체력진단과 평가, 유산소성과 무산소성 운동의 이론과 실제, 체중조절과 운동처방, 성인병과 운동처방, 흡연과 음주의 피해, 약물의 오·남용 등</td></tr>
<tr><td>이론</td><td>체육과 현대생활, 체육과 진로, 여가 생활과 건강 증진</td></tr>
</table>

이렇게 제7차 교육과정은 학습자 중심의 교육, 내재적·외재적 가치의 균형을 강조하고 있다. 그러나 이같은 교육내용의 변화에도 불구하고 학교현장에선 이를 실현할 여건은 조성되지 못했다.[165)]

무엇보다도 제7차 교육과정의 문제점은 수업시수가 축소되었다는 점이다.[166)] 중학교 3학년은 2001년부터 주당 3시간(총 102시간)에서 2시간(총 68시간)으로 단축되었다. 특히 고등학교는 1학년의 경우 주 2시간(68시간)이 배당되었고, 2, 3학년은 일반선택으로 전환하여 필수교육과정에서 제외되는 등 최악의 상황으로 내몰렸다. 이런 사정으로 제7차 교과과정이 수업부담을 줄였다고는 하나, 일선 교사들은 교과내용을 실현하기에는 수업시수가 부족하다고 여기고 있는 것이다.[167)]

수업시수 축소 외에 제7차 교육과정이 추구한 선택과목 위주의 교과편제로 체육교육은 고등학교 과정에서 사실상 붕괴되는 결과를 초래하고 있다. 제7차 교육과정은 국민공통 기본교과와 선택과목으로 구분했다. 이는 학생의 교과선택권을 높이기 위한 목적으로 실시된 것이다. 하지만 교과편제의 운영지침에 따라 학생들은 예체능 과목군에서 1과목만을 선택할 수 있게 되었다. 물론 최근 일부 지역에 한정된 연구이지만,

---

164) 위의 책, 30·53쪽.

165) 유정애, 앞의 글, 249~254쪽.

166) 교육부, 앞의 책, 1997, 6~7쪽.

167) 남석희·김문일, 「제7차 초등학교 체육과 교육과정 운영 실태와 개선 방안」, 『초등교육연구논총』18-3, 대구교육대, 2003, 229쪽.

예능교과보다 체육을 선택하는 비율이 남학생의 경우 80.7% 정도로 그리 낮은 편은 아니다.[168]

그러나 체육시간의 타과목 전용 가능성과 전인교육으로서 체육교육이 갖는 의미를 고려할 때, 이같은 선택비율이 큰 의미를 갖는 것은 아니다. 게다가 2, 3학년의 경우는 현실적으로 대학입시를 위한 심화선택과목에 치중하게 되어 있어 체육교육은 제대로 이루어질 수 없게 되었다. 특히 여학생의 체육과 선택 비율이 너무 낮다는 점은 심각한 문제일 수 밖에 없다. 앞의 연구조사에서도 여학생의 경우는 48.1%만이 체육을 선택했다. 다른 사례연구의 결과를 보면, 제7차 교육과정이 시행되기 전에는 물론, 시행 이후에도 여학생들의 체육교과의 선택이 27~28%에 그쳤고, 일부 여학교는 아예 체육교과를 선택하지 않는 경우도 있을 정도였다.[169]

한편, 심화선택과목으로 체육을 선택하는 경우에도 그 교육적 효과는 크게 기대할 수 없는 형편이다. 예컨대 2003년도 경기도 소재 고등학교의 체육심화반 운영에 대한 조사[170]에 따르면, 심화반 운영 학교는 12개 학교에, 학생수는 340명으로 각 학교당 평균 28여 명으로 대부분 체육계 대학 진학을 원하는 학생들로 구성되어 있다. 그나마 체육심화반의 편성 및 운영과정에서 많은 장애 요소들이 나타나고 있는 실정이다. 무엇보다도 체육에 대한 부정적 인식, 입시와의 연계성 및 정보의 부족, 체육시설 미비 등으로 학생들은 자신의 특기를 교육받을 수 있는 학원에 치중함으로써 심화반의 운영 역시 제대로 이뤄지지 못하는 형편이다.

더구나 내재적·외재적 가치의 균형을 목표로 삼은 제7차 교육과정은 2000년부터 초등학교에서 실행되고 있는 것임에도, 이를 위한 체육시설은 1999년 단계에서도 미흡한 실정이었다. 1999년 교육부가 조사한 바에 따르면, 이해 5월 현재 체육관은 초등학교 5,544개교 중 13%인 726개교만 갖추었고, 중학교는 19.4%, 고등학교는 44.8%에 그쳤다. 특히 수영장은 초·중·고 1만여 학교 중 단 1.24%만이 갖추고 있는 실정이었다.[171] 이러한 체육시설의 미비는 제7차 교육과정이 본격적으로 실시되는 2003년 직전인 2002년도에도 여전했다. 즉 실내 체육시설의 경우 초등학교는 833개교로 3년 전에 비해 증가했지만, 강당을 제외하면 정규체육관을 보유한 학교는 203개교에 지나지 않았다.

---

168) 신승호·김승재, 「고등학교 2,3학년의 제7차 체육과 교육과정 선택경향 및 원인 분석」, 『한국스포츠교육학회지』11-2, 2004, 197쪽.

169) 최관용·유응욱, 「여고생의 체육교과에 대한 선택과 비선택 요인 탐색」, 『한국체육학회지』 43-4, 2004, 326쪽.

170) 권미정·김경숙, 「고등학교 체육심화반의 편성 및 운영 실태와 개선방향」, 『한국스포츠교육학회지』11-3, 2004, 211~222쪽.

171) 조미혜, 「제7차 고등학교 2-3학년 체육교육과정 운영의 문제점 및 효율적 실천 방안 탐색」, 『한국스포츠교육학회지』 8-2, 2001, 39쪽.

고등학교의 경우도 사정은 그다지 나아지지 않았는데 실내 체육시설을 보유한 학교는 총 3,386개교이지만, 이 중 강당과 특정 실내 스포츠종목 시설을 제외한 순수 정규 체육관만을 계산하면, 944개교에 불과했다.[172)]

한마디로 제7차 교육과정은 그 편제와 운영상에서 전인교육으로서 체육교육이 원활하게 이루어질 수 없는 한계를 드러내고 있다. 또한 전반적인 체육에 대한 부정적 인식, 학생들의 선택율 저조, 체육시설의 미비 등 이전 교육과정 시기와 다를 바 없는 환경을 전혀 고려하지 않은 채 실시됨으로써, 사실상 체육교육을 포기토록 하고 있는 실정이다.

3) 체육교원 양성 및 임용제도

(1) 체육교원 양성

미군정 당시의 가장 큰 문제점은 체육교원을 비롯하여 교육 운영의 핵심 주체인 교원의 부족이었다. 일본인 교사의 축출[173)]로 인해 교사 부족현상이 심화되었고, 낮은 봉급과 생활비의 과중으로 교사 이직 현상이 두드러지게 나타나서 교사 부족을 가중시켰다. 초등학교에는 약 5,000명의 교사가 부족했으며, 중학교에서의 부족 교원도 1,300여 명에 달했다. 문교부는 교원 부족사태 해결을 위해 강습회를 열어 충원했고, 미국인 교육전문가를 초빙하여 6개월 집중 연수코스를 마련하기도 했다.[174)]

교원 부족현상은 체육교사의 경우도 마찬가지였다. 광복 직후, 체육교사 자격증을 가지고 있던 사람은 일본체육대학 출신 168명과 동경사범 출신 몇 명 등 소수에 불과했다. 문교부는 체육교원 충원을 위해 조선체육연맹에 위촉하여 강습회 후 교사 자격증을 부여케 했다. 조선체육연맹 강습회는 청소년체육 지도에 경험이 있었던 사립학교 출신자나 일제 때 교련에 관계한 자들을 대상으로 했고, 용산고등학교, 서울대학교 청량리 구교사, 경복중학교에서 실시되었다. 이때의 교육내용은 구기(농구·배구·핸드볼 등), 육상, 수영, 체조(맨손체조), 체육원리, 체육사 등이었다.

문교부는 체육교원 충원이 이러한 미봉책으로는 해결이 안 된다고 보고 이화여자대학교와 서울대학교를 비롯한 6개 대학에 체육학과를 인가하고, 정부 수립 후 1950년대에 접어들면서 2년제 체육학과를 조선대학과 신흥대학(현 경희대학) 등 6개 대학에

172) 문화관광부, 『2003체육백서』, 2004, 305쪽.

173) 광복 직전 초등학교에서 한국인과 일본인 교사의 비율은 1.5대 1, 중등학교에서는 1대 3.5로 일본인 교사에 비해 한국인 교사의 숫자가 현저히 적었다.

174) 교육 재건을 위한 교원 양성에 있어 초등교사는 속성과, 중등교사는 양성소를 통하여 약식으로 훈련시켜 교육 일선에 충당하거나, 일제시의 교원들을 간단하게 재교육하여 상급학교 교원 자격을 부여하는 등 임시조치에 의존하지 않을 수 없었다(李學來, 앞의 책, 345쪽).

설치하여 체육교사를 배출케 했다.[175] 1945년부터 1955년 사이에 설립된 체육교원 양성대학을 살펴보면 <표 2-38>과 같다.

〈표 2-38〉 1945~1955년 사이 설립된 체육계 학과

구분	체육계 학과 명칭	설립일
4년제	이화여자대학교 문리과대학 체육학과	1945년 10월 설립
	서울대학교 사범대학 체육학과	1946년 8월 22일 설립
	경북대학교 사범대학 체육학과	1952년 5월 28일 설립
	조선대학교 문리과대학 체육학과	1953년 3월 21일 승격
	경희대학교(신흥대학) 체육학과	1954년 2월 14일 승격
2년제	조선대학교 체육과	1951년 8월 31일 설립
	경희대학교(신흥대학) 체육과	1952년 2월 21일 설립
	서라벌 예술대학 체육무용과	1952년 3월 9일 설립
	대한유도학교	1953년 6월 15일 설립
	부산사범대학 체육과	1955년 2월 25일 설립
	광주사범대학 체육과	1955년 2월 25일 설립
	수도여자사범대학 체육과	1955년 7월 설립

이들 대학 가운데 서울대학교 사범대학은 고급중학교 3년 졸업자를 입학시켜 4년 과정으로 중등학교의 교원 양성교육을 실시한 우리 나라 최고의 전문적인 중등교원 양성기관이었다. 서울대 사범대학은 학부과정의 본과 외에 예과의 과정도 설치하여 4년제 중학교 과정을 이수한 자에게 사범대학의 학부과정에 입학할 수 있는 예비교육도 실시했다. 예과는 편제상 문과와 이과로 구분되었는데, 문과는 1946년부터 1949년까지 존속하고, 이과는 1947년부터 1948년까지 존속되었다.[176]

서울대 사범대학 개교 때의 필수과목과 이수학점 가운데 체육은 매 학기당 1학점이었다. 초창기 체육과의 교수진은 이병위, 임순분, 최경달, 정화용(이상 1946년 10월 22일자 발령), 홍영희(1947년 2월 5일자 발령), 이영실(1948년 5월 1일자 발령), 경흥기(1948년 9월 1일자 발령), 윤인호(1949년 9월 30일자 발령) 등이며, 첫 번째 졸업생은 1950년 제3회 졸업식에서 졸업한 나현성, 김용희 등이다.

이화여자대학교는 광복 후 1945년 10월에 학칙을 변경하여 이화여자대학으로 교명을 바꾸고, 1946년에 4년 과정의 대학을 신설했다. 이화여자대학은 한림원, 예림원, 행림원 등 3원에 체육과를 포함한 8개 학과를 두었다. 당시의 체육과 교과과정에는 체육원리, 위생학, 정신위생학, 체육 및 건강교육원리, 체육교수법, 운동 및 위생, 구급

175) 위의 책, 349~350쪽.

176) 김달우, 앞의 논문, 216~227쪽.

법, 근육운동학, 운동생리학, 육상경기, 농구, 포크댄스, 덤블링, 정구, 유희·게임, 배드민턴, 캠핑 등이 광범위하게 포함되어 있었다. 이화여자대학 체육과는 1949년 7월 2일 최초의 졸업생 13명을 배출했다.

이외에도 체육교원을 양성한 대학으로 경북대학교 사범대학 체육과, 수도여자사범대학 체육과, 광주사범대학 체육과, 부산사범대학 체육과, 조선대학교 문리대학 체육과 등이 있다.

문교부는 이처럼 체육과 설립과 함께 체육교육의 질적 제고를 위해 무자격 교사를 없애고 전반적으로 자질 향상을 기하며 새로운 교수요목을 전달하기 위해 1954년부터 직접 실기를 겸한 새로운 강습회를 실시했다. 이 강습회는 방학을 이용하여 실시되었는데, 1954년 8월 여름방학 기간에 서울 수도여고에서 개최된 강습회에는 150명이 수강하여 성적이 우수한 125명에게 수료증이 교부되었고,[177] 이를 계기로 체육교사 스스로 자신들의 자질을 향상시키기 위해 자발적인 노력을 촉구하기 위한 한국체육교사연맹이 결성되기도 했다.[178] 또한 1955년 1월 겨울방학에 창덕여중에서 실시된 강습회에는 391명이 참가하여 특별고시 검정에 의한 준교사 자격증을 부여받았으며,[179] 1955년 8월 여름방학에 충남 대전에서 개최된 강습회에는 408명이 참가하여 재교육을 받았다.

문교부는 이와 더불어 각 지방 일선 학교에 교수요목제정위원을 보내 대한체조연맹이 주관하는 강습회를 실시했다. 이 강습회는 1954년 3월부터 1차로 서울, 경기, 충남, 충북, 경북 지역을 그 대상으로 마쳤고, 10월부터 12월까지 제2차로 강원, 전남, 전북, 제주, 경남 지역을 순회하며 전국강습회를 마쳤다. 이 강습회는 새로운 교수요목에 대한 정확한 이해를 승진시키고 아울러 체육시간의 증가로 인한 학교체육을 발전 강화하는 데 그 목적이 있었다.[180]

박정희 정부는 학교체육을 통한 국민체력 증진을 추진했다. 물론 이는 국가 시책에 적극 협조하는 국민상의 조성과 국민체위 향상을 체육정책의 목표로 삼았기 때문이다.[181] 이에 따라 학교체육의 질적인 향상을 위해 체육교사의 양성에 주력했다. 체육교사의 양성은 주로 체육지도자 양성기관인 각 대학 체육학과에서 이루어졌다.

광복 이후 체육교사는 일부 대학교의 사범대학 체육과를 통해서 양성되었다. 그러다가 1950년대 들어 일반대학의 교직과정에 체육과가 설치되면서 중등 체육교사 양성을 위한 교육기관이 점차 자리잡기 시작했다.[182] 하지만 이들 교육기관을 통해 양성된

---

177) 中央大附設 韓國教育問題研究所, 『文教史』, 中央大 出版局, 1974, 266~267쪽.

178) 위의 책, 267쪽.

179) 서울特別市教育委員會, 『서울教育史』 上, 643~644쪽.

180) 文教部, 『文教 40年史』, 1988, 238쪽.

181) 김종희, 앞의 글, 65쪽.

체육교사 수는 매우 미미했다. 이런 사정은 1960년대에 들어와서도 마찬가지였다.

박정희 정부는 양적으로는 팽창했으나, 질적으로는 오히려 저하된 대학교육의 폐단을 시정하고자 1961년 9월 1일자로 '교육에 관한 임시 특별법'을 제정했다.[183] 그 결과 2년제 사범대학 중 수도여자사범대학 등 일부 학교는 4년제 사범대학으로 승격하고, 일부는 일반대학이나 교육대학으로 개편했다. 이어 같은 해 9월 5일 국립대학 정비절차 방안을 마련하여 서울대, 경북대 등의 사범대학 학과 가운데 체육과 등 문리과대학에 없는 과는 존치시키고 나머지는 폐지했다.[184] 그리고 공주사범대학엔 체육과를 신설했다.[185]

그러다가 1962년 12월 31일자 '국립학교 설치령'에 따라 이들 사범대학의 체육과를 체육교육과로 개명하도록 했다.[186] 또 1962년부터 이화여대 문리대의 체육과를 사범대학 소속으로 전환[187]시킨 뒤, 1965년부터 1969년까지 일부 사립대에도 사범대학 설치를 인가하기에 이르렀다. 이로써 기존 소수의 대학에서 양성되던 체육교사들이 보다 폭넓게 양성될 수 있는 여건이 마련되었다.

체육교사는 일반대학의 교직과정을 통해서도 양성되었다. 박정희 정부는 1962년 4년제 대학졸업자를 수용하여 1년간의 교직교육을 집중적으로 실시하는 중등교사 양성 교육연수원을 설치했다. 이 과정에서 사범대학을 축소 조정했지만 체육과는 그대로 존치시켰다. 1963년에는 일반대학의 교직과정을 폐지했다가, 이듬해에 교직과정 제도를 부활시켰다.[188] 그러다가 1969년 9월 8일 대통령령 제4039호로 '교원자격검정령'을 개정하여 교직과정 이수자에 대한 자격검정을 확정했는데, 교직과정에서 20학점 이상을 취득하고, 총평균성적이 70점 이상인 자를 합격시키도록 했다.[189] 이때 교직과정을 설치할 수 있는 학과에 체육과도 포함되었다.[190]

당시 사범대학에서 양성하는 중등교사는 지역적으로 편중되었다. 이같은 현상을 해소하기 위해 1967년부터 일반대학에 교과교육과를 설치할 수 있게 했다.[191] 체육교사

182) 김달우, 앞의 논문, 215~228쪽.

183) 金英宇, 『韓國中等敎員養成敎育史』, 敎育科學社, 1989, 165쪽.

184) 서울大學校二十年史編纂委員會, 『서울大學校二十年史』, 1966, 230쪽; 慶北大學校, 『慶北大學校要覽』(86-87), 1986, 14쪽.

185) 公州師大三十五年史編纂委員會, 『公州師範大學三十五年史』, 1983, 46쪽.

186) 金英宇, 앞의 책, 169~170쪽.

187) 梨花八十年史編纂委員會, 『梨花八十年史』, 梨花女大, 1967, 394쪽.

188) 金英宇, 앞의 책, 187쪽.

189) 위의 책, 191쪽.

190) 최지용, 「중등 체육교사 양성 과정 변천에 관한 연구」, 한국교원대 석사논문, 2003, 39쪽.

191) 金鍾喆 외, 『中等敎員養成制度에 관한 硏究』, 대한교육연합회, 1973, 300쪽.

도 이런 일반대학의 교과교육과를 통해 양성할 수 있게 되었다. 하지만 그 법률적 근거는 1972년 12월 16일자 법률 제2366호로 교육법을 개정하여 대통령령이 정하는 바에 따라 교과교육과를 설치할 수 있다는 규정이 신설되면서 마련되었다.[192)]

한편 중등교사의 수요는 1960년대 후반에 이르러 크게 늘어났다. 본격적인 경제개발로 많은 교사들이 학교를 떠나 산업현장으로 진출했다. 그리고 중등교원 자격증 소지자 중 상당수가 박봉인 교직을 선택하지 않았다. 게다가 중학교 무시험제도 시행에 따른 학생수의 급증도 중등교사의 부족 현상을 촉진했다.

결국 1959년에 폐지된 임시 중등교원양성소가 1966년 3월 임시교원양성소규정이 제정됨에 따라 1967년부터 대학에 다시 설치되었다. 이어 1969년부터 중등교원양성소를 제1과정과 제2과정으로 개편했다. 제1과정은 대학 졸업자를 대상으로 16주의 교육을 실시한 후 중등학교 교사 자격증을 수여했다. 제2과정은 다른 교과 자격증 소지자를 대상으로 18주간의 교육을 실시하여 교육받은 과목의 중등교사 자격증을 수여했다.[193)] 이 임시 교원양성소는 1973년에 다시 폐지될 때까지 체육교사 양성기관의 역할도 담당했다.

이렇게 1960년대에는 체육교사 양성을 위한 제도적 장치가 마련되었다. 1969년과 1970년 중학교 체육교사의 출신을 보면, 일반대학 교직과정 이수자가 제일 많았다. 이어 국립 사범대와 사립 사범대, 양성소 출신들이 그 뒤를 이었다.[194)] 그 비율은 1969년에는 교직이수자가 전체 교사의 37%, 국립 사범대 출신이 30%, 사립 사범대 출신이 10% 정도였고, 양성소 출신은 5%에도 미치지 못했다. 이같은 비율은 1970년에도 대체로 비슷했다. 나머지 체육교사들은 자격검정고시 출신자와 기타로 구분되는데, 그 비율은 각각 10.5%, 6~7.5% 정도였다. 그리고 1970년도 전국의 대학 체육과는 23개, 체육대학은 경희대 체육대학, 이화여대 체육대학, 한양대 체육대학 등 3개였다.[195)]

그러다가 1970년대에 들어와서 국·사립 사범대학이 다수 신설되고, 기존 사범대학에도 증과가 이루어졌다. 이때 많은 사범대학에 체육교육과가 설치되었다. 예컨대 1971년 전북대·전남대·원광대에 각각 사범대학이 신설되면서, 전북대학에는 같은 해 체육교육과가 설치되었다. 전남대학에도 1973년 체육교육과가 설치되었다.[196)] 이후 사립대학이 많이 설립되고 체육교육과도 대부분 이들 학교에 설치되면서, 체육교사의 수급이 어느 정도 궤도에 오르게 되었다. 가령 1983년에 이르면 중등학교 체육교사의 임용

192) 金英宇, 앞의 책, 275쪽.

193) 金英宇, 앞의 책, 202쪽.

194) 최지용, 앞의 글, 38쪽.

195) 김종희, 앞의 글, 74쪽.

196) 전북대학교, 『전북대학교요람』(1988-1989), 1988, 216쪽; 金英宇, 앞의 책, 225쪽.

율이 55.2퍼센트에 불과하여[197] 그 사이에 상당히 많은 인원이 배출된 것을 알 수 있다. 이런 성과는 중등학교 체육교사 양성을 위해 국·사립 사범대학 체육과 설치, 일반대학 교직과정 도입 등 기회의 폭을 넓혀 나간 결과였다.

1970년대에도 일반대학의 교직과정은 중등교사를 양성하는 주요한 교육기관이었다. 정부는 1971년부터 국립대학의 교과교육과 학생에게 국립 사범대학 재학생 및 졸업자와 동등한 특전과 대우를 부여했다. 가령 입학생은 입학금과 수업료가 면제되고, 졸업자의 경우도 국립사범대 졸업자와 동등한 자격을 주었다.[198] 또 1973년 6월 대통령령으로 교원자격검정령을 개정하여 총이수학점은 기존 169학점에서 140학점으로, 교직과정의 이수학점은 20점에서 16학점으로 낮추었다.[199] 이같은 특전과 혜택으로 중등학교 체육교사의 경우는 교직과정 이수자가 1972년의 1,067명에서 1973~1975년 각각 1,277명, 1,445명, 1,609명으로 전년 대비 16%, 12%, 10%씩 증가했다. 반면 국립 사범대 출신과 사립 사범대 출신은 1973년과 1974년엔 각각 1.6%, 3.1%씩 감소했다.

대학부설 임시 교원양성소에서도 한때 체육교사가 양성되었다. 1970년에만 15개가 신설되었는데, 이들 양성소에서도 체육과가 다수 설치되었다. 그런데 문교부는 1971년 '1972년도 임시교원양성소 운영계획'을 발표하여 절대적인 사유가 없는 한 양성소의 운영을 억제하도록 했다. 이들 양성소는 1973년에 모두 폐지되었다. 이는 양성소 운영으로 교사의 과다 양성과 운영의 부실 등으로 교사의 질적 저하를 가져왔다는 여론을 반영한 것이다.[200]

제5공화국에 와서 사범대학은 제도상에서는 이전과 커다란 변화는 없었지만, 그 수적인 면에서는 현저히 증가했다. 1980년 한국외국어대학과 청주대학이 종합대학으로 승격되면서 사범대학을 신설했는데, 청주대학에 체육교육과가 설치되었다.[201] 이후 많은 국·사립대학교에 사범대학이 신설 또는 증설되었다. 하지만 연세대의 경우처럼 문과대 소속의 체육교육과를 사범대학으로 이관하는 등 대체로 체육교육과의 신설은 그리 활발하지는 않았다. 물론 청주사범대학처럼 기존 무용교육과를 체육교육과로 확대하거나, 공주사범대학과 같이 무용학과를 신설하는 경우도 있었다.[202] 이런 사정은 이미 1970년대에 대다수 학교에서 체육교육과가 갖추어져 있었기에, 사범대학을 신설하더라도 주로 일반대학의 체육교육과를 이관하는 사례가 많았기 때문이다.

---

197) 김천수, 「국민체육 진흥을 위한 정책방향에 관한 연구」, 연세대 석사논문, 1987, 70쪽.
198) 金英宇, 앞의 책, 275쪽.
199) 金英宇, 앞의 책, 266~267쪽.
200) 金英宇, 앞의 책, 257~264쪽.
201) 金英宇, 앞의 책, 316쪽.
202) 공주사범대학, 『공주사범대학요람』, 1985, 22쪽; 청주사범대학, 『청주사범대학요람』(1986~1987), 1986, 22쪽.

제5공화국의 사범대학 정책 중 주목되는 것은 교원양성제도 사상 처음으로 종합교원양성학교로 한국교원대학교가 1986년 신설되었다는 점이다. 유치원부터 중등교사의 양성을 목적으로 한 교원대는 3개의 단과대학으로 구성되었는데, 제3대학에 체육교육과가 설치되었다. 하지만 그 졸업생 수는 1989년 15명을 시작으로 1990년 14명, 1991년 10명, 1992년 9명, 1993년 20명에 불과했다.[203]

이렇게 1980년대 와서 사범대학이 증설되면서 1988년 당시 사범대학은 국립 11개교, 사립 26개교 등 모두 37개교로 늘어났다.[204] 이런 사정으로 사범대학 졸업자가 과잉 배출되었다. 이는 중등교사의 미발령자가 늘어나는 결정적 원인이 되었다. 때문에 문교부는 국립 사범대의 정원을 크게 감축하고, 영세한 사범대학을 일반대학으로 전환시키거나 사범계 학생의 정원을 줄여나갔다. 또한 1988년에는 교육법을 개정하여 국립 사범대 학생들에게 주어졌던 입학금 및 수업료 면제 및 학비지원 제도마저 폐지했다.[205] 그리고 선발방법을 종전의 학력 위주에서 인성, 적성, 성적을 감안한 종합적인 방법으로 개선하고, 국립 사범계 대학 출신의 경우는 학교장의 추천서를 첨부하여 지원하도록 했다.[206]

일반대학의 교직과정도 1980년대 중반부터 그 신설 내지 증설은 허가하지 않은 한편, 기존에 설치된 교직과정도 점차 제한했다. 여기에다 문교부는 1982년 교원자격검정령을 개정하여 졸업 정원의 30% 안에서 교직과목과 전공과목이 각각 80점 이상인 자에게 자격을 부여하되, 교직과정 학점은 16학점 이상을 이수하도록 했다.[207] 이어 1983년에 그 시행규칙을 개정하여 20학점 이상을 이수하도록 했다.

일련의 이런 조치로 교직과정을 이수한 중등학교 체육교사의 수와 증대폭이 1980년대 초반부터 점차 감소하기 시작했다.[208] 반면 국립 사범대 출신 중등학교 교사의 수는 1980년대 초반부터 급격히 증가하기 시작했고, 1980년대 중반부터는 그 수가 교직과정 이수자를 압도하기 시작했다. 하지만 전체적으로 체육교사 자격증 소지자는 여전히 증가 추세를 유지했다.

(2) 체육교원 임용

교원자격 검정제도는 1953년 4월 교육공무원법이 공포되고, 이어 그해 10월 교육공

---

203) 최지용, 앞의 글, 45쪽.
204) 金英宇, 앞의 책, 321쪽.
205) 문교부, 『문교법전』, 교학사, 1990, 58~59쪽.
206) 문교부, 『八十年代의 韓國敎育改革』, 대한교과서주식회사, 1983, 175쪽.
207) 金英宇, 앞의 책, 345~347쪽.
208) 최지용, 앞의 글, 43쪽.

무원자격검정령이 공포되면서 확립되었다. 이때의 자격검정령은 그 유효기간을 10년으로 하고, 갱신할 경우는 그 유효기간 내에 문교부장관이 지정하는 소정의 강습을 받도록 했다.[209] 그러다가 1963년 교육공무원법이 개정되면서 자격의 효력이 정년 때까지 확대되어 지금까지 유지되고 있다.

1963년 교육공무원법의 전면 개정으로 교원자격제도도 변경되어, 교사는 1급 정교사·2급 정교사·준교사·교도교사·사서교사 등으로 분류되었다. 또 종래 구분되었던 중학교와 고등학교 교원자격을 중등학교 교원자격으로 통합했다.[210] 이같은 교육공무원법의 개정으로 1964년 교원자격검정령도 새로 제정되었다.[211] 이에 따르면 20세 미만자는 교원자격증을 20세에 도달할 때까지 보류하고, 교사자격증에 전공과목과 부전공 과목을 표시하며, 상급자격을 취득하고자 할 경우 재교육 강습을 받도록 했다.

이어 1965년에는 교육대학원 석사학위 취득자에게도 중등학교 2급 정교사 자격증을 수여할 수 있게 했으며,[212] 1968년에는 임시 교원양성기관 수료자에게는 초등학교 준교사 자격을 부여하도록 했다.[213] 1973년에는 초등학교 교원에게 전형 검정으로 중등학교 준교사가 될 수 있게 했다.[214]

교원자격검정령은 1980년대에 와서 다시 개정되었다. 즉 1982년에는 교원자격 무시험검정을 위한 교직과목과 전공과목의 평균 성적을 80점 이상으로 상향 조정하고, 전공과목 이수학점은 42학점 이상, 부전공 이수학점은 21학점 이상으로 규정했다. 1988년에는 대학 졸업자 및 교육대학원의 석사학위 취득자의 교원자격 검정을 대학의 학교장에게 위임·위탁했다.[215]

교사임용에 관해서는 1963년의 교육공무원법의 개정에 따라 국·공립 사범대학 및 기타 교원양성기관의 졸업 또는 수료자를 대통령이 정하는 비율에 따라 우선 임용하도록 했다. 예정 인원수보다 희망자가 많을 경우는 경쟁시험을 통해 임용후보자를 선발할 수 있도록 했다. 이 조항은 '대통령령이 정하는 비율에 따라'라는 문구가 삭제된 채 계속 유지되다가 1990년 헌법재판소의 위헌판결로 효력을 상실했다. 하지만 헌법재판소의 판결로 같은 해 12월에 개정된 교육공무원법에 경과 규정을 두어 1993년까지는 국립 사범대 및 교대 졸업자에게 가산점을 주고, 임용권자인 시·도 교육감이 수급사항

---

209) 위의 글, 22쪽.

210) 李承紀, 「韓國의 中等敎員 養成制度에 관한 研究」, 단국대 석사논문, 1986, 13쪽.

211) 정인철, 「중등 체육교원 임용전형에 대한 사범계 재학생의 의식 실태」, 한국교원대 석사논문, 2002, 8쪽.

212) 李承紀, 앞의 글, 14쪽.

213) 金載常, 「初·中等敎員의 養成制度에 관한 研究」, 관동대 석사논문, 1998, 26쪽.

214) 최지용, 앞의 글, 23쪽.

215) 정인철, 앞의 글, 2002, 8쪽.

을 고려하여 과목별로 70%의 비율을 할애하게 했으며, 군입대자에게도 특례로 임용하도록 했다.[216)]

한편 1990년도까지 국립 사범대학의 졸업자를 우선 임용하고, 그 인원을 채우지 못했을 때 순위고사를 거쳐 사립 사범대 출신이나 일반대학 교직과정 이수자를 임용하게 했다. 이는 자질이 우수한 비국립 사범대 출신의 교사가 원천적으로 임용될 수 있는 길을 차단하는 결과를 가져와 교사의 질을 저하시키는 결과를 낳았다. 특히 무시험검정제도로 인하여 교사의 자질은 더욱 저하되었다. 이런 현상은 군사정권기의 체육교사 임용정책이 자질 제고를 고려하지 않은 채 단순히 인력 충원에만 치중한 결과이기도 했다.

따라서 1990년 10월 국공립 사범대 졸업생의 국·공립 초·중등학교에 대한 우선 임용규정이 평등권과 직업선택권을 보장하는 헌법에 위배된다는 판결이 나왔다. 이에 따라 1994년부터는 완전 공개형으로 하는 교원임용제도가 마련되었다.

현 교원임용고시는 교육인적자원부에서 마련한 신규교사공개전형 기본계획에 따라 각 시·도 교육청 신규교사임용공동관리위원회에서 협의하여 각 교육청별로 실시하되, 전국적으로 문제와 채점기준을 동일하게 하기 위하여 중앙에서 채점하여 그 결과를 각 시·도로 통보하고 있다.

2001년도 교원임용고시의 내용 및 배점은 <표 2-39>와 같다.

〈표 2-39〉 2001년도 교원임용고시의 내용 및 배점[217)]

진형	시험과목		배점(%)	시간(분)	출제영역 및 수준
제1차 전 형	필기시험	교육학(선택형)	30	70	교육학 전 영역
		전공(논술형)	30	60	교과교육학(20-30% 반영) 교과내용학(70-80% 반영)
	실기시험		40		교과교육에 필요한 실기 (단, 서울은 2차에서 평가함)
제2차 전 형	필기(논술)		20-30	60	교직과 관련된 교양
	면접		10-30		교직적성, 교직관, 인격 및 소양
	수업실기능력평가		10-20		학습지도안 작성 및 수업시연
	기타(정보활용능력평가)		5-10		컴퓨터 실기 및 교양한문 등

이처럼 실기는 대체로 1차 전형에서 실시하고 있다. 다만 서울시에서는 논술, 면접과 함께 2차 전형에서 평가하고 있다. 1차 전형에서 예정 인원의 1.2배를 선발하는 다른 교과와 달리 체육교과는 3배수 범위에서 선발하여 예정인원수 이내로 최종합격자를

216) 최지용, 앞의 글, 25~26쪽.

217) 정인철, 앞의 글, 21쪽.

결정하고 있다. 2001년도 수업실기 능력평가는 모든 시·도에서 실시한다고 했으나, 체육과의 경우는 평가하지 않는 곳도 있었다. 1차 필기시험 시간과 배점은 전국적으로 동일하나, 실기고사와 2차 전형은 각 시·도가 별도로 운영하고 있다.

2001년도 실기시험의 종목을 보면 체육과의 경우 육상과 체조는 남녀 공통으로 실시했으며, 무용은 여학생의 선택종목으로, 축구는 남학생의 선택종목으로 실시하는 사례가 많았다. 전체적으로는 농구·배구 등 남녀 공통으로 실시할 수 있는 종목이 큰 비중을 차지하고 있다. 그 특징은 졸업시험을 실시하는 대학의 종목과 공통점이 있었다.[218]

이러한 임용고사는 많은 문제점을 노출했다. 공개임용고사가 공정한 경쟁을 통해 질적으로 우수한 교사를 임용한다는 점에선 긍정적으로 평가할 수 있다. 하지만 그 운영이나 내용이 부실하다면 임용고사의 긍정적 측면은 감소할 수 밖에 없다.

임용고사에서 나타난 문제점으로는 우선 그 평가방법에 있다. 한마디로 평가방법의 개선이 필요한데,[219] 대체로 필기고사의 비중 축소, 수업 실기능력과 면접 강화가 그것이다. 이는 단순한 지식평가가 아닌 교육자로서의 자질을 비롯한 현장에서 필요한 교사상이 요구되기 때문인 것으로 판단된다.

최근 사범대학 출신과 일반대학 교직이수자를 대상으로 한 조사[220]에서 교직 선택의 이유를 사명감으로 응답한 학생은 평균적으로 50%를 넘지 않았다. 반면 자신의 전공 발휘와 직업의 안정성은 각기 39%, 14%였다. 즉 반 정도가 자신의 개인적 자아실현과 삶의 안정을 위해 교사직을 선호하고 있다는 것이다. 물론 개인적 욕구도 중요하고, 그것이 전적으로 무시되어서도 안된다.

그러나 이런 경우는 교육현장에서 교육자로서의 위치보다는 체육실기 기능자로서의 역할에 치중할 수 밖에 없다. 체육교사가 단순한 기능전달자로서 그 역할에 만족할 경우, 체육의 본질적 가치를 교수하여 학생들의 건전한 심신 발달을 도모한다는 체육교육의 목적은 결코 달성될 수 없다. 나아가 학교체육의 활성화는 물론 체육에 대한 부정적 인식의 해소조차 실현하기 어렵다. 따라서 현 임용고사에서 면접과 수업실기의 비중만 아니라, 교육자적 자질을 올바르게 판단할 수 있는 영역도 확대하여 객관성있는 다면적 평가가 이루어지도록 해야 할 것이다.

이러한 평가방법의 개선방안은 응답자들이 현 임용고사의 평가 영역에서 교육학의 중요도에는 단 한 명도 답하지 않고, 절대 다수가 전공이론과 실기 시험이 중요하다고

---

218) 안희숙, 「체육교사 양성 및 임용 제도 연구」, 한국교원대 박사논문, 2003, 75쪽.

219) 박노일, 「초등교사 공개전형제도에 관한 실증적 연구」, 한남대 석사논문, 1999; 김유환, 「초등교사 신규 임용제도에 대한 교사, 학부모, 대학생의 인식 비교분석」, 순천향대 석사논문, 2001; 박수희, 「국·공립 중등 체육교원 임용고사 연구」, 한국교원대 석사논문, 2002.

220) 박수희, 「국·공립 중등 체육교원 임용고사 연구」, 한국교원대 석사논문, 2002, 53·61쪽.

응답한 조사결과가 입증하고 있다. 즉 전공이론과 교육학의 배점이 같음에도 이같은 응답이 나왔다는 것은 교육학의 출제수준과 적합성이 적절하지 않다는 것을 말해준다. 결국 현 임용고사의 평가는 전공이론과 실기가 아니라 교육학에 많은 비중을 둠으로써 장래 체육교사의 자질을 지닌 교육자라기보다는 단순 기능·지식전달자로 만드는 원인인 것이다.

한편 1970년대 이후 사범대 졸업생과 일반대학 교직이수자의 확대 결과는 본격적으로 1980년대 후반부터 교사의 임용률의 하락을 초래하기 시작했다. 특히 문민정권의 출범 이후 체육교과의 수업시수 축소는 이런 사정을 더욱 심화시켰다. 예컨대 1999~2001년 사이의 체육교사 자격자는 1,402명, 1,650명, 2020명으로 점차 증대되었다. 반면에 같은 기간동안 양성된 교사자격자 대비 임용현황을 보면, 1999년 316명, 2000년 462명, 2001년 225명으로 그 비율은 각각 22.5%, 28%, 11%로 급격히 감소했다.[221] 이는 양성된 교사자격증 소지자는 늘었으나 임용된 수는 낮아졌음을 보여준다.

이러한 임용율의 감소 외에도 체육교사의 양성에서 나타난 문제점은 대학과정에서의 교육과 학교현장의 교육이 불일치하는 등 교사의 전문성을 갖추는 데 필요한 교과가 제대로 개설되지 않았다는 것이다. 이런 현상은 이미 1980년대 말부터 나타났다. 가령 1990년에 발표된 조사에 따르면[222] 전국 29개 대학 체육과 중 16개 학과는 육상, 체조, 구기 등 실기종목과 스포츠심리, 체육원리, 체육사, 생체역학과 측정평가 등 13개 과목을 필수교과로 구성했다. 그런데 교사의 전문성을 갖추는 데 필수적인 체육교육과정·체육교수법 등은 한 과를 제외하곤 모두 개설하지 않았다.

이런 사정은 문민정권에 들어서도 크게 달라지지 않았다. 예컨대 1999~2002년 사이 주요 사범대학과 일반대학 교직과정의 운영을 보면[223] 이전과 달리 체육과교육론·체육교재연구 및 지도법 등 필수 교과교육학 2과목이 개설되었으나, 학점은 전체 126~150학점 중 4학점 내지 6학점에 지나지 않았다. 선택 교과교육과 과목의 경우도 사정은 마찬가지인데 조사 대상 8개 대학 중 한국교원대와 공주대만 개설했는데, 그나마 3학점 과목 하나만 선택할 수 있었다. 게다가 교육실습 이수시간도 이전과 마찬가지로 대체로 4주 정도만 배정하여, 충분한 실습경험을 위한 시간이 매우 부족한 실정이었다. 이같은 현상은 거의 모든 대학에서 1~4학년 전체에 걸쳐 체계적인 실습시간을 편성하고, 실습 사전·사후 지도가 행해지는 일본과는 크게 대비된다.[224]

이렇게 문민정권이 출범한 후에도 교육자로서 체육교사의 양성에는 여전히 등한시

221) 안희숙, 앞의 글, 46쪽.
222) 김용환, 「체육 교사 교육의 방향」, 『교육개발』 14-3, 한국교육개발원, 1992, 17쪽.
223) 안희숙, 앞의 글, 47~61쪽.
224) 위의 글, 186쪽.

하고 있다. 더구나 교사 연수제도도 미흡하여 교사 재교육도 제대로 이뤄지지 못하고 있는 실정이다. 가령 1998~1999년 대구지역 초등학교의 경우[225] 교육과정에 대한 연수 경험이 없는 교사가 79%에 이를 정도였다. 특히 여교사의 경우는 무려 89.2%에 달해 여교사의 비율이 점차 증가하는 초등학교의 체육교육은 심각한 상황에 직면하고 있다.

결론적으로 말해, 문민정권 시기의 체육교사 양성과 임용제도는 이전 군사정권기의 문제점을 해결하지 못한 채 오히려 더 심화시켰다. 군사정권기에는 무엇보다도 교사의 안정적 확보라는 절대적 필요성으로 사범학교는 물론이고 일반대학의 교직이수제도, 임시교원양성제도 등 양성기관의 확대가 크게 요구되었다. 그 결과 군사정권기에는 교사의 양적 증가는 성공했으나, 질적 수준의 제고에는 미흡했다. 따라서 문민정권은 체육교사의 질적 수준 제고에 치중해야 했는데, 그렇게 하지 않은 채, 단지 절차적 평등권만을 고려하여 교사임용제도만을 개편하는 데 그쳤다. 이로써 교원적체 현상은 더욱 심화되었고, 수업시수의 축소와 주지주의적 교육의 확대로 학교체육의 제도적 근간마저 약화시켰다.

4) 체육특기생제도

박정희 정부의 엘리트스포츠 중심정책은 우수 선수 및 지도자의 육성에 그 핵심을 두었다. 특히 운동선수로서 일정한 기량을 지닌 학생에게 입학 성적에 관계없이 상급학교에 진학할 수 있는 특혜를 부여한 체육특기생제도는 이같은 정부의 의도를 단적으로 보여주는 사례일 것이다. 즉 이 제도는 우수선수의 학교급별 연계 육성체제를 확립함으로써 체육을 통해 국위를 선양하고, 나아가 유능한 전문체육인을 양성한다는 취지에서 마련된 것이었다.[226]

체육특기생제도는 1972년 10월 5일 체육진흥계획의 일환으로 학교체육 강화방안이 공포되고, 이어 같은 해 11월 9일에 제정된 교육법 시행령(대통령령 제6377호)에 따라 시행되었다.[227]

체육특기생의 상급학교 입학은 다음과 같이 규정되었다.[228] 즉 중학교 입학은 교육법 시행령 제69조 3항에 따라 당해 교육감 관할 학교 중에서 체육종목별로 체육특기학교를 지정하여 정원의 3% 범위 안에서 입학할 수 있도록 했다. 고등학교의 경우 교육법

225) 홍상완·이교화, 「초등학교 체육 교육 현장 개선을 위한 실태 분석」, 『초등교육논총』 15, 대구교육대 초등교육연구소, 2000, 88쪽.

226) 김두현, 「대학입학 체육특기자 제도개선방안」, 『스포츠과학』 39, 한국체육과학연구원, 1992, 9쪽.

227) 『체육』, 1987년 2월호, 73쪽.

228) 體育青少年部, 앞의 책, 243~246쪽.

시행령 제112조 11항에 의거 고입고사의 성적과 무관하게 입학정원의 3% 안에서 입학을 허가하도록 했다. 체육특기생에게는 원하는 학교에 입학할 수 있는 특혜와 학교장 재량에 의해 등록금·수업료의 감면 혜택도 주어졌다. 대학입학의 경우는 교육법 시행령 제71조의 2항에 따라 대입고사의 성적과 상관없이 입학을 허용했다.

이렇게 체육특기생은 진학고사 성적과 관계없이 상급학교에 입학을 할 수 있었다. 물론 그 진학자격이 특기자 심사규정에 의해 제한되었지만, 이 심사규정을 채운 학생은 입시부담 없이 진학할 수 있었다. 고입이나 대입 체육특기생에 대한 심사는 심사규정에 명기된 공식경기의 상위 입상자를 대상으로 이루어졌다.[229]

고입 체육특기생의 경우는 체육부 및 시·도 교육위원회가 주최 또는 주관한 전국 규모의 대회 및 예선대회, 대한체육회 및 동 가맹 경기단체가 주최 주관한 전국 규모의 대회 및 예선대회, 시·도 체육회 또는 이와 공동 주최한 기타 단체의 시·도 및 전국 규모 대회에서 개인 경기와 단체 경기 3위 이상의 입상자를 대상으로 했다. 대입 심사규정은 대한체육회의 추천 고등학교 국가대표(고교상비군, 청소년대표 포함) 및 단체경기, 개인 종목에서 개인·단체 특별상 수상자로서 심사 연도의 전국 규모 대회 1·2·3위 입상자, 심사 연도의 각 연맹의 종목별대회 1·2·3위 입상자, 심사 연도의 국제대회에 출전한 국가대표 선수, 심사 전년도 전국 규모 대회 1·2위 입상자와 3위 2회 이상 입상자, 심사 연도의 단체경기 특별상 수상자(감투, 타격, 모범 등), 대한체육회의 경기 종목별 참가 인원 수 범위 이내인 자로서 심사 전년도의 전국 규모 대회 1위 입상자, 2위 2회 이상, 3위·특별상 3회 이상 입상자를 대상으로 했다.

그 동안 각급 학교들은 체육특기생제도 실시에 힘입어 1교 1기(一校一技) 원칙을 수용하면서 운동부를 육성하고, 이들에게 대학 진학의 가능성을 부여함으로써 우수선수들을 양성하는 엘리트스포츠의 원천이 되어 왔다. 또한 학업을 포기할 수 밖에 없었던 학생들에게는 입시경쟁이 치열한 현실에서 그 자체로 상당한 특전이 아닐 수 없었다. 게다가 등록금과 수업료 감면 혜택이 따르는 등 여건이 좋아 각급 학교의 체육특기자 입학은 계속 증가되었다. 예컨대 1982년과 1992년의 경우를 비교해 보면, 중학교는 3,899명에서 6,569명으로, 고등학교는 4,585명에서 6,772명으로, 대학교는 1,580명에서 2,206명으로 증가했다.[230]

더구나 체육특기생에겐 병역 혜택까지 주어져 지속적으로 기량 연마를 할 수 있는 기회도 제공했다. 즉 1973년 3월 체육특기자에 대해 보충역에 편입시킬 수 있는 '병역의무의 특례 규제에 관한 법률'[231]을 제정하여 우수선수들이 현역 복무 대신 체육 분야에

229) 李學來, 앞의 책, 475쪽.

230) 김두현, 앞의 글, 10쪽.

231) 한국법제연구원, 『대한민국법률연혁집』 11, 1994, 652-1쪽.

서 5년간 종사하도록 하여 병역을 대체할 수 있게 했다. 이처럼 박정희 정부는 국민의 4대 의무인 병역 혜택까지 주어 엘리트스포츠 선수를 적극 육성하고자 했다.

체육특기생제도는 제5공화국 때에도 시행되었다. 이는 정치적 효과를 극대화할 수 있는 서울아시아경기대회와 서울올림픽대회에서 우수한 성적을 거두기 위해서는 단기간에 우수선수를 양성해야 할 필요성 때문이었다. 이에 따라 체육부는 서울아시아경기대회와 서울올림픽대회에 대비하여 체육특기자 육성에 힘썼다. 그 이전까지 문교부에서 관리하던 체육특기생 업무를 신설한 체육부로 이관하여 관리의 효율성을 극대화했다. 즉 체육부 체육진흥국의 학교체육과에서 체육특기자를 관리하고, 체육과학국의 훈련과 및 지도육성과에서는 이들 중에서 대표선수를 선발하여 그 운영 등을 담당하고, 국제체육국에서는 이렇게 선발된 선수들을 국제경기대회에 파견하여 서울아시아경기대회와 서울올림픽대회에 준비하는 체계였다.[232] 그 결과 서울아시아경기대회와 서울올림픽대회 및 각종 세계선수권대회에서 체육특기생 출신 선수들이 우수한 성적을 거두어 한국이 세계 스포츠의 강국으로 떠오르는 데 크게 기여했다.

이러한 체육특기생제도는 그 성과만큼 문제점도 노출되었다. 강력한 엘리트스포츠 정책을 실시하고 있었던 제5공화국 때에 이미 체육특기자의 학력 저하, 학교 내에서 특기자의 이질 집단화 현상, 대학 미진학 특기자들의 사회적 부적응 등이 지적되었다.[233] 특히 특기생들의 학력 저하는 매우 심각한 상황이었다. 가령 고등학교 체육특기생의 1984학년도 대학입학 학력고사 성적 분포를 보면[234] 100점 만점에 61점에 해당하는 성적을 얻은 특기생의 비율은 1.57%에 불과했고, 67.34%의 특기생이 40점 이하의 성적을 얻었다. 그럼에도 같은 학년도 대학진학률은 66%에 이르렀다.[235]

이같은 성적 저하는 학교수업시간을 훈련시간으로 활용한 데 따른 필연적인 결과였다. 결국 과도한 훈련으로 인해 성장기 학생선수의 조로 현상을 초래함으로써, 제도 본래의 목적을 달성하지 못했음[236]은 물론, 특기생제도가 초래한 이같은 학력저하는 결국 대학 미진학 특기생의 사회적 부적응이라는 더 큰 문제를 낳았다. 이런 체육특기생제도의 문제를 해결하기 위한 방안으로 선발 기준에서 학력기준치를 점차 상향조정하는 것만 아니라, 궁극적으로 2001년까지 제도 자체를 아예 폐지하는 방안마저 제시될 정도였다.[237]

---

232) 이종원, 「제5공화국의 스포츠정책 연구」, 서울대 박사논문, 2002, 140쪽.

233) 서울大學校 師範大學 體育硏究所, 『體育振興長期計劃-제2차 중간보고서-』, 1986, 204쪽.

234) 위의 책, 146쪽.

235) 위의 책, 203쪽.

236) 박용연, 「한국 학교체육의 진흥방안에 관한 연구」, 고려대 박사논문, 1990, 56~57쪽.

237) 서울大學校 師範大學 體育硏究所, 앞의 책, 209쪽.

이런 연유로 제6공화국에 와서 기존 체육특기생제도에 대한 개선방안이 마련되었다. 1989년 체육부는 체육특기생제도의 문제점과 이를 해소하기 위한 방안을 다음과 같이 제시했다.238) 문제점으로는 체육특기생 선발 및 배정이 경기기록과 실적 위주, 인기종목 중심으로 이루어졌다는 점, 경기력 향상을 위한 기능에 치중함으로써 학력저하 및 사회적응 미숙을 초래한다는 점, 특기생 혜택이 체육활동 지원에 국한되고, 진학 및 취업 등 사후 대책이 결여되어 있다는 점 등을 지적했다. 그 개선 방안으로는 특기생에 대한 개인 학업지도·경기대회의 계절화 등을 추진하여 일정 수준 이상의 학력을 갖춘 선수에게만 혜택을 부여하는 기본 학력제 도입, 그리고 경기성적 및 기록의 단계적 전산화, 소질·적성·종목별 특수체력 등 과학적 항목을 고려한 선발, 비인기종목(정책종목)에 대한 혜택 부여 등이 제시되었다.

이러한 추진 계획은 바로 실시되지 못했으며, 단체종목의 경우 전국대회 4강, 개인종목의 경우 3위 안에 입상하는 경우에만 주어지는 제도는 그대로 두었다.239) 그 결과 여전히 특기생 자격을 획득하기 위한 과열 경쟁으로 기능 위주의 선수 양성은 물론, 비우수 선수가 오로지 상급학교 진학만을 위한 수단으로 악용함으로써 성적 조작 및 담합, 금품수수 등 각종 비리와 부작용도 그다지 개선되지 못했다.240)

그러다가 1992년 3월 11일 대입학력고사 체육특기생제도를 개정하여, 단체경기의 경우 출전 엔트리에만 포함되면 주어졌던 특혜를 1993학년도부터 심사년도의 실제 경기에 출전해야 특기생 혜택을 주도록 했다. 이어 특기생이라 해도 각 대학이 정하는 일정수준 이상의 학력을 갖추어야 입학을 허용하도록 했다.241) 즉 1994년 문화체육부는 최지 학력제를 도입하여, 체육특기생도 각 대학이 설정한 최저 학력점수를 획득해야 입학할 수 있도록 한 것이다.

그러나 각 대학이 수능 점수 200점 만점에 40점 이상을 획득하면 입학할 수 있게 함으로써, 정부가 의도했던 취지에서 벗어나 버렸다. 40점이 최저 학력을 보장할 수 있는 하한선으로서 타당성이 결여되어 있었기 때문이다.242) 1997학년도부터는 대학자율화정책에 따라 최저 학력기준을 수능 성적 60점 이상, 학생부 최저등급이 아닌 자, 전국 규모 대회 3위 이내 입상에 해당하는 자로 자격이 확대되었다. 하지만 각 대학이 나름대로 전체 입학생의 비율에 맞춰 선수 등록을 필한 자 중, 각 대학이 인정하는

238) 체육부, 『體育·青少年 長期綜合計劃(案)』, 1989, 112~113쪽.

239) 문화체육부, 『국민체육진흥5개년계획』, 1993, 161쪽.

240) 『한겨레신문』, 1991년 11월 17일자.

241) 『중앙일보』, 1992년 3월 17일자.

242) 김동규, 「'94학년도 체육특기자 대입 수능 고사 적용의 문제점과 대책」, 『스포츠과학연구지』 3-1, 1994, 113~117쪽.

전국대회에서 3위 내 입상하면, 수능성적과 내신을 종합하여 입학을 허락했다.[243)]

체육특기생제도는 김대중 정부가 들어서면서 커다란 전환을 맞게 되었다. 즉 2000학년도 대학 입학시부터 체육특기생도 동일 계열학과에 한해 지원하도록 규정하고, 재학중 다른 계열학과로의 전과를 금지시키는 등 체육특기생의 대학 진학이 동일계로 제한되었다.[244)] 교육부의 기본 입장은 선수 스카웃을 둘러싼 입학 비리를 원천적으로 없애고 특기생들의 수학 능력을 제고하며, 음악, 수학, 문학 등 다른 분야 특기생들과의 형평성을 맞춘다는 것이었다.

이에 대해 체육계는 '엘리트스포츠 발전을 위한 정책 대토론회'를 개최[245)]하여 체육특기생들의 대학 진학을 반드시 체육계열로 한정시키려는 교육부의 방침에 우선적으로 반대한다는 입장을 밝혔다. 설령 교육부가 이를 추진한다 하더라도 체육특기생 동일계 진학제도의 문제점을 보완하기 위해서는 '최소한 체육계열의 정원을 전체 정원에서 자체 조정하도록 할 것이 아니라, 전체 정원의 약 2% 정도를 별도로 추가 증원시키는 방안을 고려하고, 체육특기생들에게도 전과와 복수전공 선택의 기회를 부여'해야 한다는 주장을 제기했다.[246)]

또한 체육계 인사들은 오히려 이 조치가 제도적인 차원에서의 스카웃 방지로 인해 대학과 선수간 스카웃 협상이 더욱 은밀하게 이뤄질 가능성이 높고, 종래의 경우와 달리 체육특기생을 원하는 인원만큼 선발할 수가 없기 때문에 운동부를 운영해 오고 있는 대학들이 결국 운동부를 줄여 갈 수밖에 없다고 지적했다.[247)] 실제로 체육계의 지적대로 선수 스카웃을 둘러싼 비리는 정부의 조치에도 불구하고 여전했다.[248)] 운동부가 축소될 것이라는 우려는 2001년 1,422개 팀에서 2003년 1,468개팀으로 오히려 증가함으로써 해소되었지만 등록선수는 12,822명으로 정체되었고, 초·중등학교의 운동부와 선수는 감소하여 사실상 대학 운동부의 증가는 큰 의미를 갖지 못했다.[249)]

물론 체육특기생제도에 대한 근본적인 대책도 제시되었다. 우선 체육특기생의 학업능력을 제고하기 위한 방안의 경우, 학교 운동부의 지역단위 클럽 팀으로 재편성,[250)]

---

243) 이병익·유경호, 「엘리트체육의 현황과 과제」, 『논문집』 16, 용인대, 1998, 178쪽).

244) 교육부, 『1998학년도 대학입학전형 기본계획』(교육부 고시 1997-3호).

245) 체육특기자 제도에 관한 문제를 집중적으로 다루고자 개최한 '엘리트 스포츠 발전을 위한 정책 대토론회'는 한국체육학회와 한국올림픽성화회 주최로 1997년 10월 30일 올림픽회관에서 개최되었다.

246) 이학래, 「21세기 대비 한국 체육의 발전 전략을 위한 제언」, 『엘리트스포츠 발전을 위한 정책 대토론회 자료집』, 1997, 10쪽.

247) 홍성표, 「학교체육의 강화 및 체계적 관리방안」, 『한국올림픽성화회 회지』 제3호, 1999, 40쪽.

248) 『동아일보』, 1998년 10월 27일자.

249) 문화관광부, 『2002 체육백서』, 318~323쪽; 문화관광부, 『2003 체육백서』, 322~326쪽.

학군별·지역별 경기대회 등 초·중학교의 경기방식의 운영 개선 및 특기자들의 경기 참여 횟수·훈련시간 제한[251] 등이 제안되었다.

체육특기생에 대한 체계적 관리방안도 제시되었다. 즉 모든 운동선수들의 개인별 체육 특기활동과 관련된 종합기록부(가칭 운동기록부)를 작성하여, 대학입학만 아니라 취업을 위한 자료로 활용하자는 방안[252]과 특기생의 경기 및 학업 결과를 바탕으로 효율적인 훈련 및 교육의 개발[253] 등이 그것이다. 체육특기생 제도에 따른 문제를 해결하기 위한 근본적 대안으로는 교내 체육활동을 활성화하여 특기생 외에 잠재력있는 선수를 단계적으로 육싱하는 방안이 제안되기도 했다.[254]

그러나 이같은 체육계의 제안은 정책에 제대로 받아들여지지 않았다. 그 결과 여전히 체육특기생제도의 문제는 해결되지 못하고 있다. 경기대회를 앞두고 대다수 특기생 출신 운동선수들은 수업에 참여하지 못하고,[255] 장기간의 합숙으로 원천적으로 정규수업을 받아야 할 기회조차 봉쇄당하고 있다. 또한 2005년도 고교야구대회에서 특기생 입학을 위한 승부조작과 허위 상장 수여 등[256]은 지금까지 시행된 체육특기생제도의 개선이 근본적 문제해결 방안이 아님을 단적으로 보여주는 사례라고 할 수 있다.

2. 체육전문 교육기관

1) 시·도별 중등체육학교

체육중·고등학교는 체육영재 교육의 일환으로 각종 스포츠에 소질이 있는 자를 초등학교 때부터 조기 발굴하여 중·고등학교 진학시 별도로 선발해 국가의 지원 아래 특별교육시킴으로써 그 소질과 잠재능력을 최대한 계발 발휘하도록 하여 각종 국제대회에서 국위를 선양하고, 나아가 훌륭한 체육지도자를 양성한다는 목표에 설치되었다.

이같은 체육학교가 처음 설립된 것은 1971년 이후였다. 1970년 문교부의 장학방침으로 체육·보건교육의 충실한 운영이 하달되자 서울특별시 교육위원회는 학무국에 체육과를 신설하고, 아울러 6개 교육구청을 증설하면서 학무과에 보건체육과를 신설했

250) 홍성표, 앞의 글, 1999, 40쪽.
251) 김정명, 「청소년 인권의 사각지대: 체육특기생」, 『청소년학연구』 6-2, 1999, 37쪽.
252) 홍성표, 앞의 글, 1999, 41쪽.
253) 이병익·유경호, 앞의 글, 195쪽.
254) 김정명, 앞의 글, 37쪽.
255) 강병규, 「중학교 체육특기자들의 학교 수업 참여 실태」, 『教育論叢』 38, 건국대, 2002, 6쪽.
256) 『조선일보』, 2005년 4월 11일자 및 5월 19일자.

다.[257] 이와 함께 서울특별시는 1971년 신학기부터 체육을 통한 정신력 강화 및 국위 선양과 과학적이고 전문적인 지도에 의한 체육발전을 목적으로 서울체육학교를 개설했다.[258]

서울체육학교는 우수한 국가대표선수를 육성하고, 유능한 체육지도자를 양성할 목적으로 설립되어 동일계 진학을 위해 중학교와 고등학교를 두었다. 운동종목별 특기자로는 육상반, 체조반, 축구반, 농구반, 배구반, 수영반, 빙상반, 태권도반, 유도반, 레슬링반 등으로 나누고 정원을 360명으로 했다. 선발 원칙은 전국을 대상으로 종목별로 전국 또는 시·도 대회 입상자로 체육단체 및 소속 학교장이 추천한 자 중에서 전형을 실시했다. 학생들은 전원 기숙사에 수용했으며, 모든 비용을 서울특별시 예산으로 충당했다. 입학 후의 탈락자는 정규 학교로 전학시켜 학업을 계속토록 했다.

서울체육학교 설립 후 여타 시·도에서도 체육학교를 설립하고 특기자를 육성하기 시작했다. 1972년 광주와 경북에 체육중·고등학교, 부산과 대전에 체육고등학교의 설립을 시작으로, 1974년 서울에 체육중·고등학교가, 1975년과 1976년에는 인천과 전북에 각각 체육고등학교가 설립되었다. 그후 체육부가 창설된 1982년부터 체육학교 설립이 전국적으로 확산되어 경남체육고등학교, 충북체육고등학교, 충남체육고등학교, 강원체육고등학교 등이 설립되었다.[259]

2004년 현재 전국의 체육계 학교는 체육중학교 5개, 체육고등학교 14개, 특수목적고교인 제주남녕고 1개(1개반을 체육특기생으로 편성 운영) 등 총 20개이다(<표 2-40> 참조).[260]

체육부는 1983년부터 체육 중·고교가 중점적으로 육성하고 있는 종목의 선수 육성경비를 지원했으며, 체육 중·고교의 급량비, 훈련비 등을 현실화하여 국고보조 부담률을 30퍼센트 수준까지 끌어올렸다. 또한 1984년부터 전국 체육고등학교 간에 평가의 장을 마련하고자 전국체육고등학교체육대회를 창설하고 그 예산을 지원했다.[261]

이러한 체육중·고등학교는 여타 일반학교에서 설치 운영하고 있는 종목별 운동부와 비교할 때 몇 가지 특징을 지니고 있다. 우선 체육 중·고등학교는 비인기종목의 우수선수를 육성하는 요람이 되어 전문체육 육성의 견인차 역할을 해오고 있다. 예컨대 육상, 수영, 체조, 유도, 역도, 레슬링, 복싱, 사격 등의 비인기 종목을 중점하고 있다. 또한 선수들의 가정형편은 어려우나 기량이 뛰어난 체육인재를 유치하기 위해 학비는

257) 서울特別市敎育委員會, 『서울敎育史』 下, 446쪽.
258) 위의 책, 447쪽.
259) 體育青少年部, 앞의 책, 251쪽.
260) 문화관광부, 『2004 체육백서』, 2005, 356~357쪽.
261) 체육청소년부, 위의 책, 253쪽.

물론이고 기숙사 제공, 장학금 지급 등 모든 경비를 설립자가 부담하고 있다.[262)]

〈표 2-40〉 체육계 학교 현황 (2004년) (단위 : 명, 개)

학 교 별		설립년월	학생수	코치수	육 성 종목수	졸업생수	비 고
합 계		20개교	4,098	243	251	28,339	
중학교	소 계	5개교	642	22	44	3,568	
	서울체육중	2004. 3	60	1	3	-	중·고 병설운영
	대전체육중	1993. 3	136	1	19	669	〃
	광주체육중	1983.11	188	12	12	1,168	〃
	전남체육중	2000. 3	133	8	10	57	〃
	경북체육중	1973. 6	125			1,674	〃
고등학교	소 계	15개교	3,456	221	207	24,771	
	서울체육고	1971. 1	450	27	22	3,046	
	부산체육고	1972.11	265	18	16	2,037	
	대구체육고	2003. 1	117	11	10	-	
	인천체육고	1975.11	255	22	12	6,284	
	광주체육고	1972.12	260	6	14	2,400	
	대전체육고	1973. 3	260	11	19	2,270	
	경기체육고	1995. 3	259	19	10	631	
	강원체육고	1991. 3	196	20	14	704	
	충북체육고	1991. 3	281	12	16	930	
	충남체육고	1992. 1	205	13	13	799	
	전북체육고	1975.11	218	10	16	1,963	
	전남체육고	2002.12	122	7	11	-	
	경북체육고	1972.11	222	22	13	2,006	
	경남체육고	1984.12	258	17	13	1,447	
	제주남녕고	1997. 3	88	6	8	254	

2) 체육계열 대학 및 학과

1945년 광복 직후 미군정은 1946년 8월 27일 고등교육의 전면적인 개편을 위해 국립서울종합대학 설치계획을 법령 제102호로 공식 발표했다.

262) 체육청소년부, 앞의 책, 251쪽.

이처럼 서울대학이 발족하자 연희전문학교, 보성전문학교, 이화여자전문학교, 혜화전문학교(동국대 전신), 명륜전문학교(성균관대 전신) 등도 각각 대학으로 개편되었다. 이와 함께 기존 학교로서 각각 신제 대학으로 개편을 시작한 것이 성신대학, 숙명여자대학, 중앙여자대학 등이었고, 1947년에는 인천에 해양대학, 부산에 수산대학, 춘천에 농과대학, 서울에 서울여자의과대학, 한양공과대학 등의 개편 또는 창설이 뒤따랐다. 또한 대구사범대학, 대구의과대학, 광주의과대학, 이리농과초급대학, 광주농과초급대학, 목포상과초급대학 등의 국·공립 대학이 설립되었고, 이밖에 사립으로 국학대학, 신흥대학(현 경희대학), 한국신학대학 등이 창설되었다.[263]

또한 미군정은 기존 대학이 주로 서울을 중심으로 집중해 있는 폐단을 고려하고, 지방문화의 발달과 지역사회의 특수성을 살리려는 의도에서 많은 지방 대학의 신설을 장려했다. 이런 배경에서 청주대학, 조선대학, 동아대학, 대구대학 등이 서울의 신설대학과 거의 같은 시기에 출발했다.

이렇게 신설된 대학들에 체육학과가 인가되었다. 미군정 당시 이미 이화여자대학교와 서울대학교에 체육학과가 설치되었다. 정부 수립 후 1950년대에 접어들면서 2년제 체육학과를 조선대학과 신흥대학(현 경희대학) 등 6개 대학에 설치했다.

이후에도 체육학과만이 아니라 체육대학도 꾸준히 설립되었다. 그 결과 1970년 현재 전국의 각 대학에 분포되어 있는 체육학과는 23개이며, 체육대학은 3개이다.[264] <표 2-41>은 체육학과 및 체육대학의 1970년도 학년정원이다.

1980년대 중반 이후 전문대학을 포함한 대학(교) 설립은 물론 기존 대학(교) 정원도 크게 늘어남에 따라 체육학과수와 그 정원도 대폭 늘어났다. 예컨대 대학(교)의 경우는 1999년에는 학과수가 200개에서, 2000년에는 216개, 2003년에는 267개, 2004년에는 385개로 꾸준히 증가하고 있는 추세이다. 학생수도 1999년 31,555명에서 2000년 34,891명, 2003년에는 46,653명, 2004년 50,147명으로 급격히 증가해 왔다. 전문대학의 경우도 마찬가지였다. 1999년에는 학과수가 106개에서, 2000년에는 132개, 그리고 2003년에는 180개, 2004년에는 198개로 꾸준히 증가하는 추세이다. 학생수도 1999년 14,951명에서 2000년 17,989명, 2003년 25,108명, 2004년 26,104명으로 크게 증가해 왔다(<표 2-42>참조).[265]

263) 손인수, 『미군정과 교육정책』, 민영사, 1992, 260쪽.

264) 대한체육회, 『체육백서』, 1972, 318~319쪽.

265) 문화관광부, 『2004체육백서』, 360~361쪽.

〈표 2-41〉 체육학과 및 체육대학의 학년정원 (1970년도 韓國敎育年鑑)

번호	국립대학	학년정원	번호	사립대학	학년정원	번호	여자대학	학년정원
1	서울대학교 사범대학	40	1	경희대학교 체육대학	무용 20 체육 30 계 50	1	이화여자대학교 체육대학	체육 40 건강 40 무용 40 계 120
2	경북대학교 사범대학	30	2	한양대학교 체육대학	무용 20 체육 40 계 60	2	숙명여자대학교 문리과대학	45
3	충북대학교	30	3	중앙대학교 사범대학	50	3	수도여자사범대학	25
4	공주사범대학	30	4	조선대학교 문리과대학	60	4	선명여자사범대학	30
			5	연세대학교 이공대학	40	5	부산한성여자실업 초급대학(2부)	40
			6	고려대학교 이공대학	40	6	부산여자대학	30
			7	동국대학교 사범대학	30			
			8	동아대학교 문리과대학	45			
			9	단국대학교 문리과대학	20			
			10	원광대학	30			
			11	영남대학교 문리과대학	40			
			12	성균관대학교 이공대학	30			
			13	강원대학	30			
			14	명지대학	30			
			15	건국대학교 문리과대학	30			
			16	마산대학	30			
계	4개 대학	130	계	16개 대학	615	계	6개 대학	290

26개 대학 총정원 : 1,035명 (건강교육·무용과 포함)
① 체육전공학과 : 875명 (26개) ② 무용학과 : 120명 (4개) ③ 건강교육과 : 40명(1개)

〈표 2-42〉 체육계 학과 및 학생수 현황(사범계 제외)

학교 / 년도	대 학 (교)		전 문 대 학	
	학 과 수	학 생 수	학 과 수	학 생 수
1999	200	31,555	106	14,951
2000	216	34,891	132	17,978
2001	236	38,563	144	19,748
2002	245	42,957	165	23,133
2003	267	46,653	180	25,108
2004	285	50,147	198	26,104

자료: 교육부, 교육통계연보, 2004.

3) 국립한국체육대학

한국체육대학은 1976년 12월 30일 한국체육대학 설치령(대통령령 제8322호)이 공포 시행됨으로써 1977년 3월 7일 국내 최초의 국립 체육대학으로 설립되었다. 그 직접적인 설립동기는 1976년 몬트리올올림픽에서 금메달을 획득한 양정모 선수를 접견한 박정희 대통령이 4년 후인 1980년에 개최될 모스크바올림픽에 대한 대비를 언급하는 가운데 체육 전문학교 설립을 지시[266]하여 구체화하기에 이르렀다. 이에 따라 문교부는 1976년 12월 14일에 체육대학 설립계획을 마련하고, 이 과정에서 2년제 전문대학이 아닌 4년제 정규 대학으로 설치하는 실행안을 작성 추진하여 대통령의 지시가 있은 지 불과 4개월만에 국립 체육대학을 탄생시켰다.[267] 한국체육대학 설치령은 학생에 대해 입학금과 수업료를 면제하고, 모든 학생이 기숙사에 입사하여 생활훈련을 받도록 했다. 그 대신, 졸업자는 수업연한에 해당하는 기간 동안 문교부장관이 지정하는 학교교육 또는 체육분야의 직무에 복무할 의무가 있음을 명시하여 우수선수 및 체육지도자 육성 목적으로 설립되었음을 분명히 했다.[268]

1977년부터 학생 정원 120명으로 출발한 한국체육대학은 초대 학장으로 한양대 체육대학장으로 재직 중이던 유근석 박사를 임명했고, 유근석 초대 학장은 체육의 과학화를 목표로 한국체육대학을 이끌어 갈 것임을 피력했다.[269]

한국체육대학의 개교는 마침 서울체육고등학교 졸업생이 배출되는 시기와 일치되어 더욱 의의가 있었다. 1971년에 문을 열었던 체육중학교 첫 졸업생이 배출되는 해인

266) 한국체육대학교, 『한국체육대학교 20년사』, 1997, 30쪽.
267) 위의 책, 33~42쪽.
268) 위의 책, 45쪽.
269) 일간스포츠 1977년 3월 9일자.

1974년에 체육고등학교가 개교되었고, 체육고등학교 첫 졸업생이 배출되는 해인 1977년에 체육대학이 개교된 것은 단순한 우연이 아니었으며, 그 나름으로 체육지도자의 육성을 위해 심혈을 기울여 온 한국 체육계의 노력이 결실을 맺은 것이기도 했다.

개교 당시, 도봉구 공능동에 소재한 서울공대(현 서울산업대학)를 빌려 임시 교사로 사용했던 한국체육대학은 1년여만에 태릉 선수촌 옆 신교사로 이전하여 체육교육의 자립적 기반을 확보할 수 있는 토대를 마련했다.[270] 한국체육대학은 개교 당시 불과 8명의 교수진으로 출발했으나 1978년에 5명, 1979년에 4명, 1980년에 5명 등 교수진을 보강하여 진용을 갖추기 시작했다. 1977년 2학기에는 교직과정을 설치하여 졸업생들의 진로를 열고, 1979년에 한국체육대학 논문집 창간호를 발간하여 체육학 발전의 기틀을 마련하기 시작했으며, 1980년에 체육과학연구소를 설립하여 스포츠과학 분야의 학문적 기반 확충을 도모해 갔다.

첫 졸업생을 배출한 1981년에 국가대표 선수 및 상비군 63명을 배출했고, 그후 1983년 59명, 1984년 154명, 1985년 151명, 1986년 148명, 1987년 129명, 1988년 166명 등으로 지속적인 증가를 보여 국가대표선수 가운데 30퍼센트 이상을 차지하는 등 꾸준히 국가대표선수 양성의 대들보 역할을 했다.[271] 특히 1992년 바르셀로나올림픽대회에는 재학생 38명, 졸업생 28명 등이 참가하여 금 7개, 은 1개, 동 1개를 획득함으로써 당시 한국이 종합성적 7위(금 12, 은 5, 동 5)를 차지하는데 중심적 역할을 했다. 또한 1983학년부터는 비인기종목인 근대 5종, 조정, 탁구, 테니스, 필드하키, 핸드볼, 카누부를 신설해 한국 스포츠의 균형적인 발전에 기여했다. 그리고 1983년 9월부터 경기지도자 연수원으로 시성되어 태릉선수촌에서 담당하던 코치아카데미 과정을 이어받아 본격적인 연수원 체제로 전환, 우수 지도자 육성의 발판을 마련했다.

그리고 1991년에는 국내 최초로 사회체육대학원을 설치[272]하여 생활체육, 평생체육의 발전을 위한 사회체육 진흥연구 및 지도자 양성을 도모했다. 사회체육대학원에는 생활체육과와 건강관리과 외에도 스포츠산업과를 설치하여 비약적으로 발전하는 스포츠산업 분야를 이론적·체계적으로 연구·교육토록 하여 외국에 비해 상대적으로 낙후된 이 분야에서의 우수 고급인력 양성을 뒷받침했다.

체육학 발전과 지도자 배출이란 면에서 보면, 1984~1997년간 일반대학원 과정에서 석사학위 수여자 113명, 사회체육대학원에서 1993~1997년간 54명 등을 배출했고, 1990~1997년 기간 박사학위 수여자 28명, 명예박사학위 수여자 7명 등을 배출했다. 이와 함께 1979년부터 매년 발행된 한국체육대학 논문집을 통해 1996년까지 약 300여 편의

270) 한국체육대학교, 앞의 책, 93쪽.

271) 위의 책, 247쪽.

272) 위의 책, 427~429쪽.

논문을 발표했고, 체육과학연구소에서도 1982년부터 1994년까지 매년 발행된 연구소 논문집을 통해 129편의 논문을 발표했다. 또한 경기지도자 연수원에서 1983년부터 1996년까지 3,992명의 수료자를 배출하여 한국 체육학 발전 및 체육인력 양성의 견인차 역할을 했다.

그러나 교육내용이 점차 방만해져 국가대표선수 양성이라는 설립 당시의 특수목적 대학으로써의 특성이 약해졌으며, 특히 대학 운영 체제에 있어 비전문성 요인이 개입하고 있다는 모순점도 지적되어 왔다.

제 III 장 생활체육행정체계와 프로그램

1. 생활체육의 행정체계

생활체육은 나라마다 다른 명칭과 내용으로 장려되고 있다.[1] 한국의 경우, 사회체육이라는 용어와 함께 생활체육, 국민체육, 평생체육, 생활스포츠 등을 혼용해서 사용하고 있는데, 이 가운데 생활체육이란 용어는 1980년대 중반에 등장한 새로운 개념으로 국민체육진흥을 추진하는 정책 실행의 차원에서 개념화한 것이다.[2]

광복 이후 1950년대까지는 문교부 문화국의 체육과에서 4~5명 정도의 소수 직원이 모든 국민의 체육과 보건에 관한 업무 전반을 담당했다. 1961년 5·16 군사 정변은 한국의 행성체제에 일대 혁신을 가져왔다. 조국 근대화를 내세워 근대국가로의 면모를 갖추고자 한 군사정권은 1961년 10월 2일 정부조직법을 전면 개정하여 정부 수립 후 가장 큰 변화를 몰고 왔다. 이에 따라 문교부의 기구 개편도 이루어졌는데, 종래 문교부의 문화국에 예속되었던 체육과를 체육국으로 독립 승격시켰으며[3] 체육국 내에 국민체육과와 학교체육과를 따로 두어 체육 업무를 확장 강화했다.

그러나 체육국의 독립 승격 지위는 오래가지 못했다. 1963년 12월 14일에 공포된 제3공화국의 새 정부조직법에 의해 체육국이 폐지되고 문예체육국으로 개편됨에 따라 체육행정을 담당하는 기구는 5·16 이전과 비슷한 상태로 환원되어 문예체육국 내의 한 과(課)로 격하[4]되는 등 체육 업무를 담당하는 기구가 축소되었다.

그 후에도 1960년대까지는 상황이 호전되지 않았다. 그러다가 제3공화국 정부는

---

1) 독일은 Trimming 130, 노르웨이는 TRIMM, 호주는 Life, Be in it, 캐나다는 Participation Action, 체코슬로바키아는 Spartakiade, 소련은 '1 + 2운동' 등으로 생활체육 운동의 명칭을 저마다 달리 한다(體育青少年部, 『體育青少年行政 10年史』, 1992, 161쪽).

2) 김민경, 「해방이후 한국 사회체육의 변천과정에 관한 연구」, 이화여대 석사논문, 1993, 4쪽.

3) 서울시特別市敎育委員會, 『서울敎育史』下, 1981, 415쪽.

4) 大韓敎育聯合會編, 『韓國敎育年鑑』, 새한신문사, 1962, 187쪽.

1970년대에 접어들면서 다시금 체육의 중요성을 강조하기 시작하여 체육행정기구의 개편을 포함한 육성책을 다각적으로 모색했던 것이다. 이에 따라 1970년 8월 31일 대통령령 5320호의 공포로 체육국을 신설하고 체육과를 국민체육과와 학교체육과로 그 기능을 분리시켰다.[5] 체육국의 분리 독립과 아울러 이루어진 국민체육과와 학교체육과의 기능 분립은 1961년 10월의 체육국 신설 당시의 체육행정 기능을 복원시킨 것으로 체육행정 기능의 강화가 다시 이루어지게 되었음을 보여주었다.

국민체육과는 국민체육시대의 개막을 뒷받침하기 위한 전반적인 체육진흥정책의 업무를 관장했고, 학교체육과는 각급 학교의 체육관련 업무를 담당했다. 이중 국민체육과의 업무는 사회체육시설의 관리 및 직장체육의 지도, 체육단체의 설립 해산 및 그 운영의 지도 감독, 국민 레크리에이션의 보급, 국내 체육대회 개최의 지도 감독(학교체육에 관한 사항 제외), 체육도장의 지도 감독, 경기용구의 표준화 설정 및 수입의 추천, 체육지도자와 우수선수 양성 및 관리 등이었다.[6] 이처럼 국민체육과의 주된 기능은 생활체육의 저변 확대 등 국민체육의 기반 조성 강화에 초점이 두어졌다.

1970년대에 와서 이처럼 체육행정 기능이 점차 확대되어 그 기능이 강화된 모습을 보여주었고, 1980년대에 들어서서는 체육부가 신설되는 등 체육행정이 더 한층 새로운 차원으로 발전되었다. 1982년 3월 20일에 이루어진 체육부 발족은 한국 체육사에 있어 커다란 분수령이었다. 체육부 신설이 비록 1986년 아시아경기대회와 1988년 서울올림픽대회를 대비하는 차원에서 이루어진 조치이기는 했지만, 그 이전까지 문교행정의 시각에서 부분적으로 다루어져 오던 체육행정을 새로운 차원으로 끌어올려 종합적으로 추진할 수 있게 했기 때문이다.[7]

체육부는 발족 당시 1실 3국 10과 6담당관의 편제를 갖춘 중앙행정기관으로서 체육에 관한 업무를 전반적으로 관장하기에 이르렀다.[8] 이러한 체육부 부서들 가운데 실질적인 체육행정을 주도하는 부서는 체육진흥국, 체육과학국, 국제체육국 등 3개 국인데, 이중 생활체육과 관련된 업무를 담당한 체육진흥국의 사회체육과는 사회체육 진흥 및 직장체육 지도, 체육단체 설립 및 운영 지도·감독, 체육도장 지도·감독, 국민체육진흥기금 운영, 체육유공자 보호 육성, 국민레크리에이션 보급, 국내 체육대회 개최 지도·감독, 체육상 시상 및 체육의 날 행사 등에 관한 사항을 관장했다.[9] 이와 더불어 시·도교육위원회에 사회체육과를 두어 생활체육과 관련된 업무를 담당하게 했다.[10]

---

5) 김종희, 「박정희 정권의 정치이념과 체육정책에 관한 연구」, 한양대 박사논문, 1999, 51쪽.
6) 김종희, 앞의 글, 52쪽.
7) 동아일보사, 『동아연감』, 1982, 420쪽.
8) 體育靑少年部, 앞의 책, 20쪽.
9) 체육부, 『체육한국』, 1984, 34쪽.

그러나 체육부의 신설이 서울아시아경기대회와 서울올림픽대회의 개최 준비나 그 진행을 위해서는 효율적이었으나 생활체육 등 다른 부문과의 행정적인 기능 연계가 원활하지 못한 경우가 빈발하여 서울올림픽대회 이후 곧바로 제기되었던 체육부 존폐론의 원인이 되기도 했다.

그럼에도 불구하고 체육행정을 관장하는 중앙행정기관으로서의 체육부 발족은 체육 업무의 영역을 대폭 확대하여 그 내실을 기하는 새로운 계기가 되었다. 우선 그동안 1962년에 문교부에서 법규만 제정하고 시행이 제대로 되지 않아 유명무실하게 운영되어 오던 국민체육진흥법을 1982년 12월 31일 전면 개정하여 학교체육과 생활체육의 활성화에 박차를 가했다. 이중 생활체육분야에서도 직장인의 체육활동에 대한 참여를 장려하고 이들의 복지와 생산성 향상 및 경영 합리화에 체육활동이 미치는 중요성을 인식하여 선수들로 구성된 직장팀 중심의 직장 스포츠에서 벗어나 직장 종업원 전체가 참여하도록 하면서 종업원이 100인 이상인 직장은 직장체육진흥관리위원회를 두도록 규정하는 등 직장체육의 진흥을 위한 제반 규정을 강화했다.

체육시설분야에서도 학교체육시설 확충과 지방체육시설의 기틀을 다지기 위해 모든 시·군에 1운동장, 1체육관 및 1수영장 확보를 주요 정책목표로 설정했다. 이를 위해 139개소에 1,250억 원의 국고를 지원하여 체육공간 확보에 심혈을 기울인 결과, 1991년까지 전국의 시·군이 운동장 59퍼센트, 체육관 51퍼센트를 확충하는 결과를 가져왔다.[11] 이에 따라 확보되는 체육시설 공간을 적극 활용하고 생활체육진흥을 위해 13개의 국민경기종목을 개발하여 전국에 보급했으며, 1986년에는 국민체육 참여실태를 최초로 조사하여 각계 각층에 적합하고 다양한 생활체육 프로그램을 만들어 보급하는 등 정책적 지원을 강화했다. 아울러 직장체육 진흥을 위해서는 500인 이상 직장에 1종목 이상의 직장 운동경기부를 두게 하고, 체육동호인 조직을 통해 생활체육을 활성화해 갔다. 또한 모든 직장은 연 2회 이상 체육대회를 개최하고 체육주간 및 체육의 날 행사를 반드시 갖도록 제도화하여 적극 권장했다.

서울올림픽대회의 성공적인 개최와 남북스포츠교류의 실현 등 스포츠 전반에 걸쳐 비약적인 발전의 토태를 마련한 노태우 정부는 체육이 지속적으로 발전해나갈 수 있는 자립환경의 기반을 형성하는 데 집중했다.

1988년 서울특별시 및 산하 구행정 단위에 생활체육 전담부서인 생활체육과를 설치했다. 또한 1990년 1월 15개 시·도에도 내부국에 생활체육과를 신설하는 동시에 시·군·구 단위에는 총무국의 새마을과 산하에 체육청소년과를 설치하여 지방체육기구를 정비했다. 이어 1990년 2월 체육청소년부에 생활체육과를 설치하는 등[12] 중앙체

10) 김사엽, 「한국체육정책의 변천과정과 방향실정」, 한국체대 박사논문, 2003, 99쪽.

11) 體育青少年部, 앞의 책, 28~29쪽.

육행정기구 개편도 단행했는데, 출범 당시 체육청소년부는 체육부보다 더 기구를 확대하여 2실 3국 5관 3담당관 16과로 출발했다.[13)]

이 가운데 체육 관련 기구는 체육진흥국, 체육지도국, 국제체육국 등 3국으로 구성되었으며, 이중 생활체육과 관련된 업무를 주로 관장했던 체육진흥국의 주요 업무는 생활체육진흥정책 장·단기계획 수립, 국민체력증진시책 수립·시행, 생활체육지도자 양성, 학교체육시설 확충, 공공 및 민간 체육시설업 육성 등 체육진흥에 관한 사항 등이었다.[14)]

이러한 지방 및 중앙 체육행정기구 개편과 동시에 지역사회의 주민건강을 위한 생활체육시책을 주도적으로 추진할 민간중심단체인 국민생활체육협의회를 결성하게 했다. 국민생활체육협의회는 시·군·구 및 시·도 단위 생활체육협의회의 결정을 시작으로 1991년 2월에 최종적으로 중앙 차원의 조직으로 민법 제32조(비영리법인의 설립과 허가)에 의한 비영리사단법인으로 출범하게 되었다.[15)]

체육청소년부는 체육부 시절과는 달리, 제5공화국에 이르기까지 가장 역점을 두어왔던 엘리트스포츠 위주의 정책을 벗어나 국민복지 차원의 생활체육으로 방향 전환을 시도했다. 그 결과로 나타난 것이 국민생활체육진흥종합계획, 일명 '호돌이계획'이었다.[16)] 이 계획에 따라 체육청소년부는 국민 모두가 참여하는 생활체육정책 기반을 조성하고 아울러 근로청소년, 유아, 여자, 노인, 장애자 및 소외집단을 포함한 각계각층에 대해 적합한 생활체육 프로그램과 국민 개개인이 스스로 자신의 체력을 평가할 수 있도록 국민체력 기준치를 만들었다. 이와 함께 전국 조직체인 국민생활체육협의회를 출범시키고, '생활체육 확산의 해'를 설정하는 등 강력한 정책을 구사했다.

1993년 문민정부의 출범은 체육행정기구에 큰 변화를 가져왔다. 김영삼 정부는 방만해진 정부 조직을 개편하여 작은 정부를 구현한다는 목표를 앞세워 비효율적이고 업무의 중복이 두드러진 부처를 통폐합하면서 문화부와 체육청소년부를 통합하여 문화체육부를 발족시켰다.

문화체육부는 1차관보 3실 7국 34과 12담당관 제도로 출발했다. 이 가운데 체육 관련 기구는 체육정책국, 체육지원국, 국제체육국 등 3국으로 구성되었다.[17)] 문화체육부 기구 가운데 생활체육을 비롯한 체육정책을 총괄 조정한 것은 체육정책국이었다. 체육

---

12) 국민생활체육협의회, 『1997년도 사업실적보고서』, 1997, 36쪽; 李康雨, 「韓國스포츠의 支配이데올로기的 機能에 關한 研究」, 성균관대 박사논문, 1994, 269쪽.

13) 體育靑少年部, 앞의 책, 21쪽.

14) 김승영, 「역대 정권별 체육정책에 관한 연구」, 조선대 박사논문, 98쪽.

15) 국민생활체육협의회, 앞의 책, 36쪽.

16) 『체육』, 1990년 3월호, 6~9쪽.

17) 문화체육부, 『국민체육진흥5개년계획』, 1993, 270쪽.

정책국은 생활체육진흥과 체육시설 확충·관리를 주 업무로 하여 그 산하에 체육기획과, 생활체육과, 체육시설과를 두었다.

1998년 국민의 정부 출범과 더불어 문화체육부는 문화관광부로 개편되면서 체육관련 행정부서는 더욱 축소되는 결과를 가져왔다. 문화관광부는 1998년 2월 28일 정부조직법 개정(법률 제5529호)에 따라 문화체육부를 폐지하고 새로 발족되었으며, 발족 당시 1차관보 2실 6국 27과 7담당관제로 출범했다.[18] 문화관광부의 체육담당 기구는 체육국 1개국에 불과했다. 결국 제6공화국에 와서 체육관련 기구는 체육청소년부의 3개국 체제에서 시작해 문화체육부로 넘어와서도 처음에는 똑같이 3개 국을 유지했지만, 곧이어 2개 국으로 축소되었다가 마침내 체육국 1개 국으로 축소되는 결과를 가져오고 말았다.

문화관광부 체육국은 개편 당시 체육정책과, 체육지원과, 생활체육과, 체육교류과 등 4개 과로 편성되었으나, 1년 여만에 체육지원과와 생활체육과를 체육진흥과로 통합해 다시 3개 과로 축소 조정되었다. 그러다가 2002년 3월 9일 근무시간의 단축으로 여가시간의 증가를 건전한 체육활동으로 유도하고, 국민의 생활체육에 대한 수요의 다양화·전문화에 능동적으로 대처하기 위해 생활체육 전담부서의 신설이 요구됨에 따라 생활체육과가 다시 설치되었다.[19]

이런 과정을 거치면서 김대중 정부의 생활체육과 관련된 업무를 관장한 생활체육과의 주된 업무 영역은 생활체육진흥계획의 수립 및 조정, 체육주간 및 체육의 날 행사주관, 생활체육 관련단체의 설립 및 육성·지원, 생활지도자의 양성·배치, 국민 여가스포츠의 개발·육성, 체육시설업 및 관련단체의 육성·지원, 생활체육동호회 활동의 육성·지원 등이었다.

이후 스포츠여가산업에 대한 수요 및 관심 증가에 따라 2004년 11월에 다시 문화관광부 체육국은 직제를 개편하여 스포츠여가산업과를 신설하는 한편, 체육진흥과를 폐지하고 체육진흥과 업무 가운데 학교운동부, 전국체전 등의 사항은 생활체육과로, 프로단체 육성 등에 관한 사항은 국제체육과로 이관했다. 이어 2005년 12월에는 보건복지부로부터 장애인 관련 체육에 관한 사항을 이관받아 장애인체육과를 신설하여 장애인체육 진흥 업무를 추진하게 되었다.[20]

이로써 2005년 5월 현재 문화관광부 체육국은 체육정책과와 생활체육과, 스포츠여가산업과, 국제체육과, 장애인체육과 등 5개 과로 구성되어 있다. 이중 생활체육과의 주요 업무는 생활체육진흥계획 수립·시행, 생활체육 관련단체의 설립 및 육성·지원,

18) 李學來, 『韓國體育百年史』, 한국체육학회, 2000, 580~584.

19) 문화관광부,『2002 체육백서』, 2002, 41~42쪽.

20) 문화관광부,『2005 체육백서』, 2006, 19~20쪽.

체육지도자의 양성·배치, 생활체육동호인 활동의 육성·지원, 후보선수 및 운동경기부의 육성·지원, 전국체육대회 및 전국소년체육대회 개최 지원, 국민생활체육참여실태조사 및 국민체력실태조사, 생활체육시설 확충 등이다.

2. 생활체육프로그램

1) 직장체육관리위원회

박정희 정권의 등장은 6·25 동족상잔이란 비극의 상처가 채 아물지 않은 상태에서 비록 군사 정변이라는 비정상적 방법으로 이루어졌지만, 강력한 정치적 리더십을 발휘하여 조국 근대화를 기치로 내걸고 한국 사회의 재구조화에 새로운 전환점을 마련했다. 1960년대 조국 근대화를 기치로 제3공화국 시대를 연 박 정권은 체육진흥정책을 본격적으로 전개하면서 국민체육시대를 열어 갔다.

1962년 9월 17일 국가재건최고회의는 법률 제1146호로 국민체육진흥법을 제정했다. 국민체육진흥법의 제정은 법적·제도적으로 본격적인 국민체육시대를 여는 출발점이 되었다. 그후 국민체육진흥법은 1994년까지 무려 여덟 차례 개정되었다.[21]

1960년대 당시만 하더라도 한국 사회는 6·25 이후 피폐한 국내 사정으로 국민들의 체력 향상에 관심을 두기보다는 생활여건 개선에 급급한 상황이었다. 그러나 박정희 정권은 국민체육진흥법의 제정을 통해 국민체력 증진에 대한 관심을 새롭게 제고하여 국가와 지방자치단체가 체육진흥에 관한 시책을 강구토록 했다.

이어 박정희 정부는 1970년대에 와서 생활체육진흥을 위한 본격적인 관심을 기울이기 시작하여 제도적 측면에서 정책 추진을 뒷받침할 국가기구를 탄생시킨다. 국민체육심의위원회가 바로 그것이다. 국민체육심의위원회는 체육심의회로부터 출발했다. 체육심의회는 1969년 11월 3일 대통령령 제4187호로 개정된 국민체육진흥법 시행령에 따라 설치되어 문교부차관을 위원장으로 하고, 문교부 사회교육국장을 포함한 2인의 부위원장과 "체육, 보건 및 의학에 관한 학식과 경험이 풍부한 자 중에서 문교부장관이 위촉"(시행령 제1조 3항)한 위원 등 21인 이내로 구성되었다.

체육심의회는 발족 4개월만인 1970년 3월 3일 대통령령 제4694호에 따라 그 위상이 격상되어 국무총리가 위원장을 맡는 국민체육심의위원회로 개편되었다. 국민체육심의위원회는 국민체육의 기본계획, 학교체육의 기본계획, 체육시설에 관한 기본계획,

21) 韓國法制硏究院, 『大韓民國 法律沿革集』 第13卷, 1994, 301쪽.

체육기금의 확보 및 운용계획, 운동용구의 수급계획 등에 관한 사항 등을 심의했으며, 이와 함께 체육진흥관리위원회를 두어 실질적인 집행 과정에서의 문제들을 다룰 수 있게 했다.[22]

국민체육진흥법 시행령에 의해 설치된 체육진흥관리위원회는 학교체육진흥관리위원회와 직장체육관리위원회로 구분되었다. 이중 직장체육관리위원회는 상시 100인 이상의 종업원을 둔 국가 또는 공공단체기관, 기업체 또는 단체를 대상으로 하여 종업원의 체육진흥에 관한 사항,[23] 직장 체육시설에 관한 사항, 직장 체육시설 개방에 관한 사항, 직장의 체육행사에 관한 사항[24] 등을 다루도록 했다. 이에 따라 직장은 모두 단위별로 체육행사를 개최하고 그 나름으로 체육진흥 방안을 강구해 나가는 제도적인 장치를 마련할 수 있었다.

박정희 정권 하의 생활체육 진흥은 주로 지역사회의 체육과 직장체육을 중심으로 전개되었다. 지역사회의 체육은 지역사회의 공공단체나 유지·지도자들에 의해 계획, 조직, 시설, 지도되는 것으로 다음과 같은 내용을 위주로 이루어졌다.[25]

첫째, 지역사회 주민의 생활을 즐겁고 윤택하게 하기 위해 레크리에이션이나 스포츠를 즐길 수 있도록 방법, 시설, 조직을 배려한다. 둘째, 주민생활의 운동 부족을 해소하고 그들의 건강 및 체력의 유지 향상을 위해 헬스 센터, 스포츠교실, 체력 육성 및 운동 처방 등 상담 지도를 한다. 셋째, 스포츠의 소질이나 열의를 가진 자를 위해 클럽 조직을 지도하며 지역체육회와 협력한다. 넷째, 지역사회 내의 직장·기업체의 스포츠 활동과 연결을 갖고 협력한다는 것 등이었다.

지역사회 체육을 수도한 주요 단체들은 각 시·도체육회, 한국레크리에이션협회, YMCA, 어린이회관, 한국보이스카웃·걸스카웃연맹, 한국산악회, 대한산악연맹 등이었다. 정부는 이들 주요 단체들을 정책적으로 육성·활용했으며, 이들 단체의 생활체육 활성화를 통해 지역사회 체육의 발전을 꾀했던 것이다. 특히 이러한 단체들의 생활체육 활성화 운동은 정부기관과 관련 단체간의 유기적인 협조체제를 이루면서 더욱 활발하게 전개되었다.

---

22) 체육심의회와 체육진흥관리위원회에 관한 사항은 국민체육진흥법 시행령 제1장 및 제2장에서 자세히 다루어졌다.

23) 대통령령으로 규정된 직장의 장은 체육동호인조직과 체육진흥관리위원회를 설치하여야 하며, 생활체육지도자를 두고, 정부투자기관에는 1종목 이상의 운동경기부를 설치 운영하고 경기지도자를 두도록 규정하고 있다.

24) 지방자치단체는 그 행정구역단위로 연 1회 이상 체육대회를 직접 개최하거나 체육단체로 하여금 이를 개최하도록 지원하여야 하며, 직장인체육대회를 연 1회 이상 개최하도록 규정하고 있다.

25) 李學來, 앞의 책, 449~450쪽.

생활체육담당 부서 및 관련 단체들은 정부 내 담당 부서와 민간기구인 대한체육회 및 시·도 지부, 그리고 새마을체육회 등 관련 단체 사이의 기능과 역할이 상호보완적인 유기적 기능을 발휘할 수 있도록 짜여져 있었고, 그 내용도 상당히 다양한 형태로 뒷받침되었다. 그 결과 생활체육동호인의 클럽 숫자가 1970년대 이후 급격히 늘어났다. 1960년대에는 불과 4개 종목에 불과했으나 1970년대 이후에는 4배 이상 증가했고, 이용자 숫자도 그에 비례하여 증가하는 등 사회 전반에 걸쳐 생활체육활동이 뚜렷이 증가하는 흐름을 보여주었다.

2) 대한체육회 사회체육위원회

사회체육프로그램의 보급은 문교부 등 정부 차원보다는 대한체육회와 같은 사회단체의 주도로 이루어졌다. 대한체육회 산하에 설치된 사회체육위원회[26]는 주로 사회체육의 기본방침에 관한 사항, 사회체육의 진흥방법에 관한 사항, 직장체육의 지도와 육성 및 시설에 관한 사항, 직장 체육행사에 관한 사항, 부녀자체육 진흥에 관한 사항, 사회인을 대상으로 하는 경기장·체육관의 시설 및 운영에 관한 사항 등을 심의했고, 1976년에 이 위원회는 사회체육진흥 5개년계획을 발표하여 생활체육의 참여범위를 확산시켰으며, 국민들을 계몽할 생활체육 관련 책자를 발간하는 등 구체적인 움직임을 보였다.

특히 1977년부터 시행된 사회체육진흥 5개년계획은 정부 관계부처와 사회단체가 체육시책의 추진 방향과 그 내용에 대해 함께 심의하는 것을 비롯하여 사회체육시설의 확대, 지도자 양성, 관련 사회체육단체 사이의 협의체 조직 등을 통해 사회체육의 내실화를 도모하는 전반적인 내용을 포함하고 있다는 점에서 생활체육 발전의 이정표가 되었다.

사회체육진흥계획의 목표로는 국민의 총화 단결 및 통일과업의 수행, 경제성장과 산업구조의 기계화, 자유시간의 건전한 활용, 국민체육의 대중화 등이다. 대상으로는 사회체육행정의 보강, 사회체육 진흥을 위한 예산 확보, 사회체육의 시설계획, 사회체육단체 및 조직의 정비 육성, 사회체육지도자 양성(지도자 자력규정의 제도화), 사회체육의 조사연구, 활동계획 등이다.[27]

5차례에 걸친 각 연도별 목표 및 주요사업은 다음과 같다.[28]

제1차 연도인 1977년에는 조사연구를 통한 진흥계획 기본자료, 진흥법의 시행촉구,

---

26) 大韓體育會, 『體育白書』, 1972, 81~82쪽.

27) 한성일, '사회체육진흥 5개년계획의 실시에 즈음하여', 『체육』, 1977년 1월호, 21~22쪽.

28) 大韓體育會, 『體育年鑒』, 1977, 105쪽.

기초적이고 시범적인 사업활동을 목표로 했다. 그 주요사업으로는 텔레비전·라디오 등 대중매체를 통한 선전·계몽사업, 실태조사, 스포츠교실, 지도자강습회, 체육진흥법 시행령의 보강 등을 제시했다.

제2차 연도인 1978년의 목표로는 계몽적인 활동, 시설 확충 및 활용, 직장체육지도자 양성을 제시하고, 이를 위한 사업으로는 시도체육회의 사회체육위원회 활동강화, 사회체육 시범대상 선전, 새마을·직장운영 지도, 지도서 발간, 체조 제정 등을 제시했다.

제3차 연도인 1979년의 목표는 국민체육진흥법의 보강, 사회체육조직, 도장의 육성 지도, 활동종목 개발 등이었고, 사업내용은 체육시책 건의, 체육회 사회체육관련 부서 보강, 운동종목의 개발·보급, 조직이나 단체의 지도와 육성, 중앙사회체육센터 설치 등이었다.

제4차 연도인 1980년엔 시설의 설치, 체육행정의 보강, 사업활동의 확대 등을 목표로 설정했으며, 사업으로는 시설확대와 지방사회체육센터 설치, 지도자 자격제도, 체육행정가의 전문직화, 유지·지도자의 확보, 공공체육시설에 지도자 배치 등이었다.

마지막 연차인 1981년에는 체육의 생활화를 목표로, 사회인의 스포츠테스트, 지도자 및 사회체육협의회 설치, 체력장제도, 체육상담기구 개설, 군단위 사회체육센타 설치 등을 사업내용으로 정했다.[29)]

각 시·도 체육회도 대한체육회의 조직적 지원 아래 사회체육 보급에 적극적으로 임했다. 대한체육회는 사회체육을 위해 각 시·도 체육회 사회체육위원회를 통해 사회체육지도자회를 조직했다. 사회체육지도자회의 위원 구성은 주로 시·도 체육회 사회체육위원 중에서 실무 가능한 자, 사회체육지도자 강습회 수료자, 시·도 소재 대학의 체육과 학생 중 특기를 가진 자, 시·도 체육행정 담당자, 지방유지 및 독지가, 지방 사회체육단체 지도자, 지방 보건행정 담당자, 지방 직장체육지도자 등으로 이루어졌다.[30)]

사회체육지도자회는 이같은 위원들을 중심으로 지역사회나 직장체육의 실기 지도, 스포츠활동의 촉진을 위한 조직 육성, 공적인 스포츠행사나 사업 협력, 스포츠단체나 행사에의 협력, 체육에 대한 이해 촉진, 체육진흥을 위한 지도 및 조언을 담당했다.

대한체육회는 각 시·도 체육회의 이러한 활동을 뒷받침하기 위해 사회체육지도자 강습회, 체력측정요원 강습회 등을 개최하고, 신세기체조 레코드 및 도해도를 배포하기도 했다. 대한체육회 각 시·도 체육회에서 개최한 사회체육지도자 강습회 개최 실태를 보면, 제1차 년도인 1968년에 69회, 1969년에 67회, 1970년에 60회, 1971년에 37회 등 4년 동안 233회를 개최하여 사회체육지도자로 배출된 인원은 1970년 60명, 1971년 37명에 이르렀다.[31)]

---

29) 위와 같음.

30) 大韓體育會, 『體育白書』, 143쪽.

대한체육회 이외에도 생활체육 보급 및 교육에 크게 공헌했던 단체들은 한국레크리에이션협회, YMCA, YWCA, 한국보이스카웃연맹, 한국걸스카웃연맹, 한국산악회 등이었다. 한국레크리에이션협회는 여가 선용과 청소년 선도의 새 방식을 제공하는 생활체육의 뜻을 알리고 보급하는 데 많은 노력을 기울여 1962년에 한국 민속집단무용 창작발표회를 갖고, 서울 시내 남녀 고등학생 및 대학생의 여가 및 그 활용에 관한 실태조사를 벌이는 등의 활동을 활발히 벌였다. 이와 함께 국제레크리에이션회의에 한국 대표를 파견하고, 서울 시내 어린이 놀이터에 관한 실태조사를 통해 생활체육의 실상을 진단하고 대안 모색에 힘썼다.32)

YMCA의 생활체육 업적이 두드러졌다. 일제시대부터 체육활동의 보급에 힘써 온 YMCA는, 특히 1960년대 이후 건전한 오락으로서의 체육과 레크리에이션을 보급하는 데 중점을 두었으며, 이를 통해 한국 체육계에 끼친 공헌은 참으로 컸다.

1971년만 보더라도 YMCA는 단기 프로그램으로 소년소녀 신체적성교실, 초보자 수영강습, 불구아동 수영강습, 체육지도자 강습, 인명구조대 강습 파견 등을 비롯하여 방학 중에 어린이체능교실을 개설하고, 연중 프로그램으로 유아 체능교실, 어머니 미용체조, 회원 골프 등을 지도했다. 이외에도 전국농구자유투대회, 전국어린이수영대회, 전국신인펜싱선수권대회, 전국YMCA배구대회, 전국단체유도대회, 직장대항 초심자 배드민턴대회 등을 개최했다.33)

YWCA도 그 안에 보건체육부를 두어 보건체육 분야의 지도력 양성을 위한 특별강습과 정기행사, 무료강좌 및 봉사사업을 활발히 전개했고, 각 지방의 YWCA도 다양한 활동을 벌였다. 정기행사는 주로 트램플린 기계체조, 배드민턴, 펜싱, 현대무용, 발레, 미용체조, 한국무용 등을 주 종목으로 하여 저변 확대에 힘썼으며, 지도력 양성을 위한 특별강습에 있어서도 다양한 종목의 특강을 마련했다. 즉, 레크리에이션, 유치원 보모, 민속춤, 수영, 한국무용, 스케이팅, 보건, 미용체조, 사교춤, 어린이 놀이지도 특강 등으로 여성들을 대상으로 하는 생활체육의 영역을 넓히고 그 내용을 보급하는 데 큰 공헌을 했다. 특히 YWCA는 무료강좌와 봉사활동을 통해 생활체육의 보급을 전개함으로써 한국 사회가 명랑하고 건전한 사회적 기풍을 조성하고 적극적인 사회참여를 통해 시민사회로 성숙시켜 나가는 원동력이 되었다.34)

YMCA와 YWCA 외에도 보이스카웃·걸스카웃연맹이 주최하는 청소년 야영대회나 구기종목 대회 등이 활발하게 행해졌고, 특히 어린이회관에서 주최하는 체육교실이

---

31) 위의 책, 144~145쪽.

32) 위의 책, 145쪽.

33) 李學來, 앞의 책, 452~453쪽.

34) 위의 책, 453쪽.

두드러졌다.[35] 또한 당시 생활체육이 아직 활성화되지 못한 상황에서 주된 생활체육으로 행해졌던 등산이 대한산악연맹에 의해 비교적 활발하게 전개되기도 했다. 산악연맹이 주관하는 연중 행사는 대체로 30종목에 달하며 연간 참여인원도 12만여 명에 이를 정도였다.[36]

3) 한국사회체육진흥회

1982년 3월 20일에 이루어진 체육부 발족은 한국 체육사에 있어 커다란 분수령이었다. 그 동안 1962년에 문교부에서 법규만 제정하고 시행이 제대로 되지 않아 유명무실하게 운영되어 오던 국민체육진흥법을 1982년 12월 31일 전면 개정하여 생활체육의 진흥 노력에 박차를 가했다.

이에 앞서 전두환 정부는 1981년 9월 새마을운동중앙본부의 기구 내에 새마을체육회를 두었다. 새마을체육회는 생활체육지도자의 양성에 주력했는데, 그 근거는 1982년 개정된 국민체육진흥법에 따라 1984년 12월 제정된 체육지도자 연수 및 자격검정에 관한 규칙이었다.[37]

그러다가 1985년 4월 한국사회체육진흥회가 새마을조기체육회를 모체로 하여 국민건강 및 체육증진, 국민의 여가 선용과 체육문화 창달, 범국민적 화합과 협동심 배양, 경기력 향상 기반조성과 복지사회 건설을 목적으로 발족되었나. 새마을조기체육회는 1970년대 농촌 중심의 새마을운동이 전국적으로 확산되어 새마을 조기축구회 등을 중심으로 한 동호회조직이 활성화되면서 태동된 것이다.[38]

출범 당시 한국사회체육진흥회는 15개 시도지부와 20개 회원단체 및 1백만 회원을 거느릴만큼 대단한 효과를 보았는데, 그 주된 활동은 축구, 배드민턴, 테니스, 사이클, 배구, 합기도, 야구 등 7개 종목의 보급이었다.[39]

이렇게 설립된 한국사회체육진흥회는 사회인체육대회 개최, 국가공인 사회체육지도자 양성과 연령·직업별 사회체육프로그램 개발, 직장체육 우수사례 발표회, 범국민 체육활동 참여운동 등을 전개했다.[40]

그런데 한국사회체육진흥회는 당시 대통령 전두환의 동생인 전경환이 회장을 맡은 사실에서 보듯이 사실상 관변단체였으며, 그 운영상에서도 많은 문제점을 갖고 있었

35) 大韓體育會, 『體育白書』, 149~150쪽.
36) 위의 책, 151쪽.
37) 고광헌, 『스포츠와 정치』, 푸른나무, 1988, 100쪽.
38) 體育青少年部, 앞의 책, 214쪽.
39) 李康雨, 앞의 글, 1994, 203~204쪽.
40) 체육청소년부, 앞의 책, 214쪽.

다. 단 시간에 그 규모가 크게 확대된 것도 권력자의 동생이 회장이라는 사실이 크게 작용한 것은 물론, 새마을체육대회 등을 통하여 대중을 동원함으로써 제5공화국의 체제 유지를 위한 역할을 그 주된 기능으로 삼았기 때문이었다. 게다가 예산 운영에서도 많은 문제점을 보였다.[41] 1985년부터 3년간 약 15억 원의 국고지원을 받았는데, 이는 대한체육회의 체육진흥비를 유용한 것이었다. 그나마 대부분의 예산도 새마을체육회 등 각종 대회행사비에 지원되었을 뿐이고, 심지어 확보된 예산의 65~77%만 집행하는 등 예산운용에 많은 문제점을 보였다.

이처럼 한국사회체육진흥회는 국고의 유용, 운영의 부실 등으로 생활체육을 위한 조직이라기보다는 스포츠를 정치도구화하여 제5공화국의 체제 유지를 위한 관변단체에 다름 아니었다. 이로써 대한체육회의 생활체육기능은 한동안 파행적으로 운영되는 등 전체적으로 생활체육은 부진할 수 밖에 없었다.

그럼에도 불구하고 한국사회체육진흥회는 그 존속기간인 1985년 9월부터 1987년까지 범국민 체육활동 참여운동 전개 5건, 사회체육 조사연구사업 12건, 사회체육지도자 연수 4회, 사회체육 홍보사업 12건, 각종 체육대회 개최 및 지원사업 8건 등을 실시하는 등[42] 어느 면에서는 생활체육 진흥사업을 그 나름대로 전개했다고 볼 수도 있다.

4) 국민생활체육협의회

1970년대까지만 하더라도 생활체육은 여건 및 인식의 부족으로 소수의 사람들만이 참여하는 정도였다. 1980년대에 들어서면서 비로소 본격적인 관심을 불러일으키기 시작했으나, 실상은 여전히 1980년대까지는 체육 전반에 걸쳐 엘리트스포츠가 지나치게 강조되어 생활체육의 저변 확대는 제한적일 수 밖에 없었다.

그러다가 1988년 서울올림픽대회 개최 후 엘리트스포츠에만 집중되었던 정부의 체육정책과 국민들의 관심이 생활체육으로 전환되면서 국민들의 체육활동 참여가 급속히 확대되어 '생활 속에서 체육활동을 즐기는 것'이 하나의 사회적 현상으로 나타나는 생활체육 정착 시기로 접어들었다.

노태우 정부는 서울올림픽대회의 성공적인 개최 이후 체육정책의 방향을 엘리트스포츠 중심으로부터 생활체육 진흥으로 전환하는 커다란 변화를 보였다. 이를 반영한 것이 일명 '호돌이 계획'이었다.[43] '호돌이'라는 명칭은 서울올림픽대회로 고양된 국민적 자긍심을 생활체육으로 승화시키고, 한민족에게 친근감을 준다는 의미로 부여된

---

41) 李康雨, 앞의 글, 204~205쪽.

42) 위의 글, 205쪽.

43) 體育青少年部, 앞의 책, 166쪽.

것이다. 호돌이 계획은 국민생활체육 진흥을 통하여 건민·복지사회를 실현하고, 국민의 축적된 에너지를 활용하여 국가 사회발전을 가속화시키며, 여가 생활의 건전화를 통한 바람직한 청소년을 육성하는 데 목표를 두고 있다.

1990년 3월에 입안되어 추진된 호돌이 계획은 국민생활체육진흥3개년종합계획으로 구체화되어 생활체육 발전의 제도적 기반 구축을 모색하기에 이르렀다. 호돌이 계획은 정부, 지방자치단체, 민간단체가 공동으로 생활체육 진흥을 위해 추진하고자 하는 모든 계획을 종합한 것으로, 1990년부터 1993년까지를 1차 계획 기간으로 했다. 호돌이 계획의 주요 내용을 보면 다음과 같다.

첫째 생활체육시설을 확충하고 다양한 생활체육 프로그램의 개발 보급, 생활체육지도자 육성 등을 통한 생활체육 참여 여건을 조성하고, 둘째 국민 각계각층의 참여 기회를 확대하기 위한 각종 생활체육대회 개최, 체육동호인의 조직 육성, 지역사회 생활체육교실의 상설 운영, 연령별·성별 국민체력표준치 설정 보급, 지역·학교·직장 등의 체육활동 우수사례 발굴 및 확산 등 참여의식을 고취시키는 사업의 실시 등이었다.[44] 이러한 사업계획의 추진을 위해 사단법인체인 국민생활체육협의회가 설립되기에 이르렀다. 국민생활체육협의회는 생활체육운동을 민간 차원에서 전담하여 범국민체육 운동으로 확산시키고 다양한 생활체육동호인 활동을 체계적으로 지원 육성할 목적으로 민법 제32조 '비영리법인의 설립과 허가'에 근거하여 1991년 2월 6일 사단법인체로 탄생되었다.[45]

국민생활체육협의회의 결성은 지방조직의 결성에서부터 출발했다. 각 시·군·구에서 1990년 7월 6일부터 생활체육협의회를 결성하기 시작하여 11월 30일에 15개 시·도에서 생활체육협의회 결성을 완료했으며, 12월 20일 15개 시·도 생활체육협의회장 발기인 대회를 개최한 후 1991년 1월 8일에는 사단법인 국민생활체육협의회 창립총회를 거쳐 2월 6일 사단법인 설립허가를 받아 정식 출범했다.[46]

국민생활체육협의회 출범 이전까지의 생활체육이 지역사회와 직장의 동호인을 중심으로 부분적으로 이루어지고 있었으나 시설과 공간의 부족, 활동프로그램의 부족, 생활체육운동을 담당할 민간 전문조직 미흡 등으로 활성화되지 못한 실정이었다. 때문에 국가가 나서서 민간 중심의 생활체육단체를 육성한다는 계획하에 국민생활체육협의회를 발족시켰던 것이다.

이렇게 출범한 국민생활체육협의회는 곧바로 중앙단위 행사와 시·도 및 시·군·구 단위 행사를 주관함으로써 국민생활체육 활성화에 일익을 담당했다. 전국 차원에

44) 공보처, 『제6공화국실록』, 1992, 484쪽.

45) 위의 책, 486쪽.

46) 위와 같음.

서는 1991년 주부 건강 달리기, 체육 소외계층 행사, 장관기 생활체육전국게이트볼대회, 제1회 장관기 생활체육전국배드민턴대회, 전국건강생활체조경연대회, 제1회 장관기 생활체육전국축구대회 등의 중앙단위 행사가 이루어져 연인원 1만 4,500명이 참가했다. 또한 각 시·도 및 시·군·구 단위에서는 걷기를 비롯한 30여 종목에 걸친 각종 행사를 1만 3,120회 실시하여 총 참가인원 332만 4,460명을 기록했다.[47]

생활체육협의회는 전국 규모의 체육행사 개최를 통해 지역단위 종목별 동호인 활동을 활성화시키고, 직장체육지도자 강습회 개최, 직장체육 지도서 및 프로그램을 개발 보급하는 한편, 국민체조와 건강생활체조를 보급했다. 이와 함께 민속놀이 보급과 씨름왕 선발대회 등을 개최해 민속경기를 진흥시키고, 여성지도자 강습회 개최, 주부체육교실 운영, 체조·에어로빅 경연대회 등을 통해 여성체육의 활성화에 기여했으며, 체육 활성화를 위한 포스터, 스티커 등 홍보자료를 제작 배포하고 민간기업·단체의 사보, 협회보 및 유선방송을 통해 홍보사업을 전개함으로써 체육인구 저변 확대에 기여했다.

또한 생활체육 활성화를 위해서는 국민의식 전환이 필요하다는 인식 하에 각종 매체를 통해 홍보활동을 전개했다. 매스 미디어, 사보, 협회보, 유선 TV 등을 통한 홍보와 비디오 테이프 제작 및 기타 발간물을 통한 홍보를 통해 생활체육의 대중화에 힘썼다. 이를 위해 생활체조 비디오 테이프 및 녹음 테이프를 제작 보급하고, 월간 생활체육 소식지를 발간 배포했으며, 홍보용 스티커를 제작 배포했다. 아울러 관련 자료를 비치한 생활체육상담실도 운영했다.

나아가 국민생활체육협의회는 프로그램 보급사업의 일환으로 생활체조 '가슴을 열자' 보급, 생활체육광장 상설 운영, 생활체육 자원봉사자 강습회 개최 등 다양한 형태의 사업을 실시하여 많은 성과를 거두었다. 생활체조 보급을 위해 각 시·도에서 2명씩, 중앙에서 20명을 합쳐 도합 50명의 시범단원을 육성했고, 이들을 통해 지역 및 직장별로 순회지도를 실시하여 중앙에서 1만 2,632명, 시·도에서 17만 3,426명을 지도했다.[48]

이러한 생활체육 프로그램의 보급으로 주 2~3회 이상 생활체육 참여율이 꾸준히 증가하는 추세를 보이고 있다. 즉 1989년 27.2%에서 1997년 38.8%까지 증가 추세를 유지하다가 1998년 IMF로 인해 참여율이 33.4%로 약간 감소했지만 2003년에 다시 39.8%로 증가하는 추세를 보이고 있다(<표 2-43> 참조).[49]

---

47) 공보처, 앞의 책, 494쪽.

48) 위의 책, 495쪽.

49) 문화관광부, 『2003 체육백서』, 2004, 175쪽.

〈표 2-43〉 생활체육 활동 참여율 변화

연 도 별	1989	1991	1994	1997	2000	2003
참 여 율	27.2%	34.7%	37.6%	38.8%	33.4%	39.8%

※ 매 3년주기 조사

구체적으로 보면 월 2회 내지 3회 이상 생활체육에 참여하는 사람 가운데 규칙적으로 참여하는 비율을 연도별로 비교해 보면, 매일 참여자는 연도별로 감소하는 추세(1986년 28.5%→ 2003년 14.7%)이며, 주 2~3회 이상 참여자의 참여율도 감소(1986년 72.3% → 2003년 51.4%) 추세다. 반면에 주 1회 또는 월 2회 내지 3회 정로 생활체육에 참여하는 비율은 증가하고 있다(<표 2-44> 참조).[50]

〈표 2-44〉 규칙적 생활체육 참여자(월 2~3회 이상) 참여빈도 연도별 비교(%)

년 도 별	매 일	주 4~5회	주 2~3회	주 1회	월 2~3회
1986	28.5	11.4	32.4	19.8	7.9
1989	20.2	8.9	27.0	24.5	19.3
1991	20.9	18.5	27.5	20.0	13.1
1994	30.5	7.9	27.9	19.8	13.9
1997	19.4	15.1	27.8	21.6	16.1
2000	14.5	10.8	25.3	24.0	25.4
2003	14.7	11.0	25.7	25.2	23.5

그리고 국민생활체육협의회의 적극적인 활동에 따라, 1993년부터 1997년까지의 생활체육동호인 현황을 보면 매년 평균 31%씩 증가 추세에 있으며, 1997년 1월 현재 33,553클럽 1,369,504명의 동호인(인구대비 3%)이 활동하고 있으나, 독일 등 선진국의 30~50% 수준에는 크게 미달하고 있는 실정이다(<표 2-45> 참조).[51]

〈표 2-45〉 생활체육 동호인 현황

구분	클럽수(개)	동호인수(명)	인구대비(%)
1993	16,518	661,576	1.6
1994	22,285	916,644	2.2
1995	30,129	1,272,957	2.8
1997(1월 현재)	33,553	1,369,504	3

50) 위의 책, 122~123쪽.

51) 국민생활체육협의회, 『1997년도 사업실적보고서』, 1997, 32~33쪽.

하지만 1997년 IMF로 다음의 <표 3-4>에서 확인할 수 있듯이, 생활체육동호인 수는 일시 줄어들었으나 2000년에 와서 인구대비 3%대를 회복한 후 지속적으로 증가하고 있는 추세이다(<표 2-46> 참조).[52)]

〈표 2-46〉 생활체육동호인클럽의 증가

구 분	클럽 수	동호인수	인구대비
1998	31,257	1,173,837	2.7%
1999	36,904	1,322,476	2.9%
2000	41,986	1,442,145	3.0%
2001	46,051	1,559,242	3.4%
2002	52,020	1,776,604	3.7%
2003	64,665	2,176,221	4.5%

이처럼 생활체육동호인과 클럽 수가 증가함에 따라 종목별 생활체육동호인연합회 수도 꾸준히 늘어나는 추세이다(<표 2-47> 참조).[53)]

〈표 2-47〉 생활체육종목별연합회 결성 현황

연도	전국종목별연합회	시·도종목별연합회	시·군·구연합회
1991	6종목	10종목(100개연합회)	통계없음
1997	16종목	42종목(230개연합회)	50종목(2,102연합회)
2002	40종목	63종목(441개연합회)	84종목(3,326연합회)
2003	44종목	65종목(524개연합회)	109종목(3,847연합회)

3. 생활체육지도자 양성

1971년 1월 법률 제2297호로 개정된 국민체육진흥법 제9조 2에는 "대통령령으로 정하는 직장에는 체육지도자를 두어야 한다."라고 규정하고 있지만, 생활체육지도자의 양성기관이 우리나라의 경우는 1960년대까지는 전혀 없었다. 여기서의 생활체육지도자란 한 종목의 스포츠코치에 한정한 것이 아니라, 기업체나 기관에서 직원의 복지·후생·건강관리, 레크리에이션을 일괄적으로 지도할 수 있는 자이다.

52) 문화관광부, 『2003 체육백서』, 175~176쪽.

53) 위의 책, 176쪽.

미흡하나마 1970년대까지는 생활체육지도자 양성역할은 대한체육회가 맡았다. 각 시·도 체육회는 대한체육회의 조직적 지원 아래 생활체육 보급에 적극적으로 임했다. 대한체육회는 생활체육을 위해 각 시·도 체육회 사회체육위원회를 통해 사회체육지도자회를 조직했다. 사회체육지도자회의 위원 구성은 주로 시·도 체육회 사회체육위원 중에서 실무 가능한 자, 사회체육지도자 강습회 수료자, 시·도 소재 대학의 체육과 학생 중 특기를 가진 자, 시·도 체육행정 담당자, 지방유지 및 독지가, 지방 사회체육단체 지도자, 지방 보건행정 담당자, 지방 직장체육 지도자 등으로 이루어졌다.

사회체육지도자회는 위원[54]들을 중심으로 지역사회나 직장체육의 실기 지도, 스포츠활동의 촉진을 위한 조직 육성, 공적인 스포츠행사나 사업 협력, 스포츠단체나 행사에의 협력, 체육에 대한 이해 촉진, 체육진흥을 위한 지도 및 조언을 담당했다.

대한체육회는 각 시·도 체육회의 이러한 활동을 뒷받침하기 위해 사회체육지도자 강습회, 체력측정요원 강습회 등을 개최했다. 대한체육회 각 시·도 체육회에서 개최한 사회체육지도자 강습회 개최 실태를 보면, 제1차년도인 1968년에 69회, 1969년에 67회, 1970년에 60회, 1971년에 37회 등 4년 동안 233회를 개최하여 사회체육지도자로 배출된 인원은 1970년에 60명, 1971년에 37명에 이르렀다.[55]

이렇게 사회체육지도자 양성은 1970년대까지는 체계적으로 이루지지 않았다. 그러다가 1982년 12월에 개정된 국민체육진흥법에 따라 사회체육지도자 양성근거가 구체적으로 마련되었다. 그 근거법령은 국민체육진흥법 제11조(체육지도자의 양성), 국민체육진흥법시행령(체육지도자의 양성과 자질향상), 제24조(사회체육지도자), 제25조(체육지도자의 검정), 국민체육진흥법 시행규칙 제9조(체육지도자 연수 및 자격검정), 제9조의 2(2급 사회체육지도자 자격취득을 위한 이수교과과목), 제9조의 3(체육분야 학사학위 소지자 등에 대한 사회체육지도자 자격부여 절차) 등이다.

사회체육지도자는 해당 종목 사회체육분야의 코치로서 1급, 2급, 3급으로 구분된다. 특히 1급 사회체육지도자는 의료인에 의한 의학적 검진결과 의료인의 치료가 필요하지 아니하다고 인정되는 사람을 대상으로 그 개인의 체력적 특성에 적합한 운동종목·강도·빈도·시간 등의 운동 수행방법을 구체적으로 작성·제시하는 업무를 수행한다.[56] 다음의 <표 2-48>은 2002년 현재의 생활체육지도자 종류 및 자격 요건이다.

---

54) 大韓體育會, 『體育白書』, 143쪽.

55) 위의 책, 144~145쪽.

56) 문화관광부, 『2002 체육백서』, 459~460쪽

〈표 2-48〉 생활체육지도자의 종류 및 자격 요건

<table>
<tr><th colspan="2">종 류</th><th>자 격 요 건</th></tr>
<tr><td rowspan="3">생활체육
지 도 자</td><td>1급</td><td>- 2급생활체육지도자 자격을 가진 자로서 선수 또는 체육에 관한 행정·연구·지도분야의 경력이 3년 이상인 자
- 체육분야에 관한 박사 또는 석사학위를 취득한 자
- 제1호 및 제2호에 규정된 자와 동등 이상의 자격이 있다고 문화관광부장관이 인정하는 자</td></tr>
<tr><td>2급</td><td>- 3급생활체육지도자 자격을 가진 자로서 선수 또는 체육에 관한 행정·연구·지도분야의 경력이 3년 이상인 자
- 체육분야에 관한 학사학위를 취득한 자
- 대학 또는 전문대학 체육관련학과를 졸업하고 선수 또는 체육에 관한 행정·연구·지도분야의 경력이 2년 이상인 자
- 제1호 내지 제3호에 규정된 자와 동등이상의 자격이 있다고 문화관광부장관이 인정하는 자</td></tr>
<tr><td>3급</td><td>- 문화관광부장관이 정하는 연수과정을 수료하고 검정에 합격한 자</td></tr>
</table>

이렇게 생활체육지도자의 육성근거는 1982년 12월에 개정된 국민체육진흥법에 처음 마련되었으며, 1984년 8월 한국사회체육진흥회를 연수원으로 지정하여 1987년부터 2년 동안 2급 지도자 1,219명을 양성했다.[57]

노태우 정부 초기 생활체육정책으로는 1988년 지역사회의 체육활동 참여확대 방안이 있었다. 이때 여건조사, 시설확충 및 이용, 프로그램 개발, 지도자 양성 및 배치, 행정 및 재정지원 방안 등이 제시되었다.[58] 이듬해 1월에는 체육정책에 관한 공청회를 열고, 이때 제기된 사안을 토대로 기본적인 생활체육 진흥방안을 마련했다. 여기서는 구체적으로 생활체육지도자 양성제도 개선, 프로그램 개발 및 보급, 체육시설 확충, 국민체육진흥기금 확대 및 지원 등 재원 확보방안 등이 제시되었다.[59]

이 가운데 생활체육지도자 양성과 배치의 경우 1992년까지 약 1만 명을 양성하는 것은 물론, 체육계 학과 전공자들에 대한 교육제도 개선과 관계법령 개정 등으로 생활체육지도자들을 민간체육시설과 직장체육에 의무적으로 배치하도록 했다.

이에 따라 체육청소년부는 1989년 각 지역별 8개 대학을 연수기관으로 지정하여 1991년까지 6,438명의 3급 생활체육지도자를 배출했으며, 1991년에는 한국체육과학연구원을 체육지도자 연수기관으로 추가 지정하여 3급 실기검사 및 자격검정을 총괄하게 하는 동시에 2급 생활체육지도자를 양성하고 있다(<표 2-49, 2-50> 참조).[60]

57) 體育青少年部, 앞의 책, 203~205쪽.

58) 體育部, 『올림픽이후의 體育政策에 관한 公聽會 結果報告』, 1989, 10쪽.

59) 위의 책, 11~18쪽 및 129~146쪽.

김영삼 정부는 1993년 7월 국민체육진흥5개년계획[61]을 수립하여 국민체력 증진과 여가 선용 도모를 첫 번째 정책적 목표로 삼았다. 이를 위한 정책적 과제로서 '생활체육의 범국민적 확산'을, 그 구체적 방안으로는 국민의 체육활동 참여의식 고취, 체육활동 공간 확충 및 생활체육지도자 양성, 국민체육활동의 체계적 육성과 지원, 국민 건전여가 기회의 확대 등을 제시했다.

이중 생활체육지도자 양성 계획에 따라 김영삼 정부 임기 동안 양성된 생활체육지도사수는 19,315명이었다. 이는 1992년까지의 14,230명에 비해 크게 확대된 것이다.[62] 이 숫자는 당초 계획의 97.6%를 양성하여 대제로 성공적이었지만 대부분이 3급 생활체육지도자였으며, 1, 2급 지도자의 수는 그다지 변동이 없었다.[63]

한마디로 양적인 측면에서 가시적인 성과에 주력한 결과라고 할 수 있다. 그나마 이들을 활용할 방안도 제대로 마련하지 못했다. 즉 3급 생활체육지도자는 체육시설업 지도자인데,[64] 애써 양성한 3급 생활체육지도자의 활용이 전무한 실정이었다. 1994년의 경우 364개 지방자치단체의 운영 시설중 생활체육지도자는 3.5%만이 배치될 정도였다.[65]

출범 초기 김대중 정부는 100대 국정과제를 선정했는데, 체육정책과 관련해서는 '사회건강은 생활체육에서'라는 과제를 제시했다. 그 중점 사업으로는 첫째 국민의 체육활동 참여기회 확대, 둘째 체육지도자 양성, 셋째 다양한 여가생활을 위한 복합체육시설 확충 등을 선정했다.[66]

이같은 중점과제와 사업은 1998년 마련된『국민체육진흥제2차계획』으로 나타났다 즉 2자 계획에서는 평생체육활동을 정착시키기 위하여 생활체육 참여 활성화 및 지역공동체 주민활동의 장으로서 체육시설 확충, 미참여 인구의 생활체육 프로그램 참여확대, 생활체육 지도인력의 육성 및 활용, 국민체력관리의 과학적 지원, 민간주도적 생활체육 확산 등[67]이었다. 이중 생활체육지도자 양성인원을 보면,[68] 각각 1998년 6,870명, 1999년 6,960명, 2000년 5,977명, 2001명 6,585명 등이다.

생활체육지도자 양성기관으로는 체육과학연구원과 연수원으로 지정받은 대학으로

---

60) 體育靑少年部, 앞의 책, 205쪽.

61) 문화체육부,『국민체육진흥5개년계획』, 1993.

62) 박혜란,「김영삼 정권의 체육정책에 관한 연구」, 한양대 박사논문, 2005, 104쪽.

63) 위의 글, 105쪽.

64) 공보처,『변화와 개혁 : 金永三정부 國政5年 資料集』3, 1997, 619쪽.

65) 문화체육부,『체육진흥정책평가회 자료』, 1994, 36쪽.

66) 문화관광부,『2002체육백서』, 36쪽.

67) 문화관광부,『국민체육진흥5개년계획』, 28쪽.

68) 문화관광부,『2002체육백서』, 467쪽.

구성되어 있다. 1급과 2급은 체육과학연구원이 연수와 자격검정을 담당하고, 3급의 경우 자격검정을 담당하고 있으며, 2002년 현재 21개 기관이 연수를 담당하고 있다.[69] 생활체육지도자 양성기관 현황은 <표 2-49>와 같다.

〈표 2-49〉 생활체육지도자 양성기관 현황

급 별	연 수 원		자격검정기관	
	연 수 원 명	지정년도	검 정 기 관 명	지정년도
1 급	체육과학연구원	'95. 5. 3	체육과학연구원	'95. 5. 3
2 급	체육과학연구원	'91. 10. 17	체육과학연구원	'91. 10. 17
3 급 (21개)	서 울 대 용 인 대 충 남 대 조 선 대 동 아 대 제 주 대 국 기 원 계 명 대 한국프로골프협회 전 북 대 강 원 대 충 청 대 인 천 대 군 산 대 부 경 대 진주전문대 공 주 대 신 라 대 경 희 대 건 국 대 순 천 대	'88. 11. 29 '88. 11. 29 '88. 11. 29 '88. 11. 29 '88. 11. 29 '90. 9. 24 '90. 2. 23 '92. 2. 20 '92. 12. 22 '96. 9. 20 '96. 9. 20 '97. 10. 23 '97. 10. 23 '98. 1. 21 '98. 1. 21 '98. 1. 21 '98. 1. 21 '02. 5. 29 '02. 5. 29 '02. 5. 29 '02. 5. 29	체육과학연구원	'91. 10. 17

이들 양성기관에서 연도별로 양성된 생활체육지도자 현황은 <표 2-50>과 같다. 2003년 현재 생활체육지도자는 1986년 2급 177명이 양성된 것을 시작으로 2003년 현재 1급 332명, 2급 4,535명, 3급 67,788명이 양성되었다.[70]

69) 문화관광부, 『2002체육백서』, 467쪽.

70) 문화관광부, 『2003체육백서』, 461~463쪽.

〈표 2-50〉 연도별 생활체육지도자 양성현황 〈단위 : 명〉

구분	'86	'87	'88	'89	'90	'91	'92	'93	'94	'95
1급										17
2급	177	606	436			126	166	137	204	128
3급				2,629	3,808	3,497	2,785	3,194	3,068	3,282
계	177	606	436	2,629	3,808	3,623	2,951	3,331	3,272	3,427

구분	'96	'97	'98	'99	2000	2001	2002	2003	계
1급	21	23	52	48	36	40	48	47	332
2급	137	158	402	370	404	481	163	440	4,535
3급	4,194	4,752	6,416	6,542	5,537	6,064	7,055	4,965	67,788
계	4,352	4,933	6,870	6,960	5,977	6,585	7,266	5,452	72,655

하지만 1급의 경우 1998년 52명을 정점으로 매년 감소했고, 2급도 1998년 이후 매년 평균 4백명 수준을 유지한 반면에 양성인원 90%가 3급이다. 게다가 총 74개 종목 72,655명의 생활체육지도자 양성인원 가운데 보디빌딩(11,818명), 태권도(11,536명), 수영(10,718명) 골프(5,415명), 에어로빅(5,263명) 등 특정 종목에 치우쳐 있다.

생활체육지도자의 활용에도 문제가 많다. 2000년도부터 시작된 지역단위 생활체육지도자 배치사업은 지역 주민에게 과학적이고 체계적인 체육활동을 지도하고, 신규 프로그램 보급을 확산시켜 대국민 체육서비스의 질을 제고하기 위해 도입되었다.[71] 시역별 생활체육지도자 배치현황은 <표 2-51>과 같다.

〈표 2-51〉 지역별 생활체육지도자 배치현황 〈2004년 3월 현재〉

구 분	배치인원	근무인원	종 목	구분	배치인원	근무인원	종 목
계	839	816					
서울	88	84	에어로빅 외 17종목	강원	61	58	에어로빅 외 11종목
부산	48	45	에어로빅 외 9종목	충북	38	37	에어로빅 외 9종목
대구	38	38	에어로빅 외 10종목	충남	46	46	에어로빅 외 12종목
인천	34	30	에어로빅 외 7종목	전북	45	42	에어로빅 외 11종목
광주	29	29	에어로빅 외 7종목	전남	60	60	에어로빅 외 13종목
대전	35	35	에어로빅 외 7종목	경북	67	66	에어로빅 외 9종목
울산	42	42	에어로빅 외 10종목	경남	71	70	에어로빅 외 10종목
경기	116	113	에어로빅 외 21종목	제주	21	21	에어로빅 외 8종목

71) 문화관광부, 『2003체육백서』, 466쪽.

그런데 2001년 지역별 생활체육지도자의 배치현황을 보면,[72] 배치인원과 실제 근무인원이 일치하는 지역은 광주, 울산, 경북 등이다. 물론 일치하지 않은 인원은 부산의 5명 정도로 그리 심각한 수준은 아니라고 할 수 있다. 하지만 임금수준이 일반 기업과 현저한 차이를 보이고 있고, 지역에 따라 원거리 지도, 일과외 지도에 대한 교통비, 시간외 수당이 전혀 지급되지 않고 있어 근무조건이 열악하다. 이런 사정은 시간제의 경우 더욱 심하여 그 결원 인원은 전체 928명 중 172명에 달했을 정도다. 특히 서울, 인천, 경기 등 수도권 인구 과밀지역이 심하다.[73]

더구나 생활체육지도자 배치 인원의 종목도 2004년 3월 현재 에어로빅(25,9%), 수영(13.4%), 테니스(9,7%), 배드민턴(9,7%) 등에 일부 종목에 편중되어 있다.[74] 종목별 생활체육지도자 배치현황은 <표 2-52>과 같다.

〈표 2-52〉 종목별 생활체육지도자 배치 현황

에어로빅	수영	보디빌딩	테니스	배드민턴	태권도	볼링	탁구	유도
211 (25.9)	109 (13.4)	70 (8.6)	79 (9.7)	79 (9.7)	40 (4.9)	56 (6.9)	61 (7.5)	16 (2.0)
스쿼시	**검도**	**스키**	**배구**	**복싱**	**생활체조**	**농구**	**합기도**	**게이트볼**
7 (0.9)	5 (0.6)	7 (0.9)	8 (1.0)	5 (0.6)	6 (0.7)	4 (0.5)	4 (0.5)	3 (0.4)
레크리에이션	**레슬링**	**윈드써핑**	**야구**	**요트**	**당구**	**우슈**	**라켓볼**	**사격**
1 (0.1)	4 (0.5)	2 (0.2)	2 (0.2)	1 (0.1)	5 (0.6)	1 (0.1)	2 (0.2)	1 (0.1)
축구	**골프**	**정구**	**리듬체조**	**소프트볼**	**승마**	**육상**	**계 (%)**	
11 (1.3)	11 (1.3)	1 (0.1)	1 (0.1)	1 (0.1)	1 (0.1)	1 (0.1)	816 (100)	

72) 문화관광부, 『2002체육백서』, 472쪽.

73) 위의 책, 473쪽.

74) 문화관광부, 『2003체육백서』, 468~469쪽.

제IV장 체육전문인력 양성과 스포츠과학

1. 체육전문인력 양성

제3공화국 이후 제5공화국에 이르기까지 가장 우선적인 과제로 삼아 온 엘리트스포츠정책의 핵심은 우수선수 및 지도자 육성에 있었다. 이러한 사실은 1971년 1월 22일 법률 제2297호로 개정된[1] 국민체육진흥법에 명시된 관련 법 조항에도 잘 나타나 있다. 국민체육진흥법 제14조(선수 등의 보호·육성)에 따르면, 국가와 지방자치단체는 선수 및 지도자 보호 육성, 우수선수의 육성에 필요한 서훈제도 및 국가대표선수에 대한 표창세노 마련, 국영기업체 및 정부관리기업체의 우수선수 고용 및 교육, 우수선수에 대한 생활보조금 지급 등을 책임져야 했다.

이 법 조항의 원활한 시행을 위해 동 시행령 제12조는 국가와 지방자치단체의 체육장학제도 마련 및 직장 알선, 직장에서의 경기지도자 신분 보호 등의 내용을 자세히 규정하여 엘리트스포츠의 진흥을 위한 선수 및 지도자의 보호·육성의 발판을 마련해 놓았다. 뿐만 아니라 체육 특기자를 보충역에 편입시킬 수 있는 '병역의무의 특례 규제에 관한 법률'을 제정하여 우수선수들이 병역의 혜택을 입어 계속해서 기량을 연마할 수 있었다. 이 조치는 병역법 제44조 1항 7호 및 병역법 시행령 제70조에 따른 것으로, 이 혜택을 받은 선수는 현역 복무 대신 체육분야에서 5년간 종사하면 병역의무를 마칠 수 있게 했다.

이와 같은 법적, 제도적 장치 마련에 힘입어 우수선수의 체계적 양성과 후보선수의 선발 육성, 국가대표의 과학적 훈련, 훈련여건의 개선 등에 상당한 진전을 이루었다. 1960~70년대에는 사회·경제적인 여건이 체육진흥을 뒷받침할 수 있을 정도로 개선되지 못했지만, 이러한 법적·제도적 보호 장치 하에 엘리트스포츠 정책을 추진해 갈

1) 한국법제연구원, 『大韓民國 法律沿革集』, 1994, 302~3쪽.

수 있는 기반을 조성함에 따라 1980년대에는 한국 스포츠 선진화의 새로운 원동력을 제공할 수 있었던 것이다.

이렇게 엘리트스포츠를 진흥하기 위한 법적·제도적 기반이 확립되자 엘리트스포츠의 근간이라고 할 수 있는 우수선수 및 경기지도자의 양성도 체계적으로 이루어지게 되었다.

1) 우수선수

정부는 먼저 선수발굴의 문제점을 해소하고 선수층의 저변 확대와 경기 인구의 확산을 위해 1971년 체육 중·고등학교를 설립했다. 서울시는 1971년 신학기부터 체육을 통한 정신력 강화 및 국위 선양과 과학적이고 전문적인 지도에 의한 체육발전을 목적으로 서울체육학교를 개설했다.[2)]

서울체육학교는 우수한 국가대표선수를 육성하고, 유능한 체육지도자를 양성할 목적으로 설립되어 동일계 진학을 위해 중학교와 고등학교를 두었다. 운동종목별로 육상반, 체조반, 축구반, 농구반, 배구반, 수영반, 빙상반, 태권도반, 유도반, 레슬링반 등으로 나누고, 그 정원은 360명으로 정했다. 1973년에 와서는 부산, 충남, 전북, 전남, 경북의 5개 도에도 체육중학교를 설립하고, 시도교육위원회가 재정지원을 하도록 했다.[3)]

1979년에는 대다수 체육고등학교가 축구, 농구 등 일부 인기종목의 육성에만 치중함으로써 기본종목 및 개인종목의 특기자 육성에 소홀히 하자, 정부는 서울, 경기, 충남, 전북, 전남, 부산, 경북 등 7개 시도교육위원회에 개인 및 체급경기 외 종목의 특기자 선발을 억제하도록 했다.[4)]

스포츠 엘리트를 육성하기 위한 전문교육기관으로서 체육중고등학교는 다른 일반학교에 설치 운영되고 있었던 운동부와는 그 성격을 달리 했다. 즉 일반학교에서 육성을 기피하고 있는 종목, 즉 수영, 육상, 체조 등 낙후된 종목이나 국제무대에서 국위를 선양할 수 있는 유도, 역도, 레슬링, 복싱 등과 같은 전략종목, 전통적으로 강세를 보여 지속적으로 육성해야 하는 양궁, 사격 등의 종목을 중점적으로 육성했다.[5)] 이와 함께 체육계 학교의 입시전형 방법을 개선하여 우수한 학생선수를 선발 확보하고, 훈련의 내실화를 기하여 장기적이고 지속적인 경기력 향상을 도모하고자 했다. 뿐만 아니라 체육계 고교졸업자의 체육특기자를 확대했는데, 이는 장기지속적인 경기력 향상을

---

2) 서울特別市教育委員會, 『서울教育史』 下, 1981, 447쪽.

3) 이옥흔, 「제3공화국과 제5공화국의 국가주의 스포츠정책 비교」, 영남대 석사논문, 2002, 28쪽.

4) 서울特別市教育委員會, 앞의 책, 447쪽.

5) 李康雨, 「韓國스포츠의 支配이데올로기的 機能에 關한 研究」, 성균관대 박사논문, 1994, 148쪽.

위해 기본 기능에서부터 전문기능에 이르기까지 체계적인 훈련을 유도하고 학생선수의 학력저하 방지 및 체육계 학교 유인기능을 강화하기 위한 것이었다.[6]

체육학교의 설립 외에 우수선수를 양성하기 위한 획기적인 조처가 바로 중고등학교의 우수한 선수들이 상급학교에 진학할 수 있는 특혜를 부여하는 체육특기생 제도였다. 이 제도는 우수선수가 학업의 부담없이 운동에 전념하게 함으로써 경기력을 향상시키고자 하는 데 그 목표를 둔 것이었다. 즉 1972년 교육법 시행령(대통령령 제6377호)에 따라 체육기량이 우수한 선수를 학교급별로 연계하여 육성하는 체제를 확립함으로써 체육을 통해 국위를 선양하고, 나아가 유능한 스포츠 엘리트를 양성한다는 취지로 마련된 것이었다.[7] 이 제도는 바로 박정희 정부의 국가주의적 엘리트스포츠정책의 대표적인 사례인 것이다. 이로써 국제경기대회에서의 국위 선양은 물론 남북 스포츠대결의 필승이라는 박정희 정부의 엘리트스포츠 정책이 제도화되었다.

체육특기생의 중고등학교 입학은 교육법 시행령 제69조 및 제112조의 11에, 대학입학은 동 시행령 제71조의 2에 명시하고 있으며, 중앙교육평가원이 대한체육회가 제출한 체육특기생 심사자료를 기초로 하여 선발하고, 이들에 한해 입학고사와 관계없이 상급학교 입학을 허가했다.[8]

이러한 법적 기반이 마련되자 일선 교육현장에서는 특기생 육성을 위한 조처를 마련했다. 서울시의 경우 1973년부터 특기 중·고등학교를 지정하여 체육특기생 육성 방안으로 체육특기학교 관리 및 특기종목 육성지침을 제시했는데, 그 내용은 이렇다.[9] 체육특기생은 전국 시·도 단위 개인 또는 단체경기에 입상한 자로 하고, 추첨관리위원회는 교육감이 결정 통고한 특기종목 지정학교별로 입학 정원의 3% 범위 내에서 배정한다. 해당 학교는 특기생 육성을 위해 연간계획을 세워 철저히 지도하고, 중학교는 교육구청에, 고등학교는 교육위원회에 보고한다. 배정된 특기생이 졸업할 때까지 특기학교 지정을 취소할 수 없다.

이렇게 체육특기생에 대하여 상급학교 진학시 특례를 둔 것은 우수선수의 진학을 보장하고, 학교운동부를 활성화하여 선수들의 경기력을 지속적으로 향상시키기 위한 조치였다. 하지만 그 배경에는 경기력을 향상시켜 국제경기대회에서의 국위 선양과 특히 남북 스포츠대결에서의 승리를 최대·최고의 목표로 삼았던 국가주의적 엘리트스포츠정책이 자리잡고 있었다.

한국체육대학의 설립은 체육계 학교의 설립과 체육특기생 제도로 그 기반을 확립한

---

6) 김종희, 「박정희 정권의 정치이념과 체육정책에 관한 연구」, 한양대 박사논문, 1999, 93쪽.
7) 李康雨, 앞의 글, 162쪽.
8) 體育青少年部, 『體育青少年行政10年史』, 1992, 243쪽.
9) 서울特別市敎育委員會, 앞의 책, 448쪽.

우수선수의 양성체제의 확립을 가능하게 했다. 한국체육대학은 1976년 12월 30일 한국체육대학 설치령(대통령령 제8322호)이 공포 시행됨으로써 1977년 3월 7일 국내 최초의 국립 체육대학으로 설립되었다. 그 직접적인 설립동기는 1976년 몬트리올올림픽대회에서 금메달을 획득한 양정모 선수를 접견한 박정희 대통령이 4년 후인 1980년에 개최될 모스크바올림픽대회에 대한 대비를 언급하는 가운데 체육 전문학교 설립을 지시[10] 하여 구체화하기에 이르렀다.

이에 따라 문교부는 1976년 12월 14일에 체육대학 설립계획을 마련하고, 이 과정에서 2년제 전문대학이 아닌 4년제 정규대학으로 설치하는 실행안을 작성 추진하여 대통령의 지시가 있은 지 불과 4개월 만에 국립 체육대학을 탄생시켰다.[11] 한국체육대학 설치령은 학생에 대해 입학금과 수업료를 면제하고, 모든 학생이 기숙사에 입사하여 생활훈련을 받도록 했다. 그 대신 졸업자는 수업년한에 해당하는 기간 동안 문교부장관이 지정하는 학교교육 또는 체육분야의 직무에 복무할 의무가 있음을 명시하여 우수선수 및 체육지도자 육성 목적으로 설립되었음을 분명히 했다.[12]

1977년부터 학생 정원 120명으로 출발한 한국체육대학은 초대 학장으로 한양대 체육대학장으로 재직 중이던 유근석 박사를 임명했고, 유근석 초대 학장은 체육의 과학화를 목표로 한국체육대학을 이끌어 갈 것임을 피력했다.[13]

한국체육대학의 개교는 마침 서울체육고등학교 졸업생이 배출되는 시기와 일치되어 더욱 의의가 있었다. 1971년에 문을 열었던 체육중학교 첫 졸업생이 배출되는 해인 1974년에 체육고등학교가 개교되었고, 체육고등학교 첫 졸업생이 배출되는 해인 1977년에 체육대학이 개교된 것은 단순한 우연이 아니었으며, 그 나름으로 체육지도자의 육성을 위해 심혈을 기울여 온 한국체육계의 노력이 결실을 맺은 것이기도 했다.

그리고 박정희 정부의 엘리트스포츠정책에서 우수선수 양성과 관련하여 매우 주목할 만한 조처가 바로 병역특례법이었다. 즉 박정희 정부는 체육특기생에 대해 보충역에 편입할 수 있는 '병역의무의 특례 규제에 관한 법률'[14]을 1973년 3월 3일 법률 제2562호로 제정하여 체육특기생에 대한 병역 특혜를 법제화한 것이다. 이는 병역법 제44조 1항 7호 및 병역법 시행령 제70조에 따른 것으로, 이 혜택을 받는 선수는 현역 복무 대신 체육분야에서 5년간 종사하면 병역의무를 마칠 수 있도록 한 것이다. 헌법에 명시된 국민의 4대 의무 중 하나인 국방의 의무에 대해서도 혜택을 부여한 것은 박정희

10) 한국체육대학교, 『한국체육대학교 20년사』, 1997, 30쪽.

11) 위의 책, 33~42쪽.

12) 위의 책, 45쪽.

13) 『日刊스포츠』, 1977년 3월 9일자.

14) 한국법제연구원, 『大韓民國 法律沿革集』 11, 1994, 652-1쪽.

정부가 엘리트스포츠정책을 얼마만큼 중요시했는지 잘 보여주는 것이다. 이로써 선수들이 훈련과 경기력 향상에 지장을 받지 않도록 하는 획기적인 기반이 마련되었다.

이렇게 체육특기생제도와 체육특기생 병역특례제도가 마련됨으로써 체육기량이 우수한 선수의 학교급별 연계 육성체제가 확립되어 체육을 통한 국위 선양 및 유능한 전문체육인 양성을 추진하는 기반이 조성되었다.

한편으로 대한체육회는 1973년 장기적인 우수신수 확보를 위한 방안을 마련하기도 했다.[15] 물론 그 목표는 몬트리올올림픽대회에서의 메달 획득이었지만, 궁극적으로는 1980년대를 대비하는 것이었다. 그 구체적인 방안을 보면, 우선 획기적이고 조직적인 관리 육성을 위해 담당코치 배정, 장학금 지급, 단기 초청훈련 등을 제시하면서도 선수 발굴의 기준을 과학적 측정에 따라 1980년대에 최대의 체력을 발휘할 수 있는 연령층을 대상으로 소질이 우수한 신인을 발굴하도록 했다. 또한 선수층의 확대를 위해 체력장 제도·소년체육대회 등을 통한 발굴과 우수한 소질을 갖고 있는 신인의 발굴 등을 제시했다.

1982년 3월 20일 문교부 체육국제국을 체육부로 확대했다. 이로써 기존 문교행정의 시각에서 다루어오던 체육과 관련된 행정을 새로운 차원으로 끌어올려 유망선수의 조기발굴 육성과 우수선수의 입체적·과학적 훈련, 체육지도자 양성 등 엘리트스포츠의 주요 영역을 종합적으로 추진할 수 있게 되었다. 이는 체육부 조직의 업무 내용을 통해 확인할 수 있는데, 업무 영역은 크게 국민체육의 진흥과 아시아경기대회·올림픽대회 준비를 위한 엘리트스포츠 영역으로 나눌 수 있다. 즉 체육진흥국의 학교체육과는 체육계 학교의 운영 지도, 체육특기자 관리, 종목별 체육시범학교의 지도 등을 담당하고, 체육과학국의 훈련과와 지도육성과에선 국가대표 및 청소년 대표선수의 선발·훈련, 선수촌 운영, 신인선수 발굴·육성 등을, 국제체육국은 국제경기대회에의 선수단 파견 및 86·88 양 대회 준비 등을 담당했다. 한마디로 아시아경기대회와 올림픽대회에서 성과를 높이기 위한 행정부서의 연계체제가 이루어졌던 것이다.[16] 뿐만 아니라 엘리트스포츠 영역의 업무도 체육진흥국의 사회체육과·체육시설과에 포함되었을 정도였다. 이처럼 체육부는 본질적으로 아시아경기대회와 올림픽대회를 위한 국가적 지원체제의 주된 행정부서였던 것이다.

이런 체육행정의 강화와 더불어 엘리트스포츠 진흥을 위한 법적 지원체계도 강화했다. 1982년 12월 31일 법률 제3612호로 공포된 개정 국민체육진흥법은 아시아경기대회와 올림픽대회를 지원하기 위한 것임을 분명히 하고,[17] 우수선수에 대한 재정적 지원

---

15) 大韓體育會, 『體育靑書』, 1972, 155~156쪽.

16) 이종원, 「제5공화국의 스포츠정책 연구」, 서울대 박사논문, 2002, 140쪽.

17) 한국법제연구원, 『大韓民國 法律沿革集』 13, 301-1~301-2쪽. "86아시안경기대회 및 88올림픽대

을 확대했다. 그 내용을 보면 기존 선수에 한하여 표창, 고용, 생활보조 등 보호·육성 조치를 취하도록 한 것을 선수 외에 경기지도자 등에게도 같은 보호를 하도록 했고, 올림픽대회에 입상한 선수에 한했던 은퇴시 생활비 보조금지급을 세계선수권대회·아시아경기대회·유니버시아드대회 및 기타 공인대회 입상자와 그 지도자로 확대했다. 또 국민체육진흥기금법을 이 법에 포함하고, 그 재원도 운동장 입장료 등에의 부가모금으로 확대했다. 또한 국민체육진흥기금에서 서울아시아경기대회·서울올림픽대회 기금에 출연할 수 있도록 함과 동시에, 사단법인 대한체육회 및 재단법인 국민체육진흥재단을 특수법인으로 하여 이를 국가가 적극 지원하도록 했다.

이렇게 체육행정의 강화와 법률적 지원체제를 확립한 외에 엘리트스포츠 진흥을 위한 조처로 선수발굴과 육성을 그 어느 때보다도 중요시하여 그 정책을 마련했다. 즉 1981년 당시 정무장관 노태우는 한국체육의 장기발전계획과 함께 서울아시아경기대회와 서울올림픽대회를 대비한 신인선수(꿈나무) 발굴과 육성, 국가대표코치의 전임제도 도입, 스포츠 과학화 도모 등을 강조했다. 그가 1982년 3월 20일 초대 체육부장관으로 취임하게 됨에 따라 꿈나무 발굴과 육성정책이 본격적으로 추진되었다.[18]

우선 스포츠과학연구소는 각계 체육인들로부터 꿈나무 사업에 대한 의견을 수렴하여 과거의 올림픽대회, 아시아경기대회 및 각종 국제경기대회와 주요 국내경기대회에서의 기록을 분석하여 우수선수들의 연령 평균치를 산출했다. 이를 토대로 1984년 로스앤젤레스올림픽대회와 1986년 아시아경기대회, 그리고 1988년 서울올림픽대회 등에 출전할 수 있는 선수 적정연령표를 작성했다. 체육부는 이를 참고로 하여 꿈나무 선발 육성을 위해 시·도 교육위원회의 협조를 얻어 초·중·고교생 600만 명 가운데 학교체력검사에서 특급 내지 1급을 받은 학생 10만 명을 대상으로 종목별 선수 선발기준에 의한 체력검사를 실시하여 4,359명을 선발했다.[19]

체육부와 스포츠과학연구소의 노력으로 발굴된 4,359명의 꿈나무들은 동·하계 방학기간 중 합숙훈련을 통해 전문가의 훈련지도와 평가를 받아 정예화 과정을 밟았으며, 우수 인재의 지속적 발굴을 위해 매년 봄·가을 두 차례씩 정기적으로 신인선수를 추가로 선발하여 이 정예화 과정에 포함시켰다.

이렇게 선발된 선수들을 대상으로 강도 높은 훈련이 실시되었다. 즉 1986년 아시아경기대회에 대비하여 1984년 11월부터 1986년 9월까지 약 700일간의 강화훈련을 실시했고, 1988년 올림픽대회를 대비해서는 1986년 11월 17일부터 1988년 9월 16일까지 504일간

회에 능동적으로 대처하고 국민체육진흥을 효율적으로 도모하여 국민복지와 국위 선양에 적극적으로 이바지하려는 것임"

18) 體育青少年部, 앞의 책, 90~91쪽.

19) 위의 책, 93~94쪽.

9단계에 걸쳐 훈련을 실시했다.[20] 이런 과정에서 1988년 7월 하계합숙훈련을 정예화하여 꿈나무 신인선수 976명을 선발했다. 그 정예화 과정은 <표 2-53>과 같다.[21]

〈표 2-53〉 후보선수 발굴 및 정예화 과정

연도		선발규모	정예화
'83	1차	4,359명	83.7 하계 합숙훈련과정에서 1,749명으로 정예화
	2차	340명	84.1 동계 〃 846명 〃
'84	1차	456명	84.7 하계 합숙훈련과정에서 849명으로 정예화
	2차	450명	85.1 동계 〃 796명 〃
'85	1차	376명	85.7 하계 합숙훈련과정에서 782명으로 정예화
	2차	352명	86.1 동계 〃 844명 〃
'86	1차	353명	86.7 하계 합숙훈련과정에서 866명으로 정예화
	2차	547명	87.1 동계 〃 972명 〃
'87	1차	280명	87.7 하계 합숙훈련과정에서 967명으로 정예화
	2차	291명	88.1 동계 〃 956명 〃
1988		271명	88.7 하계 합숙훈련과정에서 976명으로 정예화

하지만 이때 시도된 꿈나무 육성제도는 선수와 부모의 열의 부족, 기초 경기력을 경시한 선수 선발, 일선 교사들의 전문 지도력 부족 등으로 효과적인 선수 육성에는 미흡했다는 평가도 뒤따랐다.

이에 따라 정부는 국기대표 2진급 선수 중 우수선수를 선발 육성하는 후보선수 육성제도를 마련했다.[22] 그 내용은 첫째 하계종목은 매년 동계 합숙훈련 전에(12월) 각 경기단체에서 후보선수를 결정하고, 이를 하계 합숙훈련 전(7월)에 보완 조정하도록 하되, 후보선수 정원의 30% 이상이 결원될 경우, 연중에도 보충이 가능하도록 할 것, 둘째 동계종목의 후보선수 선발은 각 종목의 특성과 경기대회 일정을 고려하여 4월 이전에 하되 정기 합숙훈련을 폐지하고 이를 특별훈련으로 대체하는 한편 동하계 합숙훈련에는 확정된 후보선수만 참가하도록 했다. 개선된 후보선수 육성체계는 <표 2-54>와 같다.

이런 결과로 수영, 체조, 레슬링, 역도, 핸드볼, 유도 등의 종목은 대부분의 후보선수가 대표선수로 발탁되었고, 미개발종목은 후보선수가 주축을 이루면서 경기력이 크게 향상되었다. 또한 체계적인 훈련과 자율적인 훈련이 이루어져, 실질적인 국가대표의 저변이 확대되었다. 그 결과 결국 86·88 양 대회에서 후보선수는 각각 전체 참가선수의 31%와 44%를, 메달획득에선 금메달의 경우 38%, 50%를 차지하는 것으로 나타났다.[23]

20) 李康雨, 앞의 글, 21쪽.

21) 體育靑少年部, 앞의 책, 95쪽.

22) 위의 책, 96쪽.

〈표 2-54〉 후보선수육성 체계도

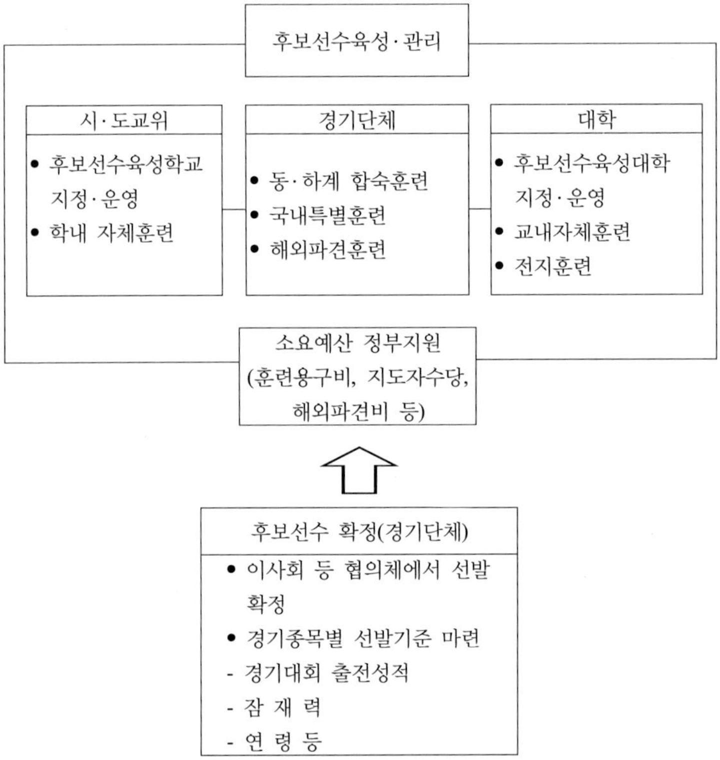

특히 체육부가 창설된 1982년부터 체육학교 설립이 전국적으로 확산되어 경남체육고등학교, 충북체육고등학교, 충남체육고등학교, 강원체육고등학교 등이 설립되었다.[24] 체육중·고등학교는 특히 비인기종목의 우수선수를 육성하는 요람이 되어 엘리트스포츠 육성의 견인차 역할을 했다. 또한 1983년부터 체육중·고교가 중점적으로 육성하고 있는 종목의 선수 육성경비를 거의 매년 1억여 원 이상 지원했으며, 1984년부터는 전국 체육고등학교 간에 평가의 장을 마련하고자 전국체육고등학교체육대회를 창설하고 그 예산을 지원했다.[25]

그 결과 이들 체육고등학교 출신선수들이 서울아시아경기대회와 서울올림픽대회에서 각각 45개, 7개의 메달을 획득하여 한국이 세계스포츠의 중심국가로 부상하는 데 커다란 역할을 수행했다.

23) 위의 책, 98쪽.
24) 위의 책, 251쪽.
25) 위의 책, 253~255쪽.

그런데 86·88 양 대회가 끝난 후 선수육성제도에서 문제점이 나타나기 시작했다. 우선 후보선수 인구구조가 저변이 빈약한 항아리형 이상구조를 지니게 되었다. 또 전국소년체육대회와 체육성금의 폐지 이후 선수의 사기 저하, 재정 부족 등 훈련여건의 악화로 학교에서 운동선수 육성을 기피하는 현상이 대두되었다. 게다가 아시아경기대회와 올림픽대회에서 전체 메달의 40% 이상을 차지하는 기본종목(육상, 수영, 체조), 사격의 선수 저변인구가 절대적으로 부족했다.[26]

따라서 체육청소년부는 선수저변을 확대하기 위해 시·도별, 종목별 3개교(중2, 고1)씩을 1개 연계체제로 구성하며, 연계육성체계에 따른 상급학교 진학체계를 구축하고 시도별·종목별로 우수 학교를 지원할 계획을 마련했다. 또 국민학교 4·5·6학년을 대상으로 육상·수영·사격의 3종목을 기본기 중심의 조기교육을 실시하되 시·도별, 종목별 1개교씩을 선정해 방학중 또는 평일 방과후 시간을 이용하여 연 2회 실시하고 지역별 상급학교 육성체계와 연계하여 운영함으로써 효과를 극대화할 계획을 세웠다. 나아가 취약종목의 균형발전을 위해 이들 종목의 운동부를 보유한 학교를 선별 육성하기로 했는데, 우선 22개 종목을 대상으로 하되 지원종목 및 지원대상학교를 점차 확대하기로 계획했다. 그 육성종목 및 지원계획은 <표 2-55, 2-56>과 같다.[27]

〈표 2-55〉 단계별 육성계획

(단위 : 백만원)

항목 \ 년도	'92	'93	'94	'95	'96
연계학교수(개)	45	90	135	135	135
학 교 수(교)	135	270	405	405	405
학교당지원예산	3.5	3.5	3.5	4	4
소 요 예 산	473	945	1,418	1,620	1,620

〈표 2-56〉 특별육성 대상종목

구분	종목별
국위선양 용이종목	레슬링, 복싱, 유도, 양궁, 하키, 체조, 핸드볼, 역도, 탁구, 배드민턴, 테니스, 빙상(12개 종목)
선수저변 취약종목	조정, 사이클, 펜싱, 요트, 카누, 근대5종, 스키, 아이스하키, 바이애슬론, 여자축구(10개 종목)

김영삼 정부는 30여 년간 집권한 군사정권을 종식시키고 출범한 문민정부였다. 따라

26) 위의 책, 99쪽.

27) 위의 책, 101~102쪽.

서 김영삼 정부의 당면과제는 군사정권 시기 과도하게 사회 각 부문에 걸쳐 있던 권위주의적 요소를 해소하는 데 있었다. 때문에 김영삼 정부의 정책기조는 군사정권 시기의 국가주의적 권위주의적 성격을 탈피하여 민주사회에 걸맞는 민간의 자율성을 보장하는 데 주안점을 두어야 했다.

1993년 7월 김영삼 정부가 내세운 엘리트스포츠 정책과제는 '체육단체의 자율성 제고'라는 정책적 기조[28]하에서 이루어졌다. 이런 정책기조는 결국 1993년 12월 국민체육진흥법의 개정에도 그대로 반영되었다. 즉 법률 제4689호에 따라 개정된 동법[29]에서 엘리트스포츠 육성과 관련한 조항을 삭제해 버렸다.

다만 김영삼 정부는 기존 엘리트스포츠 지원정책기조를 유지하고 여건 악화에 대한 보완적 차원의 지원대책에 치중할 것임을 분명히 했다.[30] 이를 위한 구체적인 정책과제로 우수선수의 과학적·체계적 양성, 국내경기대회 운영의 개선, 우수한 경기지도인력 양성, 체육인 복지향상 및 체육단체의 자율성 제고를 제시했다.[31]

김영삼 정부는 우수선수 양성을 위한 조처로 학교운동부 및 체육계 학교 육성을 통한 경기인구 저변의 확대, 신인선수-후보선수-대표선수로 이어지는 단계적 육성·과학적 훈련체계 구축, 동계종목 중점 육성, 훈련여건 개선 등을 마련했다. 이런 정책과제들은 기존 우수선수 양성정책방안과 다른 것은 아니었다. 물론 선수선발에서 조기교육으로 기량의 극대화와 두터운 선수층 확보를 지향하여,[32] 1993~1997년 동안 신인선수를 각각 200명, 490명, 620명, 680명, 720명씩 선발하여 홀수해에는 그 15%, 짝수해에는 20%를 후보선수로 차출하고, 후보선수는 995명, 1,100명, 1,200명, 1,320명, 1,450명씩을 선발하여 홀수해엔 15%, 짝수해엔 50%를 대표선수로 차출하여, 대표선수의 90% 이상을 후보선수에서, 후보선수의 90% 이상을 신인선수에서 충원할 수 있도록 했다.[33]

물론 선수선발이나 육성체계가 군사정권기에 비해 다소 과학적으로 추진되었던 것은 사실이다. 하지만 실제로는 신인선수의 경우 첫해를 제외하곤 목표 인원을 크게 밑돌았다. 그나마 대표선수로 차출되는 후보선수의 비율을 보면, 매년 1,000명 내외를 선발하여 1993년 15.1%를 기록한 이후 1994년부터는 대폭 하락하여 노태우 정부 때보다 낮은 2%대를 유지했다.[34] 이는 대표선발에만 초점을 맞추었을 뿐, 체계적인 관리 및 훈련을 통한 우수선수 양성은 제대로 이루어지지 않았음을 보여준다.[35] 이런 사정은

---

28) 문화체육부, 『국민체육진흥5개년계획』, 1993, 18쪽.
29) 한국법제연구원, 『大韓民國 法律沿革集』 13, 302-16~302-20쪽.
30) 문화체육부, 앞의 책, 154쪽.
31) 위의 책 1993, 18쪽.
32) 공보처, 『변화와 개혁; 金永三 정부 國政5年 資料集』 3, 1998, 625쪽.
33) 문화체육부, 앞의 책, 168쪽.
34) 문화관광부, 『2003체육백서』, 2004, 244~245쪽 표 6-11 참조.

기본종목이나 기타 육성종목에 대한 정책 및 지원에도 불구하고 국제경기대회에서의 성적은 기존과 마찬가지로 특정종목에 의해 유지되었다는 점에서도 확인할 수 있다.

김영삼 정부가 추진한 등록선수 확대정책으로 인해, 임기 말인 1997년에는 국민체육진흥5개년계획의 시행 초기인 1994년에 비해 30% 정도 증가하여 성과를 거두었다고 평가할 수 있다.[36] 또한 세계 10위권 유지라는 엘리트스포츠정책의 목표도 달성했다. 하지만 이런 성과는 특정 종목에서 거둔 성과이지, 정부가 정책목표로 삼았던 기초종목 등을 토대로 이룬 것은 아니었다.

결국 우수선수 발굴이나 육성을 위한 제도적 개선이 그 성과를 얻는데 미흡했다. 즉 엘리트스포츠의 제도적 기반을 확립하지는 못했던 것이다. 이로써 엘리트스포츠는 다른 체육부문보다 많은 예산을 투입했음에도 불구하고, 특정 종목에 기대어 가시적인 경기력 수준만을 유지하는 데 급급했을 뿐이었다.

김대중 정부의 출범은 역사상 최초의 수평적 정권교체라는 측면에서 커다란 의의를 갖는다. 또한 문민정부임에도 그 태생적 한계로 인해 여전히 지속되었던 김영삼 정부의 권위주의적 정치운영을 보다 민주적으로 개혁해 나갔다.

결국 김대중 정부에 와서도 김영삼 정부에서처럼 생활체육 위주의 정책기조는 유지되었다. 그 바탕에는 민간의 자율적 운영을 더 강조한 시장주의적 정책기조가 있었다. 이런 사정은 1998년 12월 31일 법률 제5619호로 개정된 국민체육진흥법에서 우수선수 및 체육지도자 고용의무를 위반할 경우 과태료를 부과한다는 제31조 2항을 삭제한 사실에서 단적으로 드러난다.[37]

특히 체육행정기구의 축소[38]로 김대중 정부에 와서 엘리트스포츠의 환경은 더욱 악화되었다. 즉 체육정책은 1998년 2월 28일 문화체육부가 문화관광부로 개편됨에 따라 우선적인 정책고려의 대상에서 제외되었다. 게다가 엘리트스포츠를 담당하는 지원육성과는 체육시설과와 합쳐졌다. 이로써 체육담당부서는 1국 4과로 축소되면서 인원도 21명이나 감소된 56명에 불과했다.

그러나 김대중 정부에 와서도 경제위기에 따른 국민적 상실감을 극복하고 사회통합을 위한 수단으로 2000년 시드니올림픽대회와 2002년 한일월드컵 등 국제대경기회와 남북체육교류를 스포츠내셔널리즘적 차원에서 적극 이용하고자 했다.

한국은 그 동안 올림픽대회와 아시아경기대회 등 종합경기대회에서 종합성적 10위권의 상위권을 유지해오고 각종 종목별 국제경기대회에서도 대부분 세계 상위권에

35) 박혜란, 「김영삼 정권의 체육정책에 관한 연구」, 한양대 박사논문, 2005, 121쪽.

36) 위의 글, 122쪽.

37) 한국법제연구원, 『대한민국법률연혁집』 13, 301~4쪽.

38) 문화관광부, 앞의 책, 47~48쪽.

들어 국위를 선양해 왔다. 하지만 다수의 메달이 집중되어 있는 육상, 수영, 체조 등 기본종목에서는 매우 취약했다. 다른 종목도 소수 정예선수들의 집중투자로 소위 전략종목 중심의 단기적 성과에 치중함으로써 선수층이 두텁지 못하고 종목별 경기력 편차가 심한 등 구조적 약점을 지니고 있었다.

이에 따라 우수선수 발굴 및 육성체계의 선진화 방안과 국가대표선수의 훈련시설 확충방안이 마련되었다. 특히 2002년에는 선수 발굴 및 육성체계의 전문성 보강을 추진하여 육상, 수영, 체조 등 운동의 기본이 되고 기타 운동종목 선수확보에 파급효과가 큰 종목의 '기본종목과 꿈나무 발굴사업'에 역점을 두었다.[39)]

2002년 8월 18일 육상을 시작으로 8월 19일 체조종목을 마지막으로 16개 시·도에서 육상 80, 수영 44, 체조 39명 등 총 163명의 꿈나무가 선발되었다. 구체적으로 살펴보면 육상은 단거리, 중장거리, 도약, 투척 등 4개 부분에서 부분별 각 20명씩 모두 80명을 선발할 예정이었으나, 시·도의 추천인원과 실제 측정인원의 부분별 인원분포를 감안하여 각각 단거리 29명, 중장거리 24명, 도약 18명, 투척 9명 등의 꿈나무를 선발하게 되었다. 수영은 경영, 다이빙, 싱크로나이즈드 등 3개 부문에서 50명을 선발할 예정이었으나 44명을 최종 선발했다. 체조는 남자체조, 여자체조, 리듬체조 등 3개 부문에서 50명을 선발할 계획이었으나 최종적으로 39명을 선발했다.[40)]

꿈나무 선발은 종목별로 시·도에서 추천받은 인원을 대상으로 체격(30~50%), 체력(30~40%), 경기력(20~30%) 등 3가지 요소를 종합 측정, 점수화하여 이를 토대로 특성, 불안과 집중력 등 심리검사결과를 참고하여 종목별 선발위원회에서 최종 선발했다(<표 2-57> 참조).

〈표 2-57〉 꿈나무 선발 절차

추 천		측정·평가		최종선발
시·도 지부(3배수)		체육과학연구원		종목별 선발위원회
· 각종대회 성적 · 운동소질 · 성장가능성	⇒	· 체격(신장, 체중, 체형) · 체력(근력·근지구력, 순발력, 민첩성, 유연성, 심폐기능) · 경기력(경기기록, 시연) · 심리검사(특성불안, 집중력)	⇒	· 측정·평가 비율 산정 · 부문별 선발인원 조정

39) 문화관광부, 『2002체육백서』, 2002, 223쪽.

40) 위의 책, 225~226쪽.

이들에 대한 육성방안으로 종전처럼 평시에는 학교에서, 방학기간에는 종목별 경기단체의 주관에 따라 합숙훈련을 실시했다. 다만 훈련기간은 종전 50일에서 2주일로 단축되었다.

이런 꿈나무선수 발굴과 육성에도 불구하고 우수선수 양성은 그다지 성공을 거두지 못했다. 그 결과 엘리트선수 육성의 산실 역할을 했던 학교운동부의 구조는 항아리형이 되어 초등학교와 중학교 학교운동부의 비율이 1.1:1에 지나지 않는 등 선수 저변은 여전히 취약했다.[41)]

2) 경기지도자

경기지도자 양성제도는 경기지도자의 자질 향상과 우수 경기지도자를 통한 선수의 경기력 향상을 도모하기 위해 1965년 대한체육회에서 시작한 코치강습회가 그 시초이다. 코치강습회는 1969년에 코치아카데미로 개편되었으며, 1972년 대한체육회가 문교부로부터 경기지도자양성소로 지정됨에 따라 여기에 2급 경기지도자과정을 개설했다.

대한체육회는 경기지도자의 수준을 높이기 위한 조처로 1972년 4월 국민체육진흥법 시행령에선 경기지도자의 자격을 구체화하여 이를 제8조에서 다음과 같이 명시했다. 즉 경기지도자는 1급과 2급으로 구분했다.

1급의 경우 2급 경기지도자 자격을 가진 자 또는 대학원에서 체육학 석사학위를 취득하고 2년 이상의 경기지도 경력이 있는 자, 대학졸업자로 4년 이상의 경기 경력과 6년 이상의 경기지도 경력이 있거나 국가대표선수로 활동하고 6년 이상의 경기지도 경력이 있는 자, 고등학교 졸업자로 6년 이상의 경기 경력과 8년 이상의 경기지도 경력이 있거나 국가대표선수로 8년 이상의 경기지도 경력이 있는 자 등으로, 모두 1급 경기지도자 양성과정을 수료하고 검정에 합격한 자로 했다.

2급의 경우 대학졸업 이상의 학력소유자로 4년 이상의 경기 경력과 2년 이상의 경기지도경력이 있거나 국가대표선수로 활동하고 2년 이상의 경기지도 경력이 있는 자, 고등학교 졸업 이상의 학력소유자로 6년 이상의 경기 경력과 4년 이상의 경기지도 경력이 있거나 국가대표선수로 활동하고 4년 이상의 경기지도 경력이 있는 자 등으로, 2급 지도자양성과정을 수료하고 검정에 합격한 자로 했다.

이에 따라 1972년 대한체육회는 문교부로부터 정식으로 경기지도자양성소로 지정되면서 코치 아카데미에 2급 경기지도자과정이 개설되었고, 1974년 국민체육진흥법 시행령에 따라 2급 경기지도자과정 이수자에게 문교부에서 시행하는 경기지도자 자격 검정시험에 응시할 수 있는 자격을 부여하여 합격자에게 2급 경기지도자 자격을 발급

---

41) 문화관광부, 『2003체육백서』, 285~286쪽.

했다. 이로써 지도자 자격의 질적인 향상을 도모했다.42)

코치아카데미는 대한체육회 회장의 직속기관으로 자문기관인 아카데미운영위원회, 원장 산하의 행정부·교수부·연구부의 실무 부서로 구성되었다.43) 그 연수기간은 3개월로서 매년 2~3회씩 실시하여 1971년 현재 각각 1기 36명, 2기 27명, 3기 81명, 4기 5명, 5기 51명, 6기 39명의 경기지도자를 배출했다. 특히 1974년에는 이수시간을 450시간으로 확대하여 실시했다.44) 1급의 경우 1975년 심사위원회를 구성하여 서류심사로 원로급 18명을 최종 선발했다.

1982년에 체육부가 신설되어 모든 체육업무가 문교부에서 체육부로 이관됨에 따라 경기지도자 양성업무도 체육부로 이관되어 확대·발전되는 전기가 마련되었다. 즉 대한체육회의 경기지도자양성소를 폐지하고, 1983년 9월 한국체육대학을 2급 경기지도자연수원으로 지정하는 변화를 가져왔다. 1989년 11월에는 1급 과정 개설과 함께 한국체육과학연구원을 1급 경기지도자연수원으로 지정하여 명실공히 가장 권위 있는 경기지도자 양성기관으로 발전하는 토대가 마련되었다.45)

경기지도자 연수는 1급 경기지도자의 경우 연 1회, 2급 경기지도자 연수의 경우는 많은 지도자들이 교육에 참여할 수 있게 하기 위해 방학기간인 1월과 7월에 2회 실시되었다. 그 연수 시간은 2급 경기지도자 과정은 120시간의 교육을 받아야 하며, 1급의 경우는 이론 및 실기교육 840시간, 논문지도 192시간 등 총 1,032시간의 교육을 이수해야 했다. 하지만 1급 경기지도자 연수과정은 연수시간이 너무 많아 연수생의 직장문제, 지방연수생의 경비문제 등이 드러나자 1992년부터 주간교육을 야간교육으로 변경하고, 연수시간도 이론 및 실기 590시간을 포함한 총 690시간으로 축소 조정했다.

경기지도자 연수과목은 경기지도자의 등급에 따라 1급 과정과 2급 과정이 연계될 수 있도록 편성·운영되었다. 경기지도자 자격검정은 국가고시로서 연수과정을 이수한 자를 대상으로 실시되었는데, 자격검정시험 과목(<표 2-58> 참조)은 경기지도자 등급에 따라 다르나 44개 경기 종목을 대상으로 했다. 그 대상 종목은 육상, 축구, 테니스, 연식정구, 탁구, 핸드볼, 역도, 복싱, 빙상, 유도, 체조, 사이클, 농구, 배구, 씨름, 럭비풋볼, 레슬링, 수영, 야구, 스키, 승마, 아이스하키, 하키, 검도, 궁도, 사격, 펜싱, 배드민턴, 조정, 롤러스케이팅, 요트, 볼링, 양궁, 카누, 골프, 근대5종, 수상스키, 산악,

42) 대한체육회, 『大韓體育會七十年史』, 1990, 451쪽 및 김종희, 앞의 글, 95쪽.

43) 大韓體育會, 『體育白書』, 324~329쪽. 경기지도자 자격검증종목은 육상, 축구, 야구, 테니스, 배구, 농구, 탁구, 핸드볼, 사이클, 역도, 복싱, 레슬링, 유도, 사격, 승마, 체조, 하키, 수영, 펜싱, 배드민턴, 궁도, 럭비풋볼, 태권도, 빙상, 아이스하키, 스키, 조정, 연식배구 등 총 28개 종목였다.

44) 大韓體育會, 『體育年鑒』, 1976, 174쪽.

45) 體育青少年部, 앞의 책. 111~115쪽.

보디빌딩, 세팍타크로, 수구, 소프트볼, 우슈 등이다.

〈표 2-58〉 경기지도자 자격검정시험 과목

구분	1급	2급
교 양	국사, 영어	국사, 국민윤리, 영어
체육일반	체육심리학, 운동생리학, 스포츠의학, 생체역학, 체력측정 평가, 트레이닝 처방, 코칭론 중 6과목	체육사회학 개론, 운동생리학 기초, 체육심리학개론, 생체역하 기초, 체력측정평가, 스포츠 마사지, 건강관리, 스포츠 영양, 운동상해 및 구급법, 트레이닝원리중 6과목
전 공	정해진 종목중 취득하고자 하는 자격종목에 해당하는 종목	정해진 종목중 취득하고자 하는 자격종목에 해당하는 종목

이렇게 해서 대한체육회의 코치강습회 시기인 1974년부터 체육부의 관장 시기 이전인 1982년까지 총 737명의 경기지도자를 배출했다. 그러다가 체육부가 직접 경기지도자 양성을 맡은 이후 경기지도자 배출인원이 크게 늘어났다(<표 2-59> 참조).

노태우 정부는 민주화운동의 성과로 탄생한 정권였기 때문에 보다 민주주의적 요소를 부각시키기 위한 정책적 고려가 요구되었다. 체육정책 역시 이런 사정을 반영하여 생활체육을 보다 강조하기에 이르렀다. 하지만 국제경기에서의 성적이 국력 과시와 국위 선양에 직결된다는 스포츠내셔널리즘적 이념이 노태우 정부의 체육정책에도 그대로 관철되었다. 다시 말해 세계 10대 무역국이라는 국력을 바탕으로 국제사회에서의 지위를 고양하고, 국위 선양을 통하여 평화적 민족통일의 길을 여는 데 엘리트스포츠정책의 목표를 두었던 것이다.[46)]

이렇게 생활체육 중시라는 공식적인 정책기조와 달리, 엘리트스포츠 위주 정책을 수립한 이유는 엘리트스포츠의 환경이 크게 변했기 때문이었다. 즉 1985년 이후 초중고등학교의 등록선수가 점차 감소했으며, 프로화에 따른 우수선수의 국가대표 선발 기피 현상이 나타났다.[47)] 특히 체육특기생 육성이 특정종목에 치우치거나 특기생에 대한 부정적 인식의 심화, 올림픽대회 이후 경기단체에 대한 기업후원의 축소 등으로 엘리트스포츠의 기반이 약화되고 있었기 때문이었다.

노태우 정부는 이처럼 변화된 환경에 따라 엘리트스포츠 위주의 정책이 갖는 한계를 극복하기 위해 엘리트스포츠 선진화방안을 모색하기에 이르렀다. 하지만 기존 정책에서 예산을 어느 정도 확대하거나 제도적 장치의 마련에 지나지 않는 등 커다란 변화를 가져오지는 못했다. 이에 따라 1991년 제7차 경제사회발전 5개년계획에서 엘리

46) 공보처, 『第6共和國實錄』 4, 1992, 426쪽.

47) 體育青少年部, 『第7次 經濟社會發展5個年계획-體育部門計劃』(1992~1996), 1991, 11쪽.

트스포츠정책을 위한 종합적 대책이 제시되었다. 그 목표는 체육강국의 위치 견지, 국위 선양, 체육활동의 의욕 고취 등이었다.[48)]

이런 목표를 달성하기 위한 조처로 후보선수 육성, 대표선수 양성, 경기지도자의 양성 및 활용, 국내경기대회의 개선, 체육인 복지증진 등을 중심으로 한 선진적인 정책 방안을 제시했다. 이 중 경기지도자의 경우[49)] 양성인원이나 교육기관의 확대는 물론이고 연수교육과정의 개선도 마련하여 단계적으로 유자격자들을 국가대표 및 각급 지도자로 활용하고자 했다. 특히 노태우 정부는 전두환 정부 시절보다 체육지도자 양성에 대해서 정책적 비중을 제고했다. 가령 전두환 정부 때 지도자 양성에는 체육지도부문 예산 중 0.1~05%만 반영한 것에 비해 최대 2.5%까지 예산을 집행한 것[50)]이 이런 사정을 잘 보여준다.

지도자 교육체계도 개편했다. 즉 1989년 국민체육진흥법 제11조에 따라 기존의 2급 경기지도자 및 태권도 지도자 양성을 위한 연수기관인 한국체육대학과 국기원 외에 한국체육과학연구원을 1급 경기지도자연수원으로 지정하여[51)] 명실공히 가장 권위 있는 경기지도자 양성기관으로 발전하는 토대가 마련되었다.

경기지도자 연수는 1급 경기지도자의 경우 연 1회, 2급 지도자 연수는 방학기간인 1월과 7월 연 2회 실시되었다. 그 연수과목은 경기지도자의 등급에 따라 1급 과정과 2급 과정이 연계될 수 있도록 편성·운영되었으며, 경기지도자 자격검정은 국가고시로서 연수과정을 이수한 자를 대상으로 실시되었다. 경기지도자 자격검정에 합격한 자에게는 정부가 경기지도자 자격증을 교부하여 그 자격을 인정했다.[52)]

김영삼 정부는 30여 년간 집권한 군사정권을 종식시키고 출범한 문민정부였다. 따라서 김영삼 정부의 정책기조는 군사정권 시기의 국가주의적 권위주의적 성격을 탈피하여 민주사회에 걸맞는 민간의 자율성을 보장하는 데 주안점을 두어야 했다. 그 결과 김영삼 정부의 엘리트스포츠정책은 '체육단체의 자율성 제고'라는 정책적 기조[53)]하에

48) 위의 책, 19쪽.

49) 위의 책, 26~30쪽.

50) 임용태, 「체육 청소년부 예산을 통한 체육정책의 분석에 관한 연구」, 서울대 석사논문, 1992, 71쪽 표 16참조.

51) 공보처, 앞의 책, 465쪽.

52) 李學來, 『韓國體育百年史』, 한국체육학회, 2000, 478쪽. 경기지도자 자격검정종목은 육상, 축구, 테니스, 연식정구, 탁구, 핸드볼, 역도, 복싱, 빙상, 유도, 체조, 사이클, 농구, 배구, 씨름, 럭비풋볼, 레슬링, 수영, 야구, 스키, 승마, 아이스하키, 하키, 검도, 궁도, 사격, 펜싱, 배드민턴, 조정, 로울러스케이팅, 요트, 볼링, 양궁, 카누, 골프, 근대5종, 수상스키, 산악, 보디빌딩, 세팍타크로, 수구, 소프트볼, 우슈 등 44개 종목이다.

53) 문화체육부, 『국민체육진흥5개년계획』, 1993, 18쪽.

서 이루어졌다. 이런 정책기조는 결국 1993년 12월 국민체육진흥법의 개정에도 그대로 반영되었다. 즉 법률 제4689호에 따라 개정된 동법[54]에서 엘리트스포츠 육성과 관련한 조항을 삭제해 버렸다.

다만 김영삼 정부는 기존 엘리트스포츠 지원정책 기조를 유지하고 여건 악화에 대한 보완적 차원의 지원대책에 치중할 것임을 분명히 했다.[55] 이를 위한 구체적인 정책과제로 우수선수의 과학적·체계적 양성, 국내경기대회 운영의 개선, 우수한 경기지도인력 양성, 체육인 복지향상 및 체육단체의 자율성 제고를 제시했다.[56]

이 가운데 김영삼 정부는 우수한 경기지도자 양성과 관련하여 경기지도자의 양성규모 확대, 자격검정제도의 개선, 현장배치의 확대 등을 계획했다.[57] 즉 1급 경기지도자의 경우 1993년 50명, 이후 1997년까지 연간 60명씩 총 290명을, 2급의 경우 1993년 700명을, 1994년부터는 연간 1,100명 수준으로 양성인원의 규모를 확대하여 1997년까지 수요의 55%인 5,100명을 양성한다는 계획을 마련했다.

또한 자격검정기관을 일원화하여 국가공인 자격시험의 권위를 확보하고, 1·2급 경기지도자의 양성체계와도 연계하도록 했다. 그리고 현업지도자의 자격요건을 강화하여 대표선수 및 후보선수의 지도능력을 향상토록 하고, 자격취득자에 대한 유인체제를 강화하여 저변 확대 및 지도자 양성제도를 활성화하고자 계획했다. 이를 위해 기존 경기지도자들이 자격증을 취득할 수 있는 유예기간을 설정하고, 대한체육회에서 전담하도록 했다. 뿐만 아니라 경기지도자의 자질 향상을 위해 재교육과정을 한국체육과학연구원에 설치하도록 하고, 자격취득 후 10년 이상 경과한 자를 대상으로 연 2회 실시하는 방안도 마련했다.

그러나 김영삼 정부의 경기지도자 양성정책은 당초 목표치를 달성하지는 못했다. 이는 교육시간의 과다, 경기지도자의 신분보장 약화 등으로 지원자가 적었기 때문이었다.[58] 그 결과 1급 경기지도자의 경우 당초 290명의 41.7%인 121명만이, 2급 경기지도자의 경우 목표인 5,100명의 절반 정도인 2,556명을 양성하는 데 그쳤다.[59] 체육인 복지증진의 경우 최고기량을 기록한 소수의 선수에게 집중된 경기력향상연금에만 편중되어 진정한 의미의 복지정책을 실현했다고 평가하기에는 부족했다.[60]

---

54) 한국법제연구원, 『大韓民國 法律沿革集』 13, 302-16~302-20쪽.

55) 문화체육부, 『국민체육진흥5개년계획』, 154쪽.

56) 위의 책, 18쪽.

57) 위의 책, 203~207쪽.

58) 문화관광부, 『체육진흥정책평가회 자료』, 1998, 8쪽.

59) 문화체육부, 『국민체육진흥5개년계획』, 203~204쪽; 문화관광부, 『2002체육백서』, 465쪽 표 10-17 연도별 경기지도자 양성현황 참조.

60) 박혜란, 앞의 글, 124~126쪽.

김대중 정부의 출범은 역사상 최초의 수평적 정권교체라는 측면에서 커다란 의의를 갖는다. 또한 문민정부임에도 그 태생적 한계로 인해 여전히 지속되었던 김영삼 정부의 권위주의적 정치운영을 보다 민주적으로 개혁해 나갔다.

결국 김대중 정부에 와서도 생활체육 위주의 정책기조는 유지되었다. 그 바탕에는 민간의 자율적 운영을 더 강조한 시장주의적 정책기조가 있었다. 예컨대 김영삼 정부가 투자 전액을 국고로 충당하고자 한 경기지도자 양성[61]의 경우도, 김대중 정부는 그 비중이 10%에 그치지만, 이것마저 민간자본을 투입하여 해결하려고 했을 정도였다.[62]

다만 김대중 정부는 경기지도자 양성과 관련하여 국고와 민자를 합쳐 총 9억 9,000만 원을 투입하여 임기 동안(1998년~2002년) 1급 경기지도자의 경우 매년 50명씩 총 250명, 2급 경기지도자의 경우 매년 600명씩 총 3,000명을 양성할 계획을 세웠다.[63]

이렇게 1974년 경기지도자 양성을 시작한 이래 1급은 1990년부터 매년 양성되고 있으며 2005년 12월 현재 1급 508명, 2급 15,330명이 양성되었다. 연도별 경기지도자 양성 현황은 <표 2-59>와 같다.[64]

〈표 2-59〉 연도별 경기지도자 양성 현황 〈단위 : 명〉

연도	1급	2급	계	연도	1급	2급	계
'74	-	137	137	'90	22	686	708
'75	17	60	77	'91	14	346	360
'76	-	39	39	'92	39	652	691
'77	-	36	36	'93	38	559	597
'78	-	58	58	'94	35	293	328
'79	-	61	61	'95	-	503	503
'80	22	22	44	'96	38	440	478
'81	27	92	119	'97	10	786	796
'82	-	250	250	'98	-	1,005	1,005
'83	-	372	372	'99	73	852	925
'84	-	519	519	'00	26	767	793
'85	-	499	499	'01	36	848	884
'86	-	571	571	'02	21	736	757
'87	-	633	633	'03	30	827	857
'88	-	523	523	'04	26	1017	1,043
'89		295	295	'05	34	846	880
				총 계	508	15,330	15,838

종목별 경기지도자 양성 현황은 1급의 경우 사격 42명을 비롯하여 육상 35명, 태권도

61) 문화체육부, 『국민체육진흥5개년계획』, 204쪽.

62) 문화관광부, 『국민체육진흥5개년계획』, 1998, 211쪽.

63) 위와 같음.

64) 문화관광부, 『2005 체육백서』, 2006, 428쪽.

31명, 골프 31명 순으로 나타나고 있으며, 2급의 경우 태권도 4,078명을 비롯하여 야구 1,417명, 육상 955명 순으로 나타났다. <표 2-60>은 종목별 경기지도자 양성 현황이다.65)

〈표 2-60〉 종목별 경기지도자 양성 현황 (단위 : 명)

종 목	1 급	2 급	계	종 목	1 급	2 급	계
검 도	2	106	108	승 마	6	110	116
골 프	31	402	433	씨 름	1	72	73
궁 도	5	51	56	아이스하키	9	71	80
근대 5종	5	101	106	야 구	5	1,417	1,422
농 구	9	358	367	양 궁	10	241	251
럭비풋볼	-	59	59	역 도	20	179	199
레 슬 링	22	245	267	요 트	10	180	190
롤러스케이팅	-	47	47	우 슈	7	108	115
루 지	-	5	5	유 도	9	359	368
리듬체조	-	10	10	육 상	35	955	990
배 구	18	497	515	정 구	2	133	135
배드민턴	15	229	244	조 정	4	122	126
보디빌딩	4	234	238	체 조	15	286	301
복 싱	10	256	266	축 구	19	631	650
볼 링	4	305	309	카 누	5	118	123
빙 상	7	199	206	컬 링	2	38	40
사 격	42	404	446	탁 구	11	348	359
사 이 클	12	187	199	드라이애슬론	4	58	62
산 악	8	203	211	태 권 도	31	4,078	4,109
세팍타크로	2	31	33	테 니 스	13	502	515
소프트볼	7	63	70	펜 싱	12	162	174
수상스키	1	46	47	하 키	17	147	164
수 영	28	594	622	핸 드 볼	8	186	194
수 중	2	25	27	연식정구	1	9	10
스 키	15	153	168	계	508	15,330	15,838

현재 경기지도자 양성기관은 경기지도자 연수원과 생활체육지도자 연수원으로 구분된다. 경기지도자는 체육과학연구원이 1급 경기지도자의 연수와 자격검정, 2급 경기지도자 자격검정을 담당하고 있으며, 2급 경기지도자 연수원으로 지정된 7개 기관이 2급 경기지도자의 연수를 담당하고 있다. 경기지도자 양성기관 현황은 <표 2-61>과 같다.66)

65) 위의 책, 429쪽.

66) 문화관광부, 『2003 체육백서』, 2004, 429쪽.

〈표 2-61〉 경기지도자 양성 기관

<table>
<tr><th rowspan="2">구 분</th><th rowspan="2">급별</th><th colspan="2">연 수 원</th><th colspan="2">자격검정기관</th></tr>
<tr><th>연 수 원 명</th><th>지정년도</th><th>검 정 기 관 명</th><th>지정년도</th></tr>
<tr><td rowspan="2">경 기
지도자</td><td>1 급</td><td>체육과학연구원</td><td>'89. 11. 1</td><td>체육과학연구원</td><td>'90. 8. 8</td></tr>
<tr><td>2 급
(7개)</td><td>한 체 대
국 기 원
동 아 대
조 선 대
전 남 대
충 남 대
신 라 대</td><td>'83. 8. 31
'83. 12. 1
'92. 5. 22
'92. 5. 22
'92. 5. 22
'96. 9. 20
'02. 5. 29</td><td>체육과학연구원</td><td>'94. 1. 1</td></tr>
</table>

2. 스포츠과학

'체육학'으로 대변되는 스포츠과학은 한국체육학회와 체육학의 각 전문 영역에 기초한 해당 분과학회를 중심으로 발전해 왔다. 1960년대부터 경기력 향상에 대한 수요에 맞추어 자연과학에 기초한 스포츠과학의 발전이 이루어져 왔으며, 1980년대 후반부터는 생활체육 진흥이라는 시대적 변화에 따라 사회과학에 기초한 정책 분야가 발전하고 있다. 최근에는 체육의 산업적 가치 제고에 따라 사회과학을 응용한 마케팅, 경영, 관리 분야의 학문적 수요가 증대하고 있다.

조국 광복 이후, 당시의 체육지도자들은 과거 일제의 식민주의체육은 청산되어야 할 구시대의 제도로 보고 새로운 민주적인 신체육을 전개하고자 하는 강한 의지와 뜨거운 열망을 가지고 있었다. 개성을 중시하고 학생 중심의 흥미로운 프로그램을 제공하는 신체육으로의 개혁과 요구는 자연스럽게 그것을 뒷받침할 수 있는 체계적인 이론을 요구하게 되었다. 이것이 체육학술활동의 발단이었다.

1927년 11월 29일에 조직된 중앙체육연구소(조선체육증진연구소의 후신)와 1931년 6월 22일 중등 이상 각 학교의 체육지도자를 중심으로 조직된 조선체육연구회가 강연, 영화, 전시 등으로 체육의 대중적 보급과 계몽에 노력했으나 8·15 광복 이전까지는 체육분야에서 진정한 학문적 업적을 목표로 한 연구기관은 없었다. 그러다가 조국 광복과 더불어 식민시대의 전체주의적인 체육의 사조에서 일대 전환하여 체육 본연의 자태를 찾을 수 있는 민주체육의 길을 걷게 되면서 비로소 연구단체로서 한국체육학회가 발족되었다. 이와 함께 1954년에 이화여대 대학원에서 이학부문 석사학위 수여가 시작되는 것을 기점으로 각 대학에서 체육학 분야의 석사학위를 수여하여 체육학

발전의 계기가 마련되었다.[67]

1960년대에 접어들면서 스포츠과학의 발전을 위한 여건은 조금씩 나아지기 시작했다. 1964년 동경올림픽에서 일본의 스포츠계가 스포츠 과학화에 힘쓴 결과, 좋은 성과를 거둔 것에 자극되어 대한체육회에서는 1964년 4월 2일 체력관리위원회를 조직했고, 이 위원회가 1968년 3월 2일 스포츠과학위원회로 개칭되면서 스포츠과학 연구의 견인차 역할을 하게 되었으며, 특히 1964년에 스포츠과학 연구보고서를 발간하면서 스포츠과학 연구에도 활력을 갖게 되었다.

1) 대학부설 체육과학연구소

1960년대에 와서야 비로소 촉발된 스포츠 과학화에 대한 관심은 1964년 도쿄올림픽대회를 계기로 구체화되어 대학부설 스포츠과학연구소들도 설립되기 시작했다.[68] 1964년 4월에 경희대 체육과학연구소가 처음 설립되었고, 같은 해 7월에 연세대 스포츠과학연구소가 설립되었으며, 1965년 3월에 서울대 의과대학 국민체력과학연구소, 1966년에 한양대 체육과학연구소, 1968년에 고려대 행동과학연구소 등이 설립되어 이른바 대학부설 스포츠과학연구소 시대를 열어 가기 시작했다.

이중 경희대학교 부설 한국체육과학연구소는 보건·체육·스포츠 및 레크리에이션에 관한 실태와 학술적 이론 및 기술을 조사 연구함으로써 국민의 문화세계 창조에 공헌한다는 목적으로 1964년 4월 7일에 설립되었다. 연구소 기구로 통계부·조사부·출판부·총무부를 두었고, 연구소장을 비롯하여 9명의 연구원과 조교를 두었다. 대한체육회에서 발간하는 스포츠과학연구보고서에 매년 조사·실험 결과 논문들을 발표했다.[69]

연세대학교 스포츠과학연구소는 의과대학 내에 설치되었고, 체육 각분야에 걸쳐 과학적인 연구를 수행함으로써 한국 체육의 전반적인 수준을 향상시키는 데 기여한다는 목적 하에 1964년 7월 1일 발족되었다. 연세대 스포츠과학연구소는 1963년부터 1965년까지 제4회 아시아경기대회 및 제18회 도쿄올림픽대회에 출전하는 선수들의 정밀

67) 체육학 관련 국내 최초의 학위논문은 1954년 이화여자대학교 대학원에서 이학석사 지경운의 「한국 아동의 유희활동」이며, 1969년까지 66명의 석사학위 논문이 발표되었다(박상열, 「한국 체육학 연구의 시대적 변천에 관한 연구」, 『한국체육학회지』19, 1980, 75~76쪽).

68) 동경올림픽대회에서의 성적은 부진했으나 동경올림픽대회는 우리에게 많은 것을 가르쳐 주었다. 동경올림픽대회에서 참패를 하고 돌아온 임원과 선수들의 다른 나라의 훈련방법과 그 결과를 눈으로 보고 돌아와 한국 체육의 발전을 위해서는 스포츠과학이 현장에 도입되어야 한다는 필요성을 논의하기 시작했다(체육청소년부, 앞의 책, 119쪽).

69) 大韓體育會, 『體育白書』, 339~342쪽.

체력검사를 실시하고 체력 관리를 뒷받침했으며, 스포츠과학 세미나 개최, 멕시코올림픽대회 참가 선수들에 대한 저압훈련 등을 실시하여 경기력 향상에 많은 기여를 했다. 연구소는 1965년에 스포츠과학에 대한 연구 업적으로 제13회 문교부 체육연구상을 수상하기도 했다.[70]

서울대학교 국민체력과학연구소는 각 연령층의 국민체력과 체위를 파악하고 아울러 국민체력 및 체위 향상 방법을 연구하고자 1965년 3월 1일에 설립되어 의과대학 부설 연구기관으로 설치되었다. 연구소 기구로 기초체력학부·임상의학부·체력관리부·건강관리부·심리 적성부 등을 두고 의과대학의 각종 시설을 충분히 활용했으며, 스포츠과학연구보고서에 매년 다수의 논문을 발표했다.[71]

한양대학교 체육과학연구소는 제반 신체활동면의 작업과 스포츠 및 체육의 과학적 연구를 목적으로 1966년에 스포츠과학연구소로 발족되었다가 1969년 3월에 작업능률 향상연구소로 개칭하면서 특히 공장 현장에서의 작업능률 향상에 필요한 연구를 심화시켜 나갔다. 그후 1971년 2월에 체육과학연구소로 승격되어 스포츠 과학 발전의 새 지평을 열어 나갔으며, 연구소 기구로 시설연구실·체육연구실·스포츠과학연구실·인간공학연구실 등을 두었다.[72]

고려대학교 행동과학연구소는 1968년 7월 10일에 설립되어 인간 행동에 관한 과학적 연구 수행과 우리 나라의 체육 인력 개발 및 기술 향상을 그 목적으로 삼았으며, 적성연구분과위원회·체력연구분과위원회·인간관계연구분과위원회·교육상담분과위원회 등 4개의 분과위원회와 자료조사실·실험기기실 등을 두었다. 동 연구소에서는 독자적으로 '행동과학연구' 논문집을 간행했으며, 다른 연구소에 비해 많은 실험기기들을 보유하여 스포츠 과학화의 견인차 역할을 했다.[73]

이후 1970년대에 설립된 대학부설 스포츠과학연구소는 이화여대 보건체육연구소(1971. 11), 강원대 체육과학연구소(1975. 4), 원광대 체력과학연구소(1975. 6), 서울대 사범대학 체육연구소(1978. 3), 한국체대 체육연구소(1978. 8) 등이었다. 그러다가 1980년대에 접어들면서 86·88 양 대회에 대한 관심 제고와 함께 무려 22개의 대학부설 스포츠과학연구소들이 설립되어 1990년에 설립된 4개의 연구소를 더하면 모두 35개의 대학부설 스포츠과학 관련 연구소들이 있었다.[74] 1991년 5월 현재 전국 대학부설 스포츠과학 연구기관 현황은 <부록 3>과 같다.

---

70) 위의 책, 342~348쪽
71) 위의 책, 350~354쪽
72) 위의 책, 348~350쪽.
73) 위의 책, 337~339쪽.
74) 체육청소년부, 앞의 책, 125~128쪽.

이처럼 1980년대에 와서 전체 대학부설 연구기관의 약 63%에 해당하는 23개 연구소가 설립되었다. 이는 아시아경기대회와 올림픽대회 유치, 체육부 창설, 체육부의 연구기관 중심의 연구비 지원정책 그리고 스포츠과학화에 대한 인식의 제고와 생활체육 활성화에 따른 결과였다. 이들 대학부설 연구소들은 선수들의 체력과 기술 향상을 위한 과학적 연구를 선도하고, 그 결과를 논문으로 발표했으며 체육관련 연구인력 양성에 밑거름이 되었다.

2) 체육과학연구원

스포츠과학은 서울아시아경기대회와 서울올림픽대회 개최를 계기로 체육 선진화의 발판을 마련하고자 했던 한국 체육에 새로운 기운을 불어넣었다. 스포츠과학의 진흥을 위해서는 우수한 연구인력, 첨단 정밀실험기자재, 관련 정보 가용능력 확보 등 연구 여건의 조성이 필요했다. 또한 이를 위해 스포츠과학 연구역량을 보강하고 체육관련 연구소를 육성하며, 스포츠과학 연구인력의 해외연수 등을 뒷받침할 연구진흥기금 조성이 요구되었다. 하지만 1970년대까지는 경제적인 여건이 뒷받침되지 못해 이러한 조건을 골고루 충족시키기가 힘들었다.

대한체육회는 이미 1964년에 스포츠과학위원회를 설립하여 스포츠 과학화의 기반을 이루어 가기 시작했다.[75] 이때 연세대 홍석기 교수를 중심으로 활발한 활동을 전개했지만 재정적인 어려움 등에 봉착했다. 특히 일선 현장에서 선험적인 방법만을 고수하려는 코치 등 지도자들이 스포츠과학을 철저히 외면했을 뿐 아니라, 1971년에 대한체육회장에 취임한 김택수 회장이 내세운 '선 체력, 후 기술' 훈련방침에 밀려 스포츠과학의 중요성이 1970년대까지는 제대로 빛을 보지 못했다.

대한체육회 스포츠과학위원회는 1964년에 체력관리위원회로 발족했다. 그러나 체력관리만으로는 경기력 분석과 트레이닝 합리화 및 처방이 이룩되지 않는다는 관점에서 1968년 3월 7일에 그 명칭을 스포츠과학위원회로 다시 개칭했다.[76]

스포츠과학위원회는 특히 의학, 심리, 영양, 체육, 인간공학 등의 모든 분야의 학문적 총화를 구하여 스포츠 과학기술을 분석·발전시키는 데 역점을 두었다. 이 위원회는 체육의학과 체육과학에 관한 심포지엄 개최, 체력관리와 체력검사, 건강위생에 관한 연구, 훈련 주치의에 관한 사항 등을 심의 결정했으며, 산하에 보건관리분과위원회, 임상분과위원회, 측정평가분과위원회, 생리분과위원회, 심리분과위원회 등을 두었다. 또한 전국 각 대학 및 연구소에서 발표하거나 위촉한 연구결과를 담은 논문집을 1964년

75) 大韓體育會, 『體育白書』, 457쪽.

76) 위의 책, 355쪽.

부터 매년 발간했으며, 세계적으로 유명한 스포츠 과학자를 초빙하여 강연회를 개최하고, 매년 상·하반기로 나누어 스포츠과학심포지엄을 열었다.[77]

이런 배경 아래, 1980년대에 접어들어 서울올림픽대회를 유치하고 이를 대비하기 위해 경기력 향상을 위한 다각적인 연구의 필요성이 대두되자 대한체육회는 스포츠과학위원회를 확대 개편하여 1980년 12월 29일 태릉선수촌 내에 스포츠과학연구소를 설립했다.[78] 스포츠과학연구소는 연구·개발, 교육 및 현장적용 등 세 분야로 나누어 주로 기초연구와 선진스포츠과학의 도입, 코치·선수·체육전공자 교육 및 스포츠세미나 등을 통하여 국가대표선수와 상비군선수에 대한 과학적 지원에 크게 기여했다.

스포츠과학연구소는 서울아시아경기대회와 서울올림픽대회에 대비하여 대표선수 선발과 체력측정을 위해 적정연령을 산출하고 종래의 체력측정항목을 운동종목별로 필수 및 선택항목으로 구분하여 측정방법을 제시하는 한편, 1982년에는 선천적 소질을 가진 우수한 신인을 발굴하기 위한 기준치 설정 연구를 통해 4,359명의 신인선수를 선발, 꿈나무로 키워 나갔다.

1986년 2월에 접어들어 전두환 대통령은 서울아시아경기대회와 서울올림픽대회를 준비하는 과정에서 나타난 문제점들을 체계적으로 해결해 가기 위해 스포츠과학 진흥대책을 세우도록 특별지시를 내렸다. 이에 따라 국민보건, 체육진흥을 위한 스포츠과학 개발 보급방안이 새롭게 검토되기 시작했고, 선수들에 대한 과학적 훈련방법 개선을 위해 스포츠과학연구소를 활성화하는 방안이 연구·검토되었다. 그리하여 독자적 운영체제를 갖춘 종합적 연구기관인 한국체육과학연구원이 1989년 7월 8일에 설립되었다.[79]

이처럼 한국체육과학연구원은 1980년 12월에 설립된 스포츠과학연구소가 대한체육회로부터 분리되어 재단법인의 형태로 출발[80]한 것으로, 더이상 대한체육회에 예속되지 않는 독립적인 지위를 확보하고 연구기능의 확대를 통해 스포츠과학의 발전을 도모하는 새로운 계기를 이루었다. 한국체육과학연구원의 발족은 종래 대한체육회 부설이라는 다소 미약한 의미의 연구소 위상을 벗어나 독자적인 연구원으로서의 면모를 갖추어 연구직 직원들에게도 새로운 자부심을 주었고, 이에 따라 국내외 많은 우수인력을 확보할 수 있었다.

한국체육과학연구원은 그 동안 우수선수 지원사업에 치중하여 기형적으로 편중되었던 연구활동의 범위를 넓혀 기초연구와 순수학문연구의 비중을 높였으며, 순수학문

77) 위의 책, 356~357쪽.

78) 대한체육회, 『大韓體育會七十年史』, 457쪽.

79) 문화관광부, 『2005체육백서』, 2006, 444쪽.

80) 체육청소년부, 앞의 책, 123쪽.

연구와 응용과학연구가 균형적으로 발전할 수 있도록 했다. 스포츠과학 분야에서도 특정 분야에 국한했던 연구활동을 전체 국민을 위한 연구로 그 영역을 넓히면서 국민체육진흥을 위한 새로운 프로그램 개발에 박차를 가했다.

출범 당시 연구원의 기구 편성을 보면 기획조정실 밑에 기초과학부, 응용과학부, 생활체육연구부 등 연구 전담부서와, 연수부, 전산실, 체력관리센터 등을 두었다.[81] 특히 생활체육연구부와 체력관리센터는 주로 국민체육진흥을 위한 프로그램 개발과 국민의 체격·체력 연구를 담당하여 국민생활체육시대의 개막을 이끌었다.

연구원은 서울올림픽대회 당시 총 204종 321점의 스포츠과학 기자재를 보유하여 대표선수 경기력 향상을 위해 사용했고, 1989년 이후에는 일반대학에도 이를 개방하여 체육관련 학과 학생들이 활용토록 했으며, 동·하계 방학기간 중에는 일선 체육교사와 대학생 및 경기지도자 등을 대상으로 기자재 연수를 실시하여 현장 활용도와 활용범위를 확대해 나가는 등 스포츠과학의 보급에 힘썼다.[82] 특히 서울올림픽대회 이후 경제발전과 여가시간의 증대로 여가 환경의 복지화, 체육내용의 다양화, 스포츠활동의 활성화, 체육방법의 합리화 등을 통한 국민체력의 증진, 국민화합 및 건전 사회 조성, 경기력의 대외경쟁력 우위 확보 등 선진 스포츠과학 국가로의 도약을 이끌어 내는 원동력이 되었다.

한편으로는 연구업적이 자연과학 중심이었고 체육정책 과제 수행이 부족하여 정책적인 발전을 뒷받침하지 못했나는 비판을 면치 못했다. 또한 연구원이 1998년에 국민체육진흥공단 산하로 편입되면서 독자성을 잃게 되었다는 우려도 자아냈다(<표 2-62> 참조).

이렇게 체육과학연구원은 국가 체육 연구기관으로 체육정책 개발, 경기력 향상, 생활체육 증진, 스포츠산업 육성 지원, 체육지도자 양성, 체육정보망 구축 등을 과학적으로 도모하기 위한 연구·개발·교육 및 지원 업무를 수행해 왔다.

체육과학연구원의 주요 연혁은 <표 2-63>과 같다.

81) 『체육』, 1987년 6월호, 12쪽.

82) 체육청소년부, 앞의 책, 124쪽.

〈표 2-62〉 체육과학연구원의 연구실적[83]

분야 \ 연도	'82~'90	'91	'92	'93	'94	'95	'96	'97	'98	'99	'00	'01	'02	'03	계
체 육 정 책										8	7	17	16	17	65
스포츠심리학	25	2	4	2	3	5	5	5	2	2	1	2	3	4	65
스포츠사회학	7	4	3	1			1	1							17
트 레 이 닝	33	4	1	7	8	3	5	2	2				1		66
운동 생리학	48	4	10	3	2	4	2	3	2	2	1	2		1	84
측 정 평 가	18	2	2	1	2	4	5	2	2	1			3	2	44
운 동 역 학	42	4	2	1	3	2	2	5	5	1	1	2	1	4	75
스포츠 의학	13	4	1	2	1	1	2	2	1	1			8	2	38
스포츠영양학	8				1		1	1	1	1		2			15
장 비 개 발	6	2	3	5	5	1	2	3	2	7	5	1		6	48
전 산	8	1	1	1		3	4	2	1	1	1				23
경기 지도서	29	3	4	1						1		2		1	41
생 활 체 육	3	2		4	3	2	2	5	8	4					33
기 타	27			1	1	1	5	4	6	2	3	3	7	2	62
계	267	32	31	29	29	26	36	35	32	31	19	31	39	39	676

〈표 2-63〉 체육과학연구원의 주요 연혁

80. 12. 29	대한체육회 스포츠과학연구소 설립
89. 07. 08	재단법인 한국체육과학연구원 설립
89. 11. 01	1급 경기지도자 연수원 지정
91. 10. 17	2급 생활체육지도자 연수원 지정
94. 12. 14	국민체력센터 개관
95. 05. 03	1급 생활체육지도자 연수원 지정
99. 01. 01	국민체육진흥공단 소속으로 흡수 통합
00. 01. 01	재단법인 국민체력센터 분리·독립
03. 05. 27	스포츠용품 시험검사소 설립
03. 07. 01	재단법인 국민체력센터 이전(올림픽공원)
04. 06. 17	KOLAS 국제공인시험기관 인정

2005년 12월 현재 체육과학연구원은 원장 산하에 1처 5실 2부 5과 1팀을 두고 있다. 2005년 12월 현재 체육과학연구원 인력 현황은 <표 2-64>와 같다.[84]

〈표 2-64〉 체육과학연구원의 인력현황 〈단위 : 명〉

구 분	계	원 장	연구직	일반직	기능직	계약직
정 원	70	1	41	26	2	-
현 원	60	1	33	25	1	23
과부족	△10	-	△8	△1	△1	-

83) 문화관광부, 『2003 채육백서』, 2004, 477쪽.
84) 문화관광부, 『2005 채육백서』, 2006, 444쪽.

3. 체육학술단체

1) 한국체육학회

(1) 학회 창립과 초기 활동

한국체육학회는 1953년 당시 체육지도자 양성기관에 소속되어 있는 교수진이 핵심체가 되어 구성되었다. 한국 체육학 연구의 1세대[85]로 불리기도 하는 이들은 미국뿐만 아니라 전세계 자유국가로부터 새로운 체육사조를 수용하여 체육에 관한 학술 및 실제를 연구하고 체육문화의 향상 발전에 기여하고자 했다.

이러한 배경하에 1953년 10월 19일 한국체육학회 창립 발기인대회가 개최되었다.[86] 이어 한국체육학회의 창립총회는 1953년 10월 25일 서울대학교 사범대학에서 개최되었는데, 32명의 체육지도자가 참석했다. 이때 고문에 이병학과 김명선, 회장에 이병위, 부회장에 조영하와 김신실, 이사장에 한병철이 추대되었으며 이사에 최영호, 엄정득, 최동순, 문영현, 류근석, 김명복, 김종섭, 윤인호, 문현주 등, 감사에 김광선, 정화용이 추대되었다.

여기서 학회 명칭이 '한국체육학회'로 결정되었고, 영문 표기는 'Korean Physical Education Association'으로 정해졌다. 이 표기는 1956년 'Korean Society of Physical Education'로 변경되었다. 그리고 1995년 4월 28일에 개최된 정기총회에서 학회 명칭에 대한 영문 표기를 지금의 'Korean Alliance for Health, Physical Education, Recreation and Dance(KAHPERD)'로 변경했다.[87] 이것은 1966년 이후 긴밀한 협력관계를 유지해 온 국제보건·체육·레크리에이션협회와의 유대관계를 더욱 분명히 하면서 서울올림픽 스포츠과학학술대회 이후 제고된 한국 체육학계의 위상을 드러내기 위한 것이었다.

1955년 2월 학회지인 '체육(Physical Education)'을 발간했는데, 초대 회장 이병위는 창간사에서 "체육의 진정한 가치를 재인식하는 동시에 체육과학의 체계를 확립하여 유효적절한 이론과 방법을 생각하고 실천해야만 이 나라의 체육문화를 이룩할 수 있다."고

---

85) 나영일은 한국체육학 반세기를 돌이켜 보는 그의 논문에서 한국체육학 1세대로 한국 최초로 1945년 이화여대에 체육학과를 설립한 김신실을 비롯하여 1946년 서울대학교에 체육과를 설립한 이병위, 윤인호 등과 류근석, 김오중, 조영식, 경북대학교와 신흥대학교, 수도여자사범대학의 여러 교수들과 강사들을 열거했다(나영일, 「한국체육학 50년의 오늘과 내일-인문사회과학 분야를 중심으로」, 『체육사학회지』 제1권 1호, 1996년 10월 창간호, 韓國體育史學會, 43쪽).

86) 羅絃成, 『韓國體育史』, 靑雲出版社, 1963, 309쪽.

87) 1995년 4월 28일자 개정 정관 제1조.

지적했다.[88] 또 류근석은 '체육의 학적 고찰'이란 글에서, 체육의 과학적 연구를 체육학 자체의 입장에서 해명해야 한다는 것과 이러한 자각에서 비로소 다른 과학에서 완전한 자립성을 갖는 '체육학'의 독자성을 획득할 수 있다는 점을 강조했다.[89]

한국체육학회는 초기에 체육강습회 개최와 민병체조 제정 등 여러 가지 활동을 했다. 체육강습회는 1955년 공포된 체육과 신교과과정의 해설 및 실습을 지도하고자 한 것으로 강습 수료자에 한해 교원자격증 효력 갱신시에 혜택을 받을 수 있도록 했다. 1956년 8월 3~5일 대한체조연맹과의 공동주최로 서울대학교 사범대학 체육관에서 개최한 강습회를 보면, 수강 대상자는 중·고등학교 각급 교사 및 중·고등교사 자격고시 응시 희망자들이며 강의는 매일 8시간씩 총 40시간 이루어졌다. 담당 과목과 강사진 및 시간 수를 보면, 체육원리 이병위(4시간), 체육지도법 류근석(4시간), 학교위생학 조규찬(4시간), 운동장애 윤인호(2시간), 도수체조 김오중(4시간), 기계체조 한병철·박길준(4시간), 육상경기 김종섭(2시간)·나현성(4시간), 농구 문현주·김광선(각 4시간), 배구 최동순(4시간) 등이었다.[90]

그리고 민병체조는 1954년 11월에 민병총사령관 육군중장 신태영 이름으로 학회에 제정을 의뢰하여 이루어졌다. 그 취지는 전국 민병대에 민병체조를 제정 실시하여 대원의 체력 향상을 도모하고자 하는 것이며 두 종류로 나눠 제정되었다. 국민학교 4학년 이상의 학력소지자를 대상으로 한 갑반용과 국민학교 4학년 이하의 학력소지자를 대상으로 한 을반용이 그것이다.

초창기의 한국체육학회는 체육학의 정립과 발전에 대한 의욕은 대단했지만 현실적 여건이 뒷받침해 주지 못해 어려움이 많았다. 무엇보다도 학문에 대한 열망에 비해 회원 수가 극히 적고 재정적 어려움이 컸었다.

그러다가 1963년 12월 7일 제1회 학술발표회 개최를 계기로 전열을 차츰 정비하기 시작했고, 1966년 서울에서 열린 국제보건·체육·레크리에이션협의회(ICHPER)대회에서 류근석이 '한국 학교체육의 현황'을, 나현성이 '한국 고유의 의료체조', 김오중이 '한국 레크리에이션의 당면과제', 이병위가 '한국 체육의 발전 개황' 등을 주제로 발표하면서 점차 그 기틀을 마련해 갔다. 특히 1967년 한국과학기술단체총연합회에 가입함으로써 대외적인 활동의 길을 열었다.

이 시기의 학회는 최소한의 활동으로 명맥을 유지했을 뿐이었다. 그러나 학회 활동이 크게 부진하고 외형적으로 별다른 변화가 나타나지 않았지만, 체육학계는 꾸준히

---

88) 이병위, 「현대 체육의 사조와 방향」, 『체육』 창간호, 한국체육학회, 1955, 1쪽.

89) 류근석, 「체육의 학적 고찰」, 위의 책, 14~20쪽.

90) 김달우, 「한국 체육학 발전과정의 역사적 고찰-한국체육학회 변천과정을 중심으로」, 『한국체육사학회지』3, 1999년 12월, 3쪽.

발전하는 가운데 새로운 시기를 기다리고 있었다. 1968년 11월 한국체육학회는 정기총회를 개최하여 임원을 개선하고 침체의 늪에서 헤어나는 모습을 보여주기 시작했다. 이 회의에서 선출된 임원은 회장 이병위, 부회장 김명복, 김오중, 류근석, 백용기, 이사 문영현 등 6명과 감사 현우영과 홍재욱 등이었다.

(2) 학회 활동의 활성화

1968년 정기총회를 기점으로 하여 학회는 정상궤도에 진입했다. 즉 1970년 정기총회에서는 18년간 회장을 지낸 이병위의 뒤를 이어 서울대학교 나현성 교수가 2대 회장으로 선출되었고, 2호(1956년 5월 31일)를 발간한 이후 중단되었던 학회지를 1969년 『한국체육학회지』로 명칭을 바꾸어 3호를 발간하는 한편, 1971년에는 『한국체육학회 회보』[91]로 다시 발행하면서 새롭게 혁신되는 모습을 보여주었다. 이때 제시된 학회의 좌표는 다음과 같다.[92]

> '두뇌, 노력, 단결'을 요구하는 한국체육학회는 시대적인 부름에 따라 학회의 체질개선을 위하여 새로운 발돋움을 하고 다시는 학문 연구의 기아에서 허덕이는 가련하고 초라한 꼴을 다른 이들에게 보이지 않기 위해 일어섰다.
>
> 스포오츠의 과학화는 체육학의 이론적 연구에서 뒷받침되어야 하고 연구의 수비자와 연구의 생산자가 제휴하며 빨리 뛰어야 할 때다. 체육학회는 연구과제의 발견, 연구자료의 탐구 및 연구방법의 모색 등 연구의 기본문제를 해결함으로써 회원들의 연구 분위기를 주성해 주어야 할 것이다. 또한 학회는 산발적으로 이루어지고 있는 체육학의 연구를 종합적으로 통할하고 한국 체육계가 필요로 하는 앞으로의 연구 방향을 제시해 주는 파이어니어의 구실을 해야 할 것이다. 국제적인 연대를 강화하기 위하여 대내적인 연구활동뿐 아니라 대외적으로 국가간의 학문교류를 시도해야 할 것이다.
>
> '체육학회의 혁신' 우리는 바로 그 싱싱하고 발랄한 이미지를 더욱 빛내고 박력 있게 옮기는 데에서 우리 학회의 젊고 창조적인 미래를 여러분 앞에 굳게 약속하는 바다.

이같은 좌표에 따라 한국체육학회는 1970년대에 접어들면서 활발한 학술활동을 전개했다. 연례 학술발표회와 하계 특별학술발표회 등을 개최했고, 일본체육학회 관계자[93]들을 비롯한 외국인을 초청하여 스포츠과학세미나를 개최하는 등 국제교류에도

---

91) 『한국체육학회 회보』는 1979년 5월부터 『체육학회보』로 그 명칭을 바꾸어 발간되어 통권 제1호로 다시 시작했다.

92) 한국체육학회, 『한국체육학회 회보』 1, 1971년 1월, 1쪽.

93) 1977년도 체육과학세미나에는 일본체육학회 이사를 초청했고, 1978년에는 일본체육학회장을 초청했으며, 한국체육학회에서도 일본체육학회 학술발표회에 참가하기 시작했다(한국체육

박차를 가했다. 1979년에는 제15회 체육학술발표회를 개최하는 한편, ICHPER 사무총장인 로버트 싱거(R. N. Singer) 박사 초청강연회를 가졌다.

한국체육학회는 1980년대에 접어들면서 커다란 전환점을 맞이했다. 즉 1986년 서울아시아경기대회와 1988년 서울올림픽대회 유치가 계기였다. 물론 그 영향은 비단 체육학회에만 국한되는 것이 아니라 한국 체육사 전체의 관점에서 조명되는 것이기도 했다. 이런 맥락에서 한국체육학회는 1982년 2월 27~28일 '한국 체육의 현황과 그 전망, 88서울올림픽을 대비하여'라는 주제로 제18차 학술발표회를 개최했다.[94] 같은 해 4월 29일에는 체육부 후원으로 국민체육진흥 세미나를 개최하고 "86아시안게임과 88올림픽대회를 유치한 현실은 진정한 의미의 국민체육 진흥을 요구하고 있다."[95]는 점을 강조했다. 당시 한국체육학회의 임원진은 회장 김종선, 부회장 최영근, 신길수, 이긍세, 이학래, 김정묵, 이사 강신복, 김창규, 홍양자. 김경수, 김상국, 김종훈, 노희덕, 옥명철, 이덕분 등이었다.[96]

한편, 1983년 2월 8일 제17회 정기총회를 사단법인 한국체육학회 발기인 총회로 개최하고, 창립 30년만에 임의단체에서 사단법인체로 기구를 확대 개편함으로써 그 면모를 일신했다. 당시 김진원 회장은 1983년 10월 19일 창립 30주년을 맞이한 기념사를 통해 학문의 발전을 위해 연구정보를 교환하는 대화의 광장 마련, 공동연구의 풍토를 진작시키는 계기 마련, 국민체육진흥의 선도적 역할 등을 다짐하면서 학회의 발전방향을 제시했다.[97]

또 학회는 체육부의 후원으로 1984년부터 체육연구논문발표회를 개최했다. 체육연구논문발표회는 초·중·고 현장에서 체육을 지도하고 있는 교사들로 하여금 체육학 및 체육교육학에 대한 연구열을 고취시켜 체육지도자로서의 자질을 향상시키고, 연구결과를 현장학습에 활용토록 하기 위한 것으로 체육부장관상과 한국체육학회장상을 시상하여 일선 체육교사들의 사기를 진작시키고 학교체육 진흥의 발판을 마련했다.[98]

학회는 1984년 11월 14일 서울아시아경기대회와 서울올림픽대회 개최를 뒷받침하기 위한 86·88스포츠과학학술대회 조직위원회(위원장 장충식)를 발족시키는 데 중심적

학회, 『体育學會報』1, 1979년 5월, 6쪽).

94) 이 학술강연회는 학교체육(제1분과), 사회체육(제2분과), 경기력향상(제3분과) 등 세 부분으로 나누어 각 분과마다 6~7개의 소주제를 다루면서 한국체육 전반에 걸친 현황을 점검하고 88서울올림픽에 대비한 문제점 및 대응책 등을 분석했다(한국체육학회, 『体育學會報』 10, 1982년 2월, 2쪽).

95) 한국체육학회, 『体育學會報』 11, 1982년 6월, 6쪽.

96) 한국체육학회, 『한국체육학회 50년사』, 2004, 269쪽.

97) 한국체육학회, 『体育學會報』 15, 1983년 10월, 1쪽.

98) 한국체육학회, 『体育學會報』 18, 1984년 7월, 5쪽.

역할을 한데 이어 조직위원회 학술전문위원회의 각 분과활동를 주도적으로 이끌었다.[99] 86·88서울올림픽 스포츠과학학술대회 준비전문위원회 분과위원장을 맡은 체육학회 회원들은 다음과 같다. 이학래(체육사분과위원장), 김영환(스포츠철학분과위원장), 임번장(스포츠사회학분과위원장), 이상철(체육행정분과위원장), 강신복(스포츠교육분과위원장), 홍양자(특수체육분과위원장), 강상조(체육측정평가분과위원장), 김기웅(스포츠심리분과위원장), 김창규(운동생리분과위원장), 황인승(운동역학분과위원장), 육완순(무용분과위원장) 등이다.

그리고 1988년 9월 9~15일 단국대 천안캠퍼스에서 개최된 학술대회의 성공적 개최를 뒷받침했다. 서울올림픽대회 개최 후에는 1990년 4월 28일의 제9회 국민체육진흥 세미나를 통해 서울올림픽대회 개최 이후 추구된 새로운 체육정책 진로 모색을 이론적으로 검토하고, 이를 위해 복지국가 실현의 기틀이 되는 생활체육 활성화 방안을 다각적으로 조명하는 등 학술활동을 활발하게 전개했다. 특히 1992년 9월에는 서울올림픽대회 4주년 기념 국제스포츠학술대회를 개최하여 서울올림픽대회 개최의 의의를 계승 발전시키고 한국을 비롯한 세계 각국의 스포츠과학의 발전은 물론, 체육학을 종합과학으로 승화시키는 계기로 삼았다. 이 국제학술대회에는 국내외 학자들의 연구논문 77편이 발표되어 체육학 발전에 크게 이바지했을 뿐 아니라 한국체육학회의 국제화 추진에 있어서도 그 내실을 기하는 계기가 되었다.[100]

(3) 학회 활동의 새로운 도약

한국체육학회는 학회 활동을 활성화한 바탕 위에 21세기를 대비하는 새로운 비전을 제시하고 이를 뒷받침하여 보다 내실 있는 '새 천년 체육문화'를 이루기 위한 사업을 전개했다. 이러한 움직임은 한국체육학회 제34회 정기총회를 계기로 더욱 구체화되었다. 2000년 2월 23일 올림픽파크텔에서 개최된 제34회 정기총회는 21세기 체육의 시대를 열어 나가기 위한 "체육의 비전과 체육인의 의지"[101]를 담은 '21세기를 향한 밀레니엄 선언'을 발표하여 체육인들의 새 천년 각오를 다졌다. 선언문의 주요 부분을 발췌하

99) 재단법인 서울올림픽 스포츠과학학술대회 조직위원회, 『서울올림픽 스포츠과학학술대회 결과보고서』, 1988, 59쪽.

100) 서울올림픽대회를 기념하여 개최되기 시작한 국제스포츠과학학술대회는 계속적인 발전을 가져와 1999년 8월 23일부터 25일까지 올림픽파크텔에서 개최된 '99서울국제스포츠과학학술대회에는 세계 9개국에서 20여 명의 외국학자 등 1000여 명이 참가하여 무려 132편의 논문이 발표되어 명실공히 체육분야의 국제학술대회로서 면모를 갖추게 되었다(한국체육학회, 『한국체육학회보』 75, 1999년 11월, 46쪽).

101) 한국체육학회, 『한국체육학회보』, 2000년 4월호, 29쪽.

면 다음과 같다.[102)]

> 한국체육학회는 새 천년에도 창조적 체육지식 생산의 중심기구로서의 그 역할을 다할 것이다. 우리는 새로운 시대에 맞는 체육 패러다임의 창출을 통하여 지난 날 체육발전의 장애였던 수단적·편향적 사고를 극복하고자 한다. 또한 실용적 체육지식의 축적을 통하여 시대변화를 선도할 수 있는 '창조적 체육지식 네트워크'를 구축하여 나갈 것이다.
>
> 한국체육학회는 새 천년 체육문화를 선도할 '밀레니엄 리더'의 산실이 될 것이다. 새 천년에 한국체육학회에서 지향하는 리더는 현실에 안주하거나 만족하지 않는 진취적 리더이다. 이러한 리더는 체육의 이상과 이념을 구현하며 복지적인 체육문화의 창달을 위하여 도전하고 개혁하는 선구자가 될 것이다.
>
> 새 천년에 한국체육학회는 전 지구적 체육학문공동체를 이끌어 가는 주체가 될 것이다. 아시아는 물론 전 세계 체육학 공동체와의 적극적 교류를 통하여 한국 체육의 학문적 발달을 도모하고 나아가 세계 체육학문공동체에서 중추적 역할을 담당하는 중심기구로 발돋움할 것이다.

체육학회는 선언문 발표와 함께 한국 체육의 발전을 위한 새 천년 체육인의 희망을 천명했다. 학회는 이를 통해 학교체육과 생활체육, 그리고 엘리트스포츠 분야의 지속적인 발전을 위해 필요한 핵심적 과제들을 제기하여 미래지향적 차원에서 고려되어야 할 체육정책 변화의 필요성과 그 방향을 구체적으로 제시했다.

학교체육 분야에서는 학교체육 정상화의 필요성을 강조했다. 이를 위해 수요자인 학생 중심으로 바뀌어 가는 교육의 새로운 패러다임에 학교체육이 능동적으로 대처해 나갈 수 있어야 함을 지적하고, 학교체육의 발전을 토대로 체육의 가치가 바르게 구현되어야 한다는 원칙을 재확인했다. 또한 학교체육의 정상화를 위해 '1교 1체육관'의 꿈을 실현하고, 입시 위주의 교육풍토에서 벗어나 원하는 체육활동의 욕구를 발산할 수 있게 하며, 각급 학교에서 방과 후 체육활동 프로그램을 효율적으로 운영함으로써 학교체육이 생활체육과 전문체육의 모태가 되어야 한다는 점을 강조했다. 생활체육 분야에서는 온 국민이 누구나 주거지역으로부터 가깝고 쾌적한 체육환경을 누릴 수 있게 되어 기계화된 문명 속에서 인간 본연의 희망을 찾아내는 열쇠가 되어야 한다는 점을 강조하고, 엘리트스포츠 분야에서도 전인교육의 토대 위에서 엘리트스포츠가 계속 발전해 나갈 수 있는 여건을 조성하며, 서울올림픽대회의 빛나는 성과 위에 이룩된 세계 속의 한국 스포츠 위상을 더욱 제고시켜 통일한국과 세계 평화를 이룩하는 지구촌 새 천년 희망의 역사를 창조하는 원동력이 되어야 한다는 점 등이 강조되었다.

이처럼 한국체육학회의 새 비전을 제시한 제34회 정기총회는 국민의 정부 출범과

---

102) 한국체육학회, 2000년 2월 23일자 밀레니엄 선언문 원문에서 발췌.

함께 다가왔던 갖가지 현실적 어려움을 극복하고 한국체육의 발전을 선도해온 학회 활동의 뼈저린 체험을 공유한 값진 흔적이기도 했다. 특히 한국 체육계가 지니게 된 이런 공통인식의 틀은 한국체육학회 제15대[103)]·16대[104)] 회장 이·취임사에서도 극명하게 드러났다.

제15대 회장 임번장 교수는 "한국체육학회가 IMF 경제위기로 인한 어려움 속에서도 굴하지 않고 오히려 활동의 양적·질적 성장을 이끌어 내 학회가 단순히 학자들이 모인 학술단체에 그치는 것이 아니라 한국 체육의 발전을 선도하는 공익단체로 그 역할과 기능을 크게 인정받게 되있다."[105)]는 섬을 강조했으며, 제16대 회장에 취임한 이학래 교수는 "지금이야말로 우리 체육인들이 지난날의 발자취를 되돌아 보고 반성하면서 새로운 미래를 향해 재도약의 발판을 굳건히 할 때"[106)]임을 강조해 새 천년을 맞는 한국 체육계의 현실과 그 위상을 실감케 했다.

이러한 바탕 위에서 21세기를 대비하려는 한국체육학회의 연구사업이 활발히 이루어졌다. 국민체육진흥공단의 의뢰로 이루어져 1999년 8월에 제출된 '국민체육진흥방안 및 공단의 역할' 연구는 21세기 한국 체육의 종합발전계획 수립의 기초가 되는 연구였다. 이 연구는 새 천년에 한국 체육계가 이루어 나가야 할 체육발전전략을 규명하여 체육을 통해 국가발전 역량을 제고시키는 역할을 분석하고, 그 중추적 역할을 담당하게 될 국민체육진흥공단의 향후 과제를 명확히 밝힘으로써 한국 체육발전의 비전을 제시하는 데 역점이 두어졌다.

이와 함께 문화관광부로부터 '청소년 체력 향상을 위한 여가체육활동 활성화 방안'에 대한 연구용역사업을 수주하여 1999년 12월에 그 연구결과물을 제출했다. 이 연구는 주지주의적 교육에 따른 입시위주 정책으로 허약해진 청소년의 체력 진단과 아울러 청소년 체육활동 실태를 분석하고, 이에 기초하여 청소년의 체력을 효과적으로 증진하고 정서적으로나 사회적으로 건전한 청소년의 성장과 발달을 도모하는 데 필요한 청소년 여가체육활동 프로그램의 효율적인 운영 및 보급방안을 제시했다.[107)]

103) 한국체육학회 제15대 임원진으로는 회장 임번장, 차기회장 이학래, 부회장 김양종·정청희·손두옥·위성식·김상철, 총무이사 이종영, 부총무이사 강신욱, 이사 정상택·김무길·김승철·유진·조광민·안양옥·임태성, 감사 김현덕·한상덕 등이었다(한국체육학회, 『한국체육학회보』 73, 1998년 12월, 53쪽).

104) 한국체육학회 제16대 임원으로는 회장 이학래, 차기회장 유승희, 부회장 이근배·홍양자·정철수·김승철, 총무이사 임태성, 이사 고재곤·김동선·김종·박종성·박진경·이동규·이유찬·장명재·최재원, 감사 정철정·강병길 등이었다(한국체육학회, 『한국체육학회보』76, 2000년 4월, 55쪽).

105) 『한국체육학회보』, 1999년 3월호 통권 제74호, 41쪽.

106) 『한국체육학회보』, 1999년 3월호 통권 제74호, 39쪽.

국민체육진흥공단은 2000년도 연구사업으로 한국체육학회에 '스포츠산업 육성기본계획'을 의뢰하여 학회는 2000년 5월에 최종보고서를 제출했다. 이 연구는 새로운 문화소비양식으로 대두되는 스포츠의 중요성과 지식기반 경제에서 대두되는 스포츠의 부가가치 개발의 중요성 등을 중점 부각시켜 스포츠산업 육성의 의의와 그 정책목표 및 개발전략, 분야별 당면과제와 추진계획을 상세히 담아 21세기 마케팅시대의 스포츠산업 육성방안을 종합적으로 분석 제시한 것이었다.108)

이밖에 2000년도 연구용역 사업의 일환으로 학술단체연합회로부터 체육학 연구현황에 대한 연구 의뢰를 받아 이 분야에 대한 종합적인 연구를 수행했다. 이 연구는 체육학 연구분야를 스포츠 인문과학, 스포츠 사회과학, 스포츠 자연과학 분야로 크게 구분하고, 스포츠 인문과학분야는 체육사, 체육철학으로, 스포츠 사회과학분야는 스포츠사회학, 스포츠심리학, 스포츠교육학, 스포츠행정·경영학, 여가·레크리에이션 및 사회체육으로, 스포츠 자연과학은 운동생리학, 운동역학, 체육측정평가, 특수체육학 등으로 세분하여 연구동향을 정리하고 그 전망을 제시했다.

한국체육학회는 이상의 체육학 연구 발전을 위한 대형 연구용역사업 수행과 아울러 학회논문집 증면 및 연 4회 발간, 학회보 발행부수 증대, 학회정관 보완 및 체제 정비, 인터넷 홈페이지 개설 등 적극적인 활동 전개로 21세기를 향한 미래지향적 연구 발전의 토대를 구축해 나갔다.

1988년 서울올림픽대회 당시 국제학술대회 개최를 주도하여 한국 체육의 질적 수준 향상을 선도했던 한국체육학회는 같은 맥락에서 2002년 월드컵축구대회 한·일 공동개최를 준비하기 위한 국제학술심포지엄을 개최했다. 1999년 11월 19일 올림픽회관 1층 대회의실에서 개최된 심포지엄에는 한·일 양국의 전문가와 학자 400여 명이 참가한 가운데 '2002년 월드컵축구대회 한·일 공동개최와 생활체육진흥'이라는 주제발표와 함께 '2002년 월드컵축구대회 한·일 공동개최와 한국의 생활체육진흥방안', '2002년 월드컵축구대회 한·일 공동개최와 일본의 생활체육진흥방안', '2002년 월드컵축구대회 한·일 공동개최와 한국축구의 구조개선방안' 등의 발표와 토론이 있었다.109)

그리고 한국체육학회는 21세기 정보화시대에 적극적으로 대처하고, 체육계의 정보 학술교류 활성화를 위해 인터넷 홈페이지(www.kahperd.or.kr)를 마련했다. 여기서는 학

---

107) 이 보고서는 청소년 여가체육의 문제점으로 청소년 체육조직 및 단체의 문제점, 청소년 체육시설의 문제점, 청소년 프로그램의 문제점, 청소년 지도자부문의 문제점 등으로 구분 분석했다. 또한 그 대안으로는 청소년 체육행정조직의 일원화와 스포츠 클럽 중심 청소년체육 활성화, 청소년 여가체육시설 및 공간의 확충, 청소년 여가체육활동 프로그램 개발, 과외 자율체육활동 활성화, 전문 청소년체육지도 인력의 확보 등을 제시했다.

108) 보고서는 스포츠산업 육성의 현실적 대안으로 가칭 '스포츠산업 진흥재단' 설립을 제기했다.

109) 한국체육학회, 『한국체육학회보』 76, 2000년 4월, 28~29쪽.

회 소개와 함께 한국체육학회지를 포함한 체육관련 논문과 세미나 자료들을 검색할 수 있을 뿐만 아니라 회원 상호간의 정보교류가 가능한 회원광장, 학회 소속 각 분과학회 관련자료 등을 찾을 수 있다.

한국체육학회는 1999년에 접어들면서 국제적인 협력관계 증진에 박차를 가했다. 1999년 2월 22일에는 일본체육학회와 학술, 문화, 인적 교류와 상호 유대관계를 증진시키기 위한 체육과학학술교류협징을 체결했으며,[110] 그 해 10월 30일 중국체육학회와 한·중 체육학술교류협정 조인식을 갖고[111] 1993년 이후 진행되어 오던 중국과의 체육학술 교류를 본궤도에 진입시키는 새로운 전기를 마련했다. 또한 1999년 12월에는 캐나다를 방문하여 캐나다 체육학회와 학술교류 조인식을 가졌고, 시드니올림픽대회를 개최한 호주와도 학술교류를 추진하여 최고 수준의 선진 체육문화 구축의 기반을 조성했다.

특히 한국체육학회의 주도로 한·중·일 체육학술교류를 본격화하는 가운데 아시아체육학회를 창립한 것은 아시아와 세계를 향한 한국 체육학계의 공헌을 가시화하는 새로운 계기가 되었다.[112]

아시아체육학회(Asian Society for Physical Education and Sport : ASPES)는 2000년 4월 21일 발기인대회를 갖고, 8월 24일 올림픽파크텔 1층 올림피아홀에서 창립총회를 개최했다. 발기인으로는 이학래 한국체육학회장, 대만의 필립 첑(Philip S. T. Cheng) 교수, 싱가폴의 다니엘 스미스(Daniel E. Smith) 교수, 일본의 시마오카 미도리(Shimaoka Midori) 교수, 태국의 좀바트 카른자나키트(Sombat Karnjanakit) 교수 등이었으며, 창립준비위원은 발기인을 포함한 34명이었다. 그리고 창립총회 참가 회원은 13개국 324명이었다.[113]

110) 한·일 체육과학학술교류협정을 체결하면서 양측 관계자들은 2002년 월드컵 축구대회 한·일 공동개최 기념국제학술심포지엄을 한시적으로 공동개최하되, 2001년에는 일본체육학회에서, 2002년에는 한국체육학회에서 주관키로 했다(한국체육학회, 『한국체육학회보』74, 1999년 3월, 44쪽).

111) 한국체육학회, 『한국체육학회보』 75, 1999년 11월, 48쪽.

112) 한국체육학회(회장 이학래)는 1999년 8월에 중국체육학회 관계자, 같은 해 9월에 일본체육학회 관계자들과 아시아체육학회 창립에 관하여 사전 협의를 했고, 1999년 10월 8일 일본체육학회 50주년 기념식에 참석하여 태국(Sombat Karnjanakit), 대만(許義雄)의 학자들과도 구체적으로 의견이 조율됨에 따라 아시아체육학회 결성을 추진할 수 있게 되었다.

113) 총회에서 선출된 아시아체육학회의 초대 임원진 구성은 다음과 같다. 고문에 장충식(단국대 재단이사장), 김종량(한양대 총장), 명예회장에 아키오 카타오까(Akio Kataoka, 일본), 회장에 이학래, 부회장에 유승희, 렌자 가라칸루(Reza Gharakhanlou, 이란), 솜바트 카른자나키트(Sombat Karnjanakit, 태국), 타케오 타카하시(Takeo Takahashi, 일본), 휴(I. S. Hsu, 타이완) 등 5명, 그리고 상임이사에 홍양자, 알렉 야우 에유 쿠오크(Alec Yau Yew Kuok, 싱가포르), 자얀다 다싸나야케(Jayantha Dassanayake, 스리랑카), 프랭크 친 룽 황(Frank Chin-Lung Fang, 타이완) 등 4명, 사무총장에 김종, 이사에 김수잔(Kim Susan), 폴 릭스미(Pok Leaksmy, 캄보디아), 왕

아시아체육학회 창립준비위원회는 창립취지문을 통해 “지난 20세기 아시아 각국 체육학자들과 스포츠인들은 체육학의 전문화와 스포츠과학 발전에 긍정적인 역할을 수행하여 왔으며, 종교, 인종, 이념과 국경을 초월하고 아시아의 평화와 아시아공동체로써의 일체감을 주는 데 큰 역할을 해 왔다.”는 점을 확인하고, “새로운 밀레니엄을 맞이하여 아시아의 체육인과 체육학자들은 지난 세기에 이루지 못한 체육학문의 공동체를 마련하고 아시아를 비롯하여 전 세계의 체육 발전에 중심적인 역할과 세계체육학의 조류에서 리더로써의 역할을 수행해야 한다.”는 점을 강조했다.114)

(4) 한국체육학회 분과학회 및 지부학회

한국체육학회의 분과학회가 창립 초창기부터 결성된 것은 아니었다. 처음에는 전문분과위원회, 연구분과위원회, 연구회 등의 명칭으로 개칭되었다가 1993년에 와서 지금의 분과학회 체제로 자리잡게 되었다(<표 2-65> 참조).115)

이렇게 한국체육학회에는 체육사, 체육철학, 스포츠사회학, 스포츠심리학, 스포츠교육학, 운동생리학, 운동영양학, 운동역학, 체육측정평가, 스포츠산업·경영, 사회체육, 여가레크리에이션, 특수체육, 무용, 발육발달학 등 15개 분과학회가 있다. 이들 학회는 한국체육학회의 분과학회로서 한국체육학회의 학술사업 등 여러 사업에 참여하기도 하지만, 자체적으로 학회사업을 추진해 왔다.

한편, 한국체육학회의 지부학회는 1978년에 만들어진 한국체육학회 지부규정에 따르면, “중앙학회와 긴밀하게 협조하여 회원의 학술활동을 적극 권장, 보조하며 체육학의 과학적인 연구를 통해 그 실천에 도움을 주고 아울러 시·도민의 문화발전에 이바지하는 것을 목적으로 한다.”고 되어 있다. 이 규정에 따라 1977년 2월 10일 충남대학교 문리과대학 세미나실에서 한국체육학회 충청지부(회장 : 송병일)가 처음으로 결성되었다. 그리고 1979년에는 부산지부(회장 : 조복덕)가 창립된 데 이어 1981년 4월 2일에 전북지부(회장 : 이제형)가 결성되기에 이르렀다.116)

이후 한국체육학회의 지부학회 규정이 개정되어 현재 학회의 정관에 명시되어 있는

따웨이(Wang Da Wei, 중국), 리춘만(Li Chun-Man, 중국), 케니 차우(K. W. Kenny Chow, 홍콩), 루스린 루탄(Ruslin Lutan, 인도네시아), 미도리 시마오까(Midori Shimaoka, 일본), 바야스갈란 단잔도츠지(Bayasgalan Danzandorj, 몽고), 필립 쳉(Philip Cheng, 타이완) 등 9명, 감사에 카쑤히꼬 쿠사노(Katsuhiko Kusano, 일본), 수삐트르 사마히또(Supitr Samahito, 태국) 등 2명이었다.

114) 아시아체육학회 창립총회 준비위원회, 「아시아체육학회 창립총회 회의 자료」, 2000년 8월 24일, 5쪽.

115) 한국체육학회, 『한국체육학회 50년사』, 39~41쪽.

116) 위의 책, 41~43쪽.

데, 그 내용을 살펴보면 정관 제17조(지부의 설치)에 따른 세칙(한국체육학회 시·도 지부학회 설치에 관한 규칙)에 따라 전국 8개 지역(인천·경기지부학회, 대구·경북지부학회, 부산·경남지부학회, 전북지부학회, 광주·전남지부학회, 대전·충청지부학회, 강원지부학회, 제주지부학회)에 지부학회를 조직하도록 되어 있다. 2004년 현재 지부학회가 조직되어 있는 지역은 경기지부, 대구·경북지부, 대전·충청지부, 부산·경남지부, 강원지부 등 5곳이다.

〈표 2-65〉 한국체육학회 분과학회 변천과정

	전문분과위원회 (1971)	연구분과위원회 (1979)	연구회 (1983)	분과학회 (1993)
전공별	체육철학 체육과학 체육사 소위원회 체육생리학 소위원회 체육심리학 소위원회 체육사회학 소위원회 체육역학 소위원회 체육측정 소위원회 스포츠과학 소위원회 체육실기 체육시설관리 레크리에이션 여성체육 무용 학교보건 체육교육과정	체육사 체육철학 체육사회학 체육심리학 운동생리학 기능학 체육행정학 체육측정평가 체육교육과정 체육·보건·레크리에이션 (1981 레크리에이션) 생체역학(1981) 건강교육(1981) 여성체육(1981) 초등체육(1981) 중등체육(1981) 대학체육(1981)	체육사 체육철학 체육사회학 체육심리학 운동생리학 기능학 체육행정학 체육측정평가 체육교육과정 레크리에이션 생체역학 건강교육 여성체육 초등체육 중등체육 대학체육 체육통계(1983) 군체육(1983) 사회체육(1983) 경기(1985)	체육사 체육철학 스포츠사회학 스포츠심리학 스포츠교육학 스포츠산업·경영학 운동생리학 운동역학 체육측정평가 여가·레크리에이션 사회체육 무용 특수체육 운동영양학(2000) 발육발달(2002)

이들 지부학회는 회칙의 제정 및 개폐시에 한국체육학회 이사회의 승인을 받아야 하며, 학회의 집행부가 바뀌는 2년마다 재승인을 받아야 한다.

2) 한국여성체육학회

한국여성체육학회는 1946년 여성체육 동호인들이 모여 친목을 도모하는 단체로 출범했다. 학회의 정식 명칭을 채택하여 본격적인 학회 활동을 시작한 것은 1954년부터였다. 1954년도 총회에서는 학회 명칭을 대한여성체육학회로 정하고 초대 회장에 김신실,

부회장에 임순분, 총무에 한양순 등을 선출했다. 학회 명칭이 한국여성체육학회(Korean Physical Education Association for Girl and Women, KPEAW)로 변경된 것은 1969년도 총회에서였다.

한국여성체육학회는 1969년 국제여성체육스포츠연맹(IAPESGW)에 가입한 것을 계기로 국제보건·체육·레크리에이션협회(ICHPER), 국제체육교육스포츠비교협회(ICCPES), 국제체육교육연맹(FIEP), 세계레크리에이션연맹(WRA), 아시아체육교육협회(AAPE) 등에 가입하여 적극적인 대외활동을 펼쳤으며, 체육지도자 해외연수교육 등을 추진하여 체육교육의 질적 고조를 위해 크게 기여해 왔다.[117]

학회 정관에 따르면, 한국여성체육학회는 학술적인 연구에 중점을 두면서 회원간의 학술자료와 경험의 교환, 정부 및 사회에 대한 여성체육인의 의견 반영, 국내의 체육단체 및 기관과의 유대 강화, 국제여성체육학회 및 체육기관과의 친선과 자료 교환, 여성체육인의 교육훈련과 지도계몽 등의 사업을 전개한다는 점을 밝히고 있다.[118]

이런 맥락에서 한국여성체육학회는 그 동안 여성체육지도자 및 교사 재교육, 여성체육교육 발전을 위한 연구활동, 체육 현장지도에 필요한 참고자료 및 참고서적 발간, 무용교육 개선과 체조교육 혁신을 기하며, 사회체육지도자 양성에 공헌해 왔다. 이러한 여성체육학회의 활동에 힘입어 현대무용협회, 한국무용연구회, 한국여성스포츠연맹 등이 창설되기도 했다.

한국여성체육학회가 전개해 온 주요 사업내용을 보면 ① 초·중·고등학교 교사 및 체육 관련기관 지도자 강습회, ② 스포츠과학 세미나 및 체육논문 발표회, ③ 체육 전문분야 및 지도자 양성, ④ 사회체육 지도자 양성, ⑤ 회원의 학술연구 및 발표 등이다.

3) 기타 체육학술단체

(1) 한국올림픽성화회

경기인 출신 체육교수들의 모임인 한국올림픽성화회(聖火會)는 엘리트스포츠 발전을 위한 지원과 경기인 출신 체육 교수 상호간의 친목 도모를 목적으로 1996년 4월 27일 창립되었다.[119] 본회 회원자격 기준은 고등학교나 대학 시절 전국체육대회 또는 전국 규모의 선수권대회에 출전한 경력이 있는 대학 체육교수(전문대 교수 포함)로 정했다.

---

117) 『体育學會報』, 통권 제10호, 1982년 2월, 27쪽.

118) 한국여성체육학회, 한국여성체육학회정관, 1993, 1쪽.

119) 「聖火會」 創刊號, 1996.

한국올림픽성화회는 창립취지를 다음과 같이 밝혔다.

> 생활 속에 깊숙이 자리잡은 한국스포츠는 이제 교육, 문화, 외교에 이르는 모든 영역에서 빛나는 위광(威光)을 마음껏 넓혀가고 있습니다. 뿐만 아니라 몬트리얼에서 솟아오른 영광의 올림픽 제패는 서울에 이르러 그 절정에 이르렀고, 계속해서 내일을 향해 약진하고 있습니다. 이러한 오늘의 한국스포츠는 우연이 아니였습니다. 여기에는 수많은 스포츠인들의 피와 땀으로 얼룩진 역사가 함께 숨쉬고 있습니다. …승리의 월계관을 향해 정진해온 그날의 역사적 증인들이 한자리에 모이고자 합니다. 지난날의 추억들을 되돌아보고, 서로를 위로하고 격려하면서, 후신과 엘리트스포츠의 보다 큰 영광을 위하여, 우리 모두의 힘과 지혜를 모으고자 합니다.

한국올림픽성화회는 이와 같은 창립취지에 따라 엘리트스포츠 발전을 위한 각종 세미나, 우수 체육인에 대한 표창 및 장학금 전달 등의 사업을 추진해 왔다. 예컨대 창립 연도인 1996년에 "몬트리올올림픽 레슬링제패 20주년 기념강연회"와 "베를린올림픽 마라톤제패 60주년 기념행사"를 성대하게 주관한 것을 비롯하여 매년 2~3건의 엘리트스포츠 관련 다양한 사업을 추진함으로써 한국 스포츠계에 신선한 분위기를 제공해 왔다. 창립총회 핵심 준비위원은 이학래, 정동구, 이근배, 방열, 김양종, 김진수, 나정선, 박찬조, 김승철 등 발기인 31명이었다.

(2) 21세기스포츠포럼

학계를 중심으로 언론계 인사와 경기인 및 스포츠 관련 경영인들이 회원으로 참여하고 있는 '21세기스포츠포럼'은 1997년 여름 중앙일보 계열사인 중앙기획 사장 이태영의 주선으로 미국 스포츠인프라 시찰 도중 '스포츠포럼'의 필요성이 논의 되었고, 귀국 후 이태영, 장주호, 김창규, 이학래 등의 발의로 1998년 3월 25일에 출범했다. 21세기스포츠포럼은 창립 취지를 다음과 같이 밝혔다.

> 우리 스포츠는 지난 20세기 동안 실로 놀라운 진전을 이루었습니다. 이제 21세기를 맞아 우리는 새로운 도전으로 또 다른 도약을 이루어야 할 때입니다. …이러한 시대적 기대에 부응하여 체육계의 여론을 올바로 수용하고 이끌어가며 토론문화의 발판을 마련하기 위해 학계와 언론계, 경기인과 경영인들이 손을 잡은 모임입니다.

21세기스포츠포럼은 이러한 취지에 따라 한국스포츠가 안고 있는 현안 과제를 중심으로 1년에 4회의 토론회를 여는 한편 회원뉴스레터를 통해 정보와 의견을 교환하는 등 사업계획을 확정했다. 김창규 초대회장에 이어 이태영 체제가 시작되면서부터 21세기 비전과 정책 방향, 행정구조방안, 전문기술 및 시설 인프라 조사, 엘리트 및 생활체육 지원방안, 캠퍼스와 미디어의 정보교류, 특기생제도의 개선방안, 스포츠산업 마케팅 연구협력, 스포츠 문화 프로그램 및 자원봉사활동 등 현안과제에 대한 사업들이 활발하게 추진되어 왔다.

(3) 민족통일체육연구원

그 동안 남북체육관계는 상호대결의 시기와 화해·협력의 시기로 구분된다. 1990년대 이전까지는 정치 분야와 마찬가지로 체육관계도 첨예한 대결 양상을 띄고 있었다. 국제경기대회에서의 승패가 곧 이념과 체제의 우열로 평가되었던 것이 당시의 분위기였다. 그러다가 1990년 서울-평양 통일축구대회 개최, 1991년 지바세계탁구선수권대회 및 포르투갈세계청소년축구선수권대회에의 남북 단일팀 구성 참가를 계기로 남북체육교류의 물꼬가 트이기 시작했다.

하지만, 아직까지도 남북체육관계는 진정한 의미의 화해·협력이라기보다는 정치적 목적과 그 필요성에 의해 이루어지고 있다는 비판적 시각이 있다. 1990년대에 있었던 남북체육교류도 갑작스런 동구권의 정치적 변화와 남북정상회담 분위기 조성이라는 정치적 작용과 무관하지 않다는 해석이 있다. 이처럼 그 동안의 남북체육회담 및 교류는 남북간의 정치적 필요에 의해 성사되었다가 그 필요성이 끝나면 다시 제자리로 돌아간곤 했던 것이다.

그러나 우리가 추구해야 할 진정한 의미의 남북체육교류는 통일을 둘러싼 정치적·사회적 변화 속에서도 체육의 본질적 의미를 훼손하지 않는 가운데, 통일 이후 민족사회의 존재 양식까지도 고려하면서 그 내용을 담아가는 진지하고 진실된 접근 노력이어야 한다. 즉 남북체육교류의 새 모델은 지금까지의 남북체육교류가 정치논리에 종속되고 엘리트스포츠 중심의 극히 제한적인 수준에 머물렀다면, 앞으로는 정치적 변화를 뛰어넘는 민족공동체적 영역에서 남북 모두 체육의 기본 축인 학교체육, 국민생활체육, 엘리트스포츠 영역 전반에 걸쳐 통일적 삶의 양식을 공유할 수 있도록 하는 것이어야 한다.

민족통일체육연구원은 이와 같은 시대적 요구에 부응하고 남북한간의 스포츠교류를 통한 한반도 평화통일기반 조성에 기여함을 목적으로 2000년 11월 3일에 창립되었다.[120] 민족통일체육연구원은 설립 초기부터 남북의 체육학자들이 한자리에 모여 공통

120) 창립 당시의 임원 명단은 다음과 같다. 대표이사 이학래, 이사 김경인·김양종·박명숙·방열·변진흥·연기영·유승희·이근배·이영숙·이태영·임번장·정동구·하권익, 감사 임태성·이경옥

의 관심사에 대해 토론함으로써 남북체육의 새 지평을 열어나가는 계기가 마련되기를 기대하면서 꾸준히 북한 체육학자들과 접촉을 해 왔다.

민족통일체육연구원은 그 동안 남북통일을 둘러싼 정치·사회적 환경 변화 속에서도 체육의 본질적 의미를 훼손하지 않는 가운데 남북통일 기반 조성을 위한 한민족 체육학술대회를 꾸준히 준비해 왔으며, 『남북체육교류의 법적 과제』, 『남북체육교류의 정치적 과제』, 『스포츠교류와 한반도 평화』, 『남북통일기반 조성과 민족전통체육』, 『남북한 체육정책 비교연구』, 『남북한 체육사업 비교연구』, 『북한체육사 연구』, 『북한체육자료해제집』 등의 연구물을 출간했다. 특히 2005년 여름에는 남북의 체육학자들이 베이징에서 모여 30여 편의 학술논문을 발표하고 이를 책자로 엮어냄으로써 남북통일체육을 위한 새로운 가능성을 열어갔다.

(4) 한국여가레크리에이션학회

한국여가레크리에이션학회는 여가 및 레크리에이션에 관한 학술적 연구를 통하여 레크리에이션 운동에 기여함을 목적으로 고려대학교 김오중 교수(초대 회장)의 발의로 1982년 12월 23일 발족되었다. 현대의 급변하는 사회변화는 레크리에이션 연구의 중요성을 절실히 요구하고 있다. 이에 한국여가레크리에이션학회는 레크리에이션 운동에 대한 다각적이고 깊이 있는 연구를 함으로써 인간생활의 질적 향상을 시향하고자 하는 것을 목적으로 하고 있다.

(5) 한국스포츠엔터테인민트법학회

프랑스, 이탈리아, 독일 등 유럽에서는 이미 1940년대부터 스포츠와 법과의 관계를 연구하기 시작했다. 프랑스에서는 1948년에 산악스포츠 관련 법률이 제정되었고, 이탈리아에서는 1950년대, 독일에서는 1960년대부터 스포츠법과 관련된 저작물이 출판되기 시작했다. 미국에서도 1978년에 아마추어스포츠법, 에이전트 관련법, 도핑에 관한 약물 관련법 등 스포츠 관련 법이 연이어 입법화되었다.[121]

그러나 한국에는 스포츠분야에서 프로스포츠가 도입되고 올림픽대회와 월드컵같은 세계적인 국제경기대회를 이미 여러 차례 유치했음에도 불구하고 이를 법적인 관점에서 전문적이고 체계적으로 연구하는 단체가 없는 실정이었다. 이러한 현실을 직시하고 한국 법학계에서는 연기영(동국대), 김상겸(동국대), 장재옥(중앙대) 등 중진

등이다.

121) 국민체육진흥공단 체육과학연구원, 『스포츠과학』, 2007, 6쪽.

급 법학교수들을 비롯하여 200여 명의 법학교수, 체육학교수, 스포츠 관련 전문가들이 모여 1999년 12월에 한국스포츠법학회를 창립했다. 그후 2004년부터 한국스포츠법학회는 한국스포츠엔터테인민트법학회로 명칭을 바꾸었으며, 매년 국제스포츠법학대회를 개최하는 등 스포츠 관련법 문제에 대한 학문적·실제적 접근을 계속해 왔다.[122)]

122) 위의 책, 8쪽.

제 V 장 체육재정과 시설

1. 체육재정

1) 중앙정부의 체육재정

엘리트스포츠 발전을 위한 재정 지원은 정부가 직접 집행하는 경우도 있지만, 대체로 체육단체에 대한 보조의 형식을 취하는 사례가 일반적이다. 한국의 경우도 이같은 사례에 해당하는데, 대한체육회 등 민간체육단체에 보조금을 지급하는 방식이었나.

하지만 이것도 5·16 군사정변을 기점으로 정부의 보조금이 계획적·지속적으로 교부되었다. 그 전까지는 대한체육회의 재원도 기부금이나 희사금(喜捨金)으로 충당되었다. 물론 기부금이라 해도 당시 정치구조상 정부의 적극적인 개입없이는 이루어질 없었다. 예컨대 올림픽대회 출전비용만해도 국민 성금으로 충당했고, 부족분에 대해서는 당시 대단위 국영기업체인 중석광업(重石鑛業)과 같은 곳에서 기부금을 받아 사용했다.1)

그러다가 5·16 군사정변이 일어난 1961년부터 국고 보조금이 계획적으로 교부되기 시작했다. <표 2-66>은 대한체육회가 1961년부터 11년간 지원받은 국고 보조금 내역이다.2)

<표 2-66>에서 알 수 있듯이, 1961년부터 570만 원 규모의 국고 보조금이 처음 교부된 후, 1963년까지 1억 원을 넘지 못했다. 1964년에 와서 1억 원 규모를 돌파한 것은 바로 제18회 도쿄올림픽대회에 대비한 훈련비와 파견비가 포함되었기 때문이었다. 1966년와 1968년의 경우도 각각 제5회 아시아경기대회와 멕시코올림픽대회 대비 선수강화훈련비와 파견비로 인해 보조금이 전년도에 비해 크게 늘어났던 것이다. 그리고 1970년

1) 大韓體育會, 『體育白書』, 1972, 364쪽.
2) 大韓體育會, 『體育青書』, 1973, 67쪽.

및 1971년도에 다시 크게 증액된 것은 태릉 국제수영장과 국제스케이트장의 건립에 소요된 시설비가 포함되어 있기 때문이다.[3)]

〈표 2-66〉 대한체육회에 대한 정부의 재정지원

연도	지원액(원)	비고
1961	5,721,872	
1962	31,154,511	
1963	86,732,600	
1964	117,240,000	동경올림픽 대회에 많은 선수단이 참가
1965	105,424,000	
1966	169,849,938	제5회 아시아대회 훈련 및 참가
1967	127,754,311	
1968	364,824,831	올림픽대회 대비훈련 및 참가
1969	238,702,100	
1970	439,999,300	제6회 아시아대회 대비훈련 및 참가
1971	598,469,375	국제수영장, 스케이트장, 사격장, 태권도중앙도장 건설 및 국제대회 유치
1972	335,058,000	뮌헨·올림픽 대회 참가, 선수숙소 신축

이렇게 1960년까지는 찬조 및 기부금으로 대부분의 재원을 삼았으나 5·16 군사정변을 기점으로 국고 보조금이 본격적으로 교부되기 시작했다. 이로써 한국의 엘리트스포츠가 한 단계 발전할 수 있는 계기가 되었다. 하지만 이 시기의 체육 재정은 주로 아시아경기대회나 올림픽대회 참가, 또는 태릉선수촌 건설 등과 관련되어 늘었다 줄었다 하는 고무줄처럼 불안정했다.

대한체육회는 이같은 정부 보조금만으로는 안정적인 재정확보가 불가능하다고 판단하여 제도적인 재원 마련책을 강구했다. 그 결과 대한체육회는 정부에 1969년과 1970년 두 차례에 걸쳐 체육진흥기금 설치를 건의했다. 다행히 정부는 이 건의를 받아들여, 1971년 8월 27일 국민체육심의위원회에서 국민체육진흥기금 설치를 결의했다. 이렇게 해서 국민체육진흥재단이 설립되기에 이르렀다.[4)]

국민체육진흥재단의 설립 목적은 국민체육의 진흥과 스포츠 경기수준의 향상에 필요한 재정지원을 위한 기금을 조성하고 이를 관리 운영하는 것으로, 기금 조성의 목표액을 20억 원으로 정했다. 그리고 이 기금 조성을 위해 5개년 사업계획을 수립하고, 1차적으로 담배갑 광고사업[5)]에 착수했다. 하지만 당초의 계획과는 달리 담배갑 광고에

3) 大韓體育會, 『體育白書』, 367쪽.

4) 위의 책, 1972, 365쪽.

5) 담배 광고는 청자, 남대문, 새마을로 한정하고 1갑당 광고료를 50전으로 하되 최저 300만 갑 이상으로 규정했다.

각 기업이 적극적인 호응을 얻어내지 못해 1차 연도인 1973년에는 목표액 4억 원의 4분의 1에 해당하는 1억 원에 머물고 말았다.[6]

이에 따라 사업 2차 연도인 1974년에는 담배갑 광고 이외에 각종 경기장 입장료에 부가금을 첨가하여 모금하는 방식을 채택 실시했지만, 전년도와 마찬가지로 목표액의 4분의 1에도 미달하는 부진한 실적을 보였다. 따라서 1975년 6월 30일에 국민체육진흥재단은 주무 부서인 문교부를 통해 국민체육진흥기금에 관한 법률 개정에 착수하여 정부의 예산지원을 확보하고자 했다. 그 결과 국민체육진흥기금은 정부의 출연금, 담배 포장지를 이용한 광고수입금, 기타 대통령령이 정하는 수입금 등으로 확대되어 점차 재정 확충을 기할 수 있었다.

국민체육진흥재단은 선수 및 체육지도자 양성 차원에서, 그리고 국제대회에 대비하는 측면에서 강화훈련비를 지급하고, 신인선수 발굴 지원비와 체육장학금을 지급했으며, 경기지도자에 대한 연구비를 지급했다.[7] 이러한 지원을 통해 엘리트스포츠의 발전을 기할 수 있었다.

그러나 체육재정을 안정적으로 확보하게 된 것은 1982년 체육부 출범 이후였다. 제5공화국에 들어서서 서울올림픽대회를 유치하게 되자 국가적 차원에서 1986년 아시아경기대회와 1988년 올림픽대회에 대비하기 위한 재원 마련을 본격화하여 1982년 국민체육진흥법을 전면 개정했고[8] 이때 새로운 장(제3장)을 추가하여[9] 국민체육진흥기금에 관한 구체적인 내용을 자세히 다루었으며, 서울올림픽대회를 성공적으로 개최한 후에는 서울올림픽기념 국민체육진흥공단을 설립하여 보다 안정된 재정 기반을 마련할 수 있게 되었다.

이처럼 체육부 출범 이후 정부의 체육예산은 200억 원을 돌파함과 동시에 총 예산 대비 0.2% 이상을 차지하는 등 안정적으로 확보되었다. 즉 1982년부터 1985년까지는 대폭 증가하다가 1986년부터 크게 감소하고 있는데, 이는 서울아시아경기대회와 서울올림픽대회를 앞두고 1985년까지 정부의 체육예산이 집중 투자되었기 때문이다.

구체적으로 보면, 1983년부터 1987년까지 체육부에 배정된 예산은 각각 244억 원, 331억 원, 444억 원, 385억 원, 433억 원으로 연평균 367억 원이었다. 이중 엘리트스포츠와

---

6) 선인원, 「재단법인 국민체육진흥재단 정관의 개정과 그 현황」, 『체육』 96, 대한체육회, 1974, 11쪽.

7) 「체육단체 탐방/국민체육진흥재단」, 『체육』, 1987년 2월호, 102쪽.

8) 1982년 12월에 전면 개정되어 1983년 1월부터 시행하게 된 국민체육진흥법 개정은 한국체육계 전체로부터 국민체육진흥사업을 한 차원 높인 것으로 크게 환영받았으며, 1986년 아시아경기대회와 1988년 서울올림픽대회을 앞둔 시점에서 이루어져 한국 체육이 일대 전환점에 접어든 새로운 계기 마련으로 평가되었다(『체육』, 1982년 8·9월호, 12쪽).

9) 교육법전편찬회편, 『교육법전』, 교학사, 1991, 1681쪽.

관련된 예산항목 중 선수육성 관련부문만 전체 체육예산에서 차지하는 비중을 보면 1983년 30.7%를 시작으로 32.2%, 36.4%, 49%, 44.6%인데 비해, 생활체육은 최대 0.4%에 불과했다.[10)]

〈표 2-67〉 체육부 출범 전후 정부의 연도별 체육예산 (단위 : 억)

연도	정부 일반회계 예산	체육예산	비율(B/A)	대통령	주무부서
1975	15,375	21	0.14%	박정희	문교부 체육국
1976	21,425	23	0.11%		
1977	27,406	35	0.13%		
1978	35,398	75	0.21%		
1979	52,137	86	0.16%		
1980	64,668	109	0.17%	최규하	
1981	80,400	99	0.12%	전두환	체육부
1982	93,137	123	0.13%		
1983	104,176	244	0.23%		
1984	111,729	332	0.29%		
1985	125,324	444	0.35%		
1986	138,005	385	0.28%		
1987	160,596	433	0.27%		

자료 : 재정경제부(1975-1999). 예산개요 및 결산자료

그리고 전두환 정부에 와서 학교체육예산도 어느 정도 증액된 것도 사실이다. 예컨대 1983년부터 1987년까지 체육부 예산 중 체육진흥에 투입된 예산은 1983년 17억여 원이었는데, 이중 학교체육육성에는 4억 5,000만여 원을 할당했다. 이는 체육진흥예산의 26.6%였다. 게다가 1984년에는 4억 3,000만 원으로 소폭 감소하여 체육진흥예산 19억 원의 22.6%였고, 1985년부터는 체육진흥예산이 86억 원, 70억 원, 55억 원으로 대폭 증대되었음에도 학교체육 육성분야에는 1983년 수준에서 3~6,000만여 원 정도만 증액되었고, 그 결과 체육진흥예산의 5~9%만이 반영되었을 뿐이었다.[11)]

이렇게 체육부의 예산 배분에서 알 수 있듯이 전두환 정부 때까지만 체육재정 지원은 전적으로 엘리트스포츠 위주로 이루어졌다.

노태우 정부의 체육정책지표였던 체육입국 구현과 이를 위한 재정 자립 기반의 마련은 궁극적으로 국민생활체육의 보급을 보편화하고, 엘리트스포츠정책의 지속을

10) 임용태, 「체육 청소년부 예산을 통해 본 체육정책의 분석에 관한 연구」, 서울대 석사논문, 1992, 98쪽.

11) 위의 글, 1992, 67쪽.

가능하게 하는 각종 체육단체의 자립 기반을 공고히 하기 위한 것이었다. 이와 같은 맥락에서 노태우의 정부는 서울올림픽대회의 정신을 계승하고, 국민체육의 토대 확립을 도모하기 위해 국민체육진흥공단을 설립했다.

국민체육진흥기금은 서울올림픽대회 이전까지는 기금 규모가 적어 주로 대표선수 양성 등 엘리트스포츠 부문에 집중되었다고 해도 과언이 아니었다. 하지만 서울올림픽대회 이후 국민체육진흥공단이 설립되어 상황은 많이 달라졌다. 특히 서울올림픽대회 개최로 인해 국민들의 체육에 대한 관심이 폭발적으로 증가하고 이로 인해 기금 수요도 크게 증대되어 그 규모도 커지게 됨으로써 국민체육진흥기금은 엘리트스포츠뿐 아니라 학교체육, 사회체육, 체육과학, 국제교류 등 국가재정이 미치기 어려운 분야에 광범위하게 본격 지원되는 새로운 전기를 마련했던 것이다.

〈표 2-68〉 노태우 정부의 연도별 체육예산 (단위 : 억)

연도	정부일반 회계예산	체육예산	비율(B/A)	대통령	주무부서
1988	184,291	381	0.21%	노태우	체육부
1989	192,285	434	0.22%		
1990	226,893	439	0.19%		체육청소년부
1991	269,794	485	0.17%		
1992	332,004	431	0.12%		

자료 : 재정경제부(1975-1999), 예산개요 및 결산자료

이처럼 전두환 정부 시기만 해도 체육예산이 정부 총 예산 대비 0.2~0.3% 비율을 유지한 데 비해, 노태우 정부에 와서는 특히 1990년을 기점으로 총 예산 대비 0.19%대로 감소했다.

물론 생활체육진흥을 체육정책의 핵심으로 삼았던 노태우 정부 때에도 여전히 엘리트스포츠 위주의 재정 지원이 이루어졌다. 예컨대 1988년 체육부문 총예산 380억 원 가운데 생활체육 예산은 1억 8,500만 원으로 그 비율은 0.48%였다. 이후 1989년 1%, 1990년 3.86%, 1991년 3.40%, 1992년 5.02%로 증가했다. 반면 경기력향상 부분에만 1987년 193억 원이 책정되어 체육 총예산 대비 44.6%였다. 이후 매년 예산이 소폭 변동하여, 그 비율이 48.3%, 38.5%, 38.6%, 40.8%, 41.6%로 연평균 41.5%의 비중을 차지했을 정도로, 엘리트스포츠 부분의 예산이 압도적이었다.[12)]

더구나 대한체육회의 사업내용도 대부분 엘리트스포츠에 치중되었으며, 그나마 생

12) 위의 글, 98쪽, 표 26 참조.

활체육과 관련한 사업은 '학교 및 생활체육보급' 사업 한 건으로 그 예산은 체육 전체 예산의 0.01%에도 미치지 못했다.[13)]

이런 사정은 1989년 이후 1992년까지 국민체육진흥기금의 지원현황[14)]을 통해 확인할 수 있다. 즉 기금은 올림픽기념사업과 청소년육성, 국민체육진흥사업에 지원되었는데, 이중 순수 체육활동을 지원하는 항목은 국민체육진흥사업이었다. 이 사업에 투여된 기금은 47.1%인 339억 원이었다. 이 가운데 대한체육회, 한국체육과학연구원, 후보선수 육성, 국군체육부대, 체육인복지 등 엘리트스포츠와 관련된 항목에만 사업비의 65.2%인 221억 원이 지원되었다. 이는 전체 기금 719억 원의 31%로 같은 기간 생활체육 분야에 지원된 110억 원의 2배가 넘는 액수였다. 결국 국민체육진흥공단은 순수 체육활동에만 지원된 기금을 고려할 때 엘리트스포츠 지원을 염두에 둔 조처라고 할 수 있다.

김영삼 정부는 30여 년간 집권한 군사정권을 종식시키고 출범한 문민정부였다. 따라서 김영삼 정부의 당면과제는 군사정권 시기 과도하게 사회 각 부문에 걸쳐 있던 권위주의적 요소를 해소하는 데 있었다. 따라서 김영삼 정부의 정책기조는 군사정권 시기의 국가주의적 성격을 탈피하여 민주사회에 걸맞는 정부의 기능을 축소하는 민간의 자율성을 확대하는 데 주안점을 두어야 했다.

그 결과, 김영삼 정부에 와서 정부의 체육예산은 이전 정권에 비해 대폭 축소되었다. 반면에 1997년에 들어서 전년도에 비해 대폭 증액되기는 했지만, 이는 강원동계아시아경기대회, 부산아시아경기대회, 월드컵대회 준비에 따른 일시적인 현상일 뿐이고 김영삼 정부 시기의 체육예산은 총 예산 대비 0.10% 수준에 불과했다.

〈표 2-69〉 김영삼 정부의 연도별 체육예산 (단위 : 억 원)

연도	정부일반 회계예산	체육예산	비율(B/A)	대통령	주무부서
1993	407,645	478	0.11%	김영삼	체육청소년부
1994	407,262	456	0.10%		문화체육부
1995	567,173	511	0.09%		
1996	629,626	636	0.10%		
1997	714,006	1,154	0.21%		

자료 : 재정경제부(1975~1999). 예산개요 및 결산자료.

그 구체적인 예산 내역을 보면, 1988년부터 1992년까지 엘리트스포츠 부문에서 선수육성 관련사업 예산에만 전체 체육예산의 48.3%, 38.5%, 38.6%, 40.8%, 41.7% 등 연평균

13) 위의 글, 105~106쪽.

14) 문화체육부, 『체육진흥정책평가회 자료』, 1994, 338~339쪽 공단의 지원실적 표 참조.

41.6%가 배정되었다. 반면에 생활체육은 평균 2.74%에 지나지 못했다.[15)]

그런데 김영삼 정부의 체육정책 핵심은 생활체육의 범국민적 확산과 엘리트스포츠의 지속적 육성이었다. 이런 사정은 5개년계획에서 제시한 각 정책과제에 대한 투자규모에서 확인할 수 있다.[16)] 즉 1993~1997년 동안 생활체육에 대한 국고의 투자규모는 전체 50%에 해당하는 2,049억 9,500만 원, 엘리트스포츠에는 35%인 1,437억 1,700만 원으로 생활체육 및 엘리트스포츠에 전체 예산의 85%가 책정되었다. 또 같은 기간 국민체육진흥기금도 생활체육분야에 전체 예산의 40%인 793억 7,100만 원이, 엘리트스포츠에 51%인 1,029억 6,400만 원이 책정되어, 모두 91%에 해당하는 기금이 책정되었다. 결국 국고와 국민체육진흥기금을 모두 포함한 체육예산 6,113억 1,400만 원 중 5,309억 9,200만 원이 생활체육 및 엘리트스포츠 부문에 책정되어 그 비중은 87%에 이르렀다.

하지만 이런 예산책정 계획은 그대로 집행되지 않았다. 예컨대 국민체육진흥기금의 경우, 생활체육 부분에는 1993년부터 1997년까지 538억 원으로 계획예산 대비 67.8%만이 지원되었고, 엘리트스포츠 분야에는 같은 기간 동안 1,121억 원이 투입되어 계획예산대비 109%가 지원되었다.[17)] 결국 생활체육 부문에는 계획과 달리 그 지원이 대폭 삭감된 데 비해, 엘리트스포츠에는 초과 지원된 것이다.

역설적이지만 김영삼 정부는 세계 10위 이내의 경기력을 유지하기 위한 엘리트스포츠 육성정책도 제시했다. 이는 다극화되는 국제사회에서 엘리트스포츠가 국가위상 제고와 국가 홍보, 국민 사기진작 및 일체감 조성 측면에서 여전히 유효하다고 인식했기 때문이다. 그 결과 김영삼 정부는 생활체육을 최우선한다는 정책을 마련했지만, 사실상 생활체육보다는 엘리트스포츠에 보다 많은 정책적 관심을 기울였다.

이런 사정은 국민체육진흥기금에서 각 부문별로 투입된 기금 현황이 잘 보여주고 있다. 1993년부터 1997년까지 국민체육진흥에 지원된 기금은 271억 원, 354억 원, 431억 원, 439억 원, 478억 원이다. 이중 엘리트스포츠 부문에 배당된 기금은 각기 180억 원(66.4%), 247억 원(64.4%), 228억 원(53%), 219억 원(50%), 247(51.7%)억 원이었다. 반면 같은 기간 생활체육에 투입된 기금은 86억 원(31.7%), 93억 원(26.3%), 104억 원(23.7%), 112억 원(25.5%), 143억 원(30%)이었다.[18)] 비록 엘리트스포츠에 대한 지원의 비중이 감소하긴 했지만, 같은 시기 생활체육에 대한 기금의 배당은 평균 30%에도 못미치는 형편이었다. 그만큼 김영삼 정부에서도 생활체육 중시라는 공식적인 정책과 달리 엘리트스포츠에

15) 임용태, 앞의 글, 98쪽 표 26 참조.

16) 문화체육부, 『국민체육진흥5개년계획』, 1993, 285~289쪽.

17) 문화관광부, 『2002체육백서』, 2002, 81쪽. 표 2-33 국민체육진흥기금 지원실적 참조.

18) 위와 같음.

대한 정책적 고려가 높았던 것이다.

김영삼 정부 말에 초래되어 김대중 정부 초기까지 건국이래 최대의 위기를 불러온 IMF 체제라는 경제 위기상황의 지속은 체육행정의 정상화를 기대하기 힘들게 했고, 제반 상황을 더욱 악화시키는 결과만을 가져왔다. 여기에 더해진 행정기구의 축소는 대한체육회를 비롯한 체육단체들에 대한 국고지원 축소로 이어졌고, 국민체육진흥기금을 통한 보조 또한 함께 축소되어 체육단체 전체가 몸집 줄이기를 위한 구조조정의 심한 몸살을 앓게 되었다.

예컨대 대한체육회의 경우, 1999년도 예산은 1998년보다 금액으로는 62억 5,000만 원, 비율로는 11.5%가 삭감된 480억 3,000만 원에 머물렀다. 조달 내역은 국고 보조가 257억 5,000만 원으로 53.6%, 국민체육진흥기금 지원이 178억 원으로 37.0%, 자체 수입이 18억 6,000만 원으로 3.8%, 기타 26억 2,000만 원으로 5.4%에 달했다. 따라서 국고 보조와 공공기금 보조가 축소될 경우 문제는 심각해질 수밖에 없었다. 더욱이 엘리트스포츠에 대한 정부의 지원과 국고 보조가 앞으로 점차 감소되거나 현상 유지에 머물 것이라고 가정할 때, 구조조정을 통한 조직의 체중 감량이라는 소극적인 대처만으로는 발전을 기할 수 없으며, 실제적으로 조직의 감량 작업도 이미 한계에 이르러 몸집 줄이기가 어렵다는 것이 문제의 심각성을 말해 주었다.

〈표 2-70〉 김대중 정부의 연도별 체육예산 (단위 : 억 원)

연도	정부일반 회계예산	체육예산	비율(B/A)	대통령	주무부서
1998	740,804	1,793	0.22%	김대중	문화관광부
1999	851,378	1,571	0.18%		
2000	926,576	1,794	0.19%		
2001	990,000	1,638	0.16%		
2002	1,130,000	1.285	0.15%		

자료 : 문화관광부, 2002 체육백서(2002), 72쪽.

따라서 <표 2-70>에서 확인할 수 있듯이, 김대중 정부에 와서 체육예산의 비중은 1998년 전체 국가예산의 0.22%에서 매년 줄어들었다.[19] 그 구체적인 내역을 보면, 엘리트스포츠 부문에 대한 정부의 체육예산은 1998~2000년에 평균 25%, 2001년엔 31.3%, 2002년엔 34%를 차지했다. 또한 국고와 기금을 합산할 경우, 체육예산의 배정비율은 2001년의 경우 국제체육 42.7%, 생활체육 28.2%, 엘리트스포츠 25.2%였다. 비록 월드컵

19) 문화관광부, 『2003체육백서』, 2004, 79쪽.

과 관련하여 경기장 건설비용 및 국제교류 등으로 국제체육부문에 많은 지원이 이루어졌다 할지라도 이런 예산배정은 생활체육 진흥정책에도 불구하고 그 실행에서는 정책적 의지가 소홀하다는 점을 보여준다. 게다가 국제체육에 대한 지나친 예산배정에서 볼 수 있는 것처럼, 생활체육은 우선적인 정책적 고려대상에서 쉽게 제외되는 경향이 여전함을 보여주는 것이다.

반면 김대중 정부는 생활체육 활성화를 국정 100대 과세에 포함시키고,[20] 그 예산의 국고 지원을 대폭 확충했다.[21] 즉 김영삼 정부의 체육예산중 생활체육부문 예산은 1995년 21억 6,900만 원, 1996년 33억 8,500만 원, 1997년 41억 6,700만 원이었다.[22] 이에 비해 김대중 정부의 체육예산은 전 기간에 걸쳐 전체 예산의 0.2%에 미치지 못하면서도, 생활체육활성화에 지원된 예산은 1998년 75억 1,800만 원, 1999년 41억 9,000만 원, 2000년 98억 1,300만 원, 2001년 219억 4,500만 원, 2002년 296억 5,400만 원으로 대폭 상승했다. 생활체육예산이 체육예산에서 차지하는 점유율도 1998년 4.14%, 1999년 2.67%에서 2000년~2002년 각각 5.45%, 13.4%, 18.66%로 크게 늘어났다.[23] 이같은 생활체육예산의 확충은 같은 기간 총 체육예산과 비교하면 더욱 두드러진다. 가령 총체육예산은 0.09% 포인트 하락한 2000년을 제외하면 1998년 대비 매년 10%포인트 가량 감소한 반면에, 생활체육예산은 1999년을 제외하곤 매년 대폭 증액되어 2001~2002년 사이엔 2~3배 가까이 증가했다.[24]

국민체육진흥기금에서도 1998년 200억 원이었던 생활체육 지원금을 1999년도에는 2.2배가 넘는 447억 원을 지원했다.[25] 2001년에는 생활체육 분야가 전체 지원금의 41.6%를 차지했으며, 엘리드스포츠, 국제체육분야가 그 다음을 이었다.[26]

그러나 생활체육예산이 이처럼 증대하긴 했지만, 전반적으로 체육예산이 감소했다는 점, 생활체육부문의 예산이 엘리트스포츠의 최소 1,500억 원, 최대 1,800억 원에 비해 2~3배 가량 적다는 점에서 김대중 정부에 와서도 생활체육에 대한 정책적 고려가 여전히 미흡했다고 할 수 있다.

---

20) 문화관광부, 『2002체육백서』, 36쪽.

21) 위의 책, 81쪽 표 2-33 참조.

22) 문화관광부, 『체육진흥정책평가회 자료』, 1998, 17쪽.

23) 위의 책, 17쪽 생활체육부문 예산 항목 중 국고부문과 문화관광부, 『2003체육백서』, 79쪽 표 2-25 정부예산대비 체육예산 현황 참고.

24) 문화관광부, 『2003 체육백서』, 79쪽, 표 2-24 분야별 예산현황 참고.

25) 위의 책, 88쪽.

26) 李旭烈, 「전두환정부와 김대중정부의 체육정책 비교연구」, 숭실대 박사논문, 2002, 154쪽.

2) 지방자치단체의 체육재정

현재 지방자치단체의 체육예산은 문화관광부 체육국의 국고 예산, 국민체육진흥기금, 기타 중앙정부 및 공공기관의 교부금·지원금 그리고 자방자치단체의 지방비로 구성된다.

정부는 1966년부터 대한체육회를 통해 각 시·도지부에 지원금을 지급했으나, 겨우 사무용품비 정도에 지나지 않는 금액이었다. 예컨대 대한체육회는 1965년 1개 지부에 30만 원을 지급했다. 그후 1968년에는 40만 원, 1969년부터 1971년까지는 50만 원을 지원하다가, 1972년도에 와서 70만 원으로 증액했다. 그 밖에 전국체육대회를 기해 약간의 보조를 하고 있으나, 이 역시 큰 도움이 되는 정도는 아니었다. 대부분 각 시·도지부의 예산은 지방자치단체 부담과 지역유지로부터의 찬조금으로 충당할 수 밖에 없었다. 따라서 각 시·도지부의 재정은 지치단체장이 스포츠에 대한 관심도에 따라 그 액수가 달라진다는 악순환이 계속되고 있는 실정이었다.[27]

〈표 2-71〉 시·도지부에 대한 대한체육회의 보조 (단위 : 원)

연도	금 액	1개 지부당 배당금	전국체육대회 보조금
1966	3,600,000	300,000	
1967	3,600,000	300,000	2,800,000
1968	4,800,000	400,000	3,740,000
1969	6,000,000	500,000	5,294,000
1970	6,000,000	500,000	4,374,850
1971	6,000,000	500,000	4,660,100
1972	8,400,000	700,000	

따라서 내무부에서는 지방자치단체에 각 시·도지부에 대해 연간 일정 정도 내에서 보조하라는 훈령을 내렸다. 가령 1971년도에는 800만 원 한도 내에서 보조하고 1972년에는 최대 1,200만 원으로 그 상한선을 정했다.

이로써 지방자치단체의 보조금은 각 지부의 예산에서 큰 몫을 차지했다. 하지만 시·도지부의 예산은 시·도·군 지방비의 이같은 보조금만으론 부족한 실정이었다. 그래서 시·도교육위원회에서도 각 지부에게 보조금을 지급했다.

1982년 체육부 출범 이후에도 중앙정부의 체육예산은 대폭 증가한 반면에 지방자치단체의 체육재정은 여전히 1960·70년대처럼 대부분 정부의 보조금에 의존했다. 그것은 지방자치단체 내에 체육에 관련된 업무를 담당하는 독립적인 행정부서가 존재하지

27) 大韓體育會, 『體育靑書』, 68~70쪽.

않았기 때문이다.

〈표 2-72〉 각 시·도체육회 자체보조금액 (단위 : 원)

지 부	70년			71년		
	시·도·군비	교 위	계	시·도·군비	교 위	계
서울	31,000,000	500,000	31,500,000	26,500,000	500,000	27,000,000
부산	32,000,000	-	32,000,000	22,000,000	-	22,000,000
경기	9,500,000	-	9,500,000	29,000,000	353,000	29,353,000
강원	24,900,000	2,000,000	26,900,000	28,000,000	2,000,000	30,000,000
충북	7,500,000	1,000,000	8,500,000	13,400,000	1,500,000	14,900,000
충남	16,000,000	1,000,000	17,000,000	20,000,000	1,000,000	21,000,000
전북	22,638,320	3,000,000	25,638,320	16,000,000	1,350,000	17,350,000
전남	23,700,000	4,000,000	27,700,000	29,000,000	5,000,000	34,000,000
경북	32,500,000	3,000,000	35,500,000	35,000,000	6,000,000	41,000,000
경남	30,000,000	-	30,000,000	35,000,000	-	35,000,000
제주	1,900,000	800,000	2,700,000	4,200,000	500,000	4,700,000

1988년 서울특별시를 시작으로 각 시·도의 새마을과에 체육청소년계가 신설되어 생활체육 업무를 담당하게 되었다.[28] 이어 1989년에는 지방체육을 활성화하기 위해 시·도별로 주민의 생활체육 등 주민 체육입무를 전남할 행정부서를 생활체육과로 확대 설치했다.[29] 그 다음해에는 시·군·구별로 총무국의 새마을과 산하에 체육청소년계를 설치했다.[30] 이처럼 지방자치난체 내에 체육과 관련한 업무를 담당하는 행정조직이 신설되기 전까지는 대한체육회의 시·도지부가 사실상 지방체육활동을 주도했다.

이같은 전국의 시·도체육회는 1980년대에도 전국예산의 약 25%를 성금지원으로 충당해 왔으며, 전국체육대회와 소년체육대회 참가비 및 선수훈련비의 약 50%를 성금으로 충당했을 정도였다. 즉 지방자치단체에 체육행정조직이 신설되기 전인 1988년도 전국의 시·도체육회의 예산 구성을 보면, 정부 보조금인 89억 원(64%), 성금 35억 원(25%), 자체수익금 등이 15억 원(11%)으로 이루어졌다.[31]

그러다가 1988년 이후 지방자치단체에 체육과 관련된 업무를 독자적으로 담당하는 행정부서가 설치된 데에 이어 1994년에 와서 자치단체장 직선제가 실시되어 지방자치단체가 정착되었다. 이에 따라 지방자치단체의 체육예산도 증액되었는데, 이중에서도

28) 李康雨, 「韓國 스포츠의 支配이데올로기的 機能에 關한 硏究」, 성균관대 박사논문, 1994, 269쪽.
29) 문화관광부,『2002 체육백서』, 44쪽.
30) 李康雨, 앞의 글, 269쪽.
31) 體育部, 『올림픽이후의 體育政策에 관한 公聽會 結果報告』, 1989, 129~130쪽.

지방비가 차지하는 비율이 대폭 늘어났다. 예컨대 1994년도 충청남도의 체육예산은 총 237억 원(국민체육진흥기금 15억 원 포함) 가운데 지방비가 211억 원인데 비해 국고보조금은 9억여 원에 불과했다.[32]

이처럼 지방자치단체가 정착되면서 자치지방단체는 지역주민의 삶의 질 향상을 위해 자체 체육예산을 대폭 증액했다. 참고로 2001년도 지방자치단체의 체육예산은 1조 2,582억 원으로 지방자치단체 총 예산 60조 5,474억 원의 2.07%를 차지했다. 2002년도 체육예산은 지방자치단체 총 예산 54조 900억 원 중 1조 953억 원으로 2.02%를 유지했다(<표 2-73> 참조).[33] 반면에 2001년 및 2002년도 중앙정부의 체육예산은 총 예산 중 각각 0.16%와 0.15%를 차지한 데 불과했다.[34]

〈표 2-73〉 지방자치단체 체육예산 (단위 : 백만원)

단 체	자치단체 예산총액1 (A)	2001년도 체육예산		자치단체 예산총액2 (A)	2002년도 체육예산	
		(B)	B/A×100		(B)	B/A×100
서울특별시	10,048,275	74,897	0.75	9,391,143	101,951	1.09
부산광역시	2,948,759	27,971	0.95	2,775,143	30,253	1.09
대구광역시	2,203,373	84,585	3.84	1,965,729	56,600	2.88
인천광역시	2,237,432	122,538	5.48	1,987,179	28,202	1.42
광주광역시	1,220,493	53,277	4.37	1,052,153	12,057	1.15
대전광역시	1,192,933	32,873	2.76	1,034,848	23,435	2.26
울산광역시	923,496	15,380	1.67	874,554	15,448	1.77
경 기 도	10,072,850	283,715	2.82	8,727,144	302,806	3.47
강 원 도	3,755,097	86,412	2.30	3,159,310	90,123	2.85
충 청 북 도	2,548,470	31,179	1.22	2,186,348	35,976	1.65
충 청 남 도	3,533,045	103,992	2.94	3,089,164	57,384	1.86
전 라 북 도	3,628,482	84,532	2.33	3,163,195	79,987	2.53
전 라 남 도	4,941,780	47,592	0.96	4,354,575	38,101	0.87
경 상 북 도	5,112,127	72,170	1.41	4,421,917	63,582	1.44
경 상 남 도	4,946,936	87,194	1.76	4,640,548	110,705	2.39
제 주 도	1,233,885	49,853	4.04	1,267,089	48,672	3.84
합 계	60,547,433	1,258,160	2.08	54,090,039	1,095,282	2.02

1. 2001년도 자치단체 예산 총액 = 국고 + 지방비, 일반회계 최종예산
2. 2002년도 자치단체 예산 총액 = 국고 + 지방비, 일반회계 당초예산

* 광역자치단체 + 기초자치단체 예산 총계임.

**부산아시아경기대회 관련 예산은 특별회계로 관리하여 미반영 : 2001년 164,387백만원(국고 34,330백만원), 2002년 89,406백만원(국비 9,200백만원)

32) 문화체육부, 『체육진흥정책평가회 자료』, 1994, 264쪽.

33) 문화관광부,『2002 체육백서』, 76쪽.

34) 위의 책, 72쪽.

2. 체육시설

1) 학교체육시설

광복 후 체육교과 운영의 주요 기반이 되는 학교 체육시설은 학교마다 차이가 있었지만, 대체로 운동장에 축구, 농구, 배구, 송구대 등과 철봉, 평행봉 등이 고작이었다. 수업내용 가운데 구기가 조금씩 강조됨에 따라 공이 필요했지만, 당시만 하더라도 여의치 않았다. 때문에 중등학교 체육수입은 주로 제식훈련, 맨손체조, 정신훈화 등과 각 학교가 중점을 두고 있는 구기종목 정도에 그쳤으며, 대부분이 제식훈련과 맨손체조에 많은 시간을 할애했다.

문교부는 체육수업의 질적 제고를 위하여 학교 체육시설 확충의 필요성을 절감하고, 이를 연차적으로 확충 완비할 수 있도록 1957년 4월에 각급 학교에 '체육 및 보건시설 2개년 시설계획표'를 시달했다.[35] 이 계획에 따르면, 중·고등학교는 철봉, 뜀틀, 평행봉, 매트, 평균대, 조봉, 농구대, 축구대, 배구대 등을 일정 기준 이상 구비하도록 했으며, 가능한 한 학교에서 제작하고 임의로 제작이 어려운 것은 도에서 취합해 문교부에 의뢰, 염가로 일괄 구매토록 했다.

제3공화국 정부가 국민체육시대 개막을 부르짖으며 체육행정을 뒷받침하고, 관련 법규를 정비하는 등 상당한 노력을 기울였지만, 1960년대에는 경제개발계획의 추진으로 사회간접시설 등 인프라 구축에 선차적인 힘을 기울여야 했다. 때문에 교육부문에의 집중적인 두자를 하기가 힘들었다.

특히 학교 체육시설은 상당한 예산을 필요로 하므로 난관에 봉착해 있었으나 1970년대에 접어들면서부터는 나름대로 체계적인 시설투자에 착수하게 되었다. 정부는 체육시설확충 3개년계획을 수립하고 1970년에 2억 3,800만 원을 투입하여 철봉 등 13개 종목의 1만 2,000점을 설치했으며, 1971년에는 5억 3,100만 원을 들여 체육시설을 확충했다.[36]

1971년 당시 전국 국민학교의 총 옥외체육장 면적은 56,332,090㎡(약 17,040,457평)이며, 강당 및 체육관은 약 235개, 옥외 수영장은 약 25개이다. 전국 중학교 소유의 야외체육장 면적은 18,506,429㎡(약 5,597,195평)이며, 강당 및 체육관은 245개이다. 전국 고등학교의 총 옥외 체육장 면적은 8,958,475㎡(약 2,709,939평)이며, 강당 및 체육관 수는 약 265개이다. 이같은 체육시설은 정부의 시설규정과 비교하여 약 66%가 부족한 실정이었다.[37]

따라서 정부는 학교체육시설 5개년계획 첫해인 1972년에는 43억 원을 투입했고, 1976

---

35) 문교부, 『문교개관』, 1958, 426~427쪽.

36) 김종희, 「박정희 정권의 정치이념과 체육정책에 관한 연구」, 한양대 박사논문, 1999, 79쪽.

37) 大韓體育會, 『體育白書』, 127쪽.

년을 학교체육시설 확충 완성의 해로 삼아 본격적인 투자에 나서기도 했다. 그 결과 학생 1인당 체육장 면적은 1980년에 초등학교 10.0평방미터, 중학교 6.2평방미터, 고등학교 10.5평방미터에 달했다.[38] 하지만 이 수치는 그 후 감소하는 결과로 나타나 단위면적당 시설면적을 계산해 보면 오히려 이 시기가 가장 양호한 편이었다.

이렇게 학교체육시설이 대폭 확충됨에 따라 학교체육시설이 전체 체육시설의 대부분을 차지하게 되자, 정부는 국민체육진흥법 제14조 및 시행령 제20조 규정을 내세워 학교 운동장의 개방을 유도하면서 그 이용에 관한 규칙을 체육부령으로 정했다. 이 조치는 일반국민의 체육시설 이용 기회를 확대하기 위한 것으로 학교체육시설과 생활체육시설의 연계를 도모할 수 있게 만들었다.

전두환 정부 출범 이후 체육시설 투자에도 지원이 이루어져 학교체육시설이 꾸준히 증가되어 왔다. 예컨대 체육부 창설 당시인 1982년에는 총 학교수 1만 307개 교의 학교체육시설 면적이 89,194,374㎡였으나 1990년에는 총학교 수 1만 938개 교에 103,276,705㎡로로 증가되어 학생 1인당 보유면적이 1982년 9.0㎡에서 1990년에는 10.9㎡로 증가했다.[39] 1991년 12월 현재 학교체육시설 현황은 <부록 4>와 같다.

이렇게 1970년대부터 학생 1인당 학교체육장 면적은 꾸준히 늘어났다. 2000년 당시 초등학교는 1인당 면적이 12.2㎡, 중학교는 12.8㎡, 고등학교는 11.3㎡이다. 그런데 1998년 이후 2000년까지 초등학교는 조금씩 줄고 중학교와 고등학교는 약간 증가하고 있는 추세이다(<표 2-74> 참조).[40]

이처럼 초등학교는 1998년 14.4㎡, 1999년 13.1㎡, 2000년 12.2㎡로 점차 감소하고 있다. 반면에 중학교는 1998년 12.0㎡, 1999년 12.6㎡, 2000년 12.8㎡, 고등학교도 1998년 10.4㎡, 1999년 10.4㎡, 2000년 11.3㎡로 점차 증가하고 있다

그러나 2001년도의 「학교체육 실태조사 및 개선방안 연구」에 따르면, 체육수업시간에 사용하는 학교체육시설에 대하여 체육교사들은 58.8%가 매우 부족 또는 부족(부족 36.5%, 매우 부족 22.3%)한 것으로 생각하고 있으며, 충분하다고 생각한 교사는 전체의 9.5%에 불과했다. 특히 최신의 것인가를 묻는 질문에는 56.7%가 그렇지 않은 것으로, 4.7%만이 그렇다고 대답하여 현행 학교체육시설이 양적·질적 두 가지 측면에서 확충과 개선이 필요한 것으로 지적되고 있다.[41]

특히 제7차 교육과정에선 수영을 제시하면서도, 이를 실행하는 학교는 전무한 실정이었다. 예컨대 1999년 5월 당시 전국 학교 내의 수영장은 모두 128개로 초·중등학교

---

38) 김종희, 앞의 논문, 79쪽.

39) 體育青少年部, 『體育青少年 行政10年史』, 1992, 190~191쪽.

40) 문화관광부, 『2002체육백서』, 2002, 302쪽.

41) 문화관광부, 『2002체육백서』, 299쪽.

총 10,351개교의 1.24%에 지나지 않았는데,[42] 2002년도에는 모두 147개의 수영장 시설이 갖추어지는 데 그쳤을 뿐이었다.[43]

〈표 2-74〉 학생1인당 학교체육장 면적

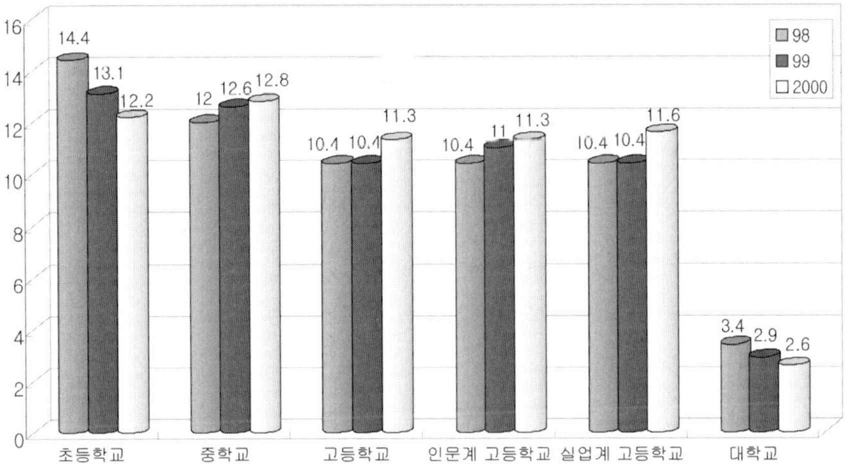

2004년 현재 학교체육시설 현황 가운데 체육장 면적에서 기준 미달 학교수가 초등학교 268개교, 중학교 128개교, 고등학교 100개교로 나타나 초등학교가 기준에 미달하는 체육장이 가장 많은 것으로 나타났다(<표 2-75> 참조).[44]

〈표 2-75〉 학교체육시설 기준 미달 학교수 현황

구분			계	초	중	고
체육장	체육장 면적(㎡)	기준면적	53,234,890	43,916,888	2,172,329	7,145,673
		보유면적	39,829,072	6,717,572	2,172,329	30,939,171
	기준미달학교수		494	268	126	100
	기준미달총면적(㎡)		41,836,598	41,120,559	337,211	378,828

이처럼 학교 체육공간의 상대적 부족은 체육수업의 부실화를 초래할 가능성이 크므로 시설 확충대책에 적극적으로 나서야 할 것이다. 2004년 4월 현재 학교체육시설 현황은 <부록 5>와 같다.[45]

42) 조미혜,「제7차 고등학교 2-3학년 체육교육과정 운영의 문제점 및 효율적 실천방안 탐색」,『한국스포츠교육학회지』 8-2, 2001, 11쪽.

43) 문화관광부,『2002체육백서』, 301쪽.

44) 문화관광부,『2004체육백서』, 2005, 340쪽.

45) 위의 책, 341~342쪽.

2) 생활체육시설

생활체육의 발전은 기본적으로 시설과 재정적인 면에서 여건이 마련되지 않으면 기대하기 힘들다. 때문에 1962년 국민체육진흥법 제정은 생활체육 발전의 새로운 계기가 되었다. 국민체육진흥법 제정에 따라 중앙 정부와 지방자치단체는 대통령령이 정하는 바에 의하여 운동장, 체육관, 수영장, 기타 대통령령이 정하는 체육시설을 설치하고, 이를 유지·보수해야 하며, 학교 및 직장의 체육시설은 "학교 교육 및 직장 운영에 지장이 없는 범위 안에서 국민체육 진흥을 위해 이용되어야 한다"고 명시하여 우선은 기존의 시설을 최대한 활용하면서 점차 시설 범위를 넓혀 갈 수 있도록 유도한 것이다.

그러나 체육시설 원칙이 이처럼 국민체육진흥법에는 명백히 규정되었음에도 불구하고 그 시행령에서는 체육시설에 관한 구체적인 규정이나 설치기준이 명시되어 있지 않아 구체적인 시행단계에서의 엄밀성을 기하기 힘들었다.

예컨대, 서울의 경우 1971년 12월 당시 사설 체육시설로는 소체육관 25개소, 놀이터 운동장 2개소, 어린이회관 실내체육관 1개소 등이 있었고, 수영장 11개소, 승마장 3개소, 궁도장 2개소, 스케이트장 1개소 등이 전부였다. 직장 체육시설의 경우는 실내 체육관 10개, 운동장 33개소였으며, 이용가능한 종목은 육상 1종목 외에는 전부 구기종목으로, 그나마 배구 19개, 축구 14개, 야구 5개를 제외하곤 탁구와 농구 각 1개 종목만이 가능한 정도였다.[46]

이같은 시설의 부족은 제도적 장치에도 불구하고 여전히 정부의 체육시설에 대한 지원이 미흡했기 때문이었다. 가령 1965년에 개정된 국민체육진흥법 제16조의 2에서는 민간시설의 소요경비 일부를 보조하고 대통령령에 의한 면세조치를 명시했으나, 실제 보조가 이루어진 사례는 1969년 동대문스케이트장에 대한 국조보조금 400만 원 밖에 없었다.[47] 결국 직장체육 진흥을 위해서는 불가피하게 학교 체육시설과 공공 체육시설을 이용하지 않을 수 없었다.

그러나 공공 체육시설은 대규모일 뿐만 아니라 공식경기를 치루기에도 벅찬 형편이어서 생활체육에 활용하기는 거의 불가능했다. 이에 따라 영리나 비영리 목적의 사설 체육관(도장)이 우후죽순처럼 솟아나기 시작했다. 1980년도 체육연감 통계에 따르면, 사설 체육관 숫자가 서울 553개소, 부산 69개소, 경기 55개소, 강원 52개소, 충북 31개소, 충남 54개소, 전북 67개소, 전남 57개소, 경북 90개소, 경남 29개소, 제주 20개소 등 무려 1,077개소에 달해 1972년도에 비교해 볼 때 상당히 증가했음을 알 수 있다.[48]

---

46) 大韓體育會, 『體育白書』, 165쪽.

47) 위의 책, 430쪽.

48) 大韓體育會, 『體育年鑑』, 1980, 179쪽.

사실 생활체육이 활성화되기 위해서는 최우선 조건은 바로 체육시설을 갖추는 일이다. 시설을 갖추기 위해서는 시설부지 소요 재원이 마련되어야 하고, 대규모 공사를 위한 예산도 필요하다. 따라서 중앙정부 예산이나 지방자치단체 예산의 투입이 불가피하므로 국가재정 규모에 비례할 수밖에 없다.

이렇게 생활체육 활성화정책을 실현하기 위한 법적·행정적 토대의 확충과 더불어, 체육시설 확보를 위한 조처도 강구되었다. 1982년 당시 전체 185개의 시·군의 체육시설 보유율은 체육관 55%, 운동장 88% 정도의 수준이었다. 따라서 공공체육시설의 부족으로 생활체육은 학교체육시설에 의존하는 형편이었다.

서울올림픽대회 이후 정부는 사회 전반적인 레저인구 및 생활체육인구의 증가에 따라 주거지 인근 지역을 중심으로 체육공원 등 생활체육시설 확충을 위해 국민체육진흥기금 89억 6,200만 원을 투입, 1991년부터 1998년까지 전국 읍·면·동마다 1개소 이상을 설치토록 했으며, 직장 체육시설의 확충을 위해 국민체육진흥재단으로 하여금 재원을 융자할 수 있도록 했다.[49]

특히 동네체육시설의 경우는 주민접근이 용이한 도시공원, 둔치, 약수터 등을 활용하여 간이운동시설인 테니스장, 배드민턴장, 농구장, 체조 및 에어로빅장을 만들고, 체력단련시설인 철봉, 평행봉, 벤치프레스, 산책로, 등산로, 자전거일주로 등도 설치하여 국민 모두가 생활권 주변에서 손쉽게 운동을 생활화함으로써 건강을 유지하고 행복한 삶을 영위할 수 있는 시설을 갖추어 나갈 계획을 세웠다(<표 2-76>참조).

〈표 2-76〉 행정구역별 동네체육시설 설치 현황 (91. 12. 31 기준)

구분	계	읍	면	동		
				소계	서울 등 6개 도시	일반시
전국행정구역수	3,561	180	1,261	2,120	1,122	998
실적	306	57	27	222	111	111
설치율(%)	8.6	31	2	10	9	11

김영삼 정부가 1993년 수립한 제1차 국민체육진흥5개년계획에서는 국민 전체의 체육활동을 지역적으로 균형 있게 공급해야 한다는 목표하에 지방체육시설 확충에 많은 노력을 기울였다. 우선 지역의 기본체육시설로서 운동장, 체육관, 수영장을 설치하고, 자연 속의 체육시설인 체육공원, 동네체육시설 등의 집중적인 설치를 추진했다.

제1차 국민체육진흥5개년계획에 이어 김대중 정부가 1998년에 와서 마련한 제2차 국민체육진흥5개년계획에서도 지속적으로 증가하고 있는 국민의 체육활동 참여수요에 대응하기 위해서는 지역 중심의 생활체육 환경을 조성해야 한다는 인식하에 시

49) 體育青少年部, 앞의 책, 185~188쪽.

·군·구별로 부족한 기본체육시설과 근린체육공간 조성에 역점을 두었다.

그 결과, 지역주민도 이용할 수 있는 시·군·구 체육시설은 여전히 미흡하지만 크게 늘어나게 되었다. 2001년 12월 현재 지방자치단체 소유 체육시설 현황은 <표 2-77>과 같다.[50)]

〈표 2-77〉 지방자치단체 소유 체육시설 현황 〈단위 : 개소수〉

계	육 상 경기장	체육관	수영장	테니스장	축구장	야구장	롤러장	국궁장	기타
1,108	150	307	103	163	97	20	36	125	107

* 동네체육시설 제외

특히 지역주민이 집 주변에서 손쉽게 접근하여 이용할 수 있는 국민체육센터, 생활체육공원, 동네체육시설 등의 건설이 집중적으로 이루어져 왔다.

이중 국민체육센터는 1997년의 지방스포츠센터로부터 출발하여 1999년에는 보급형 스포츠센터로, 다시 2001년부터는 국민체육센터로 그 명칭이 바뀌면서 지금에 이르고 있다. 생활체육서비스 공급의 지역적 균형을 도모하기 위해 1998년부터 시·도별로 각 1개소씩 연차적으로 착공, 2001년까지 건립하는 것으로 계획되었다. 그러나 2001년 8월 문화관광부의 '생활체육 활성화 대책'에서는 일반 대중이 값싸고 손쉽게 이용할 수 있는 도시형 종합 체육공간 확보를 목적으로, 시·구 단위에 각 1개소씩 기존의 35개소를 포함하여 85개소를 건립하는 것으로 목표를 확대하였으며, 다시 232개 시·군·구에 1개소씩 건립하는 것으로 확대되었다. 국민체육센터는 지방자치단체와 국민체육진흥공단이 사업 시행주체이다. 2003년 현재 55개소 건설사업 중 19개소가 건설 완료되었다(<부록 6> 참조).[51)]

생활체육공원 조성사업은 녹지공간 속에 각종 생활체육시설을 집중 설치, 선진국형의 쾌적한 체육활동 환경을 조성함으로써 국민생활체육을 활성화하고, 휴식과 체육, 레저활동을 겸할 수 있는 다목적 복합공간 조성을 목적으로 하고 있다. 제2차 국민체육진흥5개년계획에서는 전국 시·도 단위별로 각 1개소씩 시범적으로 설치·운영한 후 확대 추진하는 것으로 설정되었다. 그러나 2001년 1월 발표된 '생활체육공원 조성 기본계획'에서는 시·군·구 단위의 기초자치단체마다 1개소씩 확보하는 것으로 확대되었다. 2000년도에 시범적으로 8개소에 대한 사업이 착수되었고, 이어 2001년 5개소, 2002년 23개소, 2003년 26개소의 사업도 착수되었다(<부록 7> 참조).[52)]

50) 문화관광부, 『2002 체육백서』, 352쪽.

51) 문화관광부, 『2003 체육백서』, 347~348쪽.

마을 단위 생활체육시설 설치사업은 1990년부터 동네체육시설이란 사업으로 전국 읍·면·동 단위에 1개소 이상 설치를 목표로 추진되어 왔으며, 2002년부터는 마을 단위 생활체육시설 설치사업으로 변경하여 전국 3,566개 읍·면·동 단위에 2~3개소 설치를 목표로 등산로, 약수터, 마을공터 등 인근 지역주민이 쉽게 이용할 수 있는 소규모 간이운동시설을 설치하는 것으로 추진해 왔다. 2002년에 150개소, 2003년에는 162개소가 지원되었다(<부록 8> 참조).[53]

한편 동계스포츠는 비교적 기온이 낮은 중부 이북지방을 중심으로 1~2개월간 자연상태의 조건에서 발전되어 왔다. 동계스포츠시설도 대부분 자연상태 시설을 이용하여 왔다. 이같은 낙후한 환경 속에서도 동계스포츠 인구는 계속 증가해 왔다. 우리나라 최초의 동계체육시설은 1964년 1월 서울 창신동에 건립된 동대문 실내링크였다. 그후 1967년 전국동계체육대회 시설확보 차원에서 강원도 원주시의 봉산천에 정규 규격의 아이스링크와 아이스하키장, 피겨스케이트장이 자연빙을 이용하여 옥외에 설치되었다.[54]

이같은 시설은 겨울철 외에는 사용이 불가능하여 동계스포츠 저변 확대에는 많은 제약을 지녔다. 하지만 이미 체육부 출범 이전에도 소득증가로 스키종목에 대한 민간투자가 이루어지기 시작해 강원도 용평 등에 대단위 스키장 시설이 설치되고 수도권 지역에서는 겨울철 자연빙상태 스케이트장이 꾸준히 설치되어 빙상인구의 증가에 기여했다.

1982년에 발족한 체육부는 이러한 동계스포츠 인구 증가에 따른 수요를 충족시키기 위해 1987년부터 1989년까지 목동 신시가지 종합운동장 부지에 총사업비 98억여 원을 투입해 국제규격의 실내 아이스링크를 건설했으며, 전국 대단위 광역권별 실내외 빙상장 확보를 위해 강원도 평창군에 스키 크로스컨트리코스 마련 등을 추진했다(<표 2-78>참조).[55]

〈표 2-78〉 동계체육시설 건설계획 (91. 12. 31 기준)

구분	물량	총사업비(백만원)			사업기간	비고
		계	국고	지방비		
계		6,844	2,487	4,357		
실내빙상장	1개소	4,870	1,500	3,370	92-94	경기도 과천시
스키크로스컨트리코스	1개소 (8.5km)	1,974	987	987	92-93	강원도 평창군

52) 위의 책, 350쪽.

53) 위의 책, 351쪽.

54) 體育青少年部, 앞의 책, 183~184쪽.

55) 위의 책, 184~185쪽.

3) 전문체육시설

우리나라의 체육은 1950년대까지만 해도 민간부분이 중심적 역할을 수행했으며, 국민체육진흥법이 제정된 1962년 이후에는 상당 부분 정부에 의해 정책적으로 주도되어 왔다. 1966년 우수선수 양성을 통한 국위 선양을 목적으로 국가대표선수의 경기력 향상을 위한 훈련시설로서 태릉선수촌이 세워졌으며, 1970년대 이후 전국의 주요 도시에 운동장, 체육관 등의 전문체육시설 건립이 본격적으로 추진되었다.

8·15 광복 이후 10여 년 동안 서울운동장 하나로 버틸 수밖에 없었던 사정이 이를 잘 말해 준다. 6·25 전쟁 후 1957년부터 전국체육대회 지방순회 개최를 계기로 체육시설 기반 구축이 이루어지기 시작했고, 1959년에 서울운동장 야구장과 효창운동장이 건설되면서 전문체육시설이 점차 늘어나기 시작했다. 제3공화국이 출범한 1960년대 이후 태릉선수촌의 건설을 비롯해 각 지방 주요 도시에 공설운동장이 건설되었고, 1980년대에는 각종 국제경기대회를 개최할 수 있는 규모의 잠실야구장과 잠실 실내체육관 등이 세워졌다.

1971년에는 이미 전국 11개 시·도 가운데 강원도, 경상남도, 제주도 3개 도를 제외한 8개 시·도에 종합경기장이 건립되었다. 전국체육대회의 지방 개최가 계기가 되어 건립된 종합경기장들은 그 규모나 시설면에서도 국제수준에 손색이 없는 경기장이다. 그 건립 목적이 전국체육대회 개최이기 때문에, 가령 대구, 전주, 인천, 광주 등의 종합경기장은 육상을 비롯하여 축구, 사이클, 하키, 승마, 럭비축구, 연식야구, 핸드볼, 테니스 등 10개 종목이 넘는 경기를 할 수 있는 메머드형이다. 이러한 종합경기장 건립은 엘리트스포츠 발전에 크게 기여해 왔다.[56]

실내체육관의 경우도 충청북도·제주도을 제외한 전국 9개 시·도에 광주실내체육관(1965), 강원체육관(1968), 경남 충무체육관(1969), 인천실내체육관(1970), 대전충무체육관, 전북실내체육관, 부산구덕체육관, 대구종합체육관(이상 1971), 경북체육관이 건립되었다. 이처럼 종합경기장 건립 이후 세워진 지방 도시의 실내체육관 대부분이 그 규모나 시설면에서 수용인원이 8,400명인 서울의 장충체육관을 능가했다.[57]

체육부 출범 이전 1981년까지의 체육시설 건설통계를 보면, 운동장 41개소, 체육관 24개소, 야구장 10개소, 수영장 5개소, 사격장 11개소, 아이스링크 2개소, 사설도장 1,077개소, 기타 간이체육시설 14개소 등 모두 1,814개소에 이르렀다. 이 가운데 사설도장을 제외하면 공공 체육시설 확충은 100여 개소에 불과했다.

이에 따라 체육부의 출범과 함께 정부는 그 동안 지방체육진흥을 위해 시·군 지역

---

56) 大韓體育會, 『體育白書』, 177쪽.

57) 위의 책, 288쪽.

체육시설의 기반을 조성하고 건전 여가공간 마련 및 선수 육성을 위한 훈련시설 확보를 목적으로 운동장·체육관과 동계체육시설, 전국체전을 개최하기 위한 체육시설의 건설을 지원해 왔다. 운동장과 체육관은 1982년부터 전국 163개 시·군에 1개소씩, 실내빙상장은 1987년부터 16개 시·도에 1개소씩 확보를 목표로 추진해 왔다.[58]

그 결과, 운동장은 2003년 현재 총 136개 시·군에서 확보하여 82%의 보유율을 나타내고 있다. 전북 임실은 2002년도 신규사업으로 책정되어 공사 중에 있으며, 2002년 4억 400만 원, 2003년 8억 원이 지원되었고, 전남 구례에 2003년도 신규사업으로 3억 5,000만 원이 지원되었다(<부록 9> 참조).[59]

실내체육관은 2003년 현재 총 117개 시·군에서 확보하여 71%의 보유율을 나타내고 있다. 강원 양구에는 2002년도 신규사업으로 책정되어 2002년 3억 5,700만 원, 2003년 7억 4,300만 원이 지원되었고, 충북 단양에는 2003년도 신규사업으로 7억 원이 지원되었다(<부록 10> 참조).[60]

실내빙상장 건설지원사업은 다양한 계절 체육활동 기회를 부여하여 지역의 체육·여가활동의 질을 높이고, 취약한 동계체육시설의 전국적 기반 조성과 동계체육진흥 및 우수선수 육성과 저변 확대를 위한 여건조성을 목적으로 하고 있다. 전국에 18개소 조성을 목표로 1개소는 자체 확보, 17개소는 국고지원을 통한 조성사업을 추진해 왔다(<부록 11> 참조).[61]

전국체육대회시설은 전국체육대회의 성공적인 개최를 위해 유치 시·도의 미보유(규격 미달 등) 경기장 확보를 목적으로 추진해 왔다. 2002년에는 제주도 4개소(주경기장, 야구장, 체육관, 롤러스케이트장)와 전북 4개소(사격장, 수영장, 롤러스케이트장, 요트장)에 대한 사업이 시행되었다(<부록 12> 참조).[62]

4. 국가대표선수 훈련시설

1) 태릉선수촌

태릉선수촌에는 양궁, 역도, 탁구, 필드하키, 농구, 배구, 축구, 유도, 레슬링, 육상,

58) 문화관광부, 『체육백서 2002』, 337~338쪽.
59) 문화관광부, 『체육백서 2003』, 342쪽.
60) 위의 책, 343~344쪽.
61) 위의 책, 344~345쪽.
62) 위의 책, 345~346쪽.

수영, 펜싱, 체조, 복싱, 배드민턴, 핸드볼, 태권도 등 하계올림픽 종목뿐만 아니라 쇼트트랙, 스피드스케이팅, 피겨, 아이스하키 등 동계올림픽 종목의 시설을 갖추고 있으며, 이곳에 입촌하는 선수들은 올림픽대회와 아시아경기대회 등 국제종합대회를 비롯하여 각종 세계선수권대회에 출전하는 선수들이다. 현재 태릉선수촌은 총 99,568평의 부지 위에 연건평 2만여 평의 각종 시설을 갖추고 있다.[63)]

대한체육회와 대한올림픽위원회는 도쿄올림픽대회 이후 태릉선수촌을 건립한 민관식의 공적을 기념하는 태릉선수촌 건립기념비를 1989년 12월 22일에 세웠다. 이 기념비는 1964년 1월 20일 제22대 대한체육회장에 취임한 민관식이 도쿄올림픽대회 후 "합숙과 훈련을 한 곳에서 할 수 있는 종합적인 선수촌 없이는 성공적인 경기력 향상이 불가능하다"는 인식 하에 동분서주하여 "1965년 3월 역사적인 기공식을 갖고 혼신의 힘을 다한 끝에 1966년 6월 30일 드디어 대망의 선수촌 개촌을 보게 된 사실"을 밝히고, "이와 같은 선수촌의 터를 연 민관식 회장은 무교동 체육회관의 건립을 위시하여, 비약적인 체육인구의 저변 확대, 코치아카데미와 스포츠과학위원회의 창설, 체육행정의 근대화 등 어느 하나도 선각의 예지 없이는 이룩할 수 없는 금자탑적인 공적을 남겼다"고 명기하여 그의 공적을 기렸다.[64)]

이처럼 1964년 1월 20일 제22대 대한체육회장에 취임한 민관식은 도쿄올림픽대회 이후 '합숙과 훈련이 한 곳에서 가능한 종합적인 선수촌 없이는 성공적인 경기력 향상이 불가능하다'는 인식하에 대통령 박정희를 설득하여 1966년 6월 30일 선수촌 개촌을 보게 되었다.[65)]

태릉선수촌은 그 해 11월 26일에 부대시설을 확충하고, 12월 31일에는 220평 규모의 실내체육관을 건립하여 전천후 훈련이 가능하게 되었다. 태릉선수촌의 시설은 1970년 3월 23일 국제수영장 개장, 1971년 2월 20일 국제스케이트장 개장, 1972년 5월 20일 남자숙소(전진관) 개관, 1975년 11월 17일 실내체육관(개선관) 개관, 1977년 1월 6일 식당(감래관) 준공, 1980년 12월 29일 스포츠과학연구소 설치 등으로 이어져 한국 체육 발전의 산실이 되어 왔다.

또한 스포츠 과학화를 위해 1967년 태릉선수촌 안에 72평 규모의 테스트 룸을 설치했다. 당시로서는 첨단 스포츠과학 기자재인 트레이드 밀, 민첩도 측정기, 심전기, 근전기 등을 도입하여 실험실로서의 면모를 갖추었고, 체육부흥 6개년계획의 일환으로 도입된 이 스포츠 과학훈련에는 1971년까지 연인원 2만여 명이 참가하는 놀라운 호응도를 보여주었다.

---

63) 문화관광부, 『2002 체육백서』, 253~254쪽.

64) 『체육』, 1990년 1월호, 90쪽.

65) 『체육』, 1990년 1월호, 90쪽.

다음의 <표 2-79>[66]는 체육부 출범 이전에 건설된 태릉선수촌의 훈련시설이다.

〈표 2-79〉 테릉선수촌 훈련시설

건물명	건축년도	구 분	규 모(평)	용 도
전진관	'72	선수 숙소	365,69(29실)	남자숙소
영광의집	'73	〃	265,69(16실)	여자숙소
필승관 A동	'78	〃	957,40(51실)	남자숙소
〃 B	'79	〃	657,80(36실)	남자숙소
〃 C	'80	〃	498,80(33실)	남자숙소
연수관	'68	실내체육관	255.00	역도
승리관	'73	〃	593,24	배구, 농구
개선관	'75	〃	924,80	체조,유도,복싱
월계관	'78	〃	581,67	체력육성장
국제스케이트장	'71	옥외훈련시설	(15㎝×400링크)	스프드스케이팅
감래관	'78		126,85	기관실
스케이트장부속건물	'71('87)		583	휴게실, 화장실
용구창고	'68		18	
선수회관 (B)	'78		851	선수회장,식당
테니스장 (B)	'80			인조잔디 1면

체육부와 대한체육회는 1986년 아시아경기대회와 1988년 올림픽대회의 유치를 계기로 선수훈련에 필요한 선수촌 시설을 획기적으로 확충했다.[67] 1983년 외국의 선진경기기술을 전수받기 위해 초청된 외국인 코치숙소, 선수촌 내에 선용훈련장이 없어 일반대학이나 공공 체육관을 빌려 훈련을 하는 농구·배구·핸드볼 등의 훈련에 필요한 다목적 체육관을 건립했나. 그리고 아이스하키, 피겨 등 일부 동계종목의 훈련장과 함께, 육상의 경기력 향상 및 동절기 전천후 강화훈련에 필요한 시설이 절실했다. 또 실내수영장의 천장이 너무 높아 비효율적이어서 훈련효과를 높이고 예산을 절감할 수 있는 보수가 필요했다. 따라서 1984년 수영장을 빙상장으로 개조하고, 실내수영장(1985)과 실내육상장(1986)을 세웠다.

한편, 체육부는 1984년 대표선수 훈련시설의 부족을 해소하고 대표선수의 훈련여건을 개선하기 위해 구 한국체육대학의 시설을 문교부로부터 인수하여 현재와 같은 시설을 갖추게 되었다(<표 2-80> 참조).

이후에도 태릉선수촌 시설의 증축과 개·보수가 지속적으로 이루어졌다. 특히 육상, 핸드볼, 배드민턴의 훈련을 위해 2000년에 건립된 오륜관은 지상 1층으로 3,056평 규모이다. 또한 같은 해 스피드스케이팅의 훈련을 위해 건립된 태릉국제스케이트장은 지상 3층, 지하 1층 규모이다. 세계 8번째 400미터 실내링크이며 국내 유일한 시설로서 동·하계

66) 靑少年體育部, 앞의 책, 105쪽.

67) 위의 책, 106~108쪽.

스포츠의 균형적인 발전과 지속적인 경기력 향상을 도모하고 국민체력 증진을 위한 일반인 개방으로 빙상인구의 저변확대를 위해 세워졌다.[68]

〈표 2-80〉 구 한국체육대학 시설활용 현황

건물명	건축년도(개수)	구 분	규 모(평)	용 도
필승체육관(주)	'86	실내체육관	1,331.85	핸드볼
필승체육관(보조)	'86	실내체육관	1,102.35	레슬링, 펜싱, 체조
필승관(A)		선수숙소	956.4(51실)	
필승관(B)		〃	657.8(36실)	
필승관(C)		〃	498.8(33실)	
테니스장(구체대) 인조잔디	'86 (개수)	옥외시설	163.60(1면)	테니스
본관(스포츠과학연구원)	〃	부대시설	375	
선수회관(구체대)	'86	부대시설	530.00	도서관, 휴게실, 음악감상실, 선수
식당(구체대)	'86	〃	204.00	식당(106명)

이렇게 태릉선수촌이 1980년대에 이르기까지 중추적인 역할을 충실히 해왔음에도 불구하고, 1990년대에 접어들면서 운영상의 문제점을 드러내기 시작했다. 태릉선수촌은 원래 국제경기대회 대비 국가대표선수들의 과학적이고 체계적인 훈련을 위해 설립된 훈련장으로, 엄격한 규율과 국가를 대표하는 자부심으로 채워져 왔음에도 불구하고, 서울올림픽대회 이후 엘리트스포츠에 대한 정책적 관심이 이완됨에 따라 태릉선수촌의 분위기도 변화를 가져오기 시작했다.

우선 태릉선수촌 직원들의 처우 문제로 노사분규가 일어났고, 부족한 시설과 불편한 생활환경 문제로 일부 선수들이 입촌을 거부하는 사태가 생겼으며, 또한 입촌 선수 중에는 선수촌 규정과 관계없이 제멋대로 생활하는 사례도 빈번히 일어났다. 이와 같은 현상은 시대상황의 변화에 따라 선수들의 생활방식이나 사고방식에도 예전과 달리 차이를 나타내게 되었음을 보여주는 것이었지만, 그보다도 더 중요한 것은 이처럼 급변하는 상황변화에 적극적이고 합리적인 대응방안을 강구하고 대처해 나가야 할 선수촌의 총사령탑이 빈번히 교체됨으로써 일관성 있는 지휘체계에 균열이 생긴 데에 더 큰 원인이 있었던 것으로 평가되고 있다. 이는 특히 체육행정에 대한 정책적 관심이 멀어지고, 정치적인 영향력이 체육 외적인 요인에 의해 가해진 데서 생긴 결과이기도 했다.

68) 문화관광부, 『2002 체육백서』, 254~255쪽.

2) 진해훈련분원

진해선수촌은 86·88 양 대회를 대비하여 국가대표선수 강화훈련을 기후나 계절에 변화 없이 계속 추진할 수 있도록 온대 지역인 진해에 전지훈련시설 설치를 목적으로 1984년 10월 30일 개촌되었다. 진해시 자은동에 마련된 진해선수촌은 '태릉훈련원 진해훈련분원'으로 불리었으며, 국가대표선수들이 동계훈련 때에 사용했다. 진해선수촌은 국가대표 후보선수들의 훈련 장소로도 이용되었다.

진해선수촌에는 남녀 숙소와 종합체육관, 그리고 운동장 등이 시설되어 있었다. 종합체육관에서는 농구, 배구, 핸드볼, 배드민턴 등의 훈련이 가능했고, 운동장에서는 육상, 탁구, 필드하키, 양궁 훈련이 가능했다. 그러나 진해선수촌은 동아대학교박물관 조사팀의 발굴조사에 의해 부지 일대가 6세기 초에 축조되어 고려 초까지 사용된 산성 유적지로 판명되어 더 이상의 사용이 어렵게 되어 1997년에 폐촌되었다.

3) 태백분촌과 무주합숙소

국가대표선수 태백분촌이 강원도 태백시 소도동 함백산 고지대에 세워졌다. 태백분촌의 함백산 고지대 훈련장은 국가대표선수 경기력 향상을 위해 총사업비 25억 8,700만 원을 들여 1996년 7월에 착공, 2년 만인 1998년 6월 30일 문을 열었다.[69)]

태백분촌 함백산 고지대 훈련장은 400미터 우레탄 트랙과 60명을 수용할 수 있는 지하 1층, 지상 2층, 연면적 1,600여 평방미터 규모의 숙소를 갖추었다. 특히 이곳은 북한산(해발 800미터)보다 높은 해발 1,300미터 고지대이어서 심폐기능의 강화 훈련에 적합했다. 대한체육회는 이곳에서 연간 3,000여 선수의 전지훈련을 할 계획을 세우고, 실내체육관과 크로스 컨트리장 등 연차적으로 시설을 확충, 함백산 고지대 훈련장을 명실상부한 국가대표 제2선수촌으로 만들어 갈 계획을 수립하는 등 본격적인 발전계획을 수립 추진했다.

태백선수촌 실내체육관은 1998년 10월 7일 준공되었다. 국가대표 선수들의 체력단련과 훈련 강화를 위해 건립된 이 실내체육관은 100평 규모에 총사업비 9억 5,000만 원을 들여 체력단련실 등을 갖추었다.

한편 무주합숙소는 1997년 국가대표선수들이 동계훈련장소로 활용하기 위해 숙박이 가능한 38평, 29평 등 무주리조트 가족호텔 10실을 회원권으로 분양받아 스키, 바이애스론 종목의 훈련에 활용하고 있다.[70)]

69) 『한국일보』, 1998년 6월 19일자.
70) 문화관광부, 『2002 체육백서』, 256쪽.

이렇게 선수촌시설은 태릉선수촌, 태백분촌, 무주합숙소로 구성되어 있다. 태릉선수촌의 경우 숙소, 체육관, 옥외시설, 부대시설 등으로 이루어져 있다. 그리고 태백분촌은 숙소와 행정동, 훈련시설로 구성되어 있다. 2005년 현재 국가대표 선수촌시설 현황은 <부록 13>과 같다.[71]

71) 문화관광부, 『2005 체육백서』, 212~213쪽.

제 VI 장 북한의 체육행정

1. 체육행정조직

1) 중앙체육지도위원회

광복 직후 평양을 비롯한 북한 각 지역에서는 체육회, 체육인동우회, 체육연맹, 체육후생연맹 등의 명칭을 가진 여러 체육단체들과 체육인들이 독자적 활동을 전개하기 시작했다.[1] 하지만 일제의 수탈로 악화된 기본적인 생활조건이 여전히 개선되지 못했기에 대중적 체육활동이 제대로 이루어질 수 없었다. 게다가 민족주의·공산주의 계열 간의 권력다툼 등을 비롯한 광복 직후의 정치적 혼란도 체육활동의 정상화에 큰 제약을 가져다 주었다.

김일성은 이런 상황에서도 '체육인들을 하나로 묶어세워 그들을 나라의 민주주의적 발전과 자주독립국가 건설을 위한 위업수행에로 조직 동원한다'는 명분하에 1945년 11월 1일 '북조선체육동맹'을 결성했다. 그 지도부는 위원장, 부위원장 등으로 구성되었으며, 부서로는 총무부, 학교체육부, 일반체육부, 경기행사부, 기술부 등을 두었다.[2]

한편 소련 군정 당국이 1945년 10월 28일 설치한 '북조선 5도 행정국'의 교육국이 체육업무를 담당한 중앙행정기관이었다.[3] 하지만 5도 행정국은 최고 행정기구로서의 실질적인 기능을 하지 못했다. 그것은 5도 행정국이 공산주의자와 비공산주의자의 연립조직이었을 뿐만 아니라, 그 수반인 조만식이 늘 군정 당국과 대립했기 때문이었다.[4] 사실상 각 도의 인민위원회가 실질적인 권력을 행사하고 있었기에[5] 북조선체육

1) 조남훈, 『조선체육사 2』, 금성출판사, 1992, 60-62쪽.
2) 위의 책, 61쪽.
3) 이학래·김동선, 『북한의 체육』, 사람과 사람, 1995, 90쪽.
4) 서대숙 지음·현대사연구회 옮김, 『한국공산주의운동사연구』, 禾多, 1985, 288~289쪽.

동맹과 각 도의 산하조직이 결성되었음에도 체육행정은 도 인민위원회의 주관하에 있었다.

그 결과 체육행정도 지방행정처럼 산만성과 지방할거적 성격을 드러낼 수 밖에 없었다. 이런 사정은 1946년 2월 8일 5도 행정국을 대체한 '북조선(임시)인민위원회'가 조직된 이후에도 변함이 없었다. 게다가 북조선체육동맹은 업무능력과 경험이 부족했기 때문에 사회주의체제에 입각한 체육행정을 제대로 수행할 수 없었다.[6] 특히 김일성 계열의 공산주의세력이 아직 전국적인 조직기반을 갖추지 못했기에 체계적인 체육행정이 이루어질 수 없었다.

김일성계열이 권력을 장악한 1946년 8월 이후 체육행정은 다소 체계적으로 진행될 수 있었다. 조선로동당 중앙위원회 상무위원회에서 1946년 12월 체육행정을 담당할 중앙기구의 설치를 결정함에 따라, 1947년 1월 '북조선임시인민위원회'의 교육국 안에 체육부를 설치하고, '북조선체육위원회'를 조직했다.[7]

교육국의 체육부는 체육업무에 대한 국가적 지도를 보장함으로써 정권 차원에서 체육사업을 통일적으로 전담하는 기관이었다. '북조선체육위원회'는 중앙 집행기구로서 체육문화보급 및 체육사업에 대한 전반적인 계획을 세우고 운동단체를 조직·운영하며, 체육지도자 양성과 체육이론 및 기술 연구사업을 그 주된 임무로 했다.

그런데 북조선체육위원회는 여전히 국가의 행정기관이 아니라 집행기구로서 다만 체육의 실제적 업무를 지도하는 사회지도기관에 불과했다. 그 결과 중앙에서 도, 시, 군, 직장, 농촌 단체들에 전담 책임자들을 배치할 수 없었다. 게다가 북조선체육위원회를 보좌해야 하는 직맹, 농맹 등의 직능별 단체들은 조직 성격상 정치선전 사업에만 치중했지, 체육사업에 대해서는 적극적 관심을 가지고 있지 않았다.

결국 1947년 9월 31일 조선로동당 중앙위원회 상무위원회는 체육을 전인민적으로 발전시키위 위한 사업체계를 개선 강화하도록 지시했다. 이에 따라 김일성 정권의 공식적인 출범을 앞둔 1948년 5월 29일 '조선중앙체육지도위원회'와 그 하부조직인 각 도·시·군 등의 체육지도위원회가 결성되었다. 중앙체육지도위원회는 위원장, 부위원장 2인, 조직책임자(상무원 1인), 위원 9명으로 구성되어 기존 북조선체육위원회보다 조직이 확대되었다.[8]

이때 중앙체육지도위원회에 제시된 임무는 다음과 같다.

---

5) 김갑철, 「북한의 '인민민주'정권 수립과정」, 『北韓學槪論』, 文佑社, 1990, 33~36쪽.

6) 조남훈, 앞의 책, 67쪽.

7) 위의 책, 67~68쪽.

8) 위의 책, 72~74쪽.

첫째 시기별 경기대회는 자체적으로 조직하되, 그 밖의 체육사업은 정부기관의 계획에 맞추어 각 분과 위원회가 진행한다.

둘째 체육인들에 대한 정치사상 교양을 강화한다.

셋째 각 종목에 대한 이론 및 기술 연구사업을 강화하여 심판원 및 체육지도자 양성과 교육을 향상시킨다.

넷째 각 체육단체에 대한 지도사업을 강화하여 노동자들의 체력을 향상시킨다. 그리고 중앙체육지도위원회는 일제 때의 각종 용어, 운영방식, 규정 등을 폐기하고 새로운 경기규정과 규칙을 마련하여 체육지도서, 교수훈련요강, 심판규정, 기록공인 등의 제반 관련 법규를 제정·공포한다.

1948년 9월 정부 수립과 함께 중앙체육지도위원회가 내각 산하에 두어짐에 따라[9] 중앙 체육행정기구로서 그 위상이 보다 강화되었다. 이로써 중앙체육지도위원회는 체육사업에 대한 총괄적인 계획과 각 체육단체에 대한 지도업무를 담당하여 다원적으로 이루어지던 체육행정을 일원화할 수 있는 계기를 마련했다.

그러나 체육행정업무 가운데 학교체육 및 군중체육에 관련된 업무는 내각의 교육성 체육처가, 지방 체육행정은 도·시·군 인민위원회의 교육부가 담당했기 때문에 도(시)·군 인민위원회 교육부는 내각 교육성의 지시만 아니라, 해당 도·군 인민위원회의 지시도 받는 이중적인 명령계통에 속할 수 밖에 없었다.[10] 그 결과 중앙체육지도위원회 단계에서도 여전히 제반 체육사업을 체계적으로 운영하는 데는 한계가 있을 수 밖에 없었다.

2) 체육지도위원회

6·25 전쟁 직후 체육부문의 복구·발전을 위한 행정적 조치가 취해졌는데, 1954년 6월 23일 내각결정 제93호에 따라 내각 직속 체육지도위원회가 조직되었다.[11] 이는 이전의 중앙체육지도위원회를 대신하여 6·25 전쟁 이후 체육행정을 통일적으로 지도할 수 있는 독자적 체육지도기관 설립의 필요성에 따라 조직되었다. 체육지도위원회의 중앙은 위원장, 부위원장 2인, 위원 8인, 서기장 1인으로 구성되었는데, 이들은 항일혁명투사를 비롯하여 정치사상적으로 검증된 당, 국가기관, 근로단체 구성원들이었다.[12] 그 산하기관들로는 각 도·시·군 체육지도위원회를 두었다.

이 체육지도위원회에서 '공화국체육사업발전을 위한 방안'을 계획하고 실행했다.

---

9) 金詗教, 『북한체육의 허상과 실상』, 民族統一中央協議會, 1984, 21쪽.

10) 이학래·김동선, 앞의 책, 91쪽.

11) 『조선중앙년감』, 1954-55, 405쪽.

12) 조남훈, 앞의 책, 126쪽.

이 안의 1단계 계획에 따라 1954년 10월 각급 체육지도위원회 안에 비상설기관인 종목별 분과위원회를 두었다. 분과위원회는 종목별 체육사업을 통일적으로 지도하여 그 보급과 발전을 꾀하고, 이론과 기술수준을 높이는 데 목표를 두었다.

이어 1958년 1월 16일 내각결정 제5호인 '내각직속 체육지도위원회에 관한 규정'을 채택하여 체육지도위원회의 위상을 제도적으로 재정립했다.[13] 이에 따르면 "체육지도위원회는 체육 및 스포츠의 대중적 보급·발전과 체육기술의 향상을 도모하여 인민의 건강증진 및 노동과 조국보위에 튼튼히 준비시키며, 고상한 애국주의 사상으로 무장시키는 데 기여하는 것을 목적으로 한다"고 규정했다. 이는 1958년 3월 내각결정 제30호 '체육 및 스포츠 보급과 체육간부 양성사업을 개선 강화할 데 대하여'[14]에 의해 보강되었는데, 각 시의 체육지도위원회에 전임서기장을 배치하도록 한 조치가 그 대표적 사례이다.

체육지도위원회의 위상을 제도적으로 보장하는 이같은 조치는 1956년 4월 조선노동당 제3차 대회에서 패전의 책임을 물어 박헌영 등 국내파 공산주의계열 숙청[15] 이후 김일성 독재체제를 확고하게 하고자 한 정책과 연계된 것이다. 고상한 애국주의는 바로 김일성 독재체제를 유지하기 위해 동원된 반미(反美) 정서를 김일성체제의 정책적 이데올로기로 삼은 것이었다.

이어 1958년 3월 조선노동당 제1차 대표자회의에서 소련파, 연안파 등 반김일성세력의 완전 숙청[16]을 계기로 체육지도위원회가 중심이 되어 체육분야에서 반김일성세력을 제거하기 위한 사상투쟁을 전개했다.[17] 이로써 김일성 독재체제에 기반한 체육기구를 확고히 세우게 되었다.

3) 조선체육지도위원회

1960년 4월 교육문화성이 보통교육성 및 고등교육성과 문화성으로 분리되었는데, 보통교육성과 고등교육성이 각각 인민 및 중등·고등교육기관의 체육업무를 담당했다. 이에 따라 내각 직속 체육지도위원회는 전문체육 위주의 체육행정을 맡았다.[18] 1963년 6월 3일 내각 직속 체육지도위원회가 '조선체육지도위원회'로 개편되어 체육행정의 지도체계도 재정립되었다. 이어 김일성은 1964년 10월 22일 교육 및 체육부문

13) 위의 책, 144쪽.
14) 鄭慶謨·崔達坤 共編, 『北韓法令集』 4, 大陸硏究所, 2295~2296쪽.
15) 스칼라피노·이정식 지음·한홍구 옮김, 『한국공산주의운동사』 3, 풀빛, 1987, 631쪽.
16) 위의 책, 645~656쪽.
17) 조남훈, 앞의 책, 145쪽.
18) 이학래·김동선, 앞의 책, 92쪽.

지도일군협의회에서 조선체육지도위원회가 국가적인 체육행정을 장악 지도하여 체육을 발전시키도록 지시했다.[19]

김일성의 이같은 지시를 구체화하기 위한 방안으로 1965년 2월 19일 내각결정 제7호 '체육부문에서 체육사업을 전 인민적 운동으로 전개할 데 대하여'가 채택되었다.[20] 이 결정은 체육의 대중화정책을 보다 확대·발전시키기 위해 군중체육조직의 지도체계를 개편하는 것을 골자로 하고 있다. 각급 학교체육과 관련된 업무는 고등교육성과 보통교육성이 담당하고, 사회주의노동청년동맹 중앙위원회가 청소년·학생의 체육사업을 조직·진행토록 했다. 직장체육에 관련된 업무는 직총 중앙위원회가, 농촌지역 체육과 관련된 사항은 농업근로자동맹 중앙위원회가 담당하게 했다. 조선체육지도위원회는 인민체력검정과 같은 전국적인 군중체육업무에 대한 종합적 지도와 기술지도를 맡도록 했다.

이후 1967년 4월 노동당 제4기 15차 전원회의의 '체육지도 육성강화책'에 따라 조선체육지도위원회의 지휘 감독권을 노동당 중앙위원회 군사부로 이관했다.[21] 그러다가 1969년 전국체육인대회에서 조선체육지도위원회를 내각에서 분리하여, 독립기구화하기로 결정하고 조선체육지도위원회의 임무와 역할을 대폭 강화했다.[22] 그 결과 조선체육지도위원회는 모든 체육행사 및 인민체력검정의 제반 기획·관리·운영을 비롯하여 우수선수의 양성 등 체육에 대한 전반적인 업무를 관장하게 되었다.

이때 결정된 조선체육지도위원회의 기본 업무는 다음과 같다.[23]

> 첫째 체육활동은 김일성 주체사상에 입각하여 사회주의 경제건설과 국방에 기여할 수 있는 공산주의 혁명투사를 양성하는 데 역점을 둔다.
>
> 둘째 체육 과학기술과 경기전술을 창안 개발하여 세계적 수준으로 향상시키는 데 집중한다.
>
> 셋째 국내외 경기대회에서 높은 성과를 획득함으로써 주체사상에 입각한 조선의 체육정책이 정당하고 우월하다는 것을 전세계에 과시한다.
>
> 넷째 철저한 인민체력검정사업 실시와 함께, 공장·기업소 등의 체육활동도 적극 권장하여 체육의 대중화를 구현한다.

물론 체육사업에 대한 당의 통제는 여전히 지속되었다.[24] 1971년 12월 7일 당 중앙위

19) 조남훈, 앞의 책, 183쪽.
20) 『로동신문』, 1965년 2월 26일자.
21) 대한체육회, 『북한스포츠자료집』, 1973, 10~11쪽.
22) 金諄教, 앞의 책, 40쪽.
23) 이학래·김동선, 앞의 책, 94쪽.

원회 정치위원회에서 조선체육지도위원회 상부조직으로 비상설기관인 국가체육위원회를 조직하여 당의 체육정책에 대한 집행을 지도·통제했다. 이어 1973년과 1977년에 김정일의 지시에 따라 조선체육지도위원회의 당조직 기구를 확대하여 체육사업에 대한 당의 지도체제를 보다 강화했다. 이후 1979년 9월과 10월 잇따른 김정일의 지시에 따라 11월 정무원 지시 제217호에 따라 조선체육지도위원회를 정무원의 부와 같은 급으로 규정하여, 그 위상을 제고했다.

4) 조선올림픽위원회

북한은 1963년 독일 바덴바덴에서 열린 국제올림픽위원회(IOC) 총회에서 회원국으로 정식 가입할 수 있었다.[25] 남한은 1947년 국제올림픽위원회에 가입했고, 그 이듬해 런던올림픽대회부터 올림픽대회에 참가했다. 때문에 북한의 국제올림픽위원회 가입은 이루어지지 못했다. 그것은 남한이 북한보다 먼저 1국 1국가올림픽위원회를 인정하는 국제올림픽위원회에 가입했기 때문이다. 물론 북한 역시 국제올림위원회 등 국제경기단체의 가입에 그다지 관심을 두지 않았다.

그러다가 6·25 전쟁 직후 남한이 1954년 호주 멜버른올림픽대회에 참가하자 이에 자극을 받아 본격적으로 국제올림픽위원회를 비롯한 국제경기단체에 가입하려고 노력했다. 그 결과 1956년 2월 국제배구연맹 가입을 시작으로 1960년까지 사격, 농구, 탁구, 권투, 스케이트, 축구, 체조, 레슬링, 역기, 사이클 등 11종목의 국제기구에 가입했다. 이어 북한은 1962년 6월 모스크바에서 열린 제59차 국제올림픽위원회 총회에서 국제올림픽위원회 정회원 가입에 힘썼다. 그 결과 남·북한이 1964년 도쿄올림픽대회에 단일팀으로 출전한다는 조건하에 1963년에 국제올림픽위원회 가입을 마침내 승인받았다.[26]

그런데 북한은 올림픽대회 참가 자격을 박탈할 수 있다는 국제올림픽위원회의 경고에도 불구하고 1963년 가네포 경기대회에 참가했다. 국제경기연맹(ISF)은 이런 북한의 조치가 규정 위반이라는 이유로 가네포 참가국들의 올림픽대회 참가를 금지해 버렸다. 북한은 이를 무시한 채 가네포 참가 선수들을 도쿄올림픽에 참가시키려 했다. 결국 소련 등 공산권 국가의 건의로 가네포 참가 선수들을 제외한 북한 선수단의 대회참가가 허용되었다. 하지만 북한은 정작 1964년 도쿄올림픽대회에 참가하기 위해 일본에 왔다가 국호 문제를 빌미로 도착 3일만에 선수단 철수를 선언해 버렸다. 이후 1968년

---

24) 조남훈, 앞의 책, 276쪽.

25) 위의 책, 242쪽.

26) 위의 책, 178·236~237쪽

멕시코시티올림픽에서도 국호 문제를 제기하여 자신들의 요구가 받아들여지지 않자 대회 참가를 포기했다.

마침내 북한은 결국 1969년 6월 폴란드 올림픽위원회 총회[27]에서 자신들의 요구대로 '조선민주주의인민공화국(DPRK)'이란 국가호칭을 정식 승인받은 뒤 1972년 뮌헨올림픽대회부터 본격적으로 출전하기 시작했다.

5) 국가체육위원회

1971년 12월 7일 당 중앙위원회 정치위원회에서 조선체육지도위원회 위에 책임간부들로 구성된 비상설기관인 국가체육위원회를 조직했다.[28] 그 결과 조선체육지도위원회는 국가체육위원회의 지도를 받는 집행기구로서 기능하게 되었다. 하지만 김정일은 조선체육지도위원회의 위상을 계속 강화시켜 나갔다. 즉 1979년 11월 5일 정무원 지시 제217호에 따라 체육사업에서 최대의 권한을 갖는 정무원의 한 부로 격상시켰다가, 1982년 2월 10일 조선체육지도위원회 체육업무의 지도체계를 통일했다. 이에 따라 조선체육지도위원회는 체육행정과 관련한 실무를 관장했을 뿐만 아니라, 필요에 따라서는 체육관계기관 책임자들의 협의회를 조직하고, 각종 체육규정과 기준치를 제정할 수 있었다.[29]

그러나 조선체육지도위원회는 비상설기구인 국가체육위원회가 존속하는 한 국가체육위원회의 집행기구에 불과했다. 그러자 김정일은 1989년 6월 2일 조선체육지도위원회의 기능과 역할을 재고하도록 지시했다. 그 결과 같은 해 6월 29일 중앙인민위원회 정령[30]에 따라 조선체육지도위원회는 국가체육위원회로 개칭되고, 체육 전반과 관련된 업무를 전담하게 되었다.

1994년 12월 현재 국가체육위원회의 기구는 다음과 같다.[31] 중앙기구는 체육지도국, 교수훈련국, 군중체육국, 해양지도국, 급양관리국, 국방체육국, 후방총국, 체육시설관리총국, 대외사업국, 선전국, 동계체육국 등 14개 부서로 이루어져 있다.

그 산하기관으로는 집단체조창작단, 국가종합체육선수단 등의 부설기관, 국방체육협회, 체육기술협회, 대학생체육협회, 체육정보협회 및 축구협회, 권투협회, 농구협회, 체조협회 등 40여 개의 관련 단체가 있다.

---

27) 위의 책, 252쪽.
28) 조남훈, 앞의 책, 276쪽.
29) 위의 책, 277쪽.
30) 『로동신문』, 1989년 6월 30일자.
31) 이학래·김동선, 앞의 책, 1995, 95~96쪽.

올림픽대회와 관련된 업무를 관장하는 조선올림픽위위원회가 있으나 통상 위원장을 국가체육위원회 위원장이 겸직하여 국가체육위원회는 북한의 유일의 체육단체이자 기구이다. 국가체육위원회의 임원은 국가올림픽위원회 위원장을 겸임하는 위원장 1인, 실무책임자인 서기장 1인, 그리고 11명의 부위원장으로 구성되었다.

각 종목별 체육협회의 기능과 역할도 제고되었다.[32] 1974년 2월 28일 31개로 증가된 종목별 체육협회는 체육과학의 제고, 선수들의 체질에 맞는 기술 및 전술체계와 독창적인 훈련방법의 창안, 기술발전계획 등의 업무를 담당하고 있다. 또한 국내외 경기대회의 성과를 반영하고 경기규칙과 지도서 및 세칙 등도 작성하고 있다. 특히 종목별 체육협회는 국제경기연맹과의 연계 하에 국제규정의 변동사항에 따라 경기대회를 조직·진행하고 있으며, 나아가 심판의 자질을 높이기 위한 업무와 국제심판 육성업무도 담당하고 있다.

〈표 2-81〉 국가체육위원회 기구표

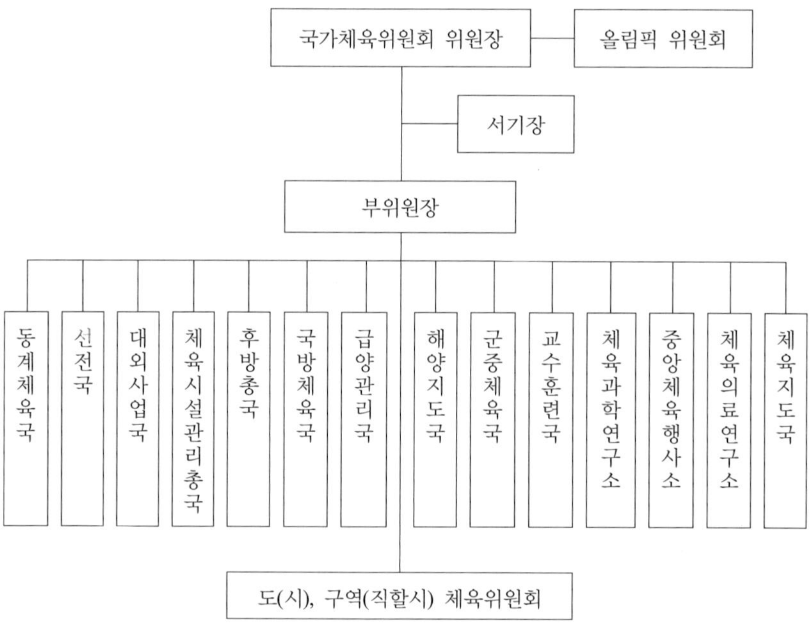

이후 국가체육위원회는 1998년 9월 헌법 개정으로 체육성으로 개칭되면서 정무원의 부처로 편입되었다.[33] 1972년 사회주의 헌법에 따르면 정무원은 국가 주권의 최고지도

32) 조남훈, 앞의 책, 278쪽.

33) 정동길, 『북한체육 스포츠영웅』, 다인미디어, 2001, 103쪽.

기관인 중앙인민위원회의 지도를 받는다. 때문에 체육성은 이전과 달리 단순한 집행기구에 불과했다. 그러다가 1999년 11월 3일 최고인민회의 상임위원회 정령에 따라 체육성은 다시 내각 체육지도위원회로 바뀌었고,[34] 이 내각 체육지도위원회는 체육과 관련된 모든 업무를 지도·집행할 수 있는 권한을 갖게 되었다.

〈표 2-82〉 역대 체육지도위원회 위원장

역 대	이 름	재임기간
1	최용건	1954.6-1959.11
2	김기수	1959.11-1966
3	김병림	1966-1967
4	서원준	1967-1969.6
5	강량욱	1969.6-1972.3
6	오현주	1972.3-1976.4
7	김유순	1976.4-1992.12
8	박명철	1992.12-

6) 지방체육행정조직

1945년 11월 1일 김일성의 지시로 '북조선체육동맹'이 결성된 데 이어 1946년 3월 16일 한경남도, 8월 22일 함경북도를 비롯하여 각 도·시·군에 산하 소식이 결성되었다.[35] 한편으로 소련 군정 당국이 1945년 10월 28일 설치한 '북조선 5도 행정국'의 교육국이 체육업무를 담당한 중앙행정기구이었다.[36] 하지만 5도 행정국은 최고 행정기구로서의 실질적인 기능을 하지 못했다. 사실상 각 도의 인민위원회가 실질적인 권력을 행사하고 있었기 때문에[37] 체육동맹과 각 도의 산하조직이 결성되었음에도 체육행정은 도 인민위원회의 주관하에 있었다.

1946년 8월 김일성계열이 권력을 장악한 이후 1947년 1월 '북조선임시인민위원회'의 교육국 안에 체육부를 설치하고, '북조선체육위원회'를 조직했다.[38] '북조선체육위원회'는 각 도·시·군에 설치한 체육위원회를 하부기관으로 두었다. 이로써 각급 체육위원회는 중앙의 '북조선체육위원회'가 계획한 체육과 관련된 업무를 집행할 수 있게 되었다. 이들 지역 체육위원회는 공장·농촌·학교에 조직된 체육단체들을 지도하고,

34) 『로동신문』, 1999년 11월 4일자.
35) 조남훈, 앞의 책, 62·66쪽.
36) 이학래·김동선, 앞의 책, 1995, 90쪽.
37) 김갑철, 앞의 글, 33~36쪽.
38) 조남훈, 앞의 책, 67~68쪽.

체육기술 향상을 위한 연구를 진행하며, 체육일군 육성, 체육기술규정 제정, 심판 육성 및 지도, 경기대회 등의 업무를 담당했다.

그런데 조선체육위원회는 여전히 국가의 행정기관이 아니라 집행기구로서 다만 체육의 실제적 업무를 지도하는 사회지도기관에 불과했다. 그 결과 중앙에서 도, 시, 군, 직장, 농촌 단체들에 전담 책임자들을 배치할 수 없었다. 때문에 지역 인민위원회의 체육부는 구체적 계획을 세우지 않은 채 체육시설 확장과 경기대회 조직, 간부 양성 등의 업무를 형식적으로 진행했다.

따라서 1947년 9월 31일 조선로동당 중앙위원회 상무위원회는 체육을 전인민적으로 발전시키기 위한 사업체계를 개선 강화하도록 지시했다. 이에 따라 김일성 정권의 공식적인 출범을 앞둔 1948년 5월 29일 '조선중앙체육지도위원회'와 그 하부조직인 각 도·시·군 등의 체육지도위원회가 결성되었다.[39]

각 지역 체육지도위원회에는 직맹, 농맹, 민청 등 각 사회단체의 책임자들과 체육부문 지도자들을 참여시켰다. 또한 지역 체육지도위원회는 1949년 심판부를 개편하여 경기종목별 분과위원회를 조직했다. 경기분과위원회에는 체조·육상·수영·축구·농구·배구·탁구·송구·투구·빙상·스키·권투·역도·사이클 등의 종목 외에도 씨름·그네 등 전통 스포츠 종목과 등산 종목도 포함되었다. 각 분과위원회는 위원장과 부위원장 각 1명과 해당 종목의 사정에 따라 5~15명의 위원으로 구성되었는데, 해당 종목의 경기규칙·기술 및 이론 연구·심판진 및 체육지도자 양성·선수 교양, 경기기술 지도 그리고 경기대회 조직·집행 등을 전담했다.

1965년 2월 내각결정 제7호에 따라 지방 체육조직인 지역체육지도위원회의 권한도 대폭 강화되었다. 이 결정에서는 경제부문별 조직인 각 체육협회를 해산하고, 리(읍·노동자구)·기관·기업소·협동단체와 학교마다 체육위원회를 조직하도록 했다. 그리고 시(구역)·군 체육지도위원회 및 공장·기업소의 체육지도자들의 역할을 제고하도록 했는데,[40] 지역 체육위원회마다 기존 겸임위원장 대신에 전임위원장을 배치하고, 공장·기업소의 전임체육지도원도 지역체육위원회에 배속시켰다.[41]

이들 지역체육위원회는 조선체육지도위원회가 마련한 각종 운동종목이나, 경기실시 방법과 요강을 직접 보급하는 실무조직이었다. 또한 해당 지역인민위원회의 체육업무를 집행하고, 관할 지역의 체육강습소와 체육시설 및 체육구락부 등의 업무를 조직·지도하는 기관이기도 했다. 지역체육위원회의 주요 업무는 다음과 같다.[42]

39) 위의 책, 72~74쪽.

40) 『로동신문』, 1965년 2월 26일자.

41) 조남훈, 앞의 책, 184쪽.

42) 김순교, 앞의 책, 42~43쪽.

첫째, 체육사업에서의 사상교육을 담당한다. 즉 당의 체육정책과 정부의 결정·지시를 비롯하여 각종 체육에 대한 규칙과 규정에 대해서 대중강연과 영화 등 대중문화 수단을 통해 주민들에게 교육한다.

둘째, 지역내 체육사업을 조직·지도한다. 즉 각종 지역 군중체육행사를 통일적으로 계획하고 필요한 예산을 편성함은 물론 지역 체육열성자들을 중심으로 종목별 체육분과를 조직하고 분과의 자립적 활동을 높이도록 지도한다. 그 구체적인 사업 진행은 조선체육위원회가 바련한 실시방법·보급 요령 등에 따른다. 사업내용은 각종 경기종목을 비롯하여 인민체력검정사업, 수영·스키·스케이트 등 계절체육, 민족체육, 국방체육의 보급 등이며, 보건·의료체육의 보급도 담당한다. 이와 함께 직업총동맹, 농업근로자동맹, 사회주의로동청년동맹, 내각(정무원) 교육위원회가 개최하는 체육경기대회에 대한 종합적인 기술지도도 담당한다.

셋째, 전문체육 강화사업을 집행한다. 즉 조선체육위원회가 지시하는 종목의 선수와 후보를 체계적으로 양성하고, 체육기술을 높이기 위한 지도사업을 강화한다. 또 종목별 선수권대회 등 각종 체육대회를 체계적으로 개최하여 기록 향상과 함께 엘리트선수 양성에 힘쓴다.

넷째, 체육시설 및 체육기자재의 생산·공급과 관리를 담당한다. 생산과 공급은 관할 지역내 체육시설과 기재의 수요를 파악하고, 지역의 예비자원을 이용하여 자체적으로 해결하도록 한다. 이때 지역내 사회난제와 학교가 통상적으로 동원된다. 그리고 도 경기장, 수영장, 체육관 등의 시설과 기재를 관리하고 널리 이용하게 한다.

다섯째, 체육사업의 성지·실무수준을 제고한다. 이렇게 하기 위해서 당의 정책과 정부의 결정·지시, 그리고 조선체육지도위원회 및 도인민위원회의 결정·명령·지시 등의 집행상태를 지도·보고하여, 그 개선 대책을 강구한다. 또 도내 체육기술과 군중체육 발전의 전망계획을 수립하고, 그 집행을 위한 조직사업을 추진한다.

지역 체육지도위원회의 이러한 업무는 지역적 특성과 여건을 고려하거나, 지역 체육인들의 주체적인 판단과 의지에 따라 이루어지기보다는 중앙지도체제에 의한 강제적 할당의 성격을 지니고 있었다. 때문에 지역 체육사업, 나아가 북한 전체의 체육사업은 할당된 체육사업을 피동적으로 이행하는 데 머물 수 밖에 없었는데, 이는 결국 중앙에서 기대한 질적 향상을 이룰 수 없게 만들었다.

1980년대에도 각 도·시·군 체육지도위원회는 지방의 체육조직으로 그대로 기능하고 있었다. 하지만 1982년 2월 체육지도위원회의 사업지도체계가 통일되면서, 직장·학교 및 중앙과 도·시·군급 기관마다 시(도)·군 체육지도위원회의 산하조직으로 비상설체육위원회가 설치되었다.[43)]

비상설체육위원회는 당성과 사상성이 우수한 일꾼 3~5명으로 구성되었는데, 그 책임자는 행정 책임자(학교는 교장)이었다. 비상설체육위원회의 기본 임무는 첫째 김일성·김정일의 교시 및 당의 정책 관철을 위한 대책과 그 집행, 둘째 근로자와 청소년학생의 아침체조·달리기·업간체조 및 인민체력검정사업과 체육대회 등 군중체육사업의 조직과 개선대책 마련, 셋째 체육시설 및 기자재 마련을 위한 사업 토의와 대책 수립 등이다.

이같은 과업을 집행하기 위하여 분기별 1회 이상 비상설체육위원회를 열며, 사업의 실행을 위한 지도를 강화하도록 했다. 한편으로 1989년 6월 조선체육지도위원회가 국가체육위원회로 개칭되면서, 도·시·군(구역)의 체육지도위원회도 체육위원회로 개칭되었다.

정권 초기처럼 정치기관이나 사회조직도 지역의 체육사업에 관여했다. 김정일은 1981년 7월 13일 도·시·군 당위원회 청년사업부 일군강습 참가자들에게 보낸 '청소년사업에 대한 당적 지도를 더욱 강화할 데 대하여'라는 서한에서 청소년학생들 속에서 체육을 대중화하고 키 크기 운동을 비롯한 여러 가지 과외체육활동을 널리 벌리도록 지시했다. 이에 따라 지방 당위원회는 매년 3월과 9월을 각급 학교의 '키 재는 월간'으로 정하는 등 김정일의 지시를 관철하기 위한 조치를 취했다.[44] 또 김정일의 지시에 따라 사로청 중앙위원회가 모범체육학교 쟁취운동을 담당했으며, 모범체육학교의 칭호 비준 및 표창 수여를 했다. 게다가 사로청 중앙위원회는 매년 '정일봉상 전국청소년축구대회', '소년탁구왕컵 탁구대회', '배움의 천리길상 마라톤대회' 등을 주최했다.[45]

이렇게 각 도·시·군 체육위원회만 아니라 지방 당위원회, 사로청 중앙위원회 등 정치조직이나 청년조직과 같은 유관기관도 지방의 체육행정과 그 집행을 담당했던 것이다.

2. 학교체육행정

1) 학교체육의 행정체계

북한의 학교체육행정은 교육행정을 총괄해온 정무원 교육위원회에서 관장해 왔다. 1948년 정권 수립 이후 오늘에 이르기까지 교육위원회의 기구는 여러 차례에 걸쳐 개편되어 왔다. 1957년 기존의 교육성과 문화성을 통합하여 교육문화성을 설치했다가,

43) 조남훈, 앞의 책, 277~280쪽.

44) 위의 책, 281쪽.

45) 위의 책, 288~289쪽.

1960년 다시 고등교육성, 보통교육성, 문화성으로 분리되었다. 이후 1972년 고등교육성과 보통교육성을 합쳐 교육부를 신설했다가, 1973년에 와서 교육위원회으로 바뀌어 현재에 이르고 있다.

1948년 9월 9일 정부 수립과 함께 내각 산하에 체육지도위원회를 설치하여 이를 중심으로 체육과 관련된 업무 전반을 담당하게 했다. 다만 학교체육 및 군중체육에 관련된 업무는 내각 교육성 체육치가 관장하게 했나.[46]

1957년 8월 내각 교육성이 문화성과 통합되어 교육문화성이 설치되었으며, 이어 1960년 4월 교육문화성이 보통교육성 및 고등교육성과 문화성으로 분리되었는데, 보통교육성 산하의 체육처와 고등교육성의 체육처가 각각 인민 및 중등·고등교육기관의 체육업무를 담당했다. 이에 따라 내각 직속 체육지도위원회는 전문체육 위주의 체육행정을 맡았다.[47]

이후 1972년 12월 신 헌법의 채택으로 내각을 정무원으로 개편하면서 보통교육성과 고등교육성을 통합하여 교육부를 설치하였다가 7개월 뒤인 1973년 7월 교육위원회로 개칭되었다. 하지만 이때 체육 업무를 담당하는 부서는 통합하지 않은 채 체육처를 별도로 존치시켜 각각 인민 및 중등·고등교육기관의 체육과 관련된 업무를 관장하게 했다.[48]

2) 체육과 교육과정

(1) 교육과징 개편

북한의 교육과정은 6·25 전쟁 전까지 무려 3차례나 개편되었다. 교육정책의 목표는 1945년 11월 17일 '조선로동당 북조선분국(북조선로동당의 전신) 조직위원회 제3차 확대집행위원회'에서 처음 제시되었다. 이 회의에서는 '새로운 인민적·민주주의적 교육제도' 수립을 그 목표로 설정하고, 일본 제국주의의 사상 잔재를 뿌리뽑을 것을 결의했다.[49] 같은 달 21일에는 '북조선 5도 행정위원회'가 '북조선 학교교육 임시조치 요강'을 제정했다.

그 주요 내용은 기존 국민학교를 인민학교로 개칭하는 것과 함께 교육이념을 제시하는 것이었다. 교육이념에는 국어와 역사 교육에 치중하면서, 반제국주의 교육 강화,

---

46) 이학래·김동선, 앞의 책, 91쪽.

47) 위의 책, 92쪽.

48) 위의 책, 94쪽.

49) 북한연구소, 『북한교육론』, 1977, 100쪽.

'과학적 세계관' 즉 공산주의 이념교육 실시 등이 포함되었다.[50] 이는 한글의 보급과 유물사관(唯物史觀)에 입각한 역사교육 강화를 의미한다. 특히 국어는 인민학교와 중등학교 전 학년에 걸쳐 1주당 각각 7시간과 6시간을 배정하여 다른 과목보다 월등히 많았다.

그런데 '임시조치 요강'이란 용어에서 알 수 있듯이, 이같은 교육편제에서는 일제 식민지 교육의 잔재가 완전히 사라지지 않았다. 즉 일제 때처럼 인민학교에는 실업과를 두어 아동에게 조기 직업교육을 실시했다. 그리고 인민학교와 중학교 여학생의 경우 가사·재봉·보건 등의 과목 비중이 여전히 높은 반면, 수학·물리·화학·외국어 등은 남학생에 비해 상대적으로 낮았다.

교육체제의 기본방향이 설정되기 시작한 것은 1946년 3월 23일 김일성의 이름으로 발표된 이른바 20개 정강[51]을 통해서였다. 20개 정강은 정치·경제·사회·교육·문화 등 각 방면에 걸쳐 공산체제를 세우기 위한 개혁의 기본방향을 제시한 것이었다. 이중 교육부문에 해당하는 것은 제16조의 전반적 인민의무교육제 실시 및 국립 소·중·전문대학교의 확장과 민주주의적 제도에 의한 인민교육제도 개혁, 그리고 제18조의 국가기관과 인민경제의 제 부문에서 요구되는 인재 양성을 위한 특별학교의 광범위한 설치, 제19조의 과학과 예술에 종사하는 인사들에 대한 사업 장려와 보조 등이다. 즉 인민의무교육제도 실시, 기술교육 진흥, 과학자 및 예술가 우대 등이 교육정책의 기본방향으로 제시되었다.

이러한 교육정책의 방향은 1946년 3월 25일 '북조선임시인민위원회'가 채택한 '학교사업개선책에 관한 결정서'에 따라 추진되기 시작했다.[52] 이 결정서에서 소련 학제를 모방하여 인민학교 5년, 초급중학교 3년, 고급중학교 3년, 기술전문학교 3년, 대학 4년인 5-3-3-4학제를 채택했으며, 교육분야에서의 일제 잔재의 청산을 거듭 천명했다.

이어 1946년 12월 '북조선임시인민위원회'는 결정 제133호 '북조선 학교교육 체계에 관한 규정 및 그 실시에 관한 조치'를 채택하여 학제개편을 단행했다.[53] 여기서는 중등교육 과정이 6년에서 5년으로 단축되었다. 그리고 교과과정에서 인민도덕(인민학교), 인민(초급중학교), 사회과학(고급중학교), 맑스-레닌주의 기본(대학) 등 이른바 '과학적 세계관'의 기초를 형성하는 과목이 강조된 동시에 국어와 국문학, 국사, 한국지리에 큰 비중이 두어졌다. 예컨대 인민학교의 경우 1주간 총 136 시간중 31.6%에 해당하는 43시간이 국어에 배당되었으며, 국사와 지리 주당 각각 4시간씩, 인민도덕 6시간을

50) 김동규, 「교육사」, 『북한의 교육』, 을유문화사, 1990, 101~102쪽.
51) 『조선중앙년감』, 1949, 67쪽.
52) 박용헌, 「교육제도와 행정」, 『북한의 교육』, 116쪽.
53) 김형찬, 「초등교육」, 『북한의 교육』, 232쪽.

배정했다. 자연과학 과목도 강화되어 30%에 해당하는 주당 40시간을 배정했다. 이같은 일반 지식과목의 강화를 기본으로 하는 교과과정의 개편으로 식민교육의 잔재인 조기 직업교육의 편향성을 극복할 수 있었다.

이후 1948년 9월 9일 북한 정권이 공식 출범하면서 지난 3년간의 경험에 기초하여 교과과정의 근본적인 개정 필요성이 제기됨에 따라,[54] 교육과정도 다시 개편되었다.[55] 인민학교의 경우 5개 학년 총 4,620시간이 배당되었는데, 1~3학년은 1주 24시간, 4~5학년은 1주 30시간이었다. 수업시간은 국어가 1,080시간, 산수가 1,050시간인데, 각각 23.4%, 22.7%의 비중을 차지했다. 중등학교는 초등 및 고등중학교 각 3개 학년으로 편제되었다. 6년간 수업시간은 총 7,420시간인데 국어 1,120시간, 수학 1,295시간, 외국어 1,215시간으로 이들 수업시간이 전체의 49%를 차지했다. 이 밖에 국사와 세계사 821시간, 지리 525시간, 헌법연구 70시간이 전체 수업시간의 19.1%를, 과학이 18.2%를 차지했다.

6·25 전쟁 이후 북한 교육제도의 첫 번째 개편은 휴전협정 체결 직전인 1953년 7월 11일 내각결정 제111호에 따라 이루어졌다. 여기서 특기할 만한 사항은 인민학교 편제가 기존 5학년제에서 4년제로, 기술학교인 전문고등학교는 3년에서 4년제로 바뀌었다는 것이다. 인민학교 5년제가 4년제로 준 대신에 기술계인 전문고등학교의 수업년한을 1년 연장한 것은 전후 복구사업의 필요성 때문이다.[56] 이처럼 전후 복구사업에 필요한 중간기술자 양성을 위한 교육개편이 이루어졌다.

인민하교의 교과과정은 1953년의 학세 개편전인 5월 5일에 발표되었는데, 4년간 총 수업시간 3,333시간이었다.[57] 중등학교의 교과과정[58]은 3년과정인 초등중학교의 경우 인민학교처럼 총 수업시간의 3,333시간이었다.

1954년부터 추진된 3개년 경제계획이 어느 정도 성과를 거두면서 전후 복구사업이 일단락되자, 북한 당국은 사회주의 경제체제의 기반을 마련하기 위해 1957년 제1차 5개년 경제계획을 단행했다. 이 계획에 필요한 기술자와 전문가의 양성이 요구되면서 이른바 인문계인 3년제 고급중학교를 폐지하고, 그 대신 각기 2년제인 기술학교와 고등기술학교를 설치했다.[59]

이처럼 경제개발 5개년 계획에 따라 생산노동의 집중과 기술위주 교육의 필요성에서 교육과정이 개편되었다. 이런 사정은 당 기관지 『근로자』의 다음 기사에서 확인할

54) 남일, 「교육부문」, 『인민』 제3권 제4호, 1948, 362쪽.
55) 신효숙, 「소군정기 북한의 교육정책」, 정신문화연구원 박사논문, 1998, 150~154쪽.
56) 김형찬, 『북한의 주체교육사상』, 한백사, 1990, 43~44쪽.
57) 교육도서출판사, 『해방후 10년간의 공화국인민교육의 발전』, 1955, 206쪽.
58) 위의 책, 209쪽.
59) 김선호, 「고등 교육」, 『북한의 교육』, 291쪽.

수 있다.

> 이 교육개정령의 근본적 특징은 1960년부터 시작하여 인민의 교육제도를 근본적으로 재조직하여서 교육과 생산로동의 결합을 더욱더 공고히 하고, 젊은이들의 교육 및 정치 그리고 기술의 질을 높이고 기술자와 전문가를 양성하는 데 있다. 이것은 인민교육을 발전시킨다는 면에서 획기적인 것일 뿐 아니라 또 사회주의를 더욱 일찌기 실현하기 위한 과학적 문화적 혁명을 빠르게 하는 데도 획기적인 것이다.[60]

이같은 기술교육의 강화를 목표로 한 교과과정의 개편은 1959년 10월 28일 내각결정 제2호에 따라 이루어졌다.[61] 즉 4년제 초등학교와 3년제 초등중학교를 포함한 7년제 일반교육과정을 마련하고, 그 상급과정으로 각각 2년제인 기술학교와 고등기술학교를 설치했다.

교육과정은 1966년에 와서 재차 개정되었다. 이때의 개정은 유일사상체계가 확립되면서 애국주의 교육의 필요성과 함께, 기존 기술교육과목에 치중한 교육체제의 문제점이 제기되었기 때문이었다.[62] 이후 1971년에 와서 의무교육을 확대하기 위한 논의가 진행되어 1977년부터 전국적으로 11년 의무교육제도가 확립되었다.

1983년에도 또 한 차례의 교육과정 개편이 이루어졌다. 이때 인민학교의 총 수업시간은 3,603시간이었으며,[63] 고등중학교의 경우는 6,626시간이었다.[64] 1986년과 1996년에도 교육과정이 개정되었지만 큰 변화는 없었다.[65]

(2) 체육과 교육과정

북한의 교육과정은 한국전쟁 전까지 무려 3차례나 개편되었다. 1945년 11월 21일에는 '북조선 5도행정위원회'가 '북조선 학교교육 임시조치 요강'을 제정했다. '북조선 학교교육 임시조치 요강'에 따른 체육과목[66]에 인민학교 초등과 1~6학년은 주당 3시간을, 인민학교 고등과 1, 2학년은 주당 3시간을, 고등중학교 1~4학년은 주당 2시간을 배정했

---

60) 김형찬, 앞의 책, 105쪽.
61) 허동찬, 앞의 글, 142쪽.
62) 김형찬, 앞의 글, 265쪽.
63) 허동찬, 앞의 글, 155쪽.
64) 위의 글, 159쪽.
65) 김남주, 「남·북한 체육교육 비교분석을 통한 이질화 극복 방안」, 세종대 박사논문, 1999, 53~54쪽.
66) 신효숙, 「소군정기 북한의 교육정책」, 정신문화연구원 박사논문, 1998, 146쪽; 김남주, 위의 글, 52쪽.

다. 그리고 인민학교 고등과의 여학생에게는 2시간을 배정하여 남학생보다 1시간이 적었고, 고등중학교 여학생에게는 아예 배정조차 하지 않았다. 총수업시간에서 체육시간의 비율을 보면, 인민학교는 총수업시간의 10%인데,[67] 이는 1945년 9월부터 1년간 적용된[68] 남한의 국민학교 평균 2.7시간 16.3%보다 비중이 낮은 것이다. 중학교 역시 5.7%로 남한의 6.62%에 비해서도 낮았다.

요강에는 정규시간 외에 단체경기를 적극 실시하도록 규정하여 체육교육이 과외시간을 통해 강화되었음을 알 수 있다. 정규수업 외에 실시하는 과외체육은 점차 강화되었다. 반면에 정규 체육시간은 1946년 12월 '북소선임시인민위원회' 교육국이 '북조선 학교교육 체계에 관한 규정 및 그 실시에 관한 조치'에 대한 결정을 채택[69]하면서 더욱 줄어들었다.

1946년 12월 '북조선임시인민위원회'는 결정 제133호 '북조선 학교교육 체계에 관한 규정 및 그 실시에 관한 조치'를 채택하여 학제개편을 단행했다.[70] 이때 개편된 교육과정에 따라 1947~1948학년도 인민학교의 체육시간은 이전보다 1시간이 준 주당 2시간이 배정되어 매 학년마다 평균 72시간, 전체 5개 학년 350시간이었다.[71] 이는 전체 수업시간의 1.47%에 불과한 것이었다.

이후 1948년 9월 9일 북한 정권이 공식 출범하면서 지난 3년간의 경험에 기초하여 교과과정의 근본적인 개정 필요성이 제기됨에 따라,[72] 교육과정도 다시 개편되었다.[73] 인민학교의 경우 5개 학년 총 4,620시간이 배당되었는데, 1~3학년은 1주 24시간, 4~5학년은 1주 30시간이었다. 이중 체육시간은 주당 2시간씩 총 350시간이 배정되었는데, 이는 국어와 산수를 제외하곤 가장 많은 비중이다. 중등학교는 초등 및 고등중학교 각 3개 학년으로 편제되었다. 6년간 수업시간은 총 7,420시간인데, 체육시간은 초급중학교의 경우 매주 35시간중 2시간씩 3년간 배당하여 총 210시간이었다. 고급중학교의 체육시간은 1학년 매주 35시간중 1시간을, 2~3학년은 매주 36시간중 각각 1시간과 2시간을 배당하여 총 105시간이었다.

이렇게 체육시간은 대체로 매우 낮은 주당 1~2시간에 불과했으며, 그마저도 다 채우지 못했다. 이는 일반교육을 강화하고자 하는 기본원칙에 따른 것이기도 하지만, 과외체육을 적극 장려하고 있었기에 굳이 체육시간의 비중을 높이지 않아도 되는 사정을

67) 김형찬, 앞의 글, 96쪽.

68) 劉奉鎬, 『韓國敎育課程史硏究』, 교학연구사, 1992, 283쪽.

69) 조남훈, 앞의 책, 93쪽.

70) 김형찬, 「초등교육」, 『북한의 교육』, 232쪽.

71) 조남훈, 앞의 책, 94쪽.

72) 남일, 「교육부문」, 『인민』 제3권 제4호, 1948, 362쪽.

73) 신효숙, 앞의 글, 150~154쪽.

반영한 것으로 여겨진다.

6·25 전쟁 이후 북한 교육제도의 첫번재 개편은 휴전협정 체결 직전인 1953년 7월 11일 내각결정 제111호에 따라 이루어졌다.[74] 이때 인민학교의 체육시간은 매학년마다 주당 2시간이 배정되었다. 이는 4년간 총수업시간 3,333시간의 7.92%인 264시간이 배정되어[75] 1949년의 350시간보다 줄어든 것이다. 하지만 그 비중은 1949년의 7.58%보다 조금 증가한 것이며, 총 수업시간중 50% 정도인 국어와 25.7%의 산수를 제외하면 여타 과목에 비해 많은 편에 속한다. 1955년 교과과정 개편 때도 주당 2시간을 유지했다. 이는 현재까지 그대로 유지되고 있으며, 다만 총 수업시간의 변동에 따른 비중만 다를 뿐이다.

중등학교의 교과과정[76]은 3년과정인 초등중학교의 경우 인민학교처럼 총 수업시간의 3,333시간인데, 이중 체육은 총 178시간으로 주당 2시간이다. 다만 3학년 1학기만 주당 1시간을 배정했다. 이로써 체육시간의 비중은 전체 수업시간의 5.34%에 불과했다. 고등중학교의 체육시간은 3개 학년 모두 주당 2시간이 책정되어 총 198시간이었는데, 이는 총 수업시간 3,432시간의 5.77%로 초등중학교와 별 차이가 없다. 그러다가 1955년도부터는 초급 및 고급중학교 전체시간의 12.7%에 해당하는 859시간이 체육관련 학과목에 배정되었다.[77]

이처럼 체육관련 과목시간이 늘어난 것은 정규 체육시간 외에 무용 등 집단체조와 관련한 시간도 포함되었기 때문인 것으로 여겨진다. 이 시기 인민학교와 중학교의 구체적인 체육교과 내용은 정보부족으로 알 수 없다.

이렇게 체육교육의 시간 배정은 대체로 주당 2시간에 불과하지만 총 수업시간중 체육시간이 차지하는 비중이 높은 것은 1956년 내각 명령 제14호에 따라 정규 수업시간 외에 체육교육에 할당된 시간이 포함되었기 때문이다. 즉 매주 1일 이상을 체육일로 정하거나, 매일 과외체육활동에 1~2시간을 배정하였기 때문이다.[78]

1954년부터 추진된 3개년 경제계획이 어느 정도 성과를 거두면서 전후 복구사업이 일단락되자, 북한 당국은 사회주의 경제체제의 기반을 마련하기 위해 1957년 제1차 5개년 경제계획을 단행했다. 이 계획에 필요한 기술자와 전문가의 양성이 긴급히 요구되었다.[79]

---

74) 김형찬, 앞의 책, 43쪽.

75) 교육도서출판사, 『해방후 10년간의 공화국인민교육의 발전』, 206쪽.

76) 위의 책, 209쪽.

77) 교육도서출판사, 『조선교육사』, 1961, 207쪽.

78) 『로동신문』, 1956년 3월 1일자.

79) 김선호, 앞의 글, 291쪽.

이같은 기술교육의 강화를 목표로 한 교과과정의 개편은 1959년 10월 28일 내각결정 제2호에 따라 이루어졌다.[80] 이때 체육수업에는 인민학교의 경우 이전처럼 주당 2시간을 배정했는데, 각 학년마다 보건 1시간을 추가했다.[81] 기술학교의 경우는 총 1,663시간중 170시간을 배정하여 체육시간이 10. 2%의 비중이 되었는데, 이는 총 9과목중 수학, 역사, 물리, 화학을 제외하고는 가장 높은 것이었다. 특히 고등기술학교의 경우는 총 1,250시간중 240시간이 체육에 배정되어 그 비중이 19.2%인데, 이는 총 11과목중 가장 높은 것이다.[82]

그런데 1962하년도에 와서 체육시간이 대폭 감소되었다. 기술학교의 총 수업시간 1,962시간중 64시간이 체육교과에 배정되어 그 비중이 3.26%인데, 이는 전 과목중 한문·음악을 제외하고는 가장 비중이 낮은 것이었다. 고등기술학교의 경우 총 949시간중 60시간만이 체육교과에 배정되어, 그 비중이 6.32%인데, 이 역시 한문·천문을 제외하면 비중이 가장 낮은 것이었다.[83]

이렇게 체육수업시간이 1962년에 와서 대폭 축소된 것은 인문적 교육보다는 기술과 노동연계 교육에 큰 비중을 둔 결과에서 비롯되었다. 당시 고등교육성 관리가 교육과 생산노동의 결합을 공고히 해야 한다[84]고 밝히고 있듯이, 기술학교에서 생산실습을 빙자한 건설노동을 실시한 것은 물론이고 인민학교에서조차도 노동교육을 학과목으로 배정할 정도였다.[85]

이처럼 학생의 노동력 동원 세노화가 이루어진 이래 최근까지도 모든 학생은 일정시간 노동에 동원되고 있다. 가령 인민학교 학생은 연간 2~4주, 고등중학교 학생은 4~8주, 고등선문학교 학생은 연간 10주, 대학생은 연간 12주 동안 의무적으로 노동에 참여해야 했다.[86]

한편 1962년 5월 3일 김일성은 청소년교양사업을 개선·강화하기 위한 내용의 교시를 발표했다.[87] 이 교시에 따라 학교체육의 교육내용에 많은 변화가 있었던 것으로 보이나,[88] 정보 부족으로 구체적 실상은 확인할 수 없다. 다만 김일성 교시 이후 채택된 1965년 2월 내각결정 제7호 '체육부문에서 체육사업을 전 인민적 운동으로 전개할 데

80) 허동찬, 앞의 글, 142쪽.
81) 장경표, 「남북한 초등(인민)학교 체육교육에 대한 비교연구」, 한양대 석사논문, 2000, 37쪽.
82) 허동찬, 앞의 글, 151쪽.
83) 위의 글, 147~148쪽.
84) 김형찬, 앞의 책, 39쪽.
85) 허동찬, 앞의 글, 144·153쪽.
86) 국토통일원, 『남북한 사회문화 현황』 66, 1985, 26쪽.
87) 『조선중앙년감』, 1963, 252쪽.
88) 『로동신문』, 1963년 10월 13일자.

대하여'[89]를 통해 대체적인 윤곽을 가늠할 수 있다.

이에 따르면 체육교육은 성별·연령별·학년별 및 심리적 특성에 맞게 개선하고, 이를 위해 체육교수요강과 그 과정안을 학생들의 신체 발육에 맞춰 개편하도록 했다. 또한 인민체력검정에 대한 각급 학교별 합격기준이 제시된 것으로 보아 체육교육에서 인민체력검정종목이 강화된 것으로 보인다.

이렇게 변화된 체육교육 내용에 학생들의 체력단련을 위한 육상·체조·수영 등 기본종목 및 구기종목과 함께, 민족체육·국방체육 등이 강화되었다. 특히 여학생들에게는 예술체조와 체육무용의 교육이 강조되었다.[90] 예술체조와 체육무용에 대해서는 신체를 유연하고 부드럽게 하며, 균형있는 신체를 발달시킨다고 규정하고 있다. 여기에다 체육무용의 경우 일정한 주제를 표현하는 것인데, 체육교육면만 아니라 사상교양적 측면에서도 중요한 의의를 가지는 것으로 정의되고 있다.[91]

교육과정은 1966년에 와서 재차 개정되었다. 이후 1971년에 와서도 의무교육을 확대하기 위한 논의가 진행되어 1977년부터 전국적으로 11년 의무교육제도가 확립되었다. 1983년에도 또 한 차례의 교육과정 개편이 이루어졌다. 이때 체육과 교육과정의 개편 내용은 다음과 같다.

인민학교의 체육교과[92]에는 전체 4개 학년 총 3,603시간중 학기당 2시간씩 모두 304시간이 배정되었다. 이는 약 8.44%의 비중으로 국어와 수학을 제외하면 가장 높은 수준이다. 특히 체육교과는 김일성 숭배교육·국어·수학·자연과 함께 시험과목으로 규정되어 있어, 그 위상은 시간비중에 비해 높다고 할 수 있다.

고등중학교의 경우[93]는 6개 학년중 3학년까지는 주당 2시간, 4~6학년은 주당 1시간이 배정되어 전체 6,626시간중 302시간이 배당되었다. 이는 약 4.56%의 비중인데, 김일성 사상교육·국어·수학·외국어·과학을 제외하면 가장 높은 수준이다.

1986년과 1996년에도 교육과정이 개정되었지만 큰 변화는 없었다. 체육시간도 이전과 거의 같은 수준인 4.6~4.7%를 유지했다.[94]

요컨대 전 교과과정에서 체육시간이 차지하고 있는 비중은 다른 과목에 비해 그다지 높은 것은 아니었다. 때로는 개편과정에서 비중이 낮아지기도 했다. 하지만 학생들은 학년이 올라갈수록 수업시간이 줄어든 만큼 생산노동에 참여해야 하는 이른바

89) 『로동신문』, 1965년 2월 26일자.

90) 『조선중앙년감』, 1963, 253쪽.

91) 이학래·김동선, 앞의 책, 397쪽.

92) 허동찬, 앞의 글, 155쪽.

93) 위의 글, 159쪽.

94) 김남주, 「남·북한 체육교육 비교분석을 통한 이질화 극복 방안」, 세종대 박사논문, 1999, 53~54쪽.

생산체육에 동원되었다. 게다가 정규 교육과정 외에 과외체육이나 국방체육 등에도 참여해야 했기 때문에 체육교과는 그만큼 큰 비중을 차지했다고 할 수 있다.

현 체육교육의 내용은 1977년 '사회주의교육에 관한 테제'에 근거하고 있는데, 그 내용은 이렇다.[95] 첫째 자연지리적 조건과 민족적 체질의 특성, 청소년학생들의 성별·나이·인체생리학적 요구에 맞춘다. 둘째 체계적으로 키를 크게 하고 골격을 균형적으로 발전시킨다. 셋째 국방체육을 강화한다. 넷째 체육을 대중화·생활화하여 광범한 학생들이 망라되는 집단적 체육활동을 일상적으로 진행한다. 다섯째 과외체육을 널리 조직하여 업간체조, 집단달리기, 집단체조, 체육내회를 비롯한 각종 체육활동을 전개하고, 각종 체육소조활동을 활발하게 벌임으로써 모든 학생들이 체력을 끊임없이 단련하며, 한 가지 이상의 체육기술을 갖도록 한다.

이같은 '사회주의교육에 관한 테제'에 기반한 인민학교의 구체적인 체육교육 내용을 보면 다음과 같다.[96]

첫째 기본운동으로 걷기와 달리기가 있다. 걷기에서는 보통걷기·발끝으로 걷기·보폭 넓혀 걷기·여러가지 팔 동작을 하며 걷기·무릎 높이들며 걷기를, 달리기에서는 25m 왕복달리기·트랙(200~300m) 달리기·개별 달리기·계주형식 달리기·장애물 달리기·집단 달리기 등을 실시한다. 특히 집단 달리기는 체력증진과 유일사상 고취를 위한 것인데, 붉은기 쟁취를 위한 혁명전적지 달리기, 김일성 원수님 배움의 천리길 이어달리기, 김일성 수령님께 드리는 충성의 편지 전달 이어달리기, 조국통일 달리기, 정일봉 달리기 등을 시행한다.

둘째 질서운동은 수업 시작과 끝날 때 3~5분간 실시하되 차려, 열중쉬엇, 행진과 정지, 제자리에서 방향 전환 등을 배우며, 고학년부터는 횡대 대형에서 대열 정돈의 증감과 행진간의 방향 전환 등을 시행한다.

셋째 던지기 운동은 모래주머니, 각종 공류, 모의 수류탄, 단봉 등을 이용하여 상급학년에서는 무게와 거리를 정하여 목표물에 정확히 던지기와 이동하는 목표 맞히기를 하며, 저학년에서는 정해진 자리에 정확히 던지기와 멀리 던지기 등을 실시한다.

넷째 오르내리기 운동인데, 고학년에서는 40도 사다리오르기, 가는봉오르기, 수직봉오르기를, 저학년에서는 낮은 철봉에 매달리기, 매달려 팔굽혀 펴기, 흔들기 등을 한다.

다섯째 계절운동으로 주로 수영이나 동계 종목을 시행한다. 저학년에서는 눈에서 활동하는 습관 익히기를, 고학년에서는 눈 썰매나 스키 타기를 배운다.

그 밖에도 해양체육보급 기간인 6~7월 동안 수영, 수구, 각종 배타기, 도강 훈련, 해상 수기 신호 등을 익히는 교과내용이 있는데, 모든 학생들이 1~2km 정도를 수영할

95) 『김일성저작집』 32, 조선로동당출판사, 1986, 389쪽.

96) 통일대비교육연구회, 『남북한 교육내용 비교 분석』, 1991, 135~139쪽.

수 있도록 규정하고 있다.

이와 함께 국방체육 차원에서 키크기 운동을 전개하는데, 매년 연간 계획을 세워 학생들의 키를 점검하여 일정한 목표에 도달할 때까지 지속적으로 집단체조, 달리기, 멀리뛰기, 높이뛰기, 철봉, 배구, 농구, 평행봉, 줄넘기, 수영 등을 집중 실시한다. 또 사격·수류탄던지기·모형 항공·화기 분해·독도법 등 국방체육 종목도 익히도록 한다. 물론 축구·농구·배구·탁구 등 구기종목만 아니라 활쏘기·그네뛰기·널뛰기 등 민족경기 종목도 교과내용에 포함되어 있다.

평가는 4학년 2학기에 1회 실시한다. 그 평가항목은 기능, 지식, 태도 등 신체적 능력이 일정한 기준에 도달했는가가 중점 평가 대상이다.[97] 그러다가 1984년 김정일이 전국 교육일군 열성자 회의에서 시험방법의 개선방향을 제시한 뒤 인민학교에서는 학기말 및 학년말 시험을 폐지했다.[98] 하지만 기술학교부터 대학까지의 각급 학교 입학시험과목에는 체육과목이 포함되어 있다.[99]

북한 학교체육의 핵심은 중등학교의 체육교육이다. 이는 10~16세에 해당하는 고등중학교 과정의 시기가 신체적으로 가장 발육이 왕성한 때인 면도 있지만, 학생들의 체력을 증진시켜 노동과 국방에 튼튼히 준비시키는 데 주안점을 두고 있는 상황과도 밀접한 관련이 있다. 이같은 중등학교의 체육교육 내용은 다음과 같다.[100]

중등과정에서는 체육교육을 통해 한 종목 이상 높은 운동 기능을 습득하고, 2개 종목 이상의 심판 능력을 배양하는 것 외에도 군중체육 발전을 위한 기초 능력을 강화하는 데 그 목표를 두고 있다. 달리기, 철봉, 평행봉, 링, 축구, 배구, 농구 등 각종 경기종목이 그 주된 교육내용이다. 물론 인민학교에서처럼 집단 달리기와 집단체조도 배우고 있다.

실제 교육내용은 지역마다 차이가 있다. 예컨대 최근 북한에서 귀순한 사람들의 증언[101]에 따르면 평양에서는 집단체조와 축구 위주이며, 집단체조는 연 4회 실시하는데, 3~4개월간 수업을 전폐한 채 연습하기도 한다고 한다. 신의주에서는 주로 달리기·탁구·철봉 차오르기·축구·농구·배구·씨름 등을 배우며, 여학생의 경우 무용을 배우기도 했다고 한다. 대개 한 시간에 2종목을 익히는데 여름철에는 신의주의 모든 고등중학교가 수영장을 보유하고 있기에 수영을 배우고 있다고 한다. 다만 집단체조는 배운 경험이 없다고 하는데, 이는 국가적 행사나 국경일을 기념하기 위한 행사가 주로

97) 이학래·김동선, 앞의 책, 123~124쪽.
98) 김남주, 앞의 글, 72쪽.
99) 조남훈, 앞의 책, 184쪽.
100) 김순교, 앞의 책, 71쪽.
101) 김남주, 앞의 글, 70쪽.

평양에서 열리기 때문일 것이다.

수업진행[102]은 학교내 조직되어 있는 종목의 운동부에 맞춰 그 종목 위주로 실시하되, 기초를 교육하기보다는 주로 학생들에게 공을 나눠주고 게임위주로 하고 있다. 평가[103]는 수업시간에 수시로 10점 만점에 5단계로 하지만, 점수화하지는 않는다.

한편 북한의 학교체육은 정규 교과과정에 따른 체육수업 외에 이루어지는 과외체육에 의해서 보다 활성화되어 있다. 과외체육은 정규 수업시간에 포함되어 있지 않지만 사실상 학교체육 수업의 연장이다.

과외체육은 체육의 대중화정책을 실현하고, 체육기술을 발전시키는 데 주안점을 둔 일종의 체육사업이지만, 근본적으로는 북한사회의 대중동원체제에서 비롯된 것이다. 나아가 사상적으로는 과외체육활동을 통해 공산주의 이념과 김일성 주체사상을 교육하고, 체육을 노동과 국방에 연계한다는 기본정책을 실현하는 주요한 수단으로 이용되고 있다.

과외체육은 1962년 5월 3일 청소년교양사업의 개선 강화에 대한 김일성의 교시가 있은 후 본격적으로 이루어졌다.[104] 교시에 따라 과외체육활동을 청소년학생들의 정서와 특성에 맞게 다양하게 진행하도록 정책 방향이 설정되었다.[105]

과외체육활동의 구체적 종목으로는 육상, 체조, 수영 등 기본적인 체력단련 종목 외에 각종 구기 및 민족체육 종목은 물론이고 국방체육 종목도 중요한 위치를 차지하고 있다. 기본체력단련 종목에는 철봉, 평행봉, 밧줄달리기 등만이 아니라, 혁명전적지 답사처럼 사상적 의지와 체력을 단련하는 종목도 포함되어 있다. 이는 북한에서의 교육이 사상·육체적으로 준비된 '혁명후비대'의 육성을 주요 목표로 하고 있는 것에서 기인한다. 그 결과 일반 체력단련 종목도 '공산주의적 인간' 양성과 국방체육이라는 관점에서 실시되고 있다.

또한 북한에서는 수영과 스키같은 겨울철 종목도 국방체육으로 인식되고 있다. 이런 사정은 김일성이 1973년 노동당 중앙위원회 비서국회의에서 사로청 체육사업의 역할과 임무에 대한 지시[106]에서 확인할 수 있다. 여기서 김일성은 강과 바다를 무서워해서는 적과 대적할 수 없다고 지적하면서 학교마다 수영장을 만들어 학생들에게 수영을 가르치도록 지시했다. 또 2차대전 당시 소련군의 사례를 인용하며 청소년들에게 스키훈련을 강화할 것을 지시했다.

102) 위의 글, 92~93쪽.

103) 위의 글, 73쪽.

104) 『조선중앙년감』, 1963, 253쪽.

105) 『로동신문』, 1962년 10월 14일자.

106) 『김일성저작집』 28, 1984, 220~226쪽.

이처럼 일반 체력단련 종목과 수영 및 스키같은 겨울철 경기종목들을 국방체육으로 인식하여 과외체육종목에 포함시켜 교육하고 있다. 게다가 방학기간을 이용하여 '등산대'나 '답사행군대'와 같은 행군훈련 외에도 야간행군 등 실제 군사훈련도 과외체육종목으로 실시하고 있다.

이와 같은 과외체육활동은 방학이나 과외시간을 이용하거나 매주 토요일을 체육의 날로 정하여 이루어지고 있다.

그러다가 1965년부터는 아예 내각결정 제7호에 따라 매일 1시간 이상의 과외체육활동을 보장할 것과 일요일 및 휴일에도 체육사업을 진행하도록 했다.[107] 나아가 체육구락부를 설치하여 과외체육활동도 실시하게 했다. 체육구락부에는 수많은 청소년학생들이 망라되어 해당 종목의 수업과 훈련을 공훈체육인, 체육명수, 유급 체육지도원, 체육전문가 등이 지도하고, 교수훈련에 필요한 체육시설과 기재들은 모두 국가에서 무료로 제공하고 있다.[108]

3) 체육교원 양성

북한 당국은 해방 직후부터 체육교사 양성에도 힘썼다.[109] 1947년 55명의 초급중학교 체육교사를 양성했다. 각 도에서도 단기양성소와 강습회 등을 개최하여 체육교사 등 수백 명의 체육지도자를 양성했다.

체육교사 양성은 교사들에 대한 재교육을 통해서도 이루어졌다. 1948년 체육무용강습회와 중앙교원강습회를 실시하여 150여 명의 교사들이 재교육을 받았으며, 방학기간에는 체육교원강습회, 수영강습회, 스키강습회 등을 개최하여 수백 명의 체육교사들을 재교육했다.

특히 교육성에서는 1949년 7월 5일부터 2개월에 걸쳐 남자 40명, 여자 20명의 중학교 체육교사에 대한 재교육을 실시했다. 이런 강습회에서는 당의 체육정책을 비롯하여 체육생리와 체육교수법을 교육했으며, 맨손체조, 기계체조, 각 구기종목에 대한 실기훈련을 실시했다. 또한 1949학년도부터 적용되는 교과과정과 새로운 교과서 채택에 대비하여 같은 해 7월 19일부터 5일간에 걸쳐 초급 및 고급중학교 체육교사 단기강습을 실시하고, 새 교재에 대한 교수법을 진행했다. 이들 교사들은 수료 후 각 지방에 내려가 지방교원을 강습하여 각급 학교의 체육교육 발전에 힘썼다.

6·25 전쟁 와중에 체육활동에 필요한 인적 자원이 부족해지자 체육교원 양성을

107) 『로동신문』, 1965년 2월 26일자.
108) 『조선중앙년감』, 1966-67, 245쪽.
109) 조남훈, 앞의 책, 75~76쪽.

위한 조치들도 마련되었다. 체육단체들은 교육기관과 연계하여 체육교사 양성을 위한 단기 강습회와 양성소 등을 운영했다.[110]

체육교사의 양성은 기존 체육교사들을 대상으로 한 단기강습 등을 통해 실시되었다. 가령 평양시 교육부에서는 1951년 7월 2일부터 체육교원 단기양성소를 설치하여 남자 30명, 여자 20명의 체육교사들을 재교육했다.[111] 교육내용은 노동당의 체육정책과 체육 교수법, 체육생리, 체육관리법, 맨손체조, 소년단체조, 청년체조, 산업체조와 기계체조, 각종 구기종목과 체육유희 등으로 구성되었다. 이 과정을 수료한 교사들은 9월부터 시내 각급 학교에 배치되었다.

교육성에서도 1952년 4월 신의주에서 각 도·시·군의 각급 학교, 생산직장 체육관계자들을 대상으로 한 중앙강습회를 실시했다.[112] 이 강습회에서는 전시체제에서의 체육사업의 의의와 학교체육교육의 방향, 학교체육교수 조직방법에 대한 강의와 학교별·학급별 체육요강해설, 각급 체육단체 조직 및 역할, 그 운영방법, 각종 체육무용 교재해설과 실기지도 등의 강의를 진행했다.

6·25 전쟁 이후 교육제도와 체육교육체제가 수립되면서 체육교사를 양성하는 체육교육기관이 설립되었다. 그 대표적인 교육기관으로 1953년 평양사범대학에는 체육학부가, 1956년 신의주교원대학에는 체육과가 다시 설치되었다.[113] 그러다가 1958년 3월 내각결정 제30호에 따라 평양사범대학의 체육학부와 신의주교원대학 체육학과를 통합하여 평양체육대학이 설립되었다.[114]

이어 1959년 2월 내각결정 제15호[115]에 따라 평양체육대학에 예과와 전문부를 두었다. 이와 함께 보통교육부문 체육보건원과 체육일군을 육성하기 위하여 3개월 과정의 재교육반을 설치·운영하도록 하고, 각 도에도 실정에 따라 도 소재지 또는 지구별로 단기 재교육을 실시하도록 했다.

1959년에는 중앙 단위의 간부양성소를 설치했는데, 5월 1일 내각 직속 체육지도위원회 산하에 설치한 체육간부양성소가 그것이다.[116] 중앙체육간부양성소에는 이론과 실기수준을 높이기 위한 재교육기관으로 관리간부반과 사범반이 설치되었다.[117] 이중 사범반은 초등 및 고급중학교 무자격 교원들을 대상으로 했다. 1959년에는 9곳의 도체

110) 위의 책, 116쪽.
111) 『로동신문』, 1951년 7월 18일자.
112) 조남훈, 앞의 책, 117쪽.
113) 위의 책, 151쪽.
114) 鄭慶謨·崔達坤 共編, 앞의 책, 2295쪽.
115) 위의 책, 2298~2299쪽
116) 『조선중앙년감』, 1957, 118쪽.
117) 조남훈, 앞의 책, 151쪽.

육간부양성소가 설치되어 체육교사의 재교육을 담당했다. 그 결과 1960년에는 2,925명의 체육교사를 비롯하여 많은 체육지도자들이 재교육을 받았다.[118]

4) 체육전문 교육기관

현재 전문체육 교육기관으로는 조선체육대학으로 불리는 평양체육대학을 비롯하여 중앙체육학원, 고등체육전문학교, 청소년체육구락부 등이 있다. 이들 전문체육교육기관은 각각 대학, 중등학제에 해당된다. 체육구락부는 정규 교육체계에 포함된 학교기관이 아니다. 하지만 체육구락부는 기초 체육교육기관으로서 체육교육을 담당하는 공식기관이라는 점에서 체육교육기관이라고 할 수 있다.

(1) 청소년체육구락부

내각 직속 체육지도위원회의 평양시 체육(스포츠)구락부를 비롯한,[119] 개성시 및 각 도 체육지도위원회와 체육협회가 설치 운영한 체육구락부가 있었다. 이들 체육구락부에서는 인민체력검정 제2급 이상에 합격한 청소년 학생들을 대상으로 2년간 매주 2회씩 체조·육상·농구·배구·권투·역도·레슬링·핸드볼·축구·사이클 등의 종목중 자신의 취미와 소질에 맞는 전공과목을 이수케 했다. 그리고 공통과목으로 인민체력검정종목과 체육행사 조직법, 체육위생 등의 수업을 받게 했다. 전 과정을 수료하면 성적에 따라 체육선수등급제에 의해 제2급 선수 이상의 유급선수 자격 또는 시·군 심판원의 자격을 부여했다.[120]

이들 체육구락부는 1958년 내각결정 제30호에 따라 청소년스포츠학교로 개편되어 평양·개성시와 각 도 소재지 그리고 각 체육협회에 설치되었다.[121] 청소년스포츠학교는 1959년 내각결정 제15호에 따라 시·군 소재지와 각 직장단위까지 확대·설치되었다.[122] 그 결과 1960년에는 전국 150개 청소년스포츠학교에서 2만 8,110여 명이 체계적인 훈련을 받았다.[123]

이같은 청소년스포츠학교는 1965년 2월 내각결정 제7호에 따라 그 명칭이 다시 청소년체육구락부로 바뀌었다. 청소년체육구락부는 선수등급 1급과 2급에 이를 수 있도록

---

118) 『조선중앙연감』, 1961, 231쪽.

119) 『로동신문』, 1964년 1월 11일자.

120) 조남훈, 앞의 책, 130~131쪽.

121) 鄭慶謨·崔達坤 共編, 앞의 책, 2295쪽.

122) 위의 책, 2297쪽.

123) 『조선중앙년감』, 1961, 231쪽; 조남훈, 앞의 책, 152쪽.

학생들의 교수훈련을 진행했다.[124] 그 교육시간은 연간 500시간에 이른다.

청소년체육구락부의 종류로는 대체로 일반 체육구락부와 해양체육구락부, 그리고 1967년 9월 각 도마다 3~5개씩 설치된 국방체육구락부 등이 있다. 일반 체육구락부는 해당 시(구역)·군 인민위원회의 소속인데, 도(직할시) 인민위원회와 체육위원회의 지도와 감독을 받는다.[125] 1972년 체육구락부는 지방실정에 따라 종목을 재조정하고 1회당 2시간씩 매주 5회, 일요일 4시간 동안 운영했다.[126] 구락부생들의 교수훈련은 공훈체육인, 체육명수, 유급 체육지도원, 체육전문가들이 담당하며, 필요한 체육시설과 기재들은 모두 국가가 무료로 제공한다.[127]

이같은 청소년체육구락부는 정규 체육교육기관은 아니지만 학생들의 과외체육활동의 중심기구로서 시·군(구역)에 1개씩 설치되어 있는 체육회관을 중심으로 운영되고 있다.[128] 시·군(구역) 체육구락부의 업무는 다음과 같다.[129]

우선은 구락부생들에게 당과 정부의 체육정책을 해설 선전하며, 이들을 체육활동에 참여하게 하는 동시에 각종 체육에 대한 규칙·규정과 실시 방법들을 해설 침투시키는 사업을 조직한다. 다음으로 해당 지역내에서 체육행사를 전담한다. 종합경기대회, 종목별 경기대회에 대한 계획을 작성하여 해당 시(구역)·군 인민위원회의 승인을 받아 진행한다. 그리고 체육기술 발전을 위한 토론회, 경험교환회, 강습회 등을 조직하여 진행한다.

(2) 중앙체육학원 및 고등체육전문학교

중앙체육학원은 8년제 초급 체육전문 교육기관으로 1977년 2월 당 중앙위원회 비서국회의의 결정에 따라 남포체육촌에 세워졌으며, 우수한 체육특기를 가진 인민학교 학생들이 입학하여 중등 일반교육과 함께 체육교수훈련을 받는다.[130] 이 학교에서는 개인의 소질에 따라 축구, 농구, 배구, 탁구, 핸드볼, 육상, 체조, 권투, 유도, 레슬링, 수영, 빙상, 수구, 아이스하키 등 17개 종목을 훈련시켰다.[131]

고등체육전문학교는 1965년 2월 내각결정 7호 '체육사업을 전 인민적 운동으로 전개

---

124) 『로동신문』, 1958년 7월 2일자.
125) 이학래·김동선, 앞의 책, 183쪽.
126) 『조선중앙년감』, 1973, 276쪽.
127) 『조선중앙년감』, 1966-67, 245쪽.
128) 이학래·김동선, 앞의 책, 183쪽.
129) 김순교, 「북한의 체육현황 조사 연구」, 국토통일원 조사연구실, 1982, 37쪽.
130) 조남훈, 앞의 책, 334쪽.
131) 『내외통신』, 1978년 3월 20일자.

할 데 대하여'에 따라 동해안과 서해안에 세워졌다.[132] 이어 1971년 12월 22일 내각결정 제176호가 채택되어,[133] 다음 해부터 각 도마다 고등체육전문학교가 설립되었는데, 현재의 해주·신의주·김책 체육학원 등이 그 대표적인 학교이다.[134]

1973년 김일성이 조선로동당 중앙위원회 비서국회의에서 '각 도의 고등체육전문학교 졸업생들 중 발전 가능성이 높은 학생들을 대표선수로 육성할 것'을 지시[135]했듯이, 이들 학교는 엘리트선수들을 배출하는 주요 교육기관이다. 예컨대 해주 고등체육전문학교에서는 매년 4·25체육선수단이나 압록강 체육선수단과 같은 최고의 전문체육선수단에 진출시켰는데, 1986년에는 그 수가 무려 70여 명에 이를 정도였다.[136]

고등체육전문학교에는 3년제 전문반과 6년제 중등반이 있는데, 공통과목으로는 사회정치강좌·어문강좌·자연기초강좌·체육이론강좌가 있으며, 학교 특성에 따라 7~10개 전공과목강좌 등이 있었다. 그러다가 1988년 1월 3년제 대학반을 두면서, 체육학원으로 개편되었다.[137]

(3) 평양체육대학

현재 조선체육대학으로 불리는 평양체육대학은 평양사범대학의 체육학부와 신의주교원대학의 체육학과를 통합하여 설립되었다. 평양체육대학은 김책공대와 평양외국어대처럼 분야별 전문인력을 양성하기 위해 설립되었는데, 북한의 3대 명문 특수대학으로 손꼽힌다.[138]

1958년 3월 19일 내각결정 제30호에 따라 평양사범대학 체육학부와 신의주교원대학 체육과를 통합하여 같은 해 9월 1일 4년제 대학으로 설립되었다. 설립목적은 체육 및 스포츠의 보급 확대와 체육지도자 양성, 그리고 스포츠 영재교육 실시 등이다. 1959년 2월 27일 내각결정 제15호에 따라 1959~60학년도부터 예과와 전문부를 두었다. 이같은 평양체육대학은 1993년 11개 체육대학이 새로 세워지기까지[139] 유일한 체육대학으로서 우수선수는 물론 고급 체육지도자들을 배출해 왔다.

평양체육대학의 입학자격은 어려서부터 체육분야에 탁월한 능력이 있어야 할 뿐만

---

132) 조남훈, 앞의 책, 184쪽.

133) 위의 책, 271쪽.

134) 『로동신문』, 1991년 12월 24일자; 『조선중앙년감』, 1973, 276쪽.

135) 『김일성저작집』 28, 1984, 226쪽.

136) 『로동신문』, 1987년 7월 15일자.

137) 조남훈, 앞의 책, 333쪽.

138) 이학래·김동선, 앞의 책, 181~182쪽.

139) 『로동신문』, 1993년 9월 3일자.

아니라 출신 성분과 개인적인 당성도 뛰어나야 한다. 대개는 인민학교 졸업 후 곧바로 예과에 입학하지만, 고등중학교를 졸업한 후에도 입학하는 경우도 있다. 입학을 하면 3년 과정의 예과 및 전문부 3년 과정을 거쳐 학부에 진학하여 4년간의 교육을 받는다. 이 4년 과정을 가리켜 평양체육대학이라 하고, 전문부 3년 과정은 흔히 평양체육학원이라고 한다.[140]

주요 교과목은 체육이론, 운동해부학, 체육생리학, 운동역학, 체육의료학 등 기초 체육이론과 각종 실기과목으로 구성되어 있다. 다른 대학과 달리 졸업과 동시에 체육기사 자격을 받는데, 이들에게는 지도원(코치)과 교사 자격증도 수어져 체육현장에 배치된다.

3. 군중체육행정

군중체육은 남한의 생활체육에 해당되는데, 그 실제내용은 사뭇 다르다. 생활체육은 본래 서구에서 등장한 평생체육(Sport for Lifetime), 모든 사람을 위한 체육(Sport for All)의 개념에서 출발한다. 즉 모든 사람이 성·연령·계층·인종·종교에 구애됨이 없이 체육활동에 참여함으로써 건강을 증진하고, 삶의 질을 향상할 수 있도록 해야 한다는 복지정책의 일환으로 비롯된 것이다.[141]

따라서 생활체육은 국민의 건강, 후생, 복지 향상을 목적으로 모든 사회구성원이 학교체육 활동 이외의 체육, 스포츠, 레크리에이션 등에 참여하는 신체활동 위주의 창조적인 여가활동이라 할 수 있다.[142]

북한은 정부 수립 이후 체육정책의 기본 목표를 대중화에 두었다. 김일성은 1946년 전국체육인 대회에서 이전 시기 체육이 특권계급의 유흥거리나 선수 위주로 이루어졌거나 일제 식민통치에 복무했다고 비판했다. 이어 체육은 이제 기존 선수 위주로 전개된 것에서 벗어나고, 소수의 사람들만을 위한 유흥거리가 되어서도 안된다고 강조했다.[143]

이로 보아 북한에서도 생활체육을 지향한다고 할 수 있다. 하지만 김일성은 이 대회에서 체육의 목적이 사회주의·공산주의사회 건설과 조선혁명에 복무하는 데 있다고 밝혔다. 결국 체육은 사회주의 사회의 기초가 되는 생산증대와 함께, 한반도의 완전한 사회주의 혁명 달성에 필요한 모든 인민의 강건한 육체를 이루는 수단이 되어야 하는

140) 이학래, 『북한체육사 연구』, 민족통일체육연구원, 2004, 120쪽.

141) 문화관광부, 『2002 체육백서』, 2002, 23쪽.

142) 이학래·김동선, 앞의 책, 153쪽.

143) 『김일성저작집』 2, 1979, 467~468쪽.

것이었다. 때문에 북한에서의 체육활동은 노동과 국방에 연계된 생산체육, 국방체육을 중심으로 행해질 수 밖에 없었다.

따라서 군중체육은 현재 '모든 군중이 다 참가할 수 있는 체육'으로 정의되고, 그 목표는 '체육을 대중화하고 근로자들의 체력을 더욱 증진시키며 인민들을 로동과 국방에 튼튼히 준비시키는 것'에 두어졌다.[144] 그리고 김일성 유일지배체제가 확립됨에 따라 집단달리기와 집단체조 등 대규모 군중동원이 가능한 체육활동이 강조되었음은 물론이고 김일성과 조선로동당의 정책이념을 교육하는 수단으로 행해지기도 한다.

한마디로 군중체육은 개인의 건강증진과 여가활용, 삶의 질 향상이라는 생활체육의 본질적 측면보다는 집단주의 원리를 기반으로 전 주민을 사회주의 건설 및 혁명의 완성에 복무시키기 위해 육체적으로 준비시키기 위한 정치사업의 일종이라고 할 수 있다.

1) 군중체육조직

김일성은 1945년 12월 17일과 18일 열린 '조선공산당 북조선분국 제3차 확대집행위원회'에서 당의 당면과제를 '북조선을 발전된 사회주의사회 건설을 위한 강력한 정치·경제·문화적 민주기지로 만드는 것에 있다'고 주장했다.[145]

이에 따라 북한 주민은 모두 경제활동에 반드시 참여해야 했다. 이런 상황에서 노동과 연계되지 않는 '개인주의적이고 부르죠아적인 유흥'은 용납될 수 없었다. 모든 인민의 신체적 단련과 건강증진을 위한 체육활동도 생산 및 노동활동과 결부되어야 했다. 때문에 체육조직도 각 생산기관을 중심으로 조직되기에 이르렀다.

1947년 조선체육위원회 설립 이후 직업동맹 산하의 30명 이상 직장에서는 자체의 체육단을, 그 미만 직장은 2개 이상을 묶거나 큰 직장단위에 통합하여 체육단을 조직했다. 이들 체육단에는 경기종목별 부를 두었다. 농촌에서도 농촌구락부의 한 부분으로 체육단을 조직하되, 각종 경기부를 설치했다. 또한 로동당의 외곽조직인 민청을 중심으로 체육운동회를 조직하여 종목별로 반을 두었다.[146] 정부기관과 군대 내에도 체육단을 설치했다. 가령 1947년 9월 19일 내무국 산하에 체육단을 조직하고, 1949년 3월 25일에는 민족보위성에 체육중대를 설치했다.[147]

이렇게 직장 및 직능단위, 그리고 정부기관과 군사조직 등에 체육단이 설치되었다.

144) 『조선문화어사전』, 사회과학출판사, 1973, 91쪽.
145) 스칼라피노·이정식, 앞의 책, 430쪽.
146) 조남훈, 앞의 책, 69쪽.
147) 위의 책, 77쪽.

그 결과 1947년 4,100여 개의 체육단·체육소조(체육써클)과 그 구성원 18만여 명이,[148] 1949년 말에는 11,300여 개의 체육단과 그 구성원이 77만여 명[149]으로 늘어났다. 이런 큰 증가세는 외형상 체육의 대중화정책을 관철할 수 있는 조직 기반이 마련되었음을 의미한다.

1955년 5월에 와서는 기존 부문·직종별 체육지도위원회 또는 체육단체들이 체육협회로 개편되었다. 즉 인민군체육협회, 내무원체육협회, 교통일군체육협회, 직맹체육협회, 학생체육협회 등과 건설자체육협회를 비롯한 금속, 기계, 석탄 등 7개 산업별 체육협회가 조직되었다.[150] 이처럼 체육단체들이 체육협회로 개편된 것은 해당 단위의 체육사업을 대중적으로 발전시키고 통일적으로 지도하기 위해서였다.

그런데 1959년 2월 내각결정 제15호 '군중체육사업을 발전시키며 스포츠기술수준을 제고할 데 대하여'가 채택되면서 체육협회는 사회부문별 협회를 개편하여 그 산하에 기존 종목별 분과위원회를 종목별 협회로 개편하기 시작했다.[151] 먼저 부문별 협회를 구성하기 위한 회의가 같은 해 3월부터 6월까지 진행되었다.

이로써 기존 직맹부문 협회는 '강철체육협회'로 개편되었는데, 5월 초순 무렵에는 초급 체육단체 조직 정비사업이 마무리되어 각 도·시 위원회들이 구성되었다.[152] 그리고 농업부문이 '풍년체육협회'로 개편되어 5월 초에는 각 지역별로 대상자의 60~93%가 초급 체육단체에 속하게 되었다.[153] 학교부문협회는 '천리마체육협회'로 개편되어 1959년 4월부터 6월까지 3,300여 개의 초급 체육단체들이 조직되었으며, 9월 23일에 창립대회를 열었다.[154] 이 밖에 교통운수부문은 '기관차'로, 인민군부문은 '2.8'로, 내무부문은 '번개'로 개편 정비되었다.

이들 부문별 체육협회는 경기대회의 조직과 집행 등을 위해 종목별 협회를 그 산하에 두었다. 종목별 협회는 위원들과 경기지도원, 심판원, 경기대회 요원들의 역할을 높이며 군중적 체육활동을 보장하기 위해 1년에 20일씩 체육지도위원회의 계획에 따라 체육사업에 참가하도록 했다.[155]

이같은 조치로 1957년 8,694개의 체육단체에 61만 4,838명이, 1958년에는 8,639개의 초급 체육단체에 110만 9,487명이, 1959년에는 1만 3,124개의 초급체육단체에 250만여

148) 위의 책, 85쪽.
149) 『조선중앙년감』, 1952, 393쪽.
150) 조남훈, 앞의 책, 129쪽.
151) 『로동신문』, 1959년 2월 27일자.
152) 『로동신문』, 1959년 6월 11일자.
153) 『로동신문』, 1959년 5월 5일자.
154) 『평양신문』, 1959년 9월 24일자.
155) 『조선중앙년감』, 1958, 150쪽; 1959, 228쪽; 1961, 231쪽; 조남훈, 앞의 책, 149쪽.

명이 망라될 정도로 외형적 성장을 이루었다.

군중체육의 발전 방안을 주 내용으로 한 1959년 2월 내각결정 제15호는 생산, 건설, 그리고 사무 직장과 농업협동조합을 비롯한 모든 주민지구에 체육단을 조직하도록 했다. 이에 따라 군중체육사업을 진행할 기본적인 초급 체육단체들이 조직되었다. 이어 1965년 2월 19일 내각결정 제7호 '체육사업을 전 인민적 운동으로 전개할 데 대하여'가 채택되면서 군중체육조직의 지도체계도 개편되었다.[156]

이에 따르면 각급 학교의 체육사업은 고등교육성과 보통교육성이, 직장 체육사업은 직총 중앙위원회가, 농촌체육사업은 농업근로자동맹 중앙위원회가, 청소년의 체육사업은 사회주의로동청년동맹 중앙위원회가 그 책임을 맡게 되었다. 그리고 경제부문별 체육협회를 해산하고 리(읍, 로동자구), 기관, 기업소, 협동단체, 학교마다 체육위원회를 조직함과 동시에 시(구역)·군 체육지도위원회와 공장·기업소의 체육지도원들의 역할을 제고하도록 했다.

이후 각급 학교의 체육소조 조직을 강화하여 일, 주, 월별 계획에 따라 체육훈련을 하도록 했다.[157] 그리고 직장별, 직능별 등 모든 단위의 체육소조와 종목별 소조의 책임과 역할을 높이고,[158] 규모가 큰 공장, 기업소는 직장 단위로, 협동농장은 작업반 단위로, 대학은 학부 단위로 체육소조를 조직하여 운영하기 시작했다.[159]

그러다가 김일성이 1971년 12월 7일 이른바 체육의 왕국을 이루자는 체육 전민화방침을 제시[160]하면서 군중체육이 보다 활성화되었다. 이는 1969년 닉슨 독트린과 미국과 중국의 수교로 대표되는 1960년대 말 이래 조성된 세계의 데탕트정세와 1971년부터 시작된 남북대화 분위기에 따른 조치였다.

이와 같은 대내외 정세변화에 따라 국제 스포츠교류를 염두에 둔 군중체육의 활성화가 체육사업의 주요한 목표로 제시되었다. 물론 군중체육사업에서도 여전히 김일성 유일사상을 사상적 기반으로 한 생산 및 국방체육 강화가 가장 중요한 정책적 지향점이었다.

이러한 체육 전민화방침의 목적은 다음의 글에서 단적으로 드러난다.

> 체육을 전민화하는 것은 인민들의 체력을 건전하게 하며 나라를 부강하게 하는 데서 매우 중요한 의의를 가진다. 체육을 전민화하여야만 근로자들의 건강을 증진시켜 그들이 언제나 명랑하고 활기있고 행복하게 생활할 수 있으며 건장하고 튼튼한 몸을 가지고 로동과

156) 『로동신문』, 1965년 2월 26일자.
157) 조남훈, 앞의 책, 209쪽.
158) 『로동신문』, 1968년 10월 13일자.
159) 『조선중앙년감』, 1972, 347쪽.
160) 『조선중앙년감』, 1973, 274쪽; 『로동신문』, 1972년 10월 8일자.

국방에 적극 참가할 수 있다. 체육을 전민화하고 체육기술을 발전시키는 것은 또한 다른 나라의 인민들과의 친선단결을 강화하며 나라의 대외적 위신을 높이는 데서도 중요한 역할을 한다. …체육의 전민화 방침을 관철하는 데서 가장 중요한 것은 체육인들과 전체 인민들이 수령님의 위대한 혁명사상, 체육사상으로 튼튼히 무장하는 것이다.[161]

이같은 체육전민화 방침을 추진하기 위한 조직사업으로 각급 학교와 공장, 기업소, 협동농장의 체육소조 활동을 강화하는 동시에 도·시·군 체육회관 및 체육구락부들의 역할을 높여 군중체육의 활성화와 함께 발전 가능성이 있는 선수들을 체계적으로 양성하도록 했다.[162]

2) 군중체육프로그램

1947년 1월 출범한 '북조선체육위원회'는 각 도와 시마다 각종 체육구락부를 조직·운영하도록 하고, 직장과 농촌 실정에 맞게 노동시간 외에 매일 20분 정도의 인민보건체조를 하도록 했다.[163] 특히 민청의 경우 이른바 민청체조를 보급하는 역할을 맡기도 했다.[164] 이어 1948년 7월 8일 인민위원회 교육국 명령 제8호 '인민체력검정에 관한 규정'을 제정하여[165] 인민체력검정을 시작했다. 이로써 인민체력검정 종목이 본격적으로 보급되기에 이르렀다.

검정종목은 기본검정종목과 특수검정종목으로 구성되어 있다.[166] 기본검정종목에는 남녀 100미터 달리기, 넓이뛰기, 단봉던지기, 남자 1,000미터 달리기, 여자 500미터 달리기가 있었다. 그 밖에도 남자만 검증받는 20kg(17세 이하)과 30kg의 물건을 어깨위로 세 번 들어올린 후 50미터를 시간제한 없이 운반하는 들힘과 운반힘, 현수가 있었다. 여자의 엎드려팔굽혀펴기 종목도 있었다. 특수검정종목에는 수영 및 강행군 등이 있었다.

일반 경기종목 프로그램의 보급은 각 체육단이나 체육구락부 등을 통해 이루어졌다. 예컨대 흥남의 화학공장에서는 씨름, 그네, 배구를 비롯하여 높이뛰기, 넓이뛰기, 창던지기, 역도, 권투 등의 종목을 보급시켰고, 작업장별로 대항경기를 자주 조직하기도 했다. 이같은 조치로 육상, 체조, 축구, 농구, 배구, 탁구, 정구, 야구 등 구기종목과

161) 『로동신문』, 1972년 10월 8일자.
162) 『로동신문』, 1973년 10월 14일자; 1974년 10월 13일자.
163) 조남훈, 앞의 책, 68쪽.
164) 위의 책, 85쪽.
165) 김문관, 『인민체력검정지도서』, 내각체육지도위원회, 1956, 2쪽.
166) 이학래, 앞의 책, 65쪽.

수영, 씨름, 권투, 역도, 레슬링, 빙상경기, 사이클, 등산 등의 종목이 본격적으로 보급되기 시작했다. 또한 정권 외곽조직을 이용하기도 했는데, 가령 1946년 11월에는 민청조직은 주로 축구 보급에 치중했다.[167)]

이같은 군중체육프로그램 보급 외에도 특정한 날을 지정하여 각종 스포츠경기대회나 체육행사를 개최하여 경기종목을 보급하기도 했다. 1949년 8월 2일 내각결정으로 매년 10월 둘째 일요일을 체육절로 제정한 것이 바로 그 대표적인 사례이다.[168)] 체육절은 첫째 체육을 통하여 인민들을 노동과 국방에 준비하게 하며, 둘째 건전한 체위와 무한한 애국심과 '고도로 발전하는 체육문화'를 과시하여 국가홍보 수단을 삼고, 셋째 인민들과 청년들에게 체육교양을 더욱 광범위하게 실시할 목적으로 제정되었다.

군중체육프로그램의 보급에 대한 기본적인 방향은 대략 1959년의 내각결정 제15호 '군중체육사업을 발전시키며 스포츠기술수준을 제고할 데 대하여'에서 제시되었다.[169)] 이에 따르면 학교는 물론 생산, 건설 및 사무 직장과 농업협동조합을 비롯한 모든 주민지구에 체육단(체육소조)을 조직하여, 여기서 기본종목인 체조, 육상, 수영과 스키를 대중화하는 사업을 전개하도록 했다.

이후 1965년 2월 내각결정 제7호에 따라 달리기, 높이뛰기, 던지기, 마라톤 등을 보급하여 그 기량을 발전시키며 체조, 수영, 스키, 스케이트, 사격, 민족경기와 각종 구기 등의 종목을 널리 보급하게 했다. 그리고 아직 보급이 미흡한 배드민턴, 야구, 하키, 요트, 조정, 유도, 검도, 승마 등을 적극 장려했다.[170)]

한편 1960년부터는 7~8월 수영보급월간사업을 실시하여 수영, 수중유희, 강건너기, 수구, 조정경기 등 하계 스포츠종목의 보급에 힘썼다.[171)] 이 사업은 1971년 '7~8월 해양체육월간'으로 바뀌어 실시해오고 있다.[172)] 겨울철 스포츠종목의 보급 조치는 이미 1950년대 중반부터 추진되었다.[173)] 겨울철 체육사업은 각급 체육지도기관은 물론 각 시(구역)·군 인민위원회 등 지방정권기관들이 주관하여 실시했다.[174)]

동계 스포츠종목의 보급을 위한 본격적인 조치는 1970년대 들어서 '겨울철 체육사업'으로 나타났다.[175)] 이 사업이 시작되는 12월이면 전국의 각 시(구역)·군 단위로 일제히

167) 조남훈, 앞의 책, 85~86쪽.
168) 『조선중앙년감』, 1952, 393쪽.
169) 『로동신문』, 1959년 2월 27일자.
170) 『로동신문』, 1961년 10월 8일자; 1963년 10월 13일자; 1964년 10월 11일자.
171) 『로동신문』, 1962년 7월 3일자.
172) 조남훈, 앞의 책, 313쪽.
173) 『로동신문』, 1954년 12월 17일·22일자.
174) 『로동신문』, 1964년 12월 20일자.
175) 『로동신문』, 1971년 12월 18일자.

개막식을 갖고, 스키·스케이트와 같은 동계 스포츠종목은 물론 아침체조, 집단달리기와 눈길행군 등을 비롯한 국방체육, 생산체육, 탁구, 농구, 배구 등 일반 스포츠종목도 실시했다.

그러다가 해양체육월간사업은 1980년대 이후 그 성격이 변화하게 되는데, 해양 스포츠종목 보급에 보다 치중하게 되었다. 이전에는 수영, 수구, 배타기경기 등 기본적인 종목 등의 경기대회 외에 해양집단체조 및 국방체육과 결부된 행사와 수산업관련 문화행사[176]가 주를 이루었다.

반면에 1980년대에 와서는 집단수영경기나 대동강처럼 폭이 넓은 강을 건너는 도하경기 등 장거리 수영경기, 각종 장애물수영경기, 수상스키 등이 실시되었을 뿐만 아니라,[177] 평양과 원산, 남포 등지에서는 해양체육경기들이 개최되기도 했다.[178] 더구나 1990년대에는 사업기간 동안 경기대회는 물론이고 레저활동이 이루어지기도 했다.[179]

겨울철 체육월간사업은 해양체육월간사업보다 10여 년이나 늦은 1982년 4월 30일부터 본격적으로 시행되었다.[180] 겨울철 체육월간은 1984년부터는 특히 청소년 학생들을 '주체형의 공산주의 혁명가'로 키우기 위한 목적으로 실시되어야 한다고 강조되기 시작했다.[181]

그 결과 청소년 학생들에겐 강인한 의지 외에 사상의식을 높이는 수단으로 눈길행군이 보다 강화되었다. 가령 '답사행군대'를 조직하여 '혁명유적지'를 답사하게 하거나 '배움의 천리길'을 따라 걷는 겨울철 집단행군을 실시하게 했다.[182] 게다가 1989년 8월 김정일이 태어났다는 백두산의 이른바 '정일봉'에 오르는 '정일봉 달리기'가 실시[183]된 이후, 이를 겨울철 체육월간사업의 일환으로 진행하여 김정일에 대한 충성의식과 주체사상을 고취하는 수단으로 실시해 왔다.[184]

이후 겨울철 체육월간에서도 일정한 변화가 나타났다. 1992년부터는 개막식 식후행사로 피겨나 아이스하키, 스피드스케이트 등의 시범경기를 하는 등[185]이 그 단적인 사례일 것이다. 여기에다 기존 달리기, 축구 등 하계종목들이 제외되는 대신 '정일봉

---

176) 『로동신문』, 1972년 7월 3일자.
177) 『로동신문』, 1989년 7월 26일자; 1991년 7월 8일·11일자
178) 『로동신문』, 1981년 7월 7일자; 1987년 7월 10일자.
179) 『로동신문』, 1997년 8월 7일자.
180) 조남훈, 앞의 책, 313쪽.
181) 『로동신문』, 1984년 1월 9일자.
182) 『로동신문』, 1989년 1월 30일자; 1991년 1월 16일자.
183) 조남훈, 앞의 책, 309쪽.
184) 『로동신문』, 1992년 1월 6일자.
185) 『로동신문』, 1992년 1월 6일자; 1993년 1월 7일자.

달리기'나 태권도 등이 새롭게 등장하고 점차 동계 스포츠종목을 중심으로 진행되었다.[186]

물론 사업 실시 초기부터 동계 스포츠종목에 필요한 시설과 기구는 제대로 갖추지 못했다. 때문에 자체적으로 시설 및 장비를 해결할 수 밖에 없었다. 스케이트장의 경우 논과 밭에다 조성하는 정도에 지나지 않았다.[187] 장비도 고철을 수집하여 스케이트를 만들거나 나무로 스키를 마련하기도 했다.[188]

예컨대 혜산진중학교에서는 250m 주로의 스케이트장을 자체적으로 설치한 것을 비롯하여, 450여 개의 스케이트, 250여 개의 스키를 자체 제작하기도 했다.[189] 삼지연스키장과 부전호수의 빙상경기장 등과 같은 대표적인 시설들도 사업 초기에는 기본적인 시설만 갖추고 있었을 뿐이었다.

4. 체육전문인력 양성 및 스포츠과학

1) 우수선수

1947년부터 실시된 인민체력검정사업은 우수선수의 선발제도와 밀접하게 관련되어 있다. 인민체력검정사업에는 중량들기, 등반봉 오르기, 수류탄 던지기 등 국방체육과 연관된 종목도 포함되어 있지만, 달리기, 높이뛰기, 팔굽혀펴기 등 각종 경기종목에서 요구되는 기초체력을 측정할 수 있는 종목들이 대부분 포함되어 있다. 때문에 인민체력검정사업은 체육의 대중화정책에 기반하여 일반 대중 속에서 우수한 선수를 폭넓게 발굴하자는 의도에도 잘 부합되는 제도이다.

1954년 6월 23일 내각 직속 체육지도위원회의 출범과 동시에, 선수등급제를 실시했다.[190] 이어 같은 해 8월 3일 채택된 '공화국 체육사업 발전을 위한 안'[191]에 따라 1955년 2월부터 5월까지 3개월 동안 도-시·군-리 단계별로 각 대표선수를 선발하도록 했다. 바로 이 선발제도가 인민체력검정사업과 연계되었다.

1955년 '인민체력검정에 관한 규정'을 개정하여 소년급, 제2급, 제1급의 3단계로 구분하고, '스포츠선수 등급제에 관한 규정'을 채택하여 공화국체육명수, 제1급~제3급, 그

186) 『로동신문』, 1992년 1월 6일자; 1993년 1월 7일자; 1997년 1월 8일자.
187) 『로동신문』, 1958년 11월 2일자.
188) 『로동신문』, 1960년 12월 18일자.
189) 『로동신문』, 1959년 12월 14일자.
190) 『조선중앙년감』, 1954-55, 465쪽.
191) 『로동신문』, 1954년 9월 15일자.

리고 청소년 제1급~제2급을 두었다.[192] 체육명수는 인민체력검정 제1급중 성적이 우수한 자, 제1급과 제2급은 인민체력검정 제1급에, 제3급과 청소년 제1급은 인민체력검정 2급에, 청소년 제2급은 인민체력검정 소년급에 각각 합격한 자이다.[193] 이로써 전문체육선수의 기본적인 선발 육성 제도가 마련되었다.

전문체육선수의 본격적인 양성은 1958년 3월 19일 내각 결정 제30호 '체육 및 스포츠 보급과 체육간부 양성 사업을 개선할 것에 관하여'[194]가 채택되면서 추진되었다. 즉 스포츠선수 등급소유자 확대 대책을 강구하게 함은 물론, 선수육성을 위한 조치로 스포츠구락부를 청소년스포츠학교로 개편하되 각 체육협회는 같은 해 4월 말까지, 각 도는 7월 말까지 그 시한을 정했다.

이와 같은 청소년들의 집중적인 육성방침은 바로 우수선수의 발굴과 육성에 큰 효과를 볼 수 있는 것이었다. 그것은 청소년기는 신체적으로 성장이 왕성하여 교육·훈련의 성과가 뛰어나기 때문이다. 따라서 우수선수를 육성하는 데 있어 학교체육에도 역점을 둘 수 밖에 없었다. 예컨대 1960년대 초 평안남도 용강고등경제학교에서 학생들의 육상기술을 제고하기 위한 조치를 취했는데, 과외체육활동을 아예 일과표에 포함시켜 학급별로 매일 2시간씩 훈련을, 주마다 반별 경기를, 월 1회 교내경기를 진행시켰다. 그 결과 1961년 2·3급 선수 7명, 1962년 1급 선수 5명 등 총 103명의 유급선수를 배출했다.[195]

이러한 성공사례에 따라 유치원과 인민학교 과정에서 체육에 소질이 있는 어린이를 조기 선발하여 교육하고, 고등중학교 및 체육전문학교 과정의 청소년들에겐 매년 각종 청소년체육대회에 참가하게 하여 우수한 신인선수의 발굴을 제도화했다.[196]

정규 교육과정의 우수선수 육성 외에도 다시 청소년체육구락부(1958년 청소년체육학교로 개칭되었다가 1965년 2월 내각결정 7호에 따라 청소년체육구락부로 바뀜)에서도 선수를 선발 육성했다. 이런 사정은 1969년 전국체육인대회에서는 학교체육을 총괄하는 각 시· 군·구역 단위의 지역별 체육구락부 활동을 적극 지원하여 우수선수 선발체계를 제고하자는 결의[197]에서 확인할 수 있다.

청소년체육구락부는 1959년 2월 27일 내각결정 제15호에 따라 1959~60년 2년간 중요생산 및 건설 직장과 시·군 소재지 등에 200곳을 세우도록 함으로써[198] 청소년들을 대상으로 한 최대의 선수 선발·육성기관으로 자리잡게 되었다. 구락부생들의 교수훈

192) 『조선중앙년감』, 1956, 141쪽.
193) 조남훈, 앞의 책, 129~130쪽.
194) 『로동신문』, 1958년 3월 26일자.
195) 『로동신문』, 1962년 11월 4일자.
196) 이학래·김동선, 앞의 책, 58쪽.
197) 『로동신문』, 1969년 11월 4일자.
198) 鄭慶謨·崔達坤 共編, 앞의 책, 2298쪽.

련은 공훈체육인, 체육명수, 유급 체육지도원, 체육전문가들이 담당하며, 필요한 체육시설과 기재들은 모두 국가가 무료로 제공한다.[199] 또한 각 시·도 대표선수단이 1964년 이후 매년 개최되는 전국 체육구락부생 체육대회[200]에서 특출한 성적을 거둔 선수들을 발탁하여 훈련을 집중 실시하여 국가대표선수로 선발될 때까지 소속 선수로 활동하게 했다.[201]

전문체육학교 설립을 통해서도 우수선수를 양성했다. 1972년 각 도마다 고등체육전문학교를 설립하여 선수들을 육성했다.[202] 1977년에는 인민학교 졸업생을 대상으로 한 8년제 초급 체육교육기관인 중앙체육학원을 남포에 세우기도 했다.[203] 또한 체육전문대학을 설립하는 등 대학에서도 우수선수를 선발하여 양성했다. 1958년 설립된 평양체육대학[204]은 1993년 11개 체육대학이 새로 세워지기까지[205] 유일한 체육대학으로서 우수선수는 물론 고급 체육지도자들을 배출해 왔다. 이 외에 각 사범대학과 교원대학에서도 선수들을 양성했다.[206]

이렇게 각급 학교에서 자체 전문선수단을 조직하거나, 청소년체육구락부와 전문체육학교를 세워 선수들을 양성했다. 또한 각종 학생체육대회를 통해 기량이 우수한 선수들을 선발·육성했다.

한편 각종 선수단을 조직함으로써 우수선수를 체계적으로 훈련시켰다. 1958년 내각결정 제15에 따라 이해 4월 말까지 각 전문학교 및 대학은 물론 2급 이상의 기업소와 농업협동조합 등에 체조, 육상, 수영, 사격, 축구, 농구, 배구를 비롯한 주요 경기종목 선수단을 조직하도록 했다.[207] 이후 전문선수단의 본격적인 설립이 연이었고, 1962년에는 국가대표 선수를 훈련시키는 국가종합선수단이 세워졌다.[208]

현 우수선수의 선발 기준 및 방법은 대체로 다음과 같다.[209] 먼저 체육과학위원회와 각 종목별 전문가들이 매년 개최되는 각종 국내 및 국제대회에서의 기록과 성적을 종합 검토하여 우수한 자를 추천한다. 이어 선발 당시는 물론 장차 우수선수로서 체력

199) 『조선중앙년감』, 1966-67, 245쪽.
200) 『로동신문』, 1974년 8월 22일자.
201) 김순교, 앞의 책, 49쪽.
202) 『조선중앙년감』, 1973, 276쪽.
203) 『조선중앙년감』, 1978, 319쪽.
204) 『로동신문』, 1968년 10월 13일자.
205) 『로동신문』, 1993년 9월 3일자.
206) 『조선중앙년감』, 1965, 191~192쪽.
207) 『로동신문』, 1959년 2월 27일자.
208) 『로동신문』, 1962년 11월 4일자.
209) 『서울신문』, 1992년 8월 3일자.

조건을 유지할 수 있는지를 판단하여 동일한 조건이면 가능한 한 최연소자를 선발하고 있다. 이외에도 투철한 공산주의 사상으로 무장된 자라야 한다는 제반 고려 요소를 참작하여 최종적으로 적격자를 선발한다.210)

이렇게 선발된 자는 다음의 3단계 훈련과정을 받는다.211) 제1단계는 기초체력 단련과정으로 4주간 실시하는 데, 숙달될 때까지 200미터 이상되는 고지의 맨 아래와 정상을 달려서 오르내리는 산악훈련을 반복한다. 이는 선수들의 기초체력 배양과 순발력, 민첩성 등을 발달시키는 데 그 주된 목적이 있다.

제2단계는 군사체육훈련으로 체육선수로서 갖추어야 할 인내심, 지구력, 담력, 단결력 등의 배양에 주 목적을 둔다. 배낭을 지고 4km 정도의 구간을 30분 이내에 행군하도록 하는 것을 비롯하여, 모래 각반을 차고 달리기, 장애물 극복 훈련 등 일종의 유격훈련에 가까운 고된 훈련을 2주간에 걸쳐 반복시킨다.

제3단계는 전문분야 훈련으로 1, 2단계를 통과한 선수들만이 해당 종목별로 참가하게 된다. 훈련기간은 연 300일이 넘고, 그 훈련내용은 종목마다 다르다. 이때는 사상교양에 중점을 두고 있다.

1980년대 후반부터는 현대적 체육시설을 이용하여 연간 200일 경기와 100일 훈련을 실시하고 있다.212)

2) 경기지도자

해방 직후 '북조선체육동맹'이 결성되었지만 체육행정은 일관된 체계를 갖추지 못했다. 게다가 체육사업을 제대로 할 만한 인적 자원도 턱없이 부족했다. 따라서 북한 당국은 체육지도자 양성을 위한 기관을 설치했다. 1946년 5월 1일 체육지도원양성소를 시작으로 같은 해 10월 평양사범대학에 체육학부를, 신의주와 해주의 교원대학에 체육과를 설치했다. 이로써 정규 교육과정을 통하여 체육지도자를 양성하기 위한 조치가 본격적으로 이루어졌다.213)

또한 중앙체육지도위원회에서는 직장체육지도자 강습회를 조직했다. 그 결과 1949년에는 중앙에서 100명, 각 지방에서는 수백 명에 이르는 체육지도자들을 양성할 수 있었다. 특히 함경북도에서만 200명의 지도자들을 배출했다. 이들 체육지도자는 지방으로 내려가 강습회를 순회 지도했다. 이는 김일성이 1947년 제1차 세계청년학생축전

210) 김순교, 앞의 책, 50쪽.
211) 북한연구소, 『북한총람』, 1983, 1425~1426쪽.
212) 『로동신문』, 1989년 8월 20일자.
213) 조남훈, 앞의 책, 74~75쪽.

의 경험과 성과를 인민들에게 알려 보다 발전시킬 목적으로 대표단의 선수들을 지방에 파견하게 한 조치에서 비롯되었다. 이 조치에 맞춰 내무성 농구단이 1948년 함경도와 강원도에서 순회 지도를 실시했다. 이때의 경험을 토대로 1949년 3월부터 평안북도와 황해도에서도 농구와 배구를 순회 지도했다.[214]

이와 함께 심판원의 양성과 교육도 이루어졌다. 축구, 농구, 배구, 권투, 육상 종목의 심판원 강습회가 1949년부터 본격적으로 실시되었는데, 강습내용은 경기규칙, 심판법, 지도법, 관리법 등이었다. 특히 육상은 널리 보급되었을 뿐만 아니라 그 세부 종목이 많고, 경기장의 주로(트랙) 측정, 대회조직 등 기술적으로 다루어야 되는 분야가 많은 만큼 심판 양성이 더욱 절실한 분야였다. 이에 따라 각 도에서 선발된 40여 명을 대상으로 같은 해 3월 16일부터 4일간에 걸쳐 심판원 강습을 실시하고, 이들을 각 도에 파견하여 강습하게 했다.[215] 그 결과 1949년 7월 기존의 심판부를 개편하여 각 지역 체육지도위원회마다 경기종목별 분과위원회를 조직할 수 있었다.

'심판원 자격 부여에 관한 규정'도 제정했다.[216] 이 규정[217]에 따라 심판은 공화국심판원, 도심판원 및 시·군심판원으로 구분했다. 공화국심판원은 5년간의 도심판원, 2년 이상의 전국대회 심판을 한 자로 제한하고, 이들에게 북한내 국제경기를 비롯한 모든 전국 규모의 경기를 담당하게 했다.

도심판원은 시·군에서 3년, 도에서 2년 이상의 심판 경험이 있는 자로 하여, 도 경기대회와 그 이하의 경기를 담당하게 했다. 시·군심판원은 일정한 강습을 받고, 시·군 경기대회에서 3년 이상의 심판경험이 있는 자로서 시·군 경기대회 이하의 경기를 담당하게 했다. 또한 체육전공 대학 또는 학부의 근무자중 내각 직속 체육지도위원회가 주관하는 심판원 자격시험에 합격한 자에게도 심판자격을 부여했다. 이로써 각종 경기의 진행과 체육기술의 향상 발전을 위한 제도를 갖추게 되었다.

1958년 평양체육대학 설립 이후 체육간부 및 지도자들을 본격적으로 키우기 시작했다. 1959년에는 도마다 체육간부양성소를 설치하여 체육일꾼 및 체육교사의 재교육을 담당하게 했다.[218]

1962년 전국체육열성자대회에서는 훈련지도원 6천 명을 배출하기로 결정했는데,[219] 이 결정 이후 공식기록에 따르면 1964년에는 전 해보다 20%나 늘어난 체육간부들을

214) 위의 책, 75~76쪽.
215) 위의 책, 76~77쪽.
216) 『조선중앙년감』, 1956, 141쪽.
217) 조남훈, 앞의 책, 130쪽.
218) 조남훈, 앞의 책, 151쪽.
219) 『로동신문』, 1962년 11월 4일자.

양성할 정도로[220] 60년대에 와서 체육지도자 양성은 일정한 궤도에 올랐다. 특히 1965년 2월 내각결정 제7호[221]에 따라 간부 양성사업 체제를 일원화하여 도별 체육간부양성소를 조선체육지도위원회 체육간부양성소로 개편했다.

1977년에는 체육교육체계를 조정하여 평양체육대학의 경기학과를 체육교원과 종목별 체육지도원을 양성하는 체육학부와 전문선수를 양성하는 경기학부로 개편하는 동시에, 체육단 선수들을 체육지도원으로 양성하는 1년제 양성반을 두었다.[222]

1980년대에 와서 체육관과 체육구락부들이 급속히 늘어나자 체육지도원들을 체계적으로 양성할 필요성이 제기되었다. 그 결과 1981년 2월 2일 평양체육대학에 2년제 특설반을 두었는데, 1985년 4월 3년제로 개편하고 모집인원도 늘렸다. 그 입학 대상은 체육선수단 지도원, 선수, 체육부문 일군들이며, 졸업생에게는 체육훈련지도원 자격을 주었다.[223]

1983년 4월 8일에는 중앙체육간부양성소를 새로 설치하여 체육선수단의 종목별 훈련지도원 재교육반을 두었다.[224] 재교육반은 1년 3~4기 과정으로 운영하고, 또 평양시내 체육일군 외국어 강습반을 1년 1기 과정으로 운영하여 체육간부의 재교육을 진행했다.

중앙체육간부양성소에서는 체육선수단과 체육구락부의 종목별 훈련지도원들에게 체육의 기초이론과 전공종목의 이론·실기·지도방법 교육을 기본으로, 체육훈련 및 종목별 기술발전 추세를 반영하는 과학 기술적·방법론적 지식도 교육했다. 그 실습은 평양시에서 개최되는 국제 및 국내경기들과 국가종합체육선수단을 비롯한 중앙급 체육선수단의 교수훈련에 대한 참관 및 기술분석·훈련 등으로 진행했다.

이어 1988년 1월 7일에는 중앙체육간부양성소가 중앙체육간부학교로 개편되었는데, 체육일군들의 외국어 전문교육도 중앙체육간부학교가 담당하게 했다. 설치 이후 1988년 8월까지 중앙체육간부학교에서 양성 및 재교육한 인원은 600여 명에 달했다.

이러한 체육지도자 및 간부양성 제도의 정비는 1960년대 이후 북한체육이 그 발전의 한계를 드러낸 상황과 깊은 관련이 있다. 이때까지 체육지도자의 육성은 당과 김일성의 정책에 따라 정치 사상적 기초 위에서 '주먹구구식' 교수 및 훈련을 통해 이루어졌다. 그 결과 국제대회에서의 성적은 60년대 황금기를 거쳐 계속 하락했다.

따라서 김정일은 체육기술수준을 국제수준에 이르도록 하기 위한 과학적인 지도자 양성의 필요성을 제시하기도 했다. 그는 1986년 체육관계자들과 한 담화[225]에서 경기지

220) 『조선중앙년감』, 1965, 192쪽.
221) 『로동신문』, 1965년 2월 26일자.
222) 『조선중앙년감』, 1978, 319쪽.
223) 조남훈, 앞의 책, 334~335쪽.
224) 위의 책, 335쪽.

도자들의 역할을 중요시하여 그들의 임무를 첫째 '우리 식의 체육기술과 전술체계, 훈련방법'을 완성하고 세계의 체육기술발전 경험들을 깊이 체득할 것, 둘째 훈련계획을 잘 세우고 훈련의 모든 과정에서 과학적인 지도를 보장할 것, 셋째 우수한 전술방안을 작성하여 매 경기마다 활용할 것 등을 지시했다.

이러한 김정일의 지시는 비록 '주체적인' 이란 용어를 사용하긴 했어도 국제수준의 체육기술을 획득하기 위해 체육간부나 지도자들에게 과학적 방식이나 교수훈련법을 요구한 것으로 이해된다.

3) 전문선수단 육성

북한체육의 대중화정책은 바로 스포츠와 체육사업에 대중을 광범위하게 동원하는 데 기본 목적이 있다. 이에 따라 직장, 지역, 학교, 정부기관 등 각 사회부문에는 체육단이 설치 운영되었다. 하지만 대중화정책의 관철과 스포츠기술의 발전을 위해서는 전문선수단의 조직 역시 필요했다. 1955년 '스포츠선수 등급제에 관한 규정'을 만들고, 이어 1958년 3월에 채택된 내각결정 제30호에서 스포츠기술을 제고하기 위해 각 체육협회 및 체육단들의 조직을 강화하고, 등급 소유자를 확장하기 위한 대책을 강구하도록 한 것은 바로 전문선수단의 조직을 염두에 둔 조치라고 할 수 있다.

1955년 선수등급제 실시 이후 1957년에는 명수급 17명, 제1급 174명, 제2급 142명, 제3급 311명의 선수가 확보되는 등 총 744명의 선수가 충원되었다.[226] 1958년에는 명수급 22명, 1급 185명 등 1천 명에 이르는 선수층이 확보되었다.[227] 이같은 선수층의 확장을 반영하듯 기존 연맹경기대회는 1958년부터 1~2급 별로 따로 진행되기에 이르렀다.

전문선수단의 창설을 위한 구체적이고 직접적인 조치는 1959년 2월 내각결정 제15호 '체육사업을 발전시키며 스포츠 기술수준을 제고할 데 대하여'에 따라 마련되었다. 이 결정[228]에서는 스포츠 자질이 뛰어난 청년들로 조직된 청년팀, 소년팀의 교수 훈련체계를 확립하고 그 교수 및 훈련을 강화함으로써 선수층을 확대하게 했다.

그 구체적인 조치로는 1959년 4월 말까지 각 전문학교 및 대학, 2급 이상의 기업과 농업협동조합마다 체조, 육상, 사격, 축구, 농구, 배구를 비롯한 주요 스포츠종목의 선수단을 조직하도록 했다. 또한 선수들의 기술발전과 훈련을 강화하기 위한 조치로

225) 「체육을 대중화하며 체육기술을 빨리 발전시킬 데 대하여」, 『김정일선집』 8, 조선로동당출판사. 1998, 408~413쪽.

226) 『조선중앙년감』, 1958, 150쪽.

227) 『조선중앙년감』, 1959, 228쪽.

228) 鄭慶謨·崔達坤 共編, 앞의 책, 2298쪽.

이 해부터 매년 10~12월 사이에 체육인들과 선수들의 연중 스포츠 교수훈련에 대한 국가판정사업을 실시하도록 했다. 이에 기초하여 각 종목의 급별 연맹전 체계를 수립하고, 국가대표팀을 3월까지 창설하여 선수들의 교육훈련사업을 강화하도록 했다.

1959년 내각결정 제15호의 이런 조치에 따라 기존 체육단체를 중심으로 각 선수등급에 따라 선수단이 크게 늘어났다. 그 결과 각급 선수단의 연맹전 경기대회도 확대·조직되었다. 가령 1958년 축구, 농구, 배구, 씨름, 육상 등의 1급 연맹전과 축구, 농구, 배구 2급 팀의 연맹전이 55회 진행된 것에 비해,[229] 1960년에는 축구, 농구, 배구 등 구기종목 외에 역도, 육상, 레슬링, 사격 등 1~2급 선수단 연맹전이 무려 71회나 개최되었다.[230]

전문선수단으로는 강철, 번개, 기관차, 천리마, 2·8 체육협회 등의 각 1~2급 선수단들이 있었다. 이들 체육협회 소속 선수단이 언제부터 1~2급으로 나뉘었는지는 현재의 정보만으로는 확인할 수 없다. 다만 『조선중앙년감』에 따르면 1957년의 경기대회는 단순히 각 종목별 협회 연맹전으로 진행된 것으로 되어 있는데, 1958년부터는 1급과 2급으로 나누어 협회 연맹전이 실시되었다. 그리고 선수등급제에 따른 선수층 확대가 1957년 이후였다. 이로 보아 1~2급 선수단 구성도 이 무렵 이루어진 것으로 보인다.

전문선수단의 선수들은 온전히 체육활동만을 하기에 사실상 프로선수라고 할 수 있다. 각 전문선수단은 특정 종목에 편중된 팀이 아니라 전 종목에 걸쳐 선수들을 확보하고 있다. 대개 1개 체육단의 규모는 500여 명 내외로 비교적 대규모이다. 현재 북한이 체육선수단은 규모와 보유 선수단 수준에 따라 3등급으로 나뉘어지는데, 1급 선수단은 15개, 2급 선수단은 40개, 3급 선수단은 80개에 이르는 것으로 알려져 있다.[231]

가장 역사가 오랜 1급 선수단은 압록강체육선수단이다. 1997년 10월 창립 50주년 기념식을 거행한 사실로 보아,[232] 1947년 창설된 내무국체육단[233]을 그 전신으로 한 것으로 보인다. 주로 사격 등 국방체육종목에서 두각을 나타냈다. 1991년 제41회 지바 세계탁구선수권대회에서 남북 단일팀인 코리아팀으로 출전하여 여자 단체전 1위, 여자 단식 2위, 혼합복식 3위를 차지한 이분희 선수와 1999년 세계육상선수권대회 여자마라톤에서 1등을 한 정성옥 선수, 그리고 1998년 방콕아시안게임 및 1999년 아테네 세계선수권대회와 2000년 아시아선수권대회에서 세계신기록을 잇따라 세운 리성희 선수가 바로 이 체육단 소속이다.

4·25선수단은 1989년 3월이 창립 40주년이라고 한 사실로 보아,[234] 1949년 3월 창설된

---

229) 『조선중앙년감』, 1958, 228쪽.
230) 『조선중앙년감』, 1961, 231쪽.
231) 정동길, 앞의 책, 185쪽.
232) 『로동신문』, 1997년 11월 1일자.
233) 조남훈, 앞의 책, 77쪽; 『로동신문』, 1997년 11월 1일자.

민족보위성 체육중대[235]가 그 전신인 것으로 보인다. 1972년 6월 26일 현재의 명칭으로 개칭되었다.[236] 4·25라는 명칭은 김일성이 조선인민혁명군을 창설했다는 1932년 4월 25일에서 따온 것으로, 그 명칭에서 보듯이 북한의 대표적 선수단이다. 사격, 탁구, 배구, 축구, 레슬링, 권투 등 모든 종목에서 뛰어난 성적을 올리는 북한 최대의 선수단이다. 이 선수단은 1989년 1월 현재 각종 국제경기에서 금메달 883개, 은·동메달 1,367개, 10여 회의 세계신기록을 냈다.[237] 대표적 선수로는 1972년 뉴델리 아시안게임에서 사격 7관왕에 오른 서길산을 비롯하여 탁구의 유순복과 이근상, 권투의 이병욱 등 인민체육인, 사격의 박정란, 축구의 윤정수와 김광민 등 공훈체육인 등이 있다. 선수단 규모는 650여 명에 이른다.

4·25선수단과 함께 북한의 대표적 선수단으로 2·8선수단이 있다. 1959년 각급 체육협회 조직사업에 따라 인민군에 창설되었다.[238] 2·8은 조선인민군 창건일에서 따온 것이며, 20여 개 종목에 580여 명의 선수들이 소속되어 있다.[239] 1966년 잉글랜드 월드컵 축구대회에 참가한 강룡운, 김승일 선수와 1972년 뮌헨올림픽 사격경기에서 세계신기록을 세운 이호준, 1978년 모스크바 국제역도선수권대회에서 세계신기록을 기록한 한경시 선수 등이 이 선수단 출신이다.

1959년 교통운수부문에 창설된 기관차체육선수단도 1급 선수단이다. 이 선수단은 1961년 7월 모스크바 국제육상대회에서 세계신기록으로 여자 400미터와 800미터에서 1위를 차지한 신금단 선수, 1990년 4월 국제역도선수권대회에서 세계신기록을 달성한 김명남 선수 등을 배출했다. 한편 이 선수단은 1989년에 야구팀을 창설하여 같은 해 중국 북경에서 개최된 북한, 일본, 중국의 3국 친선야구대회에 참가하기도 했다.[240] 최근 농구에서도 두각을 나타내 국가대표 여자 선수들을 대거 배출하고 있다.[241]

그 밖에도 모란봉선수단, 리명수선수단, 소백수선수단, 해운부 소속 해양체육선수단 등도 1급 선수단에 속한다. 이중 해양체육선수단은 수상스포츠를 전문으로 하는데, 1965년 4월 원산에서 창립된 중앙해양구락부가 그 전신이다.[242]

각 시·도 체육선수단은 평양을 비롯하여 개성, 남포 등 2개 직할시와 9개 도마다

---

234) 『로동신문』, 1989년 3월 29일자.
235) 조남훈, 앞의 책, 77쪽; 『로동신문』, 1989년 3월 29일자.
236) 「4·25체육선수단 앞에 나서는 과업에 대하여」, 『김정일선집』2, 1993, 387쪽.
237) 이학래·김동선, 앞의 책, 185쪽.
238) 『로동신문』, 1959년 5월 5일자.
239) 이학래·김동선, 앞의 책, 186쪽.
240) 위의 책, 187쪽.
241) 『로동신문』, 1997년 7월 25일자.
242) 『로동신문』, 1992년 5월 24일자.

설치되어 있다. 이들 선수단은 국가체육위원회의 지도·감독하에 있으면서, 해당 시·도 인민위원회를 대표하고 있다.[243]

이중 1956년 4월 30일 창설된 평양시체육선수단의 활약이 돋보인다.[244] 레슬링의 김광수·김영식·김철환, 역도의 이희봉, 체조의 김광숙 등 인민체육인과 농구의 명의군·명의준·전춘자, 축구의 한봉진·임성휘 등 공훈체육인들을 배출하는 등 국가대표급에 못지 않은 수준을 지니고 있다. 특히 1988년 체코 유도선수권대회에서 1위를 차지했고, 1991년 남한으로 귀순한 이창수도 평양시체육선수단 소속이었다.

4) 스포츠과학

북한이 본격적으로 스포츠과학에 관심을 기울이게 된 계기는 1959년 2월 27일 내각결정 제15호 '체육사업을 발전시키며 스포츠기술 수준을 제고할 데 대하여'[245]를 채택하면서 부터였다. 이 결정에서는 스포츠의 교수 및 훈련체계를 확립하고, 선수들의 신체단련과 기술수준의 제고를 위한 사업을 체육의료사업과 결부시키도록 했다. 이와 함께 1959년 6월까지 체육과학연구소를 설치하며 체육과학과 의료사업을 밀접하게 결부시켜 발전시키기 위한 체육의료사업체계도 확립하도록 했다.

이에 따라 같은 해 6월 내각직속 체육지도위원회 산하기관으로 체육과학연구소와 종합의료소를 설치하여 스포츠과학을 본격적으로 연구하기 시작했다.

체육과학연구소에서는 축구·배구 등 구기종목, 육상·수영 등 기록종목, 레슬링 및 유도와 같은 중경기종목별로 전담부서를 두고 과학적 훈련기법과 기술개발에 힘썼다. 이 외에도 학교 및 군중체육의 과학적 발전과 체육교육을 위한 각종 교재개발도 했다.[246] 또한 20여 개에 달하는 각 시·도의 대학부설 연구소와 긴밀한 연계 체제를 마련하여 정보를 교환했다.[247] 주목할만한 점은 세계 체육의 발전상을 보여주는 과학영화를 촬영 편집하여 각 선수단은 물론 각급 교육기관과 학교에서 효과적으로 이용하게 했다는 것이다.[248]

이렇게 체육과학연구소를 중심으로 스포츠과학의 발전을 모색하는 동시에 현장의 체육기관에 대해서도 교육활동을 펼쳤다. 가령 1973년 체육소조원들에게 종목별 체육이론과 체육생리, 체육 기초기술동작, 체육과학 기초지식 등 체육에 대한 기본원리

243) 이학래·김동선, 앞의 책, 187쪽.

244) 『로동신문』, 1996년 5월 7일자.

245) 鄭慶謨·崔達坤 共編, 앞의 책, 2297~2299쪽.

246) 『로동신문』, 1989년 3월 20일자; 1989년 3월 22일자.

247) 이학래·김동선, 앞의 책, 188쪽.

248) 『로동신문』, 1989년 3월 20일자; 1990년 3월 27일자.

교육을 강화하고, 그 교수 및 훈련시간으로 연간 500시간을 보장하도록 했다.[249]

한편 체육의료소는 1959년 3월 창립되어,[250] 1983년 3월 세워진 체육위생연구소를 흡수 통합했다. 체육의료소에는 북한내에서 가장 우수한 의료 인재들이 집중 배치되어 있다. 이곳에서는 양의학과 한의학을 접목시키는 노력을 하고 있는데, 가벼운 부상은 양의학을 이용하고, 골절 및 디스크 등 내상의 경우는 주로 한의학을 활용하고 있다.[251]

스포츠과학 발전에 있어 큰 전환점이 된 것은 김정일의 1986년 5월 19일 체육관계자들과 한 담화, 1989년 6월 2일 당 중앙위원회 책임자들과 한 담화였다.[252] 그는 두 담화에서 기존 김일성의 담화나 연설 내용과 크게 벗어난 발언을 한 것은 아니었다. 하지만 그의 발언 가운데 김일성의 담화나 연설과 달리 체육기술 발달에 대한 언급이 큰 비중을 차지하고 있다. 그 가운데서도 체육기술 발달을 위한 체육과학분야에 대해서 높은 관심이 나타났다.

1986년 담화에서는 체육의 과학화에 대한 개괄적인 필요성을 강조하면서 축구와 마라톤과 같은 북한의 전략 종목에 대한 과학적 연구를 지시했다. 그 밖에 운동생리학, 운동영양학 등에 대해서도 간단히 언급했다.

이에 비해 1989년 담화에서는 보다 세부적이고 구체적인 분야까지 언급했다. 우선 기존 체육과학 연구사업이 주먹구구식으로 진행되었음을 비판하고, 체육기술을 세계적 수준으로 끌어올리기 위한 전망과 단계별 계획에 따라 체육과학 연구를 진행시킬 것을 지시했다. 이어 체육기초과학을 개척하기 위한 연구사업을 강화할 것을 주문하고, 운동영양학의 연구사업을 강화하는 방안을 구체적으로 제시했다.

스포츠의학 분야에 대해서도 의학의 최신 성과를 수렴할 것을 지적하고, 이를 위한 인적 자원의 확보방안도 자세히 언급했다. 체육과학을 발전시키기 위한 또다른 방안으로 체육과학연구소와 체육과학도서관 등 연구지원시설의 강화방안에 대해서도 지적했다.

체육과학연구소는 이처럼 김정일이 1986년과 1989년 관계자들과 한 담화에서 체육과학에 큰 관심을 보인 이후 더욱 활성화되었다. 예컨대 개원 당시 17명의 전문연구진이 1990년대에는 체육력학, 체육생화학, 운동기능실험, 체육생리 등 4개 분야 300여 명으로 증원되었다.[253] 이들은 1989년까지 3,000여 건의 연구논문, 참고자료와 100여 권의 각종 도서를 집필하는 등 많은 역할을 했다.[254]

249) 『조선중앙년감』, 1974, 228쪽.
250) 『로동신문』, 1989년 3월 11일자.
251) 『경향신문』, 1991년 5월 15일자.
252) 「체육을 발전시킬 데 대하여」, 『김정일선집』 9, 1997, 333~341쪽.
253) 『로동신문』, 1990년 3월 27일자; 정동길, 『북한체육 스포츠영웅』, 다인미디어, 2001, 193쪽.

이렇게 북한의 스포츠과학은 50년대 후반에 기본 방향이 설정되었고, 1980년대에 와서 본 궤도에 올라 현재 상당한 수준에 이른 것으로 보인다. 이는 1999년 제7회 세계육상선수권대회 마라톤경기에서 정성옥 선수의 우승은 체육과학연구소의 성과라고 소개한 사실[255]이 뒷받침해주고 있다.

5. 체육시설

광복 직후 북한 당국은 각종 체육시설에 대한 국유화정책을 실시했는데, 이는 모든 산업시설이나 자본재에 대한 국유화정책에 따른 것이다. 1946년 12월 '북조선로동당 중앙위원회 상무위원회'는 이처럼 국유화된 체육시설과 기자재를 보수 정비하고, 이들 시설과 기자재를 이용하기 위한 대책을 강구했다. 이듬해 7월 상무위원회에서는 '체육문화운동정형과 당 단체들의 협조정형에 대하여'를 토의한 후, 체육시설의 확충과 기자재의 생산 및 보급에 필요한 과업을 각 도 인민위원회에 제시하고, 이에 따른 예산의 확보와 지출을 승인했다.[256]

그러나 정부조차 공식적으로 출범하지도 못했을 뿐만 아니라, 예산도 부족한 상황에서 체육시설 확충과 기자재 확보는 각 지방의 노력동원을 통해서 이루어졌다.[257] 예컨대 1948년 상원노 원산에서는 도내 주민과 학생들을 동원하여 400미터 주로를 갖춘 2만명 수용의 종합경기장을 건설했다. 이어 함흥, 청진, 신의주, 해주를 비롯한 도·시·군 소재지에 경기장들이 신설 또는 확장되었다. 평안남도에서는 1948년 4월 체육관계자회의를 열어 도내 각 시·군·농촌에 지역 실정에 맞게 경기장과 운동장을 신설할 것을 결정했는데, 강서군·안주군·평원군·남포시 등에서 청년들을 동원하여 운동장을 세웠다. 평양시에서도 4월 22일 민주청년동맹 중앙위원회가 운영하는 1,000명 수용 규모의 민청체육관 개관을 비롯하여 모란봉경기장, 동평양경기장, 경마장 등과 학교 운동장들이 확장 또는 신설되었다.

체육시설과 함께 기자재 보급에도 일정한 노력을 기울였다.[258] 1947년 7월 당 중앙위원회의 토의에 따라 평양과 원산, 함흥, 청진에 운동기구 제작소를 세워 축구·농구·배구·탁구·체조·육상·수영·빙상 종목에 필요한 운동복, 공 등의 기자재를 생산하여

---

254) 조남훈, 앞의 책, 349쪽.
255) 『로동신문』, 2001년 3월 13일자.
256) 조남훈, 앞의 책, 79쪽.
257) 위의 책, 71쪽.
258) 위의 책, 80쪽.

공장, 농촌, 학교 등에 공급하도록 했다. 민청 중앙조직도 민청운동구점을 설치하여 기자재를 일반 사회단체에 보급해 주기도 했다.

이렇게 광복 직후 북한에서는 경기장을 비롯한 체육시설이 본격적으로 확장 혹은 신설되었다. 그 결과 1947년도까지 운동장 3,902개소, 체육관 20개소였던 체육시설[259]은 1949년에는 경기장 4,803개소를 비롯하여 각종 운동장 1만여 개소, 체육관 및 체육실 600여 개를 갖출 정도로 성장했다.[260] 특히 1949년 여름에는 34개의 수영장과 스키장이 건설되기도 했다.[261] 하지만 당시의 이와 같은 체육시설은 대도시의 공설운동장 몇 개를 제외하곤 대부분 학교 운동장 수준을 벗어나지 못했다. 체육기구도 사정은 마찬가지여서 상황에 맞게 스포츠경기를 진행할 수 밖에 없었다.[262]

체육시설 복구는 6·25 전쟁 이후 붕괴된 제반 사회시설의 복구작업과 함께 이루어졌다. 당시 북한은 전후 복구사업에 필요한 재원을 마련할 형편이 못되어 소련 등 공산권 국가의 무상원조에 크게 기댈 수 밖에 없었다.[263] 따라서 체육시설의 재건과 확충은 중앙의 재정적 지원보다는 대부분 지역 자체의 유휴 생산자재나 노력동원 등을 통해 이루어졌다. 때문에 시설의 규모나 수준이 떨어졌다.

휴전 직후인 1953년 8월 김일성은 당 중앙위원회 제6차 전원회의에서 체육시설 및 체육기자재 공장의 복구와 확충을 지시했다.[264] 이후 모란봉경기장의 복구사업을 비롯한 전쟁중 파괴된 체육관련 시설의 재건과 확충이 본격화되었다. 1954년 평양시 복구건설사업과 함께 시작된 모란봉경기장 복구는 김일성종합대학 학생을 비롯한 주민들이 동원되어 복구사업 3개월 만에 총 부지 1만 6,000평방미터, 수용관람인원 4만여 명에 달하는 국제규격 종합운동장으로 재건되었다.[265] 이어 1959년 한 차례 증축되었다.[266] 이 모란봉경기장은 1982년 4월 10일 중앙인민위원회 정령 '모란봉경기장을《김일성경기장》으로 함에 대하여'[267]에 따라 김일성경기장으로 개칭되었는데, 이때 수용인원 10만 명의 규모로 확장되었다.[268]

또한 내각결정 제38호에 따라 1957년 5월부터 평양사범전문학교 학생들을 동원하여

---

259) 『조선중앙년감』, 1949, 149쪽.
260) 『조선중앙연감』, 1952, 393쪽.
261) 조남훈, 앞의 책, 80쪽.
262) 위의 책, 85쪽.
263) 국방부 군사편찬연구소편, 『한국전쟁사의 새로운 연구』, 2001, 690~718쪽.
264) 『김일성저작집』8, 1980, 40쪽.
265) 『조선중앙년감』, 1955, 405쪽.
266) 『로동신문』, 1959년 7월 28일자.
267) 鄭慶謨·崔達坤 共編, 앞의 책, 2003~2004쪽.
268) 『로동신문』, 1986년 7월 30일자.

동평양경기장을 건설하기 시작했는데,[269] 이 경기장에는 총부지 2만 5,000여 평방미터에 축구장, 농구-배구장, 경주로, 조약장 등과 각종 문화시설이 갖추어졌다. 1959년 2월의 내각결정 제15호에 따라 평양종합체육관도 1960년부터 기본 설계작업 등을 거쳐 신설하도록 했다.[270]

이런 체육시설의 복구와 확충은 평양만 아니라 원산, 함흥, 청진, 해주, 개성 등의 지방 도시에서도 이루어졌다. 예컨대 1957년 신의주에는 5,000명을 수용하는 정규 수영장이 신설되었고, 원산의 송도원수영장, 혜산체육관도 세워졌다.[271] 같은 해 9월에는 시내 노동자 및 청년학생들을 동원하여 신의주 10월청년경기장이 착공되기도 했다.[272]

그런데 1958년판 『조선중앙년감』에 따르면 1957년 400미터 트랙을 갖춘 경기장 249개소가 정비되었다고 했는데, 1960년판 『조선중앙년감』은 현대적 규모를 갖춘 모란봉경기장을 비롯 모두 71개의 경기장이 있다고 하여 숫자상으로는 오히려 줄어들었다. 이는 이때 복구되었거나 신설된 대부분의 경기장들이 제대로 시설과 규격을 갖추고 있지 못했음을 보여준다. 앞의 모란봉경기장이나 신의주 10월청년경기장의 사례에서 보듯이 학생들과 주민들의 노동력을 동원하는 등 지역의 자체 역량으로 경기장을 비롯한 체육시설을 건설할 수 밖에 없는 현실을 반영한 것이다. 그만큼 시설의 규모나 수준이 떨어졌다는 것이다.

이런 사정은 기자재의 경우도 마찬가지였다. 1954년 내각직속 체육지도위원회 서기장 궁선홍은 각급 체육지도위원회와 체육단들이 자체적으로 경기장을 비롯한 각종 체육시설들을 정리하고, 파손된 기자재들을 '수리·정돈하는 사업을 조직'하여 겨울철 스포츠훈련에 필요한 기자재와 시설 확장에 '창조적 노력'을 기울일 것을 지시하기도 했다.[273]

이같은 실정에서 각 지역에서는 학교별로 1개 이상의 스케이트장을 설치하고, 학생들도 각 가정마다 1점 이상의 겨울철 종목 기자재를 보유하는 운동을 펼치기도 했다.[274] 그리고 자체적으로 주변 지역의 나무들을 베어 스키를 제작하거나 고철 등으로 스케이트를 만들고, 학교 운동장이나 강과 저수지 등 주변 환경을 이용하여 스케이트장과 스키장을 세우기도 했다.[275]

기자재의 확보는 주로 외국의 원조에 크게 힘입었다. 예컨대 구 동독은 1957년 두

---

269) 『로동신문』, 1957년 5월 9일자.
270) 鄭慶謨·崔達坤 共編, 앞의 책, 2299쪽.
271) 『조선중앙년감』, 1958, 150쪽.
272) 『로동신문』, 1957년 9월 25일자.
273) 『로동신문』, 1954년 12월 22일자.
274) 『로동신문』, 1959년 12월 10일자.
275) 『로동신문』, 1960년 12월 18일자.

차례에 걸쳐 50여 종 600여 점에 달하는 평행봉, 철봉, 도마 등 체조기구와 권투 글러브, 축구공 등을 제공했는데, 이를 함흥시내 초·고급 중학교 등에 분배하기도 했다.[276)]

이처럼 전후 체육시설의 복구와 확충, 그리고 기자재 확보는 지역단위나 체육기관별로 자체적으로 확보하거나 외국의 원조에 기댈 수 밖에 없었다. 그 결과 시설과 기구의 수준은 대부분 규격에 미치지 못했다. 기자재도 제대로 확보할 수 없었다. 때문에 동계 스포츠종목의 경우는 간이 스키나 간이 대용스케이트를 이용한 경기대회를 치루는 형편이었다.[277)]

이러한 열악한 상황에서도 일부 지역에서는 주변의 양호한 자연조건에 힘입어 어느 정도 규모를 갖춘 스키장 등이 건설되기도 했다. 가령 연 17km에 달하는 주로 등을 갖춘 삼지연스키장이 그 대표적 사례일 것이다.[278)]

이렇게 북한의 체육시설은 한국전쟁 때 대부분 파괴되었다. 전후 복구작업으로 기본적인 체육시설이 평양 등 대도시에 세워졌지만, 그 규모나 시설 수준은 그리 높지 못했다. 본격적인 체육시설 확충은 1960년대 들어서면서부터였다. 1959년 내각결정 제15호에 따라 1961년 말까지 연차별 기본건설계획을 수립하여 평양과 도 소재지 및 중요 산업지구에 현대적 규모를 갖춘 체육시설들을 마련하게 했다.[279)]

이같은 결정에 따라 체육시설은 어느 정도 규모를 갖추기 시작했다. 즉 1961년 당시 비교적 규모를 갖춘 86개의 경기장과 4,188개의 운동장, 8개의 체육관, 120개소의 간이 수영장이 있었는데, 1963년에는 170개의 정규 경기장, 29개의 체육관, 1,750여 개의 정규 및 간이 수영장이 조성되었다.[280)] 특히 1960년에는 4만 명을 수용할 수 있는 동평양경기장 완공,[281)] 1962년 기존 삼지연스키장을 총연장 54km 규모로 확장한 것을 비롯하여 아동궁전체육관 등이 준공되었다.[282)] 또한 경기장 시설 외에 체육기자재의 생산 증대와 품질을 높이기 위해 평양체육기구공장을 모체로 체육장비 공장을 세우고, 각 도(직할시)에도 전문 체육장비 공장을 세우도록 했다.[283)]

그러나 대부분의 체육시설은, 김일성이 1969년 전국체육인대회에서 일부 도시는 물론 평양시의 체육관 시설이 좋지 못하다고 고백했듯이,[284)] 그 규모나 수준이 높은

---

276) 『로동신문』, 1957년 7월 6일자.
277) 『로동신문』, 1954년 12월 22일자.
278) 『로동신문』, 1959년 12월 14일자.
279) 『로동신문』, 1959년 2월 27일자.
280) 『조선중앙년감』, 1961, 283쪽; 1964, 223쪽.
281) 이학래·김동선, 『북한의 체육』, 228쪽.
282) 『조선중앙년감』, 1963, 253쪽.
283) 『로동신문』, 1965년 2월 26일자.
284) 「체육을 대중화하여 전체 인민들을 로동과 국방에 튼튼히 준비시키자」, 『김일성저작집』

것은 아니었다. 이는 체육시설 대부분을 자체 노력동원과 자급자족적 해결능력에 의존했기 때문이었다.

이런 사정은 다음의 『로동신문』 기사에서 확인할 수 있다.

> 공장, 기업소, 협동농장, 사무기관, 학교 등 모든 단위들에서는 자력갱생의 혁명정신을 높이 발양하여 있는 예비와 가능성을 적극 탐구 동원하여 자체로 더 많은 체육설비와 기재들을 갖춤으로써 모든 근로자들과 청소년학생들이 아무 곳에서나 마음대로 체육문화 생활을 할 수 있도록 하여야 한다.[285]

실제로 1966년 강원도 고산군내 주민들과 청년학생들은 지형 조건에 맞는 수영장을 건설하기 위해 필요한 자재와 노력을 자체 동원하여 1966년 봄부터 2달도 채 안되는 50여 일 동안 군내에 무려 19개의 수영장을 세우기도 했다.[286] 이처럼 강원도 고산군의 사례에서 보듯이, 1960년대 체육시설들은 외형적인 면에서 많은 성장을 이루었지만, 그만큼 질적인 수준은 낮았다.

그러다가 1970년대부터 각종 국제경기대회를 유치하고, 국력신장을 과시하기 위해 체육시설을 확장했는데, 그 시설 수준도 나아지기 시작했다. 평양시 대동강변에 세운 2만 명을 수용할 수 있는 평양체육관이 그 대표적 사례이다. 이 체육관[287]은 현대식 설계에 의해 1972년 착공하여 이듬해인 1973년 4월 8일 완공된 높이 40미터 규모의 건물로 탁구, 농구, 배구 등 실내 구기종목과 레슬링, 유도 등 15개 종목의 경기를 동시에 치를 수 있었다. 그 밖에도 10여 개의 종목별 훈련장과 의료실, 방송실, 기사실, 번역실 등을 갖추었다. 이곳에서는 1979년 4월 제35회 세계 탁구선수권대회를 개최한 후 각종 국제경기를 치루었다.

1974년 4월에는 평안남도 남포시에 국가대표 양성과 국제경기대회에 대비한 각종 종목의 기량 향상을 목적으로 남포체육촌을 세웠다. 1973년에 착공하여 총부지 28만 평방미터 규모로 완성된 남포체육촌은 3만 명을 수용하는 주 경기장을 비롯하여 수영장, 정구장, 야구장, 실내체육관 등으로 이루어졌다. 1979년에는 이 지역을 대규모 종합 스포츠 기지로 발전시킬 의도를 나타내기도 했다.[288]

이렇게 70년대에 와서 어느 정도 국제 규모의 현대식 체육시설을 갖춘 북한은 1980년대 들어 체육시설을 연이어 신설하거나 확장했다. 예컨대 1980년 3월 21일 관람규모

24, 302~303쪽.

285) 『로동신문』, 1969년 10월 12일자.

286) 조남훈, 앞의 책, 187쪽.

287) 『로동신문』, 1973년 4월 9일자; 1998년 10월 22일자.

288) 김순교, 앞의 책, 56·59쪽.

2,000석의 창광원수영장을, 1981년 12월 6,000석 규모의 평양빙상관을 세웠다.[289]이 빙상관은 당시 남한의 동대문 실내스케이트장의 3배 규모로 스케이팅, 아이스하키, 피겨경기는 물론 필요시에는 배구·농구·정구·탁구 등의 경기장으로도 활용이 가능하며, 8개의 휴게실을 비롯하여 훈련장, 목용탕, 한증탕 등의 시설도 갖추었다.[290]

이처럼 1980년대 대규모로 체육시설을 확장하기 시작한 것은 남한이 각종 국제스포츠대회를 유치한 점도 영향을 미쳤다. 남한이 1986년 아시아경기대회와 1988년 올림픽대회를 유치한 데 자극을 받아 대규모의 체육시설을 세우기 시작한 것이다. 북한은 1980년 4월 남한이 아시아경기대회 유치를 신청하자 방해하기 위해 마감신청 기한을 넘겨가면서까지 신청서를 제출했지만, 유치 신청을 포기했다. 대신 1981년 기존 모란봉경기장을 2배 규모인 10만 명 수용규모로 확장공사에 들어가 김일성경기장으로 개칭하고 1982년 4월 10일 개장했다.[291] 그리고 서울이 서울올림픽대회를 유치하자 이에 자극을 받아, 제13차 세계청년학생축전을 유치하여 1986년 5월 종합체육촌 건립 계획을 수립했다.[292]

이 안골체육촌에는 2만 5,000석 규모의 서산종합경기장을 비롯하여 경기 종목별 특성을 살린 독특한 건축양식의 각종 경기장들이 세워졌다. 안골체육촌은 1988년 9월 3일 완공되었는데, 총 175만여 평방미터의 부지에 연건축면적 26만 7천 평방미터, 5만 600여 명의 수용능력을 갖추고 있다. 이곳에서는 20종목 40여 가지의 경기를 동시에 진행할 수 있다.[293]

이 밖에도 1989년 4월 대동강가에 15만석 규모의 능라도경기장을 완공하고, 5월 1일 중앙인민위원회 정령으로 5월1일 경기장으로 개칭했다.[294] 이어 같은 해 5월 18일에는 3만 석 규모의 양각도 축구전용구장이 완공되었으며,[295] 6월 21일에는 높이 22미터에 지하 1층, 지상 3층 규모인 김일성종합대학 체육관도 준공되었다.[296] 그리고 1992년 8월에는 남한의 국기원에 해당하는 태권도전당을 세우기도 했다.[297] 평양 안골체육촌 내에 건설된 이 경기장은 7,000평방미터의 건축면적에 3층으로 되어 있으며, 2,000여 석의 관중석과 300석의 회의실 외에도 건물 밖에 연건축면적 5,000평방미터의 숙소와

289) 조남훈, 앞의 책, 323~324쪽.
290) 김순교, 앞의 책, 57쪽.
291) 『로동신문』, 1982년 4월 12일자.
292) 『로동신문』, 1988년 9월 5일자.
293) 『로동신문』, 1988년 9월 5일자.
294) 『로동신문』, 1989년 5월 2일자.
295) 조남훈, 앞의 책, 328쪽.
296) 『로동신문』, 1989년 6월 23일자.
297) 『2001 북한연감』, 연합뉴스, 2000, 901쪽.

식당도 갖추었다.[298]

한편 1988년 남포시에 재일조총련과 합작으로 18홀의 정규 골프장을 세운데 이어,[299] 1990년 8월 평양에 실내 골프연습장을 설치하는[300] 등 그동안 자본주의 스포츠라고 하여 외면해 왔던 골프, 볼링, 야구 경기장들이 잇달아 건설되었다.[301]

예를 들면 1992년 바르셀로나올림픽에서 야구가 정식정목으로 채택되자 3,500석의 규모인 북한 최초의 야구전용구장이 1991년 착공되어 1992년 개장했다. 좌우측 펜스길이는 100미터, 중앙은 125미터로 된 인조잔디구장이다. 볼링경기장은 종합 레저 스포츠 시설인 나원관 안에 설치되었는데, 조총련과 합작으로 1991년 6월 착공하여 1994년 2월 14일 김정일 생일에 맞춰 40개의 레인과 500석의 좌석을 갖추고 개장했다. 1991년 8월에는 자강도 강계시에 롤러스케이트장을 건설한 데 이어 1992년 6월 평양 능라도 5·1경기장 옆에도 롤러스케이트장을 세우기도 했다.

평양 외에 각 지방에도 현대식 종합경기장을 비롯한 각종 경기장을 신설·증축했다. 1984년 4월 3만 2천석 규모로 완공된 해주경기장이 그 대표적 사례이다. 축구와 육상경기를 치를 수 있는 국제규격의 이 경기장은 훈련장, 휴게실, 의료실 등을 갖추고 있다.[302] 1987년 4월에는 황해북도 사리원에 기존 경기장을 4만여 석으로 확장하여 9개의 실내 훈련실과 실내 경기장을 갖춘 사리원경기장이 증축되었다.[303] 해주경기장과 사리원경기장에는 집단체조를 할 수 있는 시설도 갖추었다.

지방의 체육관으로는 1986년 2월 20일 평안북도 정주시에 3,500석 규모로 건설된 청년체육관이 있다.[304] 이 체육관은 총 건평 7,450평방미터에 4층으로 되어 있으며, 배구·송구·농구·탁구·권투·레슬링·유도·체조 등 실내 스포츠종목 경기를 진행할 수 있다. 외부에는 400미터 주로의 롤러스케이트 훈련시설도 갖추었다. 1992년에는 황해북도 평산군에 국제 규격의 군민체육관이 세워졌다.[305] 1999년에는 평안남도 개천시에 야외경기장을 갖춘 체육관이 세워졌다.[306] 지상 3층에 2천 수백 석 규모의 이 체육관은 종목별 훈련실을 비롯하여 여러 가지 문화후생시설도 설치되어 있다.

---

298) 『로동신문』, 1990년 11월 4일자.
299) 『내외통신』, 1994년 1월 27일자.
300) 『조선일보』, 1990년 8월 30일자.
301) 이학래·김동선, 앞의 책, 231~232쪽; 정동길, 앞의 책, 116·125~126쪽.
302) 『로동신문』, 1984년 4월 26일자.
303) 『로동신문』, 1987년 4월 13일자.
304) 『조선중앙년감』, 1987, 286쪽.
305) 『로동신문』, 1992년 10월 29일자.
306) 『로동신문』, 1999년 11월 9일자.

제 VII 장

요 약

1. 체육행정기구

조국광복 이후 1950년대까지의 체육행정기구에는 4~5명 정도의 소수 직원이 모든 국민의 체육과 보건에 관한 업무를 담당했기 때문에 그 성과는 아주 미미했다. 다만 이 시기에는 대한체육회 중심의 민간단체가 사실상 올림픽대회 등 국제경기대회 파견을 위주로 하는 체육행정 전반을 주도했다.

문교부에서 체육을 담당하던 행정기구는 체육과에서 출발하여 5·16 군사정변을 계기로 체육국으로 확대 개편되었으며, 체육국은 대한체육회를 통해 국민체육을 진흥하고, 시·도 교육위원회(교육청)를 통해 학교체육을 진흥시켜 나가고자 했다. 이로써 문교부 체육국은 학교체육과 국민체육을 체계적으로 조화 있게 발전시켜 나가는 기능을 발휘했던 것이다.

1982년 3월 20일에 이루어진 체육부 발족은 한국 체육사에 있어 커다란 분수령을 이루었다. 체육부 신설이 비록 서울아시아경기대회와 서울올림픽대회를 대비하는 차원에서 이루어진 조치이기는 했지만, 그 이전까지 문교행정의 시각에서 부분적으로 다루어져 오던 체육행정을 새로운 차원으로 끌어올려 종합적으로 추진할 수 있게 했기 때문이다.

체육부 신설로 전두환 정부는 국민체육의 진흥을 본격화하고, 체육을 생활화하며, 체육을 통한 국민화합과 복지증진 및 국위 선양을 도모하고자 하는 정책 의지를 관철시켜 나갈 수 있는 행정력을 지니게 되었다. 또한 이를 통해 서울아시아경기대회와 서울올림픽대회의 성공적인 개최를 위한 준비 업무를 국가적으로 추진할 수 있었다.

체육부는 발족 당시 1실 3국 10과 6담당관의 편제를 갖춘 중앙행정기관으로서 체육에 관한 업무를 전반적으로 관장하기에 이르렀다. 체육부는 체육진흥국, 체육과학국,

국제체육국을 중심으로 체육행정을 펼치는 구조를 갖추고 스포츠과학과 국제협력 기능을 강화하려는 의지를 분명히 드러냈다.

체육진흥국은 기존의 체육국이 담당하던 분야를 그대로 포함하면서 체육정책과 시설분야를 새롭게 강화하는 면모를 갖추었다. 체육부 신설과 함께 새로 그 모습을 드러낸 체육과학국은 서울아시아경기대회와 서울올림픽대회를 대비한 과학적 훈련과 정보·조사 등을 담당하기 위한 것이었고, 국제체육국은 기존의 국제경기과 외에 대외협력을 담당하는 해외협력담당관과 86·88 양 대회를 대비하는 국제적 협력 강화 방안을 지원할 담당부서를 두는 등 전반적으로 86·88 양 대회를 성공적으로 치루기 위한 중앙행정기능 확보에 역점을 두었다.

노태우 정부는 직선제로 선출된 의미를 부각시키고, 제5공화국과의 차별성을 부각시키기 위해 작은 정부를 선거공약으로 제기했었다. 이에 따라 출범과 동시에 대통령 공약사업으로 제기된 행정개혁작업에 착수했고, 개혁작업의 선상에서 체육부 폐지론이 부각되자 체육계는 이에 강력히 반발했다.

그 결과 노태우 정부는 선진 복지사회 구현이란 정책의지를 앞세워 체육부 폐지론을 백지로 돌리고 오히려 관련 업무의 영역을 청소년 문제로까지 확장해 체육청소년부를 탄생시켰다. 이에 따라 1990년 12월 27일 정부조직법 개정과 함께 체육부의 명칭은 체육청소년부로 개칭되었다. 체육청소년부는 오히려 체육부보다 더 기구를 확대하여 2실 3국 5관 3담당관 16과로 출발했다.

1993년 김영삼 정부의 출범은 체육행정조직에 큰 변화를 가져왔다. 새 정부는 방만해진 정부 조직을 개편하여 작은 정부를 구현한다는 목표를 앞세워 비효율적이고 업무의 중복이 두드러진 부처를 통폐합하면서 체육청소년부를 문화부에 흡수 통합했다. 이에 따라 체육청소년부는 출범 3년만에 폐지되고, 1993년 3월 문화부와 체육청소년부를 통합한 문화체육부가 발족했다. 이 가운데 체육 관련 기구는 체육정책국, 체육지원국, 국제체육국 등 3국으로 구성되었다. 따라서 문화체육부 출범 당시에는 비록 문화부와 통합되면서도 구조상으로는 별다른 변화 없이 체육청소년부 체제하의 기능을 그대로 유지할 수 있었다.

1998년 국민의 정부 출범과 더불어 문화체육부는 문화관광부로 개편되면서 체육관련 행정부서는 더욱 축소되는 결과를 가져왔다. 문화관광부는 1998년 2월 28일 정부조직법 개정에 따라 문화체육부를 폐지하고 새로 발족되었으며, 발족 당시 1차관보 2실 6국 27과 7담당관제로 출범했다.

문화관광부의 체육담당 기구는 체육국 1개 국에 불과했다. 결국 노태우 정부에 와서 체육관련 기구는 체육청소년부의 3개 국 체제에서 시작해 문화체육부로 넘어와서도 처음에는 똑같이 3개 국으로 출발했지만, 곧이어 2개 국으로 축소되었다가 문화관광부로 개편되면서 마침내 체육국 1개 국으로 축소되는 결과를 가져오고 말았다.

1948년 정부 수립 이후 중앙행정기구와 연계된 지방행정기구의 경우 역시 체육행정 업무는 교육을 담당하는 기구를 중심으로 이루어졌다. 그러다가 1962년 지방자치제가 실시됨에 따라 서울특별시와 각 도에는 물론 시·군까지에도 교육위원회가 설치되었다. 서울특별시 교육위원회의 경우는 학무국 학무과, 각 도는 문화사회국(제주도는 총무국) 학무과, 시·군은 교육청 학무과에서 각각 학교체육을 비롯한 체육 전반에 관한 업무를 담당했다.

이처럼 1982년 체육부 발족 이전까지는 지방정부에는 체육을 담당하는 부서가 없었다. 다만 지방체육행정기구는 각 시·도 교육위원회를 단위로 하여 교육·과학에 관한 업무와 함께 체육에 관한 사항을 담당하는 형태로 이루어졌다. 그러나 1986년 서울아시아경기대회와 1988년 서울올림픽대회 유치와 맞물려 체육부가 발족함에 따라 각 시·도에서도 그 동안 여러 부서가 산발적으로 담당하던 지방체육진흥 지원업무를 통합해 효율적으로 수행하기 위한 조치를 취하게 되었다.

각 시·도 교육위원회는 학무국에 사회체육과를 두고 체육단체 운영의 지도·감독, 학교체육과 시민체육 및 체육행사에 관한 사항, 학교 급식관리의 지도 감독, 체육학교 운영의 지도 감독업무를 담당했다. 다만 직제상 사회체육과가 없는 제주도의 경우에는 학무국 초등교육과 및 중등교육과에서 체육에 관한 업무를 분담했다.

그러다가 노태우 정부의 적극적인 생활체육진흥정책과 함께, 지방차지제가 정착되면서 지방체육행정의 중요성이 점차 높아졌다. 이같은 시대적 흐름에 맞춰, 1988년 서울특별시를 시작으로 각 시·도의 새마을과에 체육청소년계가 신설되어 체육과 관련된 업무를 담당하게 되었다. 이어 1989년에는 지방체육을 활성화하기 위해 시·도별로 주민의 생활체육, 체육시설 관리 운영 등 주민 체육업무를 전담할 행정부서를 생활체육과로 확대 설치했다.

한편 광복 이후 민족체육의 재건은 조선체육회의 부활로부터 비롯되었다. 조선체육회의 부활은 민족정기의 부활을 의미했고, 체육인들이 신생 독립국가의 기틀을 마련하는 데 적극 참여하면서 체육행정 수립의 기틀을 마련하는 출발점이 되었다. 대한민국 정부 수립과 더불어 조선체육회는 그 명칭을 대한체육회로 개칭하고 체육발전의 길을 모색했다.

국제올림픽위원회(IOC) 역사상 정부 성립 이전에 국가 단위의 올림픽위원회가 승인된 경우는 조선올림픽위원회(KOC)가 유일했다. 조선올림픽위원회의 창립은 일제 식민통치로부터 해방되어 신생 독립국가로서의 위상을 국제사회에서 공인받는 것을 의미했다. 국제올림픽위원회는 이미 신생 독립국가로서의 위상을 갖추고 모든 준비를 끝낸 상태로 보아 1948년에 개최되는 런던올림픽대회 출전 자격이 충분히 있다는 점을 인정하여 조선올림픽위원회의 국제올림픽위원회 가입을 1947년 6월 20일 기꺼이 승인했다. 이렇게 탄생된 조선올림픽위원회는 대한민국 정부가 수립되자 그 명칭을 대한올림픽위원회로 바꾸어 오늘에 이르고 있다.

대한체육회는 6·25 전쟁 이후 전쟁의 상흔을 씻어내듯 새 출발을 하면서 체육단체를 재정비했고, 사단법인체로 전환하는 정기총회를 개최하여 사단법인 정관을 채택하고 대회 헌장과 심판규정을 제정하는 등 운영체제를 정비했다. 이와 함께 여타의 체육단체들도 곧바로 재정비의 길을 모색하기 시작했으며, 5·16 군사정변 이후 유사단체 통합이라는 정부시책에 따라 대부분의 경기단체들은 사단법인 대한체육회에 가맹되었다.

그러나 민정 이양과 함께 이 통합기구는 서서히 허물어지기 시작했다. 대한체육회는 올림픽사업을 전담하는 대한올림픽위원회와 학원스포츠를 담당하는 대한학교체육회가 분리되어 그 사업의 관장 범위가 줄어들거나 상호 중복되는 단점이 노출되었다.

이에 따라 체육단체 다원화 현상에 따라 일어나는 부작용을 해소하기 위해서는 체육단체가 통합되어야 한다는 필요성이 제기되었고, 1968년 2월에 사단법인 대한체육회, 대한올림픽위원회, 대한학교체육회 등 3개 단체는 또 다시 대한체육회로 통합되었다.

대한체육회는 통합 출범과 동시에 한국 체육의 현황 분석을 토대로 앞으로의 체육진흥방안을 마련하여 정부의 지원을 요청했고, 문교부는 이를 참고로 종합적인 체육진흥안을 작성하여 대통령의 재가를 받아 국민체육 진흥 방향을 결정했다.

이에 따라 대한체육회는 아마추어 경기단체의 통괄 지도, 우수선수 훈련 및 양성, 코치·심판원의 육성, 각종 국내경기대회의 개최, 여러 국제경기대회의 개최 및 참가, 각종 국제회의 대표 파견, 선수 훈련시설의 관리와 운영을 맡게 되었다. 다른 한편으로는 코치아카데미의 개설, 외국 코치의 초빙, 스포츠의 과학화 등을 통하여 경기력 향상을 도모하게 되었다.

대한체육회의 이상과 같은 기능은 정부가 관장해야 할 체육진흥정책에서부터 각종 경기단체가 전담해야 할 선수 훈련에 이르기까지 지나칠 정도로 광범위했다. 여기에 체육시설의 확충과 관리 업무까지 담당하여 무리한 측면이 없지 않았다.

반면에 문교부의 체육 관련 업무는 학교 및 사회체육의 기본시책 수립, 스포츠 인구의 저변 확대와 국민체위 향상책 수립, 체육시설의 확충 및 재정 지원, 레크리에이션 및 민속놀이의 지도 육성 등에 불과했다. 이런 현상은 1982년 체육부가 출범하기까지 크게 개선될 수가 없었다.

1983년 1월 1일자로 시행된 국민체육진흥법 개정법률 제4장(대한체육회 등의 육성)에 따라 대한체육회는 같은 해 6월 23일 체육부장관의 승인을 받아 법정법인(특수법인)화했다. 이로써 새롭게 출범한 대한체육회는 체육운동을 범국민화하여 학교체육 및 사회체육의 진흥으로 국민의 체육 향상과 건전하고 명랑한 기풍을 진작함과 아울러 아마추어경기단체를 통괄 지도하고 우수한 경기자를 양성하여 국위 선양을 도모함으로써 민족문화 발전에 이바지하고, 나아가 스포츠를 통한 국제친선과 세계평화에 기여함을 목적으로 했다.

이렇게 일제 식민지 시기에 민족체육의 보루였던 대한체육회는 1945년 조국 광복과 함께 부활했다. 이어 1954년 3월 사단법인화했다가 1968년 3월에 대한올림픽위원회 및 대한학교체육회를 흡수 통합한 대한체육회는 1983년 6월 법정법인(특수법인)으로 지정받아 오늘에 이르고 있다.

2. 학교체육행정

1955년에 제정된 1차 교과과정(1955~1962)의 특색은 종래의 지식 중심의 교과과정을 지양하고 학생들의 경험과 생활을 존중하는 교과과정을 편성하도록 노력하는 데 있었다. 이는 미국의 진보주의 교육의 영향을 받은 결과로서 '민주국가의 공민 육성'을 강조하여 교육의 민주화를 이끌어 가는 지표가 되었다.

이때 체육과 교육과정의 목적도 사회적 성격의 육성과 레크리에이션 스포츠를 강조하고 학생 중심적 입장에서 교재 선택을 하도록 했으며, 건강교육을 중시하고 필기고사 및 실기측정 등 체육교육의 과학화를 도모토록 했다.

박정희 집권기에는 두 차례의 교육과정 개편이 있었다. 제2차 교육과정(1963~1973)과 제3차 교육과정(1973~1981)이 그것이다. 제2차 교육과정의 특색은 생활 중심 또는 경험 중심의 교육을 강조했다는 점에 있다. 이러한 교육과정의 특성에 따라 체육과 교육과정은 건강한 정신과 강건한 신체를 가진 국민 양성에 직접 기여할 수 있는 학습 활동의 계획을 목표로 설정했다.

특히 제3차 교육과정에서는 제1, 2차 교육과정에 비해 국가주의적·민족주의적 가치를 지나치게 강조했는데, '당면한 국가목표인 자주국방과 자립경제 건설에 필요한 국가 요구로서 건민체육의 생활화'라는 학교체육의 목표가 이런 사정을 잘 보여준다.

그 결과 당시 체육교육은 '당면한 국가목표인 자주국방과 자립경제 건설에 필요한 국가 요구로서 건민체육의 생활화'라는 문교부의 지침에 따라 실시되었다. 즉 체육교육이 전인적 교육의 차원이 아니라 국가적 요구에 부합하는 수단으로서 간주되었다는 것이다. 이같은 체육의 외재적 가치에 치중한 체육교육 목표는 학교급별 교육내용에 그대로 반영되어 주로 운동기능의 향상에 치중했고, 당연히 신체활동 자체의 가치를 실현하기 위한 교육지침은 명확히 제시되지 못했다.

전두환 정부에 와서 이러한 국가주의적 목표는 어느 정도 해소되었다. 예컨대 제4차 교육과정(1981~1988)에서 운동을 통한 개인적 가치 및 인간 중심적 교육을 고려한 것이 그 사례일 것이다. 하지만 구체적인 체육교육의 내용은 이같은 목표를 달성하는 데 부족했다. 교육현실을 무시한 수영, 레크리에이션 등의 교육과정에의 도입은 제도상의 내용에 지나지 않았다.

노태우 정부의 제5차 교육과정(1988~1992)은 교육목표와 내용에서 이전의 교육과정에 비해 발전된 모습을 보였다. 체육의 외재적 가치보다는 내재적 가치에 중점을 둔 교육목표, 세분화된 교육영역의 구성이 바로 그것이다. 하지만 외형적 진전에도 불구하고 실제 교육과정은 이를 제대로 실현할 수 없었다. 특히 수입시수의 축소는 체육교육의 부실을 초래했다.

이렇게 군사정권의 체육 교육과정은 외형적인 면에서 점차 진전된 모습을 보였다. 또 체육교육의 진정한 가치를 전혀 외면한 것도 아니다. 하지만 기본적으로 체육교육이 정상적으로 실현될 수 있는 여건은 제대로 마련하지 못했다. 교육내용을 실현할 체육시설의 미비는 물론이고, 학교체육에서 조차도 엘리트스포츠에 치중한 결과였다.

사회의 민주화 진전에 따른 문민정권의 출범에도 불구하고 체육 교육과정은 그 근본부터 무너지기 시작했다. 이는 물론 신자유주의와 민주화에 따른 학교체육의 환경이 급변했기 때문이다. 하지만 체육교육의 내재적 가치를 강조하면서도, 이를 위한 교육여건을 마련하지 못했다는 점에도 크게 기인한 것이다.

문민정권의 제6·7차 교육과정은 이전 시기와 달리 체육수업을 단축시켰고, 교육내용 역시 학교현장의 창의성과 자율성을 강화한다는 이유로 이전보다 더 포괄적이고 지나친 개념화를 시도했다. 특히 제7차 교육과정(1997~)에서 시도된 체육의 선택과목화와 수업시간의 단축은 학생들의 체력을 약화시켰고, 이는 다시 체육교육을 회피하는 결과를 야기했다. 또한 학교현장의 자율성과 창의성 제고는 오히려 체육교육이 일관성을 갖지 못하고 교사와 학생들의 편의에 따라 행해지는 현상을 더욱 심화시켰다. 교육내용을 실현할 시설이 갖춰지지 않은 일부 종목을 여전히 교과과정에 포함시키는 조치도 이전과 달라지지 않았다.

이렇게 문민정권의 체육과 교육과정은 사회의 민주화 분위기를 반영하여 체육의 궁극적 가치를 실현하는 교육목표를 내세웠다. 하지만 수업시수의 축소와 선택과목화는 체육교육의 부실을 더욱 조장했다.

미군정 당시의 가장 큰 문제점은 교육 운영의 핵심 주체인 교원의 부족이었다. 교원 부족현상은 체육교사의 경우도 마찬가지였다. 문교부는 체육교원 충원을 위해 조선체육연맹에 위촉하여 강습회 후 교사 자격증을 부여케 했다.

문교부는 체육교원 충원이 이러한 미봉책으로는 해결이 안 된다고 보고 이화여자대학교와 서울대학교를 비롯한 6개 대학에 체육학과를 인가하고, 정부 수립 후 1950년대에 접어들면서 2년제 체육학과를 조선대학과 신흥대학(현 경희대학) 등 6개 대학에 설치하여 체육교사를 배출케 했다.

이처럼 광복 이후 체육교사는 일부 대학교의 사범대학 체육과를 통해서 양성되었다. 그러다가 1950년대 들어 일반대학의 교직과정에 체육과가 설치되면서 중등 체육교사 양성을 위한 교육기관이 점차 자리잡기 시작했다. 하지만 이들 교육기관을 통해 양성된 체육교사 수는 매우 미미했다.

박정희 정부는 학교체육의 질적인 향상을 위해 체육교사의 양성정책에 주력했다. 체육교사의 양성은 주로 사범대와 일반대학 교직과정, 임시 중등교원양성소 등을 통해 이루어졌다. 그 제도적 기반은 1960년대에 확립되었다.

1970년대에 와서는 국·사립 사범대학이 다수 신설되었고, 기존 사범대학에도 증과가 이루어졌다. 이때 많은 사범대학에 체육교육과가 설치되면서, 체육교사의 수급이 어느 정도 궤도에 오르게 되었다.

제5공화국에 와서 사범대학은 제도상에서는 이전과 커다란 변화는 없었지만, 그 수적인 면에서는 현저히 증가했다. 이처럼 1980년대에 와서 사범대학이 증설되자 그 졸업자가 과잉 배출되었다. 이는 중등교사의 미발령자가 늘어나는 결정적 원인이 되었다. 때문에 문교부는 국립 사범대의 정원을 크게 감축하고, 영세한 사범대학을 일반대학으로 전환시키거나 사범계 학생의 정원을 줄여 나갔다. 또한 1988년에는 교육법을 개정하여 국립 사범대 학생들에게 주어졌던 입학금 및 수업료 면제, 학비지원 제도마저 폐지했다. 그리고 선발방법을 종전의 학력 위주에서 인성, 적성, 성적을 감안한 종합적인 방법으로 개선했다.

일반대학 교직과정도 1980년대 중반부터 그 신설 내지 증설을 허가하지 않은 한편, 기존에 설치된 교직과정도 점차 축소하여 나갔다. 여기에다 문교부는 1982년 교원자격검정령을 개정하여 그 자격요건을 강화했다. 하지만 전체적으로 체육교사 자격증 소지자는 여전히 증가추세를 유지했다.

교사임용에 관해서는 1963년의 교육공무원법의 개정에 따라 국·공립 사범대학 및 기타 교원양성기관의 졸업 또는 수료자를 대통령령이 정하는 비율에 따라 우선 임용하도록 했다. 예정 인원수보다 희망자가 많을 경우는 경쟁시험을 통해 임용후보자를 선발할 수 있도록 했다.

그런데 이런 조처는 자질이 우수한 비국립 사범대 출신의 교사가 원천적으로 임용될 수 있는 길을 차단함으로써 오히려 교사의 질을 저하시키는 결과를 가져왔다. 이는 국립대학 졸업자를 우선 임용한 뒤, 그 인원을 충원하지 못할 경우 순위고사를 거쳐 사립대학 사범대학 졸업자 및 일반대학 교직 이수자를 임용했기 때문이었다. 특히 무시험검정제도로 인하여 교사의 자질은 더욱 저하되었다. 이런 현상은 군사정권기의 체육교사 임용정책이 자질 제고를 고려하지 않은 채 단순히 인력 충원에만 치중한 결과이기도 했다. 결국 이 조항은 1990년 헌법재판소의 위헌 판결로 효력을 상실하고, 문민정권이 출범하면서 교원 임용은 국·공립대학과 사립대학 출신을 차별하지 않고 공개경쟁시험을 통해 이루어졌다. 평등권과 직업선택권이라는 헌법상의 권리를 실현한다는 측면에선 바람직한 조치였다.

하지만 현 임용고사는 단순한 지식평가로만 이루어지는 것으로 교육자로서의 자질을 비롯한 교육현장에 적합한 교사를 선발할 수 없는 약점을 안고 있다. 이런 사정으로 체육교육에서 체육의 본질적 가치를 교수하여 학생들의 건전한 심신 발달을 노보한다는 체육교육의 목적은 결코 달성될 수 없었다. 나아가 학교체육의 활성화는 물론 체육에 대한 부정적 인식의 해소조차 실현하기 어렵게 만들었다.

그 결과 문민정권하에서 체육교사의 전문성이 결여되는 상황까지 초래했다. 특히 체육교사의 양성에서 나타난 문제점은 대학과정에서의 교육과 학교현장의 교육이 불일치하는 등 교사의 전문성을 갖추는 데 필요한 교과가 제대로 개설되지 않았다는 데 원인이 있다. 게다가 교육실습의 시간도 충분한 경험을 쌓기 위해선 매우 부족한 실정이다.

이처럼 문민정권의 체육교사 양성과 임용제도는 이전 군사정권기의 문제점을 해결하지 못한 채 오히려 더 심화되었다. 군사정권기에는 교사의 양적 증가는 성공했으나, 질적 수준의 제고에는 미흡했다. 따라서 문민정권은 체육교사의 질적 수준 제고에 치중해야 했다. 하지만 단지 절차적 평등권만을 고려하여 교사임용제도만을 개편하는 데 그쳤다. 이로써 교원적체 문제는 심화되었고, 이런 현상은 수업시수의 축소와 주지주의적 교육의 확대로 더욱 악화되었다.

체육중·고등학교는 체육영재 교육의 일환으로 각종 스포츠에 소질이 있는 자를 초등학교 때부터 조기 발굴하여 중·고등학교 진학시 별도로 선발해 국가의 지원 아래 특별교육시킴으로써 그 소질과 잠재능력을 최대한 계발 발휘하도록 하여 각종 국제대회에서 국위를 선양하고, 나아가 훌륭한 체육지도자를 양성한다는 목표하에 설치되었다.

2004년 현재 전국의 체육계 학교는 체육중학교 5개, 체육고등학교 14개, 특수목적고교인 제주남녕고 1개(1개반을 체육특기생으로 편성 운영) 등 총 20개이다. 이러한 체육중·고등학교는 여타 일반학교에서 설치 운영하고 있는 종목별 운동부와 비교할 때 몇 가지 특징을 지니고 있다. 우선 체육 중·고등학교는 비인기종목의 우수선수를 육성하는 요람이 되어 전문체육 육성의 견인차 역할을 해오고 있다. 또한 선수들의 가정형편은 어려우나 기량이 뛰어난 체육인재를 유치하기 위해 학비는 물론이고 기숙사 제공, 장학금 지급 등 모든 경비를 설립자가 부담하고 있다.

한국체육대학은 1977년 3월 국내 최초의 국립 체육대학으로 설립되었다. 한국체육대학의 개교는 마침 서울체육고등학교 졸업생이 배출되는 시기와 일치되어 더욱 의의가 있었다. 1971년에 문을 열었던 체육중학교 첫 졸업생이 배출되는 해인 1974년에 체육고등학교가 개교되었고, 체육고등학교 첫 졸업생이 배출되는 해인 1977년에 체육대학이 개교된 것은 단순한 우연이 아니었으며, 그 나름으로 체육지도자의 육성을 위해 심혈을 기울여 온 한국 체육계의 노력이 결실을 맺은 것이기도 했다.

한국체육대학이 첫 졸업생을 배출한 1981년에 국가대표 선수 및 상비군 63명을 배출했고, 그후 1983년 59명, 1984년 154명, 1985년 151명, 1986년 148명, 1987년 129명, 1988년 166명 등으로 지속적인 증가를 보여 국가대표선수 가운데 30퍼센트 이상을 차지하는 등 꾸준히 국가대표선수 양성의 대들보 역할을 했다. 그리고 1983년 9월부터 경기지도자 연수원으로 지정되어 태릉선수촌에서 담당하던 코치아카데미 과정을 이어받아 본격적인 연수원 체제로 전환, 우수 지도자 육성의 발판을 마련했다.

3. 생활체육행정

생활체육은 1980년대 전반까지는 사회체육이라는 용어와 함께 국민체육, 평생체육, 생활스포츠 등을 혼용해서 사용해 왔는데, 이 가운데 생활체육이란 용어는 1980년대 중반에 등장한 새로운 개념으로 국민체육진흥을 추진하는 정책 실행의 차원에서 개념화한 것이다.

1960년대 당시만 하더라도 한국 사회는 6·25 이후 피폐한 국내 사정으로 국민들의 체력 향상에 관심을 두기보다는 생활여건 개선에 급급한 상황이었다. 한편으로 박정희 정부는 국민체육진흥법의 제정을 통해 국민체력 증진에 대한 관심을 새롭게 제고하여 국가와 지방자치단체가 체육진흥에 관한 시책을 강구토록 했다.

이어 박정희 정부는 1970년대에 와서 생활체육 진흥을 위한 본격적인 관심을 기울이기 시작하여 제도적 측면에서 정책 추진을 뒷받침할 국가기구를 탄생시켰다. 국민체육심의위원회가 바로 그것이다. 이와 함께 체육진흥관리위원회를 두어 실질적인 집행과정에서의 업무들을 다룰 수 있게 했다.

박정희 정부 하의 생활체육 진흥은 주로 지역사회의 체육과 직장체육을 중심으로 전개되었다. 사회체육프로그램의 보급은 문교부 등 정부 차원보다는 대한체육회와 같은 사회단체의 주도로 이루어졌다. 대한체육회 산하에 설치된 사회체육위원회는 주로 사회체육의 기본방침에 관한 사항, 사회체육의 진흥방법에 관한 사항, 직장체육의 지도와 육성 및 시설에 관한 사항, 직장 체육행사에 관한 사항, 부녀자체육 진흥에 관한 사항, 사회인을 대상으로 하는 경기장·체육관의 시설 및 운영에 관한 사항 등을 심의했고, 1976년에 이 위원회는 사회체육진흥 5개년계획을 발표하여 생활체육의 참여 범위를 확산시켰으며, 국민들을 계몽할 생활체육 관련 책자를 발간하는 등 구체적인 움직임을 보였다.

각 시·도 체육회도 대한체육회의 조직적 지원 아래 사회체육 보급에 적극적으로 임했다. 대한체육회는 각 시·도 체육회의 이러한 활동을 뒷받침하기 위해 사회체육지도자 강습회, 체력측정요원 강습회 등을 개최하고, 신세기체조 레코드 및 도해도를 배포하기도 했다.

대한체육회 이외에도 생활체육 보급 및 교육에 크게 공헌했던 단체들은 한국레크리에이션협회, YMCA, YWCA, 한국보이스카웃연맹, 한국걸스카웃연맹, 한국산악회 등이었다. 이중 YMCA의 생활체육 업적이 두드러졌다. 일제시대부터 체육활동의 보급에 힘써 온 YMCA는, 특히 1960년대 이후 건전한 오락으로서의 체육과 레크리에이션을 보급하는 데 중점을 두었으며, 이를 통해 한국 체육계에 끼친 공헌은 참으로 컸다.

1985년 4월 한국사회체육진흥회가 새마을조기체육회를 모체로 하여 국민건강 및 체육증진, 국민의 여가 선용과 체육문화 창달, 범국민적 화합과 협동심 배양, 경기력 향상 기반 조성과 복지사회 건설을 목적으로 발족되었다. 출범 당시 한국사회체육진흥회는 15개 시·도 지부와 20개 회원단체 및 1백만 회원을 거느릴만큼 대단한 실적을 보였데, 그 주된 활동은 축구, 배드민턴, 테니스, 사이클, 배구, 합기도, 야구 등 7개 종목의 보급이었다.

이렇게 1970년대까지만 하더라도 생활체육은 여건 및 인식의 부족으로 소수의 사람들만이 참여하는 정도였다. 1980년대에 들어서면서 비로소 본격적인 관심을 불러일으키기 시작했으나, 실상은 여전히 1980년대까지는 체육 전반에 걸쳐 엘리트스포츠가 지나치게 강조되어 생활체육의 저변 확대는 제한적일 수 밖에 없었다.

그러다가 1988년 서울올림픽대회 개최 후 엘리트스포츠에만 집중되었던 정부의 체육정책과 국민들의 관심이 생활체육으로 전환되면서 국민들의 체육활동 참여가 급속히 확대되어 '생활 속에서 체육활동을 즐기는 것'이 하나의 사회적 현상으로 나타나는 생활체육 정착 시기로 접어들었다.

이같은 시대적 추세에 노태우 정부는 서울올림픽대회의 성공적인 개최 이후 체육정책의 방향을 엘리트 중심으로부터 국민생활체육 진흥으로 전환했다. 이를 반영한 것이 일명 '호돌이 계획'이었다. 1990년 3월에 입안되어 추진된 호돌이 계획은 국민생활체육진흥3개년종합계획으로 구체화되어 생활체육 발전의 제도적 기반 구축을 가능하게 했다.

호돌이 계획은 정부, 지방자치단체, 민간단체가 공동으로 생활체육 진흥을 위해 추진하고자 하는 모든 계획을 종합한 것으로 국민생활체육협의회를 중심으로 이루어졌다. 국민생활체육협의회는 생활체육 프로그램의 개발 및 보급 지원, 생활체육지도자 양성 지원 및 활용, 생활체육시설의 효율적 활용 지원, 생활체육을 위한 홍보사업 전개, 종목별 생활체육행사 지원 육성, 생활체육과 한민족축전사업의 연계 추진 등을 통해 범국민 체육생활화운동을 전개해 나갔다.

이처럼 국민생활협의회의 적극적인 활동으로 주 2~3회 이상 생활체육 참여율이 꾸준히 증가하는 추세를 보이고 있다. 즉 1989년 27.2%에서 1997년 38.8%까지 증가 추세를 유지하다가 1998년 IMF로 인해 참여율이 33.4%로 약간 감소했지만 2003년에 다시 39.8%로 증가하는 추세를 보이고 있다.

4. 체육전문인력 양성과 스포츠과학

제3공화국 이후 제5공화국에 이르기까지 가장 우선적인 과제로 삼아 온 엘리트스포츠정책의 핵심은 우수선수 및 지도자 육성에 있었다. 정부는 먼저 선수발굴의 문제점을 해소하고 선수층의 저변 확대와 경기 인구의 확산을 위해 체육 중·고등학교를 설립했다.

스포츠 엘리트를 육성하기 위한 전문교육기관으로서 체육중·고등학교는 다른 일반학교에 설치 운영되고 있었던 운동부와는 그 성격을 달리 했다. 즉 일반학교에서 육성을 기피하고 있는 종목, 즉 수영, 육상, 체조 등 낙후된 종목이나 국제무대에서 국위를 선양할 수 있는 유도, 역도, 레슬링, 복싱 등과 같은 전략종목, 전통적으로 강세를 보여 지속적으로 육성해야 하는 양궁, 사격 등의 종목을 중점적으로 육성했다.

특히 운동선수로서 일정한 기량을 갖춘 학생에게 입학 성적에 관계없이 상급학교에 진학할 수 있는 특혜를 부여한 체육특기자제도는 우수선수의 학교급별 연계 육성체제를 확립함으로써 체육을 통해 국위를 선양하고, 나아가 유능한 전문체육인을 양성한다는 취지에서 마련된 것이었다.

그리고 박정희 정부의 엘리트스포츠정책에서 우수선수 양성과 관련하여 매우 주목할 만한 조처가 바로 병역특례법이었다. 이 혜택을 받는 선수는 현역 복무 대신 체육분야에서 5년간 종사하면 병역의무를 마칠 수 있도록 한 것이다. 이로써 선수들이 훈련과 경기력 향상에 지장을 받지 않도록 하는 획기적인 기반이 마련되었다.

이렇게 체육특기생제도와 체육특기생 병역특례제도가 마련됨으로써 스포츠기량이 우수한 선수의 학교급별 연계 육성체제가 확립되어 체육을 통한 국위 선양 및 유능한 전문체육인 양성을 추진하는 기반이 조성되었다.

체육특기생제도는 제5공화국 때 와서 신설한 체육부로 이관되어 관리의 효율성을 극대화했다. 그 결과 서울아시아경기대회와 서울올림픽대회 및 각종 세계선수권대회 등에서 체육특기자 출신 선수들이 우수한 성적을 거두어 한국이 세계 스포츠의 강국으로 떠오르는 데 큰 기여를 했다.

문민정권이 출범하면서 군사정권에서 활발하게 진행되었던 우수선수 양성제도는 개편과 폐지가 이루어졌다. 체육특기생제도의 경우 특기생의 성적 부진이라는 폐단을 가져왔다는 비판이 제기되자 자격 기준을 강화했다. 즉 1994년 최저 학력제를 도입하여, 체육특기생도 각 대학이 설정한 최저 학력점수를 획득해야 입학할 수 있도록 한 것이다.

체육특기생제도는 김대중 정부가 들어서면서 커다란 변화를 맞게 되었다. 즉 2000학년도 대학 입학시부터 체육특기생은 동일 계열학과에 한해 지원하도록 규정하고, 재학 중 다른 계열학과로의 전과를 금지시키는 등 체육특기생은 대학 진학이 동일계로 제한되었다. 이같은 조치에도 불구하고 선수 스카웃을 둘러싼 비리 등 체육특기생제도의 문제는 여전했다. 운동부가 축소될 것이라는 우려는 대학 운동부의 증가로 해소되었지만, 초·중등학교의 운동부와 선수는 감소하여 사실상 대학 운동부의 증가는 큰 의미를 갖지 못했다.

경기지도자 양성제도는 경기지도자의 사실 향상과 우수 경기지도자를 통한 선수의 경기력 향상을 도모하기 위해 1965년 대한체육회에서 시작한 코치강습회가 그 시초이다. 코치강습회는 1969년에 코치아카데미로 개편되었으며, 1972년 대한체육회가 문교부로부터 경기지도자양성소로 지정됨에 따라 여기에 2급 경기지도자과정을 개설했다.

1982년에 체육부가 신설되어 모든 체육업무가 문교부에서 체육부로 이관됨에 따라 경기지도자 양성업무도 체육부로 이관되어 확대·발전되는 전기가 마련되었다. 즉 대한체육회의 경기지도자양성소를 폐지하고, 1983년 9월 한국체육대학을 2급 경기지도자연수원으로 지정하는 변화를 가져왔다. 1989년 11월에는 1급 과정 개설과 함께 한국체육과학연구원을 1급 경기지도자연수원으로 지정하여 명실공히 가장 권위 있는 경기지도자 양성기관으로 발전하는 토대가 마련되었다.

이렇게 대한체육회가 경기지도자 양성을 시작한 이래 1급은 1990년부터 매년 양성되고 있으며 2005년 12월 현재 1급 508명, 2급 15,330명이 양성되었다. 종목별 경기지도자 양성 현황은 1급의 경우 사격 42명을 비롯하여 육상 35명, 태권도 31명, 골프 31명 순으로 나타나고 있으며, 2급의 경우 태권도 4,078명을 비롯하여 야구 1,417명, 육상 955명 순으로 나타났다.

1960년대에 와서야 비로소 촉발된 스포츠과학에 대한 관심은 1964년 도쿄올림픽대회를 계기로 구체화되어 대학부설 스포츠과학연구소들도 설립되기 시작했다. 1964년 4월에 경희대 체육과학연구소가 처음 설립되었고, 같은 해 7월에 연세대 스포츠과학연구소가 설립되었으며, 1965년 3월에 서울대 의과대학 국민체력과학연구소, 1966년에 한양대 체육과학연구소, 1968년에 고려대 행동과학연구소 등이 설립되어 이른바 대학부설 스포츠과학연구소 시대를 열어 가기 시작했다.

대한체육회는 이미 1964년에 스포츠과학위원회를 설립하여 스포츠 과학화의 기반을 이루어 가기 시작했다. 스포츠과학위원회는 특히 의학, 심리, 영양, 체육, 인간공학 등의 모든 분야의 학문적 총화를 구하여 스포츠 과학기술을 분석·발전시키는 데 역점을 두었다.

1980년대에 접어들어 서울올림픽대회를 유치하고 이를 대비하기 위해 경기력 향상을 위한 다각적인 연구의 필요성이 대두되자 대한체육회는 스포츠과학위원회를 확대 개편하여 1980년 12월 29일 태릉선수촌 내에 스포츠과학연구소를 설립했다. 스포츠과학연구소는 연구·개발, 교육 및 현장적용 등 세 분야로 나누어 주로 기초연구와 선진 스포츠과학의 도입, 코치·선수·체육전공자 교육 및 스포츠세미나 등을 통하여 국가대표선수에 대한 과학적 지원에 크게 기여했다.

1986년 2월에 접어들어 전두환 대통령은 서울아시아경기대회와 서울올림픽대회를 준비하는 과정에서 나타난 문제점들을 체계적으로 해결해 가기 위해 스포츠과학 진흥대책을 세우도록 특별지시를 내렸다. 이에 따라 국민보건, 체육진흥을 위한 스포츠과학 개발 보급방안이 새롭게 검토되기 시작했고, 선수들에 대한 과학적 훈련방법 개선을 위해 스포츠과학연구소를 활성화하는 방안이 연구·검토되었다. 그리하여 독자적 운영체제를 갖춘 종합적 연구기관인 한국체육과학연구원이 1987년 5월 25일에 설립되었다.

출범 당시 연구원의 기구 편성을 보면 기획조정실 밑에 기초과학부, 응용과학부, 생활체육연구부 등 연구 전담부서와, 연수부, 전산실, 체력관리센터 등을 두었다. 특히 생활체육연구부와 체력관리센터는 주로 국민체육진흥을 위한 프로그램 개발과 국민의 체격·체력 연구를 담당하여 국민생활체육시대의 개막을 이끌었다.

5. 체육재정과 시설

체육의 활성화는 체육재정과 체육시설의 확보를 통해서 가능하다. 그러나 우리의 경우 일제시대에는 이를 기대할 수 없는 노릇이었고, 광복 이후에도 자립경제의 기반을 마련하기까지는 안정적인 체육재정의 확보나 체육시설 구비가 불가능했다. 더구나

6·25 전쟁의 여파로 사회간접자본시설 투자가 전면적으로 요구되는 상황에서 체육재정의 확보와 체육시설의 우선적인 해결을 기대하기는 힘들었다. 이런 상황에서 제3공화국 이후 국민체육진흥정책이 본격화함에 따라 체육재정 및 시설 확보에도 상당한 정도의 국가예산이 투입되었고, 특히 서울아시아경기대회와 서울올림픽대회를 개최하면서 대규모 체육시설의 확보가 이루어진 것은 그나마 다행한 일이 아닐 수 없었다.

광복 이후 체육 기반의 조성이라는 차원에서 체육재정과 체육시설의 확보와 운영이 어떻게 이루어졌는가를 간략히 정리해 보고자 한다.

우선 체육재정은 국민체육 진흥을 위해 학교체육과 엘리트스포츠 그리고 생활체육을 뒷받침하는 데 필요한 재원으로 체육 기반 조성에 있어 가장 중요한 요소였다. 체육재정이 튼튼해야 체육시설을 설치하고, 우수선수와 지도자를 양성하며, 국제경기대회를 통한 경기력 향상과 국제경쟁력 제고를 가져올 수 있었기 때문이다. 따라서 체육재정의 안정적 확보와 합리적 운용은 전문체육과 생활체육의 발전을 통해 한국체육을 지속적으로 발전시키는 데 절대적으로 필요했다.

체육재정은 공공체육재원과 민간체육재원으로 구성되었다. 공공체육재원은 국가일반회계의 체육진흥부문 예산, 국민체육진흥기금, 지방비로 구성되었고, 민간체육재원은 체육단체장 후원금, 체육단체 자체 수입, 관련업체의 후원금, 개인 또는 단체의 기부금 등으로 구성되었다.

공공체육재원을 기본으로 삼는 체육재정의 투입 역시 1972년 국민체육진흥재단의 설립으로 본격화되었다. 국민체육진흥재단은 기금 조성을 위한 수익사업과 함께 이 기금을 운용하여 국민체육진흥정책을 뒷받침했다. 즉 체육시설 확장을 위한 지원, 우수선수의 발굴 육성 및 지도에 대한 지원, 체육지도자의 양성 및 체육활동에 대한 지원, 체육연구에 대한 지원, 체육지도자 및 국제경기대회에서 입상한 선수로서 은퇴한 자 가운데 특히 공로가 큰 사람에 대한 생활보조금 지급, 기타 체육진흥을 위한 사업 등으로 이루어졌다.

국민체육진흥재단은 선수 및 체육지도자 양성 차원에서, 그리고 국제경기대회에 대비하는 측면에서 강화훈련비를 지급하고, 신인선수 발굴 육성비와 체육장학금을 지급했으며, 경기지도자에 대한 연구비도 지급했다. 이러한 지원을 통해 엘리트스포츠의 획기적인 발전을 기할 수 있었다.

체육재정은 제5공화국에 와서 급속하게 증가했다. 제5공화국에 들어서서 서울올림픽대회 유치를 결정하게 되자 국가적 차원에서 86·88 양 대회에 대비하기 위한 재원 마련을 본격화했기 때문이었다. 이때의 체육재정은 크게 체육부 예산과 서울올림픽조직위원회 기금, 그리고 국민체육진흥기금으로 구분되었다. 이 가운데 체육부 예산은 체육부가 발족되던 1982년 당시에는 127억 원으로 정부 예산의 0.1%를 차지하는데 불과했으나 점점 증가하여 1987년에는 433억 원으로 정부 예산의 0.3%를 차지해 대(對) GNP 비율이 2배로 늘어났다. 그러나 체육재정의 대부분을 차지하는 체육부 예산과 국민체육진흥기금은 서울올림픽대회 이전까지 주로 우수선수와 경기지도자를 양성하고 체육과학을 육성하는 전문체육부문에 집중되었다.

그러나 서울올림픽대회 이후 국민체육진흥공단이 설립되면서 상황은 많이 달라졌다. 특히 서울올림픽대회 개최로 인해 일반 국민들에 있어서도 체육에 대한 관심이 폭발적으로 증가하고 이로 인해 기금 수요도 크게 증대되어 그 규모도 커지게 됨으로써 국민체육진흥기금이 전문체육뿐 아니라 학교체육, 생활체육, 체육과학, 스포츠교류 등 국가재정이 미치기 어려운 분야에 광범위하게 본격 지원되는 새로운 전기로 이어졌기 때문이다.

사실 제3공화국 이후 국가적 차원에서 펼쳐진 체육진흥정책은 전적으로 국가재정에 힘입었었다. 그러나 서울아시아경기대회와 서울올림픽대회를 치르기에는 벅차기 때문에 점차 재벌 기업을 끌어들여 체육단체장을 맡기게 됐고, 86·88 양 대회도 기업들의 힘을 빌려 성과적으로 치러 낼 수 있었다. 그러나 88서울올림픽대회 이후 국가정책적인 차원에서 엘리트스포츠 위주로부터 국민생활체육시대로 그 무게의 중심을 옮기게 되자 더 이상 기업인들에 의존할 수도 없는 상황이 되어 새로운 방향에서 재정 문제 해결의 방도를 찾게 되었으며, 그 결과 국민체육진흥공단의 설립을 통해 안정적인 재정 확보의 길을 모색하게 된 것이다. 국민체육진흥공단의 재원은 기존의 국민체육진흥기금과 서울올림픽대회 잉여금을 합친 3,521억 원으로 조성된 순수민간기금이다.

그런데 국민의 정부에 들어서서 국민체육진흥기금을 공공기금화하여 정부 차원에서 이를 운용하겠다는 입장을 밝혀 체육계의 거센 반발을 몰고 왔다. 정부가 이 기금을 공공기금으로 묶는 것은 국민체육을 진흥하기 위한 재정적 자립의욕을 꺾는 동시에 기금의 특성을 무시한 무책임한 처사이기 때문이다. 사실 국민체육진흥공단 설립은 체육이 군사정권 시절처럼 정부 정책에 예속되는 것을 방지하고, 자율적인 성장과 발전이 가능하도록 하기 위한 것이었다.

1982년 체육부 출범 이후에도 중앙정부의 체육예산은 대폭 증가한 반면에 지방자치단체의 체육재정은 여전히 1960·70년대처럼 대부분 정부의 보조금에 의존했다. 그것은 지방자치단체 내에 체육에 관련된 업무를 담당하는 독립적인 행정부서가 존재하지 않았기 때문이다.

그러다가 1988년 이후 지방자치단체에 체육과 관련된 업무를 독자적으로 담당하는 행정부서가 설치된 데에 이어 1994년에 와서 자치단체장 직선제가 실시되어 지방자치단체가 정착되었다. 이처럼 지방자치단체가 정착되면서 지방자치단체는 지역주민의 삶의 질 향상을 위해 자체 체육예산을 대폭 증액했다. 참고로 2001년도 지방자치단체의 체육예산은 1조 2,582억 원으로 지방자치단체 총 예산 60조 5,474억 원의 2.07%를 차지했다. 2002년도 체육예산은 지방자치단체 총 예산 54조 900억 원 중 1조 953억 원으로 2.02%를 유지했다. 반면에 2001년 및 2002년도 중앙정부의 체육예산은 총 예산 중 각각 0.16%와 0.15%를 차지한 데 불과했다.

체육의 활성화라는 차원에서 볼 때, 체육시설의 문제는 가장 풀기 어려운 문제이기도 했다. 우선 가장 중요한 기반 시설로서 학교 체육시설이 필요함에도 불구하고 학교 체육시설 자체가 열악한 상태였다. 1970년대까지는 그나마 학교 시설을 개방해야 일반 국민들이 그 시설을 이용할 수 있을 정도로 생활체육시설이 미비했다.

학교 체육시설은 그 숫자나 규모가 열악함으로 인해 상당한 예산을 필요로 하는 등 난관에 봉착해 있었으나 다행히 1970년대에 접어들면서부터는 나름대로 체계적인 시설투자에 착수하게 되었다. 정부는 1970년부터 체육시설 확충 3개년계획을 수립하고, 다시 1972년부터 체육시설 확충 5개년계획을 세워 1980년에는 학생 1인당 체육장 면적이 초등학교 10.0㎡, 중학교 6.2㎡, 고등학교 10.5㎡에 달하게 되었다. 그러나 이 수치는 1980년 이후 오히려 감소하는 결과로 나타나 단위 면적당 시설 면적을 계산해 본다면 더 이상의 개선이 이루어지지 못했다.

이처럼 학교 체육시설이 대폭 확충됨에 따라 학교 체육시설이 전체 체육시설의 대부분을 차지하게 되자 정부는 국민체육진흥법 제14조 및 시행령 제20조 규정을 내세워 학교 운동장의 개방을 유도하면서 그 이용에 관한 규칙을 체육부령으로 정했다. 이 조치는 일반 국민의 체육시설 이용 기회를 확대하기 위한 것으로 학교 체육시설과 생활체육시설의 연계를 도모할 수 있게 만들었다.

체육시설의 활용에 대한 국민적 욕구 충족이 학교 체육시설에 대한 의존으로부터 벗어날 수 있게 된 것은 생활체육시설 확충에 역점을 두기 시작한 1980년대 이후라고 볼 수 있다. 특히 서울올림픽대회를 전후하여 국민들의 체육활동에 대한 인식이 확산되고 생활체육 인구가 급격히 증가됨에 따라 이를 뒷받침하는 정책이 불가피했던 것이다.

이에 따라 노태우 정부는 시·군당 1운동장, 1체육관 확보를 추진했고, 특히 15개 시·도에 30억 원씩을 지원해 올림픽기념 국민생활관을 건립하기 시작했으며, 이 외에도 전국 각 지역별 체육동호인들의 집결 장소에 체육시설을 설치하고, 하천 둔치 등에 주민 생활체육시설을 설치하는 등 근린 생활체육시설 확보에 많은 힘을 쏟았다. 그 결과 1998년 현재 체육시설은 공공체육시설 3,307개소(4%), 민간체육시설 4만 1,783개소(52%), 학교 체육시설 2만 2,767개소(28%), 직장 체육시설 1만 2,861개소(16%)를 보유하게 되었다. 이는 1960~70년대에는 상상할 수도 없을 만큼 확충된 것이었다. 그러나 일본과 비교해 볼 때 이는 5분의 1에도 못 미치는 수준이다. 뿐만 아니라 체육시설의 분포가

지역별로 편중되어 있고, 특히 서울이나 부산 등 대도시 위주로 설치되어 있어 생활체육의 균형발전에 많은 문제점이 있는 것으로 평가되고 있다.

김영삼 정부가 1993년 수립한 제1차 국민체육진흥5개년계획에서는 국민 전체의 체육활동을 지역적으로 균형 있게 공급해야 한다는 목표하에 지방체육시설 확충에 많은 노력을 기울였다. 우선 지역의 기본체육시설로서 운동장, 체육관, 수영장을 설치하고, 자연 속의 체육시설인 체육공원, 동네체육시설 등의 집중적인 설치를 추진했다.

제1차 국민체육진흥5개년계획에 이어 김대중 정부가 1998년에 와서 마련한 제2차 국민체육진흥5개년계획에서도 지속적으로 증가하고 있는 국민의 체육활동 참여수요에 대응하기 위해서는 지역 중심의 생활체육 환경을 조성해야 한다는 인식하에 시·군·구별로 부족한 기본체육시설과 근린체육공간 조성에 역점을 두었다.

특히 지역주민이 집 주변에서 손쉽게 접근하여 이용할 수 있는 국민체육센터, 생활체육공원, 동네체육시설 등의 건설이 집중적으로 이루어져 왔다. 이중 국민체육센터는 2003년 현재 19개소가 건설 완료되었다. 마을 단위 생활체육시설 설치는 1990년부터 동네체육시설이란 사업으로 전국 읍·면·동 단위에 1개소 이상 설치를 목표로 추진되어 왔으며, 2002년부터는 마을 단위 생활체육시설 설치사업으로 변경하여 전국 3,566개 읍·면·동 단위에 2~3개소 설치를 목표로 등산로, 약수터, 마을공터 등 인근 지역주민이 쉽게 이용할 수 있는 소규모 간이운동시설을 설치하는 것으로 추진해 왔다. 2002년에 150개소, 2003년에는 162개소가 지원되었다. 생활체육공원 조성사업은 2000년도에 시범적으로 8개소에 대한 사업이 착수되었다. 이어 2001년 5개소, 2002년 23개소, 2003년 28개소의 사업도 착수되었다.

그 결과 지역주민도 이용할 수 있는 시·군·구 체육시설은 여전히 미흡하지만 크게 늘어나게 되었다.

6. 북한의 체육행정

북한의 체육사업을 담당하는 행정기구는 체육지도위원회이다. 하지만 정권 수립 이후 수차례에 걸쳐 행정조직이 개편될 때마다 그 권한과 위상에 많은 변화가 있었다.

정권 초기 북한의 중앙행정기구는 소련 군정 당국이 설치한 중앙의 5도 행정국이었다. 하지만 행정기구로서 제대로 기능하지 못했기에 각 도의 인민위원회가 실질적인 권력을 행사했다. 따라서 체육과 관련된 업무도 이 각 도의 인민위원회가 주관했다. 북한지역에서 최초로 결성된 체육조직으로 1945년 11월 1일에 창설된 북조선체육동맹이 있었다. 1946년부터는 각 도별 체육동맹도 조직되었다. 하지만 체육이 사회주의 국가건설의 도구로 이용되는 상황에서 북조선체육동맹은 당시 정권의 외곽조직이었던 민청과 긴밀한 관계를 맺지 못했다. 때문에 1946년 12월 17일부터 18일까지 열린 노동당 중앙위원회 상무위원회는 북조선체육동맹의 해산을 결정했다. 이어 1947년 1월 체육의 실제 사업을 집행하는 중앙지도기관으로서 임시인민위원회의 교육국 안에 체육부가 설치되고 북조선체육위원회가 조직되었다.

그러나 체육사업은 여전히 원활하게 진행되지 못했다. 북한 당국은 기존 체육사업이 진전을 보이지 못하자 1948년 5월 29일 북조선중앙체육지도위원회를 비롯하여 각 도, 시, 군에 체육지도위원회를 조직했다. 1949년 7월에는 각 체육지도위원회에 심판부를 개편한 경기종목별 분과위원회를 설치했다. 이때부터 북한의 체육조직은 기본틀을 갖추기 시작했다. 체육업무 가운데 학교 및 군중체육사업은 내각 교육성 체육처에서, 지방 체육사업은 도·시·군의 인민위원회 교육부에서 담당했다. 이때 도 및 군 인민위원회 교육부가 교육성의 지시를 직접 받는 동시에 해당 도 및 군 인민위원회의 지시도 받는 2중 명령계통 선상에 있었기 때문에 체육사업의 일원화가 이루어지지 못했다.

북한의 체육행정이 본격적으로 자리잡은 것은 6·25 전쟁 이후였다. 김일성은 1953년 8월에 열린 당중앙위원회 제6차 전원회의에서 전후 복구사업의 일환으로 체육조직의 복구와 시설의 설치를 지시했다. 이에 따라 1954년 6월 24일 내각결정 제93호로 내각 직속 체육지도위원히가 조직되었다.

내각 직속 체육지도위원회는 부분별, 직종별로 조직된 체육조직을 경기별 협회와 자립저 체육단체 등으로 개편했다. 구체석으로 체육지도위원회 산하에 각 도(직할시) 체육지도기관과 각 정권기관, 경제 분야별, 행정 단위별, 학교별로 선수단을 조직하는 동시에, 시(구역)·군에는 체육구락부를 두었다. 그리고 중앙 스포츠협회를 종목별로 구성하여 행정의 일원화를 도모했다.

체육행정 조직이 어느 정도 정비되자 북한은 대외교류 사업에도 적극적으로 나서기 위해 1959년 3월 내각 직속 체육지도위원회 안에 국제부를 신설했다. 1962년 10월에는 내각결정 제57호 '체육기술수준을 급속히 제고할 데 대하여'를 채택하여 국제체육기구의 가입, 각국 체육단체 및 선수단과의 교류 등을 체계적으로 진행할 것을 결정했다. 이를 위해 1963년 6월 3일에는 내각 직속 체육지도위원회를 조선체육지도위원회로 개편하여 독립기구화했다. 비로소 조선체육지도위원회는 각종 체육사업을 독자적으로 추진함은 물론 대외체육사업을 위한 기능과 역할도 강화했다.

북한은 1963년 독일 바덴바덴에서 열린 국제올림픽위원회 총회에서 회원국으로 정식 가입할 수 있었다. 남한은 1947년 국제올림픽위원회에 가입했고, 그 이듬해 런던올림픽대회부터 올림픽대회에 참가했다. 때문에 북한의 국제올림픽위원회 가입은 이루어지지 못했다. 그것은 남한이 북한보다 먼저 1국 1국가 올림픽위원회를 인정하는 국제올림픽위원회에 가입했기 때문이다.

1967년 4월 노동당 제4기 15차 전원회의에서는 '체육지도 육성 강화책'이 제시되었다. 그 실천 요강에 따르면, 조선체육지도위원회에 대한 지휘감독권을 노동당 중앙위원회 선전부에서 군사부로 이관하여 체육의 군사체계화를 꾀하는 동시에 민간 스포츠외교도 강화하기로 했다. 1979년 9월과 10월에는 조선체육지도위원회의 기능과 역할을 높여 정무원의 부와 같은 급으로 격상시켰다. 이어 같은 해 11월 5일 정무원 지시 제217호에 따라 조선체육지도위원회가 체육사업에서 최대의 권한을 갖고 사업할 수 있는 행정적 조치를 취했다.

그런데 조선체육지도위원회와는 별도로 비상설기구인 국가체육위원회가 주요 체육사업에 대한 권한을 갖고 있었다. 이에 김정일은 1989년 6월 2일 당 중앙위원회 체육부문 책임자들과 한 담화에서 국가체육위원회의 기능을 조선체육지도위원회로 넘겨 조선체육지도위원회가 체육사업에 대한 일체의 권한을 갖게 하는 동시에, 그 명칭도 국가체육위원회로 바꾸게 했다. 이같은 김정일의 지시에 따라 중앙인민위원회는 같은 해 6월 29일 조선체육지도위원회를 국가체육위원회로 바뀌었다. 국가체육위원회는 다시 1998년 9월 헌법 개정으로 그 명칭이 체육성으로 바뀌어 내각의 직속 부처로 편입되었다. 이에 따라 그 위상도 체육사업을 독자적으로 책임지고 집행하는 기관에서 내각에 부속된 기관으로 낮아졌다. 그러다가 1999년 11월 3일 최고인민회의 상임위원회 정령에 따라 명칭이 내각체육지도위원회로 바뀌면서, 내각체육지도위원회는 모든 체육사업을 책임지고 지도·집행할 수 있는 권한을 되찾았던 것이다.

북한의 교과과정에서 체육시간이 차지하고 있는 비중은 다른 과목에 비해 그다지 높은 것은 아니었다. 때로는 개편과정에서 비중이 낮아지기도 했다. 하지만 정규 교육과정 외에 과외체육이나 국방체육 등에도 참여해야 했기 때문에 체육교과는 그만큼 큰 비중을 차지했다고 할 수 있다.

현 체육교육의 내용은 1977년 '사회주의교육에 관한 테제'에 근거하고 있는데, 그 내용은 이렇다. 첫째 자연지리적 조건과 민족적 체질의 특성, 청소년학생들의 성별·나이·인체생리학적 요구에 맞춘다. 둘째 체계적으로 키를 크게 하고 골격을 균형적으로 발전시킨다. 셋째 국방체육을 강화한다. 넷째 체육을 대중화·생활화하여 광범한 학생들이 망라되는 집단적 체육활동을 일상적으로 진행한다. 다섯째 과외체육을 널리 조직하여 업간체조, 집단달리기, 집단체조, 체육대회를 비롯한 각종 체육활동을 전개하고, 각종 체육소조활동을 활발하게 벌임으로써 모든 학생들이 체력을 끊임없이 단련하며, 한 가지 이상의 체육기술을 갖도록 한다.

한편 북한의 학교체육은 정규 교과과정에 따른 체육수업 외에 이루어지는 과외체육에 의해서 보다 활성화되어 있다. 과외체육은 정규 수업시간에 포함되어 있지 않지만 사실상 학교체육 수업의 연장이다.

과외체육활동의 구체적 종목으로는 육상, 체조, 수영 등 기본적인 체력단련 종목 외에 각종 구기 및 민족체육 종목은 물론이고 국방체육 종목도 중요한 위치를 차지하고 있다. 기본체력단련 종목에는 철봉, 평행봉, 밧줄달리기 등만이 아니라, 혁명전적지 답사처럼 사상적 의지와 체력을 단련하는 종목도 포함되어 있다. 이는 북한에서의 교육이 사상·육체적으로 준비된 '혁명후비대'의 육성을 주요 목표로 하고 있는 것에서 기인한다. 그 결과 일반 체력단련 종목도 '공신주의적 인간' 양성과 국방체육이라는 관점에서 실시되고 있다.

북한의 현재 전문체육 교육기관으로는 조선체육대학으로 불리는 평양체육대학을 비롯하여 중앙체육학원, 고등체육전문학교, 청소년체육구락부 등이 있다. 이들 전문체육교육기관은 각각 대학, 중등학제에 해당된다. 체육구락부는 정규 교육체계에 포함된 학교기관이 아니다. 하지만 체육구락부는 기초 체육교육기관로서 체육교육을 담당하는 공식기관이라는 점에서 체육교육기관이라고 할 수 있다.

청소년체육구락부의 종류로는 대체로 일반 체육구락부와 해양체육구락부, 그리고 1967년 9월 각 도마다 3~5개씩 설치된 국방체육구락부 등이 있다. 이같은 청소년체육구락부는 정규 체육교육기관은 아니지만 학생들의 과외체육활동의 중심기구로서 시·군(구역)에 1개씩 설치되어 있는 체육회관을 중심으로 운영되고 있다.

중앙체육학원은 8년제 초급 체육전문 교육기관으로 1977년 2월 당 중앙위원회 비서국회의의 결정에 따라 남포체육촌에 세워졌으며, 우수한 체육특기를 가진 인민학교 학생들이 입학하여 중등 일반교육과 함께 체육교수훈련을 받는다. 현재 조선체육대학으로 불리는 평양체육대학은 1958년 평양사범대학의 체육학부와 신의주교원대학의 체육학과를 통합하여 설립되었다. 설립목적은 체육 및 스포츠의 보급 확대와 체육지도자 양성, 그리고 스포츠 영재교육 실시 등이다.

군중체육은 남한의 생활체육에 해당되는데, 그 실제내용은 사뭇 다르다. 한마디로 군중체육은 개인의 건강증진과 여가활용, 삶의 질 향상이라는 생활체육의 본질적 측면보다는 집단주의 원리를 기반으로 전 주민을 사회주의 건설 및 혁명의 완성에 복무시키기 위해 육체적으로 준비시키기 위한 정치행위의 일종이라고 할 수 있다.

1947년 1월 출범한 '북조선체육위원회'는 각 도와 시마다 각종 체육구락부를 조직·운영하도록 하고, 직장과 농촌 실정에 맞게 노동시간 외에 매일 20분 정도의 인민보건체조를 하도록 했다. 이어 1948년 7월 8일 인민위원회 교육국 명령 제8호 '인민체력검정에 관한 규정'을 제정하여 인민체력검정이 시작했다. 이로써 인민체력검정 종목이 본격적으로 보급되기에 이르렀다. 일반 경기종목 프로그램의 보급은 각 체육단이나 체육구락부 등을 통해 이루어졌다.

이같은 군중체육프로그램 보급 외에도 특정한 날을 지정하여 각종 스포츠경기대회나 체육행사를 개최하여 경기종목을 보급하기도 했다. 1949년 8월 2일 내각결정으로 매년 10월 둘째 일요일을 체육절로 제정한 것이 바로 그 대표적인 사례이다.

이후 1965년 2월 내각결정 제7호에 따라 달리기, 높이뛰기, 던지기, 마라톤 등을 보급하여 그 기량을 발전시키며 체조, 수영, 스키, 스케이트, 사격, 민족경기와 각종 구기 등의 종목을 널리 보급하게 했다. 그리고 아직 보급이 미흡한 배드민턴, 야구, 하키, 요트, 조정, 유도, 검도, 승마 등을 적극 장려했다.

1947년부터 실시된 인민체력검정사업은 우수선수의 선발제도와 밀접하게 관련되어 있다. 인민체력검정사업에는 중량들기, 등반봉 오르기, 수류탄 던지기 등 국방체육과 연관된 종목도 포함되어 있지만, 달리기, 높이뛰기, 팔굽혀펴기 등 각종 경기종목에서 요구되는 기초체력을 측정할 수 있는 종목들이 대부분 포함되어 있다. 때문에 인민체력검정사업은 체육의 대중화정책에 기반하여 일반 대중 속에서 우수한 선수를 폭넓게 발굴하자는 의도에도 잘 부합되는 제도이다.

전문체육선수의 본격적인 양성은 1958년 3월 19일 내각 결정 제30호 '체육 및 스포츠 보급과 체육간부 양성사업을 개선할 것에 관하여'가 채택되면서 추진되었다. 즉 스포츠선수 등급소유자 확대 대책을 강구하게 함은 물론, 선수 육성을 위한 조치로 스포츠 구락부를 청소년스포츠학교로 개편하되 각 체육협회는 같은 해 4월 말까지, 각 도는 7월 말까지 그 시한을 정했다. 그 결과 1961년 2·3급 선수 7명, 1962년 1급 선수 5명 등 총 103명의 유급선수를 배출했다.

이러한 성공사례에 따라 유치원과 인민학교 과정에서 체육에 소질이 있는 어린이를 조기 선발하여 교육하고, 고등중학교 및 체육전문학교 과정의 청소년들에게는 매년 각종 청소년 체육대회에 참가하게 하여 우수한 신인선수의 발굴을 제도화했다.

전문체육학교 설립을 통해서도 우수선수를 양성했다. 1972년 각 도마다 고등체육전문학교를 설립하여 선수들을 육성했다. 1977년에는 인민학교 졸업생을 대상으로 한 8년제 초급 체육교육기관인 중앙체육학원을 남포에 세우기도 했다. 또한 체육전문대학을 설립하는 등 대학에서도 우수선수를 선발하여 양성했다. 1958년 설립된 평양체육대학은 1993년까지 유일한 체육대학으로서 우수선수는 물론 고급 체육지도자들을 배출해 왔다. 이 외에 각 사범대학과 교원대학에서도 선수들을 양성했다.

이렇게 각급 학교에서 자체 전문선수단을 조직하거나, 청소년체육구락부와 전문체육학교를 세워 선수들을 양성했다. 또한 각종 학생체육대회를 통해 기량이 우수한 선수들을 선발·육성했다.

해방 직후 '북조선체육동맹'이 결성되었지만 체육행정은 일관된 체계를 갖추지 못했다. 게다가 체육사업을 제대로 할 만한 인적 자원도 턱없이 부족했다. 따라서 북한 당국은 체육지도자 양성을 위한 기관을 설치했다. 1946년 5월 1일 체육지도원양성소를 시작으로 같은 해 10월 평양사범대학에 체육학부를, 신의주와 해주의 교원대학에 체육과를 설치했다. 이로써 정규교육과정을 통하여 체육지도자를 양성하기 위한 조치가 본격적으로 이루어졌다. 또한 중앙체육지도위원회에서는 체육지도자 강습회를 조직했다.

1980년대에 와서 체육관과 체육구락부들이 급속히 늘어나자 체육지도원들을 체계적으로 양성할 필요성이 제기되었다. 그 결과 1981년 2월 2일 평양체육대학에 2년제 특설반을 두었는데, 1985년 4월 3년제로 개편하고 모집인원도 늘렸다. 그 입학 대상은 체육선수단 지도원, 선수, 체육부문 일군들이며, 졸업생에게는 체육훈련지도원 자격을 주었다.

1983년 4월 8일에는 중앙체육간부양성소를 새로 설치하여 체육선수단의 종목별 훈련지도원 재교육반을 두었다. 이어 1988년 1월 7일에는 중앙체육간부양성소가 중앙체육간부학교로 개편되었는데, 체육일군들의 외국어 전문교육도 중앙체육간부학교가 담당하게 했다.

북한이 본격적으로 스포츠과학에 관심을 기울이게 된 계기는 1959년 2월 27일 내각결정 제15호 '체육사업을 발전시키며 스포츠 기술 수준을 제고할 데 대하여'를 채택하면서 부터였다. 이에 따라 같은 해 6월 내각직속 체육지도위원회 산하기관으로 체육과학연구소와 종합의료소를 설치하여 스포츠과학을 본격적으로 연구하기 시작했다.

체육과학연구소에서는 축구·배구 등 구기종목, 육상·수영 등 기록종목, 레슬링 및 유도와 같은 중경기종목별로 전담부서를 두고 과학적 훈련기법과 기술개발에 힘썼다. 이 외에도 학교 및 군중체육의 과학적 발전과 체육교육을 위한 각종 교재개발도 했다. 또한 20여 개에 달하는 각 시·도의 대학부설 연구소와 긴밀한 연계 체제를 마련하여 정보를 교환했다.

한편 체육의료소는 1959년 3월 창립되어, 1983년 3월 세워진 체육위생연구소를 흡수 통합했다. 체육의료소에는 북한 내에서 가장 우수한 의료 인재들이 집중 배치되어 있다. 이곳에서는 양의학과 한의학을 접목시키는 노력을 하고 있는데, 가벼운 부상은 양의학을 이용하고, 골절 및 디스크 등 내상의 경우는 주로 한의학을 활용하고 있다.

체육과학연구소는 김정일이 1986년과 1989년 관계자들과 한 담화에서 체육과학에 큰 관심을 보인 이후 더욱 활성화되었다. 예컨대 개원 당시 17명의 전문연구진이 1990년대에는 체육력학, 체육생화학, 운동기능실험, 체육생리 등 4개 분야 300여 명으로 증원되었다.

북한의 체육시설은 한국전쟁 때 대부분 파괴되었다. 전후 복구작업으로 기본적인 체육시설이 평양 등 대도시에 세워졌지만, 그 규모나 시설 수준은 그리 높지 못했다. 본격적인 체육시설 확충은 1960년대 들어서면서부터였다. 즉 1961년 당시 비교적 규모를 갖춘 86개의 경기장과 4,188개의 운동장, 8개의 체육관, 120개소의 간이 수영장이 있었는데, 1963년에는 170개의 정규 경기장, 29개의 체육관, 1,750여 개의 정규 및 간이 수영장이 조성되었다. 그러나 대부분의 체육시설은 그 규모나 수준이 높은 것은 아니었다. 이는 체육시설 대부분을 자체 노력동원과 자급자족적 해결능력에 의존했기 때문이었다.

그러다가 1970년대부터 각종 국제경기대회를 유치하고, 국력신장을 과시하기 위해 체육시설을 확장했는데, 그 시설 수준도 나아지기 시작했다. 평양시 대동강변에 세운 2만 명을 수용할 수 있는 평양체육관이 그 대표적 사례이다. 1974년 4월에는 평안남도 남포시에 국가대표 양성과 국제경기대회에 대비한 각종 종목의 기량 향상을 목적으로 남포체육촌을 세웠다. 1973년에 착공하여 총부지 28만 평방미터 규모로 완성된 남포체육촌은 3만 명을 수용하는 주 경기장을 비롯하여 수영장, 정구장, 야구장, 실내체육관 등으로 이루어졌다.

이렇게 70년대에 와서 어느 정도 국제 규모의 현대식 체육시설을 갖춘 북한은 1980년대 들어 체육시설을 연이어 신설하거나 확장했다. 예컨대 1980년 3월 21일 관람규모 2,000석의 창광원수영장을, 1981년 12월 6,000석 규모의 평양빙상관을 세웠다. 평양 외에 각 지방에도 현대식 종합경기장을 비롯한 각종 경기장을 신설·증축했다. 1984년 4월 3만 2,000석 규모로 완공된 해주경기장이 그 대표적 사례이다.

3부

사업편

제 I 장 학생체육행사
제 II 장 생활체육행사
제 III 장 국내경기대회
제 IV 장 프로스포츠경기
제 V 장 국제경기대회 참가
제 VI 장 종합국제경기대회 유치
제 VII 장 종목별 국제경기대회 유치
제 VIII 장 국제스포츠 외교
제 IX 장 북한의 체육행사
제 X 장 남북체육교류의 전개와 성과
제 XI 장 요 약

제I장 학생체육행사

1. 학생체능검사

박정희 정부는 교육개혁의 일환으로 1961년 8월 12일 법률 제681호인 '중학교, 고등학교 및 대학의 입학에 관한 임시조치법'을 공포하고, 그 해 8월 24일 동 시행령, 10월 23일 문교부령 제91호로 시행세칙을 공포했다. 이 법령에 따라 중·고등학교 입학전형제도에 대한 국가관리제가 실시되었다.[1] 이로써 1962학년도부터의 입시는 국가공동출제에 의한 국가관리로 시행되고, 필답고사에서의 출제범위가 체육을 포함한 전 교과로 확대되었나. 이러한 입시제도 개혁의 주요한 특징의 하나가 바로 체능검사였다. 즉 이때 실시된 체능검사는 4개 종목의 기준표를 작성하여 5등급으로 분류하고, 이를 점수로 계산하여 입시성적 총점의 1/7로 했다.[2] 그 결과 수험생뿐만 아니라 학부모들까지도 체력관리에 대한 관심을 본격적으로 가지기 시작했다.[3]

이같은 체능검사 실시의 목적은 학생들로 하여금 스포츠활동에 대한 이해와 이에 관한 습관과 태도를 기르게 하여 스포츠 생활화를 기하고, 국민의 체위 향상과 체육인

---

1) 서울特別市敎育委員會, 『서울敎育史』下, 1982, 307쪽.

2) 위의 책, 308~310쪽.

3) 이같은 입시제도는 그 취지에도 불구하고 오히려 입시 준비교육을 더 조장하는 등 그 효과가 기대에 못미침으로써 1년만에 폐지되었고, 1963년부터 1965년까지 시행된 시도별 공동출제제도에선 체육교과는 출제범위에서 제외되었다. 이후 1969년부터는 중학교 무시험제가 채택되어 초등학생을 대상으로 한 체능검사는 폐지되었고, 고등학교 입시의 경우 체능검사의 성적은 점차 축소된 채 시행되었다(위의 책, 311~312·335~337쪽). 하지만 학생체능검사의 실시로 많은 학생들의 체격과 체력이 향상되었을 뿐만 아니라, 기초체력 증강을 위한 기본운동 종목이 널리 보급되어 운동의 생활화와 학생들의 체력 향상을 위한 제반 환경을 개선하는 데 결정적인 역할을 했다. 실제로 1960년대 각급 학교 학생들의 체위와 체력은 꾸준하게 성장해 갔다(위의 책, 421~425쪽).

구의 저변 확대를 도모하고자 한 것이었다. 즉 학생들에 대한 체능검사를 통해 학생 스스로가 자신의 신체기능이나 운동능력을 인식하고, 자발적으로 체육활동을 하게 함으로써 국민 모두의 체력을 증진하고자 하는 데 그 목적이 있었다.[4)]

학생체능검사제도, 즉 체력장제도는 1969년에 그 시안이 마련되었다.[5)] 이 시안은 국제체력검사표준위원회(International Committee for Standardization of Physical Fitness Test : ICSPFT)에서 정한 기준과 종목을 초·중·고교 99개 학교 학생들을 대상으로 시험 실시한 측정 결과를 토대로 마련되어 1971년부터 전 학생을 대상으로 실시되었다.

이후 1972년 5월 1일 문교부령 제294호에 따라 학교신체검사규정이 개정 발표되어 고교입시 성적에 반영되기 시작했다. 1973년부터는 대학입학예비고사령 제12조에 의거해 대학입시에도 체력장제를 실시하게 되었다.[6)] 그러다가 시행에 따른 문제점 보강을 위해 1979년에 1차 제도 개선을 통해 지역공동관리로 실시해 오던 체력장은 학교장 책임관리로 전환되었고, 일부 종목을 변경하거나 취소하여 8종목에서 5종목(100m 달리기, 제자리 멀리 뛰기, 팔 굽혀 매달리기-남자는 턱걸이, 윗몸 일으키기, 던지기)으로 축소했다.[7)]

점수 및 등급 구분은 5개 종목 측정치를 종목별로 구분하여 20점 만점의 절대평가를 실시하고, 5개 종목 전체를 합해 100점 만점에 80점 이상이 특급, 70~79점이 1급, 60~69점이 2급, 50~59점이 3급, 40~49점이 4급, 39점 이하가 5급 등 6개 등급으로 구분되어 등급별로 점수가 가산되었다.

학생체력장제도의 실시로 많은 학생들의 체격과 체력이 향상되었다. 뿐만 아니라 기초체력 증강을 위한 기본운동 종목이 널리 보급되어 운동을 생활화하는 데 적지 않은 공헌을 했다. 특히 입시위주의 교육이 학생들의 체력관리에 소홀했다는 점에서 이를 구조적으로 변화시키는 원동력이 되었다. 이처럼 각급 학교에서 학생들의 체력 향상을 위해 제반 환경을 개선하는 데 결정적인 역할을 했다는 점에서 체력장제도 실시는 학교체육 정상화에 크게 기여한 것이 사실이었다.[8)]

---

4) 정천택, 「체력장 실시의 계획과 방향」, 『체육』, 1969년 7월호, 대한체육회, 46쪽.

5) 윤남식, 「체력장제도 실시에 즈음하여」, 『체육』, 1969년 7월호, 15쪽.

6) 윤남식, 「體力章 體力檢査 種目과 그 基準値의 調整에 대한 硏究」, 『韓國 生活科學硏究院論叢』, 이화여대, 1979, 5쪽.

7) 체력장 제도가 고등학교 입시와 대학 입시에 직접적인 영향을 주게 됨에 따라 수험생들의 과열경쟁으로 체력장검사 도중에 졸도하는 등 사고가 적지 않았고, 검사기준치의 불합리성, 검사시설 및 인원의 부족 등 문제가 부각되는 등 문제점이 없지 않았다. 더구나 1977년 9월 9일에는 체력장 검사를 받던 여학생들이 오래 달리기를 하다가 심장마비를 일으켜 숨지는 사고가 발생하여 결국 평가방식을 전환하거나 일부 종목의 취소를 가져왔다(김종희, 「박정희 정권의 정치이념과 체육정책에 관한 연구」, 한양대 박사논문, 1999, 77쪽).

학생체력장제도는 1980년에 와서 제2차 제도 개선을 통해 학교장 관리체제를 다시 지역공동관리로 전환시키고, 평가방법도 상대평가제에서 절대평가제로 환원했다.[9)]1983년에는 오래달리기 종목을 추가하여 검사종목이 6종목으로 확대되었고, 1987년에는 다시 지역공동관리를 교장 책임관리로 전환했다. 이후 체력장제도가 폐지되기까지 체력장은 학교장 책임관리로 평가방법은 절대평가로, 검사 횟수는 1년에 1회 실시했다. 그 점수는 총 120점으로 66점 이상이면 입시점수 만점인 20점을 부여했다. 단 응시자에겐 16점을, 결시생에겐 15점을 부여했다.[10)]

교육부는 1994년부터 시행하는 대입제도 개선계획에 따라 그 동안 340점 가운데 20점을 차지하던 체력장제도를 아예 폐지해 버렸다. 이러한 조치는 학생체력장제도가 형식화되어 있다는 비판에 따른 것이기도 했다. 체능검사 결과, 대입에서 만점을 취득한 숫자가 90퍼센트를 상회하면서 상대평가의 의미를 상실했다는 지적이 대두되었고, 이런 이유가 체력장제도 폐지의 직접적인 동기가 되었다. 체력장의 대입 만점취득 현황을 살펴보면, 1987년 91.7%, 1988년 92.1%, 1989년 93.4%, 1990년 92.7%, 1991년 92.5%, 1992년 95.64% 등이었다. 고교입시의 경우에도 1992년에 91.27%가 만점을 취득했던 것이다.[11)] 이같은 만점 비율은 체력장 실시 도중 사망사고가 잇따르자, 사고 예방을 위해 종목별 특급 기준을 대폭 낮추고, 측정 종목도 8개 종목에서 6개 종목으로 줄였기 때문이다.[12)]

그러나 이러한 기준 완화는 오히려 학생들의 체력을 약화시키는 결과를 가져왔다. 특급 기준이 높았던 1972~1979년 사이 체력장 실시 도중 사망한 학생수는 모두 6명인데 비해, 기준이 낮아졌던 1980~1985년 사이엔 오히려 11명으로 증가했던 것이다. 이는

---

8) 당시 외국의 사례를 보더라도 청소년의 체력 증진을 위한 제도는 다양한 형태로 마련되어 있었다. 일본의 경우는 체력진단 테스트(사이드스텝 테스트, 제자리 높이 뛰기, 배근력 및 악력, 엎드려 상체 들기, 윗몸 앞으로 굽히기)와 운동능력 테스트(50m 달리기, 도움닫기 넓이 뛰기, 핸드볼 던지기, 턱걸이-女 비껴누워 팔 굽혀 펴기, 오래달리기-女 빨리 걷기)로 구분하고 있고, 미국은 육상테스트와 수상테스트로 구분하여 수영 종목을 포함시키고 있다. 스위스는 예비교육 운동능력 테스트를 실시하여 기본훈련 테스트 외에도 도보행군, 스키행군, 수영 등 선택훈련 테스트를 가미하여 입지조건 적응훈련 형식이었다. 서독 역시 20km 자전거 달리기, 스키, 보우트, 수영 등의 종목을 포함시켰고, 구 소련의 경우는 이외에도 사격, 수류탄 던지기, 크로스 컨트리 등 난이도가 큰 종목 등이 있었다(서울大學校 師範大學 體育硏究所, 『체육진흥장기계획』 1986, 168~169쪽). 이러한 사례에서 볼 때 입시제도와의 연관 없이 청소년들의 체력 증진을 위한 체력단련제도 마련이 소홀히 되어서는 안된다는 점을 알 수 있다.

9) 김종희, 앞의 글, 77쪽.

10) 서울大學校 師範大學 體育硏究所, 앞의 책, 166~171쪽.

11) 李學來, 『韓國體育百年史』, 한국체육학회, 2000, 590쪽.

12) 李康雨, 「韓國스포츠의 支配이데올로기的 機能에 關한 硏究」, 성균관대 박사논문, 1994, 311~312쪽.

체력장 기준의 완화가 학생들의 운동 기피를 더욱 조장한 결과이며, 평가의 무의미화나 사망 등 안전사고를 체력장제도 폐지의 계기로 삼았던 정부의 정책이 오류였음을 보여주는 사례라고 할 수 있다. 결국 체력장제도의 폐지는 갈수록 비만 및 체력 저하 현상을 나타내고 있는 학생들의 체력 유지 및 향상에 역행하고, 체육 수업시간의 감축 및 파행적 운영, 나아가 학교체육의 황폐화를 가져왔다는 점에서 문제의 심각성을 더욱 조장했던 것이다.

김영삼 정부는 대입 체력장제도의 폐지에 대비하여 1993년에 학생의 체력을 정상적으로 육성하기 위한 체력검사제도를 개선했다.[13] 이에 따른 평가 종목 및 방법을 보면, 종전 6개 종목을 5개 종목으로 조정하고, 종목별 기록평가는 종전 20단계에서 5단계로, 종합평가점수도 6단계에서 5단계로 변경했다. 검사종목의 변화를 보면 기존 던지기를 폐지했고, 대신 유연성을 측정하는 '앉아윗몸앞으로 굽히기'를 도입했다. 일부 종목은 측정체계를 바꿨는데, 100m달리기는 초·중·고 모두 50m달리기로, 초등학교 600m 오래달리기는 1,000m 오래달리기로, 중등학교의 남자 1,000m, 여자 800m 오래달리기는 각각 1,600m, 1,200m로 변경한 것이다. 이 밖에 남자 턱걸이는 초등학교에선 폐지했으며, 중등학교에서는 팔굽혀펴기로 바꾸었다.

이러한 검사제도의 변화는 기존 체력장이 기초체력 향상보다는 운동기능에 중점을 두었을 뿐만 아니라, 실제 학생들의 체력을 판단할 변별력이 부족했다는 비판[14]을 받아들인 결과이다. 하지만 실제 학생들의 체력은 체격의 성장에도 불구하고 여전히 저하되고 있었고, 이런 사정은 최근까지도 계속되고 있다.[15] 이같은 결과는 새로 시행된 체력검사제도가 현재까지 학생들의 체력 향상에 근원적인 기여를 하지 못하고 있다는 점을 보여준다. 물론 이는 체육교육에 대한 전반적인 부정적 인식에 기인한 면이 크다.

그러나 검사 종목과 체육교육 내용을 일치시킬 수 있는 여건이 제대로 마련되지 않았다는 점에도 그 원인이 있다. 예컨대 체력검사 종목과 밀접하게 연관되어 있는 초등학교 5~6학년 체력활동 영역의 경우 그 지도내용은 단순히 '근력 및 근지구력, 유연성, 심폐지구력의 의미와 중요성 이해하기', '여러 가지 체력운동에 규칙적으로 참여하기' 등으로 제시되어 있을 뿐이다.[16] 이해하기와 참여하기로만 제시되어 있는

13) 문화체육부, 『국민체육진흥5개년계획』, 1993, 109쪽.

14) 송기성, 「현행 체력장 검사에 대한 분석 연구」, 『論文集』 13, 대전간호전문대, 1987; 이형준, 「체력장제도의 문제점 및 체력실태 분석 연구」, 『學生生活硏究』 17, 춘천교대 學生生活硏究所, 1992; 김기태, 「중학생 체력장 검사의 요인 구조 분석」, 『敎育論叢』 14, 중앙대, 1997.

15) 문화관광부, 『2003 체육백서』, 2004, 308~317쪽.

16) 교육부, 『체육과 교육과정』, 1997, 34쪽.

지도내용에서 체력검사종목이 요구하는 수준의 성과를 기대할 수는 없기 때문이다. 게다가 학교현장에서 체육교육은 부족한 수업시간으로 인해 제7차 교육과정이 제시하고 있는 내용을 전부 다루지 못할 뿐만 아니라,[17] 그나마 학생이나 교사들이 선호하는 구기 등 일부 종목에 치우쳐 진행되고 있다[18]. 이런 현실에서 균형있는 체력 향상을 꾀할 수 있는 교육은 결코 실현될 수 없다. 즉 체육교육적 측면에서 체육 교과내용이 학생들에게 실질적으로 다양한 신체적 경험을 제공하고, 이를 통해 향상되는 체력이 체력검사의 결과로 이어지지 못한다는 것이다. 결국 새로 시행되고 있는 체력검사제도도 단순히 평가나 정부가 필요로 하는 통계자료를 제공하는 정도의 성과만 내올 뿐, 학생들의 체력 향상이라는 근본적 효과는 기대할 수 없는 현실이다.

2. 전국소년체육대회

전국소년체육대회의 출발은 학교체육의 진흥과 함께, 전국체육대회의 규모가 해마다 팽창하면서 1972년 제52회 대회부터 서울에서조차 이를 소화할 능력이 모자란다는 문제의식에서 비롯되었다.[19] 이에 따라 대한체육회는 전국체육대회의 규모를 줄이기 위한 방법으로 별도의 전국 규모 주니어체육대회의 창설을 계획하고 이를 추진했다.

그러나 소년체전을 실시하고자 했던 보나 중요한 이유는 학교스포츠의 진흥을 통한 체육 전반에 걸친 발전에 있었다. 그것은 스포츠소년단의 창립목적을 통해 확인할 수 있다. 1972년 '스포츠소년단 장단 기념 제1회 전국스포츠소년대회'라는 대회 명칭에서 보듯이, 스포츠소년단 창단과 소년체전은 밀접한 관련이 있었다. 스포츠소년단의 창단 목적은 다음과 같다.

첫째 그동안 국제경기대회와 국내경기대회를 통해 부족함이 드러났던 기초체력의 향상과 기본기의 충실 도모, 둘째 초등학교 상급반과 중학 스포츠를 통합한 소년스포

17) 남석희·김문일, 「제7차 초등학교 체육과 교육과정 운영 실태와 개선 방안」, 『초등교육연구논총』, 18-3, 대구교육대, 2003, 229쪽.

18) 유정애, 「제7차 교육과정에 따른 초등학교 체육 교육과정 및 수업 운영 실패 분석」, 『한국체육학회지』 43-3, 2004, 253쪽.

19) 당시 대한체육회 김성집 사무총장은 그 문제점을 다음과 같이 지적했다. "1972년에 스포츠소년대회 제1회 대회를 개최할 때에는 두 가지의 분명한 이유가 있었다. 그 첫째 이유가 그늘에 가린 소년·소녀들의 스포츠활동을 양지로 끌어냄과 동시에, 침체된 학원스포츠를 진흥시키자는 것이고, 아울러 확대되어 가는 전국체전의 규모에 뒤따라 갈 수 없는 시설의 문제를 일거에 해결키 위하여, 중학교부를 떼어 스포츠소년대회로 독립시키자는 것이었다"(김성집, 「제3회 전국스포츠소년대회에 즈음하여- 당면한 문제점을 중심으로」, 『체육』, 1974년 5월호, 12쪽).

츠 활동의 조직화, 셋째 스포츠 인구의 저변 확대, 경기수준 향상 및 국민체위의 향상을 통한 국력 배양, 넷째 스포츠 생활화를 통한 협동정신과 단결력 제고, 다섯째 나라와 겨레에 이바지하는 새로운 어린이상 정립 등이 그것이다.[20]

이런 스포츠소년단의 창립 목적이 다소 국가주의적 특징을 강조한 측면이 있지만, 소년체전의 창설은 성인 스포츠의 그늘에 가려 등한시되어온 소년스포츠를 활성화하고, 우수선수의 조기 발굴 기회와 스포츠 저변의 확대에 그 목적이 있었음을 확인할 수 있다. 이런 의미에서 소년체전은 한국 스포츠의 발전을 위한 토대를 확립하는 데 주 목적이 있었음은 분명하고, 실제로 많은 성과를 거둔 것도 사실이다.

앞으로의 전국스포츠소년대회는 지방의 순회개최를 원칙으로 하되, 제1회 대회는 그 첫 대회이니만큼 수도인 서울에서 개최하기로 했다. 그 실시 종목은 중학교부의 경우 전국체전의 중학교부 종목인 육상, 수영, 축구, 야구, 테니스, 연식정구, 농구, 배구, 탁구, 핸드볼, 럭비, 씨름, 유도, 검도, 체조, 하키, 펜싱, 배드민턴, 태권도 등 19개이다. 국민학교부에서는 문교부장관이 전국 규모 대회 개최를 승인한 14개 종목 가운데 동계의 2개 종목과 어린 학생들에겐 과격하다고 판단한 태권도를 제외한 11개 종목을 실시하기로 했다.[21]

1972년 6월 16일부터 4일간에 걸쳐 서울운동장을 비롯한 22개 보조경기장에서 개최된 제1회 대회[22]에는 6,522명이 참가하여 성황을 이루었다. 소년체전의 성적도 종합성적으로 계산했는데, 서울이 우승할 것이라는 예상을 뒤엎고 충남이 우승했고, 2위는 경기, 서울은 3위였다. 제1회 소년체전 성적은 대도시의 학교체육이 제대로 이루어지고 있지 못하다는 사실을 입증해 주었고, 그 동안 전국체육대회가 전국을 순회하면서 개최되어 스포츠 인구의 저변화가 상당히 진척되었다는 평가를 낳았다. 특히 충북은 1973년 제2회 대회부터 1979년 제8회 대회까지 7년 동안 우승을 놓치지 않고 7연패의 위업을 달성하는 놀라운 기록을 세웠다.

재2회 전국스포츠소년대회는 7,000여 명의 선수단이 참가한 가운데 1973년 6월 1일부터 4일간 대전에서 개최되었다.[23] 제3회 대회는 지방의 순회개최 원칙을 버리고 제1회에 이어 2년만에 서울에서 다시 열리었는데, 그것은 당시만 해도 재정이 열악한 지방자치단체로선 전국체육대회에 버금가는 규모의 소년체전을 개최할 만한 시설, 경기운영 요원 등의 확보가 힘들었기 때문이었다.

한편, 1975년 부산에서 열린 제4회 대회부터는 전국소년체육대회라는 이름으로 개최

20) 대한체육회, 『大韓體育會七十年史』, 1990, 194쪽.

21) 『체육』, 1972년 4월호, 16쪽.

22) 대한체육회, 앞의 책, 195쪽.

23) 『체육』, 1973년 6·7월호, 11쪽.

되었다. 재정문제로 스포츠소년단이 창단되지 못했기 때문이었다. 이 대회에서는 처음으로 한국신기록 4개가 수립되었다.[24] 사격 1개, 양궁 3개에서 수립된 이 대회의 한국신기록 가운데서도 사격의 경우는 경기장 시설 등의 외적 조건상 아무런 하자가 없는 완전한 의미의 한국신기록 갱신이라는 점에서 더욱 값진 것으로 평가되고 있다.[25] 이후 대회에서도 한국신기록이 본격적으로 수립되었는데, 이런 성과야말로 소년체육대회가 한국 스포츠의 발전에 커다란 밑거름이 되었음을 보여주는 대표적 사례이다. 부산대회 이후 소년체육대회를 유치하겠다고 나선 시·도가 없어 1976년의 제5회 대회에 이어 서울에서 역시 열린 1977년의 제6회 소년체육대회에서는 8개(수영 6, 양궁 2)의 한국신기록이 수립되었다.[26] 경기 기록면에서는 1978년 대구에서 개최된 제7회 대회에 와서 수영에서 10개의 한국신기록과 64개의 대회신기록이 수립되는 등 큰 발전을 이룩했다.

특히 70년대의 마지막 소년체육대회인 제8회 대회에서는 양궁에서 세계신기록 1개가 세워졌다.[27] 이 대회는 청주·충주·음성 등 3개 지역에서 분산 개최되었으나, 교통·통신 등에서의 불편이 없었으며, 소년체육대회의 고질적인 병폐였던 부정선수 시비가 일지 않았던 점도 평가받을 만한 대회로 기록되고 있다.[28] 이는 사전검열제도 강화, 부정선수를 출전시킨 시·도는 차기 대회에서 해당 종목의 참가를 금지시키고 해당 종목의 성적을 몰수한다는 문교부의 강력한 징계방침과 제도적인 정비 등이 큰 효과를 나타낸 것으로 보인다.[29]

1980년 제9회 대회는 춘천과 원주에서 분산 개최되었다. 이 대회에서는 시·도간의 과열경쟁을 지양하기 위해 종합시상제가 폐지되었다. 이로써 대회신기록 15개와 대회타이기록 3개를 수립하는 데 그쳤으며,[30] 광주에서 열린 제10회 소년체육대회에서도 대회신기록이 겨우 9개만이 수립되는[31] 등 경기력이 저하되는 부작용이 나타났다. 당시 언론 매체에서도 이 문제에 대해 우려를 표명했다. 가령 "소년체전에서 종합채점제를 없앤 데 대해서는, 우리 나름대로의 견해가 없을 수 없다. 과열 경쟁 방지라는 측면에서는 긍정도 되지만, 그것이 행여 체전의 중요한 목적 가운데 하나인 기록을 저하시키는 요인으로서 작용한다면, 교각살우(矯角殺牛)의 결과를 빚는 것이나 다름없

24) 대한체육회, 앞의 책, 197쪽.
25) 『체육』, 1975년 6월호, 30~31쪽.
26) 『체육』, 1977년 6월호, 22쪽.
27) 體育青少年部, 『體育青少年 行政10年史』, 1992, 152~153쪽.
28) 『체육』, 1979년 6월호, 37쪽.
29) 『체육』, 1978년 6월호, 22~23쪽.
30) 體育青少年部, 앞의 책, 153쪽.
31) 『체육』, 1981년 6월호, 20쪽.

기 때문이다. 솔직히 말해, 스포츠에서 경쟁 원리를 부정할 수 없다면, 종합채점제 폐지를 언제까지나 고수해서는 안될 것이며, 따라서 경쟁은 되살리되 그에 따른 잡음과 부작용을 극소화시킬 방안을 강구하는 것이 정도(正道)라고 생각한다."라는 『경향신문』 사설 기사[32]가 그 단적인 예일 것이다.

결국 기록이 무시된 소년체육대회가 2년째 운영되어 오다가, 1982년의 제11회 대전대회에서는 기록의 양산을 유도하기 위한 방안으로 우선 금메달제 순위 결정이라는 경쟁의 창구를 열어 놓았다. 그 결과 육상경기 첫날부터 대회신기록이 쏟아져 나오기 시작하여 육상 37개 종목에서 28개의 대회신기록이 수립되어 5년 이래의 최대 수확을 올렸다. 특히 양궁에서만 146개의 대회신기록이 쏟아져 나왔다.[33] 이어 전주, 군산, 이리에서 분산 개최되는 제12회 대회부터는 은메달 2개 혹은 동메달 4개를 금메달 1개로 환산하여 금메달 다수 획득에 의한 메달 집계 종합시상제를 부활하되, 전국체육대회 종합채점 방식을 도입하여 종합채점제를 실시하는 점이 특히 눈에 띈다.[34] 제8회 대회 이후 수영경기를 전국체육대회에 덧붙여 실시하여 왔으나, 제12회 대회부터 동시 개최함으로써 종합대회로서의 소년체육대회의 제대로 된 면모를 갖추었다.[35] 또 성화봉송을 2개 코스로 나누어 전국 각도의 도청 소재지를 연결 봉송함으로써 서울올림픽의 성공적 개최를 위한 붐을 조성하고 전 국민의 체육에 대한 인식을 한층 제고시켰다.[36]

1984년의 제13회 대회는 제주도에서 처음으로 유치하였다는 특색도 있었지만, 소년체육대회 사상 최대인 1만 1,000여 명의 선수가 참가한 가운데 열린 이 대회에서 한국신기록 3개, 한국타이기록 1개, 대회신기록 407개 등 풍성한 기록과 함께 88꿈나무 신인선수들을 많이 배출했다는 점에서 큰 의의를 보여 주었다. 특히 양궁에서 한국신기록 2개, 한국타이기록 1개가 나왔다는 것은 경기장이 바람이 많은 제주라는 점에서 더욱 값진 수확이라 주목된다.[37] 그리고 성화 봉송이 해상으로 이어져 제주도를 일주했고, 선수단의 수송이 항공과 선편으로 이루어져 관광체전의 위용을 자랑했다.[38]

서울아시아경기대회를 1년 앞둔 1985년의 제14회 대회는 5월 22일부터 5일간 포항·경주에서 열렸다. 대회 사상 처음으로 도청 소재지가 아닌 중소 도시에서 개최되어 우려를 낳았지만, 경기장 시설 등에 심혈을 기울여 대회를 무난히 치러냈다.[39] 기록면에서

---

32) 『경향신문』, 1981년 5월 29일자.
33) 『체육』, 1982년 6월호, 13~15쪽.
34) 『체육』, 1983년 4·5월호, 9~10쪽.
35) 『체육』, 1983년 6월호, 28쪽.
36) 體育青少年部, 앞의 책, 154쪽.
37) 『체육』, 1984년 6월호, 62~64쪽.
38) 대한체육회, 앞의 책, 201쪽.
39) 위의 책, 201~202쪽.

세계타이기록(비공인) 2개, 한국신기록 4개, 대회신기록 257개로 예년에 비해 양적인 면에서는 뒤졌으나, 질적인 측면에선 앞섰다. 특히 양궁에서 비공인 세계신기록이 2개, 한국신기록이 1개가 수립되어 양궁 강국으로서의 면모를 과시하였으며, 나아가 86·88양 대회에서 메달 획득의 전망을 더욱 밝혀주었다.[40] 86아시아경기대회 직전에 개최된 제15회 대회는 아시아경기대회에 영향을 미치지 않게 하기 위해 제주도를 제외한 전국 12개 시·도 26개 경기장에서 분산 개최했다.[41]

1988년의 제17회 소년체육대회 역시 88올림픽에 지장을 주지 않기 위해 전국 각지에서 분산 개최되었다. 또한 제69회 전국체육대회 및 각 종목별 경기단체의 전국 규모 대회와 통합되어 동시에 개최되었다. 전국 11개 시·도의 40여 경기장에서 4월부터 약 2개월 동안 걸쳐 실시된 이 통합 대회는 14개 시·도와 해외동포 선수단까지 참가하여 34개 종목에 걸쳐 이루어졌고, 그 가운데 전국소년체육대회로는 25개 종목이 실시되었다. 이러한 대회 운영의 특성 때문에 개회식과 폐회식, 그리고 성화행사도 거행되지 않았으며 종합시상도 생략되었다. 이 제17회 대회를 끝으로 전국소년체육대회는 전국 규모 종합대회로서의 막을 내리고, 1989년부터는 각 시·도 주최의 지방대회로 격하되어 전국대회로서의 의미를 상실하고 말았다.[42]

소년체육대회는 그 나름으로 우수선수의 조기 발굴과 육성 및 경기력 향상, 학교체육의 활성화와 지역사회 스포츠의 균형 발전 등의 순기능적 역할을 했지만, 행사의 비대하에 따른 개최지의 재정부담 가중과 시·도 사이의 과열 경쟁에 따른 무리한 훈련으로 어린 선수들의 정상 발육이 부진해지고 학력이 저하된다는 역기능이 너무 크다고 여겼기 때문이다.

무엇보다도 교육적 의미를 벗어난 과열 경쟁이 가장 큰 문제였다. 하지만 과열 경쟁 현상에 대한 정책적인 판단의 오류가 빚어낸 측면 역시 간과할 수 없었다. 이로써 오히려 소년체육대회의 의의를 훼손하는 부정적 영향이 나타나기 시작했다. 예컨대 가장 작은 도인 충청북도가 계속해서 7연패를 하자 다른 시·도 교육위원회가 자존심이 상해 이에 대처하기 위해 경쟁으로 치닫게 되었다. 그 결과 당초 대회 참가요강에 따르면 개인경기가 아닌 팀경기는 반드시 시·군 예선을 거치도록 되어 있었음에도 불구하고, 과열경쟁으로 인해 각 시·도 교육위원회는 경기종목별로 주축을 이룰 수 있는 학교에 집중 지원하는 방법을 동원했던 것이다. 예선을 거쳐 전국대회에 참석하도록 하여 저변을 확대하도록 하려던 의도를 전적으로 무시한 것이었다.

결국 과열 현상이 일어나기 전에는 500개가 넘었던 핸드볼팀이 집중 지원을 받는

40) 『체육』, 1985년 5·6월호, 20~21쪽.

41) 『체육』, 1986년 5월호, 26쪽.

42) 대한체육회, 앞의 책, 203쪽.

주축교 제도가 일반화되자 50여 개 이하로 급감하는 역기능 현상을 빚었다.[43] 이런 등록 팀의 급감 현상은 다른 종목의 경우도 거의 마찬가지였다. 즉 과거 어느 시·도 내에 중학교 배구팀이 수십 개의 팀이 있었다고 한다면, 최우수팀을 만들기 위해 각 팀에서 포지션 별로 우수선수들을 한 학교에 모이게 해 집중적인 강화훈련을 실시하여 대표팀으로 출전시키게 되자, 여타의 팀들은 의욕을 상실하게 되어 연이어 해체의 길로 들어서고 말았다. 그 결과 어느 주축교가 중심이 되어 최우수팀을 확보하는 방식은 기존 팀들의 해체를 불가피하게 만들고 만 것이다. 이런 방식은 오래 갈 수 없었다.

이렇게 종합성적 시상제도가 시·도 사이의 과열 경쟁을 조장한다는 지적에 따라 1980년의 제9회 대회에서는 폐지되었다. 시상제도의 폐지는 제10회 소년체육대회까지 이어졌지만, 이런 조치로 인해 소년체전이 기록의 불모지대로 전락해 버렸다는 우려가 대두되어 1982년 제11회 대회부터 다시 시·도 종합순위제도를 부활시켰다.[44] 그러다가 1988년 소년체육대회의 운영방식에 대한 논의의 결과, 1989년의 제18회 대회부터는 시·도별 종합대회로 변경하기로 했다. 그 주체는 대한체육회에서 시·도 교육위원회로, 체육부와 교육부 후원에서 시·도체육회 주관·후원으로 바뀌었다. 또 전국체육대회 개최시 2년 또는 9년마다 소년체전(전종목 또는 일부 종목)을 실시하는 방안을 연구검토한다는 결론도 도출했다.[45]

그 결과는 1992년 전국대회로 다시 개최되기 전까지 우수선수 보급의 맥이 끊겨 버린 심각한 후유증으로 나타났다. 등록선수의 감소, 경기부 해체, 초·중학교 선수의 경기력 저하 등의 문제가 발생한 것이다. 1988년에는 등록 선수가 초등학교가 1만 1,593명, 중학교가 2만 899명으로 모두 3만 2,492명이 중앙경기단체에 등록되어 있었는데, 1989년에는 2만 9,660명, 1990년에는 2만 6,895명으로 감소했다. 학교 운동부의 수도 1988년에는 전국 초·중학교를 포함하여 3,712개 팀이 있었는데, 1989년에는 3,352개 팀, 1990년에는 3,288개 팀으로 감소했다. 이같은 현상은 소년체육대회가 정상적이었을 때는 각 시·도 교육청에서 훈련비용의 보조가 있었으나 전국소년체육대회 폐지로 지원이 중단되어 팀 유지가 어려워졌기 때문이다. 이와 함께 경기력도 크게 감소되었다. 시·도 단위 대회전까지만 해도 대회신기록이 평균 200개 이상이 양산되었던 것이 평균 7개로 급감했다.[46]

그럼에도 소년체육대회는 우수선수 조기 발굴의 산실 효과가 매우 컸다. 올림픽대회 4회 연속 10위권 유지와 아시아경기대회 2위 자리 고수에는 이처럼 보이지 않는 힘이 뒷받침되어 있었던 것이다. 86아시아경기대회에 참가한 선수들은 모두 25종목 494명이

43) 李學來, 앞의 책, 438쪽.

44) 대한체육회, 앞의 책, 200쪽.

45) 『체육』, 1989년 5월호, 12~14쪽.

46) 『체육』 1993년 4·5월호, 15쪽.

었으며, 이 가운데 소년체육대회 출신 선수가 215명(49.5%)이었다. 88서울올림픽대회 때에도 28종목 477명의 참가 선수 중 204명(53%)의 선수가 소년체육대회 출신이었다. 1990년 베이징아시아경기대회 때도 참가 선수 가운데 62%가 소년체육대회 출신이었고, 획득한 금메달의 72%는 소년체육대회 선수 출신이 이룬 성과였다.[47] 또 소년체육대회는 지역사회의 균형적인 체육발전에도 기여했다. 매년 시, 도를 순회하며 개최해온 결과 거의 모든 시·도에 육상경기장을 포함한 메인스타디움과 수영장 등 수많은 체육관들이 신설되었다. 이는 시, 도간의 균형적 발전은 물론 지방자치제 실시를 앞두고 생활체육 활성화에도 시설 제공이라는 측면에서 큰 역할을 할 것이다.[48]

반면에 소년체육대회는 시·도간의 과열 경쟁을 부추기고, 학교의 정상적인 교육과정을 무시하고 지나친 훈련과 부정선수 시비 등 비교육적 사례가 빈발하면서 그 운영에 대한 개선이 논의되었다. 이에 따라 1989년부터 소년체육대회는 시·도 단위로 이관되어 실시되었다.[49] 하지만 시·도별 소년체육대회로 전환되면서 등록선수의 감소, 경기부 해체, 초중학교 선수의 경기력 저하 등의 문제점이 나타났다.[50]

결국 노태우 정부는 1992년부터 전국대회 규모로 다시 개최하기에 이르렀다. 다만 이 대회를 대구, 광주, 경기, 전북에서 분산 개최했고, 이 대회부터 종합순위에 대한 시상을 폐지하고 개인시상만을 실시했다.[51] 경기종목은 전국소년체육대회의 마지막 대회인 1987년을 기준으로 중학부 26종목, 국민학교부 13종목으로 잠정 결정했다. 중학교부의 경우는 육상, 수영, 축구, 야구, 테니스, 정구, 농구, 배구, 탁구, 핸드볼, 럭비, 사이클, 복싱, 레슬링, 역도, 씨름, 유도, 검도, 양궁, 사격, 체조, 하키, 펜싱, 배드민턴, 태권도, 근대2종 등이며 국민학교부는 육상, 수영, 축구, 테니스, 정구, 농구, 배구, 탁구, 핸드볼, 씨름, 양궁, 체조, 배드민턴 등이다.[52] 이 대회의 성과로는 감소 추세에 있던 등록선수와 팀이 전국대회로의 부활로 인해 개인 및 단체경기종목 등록이 15% 정도 증가를 들 수 있다.[53]

그러다가 김영삼 정부가 출범한 1993년의 제22회 대회를 서울과 경기에서 분산 개최한 뒤부터 다시 단일지역에서 개최하고, 1994년 대회부터는[54] 전국체육대회 개최지에

---

47) 위의 책, 14쪽.

48) 배순학, 「소년체전」, 『스포츠과학』, 한국체육과학연구원, 12쪽.

49) 이충주, 「1989년도 경남소년체전의 소개와 학교 체육교육의 문제점과 개선방향」, 『교육경남』 98, 1989, 107쪽.

50) 體育青少年部, 앞의 책, 150쪽.

51) 문화관광부, 『2002 체육백서』, 2002, 267쪽.

52) 『체육』 1991년 10월호, 44~45쪽.

53) 『체육』 1992년 6월호, 27쪽.

54) 문화관광부, 『2003 체육백서』, 272쪽.

서 다음해 소년체전을 개최하도록 명문화했다. 이로써 개최를 희망하는 시·도의 부족으로 어려움을 겪었던 개최 장소의 선정이 해소되었고, 전국체육대회 시설을 소년체육대회에서 재활용할 수 있게 되어 개최비용을 최소화하는 데 일조하고 있다.

예컨대 제28회 대회가 1999년 5월 29일부터 6월 1일까지 16개 시·도 선수단 및 재미동포 선수단 1만 3,715명이 참가한 가운데 제주도에서 개최되었다.[55] 이 숫자는 전년 대비 임원 259명, 선수 1,523명 등 모두 1,782명이 줄어든 것으로, 경기임원의 축소, 경기방식의 변경, 기록종목의 기준기록 설정 및 체급경기종목의 시·도별 참가인원 제한 등을 통해 대회 규모의 적정 수준을 유지하되, 대회 운영의 내실화를 기하기 위한 것이었다.[56] 즉 종별 주무 1인을 종목별 주무 1인으로 줄이고 종별 감독·코치 각 1인을 부별 감독 1인, 코치 2인(개인경기)으로 변경, 운영함으로써 경기임원이 274명이나 줄어드는 효과를 보았다. 또한 복싱, 레슬링, 역도, 씨름, 유도, 태권도의 경우 시·도별 참가인원은 전체 체급 중 3분의 2 체급만 참가토록 하는 경기방식 변경 등으로 인해 선수의 숫자를 예년보다 1,523명 줄여 대회 운영의 효율을 기했다. 다만 본부임원의 경우 경기임원의 축소를 감안하고 대회 운영의 원활화를 기하기 위해 15명으로 늘어나는 현상을 보였다. 그리고 대회기간을 청소년의 달과 연계하여 청소년들의 교육과 함께 체육의 중요성을 부각시키는 부수적 효과도 거두고 있다.

이렇게 대회 운영의 축소 및 내실화를 기한 1999년 제28회 대회는 경기력 면에서 한국신기록 18개, 한국중학생신기록 9개, 중학생타이기록 1개, 초등학교 신기록 1개, 대회신기록 97개, 대회타이기록 21개나 수립하여 시·도별 지방대회로 진행할 때보다는 풍성한 기록을 거두었다.[57] 참가인원도 1997년도부터는 평균 1만 5,000명을 유지하여 소년체전 운영을 개선하기 전보다 3~4,000여 명이 증가했다.[58]

1981년 인천광역시 승격 이래 처음 열린 제29회 소년체육대회에서는 전년 대회보다 기록향상이 다소 떨어지는 경향을 보이기도 했으나 경기력 향상을 이룩한 종목도 전체적으로 무난한 경기력을 보여주었다. 가령 수영에서 한국신기록 1개가 나왔으며, 대회신기록도 전년도에 비해 13개가 늘어났다. 또 한국의 올림픽대회 효자종목으로 자리잡고 있는 양궁의 경우 초등신기록 1개, 초등타이기록 1개, 대회신기록 6개가 수립되어 전년보다 다소 향상되었다.[59] 2001년의 제30회 소년체전은 대회 규모에 있어 볼링, 축구(여초부), 펜싱(사브르) 등 시범종목 채택, 육상(중학부 세단뛰기) 정식 신설 등으로

55) 『체육』 1999년 4·5·6월호, 28쪽.
56) 위의 책, 29쪽.
57) 위와 같음.
58) 문화관광부, 『2003 체육백서』, 274쪽.
59) 『체육』, 2000년 6·7월호, 68쪽.

지난 대회보다 1,000여 명이 늘어난 1만 5,669명의 선수단이 참가한 가운데 부산광역시에서 개최되었다. 특히 이 대회는 경기기록면에서 한국신기록 15개, 한국중학생신기록 28개, 한국중학생타이기록 4개, 한국초등학생신기록 1개, 한국초등학생타이기록 2개, 대회신기록 222개 등 풍성한 기록이 수립되어 한국 스포츠의 미래를 밝게 했다.[60]

21세기를 이끌어갈 체육 꿈나무들의 한마당 축제인 제31회 전국소년체육대회가 2002년 5월 11일부터 14일까지 충남 천안을 비롯한 인근 10개 지역에서 개최되었다. 이 대회는 대회기간을 청소년의 달과 연계하여 매년 5월 마지막주 토요일에 개최하였던 것을 2002년 한·일월드컵(5.31~6.30)의 성공적 개최를 위하여 5월 둘째주 토요일로 2주 앞당겨 개최함으로써 학생선수들의 수업 결손을 최소화했다. 이 제31회 대회부터는 초등부 여자축구가 정식종목으로, 중학부 여자역도가 시범종목으로 채택됨으로써 꿈나무 선수들에 대한 육성과 저변 확대의 기틀이 마련되어 학교체육 활성화가 보다 빨라질 것으로 기대되었다. 반면 육상, 수영 등 기본종목과 양궁, 역도, 사이클 등 기록종목은 예년보다 저조한 기록을 보여 장기적이고 체계적인 대책이 요구되었다. 가령 육상종목은 예년과 비슷한 수준의 경기력을 보여준 데 그쳤으며, 수영의 경우는 전년도 대비 대회신기록이 45개에서 19개가 감소한 26개 수립에 그쳤다.[61]

1984년과 1999년에 이어 3번째로 제주에서 열린 2003년의 제32회 소년체육대회는 대회신기록 수립이 74개에 그치는 등 기록면에서 부진했지만, 체전 사상 처음으로 선수단을 대상으로 실시한 섭지고지, 제주민속사연사박물관, 바다어장체험 등 무료관광지 시찰에는 1,000여 명이 직접 체험함으로써 관광제주의 이미지를 높이는 데 크게 기여한 것으로 평가되고 있나. 특히 대회기간 동안 4만여 명이 제주를 찾은 것으로 추정되고 있어, 최소 200억 원에서 많게는 300억 원 가량의 지역경제 창출 효과가 발생한 것으로 추정되고 있다.[62]

소년·소녀들의 스포츠 한마당 제33회 전국소년체육대회가 2004년 5월 29일부터 6월 6일까지 4일간 전라북도, 전라북도 체육회와 전라북도 교육청 주관으로 '몸도 튼튼 마음도 튼튼 나라도 튼튼'이라는 구호아래 1만 6,358명의 선수단이 참가한 가운데 개최되었다.[63] 이 대회에서는 30개 정식종목(초등학교 17종목, 중등학교 30개) 경기가 진행되었다. 이는 제32회 대회 29개 정식종목보다 1개 종목이 증가한 것으로 볼링이 시범종목에서 정식종목으로 승격, 채택되었다. 제34회 소년체육대회가 2005년 5월 28일부터 5월 31일까지 4일간 충청북도, 충청북도 체육회와 충청북도 교육청 주관으로 1만 6,358

60) 『체육』, 2001년 5·6월호, 36~38쪽.

61) 『체육』, 2002년 4·6월호, 22~24쪽.

62) 『체육』, 2003년 6월호, 19~20쪽.

63) 문화관광부, 『2004 체육백서』, 2005, 306쪽.

명이 참가한 가운데 열렸다. 이 대회에서도 제33회 대회와 마찬가지로 30개 정식종목(초등학교 17종목, 중등학교 30개) 경기가 진행되었다.[64]

이렇게 전국소년체육대회는 지난 1972년 첫 대회를 연 이래 한국스포츠의 젖줄 역할을 충실히 해왔다. 이후 소년체육대회는 어린 선수들에게 교육의 실천 현장으로서 페어플레이를 통한 스포츠정신을 함양하는 무대가 되었고 재능있는 선수들을 조기 발굴·육성하여 한국스포츠의 국제 경쟁력을 높이는 데 큰 힘이 되었다. 하지만 소년체육대회가 1992년 전국대회로 다시 개최된 이래로 경기력이 어느 정도 향상되어 왔으나, 전체적으로 향후 각종 국제대회의 주역으로 커 나갈 꿈나무 선수들의 소년체육대회 경기력 향상은 기대하기 어려운 실정이다. 예컨대 소년체육대회의 종목과 참가선수는 계속 확대되고 있으나, 국민의 참여와 관심 부족으로 대회 의의 및 효율성이 크게 저하되고 있다. 또 전국의 학교운동부 규모는 2003년 7월 현재 총 11,529개로 1997년 9,132개에 비하여 26.1% 증가하고 있으나, 초등학교와 중학교 운동부의 비율이 1.1:1에 불과하여 선수 저변이 매우 취약한 실정이다.[65] 따라서 한국의 올림픽 연속 10위권 유지라는 대외적 목표 및 국내 스포츠의 균형 육성이라는 대내적 목표를 위해서도 소년체육대회 자체에 대한 지원 및 투자는 물론 선수 저변의 확대를 위한 조치가 시급히 마련되어야 할 상황이다.

64) 문화관광부, 『2005 체육백서』, 2006, 225쪽.
65) 문화관광부, 『2003 체육백서』, 285~286쪽.

제Ⅱ장 생활체육행사

1. 국민체력실태조사

20세기 들어 문명의 이기와 물질적 풍요를 향유하게 된 선진국들은 국민 건강을 유지하기 위해 성인병의 퇴치라는 새로운 과제를 안게 되었다. 성인병은 만성 퇴행성 질환으로서 발생하기 전에는 자각증상이 거의 없지만, 발병 이후에는 어떤 치료로도 원상으로의 회복은 거의 불가능한 치명적인 질환으로서 국민 건강을 위협하고 국가의 의료비 부담을 가중시키는 주범으로 등장하였다. 선진국에서는 20세기 중반부터 국민의 신체적·정신적 능력을 증가시키는 체육활동을 통하여 성인병을 예방하는 노력을 계속해 왔다. 지금은 이러한 체육활동을 개인적 건강과 생존을 지키기 위한 국민의 기본권적 차원에서 보장하고 장려하고 있다.[1)]

우리 나라의 경우도 사망원인의 60% 이상이 성인병이며 40대의 사망률이 세계 1위를 차지하는 등 국민의 건강과 체력이 이미 심각한 수준에 와 있다. 이는 우리 나라 국민의 총 의료비 부담을 급속히 증가시켜 국가적으로 엄청난 재정적 부담과 손실을 가져오는 결과로 이어지고 있다.

국민의 건강과 체력관리는 개인의 행복과 생존을 위해서도 중요하지만 국가의 생산성과 경쟁력 제고라는 측면에서도 중요하다. 선진국에서는 오래 전부터 국민의 체력을 국가 차원에서 관리하고 지원하기 위하여 국민체력장 또는 성인스포츠장을 통하여 국민체력 수준을 정기적으로 파악하고 체력운동을 장려하는 등의 적극적인 노력을 해오고 있다. 예컨대 국가적 차원에서 세계 최초로 체력평가를 실시한 나라는 미국인데, 처음 1954년에 학생들을 대상으로 조사한 이후 1965년, 1976년 등 10년 단위로 청소년 및 학생을 대상으로 실시한 바 있다.[2)]

---

1) 문화관광부, 『2002 체육백서』, 2002, 147~148쪽.

우리 나라에서도 이와 같은 건강 및 체력의 중요성을 인식하여 정부 차원에서 여러 차례에 걸쳐 전국적인 체력실태조사를 실시한 바 있다. 이러한 조사 결과는 국민체력 증진을 위한 체육정책 수립을 위한 기초 자료의 확보와 국민체력지표 개발·보급이라는 두 가지의 중요한 기능이 있다. 아울러 국민의 체력은 시기에 따라 변화하는 것으로 국민체력의 현황을 정확하게 파악하고 적절한 정책적 대안을 수립하여 시행하기 위해서는 매년 또는 2~3년 주기의 정기적인 실태조사가 필요하다.[3)]

현재까지 국민체력실태조사는 체육부가 한국체육과학연구원을 조사기관원으로 삼아 1988년에 처음 실시하였고 1989년부터 3년 주기로 정기적인 실태조사를 실시하여 오고 있다.[4)]

국민체력실태조사는 초등학교 1학년(만 7세) 이상의 전 국민을 대상으로 실시하여 약 6,000명의 표본을 대상으로 이루어진다. 제주도를 제외한 전국의 광역시·도의 인구 비례에 따라 표본을 결정하였으며 성별·연령별 추정치의 신뢰 수준을 높이기 위하여 이들 요인을 세분화하여 조사했다. 신체 발달 특성상 대체로 18세까지는 성장률이 높으나 그 이후에는 성장률이 둔화되는 경향이 있으므로 초등학교 1학년부터 고등학교 3학년까지는 1세 단위로 하고 19세 이후에는 5세 단위로 구분하여 조사하고 있다.[5)]

조사항목은 신장, 체중, 체질량지수(2001년부터) 등 체격 3항목, 1,200m 달리기(초등학생은 600m 달리기), 윗몸일으키기, 팔굽혀펴기, 앉아윗몸앞으로굽히기, 체지방률 등 건강관련 체력 5항목, 제자리멀리뛰기와 50m 달리기 등 기능 관련 체력 2항목이다.

〈표 3-1〉 국민체력실태조사 항목

구분	요소	측정항목(단위)
체격	신체발육상태	신장(0.1㎝) 체중(0.1㎏) 신체질량지수(체중㎏/신장㎡)
건강관련체력	심폐지구력	1,200m달리기(초)
	근력 및 근지구력	윗몸일으키기(회/1분) 팔굽혀펴기(회)
	유연성	앉아윗몸앞으로굽히기(0.5㎝)
	신체구성	체지방율(%)
기능관련체력	순발력	제자리멀리뛰기(㎝)
	스피드	50m달리기(0.1초)

2) 『체육』, 1989년 3월호, 대한체육회, 32쪽.

3) 문화관광부, 앞의 책, 148쪽.

4) 문화관광부, 『2004 체육백서』, 2005, 177쪽.

5) 문화관광부, 『2002 체육백서』, 149쪽.

그 동안 실시된 국민체력실태조사에 대한 조사결과를 요약하면 다음과 같다.[6)]

남자의 신장은 1989년부터 2004년까지 대부분 증가하는 경향을 보였으나, 20~29세 및 50대 이상의 연령에서 2004년에 약간 감소하는 경향을 보였다. 여자의 경우에도 대부분의 연령에서 증가했으나, 40~49세 및 50대 이상 연령에서 2004년에 미세한 감소 현상을 보였다. 남자의 체중은 전 연령층이 지속적으로 증가추세를 보이다가 2004년에 30세 이상 연령층에서 모두 상당한 감소추세를 보여 체중관리에 대한 관심이 증가하고 있음을 반영해 주고 있다.

체질량지수의 경우 남자는 지속적으로 증가했으나 2004년에 50대 이상의 연령에서는 감소했다. 반면에 여자의 체질량지수는 2004년에 전 연령층에서 감소추세를 나타내 체중감량에 대한 관심을 반영해 주고 있다. 체지방률은 남자의 경우 2001년부터 2004년까지 계속 감소한 반면, 여자의 경우 2001년에 감소하여 2004년에는 정체되는 경향을 보였다.

순발력을 측정하는 50m 달리기 기록은 남녀 모두 1989년 이후 1998년까지 향상되다가 2001년에는 약간 저하되었으나, 2004년에는 다시 향상되는 경향을 보였다. 제자리멀리뛰기의 기록은 남녀 모두 1989년 이후 1995년까지 향상되다가 1998년 및 2001년에는 약간 저하되었으나, 2004년에 다시 향상되는 추세를 보였다.

전신지구력 또는 심폐 지구력을 측정하는 1,200m 달리기의 기록은 성인 남녀 모두 약간의 파도형 변화를 보였으나, 2004년에 뚜렷하게 향상되는 경향을 보여 체육활동을 통한 건강증진에 관심이 높아지고 있음을 반영하고 있다. 근력 및 근지구력을 측정하는 윗몸일으키기의 결과를 보면, 1989년 이후 남녀 모두 계속적으로 증가하는 경향을 보여 건강에 대한 관심 증가로 체력 운동에 참여하는 인구가 증가하고 있음을 반영하는 것으로 해석할 수 있다(<부록-14> 참조).

2. 동호인 리그

오늘날 생활체육이 실제 생활의 중심부로 자리잡아 가고 있는 현상은 많은 사람들에게 생계로부터 자유로울 수 있는 시간적·경제적 여유를 제공하고 있는 현대사회의 구조 속에서 자연적으로 발생된 것이라 할 수 있다. 이러한 현상이 한 사회를 구성하고 있는 대다수 국민의 생활을 풍요롭게 하고 그들의 삶의 질을 높이기 위하여 복지정책을 지향하고 있는 국가의 중요한 관심대상이 된다는 점은 당연한 일일 것이다.

6) 문화관광부, 『2004 체육백서』, 179쪽~185쪽.

우리 나라에서는 1962년에 국민체육진흥법이 제정되어 생활체육 발전의 기틀을 마련했지만 사회·경제적 여건상 침체되어 있었다. 그러다가 1980년대에 들어와서 생활체육은 활기를 띄기 시작했다. 당시 생활체육분야에서의 종합적인 국가적 진흥전략은 1986년에 수립된 국민체육진흥장기계획이며, 1990년에 만들어진 국민생활체육진흥종합계획인 '호돌이계획'과 1993년에 만들어진 국민체육진흥5개년계획 및 1996년에 수립된 삶의 질 세계화를 위한 생활체육활성화계획 등을 들 수 있다.[7)]

생활체육동호인 조직은 획일적이거나 체계화된 조직과는 성격을 달리하는 특성이 있어 1980년대에는 공식적으로 파악된 자료가 없었다. 그러다가 국민생활체육협의회가 출범한 1991년 12월 31일 기준, 13,876 클럽에 610,170명의 동호인이 활동하고 있는 것으로 나타났다.[8)]

이후 정부와 국민생활체육협의회는 생활체육 동호인클럽조직을 적극적으로 육성하고 체육활동의 참여동기를 유발하기 위하여 즐거운 주말리그, 동호인 한마음리그 등 각종 동호인 리그를 조직 지원해 왔다. 그 결과 등록된 생활체육 동호인클럽 수와 생활체육 종목별연합회 수가 지속적인 증가 추세를 보이고 있다.[9)]

〈표 3-2〉 생활체육 동호인클럽 현황

구분	클럽수	동호인수	인구대비
1998	31,257	1,173,837	2.7%
1999	36,904	1,322,476	2.9%
2000	41,986	1,442,145	3.0%
2001	46,051	1,559,242	3.4%
2002	52,020	1,776,604	3.7%
2003	64,665	2,176,221	4.5%
2004	73,802	2,449,948	5.1%

〈표 3-3〉 생활체육 종목별연합회 현황

연도	전국종목별연합회	시·도종목별연합회	시·군·구연합회
1991	6종목	10종목(100개 연합회)	통계없음
1997	16종목	42종목(230개 연합회)	50종목(2,202개 연합회)
2002	40종목	63종목(441개 연합회)	84개종목(3,326개 연합회)
2003	44종목	65종목(524개 연합회)	109종목(3,847개 연합회)
2004	46종목	67종목(548개 연합회)	109종목(4,479개 연합회)

7) 국민생활체육협의회, 『1997년도 사업실적보고서』, 1997, 1~2쪽.

8) 體育青少年部, 『體育青少年 行政10年史』, 1992, 210~212쪽.

9) 문화관광부, 『2004 체육백서』, 198~199쪽.

1) 즐거운 주말리그

1991년에 출범한 국민생활체육협의회는 그 동안 주로 시·도를 대상으로 생활체육프로그램을 펼치다가 1997년에 와서 생활체육프로그램인 즐거운 주말리그를 창설했다.[10] 첫 해의 즐거운 주말리그는 우선 전국 234개 시·군·구 중 생활체육협의회가 결성된 212개 시·군·구를 대상으로 축구, 게이트볼, 길거리농구 등 3개 종목을 실시했다.[11]

그러다가 즐거운 주말리그는 3차 년도인 1999년부터 충북 증평출장소를 비롯한 전국의 모든 기초지방자치단체에서 활발히 유영되고 있다. 이같은 즐거운 주말리그는 각 시·군·구에 전담지도자 1명씩을 배치하여 해당 지도자가 축구, 게이트볼, 길거리농구, 배드민턴, 테니스, 탁구, 족구, 배구, 볼링, 궁도 등 10개 종목 중 지역실정에 맞는 5개 종목을 선택하여 지역별로 소규모 동호인 간 정기교류전을 개최하는 형태로 운영되고 있다.[12]

이러한 즐거운 주말리그는 지역별, 종목별 동호인들의 연중 리그를 통하여 지역사회 동호인 활동을 육성하는 핵심사업으로 추진되고 있다. 따라서 즐거운 주말리그 프로그램은 국민 1인 1스포츠 갖기 운동의 기반이 되고 있으며, 생활체육동호인 육성의 기초사업으로서 그 가치를 인정받고 있다. 이 사업의 목적은 시·군·구 생활체육동호인클럽 활동을 지원하는 것으로서 생활체육 복지혜택을 균등히 제공하고 생활체육동호인 저변 확대를 도모하며 생활체육 동호인클럽이 체계적인 육성체계의 기반을 닦는 데 있다.[13]

즐거운 주말리그는 이처럼 사업의 운영방침은 기초자치단체의 생활체육 활성화를 도모하기 위해 지역별 실정과 지역주민의 선호도를 고려해 시·군·구별로 10종목(축구, 게이트볼, 길거리농구, 테니스, 배드민턴, 탁구, 족구, 배구, 볼링, 궁도)중 5종목을 자율적으로 선택하여 실시하도록 하고 있다. 그리고 시·군·구 생활체육협의회를 통하여 지역별 동호인클럽간 정기 교류전을 실시하고 지역주민에게 생활체육 서비스를 직접 제공하여 시·군·구협의회의 활성화를 도모하고 있다. 또 본 사업은 지역별로 연중 운영하되 매 주말에 지역별, 종목별 특성에 맞는 공공체육시설을 활용하고 있다.

다음의 <표 3-4>는 연도별로 추진된 즐거운 주말리그의 사업실적이다.[14]

---

10) 『국민생활체육』, 1999년 6월호, 국민생활체육협의회, 10쪽.
11) 국민생활체육협의회, 『1997년도 사업실적보고서』, 1997, 182쪽.
12) 『국민생활체육』, 1999년 6월호, 10~11쪽.
13) 문화관광부, 『2002 체육백서』, 181~182쪽; 『2003 체육백서』, 2004, 191~193쪽.
14) 문화관광부, 『2004 체육백서』, 2005, 217쪽.

〈표 3-4〉 즐거운 주말리그 연도별 사업추진 실적

구분	1999년	2000년	2001년	2002년	2003년	2004년
실적	233개소 41,145회 2,296,899명	233개소 47,061회 2,183,021명	233개소 48,105회 2,216,693명	233개소 54,849회 2,460,885회	233개소 61,779회 2,438,816명	233개소 74,527회 2,588,620명
종목	생활체육 종목 중 5종목 실시	생활체육 종목 중 5종목 선택 실시	생활체육 종목 중 5종목 선택 실시	생활체육 종목 중 5종목 선택 실시	생활체육 종목 중 5종목 선택 실시	생활체육 종목 중 5종목 이상 선택 실시

2) 동호인 한마음리그

연중 지속되는 생활체육 동호인 리그는 생활체육의 지속적 참여를 보장하는 가장 효율적인 방법이며 자발적인 생활체육 참여 분위기를 조성하고 종목간 연계와 발전을 이루도록 하는 데 기여하고 있다. 동호인 한마음리그 사업의 목적은 종목별 동호인 클럽의 활성화를 위한 지역간 교류 활동의 정례화와 종목별 동호인클럽 교류 촉진을 통한 동호인 참여 확산에 있다. 따라서 연차별 운영종목의 확대를 유도하고 전국 종목별 동호인이 참가하는 동호인 축제로 운영되고 있다.[15]

동호인 한마음리그는 2003년 12월 현재 3종목(축구, 탁구, 배드민턴)을 운영하고 있다. 리그운영 규모는 축구가 233개 시·군·구리그와 16개 시·도리그, 5개 권역리그, 결승리그로 운영되며, 탁구와 배드민턴은 16개 시·도리그와 결승리그로 운영되어 연간 총 4,000개 지역클럽과 70,000명의 동호인이 참여하고 있다. 각 종목별 운영 현황은 <부록-15>와 같다.[16]

이같은 동호인 한마음리그의 운영으로 축구, 탁구, 배드민턴 동호인의 저변 확대와 클럽 활동이 활성화되고 지역 클럽 간의 교류를 정례화하여 생활체육 붐이 조성될 것으로 기대되고 있다. 하지만 이러한 동호인 리그는 엘리트스포츠의 정규리그에는 포함되어 있지 않아 경기단체의 관심이 적은 실정이다. 때문에 국내 엘리트체육의 종목별 정규리그와의 연계 운영 방안이 고려되어야 한다. 즉 정규리그를 1부, 2부, 3부 리그 등으로 구분하여 동호인클럽이 함께 참여할 수 있는 방안이 마련되어야 한다.

---

15) 문화관광부, 『2002 체육백서』, 182~184쪽; 『2003 체육백서』, 193~194쪽.

16) 위와 같음.

3) 직장 동호인클럽 전국리그

직장체육 육성의 핵심 과제는 직장 동호인클럽을 육성하여 집단 활동을 활성화시켜 나가는 일이다. 직장내 동호인클럽 육성은 연중 지속되는 리그를 통하여 이루어지고 있다. 직장 동호인클럽 전국리그 사업의 목적은 전국 종목별 직장 동호인대회를 지원하여 직장인 1인 1스포츠 갖기 운동을 유도함으로써 직장체육 활성화에 기여하는 데에 있다.[17)]

따라서 직장 동호인클럽 전국리그의 운영은 직장체육 활성화 일환으로 직장인이 쉽게 참여할 수 있는 종목을 선정하여 시도(시·군·구)리그→권역리그→결승리그로 운영을 유도하며, 전국 또는 지역 스폰서십을 유치할 수 있도록 하고 있다. 현재 직장 동호인클럽 전국리그가 운영되고 있는 종목은 축구, 배드민턴, 탁구, 테니스, 족구, 볼링, 야구 등 7개 종목이다. 2004년 종목별 운영사업은 <표 3-5>와 같다.[18)]

그 동안 연도별로 추진된 직장 동호인클럽 전국리그에 참가한 규모는 <표 3-6>과 같다.[19)]

〈표 3-5〉 2004년 직장 동호인클럽 전국리그 종목별 운영실태

종 목	행사명	기간		참가규모
		예선	본선	
축 구	제6회FILA컵 국민생활체육전국직장인축구대회	4~7월	9.10~12	104팀 3,970명
배드민턴	2004국민생활체육전국직장대항배드민턴대회	6~9월	10.23~24	352팀 4,231명
탁 구	제8회 국민생활체육협의회 장기전국직장인탁구대회	3~8월	9.11~12	410팀 3,173명
테니스	2004국민생활체육전국직장인테니스대회	5~9월	12.4~5	88팀 792명
족 구	제8회 국민생활체육전국직장인족구대회	3~8월	9.18~19	3,684팀 29,472명
볼 링	제7회 국민생활체육협의회장배전국직장클럽리그볼링대회	7~8월	8.21~22	1,005팀 3,015명
야 구	2004국민생활체육전국직장대항야구대회	4~10월	11.13~28	213팀 5,325명
계	7종목			5,856팀 49,978명

〈표 3-6〉 직장 동호인클럽 전국리그 연도별 참가규모

구분 \ 연도	1997	1998	1999	2000	2001	2002	2003	2004
클럽수	2,821	2,573	3,188	3,125	3,150	3,599	3,536	5,856
인 원	162,872	30,288	25,044	32,225	33,184	39,814	44,558	49,978

17) 문화관광부, 『2003 체육백서』, 200~201쪽.

18) 문화관광부, 『2004 체육백서』, 226쪽.

19) 위의 책, 227쪽.

4) 종목별 동호인 전국대회

체육활동 참여자에게 자신의 기량을 스스로 확인할 수 있는 기회를 제공하고 자신의 수준과 비슷한 사람들과 경쟁을 통해 만족한 경험을 갖도록 하는 것은 지속적인 참여 유인책으로 매우 효과적이다. 이러한 맥락에서 종목별 동호인행사는 생활체육의 지속적 참여를 격려하는 강력한 동기부여 사업이 되고 있다. 종목별 동호인행사 지원사업은 전국 종목별 동호인행사를 지원하여 체육의 생활화운동 확산을 도모하고 종목별 동호인 대회를 내실 있게 운영함으로써 동호인이 참여하는 권위있는 전국대회로 육성하고자 하는 데 그 목적이 있다.[20]

따라서 종목별 동호인행사 지원사업은 전국연합회별 동호인행사 개최를 지원하고, 지방의 생활체육 진흥을 위해 지역 분산 개최를 권장하며 종목별 지방 동호인클럽의 신규 육성 및 친선 교류기회가 확대되도록 운영되고 있다.

종목별 동호인행사는 전국 일원에서 종목별로 연중 개최되며 전국종목별연합회가 주관하여 대회를 운영하고 국민생활체육협의회가 대회운영을 행정적·재정적으로 지원해 주고 있다. 종목별 장관기대회는 시·도 지역예선을 거쳐 시·도 대항전 경기방식을 원칙으로 하되, 종목 특성상 시·도 대항전이 불가한 경우는 클럽대항으로 운영하고 있다. 그 동안의 사업 추진실적은 <표 3-7>과 같다.[21]

〈표 3-7〉 연도별 종목별 동호인대회 개최 실적

구분 \ 연도	1996	1997	1998	1999	2000	2001	2002	2003	2004
대회 종목수	13	13	15	14	15	15	21	40	42
대회수	14	13	15	14	15	15	21	121	124
참가 규모	15,727명	13,496명	15,758명	13,970명	14,635명	12,436명	21,067명	82,236명	87,031명

3. 국민체육문화축제

세계 대부분 나라에서도 생활체육대회는 승패의 경연장보다는 친선과 즐거움의 추구를 위한 축제 형식을 지향하고 있다. 국민체육문화축제는 체육행사와 문화행사가 어우러진 지역단위의 축제이다. 따라서 국민체육문화축제는 지역실정에 맞는 행사

20) 문화관광부, 『2003 체육백서』, 188~189쪽.

21) 문화관광부, 『2004 체육백서』, 213쪽.

프로그램을 통해 지역주민들의 체육활동 참여기회를 확대하여 체력 향상과 여가 선용을 도모하고 종목별 동호인 저변 확대를 통한 생활체육 활성화와 건전한 사회분위기 조성 및 지역주민간 화합의 장 마련에 목적을 두고 있다.22)

이같은 국민체육문화축제는 체육과 문화행사를 연계한 지역체육·문화축제로 승화시켜 나가기 위해 각 시·도청과 협력하여 시·도별로 지역축제를 개최하며, 해당 지역주민의 선호종목 및 지역별 특성에 맞는 프로그램으로 축제를 운영하도록 하고 있다.

국민체육문화축제는 매년 4~11월 중 시·도별로 계획을 수립하여 시행하며 시·도 생활체육협의회 및 시·도 종목별연합회가 주관하여 운영하고 있나. 특히 전국종목별 연합회가 결성되고 동호인 수가 많은 종목을 우선 선정하여 축제를 운영하고 있으며, 행사비의 일부를 정부 및 지방자치단체가 보조해 주고 있다. 특히 생활체육 활성화를 위해 육성이 필요하다고 인정되는 종목을 선정하여 국민체육문화축제 프로그램으로 채택하고 있다.23)

4. 국민생활체육 전국한마당축전

국민생활체육 한마당축전은 16개 시·도가 함께하는 축제로 2001년부터 시작되었다. 1년에 한 번 전국이 생활체육동호인들이 한 자리에 보여 기량을 겨루고 친선과 화합을 도모하는 행사로서 동호인 개개인의 명예와 성취감 고취 기여를 제공하고 지역·계층 간의 화합을 통한 국민통합 기회를 마련하며, 생활체육 실천으로 개인적 삶의 질 향상과 건강한 복지사회 실현을 목적으로 하고 있다.24)

문화·관광의 도시 제주에서 처음 열린 '2001 국민생활체육 전국한마당축전'은 축구, 배드민턴, 게이트볼, 탁구, 테니스, 축구, 배구, 궁도, 볼링, 생활체조, 정구, 택견, 자전거 등 14개 종목에 걸쳐 시·도 대항전으로 치루어졌다. 또한 시범종목으로 당구와 함께 게이트볼, 론볼링 등 장애우들이 참여하는 종목을 선정하여 장애우와 함께하는 축전행사도 마련했다. 이 축전에는 16개 시도에서 3만여 명의 선수단이 참가하여 전국에서 활동하는 1,200만의 생활체육동호인들 사이에 선의의 경쟁이 이루어졌다.25)

전국 1,300만 생활체육인들의 한마당 잔치인 '2002 국민생활체육 전국한마당축전'은 4월 26일부터 28일까지 청주, 충주 등 충북 일원에서 성대히 개최되었다. 두 번째로

22) 문화관광부, 『2002 체육백서』, 179~180쪽.

23) 문화관광부, 『2004 체육백서』, 214쪽.

24) 문화관광부, 『2003 체육백서』, 190쪽.

25) 『국민생활체육』, 2001년 5월호, 8쪽.

개최되는 이 축전행사는 생활체육 실천으로 국민들의 삶의 질을 향상시키는 동시에, 지역·계층 간의 화합과 친선을 도모하기 위해 마련된 국민통합의 장이기도 하다. 이 축전은 첫 해(2001년 6월)에 개최된 것과 달리, 한·일 월드컵이라는 국가 대사의 성공적 개최를 기원하는 의미에서, 개최 시기를 봄 조성에 가장 적기인 4월 말로 선정했으며, 부제로 '월드컵 축구대회 성공기원'이라는 명칭을 사용했다. 특히 이번 행사에는 월드컵 공동 개최국인 일본 생활체육 선수단 8종목 117명이 참가하여 친선경기를 펼쳤다.[26]

이렇게 국민생활체육 전국한마당축전은 체육, 문화, 관광이 어우러지는 종합 축전으로 개최되고 민속경기 채택으로 전통 놀이문화의 계승기반을 마련하며 국제 생활체육 교류행사와 병행 실시한다는 방침 아래 추진되고 있다. 매년 각 시·도별로 순회 개최되고 있다. 2001년부터 추진된 사업 내용은 <표 3-8>과 같다.[27]

〈표 3-8〉 연도별 국민생활체육 전국한마당축전 현황

연도	기간/장소	참가인원	실시종목
2001	6.13~6.17 (제주)	30,000명 (16개 시·도·임원·선수 8,321명 포함)	-일반종목(14개) : 축구, 육상, 배드민턴, 게이트볼, 탁구, 테니스, 배구, 족구, 궁도, 택견, 생활체조, 자전거, 볼링, 정구 -장애인종목(2개) : 론볼링, 게이트볼 -시범종목(1개) : 당구
2002	4.26~4.28 (충북, 청주)	40,000명 (16개 시·도·임원·선수 12,932명 포함)	-일반종목(22개) : 축구, 육상, 배드민턴, 게이트볼, 정구, 탁구, 테니스, 당구, 합기도, 스킨스쿠버, 풋살, 패러글라이딩, 보디빌딩, 사격, 검도 -민속종목(3개) : 택견, 줄다리기, 궁도 -장애인종목(2개) : 골볼, 좌식배구
2003	6.14~6.16 (경남, 마산)	60,000명 (16개 시·도·임원·선수 22,312명 포함)	-일반종목(24개) : 축구, 육상, 배드민턴, 게이트볼, 정구, 탁구, 테니스, 당구, 합기도, 스킨스쿠버, 풋살, 패러글라이딩, 보디빌딩, 사격, 검도, 태권도 등 -민속종목(4개) : 택견, 줄다리기, 궁도, 국무도 -장애인종목(2개) : 휠체어테니스, 배드민턴 -시범종목(3개) : 인라인스케이팅, X-게임, 등산
2004	5.29~5.31 (광주광역시)	59,000여명 (16개 시·도·임원·선수 21,732명 포함)	-일반종목(25개) : 축구, 육상, 배드민턴, 게이트볼, 정구, 볼링, 족구, 탁구, 테니스, 야구, 농구, 자전거, 배구, 당구, 검도, 합기도, 스킨스쿠버, 풋살, 패러글라이딩, 보디빌딩, 사격, 등산, 검도, 태권도 등 -민속종목(4개) : 택견, 줄다리기, 궁도, 국무도 -시범종목(2개) : 씨름, 골프 -장애인종목(3개) : 론볼링, 휠체어탁구, 게이트볼

26) 『국민생활체육』, 2002년 3월호, 13쪽.

27) 문화관광부, 『2004 체육백서』, 215쪽.

또 스포츠경기 외에 지역문화행사와 연계한 상설 프로그램이 운영되어 환경음악회, 월드스타쇼, 전국노래자랑 등이 열리고 있다. 학술행사는 지역대학을 중심으로 생활체육 세미나가 개최되며 주변행사로는 내고향 특산물 전시회와 먹거리 장터, 생활체육종목 시연, 민속놀이 체험 등의 행사 프로그램이 운영되고 있다. 한편 국민생활체육 전국한마당축전은 2004년부터 전국국민생활체육대축전이란 사업으로 추진되고 있다.[28)]

28) 문화관광부, 『2004 체육백서』, 216쪽.

제III 장

국내경기대회

1. 전국체육대회

자유해방 경축 전국종합경기대회는 1945년 10월 27일 경성운동장에서 개최되었다. 이 대회는 조선체육회의 부활을 준비하기 위해 조직된 조선체육동지회가 주최했는데, 조국의 광복을 축하하기 위한 전국민적인 행사로서 8년 전인 1937년 10월에 마지막으로 개최되었던 제18회 전조선종합경기대회를 끝으로 일제에 의해 중단되었던 전국 규모의 체육대회를 부활시킨 것이었다. 나중에 제26회 전국체육대회[1]로 추인된 이 대회는 한국 스포츠의 새로운 장을 여는 서막이었다.

이 대회에 기수로 입장한 손기정은 입장식에서 감격의 눈물을 흘렸다. 이 자리에는 또 당시 갓 귀국한 이승만 박사가 참석해 선수들을 격려했다. 그는 "베를린올림픽대회에서 마라톤 제패 소식을 듣고 우리 겨레는 아직 죽지 않고 살아 있다는 것을 알았다"고 당시의 감격을 피력했고, 손기정은 이 소리를 듣고 단상으로 뛰어 올라가 이승만과 뜨거운 포옹을 나누었다.[2]

육상, 축구, 야구, 정구, 럭비축구, 탁구, 배구, 자전차, 마술, 빙상 등 10개 종목에 걸쳐 실시된 이 대회는 1946년 1월에 개최된 빙상대회를 끝으로 폐막되었다. 이 대회에서 노장 유장춘은 5,000미터와 마라톤에서 우승하여 기염을 토했다. 축구경기에는 미군정청 팀도 참가했으며, 경성구락부 팀이 우승했다.

전국체육대회는 1920년 11월 4일부터 6일까지 경성에서 개최된 제1회 전조선야구대회[3]가 그 기원이다. 3·1 독립운동이 일어난 다음 해인 1920년 7월 13일에 조선체육회가

1) 전국체육대회는 1920년 경성에서 개최된 제1회 대회로부터 기산하여 회수를 계산하며, 부득이한 사정으로 대회를 개최하지 못한 경우에도 통산하도록 한다는 규정에 따라 1945년도 대회를 제26회로 산정하게 된 것이다.

2) 대한체육회, 『大韓體育會 七十年史』, 1990, 49쪽.

창립되어 그 동안 산발적으로 행해져 오던 모든 경기를 조직적으로 지도 육성할 수 있는 계기가 형성되었으며, 그 첫 사업으로 시작된 것이 야구대회였다. 그리고 전조선야구대회로 시작된 전국체육대회는 이어 정구, 육상, 빙상, 씨름, 수상, 역도, 농구, 마라톤, 복싱대회 등 1933년까지 종목별로 개최되었다. 1934년에는 축구, 야구, 농구, 육상, 정구 등 5개 종목의 경기를 통합한 조선체육회 창립 제15주년 기념 전조선종합경기대회를 개최했다. 제15회 전국체육대회는 우리 민족 초유의 종합경기대회로서, 사실상 오늘날의 전국체육대회의 효시가 되었다.[4]

1946년에 접어들면서 광복의 기쁨은 점차 분단국가의 현실을 절감하게 하는 정치·사회적 혼란과 무질서로 바뀌어 갔다. 그러나 체육계는 오히려 경기단체들을 정비하고 각종 선수권대회를 비롯한 스포츠 행사를 본격적으로 개최해 국민들의 단합과 용기를 북돋웠다. 특히 8·15 해방 1주년 기념대회와 3·1절 경축대회 개최, 그리고 연·보전 개최와 같은 학원스포츠의 본격적인 태동은 체육을 통한 신생 독립국가 건설의 강인한 의지를 뒷받침하는 원동력이 되었다.

또 2년 뒤인 1948년에 개최될 런던올림픽대회를 앞두고 몇몇 종목의 예선경기가 치러지고 올림픽대책위원회가 발족하자, 체육계는 이제야말로 태극기를 앞세워 조국 광복의 감격을 세계에 떨쳐야 한다는 민족적 열망을 한 몸에 모으게 되었다. 이러한 배경에서 1946년 10월 16일부터 5일간 서울에서 개최된 제27회 전국체육대회는 그 명칭도 조선올림픽대회로 불렸나. 1946년에 사용된 조선올림픽대회라는 명칭은 1947년 개최된 제28회 전국체육대회까지 사용되었다.[5]

16개 종목에 걸쳐 5,000여 명의 선수들이 참가한 1946년 조선올림픽대회(제27회 전국체육대회)에는 이승만을 비롯하여 러취(A. L. Lerch) 군정장관 등이 참석하여 성황을 이루었다. 이 대회의 마라톤 종목에서 고려대학교의 서윤복이 우승했는데, 그는 이를 발판으로 삼아 다음 해 보스턴에서 열린 제51회 국제마라톤대회에 참가하여 세계신기록을 수립, 우승하는 쾌거를 이루었다. 서윤복의 제51회 보스톤 국제마라톤대회 우승은 나라를 되찾은 신생 한국의 모습을 세계에 알리고, 베를린올림픽의 손기정과 더불어 '마라톤 한국'의 강렬한 이미지를 세계에 떨치는 계기가 되었다.

한편, 런던올림픽대회를 한 해 앞두고 개최된 제28회 전국체육대회는 1947년 10월 13일부터 7일간에 걸쳐 3,000여 명이 참가하는 가운데 서울운동장에서 개최되었다. 이 대회는 1947년 6월 20일 국제올림픽위원회 총회에서 대한올림픽위원회(KOC) 가입이 승인되어[6] 분위기가 고조된 가운데 열렸고, 빙상대회 외에도 스키대회가 추가되어

3) 위의 책, 154쪽.

4) 문화관광부, 『2002 체육백서』, 2002, 262쪽.

5) 대한체육회, 앞의 책, 161쪽.

동계스포츠 발전의 발판이 되었다.

1948년 8·15 광복절을 기해 대한민국 정부가 수립되자, 조선체육회는 9월 3일부터 4일까지 임시평의회를 개최하여 그 명칭을 대한체육회로 개칭하고 신익희를 새 회장으로 하는 14대 집행부를 구성했다.[7] 그러나 14대 집행부는 정화 문제 등으로 구설수에 시달리다가 임원을 모두 바꾸며 1949년 10월 29일 제15대 신흥우 체제를 발족시켰다.[8] 하지만 15대 집행부가 내부적인 체제를 안정시키기도 전에 6·25 전란을 맞게 되어 피난길에 올랐다.

대한민국 정부 수립과 더불어 조선종합경기대회는 전국체육대회로 그 명칭이 변경되고 자유참가 제도가 도 대항제로 변경되었다.[9] 따라서 정부 수립과 더불어 9개 시·도의 선수들이 저마다 향토의 명예를 걸고 출전하는 본격적인 애국 애향의 시대가 활짝 열렸다.

1948년 10월 20~26일 서울운동장에서 거행된 제29회 전국체육대회는 좋은 기록과 높은 수준의 경기를 보여주었다. 특히 3개월 전에 개최된 런던올림픽대회 출전 경험은 국내 경기의 수준을 한층 격상시키는 힘을 발휘했다.[10] 육상경기에서 엄팔용은 도대항 100미터와 400미터, 그리고 선수권 200미터 등 3개 종목을 휩쓸었고, 이윤석은 선수권 800미터, 1,500미터, 그리고 송길윤은 5,000미터와 10,000미터에서 우승하여 두각을 나타냈다. 마라톤에서는 양정의 이원복이 우승했고, 경성전력의 안영한은 투원반과 투포환을 각각 제패했다. 여자부의 박봉식은 비록 런던올림픽에서는 고배를 들었지만 여자 원반던지기에서 제29회 전국체육대회부터 진가를 드러내기 시작했다. 자전거경기에서 황산웅 선수가 한국신기록을 수립했고, 임상조 선수도 이 대회에서 데뷔하여 명성을 떨쳤다.

제30회 전국체육대회가 개최된 1949년은 한국인의 손으로 재건된 각종 경기가 거의 완숙된 양상을 보인 해였다.[11] 대회마다 규모가 갖추어지고 양적·질적으로 내외에 과시할 수 있을 정도의 수준을 보였기 때문이다. 또 과거 서울을 중심으로 발전해

---

6) 대한올림픽위원회, 『KOC 50年史』, 1996, 52쪽.

7) 대한체육회 제14대 집행부 구성은 다음과 같다. 회장 신익희, 부회장 김동성, 옥준진, 이사장 이성주, 이사 김원권, 김윤근, 김정학, 김태식, 백용호, 전이락, 이종호, 이성환, 감사 김용택, 박영진, 서형석 등이다.

8) 제15대 집행부 구성은 다음과 같다. 회장 신흥우, 부회장 손기정, 현동완, 이사장 정상희, 이사 김성곤, 김신실, 김영구, 김옥규, 김재위, 김정연, 김태식, 나추건, 서복희, 이순재, 이영민, 이종호, 이창근, 현정주, 황을수 등이다.

9) 대한체육회, 앞의 책, 162쪽.

10) 위와 같음.

11) 韓國體育百年史編纂會, 『韓國體育百年史』, 1981, 237쪽.

오던 체육계가 점차 지방으로 확산되어 각종 대회에서 지방의 체육단체나 개인 선수가 두각을 나타내고, 새로운 기록을 수립하는 성과를 보여주었다.

1949년 10월 15일부터 9일간 서울에서 개최된 제30회 전국체육대회는 21개 종목에 걸쳐 4,000여 명의 선수들이 참가한 가운데 개최되었다. 이 대회는 정부 수립 이후 '체육 한국'의 면모를 일신시킨 대회로 평가되기도 했다. 대한체육회가(大韓體育會歌)도 바로 이 대회에서 제정되어 불려지기 시작했다.[12)]

육상경기에서 노장 최윤칠이 5,000미터와 10,000미터를 제패하여 기염을 토했고, 마라톤은 신예 송길윤이 우승을 차지했다. 그밖에도 임팔용, 김영환, 김인영, 김종욱, 최영기 등도 2개 종목 이상을 석권했다. 여자 육상에서도 경남의 김연실과 덕성의 조남희가 각각 4개 종목에서 패권을 잡았으며, 박귀조는 투포환에서 두각을 나타냈다.

구기종목에서는 동래중학교가 배구 남자 중등부에서 패권을 잡았고, 여자부에서는 이화여중과 조선은행이 제패했다. 연식정구에서는 계성중의 이상연, 서인교, 김영배 등이 패권을 잡았다. 체조에서는 남자 중등부에서 한양공의 김상태, 김상광이 전 종목 패권을 잡았고, 대학부에서는 부산 동아대의 박길준이 독무대를 이루었다. 한편 자전거경기의 임상조는 3,000미터, 5,000미터, 10,000미터, 그리고 80킬로미터 도로경기를 모두 제패해 기염을 토했다.

전국체육대회를 통해 체육 한국의 면모를 갖추게 된 그 성과는 1950년 4월 29일에 개최된 제54회 보스톤 국제마라톤대회에서 그 위용을 과시하기에 이르렀다. 마치 제51회 보스톤 마라톤대회에서 서윤복이 조국 광복의 기쁨을 노래하듯 우승했던 것을 재현하듯이, 제54회 보스톤 마라톤대회에서는 함기용, 송길윤, 최윤칠 선수가 1·2·3등을 모두 휩쓰는 쾌거를 이룩하여[13)] 국내에 스포츠 붐을 일으켰을 뿐만 아니라 세계 마라톤계도 충격을 감추지 못하게 했던 것이다.

한국전쟁은 1950년 6월 25일 새벽 북한 인민군의 전면 공격으로 시작되었다. 전쟁은 처음 내전의 형태로 시작되었으나 곧바로 국제전으로 비화되었다. 전란의 와중에서 경기단체를 중심으로 한 체육대회는 전국체육대회를 제외하고는 개최가 불가능했다. 전국체육대회의 경우에도 1950년 10월에 개최했어야 할 제31회 전국체육대회는 개최하지 못했고, 다만 9·28 수복으로 전세가 호전되어 1951년 10월 27일부터 5일간 제32회 전국체육대회를 전남 광주에서 개최할 수 있었다.

이 대회는 전란 중에 치루어져 열악한 조건이었음에도 불구하고 마라톤을 위시하여 역도에서 세계기록을 수립하는 등 불굴의 투지를 불태웠다. 마라톤에서 최윤칠은 2시

12) 전국체육대회가는 윤석중 작사, 김순애 작곡으로 만들어졌고, 그 뒤에 김희조 편곡으로 불려져 오고 있다.

13) 대한체육회, 앞의 책, 162쪽.

간 25분 15초로 세계신기록을 수립했고,[14] 역도 인상종목의 이규혁과 추상종목의 김성집이 세계신기록을 수립했다.[15] 15개 종목에 2,254명이 참가한 이 대회에 서울 대표가 참가하지 못하게 되자 개최지인 전남팀이 종합우승을 차지하는 기회를 갖기도 했다.

제33회 전국체육대회가 아직도 일선에서 혈투가 계속되고 있는 가운데 서울에서 1952년 10월 18~24일 개최될 수 있었다. 이 시기는 환도가 이루어지기 전이고, 도강증 없이는 민간인의 한강 도강이 통제되던 때였지만 유엔군측의 특별 배려로 전국체전 참가선수들은 특별열차를 이용하여 서울에 들어올 수 있었다. 체전에는 서울 대표를 비롯한 3,300명의 선수들이 20개 종목에 출전했다. 제33회 전국체육대회에서는 서울이 종합우승, 경북 2위, 경남 3위를 차지했다.

1952년 가을에 정부 환도가 이루어지고, 전쟁이 교착 상태에 빠져들던 1953년 3월부터 각종 경기가 서울에서 부활되어 점차 체육활동이 본 궤도에 접어들었다. 전쟁 후 처음으로 서울에서 제34회 전국체육대회가 20개 종목, 5,000여 선수가 참가한 가운데 1953년 10월 17일에 개최되었으며, 여기에는 재일교포단도 참가했다. 이 대회부터 대한체육회는 전국체육대회 헌장과 심판규정을 제정하여 적용하기 시작했다.[16]

1954년 10월에 개최된 제35회 전국체육대회에는 7,000여 명의 선수가 참가하여 성황을 이루었으며, 1955년에 개최된 제36회 전국체육대회에서는 처음으로 성화 릴레이가 실시되었다.[17] 이 성화는 강화도 마니산 첨성단에서 점화되어 10월 14일부터 37개 구간에 걸쳐 모두 37명의 손으로 운송되었고, 최종 주자는 베를린올림픽에서 우승의 영광을 안은 손기정이었다.

전국체육대회는 1957년부터는 지방체육의 균형적 발전을 도모한다는 취지 아래 지방 순회 개최 원칙으로 각 시·도에서 번갈아 개최하면서 체육이 전국적으로 보급될 수 있는 방안을 모색해 나갔다.[18]

1957년 10월 18일부터 부산 공설운동장에서 개최된 제38회 전국체육대회에는 24개 종목에 걸쳐 5,579명이 참가하여 서울이 종합우승, 경남이 2위를 차지했다. 이 대회 육상경기에서 한국신기록 1개와 대회신기록 11개가 쏟아졌고, 역도경기에서도 많은 기록갱신을 보여주는 등 체육발전의 기틀을 형성했다. 그러나 경험 부족으로 인한 운영상의 문제점과 6·25 이후 혼란한 사회 분위기 속에서 급조된 부실시공 시설로 인한 대형 참사가 벌어지는 불상사를 빚기도 했다.[19]

---

14) 韓國體育百年史編纂會, 앞의 책, 601쪽.

15) 위의 책, 239쪽.

16) 대한체육회, 앞의 책, 163쪽.

17) 위의 책, 164쪽.

18) 문화관광부, 앞의 책, 262쪽.

전국체육대회를 지방 순회 경기로 실시하기로 했으나 1958년의 제39회 대회는 건국 10주년을 기념하여 서울에서 개최했다. 1958년 10월 3일부터 7일간 개최된 제39회 전국체육대회는 그야말로 축제로서의 성격을 지니게 만들었으며, 특히 입장식 전에 있었던 육군 의장대의 시범연기와 초등학교 학생 204명이 펼친 무용과 매스게임, 그리고 상명여고의 매스게임은 수만 관중의 환호를 받았다.

1959년 10월 3일에 개최된 제40회 전국체육대회에서는 정부가 대회 기간을 체육주간으로 제정하여 체육사상을 고취시키는 전국적인 계몽운동을 전개했다. 또한 체육관련 자료들을 모아 체육전시회를 마련하는 등 체육 붐을 조성하는 새로운 계기로 활용했다.

특히 1957년에 개최된 제38회 전국체육대회부터 지방체육의 균형적 발전을 도모한다는 취지 아래, 지방 순회 개최 원칙을 정하고 각 시·도에서 번갈아 개최하면서 전국체육대회는 지역체육의 발전뿐 아니라 지역사회의 발전에도 큰 기여를 해 왔다. 대회에 참가하는 선수와 임원들이 1만여 명을 넘기 때문에 이들을 위한 숙박시설 마련과 경기장 마련 등은 자연스럽게 지역사회가 새롭게 발전할 수 있는 계기로 이어질 수 있었던 것이다.

뿐만 아니라 전국체육대회의 지방순회 개최는 특히 지역의 체육시설 확보에 큰 도움이 되었다. 1965년 제46회 대회 개최지 광주에서는 전국체전을 계기로 3만 명을 수용할 수 있는 주경기장과 1만 명을 수용할 수 있는 야구장을 마련했고, 광주공원에 3,000명을 수용할 수 있는 실내 경기장을 마련했다.[20] 인천의 경우, 역시 1978년 제59회 대회를 계기로 전용 경기장을 새로 마련했고,[21] 대전도 1979년 제60회 대회를 준비하면서 3만 5,000명을 수용하는 메인 스타디움과 전국 최대 규모의 실내수영장을 마련했다.[22]

1966년의 제47회 서울 전국체육대회에서는 '굳센 체력, 알찬 단결, 빛나는 전진'이라는 대회 표어를 채택하여 전국체육대회에 참가하는 선수들로 하여금 참다운 스포츠 정신을 일깨우고 애국심과 애향심을 북돋웠으며, 1970년 제51회 대회부터는 이를 고정 표어로 채택하여 연례적으로 사용하게 되었다.[23]

---

19) 특히 대회 첫날 매스게임에 참가할 여학생 1명이 입장 도중에 인파에 밟혀 사망하는가 하면, 경기장 안에서는 개회식 도중 육상경기 심판대가 넘어져 2명의 어린 남학생이 사망하고 수명의 부상자가 발생하는 등 사고가 잇따랐으니, 이는 국내 경기 초유의 참사로서 이 대회가 남긴 치명적인 오점이었다. 또 대회를 앞두고 급조한 경기장이어서 농구, 배구, 정구 등의 코트 시설이 경기 진행에 어려움을 주었고, 또 최종일을 장식하는 축구 일반부 결승경기에서는 심판 판정에의 불복으로 경기가 중단되어 시민들의 비난을 받기도 했다. 이밖의 특기사항으로는 자전거 도로경기에서 도로가 협소하여 소정의 116.75km를 달리지 못하고 해운대~부산 사이를 왕복하는 38km 경기가 된 사실이었다(대한체육회, 앞의 책, 164~165쪽).

20) 韓國體育百年史編纂會, 앞의 책, 262쪽.

21) 대한체육회, 앞의 책, 177쪽.

22) 韓國體育百年史編纂會, 앞의 책, 271쪽.

1967년의 제48회 대회에서는 체전 사상 처음으로 개회식에서 카드섹션을 선보였다. 카드섹션은 체전을 미술적인 감각으로 승화시키는 하나의 계기가 되었다. 당시 한성여고는 3시간 동안 500여 회의 장면을 연출하는 카드섹션을 선보여 장관을 이루었다.[24] 1968년의 제49회 대회부터는 개회식 입장상 제도를 실시하여 대회 질서유지 차원에서뿐만 아니라 사회 질서의식 계도 차원에서도 좋은 성과를 거두었다.[25] 이처럼 전국체육대회 개회식에서 새롭게 펼쳐진 입장식, 카드섹션, 매스게임은 전국체전의 꽃으로 떠올라 관객들의 큰 호응을 불러 일으켰다.

전국체육대회 50주년을 맞이한 1969년의 제50회 대회에는 1만 5,000여 명의 인원이 참가한 가운데 26개 종목의 경기가 펼쳐졌다.[26] 이 대회에서 성화 봉송이 이루어져 강화도 마니산 첨성단에서 채화하여 체전 사상 처음으로 전국을 4개 코스로 나누어 총 943.5킬로미터의 거리를 1,586명의 주자가 계주 봉송했다. 성화의 전국 계주 봉송은 전국체육대회에 대한 각 지역의 관심을 고조시키고, 체육에 대한 새로운 이해를 높여 체육인구의 저변 확대에 큰 도움이 되었다.[27]

1970년의 제51회 전국체육대회와 1972년의 제53회 전국체전은 대회 사상 하나의 분수령을 이루었다. 제51회 대회에서는 태릉 국제수영장 개장에 따라 지금껏 분리 개최되어온 하계대회를 통합 실시하게 되었다.[28] 특히 제53회 전국체전부터 소년체육대회를 분리 개최하게 된 것이다.[29] 대회 분리의 기본 취지는 소년들이 성인들의 그늘 밑에서 경기 기량을 충분히 발휘할 수 없다는 점과, 과열 경쟁에 휘말려 체육교육적인 효과를 거둘 수 없다는 점 등을 고려한 것이었다.

1957년의 제38회 전국체전부터는 지방체육의 균형적 발전을 도모한다는 취지 아래 지방 순회 개최 원칙으로 각 시·도에서 번갈아 개최하여 왔지만 지방에서의 대회 개최는 사실상 제46회 광주체전을 끝으로 중단되어 이후 줄곧 서울에서만 개최되었다. 그러다가 1973년의 제54회 대회부터 전국체전의 지방 개최가 결실을 맺었다는 점만으로도, 이 부산대회는 그 의의가 자못 크다 할 것이다. 다만 제54회 대회에서는 한국신기록 5개가 수립되어 지난 53회 대회의 13개에 비해 8개나 줄어들어 경기력 향상에서 문제점을 남기었다.[30] 그런데 전국체전의 지방 순회 개최 원칙은 제55회 대회의 개최지

---

23) 대한체육회, 앞의 책, 169면.
24) 위와 같음.
25) 위의 책, 170쪽.
26) 『체육』, 1969년 11월호, 대한체육회, 15쪽.
27) 대한체육회, 앞의 책, 171쪽.
28) 『체육』, 1970년 9·10월호, 11쪽.
29) 대한체육회, 앞의 책, 173쪽.
30) 『체육』, 1973년 10월호, 23~24쪽.

인 경상북도가 예산을 확보하지 못하여 반납함으로써 또 다시 1년만에 좌절되고 말았다.[31] 하는 수 없이 제55회 대회가 서울에서 개최되었지만, 다행히 광복 30돌을 기념하는 1975년의 제56회 전국체육대회가 대구에서 열렸다. 이후 전국체전의 지방순회 개최 원칙도 본 궤도에 오르게 되었다.

부산의 개항 100주년을 겸했던 1976년의 제57회 대회는 해외교포 선수단을 포함한 11개 시·도 선수단 1만 2,000명이 참가했다. 이 해는 몬트리올올림픽에서 레슬링의 양정모 선수가 최초의 금메달을 획득했을 뿐만 아니라 은메달 1개와 동메달 4개로 비공식 메달 집계에 의한 종합성적 19위로 띠오른 해로서, 전국체육대회 차원에서도 이러한 비약적 발전에 힘입어 운영면에서나 기록면에서 대회 사상 가장 모범적인 대회로 평가를 받았다.[32]

'총화체전, 질서체전, 절약체전'이라는 구호를 앞세운 1977년의 제58회 대회는 전남 광주에서 열렸다. 특히 이 대회는 재독·재 캐나다 동포선수단이 사상 처음으로 참가한 의미있는 대회이기도 했다. 체전과 함께 진행된 예술축전도 이채를 띠었다. 기록면에서도 한국신기록 15개, 한국타이기록 1개, 대회신기록 157개 등이 수립되어 지난 대회에 비해 큰 진전을 보였다.[33]

제59회 전국체전은 1964년의 제45회 대회가 개최된 이래 14년만에 항도 인천에서 두 번째로 열린 대회였으며, 더욱이 정부 수립 30주년을 기념하는 축전이기도 했다. 이 대회는 기록면에서 한국신기록 9개, 대회신기록 119개로 대체로 수준급의 대회였다. 특히 아시아게임을 대비한 국가대표급 선수가 모두 빠진 상황을 감안한다면 평년작 이상의 알찬 수확을 서둔 대회가 분명하다. 종합성적에서 경기도가 지난 대회에 이어 서울을 제치고 우승하여 2연패하는 저력을 과시했다.[34]

제60회 전국체육대회는 제1회 전조선야구대회가 열린 지 햇수로 60년, 그리고 1960년의 제41회 전국체전이 개최된 한밭벌 바로 그 자리에서 19년만에 열린 대회였다. 1920년 7월 13일에 창립된 조선체육회는 창립 첫 사업으로 제1회 전조선야구대회를 그해 11월 4부터 3일간 배재고보 운동장에서 가졌는데, 이를 오늘의 전국체전 제1회 대회로 기산(起算)하여 그 해로 60회를 맞은 것이다. 이 대회부터 채점방식이 변경되어 메달 가산채점제를 실시하였는데, 신기록 가산비율을 100% 인상 적용하였다. 또 대회 사상 처음으로 남·여 2명이 성화 봉송 최종 주자를 담당하게 했다.[35]

31) 『체육』, 1973년 12월호, 32쪽.
32) 대한체육회, 앞의 책, 176쪽.
33) 위의 책, 177쪽.
34) 『체육』, 1978년 11월호, 20쪽.
35) 『체육』, 1979년 11월호, 18~23쪽.

1980년에 개최된 제61회 전국체전은 전북 지역의 전주, 군산, 이리에서 분산 개최되어 지역체육 발전에 새로운 계기를 마련했다. 이를 계기로 전주에 3만여 명을 수용하는 전주 공설운동장이 세워지고 군산 공설운동장 등이 마련되어 '체육 전북'의 발전을 과시했다.[36] 이러한 지역체육 발전으로 인한 입지조건 개선은 아시아경기대회와 올림픽대회 유치를 가능하게 하는 원동력이 되었다.

1988년 하계올림픽 서울 유치의 열기 속에서 막을 올린 제62년 전국체전은 1974년의 제55회 대회 이후 7년만에 서울에서 열렸다. 대구와 인천의 직할시 승격으로 전국 13개 시·도와 7개 해외동포 선수단이 출전한 이 체전은 서울올림픽대회 유치가 실현된 후 처음의 종합경기대회여서 전국민적 관심 속에서 열리었다. 하지만 문교부와 체육회의 강력한 경고에도 불구하고 이번 대회에서도 연중행사처럼 판정 불복과 폭력 등의 사고가 되풀이하여 일어났다. 과열 득점경쟁이 빚어낸 부산물이었다.[37]

제5공화국의 출범과 함께 발족된 체육부 체제하에서 개최된 제63회 대회는 1982년 10월에 개최되었다. 이 대회는 86아시아경기대회와 88서울올림픽대회를 성공적으로 개최하기 위한 붐을 조성하기 위해 성화 봉송 릴레이를 제주도를 제외한 전국 일원의 행사로 확대 실시했으며, 식전행사로 밀양지방의 민속놀이인 용호놀이 등이 장관을 이루었고, 한·미 수교 100주년을 기념하는 카드섹션이 이채를 띠었다.[38]

항도 인천 개항 100주년을 맞이하여 1983년 인천에서 개최된 제64회 대회는 대회 사상 처음으로 컴퓨터에 의해 각종 기록이 전산 처리되어 과학체전의 기틀을 마련했으며, 인천은 이 대회를 계기로 국내에서 처음으로 사이클 벨로드롬 경기장을 보유하게 되었다.[39] 대구의 직할시 승격을 기념하는 1984년의 제65회 전국체육대회는 10월 11부터 6일간 치러졌다. 이 대회의 특징은 전 경기운영의 완벽한 전산화, 참관 관중의 자발적 의지에 의한 카드섹션, 달구벌축제와 함께 치러진 체전의 문화행사화가 그것이다.[40]

전국체전 사상 처음으로 강원도에서 열린 1985년의 제66회 대회에서는 올림픽대회 및 아시아경기대회의 전 종목을 정식종목으로 채택하여 요트, 카누, 근대5종, 다이빙, 수구 종목경기가 추가 실시되었다. 또한 서울아시아경기대회의 경기운영을 점검하고 예행연습을 겸하였으며, 선수촌 아파트를 신축하여 운영함으로써 아시아경기대회 선수촌 아파트 운영에 대한 시행착오도 줄였다.[41]

---

36) 대한체육회, 앞의 책, 179쪽.

37) 『체육』, 1981년 10월호, 23~24쪽.

38) 體育靑少年部, 『體育靑少年 行政10年史』, 1992, 137쪽.

39) 위의 책, 137~138쪽.

40) 『체육』, 1984년 11월호, 24쪽.

41) 體育靑少年部, 앞의 책, 139쪽.

86아시아경기대회를 바로 앞두고 1986년 6월에 개최된 제67회 대회는 아시아경기대회의 정식종목 전 경기가 치러졌으며, 서울아시아경기대회 조직위원회의 부분적인 참여가 이루어졌다. 개회식 입장 행진에 장애자 대표가 처음으로 참가했다. 경기시설은 아시아경기대회 경기장을 활용할 수 있어서 훌륭했으나 일부 시설에 미비한 점이 발견되어 아시아경기대회 전까지 보수할 수 있는 여유를 주었다. 한편, 경기 기록면에서는 서울아시아경기대회를 준비하기 위해 대표선수들이 전원 불참했는데, 그 가운데서도 36개의 한국신기록을 수립하는 등 기록 향상면에서 고무적인 결과를 보여 주어 한국 스포츠의 앞날을 밝게 했다.[42]

서울올림픽대회를 334일을 남기고 폐막된 제68회 전국체육대회는 체전 사상 최대의 신기록 풍년을 구가하면서 올림픽대회 리허설의 무드를 한층 고조시켰다. 광주를 비롯한 전남 7개 도시에서 분산 개최된 이 대회는 서울이 전대회 우승팀인 경기팀을 종합득점에서 압도적으로 따돌리고 2년만에 타이틀을 되찾았다. 또 88올림픽대회 대표 1차 평가전도 겸해 다수 종목의 국가대표들이 참가한 이 대회에서는 세계신기록(비공인) 2개를 비롯하여 한국신기록 44개 등 대회신기록 이상 모두 554개의 신기록이 쏟아지는 신기록 체전이기도 했다. 또 부별 종합시상도 함께 한 이번 대회에선 일반부(대학부 포함)에 서울(1위), 경기(2위), 부산(3위)이, 고등부는 서울(1위), 충남(2위), 광주(3위) 순으로 종합성적을 차지했다.[43]

1988년의 제69회 전국체육대회와 제17회 소년체육대회는 서울올림픽대회 개최로 말미암아 4월부터 약 2개월에 걸쳐 11개 시·도 40여 경기장에서 종목별 경기대회와 겸해 개최되었다. 대회 개최장소는 가급적 지방으로 유도하여 올림픽 시설물 사용에 따른 올림픽 업무에 지장을 주지 않도록 했으며, 종목에 따라 해당 대회가 올림픽대회의 리허설을 겸하는 종목경기는 올림픽경기장에서 개최하여 경기운영과 경기장 사전점검의 기회를 제공했다. 종목별 대회선정은 종목별 경기단체가 주최하는 전국 규모 대회로서 가능한 한 시·도 대항전의 성격을 지닌 대회로 치르도록 했다. 그리고 전 종목 종합득점 합계에 의한 시도별 종합시상은 실시하지 않았다.[44]

올림픽대회의 영광을 거듭 확인하는 올림픽 1주년을 기념하는 1989년의 제70회 전국체육대회는 제1회 세계한민족체육축전과 함께 치러진 화합체전이었다. 또 준조세 폐지로 성금이나 기부금으로 소요경비를 조달할 수 없기 때문에 전액을 정부 예산으로 충당하게 됨으로써 불요불급한 비용을 절감하여 경제체전을 이룩했다.[45]

42) 위와 같음.
43) 『체육』, 1987년 10월호, 13쪽.
44) 『체육』, 1988년 6월호, 146~147쪽.
45) 體育靑少年部, 앞의 책, 141쪽.

1990년대 들어와서 처음으로 열린 제71회 전국체육대회는 청주, 충주 등 충북 도내 10개 시도에서 분산 개최되었다. 제11회 베이징아시아경기대회 뒷끝에 치러진 이 대회는 기록 갱신의 주역인 국가대표 선수들이 지쳐있는 상태에서 참가하여 전반적으로 기록이 부진한 기록 흉년의 결과를 낳았다. 지난 해 수원 등 경기도 일원에서 치러진 고희체전에서는 비공인 세계신기록(사격) 1개를 비롯하여 한국신기록 92개, 대회신기록 249개 등 풍성한 기록을 수립하였으나, 이 대회에서는 양궁 비공인 세계신기록 1개와 한국신기록 5개, 대회신기록 174개에 그쳤다.[46)]

1991년의 제72회 전국체육대회는 경축문화 행사를 가미한 지역 축제가 정착된 전국체전으로 식전(式典)행사에 향토민속 예술공연 등 주민과 함께하는 체전의 기틀을 마련했으며, 해외 동포를 위한 참가종목 확대 등 특별프로그램을 마련했다. 또 연인원 7만여 명의 자원 봉사자가 대회운영에 참가 지원하여 전년도에 비해 학생동원 비율을 20%를 감소시켰을 뿐만 아니라, 전라북도의 전 도민이 참가하는 대회로 유도했다.[47)] 특히 전국 15개 시·도와 11개 해외동포의 2만 2,000여 명의 선수단이 참가하여 사상 최대 규모를 기록한 이 대회를 계기로 1988년 이후 하향곡선을 긋던 한국 엘리트스포츠가 상향곡선으로 진입했다. 즉 이 대회는 한국신기록 32개, 대회신기록 221개 등 '기록체전'이라 할 만큼 풍성한 기록이 세워졌다.[48)]

대구직할시에서 열린 제73회 전국체육대회는 경기기록에서 수치상 전년 대회보다 전반적으로 미흡했지만 내실 측면에서는 고무적이라는 평가가 지배적이다. 15개의 한국신기록 가운데 육상에서 마라톤을 포함해 3개, 수영에서 5개의 신기록을 경신해 기본 종목의 기록 향상이 뚜렷하게 드러났다. 나머지 7개도 앞으로 비중이 높아질 여자 역도에서 수립되어 올림픽대회나 아시아경기대회에서 이들 종목에서 서광을 비춰줄 것으로 기대되었다.[49)]

문민정부 출범 후에도 동서 간의 지역 갈등은 심각한 양상을 띠고 있었으며, 지역갈등을 해소하기 위한 정부의 노력은 계속될 수밖에 없었다. 문민정부와 함께 최초의 민족제전으로 민족화합을 도모하고 향토문화행사와 연계하여 '체육과 문화(體·文)'의 조화를 특징으로 하는 1993년의 제74회 전국체육대회가 광주에서 개최된 것은 이런 의미를 담은 것으로 평가될 수 있었다.[50)] 그러나 개최지 광주에서는 시설과 여건 문제 관계로 29개 종목만 치르고 6개 종목은 경기(조정, 카누)와 전남(사이클, 사격, 요트,

46) 『체육』, 1990년 11월호, 14쪽.
47) 體育青少年部, 앞의 책, 142쪽.
48) 『체육』, 1991년 10월호, 11~12쪽.
49) 『체육』, 1992년 10월호, 10~11쪽.
50) 『체육』, 1993년 8·9월호, 12쪽.

골프)으로 분산 실시했다.

대전시가 1989년 직할시로 승격된 후 처음으로 유치한 제75회 전국체육대회는 '인정체전, 알뜰체전, 과학체전'이라는 슬로건을 내세웠다. 이 대회는 슬로건답게 기존 1,000여억 원 이상이나 소요되는 체전 개최비용을 최대한 아껴 알뜰체전의 표본을 제시했다. 대전시가 이 대회에 쏟은 예산은 377억 원 가운데 신축경기장에 든 비용 208억 원을 빼고 나면 179억여 원으로 기존 시설 보수, 운영비 등에 전부 지출하여 지방재정의 부담을 최소화했다. 그동안 문제점의 하나로 지적되어 왔던 학생 동원을 최소화하고 시민들이 참여를 크게 넓혀졌다는 것도 이 대회의 특성 중 하나다. 또 지난해 과학올림픽 EXPO를 개최한 세계적인 과학도시로서 그 위상을 자리매김하려는 도시답게 '과학체전'을 구호로 내세웠다.[51)]

광복 50주년을 맞은 뜻깊은 해에 지방자치제도 시대의 개막에 맞춰 전국체육대회 사상 최초로 경북도내 포항을 비롯한 9개 지방 군소도시에서 개최된 제76회 대회는 그런 점에서는 더욱 뜻깊은 대회였다. 세계신기록 3개(양궁), 한국신기록 15개, 대회신기록 150개로 기록면에서 부진했지만 운영면에서 대성공작으로 평가되었다. 특히 본격적인 지방자치단의 출범과 함께 처음 열리는 전국체육대회로서 향후 체전의 운영방향을 제시했다는 점에서 이 대회의 성공은 가치가 크다. 즉 앞으로 예상되는 지방자치제하에서의 예산난을 감안하여 지방의 특성에 맞는 종목을 분산하여 운영했다는 점, 그리고 신규 시설이 필요한 부분에 대해서는 과감히 다른 시·도의 시설을 이용하는 경제체전으로 치루었다는 점 등이 매우 돋보였다.[52)]

제77회 전국체육대회는 1996년 10월 7일 강원도 춘천 온의벌 종합경기장에서 개최되었다. 춘천은 '달곰이'라는 마스코트를 처음으로 채택하여 '마음을 열자, 꿈을 펼치자'라는 대회 구호와 함께 화합과 우정의 장을 마련했다.[53)] 제66회 전국체육대회를 개최한 바 있는 강원도는 11년만에 돌아온 체전의 성공적 개최를 위해 만반의 준비를 갖추었으며, 그 결과 풍성한 기록을 거두었다. 이 대회에서 수립된 신기록은 세계신기록 2개, 세계타이신기록 2개, 한국신기록 29개, 대회신기록 269개로 최근 5년 동안 최고치를 기록했다.[54)]

제78회 전국체육대회가 1997년 10월 8일부터 일주일간 창원을 비롯한 경상남도내 6개 지역에서 분산 개최되었다. 이 대회는 울산시가 광역시로 승격되어 15개 시·도에서 16개 시·도로 늘어남에 따라 대회 참가 규모도 크게 늘 것으로 예상했으나 사전

51) 『체육』, 1994년 10·11월호, 46~47쪽.

52) 『체육』, 1995년 10월호, 6~11쪽.

53) 『체육』, 1996년 9·10월호, 10쪽.

54) 위의 책, 11쪽.

1회전 예선대회, 대학·일반부 운영방법 개선, 기준기록 설정 등으로 전국체육대회 규모 적정화 노력으로 2만 1,000명대의 참가를 유도하여 전국체육대회 규모 비대화 방지에 성공한 대회로 평가받았다.[55)]

1998년 10월에는 제79회 전국체육대회가 사상 처음으로 제주도에서 열려 비로소 전국 16개 시·도 모두에서 개최되는 신기원을 이룩했다. 이로 인해 그 동안 상대적으로 낙후되었던 제주도의 체육시설이 전국체육대회 개최를 기회로 대폭 증설되었을 뿐 아니라 제주도의 엘리트스포츠가 다른 시·도와 대등하게 발전할 수 있는 계기를 마련하게 되었다.[56)] 그 동안 제주도는 체육시설 부족과 교통의 불리함으로 인해 체육대회 개최를 못해 오다가 꾸준히 늘려 온 체육 기반시설을 바탕으로 100만 제주도민이 합심함으로써 도민 화합에 기여하고 지역경제를 활성화하면서 제주도를 세계적인 관광명소로 널리 홍보하는 부수 효과까지 거두었다.

'숨비'라는 마스코트를 채택하여 '푸른 제주, 빛나는 체전, 위대한 한국'의 구호와 함께 탐라 설화를 재조명하는 데 초점을 맞추어 치러진 이 대회는 제주도 일원에서 36개 종목이 개최되었고, 서울(사이클, 사격), 경기(하키, 승마, 조정, 카누, 롤러스케이팅)에서도 분산 개최되었다. 이 대회를 위해 제주도는 500억 3,200만 원의 예산을 투입했다. 그 결과 세계신기록 1개, 한국신기록 43개, 한국타이기록 8개, 대회신기록 146개 등 모두 223개의 풍성한 기록이 쏟아졌다.

1999년에 20세기를 마감하면서 인천에서 개최된 제80회 전국체육대회는 '황해로! 세계로! 미래로!' 라는 대회 구호가 상징하듯, 희망과 번영의 새 천년을 향한 민족의 대화합을 다지는 축제의 장으로 승화시키면서 20세기 한국 스포츠의 찬란한 발전상을 되돌아 보고 21세기 한국 스포츠의 비전을 다지는 스포츠 축제로 치러졌다.[57)] 이 대회에서는 체전 사상 최초로 인터넷 체전 홈페이지가 개설[58)]되어 일반인에게도 손쉽게 경기정보가 제공되었다. 특히 대회 분위기 조성을 위해 3회에 걸쳐 실시한 이벤트 행사에 7,400여 명이 참여하여 네티즌으로부터 많은 사랑을 받았으며 대회기간 중에는 경기속보, 경기안내 등 체전 상황을 인터넷을 통해 실시간으로 제공해 사이버 체전을 시도한 결과 1일 평균 1만 2,000명, 연인원 8만 4,000명에게 각 경기장에서 진행 중인 경기상황을 신속하고 정확하게 제공하기도 했다.

'새 천년 새 출발 한민족 힘찬 도약'을 대회 구호로 내건 제81회 전국체육대회는 부산광역시와 인근 지역에서 개최되었다. 이 대회는 다가오는 2002년 부산아시아경기

55) 『체육』, 1997년 10·11·12월호, 14쪽.

56) 『체육』, 1998년 7·8·9월호, 22~33쪽.

57) 『체육』, 1999년 10·11·12월호, 37쪽.

58) 위의 책, 40쪽.

대회의 성공적인 대회운영을 위한 기반 조성의 성격과 특성을 띄기도 했다. 특히 부산체전은 새 천년의 남북화해 시대를 맞아 남북이 스포츠를 통해 서로 협력하고 교류할 수 있는 분위기 조성에 주안점을 둔 대회로 추진하기 위해 독특한 성화채화 방식을 택했다. 즉 체전 사상 최초로 금강산 옥류봉 무대바위에서 채화된 '통일의 불', 전통적인 전국체육대회 채화장소인 '마니산 성화' 그리고 새 천년을 맞아 4개소(변산반도, 서사모아 피지섬, 독도, 포항 호미곶)에서 채화된 불씨를 합화한 포항 호미곶의 '영원한 불' 등 3개의 성화가 개회식에 맞춰 부산시청 시민광장에서 하나로 합해져 한민족의 화합과 발전을 다지는 새 천년의 성화로 전국체육대회 개회식에 입장한 것이다.[59]

제82회 전국체국대회는 충청남도에서 2001년 10월 10일부터 16일까지 개최되었는데 경기종목은 정식종목 38종목, 시범종목 2종목 등 총 40종목으로 전대회보다 2종목이 늘어났으며 충남이 체전 사상 처음으로 종합우승의 고지를 점령하는 기염을 토했다.[60] 2월의 솔트레이크 동계올림픽대회, 6월의 한일월드컵, 10월의 부산아시아경기대회 개최 등 어느 해보다 스포츠 이벤트가 풍성했던 2002년은 제주에서 11월 9일부터 7일간 개최된 제83회 전국체육대회를 통해 대미를 장식했다. 이 대회는 9월 29일부터 10월 14일까지 부산에서 열린 아시아경기대회가 전국체육대회 시기와 중복돼 11월 초로 체육대회 일정이 늦춰짐에 따라 온난한 기후조건을 갖춘 제주도가 개최지로 결정되었다.[61]

2003년의 제84회 전국체육대회는 10월 10일부터 16일까지 '군센체육 알찬단결 빛나는 전진'이라는 구호 아래 전라북도에서 열렸는데, 이 대회의 우승 역시 제83회 대회 우승팀인 경기도에 돌아갔다. 기록면에서 볼 때 84회의 전국체육대회에서는 세계신기록 1개(양궁), 한국신기록 24개, 대회신기록 190개 등을 수립했으나 예년에 비해 많이 줄어든 현상이 나타났다.[62] 특히 이 대회는 산악, 바둑, 여자복싱, 인라인롤러 마라톤, 수상스키, 공수도 등 6개 전시종목을 채택하여 동호인의 참여기회를 넓혀 국민들이 참여하는 스포츠 한마당으로서 체전의 의미를 새롭게 했다. 또 지난해 체육대회 사상 처음으로 도입했던 도핑테스트를 더욱 확대 본격 실시했다. 해당 종목수를 확대하여 35개 종목에 212명의 선수에게 경기 전후에 사전 예고없이 도핑검사를 엄격하게 실시했다. 지난 제84회 대회에서 사상 처음으로 KT를 후원업체로 영입한 데 이어 이 대회에서도 KT, 대한항공, 농협을 공식파트너(후원사)로 선정하여 수익사업을 확대했다.[63]

제85회 전국체육대회는 충청북도에서 2004년 10월 8일부터 10월 14일까지 7일간 '신

---

59) 『체육』, 2000년 8·9·10월호, 62~64쪽.

60) 『체육』, 2001년 10·11·12월호, 39~40쪽.

61) 『체육』, 2000년 8·9·10월호, 62~64쪽.

62) 문화관광부, 『2003 체육백서』, 2004, 268~269쪽.

63) 『체육』, 2004년 11월호, 14~15쪽.

나게, 힘차게, 빛나게'이란 구호아래 충청북도, 충청북도 교육청 및 충청북도 체육회 주관으로 개최되었다. 경기종목은 40개 정식종목, 1개 시범종목 등 41개 종목과 6개 전시종목이었다. 이 대회의 기록도 지난 대회처럼 세계신기록 4개(양궁), 한국신기록 29개, 대회신기록 148개 등을 수립했으나 예년에 비해서는 수적인 면에서 많이 줄어들었다.[64] 2005년의 제86회 전국체전은 '친환경 생태도시'로 거듭난 울산에서 열렸다.[65] 특히 이 대회는 중국동포가 처음으로 참가한 대회이기도 했다.

이렇게 전국체육대회는 한국스포츠의 주역들인 선수들을 발굴, 육성하는 전국민의 스포츠제전이며 한국스포츠의 국제화 및 스포츠 선진국의 위상을 뒷받침하는 버팀목의 역할을 해왔다. 전국체육대회가 있었기에 올림픽 10위권 달성이 가능했고 한국체육계의 염원이기도 했던 86아시안게임, 88올림픽의 성공적 개최가 가능했다.

그러나 전국체육대회는 최근 국민들의 관심에서 점차 멀어져 가고 있다. 경기장은 대회기간 중 동원된 학생이나 단체 이외에 순수한 관람객들은 찾아보기 힘들어져 가고 있다. 방송이나 신문에서도 프로야구나 축구 등에는 많은 시간과 지면을 할애하면서 전국체육대회의 경우는 단신이나 스포츠뉴스의 말미에 스쳐가는 보도로 취하고 있는 실정이다. 전국체육대회는 한때 국민적 관심을 끌었다. 각 도와 대도시들이 경쟁적으로 대회를 유치하기 위해 총력을 기울였고 전국체육대회를 유치함으로써 낙후된 체육시설을 확충할 수 있었다. 때문에 전국체육대회를 한번 개최하면 도시가 '10년은 발전한다'는 말이 나올 정도로, 도시의 외형적 변모를 꾀할 수 있었다.

이제 전국체육대회가 국민적인 관심과 축제로 거듭나기 위해서는 체전운영의 획기적인 개선이 필요하다. 우선 전국체육대회 기간 중에는 프로야구나 축구 등의 인기종목 경기가 진행되지 않도록 관련 경기단체와 충분한 조정이 이루어져 국민적인 관심이 분산되지 않도록 해야 한다. 아울러 전국체육대회는 많은 명실상부한 최고의 기량을 가진 우수선수들이 출전하는 대회로 거듭나야 한다. 이처럼 프로선수 등 최고의 기량을 가진 선수들이 출전하는 인기있는 국민적 체육대회로 거듭난다면 방송 등 언론매체들도 적극적으로 보도할 것이다. 아마추어의 상징인 올림픽대회에도 일부 프로선수들이 출전하고 있음을 상기할 필요가 있다. 이와 함께 개최지에서 국민적 관심을 끌 수 있는 대형 문화예술행사를 유치하여 전국체육대회 개최지에 국민적 관심이 모아질 수 있도록 해야 한다. 또 지자체에서 개최하는 각종 문화예술축제도 체육대회기간 중에 열도록 일정을 조정하여 체육대회 개최지를 찾은 국민들에게 다양한 볼거리를 제공하는 것도 한 방법이다.

---

64) 문화관광부, 『2004 체육백서』, 2005, 301쪽.

65) 『체육』, 2005년 11·12월호, 8쪽.

2. 전국체육대회 하계 및 동계대회

전국체육대회 하계대회와 동계대회는 계절적인 이유로 인해 일반적으로 전국체육대회라고 불리어 온 추계대회와 별도로 개최되었다. 하계대회에는 주로 수영, 다이빙, 수구 등 수영경기 종목을 대상으로 했고, 조정경기가 포함되기도 했다. 그러다가 하계대회는 1970년 태릉선수촌에 국제규격의 실내풀 국제수영장이 마련되면서 계절에 구애받지 않을 수 있게 되어 추계대회에 통합되었다.[66] 동계대회도 동계빙상대회와 동계스키대히로 분리되어 개최되었으니 1986년부터 하나로 합쳐 동계대회로 개최되기 시작했다.

근대 스포츠로서의 수영이 우리 나라에 등장한 것은 1898년 또는 1909년 무렵이었다. 그러다가 1929년에 동아일보사 주최로 전조선수상경기대회를 개최한 것이 하계대회의 효시를 이룬다고 볼 수 있다. 그 후 조선체육회가 조선수영구락부와 공동주최로 이 대회를 6차례 치른 뒤, 전조선종합경기대회로 넘어가서 2회를 치렀고, 제18회 대회를 마지막으로 그 이듬해인 1938년에 조선체육회가 해산되어 공백기를 가진 후 8·15 광복과 함께 전국종합경기대회가 부활되면서 1947년에 제28회 전국체육대회로 불리게 된 조선올림픽대회에 앞서 7월 6일 경성운동장 풀장에서 수상경기를 가졌다.

바로 이 경기대회가 전국체육대회 첫 하계대회로 꼽힌다.[67] 실시 종목은 자유형 100·200·400·800·1,500미터, 평영 100·200미터, 배영 100미터, 혼영 100·300미터, 계영 200·800미터, 다이빙 및 수구경기 등이었다. 조정경기도 실시되었으나 이는 하계대회로서가 아니라 추계대회 기간에 치러졌다. 이후 1948년의 제29회와 1949년의 제30회 대회 때에도 하계대회가 개최되었지만, 한국전쟁으로 일시 중단되었다가 1952년의 제33회 서울대회부터 다시 열렸다. 이 경기는 8월 30~31일 인천의 특설 풀에서 개최되었다. 1953년의 제34회 하계대회도 인천에서 개최되었다. 1956년 서울운동장 풀에서 열린 제37회 대회에서는 야간경기로 치러져 큰 성황을 이루었다.[68]

제47회 하계대회는 그동안 지방을 돌다가 5년만에 다시 서울에서 열리는 본대회에 앞서 1966년 8월 20일 서울운동장 풀에서 수영경기가, 한강에서 조정이 개최되었다. 스포츠종목 전반에 걸쳐 발전기에 접어든 시점에서 개최된 이 하계대회에서 10개의 한국신기록을 비롯하여 77개의 대회신기록을 냄으로써 하계대회가 내용과 운영면에서 공히 본궤도에 오르게 되었다. 1968년의 제49회 전국체육대회 하계대회는 8월 24·25일에 서울을 비롯한 8개 시·도대표 530명의 남녀 선수가 참가한 가운데 서울운동장 풀에

66) 대한체육회, 앞의 책, 204쪽.
67) 위와 같음.
68) 위와 같음.

서 개최되었다. 이 대회부터 처음으로 실시된 시·도대항전에서는 서울이 우승을 차지했고, 부산이 준우승을, 제주도가 경기·경북을 제치고 당당히 3위로 입상하여 주목을 끌었다.[69)]

전국체육대회가 지방스포츠의 발전을 위해 1957년부터 순회 개최를 시도했지만, 하계대회 종목들은 지방의 시설들이 충분히 뒷받침되지 못해 상당 기간 서울 지역 위주로 이루어질 수밖에 없었다. 하계체전은 처음으로 1970년 서울에서 개최된 제51회 전국체육대회부터 함께 열리게 되었다. 그것은 1970년 태릉 선수촌에 국제규격의 실내 풀이 개장되면서 계절에 구애받지 않고 하계대회도 치룰 수 있게 되었기 때문이다.[70)]

한편, 전국체육대회 동계대회의 기원은 1923년 1월 20일 대동강에서 개최된 대동강 빙상대회에서 비롯되었다. 그 후 2년 뒤 조선체육회 주최로 제1회 전조선빙상경기대회가 개최되고, 그밖에 조선학생빙상경기연맹을 비롯하여 조선빙상경기연맹 또는 백구구락부, 연광구락부 등 경기단체에 의해 크고 작은 빙상경기대회가 개최되면서 어려운 시기에 동계대회의 맥을 이어갔다. 그러나 1936년 전조선빙상경기대회는 제12회 대회를 끝으로 중단되었으며, 주로 일본인 단체를 중심으로 대회가 이루어졌다.[71)]

1945년 8·15 광복 다음 해인 1946년 1월 29일 한강 특설링크에서 빙상대회를 가졌고, 이 대회가 그대로 오늘날의 빙상경기대회로 이어져 왔다. 6·25사변으로 인해 전쟁 중에는 동계대회를 치르지 못하고, 1953년의 제34회 대회부터 정상적으로 치러지게 되었다. 1964년에 동대문 실내스케이트장이 개장되고, 이어 1967년에 원주시 중심부에 있는 봉산천에 정규 링크와 아이스하키장 및 피겨스케이트장이 마련되어 동계스포츠 사상 처음으로 스키를 제외한 3개 종목의 경기를 한자리에서 치를 수 있게 되었다. 1972년 2월에는 태릉선수촌에 국제규격의 파이프 아이스링크인 국제스케이트장이 개장되어 한국 빙상경기의 도약을 위한 발판이 마련되었다.[72)] 이로써 전국체육대회 동계대회는 본궤도에 오르게 되었다. 그 결과 태릉 국제스케이트장에서 열린 제53회 동계빙상대회는 경기 기록면에서 한국신기록 2개, 대회신기록 52개 등 사상 최고의 기록을 수립했다.[73)]

1981년의 제62회 대회에서 2개의 한국신기록과 11개의 대회신기록을 낳아 80년대의 출발에 활기를 불어넣었다. 이 대회에는 동계대회로는 처음으로 재캐나다동포 아이스하키팀이 참가했고 이영하 선수가 발굴되는 등 성과를 낳았다. 이어 제64회 대회에서

---

69) 위의 책, 205~206쪽.
70) 韓國體育百年史編纂會, 앞의 책, 268쪽.
71) 대한체육회, 앞의 책, 206쪽.
72) 체육청소년부, 앞의 책, 141쪽.
73) 『체육』, 1972년 1월호, 10쪽.

배기태 선수와 여자부의 이연주, 이남순 선수 등이 발굴되어 세계적인 수준으로 발돋움할 수 있었다. 1984년의 제65회 동계대회는 대회 사상 최초로 재미동포선수단이 참가하여 국내 8개 시·도와 재캐나다동포선수단 등 참가인원이 총 1,157명이 되어 동계대회 사상 최대규모를 이루었다. 특히 이 대회에서는 낙후된 동계종목의 경기력을 제고하고 국민의 관심을 유발시키기 위해 시·도별 종합채점제가 시도되었다.[74]

이후 1986년의 제67회 대회부터는 빙상대회와 스키대회를 동계대회로 통합하고, 종합채점제를 실시하여 동계 종합대회로서의 면모를 갖추었다.[75] 하지만 이 대회는 시설부족과 시·도간의 심한 경기력 격차 등의 문제점도 드러냈다. 가령 태릉 실내링크의 경우 동계종목의 거의 절반인 쇼트트랙경기와 피겨스케이팅 및 아이스하키경기를 한꺼번에 소화하느라 대회 개막 전날부터 미리 경기를 갖는가 하면, 매일 밤늦게까지 경기를 치러야 하는 등 선수 및 관계 임원들이 곤욕을 치렀다. 또한 경기 기록면에서 각 종목 국가대표 선수들이 삿포로 동계아시아경기대회 때문에 불참함으로써 예상대로 부진했다.[76]

대회 운영면에서는 1987년 제68회 대회부터 전산처리 시스템을 도입하여 채점과 기록 정리 등이 신속 정확하게 처리되었다.[77] 이 대회에는 지난해 대회신기록 10개에 그쳤던 것에 비해 한국신기록 2개, 대회신기록 126개 등이 쏟아져 풍성한 기록을 낳았다. 이는 대부분의 국가대표급 선수들이 1987년 동계유니버시아드에 참가한 가운데 이루졌다는 점에서 더욱 값진 것으로 평가받을 만하다.[78]

1989년의 제70회 대회는 명실상부한 전국대회로 자리잡아 가는 계기가 되었다. 이 대회에 대전과 전북이 처음으로 참가함으로써 전남과 제주를 제외한 모든 시·도가 참가한 동계대회로 발전한 것이다. 또 이 대회부터 이제까지 서울·경기·강원의 3파전 양상을 벗어나는 추세를 보여주었다. 가령 대구는 쇼트트랙에서 14개의 메달을 따내어 서울·경기를 위협하는 수준을 보였다. 광주도 바이애슬론에서 전통적인 강호인 강원도를 제치고 서울에 이어 2위를 차지했다.[79]

제71회 전국동계체전은 1990년 2월 21~23일 태릉 스케이트장과 목동 아이스링크, 용평스키장에서 제주가 불참한 14개 시·도와 재일본·재미국 등 2개 해외지부 1,747명의 선수단이 참가한 가운데 개최되었다. 대회기록면에서 전년도의 한국신기록 1개,

---

74) 대한체육회, 앞의 책, 209~210쪽.
75) 문화관광부, 『2002 체육백서』, 265쪽.
76) 대한체육회, 앞의 책, 216쪽.
77) 體育靑少年部, 앞의 책, 146쪽.
78) 『체육』, 1987년 2월호, 12쪽.
79) 體育靑少年部, 앞의 책, 218쪽.

대회신기록 41개에 비해 비공인 세계신기록 1개, 한국신기록 1개, 대회신기록 48개를 수립하여 양적인 측면에서는 발전했다고 볼 수 있다. 하지만 이 중 숏트랙에서만 각각 세계신기록 1개, 한국신기록 1개, 대회신기록 42개가 세워져 극심한 편중 현상을 보여주었다. 물론 대표선수가 동계아시아선수권대회에 출전한 관계로 불참한 가운데서도 대회신기록 대부분이 초·중등부에서 세워졌다는 점에서 의의를 둘 수 있다.[80]

예년 강원, 서울, 경기 등 특정 몇 개 시·도의 잔치처럼 되어왔던 동계대회는 점차 참가팀이 늘어나 시·도대항전으로서 자리가 잡혀가고 있는 가운데 열린 제72회 동계체육대회는 15개 시·도에서 1,840명의 선수단이 참가하여 역대 최대규모를 기록했지만, 기록면에서는 한국신기록이 하나도 없는 대회신기록 23개를 수립하는 데 그쳐 극히 저조한 성적을 거두었다.[81] 1993년의 제74회 전국체육대회 동계대회는 그 어느 대회에 못지않게 완벽한 대회운영과 풍성한 기록양산으로 성공대회로 평가받았다. 특히 세계정상의 위치에 있는 숏트랙의 경기향상이 여타 종목보다 뚜렷했다. 이 대회에서 작성된 세계신기록 3개는 모두 여자부 숏트랙 스피드스케이팅에서 나왔다.[82] 한편, 대한체육회는 전국체육대회 동계대회라는 기존의 명칭이 '대회'가 중복돼 혼선을 가져옴으로써 1997년의 제78회 대회부터는 전국동계체육대회로 대회 명칭을 바꾸기로 결정했다.[83]

20세기를 마감하는 제80회 동계대회는 1999년 1월 10~15일 서울 목동 링크와 고려대 링크에서 아이스하키경기가 열렸고, 2월 10~12일 강원도 춘천과 용평에서 빙상, 스키, 바이애슬론 경기가 펼쳐졌다. 울산, 제주를 제외한 14개 시도와 해외지부(미국)에서 2,393명의 선수단이 참가한 이 대회에서 서울이 종합우승을 차지했으며 강원이 2위, 경기도가 3위를 차지했다. 이 대회는 제4회 동계아시아경기대회 직후에 개최되는 관계로 대표선수들의 피로가 누적돼 경기력 향상에 큰 기대를 걸지 않았으나 예상 밖에 대회신기록이 지난해에 비해 숏트랙 스피드스케이팅 40개, 스피드스케이팅 7개가 늘어난 46개(숏트랙)와 24개(스피드)를 기록해 빙상의 기록 신장세가 두드러졌다.[84]

동계올림픽대회 3연속 10위권의 모태라 할 수 있는 전국동계체육대회가 새 천년 2000년에 81회째를 맞이해 태릉과 목동, 강원도의 용평과 보광휘닉스파크 등 5개 경기장에서 개최되었다. 특히 세계 8번째의 400m 실내링크를 갖춘 태릉국제스케이트장에서 체육대회 사상 처음으로 스피드스케이팅 경기가 실내에서 열린 기록을 세웠다.

---

80) 위의 책, 146쪽.

81) 『체육』, 1991년 2월호, 26쪽.

82) 『체육』, 1993년 2·3월호, 28~29쪽.

83) 『체육』, 1997년 1·2월호, 38쪽.

84) 『체육』, 1999년 1·2·3월호, 34~35쪽.

기록면에서 빙상의 숏트랙과 스피드스케이팅에는 국제대회 참가관계로 국가대표선수가 참가하지 않아 뚜렷한 기록향상을 보이지 못했으나, 실내링크에서 개최된 스피드스케이팅에서 대회신기록을 무려 115개나 수립할 정도로 역대 최대의 경기력 향상을 선보였다.85)

2005년의 제86회 전국동계체육대회는 2014년 동계올림픽대회 국내유치 후보도시로 강원도 평창이 확정된 후 첫 번째로 맞는 동계체육대회이어서 그 의미가 더욱 커진 대회이기도 했다. 빙상(스피드, 숏트랙, 피겨)과 스키(알파인, 크로스컨트리), 아이스하키, 바이에슬론, 컬링 등 5개 정식종목과 시범종목인 스노보드가 채택된 이 대회에는 15개 시·도 선수단이 참가했다. 특히 경상남도 선수단이 처음 참가함으로서 제주도를 제외한 전 시·도가 참가한 첫 대회이기도 했다. 국가대표선수들이 3월 열리는 세계선수권 및 세계팀선수권대회 때문에 대회에 참가하지 않아 이 대회는 세계신기록과 한국신기록을 기록하지 못한 아쉬움이 있지만 대회신기록은 빙상에서 94개나 기록하여 전년 대회의 대회신기록 40개를 훨씬 상회하는 기록 풍년을 나타냈다.86)

이렇게 전국체육대회 동계대회에서 발굴된 많은 선수들에 의해 동계올림픽에서 10위내 성적을 거두었다. 예컨대 1990년 프랑스 알베르빌대회에서 10위, 1994년 노르웨이 릴레함메르대회에서 6위, 1998년 일본 나가노대회에서 9위를 차지했다. 이어 2002년 미국 솔트레이크대회에서 '김동성 파문'으로 14위까지 내려갔다가 2006년 이탈리아 토리노대회에서 6위를 차지하여 10위내에 다시 진입하였다.

3. 종목별 경기대회

전국체육대회 외에도 1946년 봄부터 축구, 농구, 배구, 야구 등 주요 종목들이 제1회 대회라는 명칭을 내걸고 경기대회가 개최되기 시작했다. 또한 해당 종목의 경기연맹 또는 협회가 재건되거나 창립되면서 각종 종목별 경기대회가 활발하게 개최되어 급격히 스포츠 붐을 이루었다.

1) 기초종목 경기대회

1945년 9월 23일 조선육상경기연맹 창립과 더불어 1947년 전국육상경기선수권대회와 손기정 세계제패 기념 조선일보 마라톤선수권대회가 창설되었다. 전국육상경기선

85) 『체육』, 2000년 봄·여름호, 57~58쪽.
86) 『체육』, 2005년 3월호, 23~24쪽.

수권대회는 전국의 우수선수들이 참가하는 엘리트대회로서, 가장 많은 한국신기록을 내고 있으며, 올림픽대회와 아시아경기대회에 파견할 국가대표를 선발하는 대회이기도 하다. 손기정기념 마라톤선수권대회는 매년 가을철에 마라톤선수의 등용문으로 개최되어 왔다. 특히 1981년의 제35회 대회부터는 국내 최초로 여자마라톤대회를 병행, 개최하여 많은 우수선수를 육성 배출했다. 국내 최대의 육상대회인 전국종별육상경기선수권대회는 1972년에 창설되었다. 그 참가대상은 중등부 이상이며, 매년 1,000~2,000여 명이 참가하여 경기력 향상에 기여해 왔다.[87]

광복과 함께 조선기계체조연맹과 조선체조연맹이 각각 조직되었다. 기계체조연맹은 주로 기구운동경기를 담당했다. 체조연맹은 맨손, 즉 라디오체조를 위주로 하는 경기를 이끌다가, 정부 수립후 대한체조경기연맹으로 개편되었다. 이들 두 단체는 1956년에 와서 오늘날의 대한체조협회로 통합되었다.[88] 이로써 한국 체조계는 1970년대의 중흥기를 거쳐 1980년대에 와서 국제무대에서도 그 기량을 인정받을 정도로 성장했다. 예컨대 서울아시아경기대회에서 금메달 3개, 은메달 4개, 동메달 6개를 획득하여 체조강국인 일본을 제치고 중국에 이어 2위를 기록했다.[89]

현재의 대한수영연맹은 1946년 3월에 결성된 조선수상경기연맹이 그 모체다. 조선수상경기연맹은 1948년 대한수상경기연맹으로 바뀌었다가, 1966년 대한수영연맹으로 고쳐 오늘에 이르고 있다. 대한수영연맹은 1969년에 해군과의 협조로 해군참모총장배 전국수영대회를 창설했다. 이후 1982년의 제9회 아시아경기대회에서 최윤희가 3관왕를 차지했으며, 같은 해 수영인구의 저변 확대를 위해 시·도 대항전인 대통령기 전국수영대회를 창설했다. 이처럼 대한수영연맹은 1960년대 후반부터 육상, 체조처럼 기본종목이라는 인식 아래 경기력 향상을 위해 많은 투자와 노력을 기울여 1980년대에 와서 국제수준을 유지할 정도로 성장했다.[90]

2) 구기종목 경기대회

1945년 9월 조선축구협회 재건과 함께, 그해 10월 제1회 전조선축구대회가 개최되었다. 축구협회는 정부 수립과 더불어 명칭을 대한축구협회로 바꾸고 1949년 6월에 개최된 전국여자체육대회에 처음으로 축구경기를 실시했다. 여기에 무학, 중앙, 명성, 서울여중 등이 참가했는데, 무학여중이 우승을 차지했다. 이때 전조선축구대회도 그 명칭

87) 대한체육회, 앞의 책, 551~552쪽.

88) 韓國體育百年史編纂會, 앞의 책, 286쪽.

89) 대한체육회, 앞의 책, 576쪽.

90) 위의 책, 594~595쪽.

이 전국축구선수권대회로 바뀌었다. 1969년 1월에는 최초의 실업팀인 한국상업은행축구단이 창설되었다.[91]

조선탁구협회는 1945년 9월에 창립되어, 1947년 9월에 대한탁구협회로 개칭되었고, 같은 해 전국 시·도대항 탁구대회와 전국남녀종합탁구선수권대회를 창설했다. 이어 1955년 5월에 제1회 전국남녀종별탁구선수권대회를 개최했다. 이중 전국 시·도대항 탁구대회는 애초 국무총리기로 출발했다가 1985년에 와서 대통령배로 격상되어 시·도 대표간의 경기를 벌이고 있다. 전국남녀종합탁구선수권대회는 중·고·대·일반을 망라한 대회로서, 유망 신인선수와 국가대표급 선수들이 격돌하여 새로운 스타 탄생의 배출구가 되었다. 각 종별로 나누어 최고 자리를 다투는 전국남녀종별탁구선수권대회는 지역예선 없이 각 도에서 모든 팀 및 선수가 자유롭게 참가할 수 있어 탁구의 저변 확대와 경기력 향상에 기여해왔다.[92]

조선농구협회는 1945년 12월 창립 후 1946년 3월 전국남녀종합선수권대회가 창설되었는데, 이 대회가 1984년 11월에는 오늘날의 농구대잔치에 흡수되었다. 그 해 6월 전국남녀종별선수권대회가 창설되어 그 첫 대회가 개최되었다. 1957년 4월 우리나라 최초의 실업팀인 한국은행여자농구팀이 창단되었다.[93]

송구라는 이름으로 불리던 핸드볼의 본격적인 도입은 8·15 광복 이후 대한송구협회가 결성되면서부터인데, 그 명칭이 1956년 2월 오늘날의 대한핸드볼협회로 개칭되었다.[94] 1963년에는 기존의 11인제 핸드볼이 7인제 경기로 바뀌었다. 협회는 1970년대 후반부터 국제무대에 대표팀을 자주 파견하는 등 경기력 향상에 힘썼다. 그 결과 여자대표팀이 1980년 콩고에서 열린 모스크바올림픽대회 참가자격 결정 최종예선경기에서 1위를 거둠으로써 한국 구기종목의 쾌거를 이룩했다.[95]

1946년 3월에 결성된 조선배구협회는 4월부터 춘계리그 경기를 시발로 공식대회를 개최하기 시작했고, 그 해 5월에 전국남녀종별배구선수권대회를 신설하여 매년 개최해 왔다. 이어 1959년에는 전국남녀종합배구선수권대회가 창설되었다. 이중 전국남녀종별선수권대회는 중·고 및 대·일반 등 남녀 종별로 열리는 대회이기 때문에 각 지방에서 참가하는 팀이 상당히 많지만, 종합배구선수권대회는 대학·일반 등 일정한 수준에 달한 팀만이 참가할 수 있어 경기내용의 수준이 높았다. 1984년에 와서는 국내 정상급의 남녀 대학 및 실업팀이 총망라된 대통령배 전국남녀배구대회가 신설되어

---

91) 위의 책, 553~554쪽.

92) 위의 책, 561~562쪽.

93) 위의 책, 578쪽.

94) 韓國體育百年史編纂會, 앞의 책, 282쪽.

95) 대한체육회, 앞의 책, 563쪽.

매년 개최되었다.[96] 한편 배구협회에서는 1950년대 중반부터 세계적 추세에 따라 기존 9인제 경기 위주에서 탈피하여 6인제 경기를 본격적으로 보급했다. 마침내 1959년의 제40회 전국체육대회에서는 한국 최초로 6인제 경기종목이 채택되었다.[97]

조선배구협회 결성 시기와 같은 1946년 3월, 조선야구협회가 창립되어 조선학생야구연맹과 한성실업야구연맹의 결성을 주도했다.[98] 여타 종목별 경기대회와는 달리, 전쟁이 휴전선을 중심으로 치열한 공방전이 전개되던 1952년 10월에도 전국 규모의 야구대회가 기적같이 열렸다. 대한야구협회는 1952년 3월 16일 부산의 경남 도청 회의실에서 제6차 전국대의원총회를 개최하고 대오를 정비하여 같은 해 10월 4일부터 6일까지 대전 철도국운동장에서 제7회 전국 도시대항야구대회를 개최했다. 휴전 직후 실업야구 연맹전이 부활되어 1954년 4월에 한성실업 춘계연맹전이 개막되었고, 8월에는 서울운동장에서 전국실업연맹전이 개최되었다.[99]

3) 격투기종목 경기대회

1945년 광복과 더불어 재건된 조선역도연맹은 1946년 전국역도선수권대회를 창설했다. 조선역도연맹은 1948년 8월에 현재의 대한역도연맹으로 개칭하고 나서 1952년에는 전국신인역도선수권대회를, 1963년에는 전국주니어역도선수권대회를 신설했다.[100]

1945년 10월에 창립된 조선아마추어권투연맹은 여타 종목과는 달리 비교적 이른 시기인 1946년에 국제권투연맹에 가입했다. 그 결과 복싱은 1948년의 런던올림픽대회와 1952년의 헬싱키올림픽대회에도 재빨리 참가할 정도로 한국 스포츠의 주역으로 자리잡았다. 가령 1986년 서울아시아경기대회에서 전무후무할 12체급의 전 체급에서 금메달을 획득하여 전 세계를 놀라게 했다.[101]

1945년 10월에 출범한 조선유도연맹은 1948년 12월 대한유도연맹으로 개칭되었다가, 1950년 11월에 대한유도회로 바뀌었다.[102] 1952년에는 전국종합개인유도선수권대회가 창설되었는데, 이 대회는 체급별과 성격별(군인, 경찰, 학생, 일반 등)을 불문하고 뜻있는 모든 선수가 전원 참가하는 경기로서 1년간의 총 결산을 하는 종합적인 대회이다.[103] 이어 1975년에 와서는 회장기쟁탈 전국단체유도대회가 처음 개최되었다. 이 대

96) 위의 책, 584~586쪽.
97) 韓國體育百年史編纂會, 앞의 책, 281쪽.
98) 대한체육회, 앞의 책, 598쪽.
99) 대한야구협회·한국야구위원회, 『韓國野球史』, 1999, 458쪽.
100) 대한체육회, 앞의 책, 565쪽.
101) 위의 책, 568쪽.
102) 위의 책, 572~573쪽.

회는 각 도대표가 혼성팀으로 구성되어 각 도대항 전국대회의 성격을 띤 동시에, 국민학생부터 원로 고단자까지 참가하는 대회로서 유도의 저변 확대와 발전에 크게 기여해왔다.[104)]

1946년 3월에 창설된 조선아마추어레슬링협회는 11월에 전국레슬링선수권대회를 개최하고, 1948년 7월에 그 명칭을 대한아마추어레슬링연맹으로 바꾸었다. 레슬링 역시 복싱처럼 일찍부터 런던올림픽대회 등 국제무대에 참가함에 따라 발전의 계기를 마련할 수 있었다. 그 성과는 1976년의 몬트리올올림픽대회에서 양정모(자유형 62㎏)가 한국 올림픽대회 참가사상 최초로 금메달을 따내는 위업을 날성했다.[105)]

한편 1955년 2월에 창립된 대한사격협회는 1965년 1월 오늘날의 대한사격연맹으로 개칭되었다. 그 성격상 사격의 초창기는 군에 의해 주도되었다. 그러다가 1974년 국민은행을 시작으로 여러 금융기관들이 사격팀을 창단했다. 그 이듬해인 1975년 전국종별사격선수권대회가 창설되어 해마다 열리고 있다. 이어 1979년 9월 태릉국제종합사격장이 완공되었는데, 그 개장 기념으로 제1회 대통령하사 봉황기전국사격대회를 개최하여 사격 붐을 조성하는 계기가 되었다. 이 봉황기전국사격대회는 본래 1973년 창설되어 매년 개최되었다.[106)]

1983년 대한양궁협회가 창립되기 전까지는 양궁은 한국 고유의 국궁(國弓)의 경기단체인 대한궁도협회 안에서 함께 발전의 터전을 닦고 있었다. 1963년 한국일보사 주최의 제6회 전국활쏘기대회 시범경기로 치러신 대회가 국내 첫 양궁경기였다. 이어 1968년의 제49회 전국체육대회에서 국제궁도(양궁)부가 신설되어 제50회 전국체육대회 때 시범경기로 양궁대회가 치러졌다. 이후 양궁은 김진호가 1979년 베를린에서 열린 제30회 세계선수권대회에서 개인 우승을 차지하고 서향순이 1984년 로스앤젤레스올림픽대회에서 금메달을 획득하는 등 급속히 발전하여 주요 국제경기대회에서 한국 스포츠의 금메달 박스 역할을 해왔다.[107)]

4) 동계종목 경기대회

동계스포츠 분야에서 조국 광복과 더불어 발족한 조선빙상경기협회는 조선빙상속도협회(스피드)와 조선빙상형활협회(피겨)로 분리 운영되어 오다가 1947년 조선빙상경

103) 李學來, 『韓國柔道發達史』, 保景文化社, 1990, 480쪽.
104) 위의 책, 463쪽.
105) 대한체육회, 앞의 책, 591~593쪽.
106) 위의 책, 614~616쪽.
107) 위의 책, 631~632쪽.

기연맹으로 개칭되었다. 조선빙상경기연맹은 정부 수립과 함께 1949년 9월에 현재의 대한빙상경기연맹으로 바뀌었다.108)

광복 후 첫 빙상경기대회로서 1946년 1월 해방경축종합경기대회 동계대회를 한강특설링크에서 개최했는데, 그 대회가 제26회 전국체육대회 동계대회에 해당된다. 같은 해에 춘천 소양강에서 제1회 전국남녀종합빙상선수권대회가 개최된 후, 오늘날에 이르며 각 종목에서 우수한 선수를 대거 배출하는 등 빙상 발전에 크게 기여해 왔다. 이후 1964년 1월 한국 최초의 동대문실내스케이트장이 개장되면서 빙상계가 본격적으로 발전했다. 특히 한국의 숏트랙은 주요 국제경기대회에서 우승을 독점하다시피 하고 있다.

1946년에 발족한 대한스키협회는 1947년에 지리산 노고단에서 제1회 전국스키선수권대회를 개최했다.109) 1975년 2월에 와서 국내 최초로 현대적인 시설을 갖춘 용평스키장이 개장함으로써 선수들의 경기력 향상에 크게 기여함과 동시에, 그 저변 확대에도 도움이 되었다.110) 조선아이스하키협회는 1947년에 발족되었지만, 그 이전인 1946년에 경복, 중동, 용산, 배재중학 등에 아이스하키팀이 결성되어 서로 친선게임과 리그전을 개최했다.111)

108) 위의 책, 570~571쪽.

109) 韓國體育百年史編纂會, 앞의 책, 285쪽.

110) 대한체육회, 앞의 책, 602쪽.

111) 위의 책, 607쪽.

제 IV 장

프로스포츠경기

프로스포츠는 국민생활체육의 여건 조성과 함께 시작되었다. 특히 86아시아게임과 88올림픽을 성공적으로 개최한 여세를 몰아 우리 나라는 각종 국제대회에서 좋은 성적을 올리면서 스포츠 선진국으로의 발돋움을 계속했다. 그러나 이와 같은 엘리트스포츠의 성장에 비해 국민의 체력 증진과 건전 여가 선용을 위한 생활체육분야는 상대적으로 미진하여 점차 '보는 체육'과 더불어 '직접 참여하는 체육'의 중요성이 크게 대두되기에 이르렀다.

프로스포츠는 국민에게 스포츠에의 간접 참여를 통한 여가 선용의 기회를 제공하고 기량이 우수한 선수들에게 전문 직업인으로서의 기회를 부여할 목적으로 1980년대 초부터 서서히 모색되어 야구를 필두로 축구, 씨름 등의 종목으로 확산되면서 본격적인 프로스포츠 시대의 장을 열었다.[1]

물론 그 이전에 프로권투와 프로레슬링이 프로스포츠 종목으로 지속되어 왔으나, 1982년 프로야구의 출범은 스포츠를 하나의 거대 산업으로 이끄는 기폭제가 되었다. 2005년 2월 현재는 (사)한국야구위원회, 한국프로축구연맹, (사)한국농구연맹, (사)한국여자농구연맹, (사)한국씨름연맹, (사)한국프로골프협회, (사)한국여자프로골프협회, (사)한국프로볼링협회, (사)대한프로레슬링협회, (사)한국배구연맹 등 10개 프로단체가 조직되어 한국의 프로스포츠계를 이끌고 있다.[2]

1. 프로야구

한국 프로스포츠의 기둥 역할을 하면서 활성화의 원동력을 제공한 것은 프로야구였

1) 體育靑少年部, 『體育靑少年 行政10年史』, 1992, 217쪽.
2) 문화관광부, 『2004 체육백서』, 2005, 308쪽.

다. 프로야구 창설을 위한 준비작업은 1974년 겨울에 시작되었다. 성인 야구가 어느 정도 자리를 잡았고, 한편으로는 타성에 빠진 실업야구를 중흥하는 방안을 강구하던 실업야구연맹 임원들이 가칭 한국직업야구추진위원회를 만들고 박정희 대통령과 문교부, 대한체육회에 건의서와 진정서를 내는 등 활발한 프로야구 창설작업을 폈다. 추진위원회에는 장태영(상업은행 야구부장), 허종만(육군 감독), 김계현(한국전력 감독), 이호헌(실업연맹 사무국장), 허정규(농협 감독), 정두영(철도청 감독) 등이 참가했다. 위원장에 선임된 홍윤희는 미국에서 회사를 운영하는 기업인이었다. 이밖에 유백만(상업은행 감독), 남승진(공군 감독), 김응룡(한일은행 감독), 김성근(기업은행 감독), 김양중(기업은행 야구부장), 김재송(실업야구연맹 감사) 등 야구계 소장파들이 참여하여 프로야구 발족을 추진했다.3)

마침내 프로야구는 1982년 시즌을 기점으로 창설되었다. 1905년에 질레트가 야구를 도입한 지 77년만에 이루어진 일이었다. 프로야구가 창설된 배경은 몇 가지 측면에서 찾을 수 있다. 우선, 그 동안 쌓인 야구의 관중 동원력이나 수준이 아마추어의 틀로는 수용할 수 없을 수준에 도달해 있었다는 점이고, 그런 기본 바탕 위에 전 국민의 화합을 다지고자 했던 제5공화국의 의지가 크게 작용했던 것이다. 전두환 정권은 민주화의 열망을 외면한 군사통치체제를 유지하는 수단으로 국민의 눈과 귀를 막는 획기적인 제도의 창안이 필요했고 그러한 통치술의 일환으로 스포츠의 프로화를 꾀했다.

이에 따라 프로야구보다 1년 늦은 1983년 프로축구가 출범하고 프로씨름도 같은 해에 탄생하는 등 속도를 가했다. 야구가 축구보다 1년 앞서 프로화를 이룰 수 있었던 것은 기존 경기장 시설을 활용할 수 있다는 여건으로 인해 프로화가 용이했고 관중 동원도 그만큼 유리했기 때문이었다.4)

프로야구 창설작업은 1981년 12월 11일 창립총회를 개최함으로써 공식 출범했다. 참여 구단은 서울에 본거지를 둔 MBC 청룡, 부산의 롯데 자이언츠, 대구의 삼성 라이온즈, 광주의 해태 타이거즈, 대전의 OB 베어스, 인천의 삼미 슈퍼스타즈 등 6개 구단이었다. 창립총회에는 김병주(MBC 관리이사), 권태명(두산그룹 기획상무), 이혁근(삼미사 관리이사), 김동영(삼성 동방생명이사), 한영국(롯데제과 상무이사), 김명하(해태제과 관리이사) 등이 구단주들을 대신하여 참석했고, 이들은 정관을 통과시키고 한국반공연맹 이사장 서종철을 초대 총재로 추대했다. 프로야구 출범의 산파역을 맡은 이용일은 사무총장, 이호헌은 사무차장으로 선임되었다.5)

---

3) 李學來, 『韓國體育百年史』, 한국체육학회, 2000, 501쪽.

4) 대한야구협회·대한야구위원회, 『한국야구사』, 1999, 1148쪽.

5) 위의 책, 1155~1159쪽.

1982년 6개 구단으로 시작된 프로야구는 팀당 80게임, 총 240게임을 치르되 전·후기로 나누어 각 기별 우승팀끼리 한국시리즈를 치르는 방식으로 운영되었다. 경기 편성은 주당 4게임을 원칙으로 주말에는 2연전을 치르게 했다.

한국 프로야구는 1982년 3월 27일 동대문구장에서 MBC대 삼성전으로 첫 모습을 드러냈다. 전두환 대통령의 시구로 열린 이 경기에서 MBC는 연장 10회말 이종도의 끝내기 만루홈런으로 11대 7의 승리를 따냈다. 프로원년 우승의 영광은 OB에게 돌아갔다. 충청남북도를 연고 지역으로 삼아 부족한 선수층을 서울 MBC와의 1대 2 드래프트로 메운 OB는 시즌을 맞기 전 예상전력은 3~4위 수준이었으나 박철순이라는 야구사에 길이 남을 초특급 스타가 탄생하며 전기리그 우승에 이어 한국시리즈에서도 삼성을 4승1무1패로 누르고 왕관을 썼다.

1983년은 프로야구의 단단한 기틀을 마련해 준 한해였다. 1982년 세계선수권대회 우승의 주역들이 대거 입단, 전체적으로 선수층이 두터워졌고 경기내용도 전년도에 비해 충실해진 덕분이었다. 1983년에는 재일동포들의 활약이 컸다. 삼미의 장명부와 이영구, 해태의 주동식과 김무종은 일본에서 이미 전성기를 넘긴 몸이었으나 걸음마 단계의 프로야구를 한 단계 성숙시키는 플레이를 펼치며 음양으로 한국 야구에 교사 역할을 했다.

1987년에는 2군의 필요성과 효용에 대해 새로운 자각이 움텄다. 1987시즌을 치를 때까지 각 팀의 2군은 공식경기를 치를 만큼 팀다운 골격을 갖추지 못했으나 향후 야구발전과 우수선수 확보를 위해서는 2군 육성이 절대적으로 필요하다고 느꼈던 것이다. 2군의 가치를 가장 먼저 깨우친 팀은 OB였다. 단순한 반복연습보다는 경기를 통해 실전경험을 쌓는 것이 선수육성에 더욱 효과적이라는 점을 내세운 OB는 1987년 3월 6일 각 구단에 공문을 보내 2군 교환경기를 치르자고 제의했다. 이런 제안에 가장 적극적이고 긍정적인 반응을 보인 팀은 삼성이었다. 두 팀은 1987년 5월 16일 대구 시민운동장에서 첫 경기를 펼친 이후 7월 12일까지 8경기를 치루었다. 2군경기의 실효를 엿본 빙그레가 뒤따라 2군경기에 가담했고 MBC도 뒤늦게 동참했다. 1987시즌에 이상 네 팀이 치른 경기수는 모두 19게임이었다.[6)]

해가 거듭될수록 전·후기로 구분하는 정규시즌 운영의 폐단이 심각해져 마침내 1988시즌을 끝으로 단일시즌제로의 전환이 이루어졌다. 그동안 2년간 상위 2개팀에 플레이오프 진출권을 주어 한국시리즈를 치르도록 하는 방안은 1위와 2위를 구별하는 의미를 잃었고, 전기 또는 후기라는 단기간에 집중적으로 힘을 쏟아 플레이오프 진출권을 따내는 데 치중하다 보니 특정선수를 혹사하게 되고, 전기에서 티켓을 딴 팀은

6) 위의 책, 1255~1256쪽.

후기에서 최선을 다하지 않거나 관중동원에 실패하는 경우가 생기며, 이미 전기리그에서 2위 안으로 들어설 가망이 없는 팀은 아예 정상적인 레이스 운영을 포기하고 후기에 대비하는 해괴한 현상을 나타내는 따위의 문제점을 개선하기 위해 단일시즌제로 돌아선 것이었다.[7)]

1988년 11월 24일에 열린 KBO이사회에서는 단일시즌제로 정규 120게임을 치른 뒤 3~4위팀이 3전2승제의 준플레이오프를 실시하여 그 승자가 2위팀과 5전3승제의 플레이오프를 치르고, 그 승자가 1위팀과 한국시리즈를 벌인다는 포스트시즌 경기제도를 마련했다.

1990년대의 문을 열면서 프로야구는 두 가지를 처음 경험했다.[8)] 하나는 연간 관중수가 출범 9년만에 300만 명을 넘어선 것이고, 또 하나는 서울 구단이 우승을 차지한 것이었다. MBC로부터 구단 영업권을 넘겨받아 신장 개업한 LG 트윈스는 7년만에 사령탑에 복귀한 백인천 감독의 지도 아래 정규 페넌트 레이스 1위는 물론 한국시리즈에서도 삼성을 4연승으로 가볍게 물리치고 정상을 차지했다.

이와 더불어 1994년 박찬호의 미국 메이저리그 진출 이래 유수한 국내 유망주들이 해외로 빠져나가게 된 것에 자극받은 한국 프로야구는 외국인 선수 수입이 1996년 5월에 취임한 홍재형 KBO 총재의 역점 사업으로 추진되어 1996년 11월 이사회에서 정식 결정됨으로써 1998시즌부터 외국인 선수(속칭 용병)들이 국내에서 뛸 수 있었다. 이로써 이른바 용병시대가 개막되었다.

외국인 영입대상 선수 공급은 미국 스포츠 마케팅회사인 CSMG를 통해 이루어졌다. CSMG는 마이너리그의 에이전트들에게 트라이아웃에 참가해 줄 것을 요청, 총 54명이 테스트에 응했다. 이들은 세인트 피터스버그에서 5차례 평가경기를 치러 기량을 선보였다. 외국인 선수의 연봉 상한선은 입단 보너스, 부대 비용을 포함하여 12만 달러로 제한했다. 이처럼 국내 무대에 진출한 용병들로 인해 프로스포츠로서의 야구경기의 열기를 뜨겁게 달아오르게 만들었다.

용병제도 도입 당시에는 팀당 2명을 보유할 수 있게 되었지만 2001시즌부터 팀당 3명의 용병을 보유하게끔 제도가 바뀌었다. 현재 29명의 엔트리 중 용병보유선수는 3명뿐이지만 팀의 경기력에서 차지하는 용병의 비중은 매우 커 이들에 대한 의존도는 점점 커져가고 있다.[9)]

프로야구 개막 초에는 총 240경기에 불과했지만 2003년 시즌[10)]에 와서는 팀당 133

---

7) 위의 책, 1277~1278쪽.

8) 李學來, 앞의 책, 503~504쪽.

9) 김준헌·여인성, 「한국 프로야구의 발전방안에 관한 연구」, 『한국체육학지』 제42권 제4호, 2003, 347쪽.

경기, 총 532경기가 벌어질 정도로 외형적인 성장을 이룩했다. 팀 수도 최초 삼성, 롯데, MBC, OB, 해태, 삼미 등 6개 팀에서 1986년 지금의 한화가 빙그레의 이름으로 서울로 연고지를 옮긴 OB를 대신하여 충청권에서 제7구단으로 리그에 참가했고, 1991년 쌍방울이 프로야구 여덟 번째 팀으로 출범했다. 관중수의 면에서 보면 개막년도에 총 관중수 143만 8,768명에 불과했으나 1995년에 총 540만 6,374명, 경기당 평균 1만 727명의 관중수를 기록하면서 프로야구 흥행의 밝은 미래를 예약하는 듯 했다. 하지만 IMF 이후 국가경제의 어려움, 국내 선수의 해외 진출 등으로 관중수가 크게 감소했다.

한국야구위원회와 산하 8개 구단은 90년대 중반의 프로야구 인기를 되찾고자 각고의 노력을 하고 있으나 프로야구 팬이 연령이나 성별 등에서 그 층이 두텁지 못하고 평균 관전횟수가 약 7회에 이르는 등 프로야구의 현실은 아직 한정된 팬이 주축이 되는 제한적 소비자를 갖고 운영되는 경향이 강하게 나타나고 있다.

2003년에 와서 프로야구는 90년 중반의 인기를 회복할 수 있는 전기를 마련했다. 지속적으로 하강하던 관중수가 상승세로 돌아섰기 때문이다. 여기에는 이승엽의 홈런아시아신기록의 달성이 한 몫 했다고 볼 수 있다. 이승엽의 56호 홈런은 프로야구 2003년 시즌 기록 중 가장 주목할 만한 사건이었다. 이처럼 선수들의 기량 향상, 팀간의 경쟁체제 가속화 등은 관중들을 불러모으는 요소로 작용할 가능성을 보여주었다. 2004년 시즌은 2003년에 비해 유력한 흥행요소가 없는 상황에서 프로야구의 측면에서는 2004아테네올림픽대회 개최라는 장애요소이자 경쟁요소의 등장으로 게임수는 전년과 동일한 데 비하여 총 관중수는 전년대비 390,823명이 감소했다.[11)]

이렇게 프로야구 개막 초에는 총 240경기에 불과했지만 20시즌을 넘긴 2005년 현재 총 504경기가 벌어질 정도로 외형적인 성장을 이룩했다. 팀 수도 첫 시즌에는 삼성, 롯데, MBC, OB, 해태, 삼미 등 6개 팀에 불과했지만, 1986년 서울로 연고지를 옮긴 OB을 대신하여 빙그레(현재의 한화)가 충청권을 연고로 제7구단을 창단했으며, 1991년 쌍방울이 프로야구 여덟 번째 구단을 창단했다. 관중수로 보면 개막년도에 143만 8,768명에 불과했지만 1995년 시즌에 총 540만 6,374명, 경기당 평균 1만 727명를 기록하면서 프로야구의 대흥행을 기대했다. 하지만 그 후 국가경제의 어려움, 국내선수의 해외진출 등으로 관중수가 크게 감소했다. 따라서 팬층을 다양화하고 그 폭을 넓히기 위한 장기적인 프로야구 진흥정책의 수립이 이루어져야 할 것이다.

---

10) 문화관광부, 『2003 체육백서』, 2004, 279쪽.

11) 문화관광부, 『2004 체육백서』, 314쪽.

2. 프로축구

1983년 5월 8일에 프로야구와 쌍벽을 이룰 슈퍼리그가 출범했다. 축구협회는 실업팀들로 외국 프로를 모방한 1, 2부제를 실시할 예정이었으나 팀의 수준이 낮아 큰 성과를 기대하기 어렵다고 판단하고, 소수 정예팀만이 벌이는 리그를 창설, 축구 팬들의 욕구에 부응함으로써 축구 붐을 조성하겠다는 계획을 세웠다. 이같은 발상은 프로야구의 성공적인 출범과 순항에 크게 자극받은 것이었다.

축구협회는 과도기적이고 변칙적인 방법으로 기존의 프로 2개 팀(할렐루야, 유공)과 아마추어 3강(대우, 포철, 국민은행)을 묶어 5개 팀으로 슈퍼리그를 조직하고 아마추어 팀들은 점진적으로 프로화하여 수년 내 명실상부한 프로축구 시스템을 확립한다는 목표를 세웠다.[12)]

협회의 이러한 구상이 적중되어 폭발적인 관중과 박진감 넘치는 경기로 현대와 럭키금성의 창단이 유도되었고, 이방인인 브라질의 루이스 코고와 로베르토 알베스까지 슈퍼 그라운드에 나서서 분위기를 고조시켰다. 창단 첫 해, 9월 22일에 유태목(대우)이 100호 골의 축포를 터뜨렸고, 이에 앞서 김희철(포철)이 첫 해트트릭을 기록하며 그라운드를 뜨겁게 달궈 놓았다. 이런 가운데 미국에서 돌아온 조영증(럭키금성)과 대우의 정해원이 6게임 연속득점, 2연속게임 해트트릭이라는 프로축구 불멸의 대기록을 수립했다. 최순호(포철)가 사상 처음 연봉 3,000만 원을 돌파한 1985년에는 때아닌 스카우트 열풍이 다시 불어닥쳐 조민국이 계약금 7,000만 원으로 럭키금성과 계약함으로써 프로축구 고액시대를 예고했다.

출범 3년째를 맞은 프로축구는 '프로축구 정착의 해'란 구호를 내걸고 85년 리그의 활기찬 출발을 했다. 1984년 챔피언 대우를 비롯하여 유공, 현대, 할레루야, 포항제철, 럭키금성 등 프로 6팀에 아마추어 최강 한일은행과 군팀 상무 등 총 8팀이 패권을 놓고 격돌한 85리그는 지난 2년간의 경험을 토대로 알찬 대회를 만들기 위해 운영방식을 개선하고 새로운 모습으로 팬들 앞에 나섰다.[13)]

85년 리그의 특징은 경기일정과 방식의 변화로 1984년에는 전, 후기로 나누어 각 시즌 우승팀이 챔피언 결승전을 가져 승자를 가렸으나 1985년에는 편의상 1, 2, 3리그로 나누되 이를 하나의 리그로 간주하여 최종 성적으로 순위를 가렸다. 승점제도는 원년처럼 승리 2점, 무승부 1점으로 환원했다. 한편 이번 시즌을 끝으로 국내 프로 1호이자 원년의 챔피언 할렐루야가 팀을 해체하고 아마추어로 전환함에 따라 수퍼리그에 암운이 드리워졌다.

---

12) 李學來, 앞의 책, 504~505쪽.

13) 대한축구협회, 『'83~'89한국프로축구연감』, 1989, 188쪽.

1986년 프로축구는 리그의 명칭을 수퍼리그에서 축구대제전으로 바꾸고 면모를 일신해 팬들 앞에 나섰다. 이해에는 리그를 둘로 분리하여 아마추어와 프로팀이 격돌하는 축구대제전, 프로만 참가하는 프로축구선수권대회로 운영했으며 축구대제전 60게임, 프로축구선수권 40게임, 총 100게임이 펼쳐졌다. 축구대체전의 경기운영 방식도 전·후기제로 전환했다. 춘계리그 종료에 이어 거행된 프로축구선수권대회는 프로 5개 구단만이 참가하여 진행되었는데, 포항제철이 우승의 영광을 차지했다. 사실 프로선수권대회는 지난 해 계획되었다가 할레루야의 갑작스런 해체로 1986년에 와서야 열리게 되있다.[14] 한마니로 1986년에는 숱한 갈등을 빚어 왔던 슈퍼리그라는 대회 명칭 자체를 축구대제전으로 고치고 경기 운영방식을 전·후기제로 전환하는 등 대회 운영방식에 일대 혁신을 꾀했다.

이같은 전·후기제 경기 운영방식에 사실상 종말을 가져온 것은 포항제철의 프로축구대제전 우승이었다. 럭키금성, 대우, 포항제철, 현대, 유공 등 5개의 프로팀과 유일한 아마추어팀 한일은행이 참가한 86시즌에서 포항제철은 9연속 무패 행진(3승 6무 1패)을 달리며 전기리그 우승을 차지했는데, 후기리그에서는 꼴찌로 전락했다. 그러나 후기리그 중반 이후부터 힘을 비축한 포항제철은 챔피언 결정전에서 후기리그 우승팀인 럭키금성을 1승1무로 따돌리고 종합패권을 차지, 전·후기제 경기 운영방식에 강한 반론을 제기하는 계기를 만들었다. 전기리그 우승팀이 후기리그에서 중반까지는 전력을 다해 본 뒤, 우승 가능성이 희박하다고 판단되면 챔피언 결정전에 대비해 힘을 저축, 전·후기제 경기방식 채택의 본래 의도와는 달리 맥빠진 경기가 될 수 있다는 문제점을 보여준 것이었다.

1986년 이른 봄, 출범 4년을 맞은 한국 프로축구는 최대의 스카우트 파문으로 휘청거렸다. 고려대 4학년에 재학 중인 '대형 폭격기' 김종부를 놓고 현대, 대우, 럭키금성 등이 억대 돈 자루를 휘두른 스카우트 싸움을 벌여 선수 스카우트 사상 유례가 없는 파장을 불러일으켰다. 이후 프로축구는 계속적인 스카우트 파동에 휩쓸렸으나 인기를 주무기로 삼는 프로스포츠의 생리에 비추어 볼 때 이를 근절시키기는 힘들었다.

1987년은 한국축구가 프로활성화의 기치를 내걸고 첫 발을 내디딘 해였다. 원년부터 1986년까지가 아마추어와의 병행 발전과 프로축구 정착을 위한 과도기적 변칙리그였다면 87리그는 프로팀만이 참여하여 패권을 겨루는 본격 프로시대 개막의 대회였다. 유공, 대우, 럭키금성, 현대, 포항제철 등 5개 프로팀이 참가한 가운데 3월 28일 80게임 대장정을 시작한 87리그는 홈 앤드 어웨이 방식에 입장 수입을 홈팀이 관리하는 등 프로다운 면모로 운영되었다. 이 해에는 각 팀이 지역연고제를 실시하여 떠돌이식

14) 위의 책, 280~281쪽.

경기방식을 지양하고 팬 확보 기반을 마련했다. 또 대회 운영을 대한축구협회로부터 독립한 프로축구위원회가 주관하여 독립채산제 운영기틀을 마련하기도 했다. 그리고 1986년에는 멕시코월드컵 출전 관계로 실질적인 실력을 겨룰 기회가 없었지만 1987년에는 각 팀 스타들이 팀에 복귀하여 프로축구다운 접전을 벌였다.[15)]

1986년 멕시코월드컵대회에 출전하여 코리아 돌풍을 일으킨 프로축구는 1988년 서울올림픽을 앞두고 박종환 감독의 사퇴 선언으로 한 차례 홍역을 치르며 30대 감독의 등장과 '실세'라는 용어를 탄생시키기도 했다. 그런 가운데 1988년 9월 제6구단 천안 일화의 힘찬 비상을 시작으로, 1995년 전남북 현대, 1996년 수원 삼성에 이어 제10구단 대전 시티즌이 1997년에 창단됨으로써 한국 프로축구는 마침내 출범 15년만에 '두 자릿수 구단시대'를 활짝 열었다.[16)]

이처럼 1986년 멕시코월드컵을 필두로 월드컵 4회 연속 본선 진출의 일등공신 프로축구는 1996년 5월 31일 국민의 염원인 2002년 월드컵을 유치하는 밑거름이 되었다. 신세대 돌풍과 함께 하루 10만 관중시대를 연 프로축구는 이로써 명실공히 국기로서의 위치를 확고히 할 수 있었다. 외국 선수들이 국내 프로축구무대에 처음 등장한 것은 1983년부터였다. 슈퍼 리그에 아마추어로 참가한 포항제철이 원료 공급사인 브라질의 CVRD사와의 유대관계를 증진하기 위해 체결한 스포츠교류협정에 따라 2명의 선수를 임대해 온 것이 그 효시를 이루었다.

이렇게 출범 이후 20여 년간 부침을 거듭하던 한국 프로축구는 2002년 월드컵을 개최하면서 그 중흥의 전기를 맞고 있다.[17)] 대전, 부산, 부천, 성남, 수원, 안양, 울산, 전남, 전북, 포항 등 10개팀이 참가한 2002리그에서는 월드컵 4강 신화를 이룩한 여세를 몰아 7월 7일 개막전에서 총 12만 3,000여 명이 입장, 역대 일일 최다 관중수를 기록한 데 이어, 11일에 열린 경기에는 총 10만 8,000여 명이 입장, 역대 일일 2번째 기록이자, 평일 최다 관중 기록을 수립했다. 또한 토, 일 양일간에 벌어진 다음 경기에는 총 13만 8,000여 명이 입장, 역대 주말(토, 일 합산) 최다 관중 신기록을 수립한 데 이어, 17일에 열린 4차전에서는 총 11만 5,000여 명을 끌어들여 11일에 수립했던 평일 최다 관중 기록을 1주일만에 경신하는 등 매 경기 관중기록을 경신하는 기현상까지 벌어졌다. 시즌 총 관중수(2,651,901명)에서 99년의 267만 명에 이어 역대 2위를 기록했고, 경기당 평균 관중수(14,651명)에서도 원년에 이어 역대 2위를 기록함으로써 프로축구의 장밋빛 미래를 예고하는 듯 했다.

이처럼 2002년 월드컵의 성공적 개최를 계기로 프로축구에 대한 관심이 대폭 증가된

15) 위의 책, 1989, 386쪽.

16) 李學來, 앞의 책, 504~505쪽.

17) 문화관광부, 『2003 체육백서』, 277쪽.

가운데 2003년에는 프로축구계의 숙원인 리그 참가수의 증가가 현실화되었다. 시민구단으로 출범한 대구 FC와 광주의 상무 불사조 두 개의 팀이 보태져 2003년 시즌은 총 12개 팀이 리그에 참가하면서 의욕적으로 시즌을 맞이하게 되었다. 하지만 기대와는 달리, 전년 대비 약 30%의 관중수 감소를 보임으로써 한국 프로축구리그는 새로운 도약의 기회를 모색해야 할 시기에 처해 있다.

2004리그는 2003년에 비해 경기수를 26게임 줄인 239게임을 소화했다. 인천 유나이티드 FC가 참여하여 팀은 13개로 증가한 반면에 게임수를 줄여 경기의 수준을 향상하고자 노력했다. 관중수는 2003년에 비하여 경기당 882(9.5%)명이 증가해 소기의 성과를 거둔 것으로 이해된다. 특히 2004아테네올림픽대회가 개최되는 해임에도 불구하고 전년 대비 관중수의 증가를 가져온 것은 협회의 노력 결과로 이해된다.[18] 2005년 K리그는 2004년과 동일하게 240게임을 소화했다. 경남 FC가 창단되어 팀은 14개로 증가한 반면에 게임수를 줄여 경기의 수준을 향상시키고자 노력했다. 관중수는 경기당 1만 1,972명으로 전년 대비 증가하여 소기의 성과를 거두었다.[19] 하지만 여전히 유럽 축구리그의 사례에서 보듯이, 관중 동원과 축구리그의 질적 향상을 꾀하기 위해서는 더 많은 노력이 요구된다.

한편 2002 한·일월드컵의 공동 개최를 계기로 한국과 일본, 그리고 중국의 3개국 프로리그는 극동 아시아 축구의 발전과 기량 향상을 위하여 상호 교류의 필요성을 절심히 느끼게 되었다. 그리하여 지난 2003년 제1회 A3 챔피언스컵을 일본 도쿄에서 열게 되었고, 제2회 대회를 중국에서 성공적으로 개최한 데 이어 2005년의 제3회 대회를 한국에서 개최하게 된 것이다. 이 A3 챔피언스컵은 단순히 극동 아시아의 프로리그 최강자들이 경기를 치른다는 의미 이상의 중요한 의미를 가진 대회다.[20]

한마디로 A3 챔피언스컵의 성공적인 개최를 바탕으로 한국과 일본, 그리고 중국의 프로리그는 상호 교류를 넓혀 향후 유럽의 챔피언스리그 수준의 대형 이벤트로의 성장까지 기대하고 있는 것이다. 또 3개국 축구의 교류는 스포츠마케팅적인 관점에도 여러 가지 커다란 이점을 가져온다. 먼저 그 대상이 한 나라에서 3개국으로 늘어나게 되면서 스포츠마케팅 시장의 크기가 그만큼 커지게 된다. 당장 한국만 보더라도 좁은 스포츠마케팅 시장 안에서 여러 종목의 프로스포츠가 혼재하고 있는 상황이다. 이런 상황의 해결책을 안에서 찾지 않고 밖에서 찾게 된 것이 바로 A3 챔피언스컵이다.

18) 문화관광부, 『2004 체육백서』, 311쪽.

19) 문화관광부, 『2005 체육백서』, 2006, 230쪽.

20) 국민체육진흥공단, 『3대 프로리그 무엇이 문제인가』, 2004, 135~137쪽.

3. 프로농구 · 배구

1990년대 초반부터 프로화를 모색하던 농구계는 1995년 10월에 한국농구연맹설립준비위원회 발족을 계기로, 1996년 10월 한국농구연맹을 창립하고 그 해 11월 (사)한국농구연맹으로 법인설립허가를 받고 1996~1997 시즌으로 첫 리그를 시작했다.[21] 1997년 2월 1일 프로농구의 첫 경기가 치러졌다. 팬들의 기대 속에 지역 프랜차이즈제를 채택하여 현대, 동양, 기아, 대우, 삼성, 서울방송, 나래, 나산 8개 팀으로 화려한 출발을 한 프로농구는 10분씩 4궤터제의 경기방식에 공격시간은 24초로 제한했고 지역방어 금지에 3심제를 도입했다. 첫해 페넌트 레이스에서 기아가 16승 5패로 1위, 챔피언 결정전에서 기아가 나래에 4승 1패로 패권을 차지했다.[22]

프로농구는 이처럼 원년 리그의 닻을 올린 후 97~98시즌을 거치면서 명실상부한 겨울철 최고의 프로스포츠로 자리잡았다. 가령 이 시즌은 흥행 면에서 성공했는데, 100만 관중 돌파에는 실패(964,928명)했지만 지난 시즌에 비해 27.1%가 늘어 인기몰이에 성공했다. 경기당 평균 관중도 3,561명으로 6%나 증가했다.[23]

마침내 프로농구는 2004~2005 시즌에 와서 정규리그 100만 관중시대를 열었다. 1996년 출범한 이후 겨울 스포츠의 꽃으로 자리잡은 프로농구는 2001~2002 시즌 정규리그와 플레이오프를 합해 첫 100만 관중시대의 문을 열었고, 이후 지난 시즌까지 3연속 100만 관중을 유치했다. 정규리그에서의 100만 관중 유치는 이 시즌이 처음이다.[24]

대학농구와 실업농구의 열기는 프로농구의 출범과 함께 고스란히 이어졌고, 이와 더불어 미국식 스포츠마케팅을 적극적으로 도입한 한국농구연맹의 노력에 힘입어 짧은 역사에도 불구하고 안정적으로 자리잡아 가고 있다.[25] 2005년 4월 현재 프로농구 팀으로는 서울 삼성 썬더스, 서울 SK 나이츠, 인천 전자랜드 블랙슬래머, 대구 오리언스, 울산 모비스 피버스, 원주 TG 삼보 엑서스, 안양 SBS 스타즈, 전주 KCC 이지스, KTF 매직윙스, 창원 LG 세이커스 등 총 10개팀이 운영되고 있다.[26]

1999년에 출범한 여자프로농구에도 관심이 몰리고 있다. 2002년 2월 7~8일 경북 영천 실내체육관에서 열린 2002여자프로농구 겨울리그시즌에는 이틀 동안 영천 농구팬이 1,000여 명씩 찾았다.[27] 여자프로농구는 남자프로농구의 인기에 미치지 못하는 게 사실

21) 문화관광부, 『2003 체육백서』, 281쪽.
22) 스포츠서울, 『한국스포츠 총람』, 2001, 91쪽.
23) 손수범, 「경제성장에 따른 한국스포츠의 변천」, 용인대 박사논문, 2002, 169~170쪽.
24) 『일간스포츠』, 2005년 3월 14일자.
25) 문화관광부, 『2003 체육백서』, 281쪽.
26) 문화관광부, 『2004 체육백서』, 309쪽.
27) 『스포츠서울』, 2002년 2월 10일자.

이다. 2005년 4월 현재 여자프로농구팀으로는 광주 신세계 쿨캣, 안산 신한 에스버드, 용인 삼성생명 비추미, 춘천 우리은행 한새, 구리 금호생명 펠컨스 등 총 6개 팀이 운영되고 있다.28)

한편, 프로배구의 운영 주체인 한국배구연맹 창립추진위원회는 2004년 10월 18일 서울 삼성동 한국전력 본사 귀빈식당에서 남녀 10개 팀의 구단주와 단장이 참석한 가운데 한국배구연맹 창립총회를 갖고 김혁규 열린우리당 의원을 한국배구연맹 초대 총재로 추대하기로 했다. 이로써 배구는 야구, 축구, 농구에 이어 단체 구기 종목으로는 4번째로 프로스포츠의 길을 걷게 되었다.29)

4대 구기 종목 가운데 가장 늦게 프로로 옷을 갈아입은 프로배구경기가 마침내 2005년 2월 20일 막을 올렸다. 삼성화재와 현대캐피탈의 라이벌으로 치러진 개막전은 우려 속에 시작됐지만 7천 명에 가까운 구름 관중이 몰린 가운데 성황리에 열렸다. '만년 2위' 현대캐피탈은 정규리그에서 삼성화재와 2승2패의 대등한 경기를 벌이며 정규리그 1위를 차지했고, 챔피언 결정전에서는 삼성화재에 1승3패로 무릎을 꿇었다. 여자부에서도 겨울리그 5연패의 현대건설의 독주가 끝나고 만년 2위 도로공사, KT&G가 물고 물리는 천척 사슬을 형성하며 흥미가 배가됐다. 하지만 원년 리그는 프로의 기본인 '홈 앤드 어웨이'를 채택하지 못했고, 방송사 중계 시간에 맞춰 평일 경기가 낮 시간에 편성된 이유로 대부분의 경기가 관중의 외면을 받은 '그들만의 리그'로 전락한 것은 큰 문제가 아닐 수 없다.30)

프로출범 후 두 번째 시즌을 맞은 2005~2006 리그가 2005년 12월 3일 막을 올려 2006년 4월까지 4개월 여 대장정에 들어가기로 했다. 정규리그는 대전 충무체육관에서 남자부 원년 우승팀 삼성화재-대한항공전을 시작으로 2006년 3월 12일까지 총 7라운드(총 175경기)로 열렸다. 남녀 공동 연고제에 따라 삼성화재-KT&G(충무체육관), 현대캐피탈-흥국생명(천안 유관순체육관), LG화재-도로공사(구미 박정희체육관), 대한항공-GS칼텍스(인천 도원체육관), 한전·상무-현대건설(마산 실내체육관)이 같은 경기장을 홈코트로 사용했다. 포스트시즌은 3전 2승제의 플레이오프, 5전 3승제의 챔피언결정전으로 했다. 또 이 시즌부터는 '홈 앤드 어웨이' 방식을 채택했음은 물론이고 외국인선수를 기용했다.31)

---

28) 문화관광부, 『2004 체육백서』, 309쪽.
29) 『연합뉴스』, 2004년 10월 14일자.
30) 『연합뉴스』, 2005년 5월 9일자.
31) 『연합뉴스』, 2005년 11월 29일자.

4. 프로복싱·씨름

프로복싱은 6·25 전란을 겪은 후 1953년 9월에 장택상을 회장으로 하는 대한권투위원회를 탄생시켜 재건의 기틀을 마련했다. 1955년 마닐라에서 동양권투연맹이 출범함에 따라 신설 동양 주니어미들급 챔피언 결정전을 서울에 유치하여 강세철이 챔피언 러시 메이욘을 누르고 최초의 동양챔피언 자리에 올라 프로복싱의 새 경지를 개척했다.[32)]

1965년에는 서강일이 프로복싱사 40년만에 세계타이틀 매치에 처음 도전했으나 주심의 편파적인 판정으로 챔피언 엘로르데로부터 타이틀을 빼앗지 못하고 주저앉고 말았다. 그러나 1966년 6월 25일 한국 프로복싱은 처음으로 세계챔피언을 탄생시켰다. 박정희 대통령을 비롯하여 8천 명의 관중으로 가득한 장충체육관에서 김기수는 이탈리아의 국민영웅인 세계 주니어미들급 챔피언 니노 벤베누티를 판정으로 누르고 최초의 세계챔피언 자리에 올랐다. 김기수는 1960년 로마올림픽에서 패배를 안겨 준 니노 벤베누티에게 홈에서 통쾌하게 설욕한 것이었다. 김기수의 세계챔피언 쟁탈 이후에도 홍수환, 유제두, 염동균, 김철호 등 우수한 선수들을 배출하여 프로복싱의 명맥은 끊이지 않고 면면이 이어져 나갔다.[33)]

이처럼 1960년대에 와서 한국 프로복싱은 최초의 동양챔피언과 세계챔피언을 탄생시키면서 전국민적인 관심을 불러일으켰고 동양을 넘어 세계로 도약했다. 이는 70년대와 80년대 한국 프로복싱의 호황을 낳게 하는 원동력이 되었다.

김기수 이후 한국 프로복싱은 또 한 명의 잊지 못할 챔피언을 보유하게 된다. 한국 최초 두 체급 세계챔피언 홍수환은 1974년 7월 3일 남아프리카 더반에서 아놀드 테일러를 꺾고 WBA 밴텀급 챔피언에 올랐다. 그의 스타성이 발휘된 경기는 1977년 11월 26일 파나마에서 벌어진 카라스키야와의 WBA 주니어 페더급 초대 챔피언 결정전이었다. 11전 11KO승을 기록중이던 카라스키야는 2라운드에서 홍수환을 무려 네 번이나 링 매트에 눕혔다. 하지만 3라운드에 와서 홍수환은 반격에 나서 카라스키야를 자신이 누웠던 링에 눕혔다. 3라운드 시작 48초만에 KO승. 이 극적인 역전승은 4전5기란 말을 유행시켰다.[34)]

역대 세계 챔피언 가운데 유명우는 화려한 기록을 많이 남겼다. 한국 프로복싱 선수 중 세계 타이틀전을 가장 많이 치렀고 가장 오랜 기간 세계 타이틀을 보유했던 선수다. 유명우가 미국의 조이 올리버로부터 WBA 주니어 플라이급 챔피언을 획득한 때가 1985년 12월 8일이다. 그리고 18차 방어전에서 일본의 이오카 히로키에게 챔피언을

32) 손수범, 앞의 글, 2002, 142쪽.

33) 스포츠서울, 앞의 책, 379쪽.

34) 위의 책, 379쪽.

내준 때는 1991년 12월 17일이니, 만 6년간 세계 챔피언 자리를 지켰다.[35)]

그러나 7·80년대 최고의 인기스포츠로 전성기를 누리던 프로복싱은 1990년대를 전후하여 쇠퇴기를 맞이하게 된다. 고도의 경제성장단계에서 3D 기피현상과 더불어 극기와 인내, 고통을 수반하는 복싱은 국민들로부터 외면받기 시작했다. 또 복싱의 과격성과 위험성으로 복싱 선수들의 잇달은 사망은 인간생명의 윤리적 문제로까지 확산되는 사회적 문제를 초래해, 복싱은 국민 정서에 합치되지 않는 스포츠로 전락해가기 시작했다. 게다가 1980년대에 와서 프로야구, 프로축구, 프로씨름 등 다양한 프로스포츠가 붐을 일으키면서 관람스포츠의 폭이 그만큼 넓어진 것도 프로복싱 침제의 주요 요인이 되었다.

한편, 민속경기인 씨름이 프로무대를 장식하게 된 것은 1983년의 일이었다. 이때 대한씨름협회와 한국씨름협회가 통합하여 프로씨름의 발전을 기약했는데, 1991년 2월 프로와 아마추어 씨름은 완전히 양분되었다.[36)]

씨름경기의 붐을 조성하기 시작한 것은 1972년에 개최된 제1회 KBS배 쟁탈 전국장사씨름대회를 개최하면서부터였다. 장충체육관에서 9월 24~26일 개최된 제1회 KBS배 쟁탈 전국장사씨름대회는 그때까지 야외 모래판에서 실시하다가 실내 매트에서 하면서 KBS 생중계를 통해 전국으로 방송되어 인기종목으로 각광을 받을 수 있게 했다. 이 대회에서 마산의 김성률이 우승했고, 경북의 박범조가 2위, 마산의 정근종이 3위를 했다.

프로씨름은 1970년대 후반에 접어들면서 야구와 축구 등 인기종목에 눌려 약간의 침체에 빠졌으나 1982년 한국씨름협회가 수최하는 천하장사 씨름대회를 계기로 또다시 인기를 모았다. 이 대회에서는 매트를 다시 모래로 바꾸고 체급도 4체급으로 구분하여 시행했다. 즉, 체급 명칭을 우리 나라 명산의 명칭을 따서 태백급(75킬로그램 이하), 금강급(75킬로그램 이상, 85킬로그램 이하), 한라급(85.1킬로그램 이상, 95킬로그램 이하), 백두급(95.1킬로그램 이상)으로 정하고 체급의 제한 없는 무제한급 경기 명칭을 천하장사대회로 했다. 천하장사대회에서 이만기, 최욱진, 이준희, 홍현욱 등 스타들이 배출되었다.

이렇게 프로씨름의 열기가 점차 고조되면서 여러 씨름단이 창단되기 시작했다. 1984년 3월 일양식품 씨름단 창단을 계기로 각 기업체에서 앞다투어 씨름단을 창단하기 시작했다. 1984년 12월 보해양조 씨름단과 럭키증권 씨름단이, 1985년 현대씨름단, 1987년 1월 삼익가구 씨름단, 1988년 부산조흥금고 씨름단이 각각 창단되었다.[37)]

---

35) 위의 책, 380쪽.

36) 李學來, 앞의 책, 508쪽.

37) 손수범, 앞의 글, 164~165쪽.

1991년 2월 대한씨름협회와 민속씨름협회가 완전 분리되었다. 민속씨름협회는 씨름을 국민적 스포츠로 발전시켜 국기화한다는 계획으로 매년 천하장사 3회, 체급별 장사대회 7회를 개최하고 신정에 아마추어와 민속이 제한 없이 참가하는 '통일천하장사대회'를 신설했으며 프로팀 간의 단체전을 실시하기로 했다. 체급은 종전 3체급에서 백두급(100,1키로그램 이상)과 한라급(100키로그램 이하) 2개 체급만으로 조정했다. 하지만 프로씨름 역시 다른 프로스포츠 종목처럼 1997년 IMF 경제위기에 따라 씨름단의 해체로 위기를 맞이했다. 1988년 2월 보해양조 씨름단이 해체된 이후 1995년 1월 삼익가구 씨름단, 1997년 8월 조흥금고 씨름단, 그해 9월 한보 멧돼지씨름단과 세경진흥 씨름단, 1998년 2월 일양약품 씨름단이 IMF 시기를 전후하여 해체되었다.[38] 2005년 4월 현재 현대삼호중공업 코끼리씨름단과 신창건설 코뿔소씨름단 등 2개의 씨름단만이 존속하고 있는 실정이다.[39]

5. 프로골프

한국프로골프협회는 1966년에 창립되었다. 그러나 서울 컨트리클럽이 1954년에 개장하여 국내 메이저 골프대회를 창설할 목적으로 1958년 9월 11일 제1회 한국오픈골프선수권대회를 개최하면서 한국 골프의 역사는 이미 시작되었다.

1966년에 한국오픈을 인수하여 명실상부한 국내 최고 내셔널 오픈으로 자리잡아 프로골프의 역사가 전개된 후 1970년에 아시아서킷경기와 병행하기 시작하여 국제화 시대로 접어들었다. 1982년에는 아시아서킷대회와 분리하여 개최했으며, 1990년에 코오롱상사와 공동주최하기 시작함으로써 본격적인 프로골프의 발전을 도모하기 시작했다.[40]

국내 프로골퍼 1호는 척박한 국내 골프 현실에 씨앗을 뿌린 연덕춘이었다. 연덕춘은 1934년 18세의 나이에 프로골퍼의 꿈을 안고 일본으로 골프 유학을 했고, 그 이듬해 2월 일본 관동골프협회로부터 프로 자격을 획득했다. 그는 1941년 한국인으로서 최초로 일본오픈골프선수권대회에 참가하여 4라운드 합계 209타를 기록하면서 우승을 했다. 또 1956년에는 한국 프로골퍼로서는 최초로 국제무대인 극동오픈선수권대회(필리핀 와와 컨트리)에 출전하여 6위를 차지하기도 했다. 그는 이 대회를 통해 한국에도 프로골퍼가 있다는 사실을 국제무대에 알렸다.

---

38) 위의 글, 165~166쪽.

39) 문화관광부, 『2004 체육백서』, 309쪽.

40) 李學來, 앞의 책, 507쪽.

1980년 남녀의 국내 골프대회수가 각각 7개와 5개였다. 이후 점차 늘어나 1996년에는 16개가 되었지만, 1997년 IMF의 영향으로 6개로 주는 등 국내 골프계는 커다란 시련을 겪었다. 이런 와중에 박세리가 1998년 미국여자프로골프(LPGA) 투어에 진출하여 메이저대회 2승을 포함해 통산 4승을 거두며 신인왕에 오르는 기염을 토했다.[41] 이후 프로골프는 김미현, 박지은, 최경주 등 세계적인 골프 스타들이 출현해 최고의 황금기를 구가했다.

특히 1998년 8월 박세리는 권위를 자랑하는 시사주간지 『뉴스위크』, 『타임』을 비롯 『스포츠일러스트레이티드』, CBS 방송 등 미국 언론들의 집중 플래쉬를 받았다. 98시즌에 데뷔한 박세리는 첫해 최고 권위의 메이저 대회인 US여자오픈을 포함하여 메이저 2개 대회 등 기적 같은 4승을 올렸고 각종 기록을 갈아치우며 상금랭킹 2위에 오른 것이다.[42]

김미현은 1999년 9월 19일 세이프 팜 레일 클래식대회에서 우승컵을 안았다. 미국투어 프로로 뛰어든 지 7개월 20일만이자 투어 도전 25번째만에 데뷔 첫승과 함께 상금순위 11위로 뛰어오르면서 99 LPGA '올해의 신인상' 타이틀을 확정했다. 한국인으로선 1988년 구옥희가 터콰이즈오프에서 우승의 물꼬를 텄고 1998년 4월 박세리가 본격적인 (맥도날드 LPGA 챔피언십) 우승의 위치를 차지한 이래 8번째이자 팜레일 클래식 2연패 (98년 펄신)란 겹경사를 맞았다.[43]

초등학교 2학년 때 골프를 시작한 박지은은 1991년 초등학교 졸업 후 미국으로 골프 유학을 떠났다. 이후 1994~96년 미국 주니어 랭킹 1위, 1997~99년 미국 아마추어 랭킹 1위를 차지하는 등 미국 여자아마추어계를 휩쓸었다. 박지은은 1999년 6월 프로 전향 후 퓨처스투어 1위를 차지하여 최우수선수로 선정되었으며, 2000년도 캐시 아일랜드 그린스닷컵대회에서 1승을 올려 박세리, 김미현과 함께 미국 LPGA무대에서 주목받고 있는 기대주로 부상했다.[44] 또 국내 남자 프로골프에서 최강자로 군림하던 최경주는 2002년 5월 6일 미국프로골프(PGA) 투어 컴팩클래식에서 한국인 사상 첫 우승의 대업을 달성했다.[45]

41) 손수범, 앞의 글, 150쪽.
42) 스포츠서울, 앞의 책, 92쪽.
43) 大韓골프協會, 『韓國골프100年』, 2001, 150~151쪽.
44) 위의 책, 152쪽.
45) 손수범, 앞의 글, 152쪽.

제V장

국제경기대회 참가

1. 하계 올림픽대회

국제올림픽위원회(IOC) 역사상 국가 성립 이전에 국가 단위의 올림픽위원회가 승인된 것은 조선올림픽위원회(KOC : 1948년 8월 15일 정부수립 이후부터 '대한올림픽위원회'라 칭하게 되었음)가 유일한 경우였다. 대한올림픽위원회의 창립은 일제 식민통치로부터 해방되어 신생 독립국가로서의 위상을 국제사회에서 공인받는 것을 의미했다. 국제올림픽위원회는 이미 신생 독립국가로서의 위상을 갖추고 모든 준비를 끝낸 상태로 보아 올림픽대회 출전 자격이 충분히 있다는 점을 인정하여 조선올림픽위원회 창립을 기꺼이 승인했던 것이다.

올림픽대회는 국제 스포츠교류의 꽃이다. 올림픽대회는 단순한 국제경기대회가 아니라 국가의 명예를 걸고 싸우는 스포츠 외교의 정상 무대이다. 제14회 런던올림픽대회는 제2차 세계대전 종전과 더불어 독립한 신생 한국의 모습을 세계에 알릴 수 있는 절호의 기회였으므로, 신생 독립국 한국으로서는 무슨 일이 있어도 런던올림픽대회에 출전해야만 했다. 이런 맥락에서 볼 때 정부가 수립되기 전에 태극기를 앞세우고 출전했던 런던올림픽대회는 한국 체육사의 신기원을 이룬 동시에 올림픽 역사에서도 뜻깊은 대회였다.

조선체육회는 대한민국 정부 수립을 코앞에 두고 개최되는 올림픽대회에 어떤 일이 있어도 출전해야 한다는 목표를 세우고 이에 대한 대책을 강구했다. 우선 올림픽대회 출전을 위해서는 국내 올림픽기구를 구성하여 국제올림픽위원회의 승인을 얻어야 했다. 그리하여 조선체육회는 1946년 6월 16일 런던올림픽대회 대책위원회를 결성했다.[1] 대책위원회는 위원장에 조선체육회 부회장 유억겸, 부위원장에 전경무, 이상백,

1) 곽형기·이진수·이학래·임영무, 『한국체육사』, 지식산업사, 1994, 309쪽.

그리고 이병학, 천갑진, 이운용, 민원식, 박길용, 조병학, 정상희, 정상윤, 박인덕, 박삼규, 안철영, 김정연 등을 상무위원으로 구성했다.[2)]

국제올림픽위원회는 1947년 6월 20일에 개최된 스웨덴 스톡홀름 총회에서 조선올림픽위원회를 승인했고, 이에 따라 1947년 6월 20일 조선올림픽위원회가 국제올림픽위원회에 가입[3)]함으로써, 1948년 생모리츠동계올림픽대회와 런던하계올림픽대회에 참가할 수 있는 발판을 마련했다.

국제올림픽위원회 회원국이 되기 위해서는 국내 올림픽위원회가 존재하는 것 외에도 올림픽대회 종목의 경기단체들이 각각 국제경기연맹에 가입되어 있어야 했다. 이에 따라 대책위원회는 조선체육회 산하의 경기단체 가운데 올림픽대회 종목에 해당되는 육상, 수영, 축구, 농구, 역도, 권투, 레슬링, 빙상 등 각 경기단체로 하여금 각각의 국제경기연맹에 가입절차를 밟도록 했다.

1947년 봄에 전경무 부위원장은 애버리 브런디지(Avery Brundage) 당시 국제올림픽위원회 부위원장을 방문하여 한국의 올림픽대회 참가를 위한 협조를 교섭해 승락을 얻었다. 그러나 에버리 브런디지의 권고로 그해 6월 15일부터 스톡홀름에서 열리는 국제올림픽위원회 총회에 참석하기 위해 미 군용기 편으로 떠났던 전경무 부위원장은 비행기가 추락하여 사망하는 사고를 당하고 말았다. 이에 대책위원회는 미국에 있던 이원순에게 급히 전문을 보내 국제올림픽위원회 총회에 대신 참석토록 했고, 조선올림픽위원히는 1947년 6월 20일자로 국제올림픽위원회 회원국으로 정식 승인을 받을 수 있었다.[4)]

이렇게 딘생된 조선올림픽위원회(초대 위원장 여운형)는 곧 올림픽대회 참가를 위한 준비에 들어가 1947년 7월 1일 준비위원회(위원장 유억겸, 부위원장 이상백, 이병학)를 구성하고 올림픽대회 파견 종목으로 빙상, 육상, 축구, 농구, 역도, 권투 등 6개 종목을 결정했다. 그리고 뒤에 레슬링과 자전거(사이클)를 추가했다. 또한 준비위원회와는 별도로 7월 24일 안재홍을 위원장으로 하는 올림픽대회 후원회를 조직했다.

올림픽대회 후원회가 비록 결성되기는 했지만, 당시의 가난한 국가경제 형편 때문에 올림픽대회 출전에 소요되는 경비 조달을 위해 여러 가지 방안을 강구하지 않을 수 없었고, 그 일환으로 국민성금 모금용 '올림픽 후원권'을 발행했다. 1947년 12월부터 판매된 올림픽 후원권은 100만여 장이 팔려 그 수익금으로 8만여 달러를 마련함으로써 올림픽대회 출전경비를 거의 충당할 수 있었다. 이러한 결과는 당시 올림픽대회에 거는 국민들의 기대와 성의가 어느 정도였는가를 잘 보여준 것이었다.[5)]

---

2) 대한올림픽위원회, 『KOC50年史』, 1996, 52쪽.

3) 위와 같음.

4) 대한체육회, 『大韓體育會 七十年史』, 1990, 128쪽.

1948년 7월 29일부터 8월 14일까지 개최된 런던올림픽대회 참가는 대한민국 정부 수립 직전에 이루어진 미 군정기의 마지막 국제경기대회 참가였다. 당시 제헌국회는 6월 18일자 제14차 회의에서 런던올림픽대회 출전선수단을 격려하는 이승만 국회의장 명의의 격려문을 채택했고, 올림픽대회 출전을 위해 선수들이 떠나는 당일 서울운동장에서 선수단 결단식 및 시민 환송식을 열어 전국민적인 기대와 관심을 보여 주었다. 선수단은 귀국 후 9월 1일 국회를 방문하여 대표단(단장 정항범) 귀국보고를 했다.

이렇게 조국 광복 후 태극기를 앞세워 처음 출전하는 런던올림픽대회에 대한 국민들의 기대는 컸지만, 1947년 제54회 보스톤마라톤대회에서 우승한 서윤복 등이 기대를 충족시키지 못해 아쉬움을 남겼다. 그러나 복싱 플라이급에 출전한 한수안과 역도 75kg급에 출전한 김성집이 각각 동메달을 획득, 사상 처음으로 올림픽대회 시상대에서 태극기를 게양하는 감격을 맛볼 수 있었다.[6] 더구나 제14회 런던올림픽대회는 일본 도쿄에서 열릴 예정이던 제12회 올림픽대회(1940)와 영국 런던에서 열리기로 했던 제13회 올림픽대회(1944)가 1939년에 발발한 제2차 세계대전 때문에 열리지 못하고 12년만에 개최된 것이어서 더욱 감격적인 올림픽대회였다.

한편, 총부리를 겨누고 싸우는 6·25 전란의 비극이 이 땅을 뒤덮고 있는 속에서도 어김없이 제15회 헬싱키올림픽대회가 다가왔다. 우리 사회 일부에서는 젊은이들이 일선에 나가 목숨을 버리고 있는 마당에 올림픽대회에 나가는 것은 도의적 입장에서 마땅치 않다는 주장도 제기되었으나, 우리 국민이 전쟁의 참화 속에서도 용기를 잃지 않고 있다는 사실을 세계에 알리고 오히려 체육을 통한 국제 친선외교를 강화하여 국제적 입지를 높여야 한다는 주장이 함께 제기되었다. 이런 와중에 헬싱키올림픽대회 조직위원회는 정식으로 초청장을 보내 왔고, 1952년 1월에 브런디지 국제올림픽위원장이 한국의 참가를 권유하는 서한을 보내 옴에 따라 마침내 국회는 만장일치로 올림픽대회 파견 건의를 가결했고, 대한체육회 총재인 이승만 대통령도 최후로 참가 결정을 내렸다.[7]

총 43명으로 구성된 한국 선수단은 단장 최순주를 비롯하여 총감독 이상백, 부감독 손기정, 총무 황대걸, 경기종목별 감독 김은배(육상), 김성집(역도), 김명곤(권투), 김옥규(레슬링) 등의 인솔로 육상, 역도, 복싱, 사이클, 레슬링, 승마 등 6개 종목에 출전했다. 이때 헬싱키올림픽대회에 거는 국민들의 기대와 성원은 전쟁 전에 개최되었던 런던올

---

5) 위의 책, 247쪽.

6) 체육부, 『체육한국인』, 1985, 125~126쪽. 한국은 이번 런던올림픽대회에 축구, 농구 등 단체종목를 비롯하여 육상, 복싱, 역도, 레슬링 등에 선수 50명, 임원 17명 등 총 67명의 선수단(단장 정항범)을 파견했다.

7) 대한올림픽위원회, 앞의 책, 156쪽.

림픽대회에 못지 않았다. 오히려 전쟁의 상처 속에서 거국적으로 이를 뒷받침하는 국민들의 열기가 넘쳐흘렀다. 당시로서는 엄두를 낼 수 없을 만큼 거액인 출전경비 마련도 범국민적인 모금으로 가능했다. 정부의 도움을 기대할 수 없는 상황에서 구성된 올림픽후원회(회장 허정)는 기부금과 기념배지 판매를 실시했고, 국회의원들도 세비의 10퍼센트를 내놓고 공무원까지도 봉급에서 갹출하는 등 전국민적 지원이 이루어졌다. 특히 전투에 참가하고 있는 국군도 모금에 적극 참여하여 5사단 장병들이 480만원을 거두어 기탁했고, 참전 중인 미군 병사들까지 모금운동에 나섰으며, 미 8군사령관 밴플리트 장군은 7,000달러씩 두 차례나 기부금을 내놓았다.8)

이러한 국민적 성원에 힘입어 한국 선수단은 1952년 7월 19일부터 8월 31일까지 개최된 헬싱키올림픽대회에서 참가국 69개국 가운데 37위를 마크했다.9) 국민들은 또다시 마라톤에 큰 기대를 걸었으나 제54회 보스톤마라톤대회에서 3위에 입상했던 최윤칠이 4위에 그쳐 실망을 안겨 주기도 했다. 그러나 최윤칠의 4위 성적은 올림픽대회 신기록이었다.10) 역도에서는 첫날 56kg급의 김해남이 처녀 출전하여 4위에 입상함으로써 순조로운 출발을 보였다. 둘째 날 67.5kg급에 김성집과 김창희가 출전하여 김창희가 4위에 입상하고, 김성집이 이집트의 라가브 선수와 팽팽한 접전을 벌인 끝에 동메달을 차지했다. 복싱에서도 강준호가 동메달을 추가하여 동메달 2개로 37위의 성적을 거두었다.

제15회 헬싱키올림픽대회는 소련이 40년만에 처음으로 381명의 대규모 선수단을 참가시켜 미국의 독무대였던 올림픽대회를 미·소의 첨예한 대결장으로 만들었다. 이와 함께 선수촌 숙소마저 공산권과 자유진영으로 양분되어 인종과 이념, 종교를 뛰어넘는 올림픽대회 정신이 정치색으로 오염되는 징후를 남겼다. 또 공산권 국가에서 정책적으로 우수선수들을 육성하는 이른바 스테이트 아마추어(State amateur)의 등장으로 순수한 아마추어리즘이 위협을 받는 첫 대회가 되었다.11)

전쟁의 상흔을 딛고서 당당한 모습으로 다시금 국제스포츠무대에 우뚝 선 한국 선수단은 1956년 멜버른올림픽대회에 태극기가 선명하게 그려진 KNA CD-4 전세기를 타고 참가했다. 멜버른올림픽은 개막되기까지 숱한 시련을 겪었으나12) 참가 선수들

---

8) 위의 책, 157쪽.

9) 대한체육회, 앞의 책, 249쪽.

10) 위의 책, 248쪽.

11) 대한올림픽위원회, 앞의 책, 157쪽.

12) 멜버른올림픽대회 개최에 밀어닥친 가장 큰 시련은 헝가리 사태와 수에즈운하 분쟁이었다. 이 시기는 제2차 세계대전 이후 미·소 냉전이 격화되던 시기였으며, 세계질서의 재편으로 인한 국제분쟁이 새롭게 야기되던 시기였다. 헝가리 사태는 1956년 10월 헝가리 수도 부다페스트에서 공산화에 반대하는 시민봉기가 일어나 소련이 이를 무력으로 진압한 사건을 말한다.

모두가 메인 스타디움에 모여 승패를 초월한 석별의 정을 나누는 폐회식을 거행함으로써 이후 폐회식에서 올림픽대회에 참가한 모든 선수들이 국경과 인종을 초월하여 인류애를 나누는 새로운 전통을 세웠다.

멜버른올림픽대회의 한국 선수단은 임원 14명, 선수 35명 등 49명으로 구성되었다. 대회 사흘째 날에 역도 라이트급의 김창희가 동메달을 따내 멜버른 하늘에 첫 태극기를 올렸으며, 복싱의 송순천이 은메달을 보탰다. 마라톤의 이창훈은 '인간 기관차'라 불리는 자토벡을 제치고 4위를 차지했고, 세 번째 올림픽대회에 도전한 김성집은 이미 30대 후반의 노장임에도 불구하고 5위에 올라 주위를 감탄케 했다. 한국은 은메달과 동메달 각각 1개씩 획득하여 참가국 69개국 가운데 아르헨티나와 함께 공동 29위에 올랐다. 올림픽대회는 공식적으로 국가별 성적을 따지지 않지만, 미국과 소련의 대결이 첨예화되면서부터 종합순위가 매스컴의 표적이 되었다. 소련은 멜버른올림픽에서 금 37개, 은 29개, 동 32개로 금 32개, 은 25개, 동 17개의 미국보다 크게 앞서 올림픽대회 참가 두 번째만에 종합우승을 차지했다.

멜버른올림픽대회 기간 중에 개최된 국제올림픽위원회 총회에서 북한이 국제올림픽위원회 가입 신청서를 제출했으나 25대 15, 기권 4표로 무산되었다. 당시 북한을 지지하는 공산국가들은 "독일의 경우처럼 남북한이 함께 올림픽대회에 출전하는 것이 바람직하다"고 주장했으나 이기붕 국제올림픽위원과 이상백 선수단장이 "한국의 경우는 독일과 다르며, 대한올림픽위원회는 한국 전체를 대표하는 것인 만큼 그 이외의 어떤 단체도 인정할 수 없다"고 명확히 밝혀 북한의 가입 결정 보류안이 채택되었다.[13)]

제17회 로마올림픽대회는 올림픽 역사상 처음으로 개회식을 비롯한 주요 경기 모습이 인공위성을 통해 전 세계의 TV시청자들에게 중계되었다. 한국은 전규홍을 단장으로 67명의 선수단이 1960년의 이 대회에 참가했다. 로마올림픽대회 한국 선수단은 올림픽대회 출정 역사상 전무후무한 노메달이라는 부끄러운 기록을 남겼다.[14)]

1964년에 개최된 제18회 도쿄올림픽대회는 5·16 쿠데타 이후 처음 맞이하는 올림픽대회이었으며, 또 아시아 지역에서 최초로 개최되는 올림픽대회이기도 했다. 특히 북한이 대규모 선수단을 파견하기로 하여 최초의 남북대결 성격을 띠었을 뿐 아니라

소련의 이같은 만행에 대해 자유진영의 국가들이 분노하여 네델란드, 스위스, 스페인 등이 올림픽대회 참가를 포기하게 된다. 또한 비슷한 시기에 영국, 프랑스 연합군이 이집트의 수에즈운하 국유화에 대한 보복으로 이집트를 침공하여 중동 지역에 전운이 감돌게 되었고, 이 사태로 이집트, 레바논, 이라크 등이 "영국, 프랑스 등 전쟁 독재국가들이 추방되지 않는 한 올림픽대회에 참가할 수 없다"고 불참했다. 중국의 경우도 '2개의 중국' 문제가 다시 가열되어 중국이 대만의 올림픽대회 참가를 이유로 불참하게 된다(위의 책, 161~162쪽).

13) 위의 책, 161쪽.

14) 대한체육회, 앞의 책, 253~255쪽.

남북 단일팀 구성을 위한 남북체육회담이 개최되는 등 국제적으로도 주목을 받았다. 국제올림픽위원회는 1957년 소피아총회에서 북한의 국제올림픽위원회 가입을 허용하면서도 올림픽대회 출전은 대한올림픽위원회의 동의를 얻도록 단서를 붙였다. 그러나 국제올림픽위원회는 대한올림픽위원회의 동의가 어려울 것이라는 판단 아래 남북 단일팀 구성을 제의하여 1963년에 스위스 로잔느회담을 주선했지만 후속 절차를 합의하기 위한 홍콩회담이 무산됨에 따라 남북한이 따로 도쿄올림픽대회에 참가하도록 결정되었다. 이에 따라 북한도 올림픽대회 무대에 첫 모습을 보일 수 있게 된 것이다.

북한은 올림픽대회 개최 5일 전인 1964년 10월 5일 선수단 1진이 동경에 도착했으나 호칭 문제를 구실로 삼아 올림픽대회 참가를 보이콧했다.[15] 북한은 국제육상연맹, 국제수영연맹, 도쿄올림픽대회 조직위원회가 모두 가네포대회(GANEFO, 신생국경기대회) 출전 선수의 참가를 제한함에 따라 가네포대회의 육상 3관왕인 신금단을 비롯한 6명의 선수 참가가 불가능하게 되자 국호 문제를 이유로 내세워 철수하고 만 것이다. 북한의 육상영웅 신금단은 도쿄올림픽대회에 출전하지는 못했지만, 서울에서 온 아버지를 13년만에 상봉하는 기쁨을 맛보았다. 그러나 이들 부녀 상봉은 가족들의 소식을 간단히 주고받은 7분간의 만남으로 끝나 분단의 비극을 실감케 했다.

도쿄올림픽대회는 60만 교포가 민단과 조총련으로 갈려 있는 상황에서 이루어지는 남북 스포츠대결이라는 점 때문에 긴장되었지만, 결국 북한이 불참하고 남한만이 단독으로 참가하여 별다른 문제는 없었다. 그러나 선수단 규모에 비해 초라한 경기성적을 보여주었고, 이로 인해 한국 엘리트스포츠의 현주소를 확인케 하여 근본적으로 스포츠 환경 개신을 도모하지 않고는 국제무대에서 국위 선양이 어렵다는 충격과 자극을 안겨 주어 한국 체육사에 있어 중요한 이정표가 되었다.[16]

1964년 3월 이상백 위원장과 장기영 부위원장 체제로 재조직된 대한올림픽위원회 집행부에 의해 도쿄올림픽대회 선수단이 구성되었다. 선수단은 사상 최대 규모인 224명(선수 165명, 임원 59명)으로 16개 종목에 출전했다.[17] 선수단을 이처럼 대규모로 구성하게 된 이유는 북한이 대규모 선수단을 파견하게 됨에 따라 스포츠외교와 경기면에서 이들과 경쟁하고, 특히 재일동포들의 사기를 고려했기 때문이었다. 그러나 보다 중요한 사실은 박정희 대통령과 민관식 대한체육회 회장 등 지도층이 앞으로 국민체육

15) 대한올림픽위원회, 앞의 책, 169쪽.

16) "한국체육사를 통해 도쿄올림픽만큼 교훈적 의미에서 충격과 자성을 안겨준 대회는 없었다. 세계의 벽이 두껍다는 것을 깨우쳐 준 반면교사(反面敎師)처럼 그것은 쓴 약의 구실을 해준 셈이다"(김광희, 『금메달을 향한 기나긴 여정-한알의 밀알, 이야기한국체육사』 5, 서울올림픽기념 국민체육진흥공단, 1998, 31쪽).

17) 대한올림픽위원회, 앞의 책, 168쪽.

시대를 열어 가기 위해서는 도쿄올림픽대회에서 세계 수준의 선수들과 겨루어 볼 필요가 있다고 생각했기 때문이었다.

그러나 도쿄올림픽대회의 결과는 참담했다. 한국은 일본, 미국, 소련, 오스트레일리아에 이어 5번째로 많은 선수단을 출전시켰지만, 종합성적에서는 은메달 2개, 동메달 1개로 겨우 27위에 머물렀다. 은메달은 레슬링 종목에서 장창선이 자유형 플라이급에 출전하여 올림픽대회 사상 첫 은메달을 획득했다는 점에서 값진 것이었고, 복싱에서도 정신조가 아깝게 은메달에 머물렀으며, 유도에서 김의태가 동메달을 추가한 것 이외에는 아무런 성과도 없었다.

민관식 단장은 도쿄올림픽대회 선수단 해단식에서 와신상담의 각오를 표명하면서 "체육은 과학, 시설 없이는 설자리가 없다"[18]는 교훈을 내세워 스포츠 과학화와 체육시설 마련을 가장 시급한 과제로 제시했다. 그는 도쿄올림픽대회의 결과를 세밀히 분석하여 한국 스포츠의 현주소를 진단하는 가운데 체육부흥 6개년계획을 수립했다. 체육부흥 6개년계획은, 첫째 경기수준의 향상을 위한 지도자의 자질 향상, 둘째 체육시설의 건설 확보, 셋째 합리적이며 효율적인 훈련 실시, 넷째 스포츠의 과학화, 다섯째 스포츠 인재의 발굴 등이었다.[19]

이에 따라 한국 스포츠의 환경 개선이 본격화되었다. 박정희 대통령은 지지부진하던 체육회관 건립을 매듭지으려고 노력하는 민관식 대한체육회장에 힘을 실어주어 1966년 6월 30일에 무교동 체육회관이 개관[20]되기에 이르렀고, 1965년 3월에 태릉선수촌 마련을 위해 1만여 평의 대지 위에 540평 건물 공사에 착수한 후 1966년 6월 30일에 1차 공사를 완공하여 체육진흥을 위한 기반 확립의 단계로 돌입할 수 있었다.[21]

민관식 회장은 스포츠 과학화의 내실을 기하기 위해 체육지도자 재교육과 자질 향상을 위한 코치아카데미를 발족시켰다. 당시 체육계 풍토 속에서는 지도자 재교육이 기존의 권위를 무시하는 도전으로 비쳤지만 1965년 12월 20일 60명이 참가한 가운데

18) 김광희, 앞의 책, 91쪽.

19) 위의 책, 31~32쪽.

20) 위의 책, 119쪽; 『체육』, 제7호, 대한체육회, 1966, 18~23쪽.

21) 대한체육회와 대한올림픽위원회는 도쿄올림픽대회 후 태릉선수촌을 건립한 민관식의 공적을 기념하는 태릉선수촌 건립기념비를 1989년 12월 22일에 세웠다. 이 건립기념비는 1964년 1월 20일에 제22대 대한체육회장에 취임한 민관식이 도쿄올림픽대회 후 "합숙과 훈련이 한곳에서 가능한 종합적인 선수촌 없이는 성공적인 경기력 향상이 불가능하다"는 인식 하에 동분서주하여 "1965년 3월 역사적인 기공식을 갖고 신산을 다한 끝에 1966년 6월 30일 드디어 대망의 선수촌 개촌을 보게 된" 사실을 밝히고, "이와 같은 선수촌의 터를 연 민관식 회장은 무교동 체육회관의 건립을 위시하여 비약적인 체육인구의 저변 확대, 코치아카데미와 스포츠과학위원회의 창설, 체육행정의 근대화 등 어느 하나도 선각의 예지 없이는 이룩할 수 없는 금자탑적인 공적을 남겼다"고 명기하여 그의 공적을 기렸다(『체육』, 1990년 1월호, 38쪽).

제1기 코치 정규강습회를 열기 시작하여 한 달 후에는 최윤칠 등 15개 종목 41명의 수료자를 배출했다. 코치강습회는 코치아카데미로 격상되고 점차 스포츠 단기대학과 같은 위상으로 정착되어 스포츠 과학화의 새 지평을 열었다.

이렇게 도쿄올림픽대회에서 한국이 얻은 값진 교훈은 훈련방식의 낙후와 기초체력의 부족에 대한 인식이었고, 이를 극복하기 위해 체육시설의 개선, 지도자의 자질 향상, 코치아카데미 개설, 외국인 코치 초빙, 스포츠 과학화, 새로운 인재 발굴 등 긴급 처방에 착수하여 국민체육진흥의 방향 설정뿐 아니라 그 기반을 확립해 나가는 중요한 전환점을 이루었다.

올림픽대회 첫 금메달의 길은 멀고도 험했다. 1964년 도쿄올림픽대회의 교훈을 되새기며 체육부흥 6개년계획을 착실히 추진하여 1968년 멕시코올림픽대회과 1972년 뮌헨올림픽대회를 거쳐 1976년 몬트리올올림픽대회에서 숙원의 첫 금메달을 따냈다. 몬트리올올림픽대회에서의 금메달은 특히 뮌헨올림픽대회에서 첫 금메달을 획득하여 국제 스포츠무대에서 남한보다 앞섰던 북한을 역전시키는 중요한 계기가 되었다.

몬트리올올림픽대회 이전의 상황을 먼저 살펴보면, 도쿄올림픽대회에 대규모 선수단을 파견했던 한국은 1968년 멕시코올림픽대회에 이병희를 단장으로 비교적 소규모인 76명의 선수단을 참가시켰다. 멕시코올림픽대회에서는 기대했던 유망주들이 초반에 탈락해 버리는 불운 속에서 복싱의 지용주가 라이트플라이급에서 은메달을 획득하고 장순길이 밴텀급에서 동메달을 건져 겨우 체면을 유지했다. 그러나 선수단 외에 82명으로 구성된 예술문화행사단이 올림픽대회 기간 중에 펼친 예술제에서 호평을 받아 생소한 중남미대륙에서 한국의 문화를 알리는 좋은 계기가 되었다.[22] 이 대회에서 한국 선수단은 비공식 집계에 따르면, 대회 참가국 112개국 중 32위를 차지했다.[23]

1972년 뮌헨올림픽대회에는 김성집을 단장으로 62명의 선수 임원단이 참가했다. 이 대회에는 북한이 처음으로 참가하여 사격 소구경복사에서 이호준이 세계신기록을 수립하며 금메달을 획득하고, 복싱 라이트플라이급에서 김우길이 은메달, 레슬링 자유형 플라이급에서 김광형, 유도 라이트급에서 김용익, 여자배구에서 각각 동메달을 따내는 등 좋은 성적을 거두었다. 그러나 한국은 여자배구 3·4위전에서 북한에 패배하여 메달 획득에 실패했고, 유도 미들급에서 오승립이 은메달을 따내 겨우 노메달의 수치를 벗어났다. 대회 종합성적은 북한이 22위, 한국은 33위여서 올림픽대회 첫 남북대결에서 참패를 면치 못했다.[24]

그러다가 1976년 7월에 개최된 제21회 몬트리올올림픽대회에서 한국은 드디어 광복

---

22) 대한올림픽위원회, 앞의 책, 173~174쪽.

23) 『체육』, 1968년 10월호, 18쪽.

24) 대한올림픽위원회, 앞의 책, 176~178쪽.

이후 빛나는 첫 금메달을 일구어 냈다. 최재구 단장을 인솔자로 72명의 선수 및 임원이 참가한 가운데 레슬링 자유형 페더급에 출전한 양정모가 몽고의 오이도프를 물리치고 대망의 금메달을 차지했다. 양정모의 쾌거는 일제하의 손기정이 마라톤을 제패한 후 40년만에 이루어졌다.[25)]

양정모의 금메달에 힘입어 한국은 금 1개, 은 1개, 동 4개 등 모두 6개의 메달을 획득해 금 1개, 은 1개에 그친 북한을 누르고 종합성적 19위를 차지하면서 뮌헨올림픽대회에서의 패배를 설욕했다. 또한 여자배구가 구기종목 사상 처음으로 메달권에 진입하여 동메달을 획득하는 쾌거를 함께 이루었다. 이러한 성적 향상은 1960년대 이후 꾸준히 국민체육진흥정책을 추진해 온 제3공화국의 체육정책이 드디어 결실을 거두기 시작했음을 보여준 것이었다.

이렇게 올림픽대회 첫 금메달의 길은 멀고도 험했다. 1964년 도쿄올림픽대회의 교훈을 되새기며 체육발전 6개년계획을 착실히 추진하기 시작하여 1968년 멕시코올림픽대회과 1972년 뮌헨올림픽대회의 단계를 밟아, 드디어 1976년 몬트리올올림픽대회에서 숙원의 첫 금메달을 따냈다. 몬트리올대회에서의 금메달은 특히 뮌헨대회에서 북한이 첫 금메달을 획득하여 국제 스포츠무대에서 한발 뒤쳐졌던 남북대결에서 역전을 이루는 중요한 계기를 이루었다.

몬트리올올림픽대회의 금메달은 단순히 금메달 하나를 따낸 것이 아니라 한국 스포츠의 새 지평을 열었다는 역사적 의미를 지녔다. 성화회(聖火會)가 1996년 7월 5일 몬트리올올림픽 제패 20주년을 기념하여 마련한 강연회에서 발표된 다음의 글에 뚜렷이 드러나 있다.

> 이처럼 몬트리올에서의 승리는 우선 우리 나라 엘리트스포츠 발전에 결정적인 기여를 하였다. 그날 이후 오랫동안 긴장 속에 움추려 있던 태릉선수촌에 새로운 활기가 되살아났고, 전국 방방곡곡에서 올림픽을 지켜보던 새내기 경기인들은 희망에 부푼 가슴을 억제하지 못하였다. 몬트리올에서 걸린 힘찬 시동은 드디어 84 LA올림픽에서 금 6, 은 6, 동 7개의 개가를 올렸고, 88서울올림픽에서는 금 12, 은 10, 동 11개로서 세계 4위라는 기적을 창출해 냈으며, 92바르셀로나올림픽에서도 금 12, 은 5, 동 12개로서 올림픽 G7의 위치를 확고히 하였다.[26)]

몇 차례 위기를 맞으면서 잘 이어져 온 올림픽운동은 몬트리올대회 이후 동서 양대 진영의 정치적 대립으로 반쪽으로 갈라지는 비운을 맞게 되었다. 1980년의 모스크바대

---

25) 위의 책, 180~182쪽.

26) 한양순, 「한국체육에 있어서의 몬트리올올림픽의 역사적 의의」, 76몬트리올올림픽 제패 20주년 기념강연회 발표 논문, 성화회, 1996, 16쪽.

회와 1984년 로스앤젤레스대회는 양쪽 진영이 번갈아가며 집단 보이콧을 했다. 미국의 카터 대통령은 소련이 1979년 12월 아프가니스탄을 무력 침공하여 친소(親蘇)정권을 세우자 소련군의 즉각 철수를 요구하면서 다각도의 보복대응책을 마련했다. 그 일환으로 미국 정부는 1980년 2월 제22회 올림픽대회 불참을 공식 선언했으며 서방 국가들도 속속 동조하기 시작했다. KOC도 한국 정부의 뜻을 받아들여 4월 20일 미국의 결정에 따르기로 했다. 이렇게 해서 모스크바올림픽대회는 미국을 비롯한 서방의 67개 국가가 불참한 가운데 1980년 7월 19일부터 8월 3일까지 반쪽 대회로 치러질 수 밖에 없었다.27)

이같은 모스크바올림픽대회의 여파로 제23회 로스앤젤레스올림픽대회도 반쪽 대회로 개최되었다. 이번에는 소련을 비롯한 동유럽 공산권 국가들이 신변상의 위협 등의 이유로 불참한 가운데 제23회 대회가 1984년 7월 28일부터 8월 12일까지 열렸다. 이런 가운데 한국은 전 세계 140개국의 7,800여 명의 선수가 참가한 이 대회에서 21개 종목에 걸쳐 284명이란 올림픽대회 참가 역사상 가장 큰 규모의 선수단을 파견하여 금메달 6·은메달 7·동메달 7개를 따냄으로써 참가국 가운데 종합성적 10위를 기록하는 기염을 토했다.28)

1948년 런던올림픽대회에 처음 출전한 이후 1976년 몬트리올올림픽대회까지 8차례의 올림픽대회에서 거둔 한국 선수단의 성적은 금메달 1·은메달 6·동메달 11개 등 모두 18개에 불과했다. 결국 로스앤젤레스대회에서 한국 선수단이 거둔 성적은 과거 28년간 한국 선수단이 획득한 메달수보다 많게 나타남으로써 전 세계에 한민족의 무한한 잠재력을 유감없이 발휘했다. 당초 메달 획득이 예상된 격투기 종목인 유도·레슬링·복싱에서 5개, 양궁에서 1개의 금메달을 딴 것은 메달박스로서의 앞날에 가능성을 내다보게 했다. 특히 8명의 선수가 나선 유도는 금메달 2, 은메달 2, 동메달 1로 5명의 선수가 입상함으로써 체급 경기 가운데 가장 훌륭한 성적을 올렸다. 레슬링에서는 14명이 출전하여 금메달 2, 은메달 1, 동메달 4 등 모두 7개의 메달을 획득하여 대성공을 거두었다.29) 또 한국 양궁사상 올림픽대회에서 최초의 금메달을 따낸 서향순은 당시 나이가 17세에 불과하여 앞으로의 국제대회에서도 양궁의 금메달 획득 가능성을 한층 밝게 해주었다.30) 그리고 여자 농구와 여자 핸드볼팀은 공산권 불참으로 구기종목 역사상 처음으로 세계의 강호를 연파하고 각각 은메달을 따내는 기염을 토했다.31)

다행히 1988년 제24회의 서울올림픽대회에는 북한, 쿠바 등 몇 나라가 참가하지 않았

27) 대한체육회, 앞의 책, 267쪽.
28) 위의 책, 268~269쪽.
29) 體育青少年部, 『體育青少年 行政10年史』, 1992, 274쪽.
30) 『체육』, 1984년 8월호, 36쪽.
31) 體育青少年部, 앞의 책, 274쪽.

지만 동서 양대진영의 국가 절대 다수가 참가하여 모처럼 인류의 화합의 장으로서의 올림픽 이념을 발휘한 성공적인 대회가 되었다. 한국 선수단은 160개국에서 13,000여 명이 참가한 이 대회에서 전 종목에 걸쳐 올림픽대회 참가 역사상 최대 규모인 644명의 선수단을 출전시켜 금메달 12개, 은메달 16개, 동메달 11개를 따내 종합성적 세계 4위라는 경이로운 기록을 수립했다.[32)]

1992년 7월 스페인의 항구도시 바르셀로나에서 개최된 제25회 올림픽대회는 여러 측면에서 뜻깊은 대회였다. 바르셀로나올림픽대회는 그 동안 정치적 갈등에 시달려온 과거의 모습을 떨쳐 버리고 보다 순수하게 올림픽 이념에 충실할 수 있음을 보여주는 한편, 과거에는 참가가 거부되었던 프로선수들에게도 문호를 개방하여 일종의 무한경쟁시대로의 진입을 가능하게 했다.[33)]

또한 한국으로서는 마라톤의 황영조가 손기정 이후 56년만에 올림픽대회 마라톤 우승의 신화를 재현했다는 점에서 그 의의가 컸었다. 이로써 한국의 마라톤은 다시 한번 중흥의 꿈을 되새길 수 있었고, 88서울올림픽대회의 성공적인 개최로 아로새겼던 스포츠 강국의 이미지를 전 세계에 다시 한번 과시할 수 있었다. 황영조는 마타르드 몬주익 주경기장에서 숙적 일본의 모리시타를 따돌리고 극적인 승리를 거두어 감격을 더했다. 56년 전에 손기정은 일장기를 가슴에 달고 달려 국가를 잃은 설움을 절실히 느껴야 했지만, 황영조는 당당히 태극기를 가슴에 새기고 몬주익 주경기장에 뛰어들어와 8만 관중의 우레와 같은 박수를 받았다. 황영조의 우승은 지금까지 올림픽대회 마라톤 경기에서 우승한 아시아권 선수가 손기정, 황영조 이외에는 없다는 사실로 더욱 빛났다.[34)]

이 바르셀로나올림픽대회는 한국 선수단에게는 서울에서의 성적을 객관적으로 증명하는 대회가 되었다. 서울올림픽대회에서 금메달 12개, 은메달 10개, 동메달 11개로 소련, 미국, 동독에 이어 4위를 차지했으나, 이는 개최지의 이점을 안고 얻은 성과여서 그 가치에 의문이 제기되기도 했다. 때문에 바르셀로나대회를 맞으면서 344명의 한국 선수단이 느끼는 부담감은 어느 올림픽대회보다 무거웠다. 한국팀의 승전보는 의외로 일찍 찾아왔다. 무명의 선수 여갑순이 여자 공기소총부문에서 우승하면서 대회 첫 금메달의 주인공이 되었다. 사격의 이은철도 남자사격 부분에서 첫 금메달의 주인공이 되었다.[35)] 역도에서는 전병관이 기대대로 역도 사상 처음으로 올림픽무대에서 정상에 올랐다. 전통적인 강세종목인 레슬링에서도 금메달 2, 은메달 1, 동메달 1개를 획득했

32) 위의 책, 274쪽.

33) 대한올림픽위원회, 앞의 책, 196쪽.

34) 위의 책, 199쪽.

35) 『체육』, 1992년 7·8월호, 20~21쪽.

다. 또 양궁 선수단도 전체 4개 금메달 중 여자 개인전과 단체전에서 금메달을 획득하여 양궁 강국의 면모를 다시 한번 과시했다. 바르셀로나대회에서 처음 정식 종목으로 채택된 배드민턴에서는 한국 선수들이 금메달 2, 은메달 1, 동메달 1개를 따내 당초의 목표를 달성했다.[36] 핸드볼은 구기종목 사상 최초로 올림픽 2연패를 차지한 종목으로 기록되었다.[37]

이렇게 한국 선수단은 바르셀로나올림픽에서 서울올림픽대회와 똑같은 12개의 금메달을 획득하여 메달순위 세계 7위를 차지하여 로스엔젤레스대회, 서울대회에 이어 3연속 세계 10위권 내에 들게 되었다. 특히 이 대회에서 한국 선수단은 올림픽 참가 사상 가장 극적인 장면을 연출하였는데, 여갑순이 대회 첫 메달과 황영조가 대회 마지막 메달의 주인공이 되어 한국은 그야말로 세계 뉴스의 초점이 되었다.

반면에 이 대회에서 한국의 격투기 종목이 몰락하는 양상을 보여주었다. 그동안 메달박스로 한국 선수단의 성적에서 큰 비중을 차지했던 복싱은 금메달 획득에 실패했다. 유도도 하강 추세임은 분명했다. 84로스앤젤레스대회와 88서울대회에서 2개의 금메달을 따낸 유도는 이번에 첫 정식종목이 된 여자유도에서 김미정이 금메달을 따내 가까스로 체면치레를 했다. 이처럼 격투기 종목에서 부진한 한국 선수단은 기록경기에선 급성장을 보여주어 앞으로의 올림픽대회 메달 획득전략에서 대폭적인 수정이 불가피해졌다. 가령 이 대회에서 한국은 양궁과 사격에서 각각 2개씩의 금메달을 따냈고 역도와 마라톤에서 각각 1개씩의 금메달을 획득하여 총 12개 중 6개의 금메달을 따내는데 성공했다. 이전 대회에서는 양궁만이 유일한 기록경기 메달종목임을 고려하면 놀라운 신장세가 아닐 수 없다.[38]

한편 황영조의 마라톤 제패 신화는 초등학교 5학년 교과서인 '사회과 탐구'에 수록되어 1993년부터 교육용 자료로 활용되었다. 교과서는 올림픽대회 영웅 황영조에 대해 "일장기를 달고 베를린올림픽 마라톤을 제패했던 손기정 선수의 한은 1992년 8월 10일 에스파냐의 바르셀로나에서 열린 제25회 올림픽 경기장에서 풀렸다"고 소개한 뒤, "손기정 선수의 우승이 일본 통치 아래서 어두운 생활을 하던 우리 민족에게 자존심과 독립정신을 일깨워 준 것이었다면, 황영조 선수의 우승은 무엇이든 하면 할 수 있다는 우리 민족의 기질과 능력을 확인시켜 준 것으로 모두 뜻 있는 우승이라 할 수 있다"고 평가했다.[39]

구 소련이 붕괴된 후 15개 공화국으로 분리돼 참가하였기 때문에 역대 최대인 197개

36) 대한올림픽위원회, 앞의 책, 197~199쪽.

37) 『체육』, 1992년 7·8월호, 21쪽.

38) 『체육』, 1992년 7·8월호, 22~23쪽.

39) 『체육』, 1993년 1월호, 68쪽.

국이 경합한 1996년의 제26회 애틀란타올림픽대회는 어느 대회보다 메달경쟁이 치열했다. 한국은 이 대회에 서울올림픽을 제외한 사상 최대 선수단인 503명을 파견하여 제23회 로스앤젤레스대회 이후 4연속 세계 10위권 진입을 목표로 삼았다.[40)]

한국 선수단에게 첫 금메달을 안겨 준 주인공은 레슬링 그레코로만형 48kg급에 출전한 심권호인데, 그는 지난 해 세계선수권대회 우승자이기도 했다. 여자유도 66kg급에 출전한 조민선은 1회전부터 5회전까지 전 경기를 한판으로 모두 이기는 뛰어난 기량으로 2번째 금메달을 바쳤고, 남자유도 86kg의 전기영도 2회전만 판정으로 이기고 나머지 전 경기를 한판으로 승리하여 올림픽대회 챔피언에 등극했다. 만년 세계 랭킹 2위라는 꼬리를 달았던 방수현이 배드민턴 여자단식 결승전에서 인도네시아 아우디나를 맞아 11대 6과 11대 7로 통쾌한 승리를 겨두면서 그토록 원했던 배드민턴 여왕에 등극했다. 길영아·김동문조는 결승에서 박주봉·라경민조와 만나 승리를 거두어 금과 은메달을 조국에 바쳤다. 여자양궁 대표팀의 김경욱이 안정된 기량으로 기대했던 금메달을 획득했으며, 또 여자양궁 단체전서 김경욱·윤혜영·김조순이 기대에 걸맞은 금메달을 차지했으나 남자단체전은 2점차로 은메달에 그쳤다.

이 대회에서 한국 선수단은 금메달 7개, 은메달 15개, 동메달 5개 등 총 27개의 메달을 획득하며 메달 총수 세계 8위에 올라 여전히 스포츠 강국임을 입증했다. 한국팀은 유도에서 금메달 2개, 은메달 4개, 동메달 2개의 풍성한 수확을 거두어 유도에서 금메달 3개를 딴 프랑스 및 일본과 함께 최강국의 대열에 끼였으며, 양궁에서는 금메달 2개, 은메달 1개, 동메달 1개를 획득하여 세계 최강국임을 다시 한번 과시했다. 배드민턴에서도 금메달 2개, 은메달 1개를 따 효자종목으로 자리를 굳혔고 전통적으로 강세를 보여온 레슬링도 금메달 1개, 은메달 3개를 차지하여 소기의 목적을 달성했다. 하키와 핸드볼은 세계 최강의 전력을 보유했음에도 은메달에 그쳐 아쉬움을 남겼고 마라톤에서 이봉주가 은메달에 머물렀으나 세계적인 스타로 발돋움할 수 있는 기틀을 마련하는데 성공했다. 하지만 한국 스포츠는 기초 종목인 육상과 수영, 체조 등의 경기에서 아직도 세계와의 격차가 너무 커 이들 종목에 대한 중점적인 지원과 육성이 선행되어야 한다는 숙제를 안게 되었다.

2000년 6월 15일 올림픽 주경기장인 '스타디움 오스트레일리아'의 문이 열리면서 시작된 제27회 시드니올림픽대회에서는 올림픽대회 참가사상 처음으로 개회식 남북 동시입장이 이루어져 남북의 화해분위기 조성 및 남북스포츠 교류에 획기적인 장을 열었다. 남북의 시드니올림픽대회 개회식 동시입장은 9월 10일 시드니오페라하우스에서 개최된 제111차 IOC총회 개회식에서 사마란치 IOC위원장에 의해 공식 발표되었다.[41)]

---

40) 『체육』, 1996년 7·8월호, 26~28쪽.

41) 『체육』, 2000년 8·9·10월호, 20~22쪽.

남북의 동시입장은 김운용 KOC위원장 주도로 오래전부터 추진되어 왔다. 지난 5월 브라질에서 열린 국가올림픽위원회연합회(ANOC) 총회에서 김운용 위원장은 북한 대표단의 유성일 서기장 등을 만나 남북한의 올림픽대회 동시입장을 제의했으며, 사마란치 위원장에게도 이같은 아이디어를 제공해 IOC차원에서 추진하도록 협조를 구했다. 이에 따라 IOC는 사마란치 위원장의 공식서한을 통해 김정일 국방위원장에게 시드니올림픽대회 개회식에서 남북한의 동시입장을 제의했다. 그후 6월 평양에서 열린 남북정상회담에 김운용 위원장은 김대중 대통령의 특별수행원 자격으로 참석했다. 이때 북한 체육계 인사들에게 남북의 동시입장에 대한 의견을 타진하며 사전 정지작업을 벌였다. 북한 선수단이 시드니에 도착하기 전까지 북한측은 이에 대한 구체적인 입장을 표명하지 않았다. 이후 북한 선수단은 9월 10일 시드니에 도착했다. 남북과 IOC는 개회식을 불과 5일 앞두고 한반도기를 앞세운 남북한 선수단의 동시입장안을 전격 타결했다.

한국은 이 대회에 398명의 매머드 선수단을 파견해 금메달 10~12개를 획득하여 10위권의 성적을 차치하겠다는 목표를 세웠으나, 금메달 8개, 은메달 10개, 동메달 10개를 획득해 종합 12위에 그치고 말았다.[42] 하지만 이번 시드니올림픽대회에서의 펜싱 금메달 획득은 전혀 예상치 않았던 결과였다. 한국은 1999년 11월 서울에서 개최된 1999세계펜싱선수권대회에서 남자 에페 단체전에서 5위로 8강에 진출하여 시드니올림픽대회 출전권을 획득하여 플뢰레를 포함한 전 종목에서 유일하게 본선티켓을 얻어 시드니올림픽대회에 출전할 수 있었다.[43]

이때 한국의 김영호는 남자 플뢰레 개인전 준결승에서 이탈리아의 마테오 젠나로(Matheo Zennaro)에게 14대 15로 패해 결승 진출에 실패하여 동메달에 머물렀다. 한편 세계챔피언인 우크라이나의 세르게이 고르비스키(Sergiy Golubitsky)는 김영호를 누르고 결승에 오른 젠나로를 15대 12로 꺾고 1997~98년에 이어 세계선수권대회 3연속 우승의 금자탑을 쌓았다. 때문에 김영호의 금메달은 예상하기 힘들었다. 그러나 김영호는 최대의 라이벌인 세르게이 고르비스키를 준준결승에서 꺾고, 준결승에서 러시아의 드미트리 체프첸코(Dmitry Chevchenko)를 누른 후 대망의 결승전에서 독일의 비스도르프(Ralf Bissdorf)를 15대 14로 격파하여 금메달을 차지했다.

이처럼 펜싱에서 김영호가 값진 우승으로 금메달을 추가했으나 종합성적으로 볼 때 한국은 유도, 레슬링, 권투 등 주요 종목에서 참패를 면치 못해 한국 엘리트스포츠 전반에 걸쳐 적신호가 켜졌음을 뼈저리게 느끼지 않을 수 없었다. 하지만 시드니올림픽대회에서 한국은 어느 올림픽대회에서도 이룩하지 못했던 두 가지의 뛰어난 성과를

42) 위의 책, 30.

43) 『세계일보』, 1999년 11월 8일자.

달성했다. 하나는 사상 처음으로 남북한 선수단이 개회식의 동시입장을 연출하여 올림픽대회의 평화 메시지를 전 세계에 극적으로 보여주었다. 다른 하나는 시드니대회에서 태권도가 올림픽대회 사상 처음으로 정식종목으로 채택되고 그 열기가 예상 외로 뜨거워 앞으로 올림픽대회 정식종목 영구화에 청신호가 켜졌다는 점이다.[44]

제28회 올림픽은 2004년 8월 13일부터 17일간 그리스 아테네에서 열렸다. 아테네는 당초 근대 올림픽 100주년이 되던 1996년 개최를 희망했으나 미국의 애틀란타가 개최권을 획득하게 되자 뒤로 밀리게 되었다. 제28회 아테네올림픽대회는 전 세계 국가에서 202개 나라가 참가하여 역대 올림픽대회 중 가장 많은 참가국을 기록했다. 이 올림픽대회에서 참가한 총 202개 국가 중 동메달 이상의 메달을 획득한 국가는 75개국으로 나타났으며, 금메달을 획득한 총 국가 수는 57개국이었다. 376명의 선수단이 24개 종목에 출전한 한국팀은 금메달 9개, 은메달 12개, 동메달 9개 등 총 30개의 메달을 따 금메달 획득 수나 종합 메달 획득 수에 따른 결과에 의한 성적 평가에서 모두 9위에 입상하여 지난 시드니대회 결과인 12위보다 좋은 경기성적을 거둬 1984년 로스앤젤레스대회 10위 이후 5회째 10위권의 종합성적을 보여 주었다.[45]

양궁에서만 전체 금메달 4개 중 3개를 차지하여 세계 최강의 실력을 재확인했으며 태권도에서도 종주국 자존심을 지키며 금메달 2개, 탁구, 배드민턴, 유도, 레슬링에서도 각각 금메달 1개씩을 보탰다. 특히 고구려 역사 왜곡 시비가 한창인 시기에 탁구의 유승민이 남자단식 결승에서 중국의 왕하우를 꺾고 금메달을 획득한 것이나, 대미를 장식한 태권도의 문대성의 화끈한 뒷후려치기 KO승, 비록 금메달을 획득하지는 못했지만 여자핸드볼이 결승까지 올라 상대 덴마크와 2회 연장에서도 승패를 가리지 못하고 승부던지기까지 가는 멋진 장면 등은 국민들의 감동을 자아내기에 충분했다.[46]

배드민턴은 당초 금메달 0순위로 손꼽았던 혼합복식의 김동문-라경민조가 8강에서 무너져 국민에게 큰 실망을 주었지만 남자복식에서 한국선수끼리 금·은메달을 독식하고 남자단식에서 사상 최고 성적인 은메달을 획득하여 당초 기대 이상의 성적을 올렸다. 격투기 종목의 경우 체면치레는 했으나 앞으로의 전망이 불투명하다. 태권도는 4명이 출전하여 3개 이상의 금메달을 기대했으나 금메달 2개, 동메달 2개 획득에 머무르며 종주국으로서의 위상을 지켜냈다. 전통적인 강세종목인 유도와 레슬링은 이 대회에서 바라던 금메달을 획득했으나 한국의 경쟁상대인 일본과 중국에 비해 열세를 보였다. 앞으로 계속 한국의 효자종목이 되기 위해서는 분발이 요구된다. 이 대회에서도 육상, 수영 등 기본 종목은 세계와의 큰 격차를 실감했다. 이처럼 한국

44) 『체육』, 2000년 8·9·10월호, 30~31쪽.

45) 문화관광부, 『2004 체육백서』, 2005, 645~652쪽.

46) 『체육』, 2004년 9월호, 9~10쪽.

선수단은 이 아테네올림픽대회에서 금메달 9개, 은메달 12개, 동메달 9개 등 총 30개의 메달 획득으로 종합 성적 9위를 달성하여 지난 시드니올림픽에서 12위로 물러난 이후 다시 한번 한국 엘리트스포츠의 염원인 세계 10위권 진입에 성공하는 쾌거를 연출했다.

아테네올림픽대회의 특기할만한 점은 중국의 부상이었다. 지난 수십 년간의 올림픽대회가 미국과 러시아(구 소련) 두 나라의 각축전이었다면 아테네올림픽대회는 중국의 기세가 하늘을 찔렀다. 1984년 로스앤젤레스올림픽대회에서 금메달 15개를 포함한 33개의 메달을 따내며 올림픽 무대에 화려하게 데뷔한 중국은 1992년 바르셀로나, 1996년 애틀란타, 2000년 시드니올림픽대회를 거치면서 스포츠강국으로 자리잡아 가더니 이제는 러시아를 제치고 금메달 32개로 종합순위 2위에 올랐다.

한편, 아테네올림픽대회는 국제대회에서 남북 선수단이 동시에 입장하는 5번째 대회였다. 스포츠를 통한 인류 평화에 기여한다는 올림픽 정신을 올림픽대회의 발상지인 그리스 아테네에서 구현한다는 점에서 남북한 선수단의 동시입장은 세계인에게 보다 뜨거운 관심의 대상이 되었다.[47]

2. 동계 올림픽대회

한국 선수단은 1948년 1월 30일부터 2월 5일까지 스위스 생모리츠에서 개최된 제5회 동계올림픽대회에 처음으로 참가했다. 비록 대한민국 건국 이전이었지만, 조국 광복 후 최초로 참가한 올림픽대회이었다. 매니저 정(鄭) 월타와 최용진 감독 인솔로 이효창, 문동성, 이종국 등 5명의 선수단이 참가했으나 워낙 경기력의 차이가 커서 입상은 하지 못하고 참가에 의의를 두는 데 그쳤다.[48]

한국전쟁의 소용돌이 속에 열린 제6회 오슬로대회에는 참가하지 않았던 한국 선수단은 1956년 1월 이탈리아의 코르티나 담페조에서 거행된 제7회 동계올림픽대회에 참가했다. 단장 김정연의 인솔하에 장영, 김종순, 편창남, 조윤식 등 4명의 선수가 출전하였으나 이번에도 입상권에 진입하지 못했다.[49] 이후 연이어 개최된 1984년의 제14회 사라예보대회까지 한 번도 빠짐없이 출전하였으나 부진을 면치 못한 한국 선수단은 제15회 동계올림픽대회에서 배기태가 5위에 입상하는 등 메달획득 가능성을 보여준 대회이기도 했다.[50]

47) 문화관광부, 『2004 체육백서』, 658쪽.
48) 대한올림픽위원회, 앞의 책, 155쪽.
49) 대한체육회, 앞의 책, 297쪽.
50) 위의 책, 301쪽.

한국은 1988년 2월 13일부터 28일까지 캐나다의 캘거리에서 열린 제15회 동계올림픽대회에 5개 종목과 1개 시범종목에 걸쳐 46명(임원 18, 선수 28)이라는 동계올림픽대회 참가사상 가장 큰 규모의 선수단을 파견했다. 온 국민의 기대를 모았던 배기태는 남자 500미터에서 아깝게도 5위 입상에 그쳤다. 같은 종목인 여자 500미터에서 유선희가 40초 92라는 한국신기록을 수립하면서 13위를 차지하여 앞으로 빙상 단거리 종목에서의 메달 획득 가능성을 보여주었다.[51] 또한 시범경기로 실시된 숏트랙에서 한국 선수단이 획득한 2개의 금메달은 참으로 값진 것이었다. 김기훈이 1,500미터에서, 이준호가 3,000미터에서 각각 1위를 차지했다.[52] 이는 앞으로의 동계올림픽대회에서 숏트랙은 한국의 메달 획득의 높은 가능성을 보여준 것이다.

제16회 동계올림픽대회는 1992년 2월 8일부터 23일까지 16일간 프랑스의 알베르빌에서 개최되었다. 1992년은 동계올림픽대회와 하계올림픽대회가 같은 해에 열리는 마지막 올림픽대회의 해이다. 올림픽대회를 주관하는 IOC는 동·하계올림픽대회가 같은 해에 열리게 됨으로써 초래되는 부담을 해결하고자 다음 동계올림픽대회를 4년 후가 아닌 94년에 개최하여 동계대회와 하계대회 사이에 2년간의 간격을 두었다.[53]

5개 종목에 50명의 선수단이 출전한 한국은 알베르빌대회에서 지난 반세기 동안 노메달의 불명예에서 벗어나 금메달 2, 은메달 1, 동메달 1개를 따내며 종합 순위 10위라는 놀라운 성적을 거두어 동계올림픽대회사에 새로운 장을 열게 되었다.[54] 한국 선수단이 동계올림픽대회에 처음 참가한 때는 하계대회와 같은 해(1948)였으나 참가 성적은 하계대회에 비해 상대적으로 부진함을 보였다. 하계대회의 경우 처음 출전한 1948년 런던대회에서 이미 메달을 획득했고 금메달도 동계올림픽대회보다 훨씬 앞서 1976년 몬트리올대회에서 따냈다. 반면에 동계올림픽대회는 세계의 벽이 높아 그동안 참가에 의의를 두어 오고 있었다.

한국은 알베르빌대회에서 금, 은, 동 세 가지 종류의 메달을 모두 획득하여 동계종목에서의 가능성을 확인시켜 주었다. 한국 선수단이 획득한 메달은 김윤만이 남자 스피드스케이팅 1,000미터에서 은메달을 따낸 것 이외는 전부 이 대회에서 새로 채택된 숏트랙스피드스케팅에서 나왔다. 숏트랙의 경우 최근 몇년간 국제무대에서 한국이 이미 세계 정상의 기량을 보여주었기에 금메달 획득은 예상된 종목인데 반해, 스피드스케이팅은 그 동안 한국선수가 번번히 좌절과 한계를 체험한 종목이기 때문에 김윤만의 은메달 획득은 숏트랙에서 따낸 금메달 못지 않은 가치가 있는 메달이라 할 수

51) 대한올림픽위원회, 앞의 책, 195쪽.
52) 대한체육회, 앞의 책, 301쪽.
53) 『체육』, 1998년 1·2·3월호, 74쪽.
54) 體育靑少年部, 앞의 책, 276쪽.

있다.[55]

이같은 김윤만의 은메달 획득 이외에 이 대회의 메달은 모두 숏트랙에서 나왔다. 김기훈은 남자 1,000미터 개인에서 1위를 차지했고 이준호, 송재근, 모지수와 함께 출전한 5,000미터릴레이에서도 우승하여 2관왕에 올랐다. 이같은 쇼트트랙의 강세를 바탕으로 한국 선수단은 동계올림픽대회 사상 처음으로 세계 10위에 오르는 기염을 토했다. 특히 김기훈이 이 대회에서 숏트랙 남자 개인전에서 세계신기록으로 금메달을 목에 걸어 세계 최강의 자리를 굳힌 데 이어 남자 계주팀 역시 세계최고기록을 수립한 것도 한국 숏트랙의 성과를 세계에 과시한 쾌거였다.[56]

제17회 릴레함메르동계올림픽은 1994년 2월 12~27일 노르웨이의 인구 2만 3,000여 명의 자그마한 소도시에서 개최되었으나 67개국 3,793명의 선수들이 참가한 역대 최대의 동계올림픽대회였다.[57] 이 동계올림픽대회에서 한국 선수단은 숏트랙 최강을 자랑하는 김기훈이 숏트랙 1,000미터에서 지난 알베르빌대회에 이어 2연패의 위업을 달성했고, 남자 500미터 채지훈, 여자 개인 1,000미터 전이경, 그리고 여자 3,000미터 계주 김소희, 전이경, 원혜경, 김윤미가 우승을 차지함으로써 숏트랙에서의 독보적 위치를 구축했다. 그밖의 숏트랙 종목에서도 은 1개, 동 1개를 추가함으로써 러시아, 노르웨이, 독일, 이탈리아, 미국에 이어 캐나다를 제치고 종합 6위에 올랐다.

이처럼 한국 선수단은 릴레함메르대회에서 메달의 보고인 숏트랙스피드스케이팅에서 총 6개의 금메달 중 4개의 금메달을 휩쓸었고 은메달 1개와 동메달 1개를 추가하여 종합 세계 6위의 성적을 달성하는 쾌거를 달성했다. 이러한 성적은 한국 선수단이 지금까지 동·하계 올림픽을 통틀어 사상 최고의 성적이자, 정식종목으로 채택한 숏트랙의 독보적인 위치를 다시 한번 확인하는 결과를 낳았다. 비록 숏트랙 한 종목에 의한 성적이었지만 하계대회에 이어 동계대회에서도 한국의 경기력을 제고하는 데 결정적인 계기가 될 것이며, 나아가 앞으로 한국이 동계올림픽대회를 유치하는 데 유리한 분위기를 조성한 셈이다.

20세기 마지막 동계올림픽대회인 제18회 나가노대회에 참가한 한국 선수단은 금 3개, 은 1개, 동 2개를 획득하여 종합 9위에 오르면서 동계올림픽 3연속 세계 10위권 진입에 성공했다. 1998년 2월 7~22일 일본 나가노에서 벌어진 동계올림픽대회는 전 세계 72개국에서 3,000여 명의 선수단이 참가해 역대 대회 중 가장 치열한 경합을 벌인 대회였다. 이 대회는 72개국이 출전하였으나 메달을 딴 나라는 22개국에 그쳤으며

55) 대한올림픽위원회, 앞의 책, 200~201쪽.

56) 『체육』, 1992년 2·3월호, 10~11쪽.

57) 대한올림픽위원회, 『제12회 히로시마 아시아경기대회/제17회 릴레함메르 동계올림픽대회 참가보고서』, 1994, 155쪽.

금메달 1개 이상을 획득한 나라는 15개국 밖에 없었다.[58)]

한국 선수단은 나가노동계올림픽대회에서도 숏트랙에서만 메달을 획득했지만 숏트랙 메달 획득 못지 않게 의미 있는 성과를 거두었다. 즉 스피드스케이팅에서 이규혁과 김윤만이 세계 랭킹 7위와 8위에 랭크되어 2002년 솔트레이크동계올림픽대회에서의 입상 가능성을 높였다.[59)] 또 스키점프, 알파인, 피겨에서도 뚜렷한 기록 향상을 보여 지속적인 투자와 관심이 보태진다면 좋은 성과를 거둘 수 있다는 가능성을 확인했다.

그러나 한국의 숏트랙 독주가 언제까지 이어질 수 있겠느냐 하는 불안감도 느끼게 되었다. 특히 나가노동계올림픽대회에서는 그 동안 한국에 한 수 뒤지는 것으로 여겨졌던 일본이 이 대회를 기점으로 단거리에서 세계 정상에 서는 등 한국과의 간격을 거의 없앴으며, 라이벌 국가들인 중국, 이탈리아, 캐나다 등의 수준도 우리와 별 차이가 없는 것으로 나타나 한국 숏트랙이 세계 정상권의 지위를 계속 유지하기 위해서는 신인선수들의 발굴 및 세대교체를 얼마나 성공적으로 수행하느냐에 달려 있다는 점을 뚜렷이 확인할 수 있었다.

동계올림픽 4연속 10위권을 목표로 2002년의 제19회 솔트레이크동계올림픽에 참가한 한국 선수단은 금메달 2개, 은메달 2개를 따내 종합 15위에 그친 채 대회를 마무리했다. 지난 1992년 알베르빌대회 이후 처음으로 한국의 동계스포츠 경기력이 10위권 밖으로 밀려나는 상황을 맞게 됐으며 4개의 메달 모두가 숏트랙스피드스케이팅에서 나와 종목간 불균형도 드러냈다.[60)]

1988년 서울올림픽대회 이후 한국은 하계 및 동계올림픽대회에서 금, 은, 동메달을 기준으로 10위권에 진입하면서 '스포츠 강국'의 이미지를 대내외적으로 과시해 왔다. 하지만 2000년 시드니올림픽대회에서 12위(메달 총수에선 9위)로 처졌고, 이어 열린 2002년 솔트레이크올림픽대회에서 15위를 기록하면서 한국 스포츠의 실상과 허상은 그대로 드러나게 되었다. 체육계에선 이를 두고 한국 체육이 그동안 메달지상주의로 선수들을 육성해 온 문제점이 한계에 이르렀고, 특히 저변을 확충하지 않은 채 몇몇 선수만 집중적으로 훈련을 시키는 체육계 풍토를 개선해야 한다는 목소리가 나왔다.

2002년의 솔트레이크올림픽대회에서도 한국에겐 '숏트랙 올림픽'이었다고 해도 지나친 말이 아닐 정도였다. 한마디로 숏트랙은 기대했던 대로 나름의 성과를 거둬 한국 선수단에 금메달 2개와 은메달 2개을 선사했다. 여자부 숏트랙의 고기현, 최은경, 주민진, 박혜원 등 젊은 선수들은 한국 스포츠계의 새로운 스타로 떠올랐다. 반면에 숏트랙

58) 『체육』, 1998년 1·2·3월호, 18쪽.

59) 위의 책, 19~21쪽.

60) 『체육』, 2002년 1·3월호, 19~20쪽.

에서 금메달이 가장 유력했던 남자계주가 대회 첫날 김동성이 미국의 러스티 스미스에게 밀려 넘어지면서 실격당해 메달 획득이 무산됐다. 또 개인전에서는 안현수와 김성동이 잇따라 넘어지거나 실격되면서 메달 획득에 실패해 숏트랙 역사상 처음으로 남자부 종목은 노메달에 그쳤다.

2006년의 제20회 토리노동계올림픽에 출전한 한국 선수단은 남녀 숏트랙에 걸린 8개의 금메달 중 6개를 휩쓸면서 '숏트랙 왕국'임을 증명했고, 동계올림픽 사상 최초의 3관왕을 두 명(안현수, 진선유)이나 동시에 배출해내는 성과를 냈다. 특히 안현수는 이 대회에서 금메달 3개와 동메달 1개를 목에 걸어 남자 최다 메달 획득 선수라는 겹경사도 맞았다. 이로써 지난 2002년 솔트레이크대회 때 '김동성 파문'으로 숏트랙에서 금메달 2개만 따내면서 종합 15위까지 내려앉았던 한국은 '톱10'에 복귀해 동계스포츠 강국의 입지를 되찾았다.[61)]

한국 선수단이 동계올림픽대회에서 처음 메달을 경험한 것은 지난 1988년 캘거리대회 때 시범종목으로 채택된 숏트랙에서 김기훈(1,500미터)과 이준호(3,000미터)가 금메달을 따내면서다. 한국은 1992년 알베르빌대회부터 정식종목으로 채택된 숏트랙에서 김기훈이 1,000미터에서 사상 첫 동계올림픽대회 금메달을 따낸 뒤 남자 계주팀이 연이어 금메달 1개를 더 보탰고, 김윤만이 스피드스케이팅 1,000미터 은메달, 이준호가 숏트랙 1,000미터 동메달을 보태면서 종합 순위 10위에 오르는 기염을 토했다. 2년 뒤 릴레함메르 동계올림픽대회에서는 한국의 숏트랙 대표팀이 무려 4개의 금메달을 쏟아내면서 종합 6위를 차지해 세계 스포츠팬들을 깜짝 놀라게 했다. 1998년 나가노동계올림픽대회에서도 숏트랙에서만 3개의 금메달을 따내면서 종합 9위를 지켰던 한국은 2002년 솔트레이크대회에서 15위로 밀리면서 추춤하는 듯 했다.

그러다가 2006년 토리노동계올림픽 개막 3일만인 2월 13일 안현수와 이호석이 남자 숏트랙 1,500미터에서 나란히 금메달과 은메달을 따내면서 기분 좋은 출발을 보인 한국 선수단은 마침내 안현수와 진선유가 나란히 3관왕에 오르는 영광을 연출했다. 한국 선수단이 이 동계올림픽대회에서 얻은 가장 큰 수확은 숏트랙뿐만 아니라 전통적으로 취약종목인 스피드스케이팅 단거리에서 가능성을 확인한 것이다. 이강석은 남자 500미터 결승에서 동메달을 목에 걸어 지난 1992년 알베르빌대회 이후 14년 만에 메달 획득에 성공했다. 또 여자 500미터 결승에 나선 이상화는 5위에 올라 역시 알베르빌대회에서 500미터 5위를 차지했던 유선희와 함께 역대 한국 여자선수 가운데 최고의 성적을 기록했다.[62)]

이렇게 올림픽대회에서 어느 한 국가가 특정 종목을 계속 석권한다는 것은 쉬운

61) 『체육』, 2006년 3월호, 19~20쪽.

62) 위의 책, 10쪽.

일이 아니다. 그러나 한국은 김기훈이 1992년의 제16회 알레르빌동계올림픽대회에서 쇼트트랙 1,000미터 종목을 제패한 이후 계속해서 숏트랙 최강의 자리를 유지해 나가는 저력을 과시했다. 1996년의 릴레함메르대회에서도 숏트랙에서 총 6개의 금메달 중 4개의 금메달을 휩쓸었다. 이어 2002년의 솔트레이크대회에서는 숏트랙의 성적이 다소 부진했는데, 금메달 2개와 은메달 2개을 확보하는 데 그쳤다. 그러다가 2006년의 제20회 토리노대회에서는 남녀 숏트랙에 걸린 8개의 금메달 중 6개를 휩쓸면서 '숏트랙 왕국' 임을 다시 한번 과시한 동시에, 동계올림픽대회 사상 최초의 3관왕을 두 명(안현수, 진선유)이나 동시에 배출해내는 성과를 냈다.

3. 아시아경기대회

인도의 스포츠지도자이며 국제올림픽위원회 위원인 손디(G. D. Sondhi)의 제창으로 1949년 2월 인도 뉴델리에서 아시아경기연맹(AGF)을 창설하고 제1회 아시아경기대회를 뉴델리에서 개최하기로 결의함으로써 아시아인의 축제가 탄생했다. 이처럼 시작된 아시아경기대회는 제1회 대회를 개최한 지 31년만에 다시 인도 뉴델리에서 개최되는 제9회 대회를 1년 앞둔 1981년 11월 26일 30여 년 동안 아시아경기대회를 주도해왔던 AGF가 해체되고 상설기구로서 아시아올림픽평의회(OCA)가 설립되었다.[63]

1951년 3월 뉴델리에서 열린 제1회 아시아경기대회는 11개 나라가 참가한 가운데 실시된 경기종목이 6개에 불과했으며, 수영장에서 열린 수영경기를 제외하고 나머지 종목은 국립경기장에서 경기를 했고 총 참가선수도 500명이 안 되었다.[64] 그리고 대한체육회는 아시아경기연맹 창립과 아시아경기대회 창설을 위해 적극적으로 기여했으나 한국전쟁으로 제1회 뉴델리대회에는 참가하지 못했다.

그러다가 한국은 1954년 5월에 열린 제2회 마닐라아시아경기대회에 선수 59명을 포함한 81명의 제법 큰 규모의 선수단(단장 이상백, 총감독 정상희)을 파견하여 일본 및 필리핀에 이어 3위를 차지함으로써 광복 후 불과 10년만에 아시아 상위권의 스포츠 강국으로 발돋움했다. 이 대회에서 최윤칠과 최충식은 헬싱키올림픽대회에서 쓴잔을 마셨던 기억을 씻어 버리듯 육상 1,500미터와 10,000미터를 석권했고, 최윤칠은 5,000미터에서도 은메달을 획득하여 장거리 종목을 휩쓸었다.[65]

일본 도쿄에서 1958년 5월 24일부터 6월 1일까지 개최된 제3회 아시아경기대회는

63) 體育青少年部, 앞의 책, 277쪽.
64) 『체육』, 1982년 7월호, 31~32쪽.
65) 대한체육회, 앞의 책, 323~325쪽.

한국 스포츠가 힘차게 부흥하고 있는 모습을 보여주었다. 한국으로서는 개최지가 일본이라는 사실을 염두에 두지 않을 수 없었다. 한국전쟁 이후 조총련과 민단의 대립이 격화되고 있었으나 민단을 중심으로 하는 재일교포들의 정성어린 뒷바라지로 탈없이 좋은 성적을 거둘 수 있었다.

도쿄대회 선수단은 이상백을 단장으로 임원 24명, 선수 119명 등 143명으로 구성되었다.[66] 육상과 구기종목 등 총 14개 종목에 출전한 한국 선수단은 금메달 8개, 은메달 7개, 동메달 12개를 획득하여 종합성적 3위를 지켰다. 아시아의 정상을 확인하는 금메달은 육상, 역도, 복싱, 사이클에서 각각 2개씩 따냈다. 역도경기에서 이상우가 플라이급에서 첫 금메달을 따내어 개회 벽두에 기선을 제압함으로서 수많은 재일교포 관중에게 뜨거운 감격을 안겨 주었다. 육상부문에서는 멀리뛰기의 서영주가 대회신기록으로 우승했는데, 이 기록은 전통적으로 강세를 보이던 일본을 제치며 예상을 뒤엎고 달성한 것이어서 더욱 값진 것이었다. 특히 마라톤에서 이창훈이 당당히 우승을 차지하여 70만 재일교포들의 가슴에 민족혼을 불러일으키는 쾌거를 이룩했다. 재일교포들은 손기정 선수가 일장기를 달고 올림픽대회에서 우승했던 쓰라린 추억을 이창훈의 쾌거를 통해 일본 한복판에서 다시 한번 되새기면서 조국 광복의 기쁨을 실감했던 것이다. 특히 복싱의 김기수는 17세의 소년 복서로 웰터급에서 아시아를 제패하여 돌풍을 일으켰다. 이로써 김기수는 후에 한국 최초의 세계챔피언이 되는 기반을 마련했다.

제4회 아시아경기대회는 1962년 8월 24일부터 9월 4일까지 18개국 1,527명의 선수들이 참가한 가운데 인도네시아의 수도 자카르타에서 열렸다. 그런데 개최국인 인도네시아가 대회 개최 직전에 정치적인 이유로 아시아경기연맹 가맹국인 이스라엘과 대만에 대해 ID카드를 발행하지 않음으로써 실질적인 참가거부 태도를 취했다. 국제육상경기연맹은 대만과 이스라엘이 참여하지 않는 한 제4회 아시아경기대회의 육상종목에 참가하는 선수는 국제육상경기연맹에서 제명처분하겠다고 발표했다. 국제역도연맹도 국제육상경기연맹과 같은 조치를 한다고 경고했다.[67]

결국 한국은 국제역도연맹과 국제육상경기연맹의 경고를 받아들여 육상과 역도를 제외한 10개 종목(수영, 축구, 농구, 배구, 권투, 사이클, 레슬링, 사격, 탁구, 필드하키)에만 선수단을 파견했다. 한국은 금메달 4개, 은메달 9개, 동메달 10개를 따내 우리 선수단이 출전한 10개 종목 중에서 2위 이내로 입상하지 못한 종목은 필드하키뿐으로 좋은 성적을 거두었다. 특히 한국 선수단은 복싱경기에서 10체급 가운데 8체급에 출전하여 플라이급의 정신조, 라이트웰트급의 김득봉, 미들급의 김덕팔이 각각 금메달을 획득했고 라이트미들급의 신양일이 은메달을 따는 등 크게 선전했다. 하지만 한국 선수단은

66) 대한올림픽위원회, 『KOC50年史』, 218~219쪽.

67) 위의 책, 220쪽.

육상과 한국의 메달박스라 할 수 있는 역도경기 불참으로 실제 메달 종합집계에서는 6위에 해당하는 성적을 거둘 수 밖에 없었다. 반면에 한국으로선 이 대회에 참가함으로써 과거 인도네시아와 불편했던 관계를 청산하고 어느 정도의 우호관계를 맺게 된 것은 성과라고 할 수 있다.[68]

아시아 18개국 2,500여 명의 선수단이 모여 치러진 1966년의 제5회 방콕아시아경기대회에서 한국은 12개의 금메달을 포함한 51개의 메달로 일본에 이어 종합 2위를 차지하여 아시아경기대회 참가 사상 가장 풍성한 수확을 거두었다. 한국은 이 대회에 14개 종목 181명의 선수와 경기임원, 본부임원, 조사단, 예술단, 유치업무단을 합쳐 300여 명을 파견했다. 한국 선수단은 복싱에서 5체급을 제패하고 탁구, 역도, 사격, 사이클 등에서도 금메달을 따내는 등 경기력 측면에서 좋은 성과를 거두었을 뿐만 아니라 차기 제6회 아시아경기대회의 서울 유치에도 성공했다.[69] 반면에 한국 선수단은 기본 종목인 육상과 수영에서 부진을 면치 못했다. 14개 종목 가운데 가장 많은 인원인 39명이 출전한 육상경기에서 트랙과 필드의 전 종목에 걸쳐 은메달 1개, 동메달 3개를 획득하는 등 부진한 성적을 거두었다. 수영에서도 남녀 모두 예선에서 탈락했고 다이빙에서만 동메달 2개를 따내는 데 만족해야 했다.[70]

제6회 아시아경기대회는 1970년 12월 9~20일에 걸쳐 태국의 수도 방콕에서 5회 대회에 이어 열렸다. 원래 이 대회는 제5회 방콕대회 기간 중에 소집된 AGF총회에서 서울 개최를 결정했으나, KOC는 정부의 완강한 반대로 1968년 4월 20일 AGF 임시총회를 서울에서 소집하여 위약금 25만 달러를 지불하고 대회를 반납하게 됨에 따라 우여곡절 끝에 개최된 대회이다. 제6회 방콕대회에 임하는 한국팀의 각오는 어느 대회 때보다도 남달랐다. 이는 이 대회를 서울에서 개최하기 위해 적극적으로 유치했다가, 그것도 유치를 결정했던 제5회 대회 장소인 방콕으로 다시 반납한 사실을 상기하지 않을 수 없었기 때문이다. 아무튼 한국은 이러한 각오로 선수단 구성에 있어 수적인 규모보다는 질적인 측면에 역점을 둔 정예주의 원칙을 바탕으로 종합 2위 자리를 확고히 하고자 했다. 그 결과 한국 선수단은 금메달 18개, 은메달 13개, 동메달 23개로 모두 54개의 메달을 획득해 목표대로 종합순위 2위를 달성했다. 특히 제6회 방콕대회는 남자 농구와 축구에서 아시아경기대회 참가사상 처음으로 아시아 제패를 실현한 뜻깊은 대회이기도 했다.[71]

당초 대회조직위원회는 각국의 입장 순서를 타이의 알파벳 순서에 따라(AGF헌장

68) 대한체육회, 앞의 책, 328~329쪽.
69) 대한올림픽위원회, 앞의 책, 222쪽.
70) 『체육』, 1967년 12월호, 38쪽.
71) 대한체육회, 앞의 책, 332~334쪽.

37조), 크메르 다음으로 한국을 정했다. 제5회 아시아경기대회 때에는 태국의 알파벳 순서에 따라 한국이 제일 첫 번째였는데, 당시에는 크메르가 참가하지 않았기 때문에 조직위원회의 결정에 그대로 따를 밖에 없는 것으로 간주했다. 하지만 대회 입장 순서를 재확인하는 과정에서 태국의 알파벳 순서에 따라 캄보디아 또는 크메르가 코리아 다음에 와야 한다는 사실을 확인하고 조직위원회측에 정정을 요구했다. 조직위원회는 12월 9일 회의를 소집하여 한국측의 제안을 이의없이 받아들였다. 한마디로 제6회 방콕대회는 경기에서도 좋은 성적을 거두었을 뿐만 아니라 스포츠외교에서도 한국의 입지를 강화시키는 데 큰 몫을 한 대회로 평가된다.[72]

제7회 아시아경기대회는 1974년 9월 1일부터 16일까지 16일간 이란의 수도 테헤란에서 개최되었다.[73] 이 대회에는 AGF 가맹 26개국 가운데 사우디아라비아를 제외한 모든 나라가 참가했는데, 이는 지난 제6회 방콕대회의 19개국을 크게 웃도는 것이었다. 이때 아시아경기대회에 처음 참가한 나라는 북한을 비롯한 중국, 바레인, 이라크, 쿠웨이트, 라오스, 몽고 등 7개국이다. 테헤란대회는 이처럼 중국, 북한 등 아시아 공산국가와 아랍제국이 대거 참가함으로써 아시아경기대회로선 하나의 전기를 이룬 대회였다. 이 대회는 아시아경기대회사상 최다인 16개 경기 182 세부 종목에서 경기가 실시된 대회였다. 경기에서는 체조와 펜싱이 실시된 것 이외에도 레슬링의 그레코로만형을 비롯한 일부 경기에서 새로 몇몇 세부 종목이 선보였다.

테헤란대회에 한국은 15개 종목에 참가했고, 대회사상 처음 출전한 북한도 15개 종목에 참가하여 국내외의 관심이 집중된 가운데 벌어진 남북 스포츠의 전면대결 양상을 띤 대회이기도 했다. 결과는 한국 선수단이 금메달 16개, 은메달 26개, 동메달 15개를 따 일본, 개최국 이란, 중국에 이어 종합 4위를 거두었다. 특히 수영의 조오련은 자유형 1,500미터에서 아시아대회 신기록으로 지난 대회에 이어 2연패했고 400미터에서도 금메달을 차지해 2관왕이 되었으며, 200미터에서도 은메달을 추가했다. 한편 북한은 금메달 15개, 은메달 14개, 동메달 17개로 한국에 이어 종합 5위를 달성했다.

27개국 4,000여 명의 선수가 참가한 제8회 아시아경기대회는 1978년 12월 9일부터 20일까지 12일간에 걸쳐 태국의 방콕에서 열렸다. 이 대회는 당초 대회 개최 예정국인 파키스탄이 이를 반납함에 따라 개최지 선정문제를 비롯하여 대회 개최에 따른 분담금, 이스라엘의 참가문제 등 여러 어려운 여건 속에서 태국이 인수하여 제5회 및 제6회 대회에 이어 또다시 세 번째로 대회를 치르게 된 것이다. 특히 이스라엘에 대해 보안상의 이유로 1976년의 AGF총회에서 불초청을 결의함으로써, 국제육상경기연맹과 국제양궁연맹 등이 해당 종목의 개최를 공인하지 않겠다는 강경한 태도를 보였다. 때문에

72) 대한올림픽위원회, 앞의 책, 225쪽.

73) 위의 책, 226~227쪽.

대회 직전까지 그 해결방안을 모색하기 위해 AGF 임시총회를 소집하는 등 태국 조직위원회는 큰 고초를 겪어야만 했다.[74]

한편 1974년의 제7회 대회부터 참가한 중국, 북한 및 아랍 제국의 특수한 결속 양상은 아시아경기연맹의 성격을 크게 변모시켰을 뿐만 아니라, 정치적 오명을 더욱 짙게 만들었다. 그 단적인 사례로는 이제까지 30여 년의 전통을 이어온 아시아경기연맹을 유명무실하게 만들면서, 새로운 기구인 아시아스포츠최고회의(The Supreme Council for Sports in Asia) 창설을 들 수 있다. 이같은 새 기구의 창설은 아시아 스포츠를 발전시킨다는 명분으로 제기되었지만, AGF의 기존 회원국인 이스라엘을 축출하고 중국 및 아랍 제국을 주축으로 한 아시아 스포츠계의 새로운 정립을 시도한 것으로 풀이될 수 있기 때문이다.[75]

이러한 상황에서 한국은 경기적인 측면에서 상위권을 확보해야 한다는 당위성과 함께 스포츠외교적인 면에서 아시아 스포츠무대에서의 지위를 확고히 펴나가야 한다는 부담을 안고 제8회 방콕아시아경기대회에 참가해야 했다. 이 대회에는 한국은 3위 입상이 가능한 17개 종목에 267명의 선수단을 출전시켰다. 그 결과 금메달 18개, 은메달 20개, 동메달 31개로 일본, 중국에 이어 종합성적 3위를 달성할 수 있었다. 특히 양궁경기에는 한국이 처음 참가하여 여자 개인전에서 나이가 겨우 17세인 김진호가 아시아 최강인 일본을 제치고 금메달의 영예를 안았다. 또 이 대회에 처음 채택된 볼링경기에서는 예상대로 남자 개인종합에서 안병구가 금메달을 따냈다.[76]

제9회 아시아경기대회는 인도 뉴델리에서 1982년 11월 19일부터 12월 4일까지 33개국, 4,500여 명의 선수가 참가한 가운데 16일간의 열전을 벌였다. 이 대회에서 한국선수단은 86아시아경기대회와 88올림픽대회의 유치가 결정되어 있던 상황에서 당초의 목표대로 종합성적 3위를 쟁취함으로써 아시아 스포츠무대에서 상위권을 유지하는 데 성공했다. 한국은 이 대회의 21개 종목 중 승마를 제외한 20개 종목에 280명의 선수가 출전하여 축구와 요트의 두 종목에서만 메달을 따지 못했을 뿐, 18개 종목에서 금메달 28개, 은메달 28개, 동메달 37개를 획득하여 한국 선수단이 아시아경기대회 참가사상 가장 많은 메달을 딴 대회였다.[77] 특히 복싱경기는 한국팀이 7체급을 석권해 출전선수 전원이 금메달을 획득하는 이변을 연출했다. 또 테니스경기에서는 여자단체, 남자복식, 여자복식, 혼합복식에서 각각 금메달을 획득하여 한국 테니스의 밝은 미래를 예약해 놓았다.[78] 이 대회에 나타난 특기할 만한 사실은 아시아경기대회 사상 메달순위

---

74) 대한체육회, 앞의 책, 339쪽.

75) 대한올림픽위원회, 앞의 책, 228쪽.

76) 대한올림픽위원회, 앞의 책, 228~229쪽.

77) 『체육』, 2001년 1·4월호, 98쪽.

종합 8연패의 일본을 제치고 중국이 1974년의 테헤란대회에 첫 모습을 보인 후 8년만에 아시아의 스포츠 최강국으로 떠올랐다는 점이다.[79)]

86서울아시아경기대회에 이어 열린 제11회 베이징아시아경기대회는 쿠웨이트를 침공한 이라크를 제외한 아시아올림픽평의회(OCA) 37개국 회원국 6,000여 명의 선수가 참가한 가운데 1990년 9월 22일에 막을 올렸다.[80)] 카바디를 제외한 28개 종목에 걸쳐 553명의 선수가 출전한 한국 선수단은 당초 목표했던 금메달 62개에는 미치지 못했지만 레슬링, 역도, 양궁, 카누, 핸드볼 등에서 분전하여 금메달 54개, 은메달 54개, 동메달 73개로 중국에 이어 2연속 종합 2위를 달성하는 데 큰 어려움이 없었다. 또한 한국선수단은 종합성적에서 중국에 뒤지기는 했으나, 기록 갱신의 면에서 이전 아시아경기대회의 수준을 높이는 데 가장 큰 공헌을 했다. 이 대회에서는 세계신기록 7개(양궁 6, 사이클 1)와 아시아신기록 89개, 대회신기록 189개가 새로 작성되었다. 한국팀은 양궁에서 세계신기록 6개와 세계타이기록 1개를 포함하여 각각 44개와 52개의 아시아신기록과 대회신기록을 세운 반면에, 중국은 1개의 여자사이클 1㎞ 세계신기록과 아시아신기록 30개, 대회신기록 96개를 수립하는 데 그쳤다.

가장 많은 세계신기록이 작성된 종목은 양궁으로, 한국 김수녕은 그랜드피타 여자부 개인종합에서 두 차례나 세계신기록을 갱신했고, 이은경도 한 차례의 세계신기록을 세웠다. 남자양궁에서도 그랜드피타 단체종합에서 세계의 벽을 뛰어 넘었으며, 개인종합에서도 양상훈이 나시 세계신기록을 세워 남녀 모두 세계 정상임을 다시 한번 과시했다. 반면 중국과 한국이 각각 금메달 94개와 93개를 획득하여 금메달 1개 차로 치열한 선두 다툼을 벌였던 서울아시아경기대회 때와 비교하면 이 대회는 총 308개의 금메달 중 183개를 휩쓴 중국의 독주로 끝나고 말았다. 한국은 54개의 금메달 획득에 그쳤다.[81)]

제11회 베이징대회는 외교사적으로도 아주 의미있는 대회였다. 정부는 사회주의 정권이 중국대륙에 들어선 이후 45년 동안이나 한국과의 외교를 단절한 채 북한과 긴밀한 관계를 유지해 왔던 중국과의 관계를 획기적으로 개선하고자 대회조직위원회 측에 86아시아경기대회와 88올림픽대회의 대회운영 경험과 전산운영 기술, 도핑검사 기술 등의 대회와 관련된 기술을 전수 내지 지원했다. 이로써 베이징대회에서는 개·폐회식 행사에서부터 경기운영 등 거의 모든 분야에서 서울대회의 운영프로그램과 운영기술을 적용하지 않은 분야가 없을 정도였다. 그리고 대회조직위와의 업무 연락, 한국 선수단 지원, 대회 참가와 관련된 현안 협의 등을 위해 체육회 1명, 체육부 1명,

78) 대한체육회, 앞의 책, 344쪽.
79) 『체육』, 1982년 12월호, 25쪽.
80) 대한체육회, 앞의 책, 358~361쪽.
81) 『체육』, 1990년 10월호, 22~23쪽.

외무부 1명, 관계기관 직원 1명으로 구성된 아타쉐단을 1990년 7월 15일부터 10월 12일까지 북경에 상주시켜 한·중 양국 간의 공식 연락창구 역할을 수행할 수 있게 했다. 그 결과 중국은 기존 관례와 달리 이 대회 기간 중 공식적으로 대한민국 국호를 한국과 KOREA로 사용함으로써 양국 간의 공식관계 수립을 향한 진일보의 분위기를 조성했다. 또 대한항공과 아시아나의 직항 전세기가 대회 기간 전후에 취항함으로써 서울과 북경 간의 직항로를 개설할 수 있는 여건을 마련했다.[82)]

아시아의 하모니를 표방하며 개최된 제12회 아시아경기대회는 대회사상 처음으로 수도가 아닌 지방도시 히로시마에서 1994년 10월 16일 개최돼 비상한 관심을 모았다. 이 대회에는 구 소련에서 분리 독립된 카자흐스탄, 우즈베키스탄, 부르느메니스탄, 키르키즈스탄, 타지키스탄 등 5개국이 아시아지역에 편입돼 대회 처음으로 모습을 드러냈다.[83)] 이로써 히로시마대회에서는 대회 역사상 가장 치열한 경기레이스가 벌어졌다. 참가 규모도 42개국에서 6,824명이 출전하여 사상 최대 규모를 기록했고, 한·일간의 2위 자리를 놓고 벌인 치열한 경쟁은 대회 종반까지도 그 결과가 예측불가였다. 특히 아시아경기대회에 처음 참가하는 구 소련의 5개국이 한·중·일 아시아 3강의 기존 판세에 얼마나 변수를 줄 수 있느냐가 참가국 전체의 큰 관심사였다. 대회 폐막 직후 정밀 도핑테스트에서 중국선수의 약물복용 사실이 밝혀져 큰 파문을 일으켰으며, 그 결과 한국과 일본의 메달 순위도 역전하는 기현상을 초래했다. 즉 중국선수의 메달 박탈로 일본팀은 5개의 금메달을 추가하여 64개의 금메달로 63개의 금메달을 딴 한국팀을 한발 앞서게 되었다. 구 소련의 5개국은 당초의 예상보다 전력이 약해 한·중·일 3강 구도에 그리 큰 위협이 되지 못했다. 다만 카자흐스탄만이 금메달 25개를 따내 종합순위 4위에 올랐다.

2002년 차기 아시아경기대회 개최국인 한국은 제13회 방콕아시아경기대회에 36개 종목 중 우슈, 카바디, 가라데 3종목을 제외한 33개 종목에 703명의 선수단을 파견해 65개의 금메달을 획득하여 일본을 제치고 중국에 이어 종합 2위를 달성한다는 목표를 세웠다. 그 결과도 정확하게 한국 선수단은 금메달 65개를 따내며 중국(129개)에 이어 종합 2위 달성에 성공했다. 1984년 로스앤젤스올림픽대회 이후 1996년 애틀란타올림픽대회까지 하계올림픽대회 4회 연속 세계 10위권의 경기력을 유지하고 있는 한국으로선 IMF 경기위기로 엘리트스포츠의 근간을 이루는 실업팀의 잇따른 해체와 국가 대표팀의 훈련 축소에 따른 전체적인 엘리트스포츠의 침체에 반전을 마련할 수 있는 계기를 마련했다는 점에서 크나큰 성과로 받아들여졌다. 또한 경기 외적인 면의 성과로는 한국인들에게 '다시 일어설 수 있다'는 자신감 회복의 메시지를 주었다는 사실이다.[84)]

82) 體育青少年部, 앞의 책, 281쪽.

83) 대한올림픽위원회, 앞의 책, 238~239쪽.

제13회 방콕대회 기간 중 한국인들의 관심과 열기는 기대 이상이었다. 야구드림팀 구성과 축구대표팀의 재편성 파견, 8년만에 대면하는 남북체육교류 등 국민들의 기대를 걸기에 충분한 이벤트가 준비되었기 때문이다. 33개 종목에 출전한 한국 선수단은 28개 종목에서 메달을 따냈고 이중 금메달은 22개 종목에서 고르게 나왔다. 한국이 중국, 일본과 비교해 육상, 수영 등 기본종목에서 절대적인 열세가 예상되었지만 일본을 무려 금메달 13개 차로 따돌리고 종합 2위를 달성할 수 있었던 것은 전통적인 강세종목의 고른 선전과 요트, 럭비풋볼, 정구 등 이른바 비인기종목의 선전에 있었다.

요트대표팀은 1998년 10월 13일 하루에만 6개의 금메달을 따내는 이변을 연출했다. 그동안 한국의 강세종목인 레슬링(7개), 양궁(4개), 태권도(11개), 정구(3개), 펜싱(5개)도 한국의 종합 2위 달성에 큰 기여를 했다. 양궁은 개인전 1~3위를 휩쓰는 등 4개 전 종목을 석권하며 세계 최강임을 유감없이 발휘했으며, 정구는 열악한 지원과 불리한 경기장 여건에도 불구하고 전체 4종목 가운데 3개의 금메달을 획득하는 기염을 토했다. 국내실업팀이 4개에 불과한 럭비풋볼대표팀이 7인제와 15인제에서 강력한 우승후보 일본을 연달아 격파하고 금메달 2개를 더한 것도 이 대회 큰 수확의 하나였다. 기록경기에서도 역도 남자 69kg급 용상에서 195kg을 들어 세계신기록을 수립한 김학봉이 돋보였으며, 아시아의 역사 김태현도 예상대로 남자 105kg이상급에서 금메달을 목에 걸어 대회 3연패의 위업을 달성했다.

기본종목인 육상과 수영에서는 여전히 부진을 면치 못했으나 몇 가지 의미있는 기록 진전이 있었다. 1990년 베이징아시아경기대회 2개, 1994년 히로시마대회 3개에 그쳤던 육상이 이 방콕대회에서는 1개가 늘어난 금메달 4개를 획득하여 그 진전 가능성을 보여주었다. 여자 창던지기의 이영선, 남자 800미터의 이진일, 남자 높이뛰기의 이진택, 남자 마라톤의 이봉주가 금메달을 따냈다. 수영 여자 접영200미터에서는 조희연이 금메달을 확보하여 2000년 시드니올림픽대회의 기대를 갖게 하며 노메달의 불명예를 가까스로 면했다. 하지만 야구를 제외한 인기 구기종목의 부진은 이들 종목이 갖고 있는 파급 효과를 고려할 때 아쉬움을 남겼다.

제13회 방콕대회 경기결과에서도 여실히 드러났듯이 한국이 앞으로 2002년 부산아시아경기대회 등 향후 아시아 스포츠무대에서 중국에 이은 2위 자리를 수성하기 위해서는 먼저 육상, 수영 등 기초종목의 육성이 시급하다는 교훈을 절실하게 느끼게 해주었다. 육상, 수영에 걸려 있는 금메달 수는 총 84개로 이는 아시아경기대회 전체 세부종목의 20%가 넘는 숫자로 이 두 종목의 육성없이는 앞으로 아시아경기대회 2위 자리는 언제라도 일본에 추월당할 수 있다는 사실을 잘 보여주고 있다. 한국 선수단이 육상, 수영

84) 『체육』, 1998년 10·12월호, 41~44쪽.

두 종목에서 거둬들인 금메달(4개)은 중국(32개), 일본(29개)에 훨씬 못미쳤다. 따라서 아시아경기대회에서의 2위 고수 및 올림픽대회 10위권 유지를 위해서는 육상, 수영 등 기초종목 육성 외에 다른 대안이 없다는 점을 이 대회에서도 다시 한번 일깨워주었다.

한편 아시아경기대회에도 마침내 동계대회가 창설됨에 따라, 실시경기의 폭을 더욱 넓혀갈 수 있게 되었다. 그 창설대회는 서울하계아시아경기대회와 보조를 맞춰 개최하기로 했는데, 1986년의 제1회 삿포로대회가 그것이다. 이 대회는 36개 OCA회원국 가운데 한국, 일본, 중국, 북한, 인도, 홍콩, 몽고 등 7개국의 425명의 선수가 참가한 가운데 1986년 3월 1일부터 8일까지 일본의 삿포로에서 열렸다.[85]

빙상(스피드스케이팅, 숏트랙, 피겨), 스키, 바이애슬론, 아이스하키 등 4개 종목에 55개 금메달을 놓고 벌인 삿포로대회에서 일본은 예상대로 29개 금메달을 휩쓸었고 중국이 금메달 4개, 한국과 북한이 각각 금메달 1개를 차지했다. 나머지 국가는 참가하는 데 의의를 두었다. 한국은 아이스댄싱과 페어댄싱을 제외한 전 종목에 걸쳐 선수 63명, 임원 28명으로 구성된 선수단(단장 김상겸, 총감독 장명희)을 출전시켜 금메달 1개, 은메달 5개, 동메달 12개를 따내 일본, 중국에 이어 종합성적 3위를 거두었다. 한국 선수단은 1985년 동계유니버시아드대회부터 국제경기 경험을 쌓아온 숏트랙에서만 1개 이상의 금메달을 기대했는데, 아쉽게도 금메달 획득에 실패했다. 하지만 뜻밖에도 빙상 1,000미터에서 배기태가 선전하여 이 대회의 유일무이한 금메달을 따냈다.

제2회 동계아시아경기대회도 제1회 대회와 같은 장소인 일본의 삿포로에서 10개국 414명의 선수단이 참가한 가운데 1990년 3월 9일부터 14일까지 개최되었다. 당초 이 대회는 인도가 개최하기로 했다가 반납하는 바람에 하는 수 없이 일본이 떠맡은 대회였다.[86] 4개 종목, 33개 세부종목에 걸쳐 진행된 이 대회에서도 일본은 금메달 18개, 은메달 16개, 동메달 13개를 획득하여 종합 1위로 2연패했다. 한국 선수단은 이 대회에서도 금메달 6개, 은메달 7개, 동메달 8개를 따내 제1회 대회에 이어 종합 3위를 기록했다. 한국팀이 거둬들인 6개의 금메달은 모두 빙상의 숏트랙과 스피드스케이팅에 편중되었다. 또 금메달을 딴 선수도 남자숏트랙 3관왕 김기훈, 여자숏트랙의 김소희, 남자스피드스케이팅 2관왕 배기태 등 3명에 불과했다.[87]

제2회 삿포로대회는 아시아지역 국가들의 낮은 경기수준, 탈아시아를 부르짖는 일본의 아시아 경시풍조 등으로 현지 일본인들조차 관심 밖에 있었다. 대회조직위원회의 무성의, 무신경이 그것을 입증했다. 삿포로시내 어디에도 대회 홍보를 위한 현수막, 포스터를 찾아보기 어려웠다. 경기장 프레스센타에는 각국 보도매체별 임대 전용 전화

85) 대한체육회, 앞의 책, 363~364쪽.

86) 대한올림픽위원회, 앞의 책, 242쪽.

87) 『체육』, 1990년 3월호, 6~7쪽.

나 팩시밀리 외에는 긴급연락 통신망이 없었으며, 국가 연주 실수, 레이스운영의 실수, 선수 국적 잘못 소개 등 연일 계속된 실수는 조직위원회측의 무신경의 소산이라고 할 수 밖에 없었다.[88]

중국의 하얼빈 일원에서 1996년 2월 4일부터 11일까지 제3회 동계아시아경기대회가 열렸다.[89] 원래 이 대회는 북한이 유치하여 1994년 삼지연에서 개최하기로 하였으나, 준비관계로 1년 연기한 뒤 또다시 아무런 해명도 없이 대회를 반납하여 2년 뒤인 1996년에야 제3회 대회가 열렸다. 한국은 이 대회에 선수단 90명을 파견하여 금메달 8개, 은메달 10개, 동메달 8개를 획득하여 중국, 카자흐스탄, 일본에 이어 종합 4위에 그쳤다.

한국 선수단은 제3회 하얼빈대회에서 숏트랙 남녀 1,000미터와 3,000미터를 모두 석권했고 남자계주에서도 금메달을 목에 걸었다. 특히 채지훈은 숏트랙 1,000미터, 3,000미터, 5,000미터 계주에서 금메달을 따내 3관왕에 오르면서 이 종목 세계 간판스타임을 입증했으며, 여자 숏트랙의 1,000미터에서 전이경 1위, 원혜경이 2위를 차지했다. 스피드스케이팅에서는 제갈성렬과 천희주가 각각 1,000미터에서 동반 우승을 차지했다. 그리고 스키 알파인에서 변종문이 한국스키사상 첫 국제종합경기대회 금메달리스트가 되는 쾌거를 낳았으며, 크로스컨트리 10㎞에 출전한 박병철이 동메달을 획득하는 등 종전 국제종합대회에서 빙상에만 의존하던 한국팀의 메달 획득 전략에 다변화를 꾀할 수 있는 발판이 마련되었다.[90]

이 대회의 특징은 지난 1, 2회 대회의 우승국인 일본의 선력이 급강하되었으며, 카자흐스탄이 신흥 아시아권 동계스포츠의 강국으로 등장했다는 데 있다. 또 한국 선수단이 4위에 미물렀다고 하지만 1, 2대회 때보다 상위권 국가들과의 편차를 크게 줄임으로써 한국 동계스포츠의 전망을 밝게 해주었다.

36억 아시아인의 '눈과 얼음의 대잔치'인 1999년 용평동계아시아경기대회에 이어 개최된 제5회 아오모리동계아시아경기대회의 개회식은 남북한의 하나된 모습으로 역사적인 대단원의 막이 2003년 2월 1일 열렸다. 이 개막식 때 29개국 1,500여 명의 참가선수단 중 남북한 선수단은 한반도기를 앞세우고 카자흐스탄에 이어 9번째로 공동입장했다. 신현택 단장과 리동호 북한 단장이 나란히 손을 잡고 앞장 선 가운데 남북한 선수단 150명은 한반도기를 앞세우며 아오모리 아레나에 입장했다. 개회식장을 가득 채운 관중들의 열렬한 격려 속에 남북한은 시드니올림픽대회, 부산아시아경기대회에 이어 3번째의 남북한 개회식 공동입장의 대업을 이루어 내며 한반도의 평화를 기원하는 메시지를 전 세계에 널리 전했다.[91]

---

88) 대한올림픽위원회, 앞의 책, 243쪽.

89) 위의 책, 244쪽.

90) 『체육』, 1996년 2·3월호, 38~39쪽.

이규혁이 스피드스케이팅 1,500미터에서 첫 금메달을 한국에 안겨주었다. 그는 이어 출전한 스피드스케이팅 1,000미터에서도 금메달을 차지하여 2관왕에 오르는 기염을 토했다. 이 대회에서도 숏트랙은 한국의 메달박스였다. 여자 1,500미터·계주 3,000미터에서, 남자 1,000미터·3,000미터·계주 5,000미터에서 각각 금메달을 획득했다. 남자 컬링에서도 금메달을 따냈다. 특히 등록선수가 7명에 불과한 스키점프 단체전에서 금메달을 획득하는 쾌거를 이루었다.

아오모리대회에서 한국 선수단은 금메달 10개, 은메달 8개, 동메달 10개를 따내면서 지난 용평대회에 이어 2연속 종합순위 2위에 올랐다.[92] 이처럼 한국은 숏트랙스피드스케이팅, 스피드스케이팅, 스키점프, 컬링 등에서 빛나는 성적을 거두어 보다 많은 지원과 투자가 따라준다면 동계아시아경기대회에서 종합우승도 꿈만이 아니라는 자신감을 심어주었지만, 아직도 중국과 일본에 비하여 매우 떨어져 있는 일부 종목에 보다 많은 투자가 이루어져야 한다는 사실을 이 대회의 경기결과가 다시 한번 입증해 주었다.

4. 유니버시아드대회

자유와 이성, 그리고 진리를 추구하는 전 세계 대학인들의 체육축제가 바로 유니버시아드(Universiade)대회다. 유니버시아드대회는 올림픽대회, 아시아경기대회와 더불어 한국이 참가하는 3대 국제종합경기대회의 하나이다. 한국의 경우에는 대학스포츠가 국가를 대표하는 경우가 많기 때문에 유니버시아드대회는 큰 비중을 차지하고 있다. 물론 유니버시아드대회, 즉 대학스포츠의 제패가 세계 스포츠의 제패와 같다는 공식이 성립되지는 않았지만, 그 가능성을 충분히 입증하고도 남음이 있었다. 예컨대 남자배구의 1979년 유니버시아드대회 우승은 한국 배구의 급상승을 가져와 세계 5위권에도 들지 못하던 남자배구가 이 우승을 계기로 1979년에 열린 제1회 세계선수권대회에서 이들이 주축이 되어 세계 3위에 입상하는 밑거름이 되었다.

유니버시아드대회는 1923년 5월 파리의 대학생들이 개최한 국제학생경기대회가 그 기원이다. 오늘날과 같은 전 세계 대학생들의 체육축전으로 승화시킨 것은 1959년 국제대학스포츠연맹(FISU)의 주관하에 실시된 이탈리아 토리노대회 때부터이며, 현재까지 2년마다 한번씩 개최해 오고 있다.[93]

한국은 1959년 토리노대회에 비공식으로 참가하여 육상 넓이뛰기에서 서영주 선수

91) 『체육』, 2003년 2월호, 19~21쪽.

92) 문화관광부, 『2003 체육백서』, 2004, 553쪽.

93) 體育青少年部, 앞의 책, 284쪽.

가 6위에 입선했다. 그 해 8월 27일부터 9월 6일까지 개최된 토리노유니버시아드대회는 43개국 985명의 선수가 참가한 가운데 육상, 수영, 펜싱, 테니스, 배구(남, 녀), 수구, 농구, 다이빙 등 7개 종목으로 개최되었다. 이 대회에는 미국이 처음으로 참가하면서 고작 3명의 선수를 파견할 정도로 소극적이었으며, 모든 면에서 다분히 유럽적이라는 테두리를 벗어나지 못했다. 한국은 대한육상경기연맹 산하 한국대학육상경기연맹 선수단을 파견했는데, 그 참가 규모는 임원 1명과 선수 5명으로 이루어졌다.[94)]

한국이 회원국이 되어 본격적으로 참가하기 시작한 것은 1967년 도쿄유니버시아드대회부터였다. 한국은 1961년의 소피아대회, 1963년 포르트알레그대회 그리고 1965년의 부다페스트대회에 연이어 불참하다가 이웃나라 일본에서 열린 이 대회를 계기로 본격적으로 참가하였다.[95)] 한국은 이 대회 참가 직전에 대한대학스포츠위원회(KUSB)를 조직하여 국제대학스포츠연맹에 가입했다. 도쿄대회에는 북한이 참가하려 했으나 호칭 문제로 끝내 불참했고, 소련을 비롯한 공산권 전체가 이에 동조하여 보이콧하는 불상사를 가져왔다. 도쿄대회에서 한국 선수단은 박신자가 활약한 여자농구팀에서 금메달을 획득하고, 남자배구와 유도에서 은메달 9개, 남자 체조단체에서 동메달 1개로 10위를 기록했다(796쪽 참조).[96)]

한국은 육상, 농구, 배구, 펜싱 등 4개 종목에 47명의 선수를 출전시킨 1970년의 토리노유니버시아드대회에서는 배구에서만 동메달을 획득하는 데 그쳤다.[97)] 이후 농구, 배구, 테니스 3개 종목에 참가한 1973년의 유니버시아드대회에서는 농구와 배구에서 각각 동메달을 따내는 데 만족해야 했다.[98)] 이처럼 한국 선수단은 1970년 토리노대회와 1973년 모스크바대회, 1977년 소피아대회에서 남자배구가 줄곧 동메달을 따냈지만 한 개의 금메달도 획득하지 못하는 등 성적이 저조했다. 그러다가 1979년 멕시코시티유니버시아드대회에서는 남자배구가 정상에 오르는 기쁨을 맛보았다. 1970년과 1973년, 1977년의 3개 대회에서 계속 세계 제패의 가능성을 보여주였던 남자배구가 마침내 금메달을 따는 쾌거를 이룩했다.[99)] 이어 개최된 1981년의 부카레스트유니버시아드대회에서 한국 선수단은 수영을 제외한 7개 종목에 출전했지만, 레슬링에서 은메달 1개와 동메달 3개, 테니스 혼합복식에서 은메달 1개를 획득하는 데 그쳤다.[100)]

일본의 고베에서 개최된 유니버시아드대회는 106개국 3,949명의 대학생 선수가 참가

94) 대한올림픽위원회, 앞의 책, 252쪽.
95) 위의 책, 253쪽.
96) 『체육』, 1967년 10월호, 26~28쪽.
97) 『체육』, 1970년 9·10월호, 19~21쪽.
98) 『체육』, 1973년 8·9월호, 20쪽.
99) 대한올림픽위원회, 위의 책, 254쪽.
100) 『체육』, 1981년 8·9월호, 14쪽.

한 가운데 1985년 8월 24일부터 9월 4일까지 육상, 수영, 수구, 다이빙, 체조, 유도, 축구, 농구, 배구, 테니스, 펜싱 등 11개 종목에서 11일간의 열전이 벌어졌다.[101] 한국은 86서울아시아경기대회와 88서울올림픽대회 개최국으로서 국제경기 경험을 통한 선수들의 기량 향상을 위해 상위 입상이 가능한 선수 중심으로 정예선수를 선발하여 11개 전 종목 152명의 대규모 선수단을 출전시켰다. 이같은 선수단 외에도 한국은 대회기간 동안 코베에서 거행되는 문화행사에 서울시립무용단 40명을 파견하고, 국제대학생 미술전시회 및 사진전에도 참가하는 등 올림픽대회 개최국의 지위를 세계에 알리기 위하여 코베대회를 십분 활용했다. 한국 선수단이 이 대회에서 거둔 성적은 금메달 3개, 동메달 5개로 종합 12위였다. 금메달 3개는 모두 유도에서 나온 것으로 하형주가 95㎏급, 조형수가 78㎏급, 윤용발이 65㎏급에서 금메달을 따냈다. 그리고 장재근이 세계대회 참가사상 처음으로 육상 200미터에서 동메달을 획득하고, 한중식 역시 한국체조사상 국제종합경기대회에서 최초로 체조 남자 마루운동에서 동메달을 획득한 것은 특기할 만하다.

한국 선수단은 1991년 영국 쉐필드에서 열린 유니버시아드대회에서는 금메달 5개, 은메달 1개, 동메달 3개를 획득하여 종합성적 6위에 오르는 기염을 토했다. 특히 황영조는 1936년 베를린올림픽대회에서 손기정이 우승한 이후 국제종합대회 사상 첫 우승이라는 의의도 있지만 마라톤을 제패해 세계적인 마라토너로서의 성장 가능성을 인정받았다. 축구 역시 이 대회에서 금메달의 주인공이 되었다. 또한 여홍철이 체조 도마에서 세계를 정복했고 테니스 여자복식과 남자복식에서 각각 금메달을 따냈다.[102] 이어 열린 1993년 미국 버팔로유니버시아드대회에서 임원 35명과 선수 99명 등 총 134으로 구성된 한국 선수단은 테니스 남자 단·복식과 육상 여자창던지기에서 우승하는 등 금메달 3개, 은메달 4개, 동메달 4개를 획득하는 등 나름대로 선전했지만, 종합순위에서는 전 대회보다도 7단계나 밀려난 13위에 그쳤다.[103]

이러한 성적 부진은 한국의 메달박스인 유도, 축구 등이 경기종목에서 누락된 것에서 비롯된 측면이 크다. 즉 1995년의 후쿠오카유니버시아드대회에서 유도에서만 금메달 6개를 따냈던 사실을 고려할 때, 버팔로유니버시아드대회조직위원회가 자국에 불리한 종목으로 판단하여 한국의 메달박스인 유도 등을 자의적으로 경기종목에서 배제하지 않았다면 한국의 종합 10위권 진입이 불가능한 것만은 아니었다.

광복 50주년인 1995년 일본에서 열린 유니버시아드대회에서 한국 선수단은 이 대회 참가 사상 가장 좋은 성적을 올렸다. 한국은 후쿠오카대회에 10개 종목 183명을 파견하

---

101) 體育靑少年部, 앞의 책, 285~286쪽.

102) 『체육』, 1991년 7·8월호, 48~51쪽.

103) 대한올림픽위원회, 앞의 책, 255쪽.

여 대회 참가 이래 가장 대규모의 선수단을 출전시켰다. 한국 선수단은 이 대회에서 유도 종주국 일본을 제압했다. 유도에서만 금 6개를 획득했으며, 그 밖에도 체조 1개, 테니스 1개, 수영 1개, 배구 1개의 금메달을 따내는 등 금메달 10개, 은메달 7개, 동메달 10개의 풍성한 성과를 거둬 세계 5위를 차지했다. 이로써 한국은 유니버시아드대회 참가 20여 년만에 올림픽대회와 마찬가지로 세계의 스포츠 강호들과 어깨를 나란히 하게 되었다.[104)]

세계 대학생들의 스포츠축제인 팔마유니버시아드대회가 1999년 7월 4일 스페인의 팔마에서 화려한 개막식을 갖고 11일간의 열전을 벌였다. 육상, 수영 등 12종목 146개 세부종목으로 개최된 이 대회에서 한국은 1995년 후쿠오카대회 5위, 1997년 시실리아대회 9위에 상응하는 상위권 입상을 목표로 경기에 임했지만, 유니버시아대회의 효자종목인 테니스에서 남자단식의 이형택, 혼합복식의 김동현과 김은하가 금메달을 따냈고, 유도 남자단체전에서 금메달 1개를 추가하여 금메달 3개, 은메달 4개, 동메달 9개로 종합 13위를 차지하는 데 만족해야 했다.[105)]

21세기에 들어와서 처음으로 열린 전 세계 대학생들의 스포츠축제인 베이징유니버시아드대회는 2001년 8월 22일부터 9월 1일까지 전세계 169개국에서 6,900여 명의 선수단이 참가한 가운데 화려하고 성대하게 펼쳐졌다. 특히 북경은 두 달 전인 7월 모스크바에서 개최된 제112차 IOC총회에서 2008년 올림픽대회 개최지로 결정된터라 이 유니버시아드대회에서 올림픽대회 유치 열기를 진 세계에 과시하기 위한 올림픽대회 리허설로 삼을 정도로 개·폐회식에 쏟은 정성은 대단했다. 개최국 중국은 금메달 54, 은메달 25, 동메달 24개로 미국(금21, 은13, 동13)을 큰 차이로 제치고 종합 우승의 영예를 차지했다. 191명의 대규모 선수단을 파견한 한국은 금메달 3, 은메달 10, 동메달 14개로 지난 1999년 스페인 팔마유니버시아드대회의 부진을 씻고 종합 10위에 올라 4년만에 종합 10위권 달성에 성공했다. 특히 한국은 유도에서만 금메달 2, 은메달 3, 동메달 5개로 10개의 메달을 따내는 기염을 토했다.[106)]

2003년 대구유니버시아드대회에 이어 열린 2005년도 유니버시아드대회는 터키 이즈미르에서 열렸다. 2001년 베이징대회와 2003년 대구대회 때는 중국이 각각 41개, 52개의 금메달을 독식하는 체제였지만 이즈미르대회에서는 독주 없이 8개 국가가 10개 이상의 금메달을 나눠 가졌다. 한국도 이 대회에서 강세 종목인 양궁에서 금메달 4개, 은메달 3개, 동메달 1개를 확보하는 등 나름대로 선전했지만, 애초 목표인 금메달 15개에 크게 못 미치는 11개를 따내는 데 그쳤다.[107)] 2007년도 하계유니버시아드대회는 태국

104) 위와 같음.

105) 『체육』, 2001년 7·8·9월호, 10~15쪽.

106) 『체육』, 2001년 7·8·9월호, 10~15쪽.

방콕에서 열렸다. 이 대회에서 한국은 금메달 15개, 은메달 18개, 동메달 18개를 획득해 종합 5위를 차지함으로써 2008년 베이징올림픽대회에서 선전을 기대할 수 있게 되었다.

동계유니버시아드대회는 하계유니버시아드대회와 달리 짝수 해에 개최되다가 1981년부터 동·하계유니버시아드대회 모두 같은 해에 열리게 되었다. 한국은 현정주를 단장으로 한 선수단(임원 7명, 선수 8명 등 총 15명)을 1968년 인스부르크동계대회에 파견한 이후[108], 1972년 미국 레이크플레시드동계유니버시아드대회에서 발군의 실력을 발휘하여 전선옥이 여자 스피드스케이트 1,000미터에서 금메달, 1,500미터에서 은메달을 각각 획득했고, 최중희가 500미터에서 은메달, 3,000미터에서 동메달을 차지하여 그 동안 한국인에게는 넘지 못할 거대한 산으로 느껴졌던 동계종목에서의 콤플렉스를 완전히 해소하는 신기원을 이룩했다.[109]

이후 동계유니버시아드대회는 1981년 스페인 하카에서 열린 제9회 대회 이전까지 대회가 개최되지 못했다. 이 하카대회를 계기로 동·하계대회가 같은 해에 정기적으로 열리게 되어 3대 국제종합경기대회의 하나로 자리를 잡게 된 것이다. 1981년부터 1987년 사이에 열린 네 번의 동계유니버시아대회에서 한국 선수단은 이렇다할 성적을 올리지 못했다.[110]

그러다가 1989년부터 동계유니버시아드대회에 숏트랙이 정식종목으로 채택되어 한국의 동계스포츠가 꽃을 피우기 시작했다. 불가리아 소피아에서 열린 이 대회는 34개국의 선수가 참가한 가운데 빙상, 스키, 아이스하키, 바이애슬론 등 4개 종목의 경기가 열렸다. 한국은 4개 전 종목에 68명의 선수단을 파견하여 숏트랙에서의 선전에 힘입어 금메달 4개, 은메달 4개, 동메달 1개로 소련, 체코, 중국에 이어 종합 4위를 차지하여 동계 대학스포츠의 강국으로 부상했다.[111] 이같은 성적은 1972년 미국 레이크플래시드대회에서 금메달 1개, 은메달 2개, 동메달 1개로 종합 7위를 차지한 이후 노메달에 머물다가 17년만에 거둔 4위 입상은 하계종목에 비해 크게 낙후되었던 한국 동계스포츠의 발전 가능성을 예고한 것이라 할 수 있다.

이후 국제무대에서 숏트랙은 한국의 메달 보고(寶庫)가 되었다.[112] 소피아대회에서 금 4개, 은 4개, 동 1개로 세계의 4위에 오르더니 1991년 삿포로대회에서는 금메달 5개, 은메달 2개, 동메달 2개로 세계 3위에 이어 1993년 폴란드 자코팬대회에서는 금메달

---

107) 『체육』, 2005년 9·10월호, 20~23쪽.
108) 대한체육회, 앞의 책, 388쪽.
109) 대한올림픽위원회, 앞의 책, 255쪽.
110) 위의 책, 253~254쪽.
111) 體育青少年部, 앞의 책, 288쪽.
112) 대한올림픽위원회, 앞의 책, 256쪽.

5개, 은메달 2개, 동메달 3개로 계속해서 최강의 전력을 보여주었다. 이러한 성과는 동계올림픽대회로 이어져 1992년 제16회 알베르빌동계올림픽대회에서 세계 10위권으로 진입하는 발판이 되었다. 특히 릴레함메르대회에서는 13세의 김윤미가 여자 숏트랙 3,000미터 계주에서 금메달을 획득해 역대 최연소자로 기록되는 영광을 안았다.

1991년도 동계유니버시아드대회는 35개국 1,000여 명이 참가한 가운데 일본 삿포로에서 열렸다. 69명으로 구성된 한국 선수단은 이 대회에서 금메달 5개, 은메달 2개, 동메달 2개를 따내 일본, 소련에 이어 종합 3위를 차지했다. 그런데 한국팀이 확보한 금메달은 숏트랙에서 4개, 스피드스케이팅 1개로 숏트랙 등 빙상에 한성되었다. 유선희가 스피드스케이팅 50미터에서 대회신기록을 세우며 한국 선수단에 첫 금메달을 안겨주였으며, 김기훈이 숏트랙 500미터, 1,000미터, 1,500미터, 3,000미터에서 금메달 4개를 획득하여 이 대회 최대 다관왕에 오르면서 한국이 종합 3위에 오르는 데 결정적인 역할을 했다. 특히 피겨스케이팅에서 정성일의 은메달 획득은 한국 피겨사상 첫 메달이란 값진 수확이었다.[113)]

스포츠를 통해 우의를 다지고 세계평화를 구현하자는 대학생들의 축제인 1993년 동계유니버시아드대회는 폴란드 자코파네에서 개최되었다. 총 66명의 선수단을 파견하여 1989년 소피아대회에서 거둔 종합 4위와 1991년 삿포르대회의 종합 3위에 버금가는 성적을 목표로 했던 한국 선수단은 남자 숏트랙 5개 부분 전부를 싹슬이하는 쾌거에 힘입어 종합 5위에 올라 소정의 목표 달성에 성공했다.[114)]

한국의 첫 금메달은 이준호가 숏트랙 남자 1,500미터에서 따냈으며, 송재근과 전재옥이 각각 은메달과 동메달을 목에 걸었다. 500미터 숏트랙에서도 박세우가 금메달을 획득했으며 이준호는 동메달 확보에 그쳤다. 숏트랙 1,000미터, 3,000미터에서는 이준호가 1위를 차지했고 1,000미터에서의 은메달은 송재근이, 3,000미터의 동메달은 박세우가 따냈다. 대회 마지막날 열린 3,000미터 계주에서는 이준호, 송재근, 전재옥, 박세우가 한 조가 되어 북한을 제치고 금메달을 확보하는 데 성공했다. 하지만 숏트랙을 제외한 다른 종족에서는 메달을 구경조차 못하는 부진함을 면치 못했다.

스페인 하카에서 열린 1995년 동계유니버시아드대회에 한국은 빙상, 스키, 아이스하키, 바이애슬론 등 4개 종목에 63명의 선수단을 출전시켰다. 한국 선수단은 이 대회에서 금메달 6개, 은메달 4개, 동메달 4개를 획득하여 종합 2위에 올라 동계유니버시아드대회 참가사상 최고의 성적을 올렸다. 그러나 이 대회에서도 숏트랙 등 빙상 이외의 종목은 세계 수준과 격차가 커서 숏트랙에 대한 의존도가 너무 높아 일말의 불안감을 주기도 했다.[115)]

113) 體育青少年部, 앞의 책, 290~291쪽.

114) 『체육』, 1993년 2·3월호, 30~31쪽.

1997년 무주·전주동계유니버시아드대회에 이어 열린 1999년도 동계유니버시아드대회는 슬로바키아 포프라도에서 1월 22일 개막되었다. 한국은 이 대회에 77명에 달하는 대규모의 선수단을 파견해 유니버시아드운동을 가장 모범적으로 펼치고 있는 국가 중의 하나라는 인상을 강하게 심어주었다. 그러나 스키, 빙상, 아이스하키, 바이애슬론, 스노우보드 등 5개 종목에 선수 53명을 파견한 한국은 1월 30일 강원도 용평에서 개막되는 제4회 동계아시아경기대회에 국가대표팀을 출전시키는 바람에 이 대회에는 불가피하게 대표 2진급 선수들을 참가시켜 결국 노메달의 성적을 거두었다.[116]

2001년 동계유니버시아드대회는 폴란드의 자코파데 등 5개 지역에서 분산 개최되었다. 전 세계 41개국 1,543명의 선수단이 참가한 가운데 개최된 이 대회에서 한국은 참가국 중 7번째로 많은 79명의 선수단을 파견해 1999년 포프라도대회의 부진을 만회하려 했다. 9개 종목 52개 세부종목의 경기가 펼쳐진 이 대회에서 한국 선수단은 기대 이상의 성적을 거두었다. 한국은 금메달 8개, 은메달 4개, 동메달 3개로 러시아(금14, 은9, 동8)에 이어 종합 2위라는 놀라운 성적을 성취하여 1년 여 앞으로 다가온 2002년 솔트레이크동계올림픽대회에서의 상위 입상 가능성을 예고했다. 이 대회에서도 숏트랙 10개 종목 중 무려 8개 종목을 석권하는 등 한국이 확보한 메달 대부분이 숏트랙에서 나와 다시 한번 숏트랙 왕국의 위력을 과시했다. 특기할 만한 것은 한국이 이 대회에서 국제종합경기 사상 처음으로 스키종목에서 은메달을 따내는 기염을 토했다. 스키점프 개인 K-85에 출전한 최홍철이 은메달을 획득했으며, 스키점프 단체 K-85에서도 최홍철, 최용직, 김현기, 김홍수가 한 조가 되어 또 하나의 은메달을 따내며 한국 스키점프의 가능성을 입증시켰다.[117]

세계의 지성들의 큰 잔치인 2003년 동계유니시아드대회는 이탈리아 타르비시오에서 개최되었다. 한국은 대회 첫 금메달이 걸린 스키점프 K-90에서 예상을 뒤엎고 강칠구가 금메달을 차지했다. 스키점프 사상 국제종합대회 첫 금메달의 낭보를 전해준 강칠구는 이제 갓 고등학교를 졸업하고 한국체대에 진학 예정인 기대주였다. 첫 금메달의 낭보와 연이어 K-90 단체전에서도 최홍철, 최용직, 김현기, 김칠구는 또 하나의 금메달을 선사했으며 K-120에서도 은메달을 추가하여 스키점프에서만 금메달 2개, 은메달 1개를 따내 스키점프의 역사에 한 획을 그어나가면서 한국 동계스포츠 다변화의 서막을 열었다. 컬링에서도 동메달을 차지했다. 이 대회에서도 송경택이 숏트랙 첫날 1,500미터에서 금메달을 따냈으며 마지막날 열린 남녀 계주 5,000미터와 3,000미터에서 금메달 2개를 싹쓸이해 금메달 3개와 은메달 2개, 동메달 3개를 추가했다.[118]

---

115) 대한올림픽위원회, 앞의 책, 256쪽.

116) 『체육』, 1999년 1·2·3월호, 38쪽.

117) 『체육』, 2001년 1·4월호, 61~63쪽.

이로써 한국 선수단은 타르비시오유니버시드대회에서 금메달 5개, 은메달 3개, 동메달 5개로 종합 5위를 차지했다. 사실 제5회 아오모리동계아시아경기대회에 주력 선수들을 파견한 관계로 전력이 크게 떨어질 것으로 예상했던 한국은 이 대회에서 종합 5위라는 기대 이상의 성적을 달성했다. 물론 세계와는 아직도 큰 격차를 보이고 있는 알파인, 크로스컨트리, 바이애슬론, 피겨 등의 종목과 아이스하키는 중위권에 머물렀고 스노우보드는 가능성만 확인한 채 메달권 진입에는 실패했다. 반면 스키점프와 컬링 등 비인기 종목에서 가능성을 보여 올림픽대회에서도 메달 획득 가능성을 높였다.

2005년도 동계유니버시아드대회는 오스트리아 인스브르그와 제펠드 일대에서 개최되었다. 한국은 이 대회에서 총 11개 종목 가운데 노르딕 복합을 제외한 10개 종목에 출전해 금메달 10개, 은메달 7개, 동메달 6개를 획득하여 개최국 오스트리아(금10, 은8, 동3)에 이어 종합 2위에 오르는 기염을 토했다. 국가대표 간판 안현수와 최은경이 선봉에 나선 숏트랙의 눈부신 선전으로 지난 2001년 폴란드 자코파네대회 이후 4년만에 2위를 탈환했다. 특히 여자 숏트랙은 최은경이 사상 초유의 전 종목 석권이란 위업을 달성했다. 남자 숏트랙 역시 세계 최강임을 다시 한번 확인했다. 스피드스케이팅에서 약관의 신예 이강석과 이소연이 각각 동메달을 목에 걸었다.[119] 이와 같은 한국의 동계스포츠는 드디어 2007년 1월 이탈리아 토리노에서 개최된 동계유니버시아드대회에서 금메달 10개, 은메달 11개, 동메달 9개로 종합 1위에 올랐다. 올림픽과 아시안게임, 동·하계유니버시아드대회를 통틀어 한국이 국제종합경기대회에서 1위를 차지한 것은 이번이 처음이다. 특히 스프린트 남·녀 500m에서의 우승은 더욱 값진 것이었다.

5. 종목별 세계선수권대회

1) 마라톤

8·15 광복 후 한국의 국제 스포츠무대 출전은 1947년부터 이루어졌다. 1947년 4월 서윤복이 제51회 보스턴세계마라톤대회에 참가하여 당당히 우승함으로서 베를린올림픽대회에서 손기정이 1위를 하고도 나라잃은 슬픔을 맛보아야 했던 한국인들에게 감동을 선사한 동시에, 온 세계에 한국의 이름을 드높혔다.[120] 이어 1950년 4월 미국 보스턴에서 열린 제54회 세계마라톤대회는 신생 독립국 대한민국의 영예를 다시 한번 전

118) 『체육』, 2003년 2월호, 14~17쪽.
119) 『체육』, 2005년 2월호, 18~19쪽.
120) 대한올림픽위원회, 앞의 책, 256쪽.

세계에 떨친 대회였다. 특히 이 대회에서는 함기용과 송길윤, 최윤칠이 각각 1, 2, 3위를 석권함으로써 대한민국 정부 수립 이후 첫 번째 쾌거일뿐 아니라 한 나라 선수가 1~3위를 모두 휩쓴 것 역시 세계마라톤대회 사상 처음 있는 일이었다.[121)]

보스턴 마라톤대회는 유독 한국과 깊은 인연을 맺고 있으며 우리에게 진한 감동을 주었다. 해방 후 첫 국제대회 승전보였던 서윤복의 우승과 6·25 동란 중에 날아든 함기용의 쾌거, 그리고 이봉주의 제105회 보스톤마라톤대회 우승은 다시 한번 한국인에게 진한 감동과 함께 희망을 선사했다.[122)] 이봉주는 1992년 바로셀로나올림픽대회에서 우승한 황영조가 은퇴한 뒤 1996년부터 한국 마라톤의 간판을 지켜왔다. 1996년 애틀란타올림픽대회에서는 3초 차이로 아깝게 금메달을 놓쳤다. 2000년 시드니올림픽대회에서는 넘어지는 불운으로 메달은 커녕 24위에 그쳤다. 그런 그가 마침내 2001년 4월 17일 새벽 미국 매사추세츠주 홉킨턴을 출발해 보스톤 시가지 컷플리광장에 골인하는 보스톤대회에서 또 다시 우승의 영광을 차지했다.

2) 역도

1947년 9월 미국 필라델피아에서 개최된 세계역도선수권대회에 한국 선수단이 출전했다. 이는 광복 후 최초의 세계선수권대회 출전이었다. 재미교포 정 월타의 안내로 필라델피아 세계역도선수권대회에 출전한 한국 선수단은 50㎏급에서 4위(박동욱), 60㎏급에서 2위(남수일), 75㎏급에서 3위(김성집)를 차지하여 미국에 이어 종합 2위를 기록했다.[123)] 이 대회의 성과로 조선역도연맹은 현지에서 개최된 국제역도연맹 총회에서 국제역도연맹에 가입할 수 있었고, 이때 미국역도연맹은 한국의 경제사정을 감안하여 연맹 가입비와 연회비를 기부해 주기도 했다.[124)]

제64회 세계역도선수권대회는 1991년 9월 27일 독일 도나우에싱겐에서 개막되었는데, 전병관이 55㎏급에 출전하여 세계 랭킹 1위인 중국의 류소빈을 제치고 용상과 합계에서 금메달 2개를 따내는 기염을 토했다. 그동안 한국 역도는 아시아 강국으로 군림해오면서도 유독 세계선수권대회나 올림픽대회에서 금메달을 한번도 차지하지 못했으나, 마침내 전병관이 이 대회에서 금메달을 획득함으로써 오랜 숙원을 반세기만에 풀었다.[125)]

---

121) 체육부, 앞의 책, 129쪽.

122) 『체육』, 2001년 5·6월호, 45~46쪽.

123) 조동표, 『순간의 힘을 모아, 이야기 한국체육사』 8, 서울올림픽기념 국민체육진흥공단, 1998, 98~131쪽.

124) 위의 책, 132쪽.

125) 『체육』, 1991년 10월호, 32~34쪽.

3) 탁구

1950년대 후반에 접어들면서 본격적으로 국제무대를 공략한 한국 스포츠는 1959년 3월에 개최된 제25회 세계탁구선수권대회에서도 여자단체 2위를 차지하는 기염을 토했다. 마침내 이에리사, 정현숙, 박미라로 구성된 탁구 여자선수단은 1973년 유고 사라예보에서 열린 제32회 세계탁구선수권대회의 여자단체에서 강적 중국을 제압하고 세계정상에 올라섰다.[126] 한국 탁구팀이 세계무대에 처음 출전한 것은 1956년 일본 동경에서 열린 제23회 세계탁구선수권대회였다. 이때 위상숙이 개인단식에서 준준결승진까지 진출한 후 한국 여자탁구의 숙원인 세계정상을 정복하기까지는 17년의 세월이 흘렀다.[127] 이처럼 여자탁구팀은 한국 최초의 구기종목 세계제패라는 기적을 이룩했다.

남과 북의 선수들로 구성된 코리아 탁구팀은 일본 지바에서 1991년 4월 24일부터 5월 6일까지 열린 제41회 세계탁구선수권대회에서 여자단체 1위, 여자단식 2위, 남자단식과 혼합복식 각각 3위를 기록하여 세계정상에 올랐다.[128] 이 대회는 남과 북이 하나가 되면 세계정상은 한민족의 것일 수 있다는 사실, 스포츠가 남북간의 상호 이해와 신뢰 회복에 크게 기여하여 민족통일을 이루는 데 디딤돌이 될 수 있다는 점을 확인해 주었다.

4) 레슬링

1966년 6월 미국 오하이오주 토레도에서 열린 제16회 세계아마추어레슬링선수권대회에 6명으로 구성된 한국 선수단(단장 하경대)이 참가했다. 한국 선수단은 애초 큰 기대를 걸지 않았으나, 플라이급에서 장창선이 금메달을 획득함으로써 33개국 선수단을 깜짝 놀라게 했다. 장창선은 1962년 제4회 자카르타아시아경기대회와 1964년 동경올림픽대회에서 은메달을 따냈으며, 제16회 세계선수권대회에서 금메달을 획득하여 세계로 뻗어가는 한국 스포츠의 선봉이 되었다.[129] 스위스 마티니에서 열린 1989년 세계레슬링선수권대회에서는 김종신이 42㎏급에서 우승하여 세계선수권대회에서 장창선의 세계 제패 이후 다시 한번 세계정상에 올랐다.[130]

---

126) 『체육』, 1973년 4월호, 7~10쪽.

127) 『체육』, 1973년 4월호, 13~16쪽.

128) 體育青少年部, 앞의 책, 303쪽.

129) 체육부, 앞의 책, 182~183쪽.

130) 體育青少年部, 앞의 책, 301쪽.

5) 여자농구

1967년 4월 제5회 세계여자농구선수권대회가 체코 프라하에서 12개국이 참가한 가운데 개최되었다. 이 대회에서 예선전 1위로 통과한 한국 선수단은 결승리그에 올라 아쉽게도 4승 1패의 성적으로 소련에 이어 준우승을 차지했다. 이같은 여자농구의 준우승은 1959년 서독의 도르트문트 세계탁구선수권대회에서 최경자, 조경자, 황율자로 짜여진 한국팀이 여자단체전에서 2위에 오른 데에 이어 단체종목으로는 두 번째로 한국 여성의 우수성을 전 세계에 과시하는 쾌거였다. 비록 여자농구팀이 소련에 져 준우승에 그쳤지만 당시 동유럽의 아성이었던 세계여자농구의 판도를 크게 뒤바꿔 놓았다는 점에서 높이 평가될 만한 업적이었다.[131]

6) 태권도

1973년 5월 25일부터 27일까지 3일간 국기원에서 제1회 세계태권도선수권대회가 17개국, 20개팀, 161명의 선수들이 참가한 가운데 성대하게 거행되었다. 해외에서 참가한 대부분의 선수단은 한국사범들에 의해 인솔되었고, 대회결과는 한국팀이 태권도 종주국답게 개인전과 단체전 모두를 휩쓸었다.

이후 세계태권도선수권대회는 1975년의 제2회 대회, 1985년의 제7회 대회, 1989년의 제9회 대회, 2001년의 제15회 대회 등 무려 다섯 차례나 우리나라에서 개최함으로써 한국이 태권도의 메카임을 과시하였다. 그러나 태권도가 올림픽 정식종목이 되는 등 국제화되면서부터 각국 선수들의 기량이 크게 향상되어 한국선수들을 위협하는 수준에까지 와 있다.

7) 양궁

한국의 양궁 여자팀이 세계정상에 올랐다. 1979년 7월 서베를린에서 개최된 제30회 세계양궁선수권대회에 출전한 한국 선수단은 김진호, 박영숙, 안재순, 황숙주 등이 선전하여 여자단체 종합 1위, 여자개인 종합 1위를 차지하여 세계정상에 올랐다. 특히 고교생 김진호는 이 대회에서 5관왕을 차지한 데 이어 1983년의 제33회 로스앤젤레스 세계양궁선수권대회에서도 5관왕에 올라 세계를 깜짝 놀라게 했다.[132]

한국 양궁의 간판스파 김진호의 이같은 세계 제패는 이 대회가 1984년 로스앤젤레스

131) 체육부, 앞의 책, 186~187쪽.

132) 위의 책, 217~218쪽.

올림픽대회의 양궁경기가 벌어지는 경기장에서 열렸다는 점에서 더욱 의의가 컸다. 김진호가 개인종합 50미터 더블, 60미터 더블, 70미터 더블을 휩쓸었고 여자단체에서 한국 선수단이 우승을 차지하여 여자부 경기를 석권했다. 정재봉이 김진호에 뒤이어 준우승을 차지했고 김미영이 4위에 오름으로써 한국 여자양궁의 높은 수준을 입증해 주었다.[133]

88서울올림픽대회 이후 세계 스포츠 강국으로 부상한 한국은 종목별 세계선수권대회에서도 그 진가를 유감없이 보여주었다. 1989년 7월 스위스 로잔에서 열린 제35회 양궁선수권대회에서 한국은 여자개인전 우승 및 준우승과 더불어 여자단체전에서도 우승을 차지해 서울올림픽대회에 이어 세계 양궁의 정상을 다시 한번 확인했다. 특히 서울올림픽대회 2관왕 김수녕은 이 대회에서 혼자 4개의 세계 최고 기록을 추가해 양궁 역사상 세계기록 6개 전 부분을 석권하는 신화를 창조해냈다. 김경옥도 개인전에서 은메달을 따냈다.[134]

1991년 8월 폴란드 크라코프에서 열린 제36회 세계양궁선수권대회에서 한국의 여자팀은 물론 남자팀까지 세계정상에 올라 세계 양궁 관계자들을 깜짝 놀라게 했다. 이 대회에서 한국 선수단은 개인전에서 여자팀이 금과 은메달을, 남자팀이 동메달을 획득했는가 하면 단체전에서는 세계대회 사상 최초로 남녀팀이 동반 우승하는 쾌거를 이룩했다. 개인전에서는 김수녕과 이은경이 각각 1위와 2위를 차지했으며, 정재헌이 동메달을 따냈다. 단체전에서도 김수녕, 이은경, 이선희가 한 조가 되어 소련을 제치고 우승의 영광을 차지하는 동시에 정재헌, 양창훈, 전인수의 남자팀도 영예의 금메달을 획득했다. 이로써 한국의 양궁대표팀은 세계대회에서의 첫 남녀 동반 우승이라는 쾌거를 만들었던 것이다.[135]

2003년 7월 14일부터 일주일간 41개국에서 311명의 선수가 참가한 가운데 뉴욕에서 열린 제42회 세계양궁선수권대회에서 한국 선수단은 남자 개인전을 제외한 남녀 단체전과 여자 개인전에서 금메달을 획득하여 세계 최강임을 재확인했다.[136] 2년 주기로 개최되는 이 대회에서 1989년 이후 8년 연속 종합우승을 차지하여 세계 스포츠사에 영원히 남을 업적을 세웠다. 이 대회에서 한국은 애초 남녀 단체 및 개인전에서 임동현이 은메달에 머물렀지만 여자 개인전 1~3위를 독식하고 남녀 단체전에서 동반 우승의 위업을 달성하며 종합우승을 차지했다. 시드니올림픽대회 금메달리스트 윤미진이 결승전에서 박성현을 꺾고 영예의 개인전 우승자가 되었고, 3, 4위전에서는 이현정이

133) 『체육』, 1983년 11월호, 16~18쪽.

134) 『체육』, 1989년 7월호, 50쪽.

135) 『체육』, 1991년 7·8월호, 16~19쪽.

136) 『체육』, 2003년 8월호, 16~17쪽.

러시아 선수를 눌러 동메달을 목에 걸었다. 이로써 한국의 양궁대표팀은 이 대회에서도 금메달 3개, 은메달 2개, 동메달 1개를 획득하여 종합우승을 차지하여 15년째 세계정상을 지켰다.

8) 유도

1980년대에 접어들면서 한국은 명실상부한 세계 스포츠의 강국으로 부상하기 시작했다. 세계선수권대회에서 첫 금메달의 승전보를 울린 종목은 유도였다. 1981년 9월 네델란드 마스트리찌에서 개최된 제12회 세계유도선수권대회에서 박종학이 라이트(71kg 이하)급에서 금메달을 따냈다. 유도가 이 땅에 선보인지 70여 년만의 첫 쾌거였다. 그 밖에도 하프헤비(95kg 이하)급의 하형주, 하프라이트(65kg 이하)급의 황정오가 각각 동메달을 획득하여 종합 4위의 성적을 거두었다.137)

9) 복싱

1986년 5월 세계아마추어복싱선수권대회가 미국 네바다주 리노에서 37개국 235명의 선수들이 참가한 가운데 열렸다. 이 대회에서 한국 선수단은 밴텀급의 문성길이 금메달, 라이트플라이급의 오광수가 동메달을 각각 차지했다. 문성길의 우승은 복싱의 최강국 쿠바와 강호 동독의 선수들을 차례로 물리치고 차지한 우승이기 때문에 더욱 값진 성과였다. 세계복싱선수권대회의 금메달 획득도 사상 처음이었다.138)

10) 배드민턴

한국의 배드민턴선수단은 1985년 6월 캐나다 캘거리에서 열린 제4회 세계배드민턴선수권대회에 출전하여 남자복식과 혼합복식에서 우승함으로써 배드민턴 사상 최대의 성과를 이룩했다. 한국 선수단은 이에 앞서 86년의 역사를 자랑하는 영국오픈선수권대회에서 남자복식의 박주봉, 김문수가 우승하여 한국의 남자복식이 세계 링킹 1위를 굳혔다.139)

그간 승승장구하던 한국의 배드민턴 남자선수단은 1987년 5월 중국 북경에서 열린 세계배드민턴선수권대회에서 중국에 무릎을 꿇고 말았다. 한국팀은 이 대회에서 금메달 1개, 은메달 3개로 금메달 5개, 은메달 2개, 동메달 4개를 따내면서 전 종목을 휩쓴

137) 『체육』, 1981년 10월호, 36~38쪽.

138) 體育青少年部, 앞의 책, 299쪽.

139) 위의 책, 298쪽.

중국에 뒤이어 2위에 만족해야 했다.

11) 사격

1990년 3월 멕시코시티에서 열린 멕시코월드컵사격대회에 참가한 박병택이 스탠다드 권총 개인전 및 단체전의 금메달, 센타파이어 권총 단체전에서도 금메달을 따내 대회 3관왕이 되었으며, 이어 여자 공기권총 단체전과 여자 스탠다드 소총 단체전의 석권, 여자 공기소총의 개인전 및 단체전을 휩쓰는 등 모두 금메달 7개, 은메달 4개, 동메달 2개를 획득하여 종합 2위에 오르는 기염을 토했다. 이처럼 한국이 참가한 국제사격대회 중 가장 좋은 성적을 거두면서 세계 사격 강국의 반열에 올라서게 되었다.[140]

12) 체조

미국 인디아나에서 벌어진 1991년 세계체조선수권대회는 한국 체조의 신기원을 알리는 무대였다. 세계선수권사상 최대 규모인 54개국에서 500여 명의 선수가 참가한 이 대회에서 한국은 남자단체전 6위를 마크하여 국내 체조사상 처음으로 자력에 의한 올림픽대회 단체전 출전권 획득이라는 쾌거를 이룩한 것은 물론이고, 유옥렬이 뜀틀에서 금메달을 따냄으로써 금자탑을 쌓았다. 이로써 한국은 세계 체조계의 변방에서 벗어나 세계 정상급의 나라라는 인식을 깊게 심어주었다.[141]

13) 여자핸드볼

한국 여자핸드볼팀이 1995년을 마감하는 시점에서 또 하나의 개가를 올렸다. 헝가리와 오스트리아에서 열린 제12회 세계여자핸드볼선수권대회에서 여자 핸드볼팀이 사상 첫 우승의 영광을 차지했다. 서울올림픽대회와 1992년 바르셀로나올림픽에서 연이어 우승을 차지하여 올림픽대회 2연패의 신화를 남긴 여자 핸드볼팀이 세계선수권대회마저 제패함으로써 명실공히 세계 최고의 자리에 우뚝서게 되었다. 세계선수권대회는 경기방식이 올림픽대회와 달리 엄청난 체력이 요구돼 그동안 한국의 정상권 접근을 허용하지 않았다. 1993년 대회까지의 경기방식은 예선리그와 준준결승리그, 준결승리그로 펼쳤기 때문에 유럽의 강호들과 장소를 옮겨가며 수 차례 맞대결을 벌여야 했다. 체력면에서 유럽팀에 비해 크게 뒤지는 한국으로서는 큰 부담이 되었다. 하지만 이 대회부터는

140) 위의 책, 302쪽.

141) 『체육』, 1991년 12월호, 52쪽.

한 차례의 예선리그를 거쳐 16강전부터 녹다운 토너먼트로 변경된 새로운 룰을 적용하여 한국팀에게 유리했다. 주장 임오경이 이끈 한국 대표팀은 마침내 결승전에서 헝가리를 맞아 후반전에서 역전에 성공하여 세계선수권대회 첫 우승을 차지했다.[142)]

14) 야구

축구의 월드컵과 비견되는 월드베이스볼클래식(WBC)에서 한국 야구팀은 4강 신화를 달성했다. 처음 개최된 2006년 WBC에서 한국 야구팀은 1, 2라운드 6전 전승을 달리면서 세계 무대의 신흥 강호로서의 가능성을 확인했다. 한국팀은 2006년 2월 3일 1라운드 1차전 대만전을 앞두고도 '4강이 목표'라고 했지만 대표팀 안팎에서 '희망사항일 뿐'이라는 평을 들어야만 했다. 더구나 본선에 올라간다해도 세계 최고의 무대를 호령하고 있는 미국을 비롯해 힘겨운 상대가 즐비했다. 전년도 말부터 전지훈련을 시작해 조직력을 다져온 대만은 한국을 2라운드 진출을 위한 희생양으로 지목하고 있었다. 하지만 결과는 한국의 승리였다. 선발투수 서재응을 시작으로 김병현, 구대성, 박찬호 등 메이저리그 투수들이 대만 타선을 완봉하고 2대 0으로 승리했다. 2차 상대인 약체 중국은 한국이 상승세를 이어가게 해준 팀이었다. 3차전의 상대는 한국의 숙적 일본이었다. 그러나 이승엽이 1대 2로 뒤지던 8회에 투런 홈런을 날려 한국이 3대 2로 역전승했다.[143)]

미국 본선으로 불리는 2라운드에서는 파워가 한층 강한 북중미 팀들과 맞붙기 때문에 판이 달랐다. 하지만 한국의 승승장구는 여전했다. 멕시코와 1차전에서는 서재응을 비롯한 마운드가 든든했고 결승 홈런을 쏴올린 이승엽의 방망이도 돋보였다. 이어 벌어진 세계 최강 미국과의 2차전에서도 7대 3으로 승리한 한국은 역사를 새로 썼고 미국팀은 세계 무대에서 망신을 당했다. 1대 3으로 뒤진 4회에 2사 2루로 다시 코너에 몰린 미국은 자존심도 잊은 채 이승엽을 고의사구로 걸렀고, 이어 대타로 등장한 최희섭은 장쾌한 스리런 홈런을 날려 사실상 미국을 제압했다. 마지막 3차전은 다시 한일전이었다. 승부는 이종범의 방망이에서 갈렸다. 0의 행진이 이어지던 8회초 1사 2, 3루에서 이종범은 2점타를 날렸다. 경기는 한국의 2대 1 승으로 끝났다. 그러나 한국의 질주는 여기서 그쳤다. 4강전에서의 상대는 또다시 일본이었다. 이 경기에서 한국팀은 일본에 0애 6으로 패배하고 말았다.

---

142) 『체육』, 1996년 1월호, 26~28쪽.
143) 『연합뉴스』, 2006년 3월 19일자.

15) 빙상

한국은 지리적 환경, 낙후한 시설 등 여러 불리한 여건 때문에 국제대회에서 하계종목에 비해 동계종목에서는 메달을 획득하는 데 많은 기간이 필요했다. 빙상경기나 스키경기처럼 자연 조건의 제약을 받는 스포츠의 진흥에는 막대한 시설투자가 필수적이다. 우리나라의 경우도 1971년 2월 태릉선수촌에 처음으로 국제 규격의 아이스링크가 개장되고서부터 비로소 빙상경기가 활기를 띠기 시작했다.

그 결과는 이영하가 1979년 2월 노르웨이 오슬로에서 열린 제73회 세계스피드스케이팅선수권대회 500미터 경기에서 동메달을 획득한 것으로 나타났다. 이는 한국 빙상경기 역사상 최초의 세계선수권대회 메달 획득이었다.[144] 이어 이영하가 메달을 따낸지 10년만에 배기태가 다시 1989월드컵빙상시리즈 500미터와 1,000미터에서 각각 종합 3위를 차지했다.[145]

이러한 성과를 바탕으로 한국은 1990년대에 접어들면서 동계종목 국제대회에서도 세계 정상권의 국가로 부상하게 되었다. 1992년 알베르빌동계올림픽대회의 영웅 김기훈은 1992년 4월 미국 콜로라도주 덴버에서 개최된 세계숏트랙스피드스케이팅선수권대회에서 500미터, 1,000미터, 1,500미터, 3,000미터, 종합 등 전 부문을 휩쓸면서 5관왕에 등극했다. 그리고 모지수가 1,500미터와 3,000미터에서 각각 은메달을 따내며 종합 2위를 차지했다. 여자부에서도 김소희가 알베르빌올림픽대회 노메달의 부진을 씻고 1,500미터와 3,000미터에서 우승을 차지하여 이 부분 챔피언 중국의 리얀을 제치고 종합우승마저 이루어냈다. 이는 한국 여자 숏트랙사상 최초의 세계선수권 금메달을 획득한 쾌거였다. 14세의 김양희도 3,000미터에서 2위에 올랐다. 이로써 이 대회에서 한국의 남녀 선수단 모두가 세계를 평정하면서 세계숏트랙선수권대회 사상 또 하나의 기록을 세웠다.[146]

숏트랙이 시범종목으로 처음 채택된 1988년 캘거리올림픽대회를 필두로 1992년 알베르빌올림픽대회, 자코판네유니버시아드대회와 각종 세계선수권대회를 두루 석권해온 한국의 숏트랙 대표팀은 1993년 베이징숏트랙선수권대회에서 총 12개의 금메달 중 채지훈이 3,000미터에서 금메달 1개를 확보하는 데 그치는 부진에 빠져들었다.[147] 하지만 한국의 숏트랙대표팀은 노르웨이 요빅경기장에서 개최된 1995년 세계숏트랙선수권대회에서 다시 한번 세계 최강임을 과시했다. 이 대회에서 한국은 남자부의

---

144) 『체육』, 1978년 3월호, 26~25쪽.

145) 『체육』, 1989년 3월호, 50~52쪽.

146) 『체육』, 1992년 4월호, 33~35쪽.

147) 『체육』, 1993년 4·5월호, 32~33쪽.

채지훈과 여자부의 전이경이 동반 종합우승을 차지했다. 채지훈은 400미터, 1,500미터, 3,000미터에서 우승을 차지하여 3관왕에 오르면서 개인 종합 1위의 영광을 안았다. 전이경은 1,500미터와 3,000미터에서 우승하여 2관왕에 올라 여자부 종합 1위를 차지했다.[148]

이후 개최된 숏트랙세계선수권대회들에서 약간의 기복은 있지만 한국은 세계 최강국임을 거듭 확인해 왔다. 최근 한국 남녀 숏트랙 대표팀의 쌍두마차 안현수와 진선유가 2006 국제빙상연맹(ISU) 세계숏트랙선수권대회 남녀부 동반 종합 1위의 쾌거를 이뤘다. 이로써 안현수는 지난 2003년 대회부터 남자부 4연패를, 진선유는 지난 해에 이어 여자부 2연패를 달성하면서 세계 최정상의 실력을 과시했다.[149]

안현수는 2006년 4월 3일 새벽 미국 미네소타주 미니애플리스 매리우치 아레나에서 치러진 대회 마지막날 남자 1,000미터 결승에서 대표팀 라이벌 이호석을 제치고 금메달을 차지했다. 하지만 안현수는 이어 열린 남자 3,000미터 슈퍼파이널과 5,000미터 계주에서 잇단 실격의 악몽을 겪으면서 더 이상 금메달 사냥을 이어가지 못했다. 이호석 역시 남자 3,000미터에서 안현수에 밀려 넘어지면서 금, 은메달을 모두 놓치는 불상사가 발생하고 말았다. 안현수는 두 차례 실격에도 남자 1,500미터와 1,000미터 우승을 발판으로 이호석과 나란히 개인종합 1, 2위를 차지했다.

여자부에서는 진선유의 독주가 빛났다. 대회 첫날 여자 1,500미터 금메달을 따냈던 진선유는 여자 1,000미터에서도 1위를 차지했다. 이어 여자 3,000미터 슈퍼파이널에 나선 진선유는 다시 한번 금메달을 추가하면서 금메달 잔치를 마쳤다. 진선유는 3,000미터 계주에도 나섰지만 마지막 두 바퀴를 남기고 코너를 돌다 미끄러지면서 메달권 밖으로 밀려나고 말았다. 그러나 진선유는 총점 102점으로 중국 왕멍(97점)을 5점차로 따돌리고 개인종합 1위에 올라 대회 4관왕에 올랐다.

148) 『체육』, 1995년 3월호, 14~15쪽.

149) 『연합뉴스』, 2006년 4월 3일자.

제 VI 장 종합국제경기대회 유치

1. 서울아시아경기대회

1) 대회 유치 및 추진과정

한국이 아시아경기연맹에 가입한 것은 1954년이었다. 한국은 가입 이래 주도적인 역할을 모색해 왔으며, 1970년에 개최되는 제6회 아시아경기대회를 서울로 유치하기도 했다.[1)]

1967년 1월 초에 대회 유치를 위해 준비위원회를 열고 3월 초에 조직위원회를 구성했으나 당시에 별도 법인이었던 대한체육회와 대한올림픽위원회 간의 화합이 잘 이루어지지 못했고, 조직위원회 구성에 앞서 대한올림픽위원회와 서울특별시가 각각 제출한 소요 예산이 너무도 큰 규모의 차이를 가져와 혼선이 생기는 등 차질을 빚었다. 이로 인해 어렵게 유치했던 대회를 반납하지 않으면 안 되어 결과적으로 국가 위신의 실추만을 가져왔다.[2)]

따라서 1986년 제10회 아시아경기대회 유치 결정은 제6회 아시아경기대회 개최권 반납이라는 뼈아픈 체험을 갖고 있는 한국 체육계의 열망을 반영한 것이기도 했다. 한국의 체육계는 국력 면에서 볼 때 아시아경기대회는 충분히 치를 수 있다고 판단했기 때문에 아시아경기대회 유치에 훨씬 적극적인 태도를 취했다. 이런 상황에서 제24회 올림픽대회 유치계획이 추진되자 국가적 차원에서 제10회 아시아경기대회 유치를 병행 추진하게 되었던 것이다.

---

1) 제6회 아시아경기대회 유치는 1966년 6월에 대한올림픽위원회 위원장으로 취임한 장기영 위원장에 의해 추진되어 같은 해 8월 5일 서울특별시장이 유치 계획을 공식 공표했고, 12월 15일 제5회 아시아경기대회 기간 중 방콕에서 열린 아시아경기연맹 총회에서 실론의 유치 신청을 철회토록 하고 만장일치로 서울을 1970년의 제6회 아시아경기대회 개최지로 결정했다.
2) 대한민국정부, 『서울아시아경기대회백서』 I (총괄편), 1987, 33쪽.

1979년 8월 22일에 개최된 국민체육진흥심의소위원회에서 신현학 부총리는 올림픽대회를 위한 시설이 준비되면 아시아경기대회도 같이 유치하도록 제의했고, 소위원회의 건의사항에 대해 대통령이 9월 21일 재가함으로써 유치방침이 확정되었다. 이에 따라 서울특별시장이 10월 8일 제24회 올림픽대회 유치계획과 함께 제10회 아시아경기대회 유치계획을 발표함으로써 공식화되었다.[3]

한편, 1980년 11월 5일 북한이 아시아경기연맹 사무국을 통해 제10회 아시아경기대회의 평양 유치의사를 표명함에 따라 남북한과 이라크 등 3개국이 최종 경합을 벌이게 되었다. 아시아경기연맹 조사단은 1981년 10월 14일부터 16일까지 평양을 시찰하고, 10월 19일부터 22일까지 서울을, 그리고 10월 24일 바그다드를 순방하여 개최 후보지의 제반 여건을 조사했다.[4] 그러나 11월 25일 뉴델리에서 개최된 아시아경기연맹 집행위원회에서 북한 및 이라크의 개최 신청 철회가 이루어져 11월 26일 총회에서 서울 개최가 확정되었다.[5]

86서울아시아경기대회의 추진은 대회가 유치된 해인 1981년부터 1982년까지의 계획수립단계, 1983년부터 1984년까지의 사업 본격 추진단계, 1985년부터 1986년 7월까지의 준비사업 마무리단계로 나누어 볼 수 있으며, 1986년 8월부터는 모든 준비가 현장을 중심으로 추진되어 대회에 임했다.

기간별로 추진된 주요 사항을 보면, 1982년까지는 대회조직위원회 발족, 업무 추진체제 정비, 각종 기초조사와 대회 준비종합계획 수립이 추진되었고, 각종 사업이 본격적으로 시작된 1983년부터 1984년까지는 기간요원의 양성, 올림픽공원의 건설, 자금 조성사업의 본격 추진, 시설·장비 확보 및 요원 양성, 대회 관련산업 육성 지원 등 관련사업의 추진이 본격화되었다. 1985년도부터 1986년 7월까지는 86대회 사업의 추진이 대부분 마무리되고 1986년 8월 이후는 현장을 중심으로 하여 대회 운영태세를 완비했다.

2) 대회조직위원회 구성

1982년 2월 16일 대한체육회 정기 대의원총회 및 대한올림픽위원회 정기 위원총회는 서울아시아경기대회 조직위원회를 대한체육회와 대한올림픽위원회의 특별기구로 설치한다는 결의를 하고, 같은 날에 서울아시아경기대회 조직위원회 설치정관을 결의함으로써 조직위 창설작업을 본격적으로 추진했다. 4월 20일에는 정관에 따라 대한체육회 제10차 이사회 및 대한올림픽위원회 제7차 상임위원회 합동회의를 열고 서울아시

3) 위의 책, 39~42쪽.
4) 위의 책, 103~104쪽.
5) 위의 책, 108~109쪽.

아경기대회 조직위원회 위원장 및 위원 등 33명을 선임했으며, 4월 23일에 제1차 위원총회를 개최함으로써 86아시아경기대회 조직위원회(SAGOC)가 발족되었다.[6] 이때 선임된 임원은 위원장에 조상호 대한체육회 회장, 부위원장에 김종렬 등 3인, 위원에 권이혁 서울대 총장 등 25인, 그리고 김세원 사무총장 등이었다.

제1차 위원총회에서는 집행위원 선출과 사무총장 임명 동의건에 대해 토의하고 이를 위원장에게 일임했으며, 6월 1일 조직위원회규정 제27조에 의해 사무처 조직을 단계별로 구성하기로 하고, 1단계로 1실 1부 2과 등 모두 15명으로 조직했다. 그러나 88서울올림픽대회조직위원회와 달리 적은 인원으로 시설 및 경기요원 양성 등의 업무를 추진해야 했으므로 적지 않은 어려움을 겪었다. 이런 사정 등으로 결국 86·88대회 조직위원회의 실무기능 통합을 가져왔다.[7]

86·88대회 조직위원회 사무처의 통합은 86·88대회의 공동추진을 위한 것이었다. 양 대회의 조직위원회 사무처를 통합하는 조치를 취하게 된 이유는 다음과 같은 것이었다. 첫째, 86·88대회의 업무가 규모만 서로 다를 뿐 동질적인 성격을 지니고 있으므로 단일기구에서 일관성 있게 추진해 나가는 것이 타당하다는 점이었고, 둘째 그 동안 동질의 업무를 각기 독립된 기구에서 담당함으로써 업무의 한계 및 책임 소재가 불분명하고 사업이 중복되어 인력과 예산이 낭비되고 있다는 현실적인 판단에 따른 것이었다. 그러나 이 통합은 사무기구에 한한 것으로 법령상의 독립성은 종전과 다름없이 유지되었다.

86·88대회 조직위 사무처의 통합으로 86·88대회의 공동 추진이 본격화되면서 종합계획이 수립될 수 있었다. 이에 따라 구체적인 시행계획이 마련되어 국내업무, 국제업무, 사업지원, 선수촌 본부 업무 등으로 그 기능이 분화되고 계속해서 기획·사업기능을 대폭 확대해 나갔다.

시기적으로 86서울아시아경기대회에 임박해지면서 국내 체육단체들이 너나 할 것 없이 적극 참여하고, 사무총장이 직접 지휘체계를 확립해 의사결정과정을 단축했으며, 사무차장이 행사 주관부서를 전담하여 효율성을 높여 갔다. 두 기구는 동시적이며 연대기구적인 성격을 십분 발휘하여 86서울아시아경기대회를 통해 88서울올림픽대회의 리허설을 겸하면서 아시아경기대회 운영에서 나타났던 제반 문제점을 보완하는 시간적 여유를 갖는 가운데 차질 없이 올림픽대회 준비작업을 진행했다.

---

6) 『서울아시아경기대회백서』Ⅱ(대회운영편), 18쪽.

7) 위의 책, 19~20쪽.

3) 대회 참가규모 및 운영

서울아시아경기대회는 사상 최대 규모로 27개국 선수단 4,839명이 참가한 가운데 서로의 기량을 겨루었으며, 세계 주요 스포츠기구의 대표 65개국 947명, 42개국 4,565명의 보도진이 참가하여 참가 규모면에서 역대 어느 대회보다도 성대하게 진행되었다. 또한 20개국 1,130명이 참가한 가운데 32종의 문화예술행사가 개최되었고, 경기와 문화행사를 포함하여 직접 행사 관람 인원만 약 400만 명에 이르는 사상 최대 규모의 행사가 되었다. 또한 시설과 장비, 통신, 전산, 전자 분야의 첨단장비와 시스템의 응용, 완벽한 경기운영, 빈틈없는 영접, 대회 사상 최초의 공식적인 약물검사 및 성검사의 시행 등 모든 분야에서 아시아경기대회의 수준을 올림픽대회의 수준으로 끌어올렸다.

특히 올림픽대회를 방불케 할 만큼 고도의 첨단 전산시스템이 아시아경기대회에 사용된 것도 서울대회가 처음이었다.[8] 이 첨단 전산시스템은 한국 기술진이 독자적으로 개발한 것으로 각국 보도진의 수고를 크게 덜어 주었고, 고도의 신속성과 편의성을 제공했다. 서울아시아경기대회를 또 하나의 컴퓨터대회로 격상시킨 것은 종합정보망 시스템이었다. 서울올림픽조직위원회 주관하에 한국데이타통신이 개발한 INS(International News Service)는 경기정보 및 일반정보를 금성 GSS(Global Security System) 터미널로 제공하여 경기관련 정보뿐만 아니라 과거와 현재의 모든 기록들을 비교 분석할 수 있게 했고, 경기운영에서부터 선수 등록, 숙박, 수송관리, 선수촌 운영, 인력관리, 쇼핑 안내, 신분증 발급, 일정관리 등 대회 운영 전반에 걸친 종합정보를 알 수 있게 했다. 누구나 단말기의 정보만 누르면 그 자리에서 선수들 개개인의 신상명세서를 비롯해 종목별 신기록, 경기일정, 각국의 메달 획득 수, 역대 대회의 기록 등 경기관련 자료들을 초단위로 제공받을 수 있었다. 이는 각종 경기정보와 일반정보가 INS를 통해 지체 없이 각 경기장과 프레스센터, 올림픽회관 등으로 전달되고 동시에 공중정보통신망(데이컴네트)에 가입한 국가들로 전송되었기 때문에 가능했다.

서울아시아경기대회 조직위원회는 1986년 1월에 대회를 본격 운영할 대회운영본부 조직체계를 확정했다. 조직위는 기존의 사무처와 경기장·행사장 운영본부를 합하여 대회 운영체제로 전환, 운영종합본부체제로 개편되었다.

대회운영종합본부는 본부장 총괄 하에 경기장·행사장 운영본부 및 지원부서의 업무를 조정 통제하고, 각 본부·부서간 업무 협조 및 조정, 각 본부 및 부서로부터 제기된 문제의 해결, 각 장소간 자원의 재배분 및 조정을 담당했다.[9]

경기종목별 대회운영본부는 경기 종목의 특성에 따라 구성하되 종목별 대회운영본

8) 경향신문사, 『실록 제5공화국』, 1987, 570쪽.

9) 『서울아시아경기대회백서』Ⅱ(대회운영편), 30쪽.

부장은 각 경기연맹 회장으로 하고, 사무총장은 대회까지 업무에 전념이 가능한 인사 중에서 선임했으며, 경기종목별로 자문위원회를 구성하여 운영본부장을 자문하게 했다. 사무차장은 인력, 물자, 예산, 공간의 운영을 관리·감독할 유능한 인력으로 보임하고, 경기부장은 경기단체의 임직원 중에서, 관리부장은 조직위원회 직원 또는 경기단체 임원 중에서 확보했다. 그 외 경기운영담당관 등 종목별로 15명 이상이 소요되는 인력은 경기단체, 조직위원회, 기타 유관 기관에서 선임했다.

대회 운영에 필요한 인력은 유관기관의 지원요원 및 자원봉사요원을 최대한 확보하고, 담당관급 이상의 요원 등 핵심요원은 조직위원회 직원이나 자원봉사요원을 활용하며, 자원봉사요원은 단체 응모자를 우선 활용하도록 했다. 대회 운영요원의 교육은 소양교육, 직무교육, 장소별 적응교육, 예행연습 등을 단계적으로 진행했다. 인력수급을 위한 업무 추진은 1986년 7월까지 해당 인력을 모집 확보하여 8월까지 선발하고 교육한 후, 9월에 현장에 배치했다.

서울아시아경기대회에 참여한 인력 전체 규모는 조직위원회 직원 1,084명, 정부·공공기관 등의 지원요원 8,716명, 자원봉사요원 1만 7,411명, 용역업체 관계자 8,604명, 단기고용요원 1,222명, 행사요원 1만 8,953명이었다. 이들은 29개 경기장 운영본부에 2만 3,217명, 행사장 운영본부에 2만 7,885명이 배치되었으며, 기타 지원부서에 4,888명이 배치되었다.[10]

대회 운영인력 동원에 있어 가장 큰 원동력을 제공했던 것은 자원봉사요원이었다. 조직위는 1985년 10월 2일부터 11월 10일까지 서울·부산·대구·광주·대전 등 전국적인 규모로 자원봉사요원을 모집했다. 자원봉사요원 모집에는 국민들의 적극적인 성원과 참여 자세가 그대로 나타나 마감일에 가까워질수록 응모자가 더욱 늘어났고, 미처 접수하지 못한 응모자를 위해 접수 마감일을 연장하여 모두 11만 6,294명에 이르는 사람들이 응모했다.

이 가운데 최종 선발된 인원은 경기장 1만 1,835명, 행사장 4,575명, 지원부서 1,001명 등 모두 1만 7,411명이었다. 직능별로 보면, 통역·번역에 1,681명, 경기 분야에 2,810명, 의무 441명, 행정 1,142명, 사무직원 272명, 기술 2,939명, 서비스 6,013명, 예술 및 종교 186명, 통제 1,927명 등이었다.[11]

대한체육회, 서울특별시, 문교부, 조직위원회에서 공동으로 86·88 양 대회 시설준비계획에 착수한 것은 1981년 11월 말부터였다. 이때 작성된 시설확보 기본방향에 따르면, 시설은 가급적 선수촌에서 당일 왕복이 가능한 지역 내에 배치하도록 했다. 기존 시설을 최대한 활용하되 부족 시설은 서울 인근의 지방자치단체와 학교가 이미 계획하고

10) 위의 책, 56쪽.

11) 위의 책, 54쪽.

있으나 착공하지 않고 있는 시설을 조기 완공하여 활용하고, 신규 시설은 대체 불가능한 경기시설에 한해 대회 후 활용성을 높일 수 있고 민간자본 유치가 가능한 시설을 추진하도록 방침을 세웠다.[12]

1982년 6월 23일 전두환 대통령은 '올림픽 및 아시아경기대회 주요 시설 배치조정 방안'을 재가했다. 그 주된 내용은 국립경기장 부지(79만 평)에 사이클(벨로드롬), 역도, 펜싱, 체조 경기장과 수영 경기장(올림픽 대비 시설) 등 신축 경기장을 집결하여 대회 운용을 용이하게 하며, 선수촌과 기자촌을 건설하여 쾌적한 생활환경을 제공하고, 체육계 학교를 이전하여 대회 후 경기시설의 활용도를 제고하며, 대단위 공원을 조성하여 세계적 명소를 만든다는 방침 아래 국립경기장 내에 사이클 및 체조경기장과 2개의 실내체육관을 건설한다는 것이었다. 86아시아경기대회의 경기장 시설 사용내역이 최종 확정된 것은 1986년 2월이었다. 경기장 시설 33개소와 연습장 51개소,[13] 그 밖의 시설로는 올림픽회관, 방송시설로는 KBS 구내의 아시아방송센터, 보도 지원시설로 한국전력공사 신축 사옥 중 별관 후생동을 프레스센터로 사용했다.

86·88대회 개최를 계기로 올림픽공원이 조성된 것은 뜻깊은 일이었다. 서울특별시 강동구 둔촌동 일대(79만 평)는 이미 1968년 4월 11일에 국립경기장 예정지로 지정(건설부 고시 제212호)한 바 있었기 때문이었다. 그리하여 여기에 경기장을 집결 신축하고 선수촌과 기자촌을 건설하며, 체육계 학교를 이전하고 대단위 공원을 조성키로 했던 것이다.

올림픽공원 건설공사는 1984년 4월에 기공식을 가졌다. 공사기간이 촉박하므로 설계 착수에 이어 공사 구역을 8개 공구로 분할했다. 8개 공구는 성내천 개수 및 단지 조성, 공원 조성, 사이클경기장 및 중앙공급실, 역도경기장, 펜싱경기장, 체조경기장, 올림픽회관 등이었다. 이 가운데 조직위원회 청사로 마련된 올림픽회관은 1984년 8월 24일에

12) 위의 책, 88쪽.

13) 육상 종목은 서울종합운동장 주경기장, 수영은 서울종합운동장 수영장, 양궁은 화랑양궁장, 배드민턴은 체조 경기장(올림픽공원 내), 농구는 서울종합운동장 체육관, 볼링은 동서울 볼링장이었다. 복싱은 서울종합운동장 학생체육관, 사이클은 벨로드롬(올림픽공원 내)·서울대공원 순환도로(개인 도로코스)·필리핀 참전비에서 임진각까지의 통일로 왕복코스(단체 도로코스), 승마는 서울승마공원 및 원당 경기장, 펜싱은 펜싱 경기장(올림픽공원 내), 축구는 서울종합운동장 주경기장을 비롯하여 동대문운동장, 대전 공설운동장, 광주 무등경기장, 대구 시민운동장, 부산 구덕경기장이었다. 골프는 한양컨트리클럽, 체조는 체조 경기장(올림픽공원 내), 핸드볼은 수원 실내체육관, 하키는 성남 공설운동장, 유도는 새마을체육관, 조정은 한강 조정경기장, 사격은 태릉 국제사격장, 탁구는 서울대학교 체육관, 태권도는 성균관대 실내체육관(수원), 테니스는 올림픽공원 내 테니스장, 배구는 한양대학교 체육관, 역도는 역도 경기장(올림픽공원 내), 레슬링은 상무체육관, 요트는 부산 요트경기장을 사용하도록 최종 확정되어 그대로 시행되었다. 연습장은 서울 35개소, 경기도 8개소, 기타 지역 8개소 등 모두 51개소이다.

착공하여 1986년 3월 25일에 완공했다. 올림픽회관은 지하 2층, 지상 15층에 연면적 1만 7,305평방미터로 사무실과 회의실, 전시실, 자료 보관실 및 대연회실 등을 갖춘 복합사무용 건물로 마련되었다.

1982년 4월에 서울아시아경기대회 조직위원회가 발족한 이후 1986년 말까지 대회에 소요된 비용은 616억 원이었다. 그리고 대회로 인한 수입은 632억 원으로 적자가 없는 균형예산으로 집행되었다.[14] 특히 632억 원 가운데 1.3퍼센트에 불과한 8억 원만 국고에서 지원하여 국민 부담이 거의 없이 대회를 치르게 되었다. 뿐만 아니라 86·88 양 대회 조직위원회 사무처를 통합 운영함으로써 86아시아경기대회로서는 인력·물자·시설 등 연계 활용이 가능한 부분을 공동 활용하여 인건비, 시설비, 기관운영비 등을 대폭 절감할 수 있었다.

부문별 운용 결과를 보면, 대회와 관련한 수입은 텔레비전 방영권 판매 9억 원, 선수촌 아파트 분양기부금 376억 원, 기념 주화·메달 및 기념품 판매 78억 원, 휘장 판매 57억 원, 입장권 판매 45억 원, 선수촌 입촌비 15억 원, 광고 판매 7억 원, 이자 및 정부보조금 등 기타 수입 45억 원이었다.[15] 대회에 사용된 경비는 경기 부분에 70억 원, 올림픽공원 시설과 주변 환경 장식, 연습장 개·보수 및 임시시설 설치 등 각종 시설투자에 129억 원, 대회 전산·통신·전자·방송 등 기술부문 투자에 62억 원이 소요되었다. 그밖에 선수단 급식, 관리본부, 식당 및 편의시설 설치, 부산·광주·대구 및 대전 지역의 분촌 운영 등 선수촌 운영부문에 56억 원, 인력·물자관리에 57억 원, 안전대책 및 상황실 운영에 71억 원, 의무·수송·홍보·의전 등에 90억 원이 투입되었다.

4) 대회 진행

서울아시아경기대회는 대회 시작 한 달 전인 1986년 8월 20일 86아시아경기대회 문화예술축전이 개막되면서부터 실질적인 대회에 들어갔다.[16] 9월 20일부터 시작되는 본 대회에 한 달 앞선 8월 20일부터 10월 11일까지 모두 53일간에 걸쳐 계속된 이 문화예술축전에서는 공연·전시 등 모두 32개의 각종 문화예술행사가 펼쳐져 경기 못지 않게 대회 전반의 분위기를 일찍부터 고조시켰으며, 각국 선수단은 이같은 문화예술 만남의 광장에서 아시아인으로서 일체감과 영원한 우정을 다졌다.

공연 행사는 86문화예술축전 개막제에 이어 연극제, 무용제 등이 이어졌다. 국악의 향연은 국립극장 소극장에서 시작되었고, 로얄오페라단 초청공연도 세종문화회관에

14) 위의 책, 77쪽.

15) 위와 같음.

16) 『서울아시아경기대회백서』 I (총괄편), 226쪽.

서 시작했다. 공연에서는 우리 민족사의 전개과정과 고전극, 무용, 민속음악 등 다채로운 우리의 전통문화 소개에 힘썼으며, 약동하는 선진 한국의 참 모습과 한민족의 우수성 등 한국의 발전상을 폭넓게 소개했다.

아시아인의 '영원한 우정과 전진'을 다짐하는 제10회 아시아경기대회는 9월 20일 서울 잠실에 자리잡은 서울종합운동장 주경기장에서 화려하게 개막되었다.[17] 전두환 대통령과 나카소네 일본 수상을 비롯한 국내외 귀빈, 사마란치 국제올림픽위원장, 파하드 아시아올림픽평의회 회장, 네비올로 하계올림픽종목연합회장 등 100여 명의 국제스포츠 지도자들과 경기장을 가득 메운 8만여 관중들이 지켜보는 가운데 아시아 27개국 4,800여 명의 선수들은 저마다 자기 나라의 명예를 걸고 선전을 다짐했다.

박세직 위원장은 대회사에서 "우리에게 꿈과 이상과 용기가 있는 한 아시아인의 우렁찬 전진은 무한하며, 우리 모두가 염원하는 평화는 기필코 이루어질 것"[18]이라고 말했다. 아시아올림픽평의회의 파하드 회장은 "오늘 이 고요한 아침의 나라에서 목격하게 되는 이같은 성공의 모습은 전체 아시아인의 전진과 평화를 위한 잠재력을 상징하는 것"[19]이라고 환영사에서 말했다.

전두환 대통령의 개회선언에 이어, 공수특전 단원들이 오색 연기를 내뿜으며 헬리콥터에 매달려 축하비행을 한 후 공중낙하했다. 2,500마리의 비둘기가 상공을 선회하는 가운데 대회기가 게양되었고, 경주 화랑교육원에서 채화된 대회의 성화가 육상선수인 장재근, 박미선 선수에 의해 성화대에 점화되었다. 이날부터 10월 5일까지 16일간 서울종합운동장 주경기장을 비롯, 33개 경기장에서 25개 종목 269개의 금메달을 놓고 아시아의 젊은이들은 그 동안 쌓아 온 기량을 마음껏 겨루었다. 한국 선수단은 복싱의 전 체급 경기에서 금메달 12개를 휩쓸어 '복싱 한국'을 과시했고, 육상에서도 획기적인 수준 향상을 재확인했다. 대회 마지막 날 전까지의 메달 경쟁에서 한국은 중국과 똑같은 92개의 금메달을 차지해 어깨를 나란히 했다. 4,000만 인구의 한국이 10억 인구의 중국과 대등한 성적을 올렸던 것이다.

대회 마지막 날, 박세직 조직위원장은 내외신 기자회견에서 북한의 88서울올림픽 참가 전망에 대해 "한국은 국제올림픽위원회의 북한에 대한 일부 종목 배정 제의에 동의하고 국제올림픽위원회에서 북한의 최종 답변을 기다리는 중"이라고 말하고, 서울올림픽대회 때에는 모든 문제점이 최소화되도록 최선의 노력을 다할 것임을 밝혔다.

10월 11일 대회 마지막 날, 한국은 축구에서 금메달 1개를 획득하는데 그쳤고, 중국은 육상에서 2개의 금메달을 추가시킴으로써 한국은 결국 1개의 금메달 차이로 2위에

17) 『서울아시아경기대회백서』Ⅱ (대회운영편), 483쪽.

18) 위의 책, 484쪽.

19) 위와 같음.

그쳤다. 그러나 경기내용에서 전 종목의 고른 성장 등 중국에 못지 않은 성적을 올렸으며, 국민적 성원과 우리 선수들의 불같은 투지가 합해질 경우, 우리는 무엇이든 해낼 수 있다는 소중한 자신감을 얻게 되었다. 그리고 이 자신감은 88서울올림픽대회도 충분히 치러낼 수 있다는 것을 의미하는 것이기도 했다.

5) 대회 성과

서울아시아경기대회는 대륙 단위의 종합국제대회를 개최한 경험이 없던 한국에 대해 대규모 국제대회 준비 및 운영 경험을 축적하게 했을 뿐 아니라 대회를 성공적으로 마침으로써 88서울올림픽대회 개최에 대한 자신감을 갖게 했다.[20] 그리고 아시아경기대회를 올림픽 수준에 못지 않게 성공적으로 치름으로써 88서울올림픽대회의 개최 능력에 대한 이때까지의 외부의 의구심을 일소하고 오히려 제24회 올림픽대회를 역대 어느 대회보다도 더 훌륭하게 치를 수 있다는 확신을 전 세계에 알렸다. 즉, 한국의 발전상 및 우수한 전통문화를 가진 한민족의 저력을 과시하여 88서울올림픽대회도 기필코 성공을 시키겠다는 한민족의 의지를 세계인이 인식하게 만든 것이었다.

86서울아시아경기대회는 88서울올림픽대회의 입장에서 보면 2년 남짓 박두한 서울올림픽대회를 겨냥하여 프레올림픽 성격으로 운영된 대회였다. 세계 각국의 참가자, 보도진과 국제스포츠기구 인사들은 대회의 완벽한 진행, 신속한 결과 처리, 그리고 독창적이고 장엄한 식전행사 개최와 우수한 시설을 직접 목격하고 나서 모두 88서울올림픽대회도 최고 수준으로 치르게 될 것임을 확신하게 되었다. 특히 다음 대회의 개최국인 중국이 경탄의 눈으로 바라보았고, 그 동안 서울올림픽대회를 부정적 또는 회의적으로 보아 온 국제올림픽위원회 간부들까지도 한국인의 억척과 끈기에 놀라움을 표시, 신뢰의 선을 넘어 경의를 표시하기에 이르렀다.

실제로 서울아시아경기대회를 통해서 본 88서울올림픽대회의 성공적인 개최 가능성에 대하여 선수, 임원의 82.3%, 보도 관계자의 85.1%, 관광객의 80.2%가 매우 긍정적인 반응을 보였다. 홍콩의 사우스차이나 모닝포스트지는 "한국은 중국의 대규모 선수단이 참가한 가운데 아시아경기대회를 성공적으로 치름으로 2년 후의 올림픽도 성공적으로 치를 수 있는 능력이 있음을 입증했으며, 앞으로 올림픽에 소련 및 동구 국가들의 참가도 기대할 수 있게 되었다"[21]고 분석 보도했다.

서울아시아경기대회의 대부분의 경기장은 올림픽에 대비한 시설이어서 아시아경기대회 수준을 훨씬 능가했고 경기운영도 당초의 염려에 비해 원활하게 이루어졌다.

---

20) 경향신문사, 앞의 책, 571쪽.

21) 『서울아시아경기대회백서』 I (총괄편), 332쪽.

또한 경기장마다 신속히 경기결과가 집계되어 컴퓨터에 입력되었고 즉시 대회 관계자에게 제공되었다. 인터뷰실의 운영이나 관중 안내, 관중 호응도 모두 무난한 편이었다. 대회에 참가한 각국 선수와 임원들은 경기장 시설물, 경기 진행 방식, 경기일정, 선수촌의 시설물에 대해 매우 큰 만족을 표명했고, 한국 안내원의 친절도에 대해서는 모두 긍정적인 반응을 보였으며 선수촌의 음식도 아주 만족하다는 의견이었다. 또한 아시아경기대회 기간 중의 공해 문제에 관해 90%가 전혀 영향을 받지 않았다고 대답했고, 문화행사에 대해서도 매우 호의적인 반응을 나타냈다. 그리고 선수촌과 경기장까지의 교통 편의시설과 방송센터의 기재와 장비의 유용도, 각종 보도자료 등에 대해서도 만족해 했으며 신변 안전도에 대해 절대 다수의 외국인들이 걱정 없다는 의견을 나타냈다. 아울러 국제올림픽위원회 위원장, 하계올림픽종목연합회 회장, 주요 국제경기연맹 회장 등 국제 스포츠기구의 인사가 대거 참관하고, 4대 통신 등 세계 주요 언론매체와 방송 매체가 대회를 취재하고 중계하는 등 깊은 관심을 보임으로써 세계 스포츠계에서 아시아경기대회의 비중이 크게 높아진 점도 특기할 사항이었다.

참가 성적면에서 보면, 한국의 급격한 상승, 중국의 정상 유지, 일본의 침체를 가장 큰 특징으로 볼 수 있었으며, 한·중·일 극동 3국이 금메달 총수의 91%를 차지하여 대부분의 종목을 석권한 것도 두드러진 점이었다.

중국은 제9회 아시아경기대회 때 아시아 정상에 우뚝 올라선 후 86대회에서도 금 94개, 은 82개, 동 46개 모두 222개의 메달을 획득하여 아시아 스포츠 최강국의 위치를 유지했고, 한국은 금 93개, 은 55개, 동 76개 모두 224개의 메달로 일본을 압도하고 중국을 위협하면서 2위를 차지했다. 일본은 금 58개, 은 76개, 동 77개로 211개의 메달을 획득했다. 그 외에는 이란이 금 6개, 은 6개, 동 10개였고, 인도가 금 5개, 은 9개, 동 23개였고, 부탄, 스리랑카, 아랍에미레이트, 북예멘, 몰디브는 메달이 없었다.[22)]

서울아시아경기대회는 대회 자체의 성과도 컸지만 한국과 한국인의 세계무대 등장을 부각시켰다는 점에서 역사적으로 큰 의미를 가지고 있다. 한국은 이 잔치마당을 통해 6·25의 한국이 아닌 성장 한국의 면모를 세계에 과시했고 전쟁의 참화를 딛고 일어나 33년 동안 이룩한 발전상을 전 세계에 보여주었다.

세계사의 주도 국가로 한국의 등장을 알리는 데에는 홍보가 큰 역할을 했다. 서울아시아경기대회의 성공으로 한국은 경제적 성장과 태평양지역의 경제적·정치적 기둥으로 자라난 개발도상국의 기수로서 괄목할 만큼 발전한 모습을 세계 만방에 알릴 수 있었던 것이다. 서울아시아경기대회에는 세계 42개국의 보도진 4,565명이 운집하여 동방의 작은 나라에서 벌어지는 서울아시아경기대회와 아시아의 정상권으로 발돋움

22) 위의 책, 324쪽.

한 자랑스러운 한국의 모습을 다투어 보도했다. 9월 18일부터 10월 6일까지 AP, UPI, AFP, 로이타 등 세계 4대 통신은 대회 관련 기사를 967건이나 전 세계에 타전했다.[23)]

이 대회에 참가한 각국은 국가와 이념을 초월한 격의 없는 우정을 나눔으로써 30억 아시아인이 하나의 대륙에 삶의 터전을 마련한 한 가족임을 확인하고, 아시아의 젊은이들이 최선을 다한 경쟁을 통해 서로의 기량을 극대화시키면서 아시아의 영원한 전진의 결의를 굳게 다지게 되었다. 세계인은 이를 통해 아시아인의 화합된 힘의 위력과 미래를 경이의 눈으로 바라보게 되었다. 한국은 서울아시아경기대회를 통해 아시아·태평양 시대를 여는 중요한 역사의 장을 열고 그 무대의 중심에 서게 된 것이었다.

서울아시아경기대회는 경기력과 스포츠외교 차원뿐 아니라 국민체육진흥 분야에 있어서도 기폭제가 되었다. 1982년 이후 '꿈나무' 육성정책의 결과 잠재력이 우수한 신인선수를 발굴하고, 지속적인 훈련을 실시함으로써 전 종목의 선수층이 현저히 두터워졌으며, 스포츠과학이 이번 대회를 통해 급격한 발전을 이루었다.

대표선수 상해보험제도, 체육연금의 확대, 부상선수 장애연금, 경기단체에서의 신기록 포상금 지급 등 우수선수 격려제도가 도입되고, 적극적인 선수 전용 훈련시설 확충 등으로 선수들이 마음놓고 운동에 전념할 수 있는 여건이 조성되어 지속적인 경기력 향상 여건을 성숙시켜 나갈 수 있었다. 86대회의 준비과정과 대회의 성공적인 수행과정에서 보여진 국민의 열기와 관심이 체육 생활화의 계기로 이어졌으며, 대회 관련시설의 대폭적인 확충으로 국민 체육공간이 크게 늘어났을 뿐 아니라 86대회를 성공시킨 경험이 국내 각종 대회의 운영 수준을 급격히 향상시켜 국민체육진흥의 질적 향상을 기대할 수 있게 했다.

2. 서울올림픽대회

1) 대회 유치

대한체육회는 1978년 9월 24일부터 10월 5일까지 태릉 국제사격장에서 개최된 제42회 세계사격선수권대회가 대성공을 거둔 것에 고무되어 올림픽대회 유치에 대한 구상을 펼쳐 가기 시작했다. 1979년 2월 제25대 대한체육회장에 취임한 박종규 대한사격연맹 회장은 취임과 동시에 조상호, 김세원 두 전직 대사를 부회장으로 영입하여 스포츠외교력을 강화하고, 실무연구반인 전문위원실을 설치하여 보다 구체적인 계획을 수립했다.[24)]

---

23) 위의 책, 328쪽.

먼저 대한체육회는 1979년 3월 제24회 올림픽대회 유치 건의안을 문교부에 제출했다.[25] 이에 문교부는 1979년 8월 3일 국민체육진흥심의위원회에 상정했고, 심의위원회는 당시 신현확 경제기획원장관을 위원장으로 박찬현 문교부장관, 박동진 외무부장관, 정상천 서울특별시장, 윤일균 중앙정보부 차장, 박종규 대한체육회장, 김택수 국제올림픽위원회 위원 등으로 7인 소위원회를 구성, 1979년 8월 22일 첫 회의를 가졌다. 소위원회에서는 국민총화와 대공산권 교류 및 대북한 우위 홍보를 위해 올림픽 유치를 추진하는 것이 바람직하다는 결론을 내렸다. 그 결과 제10회 아시아경기대회 유치계획도 함께 국민체육진흥심의위원회 전체회의에 회부하기로 결의했고, 심의위원회는 1979년 9월 3일 서면결의로 아시아경기대회 및 올림픽대회의 유치계획을 의결했다.

1979년 10월 8일 정상천 서울특별시장은 박종규 대한체육회장, 김택수 국제올림픽위원회 위원, 정주영 전국경제인연합회장, 박충훈 무역협회장 등이 배석한 가운데 세종문화회관에서 국내외 기자회견을 갖고 1988년 제24회 올림픽대회를 한국의 수도 서울에 유치할 것을 정식으로 발표했다.[26]

그러나 서울특별시가 제24회 올림픽대회의 서울 유치계획을 발표한 지 18일 후인 1979년 10월 26일 제4공화국의 종국을 가져온 10·26사태가 발생했다. 올림픽대회 유치의 결단을 내렸던 박정희 대통령이 숨지고, 올림픽 유치운동을 주도해 온 박종규 대한체육회장도 일선에서 물러남에 따라 올림픽 유치운동은 원점으로 돌아가고 말았다.[27]

1980년 7월 14일 조상호 대한체육회 부회장이 대한체육회 회장 및 대한올림픽위원회 위원장으로 취임하고, 9월 1일 전두환이 제11대 대통령에 취임하면서 올림픽 유치계획은 새로운 국면을 맞이했다. 제5공화국 출범 이후 대한체육회는 올림픽 유치계획을 원점에서 재검토하기 시작했다. 이때 전두환 대통령은 "전임 대통령이 결심하여 국내외에 공표한 일을 별다른 이유 없이 변경할 수 없을 뿐 아니라, 이 역사적인 사업을 추진해 보지도 않고 처음부터 패배의식 속에서 물러나서는 안 된다"[28]고 확고한 의지를 표명하여 유치계획이 다시 추진되었다.

대한올림픽위원회는 정부가 재확인한 올림픽대회 유치방침을 국제올림픽위원회 모니크 베를리외 사무총장 앞으로 보내, 국제올림픽위원회는 1980년 12월 4일 서울이 일본 나고야와 함께 공식 유치 신청 도시가 되었음을 발표했다. 이에 따라 국제올림픽위원회는 1980년 12월 15일 올림픽 유치에 따른 제반 사항을 검토할 설문서를 대한올림

24) 李學來, 『韓國體育百年史』, 한국체육학회, 2000, 535쪽.

25) 서울올림픽대회조직위원회, 『제24회 서울올림픽대회 要綱』, 1989, 34쪽.

26) 위와 같음.

27) 위의 책, 35쪽.

28) 위의 책, 36쪽.

픽위원회에 보내, 서울시의 올림픽대회 개최신청서 및 서울시 지원확인서와 정부 책임자가 서명한 올림픽대회 개최 보증서를 1981년 2월 28일까지 작성·제출할 것을 요구했다. 문교부는 서울시와 대한체육회 관계자들로 올림픽대회 유치대책협의회를 긴급히 구성하여 올림픽 유치신청서를 작성하고 이에 따른 예산확보 문제 등을 협의해 1981년 2월 26일 올림픽대회 유치신청서를 국제올림픽위원회에 제출했다.

정부는 국무총리 주재로 관계기관 회의를 거쳐 1981년 5월 19일 올림픽대회 유치대책실무위원회를 소집하여 서울올림픽대회 유치준비위원회를 구성했다. 준비위원회는 정주영 전국경제인연합회장을 영입하여 유치운동에 박차를 가했다. 서울올림픽대회 유치준비위원회의 구성에 합의를 본 올림픽대회 유치대책실무회의는 문교부 체육국장을 사무처장으로 하고, 대한체육회에 임시 사무실을 설치하여 본격적인 유치활동에 돌입했다.[29)]

정부는 외무부로 하여금 국제올림픽위원회 위원이 거주하는 나라의 상주 공관에 올림픽대회 유치 교섭을 벌이도록 지시하고, 국제올림픽위원들의 동향을 점검하여 각종 정보의 수집·분석 작업을 통해 올림픽 대회 유치 가능성을 증대시켜 나갔다. 1981년 8월 10일의 제4차 올림픽대회 유치대책회의에서 노태우 정무 제2장관이 거국적인 유치활동 전개의 필요성을 역설했고, 9월 1일 전두환 대통령이 유치 성사를 강력히 지시함에 따라 정부 차원의 활동은 총력전 태세로 접어들었다. 이에 따라 1981년 9월 4일 올림픽대회 유치활동을 위한 비상대책회의가 개최되었고, 노태우 정무 제2장관의 주도하에 올림픽대회 유치활동 대표단이 구성되었다. 바덴바덴 국제올림픽위원회 총회 3주일을 앞두고 구성한 유치대표단은 체육 관계 인사를 중심으로 재계 유력 인사와 정부관계 인사, 언론인 등 사회 각계각층을 망라한 106명의 대규모 인원으로 짜여졌다.[30)]

올림픽대회 유치대표단은 1981년 9월 18일 서울을 떠나 바덴바덴 현지에서 적극적인 유치활동을 펼쳤다. 우선 1981년 9월 29일 쿠르하우스 2층 국제올림픽위원회 총회 회의실에서 설명회를 가졌다. 총 83명의 국제올림픽위원 중 2명을 제외한 81명과 국제경기연맹 회장단이 참석한 가운데 박영수 서울특별시장의 인사말에 이어 조상호 대한올림픽위원장이 제24회 올림픽대회 서울 개최의 타당성을 역설하는 제안 연설을 했다. 한국의 발전상과 현대도시 서울의 올림픽 준비상황을 필름으로 담은 미니영화 '제24회 올림픽대회가 벌어질 한국의 수도 서울'을 상영한 후 국제올림픽위원 및 국제경기연맹 회장단의 질문에 답변했다.

9월 30일 80명의 국제올림픽위원들은 제24회 올림픽의 개최 신청을 한 서울과 나고야 중 한쪽을 선택하는 역사적인 결정을 내리기 위해 외부와의 출입이 통제된 회의실

29) 위의 책, 39쪽.
30) 위의 책, 43쪽.

에 모였고, 그로부터 1시간 45분 뒤에 사마란치 국제올림픽위원장이 위원들의 투표 결과 집계표를 들고 발표장에 나타났다. 한국과 일본의 모든 국민들은 생중계로 방영된 텔레비전을 통해 사마란치 위원장의 발표 장면을 직접 지켜볼 수 있었다. 결과는 서울이 52표, 나고야가 27표로 예상치 못한 서울의 압승이었다.[31)]

2) 대회조직위원회 구성

1981년 11월 2일 재단법인 서울올림픽대회 조직위원회 발기인 총회가 세종문화회관에서 개최되었다. 발기인 29명 중 26명이 참가한 가운데 임시의장에 정주영 전경련 회장을 선출하고, 발기인 29명 전원을 조직위원으로 선임했다. 위원 총회에서는 조직위원장에 김용식 대한적십자사 총재를 선출했고, 전두환 대통령을 명예총재로 추대했다.[32)] 설립 당시의 임원은 위원장에 김용식 대한적십자사 총재, 부위원장에 박영수 서울특별시장 등 4인, 집행위원에 김택수 국제올림픽위원 등 5인, 위원에 김집 대한올림픽위원회 부위원장 등 19인으로 구성하고, 사무총장에는 이원경 부위원장을 지명 추천했다. 대회조직위원회는 1981년 11월 25일 문교부로부터 설립인가를 받아 다음날 서울 민사지방법원에 설립등기를 마침으로써 행정적·법적 수속을 완료했다.

국회는 1981년 12월 16일 서울올림픽대회 조직위원회 지원법을 발의, 12월 31일에 법률 제3535호로 이를 제정·공포했다.[33)] 조직위는 12월 21일 서울특별시 종로구 운니동 삼환빌딩 3층에 재단법인 서울올림픽대회 조직위원회 사무실을 개설했다.[34)] 조직위원회는 대외적으로 명칭을 Seoul Olympic Organizing Committee(약칭 SLOOC)로 표기했다.[35)]

조직위원회는 국제올림픽위원회를 비롯하여 국제경기연맹 및 각국 국가올림픽위원회와 긴밀한 국제협력관계를 유지하고, 대내적으로 체육부를 비롯한 행정부서, 정부지원위원회, 대한체육회, 대한올림픽위원회, 서울특별시, 범민족 올림픽추진중앙협의회 등과 유기적인 협조체제를 구축했다.

조직위원회는 86아시아경기대회 후 88대회 중심체제로 전환하여 부위원장과 사무차장을 3인씩 배치시켜 행정·경기·국제담당으로 나누고, 1988년에 들어서서 대회운영종합본부를 설치했다. 대회운영종합본부는 경기본부 31개, 행사지원본부 7개, 지원

---

31) 위의 책, 46쪽.

32) 위의 책, 108쪽.

33) 위의 책, 109쪽.

34) 조직위원회 사무실은 1981년 서울 세종문화회관 4층에 임시로 개설되었다가 종로구 운니동 삼환빌딩 3층으로 이전했으며, 1982년 3월부터 중구 을지로 2가 한국외환은행 본점 빌딩으로 옮겼다가 마침내 1986년 5월 송파구 방이동 88번지에 소재한 올림픽회관에 입주했다.

35) 서울올림픽대회조직위원회, 앞의 책, 109쪽.

부서 25개 등을 운영하여 각각 기획, 자원 확보, 사업 추진, 대회 지원 등 행정지원기능과 경기, 행사 등 대회운영기능, 참가 유치, 외국인 관리, 홍보 보도 등 국제업무 수행기능을 강화했다.

정부는 1981년 12월 8일에 86·88대회와 관련한 주요 정책을 심의 조정하고, 조직위원회 사업에 대한 정부의 행정 및 재정지원을 위하여 국무총리를 위원장으로 하는 정부지원위원회를 구성하고, 지원실무위원회 등 실무기구도 구성했으며, 정부 각 부처와 지방자치단체로 하여금 재정, 인력, 시설, 장비는 물론 대회 여건 조성 등 각 부문에 걸쳐 국가적인 차원에서 지원하도록 뒷받침했다.

국회도 1981년 11월 30일 올림픽대회 개최에 따른 제반 사항의 지원, 올림픽 개최준비에 필요한 관계법안 심의 등을 전담 처리하기 위한 올림픽지원특별위원회를 설치하여 86·88대회 조직위원회지원법[36]을 1981년 12월 31일에 제정함으로써 동 법률과 시행령에 의거하여 법인·단체 직원의 파견 등 협조체제가 마련될 수 있도록 했다. 이처럼 올림픽지원법 및 동 시행령이 발효됨에 따라 국가 출연기관, 단체, 기업, 학교 등에서 직원 및 행사요원을 파견할 수 있었고, 시설 장비를 제공했으며, 국내 각 체육단체도 조직위에 전문가를 파견하여 전반적인 지원 협력이 가능하게 되었던 것이다.

조직위원회는 서울올림픽대회를 7단계의 단계별 시행계획에 따라 추진했다. 제1단계(1981. 11~12)는 기초 준비단계로서 조직위원회 발족, 사업추진체제 정비, 시설종합계획 시안 작성, 지원법 제정, 지원위원회 설치 등 대회 준비를 위한 기반 조성에 역점이 두어졌다. 제2단계(1982. 1~1983. 12)는 기본계획 수립단계로서 종합계획 및 종합시행계획 수립과 아울러 기금 조성을 위한 사업 시행 등을 추진했다. 제3단계(1984. 1~1986. 8)는 분야별 사업 추진단계로 투자사업의 본격 추진, 적극적인 국내외 홍보활동, 로스앤젤레스올림픽대회의 경험을 반영한 중간 점검, 서울아시아경기대회를 위한 시설장비 및 요원 양성 완료, 수익사업의 적극 개발 등 활동과 사업을 수행했다. 제4단계(1986. 9~1987. 8)에서는 서울아시아경기대회 개최로 축적된 경험을 토대로 서울올림픽대회 준비 상황에 대한 면밀한 분석을 가하여 문제점을 보완했고, 사무처 기구 등 제반 조직을 정비 강화했다. 제5단계(1987. 9~1988. 7)에서는 모든 역량을 서울올림픽대회에 집중하여 대회 준비에 마지막 박차를 가했다. 종합적으로 점검하는 가운데 세부 운영계획을 확정하는 한편, 선수촌과 기자촌 건설을 비롯한 각종 시설·장비 및 요원 배치 등에 관한 최종 점검이 이루어졌다. 제6단계(1988. 8~10)에서는 마지막으로 대회 운영을 위해 각 부서에 대한 일일점검체제를 확립하고 올림픽대회를 진행했으며, 제7단계(1988. 11~1989. 6)에서 올림픽대회를 결산하고 조직위원회 해산에 따른 청산 업무, 공식

---

36) 위의 책, 695쪽.

보고서 발간 등 사후조치를 강구하여 말끔히 마무리지었다.[37)]

3) 대회 참가규모 및 운영

몬트리올올림픽대회 개최 후 12년만에 동서 양 진영이 자리를 함께 한 진정한 올림픽대회이며 인류 대제전으로 펼쳐진 제24회 서울올림픽대회는 최대 참가국(160개국), 최대 참가 선수단 인원(1만 3,600명)을 기록하면서 16일간 23개 정식종목, 3개 시범종목, 2개 전시종목에서 과거 어느 대회보다 수준 높고 치열한 격전을 펼쳐 보여주었다.[38)]

대회조직위원회는 서울올림픽대회의 이념 제정을 위해 학계·언론계·체육계 인사들로부터 청취와 자문을 거쳐 1984년 6월 '화합과 전진'을 구호로 하는 대회이념을 채택했다. 대회이념은 한국의 평화 의지를 부각시키고, 올림픽헌장 준수 및 인류 공동의 화합과 전진 추구를 천명하며, 한국의 전통문화 선양과 모범적인 대회 개최를 강조하여 서울올림픽대회의 의의를 선명하게 부각시켰다.

서울올림픽대회는 체제와 이념, 종교와 인종의 차이를 초월하여 세계의 젊은이들이 한자리에 모여 스포츠를 통한 친목과 우의를 다지고, 궁극적으로 세계 평화 건설에 이바지하는 것을 대회이념으로 삼았다. 대회이념은 '최다의 참가, 최상의 화합, 최고의 성과, 최적의 안전 및 봉사, 최대의 절약'을 목표로 내세워 대회 운영의 묘를 추구했다.

대회 운영조직은 1986년 7월 10일 공표된 서울아시아경기대회·서울올림픽대회 운영규정(대통령령 제11946호)에 근거하여 구성되었다.[39)] 대회 운영조직 구성은 조직위원회 계층을 단순화하여 대회 운영의 효율성과 신속성을 도모하고, 경기와 행사본부 중심의 운영체제가 될 수 있도록 구성하되, 종합지원 및 중앙통제가 가능하도록 이원적 조직으로 운영되도록 했으며, 대회 준비 및 운영상의 종합지원과 주요 문제점 해결, 그리고 정책사항 결정 등을 위해 집행회의, 운영회의, 조정회의 등 의사결정회의를 구성·운영했다.

대회 운영종합본부의 체계는 대회장 아래 4명의 부대회장이 있고, 그 산하에 2명의 운영본부장과 4명의 운영부본부장 등 11명이 있어 조직위원회의 지휘부를 이루었다. 지휘부 산하의 현장 조직으로 31개 경기본부, 25개 지원부서가 배치되었다. 지휘부는 조직위원장이 대회장을 겸하고, 4명의 부대회장은 서울특별시장, 조직위원회 국제관계부위원장, 조직위 사무총장, 안전조정통제본부장이 맡았다. 2명의 운영본부장은 부대회장인 조직위원회 국제관계부위원장과 사무총장이 겸했고, 4명의 운영부본부장은

---

37) 위의 책, 121~122쪽.

38) 대한올림픽위원회, 『KOC 50年史』, 1996, 190쪽.

39) 서울올림픽대회조직위원회, 앞의 책, 127쪽.

전상진(전 유엔대사) 등 3명의 사무차장과 정책연구실장이 맡았다. 각 행사장 본부의 기본조직은 본부장 아래 단장과 사무차장을 두고 운영부장, 지원부장, 관리부장, 총무부장이 각기 분야별 업무를 관장했다. 행사장은 행사 운영, 행사 지원, 행사장 관리, 기관 운영 등으로 분류 조직되었으며, 행사 규모와 업무 성격 및 그 특성을 감안하여 조직위원회가 전담 운영하는 조직은 지휘체계의 일원화를 위해 각 본부장 산하로 편성·운영하면서 개별 운영조직의 독립성을 유지하게 했다.

선수촌 운영단, 선수촌 병원, 기자촌 운영단이 숙소지원본부에 소속되었으며, 성화봉송 운영단, 개·폐회식 운영단, 세계미술제 운영단이 문화식진본부에 소속되고, 본부호텔 운영단, 올림픽패밀리타운 운영단, 등록 운영단이 국제협력본부에 소속되었다. 방송·보도·영접 등 전문 분야이면서 조직위원회와 협동적 업무의 특성을 지닌 본부는 관계기관장을 본부장으로 영입하여 운영했다. 즉, 방송본부장에는 KBS 사장, 보도본부장에는 연합통신사 사장, 영접본부장에는 국제공항관리공단 이사장이 영입되었다.[40]

대회 운영요원의 수급 업무를 주관한 인력지원단은 1988년 7월에 발족, 대회 종료시까지 운영되었다. 조직은 단장 아래 관리차장, 교육차장, 후생차장의 3개 차장과 상황, 운영, 관리, 교육, 교육 2, 급식, 처우 격려부의 7개 부장으로 편성되었으며, 인력 구성은 조직위원회 직원 31명, 자원봉사자 486명, 지원요원 9명, 단기고용 30명 등 총 556명이었다. 실제로 대회 운영에 동원된 대회 운영요원은 조직위원회 직원 1,435명, 자원봉사요원 2만 7,221명, 지원요원 1만 8,281명, 단기고용 2,774명 등 4만 9,712명으로 전체 운영요원의 55%를 자원봉사자로 충원하여 국민의 자발적인 참여를 유도했다.

제24회 서울올림픽대회에 참여한 인력자원을 넓은 범위로 보면, 대회 운영에 직접 참여한 운영요원 4만 9,712명, 개·폐회식 등에 출연한 대회 출연자 2만 6,143명, 안전업무에 기여한 대회 안전요원 11만 2,009명, 그리스로부터 개회식장까지 성화 봉송에 참가한 성화주자 2만 1,207명, 용역업체에서 대회 운영요원이나 다름없이 근무한 용역요원 1만 4,822명 등 총합 22만 3,893명에 달했다. 이같은 방대한 인력자원은 1988년 9월 서울올림픽대회가 개최된 달에 한국을 찾은 선수·임원 등 올림픽 패밀리와 일반 관광객을 합한 약 24만여 명에 거의 맞먹는 숫자였다.[41]

경기장 확보는 국제경기연맹의 요구사항을 최대한 반영한다는 전제 아래 기존 시설을 최대한 활용하며, 부득이한 경우에 한해 새로 건설하되, 대회 후 시설의 활용성을 고려한다는 방침 아래 추진되었다.[42] 올림픽대회 유치 후 세운 당초 계획은 경기장 43개, 연습장 69개 등 모두 112개를 사용키로 했으며, 새로 건설할 경기장은 체조, 승마,

40) 위의 책, 129쪽.
41) 위의 책, 137쪽.
42) 위의 책, 177쪽.

사이클, 요트, 조정(카누)경기장 등 5개소로 계획되었다.

1982년 3월 20일 발족한 체육부는 조직위원회와 정부 각 부처에서 작성한 대회 관련 준비사업계획을 종합 조정하여 8월 10일 경기장의 소요와 확보에 대한 종합계획을 수정했다. 여기서 제시된 안을 토대로 하여 국무총리 행정조정실[43]은 1983년 12월 종합 시행계획을 확정, 전체 시설을 113개로 결정했다. 그러나 86아시아경기대회 이후 시설의 증설이 불가피해 서울올림픽대회 전 경기장 및 관련 시설은 경기장 34개, 연습장 72개, 관련 시설 70개, 문화 행사장 88개 등 264개로 최종 결정되었다.

경기장 시설 배치는 정책적인 차원에서 서울종합운동장과 올림픽공원에 집단화하여 경기의 능률을 극대화하고, 경제적인 과부담을 안겨 주는 시설의 낭비를 줄이기 위해 기존 시설을 이용한 분산 지역 등으로 구분 배치했다. 즉, 서울종합운동장에는 올림픽 주경기장, 잠실수영장, 잠실체육관, 잠실학생체육관, 잠실야구장 등 5개 경기장을 집중 배치했고, 올림픽공원에는 사이클, 펜싱, 체조, 테니스, 역도, 수영 등 6개 경기장을 집단화했으며, 기타 경기장으로 화랑 양궁장, 서울승마공원, 원당 종합마술경기장, 동대문운동장, 새마을체육관, 장충체육관, 로얄볼링센터, 근대5종경기장, 대전 공설운동장, 광주 무등경기장, 대구 시민운동장, 부산 구덕운동장, 수원 실내체육관, 성남 공설운동장, 한강 조정/카누 경기장, 태릉 국제사격장, 서울대학교 체육관, 한양대학교 체육관, 상무체육관, 부산 요트 경기장 등 20개 경기장과 마라톤 코스, 경보 코스, 사이클 도로코스 등 23개 경기장이 마련되었다.[44]

올림픽 주경기장의 설계는 이조 백자의 모형을 본떠 선형을 이루도록 했고, 스타디움 전체에 지붕을 씌우고 이로 인하여 받게 되는 인장력을 선형으로 버티도록 했다. 서울특별시는 1977년 11월 28일 부지 면적 41만 3,000평방미터에 10만 명 수용 목표로 공사에 착수했다. 경기장 둘레 830미터, 지하 1층 지상(스탠드) 3층의 타원주 시설물을 세워 그 속에 마치 궁정을 연상케 하는 필드에는 트랙 8코스에 국제 규격으로서 전천후 트랙재 노덱스를 포설하고 트랙 안 중정에는 들잔디로 덮었다. 경기장 면적은 7만 1,947평방미터, 좌석 수 6만 9,841석, 건물 높이는 최고 47미터였다.[45] 주경기장은 86아시아경기대회 후 1987년 5월부터 1988년 6월까지 보수공사에 들어가 총 48억 9,000만 원을 투입하여 20미터 높이의 성화대를 세웠고, 내외부 도장 공사와 흡음 공사를 했으며,

43) 당시 행정조정실장은 후일 총무처장관과 노동부장관, 대한체육회장을 역임한 이연택이 맡고 있었다. 이연택은 올림픽 유치과정 때부터 정부측의 행정지원 실무 책임자로 참여한 실질적인 88서울올림픽의 산파역이었다. 서울올림픽기념 국민체육진흥공단 이사장직을 거친 그는 2000년부터 2002년 월드컵축구대회 조직위원회 공동위원장직도 성공적으로 수행했다.

44) 서울올림픽대회조직위원회, 앞의 책, 177~178쪽.

45) 위의 책, 180쪽.

주변 수목 식재 및 데크 위 표면 처리를 하여 준비에 만전을 기했다.

제24회 서울올림픽대회는 흑자 올림픽으로 기록될 수 있었다. 조직위원회의 재정 운영은 수입원의 적극 개발과 함께 최대의 절약을 대회 5대 목표의 하나로 설정해 처음부터 수지균형을 기본방침으로 투자해 나갔다. 조직위원회는 대회에 소요될 직접 경비로 7,477억 원을 책정, 이를 자체 조달한다는 방침으로 기금 조성목표를 세웠다. 기금 조성은 TV 방영권 판매 및 휘장사업과 기념품·복권 발행 등 수익사업과 비수익 사업인 성금·기부금 사업으로 분류되어 추진되었다.[46]

조직위원회의 의욕적인 수입 확보 목표는 사상 최대의 대회 참가 규모와 동서 화해 및 올림픽 분위기 조성에 힘입어 무난히 달성되었으며, 집행과정에서의 절약으로 3,414억 원의 흑자[47]를 기록하여 서울올림픽대회의 성공에 크게 기여했다. 기금 조성은 TV 방영권 판매 2,247억 원, 휘장사업 708억 원, 기념주화 및 기념메달 1,352억 원, 기념우표 29억 원, 광고사업 265억 원, 복권사업 1,188억 원, 입장권 판매 275억 원, 입촌비 수입 1,920만 달러, 성금 및 기부금 2,113억 원 등으로 이루어졌다.

조직위원회는 대회 기금의 운용을 위해 1983년 1월 1일자로 회계규정을 제정하여 시행했다. 조직위원회 예산 및 회계를 총괄하는 회계 책임자는 위원장이며, 예산 및 회계업무에 관해 기획조정국장이 종합·조정하는 업무를 수행했다.

4) 대회 진행

1988년 9월 17일 서울종합운동장 올림픽 주경기장에서 장엄하고 화려한 제24회 서울올림픽대회의 막이 올랐다. 개회식은 160개국 1만 3,000여 명의 선수단과 10만의 관중, 50억 세계인들이 지켜보는 가운데 진행되었다.[48]

장엄한 용고를 앞세운 사전 마당에 이어 펼쳐진 공식행사는 각국 민요를 편곡하여 만든 행진곡에 맞추어 올림픽의 발상지 그리스 선수단을 필두로 한글 가나다 순서로 각국 선수단이 입장함으로써 시작되었다. 한국 선수단은 마지막으로 입장했다. 이어 박세직 서울올림픽대회 조직위원장이 대회사를, 사마란치 국제올림픽위원장이 환영사를, 이학래 한양대 교수가 임원 및 심판대표 선서를, 허재와 손미나가 선수대표 선서를 했다. 그리고 노태우 대통령의 개회선언에 이어 그리스 올림피아의 헤라 신전에서 채화된 성화가 점화됨으로써 올림픽의 막이 올랐다. 식후 공연행사에는 '좋은 날, 혼돈,

---

46) 위의 책, 219쪽.

47) 1989년 4월 20일 현재 집계된 조직위의 사업수입 총액은 9,098억 원으로 최종 집계되었으며, 지출총액은 5,684억 원으로 나타나 3,414억 원의 흑자를 기록했다.

48) 서울올림픽대회조직위원회, 앞의 책, 370쪽.

벽을 넘어서, 정적, 새싹, 화합, 한마당'의 7개 작품이 등장했다.[49] 서울올림픽은 완벽한 시설과 하늘이 준 화창한 날씨와 봉사정신에 가득찬 운영요원들의 열의가 조화를 이루어 16일간의 열전 끝에 33개의 세계신기록과 227개의 올림픽신기록을 수립했다.

'세계는 서울로, 서울은 세계로'라는 슬로건과 같이 50억 전 세계 사람들을 흥분시키고 감동시키면서 '서울, 코리아'의 이미지를 새롭게 해준 역사적인 이 대회에서, 한국 선수단은 금메달 12개, 은메달 10개, 동메달 11개로 한국인은 물론 전 세계인을 깜짝 놀라게 한 기적적인 성적을 올리면서 종합성적 세계 4위라는 대위업을 달성했다.[50] 대한민국의 국호로 참가하기 시작한 1948년 런던대회 이후, 1976년 몬트리올대회까지 28년간 금메달 1개와 소련을 위시한 동구권이 불참한 1984년 로스앤젤레스대회의 금메달 6개에 비교하면 이 대회의 성과는 놀라운 것이었다. 당초 6개 이상의 금메달을 획득하여 종합순위 10위 이내, 아시아 스포츠 정상 확보라는 목표를 설정한 것은 84로스앤젤레스올림픽과 86서울아시아경기대회 성적을 토대로 최악의 경우를 고려했던 것이었다. 그러나 87, 88년 2년간의 집중적인 강화훈련이 큰 효과를 이루면서 홈그라운드의 이점(숙식, 기후, 경기장 적응 및 국민적 대성원), 선수 개개인의 정신적 안정감, 긍지, 상승적 무드, 각 경기단체의 적극적 활동과 개최국에 대한 대회 임원의 긍정적 평가 및 협조 등으로 한국 선수단이 기대 이상의 좋은 성과를 거둘 수 있었다.

10월 2일 폐회식의 개막을 알리는 에밀레종이 울리며 폐회식 공연행사의 첫 작품 '우정'이 펼쳐졌다. 300명의 기수단을 선두로 각국 선수들이 입장한 후 박세직 조직위원장과 사마란치 국제올림픽위원장이 연단에 나서자, 그리스 국가에 맞추어 그리스 국기가 게양되고 애국가에 맞추어 태극기가 중앙 깃봉에 게양되었으며, 다음 올림픽대회를 개최할 스페인 국가에 맞추어 스페인 국기가 게양되었다. 이어 작품 '오작교'와 '떠나는 배'가 이어졌고 끝남과 동시에 박세직 조직위원장이 폐회사를, 사마란치 국제올림픽위원장이 폐회선언을 했다. 김용래 서울특별시장이 사마란치 국제올림픽위원장에게 공식 올림픽기를 반납했고, 사마란치 국제올림픽위원장은 스페인의 파스칼 마라겔 바르셀로나시장에게 이를 넘겨주었다. 이후 장고춤을 비롯한 공연들이 이어졌고 강강술래를 원형으로 한 출연자들과 각국 선수들의 마지막 춤으로 서울올림픽대회는 막을 내렸다.

5) 대회 성과

올림픽대회는 단순한 스포츠 행사가 아니었다. 그것은 오히려 정치·외교·경제·

49) 위의 책, 377쪽.

50) 대한올림픽위원회, 앞의 책, 190쪽.

사회·문화 등 국가 사회의 제 분야에 막대한 영향을 미쳤다. 한국은 올림픽대회 서울 유치가 확정된 1981년 10월 이후 7년 동안 이를 뒷받침하기 위해 체육부를 발족하는 한편, 국가정책으로 막대한 인적·물적 자원을 동원하여 필요한 스포츠 및 관련 시설을 마련하느라 애써 왔고, 국민들에게 올림픽대회의 의의와 중요성을 인식시켜 자발적인 협조체제를 구축하기 위해 노력했다. 그리고 올림픽대회 역사상 양적·질적으로 이전에 볼 수 없었던 성과를 이루어 냈다.

서울올림픽대회가 한국 체육에 끼친 가장 큰 영향은 체육에 대한 국민들의 인식을 긍정적인 방향으로 크게 바꾸어 놓았다는 데에 있었다. 체육은 스포츠에 소질 있는 소수 엘리트 선수들만의 전유물이라는 일반적인 인식을 바꾸어 체육이 기록 경신에만 의미가 있는 것이 아니라 정치·경제·문화 등의 제반 사회적 영역과 밀접한 관련 속에 있으며, 이들 영역에 큰 영향을 끼치고 있음을 생생하게 깨닫게 된 것이었다. 뿐만 아니라 체육이 건강 증진은 물론, 보다 질 높은 삶에 끼치는 영향을 깊이 인식하게 되어 체육에 대한 관심이 고조되었다. 결과적으로 자생적인 체육인구가 크게 급증했고 국민생활체육 발전의 사회적 기반이 조성되기에 이르렀다. 또한 올림픽 준비과정에서 이를 뒷받침할 전담기구의 제도화, 곧 행정부에 체육부를 신설함으로써 한국 체육발전을 위한 명실상부한 기틀을 다지게 되었다. 한마디로 체육에 대한 국민들의 인식 변화와 체육인구의 저변 확대, 체육에 대한 참여도 증대는 제도적인 뒷받침을 필요로 했고, 체육행정조직이 강화로 이러한 국민적 여망에 부응할 수 있게 된 것이었다.

서울올림픽대회는 "우리도 해냈다"는 자긍심과 함께 "마음만 먹으면 무엇이든 할 수 있다"는 자신감을 심어 주었다. 민족적 자긍심을 확고히 하게 된 것이며, 그것은 우리로 하여금 일제에 의한 식민통치 시대와 광복 후 강대국의 지배하에서 형성된 민족적 열등감이라는 심리적 대외 종속상태에서 벗어날 수 있는 계기를 갖게 했다고 할 수 있다. 서울올림픽대회는 국민들로부터 다방면에서 광범한 호응을 얻어냄으로써 사회정서적 차원에서 국민통합을 이루는 데 기여했다. 올림픽대회 행사기간 중에 있었던 문화예술축전 및 개·폐막식 등은 국민으로 하여금 한국 전통문화예술의 가치를 재인식하게 만들었다. 사회적으로 또 하나의 성과는 160개국 사람들과 한국 땅에서 직접 접하게 되는 경험을 가지게 된 것이었다. 이것은 국민의식을 일깨워 국제화시키는 전기를 마련해 주었고, 특히 국민들 사이에 공산권 국가들에 대해 개방적인 태도를 형성케 함으로써 냉전논리에 바탕을 둔 이념의 장벽이라는 정치적 억압 이데올로기의 사회적 기반을 허물어 버리는 데 결정적으로 기여했다.

한편, 서울올림픽대회 개최는 한국 사회의 민주화에도 크게 기여했다. 제5공화국은 12·12사태라는 폭력적 방법으로 정권을 장악하고 이를 공고히 하는 과정에서 광주민주화운동을 촉발시켜 근본적으로 정통성 위기를 안고 있었기 때문에 이를 극복하기 위해 서울올림픽대회 개최에 집착했고, 유치를 성사시켰던 것이 사실이었다. 그러나 전두환 정권은 권력을 계속 유지하기 위해 1987년 4월 민주화를 거부하는 4·13 호헌조치를 공표했고, 이로 인해 6월 항쟁이 폭발했을 때 친위쿠데타 등 극단의 조치를 취하지 못한 것은 그 이듬해 열릴 서울올림픽대회를 무산시킬 수 없었기 때문이었다. 이런 의미에서 본다면, 서울올림픽대회는 정권 유지를 위한 도구적 성격에서 출발하여 오히려 정권 연장을 가로막는 역할을 한 셈이었다.

대외적으로 서울올림픽대회는 동구 공산권에 한국의 존재를 인식시키는 계기가 됨으로써 헝가리와의 수교를 필두로 유고슬라비아, 폴란드, 체코슬로바키아 등 동구제국들과의 관계 개선으로 이어지는 성과를 가져왔고 제3세계 외교 확충 목표에도 기여했다. 이는 대서방 일변도였던 외교의 편향성 극복은 물론 북한과의 관계 개선을 위한 압력 요소로도 중요성을 가졌다. 올림픽을 계기로 한국 국민들의 대공산권 적대감정이 완화되고 중국의 한국에 대한 인식이 호전됨으로써 지금까지의 한·중 관계를 한 단계 높이는 데에 크게 기여했으며, 중국이 북한의 동맹국으로서 한반도 평화에 가장 크게 영향을 미치는 국가라는 점에서 한·중 관계의 개선과 남북한 통일환경 조성에 결정적인 의미를 지니게 되었다.

특히 소련의 참가로 1980년 이래 분단되었던 올림픽대회를 전 세계의 축전으로 재통합시킨다는 의미를 담게 되어 한국의 외교적인 역량을 과시했다. 당시 소련은 북한에 가장 강력한 영향력을 미치는 공산권 종주국으로서 한국과는 어떤 외교관계도 없던 상황에서 최대 규모의 선수단 및 대규모 문화사절단을 파견했고, 이는 한반도의 통일환경에 커다란 영향을 미치지 않을 수 없었다.

이렇게 서울올림픽대회는 외교·안보·통일환경에 막대한 영향을 미침으로써 제6공화국의 북방 외교정책이 국민의 지지 기반을 획득하는 데 기폭제로 작용했다. 북방외교의 가시적 성공과 서울올림픽대회의 성공적 개최가 결코 무관하지 않았던 것이다. 서울올림픽대회를 계기로 조성된 전반적인 동서 화해무드와 탈이데올로기, 탈군사화를 바탕으로 전 세계가 냉전의 벽을 넘어 실리를 추구하는 새로운 계기를 이루어 나간 것이다.

경제적인 측면에서도 한국 경제의 선진화를 촉진시키는 계기를 제공했다. 첫째로 서울올림픽대회는 지금까지의 다른 올림픽대회와는 달리 대회 자체의 수지면에서 흑자를 기록했을 뿐만 아니라 국민에게도 적은 부담을 주었던 경제성이 높은 대회였다. 올림픽대회 여건 조성을 위해서 과다한 신규투자 대신 기존 시설을 십분 활용하는 운영의 묘를 살렸고, 또 올림픽 관련 투자사업의 대부분은 산업발전과 국민생활 편익 증진에 필수적으로 요구되는 것이었다.

둘째로 올림픽 관련사업 투자가 국민경제에 미치는 영향을 극소화할 수 있었다.

올림픽사업으로 인한 경기과열 또는 대회 개최 후의 경기후퇴라는 부작용이 적었기 때문이다. 이는 올림픽 관련사업의 총투자액이 우리 나라 총투자규모의 1.6%에 불과했을 뿐만 아니라 1982년부터 1988년까지 7년 동안에 분산되어 투자되었기 때문에 가능했다. 오히려 올림픽 관련 투자사업은 당시의 침체되었던 경기를 진작시키는 효과를 가져 왔다.

셋째로 TV 중계료 등 해외수입이 획기적으로 증대되었고, 관광객의 급증으로 외화수입이 크게 늘어났으며, 대회 운영사업에 소요되는 경비는 올림픽 조직위원회의 수입으로 충분히 조달될 수 있었다. 관광·스포츠·레지산업 및 전자통신산업 등 관련 산업이 발전하는 계기가 되었음은 물론이고, 한국의 이미지가 고양되고 한국의 상표가 세계시장에 알려짐으로써 수출 증대 및 수출시장 다변화와 경제적·기술적 교류의 기회를 증대시키는 데 기여했다. 또한 중국·소련 및 동구권 국가들과의 경제협력을 증진하는 결정적인 계기가 되어 북방 경제협력의 기반 조성과 교역시장을 다변화할 수 있는 계기를 마련하게 했다.

서울올림픽대회는 국제사회에 미친 영향도 다양하고 광범했다. 세계 각국의 언론들이 분단상황, 개발도상국, 올림픽의 정치적 이용, 상업화 경향 등의 국내외적으로 불리한 여건에도 불구하고 서울올림픽대회를 대성공으로 이끌어 낸 점을 평가하여 알림으로써 한국의 발전상과 저력이 국제사회에서 확실한 자리를 차지하게 하는 데 기여했다. 이처럼 서울올림픽대회의 성공적인 개최로 한국은 개발도상국가의 모범으로 부상되기에 이르렀다. 임원, 선수, 관광객 등으로 한국을 방문했던 사람들이 한국에 대해 긍정적이며 호의적인 이미지를 형성할 수 있는 계기가 되었고, 이로 인해 세계 각국에서 영향력을 끼칠 수 있는 인물들이 한국 사회와 문화에 대한 이해를 깊게 할 수 있게 되었던 것이다.

6) 86·88국제스포츠과학학술대회

올림픽스포츠과학학술대회는 국제올림픽위원회(IOC)에서 공인한 올림픽대회의 3대 행사(경기, 문화, 학술)의 하나이다. 그 기원은 근대올림픽의 창시자인 쿠베르탱이 "올림픽운동이 지향해야 할 이상이 단순한 경기에 그치는 것이 아니라 경기와 학술, 그리고 예술의 균형적 조화를 이루는 데 있다"고 말한 데에서 비롯되었다. 특히 20세기 후반에 들어와 스포츠가 보편화되고 올림픽대회의 경기력 향상이 필수적으로 요구됨에 따라 스포츠과학의 연구분야 확대는 물론 학술대회 역시 질적·양적인 면에서 성장을 거듭하여 올림픽대회가 개최될 때마다 이에 대한 정보 교환 및 학문적 교류 협력을 유도하는 차원에서 1964년 도쿄올림픽대회 이후 국제올림픽위원회가 공인하는 올림

픽대회 행사의 일환으로 관례화되었다.[51)]

1964년 도쿄올림픽대회 때 일본 체육학회와 스포츠의학회가 공동으로 도쿄올림픽학술대회조직위원회를 구성하고 국제체육연맹(FIEP), 국제스포츠과학·체육평의회(ICSSPE), 국제스포츠의학연맹(FIMS)의 적극적인 협조하에 국제스포츠과학학술대회를 개최했다. 이에 영향을 받아 1966년 방콕아시아경기대회에서도 스포츠과학학술대회가 개최되었으며, 이후 올림픽대회는 물론 아시아경기대회에서도 스포츠 과학자 및 경기지도자들의 학술행사로서 정착되었다.[52)]

86아시아경기대회스포츠과학학술대회 준비를 위해 1985년 1월 86아시아게임과 88올림픽 스포츠과학학술대회 조직위원회가 발족되었다.[53)] 학술대회 조직위원회는 장충식 위원장(단국대학교 총장)을 비롯하여 5명의 부위원장과 20명의 집행위원을 포함, 50명의 조직위원으로 구성되었다. 그 산하에 전문위원회와 실무 집행기구인 사무처를 두었다. 전문위원회는 학술전문위원회와 사업전문위원회로 나누었고, 학술전문위원회는 체육사, 스포츠철학, 스포츠사회학, 스포츠교육, 체육행정, 운동생리, 운동역학, 스포츠심리, 스포츠의학, 특수체육, 측정평가, 무용 등 12개의 분과를 두었으며, 사업전문위원회는 총무, 섭외, 홍보, 출판, 의전 등 5개 분과로 구성했다.

이러한 준비 끝에 86아시아경기대회스포츠과학학술대회가 1986년 9월 16일부터 18일까지 단국대학교 천안캠퍼스 국제회의장에서 개최되었다. '스포츠를 통한 보다 나은 삶(Better Life through Sports)'을 주제로 개최된 이 학술대회에는 33개국에서 611명이 참가했으며, 185편의 논문이 발표되었다. 185편의 발표논문 가운데 87편이 국내 학자들에 의해 발표되어 한국 스포츠과학의 진흥을 도모하고, 스포츠과학에 있어 국제교류를 증진시키는 등 적극적 역할을 담당하여 한국 체육학의 지위를 국제적으로 향상시키는 계기가 되었다.[54)]

이렇게 아시아경기학술대회를 성공적으로 치른 후 그 경험을 바탕으로 1987년 4월 조직위원회의 기구를 개편하고 임원을 개선했다. 즉 올림픽학술대회의 효율적 준비와 사업의 방대함을 감안하여 사무처를 확대 개편하여 사업전문위원회 기능을 흡수했다. 사무처에는 사무총장 밑에 국내담당 사무차장과 국제담당 사무차장을 두고 기존의

---

51) 서울올림픽스포츠과학학술대회 조직위원회, 『서울올림픽스포츠과학학술대회 결과보고서』, 1988, 29~30쪽.

52) 서울올림픽스포츠과학학술대회 조직위원회, 『86아시안게임스포츠과학학술대회 결과보고서』, 1986, 11쪽.

53) 서울올림픽스포츠과학학술대회 조직위원회, 『서울올림픽스포츠과학학술대회 결과보고서』, 1988, 40~42쪽.

54) 서울올림픽스포츠과학학술대회 조직위원회, 『86아시안게임스포츠과학학술대회 결과보고서』, 1986, 243쪽.

총무과와 운영과의 2과에다 기획실과 국제과를 증설하여 1실 3과로 개편하고 11명의 직원을 24명으로 증원하여 대회준비에 박차를 가했다. 학술전문위원회의 경우 기존처럼 12개 분과를 두었지만 그 인원을 증원했다.[55]

이처럼 준비를 마친 후 서울올림픽스포츠과학학술대회(조직위원장 : 장충식)는 1988년 9월 9~15일 '체육의 새로운 전망(New Horizons of Human Movement)'이란 주제 아래 역시 단국대학교 천안캠퍼스에서 개최되었다. 이 대회에는 58개국 1,670명과 참관인사 등 3,585명이 참석했다.[56] 학술대회는 주제발표, 종합학술세미나, 분과발표, 그리고 국제학술단체회의로 구분하여 운영되었다. 대회 준비는 86아시아경기대회학술대회와 마찬가지로 전문위원회를 두었고, 전문위원회는 체육사, 스포츠철학, 스포츠사회학, 스포츠교육, 체육행정, 운동생리, 운동역학, 스포츠심리, 스포츠의학, 특수체육, 측정평가, 무용 등 12개의 소분과로 나누어 진행했다. 대회 기간 중 10개 분야에 걸쳐 종합학술세미나가 열려 40명의 학자가 40편의 주제를 발표했고, 12개 분과에서 655편의 연구논문이 발표되었다.

장충식 조직위원장은 개회사를 통해 이 학술대회의 의의를, "본 대회는 여러 가지 면에서 의의가 크다고 생각합니다. 첫째, 세계 6개주의 60여 개국에서 2,000명에 달하는 체육학자, 코치 및 유관인사들이 본 대회에 참가하였고, 훌륭하고 알찬 700여 편의 논문과 연구결과가 발표되었기 때문입니다. 이러한 논문들이 본 대회를 통하여 토론되고 다듬어져서 미래의 체육학 발전을 위한 크나큰 밑거름이 되리라는 것을 의심치 않습니다"고 하면서, "또 이러한 논문들이 본 대회의 주제에 걸맞게 체육에 있어서의 새롭고 또 획기적인 지평선을 열게 하여 21세기에 있어서 우리 인류가 체육을 통하여 개개인의 건강과 복지의 증진문제를 슬기롭게 다루어 보람된 생활을 위한 활력소를 창출할 수 있고 또 인간의 참된 행복을 증진시킬 수 있는 굳건한 터전이 마련될 수 있게 되리라고 믿습니다"[57]고 역설했다.

또한 학술대회에서 정성태 서울대 교수는 기조강연을 통해 "서울올림픽스포츠과학학술대회가 제시하는 앞으로의 스포츠와 체육활동의 새 좌표는 도덕성의 부활에 있다"는 점을 지적하고, 이를 위해 "스포츠 재능의 조기 발견과 유전에 관한 문제, 운동과 건강, 국민체육진흥 및 체육활동의 교육적 측면에 대한 내용과 보급 문제, 경기력 향상과 운동 상해, 과도한 상업주의와 국수주의로 흐르는 올림픽 경기" 등 다섯 가지 주요 현안에 대한 도덕적 차원의 재검토를 강조했다.[58] 한편 사마란치 국제올림픽위원장은

55) 서울올림픽스포츠과학학술대회조직위원회, 『서울올림픽스포츠과학학술대회 결과보고서』, 45~47쪽.

56) 위의 책, 3~17쪽.

57) 위의 책, 564쪽.

학술대회 개회식에서의 축사를 통해 "이제 올림픽운동은 20세기 말에 있어서 인간다운 삶의 요구에 부합하고 2000년대로 진입할 준비를 할 필요가 있다"고 강조했다.[59]

학술대회 기간 중에 스포츠과학 분야 12개 국제학술단체가 총회 또는 집행위원회 등 국제회의를 열어 올림픽대회 기간을 최대한 활용했다. 국제스포츠과학·체육평의회는 총회를 열어 회장단을 개선하고, 집행위원회, 회장단회의, 편집위원회, 내규 및 법령위원회를 연속적으로 개최했고, 스포츠레저위원회도 집행위원회를 소집했다. 국제보건·체육·레크리에이션협회도 집행위원회와 국제회의를 가졌고, 국제체육사학회(ICOSH)와 국제스포츠사회학회가 이사회를 열었다. 이밖에도 국제비교체육학회, 국제인체측정학회, 국제스포츠유전학 및 신체학회가 총회를 개최했고, 아시아·태평양스포츠심리학회는 창립총회를 열었다.

이렇게 서울올림픽스포츠과학학술대회는 세계의 저명한 스포츠과학자 및 경기인들이 다수 참가하여 학술대회 참가뿐 아니라 자체적으로 필요한 국제회의를 개최하는 등 다양한 기회를 제공, 역대 학술대회 중 질적으로 가장 높은 수준의 학술대회로 평가되었다. 또 훌륭한 시설과 수준 높은 운영으로 한국 체육학계의 잠재력을 과시하여 스포츠과학 진흥 및 국제교류에 새로운 지평을 열었다.

3. 88서울장애자올림픽대회[60]

1) 대회 개최의 의의

1988년 9월 27일에 시작된 제24회 서울올림픽대회의 장엄한 막이 내리고, 그 뒤를 이어 10월 15일부터 10월 24일까지 10일간 88서울장애자올림픽대회가 개최되었다.

제1회 장애자올림픽대회는 1960년 이탈리아 로마에서 개최되었다. 이 대회는 1948년에 영국 스코트랜드빌 병원의 Guttman에 의해 개최된 제1회 영국 척수장애 상이용사 체육대회가 국제대회로 발전한 것이다.

우리나라에서 장애자올림픽으로 불리고 있는 패럴림픽(Paralympics)은 양 하지 마비를 뜻하는 패러플리지어(paraplegia)와 올림픽(Olympics)의 합성어로 1964년 동계대회 때

---

58) 『한겨레신문』, 1988년 9월 10일자.

59) 『중앙일보』, 1988년 9월 10일자.

60) 본고는 '88서울장애자올림픽대회' 유치과정에서부터 '대통령 직속 장애자복지대책위원회'가 설치되어 각종 장애인 복지 관련법이 제정되기까지 핵심 인사로 참여해 온 단국대학교 특수교육과 명예교수 김승국 박사가 제공한 자료(2007, 5,16. 김승국 Sodo@dankook. ac. kr)에 의한 것이다. 지면 관계로 소중한 자료 전문을 소개하지 못함을 아쉽게 생각한다.

부터 사용되어온 용어이다.

그 후 대회가 거듭 개최되면서 이 대회에 척수장애인만이 아니라 그밖에 다른 지체 장애인과 시각장애인까지 참여하게 됨에 따라 세계장애자스포츠기구 국제조정위원회(ICC)에 의해 패러(para)는 양 하지 마비를 뜻하는 패러플리지어의 준말이 아니라 '부' 또는 '준'을 뜻하는 말로 해석되었다. 패러의 이와 같은 해석으로 척수장애인 올림픽의 의미를 가지고 있던 패럴림픽은 '준 올림픽' 또는 '부 올림픽'의 의미를 가지게 되었다.

장애인을 위한 스포츠는 그리스의 히포크라테스 시대부터 있었다고 하며, 의료를 목적으로 해왔다고 한다. 두 차례의 세계대전을 거치면서 이 스포츠는 전상자의 재활 수단으로 유럽을 중심으로 성행했다.

그러나 장애인 스포츠가 올림픽으로 발전하면서 그것은 장애인의 신체적 재활의 단순한 수단이 아니라 그 이상의 의의를 가지게 되었으며, 그 의의는 도전과 극복, 평화와 우정, 참여와 평등이라는 이념으로 구체화되었다.

제8회 패럴림픽대회인 서울장애자올림픽대회의 조직위원회에서는 물결치는 모양으로 그려진 5개의 태극무늬가 W 자형으로 수평 배열된 휘장과 두 마리의 아기 반달곰이 2인 3각으로 달려가는 모습을 하고 있는 마스코트로 패럴림픽의 이념을 상징화했다.

2) 대회 개최의 배경

88서울장애자올림픽대회는 김정례 복선복시부상관이 노태우 체육부장관(1983~1985)에게 "국제패럴림픽위원회가 서울올림픽대회 개최 후에 그 모든 시설을 이용하여 패럴림픽대회를 개최해 줄 것을 요청해 왔다"며, 그 요청을 받아줄 것을 건의함에 따라 성사되었다. 처음에는 예산 부족뿐만 아니라 장애자올림픽대회를 개최할 정도로 장애인 복지환경이 잘되어 있지 않다는 이유로 거절되었으나, 복건복지부장관과 장애자복지사업 관련 인사들의 집요한 요구에 따라 88서울장애자올림픽대회 개최를 결정하게 되었다.

장애자올림픽대회 개최가 결정된 이후부터 그 대회가 개최되기 1년 전에 실시된 대통령선거(1987년) 때까지 장애인의 교육과 복지를 위해 일해온 개인이나 단체는 "장애인이 인구 중에 10% 있다"는 유엔의 발표 내용과 장애인의 인권문제를 각종 매스컴을 통해 강도 높게 거론해 왔다. 그 결과 대통령선거에서 4대 정당의 후보 모두는 장애인 복지사업의 추진을 선거공약으로 내세웠고, 88서울장애자올림픽대회는 성공적으로 개최되었으며, 88서울올림픽대회는 '세계평화와 인류번영'이라고 하는 올림픽 이념을 가장 효과적으로 구현한 사상 최고의 대회로 평가받게 되었다.

3) 대회 개최의 파급 효과

장애자올림픽대회가 개최되기 1개월 전인 1988년 9월 15일에는 '장애자복지대책위원회 규정'(대통령령 제12.501호, 1988. 8. 1)에 따라 대통령 직속 하에 '장애자복지대책위원회'가 설치되었다. 이 위원회는 1년간 장애인과 그 부모, 장애인 분야의 종사자와 전문가, 정부 관련 부처의 공무원 등 4,000여 명의 요구와 의견을 듣고, 40회의 대책위원회와 연구실무위원회를 개최하여 '장애자복지종합대책'을 수립하고, 1989년 8월 28일에 이를 대통령(노태우)에게 보고했다.

이 위원회는 (1) 장애발생의 예방, (2) 의료의 보장, (3) 재활용구의 교부, (4) 교육기회의 확대, (5) 취업의 보장, (6) 소득의 보장과 경제적 부담의 경감, (7) 장애자복지시설의 확충, (8) 생활환경의 조성, (9) 국민의 이해 증진, (10) 전문가의 양성과 연구의 활성화, (11) 전달체계의 개선 등에 관한 24종의 예산사업과 53종의 비 예산사업을 추진해 줄 것을 요구했으며(障碍者福祉對策委員會, 1989), 다음과 같은 성과를 이루어 냈다.

(1) 심신장애자복지법이 장애인복지법으로 개정

이 보고서가 대통령에게 보고된 약 4개월 후인 1989년 12월 30일에는 '심신장애자복지법'이 '장애인복지법'으로 전면 개정되었는데, 이 법은 그 보고서의 내용 거의 모두를 규정했다. 그리고 1990년 1월 13일에는 '장애인고용촉진 등에 관한 법률'이 제정되었는데, 이 법 역시 그 보고서의 내용 중 장애인 고용 관련 내용 거의 모두를 규정했다. 1994년에는 '특수교육진흥법'이 전면 개정되었는데, 이 법 역시 장애자복지종합대책의 특수교육 관련 내용 거의 모두를 규정했다.

개정된 '장애인복지법'과 그 시행령은 보건사회부에 중앙장애인복지위원회를, 특별시·직할시·도에 지방장애인복지위원회를 두도록 했으며, 특별시·직할시의 구와 시·군에 장애인복지지도원을 두도록 했다.

이 법령은 장애인에게 사업 개시에 필요한 자금을 대여하고, 국가·지방자치단체·기타 공공 단체가 설치·관리하는 공공시설 안에 매점이나 자동판매기의 설치를 허가 또는 위탁할 때 장애인에게 우선적으로 허가 또는 위탁하도록 했으며, 장애인이 제조담배 소매인이나 홍삼류 판매인의 지정을 신청한 경우에는 당해 장애인을 지정하도록 노력하게 했다. 장애인이 국내 우표류 판매업의 허가를 신청한 경우에는 당해 장애인에게 우선적으로 허가하고, 장애인 복지시설에 입소·통원하는 장애인에게 자립훈련비나 이에 갈음하여 물건을 지급할 수 있게 했으며, 국가·지방자치단체·기타 공공 단체로 하여금 장애인 복지시설 등에서 장애인이 제작한 물품의 구매 요구가 있을 경우, 최대한 그 요구에 응하도록 했다. 그리고 자립하기 곤란한 장애인에게는 생계보조 수당을 지급하도록 했다.

(2) 장애인고용촉진 등에 관한 법률의 제정

'장애인고용촉진 등에 관한 법률'과 그 시행령은 노동부에 장애인의 고용촉진을 위해 수립한 기본계획과 장애인의 고용촉진에 관한 중요 사항을 심의할 '장애인고용촉진위원회'를 두도록 했으며, '한국장애인고용촉진공단'을 설립하여 고용정보 제공, 직업 소개, 조사연구, 적응훈련, 장애인 직업생활 상담원의 양성·연수, 적성검사·직업지도·평가 등의 사업을 하면서 장애인 직업훈련원과 장애인 표준사업장을 운영하고, 장애인 기능경진대회 등 관련 사업을 하도록 했다.

이 법령은 장애인이 국가 및 지방자치단체에 소속 공무원 정원의 100분의 2 이상 고용될 수 있도록 하고, 상시 300인 이상을 고용하는 사업체에 소속 근로자 총수의 100분의 1 이상 100분의 5 이내의 범위 안에서 대통령이 정하는 비율(기준 고용률) 이상에 해당하는 장애인이 고용될 수 있도록 하였으며, 상시 10인 이상의 장애 근로자를 고용하는 사업체에는 '장애인 직업생활상담원'을 두도록 했다.

그리고 이 법령은 사업주가 장애인 고용의무를 이행하도록 하기 위해서 사업주에게 장애인 고용 계획과 그 실시 상황을 작성하여 제출하도록 했으며, 기준 고용률을 초과하여 장애인을 고용하는 사업주에게 고용지원금을 지급하고, 기준 고용률에 미달하는 장애인을 고용하는 사업주에게는 장애인 고용부담금과 가산금을 납부하게 하며, 부담금을 납부 기간까지 납부하지 아니한 때에는 연체금까지 납부하게 하고 있다. 그리고 장애인의 고용의무가 없는 사업주가 장애인을 고용하는 경우에는 장려금을 지급하도록 규정하고 있다.

1992년에는 '교육법'이 개정되었는데, 이 법의 개정으로 고등학교 과정을 설치한 특수학교에는 당해 과정 졸업자(고등학교의 특수학급 졸업자를 포함한다)에게 전문기술교육을 하기 위하여 수업연한 1년 이상의 전공과를 둘 수 있게 되었다.

(3) 특수교육진흥법의 전면 개정

장애자복지종합대책에 들어있는 특수교육 관련 대책은 다음과 같은 것들이다(障碍者福祉對策委員會, 1989, pp.10~23):

① 장애자라도 가능하면 일반 학급에 통합하여 교육하기 위해, '특수교육개론'을 교사양성

대학의 교직 필수과목으로 지정하고, 교원 연수과목으로 설정하도록 함으로써 장애자 교육에 대한 일반 교사의 이해를 증진시키며, 편의시설을 설치하는 등 일반 학교의 교육 환경을 개선한다.

② 통합교육이 곤란한 중증 장애자 모두가 특수교육을 받을 수 있게 하기 위해, 장애 아동 복지시설과 대도시에 우선하여 특수학교를 증설하고, 자폐 아동 중심의 특수학교와 특수 학급을 설치하며, 초등학교와 중학교뿐만 아니라 실업계 고등학교에도 특수학급을 설치한다.

③ 장애자가 장애를 극복하고 잠재력을 충분히 발휘할 수 있도록 하기 위해, 장애아 조기교육 기관을 증설하고, 취원 연령을 하향 조정하며, 부모 교육을 통해서 이들에 대한 교육이 0세부터 이루어질 수 있게 한다.

④ 장애자가 고등교육을 받을 수 있는 기회를 확대하기 위해, 대학 및 전문대학에서 일정 비율의 수학 능력이 있는 장애자에게 입학을 허용하도록 조치하고, 입학 때 장애자가 불이익한 처분을 받지 않도록 조치한다.

⑤ 특수교육기관을 증설하고, 특수학교에 진학하는 학생의 경제적 부담을 경감하며, 양질의 특수교육이 이루어질 수 있도록 하기 위해, 개발 제한 구역에 특수학교의 이전 및 신설을 허용하고, 사립 특수학교에 개축 및 증축비를 지원하며, 공사립 특수학교의 기숙사비를 부담 능력에 따라 보조한다. 그리고 특수학교에 통학버스 구입비와 영양급식비를 지원하며, 특수학교에 실기교사·요육교사·요육요원 등을 증치하고, 특수교육 기관의 학급당 학생수를 재학생의 특성에 따라 하향 조정할 수 있게 허용한다.

4. 무주·전주동계유니버시아드대회

제18회 무주·전주동계유니버시아드대회는 1997년 1월 24일부터 2월 2일까지 48개국 1,406명의 선수 및 임원이 참가한 가운데 대회 사상 최대 규모로 개최되었다. 1960년부터 2년에 한번씩 개최된 동계유니버시아드대회는 프랑스에서 개최된 제1회 사모니대회로부터 시작해 주로 유럽에서 개최되었으며, 아시아에서는 1991년 일본 삿뽀로에서 처음으로 개최된 바 있었다.

이 대회를 유치한 전라북도는 무주의 덕유산이 1975년 2월 1일 국립공원으로 지정된 것을 계기로 스키를 중심으로 하는 레저산업의 전망이 밝다고 보고 무주스키장을 개발하면서 동계올림픽대회를 유치하겠다는 원대한 꿈을 세웠다. 우선 전라북도는 1993년 4월 8일 97동계유니버시아드대회의 유치를 위한 정부의 승인을 요청함과 동시에 국제대학스포츠연맹(FISU) 총회에서 대회 유치가 결정될 수 있도록 실무기획단을 구성[61]하고 본격적인 유치활동에 착수했다. 대회 유치는 1993년 7월 6일 미국 버팔로에서 개최된 국제대학스포츠연맹 집행위원회에서 만장일치로 결정되었다.[62] 전라북도는 제18회 동계유니버시아드대회를 유치함으로써 지방자치시대를 맞이한 한국에서 처음으로 국제경기대회를 개최하는 영광을 안게 되었으며, 이를 계기로 여타 지방자치단체들도 국제경기대회 유치에 적극적으로 나서게 되었다.

이에 따라 대회조직위원회가 구성되었고, 대회조직위원회는 재단법인으로 설립되어 1993년 10월 7일 발기인 총회를 개최했다. 총회는 김운용 대한체육회장 겸 국제올림픽위원회 부위원장을 초대 위원장으로 선출했다. 1년 후인 1994년 6월 15일 개최된 총회에서 고병우 전 건설부장관이 제2대 위원장으로 선출되어 대회를 마무리시켰다. 사무처의 기구는 조직위원회의 창설과 동시에 대략적인 편성방향이 설정되었다. 이때의 사무처 기구는 사무총장 1명과 3본부 1실 22과 1사무소였으나, 이후 세 차례의 조정을 거쳐 1996년 6월 12일부터는 5본부 2실 9부 23과 체제로 운영되었다.[63] 먼저 대회조직위원회는 대회이념을 '우정과 희망', 대회슬로건을 '젊음을 한 곳에 세계를 품안에'로 결정했다.

대회조직위원회는 6단계로 나누어 단계별 시행계획을 수립 추진했다. 1단계(1993년 10월~1993년 12월)는 기간조성 단계로서 조직위원회 발족과 사무처 구성, 기금조성사업이 이루어졌다. 2단계(1994년 1월~1995년 11월)는 종합기획 단계로서 종합계획이 수립되고 경기장 시설 확정 및 착공, 휘장 등 수익사업이 추진되었다. 3단계(1995년 12월~1996년 11월)는 세부계획 수립단계로서 경기종목별 세부 운영계획 수립, 문화식전행사 세부계획 수립, 지원분야 세부운영계획 수립, 프레대회 준비 등이 추진되었다. 4단계(1996년 12월~1996년 12월)는 종합점검 단계로서 대회운영체계 전환, 프레대회 실시 및 종합예행연습, 인력, 시설, 장비의 최종 점검이 실시되었다. 5단계(1997년 1월~1997년 2월)는 대회개최 단계로서 영접, 경기운영, 문화행사가 진행되었다. 6단계(1997년 3월~1997년 9월)는 사후관리 단계로서 조직위원회의 해산 및 청산업무가 추진되었다.[64]

대회조직위원회는 각종 경기장시설에 2,422억 원을 투입하여 대회 직전에 모두 완공

---

61) 이때 구성된 유치단은 회의 대표단에 장충식 대한대학스포츠연맹 위원장, 이강평 대한올림픽위원회 명예총무 겸 한국대학스포츠연맹 상임위원, 이종하 한국대학스포츠연맹 상임위원, 김영환 한국대학스포츠연맹 명예총무 등 4명, 유치대표단에 이강년 전라북도지사(단장), 남기룡 (주)쌍방울개발 사장, 유철종 전북대학교 교수, 김학도 (주)쌍방울 개발이사, 박필순 대한올림픽위원회 남북체육교류과장, 윤태섭 전라북도 생활체육과 지원계장 등 6명이었다.

62) '97무주·전주동계유니버시아드대회조직위원회, 『'97무주·전주동계유니버시아드대회조직위원회 공식보고서』, 1997, 129~130쪽.

63) 위의 책, 134~136쪽.

64) 위의 책, 140쪽.

했다. 무주에는 총길이 2,100미터에서 2,250미터에 이르는 국제 규격의 활강 코스가 완비되었다. 또 조직위는 쌍방울개발과 함께 K-120과 K-90의 스키 점프대도 무주리조트 내에 갖추어 이 대회를 계기로 무주는 세계적인 스키 관광지 중 하나로 떠올랐다. 무주리조트는 내친김에 길이 10㎞에 이르는 크로스컨트리 경기장을 완성하여 스키 경기장의 모든 시설을 완벽하게 갖추게 되었다. 동계스포츠의 불모지나 다름없던 전주에는 이 대회 기간에 2개의 실내 링크와 1개의 옥외 아이스링크가 들어섰다. 선수촌과 기타 본부 숙소도 거의 완벽하게 마련되었다. 무주리조트에 조성된 선수촌을 대회 후 콘도미니엄으로 분양하여 시설 비용을 보충했으며, 전주의 선수촌도 아파트로 지어 대회 이후 분양하기 때문에 민자 유치로 해서 조직위는 큰 부담을 느끼지 않아도 되었다.[65]

조직위원회는 대회종합계획 수립 당시 국민체육진흥기금, 도비, 자체수익사업 수익금으로 구성되는 세입예상액과 대회 준비 및 운영에 소요되는 경비 수준을 고려하여 208억 원의 대회운영비를 확정했다. 이후 대회 참가 선수단 규모의 증가, 개·폐회식을 비롯한 문화행사의 보강, 임시 대회시설 추가 등의 증액 사유가 발생하여 222억 원의 대회운영비가 소요된 것으로 잠정 집계되었다. 이 대회운영비 222억 원을 포함한 대회의 총 투자규모는 시설 주체가 건설한 경기시설과 숙박시설 건설 등 대회시설비 2,422억 원 그리고 도로, 통신, 전기, 문화회관 등 대회여건 조성사업 7,954억 원으로 총 1조 598억 원이 소요된 것으로 추계되었다.[66]

이 대회에는 조직위원회 행정요원 110명, 경기지원요원 1,400명, 자원봉사자 1,100명 등 총 2,700명이 대회운영에 투입되었다. 특히 자원봉사 운영에 있어 혹한기임에도 불구하고 선발자 85%의 높은 응소율을 기록함으로써 서울올림픽대회 등 국내에서 개최된 하계대회에서보다 5% 정도의 높은 참여도를 보여주었다. 여기에는 공모 선발 과정에서의 밀도 있는 선발과 이 대회가 방학기간에 열린 관계로 학생, 주부층의 적극적인 참여가 가능했던 것이 주요 요인으로 작용했다.[67]

당초에는 50개국이 참가할 예정이었으나 이스라엘과 키르키스탄의 불참으로 48개국이 참가했으며, 무주에서는 알파인, 노르딕(스키점프 포함), 바이애슬론 등 3개 종목에 28개 세부 종목이, 전주에서는 피겨, 숏트랙, 스피드스케이팅과 아이스하키 등 4개 종목에 25개 세부 종목이 개최되었다. 이 유니버시아드대회는 과거 대회와 비교해 볼 때 참가국이 7개국 늘었을 뿐 아니라 세계적 기량의 선수들이 다수 참가했다는 점에서 의의가 컸다. 스키종목에서는 월드컵 입상 수준의 선수들이 참가했고, 피겨에

65) 『체육』, 1997년 1·2월호, 34~35쪽.

66) '97무주·전주동계유니버시아드대회조직위원회, 앞의 책, 161쪽.

67) 위의 책, 146~149쪽.

서도 유럽선수권대회가 거의 같은 기간에 개최되었음에도 불구하고 상위권 선수들이 다수 참가함으로써 대회 수준을 한 차원 높인 것으로 국제대학스포츠연맹 및 국제기술위원회 등 국제기구 임원들이 평가했다.

이 대회에서 한국 선수단은 금메달 5개, 은메달 2개, 동메달 5개로 메달 종합순위 6위를 차지했다. 한국은 메달박스인 쇼트랙에서 금메달 4개를 획득했고 스피드스케이팅에서도 금메달 1개를 추가했다.[68] 각국의 경기성적을 보면, 일본이 전통적인 동계종목의 스포츠 강국인 러시아를 제치고 금메달 획득 순위에서 종합 1위를 차지했고, 이어 러시아가 2위, 중국이 3위, 슬로베니아가 4위, 네델란드가 5위였다. 한국은 5위를 목표로 했으나 6위에 머물렀다. 이 대회에서는 25개의 대회신기록이 수립되었다.

무주·전주동계유니버시아드대회는 한국에서는 처음으로 열린 동계국제종합대회였다. 한국은 그동안 동계올림픽대회에서 2연속 세계 10위권 진입이라는 기록을 세웠을 뿐 아니라 직전에 개최된 동계유니버시아드대회에서도 2위를 차지하는 등 동계스포츠에서도 놀라운 성과를 거두었지만, 시설이나 선수층의 빈곤으로 동계스포츠의 강국으로 불리우기에는 미흡한 점이 많았다. 특히 서울올림픽대회를 성공적으로 이끌어낸 한국이지만 동계스포츠에 대한 관심은 하계스포츠에 비해 지극히 열세였다는 점에서 이 대회는 큰 의미가 있었다. 동계스포츠는 많은 투자가 선행되어야 하고 기후조건이 맞아야만 활성화가 가능하다. 무주·전주유니버시아드대회는 그동안 부족했던 한국 동계스포츠시설에 숨통을 터주는 계기가 되었을 뿐만 아니라 지역 동계스포츠 발전을 이루는 첫 걸음이 되었다.[69]

한마디로 무주·전주동계유니버시아드대회는 개·폐회식부터 시설과 제반 운영에까지 역대 유니버시아드대회 중 가장 최상이었다는 평가를 받았다. 서울아시아경기대회, 서울올림픽대회를 대 성공작으로 개최했던 한민족의 저력이 이 대회에서도 유감없이 발휘된 것이다. 처음 치러진 동계국제종합대회인 만큼 시행착오와 걸림돌이 많을 것으로 예상되었으나 대회는 무사히 성공적으로 끝났다.

5. 강원동계아시아경기대회

국내에서는 처음으로 40억 아시아인의 '눈과 얼음의 큰잔치'인 제4회 동계아시아경기대회가 1999년 1월 30일부터 2월 6일까지 강원도 춘천, 용평, 강릉에서 개최되었다. 이 대회에서 한국은 대회사상 처음으로 중국에 이어 종합 2위를 달성했다. 이로써

68) 『체육』, 1997년 1·2월호, 28쪽.

69) 위의 책, 36~37쪽.

한국은 명실공히 하계올림픽대회, 동·하계아시아경기대회, 동계유니버시아드대회 등 주요 국제종합대회를 성공적으로 치러냄으로써 경기력뿐만 아니라 대회 개최능력에서도 스포츠 선진국의 입지를 확고히 구축했음을 입증했다.[70]

1989년 5월 제8차 아시아올림픽평의회(OCA) 총회에서 제3회 대회를 1995년도 북한 삼지연에서 개최하기로 결정했으나 1992년 8월 북한이 대회 반납의사를 표명했다. 이에 강원도는 강원도를 국제적인 동계스포츠의 메카로 육성하는 한편, 지역개발 촉진과 지역소득 증진을 도모하기 위하여 1992년 11월 OAC집행위원회의 때 동계아시아경기대회 유치를 신청했다. 이때 중국의 하얼빈도 대회유치를 신청했다. 1993년 12월 쿠웨이트에서 열린 제12차 OCA총회에서 대다수의 OCA회원국이 강원도가 하얼빈보다 경기장 시설이나 운영면에서 우위임을 인정하면서도 중국의 2000년 하계올림픽대회 유치 실패를 동정하는 분위기가 확산되어 표대결 없이 1996년의 제3회 동계아시아경기대회는 중국 하얼빈에서, 제4회 동계대회는 강원도에서 개최하기로 결정했다.[71]

강원동계아시아경기대회조직위원회 발기인대회 및 창립총회가 1995년 11월 23일 올림픽회관에서 열렸는데, 이때 위원장으로 김운용 대한체육회장이 선출되었다. 조직위원회는 1996년 1월 12일 문화체육부로부터 설립허가를 받아 1월 23일 춘천지방법원에 설립등기를 마쳤다. 조직위원회 업무의 효율적 추진을 위해 집행위원회가 구성되었는데, 제1대 집행위원장으로 전 강원도지사 최각규, 제2대 집행위원장으로 김진선 강원도지사를 선임했다. 사무처 인원은 설립 초기인 1996년 41명으로 출발하여 1997년 60명, 1998년 71명으로 대회준비 업무량의 증대에 따라 필요 인력을 단계별로 충원했으며, 사무처의 기구는 2본부 5부 1사무소 1관 15과 체제로 운영되었다.[72] 우선 대회조직위원회는 대회이념을 '푸른 꿈 젊은 기상, 한마음의 아시아', 대회슬로건을 '영원한 우정, 빛나는 아시아', 그 영문명으로는 'Asia, Shining Brightly Everlasting Friendship'으로 결정했다.

조직위원회는 대회준비에서부터 사후관리까지 7단계로 나누어 각종 계획을 수립하고 이를 추진했다.[73] 제1단계(1995년 1월~1996년 6월)는 기초준비단계로서 조직위원회 발족, 사무처 구성, 사업추진체 정비 등 대회준비를 위한 기반을 조성했다. 제2단계(1996년 7월~1997년 6월)는 대회준비단계로서 대회종합계획 수립, 대회시설 착공, 홍보활동, 수익사업 등을 착수했다. 제3단계(1997년 7월~1998년 6월)는 분야별 사업추진단계

70) 『체육』, 1999년 1·2·3월호, 26쪽.

71) 제4회강원동계아시아경기대회조직위원회, 『1999 제4회강원동계아시아경기대회 공식보고서』, 1999, 135쪽.

72) 위의 책, 140~142쪽.

73) 위의 책, 147쪽.

로서 세부운영계획 수립, 운영요원 확보, 대회참가 초청, 수입사업과 국내·외 홍보활동 등을 활발히 추진했다. 제4단계(1998년 7월~1998년 11월)는 대회준비 마무리단계로서 인력·물자 확보, 대회시설 준공, 대회운영체제 준비 등 분야별 추진사업의 마무리에 주력했다. 제5단계(1998년 12월~1999년 1월)는 대회종합점검단계로서 인력·물자 배치, 프레대회 개최, 대회운영체제 전환 등 대회운영을 위한 점검과 연습이 실시되었다. 제6단계(1999년 1월~1999년 2월)는 대회개최단계로서 선수단 영접, 등록, 성화봉송, 개·폐회식, 문화행사, 경기운영, 시상 등이 진행되었다. 제7단계(1999년 3월~1999년 9월)는 대회사후관리단계로서 대회 결산, 조직위원회 해산·청산, 공식보고서 발간 등의 업무가 추진되었다.

조직위원회는 대회종합계획 수립 때 국비와 국민체육진흥기금, 도비, 자체수익사업, 민간후원금으로 구성되는 세입예산액과 대회 준비 및 운영에 소요되는 경비 수준을 고려하여 162억 원의 대회운영비를 확정했다. 이후 스피드스케이팅 경기의 춘천 개최에 따른 개최지 증가, 선수촌 미건립 등에 따른 숙소사용료 추가 부담, 알파인스키경기장 안전휀스 설치 등의 증액사유가 발생하여 174억 원으로 대회운영비가 소요되는 것으로 조정되었다. 이같은 대회운영비 174억 원을 포함한 대회의 총투자 규모는 시설주체가 건립한 경기장 시설비 1,475억 원, 운영요원 숙소 등 시설경비 88억 원, 대회장 진입로 정비 315억 원 등 총 2,052억 원이 소요된 것으로 추계되었다.[74)]

경기장 시설 중 알파인스키경기장과 용평실내빙상경기장은 (주)쌍용양회에서 민자로 건립했으며, 크로스컨트리와 바이애슬론 경기가 열린 도립 노르딕경기장은 강원도가, 아이스하키 경기가 열린 강릉실내빙상경기장은 강릉시가, 스피드스케이팅 경기가 열린 춘천실외빙상경기장은 춘천시가 국비와 지방비를 재원으로 건설했다. 대회 주개최지인 용평의 운영요원 숙소, 전력공급설비, 용수공급시설 등 지원시설은 (주)쌍용양회가 민자로 시설했다. 대회진입로 확충은 강원도, 평창군, 춘천시가 국비와 지방비를 재원으로 시행했다.[75)]

알파인스키경기장 시설은 슬로프 3면, 8인승 곤도라(3,610미터)와 4인승 리프트(1,421미터) 각 1기, 안전휀스 1동, 전광판 1기 등으로 이루어졌다. 1997년 말에 완공되어 1998년 월드컵스키대회가 개최되었으며, 국제스키연맹으로부터 손색없는 훌륭한 경기장이라는 평가를 받았다. 도립 노드릭경기장은 10km 구간의 기존 경기장을 1,25km 추가하여 크로스컨트리경기장(7,5km)과 바이애슬론(3,75km) 코스를 완전히 분리했다. 경기장 코스 전구간이 제설이 가능하도록 하이드랜트를 설치했으며, 세계스키연맹으로부터 국제규모의 시설로서 국제공인을 받았다.[76)]

74) 위의 책, 152쪽.
75) 위의 책, 153쪽.

선수촌은 용평과 춘천으로 구분하여 용평선수촌은 용평리조트의 타워콘도미니엄과 빌라콘도미니엄을, 춘천선수촌은 두산리조트 춘천콘도미니엄을 지정 운영했다. 각 선수촌에는 숙소, 급식·편의시설, 기타 서비스시설이 운영되었다.[77]

OCA 43개 회원국 중 23개국에서 807명의 선수와 임원이 참가한 가운데 개최된 강원동계아시아경기대회는 대회 규모로 볼 때 사상 최대 규모였으며, 대회 운영 또한 최상이라는 평가를 받았다. 이로써 한국은 향후 동계올림픽대회 등을 치르는 데 있어 중요한 경험을 쌓았고, 또한 충분히 이를 감당해 낼 수 있다는 능력을 객관적으로 증명해 보였다.[78]

경기면에서 한국 선수단은 금메달 11개, 은메달 10개, 동메달 14개를 획득하며 사상 첫 종합 2위를 달성했다. 한국은 전통적으로 열세 종목이었던 알파인스키와 스피드스케이팅에서 5개의 금메달을 따내 쇼트트랙에만 의존해 오던 동계스포츠에 새 지평을 열기도 했다.[79] 특히 이 대회에서 모두 9개의 메달(금 3개, 은 3개, 동 3개)을 따낸 알파인스키의 선전은 한국 선수단이 거둔 최대의 수확으로 평가된다. 그 동안 한국 스키는 쇼트트랙의 선전과 달리 국제대회 참가에 의의를 둘 정도로 미미한 성적을 기록했다. 이는 열악한 시설과 얇은 선수층, 여기에 정책적 지원에서도 쇼트트랙에 밀리는 여러 요인이 겹쳐진 결과이지만 1998년 초 세계수준의 슬로프가 완공되면서 기량 향상이 두드러지기 시작했다.

이렇게 '영원한 우정, 빛나는 아시아'라는 대회슬로건 아래 개최된 제4회 강원동계아시아경기대회는 역대 대회 최대규모인 21개 국가에서 799명의 선수단이 참가하여 성대하게 치러졌다. 이 대회에는 중동아시아와 동남아시아 지역 국가에서 많은 관심을 가지고 적극적인 참가를 했으며, 경기수준이 다소 떨어지는 국가의 선수들도 경기에 최선을 다함으로서 스포츠맨십과 아시아인의 우정을 확인할 수 있었다. 참가선수들의 경기모습은 매우 인상적이었고 경기 기록면에서도 세계신기록 5개, 아시아신기록 37개, 대회신기록 27개가 수립되었다. 특히 이 대회는 대회종합전산시스템의 완벽한 운영으로 선수·임원, 보도진, 관람객 등에게 신속하고 정확한 경기결과 및 각종 정보자료를 제공하여 대회운영의 효율화를 이루었으며, '인터넷 대회'이라는 호평을 받았다.[80]

대회개최의 성과로는 첫째, 성공적인 대회개최로 한국 동계스포츠의 국제적 위상을 제고했다. 대회종료 후 OCA 및 국제동계스포츠기구로부터 성공적인 대회 개최에 대한

76) 위의 책, 244~247쪽.
77) 위의 책, 228쪽.
78) 『체육』, 1999년 1·2·3월호, 26쪽.
79) 위의 책, 28~29쪽.
80) 제4회강원동계아시아경기대회조직위원회, 앞의 책, 270~271쪽.

감사서한을 받았다. 둘째, 국제수준의 경기장시설을 확보하였고 대회 운영능력을 국제적으로 인정받음으로서 향후 동계올림픽대회 등 동계스포츠종합대회를 유치할 수 있는 기반을 조성했다. 셋째 국위 선양은 물론 강원도와 18개 자치단체의 헌신적인 참여로 진행된 성화봉송과 문화행사를 통해 강원도를 동계스포츠의 메카로서, 한국관광의 1번지로서 세계에 널리 인식시켜주는 계기가 되었다. 넷째, 대회에 연일 많은 관광객의 참여와 성숙한 관람이 이루어져 국민적 관심을 고조시켰고 동계스포츠의 저변을 확대하는 계기가 되었다.

6. 부산아시아경기대회

1998년 방콕에서 개최 예정인 제13회 아시아경기대회가 개최 능력과 경기장 시설미비로 1992년부터 반납설이 나돌자, 부산의 체육인들은 제13회 대회의 부산 유치를 추진했다. 그런데 1993년 1월에 내한한 태국의 체육장관이 반납설을 부인하자 제13회 대회의 유치 움직임은 무산되고 말았다. 이처럼 부산에서 아시아경기대회 유치에 대한 기대가 일기 시작하자 1993년 4월 부산시의회는 제14회 아시아경기대회의 부산 유치를 공식 제의했다. 이에 부산시장은 유치의사를 표명하고 시의회 차원에서 유치위원회를 구성하여 2002년 아시아경기대회 유치를 위한 100만 시민 서명운동을 진개했다. 1993년 5월에는 시의회 임시회에서 유치촉구 결의안을 채택함으로써 대회유치 계획은 더욱 구체화되었다.[81]

1993년 8월 제14회 아시아경기대회 부산유치 범시민추진위원회가 결성되었으며, 부산시는 같은 해 8월 24일 대한올림픽위원에 부산아시아경기대회의 유치 승인신청서를 정식으로 제출했다. 대한올림픽위원회는 아시아경기대회 유치 승인신청서를 검토하여 동년 9월에 대한올림픽위원회안으로 확정하고 이를 정부에 건의했다.[82] 1994년 1월 문화체육부는 대통령에게 업무계획을 보고하는 자리에서 스포츠외교 강화를 위해 2002년 아시아경기대회의 유치를 적극 추진하겠다고 보고했으며, 그해 2월 정부는 제14회 아시아경기대회 부산유치를 결정했다. 1995년 2월 부산시유치위원회는 OCA에 정부가 서명하고 개최도시가 연대서명한 제14회 아시아경기대회 유치신청서를 제출했다. 다행히도 경쟁국으로 계속 부각되어 왔던 인도네시아가 접수하지 않음으로써 유치 후보도시는 부산과 대만의 가오슝으로 압축되었다.[83]

---

81) 문화관광부, 『2002 체육백서』, 2002, 602쪽.

82) 위의 책, 603쪽.

83) 제14회부산아시아경기대회조직위원회, 『제14회부산아시아경기대회조직위원회 공식보고서』,

이렇게 부산시와 부산아시아경기대회 유치위원회는 제14회 아시아경기대회 유치를 결정하고 1994년 2월 정부의 승인을 받아 1년간 다각적인 준비로 대회 유치분위기를 조성해 나갔다. 마침내 1995년 2월 OCA에 유치 신청서를 접수하여 1995년 5월 23일 서울에서 열린 OCA총회에서 부산이 제14회 아시아경기대회 개최지로 확정되었다. 이로써 지방도시로는 히로시마아시아경기대회에 이어 두 번째로 개최되는 것이며, 한국은 86아시아경기대회에 뒤이어 두 번째로 개최하게 되었다.[84]

부산아시아경기대회의 준비 및 운영을 효율적으로 추진하기 위하여 1995년 9월 30일 재단법인 제14회 부산아시아경기대회조직위원회 발기인대회 및 창립총회를 개최했다. 조직위원회 초대 위원장에 김운용 대한체육회장을 선출함과 동시에 수석부위원장 1명, 부위원장 6명, 감사 2명을 선출하고 위원회의 업무를 효율적으로 추진하기 위하여 집행위원회를 두었다. 집행위원장에는 우병택 부산아시아경기대회 유치위원장을 위촉하고, 초대 사무총장에는 안명필 전 경상남도지사를 선임했다. 2001년 9월 17일 김운용 초대 위원장이 사의를 표함으로써 10월 19일 제24회 위원총회에서 부산광역시 교육감 및 청와대 교육문화수석을 역임한 정순택을 제2대 위원장으로 선출했다.[85]

조직위원회는 86서울아시아경기대회 및 88서울올림픽대회의 단계별 대회준비계획 자료를 참고하고 1997년 개최한 제2회 동아시아경기대회의 경험 등을 바탕으로 제14회 부산아시아경기대회 준비계획을 3단계, 즉 종합기본계획, 단위사업별 세부운영계획, 장소별 세부실행계획으로 나누어 수립했다. 1단계인 종합기본계획은 1999년에, 2단계인 단위사업별 세부운영계획은 2000년에 완성되었으나 대회 최종 준비계획인 장소별 세부실행계획은 2001년 9월에 초안을 완성한 후 대회 전까지 계속 수정·보완했다.[86]

효율적인 대회운영과 준비를 위해 2002년 7월부터 사무처 조직을 현장운영체제로 전환했다. 기존의 사무처 조직을 근간으로 하여 경기종목별 본부의 신설 등 대회운영 조직을 확정했다. 대회 운영조직은 대회장(위원장), 부대회장(부위원장), 대회 총괄본부장(사무총장), 38개 종목별 대회본부장, 선수촌장, 2차장, 10본부장, 24단장으로 구성했다. 인력은 조직위원회 직원 450명과 지원요원 7,280명, 단기고용 208명, 자원봉사 1만 4,603명이었다.[87]

대회이념은 '희망과 도약, 새로운 아시아'로 하였으며, 영문은 'New Vision, New Asia'로 표기했다. 대회목표는 아시아 국가간의 우호증진과 교류 확대 및 공동체의식 고양,

---

2003, 29~30쪽.

84) 문화관광부, 『2002 체육백서』, 603쪽.

85) 제14회부산아시아경기대회조직위원회, 앞의 책, 51쪽.

86) 위의 책, 77쪽.

87) 위의 책, 69쪽.

선진문화 시민상 육성과 21세기 세계첨단해양도시 발전기반 구축, 국제경기대회 운영능력과 배양을 통한 올림픽대회 유치도시 역량 증진으로 삼았다. 대회 기본방향은 최신시설의 경기장 확충과 완벽한 대회 운영준비 및 도시기반시설 정비, 경제적 대회운영을 위한 운영방법의 합리화·과학화 및 효율성 확보, 시민의 자원봉사 활성화와 참여 유도를 통한 시민의식 성숙계기 마련, 아시아 각국의 전통문화가 함께 어우러지는 문화예술축전 추구, 부산의 '21세기 세계첨단해양도시'를 지향하는 미래비전 홍보로 정했다. 대회슬로건은 시민을 대상으로 공모하여 '아시아를 하나로, 부산을 세계'로 선정했고, 영문은 'One Asia, Global Busan'으로 표기했다.[88)]

부산아시아경기대회 개최를 위하여 총 44개의 경기장이 필요하여 이 가운데 12개 경기장은 신설하고 32개 경기장은 기존 시설을 개·보수하여 활용했다. 신설경기장 12개 중 9개 경기장은 부산시가 건설했고, 나머지는 민간에서 건설하여 대회 기간 중 활용하여 재정부담을 줄였다. 기존 시설 32개 중 부산시 소유시설은 부산시가 보수하고 나머지 시설은 대회조직위원회가 부산시로부터 지원금을 받아 보수하였으며, 그밖에도 연습경기장 44개를 확보했다. 아시아드선수촌은 대한주택공사 주관으로 해운대구 반여동 반여택지개발지구 내 115천㎡ 부지에 아파트 20개동 2,290세대를 건립하여 2002년 6월 준공했다. 이와 함께 단지 내 학교시설 2개와 근린상가 등을 활용하여 선수단 등이 활용하는 데 불편이 없도록 각종 편의시설을 설치했다. 보도·방송시설은 2001년 5월에 준공된 해운대구 우동 소재 부산전시컨벤션센터 내에 메인프레스센터(MPC)와 국제방송센터(IBC)를 각 10,000㎡씩을 임차하여 활용했으며, 아시아경기대회 사상 처음으로 방송·보도시설을 통합 운영함으로써 예산 절감과 이용자의 편의를 제고했다.[89)]

제14회 부산아시아경기대회는 2002년 9월 29일부터 10월 14일까지 16일간의 일정으로 44개 OAC 전체 회원국 선수단 9,767명이 참가한 가운데 38개 종목에 419개 세부경기가 열렸다. 이는 27개국 25개 종목에 4,839명의 선수단이 참가한 86서울아시아경기대회보다 2배 이상이나 큰 규모였다.[90)]

지난 1988년 서울올림픽대회 개최 이후 체육진흥의 호재를 활용하지 못하고 현상유지에만 급급해왔던 한국 스포츠가 '스포츠의 해' 2002년의 대미를 장식하는 제14회 부산아시아경기대회에서 사상 최고의 성적을 올리며 2월의 솔트레이크동계올림픽대회, 6월의 FIFA월드컵에 이은 또 하나의 큰 결실을 거두었다. 한국은 이 대회의 38개 개최종목 중 카바디를 제외한 37개 종목에 1,007명의 최대규모 선수단을 파견하여 금메

88) 위의 책, 60쪽.
89) 문화관광부, 『2002 체육백서』, 608~610쪽.
90) 위의 책, 604쪽.

달 95개, 은메달 80개, 동메달 84개를 획득, 아시아경기대회 참가사상 최고의 성적을 올리는 쾌거를 이루었다. 이같은 성적은 당초 목표인 금메달 80개 이상을 크게 상회한 것으로 접전이 예상되던 일본을 금메달 52개의 큰 차이로 밀어내며 아시아스포츠 2위 자리를 확고하게 확보했음을 의미하는 것이다. 중국의 독주는 이 대회에서도 예외는 아니어서 전체 427개의 금메달 가운데 150개를 쓸어갔다. 이는 한국의 96개, 일본의 44개를 합친 140개보다도 많았으며, 지난 1990년 베이징아시아경기대회의 183개에 이은 최다기록이다.[91]

정부는 2002년 부산아시아경기대회를 위해 4,739억 원을 지원했다. 그리고 개최도시 부산시에서 지방비로 추가 조달한 금액과 조직위원회의 자체 수익사업으로 확보한 금액을 합하면 총 대회 소요경비는 1조 2,107억 원에 달했다. 대회 소요예산은 크게 직접투자 사업과 대회운영 사업으로 구분된다. 직접투자 사업은 대회 개최를 위해 필수적으로 요구되는 사업이면서 대회 후에도 사용되는 자산적 성격의 경기장, 진입도로 건설 등으로 정부지원 예산의 대부분은 직접투자 사업에 사용되었고 개최도시인 부산시에서 예산을 집행했다. 대회운영 사업은 개·폐회식 행사, 경기진행, 선수촌 운영, 홍보사업 등 경상적 사업으로 조직위원회에서 예산을 집행했다. 조직위원회가 집행한 대회운영 경비는 2,588억 원으로 그 중 1,458억 원은 광고, 휘장, 방영권·입장권 판매수입 등으로 조직위원회가 자체 조달했고 나머지 1,130억 원은 국비, 부산시비 등 보조금으로 충당했다.[92]

제14회 부산아시아경기대회는 OCA 전 회원국 참가, 역대 최대 경기종목, 최대 인원 참가 등 여러 면에서 진기록과 화제를 뿌렸으며 한·일월드컵의 성공적 개최에 이어 한국의 국제적 위상을 크게 제고하는 계기가 되었다.[93] 특히 전쟁의 상처가 채 아물지 않은 아프카니스탄과 21세기 최초의 신생 독립국인 동티모르가 참가했다. 또 시민의 자발적 참여로 구성된 4만여 명의 참가국별 시민서포터즈는 각국 선수단에 대해 환영, 경기운영, 환송의 활동을 통해 37억 아시아인에게 깊은 감동을 주었고 민간 외교의 첨병 역할을 수행했다. 이로써 이 대회는 사상과 이념, 종교의 벽을 넘은 화합과 평화의 아시아드로 평가받았다.

또한 부산아시아경기대회는 성화를 백두산과 한라산에서 동시에 채화하고 남북분단의 상징인 임진각에서 합화함으로써 대회의 상징을 통일이라는 이미지로 승화시켰다. 특히 북한의 대규모 선수단(18개 종목, 318명)이 분단 이후 국내에서 열린 국제경기대회에 처음으로 참가하고 개회식 입장시에는 2000년 시드니올림픽에 이어 남과 북이

91) 『체육』, 2002년 9·10월호, 63~64쪽.

92) 문화관광부, 『2002 체육백서』, 604~606쪽.

93) 위의 책, 615~617쪽.

동시에 입장함으로써 아시아경기대회라는 스포츠의 장을 통하여 한민족의 통일에 대한 의지를 전세계에 보여주었다. 경제적 파급효과는 총 1조 8,706억 원이 지출되어 6조 2,347억 원의 생산유발효과와 2조 8,638억 원의 부가가치 유발효과 및 18만 5,000명의 고용창출 효과가 있는 것으로 추산되었다.

한편 부산아시아경기대회는 대회 사상 최대 규모인 44개국 9,782명의 선수단과 수만 명의 각국 언론인, 관광객들이 몰려들고 북한이 참가함으로써 부산을 홍보하고 부산의 이미지를 한 차원 고양시키는 데도 결정적인 구실을 했다. 또 대규모 국제스포츠대회를 치름으로써 부산시민들의 의식과 국제적 감각도 상당 부분 높아졌다. 특히 아시아권뿐만 아니라 미국, 영국, 프랑스, 독일 등 세계 20개국에서 제출된 353편의 논문 중 70편을 엄선하여 발표한 2002부산AG스포츠과학학술대회까지 대회 전에 개최함으로써 부산이 세계화에 더 가까이 다가가게 되었다.[94]

7. 대구하계유니버시아드대회

대구시는 1995년 10월 2001년 하계유니버시아드대회 유치방침을 결정하고 난 후 1996년 5월 각계 인사가 참여하는 유니버시아드대회유치위원회를 구성했으며, 대구시의회도 유치지지 결의안을 채택했다. 대구시는 1996년 6월 문화체육부와 대한올림픽위원회에 2001년 유니버시아드대회의 유치 승인을 신청했으며, 1997년 1월 정부로부터 대치유치 승인을 받아 1997년 5월 국제대학스포츠연맹(FISU)에 대회유치 신청서를 제출했다. 하지만 대구시가 2001년 대회 개최도시로 거의 확정되는 시점에서 IMF 외환위기와 이에 따른 중앙정부의 권유로 대회유치를 포기하게 되었다. 이후 경제여건이 호조됨에 따라 대구시는 2000년 4월 제22회 하계유니버시아드대회 유치방침을 결정하고 그 해 5월 정부의 승인을 받아 국제대학스포츠연맹에 대회유치신청서를 제출했다. 그리하여 대회유치위원회가 2000년 6월에 발족하였고 대구유니버시아드대회 유치단이 북경 국제대학스츠연맹 집행위원회의에 참가하여 유치활동을 벌인 결과, 2000년 7월 14일 제22회 하계유니버시아드대회 개최지로 대구가 확정되었다.[95]

이에 따라 2001년 1월 조직위원회 발기인대회 및 창립총회를 개최하여 문희갑 대구시장을 조직위원장으로 선출했다. 그후 문희갑 조직위원장이 2002년 6월 30일자로 대구시장 임기가 만료되어 2002년 8월 16일 제2차 위원총회에서 신임 조해녕 대구시장을

---

94) 제14회부산아시아경기대회조직위원회, 앞의 책, 740쪽.

95) 2003대구하계유니버시아드대회조직위원회, 『2003 대구 제22회하계유니버시아드대회 공식보고서』, 2004, 32~33쪽.

새로운 조직위원장으로 선임했다. 한편 조직위원회는 2001년 2월 문화관광부산하 재단법인으로 법인설립등기를 마쳤고, 그해 5월 조직위원회 사무처가 발족되었다. 발족 당시 사무처 조직은 사무총장 아래 1실 3본부 7부 17팀 100명으로 구성되었다. 이후 대회준비업무가 본격적으로 추진됨에 따라 사무처 조직도 몇 차례 확대 조정되었는데, 최종적인 조직은 2002년 12월 1실 6본부 2단 1소 56팀 364명으로 조정하여 확정되었다.[96]

대회조직위원회는 2001년 8월 13개 분야 55개 항목의 대회 기본계획을 확정했다. 그 주요내용은 대회개요, 대회주제와 슬로건, 대회준비 일정, 조직위원회, 경기장 개·보수, 선수촌 건립, 부대시설 건립에 관한 사항, 기타 인력·물자·방송 등 대회지원에 관한 계획이다. 이를 토대로 단위사업별 세부운영계획을 2002년 4월 완료했고 장소별·분야별 세부실행계획을 2002년 12월에 마쳤으며, 대회공식보고서 제작을 위한 기본계획을 2002년 6월 수립했다.[97]

대구하계유니버시아드대회가 지향하는 꿈과 비젼을 제시함으로써 유니버시아드대회에 대한 국민들의 통합된 인식과 공감대를 형성하기 위하여 2001년 6월 지역 및 중앙 각계인사 27명이 참여하는 이념제정위원회를 구성, 수 차례의 토론을 거쳐 그해 7월 대회주제를 최종 확정했다.[98]

대회주제는 '하나가 되는 꿈, Dream for Unity'이며, 이는 대구하계유니버시아드대회가 자연의 섭리와 첨단문명의 조화로움 속에서 모든 경계와 차이를 넘어 하나가 되려는 인류의 염원을 담은 녹색 문화축제를 의미했다. 또한 유니버시아드대회의 기본정신과 개최도시 대구의 도시적 특성을 상생적으로 조화하여 전 인류가 염원하는 평화와 화합, 이상과 실천적 삶이 조화되는 우정어린 지구촌 대학축제로 만들자는 의지의 표현이기도 했다.

대회슬로건과 표어는 대회주제를 명확하게 드러내는 동시에 전 세계인들이 공감할 수 있도록 하기 위해 2000년 7월 전국규모의 공모를 실시하여 총 1,551건의 출품작을 대상으로 그해 8월에 '벽을 넘어 하나로, 꿈을 펼쳐 미래로'를 대회슬로건으로, '함께하는 젊은 만남 세계 속의 푸른 대구'를 대회표어로 각각 선정했다. 또 대회슬로건을 해외홍보에 적극 활용하기 위해 각계의 의견수렴과 자문회의를 거쳐 'Daegu in Fashion, Dreams in Action'을 영문슬로건으로 정했다.

이 대회의 개최를 위해 필요한 총 64개 경기장 중 11개 경기장 및 연습장은 신설하고 나머지 53개 경기장은 기존 시설을 개·보수하여 사용했다. 신설 경기장 11개소는 지방자치단체와 교육청 및 학교에서 건설하는 시설을 대회기간 중 활용할 수 있도록 하여

96) 위의 책, 38~40쪽.

97) 문화관광부, 『2003 체육백서』, 2004, 580쪽.

98) 문화관광부, 『2002 체육백서』, 621~622쪽.

경제적인 대회 개최를 도모하고, 기존 경기장 53개 시설은 2002년 3월 시설주와 조직위 간에 사용계약를 체결하여 2003년 5월까지 개·보수 공사를 완료했다. 선수촌은 대구시 북구 동변동의 금호강변에 9,700명을 수용하는 아파트를 건립하여 사용하기로 하고, 2001년 7월 착공하여 2003년 5월에 완공했다. 선수촌 내에는 운영에 필요한 숙소, 식당, 종합안내센터, 편의시설, 위락시설, 건강체육시설, 종교시설 등 지원시설을 마련했다. 보도·방송시설은 2000년 12월에 완공된 대구시 북구 산격동 소재 대구전시컨벤션센터 내에 메인프레스센터(MPC)와 국제방송센터(IBC)를 설치했다.99)

대회소요예산은 크게 직접투자사업과 대회운영사업으로 구분된다. 직접투자사업은 대회개최를 위해 필수적으로 요구되는 사업이면서 대회 후에도 사용할 수 있는 자산적 성격의 경기장 개·보수, 진입도로 정비 등으로 개최도시인 대구시에서 집행했다. 대회운영사업은 개·폐회식 행사, 경기진행, 선수촌 운영, 홍보사업 등 경상적 사업으로 대회조직위원회에서 예산을 집행했다. 대회운영비 조달은 전체 소요경비 1,974억 원 중 609억 원은 광고, 휘장 등으로 조직위원회가 자체 조달하고 1,365억 원은 국고, 대구시비 등 보조금으로 충당했다. 보조금 가운데 정부는 2002년까지 304억 원, 2003년에는 894억 원을 지원했다.100)

2003년 대구하계유니버시아드대회는 2003년 8월 21~31일 11일 동안 대구시를 비롯한 안동, 구미, 김천, 예천, 경주, 영천, 경산 등 경상북도 내 7개 도시에서 개최되었다. 이 대회에는 134개 국제대학스포츠연맹 회원국을 비롯하여 세계 174개국 1만 1,215명의 선수단이 참가하여 지금까지 치른 22회 대회 중 최대였다. 이전까지 최대로 기록돼 있던 2001년 중국 베이징유니버시아드대회 때의 164개국 6,757명을 훨씬 넘는 규모였다. 금메달 수도 축구, 육상 등 10개 정규종목과 개최국에 선택권이 있는 양궁, 유도, 태권도 등 3개 종목을 포함해 13개 종목 185개로 가장 많았다. 특히 북한은 물론 분쟁국인 이라크와 아프카니스탄, 팔레스타인, 동티모르 등과 지금까지 국제대회에 한 번도 출전하지 않았던 아루바, 지부티, 세인트 키츠네비스 등이 출전해 명실상부한 세계 대학생 스포츠 최대 축제로서의 면모를 과시하며 평화와 화합의 메시지를 전했다.101)

중국과 러시아가 메달 획득에서 종합 1, 2위를 차지하였으며, 한국은 그 뒤를 이어 종합 3위를 달성했다. 하지만 한국 선수단이 획득한 26개의 금메달 중 태권도(10개)와 양궁(5개) 등 일부 종목에 편중되고 기본종목인 육상과 수영에서는 금메달을 1개도 얻지 못해 종목간 불균형을 나타내었다. 한편 북한은 금메달 3개를 따 종합 9위의 성적을 거두었다.102)

---

99) 문화관광부, 『2003 체육백서』, 579~580쪽.
100) 문화관광부, 『2003 체육백서』, 576쪽.
101) 『체육』, 2003년 9월호, 8쪽.

경기장, 선수촌, 미디어센터 등 시설·장비가 세계적 수준으로 평가되어 참가자들로부터 커다란 호응을 받았다.[103] 특히 2002년 부산아시아시경기대회에 이어 북한 선수단과 응원단의 참가로 남북화합의 무대가 마련되었으며, 북한 선수단 서포터즈 운영, 공동응원 전개 등을 통해 남북간 실질적인 화합과 협력 분위기를 조성했다. 국제대학스포츠연맹은 이런 남북화합의 장으로서의 이 대회를 평가하여 대회사상 처음으로 화해와 협력의 스포츠정신을 전 세계에 알린 남북 선수단에게 '페어플레이' 트로피를 수여했다. 그리고 세계 주요 언론은 이 대회가 국제적 긴장 완화 및 한반도 평화정책의 메시지를 세계에 전한 대회로 평가하기도 했다. 시민참여도 활발하게 이루어져 105개 서포터즈(25,000명)가 참가국을 환영하고 응원하였으며, 적극적인 선수단 지원활동을 통해 민간 외교사절로서의 역할을 수행하기도 했다.

이 대회는 2년 3개월의 짧은 준비기간과 적은 예산투자에도 불구하고 최대의 성과를 거둔 경제대회로서 국제대회 개최의 새로운 성공모델로 부각되었다. 65개 경기시설은 기존 시설을 개축하거나 보수하여 사용하였고, 물자도 예산절감을 위해 기증, 무료·유료 임차, 구매순으로 확보했다.[104] 2003년 대구하계유니버시아드대회가 지역 경제에 미친 직접적인 영향을 계량화하여 나타내기는 어렵지만 2003년 7월 한국개발연구원이 발표한 자료에 따르면 부가가치 창출 4,803억 원, 고용 창출 1만 3,467명으로 나타나 지역경제에도 긍정적인 영향을 미친 것으로 분석되었다. 무엇보다도 대회를 통해 대구가 전세계에 알려지게 됨으로써 얻은 대외적인 이미지 제고와 지명도 확산이라는 부가적 가치는 장기적으로 지역 발전에 기여하는 수량화할 수 없는 큰 성과였다.

또한 부산아시아경기대회에 이은 대규모 국제대회의 지방 개최 경험을 바탕으로 각종 국제행사의 수행능력을 배양했고, 대회기간 중 17만 1,000여 명의 관광객 유치로 관광특수 효과를 거두었으며, IT강국 이미지도 제고했다. 첨단 IT를 활용한 개·폐회식 문화행사 개최와 체험관 운영, 그리고 대회기간 중 완벽한 종합정보처리시스템 운영으로 신속한 대회정보를 제공하고 세계적 수준의 최첨단 미디어센타 시설·장비를 설치하여 최상의 정보강국 이미지를 부각하기도 했다.[105]

이렇게 대구시에서 개최된 제22회 하계유니버시아드대회는 174개 국가가 참가한 대회사상 최대 규모의 대회였다. 북한을 비롯한 이라크, 이스라엘 등 분쟁·갈등 지역의 나라도 함께 참여하여 종교·인종·이념의 벽을 뛰어넘어 선의의 스포츠축제를 펼침으로써 전 인류의 염원인 평화와 화합을 실현하는 데 기여했다. 하지만 미디어센터

---

102) 문화관광부, 『2003 체육백서』, 587쪽.

103) 문화관광부, 『2003 체육백서』, 587~589쪽.

104) 2003대구하계유니버시아드대회조직위원회, 앞의 책, 27쪽

105) 문화관광부, 『2003 체육백서』, 590쪽.

앞에서의 북한 기자단과 일부 시민단체의 몸싸움, 북한 선수단 훈련장에서의 정치적 구호 방송 등은 하나의 유감스러운 오점이었다. 이런 남북 갈등과 긴장은 향후 남북 체육교류에서 풀어야 할 과제로 대두되었다.

결론적으로 한국 스포츠계는 1988년 서울올림픽대회 개최의 힘을 기반으로 동계올림픽대회를 제외한 모든 국제종합경기대회를 유치하여 한국 스포츠의 양과 질의 성장은 물론 명실상부한 국제 스포츠의 강국으로 도약하는 전기를 마련했다.

8. 세계한민족축전

서울올림픽대회의 성공적 개최는 우리나라가 이룩한 경제성장을 바탕으로 축적된 힘을 밖으로 표출시켜 국제사회 속에 한국의 위상을 크게 제고하는 계기가 되었다. 이와 함께 전 세계에 진출해 있는 수백만 해외동포들의 조국에 대한 긍지를 드높인 결과를 가져왔다. 해외동포 사회에 생겨난 이러한 활력은 일부 소원해 있던 해외동포들 사이에 조국에 대한 인식을 새롭게 하기에 충분했다. 특히 중국, 구 소련 거주 동포들에게는 당시 이념의 장벽에 가려져 있던 조국땅을 밟고 싶은 기대를 불러 일으켰다. 서울올림픽대회 개최를 두 달 앞둔 1988년 7월에 마련된「세계한민족체육축전 추진기본계획」은 바로 이러한 재외동포들의 바램을 수용하기 위한 검토 과정에서 착안되었으며, 특히 서울올림픽대회에 중국, 소련을 비롯한 30여 개 미수교국의 참가가 확실시되면서 구체화되었다.[106)]

서울올림픽대회를 성공적으로 치른 후, 1988년 12월에 체육부는 한민족체육축전의 본격적인 준비를 위해서 체육부 및 대한체육회 관계자들로 구성된 체육축전준비위원회 조사단을 조직하여 미주지역, 유럽지역, 소련, 중국 등지에 파견, 현지 관계자들과 대회에 필요한 사항을 협의하도록 했다. 대회의 확정과 아울러, 체육부는 행사의 의의를 7,000만 한민족의 동질성 회복에 두고 이에 필요한 구체적인 일들을 추진하기 위해 1989년 4월 21일 각계 지도급 인사와 체육전문가 등으로 구성된 세계한민족체육축전 준비위원회를 발족시켰다.[107)]

체육청소년부는 1990년 4월 대회의 준비를 위해 서울올림픽기념 국민체육진흥공단의 직제 하에 세계한민족축제 지원단을 편성했다. 이 지원단은 세계한민족체육축전위원회 구성 및 사무처 편성 방향 설정, 제1회 세계한민족체육축전 기본계획안 작성 등 세계한민족체육축전위원회의 창설 작업을 임무로 하고 있었다. 1990년 9월 7일 재단

106) 문화관광부,『2002 체육백서』, 203쪽.

107) 李學來,『韓國體育百年史』, 한국체육학회, 2000, 555쪽.

법인 세계한민족체육축전위원회의 발기인총회 및 창립총회가 개최되었다. 1991년 1월 10일 세계한민족체육축전위원회의 재단법인 설립허가를 받아 같은 해 1월 25일 설립등기를 마침으로써 재단법인체로서의 세계한민족체육축전위원회가 정식 출범하게 되었다.

체육축전위원회 임원은 위원장 1명, 집행위원 15명 이내, 위원 30명 이내(위원장, 집행위원 포함), 감사 2명으로 구성되었다. 그리고 최고의결기관인 위원총회, 위원장 및 집행위원으로 구성된 집행위원회, 전문위원회, 사무처 등을 두었다.

세계한민족체육축전위원회의 출범은 전 세계에 흩어져 있는 500만 재외동포들이 체육제전의 지속적인 개최를 통해서 이념과 체제를 초월해 민족의 동질성을 확인하고 유대를 강화함으로써 민족 공동번영의 구현 및 조국통일의 조기 실현에 기여할 수 있는 제도적 기반을 마련했다는 점에 의의가 있었다.

서울올림픽 1주년 기념행사로 제1회 세계한민족체육축전이 1989년 9월 26일부터 10월 3일 사이에 개최되었다. 소련과 중국을 비롯하여 50개국(지역)으로부터 1,326명의 선수단이 참가했다.[108] 경기종목은 육상, 수영, 축구, 배구, 테니스, 배드민턴 등의 9개 종목에 걸친 일반경기와 씨름, 활쏘기, 그네뛰기 등의 8개 종목에 걸친 민속경기로 구성되었다. 이러한 체육행사는 경기력을 가름하기 위한 것이었다기보다는 재외동포들 사이의 화합 위주로 진행되었다. 체육행사 외에도 체전의 축제 분위기를 북돋우기 위해 소련, 미국, 일본 등의 재외동포 예술단을 초청해 공연을 가졌고, 중국과 소련에 거주하는 동포들이 한국의 가정들을 방문할 수 있도록 민박을 주선하여 따뜻한 동포애를 나눌 수 있게 했다. 또한 올림픽공원 내에 전통음식점을 마련하여 민속음식을 맛볼 수 있는 기회를 제공했고, 1박 2일 동안의 관광 및 산업시찰을 실시하여 해외동포들에게 조국의 발전상을 직접 확인할 수 있게 했다. 이밖에 해외동포 선수단이 서울시, 서울시 교육위원회, 38개의 기업체, 2개의 종교단체, 친선협회 등과 자매결연을 하여 상호간 혈연의 정을 나누고 우의를 돈독히 하게 되는 성과를 거두었다.

이같은 제1회 세계한민족체육축전의 의의는 전 세계에 흩어져 대를 이어 장기간 거주하고 있는 동포들을 한민족사상 최초로 조국에 초청하여 국내에 거주하는 국민들과 함께 어울리게 함으로써 민족의 동질성을 확인하고 연대의식을 드높이게 했다는 데 있었다.

제1회 대회가 의미 있게 끝을 맺자, 재외동포 참가자들은 한결같이 이 행사를 지속적인 것으로 만들어 줄 것을 정부측에 요청했다. 1989년 12월 5일 체육청소년부는 세계한민족체육축전 평가단회의를 열고, 체전은 격년제로 개최하며 체육, 청소년, 문화, 학술

108) 위의 책, 556쪽.

등으로 행사규모를 넓히고, 이를 위해 상설기구를 발족한다는 등의 사안을 결의하여 다음해 1월에 확정했다.

제2회 세계한민족체육축전은 1991년 9월12일~20일 개최되었다. 85개국으로부터 1,601명의 재외동포들이 참석하여 6일 동안 일반경기 5개 종목과 민속경기 11개 종목으로 모두 16개 종목에서 28개 세부 종목의 경기를 실시했다. 이는 제1회 대회에 비해 일반종목 3개를 줄였고, 3개의 민속경기를 늘려 한민족종합체전의 성격을 강화했다는 특징을 지니고 있었다.[109)]

이 외에 청소년, 문화, 학술 등의 행사에 비중을 두어 화합과 친선을 노모하는 한마당 축제로서의 내실을 기했다. 청소년 간의 친선 도모 및 조국의 전통문화를 이해하는 계기를 마련하기 위해 행사 기간 중 청소년 행사를 별도로 가졌다. 재외동포 청소년이 45개국 282명, 국내 150명을 포함하여 총 432명이 참가했고, 26개의 프로그램으로 진행되었다. 공연행사, 전시행사, 일반행사 등 3개 부문으로 나누어 진행된 문화행사에는 27개 국내외 예술 및 사회단체로부터 2,074명이 참석하여 성황을 이루었다. 세계한민족학술회의에는 국내 학자를 포함해 13개국으로부터 635명이 참가하여 한민족의 역사, 언어, 문화, 정치 등의 제반 문제를 심도 있게 연구·토론했고, 43편의 연구논문이 발표되는 성과를 거두었다.

그밖에 세계한민족체육축전위원회는 행사에 참가했던 해외동포들이 확고한 모국관을 정립하는 데 도움을 주고자 가성방문을 비롯해 고향 탐방, 산업시찰 등의 행사도 빼놓지 않았다. 범국민적 참여를 유도하고 국내외 동포간의 유대관계를 공고히 할 목적으로 추진했던 자매결연사업은 24개 기업체, 6개 사회단체, 22개 구청, 23개 교육기관 등 모두 75개의 직능별 사회단체가 해외동포와 자매결연을 하고, 이들 단체가 행사 기간에 적극적인 활동을 펼치기도 했다.

이러한 제2회 체육축전에서는 체육, 청소년, 문화, 학술분야를 망라하는 종합축제의 성격을 가졌을 뿐만 아니라 동포사회 각계에서 활약하는 다양한 연령층의 사람들이 대거 참석하는 성과를 거둠으로써 한민족의 종합축제로서 뿌리내릴 수 있는 가능성을 보였다. 해외 동포 청소년들이 우리의 역사와 전통문화의 이해와 민족의 얼을 재확인하는 계기를 마련했고, 호주 교포 여학생이 결의문에서 "호주 시드니에도 한 송이 피어나는 무궁화가 있다는 것을 알릴 수 있도록 노력하겠다"고 말한 데서 알 수 있듯이, 자신들이 세계 각국에서 지구촌을 이끌어 갈 자랑스런 한국인으로 성장하고 있다는 사실을 깨닫게 함으로써 해외동포 청소년들에게 민족의식과 조국애를 고취시키는 역할을 수행했다. 또한 해외동포사회의 지도급 인사와 국내외 학자들 간에 조국통일에

109) 위의 책, 556~558쪽.

대한 대화의 장을 마련했고, 전 세계 한민족의 동질성을 확인하고 통일 염원을 모아 나아 갈 방향을 모색하게 하는 기회를 제공함으로써 조국의 평화통일 기반을 마련하는 데도 기여했다.

한민족의 대축제인 제3회 세계한민족축전이 1993년 9월 17일부터 24일까지 서울올림픽공원 주변에서 개최되었다. 79개국 601명의 재외교포들이 참가해 '한민족 한 마음 영원한 내 조국'이라는 기치로 한민족으로서의 자긍심을 확인했던 제3회 축전은 체육(민속경기)·문화·학술행사를 총망라한 민족화합의 종합축제로 펼쳐졌다. 특히 이때부터는 '한민족체전'이라는 명칭으로 체육경기 위주로 치러졌던 지난 대회와는 달리 행사명칭을 '한민족축전'으로 변경해 각 분야의 해외동포들이 한 데 모여 동포애와 우의를 다지는 순수한 축제의 의미를 강조했다.[110]

88놀이마당에서 열린 체육행사는 승부와 기록이 중시되는 경쟁적 종목을 배제하고 한민족 고유의 풍속을 즐기며 축제분위기를 조성할 수 있는 씨름, 활쏘기, 연날리기, 그네뛰기 등의 민속경기 위주로 진행되었다. 예술의 전당과 국립국장에서 열린 '한민족예술제'와 '한민족초정음악회'는 각국에서 활약하고 있는 재외동포 문화예술인들과 국내 예술인들이 함께 공연하여 문화민족으로서의 우수성을 확인하는 무대가 되었다. 학술행사로는 22개국 75명의 재외동포 석학들이 내한하여 국내 학자들과 '세계 속의 한민족'이라는 대주제를 가지고 개최되어 남북화해와 민족통일의 방향을 모색했다. 또 이민사를 포함하여 한민족의 과거와 미래를 조명한 '고국문화강연회'가 열려 해와 동포들에게 한민족으로서의 일체감을 조성하기도 했다.

이같은 세계한민족체육축전은 1995년부터 '세계한민족축전'으로 공식대회 명칭이 변경되었다. 처음에는 2년 주기로 행사가 열렸으나, 1995년부터 매년 개최되고 있다. 동 축전은 체육행사를 중심으로 한 다양한 문화축전으로 전개되어 오고 있으며 국민생활협의회가 행사를 주관하고 있다. 초창기 대규모 행사에서 내실있는 대회로 운영하자는 취지에서 참가국과 참가인원이 줄었지만 다양한 행사와 적극적인 참여를 유도하여 의미있는 한민족생활체육축전으로 발전하고 있다.[111] 가령 1995년 54개국 953명, 1997년 98개국 801명, 2000년 54개국 462명, 2002년 32개국 668명, 2003년 42개극 601명, 2004년 41개국 623명이 참가하여 한민족생활체육축전행사로 내실있게 진행되어 왔다.[112]

---

110) 『국민생활체육』, 1993년 10월호, 46~47쪽.

111) 문화관광부, 『2002년 체육백서』, 204~206쪽.

112) 문화관광부, 『2004년· 체육백서』, 2005, 246~247쪽.

제 VII 장 종목별 국제경기대회 유치

1. 세계선수권대회

1) 제1회 세계태권도선수권대회

한국의 고유 전통 무예에서 출발한 태권도는 1950년대부터 해외로 진출하기 시작한 한국인 사범들에 의해 전세계적으로 보급되기 시작했다. 이러한 토대 위에서 1973년 제1회 세계태권도선수권대회가 태권도 종주국인 한국에서 개최될 수 있었다. 세계태권도선수권대회의 창설은 한국 스포츠가 세계를 이끌어 갈 수 있는 힘을 갖추었음을 과시한 것으로 한국 체육사에 있어 찬란한 금자탑을 세운 것이었다.

세계태권도선수권대회 창설은 1971년 1월에 대한태권도협회 제7대 회장으로 취임한 김운용 회장의 야심찬 포부에서 비롯되었다. 그는 회장 취임사에서 태권도 세계화의 기틀을 마련하기 위해 중앙도장으로 국기원을 건립하고, 세계대회를 개최하겠다는 것을 공약했다.[1] 국기원은 1971년 11월 착공해 1년 만인 1972년 11월에 준공되었다.

대한태권도협회는 1973년 1월 9일 세계대회요강을 확정하고 본격적인 준비에 돌입했다. 1973년 5월 25일부터 27일까지 국기원에서 열린 제1회 세계태권도선수권대회는 성공적으로 개최되었다. 대회 폐막 다음날인 5월 28일에는 국기원에서 세계태권도연맹(WTF)이 창립되었다. 총회에서 세계태권도선수권대회를 2년에 한 번씩 개최키로 하고, 제2회 대회 개최지를 계속 서울에서 열기로 합의했으며, 김운용 대한태권도협회장을 만장일치로 임기 4년의 세계태권도연맹 초대 총재로 선임했다.[2]

1) 『월간 태권도』, 제101호, 1997, 대한태권도협회, 42쪽.

2) 1973년 5월 28일에 창설된 세계태권도연맹 임원은 총재 김운용, 부총재 Roland De Marco(미국), Leo Wagner(독일), 김명회 등 3인, 실행위원 John M. Murphy 등 14인, 사무총장에 이종우 교육원장이었다(『태권도』, 제9호, 1973, 27쪽).

1975년 8월 국기원에서 개최된 제2회 대회에는 30개국의 임원 91명과 선수 165명, 그리고 유공사범 23명 등이 참가했다. 제2회 대회에서 각국 선수들은 향상된 경기수준을 과시하면서 예측을 불허하는 혼전을 벌이기도 했다. 그러나 한국은 이 대회에서도 8체급을 모두 석권하여 2연패를 달성했다.[3] 한편 오스카 스테이트 국제경기연맹총연합회(GAISF) 사무총장 등 국제스포츠계의 저명한 인사들도 이 대회를 주의깊게 지켜본 후, 그동안 충분한 검토와 철저한 조사를 거쳐 태권도를 국제경기연맹 총연합회에 가입시키토록 하겠다고 발표했다. 마침내 태권도는 같은 해 10월 몬트리올에서 열린 국제경기연맹 총연합회 총회에서 승인을 받아 세계 공식기구에 가입하게 되었다. 이로써 한국의 고유 스포츠가 세계스포츠계의 공인을 받은 것도 처음이지만, 세계태권도연맹은 아시아권에 본부를 둔 유일한 국제스포츠연맹이 되었다.[4] 국제경기연맹 총연합회는 국제올림픽위원회(IOC), 국가올림픽위원회연합회(ANOC)와 더불어 세계 3대 스포츠기구의 하나이다.

한국은 태권도가 86아시아경기대회 정식종목 및 88서울올림픽대회 시범종목으로 채택된 후 더욱 큰 관심을 끌게 됨에 따라, 1985년 제7회 세계선수권대회를 유치하고 이를 생방송으로 전국에 중계하여 국민들의 관심을 불러일으켰다. 한국은 종합순위에서 1위를 유지했지만, 헤비급의 강성우가 네델란드의 행크 마이어(H. Meijer)에게 우승을 내줘 전종목 우승을 달성하지 못했다.[5] 특히 여자부의 경우는 금메달을 한국이 4개, 스페인이 3개, 미국이 1개를 차지하여 박빙의 승부를 펼쳤다. 이 대회에는 동구권의 유고와 폴란드가 참가해서 국제정치적으로 큰 반응을 불러 일으켰으며, 사상 최대 규모인 65개국이 참가해 성황을 이루었다.

1989년 10월 잠실 실내체육관에서 개최된 제9회 대회에는 58개국 310명의 선수가 참가했다.[6] 한국은 이 대회에서도 헤비급 우승을 놓쳤다.

제15회 세계태권도선수권대회 및 제8회 세계여자태권도선수권대회가 2001년 11월 1일부터 7일까지 제주도 한라체육관에서 개최되었다. 세계태권도선수권대회는 남자대회의 경우 1973년, 여자대회는 1987년에 각각 시작된 이후 2년마다 열리고 있다. 이 대회는 태권도가 2000년 시드니올림픽대회에서 올림픽 정식종목으로 채택된 후 처음으로 열린다는 점에서 큰 관심을 모았다. 대회 시작 이후 한국에서 5번째로 개최된 이 대회에는 91개국에서 655명의 선수들이 출전하여 대회사상 최대 규모로 치러졌다.[7]

---

3) 『태권도』 제16호, 1975, 26~34쪽.

4) 大韓體育會, 『體育年鑒 1976』, 1976, 106쪽.

5) 『태권도』 제54호, 23쪽.

6) 『계간 태권도』, 제71호, 1989, 7쪽.

7) 『체육』, 2001년 10·11·12월호, 59~60쪽.

한국 선수단은 남자팀의 경우 금메달 2개와 동메달 2개로 종합점수 49점을 획득해 1973년 첫 대회 이후 15년 연속 종합우승을 차지했으며, 여자팀도 금메달 6개와 은메달 1개 등 종합점수 94점으로 8년 연속 종합 1위를 지켜 종주국의 체면을 살렸다. 이처럼 세계 각국 태권도의 기량차가 더욱 좁혀진 현실을 확인한 가운데 한국 선수단은 남자팀과 여자팀의 희비가 엇갈렸다. 한국 여자팀은 8개 체급 중 6개 체급의 정상을 차지한 반면 8개 체급 중 5개의 금메달을 기대했던 남자팀은 금메달 2개 밖에 따내지 못해 종주국의 체면을 지키는 데 급급했다.

한편, 대회개막 전날인 10월 31일 제주 그랜드호텔에서 열린 세계태권도연맹 총회에서는 김운용 총재가 재추대되어 앞으로 4년간 더 연맹을 이끌게 되었으며, 차등 점수제를 도입하는 등 경기규칙도 대폭 개정되었다. 연맹은 이 총회에서 가격 부위에 관계없이 1점씩만 주어지던 득점을 안면(얼굴) 2점, 몸통 1점으로 차별화했고 상대방이 다운될 경우 1점을 더 주기로 하는 등 경기규칙을 대폭 손질했다. 유효 가격 부위도 호구 3개 부분에서 호구 전체로 확대했고 경기장을 벗어나거나 공격 후 넘어질 경우 무조건 0.5점을 감점하기로 했다. 경기장도 종전 가로, 세로 8미터에서 12미터로 넓혔고 여자부 경기는 3분 3회전에서 2분 3회전으로 변경했다.

2) 제42회 세계사격선수권대회

대한사격연맹은 1974년 3월 2일 제42회 세계사격선수권대회를 유치하기 위해 대한체육회 및 정부의 보증서와 함께 대회개최 요청시를 세계사격연맹에 제출했나. 이와 동시에 세계사격연맹 회원국의 사격스포츠 및 기타 관계인사들에게 개별 서신 및 접촉을 통한 대회 유치의 타당성을 설득, 이해시켜 최대한의 지지를 얻었다. 제42회 대회는 1974년 9월 18일 스위스 베론에서 열린 제41회 세계대회 때 개최된 세계사격연맹총회에서 멕시코와 최후의 경합을 벌인 결과 62표 대 40표로 개최권을 획득했다.[8)]

준비추진위원회가 1976년 11월 1일 대회조직위원회의 공식적인 발족을 준비하고 제반 계획의 수립과 기본적인 준비사항을 추진하기 위해 발족되었는데, 박종규 대한사격연맹 회장을 위원장으로 선출했다. 준비추진위원회는 경기장 건설 등 제반 준비사항을 1977년 3월 30일에 시작하여 1978년 8월 30일에 끝마쳤다. 시설은 경기장 및 숙박시설로 대별할 수 있다. 이중 경기장 건설은 300미터 사격장, 50미터 사격장, 25미터 사격장, 런닝게임 사격장, 10미터 사격장, 크레이 사격장 등 국제 규격의 시설을 갖춘 태릉 국제사격장을 완공함으로써 끝냈다. 숙박 시설은 워커힐 선수촌 건설로 마련했다. 워커힐 선수촌은 쉐라톤워커힐호텔과 아파트로 나누어지는데, 806개의 호텔 객실

---

8) 第42回 世界射擊選手權大會 組織委員會,『第42回世界射擊選手權大會報告書』, 1979, 95쪽.

에 1,000여 명, 신축된 아파트 11개동 1,620실에 2,000여 명을 수용할 수 있도록 갖추었다.[9)]

이렇게 제반 준비를 끝낸 후 서울 태릉 국제사격장에서 개최된 제42회 세계사격선수권대회는 세계 사격 100년 역사만에 처음으로 아시아 지역에 유치된 뜻깊은 대회였다. 특히 제42회 세계사격선수권대회는 기존 수동식 또는 반수동식 통제장치에 의한 경기방식에서 벗어나 전자식 자동통제장치로 경기를 실시함으로서 이 대회 100년사에서 사격이 전자과학화되는 신기원을 이룩했다는 점에서 그 의의가 크다고 하겠다.[10)]

1978년 9월 24일부터 10월 5일까지 개최된 이 대회에는 주최국인 한국 선수단 48명을 포함해 64개국에서 910명의 선수들이 참가했다.[11)] 이 대회의 경기장인 태릉 국제사격장은 쾌적한 시설로 국제대회를 치르는 데 손색이 없음을 보여주었고, 한국 스포츠가 국제적 위치를 확고히 구축해 나가고 있음을 알 수 있게 했다. 이 대회에서 미국은 금메달 18개, 은메달 9개, 동메달 6개로 우승했고, 이탈리아가 2위, 핀란드가 3위를 차지했다. 한국은 금메달을 확보하지 못했지만 세계 정상급 사격대회에서 한 번도 입상하지 못한 전례를 깨며 은메달 3개, 동메달 5개로 12위를 기록했다.

대회 기간 중에 국제사격연맹(UIT) 총회가 개최되었다. 국제사격연맹 총회는 제43회 대회를 베네주엘라에서 개최하기로 결정하고, 세계공기총사격선수권대회를 1979년부터 시작하여 2년마다 개최하기로 했다. 총회는 창립 대회인 제1회 세계공기총사격선수권대회를 1979년 8월 16일부터 23일까지 서울에서 개최토록 했으며, 이 대회에서 한국은 6위를 차지했다.

한편 사격에 전통적으로 강한 동구권 국가들이 불참했음에도 불구하고 제42회 대회에서는 세계신기록 7개와 타이기록 4개를 작성하는 등 수준 높은 성과를 올렸다.[12)]

3) 제8회 세계여자농구선수권대회

아시아 지역에서는 처음으로 서울에서 제8회 세계여자농구선수권대회가 1979년 4월 29일부터 5월 13일까지 개최되었다. 국제농구연맹(FIBA)에 가입한 150여 개 회원국 가운데 정상급 10여 개 국이 참가해 4년마다 개최되어 온 이 대회는 1953년 제1회 대회를 칠레에서 개최하였다. 한국은 1963년 제4회 페루대회 이후 계속 참가했으며, 1967년

---

9) 위의 책, 98~99쪽.

10) 위의 책, 95쪽.

11) 李學來, 『韓國體育百年史』, 한국체육학회, 2000, 560쪽.

12) 『體育年鑒 1979』, 1979, 48쪽.

제5회 체코대회에서는 준우승을 차지해 세계의 각광을 받았고, 이후 1971년 제6회 브라질대회에서 4위, 1975년 제7회 콜롬비아대회에서 5위를 차지하고 제8회 대회를 서울에서 개최하게 되었던 것이다.

한국에서 세계적인 스포츠행사가 열린 것은 세계태권도선수권대회와 세계사격선수권대회에 이어 두 번째다. 국제농구연맹 규약에 따르면 세계선수권대회는 8개국 내지 16개국 팀이 출전해야만 개최할 수 있게 되어 있다. 여자선수권대회는 보통 13개국 팀이 출전해 왔다. 이 가운데 최근 올림픽대회 1~3위팀, 최근 세계선수권대회 1~3위팀이 자동출전권을 갖고 있고, 그 밖에 각 대륙의 대표와 개최국이 출전하게 되어 있다. 이 대회에는 12개 나라에서 250여 명의 선수들이 참가했다.13)

2승 1패로 예선리그를 마친 한국팀은 결승리그 첫 경기에서 미국에 패하였지만 이후 5연승했다. 대회 최종경기에서 4승 1패의 미국팀은 5승 무패의 캐나다에 승리했다. 이로써 한국, 미국, 캐나다의 3국이 모두 5승 1패를 기록하여 골 득실률로 순위를 결정한 끝에 미국이 +4, 한국이 -1, 캐나다가 -3으로 그 순위가 결정되었다.14)

이로써 한국 선수단은 미국에 이어 제5회 체코대회 이후 다시 한번 준우승을 차지해 세계 강호로서의 면모를 자랑했다. 박찬숙과 조영란이 큰 키를 이용한 골 밑 지배, 정미라·강현숙 등의 중거리 슛 그리고 오랜 합숙훈련으로 원활한 이들의 팀웍이 준우승의 원동력이 되었다. 특히 이 대회에는 국교가 없는 유고 국적의 국제농구연맹 사무총장 방한으로 한국의 대공산권 스포츠외교에 큰 획을 그었다.

4) 제27회 세계야구선수권대회

세계 아마추어야구의 정예들이 겨루는 제27회 세계야구선수대회는 1982년 9월 4일 서울의 잠실야구장에서 열전의 막을 올렸다. 이 대회는 유럽의 이탈리아와 네델란드, 북미의 미국과 캐나다, 중남미의 도미니카와 파나마, 아시아의 일본과 대만, 오세아니아의 호주 등 전 세계에서 각 대륙을 대표한 9개 팀과 주최국 한국팀이 참가한 가운데 진행되었다. 한국팀은 이 대회 결승전에서 일본을 제압하고 단체 구기종목 사상 최초의 세계 정상 정복이라는 위업을 달성했다.15)

제27회 대회의 서울 유치는 1977년의 국제야구연맹(AINBA)총회에서 결정되었다. 당시만해도 남미권이 장악하던 세계대회 판도여서 1980년 대회의 일본 개최에 이은 이 대회의 한국 유치는 많은 난관이 있었다. 그런 가운데 아시아권 나라에도 똑같은 개최

13) 『체육』, 1979년 5월호, 8~12쪽.

14) 『體育年鑒 1980』, 1980, 52~53쪽.

15) 『체육』, 1982년 8·9월호, 22~23쪽.

권이 있다는 명분 하나로 서울 유치가 극적으로 이루어졌다.[16)]

단장 김상겸, 감독 어우홍 등으로 구성된 한국 선수단은 이 대회에서 단체구기종목 사상 최초의 세계 정상 정복이라는 위업을 달성했다. 이 대회는 온 국민에게 야구의 진면목을 보여주면서 야구에 대한 관심을 끌어 올리는 데 크게 기여했을 뿐만 아니라, 1938년의 제1회 대회 이래 동양권 국가가 최초로 우승을 차지했다는 점에서 그 성과는 더욱 빛났다.

첫날 한국은 이탈리아와의 대결에서 2대 1로 패하여 충격을 받았다. 다행히 9월 5일 2회전에서 한국은 강호 미국을 2대 1로 물리쳤다. 3일째 경기에서 한국은 네델란드를 7회 콜드게임 11대 0으로, 4회전에서는 상대 대만을 6대 0으로 대파했다. 이로써 한국과 일본은 3승 1패로 공동선두에 나섰다. 9월 10일 한국과 파나마의 경기에서 파나마를 4대 2로, 11일 캐나나전에서는 5대 1로 이겼다. 9월 12일 한국은 도미니카마저 3대 0으로 물리쳤으며, 당초 낙승하리라는 예상과 달리 호주와는 연장 15회까지 가는 접전 끝에 7대 6으로 겨우 승리했다.[17)]

결승전에서 한국과 겨룬 일본팀이 2회 초에 와서 한국의 범실로 천금같은 2점을 뽑은 이후, 8회 초까지 분위기는 안타까울 정도로 팽팽한 투수전 양상이 계속되었다. 그러다가 한국팀이 8회 말에 와서 승리의 전기를 마련했다. 심재원의 안타를 시작으로 김정수의 2루타, 조성옥의 보내기 번트, 김재박의 절묘한 번트로 동점을 만드는 데 성공한 한국팀은 이해창의 안타와 장효조의 1루 진출로 1, 2루를 채운 상황에서 한대화가 쓰리런 홈런을 날려 극적으로 승리를 결정했다. 이로써 한국은 세계야구사상 처음으로 동양인의 손에 챔피언컵을 쥐게 만들었다.

5) 제14회 세계유도선수권대회

세계유도선수권대회는 1956년 일본 도쿄에서 창설되어 1958년 제2회 대회까지 도쿄에서 개최한 후 1961년 프랑스 파리에서 제3회 대회가 개최되었다. 한국은 1985년에 제14회 세계유도선수권대회를 유치하여 9월 26~29일 서울 잠실 실내체육관에서 37개국 대표 312명의 선수들이 참가한 가운데 경기를 열었다.[18)]

이 대회에서 한국은 금 4개, 은 1개, 동 1개를 차지한 일본에 이어 금 2개, 은 2개로 2위를 차지했다. 3위는 금 1개, 동 5개를 차지한 소련이었다. 한마디로 제14회 세계유도선수권대회의 준우승은 기술 위주로 구사하는 노련미의 일본식 유도와 힘에 바탕을

16) 체육부, 『체육한국인』, 1986, 258~260쪽.

17) 『체육』, 1982년 8·9월호, 24~25쪽.

18) 대한유도회, 『제14회세계유도선수권대회보고서』, 1985, 11쪽.

둔 저돌적인 공격형의 유럽식 유도의 틀 속에서 세기와 체력을 바탕으로 한 한국형 유도가 세계 유도에서 주효했다는 점을 입증해 주었다.[19]

이처럼 한국유도는 제14회 세계유도선수권대회에서 종합 준우승을 함으로써 자신감 및 의욕의 고취와 함께 세계 유도계의 판도를 일·한·소의 3강 세계로 구축하는데 성공했다. 이와 더불어 국내에서 치른 국제 유도대회사상 최초로 경기 전 과정을 완전 전산처리함으로써 이후의 경기운영시 전산시스템의 효율적 활용 계기를 마련했다는 것도 이 대회의 큰 성과중의 하나였다.[20]

이 대회 역시 86아시아경기대회를 앞두고 개최되어 내회에 참가한 각국의 임원과 선수들에게 86·88 양 대회가 훌륭하게 준비되고 있음을 보여 줄 수 있었다. 이는 다음과 같은 이영호 체육부장관의 개회식 인사말에서 드러난다.

> 이곳 서울에서는 86아시아경기대회와 88올림픽대회가 개최됩니다. 그러므로 여러분들은 이번 선수권대회를 통해서 우리가 이 양 대회를 위해 어떻게 준비하고 있는지를 잘 볼 수 있는 기회가 되기를 바랍니다. …그래서 여러분들 모두를 다시 86년, 그리고 88년 서울에서 뵙게 되기를 바랍니다.[21]

결국 이 대회는 당시 모든 종목별 국제대회 유치가 그렇듯이 86아시아경기대회와 88서울올림픽대회에 대한 홍보를 염두에 두고 이루어졌던 것이다.

6) 제33회 세계양궁선수권대회

제33회 세계양궁선수대회가 아시아권에서는 처음으로 서울에서 1985년 10월 1일부터 5일까지 개최되었다. 남녀 개인 및 단체전에 총 12개의 메달(금·은·동 각 4개)이 걸린 이 대회에서 한국 선수단은 당초 금메달 2개(여자 개인 및 단체), 은메달 2개(남자 개인 및 단체), 동메달 1개(여자 개인) 획득을 목표로 삼았다. 하지만 그 결과는 금메달 1개(남자 단체), 은메달 2개(남자 개인 및 여자 단체), 동메달 1개를 따내는 데 그쳤다.[22]

전인수, 구자청, 호진수, 서만교로 구성된 한국 남자팀은 단체전에서 세계기록 보유자들이 버티고 있고 대회 14연패의 미국 대표팀을 제치고 우승하는 쾌거를 이룩했다. 이들 한국 선수는 모두가 20세 안팎이라는 점에서 서울아시아경기대회는 물론 서울올림픽대회에 큰 기대와 희망을 갖게 하기에 충분했다. 반면 1979년 제30회 서베를린세계

---

19) 위의 책, 2쪽.

20) 李學來, 『韓國柔道發達史』, 保景文化社, 1990, 539쪽.

21) 위와 같음.

22) 『체육』, 1985년 10월호, 70~71쪽.

선수권대회에서 여자 개인 및 단체전을 석권한 김진호가 이끄는 여자팀의 부진은 국가대사인 86·88 양 대회를 앞둔 한국에게 큰 과제를 안겨주었다. 가령 개인전에서 서베를린대회 1위, 1983년의 제32회 롱비치세계선수권에서 1위를 차지하며 대회 3연패의 위업을 노린 김진호는 이 대회에서 3위에 그쳤으며, 1984년 로스앤젤스올림픽대회 금메달리스트 서향순은 한국선수 중 최하위권으로 추락하고 말았다.

7) 99세계펜싱선수권대회

대한펜싱협회는 1997년 남아프리카공화국 케이프타운에서 열린 국제펜싱연맹 총회에서 99세계펜싱선수권대회 유치를 승인받은 이후 아시아 최초이자 20세기 마지막 세계선수권대회를 개최한다는 사명감과 자부심을 갖고 대회준비에 만전을 기했다.

99세계펜싱선수권대회는 1999년 11월 2일부터 7일간에 걸쳐 열렸다. 서울 올림픽공원 펜싱경기장에서 열린 이 대회에는 58개국에서 360여 명의 선수들이 참가했다. 시드니올림픽대회를 앞두고 개최된 이 대회에서 한국 펜싱사상 세계대회의 첫 금메달을 꿈꾸던 김영호는 남자 플뢰레 종목에서 아쉽게 동메달에 머물렀다.[23] 그러나 2000년 시드니올림픽대회에서 김영호가 금메달을 따냈고, 99세계선수권대회 때 68위에 머물렀던 이상기가 동메달을 차지함으로써 올림픽대회 펜싱경기사상 최초로 한국이 종합 4위에 오를 수 있었던 것은 바로 99펜싱세계선수권대회에서의 값진 경험의 결과로 평가되고 있다.

이같은 99세계펜싱선수권대회는 경기종목을 기존의 남녀 플뢰레, 남녀 에페, 남자 사브르 5종목에 여자 사브르 종목을 정식종목으로 추가하여 남녀간의 균형을 맞추었다는 점에서 명실상부한 스포츠로서 완성을 이룬 최초의 대회라 할 수 있다. 그리고 대회조직위원회는 경기 내용을 전 세계 115개국에 위성 중계함으로써 대회 운영면에서뿐 아니라 국가 홍보면에서도 두드러진 성과를 거두었다. 이는 역대 세계펜싱선수권대회 가운데 가장 많이 중계방송된 국가 수임은 물론이고 국내에서도 서울올림픽대회 이후의 스포츠 이벤트 중 가장 큰 규모였다. 대한민국과 서울이라는 명칭을 담은 6일간의 경기가 전 세계 115개 국가에 중계됨으로써 이를 시청한 세계인들에게 한국을 생생하게 각인시키는 계기가 되었다는 점에서 금전적으로 환산할 수 없는 막대한 국가이미지 제고와 홍보 효과를 거두었다.[24]

---

23) 『중앙일보』, 1999년 11월 4일자.

24) 『체육』, 1999년 10·11·12월호, 59쪽.

8) 2002 FIFA 월드컵

(1) 대회 유치

한국이 처음으로 월드컵 유치를 생각하기 시작한 것은 1989년 국민체육진흥공단이 업무보고를 통해 월드컵 유치 의견을 개진하면서부터였다. 이후 정부의 검토 사업으로 머물러 있던 월드컵 유치 사안은 1992년 말 정몽준 국회의원이 대한축구협회장에 취임하여 월드컵 유치 추진을 공식화하고, 1993년 3월에 김영삼 대통령 공약사업으로 추진을 결의하면서 표면화되기 시작했다.[25]

정몽준 대한축구협회장이 처음에 유치 의사를 표명했을 당시, 아벨란제 연맹(FIFA) 회장은 "남북이 통일된다면 2002년 월드컵대회는 한반도에서 개최할 수 있을 것"이라고 우회적으로 답했다. 아벨란제 회장은 일본을 의식하여 이미 "2002년 월드컵대회는 아시아에서 개최할 것"이라고 운을 띄어 놓은 상태였기 때문에 같은 아시아 국가인 한국의 유치 희망에 대해 적당히 답할 수밖에 없었다.[26]

한국의 월드컵 유치 활동은 1994년 1월 18일 유치위원회의 발기인대회가 열리면서부터였다. 스포츠(축구) 분야를 비롯하여 재계·학계·언론계 등 각계의 원로와 지도적 인사들로 결성된 발기위원회는 2002 FIFA 월드컵 유치를 위한 첫 공식 모임이었다. 이홍구 평화통일자문위원회 부회장을 유치위원장으로 선출한 이 날의 발기위원회는 골격의 변동이 없이 2개월 뒤 발족한 유치위원회로 이어졌다. 위원들의 면면도 거의 변동이 없었다. 유치위원회는 1994년 3월 15일 발족했다. 공식 명칭은 재단법인 2002년 월드컵축구대회유치위원회였다.[27]

1994년 9월 국무회의에서 정부 차원의 유치활동 지원을 결의하면서 한국의 월드컵 유치는 총력전 양상을 띄기 시작했다. 이후 주요 해외공관에 월드컵 특별전담반을 구성하여 유치활동을 지원하는 등 본격적인 유치활동에 돌입하면서 한국과 일본은 1994년 11월 국제축구연맹에 월드컵 유치 의사를 공식으로 접수, 공개적인 유치전을 펼치기 시작했다. 한국과 일본의 정·재계 일각에서 한·일 공동개최론이 거론되기 시작한 것도 이때였다.

국제축구연맹 집행위원이 소속된 19개국(브라질은 아벨란제 회장과 테세이라 위원 등 2명이 소속)의 재외공관은 물론 주요 해외공관에 월드컵 특별전담반이 구성되었다.[28] 그리고 월드컵유치위원회는 각 대륙연맹회의와 국제축구대회장을 누비며 한국

---

25) 『체육』, 1996년 5·6월호, 27쪽.

26) 위와 같음.

27) 2002년월드컵대회조직위원회, 『2002 FIFA 월드컵 공식보고서』, 54쪽.

의 월드컵 유치 의지와 당위성을 설명했다. 이후 일본이 확실한 지지국으로 자체 분석했던 중남미 지역과 아프리카 지역의 집행위원 중에서 한국 지지를 공공연히 밝히는 위원이 속출하기 시작했다. 때마침 국제축구계에는 개혁 바람이 몰아치기 시작했다. 1994년 미국 월드컵대회 직전 시카고에서 개최되었던 국제축구연맹 총회서 아벨란제 회장에 도전했다가 회장 출마를 철회했던 유럽축구연맹(UFFA)의 요한슨 회장이 내걸었던 국제축구연맹 개혁안이 하야투 아프리카축구연맹(CAF) 회장과 정몽준 국제축구연맹 부회장의 적극적 지지를 바탕으로 채택되어 국제축구연맹 내의 새로운 세력권을 형성하게 되었고, 결국 이러한 연대가 한국의 월드컵 유치에 결정적인 요인으로 작용했다.

2002년 FIFA 월드컵 개최국 결정은 1996년 5월의 국제축구연맹 집행위원회에서 하도록 예정되어 있었다. 1995년 9월 29일 유치위원회는 대회 유치신청서를 국제축구연맹에 제출했다. 단독 개최를 전제로 한 유치신청서로 국제축구연맹 규정에 따라 대통령과 국무위원들의 서명이 담긴 한국 정부의 보증서가 포함되어 있었다. 또 국회의 대회 유치 지지 결의문과 16개 후보도시 지방자치단체장 보증서와 지방자치단체 의회의 지지 결의문도 포함되었다. 일본도 같은 시기에 유치신청서를 제출했다. 한국과 일본으로부터 2002 FIFA 월드컵 유치신청서를 받은 국제축구연맹은 1995년 10월~11월에 개최 후보국의 사정을 조사하기 위해 조사단을 파견하여 조사했다. 결과 보고서는 두 나라가 2002 월드컵을 개최하는 데 모두 적격이라는 결론을 내렸다.[29)]

이처럼 한국과 일본의 유치경쟁이 과열양상을 보이자, 아시아축구연맹(AFC)은 "한·일 간의 지나친 경쟁이 오히려 아시아 축구발전을 저해하므로 공동개최가 바람직하다"는 제안을 하기에 이르렀다. 국제축구연맹과 5개 대륙 축구연맹에서 공동개최 지지를 하면서부터 분위기는 급속히 공동개최 방향으로 변해 갔다. 특히 유럽축구연맹 회장의 한·일 공동개최 지지는 이러한 대세를 이어가는 데 큰 영향을 끼치게 되었다. 결국 한국 정부와 대한축구협회도 공동개최안에 동의하기에 이르렀으며, 한국보다 먼저 월드컵 유치에 뛰어들였던 일본도 공동개최 분위기의 대세를 수용할 수 밖에 없었다.[30)]

드디어 1996년 5월 31일 스위스 취리히 국제축구연맹 본부에서 열린 집행위원회에서 아벨란제 회장은 2002년 월드컵대회의 한·일 공동개최안이 국제축구연맹 집행위원 전원의 찬성으로 투표 없이 결정되었음을 밝혔다.[31)] 이에 따라 조직위원회의 구성, 한국과 일본에게 민감한 개·폐회식, 개최 후보도시 선정 및 경기 배정, 양국간의 수익금

28) 『체육』, 1996년 5·6월호, 29쪽.

29) 2002년월드컵대회조직위원회, 앞의 책, 58~59쪽.

30) 문화관광부, 『2002 체육백서』, 2002, 576쪽.

31) 『체육』, 1996년 5·6월호, 33쪽.

산정 방법 등을 놓고 한국과 일본은 또 다시 신경전에 돌입하게 되었다. 대회 개·폐회식의 경우, 개막식은 양쪽에서 각각 치르는 방안이 논의되었지만, 폐막식(결승전)에 대해서는 쉽게 결정될 수 없었다. 결국 개막식은 한국에서 결승전과 폐막식은 일본에서 치르고, 대회 공식 명칭은 "2002 FIFA 한·일 월드컵"으로 결정되었다. 그리고 총 64경기를 양분하여 한국과 일본이 32게임씩 하기로 배정받았다.[32)]

(2) 조직위원회 구성

1996년 12월 대회조직위원회가 창립되었다. 발기인 57명 중 42명이 참가한 이 회의는 한국경영자총연합회 이동찬 회장을 위원장으로 선출하고, 최창신 문화체육부 차관보를 사무총장으로 선임했다. 1997년 1월 국회는 법률 제5278호로 '2002년월드컵축구대회지원법'을 제정했다. 6장 28개조의 이 지원법은 대회 개최에 관한 모든 사항을 규정하고 있다는 점에서 큰 의미가 있었다. 이 법률은 이후 조직위원회의 업무가 복잡해지자 1998년, 1999년 2000년에 걸쳐 5차례 개정되었다.[33)]

1997년 1월 20일 재단법인 설립이 소관 부처인 문화체육부에 의해 허가되었다. 1월 24일 조직위원회 회의실에서 제1차 집행위원회가 열렸는데, 집행위원회는 위원장 1명, 부위원장 3명을 비롯한 15명으로 구성되었다. 조직위원회는 사무총장 아래 4국(기획조정국, 경기운영국, 사업국, 내외협력국) 1실(홍보실) 1부(총무부)로 편제되있으며, 직원 74명으로 출발했다. 이때의 조직은 제1차 직제 규정 개정이 있었던 1988년 8월까지 1년 반 동안 유지되면서 조직위원회 업무의 기초를 다졌다.

현장 조직의 운영은 조직위원회 사무총장 직속의 경기운영본부장과 대회운영조정실을 축으로 이루어졌다. 경기운영본부장은 경기 운영 전반에 관한 사항을 지휘했다. 동시에 국제축구연맹의 행사 감독의 상대역으로서 대회협력팀과 함께 국제축구연맹과의 연관 업무를 처리했다. 대회운영조정실은 대회운영조정협의회를 운영했다. 조직위원회는 사무총장이 주재하고 경기운영본부장과 본부의 각 실·국장이 참석한 이 회의를 통해 대회 운영에 관한 주요 현안 사항을 종합 조정하고, 개최지운영본부의 업무를 지휘했다. 대회운영조정실은 또 종합상황실과 대외협력팀(FIFA 및 JAWOC와의 협력)을 설치 운영했다.

이동찬 초대 위원장이 1998년 5월 사퇴한 후 체육부 장관을 역임한 박세직 위원장이 취임하여 2000년 8월까지 재임했다. 박세직의 사퇴 두 달 뒤인 10월 공동위원장 제도를 출범시켰다. 제3대 위원장으로 이연택 집행위원장과 정몽준 부위원장을 공동위원장으

32) 위의 책, 36쪽.

33) 2002년월드컵대회조직위원회, 앞의 책, 62~72쪽.

로 선출했다. 2000년 11월 문동후 사무총장이 취임했는데, 그는 서울올림픽대회 조직위원회에서 일한 경험이 있는 행정 관료 출신이다. 조직위원회는 2001년 12월에 이르러 지휘 체제의 변화를 꾀했다. 즉 2002 FIFA 월드컵 개막이 점차 다가옴에 따라 조직위원회의 대내외적 업무가 폭주하자 이에 알맞는 대처 방안이 필요했다. 공동위원장은 FIFA와 일본을 비롯한 대외관계 업무에 중점을 두어 역할을 맞게 하고, 주요 정책사항은 사무처의 일상 업무로 사무총장이 총괄하게 함으로써 의사결정 과정을 단축하여 업무를 효율화한다는 것이 요점이었다.

정부도 2002 FIFA 월드컵의 성공을 위하여 모든 부서가 총리실을 중심으로 협의체제를 갖추고 대회 준비를 지원했다. 1999년 6월 1일 국무총리 훈령 제385호로 '2002년 월드컵축구대회 및 제14회 부산아시아경기대회 정부지원규정'을 제정하여 관계장관회의(위원장 국무총리), 실무대책회의(위원장 문화관광부 차관), 정부지원조정반(반장 국무조정실 총괄조정관), 정부지원총괄반(문화관광부), 부처별 추진지원반 및 개최도시 추진단을 각각 두어 월드컵 관련업무를 조정·지원하고, 준비·운영업무를 담당하도록 했다. 그러나 대회가 임박함에 따라 기존의 지원체계로는 보다 효율적인 운영에 한계가 드러나 국무총리 훈령을 2001년 6월 21일 개정(제417호)하여 시행하게 되었다.[34]

개정된 주요내용으로는 관계장관회의를 두 달에 1회씩 정례적으로 개최하도록 하고, 관계차관회의 신설(위원장 국무조정실장), 실무대책협의회 위원장의 직급을 상향(문화관광부 차관 → 국무조정실장)했다. 이와 함께 정부지원조정반을 정부지원점검단(국무조정실 내)으로, 정부지원총괄반을 대회지원부(문화관광부 내)로, 행정자치부에는 문화시민운동지원단을 각각 설치하게 하여 공무원·민간단체 직원의 파견이 가능하도록 했으며, 민·관 협조방안을 논의하기 위하여 관계부처·시민단체 등이 참여하는 민간·정부협의회를 구성·운영할 수 있도록 했다. 이로써 관계장관회의와 관계차관회의를 수시 개최하였고, 27회에 걸쳐 실무대책회의를 열었으며, 월드컵대회의 중추 지원 사무기구로서 국무조정실에 정부지원점검단, 문화관광부에 월드컵·아시아경기대회 지원본부, 행정자치부에 월드컵·아시아경기대회 지원단을 설치 운영했다.

(3) 대회 준비

국제축구연맹의 기준에 따르면 개최국 경기장 수는 원칙적으로 8~12개가 필요하다. 하지만 한일 양국이 공동 개최하게 되었으므로 한 국가당 경기장 수를 6~10개 범위에서 결정할 수 있도록 재량권을 부여해 주었다. 한국조직위원회는 개최 도시를 좀더 많이 선정하여 지역적으로 고르게 분포하는 것이 각 지역 사이의 균형을 잡고 국민

34) 문화관광부, 『2002 체육백서』, 585~586쪽.

화합을 도모한다는 측면을 고려했다. 당초 16개 지역이 신청하여 9개 지역(부산, 인천, 대구, 대전, 광주, 울산, 수원, 전주, 서귀포)을 선정하였으며, 서울은 추후 정책적으로 결정했다. 일본도 10개 도시로 정했다.[35)]

이렇게 조직위원회가 10개 개최도시를 선정하여 국제축구연맹에 통보하고 난 뒤, 우선 당면하게 된 문제는 말할 것도 없이 경기장 건설이라는 대과업이었다. 경기장 건설은 월드컵 개최 준비의 가장 중요한 부분이라고 해도 과언이 아니다. 특히 국제축구연맹은 수준 높은 축구 경기를 준비하는 과정에서 개최국으로 하여금 최상급의 경기장 설비를 갖추도록 요구하는 입장이다. 개최도시 선정과정에서 경기장 문제를 가장 중요한 고려 사항으로 삼았던 조직위원회는 1998년 1월 개최도시 확정과 더불어 다음과 같은 원칙하에 경기장을 건설했다. '첫째, 부산시는 2002년 아시아경기대회를 위해 종합운동장을, 대구시는 2003년 하계유니버시아드대회를 위해 추진 중인 종합운동장을, 인천시는 2001년 전국체육대회를 위해 종합운동장을 활용한다. 둘째, 나머지 7개 도시 중 울산시는 종합운동장으로 설계된 기본계획을 변경하여 축구전용경기장으로 하고 다른 6개 도시도 축구전용경기장으로 건설한다. 셋째 경기장의 규모는 좌석수 기준 4만 석 이상 8개소, 6만 석 이상 2개소로 한다. 넷째, 총 공사비는 1조 9500억 원(추정 예산)으로 한다'[36)]는 등이었다.

10개 경기장 건설에 총 1조 9,336억 원을 투자하였으며, 경기장 건설 재원은 지방자치단체 예산에 국고와 국민체육진흥기금, 기초단체의 경우 광역자치단체의 보조금으로 이루어졌다.[37)] 월드컵경기는 경지장 외에 공식연습장이 개최 도시별로 3~5개가 필요하고 참가국 선수단이 유료로 장기간 훈련을 할 준비캠프시설도 필요했다. 따라서 대회조직위원회에서는 기존의 잔디 축구장이 있는 지방도시로부터 준비캠프 유치신청을 받아 23개 도시 27개 캠프지(69면)를 선정하고 이 중 17개 캠프지 26면의 개·보수에 30억 원을 지원했다. 나머지 지역에 대해서는 문화관광부의 지방체육시설 집행예산으로 지원해 주었다.[38)]

이 대회의 인력 운영계획은 서울올림픽대회, 대전엑스포, 프랑스 월드컵 등 대규모 국제대회의 인력 운영계획을 참고로 1998년 4월까지 실시한 제1차 수요 조사에서부터 2002년 4월 최종 확정까지 다섯 차례 수요조사를 거치면서 총 소요 인력, 자원별·직종별 수급 계획 등 세부 운영계획이 완성되었다. 2002년 4월 확정된 조직위원회의 인력 운영계획에 따르면 대회 인력 수요는 모두 4만 5,498명이었다. 이를 자원별로 구분하면

35) 2002년월드컵대회조직위원회, 앞의 책, 101~106쪽.

36) 위의 책, 108쪽.

37) 문화관광부, 『2002 체육백서』, 580쪽.

38) 위의 책, 588쪽.

자원봉사자가 전체 인력의 30%에 해당하는 1만 3,457명이었으며, 단기고용 요원이 2%인 956명, 지원 요원이 68%인 3만 1,085명이었다. 이를 관리 주체별로 보면 조직위원회 관리 요원 2만 953명, 안전대책본부 관리 요원 2만 4,545명이었다. 안전대책본부에서 관리한 인원은 모두 지원 요원으로 경찰 안전 요원 2만 2,145명, 군 안전 요원 2,400명이었다.[39)]

(4) 대회 운영

대회를 원활하게 운영하기 위해 조직위원회는 사무총장 아래 대회운영조정실과 경기운영본부를 설치했다. 경기운영본부장은 대한축구협회 간부가 맡았으며 개최지 경기 조직과 국제축구연맹 본부의 경기팀·심판팀·의무팀을 총지휘했다. 각 개최지에는 대한축구협회와 조직위원회 경기국 요원으로 경기운영지원팀을 구성하여 운영했다. 팀장은 국장급으로 했으며, 7~8명의 팀원은 3개조로 나누어 경기의 운영·지원·행사를 총괄 지원했다. 조직위원회는 이와 별도로 축구협회 및 조직위원회 경기국 요원 가운데서 개최지 별로 조정관을 임명하여 경기 운영을 총괄하도록 했다. 조정관은 국제축구연맹 총괄조정관과 행동을 함께 하며 그를 지원했다.[40)]

개막 행사는 2002년 5월 31일 오후 7시 25분 취타대와 축무단을 앞세운 32개 참가국 국기 및 대형 엠블렘기 입장으로 시작되었다. 행사는 VIP 입장에 이어 국제축구연맹기 및 개최국 국기 입장, 한일 양국 국가 연주, 한국조직위원장 환영사, 국제축구연맹 회장 대회사, 일본 총리 인사말, 평화 메시지를 담은 한국 대통령 개막 연설 순으로 이어졌다. 이어 서울월드컵경기장에서 열린 프랑스 대 세네갈의 첫 경기를 시작으로 개막된 2002 FIFA 월드컵은 6월 30일 일본 요코하마월드컵경기장에서 열린 브라질 대 독일의 결승전을 끝으로 막을 내렸다.[41)] 세네갈이 지난 대회 우승국이자 FIFA 랭킹 1위인 프랑스를 꺾는 대이변으로 출발한 2002 월드컵은 예상을 뒤엎는 경기가 속출하여 세계 축구팬들의 흥미를 한층 북돋우었다. 이변은 세계 최강 프랑스를 비롯하여 포르투갈, 카메룬, 크로아티아처럼 각 대륙을 휘어잡은 강팀들이 잇달아 탈락하는 사태로 이어졌다. 토너먼트 경기로 진행된 16강전에서는 가장 먼저 독일이 파라과이를 이기고 준준결승에 올랐으며, 뒤를 이어 잉글랜드가 덴마크를, 세네갈이 스웨덴을, 스페인이 아일랜드를, 미국이 멕시코를, 브라질이 벨기에를, 터키가 일본을, 한국이 이탈리아를 꺾고 각각 준준결승에 합류했다. 준준결승전에서는 브라질이 잉글랜드를,

---

39) 2002년월드컵대회조직위원회, 앞의 책, 209~212쪽.

40) 위의 책, 269쪽.

41) 위의 책, 287~293쪽.

독일이 미국을, 한국이 스페인을, 터키가 세네갈을 이겨 각각 준결승에 오르는 영광을 차지했다. 준결승전에서는 독일과 브라질이 각각 한국과 터키를 제압하고 결승 무대를 밟았다. 3위 결정전에서는 터키가 한국에 3대 2로 승리했다. 대망의 21세기 첫 FIFA컵은 결승전에서 독일을 2 대 0으로 꺾은 브라질의 품에 안겼다. 이로써 브라질은 역대 월드컵 5회 우승이라는 독보적인 금자탑을 쌓았다.

그리고 한국 대표팀의 이같은 4강 신화는 상당 부분 히딩크 감독의 지도력에서 비롯되었다. 감독 계약에 앞서 히딩크는 정몽준 축구협회장에게 선수 선발과 훈련 및 작전에 대한 전권을 요구하여 관철시켰다. 실제 히딩크는 이 진권을 제대로 발휘하여 역대 대표팀 중 유일하게 학연이나 지연에 얽매이지 않고 순수하게 실력만으로 대표선수를 선발했다. 이후 히딩크는 여론의 온갖 지적에도 흔들리지 않고 선수들의 체력 훈련에 가장 많은 공을 들였다. 다음으로 히딩크가 주력한 부분은 기본기였다. 체력과 기본기가 어느 정도 충족되자 히딩크는 2~3개의 포지션을 소화할 수 있는 멀티플레이어 양성에 나섰다. 수비 훈련에서는 지역 협력방어와 일자형 수비 개념을 도입했는데, 몇 명의 수비수가 힘을 합쳐 상대의 공격 루트를 차단하고 공격수를 집중 마크하는 고도의 수비 전략이었다. 여기에는 이미 멀티플레이어로 변화한 미드필더나 때로는 공격수까지 합류했다. 그의 계획은 적중하여 한국의 월드컵 4강 신화 창조로 나타났다.[42)]

2002 FIFA 월드컵은 한 경기당 평균관중 4만 2,269명으로 역대 대회 중 10번째에 해당하는 것으로 나타났다. 17번째를 맞는 이 월드컵에서는 64경기에 270만 5,197명이 입장한 것으로 집계되었다. 한일 양국의 축구팬 저변이 유럽이나 미주 국가들에 비해 상대적으로 적고 한일 양국을 오가며 경기를 관람하기 어려웠으며, 상당수 유럽 축구팬이 한국과 일본을 방문하기가 쉽지 않았고 대형 경기장도 6만 명 정도 밖에 수용하지 못해, 경기당 평균 관중수가 역대 대회 가운데 중위권 수준이 되었다.[43)]

미디어는 선수, 관중과 함께 월드컵을 만들어내는 주역의 하나이다. 2002 FIFA 월드컵을 치르는 동안 축구경기를 비롯하여 개막식 등 문화행사는 전 세계 213개국에 방영되었고 연인원 420억 명이 시청한 것으로 추정되었다. 대회의 모든 내용뿐만 아니라 대회 준비 및 지원, 개최국의 생활과 문화까지 미디어를 통하여 세계 구석구석까지 빠짐없이 알려졌다. 때문에 미디어는 대회를 진정한 의미의 월드컵으로 만든다고 할 수 있으며, 나아가 대회 성과를 평가하는 그룹도 미디어이다. 따라서 미디어 지원 업무는 국제축구연맹나 대회조직위원회 모두에게 중요성을 더해주는 분야이다.

미디어 지원분야에서는 한일 양국에 각각 국제미디어센터(IMC), 국제방송센터(IBC),

---

42) 위의 책, 301~305쪽.

43) 문화관광부, 『2002 체육백서』, 582쪽.

메인프레스센터(MPC), 등록센터, 기타 편의시설을 갖춰 운영했다(IMC 1 : 서울코엑스 내 3만 6,000평방미터, IMC 2 : 요코하마 2만 평방미터). 서울 IMC는 전 세계 미디어 관계자 약 7천여 명의 취재 및 방송 활동을 상시 지원하며, 전 경기의 중계방송 등을 송출하는 센터로서 가능했다. 한국에 등록된 미디어 관계자 6,477명(2002년 6월 현재) 외에 일본에 등록한 후 한국으로 이동한 5백여 명도 이용했다. IBC 입주 방송사는 30개국 69개사(방송 송출 대상 국가는 200여 개국)였다. 각 경기장도 미디어센터(SMC)와 취재석, 각종 방송시설을 갖춰 운영했는데, 경기장별로 약 2,000여 명의 기자들이 취재 활동을 펼쳤으며, 국제미디어센터인 IMC를 중심으로 모두 10개의 SMC가 연계해 취재 경쟁을 벌였다. 이같은 미디어 지원을 위해 조직위원회는 IMC와 SMC에 기간 요원과 자원봉사자 약 2,000여 명을 투입했으며, 각 경기장에는 국제축구연맹 미디어담당관 3명씩이 상주하여 조직위원회와 국제축구연맹 그리고 주관 방송사 간의 유기적인 협조 체제를 이루었다.[44]

(5) 대회 성과

각종 외신과 조사기관의 설문조사에서 나타나듯이, 2002 FIFA 월드컵은 훌륭하게 치러진 대회였다는 것이 중론이었다. 당초 월드컵 사상 처음으로 시도된 공동개최에 대한 우려가 있었던 것도 사실이지만, 한국과 일본 두 개최국은 긴밀한 공조체제 아래 완벽하게 대회를 운영했다는 것이다. 개막식에서부터 경기 운영과 안전, 자원 봉사자 참여 등 모든 면에서 흠잡을 데 없이 운영돼 한국에 대한 이미지와 위상을 새롭게 세계에 알리는 계기가 되었다는 평가가 뒤따랐다. 특히 이 대회는 운영면에서 흑자 대회라는 성과를 올렸다. 그 규모는 공동 개최국인 일본보다도 상대적으로 컸으며, 역대 대회중 가장 큰 것으로 기록되었다.

이같은 성공적인 대회 운영과 한국 대표팀의 4강 신화 창조, 길거리 응원으로 상징되는 선진 응원문화 등으로 국가와 기업브랜드의 이미지가 크게 제고되었으며, 대회기간 중 월드컵 마케팅을 통해 참여업체(공식파트너 15개 업체 중 한국기업은 현대자동차와 한국통신 2개사, 로컬파트너로서는 주택은행, 현대해상, 포스코, 금강고려화학, 대한항공, 롯데호텔 6개사)의 이미지가 획기적으로 개선되는 성과를 이루었다. 이로써 'KOREA 브랜드'가 국제사회에서 정치적으로, 경제적으로, 사회·문화적으로 한 차원 선진화되는 계기를 이룬 것으로 평가되었다.[45]

그리고 2002 한·일월드컵은 성공적 개최를 통한 '국민 자부심 고취'와 '국가 위상

44) 위의 책, 743~744쪽.

45) 문화관광부, 『2002 체육백서』, 591~597쪽.

제고'를 크게 이루어, 외환위기로 훼손된 국민 자부심을 회복하고 국가 이미지를 크게 쇄신했다. 이러한 평가는 대회 직후 실시된 여론조사 결과에서 나타나고 있다. 2002 월드컵의 가장 큰 성과로 '한국인의 자부심 고취(41,4%)'를 꼽은 가운데, '국제적 이미지 개선(33.3%)', '경제발전 기여(14.8%)'를 지적했다. 또 한국팀 경기가 북한에 중계되어 남한 사회에 대한 북한의 실질적 이해를 증진하고, 민족화합 분위기 조성의 기회를 제공한 것으로 평가받았다. 월드컵은 단순한 스포츠경기대회를 초월한 종합적인 국제 이벤트로서 2002 월드컵의 직접적인 경제적 파급효과(국내경기 활성화 효과)로는 대회의 준비 및 개최과정에서 경기장, 주변도로 등 부대시설의 건설과 조직위원회의 운영비 지출 및 개최기간 중 해외 관광객의 소비지출에 의해 부가가치 5조 3,357억 원, 고용창출 35만 명, 생산유발효과 11조 4,797억 원으로 추산되고 있다. 간접효과(국가이미지 제고 효과)로는 국가 및 국내기업의 대외적 이미지 향상으로 국내의 산업(관광, 스포츠 등)과 수출 증대가 이루어질 것으로 기대되었다.

2002 FIFA 월드컵은 이러한 정치·경제적 효과와 함께, 사회공동체 의식을 제고하고 지역간·계층간 국민통합을 증진하고 길거리 응원과 자원봉사, 질서 유지 등으로 전국민을 결속시키는 사회통합의 구심점 역할을 하기에 충분했다. 또 문화월드컵을 통한 한국문화의 세계화와 전 세계 TV시청자들에게 우리 전통문화와 관광자원을 널리 홍보하는 데 크게 기여했다. 또한 10개 도시 분산 개최로 지방의 균형발전 및 국제화를 촉진했다. 이와 함께 월드컵 4강 신화를 통해 한국 축구가 크게 발전하고 도약하는 계기를 마련하는 동시에, 축구강국 이미지를 실현했다. 한편 FIFA의 2002월드컵 공식 인터넷홈페이지가 이 대회에서 즐거움, 페어플레이 그리고 흥분을 가장 많이 선사한 팀, 즉 인기팀을 묻는 질문에 한국은 6개의 후보팀 중에서 최고 인기팀에 압도적으로 선정되는 영예도 안았다. 공식 집계에 따르면 전체 365,619명의 전 세계 축구팬의 투표에서 한국은 62.0%의 득표율을 얻어 1위에 올랐다.

특히 월드컵 본선 출전 6회만에 아시아 국가로서는 처음으로 4강 진입에 성공한 한국의 선전도 경이로운 사실이었지만, 그것보다는 세계를 놀라게 한 것은 이전에는 볼 수 없었던 한국인들의 모습이었다. 2002년 6월 4일 벌어진 폴란드와의 첫 경기에서 50만 명에 이르던 길거리 응원단은 독일과의 준결승전에선 700만 명으로 불어나, 전체 인구의 20%가 광장으로, 거리로 쏟아져 나왔다. 그 열정에 세계는 놀랐다. 그 놀라움은 거기서 멈추지 않았다. 대규모의 길거리 응원단이 거리와 인도를 뒤덮었지만 한국인들은 질서와 청결로 다시 한번 세계에 경이로움을 선사했다.[46]

월드컵의 이러한 성공적인 개최를 계기로 한국에 대한 세계인들의 인지도는 크게

46) 2002년월드컵축구대회조직위원회, 앞의 책, 745~750쪽.

변했다. 한국관광공사가 2002년 7월 한 달 동안 전 세계 네티즌 1만 6,678명을 대상으로 실시한 인터넷 설문조사에 따르면 전체 응답자의 70%가 "한국을 잘 알고 있다"고 응답했다. 이 가운데 "월드컵 이전부터 한국을 알고 있었다"는 응답자가 43%에 불과했던 점으로 미루어, 2002 FIFA 월드컵이 한국의 해외 인지도를 31%나 높인 것으로 분석된 것이다. 일본의 경우 같은 조사에서 21%의 상승을 보인 것과 비교해 보면 이 대회가 한국의 대외 인지도 상승에 얼마나 큰 기여를 했는가가 확인된 것이다.

2. 아시아선수권대회

1) 제2회 아시아축구선수권대회

1958년 홍콩에서 열린 제1회 아시아축구선수대회에서 우승한 한국은 1960년 제2회 대회 개최권을 확보하게 되었다. 가장 시급한 문제는 국제 규모의 축구경기장을 건설하는 사업이었다. 1959년 7월 15일 이기붕 대한체육회장을 위원장으로 하는 국제축구경기장 건설준비소위원회가 구성되었다. 이 소위원회의 결정에 따라 같은 해 7월 14일 상공회의소 회의실에서 국제축구경기장 건립추진위원회(위원장 임흥순 서울특별시장)가 발족되었다. 추진위원회는 효창공원내 7,822평의 부지에 경기장을 건설하기로 결정하고 1969년 11월 11일 2만 명을 수용할 수 있는 국제 규모의 잔디축구경기장 기공식을 가졌다. 마침내 효창구장이 완공되어 그 역사적인 개장 기념식이 1960년 10월 12일에 있었다.[47)]

개장 기념식이 있은 지 이틀 뒤인 1960년 10월 14일 제2회 아시아축구선수권대회가 마침내 개막되었다. 출전팀은 전 대회 우승국이자 개최국으로 자동 출전권을 확보한 한국을 비롯하여 지역예선을 통과한 이스라엘, 대만, 월남 등 4개국이었다. 한국은 대회 첫 경기인 월남전에서 5대 1로 완승했다. 한국의 두 번째 상대팀은 이 대회의 강력한 우승 후보인 이스라엘이었다. 2대 0으로 전반전을 끝마친 한국팀은 후반 1골을 추가하여 이스라엘에 3대 0으로 완승했다. 한국으로선 마지막 경기이며 우승을 확정지을 수 있는 대만과의 경기가 10월 21일 열렸다. 0대 0으로 전반전을 마친 한국은 후반전이 시작한 지 5분경 문정식의 슛이 대만의 골네트에 꽂히어 1대 0으로 승리하여 대회 우승을 확정지었다. 이로써 한국은 제1회 대회에 이어 제2회 대회마저 석권하면서 아시아축구경기대회 2연패를 달성했다.[48)]

---

47) 대한축구협회, 『韓國蹴球百年史』, 1986, 320~322쪽.

48) 위의 책, 323~324쪽,

2) 제4회 아시아야구선수권대회

제4회 아시아야구선수권대회가 한국을 비롯하여 일본, 대만, 필리핀 등 4개국이 참가한 가운데 1963년 9월 서울에서 개최되었다. 첫 경기인 필리핀과의 대전에서 6대 2로 낙승하며 순탄하게 출발한 한국은 다음 경기인 대만에 7대 0 완승을 거두었다. 이어 열린 일본전에서도 5대 2로 대파했는데, 이는 광복 후 18년 만에 이룬 개가였다. 2차 리그 첫경기에서 대만에게 0대 2로 패배하는 곤욕을 치른 한국은 2차 리그 최종전에서 다시 한번 일본에 3대 0으로 승리를 거두었다. 이루써 한국은 5승 1패로 아시아야구선수권대회에서 첫 패권을 차지했다.[49]

한국은 제4회 대회에 이어 제9회 아시아야구선수권대회를 유치했다. 1971년 9월 9일 서울운동장에서 개막된 이 대회에는 오스트레일리아가 처음 참가해 일본, 대만, 필리핀 등 5개국이 출전했다. 2년 전에 열린 8회 대회에서 최하위를 기록한 한국 선수단은 이 대회에서 만큼 반드시 우승을 해야 한다는 각오가 남달랐다. 1차 리그 필리핀과 가진 첫 경기에서 2대 0으로 승리하고 이어 벌어진 대만과의 경기에서 0대 0으로 비긴 한국은 일본에 2대 3으로 역전패 당했다. 마지막 경기에서도 한국은 호주에 4대 5로 패하여 1승 1무 2패로 5개국중 4위로 처지는 기대 이하의 성적을 거두었다. 그러다가 한국은 2차 리그 첫 경기에서 필리핀에 5대 1로 낙승하고 이어 열린 대만전에서도 승리하여 실낱같은 희망을 갖게 되었다. 이후 한국은 호주마저 4대 0으로 완파해 4승 1무 1패로 선두 일본(5승 2패)과의 경기차를 반게임차로 줄였다. 마침내 한국은 대회 최종일인 19일 일본과의 경기에서 8대 3로 대파하며 대망의 우승컵을 안았다.[50] 이처럼 한국은 1963년 서울대회에 이어 두 번째로 아시아 정상에 올랐다.

1975년 11회 대회를 끝으로 열리지 못했던 아시아야구선수권대회가 8년만에 가까스로 한국을 비롯하여 일본, 대만, 오스트레일리아, 필리핀 등 5개국이 참가한 가운데 1983년 9월 3일부터 13일까지 서울종합운동장 야구장에서 개최되었다. 한국은 예선 1차전에서 오스트레일리아를 6대 2로 가볍게 제치고 2차전에서 강호 대만을 맞아 2대 1로 신승했다. 3차전에서는 약체 필리핀에 11대 1로 8회 콜드승하고 이어 일본과의 경기에서 연장 11회까지 벌인 접전 끝에 3대 2로 어렵게 이겼다. 2차 리그에서는 오스트레일리아를 5대 2로 격파했으나 일본에 4대 1로 덜미를 잡혔다. 대회 최종경기에서는 한국은 대만에 3대 2로 역전패해 종합 전적 5승 2패로 일본, 대만과 함께 공동 우승에 만족해야 했다. 이로써 한국은 1975년의 11회 아시아야구선수권대회에 이어 또 다시 2연패를 달성했다.[51]

---

49) 대한야구협회·한국야구위원회, 『韓國野球史』, 1999, 589~593쪽.

50) 위의 책, 736~738쪽.

3) 제4회 아시아농구선수권대회

1967년 9월 21일부터 10월 1일까지 계속된 제4회 아시아농구선수권대회에는 개최국 한국을 비롯하여 필리핀, 일본, 인도네시아, 인도, 말레이시아, 싱가포르, 홍콩, 태국 등 10개국이 참가하여 아시아농구의 정상을 다투었다. 1961년 제1회 대회가 개최된 이후 아시아농구선수권대회는 격년제로 열려 왔다. 제4회 대회는 최근 몇 년간 변천이 심했던 아시아농구의 판도를 재편한다는 데 1차적인 의의가 있었지만, 1968년 멕시코올림픽대회의 아시아지역 예선도 겸하여 이 대회의 1, 2위 팀에게는 올림픽대회 출전권이 주어지기 때문에 그 중요성이 한결 더했다. 그동안 아시아농구의 판도는 필리핀이 선두를 독점하다시피 했으며 그 뒤를 중국, 일본, 한국이 뒤따랐다.

제4회 대회의 결과는 한국이 홈그라운드의 잇점을 살리지 못한 채 필리핀에 83대 80으로 분패하여 9전 9승인 필리핀에 이어 8승 1패로 2위를 차지하는 데 만족해야 했다. 하지만 이 대회는 한국에게는 우승팀인 필리핀과 함께 멕시코올림픽대회 농구출전권을 확보한 의미있는 대회였을 뿐만 아니라, 그 규모면에서도 지금까지 서울에서 개최된 국제경기대회 가운데 가장 큰 대회이기도 했다.[52]

제5회 아시아여자농구선수권대회가 1967년의 제4회 아시아농구선수권대회에 이어 1974년 6월 22일부터 30일까지 장충체육관에서 열렸다. 그동안 아시아 여자농구에서는 일본, 대만 그리고 한국 등 3개팀이 각축을 벌여 왔다. 예상대로 한국팀은 홍콩을 142대 45, 월남을 103대 18, 이란을 108대 31로 물리쳐 A조 1위로 결승리그에 진출했다. 이어 계속된 결승리그 첫 경기에서 한국은 대만과의 대전에서 74대 67로 승리한 후 일본마저 76대 70로 제압했다. 이처럼 한국 여자대표팀은 이 대회에서 전승의 가도를 달려, 제4회 대회에 이어 또다시 정상을 차지했다.[53]

1994년 3월 21일부터 10일간 이어진 제14회 아시아농구선수권대회는 주최국 한국, 제13회 대회 우승국 중국을 비롯하여 일본, 대만, 홍콩, 인도, 스리랑카 등 7개국이 참가한 가운데 서울에서 개최되었다. 예선 1, 2차전에 각각 대만과 인도를 가볍게 물리치고 3연승으로 중국과 공동선두를 달리던 한국은 예선 4차선에서 일본마저 격파했다. 이어 홍콩을 124대 42로 대파하며 5승을 기록한 한국은 이 대회 강력한 우승후보인 중국과 예선 마지막 경기에서 중국의 장신벽을 넘지 못한 채 78대 81로 패하여 준우승에 만족해야 했다.[54]

---

51) 『체육』, 1983년 9월호, 16쪽.

52) 『체육』, 1967년 10월호, 48~51쪽.

53) 『체육』, 1974년 7월호, 20~21쪽.

4) 제3회 아시아유도선수권대회

아시아유도선수권대회는 1966년에 창설되었다. 제1회 대회는 필리핀 마닐라에서 개최되었다. 1970년 대만 고웅시(高雄市)에서 열린 제2회 대회에 이어 제3회 아시아유도선수권대회는 1974년 11월 2~4일 사흘에 걸쳐 서울 장충체육관에서 거행되었다. 주최국인 한국을 비롯하여 일본, 싱가포르, 필리핀, 중국, 홍콩, 캄보디아, 태국, 인도네시아, 말레시아 등 11개국에서 파견한 총 96명의 선수단이 참가한 가운데 개최되었다. 라이트급, 라이트 미들급, 라이트 헤비급, 헤비급, 오픈급 등 6개 체급의 경기가 진행되었는데, 모든 체급에 선수를 출전시킨 나라는 한국, 일본, 중국, 홍콩, 인도네시아 등 5개국이었다.[55]

금메달 2개를 목표로 삼았던 한국 선수단은 금메달은 하나도 획득하지 못한 채 은메달 2개, 동메달 5개를 따내며 종합 2위를 차지했다. 일본은 전 체급을 휩쓸어 금메달 6개로 종합 우승을 차지하며 이 대회의 3연패를 달성했다. 이처럼 한국유도 중흥의 계기로 삼겠다던 제3회 아시아유도선수권대회에서 한국은 주최국이면서도 홈메트의 이점도 살리지 못한 채 단 하나의 금메달도 따내지 못하고 허망하게 주저앉고 말았다. 제2회 대회 때는 일본으로부터 금메달 1개를 빼앗는데 성공했으나, 제3회 대회에서는 그 준비과정에서부터 낙제점을 보이는 등 엄청난 퇴보현상을 보였다. 예컨대 대회를 유치해 놓고도 대표팀이 강화훈련 기간이 거우 14일 정도였으니 애초에 그 성과를 기대할 수 없었던 것이다.

5) 제2회 아시아육상선수권대회

제2회 아시아육상선수권대회가 1975년 6월 9일부터 14일까지 서울운동장에서 개최되었다. 경기 결과는 일본이 남녀 총 36개 종목중 금메달 15개를 따서 종합우승을 차지했고 인도가 9개 종목에서 우승해 2위, 대만이 5개 종목에서 금메달을 획득하여 3위를 했으며, 한국은 금메달 4개로 4위를 하는 데 그쳤다. 한국의 금메달 4개는 백옥자가 투포환과 투원반에서 우승하고, 김경숙이 400미터에, 우선숙이 400미터 허들에서 우승하여 확보한 것이다.[56]

이같은 제2회 대회는 1973년 필리핀 마닐라에서 열린 제1회 대회가 인도 동쪽에 위치한 국가들만 참가한 반쪽 대회인 반면에, 이란, 사우디아라비아, 쿠웨이트, 이스라

---

54) 『체육』, 1992년 4월호, 40~43쪽.

55) 李學來, 『韓國柔道發達史』, 541~546쪽.

56) 『체육』, 1975년 6월호, 42~44쪽.

엘이 등 중동 국가들까지 참가한 명실상부한 범아시아선수권대회였다. 또 그동안 한국에서 각종 아시아선수권대회가 여러 차례 개최되었으나, 이 대회만큼 참가국이나 선수단 규모가 큰 대회가 없었다는 점에서 자못 의의가 컸다고 하겠다. 물론 중국 등 공산권 국가들이 참가하지 못한 점은 아쉬움으로 남았다.

6) 제12회 아시아역도선수권대회

1980년 4월 21일부터 26일까지 서울 장충체육관에서 주최국 한국을 비롯하여 일본, 이란, 태국, 필리핀, 인도네시아, 싱가포르 등 7개국의 120여 명의 선수단이 참가한 가운데 제12회 아시아역도선수권대회가 개최되었다. 이 대회에서 한국 선수단은 겨우 금메달 2개를 획득하여 일본(금메달 16개), 이란(금메달 11개)에 이어 3위에 올라 개최국으로서의 체면이 말이 아니었다.[57)]

그러나 이 대회는 우리나라가 1978년 제32회 세계역도선수권대회를 유치하고서도 대회준비 부족으로 개최권을 반납한 후 세계대회는 아니지만 처음으로 아시아대회나마 유치에 성공했다는 점에서 나름의 의의가 있다고 하겠다. 특히 대회 참가 6개국의 연맹회장들이 직접 선수단을 이끌고 참가했다는 점에 의의가 있었다. 역대 아시아역도선수권대회 가운데 참가국 회장이 모두 모인 일은 이 대회가 처음이었다.

7) 제3회 아시아핸드볼선수권대회

제3회 아시아핸드볼선수권대회가 주최국 한국을 비롯하여 일본, 바레인, 사우디아라비아, 요르단, 쿠웨이트, 카타르, 홍콩 등 8개국이 참가한 가운데 1983년 9월 25일부터 10월 1일까지 잠실종합체육관에서 개최되었다. B조에 속한 한국팀은 개막전에서 사우디아라비아를 35대 21로 가볍게 따돌리고 2차전에서 홍콩을 54대 15로 대파했다. 예선 마지막 경기에서 쿠웨이트를 맞아 32대 27로 격파하고 예선 1위로 준결승에 올랐다.[58)]

이어 한국은 우승의 길목인 준결승전에서 바레인을 25대 22로 물리치고 결승에 진출했다. A조 1위로 예선을 통과한 일본도 준결승전에서 쿠웨이트를 맞아 26대 22로 결승에 올라왔다. 그동안 일본과는 국가대표팀 간의 공식경기에서 9전9패라는 치욕적인 불명예를 안고 있던 한국은 이번만은 반드시 이겨야 했다. 기대했던 대로 경기 결과는 한국이 일본에 25대 19로 압승했다. 중국이 이 대회에 불참하여 진정한 아시아의 정상이라고 보기에는 다소 미흡했으나, 대일 컴플렉스를 떨쳐버리고 세계로 향한 도약의

---

57) 『체육』, 1980년 5월호, 34~38쪽.

58) 『체육』, 1983년 10월호, 26~28쪽.

발판을 마련했다는 데 의의가 크다고 하겠다.

8) 第13회 아시아럭비풋볼선수권대회

한국은 제5회 아시아럭비풋볼선수권대회에 이어 다시 한번 제13회 대회를 유치했다. 제13회 아시아럭비풋볼선수권대회는 1992년 9월 19일부터 26일까지 일주일간 아시아회원국 8개국이 모두 참가한 가운데 목동운동장과 동대문운동장에서 개최되었다.[59] 그동안 한국 럭비는 제대로 된 전용구장 하나 없는 열악한 환경 속에서도 아시아럭비선수권대회에서 일본의 아성을 무너뜨리며 연속 3회 우승할 정도로 실력을 갖추고 있었다. 하지만 이 대회 예선 첫 경기에서 한국은 홍콩에게 13대 20로 패하여 4연패의 꿈을 날려버렸다. 총 12회 대회중 한국에게만 4번의 우승을 빼앗기고 8번의 대회를 독차지했던 일본은 이 대회 결승전에서 홍콩을 맞아 37대 9로 대승을 거두며 우승을 차지했다.

59) 『체육』, 1992년 9월호, 24~25쪽.

제 VIII 장

국제스포츠 외교

1. 국제스포츠기구 가입

1) 국제올림픽위원회(IOC)

국제올림픽위원회(IOC) 역사상 국가 성립 이전에 국가 단위의 올림픽위원회로 승인된 것은 대한올림픽위원회(KOC)가 유일한 경우다. 대한올림픽위원회의 창립은 일제 식민통치로부터 해방되어 신생 독립국가로서의 위상을 국제사회에서 공인받는 것을 의미했다. 국제올림픽위원회는 이미 신생 독립국가로서의 위상을 갖추고 모든 준비를 끝낸 상태로 보아 올림픽대회 출전 자격이 충분히 있다는 점을 인정하여 대한올림픽위원회 창립을 기꺼이 승인했던 것이다.

국제올림픽위원회 회원국이 되기 위해서는 국내 올림픽위원회가 존재하는 것 외에도 올림픽대회 종목의 경기단체들이 각각 국제경기연맹에 가입되어 있어야 했다. 이에 따라 조선체육회는 1946년 7월 15일 올림픽대책위원회(위원장 유억겸 대한체육회 부회장)를 조선체육회 안에 설치했다. 이어 조선체육회 산하의 경기단체 가운데 올림픽대회 종목에 해당되는 육상, 수영, 축구, 농구, 역도, 권투, 레슬링, 빙상 등 각 경기단체로 하여금 각각의 국제경기연맹에 가입절차를 밟도록 했다.[1)]

1947년 봄에 전경무 올림픽대책위원회 부위원장은 애버리 브런디지(Avery Brundage) 당시 국제올림픽위원회 부위원장을 방문하여 한국의 올림픽대회 참가를 위한 협조를 교섭해 승낙을 얻었다. 그러나 에버리 브런디지의 권고로 그 해 6월 15일부터 스톡홀름에서 열리는 국제올림픽위원회 총회에 참석하기 위해 1947년 5월 29일 미 군용기 편으로 떠났던 전경무 부위원장은 비행기가 추락하여 사망하는 사고를 당하고 말았다.

1) 대한체육회, 『大韓體育會 七十年史』, 1990, 128쪽.

이에 대책위원회는 미국에 있던 이원순에게 급히 전문을 보내 국제올림픽위원회 총회에 대신 참석토록 했고, 대한올림픽위원회는 1947년 6월 20일자로 국제올림픽위원회 회원국으로 정식 승인을 받을 수 있었다.

이로써 여운형을 초대 위원장으로 하는 대한올림픽위원회가 마침내 1947년 6월 창립되었는데, 대한올림픽위원회의 당초 정식 명칭은 조선체육회처럼 조선올림픽위원회였다. 1948년 8월 15일 대한민국 정부가 공식 출범함에 따라 조선올림픽위원회는 대한올림픽위원회로 그 명칭이 바뀌어 오늘에 이르고 있다.

잘 알려진 대로 국제올림픽위원회의 탄생은 프랑스의 구베르탱 남삭이 제창하여 1894년 6월 23일 파리 솔본드대학 강당에서 열린 구미 제국의 체육, 스포츠 관계자 국제회의에서 비롯되었다. 이때 쿠베르탱이 올림픽대회의 부활을 제의하여 각국의 참가대표로부터 지지를 받아 국제올림픽위원회의 창설이 결정되었다.[2)]

국제올림픽위원회, 국제경기연맹 총연합회(GAISF)와 더불어 세계 3대 스포츠기구의 하나로 불리는 국가올림픽위원회 연합회(ANOC)는 1979년 6월 공식 출범했다. 그 창립 목적은 국가올림픽위원회(NOC) 간의 유기적 체계를 강화하여 올림픽운동에서 국가올림픽위원회의 역할을 증대하고 각 국가올림픽위원회의 상호 이해와 우애를 증진한다는 것이었다.[3)] 실상은 전 세계 국가올림픽위원회의 연합체인 국가올림픽위원회연합회는 1965년 IOC의 보수적이고 독단적인 운영노선에 대항하여 이탈리아 국가올림픽위원장이자 IOC위원인 오네스디의 주도로 로마에서 국가올림픽위원회 총회가 개최되었는데, 당시 IOC 브런디지위원장은 동 총회를 공식적으로 인정할 수 없다고 시사했다. 그리디가 1968년 제3차 국가올림픽위원회 총회에서 공식 창립을 발표했고 1979년 6월 푸에르트리코 상후안에서 열린 제9차 국가올림픽위원회 총회에서 그 정식 명칭을 세계올림픽연합회로 변경함과 동시에 공식기구로서 출범하였는데, 대한올림픽위원회도 그 창립에 적극 참여했다.[4)]

2) 아시아경기연맹(AGF : OCA)

1947년 아시안경기연맹(AGF)의 창설에 적극적으로 관여한 한국은 아쉽게도 그 창설 제1회 대회에 참가하지 못했다. 한국은 1952년 7월 2일에 열린 아시아경기연맹 평의원회의에서 정식 회원국으로 승인받은 후 1954년의 제2회 대회에 참가한 이래 현재에 이르고 있다.[5)] 아시아경기연맹은 지역 스포츠기구로서의 역할보다는 4년마다 열리는

---

2) 대한올림픽위원회, 『KOC 50年史』, 1996, 262쪽.

3) 위의 책, 276쪽.

4) 대한체육회, 앞의 책, 419쪽.

아시아경기대회의 개최를 위한 조직체로서의 역할에만 한정함으로써 아시아지역의 스포츠 발전에는 그다지 기여하지 못했다. 때문에 상설기구의 필요성이 대두되는 와중에, 오일 달러의 성세를 등에 업고 아시아 스포츠계를 장악한 아랍권이 아시아경기연맹을 발전적으로 해체·강화라는 명분 하에 이스라엘을 아시아 스포츠무대에서 축출하면서 1982년 12월 아시아올림픽평의회(OCA)가 발족되었다. 한국은 아시아올림픽평의회의 공식 회원국 지위를 이어받았다.[6]

3) 국제대학스포츠연맹(FISU)

1967년 도쿄유니버시아드대회를 앞두고 북한이 남한에 앞서 1965년 국제대학스포츠연맹(FISU)에 가입하여 유니버시아드대회에 출전할 자격을 획득했다. 이때까지 한국의 국내 대학스포츠를 관장하는 단체는 대한체육회 소속 '한국대학스포츠연맹(KUSU)'과 대한올림픽위원회 소속 '대한대학스포츠위원회(KUSB)'로 양립돼 서로 갈등을 빚고 있었기 때문에 국제무대에서 대표성 문제가 대두되었다. 따라서 한국은 도쿄유니버시아드대회에 출전하기 위해 KUSU와 KUSB를 통합해야 했는데 당시 김연준 KUSU위원장(한양대학교 설립자 겸 총장)이 대승적 차원에서 양보함으로써 도쿄유니버시아드대회 개막 직전인 1967년 8월 24일 극적으로 KUSB를 FISU에 가맹시킬 수 있었다. 이때 김연준 전 KUSU위원장은 한국선수단 명예단장으로서 선수단을 격려하여 종합 10위의 우수한 성적을 거두는 데 크게 기여했다(707쪽 참조).[7] 그후 KUSB위원장은 길전식(1969~1979), 이종하(1979~1989), 장충식(1989~1993), 김종량(1993~현재)으로 이어지고 있다.

젊은 지성인들의 체육단체인 국제대학스포츠연맹(FISU)은 이성과 육체의 조화 속에 자유와 진리를 추구한다는 목적으로 스포츠의 가치를 중시하고 스포츠 활동을 통해 그 목적을 달성코자 하는 국제스포츠기구로서 1959년 공식적으로 발족한 단체이다.[8]

한국인으로서는 이종하 연세대 교수가 FISU의 감사(1989~1991)와 집행위원(1991~1999)을 역임했고, 김종량 한양대 총장이 1999년 7월부터 현재까지 FISU집행위원으로 활동하고 있다(804쪽 참조).

---

5) 위의 책, 323쪽.
6) 위의 책, 422쪽.
7) 위의 책, 382쪽; 대한올림픽위원회, 앞의 책, 54쪽.
8) 대한올림픽위원회, 위의 책, 282쪽.

2. 주요 국제스포츠회의 유치

국제체육기구회의의 참가는 중요한 체육외교 활동이다. 특히 주요한 회의의 국내 유치는 국제 스포츠계의 영향력이 있는 인사들의 방문을 유도하여 문화·관광 분야에 긍정적인 파급효과를 가져다줄 뿐만 아니라, 우리나라와 관련된 의사결정 과정에서 우리에게 유리하게 작용할 수 있다는 점에서 체육외교 활동의 주요 영역이다.

한국은 1986년 제5차 국가올림픽위원회연합회(ANOC) 총회, 1990년 제109차 국제올림픽위원회(IOC) 총회, 1995년 제29차 국제스포츠경기연맹(GAISF) 총회, 1996년 제6차 세계생활체육총회 등을 연이어 개최했다. 이밖에도 제16차 아시아올림픽평의회 총회, 제5차 하계올림픽연합회(ASOIF) 총회, 아시아경기연맹(GAASF) 총회 등을 서울에 계속해서 유치하여 아시아는 물론 세계 스포츠 외교무대를 화려하게 수놓았다.

1) 제5차 국가올림픽위원회연합회(ANOC)총회

스포츠의 유엔총회로 불리는 국가올림픽위원회연합회 총회가 1986년 4월 서울에서 개최되었다. 세계 161개국 국가올림픽위원회(NOC)의 대표가 참가하는 국가올림픽위원회연합회 총회는 그 규모와 세계 스포츠계에 미치는 영향력이 IOC에 못지 않을 만큼 그 의의가 매우 크다.

제5차 서울 총회에는 161개 회원국 가운데 수교국 113개국, 미수교국 31개국, 특수지역 8개국 등 총 152개국이 참석했다. 특히 이 대회에 참석한 미수교국 중에는 소련, 중공, 동구권 국가들이 포함되어 88서울올림픽대회에 공산권 국가들이 참가할 수 있는 전기를 마련했다. 152개국에서 770명의 대표가 참석하여 올림픽대회를 앞둔 한국의 준비 실태와 스포츠 도약의 현실을 직접 목격하게 되었으며, 그 결과 이 총회에서 1984년 멕시코에서 채택된 이른바 '멕시코선언'(88서울올림픽대회 지지 선언)을 만장일치로 재확인함으로써 그 동안 '올림픽 한국 개최 불투명'이라는 루머에 신경을 곤두세우며 들끓고 있었던 국제여론을 가라앉히는 좋은 계기가 되었다.[9]

제15차 국가올림픽위원회연합회 총회가 2006년 3월 31일부터 4월 6일까지 서울 코엑스 컨벤션센터에서 열렸다. 전 세계 198개국의 국가올림픽위원회(NOC) 대표 등 430명이 참가한 가운데 개최된 이 총회는 규모 면에서 사상 최대였으며, 서울올림픽대회 2년 전인 1986년 제5차 국가올림픽위원회 총회 이후 20년만에 다시 개최함으로써 한국이 세계 스포츠 중심으로 주목받는 계기가 되었다. 또 손광호 북한 NOC 부위원장

9) 李學來, 『韓國體育百年史』, 한국체육학회, 2000, 509쪽.

등 3명이 참석하여 스포츠를 통한 남북화합에도 일조한 총회이기도 했다.[10]

개최식에는 노무현 대통령을 비롯하여 자크 로게 IOC 위원장, 마리오 바즈케즈 라냐 ANOC 회장, 김정길 KOC 위원장, IOC와 ANOC 집행위원, IOC 위원, 각국 국가올림픽위원회 대표 등 800여 명이 참석했다. 특히 제15차 총회에서는 IOC와 아시아(OCA), 아프리카(ANOCA), 유럽(BOC), 오세아니아(ONOC), 아메리카(PASO) 등 5개 대륙별 협회에 있는 선수위원회의 중요성을 인정했다. 즉 선수 생활이 끝난 후의 지원 방안 및 선수의 이미지를 활용해 올림픽 가치를 홍보하는 방안 등 선수가 올림픽운동의 중심에 서도록 각각의 기구가 협력하기로 의견을 모았다. 아울러 TOP 프로그램, 올림픽 성화 봉송, 선수 이미지의 상업화에 대한 국가올림픽위원회의 권리와 책임 등 마케팅 문제의 중요성도 강조했다.[11]

한편 4월 5, 6일 양일간 열린 IOC 집행위원회는 국가올림픽위원회 및 하계올림픽종목연합회, 동계올림픽종목별연합회, 국제경기연맹 총연합회와 연석회의를 가졌다. 불과 두 달 전인 지난 2월 동계올림픽 개최지인 이탈리아 토리노에서 집행위원회 회의가 개최되어 이 서울회의에서는 중요한 결정이 내려지지는 않았다.[12]

이같은 제15차 ANOC 총회 및 IOC 집행위원회에는 115명의 IOC 위원 중 절반이 넘는 60명의 IOC 위원이 대거 참석하여 한국의 국제스포츠행사 개최 역량을 다시 한번 과시했으며, 바즈케즈 라냐 ANOC 회장과 로케 IOC 위원장도 한국을 떠나기에 앞서 이번 총회와 집행위원회가 역대 최고회의였다고 행사 관계자들에게 감사를 표했다. 또한 평창을 비롯해 오스트리아의 잘츠부르크, 러시아의 소치, 볼가리아의 소피아 등도 2014년 유치도시 관계자들을 파견해 공식적인 홍보활동을 벌일 수는 없었지만, 회의 기간 내내 김정길 위원장을 비롯한 체육계 관계자들은 내년 과테말라에서 열리는 2014년 동계올림픽 유치와 관련하여 평창의 개최 열망을 간접적으로나마 알리는 데 최선을 다했다.

2) 제29차 국제스포츠경기연맹(GAISF)총회

한국은 IOC, ANOC와 함께 세계 3대 스포츠기구의 하나인 제29차 국제스포츠경기연맹(GAISF) 총회를 유치하여 국제스포츠경기연맹 회장국으로 국제 스포츠계에서의 위상을 강화하고 2002년 월드컵축구대회 등 각종 국제경기대회의 국내 유치를 위한 국내외적인 분위기 조성에 기여했다.[13]

---

10) 대한올림픽위원회, 『제15차 ANOC총회 결과보고서』, 2006년, 12~15쪽.

11) 『체육』, 2006년 4월호, 8~10쪽.

12) 위의 책, 10~11쪽.

국제스포츠경기연맹 총회는 1967년 창립 이후 1994년까지 스위스, 독일, 스페인, 헝가리, 필란드, 네델란드, 모나코, 미국, 캐나다, 멕시코, 호주 등 주로 유럽과 미주지역에서 개최되어 왔다. 그러다가 한국이 1994년 10월 국제스포츠경기연맹 본부인 모나코 몬테카를로에서 열린 제28차 총회에서 차기 총회를 유지하는 데 성공하여 국제경기연맹(IF) 회원국 간의 긴밀한 협조체제 강화는 물론 국제 스포츠계의 위상을 더욱 강화하는 계기가 되었다.

1996년 10월 23일 서울 쉐라톤워커힐호텔에서 개최된 제29차 국제스포츠경기연맹 총회 개막식에는 총회 호스트인 김운용 GAISF회장을 비롯한 시미린치 IOC위원장, 이홍구 국무총리를 비롯한 450여 명의 국내외 스포츠인사들이 참석했다. 개막식에 이어 10월 24~25일 양일간 열린 국제스포경기연맹 콩그레스는 '스포츠와 TV'라는 주제로 스포츠와 TV 간의 상관관계, 즉 서로간에 미치는 영향력 및 중요성 그리고 향후 스포츠와 TV 간의 발전적인 방향 등에 관해 논의했다.

한국은 88서울올림픽대회 이후 최대의 국제 스포츠 행사인 이 총회를 아시아에서는 처음으로 성공적으로 개최하여 총회 참석자들로부터 찬사와 함께 국제 스포츠계로부터 다시 한번 한국의 국제 스포츠회의의 개최 능력을 인정받았다. 이와 함께 국제 스포츠계의 주요 인사들과 국내 체육인사들과의 교류의 장을 마련해 줌으로써 한국의 스포츠 외교력 강화에 큰 도움이 되었다. 특히 이 총회에 참석한 국제경기연맹 임원들과 각국의 올림픽 위원들에게 2002년 월드컵 유치의 홍보와 지원 섭외에도 일조하는 데 크게 기여했다.

3) 제6차 세계생활체육총회

세계생활체육총회는 전 인류가 생활체육활동을 통해 건강과 행복을 누릴 수 있도록 생활체육분야에 대한 각국의 사상과 경험의 국제교류 및 토론장으로서 세계 최고의 생활체육 심포지움 행사다.

제6차 세계생활체육총회는 '21세기 지구 가족과 스포츠'라는 주제로 1996년 4월 21~24일 아시아에서는 처음으로 서울에서 열렸다. 총회에는 국제올림픽위원회 위원을 비롯하여 IFS 회장, 각 국가올림픽위원회 위원장과 임직원, 생활체육단체, 여러 국제기구 임직원 383명 등 모두 73개국 422명이 참가한 가운데 '가족과 스포츠' '인간과 스포츠 과학' '지구 가족과 스포츠' 등의 내용을 가지고 발표 및 토론을 벌였다.[14]

특히 총회에서는 '장애정책과 스포츠' '무용운동과 여성의 평생 참여' 등의 주제발표

13) 대한올림픽위원회, 앞의 책, 78~79쪽.

14) 『체육』, 1996년 11·12월호, 16쪽.

를 통해 각 분야에 걸친 생활체육 발전 방향을 모색했고, 퇴폐·향락주의 방지를 위한 스포츠, 장수를 위한 운동처방 등 스포츠의 치료적 측면을 부각시켰으며, 올림픽을 통한 세계화와 평화, 선린외교 등 스포츠의 외교적 중요성을 확인시키는 계기가 되었다.

무엇보다도 6차 총회의 의의는 현대사회에서의 가치관의 전도, 가족 이기주의, 세대 간의 갈등 등 가족 위기 현상을 스포츠를 통해 극복하고 건강한 미래사회를 건설하고자 하는 행동지침을 담고 있는 '서울선언문'을 채택한 데서 찾을 수 있었다. 서울선언문은 생활체육이 건강에 가장 중요한 요소이고, 가정의 화목을 촉진하며, 적극적인 여가 활동에 기여한다는 것을 확인하고 "생활체육의 활성화를 위해 모든 정부 기관들이 적극적인 지원책을 강조해 줄 것"을 요구하며 모든 국내외의 단체들이 생활체육운동을 선도하고 협력해 나갈 것을 천명했다.[15]

4) 第109차 국제올림픽위원회(IOC) 총회

第109차 국제올림픽위원회 서울 총회가 1999년 6월 16일 예술의 전당에서 김대중 대통령 내외를 비롯해 사마란치 국제올림픽위원회 위원장 등 92명의 국제올림픽위원, 명예위원, 분과위원들과 올림픽대회 조직위원회(OCOG) 대표단, 동계종목 국제경기연맹 관계자, 올림픽 스폰서 대표자, 유치 도시 대표자, 내외신 기자, 국내 초청인사 등 2,500여 명이 참석한 가운데 개막되었다.[16]

김대중 대통령은 치사에서 "올림픽은 스포츠를 통한 지구촌 가족들을 이념과 종교, 인종과 문화를 초월하여 하나로 결속시키는 원동력이 되어 왔고 지난 88년 우리나라에서 열렸던 서울올림픽도 대립과 냉전의 시대를 극복하는 물꼬를 트는 데 기여했음을 우리는 자랑으로 여기고 있다"고 언급하여 국제올림픽위원회가 한반도에 끼친 긍정적 역할에 대해서 크게 평가하고 "이러한 올림픽운동이 21세기에 들어서도 더욱 발전되고 확산되어 우리들이 소망하는 화해롭고 평화로운 세계를 실현하는 데 큰 힘이 되기를 바란다"[17]면서 올림픽운동이 다가오는 세기에도 인류의 평화운동, 문화운동으로 계속 발전할 것을 주문했다.

第109차 국제올림픽위원회 서울 총회는 6월 12~20일간 총회와 본회의로 나눠 진행되었다. 총회의 주요 의제는 2006년 동계올림픽대회 개최지 선정, 국제올림픽위원회 위원 윤리규정 승인, 국제올림픽위원회 부위원장과 집행위원 및 국제올림픽위원 선임 등이었다. 이 중에서 2006년 동계올림픽 개최지 선정에서는 유치를 희망한 6개 도시 중

15) 위의 책, 16~17쪽.

16) 『체육』, 1999년 4·5·6월호, 10쪽.

17) 위의 책, 12쪽.

이탈리아의 토리노가 경쟁 도시인 시온을 53대 36으로 제치고 개최권을 획득했다.[18]

제109차 국제올림픽위원회 서울 총회는 한국이 스포츠 외교에 있어 국제적으로 확고한 위치를 구축했음을 단적으로 보여주었고, 앞으로 국제올림픽위원회를 이끌어 나갈 리더십을 발휘하여 선진국에 독점되었던 스포츠외교의 중심을 아시아와 환태평양권으로 이끌어 오는 새로운 계기가 되었다.

3. 태권도의 올림픽 정식종목 인정

1990년대 한국 스포츠계가 거둔 최대의 수확 가운데 하나는 한국의 전통문화이자 스포츠인 태권도가 올림픽대회 정식종목으로 채택되어 전 세계 60억 인구에게 한국의 문화를 전파하게 되었다는 점이다. 태권도의 이같은 올림픽대회 정식종목 채택은 바덴바덴 국제올림픽위원회 총회에서의 1988년 올림픽대회 서울 유치 결정에 비견할 만한 역사적인 사건이었다. 태권도가 올림픽대회 종목이 됨으로써 한국어는 영어, 불어, 일본어에 이어 4번째 공식 언어가 되었으며 더 많은 푸른 눈의 이방인이 "차렷, 경례"라는 구령 속에 한국인의 혼과 얼이 있는 태권도를 익히게 되었다.[19]

사마란치 국제올림픽위원장은 1998년 9월에 개최된 서울올림픽대회 개최 10주년 행사에서 태권도의 올림픽 정식종목 채택에 대한 의의를 다음과 같이 표현했다.

> 대한민국을 대표하는 전통 스포츠인 태권도가 오랫동안 전 세계에 걸쳐 세계선수권대회를 포함한 각종 국제대회에서 지속적으로 대회 종목으로 채택됨으로써 그 우수성과 탁월함이 검증되었으며, 이에 따른 끊임없는 노력이 거듭된 결과로 오는 2000년 시드니올림픽대회 정식종목으로 채택되어 그 노고에 상응하는 최고의 결실을 맺게 되었다는 사실을 반드시 기억해야 되겠습니다. 이는 대한민국의 위상을 전 세계에 드높인 또 한번의 쾌거이자 올림픽운동사에 길이 빛나는 위업으로 우리 모두가 공감하고 찬사를 보내는 바입니다.[20]

1994년 9월 프랑스 파리에서 개최된 제103차 국제올림픽위원회(IOC) 총회에서 태권도종목 채택 추진 노력은 북한측의 방해공작, 그리고 올림픽대회 종목을 노리는 다른 종목의 비협조로 불리한 여건을 맞았으나 김운용 대한체육회장겸 국제올림픽위원회 부위원장의 끈질긴 노력으로 총회에 참석한 85명 국제올림픽위원의 전원 찬성으로 올림픽종목으로 채택되었다.[21]

---

18) 위의 책, 17쪽.

19) 대한올림픽위원회, 앞의 책, 68쪽.

20) 『체육』, 1998년 7·8·9월호, 39쪽.

사실 태권도의 올림픽대회 정식종목 채택 노력은 여러 차례 고비가 있었다. 우선 친북 성향의 최홍희가 주도하는 국제태권도연맹(ITF)이 발목을 잡았으며, 태권도 유사 종목인 일본의 가라데와 중국의 우슈측의 만만찮은 도전도 있었다. 국제태권도연맹은 IOC와 국제 스포츠계에 세계태권도연맹(WTF)과 ITF의 통합 후 올림픽대회 종목 채택을 주장했으나, 실제 통합의도는 그다지 없었으며 단지 자신의 지분을 위한 방해공작이었다. 일본과 중국측도 태권도의 올림픽대회 종목 채택은 그 유사 스포츠라 할 수 있는 가라데와 우슈가 올림픽 무대에 나서는 것을 영구히 불가능하게 하는 것이기 때문에 반대입장을 보여왔다. 실제로 1991년 버밍엄 IOC총회에서는 태권도가 프로그램위원회에서 의제로 채택되지 못해 집행위원회에 상정되지도 못했으며, 1993년에도 동 위원회에서 9대 11로 부결당하는 좌절을 겪었다.[22]

1994년 제103차 IOC총회에서 태권도의 올림픽대회 정식종목 채택은 한국의 문화를 전 세계에 전파하는 데 그치지 않고 경기력에서도 최소한 올림픽에서 2~3개의 금메달을 획득할 수 있어 한국 스포츠의 올림픽대회 상위권 유지에 결정적인 역할을 할 수 있다는 점에서 한국 스포츠외교의 승리로 평가할 수 있었다.[23]

사마란치 국제올림픽위원장이 언급했듯이. 태권도의 올림픽대회 정식종목 채택은 1970년대 이후 꾸준히 활동해 온 노력의 결과였다.[24] 즉, 1973년에 제1회 태권도세계선수권대회를 서울에서 개최하고, 태권도의 세계화를 주도할 세계태권도연맹을 창설하여 태권도의 보급이 세계 전 지역으로 확대되기 시작했다. 이후 한국이 1975년에 비올림픽종목들의 협의체인 국제경기연맹 총연합회(GAISF)에 가입하고, 1976년에는 태권도가 국제군인스포츠위원회(CISM) 정식종목이 되는 등 급격한 발전을 이룩했다. 1980년 모스크바올림픽대회 당시 개최된 제83차 IOC총회에서 태권도는 올림픽대회 승인종목이 되는 개가를 올렸다. 1981년 미국월드게임, 1983년 팬암게임에 이어 1986년 아시아경기대회의 정식종목이 되었으며, 88서울올림픽대회과 1992년 바르셀로나올림픽대회에서 시범종목으로 채택되는 가파른 상승곡선을 그리면서 태권도의 국제화를 추진한 지 20여 년만에 올림픽대회 종목 채택이라는 위업을 달성했던 것이다.

---

21) 『체육』, 1999년 10·11·12월호, 19쪽.

22) 대한올림픽위원회, 앞의 책, 69쪽.

23) 1992년에 열린 바르셀로나올림픽대회에서 한국은 금 12, 은 5, 동 12개로 종합 7위를 차지해 1984년부터 시작된 올림픽 10위권의 위업을 이어갔으며 한국 스포츠의 이와 같은 경기력 향상은 1996년 애틀란타올림픽대회, 1998년의 나가노동계올림픽대회까지 이어져 이제는 동·하계 올림픽에서 확실한 선진국의 자리를 차지하게 되었다.

24) 대한올림픽위원회, 앞의 책, 69쪽.

4. 국제스포츠기구 임원 진출

1955년 6월에는 이기붕 대한올림픽위원장이 처음으로 국제올림픽위원에 피선되어 본격적으로 스포츠 외교의 길을 개척하기 시작했다.[25] IOC위원은 1960년 4·19 혁명 와중에서 이기붕의 서거로 공석이 된 뒤에는 10대 이상백 대한올림픽위원장이 1964년 도쿄올림픽대회 개막 직전인 10월 7~9일간에 열린 국제올림픽위원회 총회에서 두 번째 국제올림픽위원회 위원으로 선임되었다. 이후 국제올림픽위원회 위원은 장기영, 김택수, 박종규, 김운용으로 이어졌다.[26]

1986년 10월 스위스 로잔에서 열린 제91차 IOC총회에서 국제올림픽위원회 위원으로 선출된 김운용은 1988년 9월 서울 IOC총회에서 집행위원으로 진출함에 따라 IOC의 의사결정을 좌지우지하는 집행위원회에서 활동할 수 있게 되었다. 김운용은 IOC 라디오 TV분과위원회 위원장과 함께 국제경기연맹 총연합회(GAISF) 회장도 겸했다. 또한 조상호 전 대한올림픽위원장이 세계올림픽연합회(ANOC) 스포츠경기장위원회 위원으로, 이종하는 국제대학스포츠연맹(FISU) 감사로 선출되었다.[27]

1990년대에 접어들면서 한국의 스포츠계 인사들은 국제체육기구 곳곳에 뿌리를 내려 그 영향력을 확대해 나갔다. 국제올림픽위원회에 김운용 위원이 집행위원으로 선출되었을 뿐 아니라 이건희 대한올림픽위원회 명예위원장이 1996년 7월에 국제올림픽위원회 위원으로 선출되어 두 명이 국제올림픽위원회 위원을 보유하게 되었다. 21세기에 와서 박용성 대한올림픽위원회 고문 겸 국제유도연맹회장이 2002년 2월 미국 솔트레이크에서 개최된 제113차 IOC총회에서 국제유도연맹 회장 몫으로 국제올림픽위원회 위원에 선출되었다. 이로써 한국은 김운용, 이건희에 이어 3번째 국제올림픽위원회 위원을 갖게 되었으며 아시아에서는 유일하게 3명의 국제올림픽위원회 위원을 보유한 국가가 되었다.[28]

한국은 2004년 12월 현재 125명의 국제올림픽위원회 위원중 3명이 있어, 3명 이상 복수로 있는 10개 국가 가운데 하나가 되었다. 유럽과 북미, 호주가 IOC 위원의 과반수 이상을 차지하고, 3명 이상이 위원으로 있는 10개국 가운데 한국을 제외한 9개국이 유럽과 북미 국가, 호주임을 감안할 경우, 3명의 위원 수는 고무적이나, 2006년 9월 현재 김운용 부위원장과 박용성 위원은 자격정지 중이다.

---

25) 위의 책, 292쪽.

26) 대한체육회, 앞의 책, 129쪽.

27) 위의 책, 425쪽.

28) 『체육』, 2002년 1·3월호, 55쪽.

〈표 3-9〉 국제올림픽 위원회 위원 현황

직 위	성 명	피선일자	임 기	국내직위	비고
부위원장	김운용	03.07	4년	KOC 명예위원장	자격정지
위 원	이건희	96.07	8년	KOC 고문	
위 원	박용성	02.02	8년	KOC 고문	자격정지

※ 대한체육회, 『2003/2004 스포츠정보자료집』, 2004, 212쪽.

또한 한국의 스포츠계 인사들은 국제올림픽위원회 각 분과위원회에도 1990년대 후반에 들어와 본격적으로 참여하기 시작했다. 즉, 라디오·TV분과(이규창), 문화올림픽분과(권윤방), 보도분과(차일석), 올림픽솔리다리티위원회(박용성), 생활체육분과(장주호), 올림픽기념품수집위원회(김용래), 여성과 스포츠실무위원회(김숙자) 등의 적극적인 참여가 이루어졌다. 이밖에 박갑철 대한올림픽위원회 부위원장은 1993년 9월에 세계체육기자연맹(AIPS) 부회장에 선출되었으며, 대한대학스포츠위원회(KUSB) 김종량 위원장은 1999년 7월 국제대학스포츠연맹(FISU) 집행위원회에 선출되어 지금까지 스포츠외교에 진력하고 있다. 또 대한올림픽위원회 장주호 부위원장은 1996년 5월에 범태평양지역스포츠기구(ODECOP) 부위원장에 선출되었고, 국제경기연맹(ISF) 각 종목별 연맹에도 고르게 참여하여 한국 스포츠계의 영향력을 광범위하게 과시해 왔다.[29)]

2004년 12월 국제올림픽위원회 산하 25개 분과위원회 가운데 한국인 3명의 위원이 각 분과에 진출하고 있다.

〈표 3-10〉 IOC 산하 분과위원회 위원 진출 현황

직위	성명	피선일자	국내직위	비고
라디오·TV분과위원장	김운용	89.	KOC 명예위원장	자격정지
마케팅분과위원	박용성	01.12.	KOC 고문	자격정지
생활체육분과위원	장주호	89.02	KOC 부위원장	
올림픽기념품수집분과위원	김철주	01.01	전KSC 사무차장	
TV 인터넷 RIGHTS분과위원	김운용	01.12	IOC 위원	자격정지
선수분과위원	전이경	02.04	KOC 위원	
여성과 스포츠위원	전이경	02.	KOC 위원	

※ 대한체육회, 『2003/2004 스포츠정보자료집』, 2004, 212쪽.

그리고 한국인으로서 올림픽 정식종목 국제경기연맹의 회장단과 사무총장, 또한 집행위원으로 진출한 인사는 2개 종목 회장과 5개 종목 부회장, 1개 종목 사무총장, 그리고 10개 종목 집행위원으로 활동해 왔다.

한국의 체육계 인사들은 아시아체육기구에서는 더욱 큰 역할을 맡아 영향력을 발휘했다.[30)] 아시아올림픽평의회에는 박상하 부회장을 비롯하여 김철주 정보통계위원, 박

29) 李學來, 앞의 책, 509~510쪽.

희백 의무위원, 서정훈 보도위원, 황영조 선수위원 등이 참여했다. 동아시아대회협의회(EAGA)에도 김운용 명예회장을 비롯하여 박상하 부회장, 김영환 이사, 윤강로 이사 겸 기술규정위원, 박희백 의무분과위원 등이 적극적으로 참여했다. 이밖에도 박갑철 대한올림픽위원회 부위원장이 아시아체육기자연맹(ASPU) 회장을, 한상국 대한올림픽위원회 부위원장이 아시아학생스포츠연맹(ASSF) 부회장을 맡았다. 특히 아시아경기연맹(ASF) 각 종목별 연맹에는 100여 명에 이르는 한국 체육계 인사들이 주요 직위에 진출하여 아시아 스포츠 발전에 견인차의 역할을 담당했다. 또한 2000년 5월에 정동구 한국올림픽성화회장이 아시아대학스포츠연맹(AUSF) 회장에 선출되었으며, 2000년 8월에 창립된 아시아체육학회(ASPES) 회장에는 이학래 한국체육학회 회장이 선출되었다.

〈표 3-11〉 국제경기연맹 임원 진출 현황

기구명	직위	성명	피선일자	임기	국내직위
국제육상경기연맹 (IAAF)	집행위원	박정기	91.08	4년	KAAF
국제축구연맹 (FIFA)	부회장 겸 집행위원	정몽준	94.05	4년	KFA 회장
국제정구연맹 (ISTF)	회 장	박상하	03.11	4년	KSTA 회장
국제탁구연맹 (ITTF)	부 회 장	한상국	03.05	2년	전 KTTA 부회장
국제역도연맹 (IWF)	집행위원	허 록	00.12	4년	KWF 회장
국제아마튜어복싱연맹 (AIBA)	집행위원	유재준	02.10	4년	KABF 전무이사
국제빙상연맹 (ISU)	집행위원	장명희	98.06	4년	KSU 명예회장
국제유도연맹 (IJF)	회 장	박용성	01.07	4년	KOC 고문
국제스키연맹 (FIS)	집행위원	이승원	02.06	2년	KSA 명예회장
국제하키연맹 (FIH)	집행위원	신박제	01.04	4년	KHA 회장
국제검도연맹 (IKF)	부 회 장	이재우	99.01	3년	KKA 회장
국제펜싱연맹 (FIE)	집행위원	장영수	01.01	4년	전 KFF 회장
세계태권도연맹 (WTF)	총 재	김운용	74.05	4년	KOC 명예위원장
	사무총장	이금홍	91.08	4년	국기원 이사
국제근대5종경기연맹 (UIPM)	집행위원	김 진	03.11	4년	KMPF 회장
	부회장 겸 집행위원	최귀승	96.11	4년	KMPF 부회장
국제세팍타크로연맹 (ISF)	부 회 장	이영웅	00.11	4년	KSA 회장

※ 대한체육회, 『2003/2004 스포츠정보자료집』, 2004, 213~215쪽.

2004년 12월 현재 아시아경기연맹에서의 한국인 회장단 진출 현황을 살펴보면, 올림

30) 위의 책, 510쪽.

픽 정식종목 가운데 11개 종목에서 회장으로, 16개 종목에서 18명이 부회장의 위치에 있어 아시아권에서는 큰 영향력을 발휘하고 있다.

〈표 3-12〉 아시아경기연맹 회장단 진출 현황

기구명	직위	성명	피선일자	임기	국내직위
아시아정구연맹(ASTF)	부회장	박경호	00.11	4년	KSTA 부회장
아시아아마튜어복싱연맹(FAAB)	부회장	김성은	02.10	4년	KABF 회장
아시아빙상연맹(ASU)	부회장	장명희	89.	4년	KSU 명예회장
아시아유도연맹(JUA)	부회장	김정행	03.10	4년	전 대한유도회장
아시아체조연맹(AGU)	부회장	김상국	98.12	4년	KGA 자문위원
아시아레슬링연맹(AAWC)	회장	김창규	90.10	4년	국민대 교수
아시아수영연맹(AASF)	부회장	심홍택	00.03	4년	KSF 회장
아시아야구연맹(BFA)	부회장	이내흔	03.03	2년	KBA 회장
아시아스키연맹(ASF)	회장	이승원	94.06	2년	KSA 명예회장
아시아승마연맹(AEF)	회장	안덕기	98.12	4년	KEF 회장
아시아하키연맹(AHF)	부회장	신박제	94.12	4년	KHA 회장
아시아사격연맹(ASC)	부회장	김남구	91.09	4년	전 KSF 회장
아시아클레이사격연맹(ACSF)	부회장	변석종	02.07	4년	KSF 부회장
아시아펜싱연맹(AFC)	회장	장영수	96.08	4년	전 KFF 회장
아시아태권도연맹(ATU)	회장	이대순	00.04	4년	한미교육문화재단 이사장
	부회장	이윤재	00.04	4년	(주)흥아해운 회장
	부회장	김대원	03.04	4년	(주)예원기획 대표이사
	부회장	홍성천	96.04	4년	
아시아배드민턴연맹(ABC)	회장	강영중	03.10	2년	KBA 회장
아시아조정연맹(ARF)	회장	한영준	02.10	4년	KRA 부회장
아시아요트연맹(ASAF)	부회장	이희수	03.12	4년	KYA 부회장
아시아양궁연맹(AAF)	회장	유홍종	01.12	4년	KAA 회장
아시아-태평양골프연맹(A-PGC)	부회장	허광수	03.09	2년	KGA 국제이사
아시아근대5종바이애슬론경기연맹(AMPBC)	회장	김 진	03.11	4년	KMPF 회장
아시아소프트볼연맹(SCA)	회장	조관연	02.12	4년	KSF 회장
아시아트라이애슬론연맹(ASTC)	회장	유경선	03.10	4년	KIF 회장

※ 대한체육회, 『2003/2004 스포츠정보자료집』, 2004, 217~221쪽.

제 IX 장

북한의 체육행사

1. 학생체육행사

1) 인민체력검정(소년급)

인민체력검정사업은 1948년 7월 8일 교육국 명령 제8호에 따라 인민체력검정제도를 제정 공포함으로써 실시되었다.1) 이 사업은 같은 해 9월부터 11월 15일까지 처음 행해진2) 후 매년 시행되고 있다. 하지만 검정기준이 구 소련의 게테오(ГТО : 체력검정기준합격장)를 그대로 모방했기에 한국인에게는 맞지 않았다. 이는 1948년 검정 당시 29만여 명이 참가하여 이 가운데 15%만이 그 기준에 합격한 사실3)에서 확인할 수 있다. 주민들의 검정사업 참여도 저조했다. 결국 북한 당국은 주민들을 보다 많이 참가시키고 합격시기기 위해 인민체력검정 실시요상을 수정할 수 밖에 없었다.

인민체력검정사업의 첫 번째 개정은 1949년에 이루어졌다.4) 그 검정기준은 기존 1~3급의 세 등급제를 폐지하고 연령에 따라 남녀 각각 소년, 청년, 장년 세 부분으로 나누었는데, 남자의 경우는 17세 이하, 18~30세, 31세 이상으로, 여자는 16세 이하, 17~25세, 26세 이상으로 했다. 검정기간도 5월부터 10월까지로 크게 늘렸을 뿐만 아니라, 수검자가 1년에 두 차례 응시할 수 있게 하여5) 참여할 기회를 확대했다.

검정내용은 인민보건체조, 남녀 청년체조와 산업체조, 소년단체조 등이 포함된 기본검정과 특수검정으로 나누었는데, 기본검정과 특수검정별로 진행하되 전 종목을 하루에 실시하지 않고 2회 이상 구분하여 실시했다. 기본검정 종목에는 남녀 100미터 달리

1) 金諄敎, 『북한체육의 허상과 실상』, 民族統一中央協議會, 1984, 26쪽.
2) 『조선중앙년감』, 조선중앙통신사, 1949, 150쪽.
3) 조남훈, 『조선체육사2』, 금성출판사, 1992, 87쪽.
4) 『조선중앙년감』, 1952, 393쪽.
5) 조남훈, 앞의 책, 87~88쪽.

기, 넓이뛰기, 단봉던지기, 남자 1,000미터 달리기, 여자 500미터 달리기가 있었다. 그 밖에도 남자만 검증받는 20kg(17세 이하)과 30kg의 물건을 어깨 위로 세 번 들어올린 후 50미터를 시간제한 없이 운반하는 들힘과 운반힘, 현수가 있었다. 여자의 엎드려팔굽혀펴기 종목도 있었다. 이들 종목은 생산체육과 연계된 종목으로 생각된다. 특수종목에는 수영 및 강행군 등이 있었다.

한국전쟁 이후 체육사업에 대한 법제와 체제가 개편되면서 인민체력검정사업에 관한 규정도 다시 개정되었다.[6] 개정된 인민체력검정은 기존의 등급을 소년급, 제2급, 제1급으로 나누어 그 목적을 제시했다. 소년급의 목적은 소년 소녀들의 육체적 기능을 전면적으로 발전시키고, 체육 및 스포츠 훈련에 체계적인 참가를 유도하는 데 있었다. 이런 목적을 달성하기 위해 제시된 검정 종목과 각 등급 기준은 <표 3-13>과 같다.[7]

〈표 3-13〉 소년급 기준표(14-15세)[8]

No.	검정종목	기준	
		남자	여자
1	인민보건체조	해당	해당
2	등반줄 또는 등반봉 오르기(다리사용)	3m	2m
3	60m 질주 또는 500m 달리기	10초 1분 55초	10초 5 2분 10초
4	주광도 또는 주고도	3m 10 1m	2m 65 90cm
5	수류탄 던지기(450g~500g) 또는 거리영	23m 50m	14m 50m
6	시간영 또는 25m 속영	3분 30초	3 분 35초
7	행군 8km	90분	100분
8	산야 횡단 경주 4km		

* 산야횡단경주는 산간지대 또는 기타 사정으로 영력 검정을 실시할 수 없는 산간 지대에서 실시하므로 영력 검정중 어느 한 종목을 실시하면 산야횡단경주는 실시하지 않는다.

인민체력검정사업은 1959년 2월 14일 내각결정 제15호 '군중체육사업을 발전시키며 스포츠기술수준을 제고할 데 대하여'에 따라 다시 개정되었다.[9] 이에 따르면 3·6·8·10월

6) 『조선중앙년감』, 1956, 141쪽.

7) 김문관, 『인민체력검정지도서』, 내각체육지도위원회, 1956, 15쪽.

8) 거리영과 시간영, 25m 속영은 하나만 실시한다.

9) 『로동신문』, 1959년 2월 27일자.

의 두 번째 주를 인민체력검정 주간으로 정했는데, 이는 군중동원과 사업의 효과를 높이기 위한 조치였다. 또 매년 3월 첫주간에는 전국적으로 인민체력검정 개막행사를 개최하는 등의 조치도 취했다. 이전까지 검정사업에 대한 인식은 여전히 낮았으며, 일선 지도기관에서조차 사업을 형식적으로 진행하거나 아예 사업자체를 추진하지 않는 사례도 많았기 때문이다.[10] 그 결과 1959년에는 1958년에 비해 참가대상이 157% 증가하는 성과를 거두었다.[11]

이런 정책의 강화와 선전활동 등을 통해 인민체력검정사업은 어느 정도 본 궤도에 올랐다. 이후 1961년 9월 19일 내각 수상 비준 제599호로 검정기준을 개정했는데,[12] 그 기준이 높아졌다는 사실 외에 그 구체적 내용에 대해서는 정보 부족으로 확인할 수 없다.

인민체력검정의 개정은 1965년 2월 내각결정 제7호 '체육사업을 전 인민적 운동으로 전개할 데 대하여'[13]에 따라 다시 이루어졌다. 이때 검정주간을 검정월간으로 개편하고 종목과 기준을 현실에 맞게 개정하기로 했는데, 그 자세한 사항 역시 정보 부족으로 확인할 수 없다. 다만 『로동신문』 1965년 4월 9일자의 '금년도 인민체력검정의 첫 월간이 시작되었다'라는 기사로 보아, 검정월간으로 개편되면서 인민체력검정사업이 4월에 시작된 것으로 보인다.

1966년에도 인민체력검정 종목과 기준이 개정되었다.[14] 그 자세한 내용은 확인할 수 없다 이어 1971년 9월 16일 내각결정 제80호 '인민체력검정에 관한 규정을 승인함에 대하여'에 따라 남자는 9~50세까지, 여자는 9~40세까지 검정사업에 의무적으로 참가하도록 하고, 사업기간도 7~9월로 조정했다. 사업진행은 보통급과 우등급으로 나누어 실시했는데, 대상자 전원은 모두 보통급 검정에 참가하도록 하고 모든 종목에서 우수한 성적을 기록한 사람은 우등급에 참가시켰다. 그러다가 1973년 검정기간은 7~8월로 조정되었고,[15] 다시 1979년 7월 25일 정무원 결정 제54호에 따라 9~10월로 재조정되었다.[16] 그리고 노동자·사무원의 검정은 직총이, 농업근로자의 검정은 농근맹이, 학생 검정은 교육위원회와 사로청이 집행하도록 했다. 1987년 이후 인민체력검정사업은 8~9월에 진행되어 왔다.[17]

---

10) 『로동신문』, 1959년 7월 29일자.
11) 조남훈, 앞의 책, 156쪽.
12) 『조선중앙년감』, 1962, 283쪽.
13) 『로동신문』, 1965년 2월 26일자.
14) 『조선중앙년감』, 1966-67, 245쪽.
15) 『조선중앙년감』, 1974, 227쪽.
16) 조남훈, 앞의 책, 313쪽.
17) 『로동신문』, 1987년 8월 4일자.

2) 모범체육학교 제도

모범체육학교 제도는 1983년 12월 1일 김정일의 지시에 따라 1984년부터 실시되었다.[18] 그 대상은 인민학교, 고등중학교, 고등전문학교였다.[19] 이 제도는 실시 시기로 보아 모범체육군 제도를 토대로 마련된 것으로 보인다.

김정일 후계체제가 성립되면서 체육의 대중화 정책은 보다 강화되었다. 그 대표적인 사업이 바로 1972년 마련한 모범체육군(郡) 제도였다.[20] 이 제도는 1971년 '인민체력검정에 관한 규정'을 개정하여 시(구역)·군 인민위원회가 파견한 검정원 참관하에 자체기관 단위로 하던 판정사업[21]을 보강·확대한 것이었다. 즉 정무원이 인민체력검정사업에서 우수한 성적을 거둔 시(구역)·군에 모범체육군(구역) 칭호를 수여했는데, 이는 인민체력검정사업을 활성화하기 위한 조치였다. 그러다가 1979년 6월 김일성의 교시에 따라 모범체육군 선정사업이 강화되어 군 단위를 대상으로 해당 지역의 전반적 체육활동을 평가하는 사업으로 확대되었다.[22]

이같은 모범체육군 제도를 토대로 마련된 모범체육학교로 지정받기 위해서는 다음과 같은 조건이 충족되어야 했다. 첫째 키크기 운동을 기본으로 과외체육활동을 교수행정계획에 포함시켜 진행하고 종목별 체육소조를 운영하여 모든 학생들이 한 가지 이상의 체육기술을 갖추어야 한다. 둘째 명절과 기념일에 맞춰 매년 1차례 이상의 집단체조와 2회 이상의 경기대회를 진행하고 여학생에게는 체육무용을 가르쳐야 한다. 셋째 1~2월 겨울철 체육월간 사업기간과 7~8월 해양체육월간 사업기간에 스케이트와 스키, 수영을 위주로 한 체육활동을 진행하고 방학 동안에는 행군을 조직해야 한다. 넷째 모든 학생과 교사가 인민체력검정에 참가하여 '우' 이상의 성적을 받아야 한다. 다섯째 '4·18우승컵 쟁취를 위한 전국청소년학생체육대회'와 '9월 5일상 체육경기대회'를 비롯하여 전국 규모 및 도 주최 경기대회에 참가하여 2~3개 이상의 종목에서 순위권 안에 들어야 한다. 여섯째 모든 교사가 과외체육 및 체육소조 활동을 지도할 수 있는 체육지식 및 기술을 갖추어야 하며, 특히 여교사의 경우는 예술체조와 체육무용을 지도할 수 있는 능력을 갖추어야 한다. 일곱째 학생 90% 이상이 체육과목에서 우등 및 최우등의 성적을 올려야 한다. 여덟째 정규 운동장은 물론이고 체육관(체육실)과 수영장을 갖추어야 한다.

---

18) 『조선중앙년감』, 1985, 252쪽.
19) 조남훈, 앞의 책, 287~288·316쪽.
20) 『조선중앙년감』, 1973, 275~276쪽.
21) 『조선중앙년감』, 1972, 347쪽.
22) 조남훈, 앞의 책, 317~318쪽.

애초 모범체육학교 사업도 조선체육지도위원회의 담당이었는데, 김정일의 지시에 따라 사로청 중앙위원회가 1986년 7월부터 담당했다. 이어 1987년 6월 18일 김정일의 지시에 따라 사로청 중앙위원회가 모범체육학교 칭호도 비준하고 수여했다.[23)]

3) 학생경기대회

학생경기대회는 인민학교로부터 고등중학교, 고등체육전문학교에 이르기까지 각급 학교별로 개최되고 있다. 이들 대회는 학교간, 그리고 각 지역 체육구락부 간의 경쟁을 유도하여 체육 기량을 향상시켜 우수한 체육특기자를 조기 발굴하여 유망선수를 양성하기 위한 차원에서 열리고 있다.

(1) 4·18 우승컵대회

4·18 우승컵대회는 1973년 전국고등중학교 학생체육대회에서 황해북도 신계군의 대정고등중학교 여자농구팀이 한 가지 이상의 체육기술을 갖도록 한 정책을 충실히 이행하여 우승한 사례가 알려지면서 시작되었다.[24)] 김일성이 아예 1974년부터 대회 이름을 '4·18우승컵 쟁취를 위한 전국청소년학생종목별 체육경기대회'로 정하고, 인민학교와 고등중학교 부문으로 나누어 진행하도록 했다.[25)] 3년 연속 우승하면 우승컵을 영구 보존할 수 있게 했다. 특히 이 대회를 계기로 모든 학교들이 체육소조활동을 본격적으로 실시하게 되었다. 그런데 1999년 제26차 대회[26)]를 끝으로 4·18우승컵 대회 명칭은 보이지 않는 반면, 『로동신문』 2000년 10월 22일자 기사는 전국청소년학생체육경기대회의 명칭을 제27차 '정일봉상 체육경기대회'로 보도했다.[27)] 이로 보아 이 해부터 '4·18우승컵 쟁취를 위한 전국청소년학생경기대회'는 '정일봉상 체육경기대회'로 바뀐 것으로 보인다.

(2) 9·5상 학생체육대회

북한은 1977년 9월 5일 노동당 전원회의에서 '사회주의교육에 관한 테제'를 채택하고 이 날을 교육절로 제정했다. 9월 5일상 학생체육대회는 '사회주의교육에 관한 테제'채

23) 위의 책, 287~288쪽.
24) 위의 책, 282~283쪽.
25) 『로동신문』, 1974년 8월 21일자.
26) 연합뉴스, 『2000 북한연감』, 1999, 658쪽.
27) 『로동신문』, 2000년 10월 22일자.

택일인 교육절을 기념하기 위해 1979년 창설된 체육경기대회로서 매년 개최된다. '사회주의교육에 관한 테제'란 공산주의적 인간 양성이라는 교육목표를 실천하기 위한 장기적이고 종합적인 교육정책 지침을 말한다. 이 대회는 인민학교 및 고등중학교 대회와 대학생 대회로 나누어 개최한다. 대학생대회는 1981년부터 개최되고 있다.[28]

인민학교와 고등중학교, 고등전문학교 학생들이 참가하는 인민학교 및 고등중학교 대회는 축구, 농구, 밧줄 당기기 등 총 37개 종목의 경기를 치른다. 인민학교와 고등중학교를 대상으로 한 2000년 대회는 8월 31일부터 9월 1일까지 평양에서 열렸다. 대회의 공식 명칭은 제1차 '종목별 체육학교 9월5일상 체육경기대회'로 이 대회에는 예선을 거친 인민학교와 고등중학교 선수 900여 명이 참가했다. 대학생 대회는 7월 25일부터 8월 2일까지 함흥에서 개최되었는데, 축구, 육상, 체조, 수영, 그네뛰기, 높이뛰기, 인민체력검정 종목 등 12개 종목의 경기가 열렸다.

(3) 전국체육구락부생 경기대회

청소년체육구락부는 전문선수를 양성하는 기관이다. 구락부간 경쟁을 통해 선수들의 기량을 향상시키고, 유망선수를 양성하기 위한 구락부생 체육경기대회는 1959년부터 개최되었다. 1958년 4월 청소년스포츠학교로 개편·확대된 뒤 치뤄진 1959년의 제1회 대회에는 16개 구락부, 1,300명이 출전했다.[29] 이 대회는 4월 19일부터 21일 사이에 평양, 개성, 신의주, 청진 등 4개 도시에서 종목별 지역예선을 거쳐, 평양에서 5월 17일부터 19일까지 진행되었다. 경기는 남녀별로 소년부와 청년부로 나누어 실시했는데, 경기종목은 육상을 비롯하여 축구, 농구, 배구, 탁구 등 구기종목과 권투, 레슬링, 역도, 경기체조, 예술체조 등이었다. 제2회 대회도 같은 해 10월 25일부터 열렸다.[30] 이 무렵 청소년스포츠 학교는 모두 66개가 있었는데, 대부분 이 해 봄에 세워졌다. 이같은 사정을 반영하여 제2회 대회가 바로 열린 것으로 보여진다. 참가인원도 제1회 대회의 2배가 넘는 3,000여 명에 달했다.

1960년대에는 대회가 열리지 않은 때도 있어 9회 대회가 1972년에 열리기도 했다.[31] 이후 대회는 거르지 않고 계속 열리고 있다. 동계종목경기도 1978년부터 개최되고 있다.[32] 또한 초등학교 저학년생을 대상으로 한 체육구락부학생대회도 개최되고 있다.[33]

---

28) 정동길, 『북한 체육 스포츠 영웅』, 다인미디어, 2001, 145~146쪽.

29) 『로동신문』, 1959년 5월 18일자.

30) 『로동신문』, 1959년 10월 26일자; 1959년 11월 1일자.

31) 『조선중앙년감』, 1973, 277쪽.

32) 『조선중앙년감』, 1979, 306쪽.

33) 『로동신문』, 1998년 8월 29일자; 1999년 9월 1일자; 2000년 7월 21일자; 2001년 7월 1일자.

그 밖에도 인민학교를 비롯한 초등교육기관의 학생들을 대상으로 한 경기대회 등도 있다. 이중 전국초등 및 유자녀학원학생체육대회가 1960년부터 최근까지 꾸준하게 개최되고 있는 대표적인 대회다.

(4) 대학생체육대회

대학생체육대회로는 1956년 4월 1일부터 5일까지 개최된 제1회 전국대학생체육대회가 있다. 이 대회에는 김일성종합대학을 비롯한 16개 대학에서 선발된 1,236명의 선수들이 축구, 배구, 농구, 육상, 씨름, 체조, 권투, 산야횡단 등의 종목에 출전했다.[34] 제2회 대회부터는 축구, 농구, 배구, 씨름, 권투, 육상, 체조 등 7개 종목 경기가 5월 8일부터 진행되었다. 그런데 1964년판 『조선중앙년감』은 1963년에 열린 전국대학생체육대회를 제1차 대회로 기록하고 있다. 이 대회는 1981년부터 전국대학생 9월 5일상 체육경기대회로 개칭되어 실시되었다.[35]

전국대학생체육대회 외에 1962년부터 개최되고 있는 대학생체육축전도 있다. 2년마다 열렸지만, 간혹 대회를 거르는 경우도 있었다. 개최 시기는 체육절이나 당 창건일, 김정일 생일 등의 기념일에 즈음하여 열리는 등 일정하지 않다. 종목은 축구, 농구, 배구, 탁구, 체조 등인데, 평양에서 치루어졌다.

(5) 종목별 경기대회

그외 김정일 후계체제 성립 이후 개최된 경기대회로는 종목별 정일봉상 체육경기대회가 대표적이다. 80년대 말에 들어서 '정일봉상'이라는 명칭으로 실시되고 있는 전국청소년학생축구경기대회, 전국청소년학생빙상경기대회, 전국청소년태권도경기대회, 전국태권도선수권대회가 그것이다. 축구를 제외한 다른 대회는 인민학교의 경우는 장자산상이란 이름으로 진행되고 있다. 장자산은 한국전쟁 당시 김정일이 피난했다는 자강도 성간군에 있는 산이다.정일봉은 북한이 김정일의 출생지로 주장하는 양강도 삼지연군 백두산 밀영의 뒷산 봉우리 이름이다.[36]

축구는 북한에서 가장 인기있는 스포츠인데, 김정일은 1986·1989년 담화에서 전략종목으로 육성할 것을 지시하기도 했다. 이런 김정일의 지시에 따라 1989년 정일봉상 전국청소년축구대회가 평양에서 개최되었다.[37] 대회는 인민학교, 고등중학교 선수들

34) 『로동신문』, 1956년 4월 6일자; 조남훈, 앞의 책, 139쪽.

35) 『조선중앙년감』, 1982, 271쪽.

36) 정동길, 앞의 책, 147쪽.

37) 조남훈, 앞의 책, 288쪽.

이 참가하여[38] 인민학교는 남자부만, 고등중학교는 남녀부로 나누어 실시한다.[39] 대회 개최 시기는 일정하지 않다. 제2회와 제4회 대회는 8월에, 제3회 대회는 10월에 열렸으며, 대회 장소는 평양·덕천·원산[40] 등 각 지역에서 순회 개최되고 있다.

정일봉상 빙상대회는 기존 사로청 창립기념 전국청소년학생빙상대회를 개편한 것으로 스피드스케이팅·아이스하키 등의 경기를 치루고 있다.[41]

북한의 태권도[42]는 1960년 중반 캐나다로 망명한 최홍희 전 대한태권도협회장에 의해 1980년대부터 보급되었는데, 태권도 선수 및 지도자를 양성하기 위한 전문학교와 과외학교를 운영하고 있다. 특히 1992년 태권도전당이 평양에 건립된 데 이어 1999년에는 심판자격과 선수들의 승단을 결정하는 기술센터를 설립해 본격적인 체제를 갖추었다. 태권도의 보급이 활성화되면서 경기대회도 1990년대부터 개최되었다.[43] 전국청소년·학생 태권도경기대회, 전국과외국방체육학교학생 태권도경기대회, 전국태권도선수권대회 등이 그것이다.

특히 학생대회로는 1998년 2월 '정일봉상·장자산상 태권도경기대회'[44]와 이해 3월 정일봉상이라는 명칭으로 열린 전국태권도선수권대회[45] 등이 대표적인 대회이다. 이 대회에는 각 도의 태권도 과외학교에서 선발된 남녀 선수들이 참가하고 있다. 제2회 대회에는 과외학교 외에 학생소년궁전 및 소년회관의 태권도 소조원들도 참가했다.[46] 그러다가 제3회 대회부터는 다시 과외학교 학생들만 출전했는데,[47] 제4회 대회부터는 소년급 경기도 치뤄졌다.[48] 경기는 개인과 단체전으로 나누어 열리는데 체중별·기술수준별(1~2단, 3~4단)로 실시하고 종목은 틀(품세), 맞서기, 위력, 특기로 이루어져 있다. 단체전은 개인성적을 종합하여 평가한다.

축구와 함께 인기있는 스포츠종목은 농구다. 특히 키크기 운동을 전개하면서 농구는 그 저변이 크게 확대되었다. 1990년대 들어선 농구붐이 일어나 최초의 전국규모 농구대회가 개최되기에 이르렀다. 8·28 청년컵농구경기대회가 바로 그것이다. 1997년 8월

38) 『로동신문』, 1990년 8월 13일자.
39) 『로동신문』, 1991년 10월 9일자.
40) 『로동신문』, 1993년 8월 30일자.
41) 『로동신문』, 1995년 1월 23일자.
42) 정동길, 앞의 책, 315~322쪽.
43) 연합뉴스, 『2001 북한연감』, 2000, 901쪽.
44) 『로동신문』, 1998년 2월 20일자.
45) 『로동신문』, 1998년 3월 29일자.
46) 『로동신문』, 1999년 3월 16일자.
47) 『로동신문』, 2000년 3월 23일자.
48) 『로동신문』, 2002년 5월 1일자.

처음 열린 이 대회는 근로청년부문(남자)·대학부문(남녀)·고등중학교부문(남녀)으로 나뉘어 진행되고 있다.[49)]

2. 군중체육행사

군중체육은 남한의 생활체육에 해당되는데, 그 실제내용은 사뭇 다르다. 생활체육은 본래 서구에서 등장한 평생체육(Sport for Lifetime), 모든 사람을 위한 체육(Sport for All)의 개념에서 출발한다. 즉 모든 사람이 성·연령·계층·인종·종교에 구애됨이 없이 체육활동에 참여함으로써 건강을 증진하고, 삶의 질을 향상할 수 있도록 해야 한다는 복지정책의 일환으로 비롯된 것이다.[50)] 따라서 생활체육은 국민의 건강, 후생, 복지 향상을 목적으로 모든 사회구성원이 학교체육 활동 이외의 체육, 스포츠, 레크리에이션 등에 참여하는 신체활동 위주의 창조적인 여가활동이라 할 수 있다.[51)]

북한은 정부수립 이래 체육정책의 기본 목표를 대중화에 두었다. 김일성은 1946년 전국체육인대회에서 이전 시기 체육이 특권계급의 유흥거리나 선수 위주로 이루어졌거나 일제 식민통치에 복무했다고 비판했다. 이어 체육은 이제 기존 선수 위주로 전개된 것에서 벗어나고, 소수의 사람들만을 위한 유흥거리가 되어서도 안 된다고 강조했다.[52)] 이로 보아 북한에서도 생활체육을 지향한다고 할 수 있다. 하지만 김일성은 이 대회에서 체육의 목적이 사회주의·공산주의사회 건설과 조선혁명에 복무하는 데 있다고 밝혔다. 결국 체육은 사회주의사회의 기초가 되는 생산증대와 함께, 한반도의 완전한 사회주의 혁명 달성에 필요한 모든 인민의 강건한 육체를 이루는 수단이 되어야 하는 것이었다.

그 결과 북한의 체육활동은 노동과 국방에 연계된 생산체육, 국방체육을 중심으로 행해질 수 밖에 없었다. 따라서 북한의 군중체육은 현재 '모든 군중이 다 참가할 수 있는 체육'으로 정의되고, 그 목표는 '체육을 대중화하고 근로자들의 체력을 더욱 증진시키며 인민들을 로동과 국방에 튼튼히 준비시키는 것'에 두어졌다.[53)] 그리고 김일성 유일지배체제가 확립됨에 따라 집단달리기와 집단체조 등 대규모 군중동원이 가능한 체육활동이 강조되었음은 물론이고 김일성과 조선로동당의 정책이념을 교육하는 수

---

49) 『로동신문』, 1997년 8월 29일자.

50) 문화관광부, 『체육백서』, 2002, 23쪽.

51) 이학래·김동선, 『북한의 체육』, 사람과사람, 1995, 153쪽.

52) 『김일성저작집』 2, 조선로동당출판사, 1979, 467~468쪽.

53) 『조선문화어사전』, 사회과학출판사, 1973, 91쪽.

단으로 행해지기도 한다. 따라서 북한의 군중체육은 개인의 건강증진과 여가활용, 삶의 질 향상이라는 생활체육의 본질적 측면보다는 집단주의 원리를 기반으로 전 주민을 사회주의 건설과 조선혁명의 완성에 복무시키기 위해 육체적으로 준비시키기 위한 정치사업의 일종이라고 할 수 있다.

1) 인민체력검정

인민체력검정사업은 1948년 7월 8일 교육국 명령 제8호에 따라 인민체력검정제도를 제정 공포함으로써 실시되었다.[54] 이 사업은 같은 해 9월부터 11월 15일까지 처음 행해진[55] 후 매년 시행되고 있다. 인민체력검정 규정 제1조는 '인민들의 기본 체력을 정확히 판정하며 인민들로 하여금 자신의 체력과 인민체육에 대한 관심을 높이며, 체육을 대중화 생활화함으로써 인민들의 체력 향상을 도모하는 것'이라고 하여, 인민체력검정사업의 목적이 체육의 대중화임을 밝히고 있다. 그 검정내용은 일상생활과 노동생활에 필요한 집중력, 인내력, 조약력, 투척력, 현수력, 운반력 또는 원행력, 영력 등의 기초체력 측정에 있다.[56]

그러나 검정기준이 소련의 게테오를 그대로 모방했기에 한국인에게는 맞지 않았다. 인민체력검정사업의 첫번째 개정은 1949년에 이루어졌다.[57] 그 검정기준은 기존 1~3급의 세 등급제를 폐지하고 연령에 따라 남녀 각각 소년, 청년, 장년 세 부분으로 나누었는데, 남자의 경우는 17세 이하, 18~30세, 31세 이상으로, 여자는 16세 이하, 17~25세, 26세 이상으로 했다. 검정기간도 5월부터 10월까지로 크게 늘렸을 뿐만 아니라, 수검자가 1년에 두 차례 응시할 수 있게 하여[58] 참여할 기회를 확대했다.

한편 인민체력검정사업에서는 체육의 대중화라는 목표를 달성하기 위한 조치도 함께 이루어졌다.[59] 우선 수검대상자를 정확히 파악하기 위해 체육기관에 한정하지 않는 광범한 사회적 사업으로 진행했다. 즉, 체육기관과 근로단체 일군들이 참여한 인민체력검정위원회가 모든 사업을 관장했다. 단, 시·구역·군·면 그리고 체력검정 대상자가 100명 이상되는 공장, 기업소, 기관, 학교를 단위로 한 인민체력검정구가 설정되었다. 그리고 1948년과 1949년에는 1만여 명의 체육관계자들을 대상으로 단기강습회를 실시하여 인민체력검정사업 지도일군을 양성하기도 했다.

---

54) 金諄教, 앞의 책, 26쪽.
55) 『조선중앙년감』, 1949, 150쪽.
56) 조남훈, 앞의 책, 77쪽.
57) 『조선중앙년감』, 1952, 393쪽.
58) 조남훈, 앞의 책, 87~88쪽.
59) 위의 책, 89쪽.

한국전쟁 이후 체육사업에 대한 법제와 체제가 개편되면서 인민체력검정사업에 관한 규정도 다시 개정되었다.[60] 1955년 4월 20일 내각체육지도위원회 위원장 명령 제1호로 개정된 규정 제1조는 그 목적을 다음과 같이 밝히고 있다.

> 인민체력검정은 인민들을 체육과 스포츠에 계통적으로 인입하여 그들의 건강증진과 육체적 기능의 전면적 발전 및 체육 스포츠의 보급과 기술 향상을 도모하며 부강한 조국 건설을 위한 투쟁에서 온갖 곤난을 극복 타개할 수 있는 건강하고 인내성있는 애국자들을 육성하므로서 그들을 로력과 조국 보위에 튼튼히 준비시킴을 목적으로 한다.[61]

이처럼 체육과 노동 및 국방과의 연계를 위한 목적으로 개정된 인민체력검정은 기존의 등급을 소년급, 제2급, 제1급으로 나누어 그 목적을 제시했다. 소년급의 목적은 소년 소녀들의 육체적 기능을 전면적으로 발전시키고, 체육 및 스포츠 훈련에 체계적인 참가를 유도하는 데 있었다. 제2급의 경우는 인민들의 육체적 기능을 전면적으로 발전시키고 체육과 스포츠 훈련에 적극적으로 참여시키는 것이었다. 제1급은 인민들의 전면적인 육체적 기능을 보다 높은 수준으로 제고하여 스포츠 기술의 발전시키는 것을 그 목적으로 했다.

이런 목적을 달성하기 위해 제시된 제2급과 제1급의 검정 종목과 각 등급 기준은 다음과 같다.[62]

인민체력검정사업은 1959년 2월 14일 내각결정 제15호 '군중체육사업을 발전시키며 스포츠기술수준을 제고할 데 대하여'에 따라 다시 개정되었다.[63] 이에 따르면 3·6·8·10월의 두 번째 주를 인민체력검정 주간으로 정했는데, 이는 군중동원과 사업의 효과를 높이기 위한 조치였다. 그리고 1959년 8월부터 스포츠경기대회와 강습회, 햇불시위 등 사업에 대한 정치·선전활동을 강화하고, 하루 한 시간씩 검정종목에 대한 훈련을 실시하도록 했다.[64] 또 매년 3월 첫 주간에는 전국적으로 인민체력검정 개막행사를 개최하는 등의 조치도 취했다. 이전까지 검정사업에 대한 인식은 여전히 낮았으며, 일선 지도기관에서조차 사업을 형식적으로 진행하거나 아예 사업 자체를 추진하지 않는 사례도 많았기 때문이다.[65] 그 결과 1959년에는 1958년에 비해 참가대상이 157% 증가하는 성과를 거두었다.[66]

---

60) 『조선중앙년감』, 1956, 141쪽.
61) 김문관, 앞의 책, 7쪽.
62) 위의 책, 15~18쪽.
63) 『로동신문』, 1959년 2월 27일자.
64) 『로동신문』, 1959년 8월 2일자.
65) 『로동신문』, 1959년 7월 29일자.

〈표 3-14〉 인민체력검정 제2급 기준표

No.	검정종목	기준								
		남자					여자			
		16세 18세	19세 30세	31세 35세	36세 40세	41세 이상	16세 18세	19세 25세	26세 30세	31세 이상
1	인민 보건 체조	해당	해당	해당	해당	해당	해당	해당	해당	해당
2	등반줄 또는 등반봉 오르기 (남자 다리 사용하지 않고 녀자 다리 사용함) 또는 현수	3m 5회	3m 6회	3m 5회	3m 4회	— 3회	2m50	2m50	— —	— —
3	100m 질주 또는 800m 질주	15초 2분55초	14초5 —	15초5 —	16초 —	17초 —	16초 3분50초	17초 3분40초	18초 4분5초	18초 4분40초
4	1500m 달리기 또는 경기장 밖에서 3km 달리기	— —	5분50초 —	6분 —	6분30초 —	— 20분	— —	— —	— —	— 30분
5	주광도 또는 주고도	3m50 1m15	4m 1m20	3m80 1m15	3m50 1m10	— 1m05	3m10 90cm	3m20 90cm	2m80 80cm	2m50 70cm
6	수류탄 던지기 (450~500g)	35m	38m	38m	33m	—	16m	18m	17m	—
7	거리영 또는 시간영 또는 50m 속영	100m 5분 1분30초	100m 6분 1분25초	100m 5분 1분30초	100m 5분 1분35초	100m 4분	50m 4분 1분50초	50m 4분 1분50초	50m 4분 1분50초	50m 4분 1분50초
8	행군(8km)	70분	70분	70분	70분	—	80분	80분	80분	—
9	산야 횡단 경주	소년급과 동일								

〈표 3-15〉 인민체력검정 제1급 기준표

No.	검정종목	기준				
		남자			여자	
		16세-30세	31세 -35세	36세-40세	16세-25세	26세-30세
1	인민 보건 체조	해당	해당	해당	해당	해당
2	현수	8회	7회	6회	—	—
3	100m 질주	14초	14초	15초	15초5	16초
4	1500m 달리기	5분20초	5분40초	6분	—	—
5	주광도 또는 주고도	4m50 1m25	4m30 1m25	4m 1m20	3m30 1m10	3m10 1m05
6	수류탄 던지기(450~500g)	43m	43m	38m	23m	20m
7	거리영 또는 시간영 또는 50m 속영	200m 7분 2분20초	200m 6분 2분30초	200m 5분 2분40초	100m 5분 2분30초	100m 5분 2분40초
8	행군(8km)	60분	60분	60분	70분	70분
9	산야 횡단 경주	소년급과 동일				

66) 조남훈, 앞의 책, 156쪽.

이런 정책의 강화와 선전활동 등을 통해 인민체력검정사업은 어느 정도 본 궤도에 올랐다. 이후 1961년 9월 19일 내각 수상 비준 제599호로 검정기준을 개정했는데,[67] 그 기준이 높아졌다는 사실 외에 그 구체적 내용에 대해서는 정보 부족으로 확인할 수 없다.

인민체력검정의 개정은 1965년 2월 내각결정 제7호 '체육사업을 전 인민적 운동으로 전개할 데 대하여'[68]에 따라 다시 이루어졌다. 이때 검정 주간을 검정 월간으로 개편하고 종목과 기준을 현실에 맞게 개정하기로 했는데, 그 자세한 사항 역시 정보 부족으로 확인할 수 없다. 다만 『로동신문』 1965년 4월 9일자의 '금년도 인민체력검정의 첫 월간이 시작되었다'라는 기사로 보아, 검정 월간으로 개편되면서 인민체력검정사업이 4월에 시작된 것으로 보인다. 이처럼 인민체력검정이 기존의 주간사업에서 월간사업으로 개편한 것은 1965년 조선노동당 창건 20주년을 맞아 체육의 대중화정책을 보다 철저하게 관철시킴으로써 체육과 노동 및 국방과의 연계를 보다 확고히 하고자 하는 목적 때문이었다.

1966년에도 인민체력검정 종목과 기준이 개정되었다.[69] 그 자세한 내용은 확인할 수 없다. 1968년에 와서는 인민체력검정사업을 강화하고자 인민체력검정 집단경기대회를 실시했다.[70] 그 방식은 도(직할시)내 시·군(구역) 경기와 대항경기, 시·군(구역) 부문별 경기로 나누어 진행했다. 또 검정 참가인원 및 합격자 인원, 기자재 및 시설의 설치 정도에 따라 점수를 부가함으로써 순위를 결정하고, 우승을 3회하면 순회우승기를 해당 단체에 수여했다. 이같은 조치는 인민체력검정 사업의 참여도를 높이고자 하는 의도에서 취해졌다.

1971년 9월 16일 내각결정 제80호 '인민체력검정에 관한 규정을 승인함에 대하여'에 따라 남자는 9~50세까지, 여자는 9~40세까지 검정사업에 의무적으로 참가하도록 하고, 사업기간도 7~9월로 조정했다. 사업진행은 보통급과 우등급으로 나누어 실시했는데, 대상자 전원은 모두 보통급 검정에 참가하도록 하고 모든 종목에서 우수한 성적을 기록한 사람은 우등급에 참가시켰다. 정무원은 인민체력검정사업에서 모범을 보인 시(구역)·군에 '모범체육군(구역)' 칭호를 수여함으로써 사업의 활성화를 모색했다.[71] 이때 인민체력검정 대상자들을 재등록하고, 시(구역)·군 인민위원회가 파견한 인민체력검정원의 감독하에 기관단위별로 판정사업을 진행하게 했다.[72]

---

67) 『조선중앙년감』, 1962, 283쪽.

68) 『로동신문』, 1965년 2월 26일자.

69) 『조선중앙년감』, 1966~67, 245쪽.

70) 조남훈, 앞의 책, 217~218쪽.

71) 『조선중앙년감』, 1973, 275~276쪽.

그러다가 1973년 검정기간은 7~8월로 조정되었고,[73] 다시 1979년 7월 25일 정무원 결정 제54호에 따라 9~10월로 재조정되었다.[74] 그리고 노동자·사무원의 검정은 직총이, 농업근로자의 검정은 농근맹이, 학생 검정은 교육위원회와 사로청이 집행하도록 했다. 1987년 이후 인민체력검정사업은 8~9월에 진행되어 왔다.[75]

이렇게 인민체력검정사업은 1948년 이후 수 차례의 개정을 거쳐 시행되어 왔지만 여전히 체육을 노동과 국방에 연계시킨다는 일관된 목표를 유지하고 있다. 이런 의미에서 인민체력검정은 체육의 대중화정책이라는 북한체육의 기본적 특성을 반영하는 대표적 체육행사라고 할 수 있다.

한편, 인민체력검정사업과 집단경기 외에 인민들의 체력 향상을 위한 사업으로 인민보건체조 월간사업도 진행했으며,[76] 1959년 2월부터는 근로자들의 생산성 증대를 주 목적으로 하는 체육운동도 실시했다.[77]

당시 체육지도위원회가 하루 1시간씩 실시하도록 제시한 체육운동은 <표 3-16>과 같은 방식으로 행해졌다.

〈표 3-16〉 근로대중의 일상체육운동

순서 및 명칭	시 간	실 시 방 법
1. 아침기상 후 하는 체육운동	10분 이상	인민보건체조, 산책, 가벼운달리기, 엎드려팔굽혀펴기, 고무줄당기기, 냉수마찰
2. 하루일을 처음 시작하기 전에 하는 운동	10분 정도	인민보건체조, 생산체조, 청년체조, 달리기
3. 작업행정에 하는 운동	2분 정도	1~2시간마다 간단한 체조
4. 점심시간에 하는 운동	20~30분	배구, 농구, 탁구, 철봉, 널뛰기, 그네, 씨름
5. 작업 직후에 하는 운동	3~4분	직종별 생산체조
6. 하루작업이 끝난 다음에 하는 운동		개인의 취미와 소질에 따라 작업반간, 직장간, 학년간 및 학급간 경기. 특히 인민체력검정기준을 돌파하기 위한 훈련. 기타 각종 체육유희, 집단체조, 예술체조
7. 자기 전에 하는 운동	10분 정도	간단한 체조 또는 산책

72) 『조선중앙년감』, 1972, 347쪽.
73) 『조선중앙년감』, 1974, 227쪽.
74) 조남훈, 앞의 책, 313쪽.
75) 『로동신문』, 1987년 8월 4일자.
76) 『로동신문』, 1957년 4월 2일자.
77) 조남훈, 앞의 책, 156~157쪽.

이같은 체육운동은 각종 생산경기대회와 마찬가지로 '사회주의건설에 궐기한 근로자들의 건강을 증진시키고 로동생산능률을 제고하며 육체단련'에 대한 자각성을 높이기 위해 실시되었다.

2) 체육월간

(1) 여름철 스포츠

북한에서는 정권 초기부터 체육의 대중화정책에 따라 전 주민이 참여하는 각종 체육행사를 마련하여 전국적으로 실시했다. 1959년 2월 내각결정 제15호 '체육사업을 발전시키며 스포츠 기술수준을 제고할 데 대하여'[78]가 그 행정적인 조치이다. 이 결정으로 '근로 인민들 속에서 체육단련을 위한 체육의 기본종목인 체조, 육상, 수영과 스키를 더욱 대중화'하고, 대중적 체육행사를 광범위하게 조직했다. 이때까지는 주로 인민체력검정사업에 치중했다.

그러다가 1960년대 수상 스포츠 종목의 보급과 활성화를 위한 조치인 '7~8월 수영보급월간'이 행해졌는데, 현재는 '해양체육월간' 등으로 개편되어 실시되고 있다.

수영보급월간은 1962년 5월 3일 청소년교양사업을 개선 강화하라는 김일성의 교시[79]에 따라 그해 7월부터 시작되었다. 수영보급월간사업은 수영을 기본으로 하는 해양체육을 통해 심신을 단련하고 사회주의 건설에 이바지하는[80] 데 그 목적이 있었다. 때문에 수영보급월간사업은 노동과 밀접한 연계를 맺을 수 밖에 없었다.

이런 사정은 다음의 『로동신문』 기사에서 확인할 수 있다.

> 지금 각지 근로자들과 청년학생들은 인민체력검정의 수영종목을 기본으로 하는 군중적인 체육행사들에 광범히 참가하고 있다. 각급 체육지도위원회들에서는 《7, 8월 수영보급월간》에 근로자들과 청년학생들 속에 해양체육 지식, 바다에 대한 지식, 어로작업에 대한 지식을 널리 보급하는 동시에 일요일, 휴식일, 방학을 리용하여 수영경기대회, 수중유희, 강 건느기 운동, 수구, 물에 뛰여들기, 각종 배타기, 수산부문 로력혁신자들과의 상봉모임 등 다양한 행사들과 문화오락사업을 진행하고 있다.[81]

이처럼 수영보급월간사업은 1차적으로 인민체력검정사업의 연장선에서 실시된 동

---

78) 鄭慶謨·崔達坤 共編, 『北韓法令集』 4, 大陸硏究所, 1990, 2297~2299쪽.
79) 『조선중앙년감』, 조선중앙통신사, 1963, 253쪽.
80) 『로동신문』, 1962년 7월 3일자.
81) 『로동신문』, 1963년 7월 10일자.

시에, 수영 등 해양 스포츠를 보급·대중화하는 군중체육행사다. 이에 그치지 않고 어로 생산지식을 습득하고 수산업 종사자들과의 모임 등의 행사가 포함된 것에서 알 수 있듯이, 이 사업에서도 체육정책의 중요한 요소인 체육의 노동과의 연계가 관철되고 있음을 확인할 수 있다.

물론 수영보급월간사업은 국방체육과도 연계되었다. 먼저 1967년 5월 체육사업에서 국방체육을 대중화하라는 김일성의 교시[82]가 내려진 뒤, 정(艇)·요트·카누·수상스키와 같은 수상종목들이 국방체육에 포함되었다. 특히 학교 과외체육에서 수영은 국방체육의 기본종목으로 실시될 정도였다.

이렇게 수영보급월간사업은 체육의 노동 및 국방과의 연계라는 기본적인 체육정책에 따라 전개되었다. 즉 1969년 전국체육인대회에서 '체육을 대중화하여 전체 인민들을 로동과 국방에 튼튼히 준비시키자'는 김일성의 연설[83]에 따라 체육의 노동 및 국방과의 연계 정책이 확정되었다. 이 조치는 1960년대 말 남북한 긴장고조와 북·미관계 악화, 이에 따른 국방력 강화를 위주로 한 경제개발계획 등과 밀접한 관련이 있었다.

이같은 상황에서 김일성은 수산자원개발과 혁명전사 육성 강화를 위한 지시를 잇달아 내렸다.[84] 그 결과 1971년 수영보급월간이 '7,8월 해양체육월간'으로 바뀌고,[85] 이 기간동안 국방체육과 결부된 행사들도 함께 진행되기[86]에 이르렀다.

사로청 원산시위원회위원장 김흥봉이 1973년 원산시 해양체육월간사업의 개막식에서 한 다음의 연설은 해양체육월간사업에 대한 이같은 인식이 단적으로 나타난다.

> 그(김흥봉)는 …《7, 8월 해양체육월간 및 7, 8, 9월 인민체력검정월간》 사업에 적극 참가하여 미제 침략자들을 단매에 때려부실 수 있는 일당백의 혁명전사로, 무진장한 수산자원을 개발하는 데 앞장설 바다의 믿음직한 정복자, 개척자로 튼튼히 준비할 데 대하여 말하였다.[87]

그러다가 해양체육월간사업은 1980년대 이후 그 성격이 변화하게 되는데, 해양 스포츠종목 활성화에 보다 치중하게 되었다. 이전에는 수영, 수구, 배타기경기 등 기본적인 종목 등의 경기대회 외에 해양집단체조 및 국방체육과 결부된 행사와 수산업관련 문화행사[88]가 주를 이루었다. 반면에 1980년대에 와서는 집단수영경기나 대동강처럼

---

82) 『조선중앙년감』, 1968, 197~198쪽.

83) 『김일성저작집』 24, 1983, 289~305쪽.

84) 『로동신문』, 1972년 7월 3일자; 「청소년들을 지덕체를 갖춘 사회주의, 공산주의 건설자로 키우자」, 『김일성저작집』 28, 1984, 223쪽.

85) 조남훈, 앞의 책, 313쪽.

86) 『로동신문』, 1972년 7월 3일자.

87) 『로동신문』, 1973년 7월 1일자.

폭이 넓은 강을 건너는 도하경기 등 장거리 수영경기, 각종 장애물수영경기, 수상스키 등이 실시되었을 뿐만 아니라,[89] 평양과 원산, 남포 등지에서는 국제 해양체육경기들이 개최되기도 했다.[90] 게다가 1990년대에는 사업기간 동안 경기대회는 물론이고 레저활동이 이루어지기도 했다.[91]

이런 현상은 『로동신문』 기사를 얼핏 보아도 읽을 수 있다. 예컨대 1980년대 기사에서는 해양체육월간사업을 체육의 노동 및 국방과의 연계 정책을 실현하는 수단이라는 측면보다는 신체단련 및 건강증진을 위한 사업으로 다루었다.[92] 특히 1990년대 기사는 해양체육월간사업을 생활체육활동으로 간주할 정도로 점차 스포츠 본래의 가치에 주안점을 두는 사업으로 인식했다. 그 단적인 사례는 해양체육시설에 흐름식 물놀이장, 파도식 물놀이장, 미끄럼 물놀이장 등의 각종 레저시설을 갖추고 있다는 사실[93]에서도 확인할 수 있다.

이렇게 1980년대 이후 해양체육월간사업은 기존 체육의 노동 및 국방에의 연계라는 정치사업 차원에서 탈피하는 대신에 점차 조화롭고 균형잡힌 심신 발달이란 스포츠 본래의 가치를 실현하는 수단으로, 나아가 레저활동의 일환으로 이루어졌다.

해양체육월간사업은 도(직할시)·시·군(구역) 등 지방 행정단위와 학교별로 실시하는데,[94] 사업진행은 각급 체육지도위원회와 지역의 사로청이나 소년단 같은 청소년조직이 담당했다.[95] 또한 도 단위나 각급 체육지도위원회 등 체육관련기관이나 단체들이 강습회 등을 조직하여 각종 원칙과 규성, 지식을 교육했다.[96] 그 시설과 자재는 대체로 바다, 강, 호수, 저수지 등 자연환경을 그대로 이용하는 경우가 대부분이었다. 물론 평양과 같은 도시에서는 수영장을 만들어 이용하기도 했다.[97]

(2) 겨울철 스포츠

겨울철 스포츠 종목의 보급과 활성화를 위한 사업도 시행되었는데, 겨울철 체육월간사업이 그것이다. 겨울철 체육월간사업은 해양체육월간사업보다 10여 년이나 늦은

88) 『로동신문』, 1972년 7월 3일자.
89) 『로동신문』, 1989년 7월 26일자; 1991년 7월 8일·11일자
90) 『로동신문』, 1981년 7월 7일자; 1987년 7월 10일자.
91) 『로동신문』, 1997년 8월 7일자.
92) 『로동신문』, 1981년 7월 7일자; 1985년 7월 9일자; 1987년 7월 10일자; 1989년 7월 26일자.
93) 『로동신문』, 1997년 8월 7일자.
94) 『로동신문』, 1972년 7월 3일자.
95) 『로동신문』, 1973년 7월 1일자.
96) 『로동신문』, 1962년 7월 19일자; 1989년 7월 26일자.
97) 『로동신문』, 1985년 7월 9일자.

1982년 4월 30일부터 본격적으로 시행되었다.[98] 물론 겨울철 체육사업은 1950년대부터 '동계체육사업'으로 실시되고 있었다.[99] 하지만 초기의 동계체육사업은 제대로 이루어지지 못했다.

이런 사정은 다음의 『로동신문』 기사가 뒷받침해 주고 있다.

> 아직 우리의 동기체육사업은 극히 불만족하게 전개되고 있으며 자연생장적으로 산만하게 진행되고 있다. 이는 일부 체육지도기관들과 체육지도일꾼들이 동기체육사업의 중요성을 옳게 인식하지 못하고, 이에 대한 조직적 및 기술적 지도사업을 극히 미약하게 진행하고 있기 때문이다. 적지 않은 체육지도일꾼들과 체육인들은 기후조건 등을 구실로 동기간의 체육훈련을 등한히 하려는 극히 유해로운 경향을 지속하고 있다.[100]

당시 일선 현장에서 동계스포츠사업에 대한 중요성을 제대로 인식하지 못하고 있었다는 것이다. 때문에 동계 스포츠활동은 자연발생적으로 주민사이에서 즐기는 놀이수준을 벗어나지 못했다.[101]

결국 내각체육지도위원회는 1954년 겨울철 스포츠활동의 활성화 조치를 제시했다.[102] 즉 겨울철 체육사업은 실용적 스포츠 위주로 실시하게 했는데, 구체적으로 근로자들을 대상으로 산야횡단경기, 내한행군, 수렵 등을 군중체육 방식으로 진행하게 했다. 또 부족한 기구와 설비를 감안하여 간이 스키, 간이 대용스케이트, 썰매 등을 이용한 경기를 실시하도록 했다. 특히 매년 민청 창립기념 빙상대회에 중앙단위만 아니라 직장·농촌·학교 체육단도 참가시키도록 지시했다. 이와 함께 이론적 지도를 강화하기 위한 조치로 체육간부와 심판, 기술지도원들을 대상으로 각종 강습회, 발표회, 연구회 등을 종목별로 조직하여 체육지도자들의 자질을 향상시키도록 했다.

이같은 조치에도 겨울철 체육사업은 미진했다. 겨울철을 체육스포츠사업의 휴식기로 간주해서는 안 되며 겨울철 체육사업의 목표는 근로자들이 추위에 잘 견디는 체력을 배양하는 데 있다고 강조한 1958년 『로동신문』 기사[103]가 그 대표적 사례일 것이다. 이에 따라 겨울철 체육사업의 활성화 방편으로 동계 스포츠종목 외에 달기기, 체조 등의 기본종목뿐만 아니라 배구, 축구, 농구 등도 겨울철 체육사업의 한 부분으로서 실시하게 했다.[104]

---

98) 조남훈, 앞의 책, 313쪽.
99) 『로동신문』, 1954년 12월 17일자.
100) 『로동신문』, 1954년 12월 22일자.
101) 『로동신문』, 1954년 12월 17일자.
102) 『로동신문』, 1954년 12월 22일자.
103) 『로동신문』, 1958년 11월 2일자.

이러한 겨울철 체육사업 역시 생산증대를 위한 것이었다. 『로동신문』 1960년 12월 18일자에서는 집단 달리기운동, 체조, 설상행군, 등산 등 실외체육을 더 자주 실시하여 군중들로 하여금 추위를 극복하며 신체를 단련시키도록 하여야 한다고 지적하면서, 겨울철 체육사업의 의의를 다음과 같이 밝히고 있다.

> 각 직장과 농촌들에서 생산체육 경기대회를 광범위 조직하는 것도 역시 동기군중체육을 강화하는 중요한 사업의 하나이다. 이는 군중들 속에서 체육에 대한 관심과 열성을 보다 높일 뿐만 아니라 그들의 생산의욕과 기술을 더욱 제고하는 데 아주 효과적 방법이다.

1960년대 중반 이후 겨울철 체육사업도 국방과의 본격적인 연계하에 이루어지기 시작했다. 이런 사정은 다음의 기사에서 확인할 수 있다.

> 겨울철 …체육은 광범한 근로자들과 청소년들을 불굴의 투지와 억센 체질의 소유자로 단련시켜 그들로 하여금 혁명과업을 잘 수행할 수 있게 함은 물론 도래하는 혁명적 대사변을 사상적으로만이 아니라 육체적으로도 준비 있게 맞이할 수 있도록 하는데 중요한 의의를 가진다. 그러므로 지방정권기관들에서와 공장, 기업소, 학교, 농촌, 가두 등 모든 단위들에서 국방과 로동에서 겨울철체육이 가지는 의의를 옳게 인식하고 이를 대중화하기 위하여 적극 노력해야 할 것이다.[105]

이처럼 겨울철 체육사업은 노동과 국방에 연계시키기 위한 목적으로 실시되었다.

겨울철 체육사업도 이때부터 기존 체육지도위원회 등 체육기관이 아니라 시(구역)·군 인민위원회 등 정권기관이 주도했다.[106] 그 방식은 다음과 같다. 이들 정권기관이 공장, 기업, 학교, 농촌 등 부문별로 산하 직장이나, 작업반, 학급들 가운데 각 하나씩 시범대상을 선정하여, 사업을 집중함으로써 모범단위를 만들었다. 이어 방식상학(方式上學: 좋은 경험의 사례를 알려 일반화함), 견학, 경험 교환 등의 방식으로 모든 단위가 모범단위를 따르게 했다. 그 사업은 부분별로 진행하게 했다. 즉 근로자들의 체육사업은 직맹이, 농촌은 농맹이, 청소년학생은 사로청이 책임을 맡게 했다.

이렇게 해서 겨울철 체육사업이 점차 활성화되자 1970년대 이후 개막식도 진행했는데, 이는 보다 많은 대중을 사업에 참여시키기 위한 조치였다.[107] 개막식은 매년 12월 첫 번째 일요일에 전국의 각 시, 군 등 행정단위에서 일제히 실시되는데, 지역의 각

---

104) 『로동신문』, 1961년 12월 2일자.

105) 『로동신문』, 1966년 11월 22일자.

106) 위와 같음.

107) 『로동신문』, 1971년 12월 18일자.

기관 대표자 및 근로자와 청소년들이 지역에 따라 수천 명에서 많게는 1만여 명이 참가하는 대규모 행사로 치루어졌다.[108] 이 개막식에서 참석자들은 김일성의 체육정책을 받들어 체육사업을 적극 실시하자는 결의를 시작으로 일반 스포츠종목과 동계 스포츠종목 경기대회 등을 진행하면서 본격화되었다.

그러다가 겨울철 체육사업은 1982년 4월 30일 김정일의 지시에 따라 공식적으로 그 사업명칭이 '겨울철 체육월간'으로 바뀌어 이듬해부터 실시되었다.[109] 겨울철체육월간은 1984년부터는 특히 청소년학생들을 '주체형의 공산주의 혁명가'로 키우기 위한 목적으로 실시되어야 한다고 강조되기 시작했다.[110] 그 결과 청소년학생들에겐 강인한 의지 외에 사상의식을 높이는 수단으로 눈길행군이 보다 강화되었다. 가령 '답사행군대'를 조직하여 '혁명유적지'를 답사하게 하거나 '배움의 천리길'을 따라 걷는 겨울철 집단행군을 실시하게 했다.[111] 게다가 김정일이 태어났다는 백두산의 이른바 '정일봉'에 오르는 '정일봉달리기'가 1989년 8월에 실시[112]된 이후, 이를 겨울철 체육사업의 일환으로 진행하여 김정일에 대한 충성의식과 주체사상을 고취하는 수단으로 실시해 왔다.[113]

이후 겨울철 체육월간에서도 일정한 변화가 나타났다. 1992년부터는 개막식 식후 행사로 피겨나 아이스하키, 스피드스케이트 등의 시범경기를 하는 등[114]이 그 단적인 사례일 것이다. 여기에다 기존 달리기, 축구 등 하계종목들이 제외되는 대신 '정일봉달리기'나 태권도 등이 새롭게 등장하고 점차 동계 스포츠종목을 중심으로 진행되었다.[115] 물론 사업 실시 초기부터 동계 스포츠종목에 필요한 시설과 기구는 제대로 갖추지 못했다. 때문에 자체적으로 시설 및 장비를 해결할 수 밖에 없었다. 스케이트장의 경우 논과 밭에다 조성하는 정도에 지나지 않았다.[116] 장비도 고철을 수집하여 스케이트를 만들거나 나무로 스키를 마련하기도 했다.[117] 가령 혜산진 중학교에서는 250m 주로의 스케이트장을 자체적으로 설치한 것을 비롯하여, 450여 개의 스케이트, 250여 개의 스키를 자체 제작하기도 했다.[118] 삼지연스키장과 부전호수의 빙상경기장

108) 『로동신문』, 1971년 12월 18일자; 1973년 12월 4일자.
109) 조남훈, 앞의 책, 313쪽.
110) 『로동신문』, 1984년 1월 9일자.
111) 『로동신문』, 1989년 1월 30일자; 1991년 1월 16일자.
112) 조남훈, 앞의 책, 309쪽.
113) 『로동신문』, 1992년 1월 6일자.
114) 『로동신문』, 1992년 1월 6일자; 1993년 1월 7일자.
115) 『로동신문』, 1992년 1월 6일자; 1993년 1월 7일자; 1997년 1월 8일자.
116) 『로동신문』, 1958년 11월 2일자.
117) 『로동신문』, 1960년 12월 18일자.

등과 같은 대표적인 시설들도 사업초기에는 기본적인 시설만 갖추고 있었을 뿐이었다.

3) 모범체육군(郡) 제도

김정일 후계체제가 성립되면서 군중체육행사는 보다 강화되었다. 그 대표적인 사업이 바로 1972년 마련한 모범체육군 제도였다.[119] 이 제도는 1971년 '인민체력검정에 관한 규정'을 개정하여 시(구역)·군 인민위원회가 파견한 검정원 참관하에 자체 기관 단위로 하던 판정사업[120]을 보강·확대한 것이었다. 즉 정무원이 인민체력검정사업에서 우수한 성적을 거둔 시(구역)·군에 모범체육군(구역) 칭호를 수여했는데, 이는 인민체력검정사업을 활성화하기 위한 조치였다.

그러다가 1979년 6월 김일성의 교시에 따라 모범체육군 선정사업이 강화되어 군 단위를 대상으로 해당 지역의 전반적 체육활동을 평가하는 사업으로 확대되었다.[121] 이해 김정일의 지휘 아래 우선 함경남도 북청군을 시범지역으로 선정하여 실시했다. 이어 모범군제도는 1981년 강원도 안변군, 1983년 북청군에서 도·시·군 체육부문 일꾼 및 사로청 일꾼들을 대상으로 방식상학과 경험교환회를 진행하는 등 준비작업을 거쳐 1983년부터는 안변군에서의 경험을 일원화하여 전국적으로 실시되기에 이르렀다.

모범체육군 칭호는 다음과 같은 조건을 갖추어야만 받을 수 있었다.[122] 첫째 기본적으로 군 단위에 소속된 기관, 기업소, 협동농장 등 전체가 인민체력검정에서 '우'의 성적을 받아야 한다. 둘째 군 내의 기관, 기업소, 협동농장들은 종목별 체육소조를 운영해야 한다. 셋째 매년 중앙과 도의 체육경기대회에서 2~3개 이상의 종목이 순위권 안에 들어야 한다. 또 명절, 기념일 또는 과외시간을 이용하여 국방체육을 위주로 한 체육경기도 실시해야 한다. 넷째 일정 수준의 체육시설과 기자재를 갖추어야 한다. 즉 일상적으로 이용할 수 있도록 군 내의 모든 기관, 기업소, 협동농장은 물론이고 공원, 유원지 등 문화휴식공간에도 각종 체육시설을 갖추어야 한다. 또 종합체육경기대회를 개최할 수 있는 체육관, 수영장, 공설운동장은 물론 체육기자재 생산시설까지 마련하여 수급할 수 있어야 한다.

조선체육지도위원회가 그 평가를 하여 기준에 도달한 단위를 추천했다. 그러면 중앙인민위원회가 정령으로 모범체육군 칭호와 공화국 주석 표창장 및 휘장, 컵 등을 수여했다. 공로자에게는 국가표창을 주었다.

---

118) 『로동신문』, 1959년 12월 14일자.
119) 『조선중앙년감』, 1973, 275~276쪽.
120) 『조선중앙년감』, 1972, 347쪽.
121) 조남훈, 앞의 책, 317~318쪽.
122) 위의 책, 316~317쪽.

4) 민족체육대회

민족체육대회는 전통 민속놀이인 씨름, 그네, 널뛰기, 궁술을 경기 종목으로 발전시켜 치루는 대회다. 이들 종목은 1950년대 초 일반 체육대회에서 행해졌다. 그러다가 1956년 2월 내각명령 제14호[123]로 민족체육의 보급과 발전을 결정함에 따라 이해 6월 10일부터 4일간 사리원에서 전국민족체육대회가 개최되었다.[124]

각 시·도 대표팀과 민족보위성·내무성 등 정부기관 등이 참가한 이 대회에서 씨름·그네·궁술(목궁·각궁) 3개 종목이 개인, 단체별로 진행되었다. 1957년에는 '전국민족경기선수권대회'란 명칭으로 9월에서 10월 사이에 열렸다. 이후 '보천보 승리'나 5월 1일 노동절을 기념하여 실시[125]되는 등 개최 시기가 일정하지 않는데, 대체로 4월~9월경에 열렸다.

1968년판 『조선중앙년감』에서 1967년 대회를 7회 대회로 기록[126]한 이후 대회 차수를 밝히며 '전국민족체육경기대회'라는 명칭으로 매년 개최되어 왔다. 개최장소도 일정하지 않아 평양은 물론 개성, 신의주, 해주, 사리원, 회령 등 전국 주요 도시에서 번갈아가며 개최되었다. 최근에는 평양에서 주로 열렸다. 종목은 1970년대에 와서 궁술이 제외되고, 씨름·널뛰기·그네뛰기 경기만 진행하다가 최근 장기와 바둑이 추가되었다.[127]

경기방식은 대략 다음과 같다. 널뛰기의 경우는 곧추뛰기, 재주뛰기, 엇바꾸어뛰기 등 3개 종목이 있다. 널판은 길이 4.5~5m, 폭 35~40cm, 가운데 두께 7~8cm, 끝 부분 두께는 3~3.5cm이다. 곧추뛰기는 기본 종목으로 2명이 한 조가 되어 높이, 그리고 아름답고 정확하게 뛰어 오르기와 내리기를 한다. 경기 시간은 2분으로 평균 2.3m의 높이를 뛰면 10점 만점을 주고 그 점수에서 기준 높이를 오르지 못하거나, 한쪽 발이 땅에 닿았을 때와 자세가 흐트러졌을 경우 등을 뺀 점수로 승부를 가른다. 재주뛰기는 기구를 갖고 하는 방법과 갖지 않고 하는 두 가지 방법이 있다. 기구로는 부채, 소고, 꽃수건, 윤(輪) 등이 사용되며, 경기방법은 2분 동안 평균 높이 1.5m를 뛰면 기준 점수 3점, 재주를 부린 동작 수에 대한 기준 점수 5점, 재주 솜씨 기준 점수 2점 등 10점 만점으로 계산한다. 엇바꾸어뛰기는 4명이 한 조가 되어 서로 엇바꾸면서 높이뛰기를 겨루는 것으로 2분 동안 2m 이상의 높이를 뛰어 오르면서 24회 이상 엇바꾸기를 실행하면

---

123) 『로동신문』, 1956년 3월 1일자.

124) 『로동신문』, 1956년 6월 15일자.

125) 『로동신문』, 1959년 6월 5일자; 1961년 6월 12일자; 1970년 5월 1일자.

126) 『조선중앙년감』, 1968, 199쪽.

127) 『로동신문』, 1993년 7월 1일자; 1999년 8월 18일자.

기준 점수 10점을 주며 곧추뛰기와 같은 방식으로 감점한다.[128]

씨름은 초기엔 60kg 이하, 70kg 이상과 이하 3체급을 나누어 실시했다.[129] 그런데 1970년 대회에서 55kg급 경기도 실시한 것으로 보아,[130] 점차 체급이 세분화된 것으로 보인다. 한편 『로동신문』 기사를 보면 1970년대부터는 비교씨름이라고 하여 결승에 오른 선수가 5명과 연달아 겨루는 방식을 도입했다.[131] 경기는 3회전, 혹은 1회전으로 치루는데, 1회전의 시간은 5분이며, 3회전은 매 회전마다 3분간 휴식시간을 준다. 경기장은 모래판과 함께 매트도 이용하며, 샅바를 매는 것은 우리와 비슷하나 상의를 입고 한다.[132]

그네뛰기의 경우는 혼자타기(외그네)와 둘타기(쌍그네) 등 2가지 방식이 있다.[133] '그네 선수들과 널뛰기 선수들이 높이 떠 있는 방울을 보기 좋게 차며 높이 뛰어오를 때마다'라고 한 『로동신문』의 기사[134]로 볼 때, 그네뛰기는 전통적인 놀이방법을 차용한 것으로 보인다.

한편, 1980년대 말 북한에서는 바둑 등 일반 오락 붐과 함께 대중스포츠의 보급에서도 변화가 일어났다. 특히 골프, 볼링, 수상스키 등 자본주의 스포츠라고 하여 그 동안 금기시했던 스포츠를 받아들였다. 이들 종목을 위한 시설은 대부분 재일 조총련계 인사나 일부 외국 관광객을 위해 설치되었으나, 고위 관료사회에서도 사교 형식으로 즐기는 것으로 알려졌다. 최근에는 볼링 등과 같은 스포츠는 일부 주민들의 레저활동의 일환으로 이루어졌다.[135]

볼링은 1994년 2월 재일 조총련 동포들의 지원으로 평양의 대동강변 문수동에 40레인을 갖춘 평양볼링관이 개관되면서 본격적으로 대중화되기 시작했다. 평양볼링관 개관 이후 지난 1999년까기 연인원 130만여 명이 이용했다는 북한 당국의 발표로 보아, 볼링은 대중적 스포츠로 성장했다는 것을 알 수 있다.[136] 그리고 1991년과 1992년 자강도 강계시와 평양 능라도 경기장 옆에 현대적인 롤러스케이트장을 건설했는데,[137] 롤러스케이트는 최근 일반인들도 즐기는 대중 레저스포츠로 자리잡고 있다.

---

128) 『내외통신』, 1986년 10월 15일자.
129) 『로동신문』, 1956년 6월 15일자.
130) 『로동신문』, 1970년 5월 1일자.
131) 『로동신문』, 1972년 9월 16일자.
132) 이학래·김동선, 앞의 책, 210쪽.
133) 『로동신문』, 1982년 9월 10일자; 1992년 9월 30일자.
134) 『로동신문』, 1970년 5월 1일자.
135) 『로동신문』, 1996년 11월 10일자.
136) 연합뉴스, 『2000 북한연감』, 656쪽.
137) 이학래·김동선, 앞의 책, 236쪽.

레저스포츠의 성격을 지닌 '대중률동체조'도 보급되고 있다. 가령 덕성군의 경우 군체육위원회와 사로청 조직이 중심이 되어 20명의 보급 책임자를 선정하여 군내 학교·공장·기업소·협동농장 등에 보급하여 활성화시켰다.[138] 또한 경쾌한 음악에 맞춰 실시하는 대중률동체조가 운동기관의 강화와 비만 및 노화 방지 등 건강에 좋다는 홍보까지 했던 것이다.[139] 이런 대중률동체조의 보급은 생산체조·업간체조 등 노동생산성 향상을 주목적으로 한 체조를 강조했던 기존 군중체육과 질적인 차이를 보여준다.

3. 국내스포츠경기대회

1) 종합경기대회

북한의 경기대회에는 중앙 및 시·도 단위의 종합경기대회만 아니라 직업·종목별 대회 등이 있다. 이 역시 체육의 대중화정책에 따른 것이다. 경기대회는 주로 조선로동당 창당, 공화국 창건, 체육절제정, 5·1절, 8·15해방 등의 기념일 전후에 개최된다. 종합경기대회는 해방 직후부터 개최되었는데, 종목별 공화국선수권대회, 5년 단위의 인민체육대회 등이 그 대표적인 대회였다. 그러다가 1969년 만경대상 체육경기대회, 1977년 백두산상 체육경기대회가 각각 김일성과 김정일의 생일을 기념하여 창설되어 최대 종합대회로 자리잡았다. 그 밖에 종목별 경기대회가 중앙 및 지방 단위로 열리고 있으며, 겨울철 스포츠대회도 일찍부터 개최되었다.

그런데 북한 자료에는 대회 명칭과 그 차수보다는 김일성·김정일 생일, 공화국 창건 등 특정한 기념일 횟수를 대회명칭에 붙이는 것이 일반화되었다. 그 결과 각종 경기대회 명칭과 그 차수가 혼란스러워 현재의 정보만으론 경기대회의 정확한 현황을 파악하기가 쉽지 않다.

(1) 인민체육대회

1960년부터 개최된 '조선민주주의인민공화국 인민체육대회'는 남한의 전국체육대회와 같은 대회인데, 도 대항경기와 전문선수단 경기로 나누어 진행된다. 애초 5년에 두 차례 개최 예정이었지만, 1963년 대회 이후 5년마다 한 차례 개최되고 있다.

1960년 7월 31일부터 8월 17일까지 평양에서 열린 제1회 대회는 11개 도와 시에서

138) 『로동신문』, 1994년 1월 20일자.

139) 『로동신문』, 1995년 1월 22일자.

노동자, 농민, 사무원, 학생 등 사회 각 분야의 대표선수와 10개 1급 선수단이 참가했다.[140] 대회는 육상, 체조, 각종 구기종목과 민족경기 종목 외에도 무선통신, 모형항공경기와 같은 국방체육종목 등 총 35개 종목에 걸쳐 도 대항전과 1급 선수단 대항전으로 진행되었다. 특히 이 대회에서 신금단 선수가 육상에서 비공인 세계신기록을 세워 두각을 나타냈다.

이후 1963년 대회부터 5년마다 개최되었는데,[141] 개최 시기와 기간은 대회마다 달랐다. 제3회 대회는 예선을 거쳐 9월에 평양에서 결승을 치렀다.[142] 그러다가 제4회 대회부터는 8월~9월 예선을 거쳐 10월에 평양의 개막식을 시작으로 전국 시·도에서 종목별 결승경기를 치루는 방식으로 진행되었다.[143] 동계대회는 하계대회가 끝나고, 그 이듬해인 1961년 2월 스키경기 위주로 진행되다가,[144] 제4회 대회부터 그 종목이 확대되었는데,[145] 체육구락부간 경기와 도 대항경기, 전문선수단 경기로 나누어 진행되었다.

(2) 공화국선수권대회(전국선수권대회)

공화국선수권대회는 1949년 10월 제1회 체육절기념 행사 차원에서 전국선수권대회라는 명칭으로 개최되었다.[146] 대회명칭은 초기에 '체육절기념대회', '인민공화국 체육종목별선수권대회', '체육종목별 공화국선수권대회' 등이 사용되었다. 여기에 당창건기념, 공화국 창건기념 등이 추가되기도 했다. 1972년부터 '공화국 종목별 체육선수권대회'로,[147] 1980년대 중반에 와서 '종목별 공화국선수권대회'로 치루어졌다가 1990년대 '공화국선수권대회'로 그 명칭이 일원화되었다.[148]

제1회 대회는 축구 등 구기종목과 레슬링, 권투 등을 비롯한 13개 종목에 걸쳐 각 협회 연맹전 형식으로 열렸다. 그 규모가 점차 커지면서 국방체육 종목을 포함한 30여 종목을 치루는 종합대회로 발전했다.[149] 최근에는 50개 종목으로 확대되기도 했는데,[150] 야구경기도 1990년 국제야구연맹에 가입한 이후 1992년 대회부터 보이기 시작했

140) 『조선중앙년감』, 1961, 231쪽.
141) 『로동신문』, 1963년 8월 12일자; 1973년 9월 28일자.
142) 『로동신문』, 1968년 9월 20일자.
143) 『로동신문』, 1973년 9월 28일자; 10월 7일자.
144) 『조선중앙년감』, 1962, 283쪽.
145) 『로동신문』, 1973년 12월 29일자; 1974년 1월 16일자; 1974년 2월 2일자.
146) 『조선중앙년감』, 1951-52, 393쪽.
147) 『조선중앙년감』, 1973, 277쪽; 『로동신문』, 1972년 10월 9일자.
148) 『로동신문』, 1987년 10월 5일자; 1989년 10월 3일자; 1990년 10월 2일자; 1991년 9월 20일자; 1994년 10월 21일자; 2000년 10월 27일자.
149) 『로동신문』, 1972년 10월 9일자.

다.[151] 대회는 평양은 물론 지방에서도 열린다. 동계대회는 1981년부터 개최되었다. 이해 1월 12일부터 3월 5일까지 부전, 종성, 삼지연 등지에서 열린 이 대회에는 300여 명이 참가했다.[152]

(3) 만경대상 경기대회

1960년대 후반 김일성 유일체제가 확립되면서 김일성의 혁명사상으로 체육인들을 무장시키자는 목적으로 경기대회가 창설되었는데, 바로 '만경대상 체육경기대회'가 그것이다. 1969년 4월 김일성의 57회 생일을 기념하여 처음 개최되었다.[153] 이 대회에는 전국의 시·도 대표 선수단이 출전했다. 1977년에는 재일 조총련 선수단까지 참가하기도 했다.[154]

이 대회는 한때 최대 60여 종목에 대회기간도 1달이 넘기도 하는 등 북한에서 가장 중요시하는 종합경기대회이다. 개최 장소는 개막식과 주요 경기가 열리는 평양을 비롯하여 남포, 사리원, 신의주, 함흥, 청진, 원산, 개성 등 각 도의 주요 도시에서 종목별로 진행된다. 경기종목은 육상·체조·수영을 비롯하여 각종 구기종목, 권투·레슬링·유도·역도·사격 등 일반 체육종목과 모터싸이클·낙하산·무선통신 등 국방체육종목, 그리고 씨름 등 민족체육경기 등이 포함되었다. 점차 아이스하키·피겨·쇼트랙스피드스케이팅 등 실내 겨울철 종목도 추가되었다.[155] 제1회 대회는 '만경대컵'이라 했다가, 김일성의 60회 생일인 1972년부터는 10년마다 '전국체육축전'이란 명칭으로 개최되었다.[156]

만경대상 경기대회에는 군중체육경기도 열린다. 스포츠의 대중화, 생활화가 북한 체육의 기본 정책이기 때문에 김일성의 생일대회인 만경대상 경기대회와 김정일의 생일대회인 백두산상 경기대회에서 필수적으로 치르도록 되어 있다.[157]

(4) 백두산상 경기대회

김정일 후계체제가 구축되면서 1977년 2월 김정일의 35회 생일을 기념하는 백두산상

---

150) 『로동신문』, 1999년 10월 6일자.
151) 『로동신문』, 1992년 11월 5일자.
152) 『조선중앙년감』, 1982, 268쪽.
153) 『로동신문』, 1969년 4월 5일자.
154) 『로동신문』, 1977년 4월 18일자.
155) 『로동신문』, 1970년 4월 16일자; 1973년 4월 9일자; 1982년 5월 19일자; 1984년 4월 6일자; 1999년 5월 2일자.
156) 『로동신문』, 1972년 4월 23일자; 1982년 5월 1일자; 1992년 4월 29일자.
157) 정동길, 앞의 책, 135~136쪽.

대회가 열렸다. 김정일이 혁명의 성지인 백두산에서 태어났다는 주장에 따른 것이다. 그런데 1986년 대회 전까지는 보통 개회식장에 '위대한 수령 김일성 동지 만세' 등의 구호가 걸려 있는 등 김정일보다는 김일성을 앞세웠다.[158] 그러다가 1986년 대회부터는 김정일이 주체체육의 전성기를 열었다는 찬사의 개회사가 낭독되는 등 본격적으로 김정일이 부각되기 시작했다.[159] 개최 시기가 겨울철인 만큼 하계종목 외에 스케이팅이나 아이스하키 등 겨울 스포츠 종목 경기도 치루어졌다.

(5) 보천보홰불상 경기대회

보천보홰불상 경기대회는 1937년 김일성의 항일유격대 활동중 보천보(혜산) 지역에서의 승리를 기념하고, 전체 체육인들을 혁명전통으로 무장시키자는 목적으로 개최되었다.[160] 보천보 승리 기념일인 6월 4일에 즈음하여 열리는 이 대회는 1965~66년 인민군 창설일인 2월 8일, 항일유격대 창건일인 4월 25일과 함께 국방체육대회를 개최하기로 결정[161]하면서 시작되었다. 대회는 대체로 보천보 전투가 벌어진 혜산과 평양에서 주로 열리며 때론 사리원, 남포 등 전국의 주요 도시에서 개최되기도 했다.

대회 명칭은 1969년까지 '보천보홰불상 쟁탈경기대회'[162]로 개최되다가 1970년대부터 '보천보홰불상 체육경기대회'라는 정식 명칭으로 열렸다. 경기종목은 초창기엔 낙하산·활공기·사격·무선통신·활쏘기·검도·모터싸이클 등 국방체육종목 위주였시만, 축구·농구·배구 등 구기종목과 마라톤경기도 치루어졌다.[163] 그러다가 70년대엔 수영 및 해양스포츠 종목,[164] 역도·레슬링·유도[165] 등이, 80년대부터는 제조·씨름 등은 물론 피겨·아이스하키 등 겨울철 종목까지 추가되었다.[166]

이처럼 점차 경기종목이 다양해지면서 최근에는 국방체육종목이 제외되고 축구 등 구기종목을 비롯하여 유도·레슬링·역도, 육상·수영·마라톤·체조 등 일반 경기종목 위주로 진행되고 있다.[167]

---

158) 『로동신문』, 1981년 2월 11일자; 1982년 3월 2일자; 1984년 2월 18일자; 1985년 2월 11일자.
159) 『로동신문』, 1986년 2월 7일자.
160) 『조선중앙년감』, 1970, 303쪽.
161) 『조선중앙년감』, 1966-67, 244쪽.
162) 『조선중앙년감』, 1970, 303쪽.
163) 『로동신문』, 1972년 6월 14일자.
164) 『로동신문』, 1974년 7월 31일자.
165) 『로동신문』, 1974년 8월 23일자.
166) 『로동신문』, 1984년 6월 13일자; 1988년 7월 5일자.
167) 『로동신문』, 1998년 6월 6일자.

(6) 2월 2일상 경기대회

2월 2일상 경기대회는 체육의 대중화정책에 따라 공장, 광산, 기업소 등 생산현장의 노동자, 사무원들의 체육기술과 체력을 증대시키기 위하여 개최되었다. 제1회 대회는[168] 1978년 4월 2일 평양에서 열렸다. 개최 시기는 일정하지 않아서 1979~81년까지는 매년 두 차례 열리다가[169] 1982년부터 매년 한 차례씩 개최되는데, 주로 봄이나 가을철에 열리며 8월에 할 때도 있었다.[170] 경기기간은 대체로 한 달간의 예선전을 거쳐 10여 일간의 본선경기를 치루었다.[171] 평양만 아니라 함흥, 청진, 원산, 남포 등 전국 주요 도시에서도 열렸다.[172] 경기종목은 육상, 축구·배구·탁구 등 구기 종목과 역도, 레슬링 등 일반 종목 외에도 무선통신과 같은 국방체육종목도 포함되었다.[173]

(7) 오산덕상 체육경기대회

이 대회는 김정일의 생모 김정숙의 출생을 기념하여 1997년 12월 처음 개최되었는데,[174] 지금까지 매년 열리고 있다. 대회명을 김정숙의 출생지인 함경남도 회령시 '오산덕'에서 따온 것[175]에서 보듯이, 김정일 집안의 우상화 작업의 일환으로 창설되었다.[176] 오산덕상 대회의 신설로 이른바 '백두산 3대장군'으로 선전하는 김일성-김정일-김정숙의 김정일 일가족을 기념하는 체육경기대회 체계가 일단락되었다.[177]

오산덕상 대회[178]는 주로 평양·청진 등 대도시에서 열리고 있다. 일부 경기는 각 도에서도 진행된다. 대회기간은 1주일 정도이며 대회가 겨울에 열리기 때문에 경기종목은 주로 농구·배구·탁구 등 실내 구기종목과 피겨·스피드스케이팅·아이스하키·스키와 같은 동계종목 위주이며, 마라톤·육상 경기와 수구·볼링 등의 경기도 치루었다. 압록강·기관차·소백수체육선수단 등 1급 선수단과 각 도 선수단, 대학 체육선수단,

---

168) 『조선중앙년감』, 1979, 306쪽.

169) 『조선중앙년감』, 1980, 175쪽; 1981, 294~295쪽; 1982, 269·271쪽.

170) 『로동신문』, 1993년 9월 1일자.

171) 『로동신문』, 1984년 10월 29일자; 1985년 4월 5일자.

172) 『로동신문』, 1984년 10월 29일자.

173) 『로동신문』, 1985년 4월 5일자.

174) 『조선중앙년감』, 1998, 249쪽.

175) 연합뉴스, 『2002 북한연감』, 2002, 822쪽.

176) 『로동신문』, 1999년 12월 21일자.

177) 정동길, 앞의 책, 138~139쪽,

178) 『로동신문』, 1998년 12월 30일자; 1999년 12월 21·27일자; 2000년 12월 26일자; 2001년 12월 21일자.

체육학원 선수들이 참가했다.

(8) 전승컵 경기대회

북한에서는 한국전쟁 휴전일을 제2의 해방일이라고 규정하고 있는데,[179] 전승컵 경기대회는 표면상 이를 선전하고 기념하는 대회이다. 하지만 실상은 김일성 사후 체제 강화를 위한 수단으로 창설한 대회로 휴전협정일인 7월 27일 전후에 개최되었다. 1995년 제1회 대회[180]는 평양에서 열렸는데, 축구·배구·농구·탁구·배드민턴·송구·정구 등의 구기종목을 비롯하여 역도·권투·레슬링·사격·체조·육상 등 30여 종목의 경기가 실시되었다. 주목되는 것은 프로권투가 경기종목으로 진행되었다는 점이다. 1996년 대회부터는 야구도 정식종목으로 채택되는 등 총 40여 종목의 경기가 이루어졌다.[181] 그러다가 1999년 대회부터는 경기종목에 큰 변화가 일어나 수영·수구·요트·수상스키 등 10개의 해양스포츠 종목만으로 진행되었다.[182] 최근에 와서 평양 외에 함흥과 청진 등 지방도시에서도 분산 개최되고 있다.[183]

2) 종목별 경기대회

동계 기간인 3월에 육상 단거리 및 도약 경기대회를 개최한다. 평양 청춘거리 경기관에서 열리는 이 대회에는 중앙과 지방의 각 체육선수단 소속 선수들이 참가하여 60미터 달리기, 60미터 장애물 경기, 높이뛰기, 3단 뛰기, 장대높이뛰기 등을 거행한다. 마라톤대회로는 김일성의 부친인 김형직이 결성했다는 이른바 조선국민회(1917년 3월 2일) 결성을 기념하여 1969년에 창설된 조국통일상 마라톤대회가 있다. 2~3년에 1회씩 열리며 중앙 및 각 도 선수단이 참가한다.[184]

축구대회는 매년 2월 열리는 기술혁신대회를 시즌 오픈 대회로 하여 유럽식의 연중 풀 리그전으로 운영된다. 기술혁신대회는 1, 2, 3급 소속의 선수단들이 각 부분별로 경기를 벌이는데, 1급 선수단은 4·25체육선수단을 비롯하여 압록강체육선수단, 평양시체육선수단, 기관차체육선수단, 도대표 선수단 및 김일성종합대학 체육선수단 등 15개 선수단이며, 2급은 40개 선수단, 3급은 80개 선수단으로 나뉘어져 있다. 이들 선수

179) 『로동신문』, 1999년 7월 23일자.
180) 『로동신문』, 1995년 8월 4일자.
181) 『조선중앙년감』, 1997, 188쪽.
182) 『로동신문』, 1999년 7월 23일자.
183) 『로동신문』, 2001년 8월 12일자.
184) 이학래·김동선, 앞의 책, 204쪽.

단은 각 급별로 리그전을 벌이는데, 기술혁신대회만이 토너먼트로 진행되고 이후 4월부터는 페넌트 레이스로서 패권을 가리는 선수권대회가 시작된다.[185)]

연중 풀 리그는 매년 11월에 종료되는데, 우승팀에게는 축구협회장컵이 수여되며 태국에서 열리는 킹스컵대회 출전권이 주어진다. 각 도에서는 2급 우승팀과 1급 팀이 경기를 가져 다음 해 1급 대회에 출전할 도 대표팀을 가린다. 이같은 경기 방식을 채택한 이유는 경기력을 향상시키고 신인 선수를 발굴하는 데 있다. 한편, 1994년 2월부터 만경대상 최상급 축구경기대회를 창설하여 남녀 각 6개 팀이 참가하여 팀당 40게임(8차례 리그전)을 치러 우승팀을 가리는 축구연맹전을 개최하고 있다.

축구와 함께 인기있는 스포츠종목은 농구다. 1990년대 들어선 농구붐이 일어나 최초의 전국규모 농구대회가 개최되기에 이르렀다. 8·28 청년컵농구경기대회가 바로 그것이다. 1997년 8월 처음 열린 이 대회는 근로청년부문(남자)·대학부문(남녀)·고등중학교부문(남녀)으로 나뉘어 진행되고 있다.[186)]

자본주의 스포츠중 북한에 가장 먼저 보급된 것은 야구다. 야구는 이미 정부수립기에도 일부 경기대회에서 실시되었다.[187)] 뿐만 아니라 한국전쟁 이후 반미정책에도 불구하고 1968년 전국인민체육대회, 1970년 만경대상 경기대회와 1974년 체육절기념 체육종목별 선수권대회에서도 야구경기가 실시되기도 했다.[188)] 이는 재일교포들에 의해 1960년대부터 부분적으로 도입된 사실과 연관이 있는 듯하다.[189)] 그러다가 1988년 김일성의 보급 지시 이후 야구 활성화에 주력했다.[190)]

현재 11개의 대학팀을 비롯하여 성인, 고교 등 30여 개 팀이 활동하고 있다. 전국야구대회는 1988년 10월 남포시에서 열렸는데, 성인 4개 팀과 조총련계 대표팀이 참가했다. 1991년 6월에는 일본 니가타시에서 열린 5개국 국제대회에 참가하기도 했다. 1990년 7월 아시아야구연맹에 가입했고, 8월에는 세계야구연맹에 가입하는 등 국제무대로의 발돋움을 위한 기초 작업을 마쳤다. 이같은 야구 보급에 따라 최근에는 각종 경기대회의 정식 종목이 되었으며, 3,500석을 갖춘 전용구장인 평양야구장을 세우기도 했다.

야구와 비슷한 종목인 소프트볼도 1996년 애틀란타올림픽 정식종목 채택을 계기로 육성하고 있다. 1990년대 중반 모두 7개의 실업팀이 있으며, 1990년 베이징아시안게임에서는 한국에 이어 최하위를 기록했다. 최근에는 소프트볼 강국인 쿠바 코치를 초청

---

185) 위의 책, 204~205쪽.

186) 『로동신문』, 1997년 8월 29일자.

187) 조남훈, 앞의 책, 98쪽.

188) 『로동신문』, 1968년 9월 23일자; 1970년 4월 16일자; 1974년 11월 27일자.

189) 이학래·김동선, 앞의 책, 205쪽.

190) 위의 책, 235~236쪽.

하고, 최강국인 중국과 기술교류전을 갖기 시작하면서[191] 아시아에서는 강국의 면모를 보이고 있다. 1991년에는 원산에서 전국 일반부문 소프트볼 경기대회를 개최했다.[192]

이밖에 북한에서 진행하고 있는 전국 규모의 종목별 경기대회로는 스키선수권대회, 보천보홰불상축구경기대회, 종목별전문화체육경기대회, 전국육상경기대회, 전국일반부분소프트볼경기대회, 헌법절기념 속도빙상 및 빙상하키경기대회 등이 있다.

4. 프로스포츠경기

1) 프로권투

1980년대 말 북한에서는 바둑 등 일반 오락 붐과 함께 대중스포츠의 보급에서도 변화가 일어났다. 특히 골프, 볼링, 수상스키 등 자본주의 스포츠라고 하여 그 동안 금기시했던 스포츠를 받아들였다.

특히 주목되는 점은 아직 제한적이긴 해도 일부 종목에서는 프로화도 진행되고 있다는 것이다. 그중 권투가 1992년 7월 프로화되었는데, 이것이 최초다. 이때 북한프로권투협회가 결성되었으며, 이듬해 4월 평양에서 북한 최초로 공화국 프로권투선수권대회가 열렸다. 이 대회에는 4·25선수단, 압록강선수단 등 9개 선수단에서 67명이 참가했는데, 예선 4회전, 준결승 6회전, 결승 8회전으로 진행되었다. 1995년 세계권투평의회(WBC), 1997년 세계권투협의회(WBA)에 가입하는 등 세계프로권투계에 그 모습을 드러냈다.[193] 그 등록선수는 2~300명 정도인데, 내각 체육지도위원회 산하 체육과학연구원의 정기검사와 영양관리를 통해 과학적으로 육성되는 것으로 알려졌다. 1998년에는 남북한을 포함, 몽골·태국·필리핀 등이 참가한 제2회 5개국 프로복싱대회가 열렸다. 여자 프로권투도 운영되고 있는데, 1999년 만경대상 체육경기대회에서 정식 종목이 되었다.[194]

2) 프로농구

프로화의 대표적인 종목은 농구다.[195] 북한에서 가장 인기있는 스포츠로 자리잡고

---

191) 위의 책, 236쪽.
192) 이학래·김동선 엮음, 『북한체육자료집』, 사람과 사람, 1995, 252쪽.
193) 연합뉴스, 『2002 북한연감』, 812~813쪽.
194) 연합뉴스, 『2001 북한연감』, 904쪽.
195) 위의 책, 888~893쪽.

있는 농구는 김정일의 농구육성 지시가 있은 1년 뒤인 1997년 프로팀이 출현했다. 북한 최고 수준을 자랑하는 체육단중 하나인 남자 농구선수단이 '태풍'으로 명칭을 바꿔 처음 프로팀으로 변신했다. 이 체육단의 여자 농구단도 '폭풍' 명칭의 프로팀으로 변모했다. 뒤이어 1999년 12월 서울의 잠실 실내체육관에서 열린 제2회 '통일농구대회'에서 현대 프로팀과 두 차례 경기를 가져 모두 승리한 '우뢰' 농구선수단, 앞서 지난해 9월 제1회 통일농구대회에 참가한 '벼락' 농구선수단, 역시 제1, 2회 통일농구대회에 출전한 '회오리' 여자 농구선수단, '번개', '대동강' 등의 프로농구팀이 속속 생겨났다.

한때 미국프로농구에 진출을 모색하기도 했던 리명훈과 북한의 마이클 조던이라고 불리는 박천종이 우뢰팀의 대표적 선수다. 프로팀의 출범과 함께 농구규칙도 변화했는데, 24초 공격제한 시간, 3점 슛 등은 남한과 같으나 4점, 8점 슛과 감점제를 도입한 것이 특징적이다.

3) 프로볼링

북한에서는 권투, 농구에 이어 볼링도 프로화되었다. 평양에서 발행된 영문주간지 『평양타임스』는 1999년 11월 6일호에서 평양볼링관이 프로볼링선수권대회 개최 장소로 활용되고 있다고 전했다. 하지만 정보 부족으로 북한 내에 어떤 프로볼링팀이 있는지 정확히 알 수 없다. 다만 평양볼링관 개관 이전부터 조선인민군 소속인 4·25체육선수단에서 소수의 전문선수들을 육성해 왔다는 점으로 보아, 이들이 프로로 활약하고 있는 것으로 추정된다.[196)]

4·25체육선수단 소속의 볼링팀은 1994년 히로시마에서 열린 제12회 아시아경기대회에 출전할 것으로 알렸다가 막판에 불참했다. 따라서 1998년 방콕아시아경기대회에 출전한 북한 볼링팀이 국제무대에는 첫 선을 보인 것이다. 이 대회에서 북한 볼링팀은 남녀 각 3명씩이 출전했으나 최하위의 성적에 그쳤다.

4) 민족씨름

북한은 1950년대부터 씨름·활쏘기·그네·널뛰기 등 민속놀이를 경기화했다. 그 중 최근 인기 대중스포츠로 자리잡은 씨름은 텔레비젼으로 중계되고 있는데, 아예 '텔려비죤 민족씨름경기대회'를 개최하기까지 했다. 가령 1994년 3월 평양 청춘거리 민족씨름경기장에서 열린 텔레비젼 민족씨름경기를 사상 최초로 중앙텔레비젼을 통해 녹화중계한 것은 그 대표적 사례이다.[197)]

196) 정동길, 앞의 책, 181~182쪽.

이 경기는 각 도에서 선발된 65명의 선수들이 단판승제로 겨루어, 이중 10명을 선발해 최종 결승리그전을 가졌다. 체급 구분없이 무제한급 경기로 치러지는 이 대회에는 통상적인 씨름규칙이 적용되었으나, 남한과는 달리 모래판이 아닌 매트 위에서 경기를 하고 있다. 텔레비젼 민족씨름대회는 한 해 두 세 차례 정도 평양에서 개최되며, 보통 석달간 진행된다.[198] 2002년도 제1회 대황소상 전국 근로자 텔려비죤 민족씨름경기에서는 1등에겐 황소와 180g의 금방울을 상으로 주었는데, 3번 우승한 선수에겐 금방울을 영구 소유하게 하고 있다.[199] 이 텔레비전 민족씨름경기대회는 준프로적 스포츠경기대회이다.

이렇게 최근 북한에서는 자본주의 스포츠 도입과 프로화가 진행되고 있다. 특히 지난 한일월드컵경기를 TV로 중계하는 등 스포츠의 개방화는 활발하게 진척되고 있다.

5. 국제스포츠경기대회 참가

북한 선수단이 최초로 참가한 국제경기대회는 1947년 8월 헝가리 부다페스트에서 열린 세계청년학생축전이었다. 이후 북한 선수단은 비록 소규모이긴 하나 계속해서 국제대회에 참가했지만, 거의 대부분 공산권 경기대회에 한정될 수 밖에 없었다. 그것은 남한이 북한보다 먼저 1국 1국가올림픽위원회를 인정하는 국제올림픽위원회(IOC)에 가입했기 때문이다.

1947년 세계청년학생축전에는 농구와 축구팀만이 참가했는데, 첫 출전에서 1등을 차지하는 기염을 토했다.[200] 7월 평양역에서 행해진 환송식에는 14,000여 명의 군중이 모여들었고, 함흥에서는 무려 5만 명의 군중들이 대표단을 환송했을 정도로 첫 국제대회 참가에 대한 기대가 매우 높았다.[201] 첫 대회 출전에서 기대 이상의 성과를 거두자 축구, 남녀 농구, 여자육상 팀이 1949년 8월 2회 대회에 참가하기도 했다.[202]

한국전쟁 이후 북한은 국제경기대회에 다시 참가했다. 물론 세계청년학생축전처럼 대부분 공산권 경기대회였지만, 서방세계에서 열린 경기대회에도 참가했다. 가령 1956년 프랑스 파리에서 개최된 제3회 남자 및 제2회 여자배구세계선수권대회에 출전했는데, 이 대회는 북한이 최초로 참가한 서방세계에서 열린 국제대회였다.[203]

197) 『내외통신』, 1994년 3월 8일자.
198) 정동길, 앞의 책, 153~155쪽.
199) 『조선중앙년감』, 2003, 238쪽.
200) 『조선중앙년감』, 1952, 393쪽.
201) 조남훈, 앞의 책, 107쪽.
202) 『조선중앙년감』, 1952, 393쪽.

1) 올림픽대회

한국은 1947년 스웨덴 스톡홀름 국제올림픽위원회(IOC) 총회 결정에 따라 한반도의 유일한 IOC 회원국 자격을 획득했다. 따라서 한 국가에 하나의 국가올림픽위원회(NOC)를 인정한다는 IOC의 원칙에 따라 북한의 IOC 가입은 번번이 무산되었다. 때문에 북한의 올림픽대회 참가 역시 이루어질 수 없었다.

북한의 IOC 가입은 1957년 불가리아 소피아에서 열린 제54차 IOC총회에서 잠정적으로 인정되었다.[204] 다만 이때 북한 NOC의 활동 범위를 북한 지역으로 한정했다. 이같은 결정은 IOC가 남북한의 단일팀 구성을 유도하기 위한 조치였다. 그러다가 1962년 6월 소련 모스크바에서 열린 IOC총회에서 1964년 동계올림픽대회에 남북한이 단일팀을 구성하도록 하고, 그것이 불가능할 경우 북한을 개별팀으로 올림픽대회에 참가시킨다는 조건부 승인을 결의했다.

마침내 북한은 1963년 10월 독일 바덴바덴에서 열린 제60차 IOC총회에서 북한의 NOC 자격을 승인받아 IOC 회원자격을 획득했다.[205] 그 결과 북한은 1964년 제9회 오스트리아 인스부르크 동계올림픽대회부터 독자적으로 참가할 수 있었다. 북한은 같은 해 도쿄 하계올림픽대회에도 참가했으나, IOC가 가네포대회(GANEFO)에 출전한 선수들의 올림픽 참가를 거부하자 출전을 포기했다.[206]

가네포대회란 미국을 중심으로 한 서방세계를 반대하는 제3세계의 체육대회라는 뜻으로 인도네시아의 주도로 개최되었다. 처음에는 IOC가 가네포 출전을 문제삼지 않기로 함에 따라 가네포에 출전한 선수들이 포함된 북한 선수단도 참가했지만, 뒤늦게 국제아마추어육상경기연맹(IAAF)이 이를 문제삼았다. 이에 따라 세계신기록 보유자인 육상의 신금단 선수가 도쿄올림픽대회에 출전하지 못하게 되자 북한은 정식 국가호칭을 쓸 수 없다는 이유를 내세워 선수단을 철수시키고 말았다.[207]

북한이 정식국호를 사용할 수 없었음에도 불구하고 1964년 도쿄올림픽대회에 출전하려 했던 이유는 신금단이라고 하는 확실한 금메달 후보가 있기 때문이었다. 신금단 선수는 1962년 구소련의 '쯔메난스키형제상 국제육상대회' 400m 및 800m 경기에서 세계신기록을 세웠다. 그는 다음해 대회에서도 400m에서 세계신기록을 수립했다. 북한이 다시 올림픽대회를 비롯한 국제대회에 참가하기 시작한 것은 1969년 제68차 IOC총회

---

203) 『로동신문』, 1956년 9월 30일자.

204) 朴柱漢, 「南北韓 스포츠交流의 史的 考察과 展望」, 한국체육대 박사논문, 1997, 17쪽.

205) 조남훈, 앞의 책, 242쪽.

206) 이학래·김동선, 『북한의 체육』, 213쪽.

207) 『체육』, 2000년 6·7호, 40~41쪽.

에서 모든 올림픽대회에 북한의 정식국호가 'D.P.R. Korea'로 결정되면서였다.[208)]

북한의 하계올림픽대회 참가는 1972년 독일 뮌헨대회가 처음이었다. 모두 21개 종목 가운데 육상, 역도, 여자배구, 권투, 레슬링, 사격, 체조, 양궁, 조정, 유도 등 10개 종목에 65명의 선수가 출전했다. 이 대회에서 북한은 금메달 1개(사격), 은메달 1개(권투), 동메달 3개(유도, 여자배구, 레슬링)로 종합 순위 22위를 차지했다.[209)] 이처럼 북한은 첫 출전한 이 대회에서 뛰어난 성적을 올렸다. 특히 소구경복사에서 리호준이 금메달을 따냈으며, 여자배구의 동메달은 3, 4위전에서 한국을 꺾고 따낸 것이다. 종합성적에서도 북한 22위, 한국은 33위에 그쳤다.[210)]

1976년 캐나다 몬트리올올림픽대회에는 축구, 육상, 사격, 양궁, 권투, 역도, 유도, 레슬링 등 8개 종목에 선수 61명, 임원 29명 등 90명의 선수단이 참가했다. 이 대회에서는 권투에서 금·은메달 각 1개씩 얻는 데 그쳤다. 금메달 1개, 은메달 1개, 동메달 1개로 종합 19위를 차지한 한국보다 뒤진 22위를 차지했다. 금메달은 구영조가 48㎏급 결정전에서 심판 전원일치의 판정승으로 따냈다. 1980년 구 소련의 모스크바올림픽대회에서는 역도, 레슬링, 체조, 마라톤, 유도, 양궁, 사격, 권투 등 8개 종목에 걸쳐 선수 57명, 임원 44명 등 101명의 선수단이 참가했다. 하지만 이때는 금메달 획득에 실패했고, 레슬링과 역도에서 은메달 2개, 역도와 권투에서 동메달 2개만을 확보하는 데 그쳤다.[211)]

1984년 미국 로스앤젤레스대회와 1988년 서울대회에 불참한 북한은 1992년 스페인의 바르셀로나올림픽대회에 레슬링, 역도, 권투, 체조, 탁구, 유도, 육상, 사격 등 11개 종목에 사상 최대 규모인 선수 65명, 임원 43명으로 구성된 선수단을 파견했다. 이 대회에서 북한은 금메달 4개(레슬링, 체조, 복싱), 동메달 5개(레슬링, 역도, 복싱, 탁구)로 종합 16위를 차지하는 등 큰 성과를 거두었다. 복싱 51㎏급의 최철수, 레슬링 자유형의 김일(48㎏급)과 리학선(52㎏), 체조 안마에서 배길수가 각각 금메달을 목에 걸었다.

1996년 미국 애틀란타올림픽대회에는 9개 종목에 24명의 선수단만을 파견했는데, 이는 김일성의 사망에 따른 이른바 애도기간임을 감안한 것이었다. 북한은 1996년 1월 3일 IOC에 제26회 애틀란타올림픽대회의 참가를 통보함으로써 국제스포츠무대에서 자취를 감춘 지 3년만에 복귀를 결정했다. 북한은 1993년 5월에 열린 동아시아경기대회를 끝으로 국제종합경기대회에 모습을 보이지 않았으며, 같은 해 11월 호주에서 열린 세계역도선수권대회와 스페인 세계리듬체조선수권대회 이후에는 종목별 국제대회에도 참가하지 않았다. 이처럼 북한이 뒤늦게 애틀란타대회 참가를 결정한 것은 북미관계

208) 조남훈, 앞의 책, 252쪽.

209) 이학래·김동선, 앞의 책, 214쪽.

210) 대한체육회, 『大韓體育會 七十年史』, 1990, 263쪽.

211) 이학래·김동선, 앞의 책, 215쪽.

정상화를 위한 정치적인 유화 제스처 차원에서 이루어진 것으로 해석된다.[212]

이번 대회에 가까스로 모습을 드러낸 북한은 와일드 카드로 출전한 유도의 계순희가 일본의 자랑 다무라 료코를 가볍게 제치고 금메달을 따냈다. 레슬링에서도 김일이 금메달을 추가해 금메달 2개, 은메달 1개, 동메달 3개를 획득하여 종합 33위에 오르는 저력을 과시했다. 특히 16세의 계순희는 일본 유도계의 신화인 다무라 료코의 84연승 가도를 제지하면서 북한에 첫 번째 금메달을 안겨주어 세계를 경악시켰다.[213] 김일 역시 바로셀로나대회에 이어 이 대회에서도 금메달을 획득하여 북한 최초로 올림픽대회 2연패라는 금자탑을 쌓았다.

2000년 9월 15일 올림픽 주경기장인 '스타디움 오스트레일리아'의 문이 열리면서 시작된 제27회 시드니올림픽대회에서는 올림픽대회 참가사상 처음으로 개회식 남북 동반입장이 이루어져 남북의 화해분위기 조성 및 남북스포츠 교류에 획기적인 장을 열었다.[214] 북한은 이 대회에 31명의 선수를 10개 종목에 출전시켰으나, 예상밖으로 부진했다. 이들 중에는 올림픽대회 2연패를 노리는 계순희(여자유도 52㎏)를 비롯해 세계기록 보유자인 리성희(여자역도 58㎏), 바로셀로나올림픽대회 금메달리스트 배길수(체조) 등이 포함돼 있어 1~2개의 금메달이 예상되었지만, 은메달 1, 동메달 3개만을 획득하는 낮은 성적을 거두었다. 특히 확실한 금메달 후보였던 여자 역도의 세계신기록 보유자 리성희 선수가 자만심과 작전 실패로 은메달에 그쳐 아쉬움을 남겼다. 계순희 역시 동메달을 따는 데 그쳤다.[215]

제28회 올림픽대회는 2004년 8월 13일부터 17일간 그리스 아테네에서 열렸다. 아테네올림픽대회는 국제대회에서 남북 선수단이 동시에 입장하는 5번째 대회였다. 남북선수단의 동반 입장은 2000년 시드니올림픽대회를 시작으로 2002년 부산아시아경기대회와 2003년 아오모리동계아시아경기대회, 2003년 대구유니버시아드대회에 이어 아테네올림픽대회에 이르기까기 모두 5번째에 걸쳐 연출되었다. 스포츠를 통한 인류 평화에 기여한다는 올림픽 정신을 올림픽대회의 발상지인 그리스 아테네에서 구현한다는 점에서 남북한 선수단의 동반입장은 세계인에게 보다 뜨거운 관심의 대상이 되었다.[216]

한편 북한의 동계올림픽대회 참가[217]는 1964년 제8회 오스트리아 인스부르크대회가 처음이었다. 이 대회는 또한 북한이 처음으로 참가한 올림픽대회이기도 하다. 이 대회

212) 『체육』, 1996년 1월호, 21쪽.

213) 『체육』, 1996년 5·6월호, 29~30쪽.

214) 『체육』, 2000년 8·9·10월호, 20~22쪽.

215) 『로동신문』, 2000년 9월 19일자; 2000년 10월 1일자; 『2002 북한연감』, 820쪽.

216) 문화관광부, 『2004 체육백서』, 2005, 658쪽.

217) 이학래·김동선, 앞의 책, 215쪽; 『로동신문』, 1964년 2월 2일·3일자; 1992년 2월 24일자.

에는 선수 17명, 임원 22명 등 39명의 선수단이 참가했는데, 한필화가 여자 스피드스케이팅 3000m에서 은메달을 획득했다. 이후 1972년 삿뽀로대회, 1984년 사라예보대회, 1988년 캘거리대회에 참가했으나 메달 획득에는 실패했다. 이중 1972년 삿뽀로대회에서는 한필화 선수의 남매 상봉으로 세계의 이목이 집중되어 남북 분단이라는 민족적 비극을 실감케 했다. 그리고 1980년 레이크플레시드대회는 사상 최초로 미국에서 개최된다는 점에서 주목을 끌었으나, 북한은 대표단만을 파견했다.

1992년 프랑스 알베르빌올림픽대회에는 스키와 스케이팅 2종목에 임원 12명과 선수 23명 등 35명의 선수단을 파견하여 숏트렉 500m에서 황옥실이 동메달을 획득했다. 1994년 노르웨이 릴레함메르대회에 불참한 북한은 1998년 일본 나가노대회에 참가할 수 있는 출전권은 따내지 못했지만 와일드 카드로 참가할 수 있었다. 숏트랙과 스피드스케이팅의 7개 세부종목에 10명의 선수가 출전했으나 세계수준과 격차를 보이며 메달 획득에는 실패했다.[218]

2) 아시아경기대회

1972년 뮌헨올림픽 이후 북한은 아시아경기연맹(AGF)에도 가입하기 위한 노력을 기울였다. 우선 1974년 제7회 아시아경기대회 개최국인 이란과의 접촉을 강화하는 데 주력했다. 1972년 9월 이란 탁구팀을 평양으로 초청했고, 1973년 9월에는 이란 국세레슬링대회에 북한 선수단을 파견하는 등 스포츠교류를 강화했다. 마침내 1974년 3월 테헤란 아시아경기연맹 대표자회의에서 북한의 아시아경기연맹 가입이 승인되었다. 이후 북한은 1974년 8월 30일 아시아역도연맹 가입을 시작으로 1974년 9월 한 달 동안에만 8개 종목 경기연맹에 가입했다.

아시아경기연맹 가입 이후 북한은 1974년 9월 테헤란대회에 참가했고, 1986년과 1994년 대회를 제외한 아시아경기대회[219]에 매번 참가했다. 1974년 테헤란대회에 참가함으로써 아시아경기대회에 그 모습을 드러낸 북한은 14개 종목에 232명의 대규모 선수단을 파견하여 금메달 15개, 은메달 14개, 동메달 17개를 확보하여 한국에 이은 5위를 차지했다. 이 대회기간 중 북한은 아시아경기연맹 총회에서 신입 회원국임에도 불구하고 연맹 집행위원국에 피선되는 등 스포츠외교에 매우 적극적이었다.

1978년 태국 방콕아시아경기대회에 북한은 13개 종목에 224명의 선수단을 파견하여 금메달 15개, 은메달 13개, 동메달 15개로 한국에 이은 종합 4위를 차지했다. 북한은 1982년 인도 뉴델리아시아경기대회[220]에서는 금메달 17, 은메달 19, 동메달 20개를 획득

218) 『연합뉴스』, 1998년 2월 21일자.

219) 이학래·김동선, 앞의 책, 219쪽.

하여 종합 3위인 한국의 뒤를 이었다. 1986년 서울대회에 불참했던 북한은 1990년 베이징아시아경기대회[221]에 참가하여 금메달 12개, 은메달 31개, 동메달 39개로 종합 성적 4위를 차지했다. 특히 이 대회에서는 남북 공동응원을 펼쳐 남북 화해분위기를 연출했다. 1994년 일본 히로시마아시아경기대회에는 김일성에 대한 애도기간임을 이유로 불참했다.

1998년 태국 방콕아시아경기대회[222]에는 314명이라는 대규모 선수단을 파견했다. 이 대회에서는 20여 개의 종목에 출전하여 금메달 7, 은메달 14, 동메달 12개를 확보하여 종합 8위에 그쳤다. 금메달은 사격 3개, 레슬링 2개, 유도 1개, 체조에서 1개를 땄다. 유도에서의 금메달은 애틀란타올림픽대회에서 일본 유도계의 신화로 불리는 다무라 료코를 꺾은 계순희가, 체조의 금메달은 북한 체조계의 영웅 배길수가 각각 획득했다.[223]

북한이 참가한 역대 아시아경기대회 중 가장 의미있는 대회는 2002년 9월에 열린 부산아시아경기대회였다. 특히 북한 선수단이 처음으로 남한이 개최하는 국제경기대회에 참가했는데, 단순히 첫 참가라는 데만 의미가 있는 것은 아니었다. 작게는 남북 체육교류의 새 장을 열었으며, 크게는 남과 북이 민족공동체로서 하나됨을 확인한 대회였다.

북한의 대회 참가는 2002년 8월 4일 제7차 남북장관급회담 개최를 위한 금강산 실무접촉에서 남북한 당국 간에 합의되었다. 하지만 북한이 실제 부산아시아경기대회에 참가하기까지는 많은 관문이 남아있었다. 특히 북한의 참가종목과 선수단 규모, 백두산 성화 채화 및 봉송, 편의내용 보장 등은 원활한 대회 준비를 위해 빠른 시간 내에 협의가 완료될 필요가 있었다. 이를 위해 부산아시아경기대회 조직위원회는 먼저 8월 6일 통일부에서 열린 관계기관 합동회의에서 북한 참가와 관련한 정부 차원의 대책 마련 및 적극적인 지원을 요청하자, 관계기관에서도 북한 참가와 관련된 실무협의기구를 설치, 운영하고 신속히 북한측과 실무회담을 개최토록 적극적인 협조의사를 밝혔다.[224]

2002년 8월 9일 북한측에서 조선올림픽위원회 박명철 위원장 명의로 8월 17일부터 20일까지 실무회담을 개최하자는 서한을 판문점을 통해 조직위원회에 전달했다. 이에 대해 조직위원회가 정순택 부산아시아경기대회조직위원회 위원장 명의로 8월 17일부터 19일까지 실무회담을 개최하자는 수정제의를 했다. 북측이 이에 동의하면서 북한

220) 『로동신문』, 1982년 12월 6일자.

221) 『로동신문』, 1990년 10월 9일자.

222) 『로동신문』, 1998년 12월 22일자.

223) 연합뉴스, 『2000 북한연감』, 656쪽.

224) 第14회부산아시아경기대회조직위원회, 『제14회부산아시아경기대회조직위원회 공식보고서』, 2003, 723~724쪽.

참가를 위한 금강산 실무회담이 시작되었다. 제1차 실무접촉에서는 조직위원회 백기문 사무총장과 조선올림픽위원회 조상남 서기장이 양측의 수석대표로 참가했다. 이 회담에서 양측은 북한의 참가에 따른 선수단의 규모와 이동 경로, 편의 제공 및 백두산 성화 채화 등에 대해서는 상당한 의견 접근을 보았으나 공동입장 문제, 응원단 파견 문제 등에 대해서는 합의에 이르지 못했다. 이처럼 완전한 합의에 이르지 못한 양측은 8월 26일부터 28일까지 금강산여관에서 제2차 실무 접촉을 갖고 8월 28일 합의서를 서명 교환함으로써 북한의 대회 참가가 최종 확정되었다.

이렇게 남측 부산아시아경기대회 조직위와 북측 올림픽위원회는 두 차례 금강산에서 실무회담 접촉을 갖고 북한의 제14회 부산아시아경기대회 참가와 개·폐회식 남북 동반입장이라는 큰 성과를 이끌어냈다.[225] 이때 합의된 주요 내용은 첫째 북측 선수단의 남측 방문시와 귀환시 직항 노선과 북측 항공기 이용, 둘째 선수단 표지판은 '코리아', 영어로도 'KOREA'로 하며 선수단 복장은 지난 2000년 시드니올림픽대회 때의 전례를 따를 것, 셋째 부산아시아경기대회 성화는 백두산에서 채화하며, 금강산에서 조직위원회 관계자에게 인계할 것, 이때 북측은 남측 인원이 백두산 현장에서 채화과정을 녹화 및 참관할 수 있도록 최대한 편의를 보장할 것, 넷째 대회기간 북측의 국기 게양은 아시아올림픽평의회 헌장과 국제 관례에 따를 것 등이었다.

이렇게 해서 분단 이후 국내에서 개최되는 국제경기대회에 처음으로 북한이 대규모 선수단(18개 종목, 318명)을 파견하여 개회식 때 남과 북이 동시에 입장함으로써, 아시아경기대회라는 스포츠의 장을 통하여 민족통일에 대한 의지를 전 세계에 보여주었다.[226]

개막식에 이어 열전에 돌입한 북한 선수단은 대회 초반까지만 해도 5위권을 유지했으나 상승세를 이어가지 못하고 종합 9위에 머물렀다. 최종 성적은 금메달 9개, 은메달 11개, 동메달 13개였다. 북한은 최근 국제대회에서 강세를 보이고 있는 여자축구, 역도, 사격, 유도, 체조, 레슬링, 탁구 등의 종목에서 확실한 금메달을 기대했지만 북한의 여자유도 영웅 계순희가 불의의 일격을 당하는 등 시작부터 삐끗했다. 하지만 마라톤의 함봉실, 체조의 김현일과 한정옥 등이 선전하여 금메달을 획득하면서 확실한 기둥으로 자리를 잡았다.[227]

한편, 동계스포츠는 종목의 특성상 아시아에서는 한·중·일과 구 소련의 영향을 받은 중앙아시아 일부 국가를 제외하곤 크게 활성화되지 못했다. 때문에 동계아시아경기대회도 1986년에 와서야 일본에서 처음 개최되었다. 이 대회에서 북한은 전통적으로 강세종목이었던 스피드스케이팅 종목에서도 1위를 차지하지는 못했다. 특히 여자

---

225) 『체육』, 2002년 7·8월호, 22~23쪽.

226) 문화관광부, 『2002 체육백서』, 615~616쪽.

227) 연합뉴스, 『2004 북한연감』, 2005, 288쪽.

1,000m경기에서 0.4초 차이로 한춘옥이 1위를 놓쳐 아쉬움을 자아냈다. 하지만 피겨 듀엣부문에서 15세의 남혜영과 11세의 김혁이 예상 외로 1위를 차지했는데, 어린 나이임에도 불구하고 훌륭한 기량을 보여줌으로써 관중들의 탄성을 자아내기도 했다. 첫 동계아시아경기대회에서 북한은 금메달 1, 은메달 2, 동메달 5개를 따냈다.[228]

1990년 제2회 대회도 일본 삿뽀로에서 개최되었다. 이 대회에서 북한 선수단은 숏트랙에서만 은메달과 동메달 각각 1개를 얻는 데 그쳤다.[229] 제3회 동계아시아경기대회는 북한이 유치했으나, 대회를 반납하여 2년 뒤인 1996년 중국 하얼빈에서 열렸다. 이후 동계아시아경기대회는 1999년 강원도에서 개최되었다. 북한은 이 대회에 참가하지 않았다. 그러다가 북한은 2003년 아오모리대회에 숏트랙과 피겨, 여자아이스하키 등의 종목에 선수 29명, 임원 22명으로 구성된 선수단을 파견했다.[230]

아오모리동계아시아경기대회의 개회식은 남북한의 하나된 모습으로 역사적인 대단원의 막이 2003년 2월 1일 열렸다. 신현택 단장과 리동호 북한 단장이 나란히 손을 잡고 앞장 선 가운데 남북한 선수단 150명은 한반도기를 앞세우며 아오이모리 아레나에 입장했다. 개회식장을 가득 채운 관중들의 열렬한 격려 속에 남북한은 시드니올림픽대회, 부산아시아경기대회에 이어 3번째의 남북한 개회식 동반입장의 대업을 이루어 내며 한반도의 평화를 기원하는 메시지를 전 세계에 널리 전했다.[231] 이 대회에서 북한은 숏트랙 여자 3천m 계주에서 은메달을, 리향미가 여자 1500m에서 동메달을 획득하여 종합 6위를 기록했다.[232]

3) 유니버시아드대회

북한의 유니버시아드대회 참가[233]는 1970년 핀란드 로비니에미동계대회가 처음이다. 19명의 선수단이 출전한 이 대회에서는 한필화가 스피드스케이팅에서 은메달과 동메달 하나씩을 얻는 데 그쳤다. 이후 북한은 유니버시아드대회에 한동안 참가하지 않았다. 다만 1983년 캐나다 레드먼튼 하계대회에는 3명의 대표만이 참가했다. 다시 유니버시아드대회에 참가한 것은 1985년 일본 고베 하계대회였다. 이 대회에는 138명의 선수단이 출전하여 금메달 3, 은메달 3, 동메달 2개를 얻어 종합성적 12위의 한국보다 앞선 9위의 성적을 차지했다.

228) 『로동신문』, 1986년 3월 14일자.
229) 『로동신문』, 1990년 3월 12일자.
230) 『연합뉴스』, 2003년 1월 28일자.
231) 『체육』, 2003년 2월호, 19~21쪽.
232) 『연합뉴스』, 2003년 1월 28일자.
233) 이학래·김동선, 앞의 책, 217~218쪽.

1987년 유고 자그레브하계유니버시아드대회에는 축구, 육상, 농구, 배구, 체조, 카누, 조정 등 7개 종목 63명의 선수단을 파견했다. 이 대회에서는 축구와 여자체조에서 동메달 2개를 얻는 데 그쳤다. 1989년 독일 뒤스부르크 하계대회에 불참한 북한은 1991년 영국 세필드 하계대회에 92명의 선수단이 체조, 다이빙, 축구, 여자농구, 육상 등 5개 종목에 걸쳐 참가하여 금메달 11개, 은메달 3개, 동메달 5개의 성적을 거둬 종합 5위에 올랐다.

1970년 로비니에미대회 참가 이후 동계유니버시아드대회에는 1987년 체코 스트르브스키플레스대회에 참가했다. 이 대회에서 북한은 아이스하키, 스키, 피겨스케이팅 3개 종목에 걸쳐 32명의 선수를 파견했으나 메달 획득에는 실패했다. 1989년 불가리아 소피아대회에는 피겨스케이팅, 스키 등 2개 종목에 45명의 선수단을 파견하여 은메달과 동메달 각각 1개씩을 획득했다. 1991년 일본 삿뽀로대회에는 아이스하키, 피겨, 스키 등 5개 종목에 82명의 선수단이 참가하여 금메달 4개, 은메달 1개, 동메달 3개를 얻어 종합성적 4위에 올랐다. 1993년 폴란드 자코뱅대회에는 바이애슬론, 크로스컨트리, 숏트랙 등 3종목에 24명의 선수단을 파견하여 은메달 2개, 동메달 3개를 획득했다.

북한의 유니버시아드대회 참가 사상 가장 획기적인 대회는 바로 2003년 대구유니버시아드대회다. 2002 부산아시아경기대회에 이어 남한에서 개최된 국제경기대회에 두 번째로 참가했던 것이다. 2002년 3월 부산아시아경기대회 조직위원회는 국제대학스포츠연맹(FISU)에 북한의 대회 참가에 대한 협조를 요청했고, 북한과 조직위원회가 직접 접촉에 대비해 주민접촉 승인을 받는 등 북한의 대회 참가에 대비했다. 2002년 8월 북한의 조신대학생체육협회 전극만 위원장에게 공식 초청장을 발송하고, 같은 해 9월 개최된 부산아시아경기대회에 참가한 북한 체육관계자와의 접촉을 통해 북한의 초청장 접수를 확인했다. 또 남북장관급회담과 남북경제협력추진회 회의 등을 통해서도 대회참가와 관련한 남북 실무회담 개최를 요구했다. 이어 조직위원회는 2003년 3월 북한의 대회 참가와 관련한 각종 문제를 협의 해결해 나가기 위해 통일부, 국가정보원, 문화관광부, 대구시 관계자를 주축으로 실무협의회를 구성했으며, 북한 참가 문제를 장관급회담에서 공식 의제화하도록 통일부에 요청했다.[234]

이에 따라 2003년 4월 평양에서 개최된 제10차 남북장관급회담에서 북한의 대회참가 문제가 공식적으로 논의되었으며, 이 문제는 체육관련기관 상호간에 협의하기로 했다. 이같은 합의에 따라 관계기관 실무협의회 및 관계 부처와의 협의를 거쳐 조직위원회 사무총장을 수석대표로 하는 남북 실무접촉 대표단을 구성했으며, 6월 27일부터 6월 29일까지 금강산에서 남북 실무접촉을 갖자는 조직위원장 명의의 실무접촉 제안을

234) 2003대구하계유니버시아드대회조직위원회, 『2003 대구 제22회하계유니버시아드대회 공식보고서』, 2004, 178~179쪽.

판문점 연락관 접촉을 통해 북한에 전달했다. 이에 북한이 실무접촉 기간을 7월 4일부터 7월 6일까지로 하자는 수정 제안을 하고 조선대학생체육협회 부원장을 단장으로 하는 대표단을 보내겠다는 연락을 해왔으며, 남측이 이를 수용함에 따라 남북 실무접촉 일정이 확정되었다.

이렇게 해서 금강산에서 열린 남북 실무접촉에서 개·폐회식 동시 입장, 인공기 게양, 이동경로, 선수단과 응원단 규모 등에 있어 상당한 의견 차이가 있었다. 하지만 쌍방의 입장을 충분히 개진하고 부분적으로 서로 양보하여 상대방의 주장을 수용함으로써 합의에 이르게 되었으며, 공식합의서에 서명 교환함으로써 북한의 대회참가가 확정되었다.

대구유니버시아드대회에 참가한 북한 선수단의 규모는 금강산 남북실무접촉 당시 밝혔던 200명보다 11명이 줄어든 것이며, 부산아시아경기대회에 참가했던 318명에는 미치지 못한 것이었다. 하지만 북한의 역대 유니버시아드대회 대표단 사상 최대 규모였다. 또 응원단의 수는 당초 310명에서 306명으로 줄어들었지만, 취재 및 카메라 기자는 19명에서 24명으로 증원됐다.[235]

남북한 선수단은 8월 21일 개회식에서 171개국 가운데 맨 마지막으로 한반도기를 들고 2000년 시드니올림픽대회와 2002년 부산아시아경기대회, 2003년 아오모리동계아시아경기대회에 이어 국제대회 사상 네 번째로 동반 입장했다. 특히 북한 응원단은 다양하고 열띤 응원으로 관중을 몰고 다녀 대회에 대한 관심을 배가시켰으며, 응원단에 대한 시민의 관심과 국내외 언론의 집중 조명으로 북한 응원단이 참가하는 경기장은 입장권이 매진되는 등 대회 분위기를 이끌어 나갔다.[236]

이 대회에서 북한은 여자유도에서 부산아시아경기대회 금메달리스트인 홍옥성이 57kg급에서 첫 금메달을 딴 데 이어 세 체급에서 은메달을 획득하여 정상급 기량을 발휘했다. 특히 여자축구는 대회기간 27득점 무실점이라는 막강한 전력을 내세워 일본을 3대 0으로 꺾고 정상에 올랐고, 여자체조 도마에서도 김영실이 금메달을 목에 걸었다. 하지만 여자 하프마라톤에서 은메달과 동메달을, 기대를 모았던 다이빙에서는 은메달과 동메달 각각 2개를 획득하는 데 그쳐 전체 9위에 머물고 말았다.[237]

4) 세계선수권대회

북한은 1950년대 중반 각종 국제경기단체에 가입했다. 하지만 북한의 국제대회 참가

---

235) 『연합뉴스』, 2003년 8월 18일자.

236) 2003대구하계유니버시아드대회조직위원회, 앞의 책, 180쪽.

237) 『연합뉴스』, 2003년 8월 31일자; 『한국일보』, 2003년 9월 1일자.

는 1960년대까지 주로 사회주의권에서 개최되는 대회에 집중되었다. 당시 북한의 외교관계가 소련을 비롯한 공산권 국가 위주이었기 때문이다. 이런 상황에서도 북한은 서방세계에서 개최된 세계선수권대회에 참가하기도 했다. 북한 선수단의 세계선수권대회 첫 참가는 바로 1956년 8월 30일부터 9월 12일까지 프랑스 파리에서 열린 세계배구선수권대회였다.[238] 이 대회에서 남자팀은 24개 참가국 가운데 18위를, 여자팀은 17개 참가국 가운데 8위를 차지했다. 특히 여자팀은 3시간이 넘는 접전 끝에 미국팀에 승리하여, 세계의 주목을 받았다.

1960년대에도 북한은 주로 동구권이나 북유럽 국가에서 개최된 세계선수권대회에 출전했다. 이 시기 북한이 출전한 세계선수권대회와 그 성적을 보면 다음과 같다. 1963년 루마니아 국제탁구선수권대회에서는 남자단체 1위를 차지했다.[239] 동계종목 중 스피드스케이팅에서도 강세를 보여 1965년 핀란드 세계여자스피드스케이팅선수권대회에서 종합 2위를,[240] 1966년 노르웨이대회에서는 김송순 선수가 1,500백m 1위, 1,000m 2위, 3,000m 3위를 바탕으로 종합성적에서도 2위를 차지했다.[241] 이는 여자 스피드스케이팅 종목에서 아시아 선수로는 가장 좋은 성적을 올린 것이었다.[242]

북한은 1970년대부터 본격적으로 서구에서 개최된 세계선수권대회에 참가했다. 1972년 뮌헨 세계역도선수권대회에서 박동근 선수가 용상 52kg급에서 1위에 올랐다.[243] 1973년 프랑스 세계양궁선수권대회에서는 김향민 선수가 30m 복식경기에서 2위, 장수영 선수가 3위를 차지했다.[244] 이어 1975년 스위스 세계양궁선수권대회에서는 여자단체전에서 2위, 한순희가 60m 복식경기에서 2위를 한 것을 비롯하여 모두 은메달 2, 동메달 3개를 획득했다.[245] 1975년 제33회 인도 세계탁구선수권대회에서는 여자 단식에서 박영순이 1위를 차지했다.[246] 박영순은 1977년 영국에서 열린 세계선수권대회에서도 개인 단식과 복식에서 1위를 했는데, 이 대회에서 북한은 금메달 2, 동메달 1개의 성적을 올렸다.[247] 레슬링 종목에서는 1983년 구 소련 끼에프에서 열린 제22회 레슬링선수권대회 48kg급 자유형에서 1위를 차지한 것을 비롯하여[248] 1986년 헝가리 부다페스

238) 조남훈, 앞의 책, 173쪽.
239) 『조선중앙년감』, 1964, 225쪽.
240) 『로동신문』, 1965년 2월 20일자.
241) 『로동신문』, 1966년 2월 15일자.
242) 조남훈, 앞의 책, 258쪽.
243) 이학래·김동선 엮음, 앞의 책, 413쪽.
244) 『로동신문』, 1973년 8월 19일자.
245) 『로동신문』, 1975년 7월 3일자.
246) 『로동신문』, 1975년 2월 17일자.
247) 『로동신문』, 1977년 4월 7일자; 『조선중앙년감』, 1978, 320쪽.

트에서 열린 레슬링선수권대회에서는 리재식·김영식 선수가 우승하기도 했다.[249)]

세계선수권대회에서 좋은 성적을 올린 종목은 체조였다. 1971년 쿠바 세계예술체조선수권대회에서 조순덕 선수가 뜀틀 1위를 한 뒤[250)] 1983년 프랑스 스트라스부르크에서 열린 대회에서 집체 3위를, 1985년 스페인 대회에서 집체 2위를 차지했다.[251)]

이렇게 북한은 체조선수권대회에서 좋은 활약을 보여주었는데, 특히 기술수준도 매우 높았다.[252)] 예컨대 1972년 뮌헨 올림픽대회 철봉종목에서 리송섭이 보여준 기술이 '리송섭내리기'로 국제체조연맹에 등록된 것을 비롯하여 세계선수권대회에서도 뛰어난 기량으로 국제체조연맹에 자신의 이름을 딴 기술이 등록된 선수들이 많다. 1981년 모스크바 세계체조선수권대회에서는 리철헌이 안마에서 뛰어난 기량을 선보여, 그의 기술이 국제체조연맹에 '리철헌동작'으로 등록되었으며, 여자선수로는 김광숙이 1989년 세계선수권대회 이단평행봉에서 새로운 동작을 선보여 그의 기술이 '김광숙동작'으로 등록되었다. 또한 1991년 대회에서 김광숙이 10점 만점을 받기도 했다. 배길수도 계속해서 좋은 성적을 거두었는데, 1992년과 1993년, 1996년 세계체조선수권대회 안마종목에서 모두 1위를 차지하여 '안마왕'이라는 별명을 얻기도 했다.[253)] 하지만 체조종목은 90년대 후반부터 쇠퇴하기 시작하여, 1999년 세계선수권대회에서는 올림픽 출전권조차 따지도 못했을 정도였다.

요컨대 북한이 세계선수권대회에서 일찍부터 좋은 성적을 거둔 종목은 주로 스피드스케이팅, 역도, 레슬링, 탁구, 체조 등이었다. 이들 종목은 최근까지도 북한의 강세종목인데, 특히 역도의 리성희가 1999년 세계선수권대회에서 세계신기록을 수립하기도 했다.[254)] 이들 종목 외에도 요즘은 육상과 유도에서도 좋은 성적을 올리고 있다. 정성옥이 1999년 제7차 세계육상선수권대회 마라톤에서 1위를 했는데, 북한에서는 자긍심과 자존심을 살려준 획기적 사건으로 받아들였다.[255)] 유도에서는 계순희가 1996년 미국 애틀란타올림픽대회에서 일본의 간판스타 타무라 료코를 누르고 금메달을 딴 뒤 1997년 세계선수권대회에서 2위,[256)] 2001년 세계선수권대회에서는 1위[257)]에 오르는 등 뛰어

248) 『로동신문』, 1983년 9월 30일자.
249) 『로동신문』, 1986년 11월 1일자.
250) 『로동신문』, 1971년 11월 18일자.
251) 조남훈, 앞의 책, 365쪽.
252) 정동길, 앞의 책, 297~298쪽.
253) 『로동신문』, 1992년 4월 23일자; 1993년 4월 19일자; 1996년 4월 21일자.
254) 『로동신문』, 1999년 11월 24일자.
255) 『로동신문』, 1999년 9월 6일자.
256) 『로동신문』, 1997년 10월 14일자.
257) 『로동신문』, 2001년 7월 30일자.

난 기량을 선보였다.

5) 아시아선수권대회

북한의 최초 아시아선수권대회 참가는 아시아탁구연합(ATTU) 주관의 1972년 5월 북경아시아탁구선수권대회부터였다. 이 단체는 일본이 자국에서 열린 1971년 나고야 세계탁구선수권대회에 중국을 참여시키기 위해 새로 조직한 것이다. 이 대회에서 북한은 여자 복식에서 1위를 차지했다.

이처럼 북한이 세계선수권대회에는 적극 참가하면서도 아시아선수권대회 참가가 부진했던 것은 정치적 문제에서 비롯되었다. 즉 인도네시아가 1962년 아시아경기대회를 개최하면서 대만과 이스라엘의 참가를 거부하자 국제올림픽위원회는 인도네시아의 올림픽 참가 자격을 박탈해 버렸다. 그 결과 인도네시아는 1962년 국제올림픽위원회를 탈퇴하고 반제·반식민주의를 내걸고 가네포대회를 조직했다. 이같은 정세변화에 따라 북한은 가네포 참가를 결정하고, 1965년 말 인도네시아에서 정변이 발생하여 가네포대회가 폐지될 때까지 주도적인 역할을 했다.[258] 게다가 가네포대회 참가로 북한 역시 올림픽대회 참가가 사실상 봉쇄되었기에, 국호 문제 등을 이유로 국제대회 출전을 포기해 버렸다. 신금단 선수는 1962년 구 소련의 '쯔메난스키형제상 국제육상대회' 400m 및 800m 경기에서 세계신기록을 세웠다. 그는 다음해 대회에서도 400m에서 세계신기록을 수립했다. 하지만 도쿄올림픽대회의 불참으로 북한의 올림픽 첫 금메달은 1972년 뮌헨올림픽대회 금메달리스트 사격의 리호군 선수에게 돌아갔다. 1969년 IOC총회에서 북한의 요구대로 정식으로 국호를 승인받은 뒤 북한은 본격적으로 국제무대에 등장했으며, 이 무렵 아시아선수권대회에도 참여하기 시작했다.

북한은 1974년 테헤란아시아경기대회 기간 동안 8개의 아시아경기연맹 기구에 가입했다. 이에 따라 북한은 1975년 8월 말레이시아에서 열린 제3회 아시아사격선수권대회를 시작으로 아시아선수권대회에 본격적으로 참가했다. 이 대회에서 리호준이 6개의 금메달과 4개의 아시아신기록을 세우는 큰 활약을 펼쳤다.[259] 북한은 1977년 제8회 아시아역도선수권대회에 처음 참가하여 60kg, 75kg급에서 1위를, 56kg과 60kg급에서 2위, 52kg급에서 3위를 차지했다.[260]

북한의 육상선수권대회 참가는 1979년 5월 일본 도쿄에서 열린 아시아육상선수권대회부터였다. 이 대회에서 김옥선이 여자 1,500m에서 6초를 단축한 아시아신기록을 세

---

258) 조남훈, 앞의 책, 232~235쪽.

259) 『로동신문』, 1975년 9월 6일자.

260) 『조선중앙년감』, 1978, 320쪽; 조남훈, 앞의 책, 370쪽.

웠다.[261] 그후 1996년 아시아수영선수권대회 다이빙 종목에서 리옥림이 1위를 차지하는 등[262] 다이빙에서도 좋은 성적을 올리고 있다. 다이빙은 현재 북한에서 수중발레와 함께 전략종목으로 육성하고 있다.

특히 북한은 역도선수권대회에서 자주 아시아신기록도 세웠는데, 1987년 일본대회에서는 김영수와 리희봉이 아시아신기록을,[263] 1989년 이란대회에서는 전철호가 3개의 아시아신기록을 수립했다.[264] 여자선수들의 활약도 커서 옥선경, 리영화 등도 유명하지만, 최고의 기량을 갖춘 선수로 리성희를 꼽을 수 있다. 그는 1996년 아시아여자역도선수권대회 때부터 기량을 인정받았는데, 1998년 방콕아시아경기대회와 1999년 아테네세계선수권대회에서 세계신기록을 수립한 후 2000년 일본 오사카아시아선수권대회에서도 세계신기록을 세웠다.[265] 이때는 시드니올림픽 개최가 불과 4개월도 남지 않은 시점이어서 올림픽대회 금메달에 대한 기대가 컸었지만, 정작 시드니올림픽대회에서는 자만심과 작전 실패로 은메달 획득에 그쳤다.

6) 주요 국제경기대회에서의 성과

북한의 국제대회 참가는 1960년대까지 주로 사회주의권에서 주최·개최하는 대회에 한정되었다. 이는 남한이 한반도 유일의 국제올림픽위원회(IOC) 회원국에 가입함으로써 올림픽대회에 참가할 수 없었기 때문이다. 그러다가 북한의 올림픽대회 참가는 1963년 독일 바덴바덴의 IOC총회에서 회원국으로 정식 가입하면서 가능해져, 이듬해 오스트리아 인스부룩 동계올림픽대회에 참가했다. 하지만 정식 국호를 쓰지 못한다는 이유로 1964년 도쿄올림픽대회에는 불참했다. 신금단은 1962년 구 소련의 '쯔메난스키 형제상 국제육상대회' 400m 및 800m 경기에서 세계신기록을 세웠다. 그는 다음해 대회에서도 400m에서 세계신기록을 수립했다. 하지만 도쿄대회의 불참으로 북한의 올림픽 첫 금메달은 1972년 뮌헨올림픽대회 금메달리스트 사격의 리호준 선수에게 돌아갔다.

그러다가 1969년 IOC 68차총회에서 이후 모든 올림픽경기대회에 북한의 정식 국호가 'D.P.R. Korea'로 결정되면서 1972년 독일 뮌헨대회를 시작으로 본격적으로 올림픽에 참가했다. 뮌헨대회에선 체조부문에서 리송섭 선수의 기술이 국제체조연맹에 '리송섭 내리기'로 등록되는 등 선전을 펼쳐, 종합 22위를 차지했다. 하지만 이후 하계 올림픽대회에서의 성적은 그리 좋지 못했고, 이는 동계대회의 경우에도 마찬가지였다. 북한은

261) 『로동신문』, 1979년 6월 4일자.
262) 『로동신문』, 1996년 4월 16일자.
263) 『로동신문』, 1987년 4월 20일·22일자.
264) 조남훈, 앞의 책, 371쪽.
265) 『로동신문』, 2000년 5월 5일자.

또한 정치적 목적을 이유로 1984년 미국 로스앤젤레스대회와 1988년 서울올림픽대회에 불참하기도 했다. 하지만 1992년 바르셀로나대회, 1996년 애틀란타대회, 2000년 시드니대회, 2004년 아테네대회에는 참가했다.

북한이 세계선수권대회에 처음 참가한 것은 1956년 8월 30일부터 9월 12일까지 프랑스 파리에서 열렸던 세계배구선수권대회였다. 이 대회에서 여자 배구팀은 미국팀을 상대로 3시간이 넘는 접전 끝에 승리하여, 세계의 주목을 받기도 했다. 북한은 1970년대부터 본격적으로 서구에서 개최된 세계선수권대회에 참가했는데, 올림픽대회와는 달리 뛰어난 성적을 올리기도 했다. 성적이 돋보인 종목은 체조·사격·스피드스케이팅·역도, 레슬링, 탁구 등이었다. 하지만 체조종목은 90년대 후반부터 쇠퇴하기 시작하여, 1999년 세계대회에서는 올림픽 출전권을 따지도 못했을 정도였다. 그 대신 최근에는 여자 역도와 마라톤, 유도 등에서 좋은 성적을 올리고 있다.

북한은 1970년대 들어 아시아경기대회나 아시아선수권대회에 주력하기 시작했다. 이는 전통적인 대공산권 외교 강화와 남한 고립화라는 외교정책을 스포츠분야에까지 확대하기 위해서였다. 1972년 뮌헨 올림픽대회 이후 이란·쿠웨이트 등 아시아경기단체를 주도하는 중동국가와 교류를 강화하여 결국 1974년 3월 아시아경기연맹(AGF)에 가입했고, 8월에는 아시아경기연맹의 집행위원국에 피선됨으로써 스포츠 외교를 통한 남한 고립화 정책을 관철시킬 수 있었다. 특히 중국·일본 등과 함께 1972년 기존 아시아탁구연맹(ATTF)을 대신하는 아시아탁구연합(ATTU)을 창설한 것은 그 단적인 사례이다. 따라서 북한의 아시아경기대회나 아시아선수권대회 참가는 남북 체제대결의 연장선에서 이루어졌다고 볼 수 있다. 아시아경기대회에는 1974년 테헤란대회를 시작으로 1986년 서울대회와 1994년 히로시마대회를 제외하곤 모두 참가했다. 단일팀 참가가 무산되었지만, 남북이 공동응원을 펼친 1990년 베이징대회에서는 종합 4위를 차지했다. 사상 최초로 남한이 주최하는 국제대회 참가라는 신기원을 이룩한 2002년 부산대회에서는 리성희가 여자 역도 53kg에서 세계신기록을 달성했지만, 북한의 성적은 종합 9위에 머물었다.

유니버시아드대회는 1970년 핀란드 로비니에미동계대회 때 처음으로 참가했다. 이후 한동안 참가하지 않다가 1985년 일본 고베 하계대회 때 다시 참가하여 금메달 3, 은메달 3, 동메달 2개로 종합성적에서 한국보다 앞선 9위의 성적을 차지했다. 최고 성적은 1991년 영국 세필드 하계대회에서 올렸는데, 금메달 11개, 은메달 3개, 동메달 5개의 성적으로 종합 5위를 차지했다. 2003년 대구유니버시아드대회에서는 종합 9위의 성적을 기록했다. 동계 유니버시아드대회에는 자주 참가하지 않았지만, 1991년 일본 삿뽀로대회에서 종합성적 4위를 차지하기도 했다.

북한이 세계선수권대회에서 일찍부터 좋은 성적을 거둔 종목은 주로 스피드스케이팅, 역도, 레슬링, 탁구, 체조 등이었다. 이들 종목은 최근까지도 북한의 강세종목인데, 특히 역도의 리성희가 1999년 세계선수권대회에서 세계신기록을 수립하기도 했다.[266] 이들 종목 외에도 요즘은 육상과 유도에서도 좋은 성적을 올리고 있다. 정성옥이 1999년 제7차 세계육상선수권대회 마라톤에서 1위를 차지했다.[267] 유도에서는 계순희 선수가 1996년 미국 애틀란타올림픽대회에서 일본의 간판스타 타무라 료코를 누르고 금메달을 딴 뒤 1997년 세계선수권대회에서 2위,[268] 2001년 세계선수권대회에서는 1위[269]에 오르는 등 뛰어난 기량을 선보였다.

6. 국제스포츠경기대회 유치 및 신설

1) 국제경기대회 유치

북한이 사회주의권대회를 제외한 국제대회를 유치·개최한 대회로는 1976년 4월 25일부터 13일간 열린 제3회 아시아탁구선수권대회를 비롯하여[270] 1979년 4월 제35회 세계탁구선수권대회 등이 있다. 1976년 아시아탁구선수권대회는 1972년 기존 아시아탁구연맹(ATTF)이 해체되고, 일본·중국·북한 및 아랍 제국이 담합하여 창설한 아시아탁구연합(ATTU)이 공식 아시아탁구기구화하면서 유치할 수 있었다. 이 대회에서 북한은 여자 단체전 1위를 차지했다.[271] 1979년 세계탁구선수권대회에는 미국을 비롯한 78개국이 참가했는데, 북한은 여자 단체 2위·남자 단체 6위·여자 단식 2위·여자 복식 3위를 차지했다.[272]

이 밖에 제3회 동계아시아경기대회도 유치하려 했는데, 이는 국제 종합경기대회를 개최하기 위한 조치였다. 1992년 프랑스 알베르빌동계올림픽대회에 조사단 12명을 파견하여 대회 준비를 위한 활동을 벌인 것이 그 단적인 사례이다. 하지만 1992년 대회 개최권을 반납함으로써 무산되었다. 그러다가 1999년에는 아시아·오세아니아주 주니어아이스하키선수권대회 B풀 경기를 개최했다.[273] 이 대회에서는 북한이 우승을 차지했다.

---

266) 『로동신문』, 1999년 11월 24일자.
267) 『로동신문』, 1999년 9월 6일자.
268) 『로동신문』, 1997년 10월 14일자.
269) 『로동신문』, 2001년 7월 30일자.
270) 이학래·김동선, 앞의 책, 251쪽.
271) 『조선중앙년감』, 1977, 236쪽.
272) 『조선중앙년감』, 1980, 176쪽.
273) 연합뉴스, 『2001 북한연감』, 902쪽.

이렇게 북한은 국제스포츠경기대회를 자주 유치·개최하지 못했다. 1970년대 적극적인 스포츠외교를 벌여 공산권 국가와 아랍국가의 지원을 얻어 탁구대회를 2차례 개최했을 뿐이었다. 이는 북한의 부족한 스포츠시설에도 그 원인이 있지만, 주로 폐쇄적인 사회체제와 그에 따른 경제문제에 기인한 결과로 볼 수 있다. 동계아시아경기대회 유치 후 이를 반납하거나 평양컵축구대회의 중단이 그 단적인 사례일 것이다.

2) 국제경기대회 신설

1970년대에 와서 북한은 제3세계에 대한 다변 외교를 확대하는 동시에, 서방세계에 대한 접근을 모색하는 실리외교를 펼치기 시작했다. 그 결과 스포츠 분야에서도 그 활동무대를 기존 사회주의권 국가 위주에서 탈피하여 아시아지역을 중심으로 일부 서방국가에 이르기까지 확대했다. 이는 적극적인 스포츠 외교활동을 통하여 국제 스포츠사회에서의 영향력을 확대하는 데 목적이 있었다. 그 근본적인 목적은 서방세계의 남한에 대한 지지를 약화시켜 남한을 고립화시키고, 선진 기술과 자본을 도입하여 경제 난국을 타개하려 하는 데 있었다. 이에 따라 1981년부터 만경대상 국제마라톤대회, 평양국제친선여자배구대회, 국제예술체조경기대회, 평양국제친선탁구대회, 평양국제친선축구대회 등의 국제대회를 개최하고 있다. 하지만 참가국이 일부 사회주의 국가에 한정되어 있고, 그나마 참가 선수도 국가대표가 아닌 단일팀 수준에 그쳐 질적인 수준이 낮을 수 밖에 없었다. 김일성 사후에도 김정일 체제와 북한의 발전상을 선전하기 위한 수단으로 이같은 대회를 활용하고 있다.

(1) 만경대상 국제마라톤경기대회

만경대상 국제마라톤경기대회는 김일성의 생일인 4월 15일을 기념하기 위하여 1981년부터 매년 평양에서 개최되고 있다. 4월 25일 열리던 이 대회는 최근 4월 7일이나 9일로 조정되어 실시되고 있다. 대회코스는 중간 코스와 반환점이 몇 차례 변경되기도 했지만 대체로 김일성경기장-개선문-영웅거리-비파거리로, 반환점인 삼석구역 성문동을 왕복한다.[274] 국내외 전문선수들이 참가하는 전문부문과 일반(청년급)부문으로 나뉘어 진행하기도 했는데, 최근에는 김일성경기장-개선문-보통문-천리마거리-평천강안도로-순화강다리 등을 왕복하는 코스로 진행되며, 평천강안도로까지 왕복하는 21여 km의 하프코스(반마라손) 경기도 열리고 있다.[275] 서너 차례를 제외하곤[276] 대부분의

274) 『로동신문』, 1982년 4월 26일자.

275) 『로동신문』, 2001년 4월 16일자.

276) 『로동신문』, 1984년 4월 26일자; 1985년 4월 26일자; 1988년 4월 26일자.

우승과 입상자는 모두 북한 선수들이 차지했다.

그 명칭과 달리 대회 참가국은 대부분 구 소련을 비롯하여 중국·체코·구 동독 등 사회주의 국가에 한정되었다. 최고 7개국이 참가했던 1987년 대회 이후 참가국도 점차 줄어들어 1991년에는 참가국이 중국과 소련에 불과할[277] 정도로 규모도 축소되었다. 이처럼 대회 규모가 줄어든 사정을 반영하듯 『조선중앙년감』에는 1993~99년까지의 대회관련 기사가 없으며, 『로동신문』에서도 이 시기 대회 기사를 확인할 수 없다.

그러다가 2000년에 와서 대회가 속개되었는데, 개최일은 물론이고 참가 규모에서도 이전과는 많은 변화가 나타났다. 2000년 대회는 4월 7일 열렸는데, 마라톤 강국인 케냐의 선수들도 참가했다.[278] 이런 변화는 2001년 대회에서 더욱 두드러졌다. 이 대회는 일본과 미국을 비롯하여 영국·프랑스는 물론 북유럽 등지의 서방국가, 그리고 마라톤 강국인 에티오피아와 케냐 선수 등 500여 명이 참가할 정도로 큰 성황을 이루었다.[279] 특히 이 대회에는 사상 처음으로 이탈리아 스포츠용품 제조업체 휠라와 맥주회사 하이네켄, 영국의 유력 경제일간지 파이낸셜타임즈, 스위스 컴퓨터업체 테이터엑티비티 등 4개 업체가 스폰서로 참가했다.[280] 2002년 대회에는 전 해보다 줄어들긴 했지만, 노르웨이·남아프리카공화국·영국·에디오피아·중국·케냐 등이 참가하여[281] 80~90년대 사회주의권 국가에 한정되었던 모습에서 탈피하고 있음을 확인할 수 있다.

(2) 평양탁구초청경기대회

북한은 1979년 4월 제35회 세계탁구선수권대회를 개최했다. 이 대회 참가를 둘러싸고 남북한 사이에 네 차례에 걸쳐 체육회담이 열렸으나, 남한의 대회 참가는 결국 좌절되었다. 이에 고무된 듯 북한은 1981년 국제탁구대회를 개최했는데, 이는 1980년 8월 남한이 서울오픈탁구선수권대회를 창설한 데 대응한 측면도 있었다. 초기에는 구소련·중국 등 주로 사회주의국가들이 참가했다. 그러나 1987년 이후부터 제3세계 국가도 참가하는 등 그 저변이 확대되었다.

하지만 1990년대 들어 참가국이 현저하게 줄어들면서, 1992년 대회 이후 중지되었다가 2000년 제13차 대회가 다시 열린 이후 계속 개최되고 있다.[282] 대회는 주로 7~8월 사이에 개최되었는데, 초기에는 대회 개막식에 '유격대행진곡'[283]·'체육인행진곡'[284]

277) 『로동신문』, 1991년 4월 9일자.

278) 『로동신문』, 2000년 4월 10일자.

279) 『로동신문』, 2001년 4월 16일자; 『조선중앙년감』, 2002, 205쪽.

280) 『2002 북한연감』, 811쪽.

281) 『조선중앙년감』, 2003, 239쪽.

282) 『2002 북한연감』, 817쪽.

등의 음악이 사용되다가 최근에 와서는 '평양-친선의 탁구대회'[285]라는 대회 공식음악이 개막식과 폐회식에서 연주되고 있다.

(3) 태권도세계선수권대회

태권도는 최근 북한에서 인기있는 대중스포츠로 자리잡고 있다. 북한은 2년마다 개최할 예정으로 1998년 9월10일상 국제태권도경기대회를 창설했다.[286] 9월 10일은 김일성이 태권도전당을 현지지도했다는 날이다. 제1회 대회에는 마다카스카르·불가리아·슬로베니아·중국·체코·카자흐스탄 등의 선수들이 참가했다.

(4) 백두산상 국제피겨축전

이 대회는 김정일의 생일을 기념하는 행사의 하나로 자주·평화·친선을 모토로 1992년 처음 열린 이래 현재까지 계속되고 있다. 그만큼 북한에서 중요한 대회로 여기고 있다는 것이다. 제1회 대회에는 노르웨이·덴마크·핀란드·스웨덴 등 북유럽 국가와 독립국가연합·중국·루마니아·헝가리·체코슬로바키아·폴란드 등 옛 사회주의권 국가와 오스트리아·스페인 등이 참가했다.[287] 다른 대회와 마찬가지로 이 대회도 점차 참가국의 수가 현격하게 줄어들고 있다. 그럼에도『로동신문』에서는 매우 비중있게 이 대회를 보도하고 있는데, 특히 1999년 제8회 대회가 성대히 진행될 것임을 보도하기도 했다.[288] 이는 김일성 사망 이후 이른바 유훈통치기간이 끝나면서 점차 김정일 체제가 강화되는 것과 관련이 있었다. 이런 사정을 반영하듯 1998년 이후 김정일에 대한 찬양을 노골적으로 드러내는 개막식 행사가 진행되기도 했다.[289]

(5) 기타 종목별 경기대회

북한은 1979년 국제예술체조경기대회·국제여자배구경기대회 개최를 비롯하여 국제권투경기대회(1981년), 국제유도경기대회(1983년), 국제사격대회(1984년), 국제자유형

283)『로동신문』, 1981년 8월 31일자.
284)『로동신문』, 1984년 7월 3일자.
285)『로동신문』, 1999년 10월 1일자; 2001년 8월 14일·18자.
286)『로동신문』, 1998년 9월 11일자.
287)『로동신문』, 1992년 2월 13일자.
288)『로동신문』, 1999년 1월 31일자.
289)『로동신문』, 1998년 2월 17일자; 1999년 1월 31일자; 1999년 2월 18일자; 2000년 2월 11일자; 2001년 2월 13일자.

레슬링경기대회(1986년), 국제스피드스케이팅경기대회(1988년) 등을 개최해 왔다.[290] 국제축구대회도 개최했는데, 1981년 9월 27일 함흥에서 열린 국제축구경기대회가 그것이다.[291] 이 대회에는 인도와 중국이 참가했다. 이후 중단되었다가 1990년 평양컵국제축구경기대회를 조직했다.[292] 이 대회는 우승팀에 2만 달러, 준우승팀에 1만 달러, 3위팀에 4,000달러를 지급하는 상금제를 채택했다.[293] 자금난으로 1992년 3회 대회를 끝으로 더 이상 열리지 못했다.

이렇게 북한은 1990년대 초반 이래 급격하게 축소되었던 국제체육행사를 2000년부터 확대하는 추세를 보이고 있다. 북한 주최의 국제경기대회가 1999년 '평양 국제탁구초청경기대회'와 2000년 '만경대상 국제마라톤경기대회' 재개를 기점으로 최근 점차 확대되는 양상을 나타내고 있다. 북한은 1980년대부터 1990년대 초반까지 8~14개의 소규모 국제대회를 매년 평양에서 주최했으나 1992년을 기점으로 국제대회를 줄이기 시작해 '백두산 국제피겨축전' 하나로 국제체육행사의 맥을 이어왔다.[294]

그러다가 북한은 2000년부터 국제경기대회를 늘리기 시작했다. 2000년 4개의 국제체육행사를 열었던 북한은 2001년 상반기에 이미 두 차례의 국제경기대회를 주최했으며, 최근 들어 경제사정의 일부 호전에 따라 중단했던 국제체육행사를 재개하고 있다. 특히 백두산 국제피겨축전, 만경대상 국제마라톤경기대회 등 2001년 행사에서 이례적으로 서구기업의 상업광고를 부착하거나 유니폼을 지원받아 눈길을 끌었다.

7. 스포츠외교

1980년대 김정일 후계체제가 공식화되면서 북한은 기존 체육정책을 유지하는 동시에 체육분야의 개방화도 추진하기 시작했다. 1986년과 1989년 김정일의 발언[295]은 체육의 개방화를 알리는 상징적 의미를 담고 있다. 국제경기대회 참가 장려, 미수교국과의 친선경기, 남한과의 축구교류, 국제스포츠 교류 등을 밝힌 그의 개방화 조치는 1990년 남북통일축구경기, 1991년 일본 지바 세계탁구선수권대회와 포르투갈 세계청소년축구선수권대회 남북 단일팀 구성 참가, 사상 최초의 북·미 친선축구경기, 1992년 바르셀

290) 조남훈, 앞의 책, 375쪽.
291) 『로동신문』, 1981년 10월 1일자.
292) 『로동신문』, 1990년 8월 28일자.
293) 연합뉴스, 『2001 북한연감』, 896쪽.
294) 연합뉴스, 『2002 북한연감』, 810쪽.
295) 「체육을 대중화하며 체육기술을 빨리 발전시킬 데 대하여」, 『김정일선집』 8, 조선로동당출판사, 1998, 414-416쪽; 「체육을 발전시킬 데 대하여」, 『김정일선집』 9, 1997, 334쪽.

로나올림픽대회 참가로 이어졌다. 게다가 남한의 북방정책 및 햇볕정책은 북한의 이런 개방화를 가속화시키는 데 크게 기여했다.

1) 국제스포츠외교

정부수립 이후 북한의 외교정책 목표는 체제 유지와 강화, 한반도의 공산화 실현에 두어 왔다. 이런 외교정책의 목표를 실현하기 위한 스포츠외교는 '주체체육의 위력' 과시, 남북대결에서의 필승의식 고취, 공산권 및 제3세계에 대한 스포츠외교 강화, 내서방 스포츠외교 강화에 그 기조를 두었다.[296] 이같은 스포츠외교의 방향은 남한의 국제적 고립화와 북한의 상대적 지위 향상이라는 외교목표와 궤도를 같이 하는 것이었다.

북한은 1960년대 초까지 주로 구 소련의 쯔메난스키형제상 대회나 인도네시아의 가네포(GANEFO)처럼 공산권 혹은 제3세계 국가에서 개최하는 각종 스포츠대회에 참가했으며, 올림픽대회나 아시아시경기대회 등 서방세계가 주도하는 국제대회에는 거의 참가하지 않았다.[297] 이런 사정은 북한의 국제적 지위가 사회주의권에 국한된 당시 상황을 반영하는 것이지만, 실제로는 국제경기대회에 참가할 여력이 없었기 때문이었다. 즉 1960년대 초 북한에서는 김일성 1인체제를 확립하기 위한 권력투쟁이 끊임없이 진행되고 있었을 뿐만 아니라, 경제건설과 국방건설의 병진정책에 따른 사회주의 공업화 추진으로 스포츠를 대내적 정치통합의 수단으로 이용하는 데 급급했기 때문이었다.

북한이 대서방 스포츠외교에 본격적으로 나시기 시작한 것은 1962년 10월 내각결정 제57호 '체육기술을 급속히 제고할 데 대하여'[298]가 채택되면서였다. 이 결정에서는 국제체육기구의 가입, 각국 체육조직 및 선수단과의 교류 등의 체계적인 진행을 제시했다. 이어 같은 해 11월 전국체육열성자대회에서는 남북간의 체육교류를 실현하고 1964년 도쿄올림픽에 참가하기로 결정했다.[299] 이런 일련의 대외 체육교류 강화정책으로 북한은 대서방 스포츠외교에 적극 나서기 시작했다. 이는 김일성 1인체제가 확립되고 중소분쟁 이후 사회주의권의 분열에 따른 자주적 외교모색을 위한 방편이기도 했다. 그 결과 북한은 도쿄올림픽대회에 남북 단일팀으로 참가해야 한다는 국제올림픽위원회(IOC)의 결정으로 남북회담에 임했다.[300] 이 회담은 무산되었지만 북한은 마침내 1963년 독일 바덴바덴에서 열린 IOC총회에서 IOC 회원국으로 정식 가입할 수 있었다.[301]

296) 이학래·김동선, 『북한의 체육』, 243~244쪽.

297) 조남훈, 앞의 책, 228~235쪽.

298) 위의 책, 225쪽.

299) 『로동신문』, 1962년 11월 4일자.

300) 대한체육회, 앞의 책, 396쪽.

그런데 북한은 올림픽대회 참가자격을 박탈할 수 있다는 IOC의 경고에도 불구하고 1963년 가네포대회에 참가했다. 국제경기연맹(ISF)은 이런 북한의 조치가 규정 위반이라는 이유로 가네포 참가국들의 올림픽대회 참가를 금지해 버렸다. 북한은 이를 무시한 채 가네포 참가 선수들을 도쿄올림픽대회에 참가시키려 했다. 결국 소련 등 공산권 국가의 건의로 가네포 참가 선수들을 제외한 북한 선수단의 대회 참가가 허용되었다. 하지만 북한은 정작 1964년 도쿄올림픽에 참가하기 위해 일본에 왔다가 국호문제를 빌미로 도착 3일만에 선수단 철수를 선언해 버렸다. 이후 1968년 멕시코시티올림픽대회에서도 국호문제를 제기하여 자신들의 요구가 받아들여지지 않자 대회 참가를 포기했다.

이렇게 1960년대 북한은 자신들의 정통성을 인정받기 위한 일환으로 올림픽에 참가하고자 한 동시에, 사회주의 동맹이라는 정치적 목적을 우선시했다. 그 결과 대서방 스포츠외교는 결실을 거두지 못했다.

북한은 결국 1969년 6월 폴란드 IOC총회[302]에서 자신들의 요구대로 '조선민주주의인민공화국(DPRK)'이란 국가 호칭을 정식 승인받은 뒤에 올림픽대회 참가 위주의 대서방 스포츠외교를 재개할 수 있었다. 하지만 북한은 로스앤젤레스올림픽과 서울올림픽대회 참가 거부에서 보듯이 여전히 친공산권, 반남한이라는 기본 정책목표를 유지했다.

그러다가 1972년 이후 북한의 수교국 수가 급속히 증가하여 남한과의 차이가 보다 좁혀지자 북한은 자주, 다변 외교노선을 확대하여 서방국가는 물론이고 한국과 수교관계를 맺고 있던 중동국가와의 접근에도 적극성을 보이기 시작했다.[303] 예컨대 1972년 뮌헨올림픽대회 선수단 파견, 이란 탁구팀 평양 초청을 비롯하여 이란이 개최하는 국제레슬링대회에 선수단을 파견했다. 그리고 1974년 9월 아시아축구연맹 총회 때 반이스라엘 정책에 따른 쿠웨이트의 이스라엘 축출 안건에 적극 동조하기도 했다. 이어 1977년 3월 월드컵축구 아시아지역 예선전에서도 쿠웨이트에 동조하여 대이스라엘전을 거부하기도 했다. 이를 계기로 1978년 10월 쿠웨이트 청소년축구팀 초청, 1979년 2월 육상·체조·축구·수영 4개 종목의 상호교환경기 및 코치파견 합의 등 쿠웨이트와의 관계 발전을 도모하기도 했다.

더구나 북한은 1973년 대미전략을 협상전략으로 전환하면서, 미국을 1979년 4월 25일 평양에서 열린 제35회 세계탁구선수권대회에 초청했다. 뿐만 아니라 '미제국주의자'에서 단순히 미국으로 호칭했다. 이는 북·미 양국이 서로 상대방의 정식 명칭을 사용했다는 의미 이상의 관계 진전을 보여주는 것이다.[304] 즉 남한의 참가는 사실상 저지되었

301) 조남훈, 앞의 책, 242쪽.

302) 위의 책, 252쪽.

303) 이학래·김동선, 앞의 책, 251~253쪽.

음에도 남한과 동맹관계인 미국을 초청하고 미국이 이를 받아들였다는 것은 이제 북·미 양국이 한반도문제를 주도하겠다는 의지를 반영하는 것이었다.

이렇게 1970년대 북한은 전통적인 대공산권 외교강화와 남한 고립화라는 외교정책을 스포츠외교에서도 관철시키고자 했다. 그 결과 60년대와는 다르게 적극적으로 올림픽대회에 참가하고, 미국과의 스포츠외교를 실현하는 등 대서방 스포츠외교정책을 본격화했다.

1980년대에 와서 북한은 대서방 스포츠외교를 보다 확대하고자 했다. 당시 북한은 경제정책의 실패로 서방세계의 기술과 자본의 도입이 절실하게 필요했다. 게다가 남한의 정치정세가 변화함으로써 서방세계의 남한에 대한 지지도 약화되고 있었다. 이제 북한은 서방세계에 대한 외교전략을 강화하기 위한 방편으로 대서방 스포츠외교를 적극적으로 펼치게 되었던 것이다.

북한은 1980년 10월 조선로동당 제6차 대회를 통해 '자주, 친선, 평화'라는 외교정책의 기본이념을 제시했다. 이는 공산권 국가와의 단결을 강화하는 동시에 우호적으로 대하는 자본주의국가와도 친선관계를 맺겠다는 대서방외교의 강화방안을 제시한 것이었다.[305)]

이같은 외교정책의 기조 아래 북한의 스포츠외교는 국제경기대회 참가는 물론 기존 대회 외에도 자체의 국제대회를 다수 신설하는 방향으로 전개되었다. 1981년 개최된 만경대상 국제마라톤대회를 비롯하여 국제축구경기대회(1981년), 국제권투경기대회(1981년), 평양국제친선탁구대회(1981년), 국제유도경기대회(1983년), 국제사격대회(1984년), 국제자유형레슬링경기대회(1986년) 등을 신설, 개최했다. 하지만 그 참가국 수가 점차 줄어들고, 북한 선수단이 상위권에 입상한 것에서 보듯이 이들 국제대회는 일부 사회주의국가만이 주로 참가하는 데 그쳤고, 그나마 참가선수도 국가대표팀이 아닌 단일팀 수준에 지나지 않아 국제대회에 걸맞는 수준에는 미치지 못했다. 게다가 미·소의 대결로 모스크바올림픽과 로스앤젤레스올림픽대회가 반쪽 대회로 그치면서 북한의 대서방 스포츠외교는 그다지 성공을 거두지는 못했다.

오히려 남한이 아시아경기대회와 올림픽대회를 유치하여 성공적으로 대회를 치루어냄과 동시에, 정치적 민주화에 성공하면서 북한의 대서방 스포츠외교는 새로운 국면을 맞게 되었다. 1988년 10월 미 국무부가 북한에 대해 학술, 문화, 스포츠, 교육 분야의 교류를 터준 것을 계기로 1991년 10월 워싱턴에서 미국 축구팀과 친선경기를 한 것은 북한의 대서방 스포츠외교에서 획기적 사건이었다.[306)] 이때부터 북한은 육상, 역도, 체조 등 전략종목을 국제대회에 보다 적극 참가시켰으며, 남한과의 체육교류에도 이전

304) 『중앙일보』, 1987년 3월 20일자.

305) 국토통일원, 『북한자료』, 1984, 46~50쪽.

306) 『세계일보』, 1991년 10월 20일자.

과 달리 전향적인 자세를 보이기 시작했다. 하지만 1994년 김일성의 사망으로 북한의 대외 체육교류는 일시 중단되었다.

북한은 1996년 애틀란타올림픽대회를 앞두고 국제 스포츠무대에 다시 등장했다. 이미 국제무대 복귀 준비단계로 일부 국가들과 체육교류의정서를 교환하는 등 경기대회 참가 외에 체육교류를 공식화하기 시작했던 것이다. 1996년 북한은 중국과 체육교류의정서를 교환했고,[307] 1998년 2월에 개최되는 나가노 동계올림픽을 앞두고 일본과 체육교류 확대를 위한 방안을 모색하기도 했다. 이해 1월 23일 도쿄에서 개최된 북한과 일본의 체육인들이 참가한 '조-일체육인 친선모임'에서 양측은 체육교류를 더욱 강화할 것'을 결의했다.[308] 이에 따라 같은 해 7월 사상 처음으로 일본과 탁구 합동훈련을 실시했다.[309] 또한 선진국들의 체육기술을 습득하기 위해 종전에는 없던 외국과의 교류를 적극 추진하기도 했다. 예컨대 1998년 9월 IOC 대표단을 평양으로 초청하여 교류와 협력을 강화하기로 합의했다.[310] 또 1999년에는 인도네시아에 배드민턴, 소프트볼 등 일부 종목 지도자와 선수들의 상호교류를 제안했다.[311]

이렇게 1990년대 이후 북한은 각종 국제경기대회에 적극 참여했을 뿐만 아니라 외국과의 스포츠교류를 보다 강화했던 것이다.

2) 국제경기기구 가입

남한은 1947년 IOC에 가입했고, 이듬해 런던대회부터 올림픽에 참가했다. 때문에 북한의 국제경기단체 가입은 이루어지지 못했다. 물론 북한 역시 국제체육기구의 가입에 그다지 관심을 두지 않았다. 그러다가 6·25 직후 남한이 1954년 호주 멜버른올림픽에 참가하자 이에 자극을 받아 본격적으로 IOC를 비롯한 국제경기단체에 가입하려고 노력했다. 그 결과 1956년 2월 국제배구연맹 가입을 시작으로 1960년까지 사격, 농구, 탁구, 권투, 스케이트, 축구, 체조, 레슬링, 역기, 사이클 등 11종목의 국제기구에 가입했고, 1961년 7월 양궁을 시작으로 1969년까지 11개 종목과 국제대학생체육연맹 등 12개 국제기구에도 가입했다.[312] 그리고 1963년에는 IOC에도 가입했다.

이같은 국제경기단체 및 IOC 가입으로 올림픽대회와 국제경기대회 출전이 가능해진 북한은 1970년대 아시아경기단체의 가입에도 적극적으로 나섰다.[313] 이 과정에는

307) 정동길, 앞의 책, 257쪽.

308) 연합뉴스, 『2000 북한연감』, 1999, 653쪽.

309) 위의 책, 657쪽.

310) 위의 책, 655쪽.

311) 연합뉴스, 『2001 북한연감』, 888쪽.

312) 조남훈, 앞의 책, 178·236쪽

세계정세의 변화가 큰 역할을 했다. 1971년 일본은 자국에서 열리는 세계탁구선수권대회에 중국을 참가시키기 위해 기존 아시아탁구연맹(ATTF)을 제쳐 두고 새로운 아시아탁구연합(ATTU)를 조직했다. 이 단체가 국제탁구연맹의 승인을 받아 아시아의 공식적인 기구가 되었다. 북한은 이 조직에 가입하여 1972년 북경아시아탁구선수권대회에 참가했다. 이어 1974년 테헤란아시아경기대회에 참가하기 위한 조치로 1972년 이란과 스포츠교류를 전개하고, 1974년 3월 테헤란에서 열린 아시아경기연맹 대표자회의에서 연맹 가입을 승인받고 그해 8월 30일 아시아역도연맹 가입 후, 그 다음날 바로 아시아경기연맹 집행위원국으로 선정되기도 했다. 북한은 이를 계기삼아 1974년 9월 한 달 동안 무려 8개 종목의 아시아 경기단체에 가입하는 등, 1972년부터 1987년 아시아카누연맹 가입 때까지 모두 17개 종목의 아시아경기단체에 가입했다.

이렇게 북한은 1956년 국제배구연맹 가입을 시작으로 1980년대까지 각종 국제경기단체만 아니라 아시아경기단체 가입을 일단락지었다.

313) 이학래·김동선, 앞의 책, 72·218~219쪽.

제X장 남북체육교류의 전개와 성과

남과 북은 분단 이후 지속적인 체육회담과 교류를 시도해왔다. 남북의 체육교류가 항상 통일을 염두에 둔 순수한 체육적인 의의만을 가진 것은 아니었다. 남북한의 정치적 지형 변화에 따라 많은 갈등이 유발되었으며, 체육교류 역시 이같은 정세를 반영하듯이 남북 대결의 무대가 되기도 했다. 따라서 체육교류 자체도 남북의 체제경쟁에 이용되는 수단에 불과한 경우도 있었다. 그럼에도 불구하고 반세기 동안 지속된 남북의 체육교류는 분단으로 이질화되고 있는 한민족의 동질성과 정체성을 확인하는 장이 되기도 했다.

1. 남북체육회담

1) 올림픽대회 단일팀 회담

1952년 헬싱키올림픽대회 이후 북한은 스포츠외교의 중요성을 인식하고 소련 등 공산국가의 적극적인 지원하에 국제올림픽위원회(IOC) 가입을 시도했다.[1] 하지만 1947년 스웨덴 스톡홀름 IOC총회 결정에 따라 남한이 한반도의 유일한 IOC 회원국 자격을 획득했다. 그 결과 IOC의 '1국가 1국가올림픽위원회(NOC)'라는 원칙에 따라 북한의 IOC 가입과 올림픽대회 참가는 불가능했다.

북한의 올림픽대회 참가가 가시화된 것은 IOC가 1955년 동서독 단일팀 구성을 조건으로 동독의 IOC 가입을 승인하면서부터였다.[2] IOC의 이같은 결정에 따라 북한도 보다 적극적으로 IOC 가입을 위한 활동과 대남 체육교류를 제의했다. 1956년 4월 제3차

1) 朴柱漢, 「南北韓 스포츠交流의 史的 考察과 展望」, 한국체육대 박사논문, 1997, 16쪽.

2) 위의 글, 71쪽.

조선로동당대회에서 남북체육교류 문제에 대한 언급을 시작으로,[3] 10월에는 평양의학대학 학생들이 서울대학 학생들에게 과학·문화·체육분야의 교류를 제기했다.[4] 이어 같은 해 호주 멜버른에서 개최된 제52차 IOC총회에서 다시 가입을 신청했으나 부결되었다.

이후 북한은 본격적으로 국제체육기구에 정식 가입하는 등 IOC 회원국이 되기 위한 사전 준비에 박차를 가했다. 1957년 불가리아 소피아에서 열린 제54차 IOC총회는 북한 국가올림픽위원회의 활동 범위를 북한지역으로 한정하고, 올림픽대회 참가도 대한올림픽위원회(KOC)의 일원으로서만 참가할 수 있도록 하는 조건부 승인을 했다.[5] 이같은 결정에 따라 북한의 올림픽대회 참가는 대한올림픽위원회를 통하지 않고는 불가능할 수밖에 없었다.

따라서 북한으로서는 단일팀 구성을 위한 남북회담을 제의하지 않을 수 없었다. 북한은 1957년 6월 1960년 로마올림픽대회 단일팀 참가를 위한 회담을 제의했다.[6] 이어 1959년 5월 독일 뮌헨에서 개최된 제55차 IOC총회에서 로마올림픽대회 남북 단일팀 참가를 결의함에 따라 북한은 이해 7월 4일자 서한을 보내어 8월 홍콩에서 남북회담을 열자고 제안했다.[7] 또한 북한올림픽위원회 산하 경기단체들도 남한의 해당 경기단체에 올림픽대회 단일팀 구성을 위한 종목별 협회의 노력을 기대한다는 서한을 보내기도 했다.[8]

당시 북한은 올림픽대회에 참가하고사 하는 열망이 매우 높았다. 이는 올림픽대회 단일팀 구성을 위한 회담제의뿐만 아니라 남북한 체육교류 및 각 종목별 남북 단일팀 구성을 남측에 제의한 사실[9]에서 잘 나타나 있다. 즉 평양시 체육인 500명은 1958년 3월 20일자 서한에서 IOC의 제의에 따라 남한 체육인들에게 단일팀 구성 및 국제무대 출전, 그리고 평양과 서울에서의 남북 친선경기 성사를 위한 투쟁을 벌이도록 선동했다. 1959년 2월에는 북한 축구협회가 1960년 로마올림픽대회 축구예선경기의 단일팀 구성을 제의하기도 했다. 그런데 1958년 3월 20일자 서한에서는 반정부 투쟁과 미군 철수를 요구하는 내용도 담겨 있었다. 이처럼 북측의 단일팀 구성을 위한 회담제의는 정치적 공세의 연장선에서 이루어졌다. 그 결과 남측은 회담에 적극적으로 나서지 않았을 뿐만 아니라, 아예 북한의 제의에 대해 회답조차 보내지 않았다.

---

3) 대한올림픽위원회, 『南北體育交流 資料集』, 1992, 5쪽.
4) 조남훈, 『조선체육사』 2, 금성청년출판사, 1992, 178쪽.
5) 박주한, 앞의 글, 17쪽.
6) 『로동신문』, 1957년 6월 11일자.
7) 조남훈, 앞의 책, 179쪽.
8) 『로동신문』, 1958년 12월 21일·24일자.
9) 『로동신문』, 1958년 3월 22일자; 1959년 3월 12일자.

그러다가 1962년 6월 옛 소련에서 열린 제59차 IOC총회가 계기가 되어 남북한은 올림픽대회 단일팀 구성을 위한 회담에 착수하게 되었다. 이 회의에서 북한은 공산권 국가들의 협조를 얻어 1964년 제18회 도쿄올림픽대회에 남북한이 단일팀으로 참가하되, 이것이 불가능할 경우 개별팀으로 참가할 수 있다는 조건부 승인을 얻어냈다.[10] 대한올림픽위원회도 국제 여론을 의식하여 도쿄올림픽대회에 남북한이 단일팀을 구성하여 참가할 것을 권고한 IOC의 결정에 동의했다. 하지만 북한을 직접 상대하지 않고 국제올림픽위원회 본부를 통해서만 접촉한다는 입장을 IOC 사무총장에게 통보했다.[11]

마침내 남북한은 IOC의 중재로 1963년 1월 24일 스위스 로잔 IOC 본부 사무실에서 최초의 남북체육회담을 개최했다.[12] 제1차 회담에서는 양측이 남북 단일팀 구성원칙에 동의해 단기(올림픽 마크 아래 'KOREA' 표기), 단가(아리랑), 선수 선발 원칙 등의 사항에 합의했다.[13] 제2차 회담은 1963년 5월 17일부터 6월 1일까지 홍콩에서 진행되었다.[14] 무려 14차례 본회의 및 2차례 연락대표 접촉의 결과 이 회담에서 남북한은 다음과 같은 내용에 합의했다. 첫째 올림픽대회 전 종목에 걸쳐 선발전을 실시한다. 둘째 선발전은 각 경기단체의 합의에 따라 쌍방 올림픽위원장의 승인을 받으며, 이를 위해 쌍방의 각종 경기단체는 조속한 시일 내에 접촉한다. 셋째 선발경기에 사용할 기구는 도쿄올림픽대회 규격에 맞거나 국제경기연맹이 공인한 것을 사용한다. 넷째 심판은 제3국의 심판이 맡되, 국제경기연맹에 배정을 의뢰한다. 다섯째 경비는 각자 부담한다. 여섯째 합의사항은 1963년 6월 30일 이내에 쌍방 올림픽위원회 위원장의 승인을 거쳐 발표한다.

그러나 7월 26일 홍콩에서 재개된 3차 회담에서는 1·2차 회담 때의 미결사항에 대해 실무접촉을 통한 합의를 도출하기로 했지만, 상호 불신으로 견해 차이를 좁히지 못했다. 특히 북측 대표단이 2차 회담 후 귀환보고를 하면서 남측에 대한 비방과 중상선전을 전개했다.[15] 이에 남측 대표단이 북측에 공개사과를 요구했고, 북측은 이를 거부함

---

10) 조남훈, 앞의 책, 237쪽.

11) 대한올림픽위원회, 앞의 책, 4쪽.

12) 이때 남북대표자 명단은 다음과 같다. 남측 수석대표는 김진구 대한체육회 이사, 대표는 정월타, 손기정, 민용식, 김정연 등이었으며, 북측 수석대표는 김용황 조선올림픽위원회 부위원장, 대표는 김기수, 김화영, 양성욱, 김용구 등이었다(대한올림픽위원회, 위의 책, 6~7쪽; 『로동신문』, 1963년 1월 29일·30일자).

13) 대한올림픽위원회, 위의 책, 6쪽.

14) 이때 남북대표단 명단은 다음과 같다. 남측 수석대표는 정상윤 대한올림픽위원회 위원, 대표는 민용식, 황엽 등이며, 북측 수석대표는 김기수 조선올림픽위원회 부위원장 겸 조선체육지도위원회 부위원장, 대표는 고상준, 이일성 등이었다(대한올림픽위원회, 위의 책, 8~9쪽).

으로써, 분단 이후 처음으로 열린 남북체육회담은 실질적 성과를 맺지 못한 채 끝내 결렬되고 말았다.[16]

최초의 남북체육회담은 결렬되었지만, 북한은 도쿄올림픽대회에 단독으로 참가할 수 있었다. 도쿄올림픽대회 참가자격을 확보함으로써 IOC 회원국 가입에 필요한 환경도 조성되었다. 결국 북한은 1963년 10월 19일 열린 서독 제60차 IOC총회에서 IOC 가입을 승인받았다.[17]

이처럼 3차례에 걸친 남북체육회담이 결렬되고 난 이후에도 북한은 지속적으로 체육교류와 관련된 제안을 해왔다. 예컨대 1965년 김일성이 재미동포 김용중에게 보내는 서신에서 남북한 단일팀을 구성하여 올림픽대회에 출전하자는 의사를 표명하는 것을 정점으로 경평축구대회 재개, 경평빙상경기 및 수영대회 개최 등과 같은 친선경기를 제안하는 것으로까지 발전했다.[18]

한마디로 1960년대 남북체육회담은 상호 불신과 상대방에 대한 공방 등으로 구체적인 결실을 맺지 못했다. 물론 북한은 IOC 가입이라는 목표를 달성했다. 그 실질적인 성과까지는 거두지 못했지만, 남북한 체육관계자들이 처음으로 만나 몇 가지 기본적인 원칙에 합의했다는 점에서 남북간의 대화가 가능하다는 사실을 실증적으로 보여주었다. 이것이 바로 1960년대 남북체육회담의 의의일 것이다.[19]

70년대 남북체육회담은 1972년 7·4 남북공동성명의 발표로 큰 진전이 예상되었다. 하지만 남북공동성명이 선언적 차원에 그쳐 70년대의 남북체육회담도 간헐적으로 이루어졌다. 1972년 7월 10일 북한은 오현주 올림픽위원회 위원장 이름으로 남북한 간의 체육 공동발진방안을 위한 협상과 남북교류, 올림픽대회와 세계선수권대회의 단일팀 구성을 제의했다.[20] 이에 따라 1972년 9월 제20차 올림픽대회가 열리는 서독 뮌헨에서 김택수 대한체육회장과 오현주 북한 조선체육지도위원장 겸 올림픽위원장이 만나 7·4 남북공동성명의 정신에 기초하여 체육의 공동발전과 체육교류의 강화에 협력하기로 하고, 남북체육교류회담을 위하여 남북대표가 서로 서울과 평양을 방문하기로 합의했다.[21]

그러나 남북 정권이 각기 남북공동성명을 체제강화 수단으로 삼았기 때문에 남북간

15) 『로동신문』, 1963년 6월 13일자.

16) 대한체육회, 『大韓體育會 七十年史』, 1990, 397~398쪽.

17) 『조선중앙년감』, 조선중앙통신사, 1964, 224쪽.

18) 국토통일원, 『남북한 통일·대화 제의 비교』, 1986, 87~88쪽.

19) 이학래, 「한민족 화합을 위한 남북체육교류의 진전과 전망」, 『남북체육교류에 관한 국제학술대회 발표문』, 1992, 19쪽.

20) 『로동신문』, 1972년 7월 11일자.

21) 대한올림픽위원회, 앞의 책, 10쪽.

의 대화도 중단되었다. 그 결과 남북체육교류도 사실상 중단되었다. 1970년대는 남북관계에서 남한의 상대적 비교 우위의 관계로 전환되었다. 이는 체육분야를 비롯한 남북대화에도 반영되어 북한에 대한 제의가 활발해지기 시작했다.[22] 예컨대 1976년 5월 김윤하 대한축구협회장은 방콕에서 김종협 북한선수단장과 면담을 통해 남북축구경기를 제의했다. 김윤하는 북측에 대한축구협회장의 자격으로 북한 축구팀을 서울로 초청한다는 의사를 밝히고, 북한 선수단의 서울 원정이 곤란하면 남측 대표팀이 평양을 방문할 용의도 있다는 의사를 표명했다. 또 1978년 9월 박종규 대한사격협의장은 서울세계사격선수권대회에 북한 선수단을 초청한다는 담화를 발표하기도 했다.

선언적 차원에 그친 7·4 남북공동성명은 불과 1년 만에 대화 중단사태를 몰고 왔는데, 그후 6년 여의 침묵을 깨고 남북대화의 계기를 마련한 것이 1979년 2월의 남북탁구협회 대표회담이었다. 1979년 평양에서 열릴 제35회 세계탁구선수권대회를 2개월 앞둔 2월 20일 북한의 김유순 체육지도위원장과 김득준 탁구협회장이 이 대회에 남북한이 단일팀을 구성해 참가하는 문제를 협의하기 위해 2월 27일 판문점에서 만나자고 제의했다. 이에 대해 대한체육회와 대한탁구협회는 비록 일정이 촉박하나 북측의 제의를 받아들여 2월 27일부터 3월 12일까지 4차에 걸쳐 판문점에서 회담을 가졌다. 하지만 북측은 세계탁구연맹 회원으로 세계탁구선수권대회 참가 자격이 있는 대한탁구협회의 참가 봉쇄를 염두에 둔 듯 대회 참가 보장을 촉구하는 남측의 요구에 대해 북측은 단일팀 구성 원칙에 먼저 합의하자고 고집했다. 결국 남한 대표팀의 참가 보장을 명시하는 공동성명의 채택을 거부한 북측의 의도로 회담은 결렬되고 남의 탁구대표팀은 이 대회에 참가할 수 없었다.[23]

이어 1979년 12월 북한은 1980년 모스크바올림픽대회에 남북 단일팀 참가를 위한 회담을 1980년 1월 17일에 열자고 제의했다.[24] 하지만 남측은 시간과 기술적 문제를 들어 북측의 제의를 거부했다.

이렇게 7·4 남북공동성명으로 남북간의 평화무드 조성을 위한 가시적 성과가 기대되었다. 하지만 불과 선언 1년만에 대화 중단사태를 맞으면서 올림픽대회 단일팀 구성을 위한 체육회담도 큰 진전을 이루지 못했다. 이런 남북간의 체육교류 제의는 상대방에 대한 선전전의 일환으로 행해진 측면이 강했다. 남한이 서울세계사격선수권대회 개최 보름을 앞두고 북한을 초청한 것이나, 북한이 평양세계탁구선수권대회 개막 20일을 남겨두고 단일팀 구성만을 고집한 것은 이같은 사정을 단적으로 보여주는 사례이다.

1980년대도 남북체육회담의 주 의제는 올림픽대회의 남북 단일팀 참가였다. 1984년

22) 鄭東星, 「南北韓 體育交流의 統合機能에 관한 硏究」, 경희대 박사논문, 1997, 97쪽
23) 『체육』, 2000년 6·7월호, 대한체육회, 앞의 책, 14쪽.
24) 『로동신문』, 1979년 12월 21일자.

3월 30일 북한은 김유순 올림픽위원회 위원장의 명의로 로스앤젤레스올림픽대회 남북 단일팀 구성을 위한 회담을 정주영 대한올림픽위원회 위원장에게 제의했다.[25] 남측이 이 제의를 받아들여 같은 해 4월 9일부터 5월 25일까지 모두 세 차례의 회담이 진행되었으나, 아무런 성과도 없이 끝났다.[26] 당시 남북관계는 1983년 10월 미얀마 아웅산 폭파만행 사건으로 극도의 긴장 상태에 있었다. 이런 상황에서 남한은 북한의 제의에 대해 남북 단일팀 구성과 함께 남북체육교류를 실현할 문제를 포함시켜 다룰 것을 제의했다. 이는 남북체육회담이 단지 단일팀 구성 차원에서 머물기보다는 실질적인 남북체육교류를 성사시켜 나갈 수 있도록 그 전망을 열어 놓자는 의지가 있었기 때문이었다.

그러나 1984년 5월 24일 체코의 프라하에서 개최된 공산국가 11개국 체육관계자 회담에서 서방측의 모스크바올림픽대회 불참에 대한 보복으로 공산국가들의 로스앤젤레스올림픽대회 불참 결정이 이루어졌다. 물론 북한도 이에 동조했다.[27] 결국 로스앤젤레스올림픽대회에 출전하기 위한 단일팀 구성 논의도 결렬될 수 밖에 없었다.

다음의 남북체육회담은 IOC의 중재로 이루어졌다.[28] IOC는 88서울올림픽대회가 남북 화해와 협력의 계기를 마련해 줄 것으로 판단했다. 사마란치 IOC위원장은 1985년 2월 1일 남북한이 동의하면 남북체육회담을 주재할 용의가 있다는 내용의 공식서한을 남북한에 발송했다.[29] 남측은 3월 13일 이에 동의한다는 내용의 회신을 보냈으나,[30] 북측은 7월 6일에 이르러서야 이를 수락한다는 회신을 보냈다.[31] 남북한의 동의를 얻어내자 사마란치 위원장은 그해 7월 24일 IOC 주재로 남북한의 체육회담을 10월 8일부터 로잔의 IOC 본부에서 개최한다고 발표해 회담이 성사되었다.

그런데 북한은 7월 30일 88올림픽대회의 남북 공동개최를 주장했다.[32] 즉 북한은 7월 30일 정준기 정무원 부총리 명의로 첫째 제24회 올림픽대회를 공동 주최할 것, 둘째 대회명칭을 '조선 평양-서울 올림픽경기대회'로 할 것, 셋째 경기를 서울과 평양에서 절반씩 하며 남북이 단일팀으로 참가할 것을 제의했다. 하지만 사마란치 IOC 위원

25) 『로동신문』, 1984년 3월 31일자.

26) 이때 남북대표단 명단은 다음과 같다. 남측의 수석대표는 김종규 대한체육회 부회장 겸 대한올림픽위원회 부위원장, 대표는 김종하, 임태순, 남정문 등이었다. 북측의 수석대표는 김득준 북한올림픽위원회 부위원장, 대표는 박무성, 김세진, 서명호, 석태호 등이었다(대한올림픽위원회, 앞의 책, 1992, 24~25쪽).

27) 대한체육회, 앞의 책, 402쪽.

28) 대한올림픽위원회, 『로잔느남북체육회담백서』, 1988, 85~88쪽.

29) 대한올림픽위원회, 『南北體育交流 資料集』, 144쪽.

30) 위의 책, 145쪽.

31) 朴柱漢, 앞의 글, 52쪽.

32) 『로동신문』, 1985년 7월 31일자.

장은 8월 25일 성명을 통해 IOC헌장에 따라 북한이 주장하는 공동개최가 불가능하다고 밝혔다.[33] 그러면서도 가능한 한 많이 참가할 수 있도록 하기 위해 일부 종목의 북한지역내 분산 개최 여부를 서울올림픽대회 조직위원회와 협의하겠다는 입장을 표명했다. 그리고 IOC가 지정한 일자에 남북한이 반드시 회담에 응할 것을 촉구했다.

이후 네 차례에 걸쳐 회담이 진행되었다.[34] 회담 내용은 대회와 경기종목을 남북이 절반씩 진행하는 문제, 남북 단일팀 문제, 경기대회 명칭 문제, 텔레비젼 방영권 문제, 남북 자유왕래 문제 등 10개 항목이었다.[35] 물론 회담의 쟁점은 주로 북한의 분산개최 주장과 경기종목 배분 문제로 압축되었다.

북측은 처음에 전 종목의 반을 분산 개최할 것을 요구하다가 마지막에는 5개의 완전 경기종목과 1개의 불완전 경기종목 등 6개 종목의 개최를 제안했다.[36] 대회운영도 1986년 6월 제3차 회담에서 북한 내에서 열리는 경기를 '제24차 올림픽경기대회, 평양'으로 하고, 평양조직위원회도 설치할 것을 제의했다. 북측은 이렇게 분산 개최안을 제시하는 한편, 남한의 서울올림픽대회 유치에 대한 흑색선전을 펼치는 등 정치적 공세도 계속했다.[37] 남측은 이런 북측의 행동을 서울올림픽대회의 성과를 훼손하고 성공적인 올림픽대회 개최를 방해하려는 책동으로 인식하여 북측의 공동개최안을 거부하고 서울올림픽대회 조직위원회 중심으로 대회를 운영하려 했다. 이처럼 남북의 심각한 견해차는 좁혀지지 못했다. 결국 북한이 1988년 1월 12일자로 서울올림픽대회 불참을 선언[38]함으로써 올림픽대회를 통한 민족화합의 계기는 무산되었다.

이렇게 1980년대 올림픽대회 단일팀 구성을 위한 남북의 체육회담은 결실을 보지 못했다. 물론 여기에는 1980년 모스크바대회와 1984년 로스앤젤레스대회를 서방 국가와 공산권 국가들이 서로 보이콧하는 등 국제정세의 영향도 있었다. 게다가 북한은 아웅산 테러로 국제적 신뢰를 상실하자 외교적 이미지를 개선하기 위해 로스앤젤레스올림픽대회 남북 단일팀 구성을 제의했던 것이다.[39] 특히 남한이 86아시아경기대회는 물론 88올림픽대회까지 유치·개최하자 체제경쟁의 위기감을 느끼면서 남한의 올림픽대회 유치를 방해하기 위한 목적으로 회담을 제의한 의도도 컸었다. 이런 상황에서

---

33) 대한체육회, 앞의 책, 403쪽.

34) 대한올림픽위원회, 『南北體育交流 資料集』, 36~45쪽. 이때 IOC측에서 사마란치 위원장 등 6명, 남측에서 김종하 수석대표를 비롯 장충식 차석대표와 최만립·이종하·임태순·남정문 등이, 북측에서 김유순 단장을 비롯하여 진충국·한장은·안복만·조명황·장웅 등이 참가했다.

35) 대한올림픽위원회, 『로잔느남북체육회담백서』, 85~88쪽.

36) 조남훈, 앞의 책, 356~358쪽.

37) 『로동신문』, 1986년 4월 7일자; 1986년 6월 22일자.

38) 『로동신문』, 1988년 1월 12일자.

39) 朴柱漢, 앞의 글, 106쪽.

남북체육교류가 일정한 성과를 거둘 수 있다는 것은 사실상 불가능했다.

2) 아시아경기대회 단일팀 회담

노태우 정부는 출범 초부터 북방정책을 일관되게 추진하면서 남북관계도 점차 개선되었다. 북방정책은 3원칙과 3단계 추진방안을 기조로 하여 전개되었다.[40] 첫 번째 원칙은 북한의 고립화를 추구했던 종래의 소극적인 개념에서 탈피하여 보다 적극적으로 북한의 개방을 유도함으로써 동북아의 평화와 안정에 능동적으로 기여한다는 것이었다. 두 번째 원칙은 북방정책을 통일정책과 연계하여 남북관계 개선의 효과를 극대화하고, 그 궁극적인 목표를 성취한다는 것이었다. 세 번째 원칙은 북방정책의 추진에 있어 미국 등 우방과의 기존 유대관계를 바탕으로 한다는 것이었다. 3단계 추진방안은 첫째 특정 사회주의 국가와의 국교 수립을 가능하게 하여 사회주의권과의 관계 개선을 도모함으로써 한국 외교의 돌파구를 마련하는 단계였고, 둘째 소련·중국을 포함한 모든 사회주의 나라와 국교를 수립하고 남북관계에 있어서도 평화공존과 자유 왕래를 실현하는 단계였으며, 셋째 20세기를 마감하는 1990년대 말까지 조국의 평화적 통일을 성취하는 단계였다.

이러한 노태우 정부의 북방정책 결과, 1991년 12월 13일 서울에서 열린 제5차 남북고위급회담에서 '남북간의 화해와 불가침 및 교류협력에 관한 합의서'가 채택되었다.[41] 이 합의서의 부속합의서 중 '제3장 남북교류·협력의 이행과 준수를 위한 부속합의서'는 체육분야의 교류 및 협력 방안도 담고 있는데, 그 내용은 다음과 같다. 첫째 체육분야에서 이룩한 성과와 경험 및 연구·출판·보도자료와 목록 등 정보자료의 상호 교환, 둘째 기술협력을 비롯한 다각적인 협력 실시, 셋째 체육부문 기관과 단체, 민간 대표단 파견, 초청·참관 등의 접촉과 교류 실시, 넷째 공동 연구·조사·편찬사업·행사 실시 및 도서출판 등 유관 성과물의 교환 전시회 진행, 다섯째 상대측의 각종 저작물에 대한 권리 보호, 여섯째 대외 사업의 공동 진출 및 국제무대에서의 상호 협력 도모 등이다.[42] 이 합의서가 이행되지는 않았지만, 남북한 간에 이루어진 이같은 성과는 1988년 이래 남북한의 체육을 통한 교류에 힘입은 바 크다고 할 수 있다.

1988년 2월 제13대 대통령에 취임한 노태우는 민족문제에 대한 새로운 인식과 발상의 대전환을 촉구하고, 민족 자존과 화해를 통한 '민족공동체' 형성의 길로 나아가는 남북관계의 새 진로를 천명했다. 이에 화답이라도 하듯 북한은 1988년 12월 21일자로

40) 李學來, 『韓國體育百年史』, 한국체육학회, 2000, 610쪽.

41) 통일부, 『98통일백서』, 1998, 25~26쪽.

42) 문화관광부, 『2002 체육백서』, 2002, 646쪽.

김유순 조선올림픽위원회 위원장 명의로 김종하 대한올림픽위원회 위원장에게 서한을 보내 1990년 베이징아시아경기대회에 단일팀으로 출전하는 문제를 협의하기 위한 회담을 제의했다.[43]

이 서한에서 북한은 쌍방 올림픽위원회의 부위원장을 단장으로 하는 5명의 대표간 회담을 1989년 2월 하순경에 판문점에서 열자고 제의했다.[44] 북한의 이같은 제의에 대해 남측은 서울올림픽대회 참가를 위한 회담 과정에서도 성실한 자세를 보여주지 않았던 점을 감안하여 그 의도를 의심했으나, 가능한 모든 기회를 활용한다는 원칙하에 베이징아시아경기대회 단일팀 구성을 위한 남북체육회담 제의를 받아들이기로 결정했다.

이에 따라 김종하 위원장은 1988년 12월 30일 대북서한을 통해 남북체육회담을 갖자는 북한측 제의에 동의하는 동시에 양측 올림픽위원회 부위원장을 수석대표로 하여 각기 5명의 대표가 참가하는 남북체육회담을 1989년 3월 9일 판문점 남측 평화의 집에서 개최하자고 제의했다.[45] 마침내 1989년 3월 9일 판문점 평화의 집에서 제1차 남북체육회담이 열렸다.

이 회담을 포함해 모두 9차례의 본 회담과 6차례의 실무대표 회담이 진행되었다.[46] 이때 구성된 남북 양측의 대표는 다음과 같다. 남측 수석대표는 장충식 대한올림픽위원회 부위원장, 대표는 이학래, 임태순, 장병조, 박수창 등이었으며, 북측 단장은 김형진 조선올림픽위원회 부위원장, 대표는 장웅, 김세진, 허혁필, 김상부 등이었다. 양측은 우여곡절 끝에 1989년 12월 22일 제6차 회담에서 단일팀 구성에 관한 10개항에 거의 합의했다. 이때 합의된 내용은 호칭, 국기, 단가, 선수 선발 및 훈련, 선수단 구성 및 경비, 신변 안전보장, 단일팀 공동추진 기구 등이었다.[47]

그런데 북측이 합의 내용보다는 합의 형식을 충족시키려 하는 모습을 보임에 따라 남측은 “합의사항에 대한 이행 보장과 회담 결렬시 개별팀 참가 보장 등을 담은 합의서 부칙 등”을 제시했다. 그러자 북한은 합의사항의 이행 보장에 반발하고 “개별팀으로 베이징아시안게임에 참가하지 않을 것임을 내외에 선포할 것, 부칙을 철회할 것, 체육인사의 북경대회 개별팀 참가 발언을 취소할 것 등”의 3개항을 회담 진행의 전제 조건으로 제시했다.[48] 이후 양측은 서로의 주장을 반복하면서 회담은 진행되지 못했다.

---

43) 『로동신문』, 1988년 12월 22일자.

44) 『로동신문』, 1988년 12월 22일자.

45) 대한올림픽위원회, 『南北體育交流 資料集』, 54쪽.

46) 대한체육회, 앞의 책, 427쪽.

47) 위의 책, 70~76쪽.

48) 『로동신문』, 1990년 2월 8일·13일자

이런 와중에 남측은 베이징아시아경기대회 참가신청서를 제출했다. 북한은 이에 대한 비난성명을 발표[49]함으로써 베이징아시아경기대회 남북 단일팀 구성은 실패하고 말았다.

3) 세계선수권대회 단일팀 회담

올림픽대회와 아시아경기대회 같은 국제종합대회에 단일팀으로 참가하는 논의 외에도 단일종목의 단일팀 구성을 위한 남북간의 회담도 있었다. 예컨대 남측은 1973년 8월 이낙선 대한배구협회장이 제2회 아시아지역 배구지도자 강습회에 북한을 초청했으며, 1976년 5월에는 김윤하 대한축구협회장이 북한 축구대표팀과 청소년팀을 서울로 초청하기도 했다. 또한 1978년 9월에는 서울에서 개최되는 제24회 세계사격선수권대회에 북한을 초청하는 등[50] 여느 때와 달리 이번에는 남쪽에서 적극적으로 체육교류를 위한 회담을 제의했다.

북한 역시 남북체육교류를 제의해 왔다. 1979년 4월 25일 평양에서 열리는 제35회 세계탁구선수권대회 단일팀 구성을 위한 회담을 그해 2월에 제의해 왔던 것이다.[51] 대한체육회와 대한탁구협회가 북한의 제안을 받아들임으로써 남북체육회담이 1979년 2월 27일부터 3월 12일까지 판문점 중립국감독위원회에서 열렸다. 이 회담은 1972년 9월 뮌헨 남북체육공동성명 채택 이후 7년만에 열린 남북체육회담이었다.[52]

그러나 회담은 처음부터 난관에 부딪혔다. 남측은 대진표 추첨을 얼마 남겨두지 않은 상황에서 북측이 단일팀만을 고집하는 것은 남한 선수단의 대회 참가를 막으려는 의도를 갖고 있는 것으로 판단했다. 따라서 남측은 4차 회담에서 단일팀 구성이 실패할 경우 한국이 국제탁구연맹(ITTF) 회원국으로서 대회에 참가할 수 있다는 기득권 보장을 요구했다. 반면 북측은 선수 선발 원칙과 방법, 훈련방법, 선수단 구성, 명칭과 조직 등의 문제를 제의하면서 단일팀 구성 원칙만을 고집했다. 또 남측 선수단이 평양대회에 참가할 수 있는 기득권도 인정하지 않음으로써 회담은 결실을 맺지 못했다.

당시 한국은 국제탁구연맹 회원국이었다. 일본은 1971년 3월 자국에서 열리는 세계탁구선수권대회에 중국을 참여시키기 위해 대만을 축출하려 하자, 한국은 이에 반대해

---

49) 『로동신문』, 1990년 4월 5일자.

50) 대한올림픽위원회, 『南北體育交流 資料集』, 12·14쪽.

51) 『로동신문』, 1979년 2월 21일자.

52) 대한올림픽위원회, 『南北體育交流 資料集』, 14~19쪽. 이때 구성된 남북 양측의 대표는 다음과 같다. 남측 수석대표는 채영철 대한탁구협회 회장, 대표는 이종하, 천영석, 정주년 등이었으며, 북측 단장은 김득준 북한탁구협회 회장, 대표는 박무성, 김덕기, 김선일 등이었다(대한올림픽위원회, 『南北體育交流 資料集』, 14~15쪽).

대만 축출을 부결시켰다. 그러자 일본은 기존 아시아탁구연맹(ATTF)을 탈퇴하고 중국 등과 함께 아시아탁구연합(ATTU)를 창설했다. 결국 국제탁구연맹이 이를 승인함으로써 한국은 아시아 탁구계에서의 지위 약화를 감수할 수 밖에 없는 상황이었다. 게다가 대회 개최까지 불과 2개월 남은 시점에 남북체육회담을 제의한데다, 대진표 추첨이 끝나 20일 정도의 여유 밖에 없는 상황에서 단일팀만을 고집하는 북한의 태도는 남한의 대회 참가를 막으려는 구실로 비쳐질 수 밖에 없었다. 마침내 북한은 '남측이 기득권 문제를 제기하여 회의에 인위적인 난관을 조성하고 있다'고 비난하면서 단일팀 구성을 위한 회담이 남측에 의해 일방적으로 결렬되었다고 주장했다.[53]

결국 이때의 회담은 1984년 아시아탁구연합에 가입할 때까지 아시아탁구계에서 발언권을 상실한 남한의 평양대회 참가를 차단할 목적으로 계획된 것이었다. 1960년말 이후 조성된 남북간의 대결양상에 따른 결과라고 할 수 있다.

이후 세계탁구선수권대회에서 남북한이 탁구단일팀을 구성하기 위한 논의는 베이징아시아경기대회 단일팀 구성이 실패한 뒤에 바로 이어졌다. 1990년 3월 남측의 범민족대회 추진본부에서 베이징아시아경기대회 남북 공동응원단 파견을 제의하자 북측의 준비위원장이 이에 동의하는 방송통지문을 보냈다.[54] 곧이어 김유순 조선올림픽위원회 위원장이 국제경기에서 남북 단일팀 출전 문제를 토의하자는 성명을 발표했다.[55] 이에 따라 베이징아시아경기대회 기간 동안 공동응원을 위한 쌍방접촉이 이루어져 실행에 옮겨지기도 했다.

한편, 남북 체육장관들은 남북통일축구에 참가한 북측 선수단의 서울 체류 기간 중인 1990년 10월 24일 다시 남북체육장관 회담을 갖고 남북체육회담 재개 등 공동관심사를 논의하여 공동합의문을 채택했다. 이때 남측 정동성 체육부장관과 북측 김유순 국가체육위원장 간에 이루어진 공동합의문의 내용은 다음과 같다.[56]

공동합의문

남측의 정동성 체육부장관과 북측의 김유순 국가체육위원회 위원장겸 올림픽위원회 위원장은 1990년 10월 24일 평양에서 합의한 사항의 이행과 관련하여 다음과 같이 합의했다.

1. 제1차 남북체육회담은 1990년 11월 29일 오전 10시 판문점 북측지역 통일각에서 개최한다.
2. 회담 대표단의 구성은 제11회 북경아시아경기대회 단일팀 구성 참가를 위한 남북체육회담 대표로 하는 것을 원칙으로 하되, 대표단 명단은 추후 발표한다.

53) 『로동신문』, 1979년 3월 13일자.

54) 대한올림픽위원회, 『南北體育交流 資料集』, 86~87쪽.

55) 『로동신문』, 1990년 9월 19일자.

56) 이학래, 앞의 글, 27쪽.

3. 회담 과제는 제41회 세계탁구선수권대회, 제25회 바르셀로나올림픽경기대회, 제3회 삼지연 동계아시아경기대회 및 기타 주요 국제경기대회에 쌍방이 단일팀을 구성하여 참가하는 문제로 한다.
4. 남북통일축구대회의 정례화 문제와 기타 남북체육교류 문제는 위의 남북체육회담에서 협의 결정한다.

1990. 10. 24
남측 체육부장관 정동성
북측 국가체육위원회 위원장 겸 올림픽위원회 위원장 김유순

이상의 공동합의문은 그 후 남북한 축구 및 탁구 단일팀 구성과 이를 뒷받침하기 위한 남북체육회담 개최의 계기가 되었다. 이 합의문에 따라 양측은 세계탁구선수권대회와 세계청소년축구선수권대회의 단일팀 구성을 위한 논의에 들어가 이듬해인 1991년 2월 12일 단일팀 구성 및 참가, 그리고 단일팀 실무위원회 구성과 운영에 관한 공동합의문을 발표하기에 이르렀다. 이때 단일팀 구성과 참가에 관해 합의한 주요 내용은 다음과 같다.[57]

제41회 세계탁구선수권대회의 경우 선수단 호칭은 우리말로 코리아, 영어로는 KOREA(약자: KOR)로, 단기는 흰색 바탕에 하늘색 한반도 지도로 하며, 단가는 1920년대부터 우리나라에서 불러왔던 아리랑으로 하기로 했다. 선수 선발은 단일팀 공동추진기구에서 협의 선발하되, 선수단 구성은 1991년 3월 초까지 완료하며 단장은 김형진 북한 선수단장이 맡기로 했다. 선수 훈련은 대회 현지에서 실시하기로 했고, 선수단 경비는 남북 공동부담을 원칙으로 했다.

세계청소년축구선수권대회의 경우 선수단 호칭·단기·단가, 경비 등은 탁구선수권대회와 동일하며 선수 선발은 평가전을 기초로 1991년 4월 말부터 5월 초 사이에 완료하기로 했다. 특히 평가전은 단일팀 공동추진기구에서 협의·결정하되, 서울과 평양 등에서 각 1회씩 실시함을 원칙으로 했다. 단장은 장충식 남한 선수단장이 맡기로 했고, 훈련은 남북을 왕래하며 1회씩 번갈아 실시하기로 했다.

이같은 합의에 따라 2월 21일에는 탁구단일팀 실무위원회, 22일에는 축구단일팀의 실무위원회 1차 회담이 열렸고, 드디어 2월 26일 축구단일팀, 2월 27일에는 탁구단일팀 실무위원회 2차 회담에서 평가전 일시 및 장소와 방식, 선수 선발, 훈련 일정, 단일팀 선수단의 결단식 및 해단식 문제, 그리고 선수 확정 문제를 토의하여 합의서를 이끌어 내는 데 성공했다.[58] 이로써 조국 분단 반세기만에, 남북체육회담 시작 30여 년만에

57) 대한올림픽위원회, 『南北體育交流 資料集』, 96~107쪽.
58) 『로동신문』, 1991년 2월 27일·28일자.

최초로 역사적인 남북 스포츠단일팀의 꿈이 실현되었다.

조국 분단 이후 최초의 단일팀 구성이라는 역사적인 성과를 이룩한 남북체육회담의 대표단 명단[59]은 <표 3-17>과 같다.

〈표 3-17〉 남북체육회담 대표

남 측	북 측
수석대표 : 장충식(대한올림픽위원회 부위원장)	단　　장 : 김형진(조선올림픽위원회 부위원장)
차석대표 : 이학래(대한올림픽위원회 상임위원)	차석대표 : 장 웅(조선올림픽위원회 서기장)
대　　표 : 임태순(대한올림픽위원회 위원)	대　　표 : 김정식(조선올림픽위원회 위원)
박수창(대한올림픽위원회 위원)	김상부(조선올림픽위원회 위원)
김사홍(대한올림픽위원회 위원)	김영석(조선올림픽위원회 위원)

남북 축구 및 탁구 단일팀의 구성이 이루어짐으로써 1990년대 남북 대화는 그 이전과는 달리 인적 교류가 가능한 '교류있는 대화시대'의 막을 열어 놓게 되었다. 이로써 남북 교류와 협력이 명확하고 구체적인 하나의 현실로 다가오는 성과를 가져왔다. 이런 성과는 막연한 추상적 개념이나 구호, 그리고 선전 차원에서 회담 자체에 만족을 얻었던 이전 시기와 달리 앞으로의 남북 대화가 남북한 쌍방이 실질적인 성과를 목표로 민족적 사명감을 가지고 모든 회담에 임하도록 만든 전환점이 되었다.

이렇게 남북간의 체육교류를 위한 최초의 접촉은 1964년 도쿄올림픽대회 남북 단일팀 구성을 위한 1963년 1월 스위스 로잔 회담이다. 이후 냉전 이데올로기의 강화에 따라 남북체육교류는 회담조차 없이 1978년까지 이어온다. 그리고 1979년 제35회 평양세계탁구선수권대회 단일팀 구성문제 토의를 위해 그 해 2월과 3월 4차례 판문점에서 접촉하게 되고, 1984년 로스앤젤레스올림픽대회 단일팀 구성문제, 1988년 서울올림픽대회 단일팀 구성 및 공동개최 문제, 1990년 베이징아시아경기대회 단일팀 구성 문제 등으로 접촉하게 된다. 한마디로 1990년까지는 실질적인 체육교류라기보다는 접촉단계로서 의미를 가지며, 1990년 남북통일축구대회 서울·평양 교환경기와 1991년 세계탁구선수권대회와 같은 해 세계청소년선수권대회의 남북 단일팀 구성으로 체육교류의 장을 열게 된다. 그간의 남북체육회담 주요일지는 <표 3-18>과 같다.[60]

59) 대한올림픽위원회, 『南北體育交流 資料集』, 88·90쪽.

60) 문화관광부, 앞의 책, 653~655쪽.

〈표 3-18〉 남북체육회담 주요일지

날 짜		장 소	명 칭	내 용
1963	1. 24	스위스(로잔)	도쿄올림픽 단일팀 구성회담	도쿄올림픽 단일팀 구성문제 토의 (결렬, 별도참가)
	5. 17	홍 콩	단일팀 구성 실무 1차 회담	
	7. 26	홍 콩	단일팀 구성 실무 2차 회담	
1979	2. 27	판문점	제1차 남북탁구협회 대표회담	제35회 평양 세계탁구선수권대회 단일팀 구성문제 토의 (결렬, 한국 참가무산)
	3. 5	판문점	제2차 남북탁구협회 대표회담	
	3. 9	판문점	제3차 남북탁구협회 대표회담	
	3. 12	판문점	제4차 남북탁구협회 대표회담	
1984	4. 9	판문점	제1차 남북체육회담	LA올림픽 단일팀 구성문제 토의 (결렬, 북한 불참)
	4. 30	판문점	제2차 남북체육회담	
	5. 25	판문점	제3차 남북체육회담	
1985	10. 8 - 9	스위스(로잔)	제1차 남북체육회담	올림픽 단일팀 구성 및 공동개최 협의 (결렬, 북한측이 IOC수정안 거부. 북한 불참)
1986	1. 8 - 9	스위스(로잔)	제2차 남북체육회담	
	6. 10 - 11	스위스(로잔)	제3차 남북체육회담	
1987	7. 14 - 15	스위스(로잔)	제4차 남북체육회담	
1989	3. 9	판문점	제1차 남북체육회담	베이징아시안게임 단일팀 구성논의 (결렬, 별도참가)
	3. 28	판문점	제2차 남북체육회담	
	10. 20	판문점	제3차 남북체육회담	
	11. 16	판문점	제4차 남북체육회담	
	11. 24	판문점	제5차 남북체육회담	
	12. 22	판문점	제6차 남북체육회담	
1990	1. 19	판문점	제7차 남북체육회담	
	1. 29	판문점	제8차 남북체육회담	
	2. 7	판문점	제9차 남북체육회담	
1990	11. 29	판문점	제1차 남북체육회담	남북통일축구 정례화. 국제대회 단일팀 구성논의
1991	1. 15	판문점	제2차 남북체육회담	국제대회 남북 단일팀 구성토의
	1. 30	판문점	제3차 남북체육회담	
	2. 12	판문점	제4차 남북체육회담	

* 문화관광부, 『2002 체육백서』, 2002, 654~655쪽.

2. 남북체육교류

1) 남북통일축구대회

1990년 베이징아시아경기대회에 남북 단일팀 참가는 이루어지지 못했다. 하지만 남과 북이 모두 이 대회에 참가함에 따라 남북 체육장관 간의 회담이 개최될 것으로 기대되었다. 이와 관련하여 체육부는 과거 30여 년에 걸쳐 30여 차례나 남북체육회담이 계속되어 왔지만, 아무런 성과도 거두지 못한 채 끝난 것은 남북 쌍방이 서로 불신의 벽을 허물지 않은 채로 자신의 주장만을 되풀이한 데 그 원인이 있다고 판단했다.

따라서 남측 대표단은 양보할 수 있는 부분은 최대한 양보하여 남북체육교류를 성사시키로 전략을 세웠다.[61]

그리하여 남측은 선수단장에 장충식 대한올림픽위원회 부위원장 겸 남북체육회담 수석대표를 선임했다. 이밖에 이학래 차석대표 등도 선수단에 합류했을 정도로 남북체육교류를 의식한 선수단 본부임원을 구성했다. 북측도 김형진 북한측 수석대표, 장웅 차석대표 등이 일찍 북경에 와 남북체육교류에 대한 우호적인 제스처를 보여줘 이번에는 뭔가 이뤄지지 않겠느냐 하는 기대를 갖게 되었다. 때를 같이하여 정동성 체육부장관이 베이징아시아경기대회 개막식에 맞춰 북경을 방문하여 김유순 국가체육위원회 위원장과 접촉했다. 또 대회 개막에 앞서 선수촌에 입촌한 남북한 선수단이 종목별로 합동훈련을 실시하는 등 그간의 단절을 헐어내려는 시도도 이루어졌다.[62]

역사적인 남북 체육장관회담은 베이징아시아경기대회 개막일인 1990년 9월 22일 북경에서 정동성 체육부장관과 김유순 국가체육위원장 사이에 개최되었다.[63] 이 회담에서는 베이징아시아경기대회 기간 동안 남북 공동응원을 하기로 합의했을 뿐만 아니라 남북체육교류에 관한 전반적인 문제를 논의하는 가운데 주요 국제경기대회에의 남북단일팀 구성·참가 문제와 남북체육교류 문제를 동시에 협의했다. 이때 남북 체육장관들은 이 회담에서 일제 치하에서 민족혼을 일깨우는데 커다란 기여를 한 경평축구대회를 남북통일축구대회로 복원하여 개최하자는 데도 의견 일치를 보았다.[64]

남북 체육장관회담에서 논의된 남북통일축구대회의 성사를 위해 장충식 한국선수단장과 김형진 북한 선수단장이 협의를 계속해 남북통일축구대회를 10월 11일 평양, 10월 23일 서울에서 각각 개최하기로 정식 합의하고 이를 9월 29일 북경 프레스센터에서 공동기자회견을 통해 발표했다.[65]

남북 공동기자회견에서 발표된 요지는 다음과 같다.[66]

- 남과 북은 1990년 9월 28일 개최된 남북체육회담에서 남북통일축구경기를 평양(10월 11일)과 서울(10월 23일)에서 갖기로 한다.
- 그 명칭은 남북통일축구경기로 한다.
- 남측 선수단은 10월 9일 북경에서 조선민항편으로 평양으로 직행, 4박 5일 체류 후 판문점을 통해 귀환한다.

---

61) 體育青少年部, 『體育青少年 行政10年史』, 1992, 318쪽.
62) 『체육』, 1990년 10월호, 27쪽.
63) 『로동신문』, 1990년 9월 23일자.
64) 鄭東星, 앞의 논문, 107~108쪽.
65) 대한올림픽위원회, 『南北體育交流 資料集』, 92쪽.
66) 體育青少年部, 앞의 책, 319쪽.

- 북측 선수단은 10월 21일 판문점을 통해 서울에 들어와 4박 5일 체류 후 판문점을 통해 귀환한다.
- 남측 대표단 구성은 정동성 체육부장관을 인솔단장으로 하고 남녀선수, 임원 및 취재단으로 한다.
- 경기시 쌍방은 아무런 표시없이 유니폼 색깔로 구분한다.

남측 방북 선수단은 총단장 정동성 체육부장관, 단장 이재명 대한축구협회 부회장 등 총 76명으로 구성되었다. 교체된 여자후부 8명 이외에 임원을 비롯한 남녀 선수들은 모두 베이징아시아경기대회 출전 선수들로 구성했다. 기자단 20명도 모두 베이징대회 취재진 중에서 선발되었다.

남북통일축구 1차전은 10월 11일 평양 능라도 5·1경기장에서 진행되었다. 경기에 앞서 김유순 국가체육위원회 위원장은 '평양축구경기가 북남 체육선수들의 대결이 아니라 북남 체육인들과 인민들의 단합을 도모하며 통일을 앞당겨 나가는데 이바지하기 위한 민족 화해의 경기, 단합의 경기, 통일의 경기로 될 것'이라고 강조했다. 남측 정동성 체육부장관은 '오늘은 7천만 겨레에게 있어서 역사적인 날'이라고 하면서, 그것은 '조국의 미래를 이끌어 갈 청년들이 조국통일을 위해 함께 뛰어가는 순간이기 때문'이라고 하여, 통일축구의 의미를 강조했다.[67] 이처럼 조국 분단 45년만에 한국 정부를 대표하는 장관이 능라도 5·1경기장에서 민족 회합을 외치자 15만 평양시민이 여러 차례 우렁찬 박수갈채와 환호로 화답해 주었다.[68]

이날 경기는 평양 중앙TV를 통해 북한 전역에 실황중계되었으며, 남측에서는 북한의 화면 송출을 판문점에서 받아 실제보다 2시간 정도 늦게 녹화방송했다. 남북 여자팀은 날씨가 쌀쌀한데다 양측 모두 베이징아시아경기대회의 휴우증으로 부상선수가 많아 경기를 하지 않고 함께 훈련하는 것으로 대신했다. 경기는 2대 1로 남측이 지고 말았으나, 누구도 승패를 중요시하지 않았다.[69]

다음날 북한 중앙·평양방송은 남북통일축구 경기장 분위기에 대해, "경기장은 말 그대로 혈육의 정과 동포애의 감동적 장면으로 가득찼다. …5·1경기장은 우리 계레는 조국도, 민족도 하나임을 세계 만방에 알리는 역사의 장소로 되었으며 경기도 중요하지만 그보다 중요한 것은 민족의 단합이고 통일이라는 것을 보여주였다."고 보도했다. 경기장 내에서도 정치적 구호나 야유없이 양쪽을 똑같이 응원하는 관중의 응원태도도 수준급이었다. 하지만 이러한 화합의 열기가 얼마나 진실한 것인지, 또 이같은 분위기

67) 『로동신문』, 1990년 10월 12일자.
68) 『체육』, 1990년 11월호, 24쪽.
69) 體育靑少年部, 앞의 책, 329~330쪽.

가 계속 이루어질 수 있는지 하는 의구심이 떠나지 않았다. 다만 이 대회가 민족 화합의 한 계기로 길이 이어졌으면 하는 것이 남측 대표단의 한결같은 소망이었다.

이렇게 남북통일축구 평양대회 기간중 북측은 전반적으로 우호적인 태도를 유지했다. 특히 북측은 이 행사를 정치와는 구별하여 치루겠다는 태도를 보였으며, 시종 유연한 자세로 일관했다. 그리고 노동당 창당 기념일과 관련된 행사와 대표단 방북을 연계시키지 않겠다는 약속을 전반적으로 이행했다. 남측도 금번 체육인 간의 직접 접촉을 통해 남북교류의 물꼬를 트게 한다는 목표 아래 의도적으로 부드럽고 자연스러운 자세를 견지했다. 축구경기 이후 남북 체육장관은 회담을 갖고 10월 23일 서울대회에 대한 기본적인 사항을 협의하고, 이어서 통일축구 정례화에 대해 협의했다. 하지만 북측은 남측의 정례화 주장에는 기피하는 태도를 보였다.[70)]

서울 경기는 10월 23일 잠실 주경기장에서 열렸다. 분단 45년만에 처음 서울을 방문한 북측 선수단은 서울 워커힐호텔에 여장을 풀었다. 북측 대표단은 김유순 국가체육위원장을 인솔단장으로 한 총 78명으로 구성되었다. 경기 시작 전 정동성 체육부 장관은 '이 통일축구경기가 통일의 그날을 앞당기는 디딤돌이 되기를 간절히 기원한다'고 했다. 김유순 북측 총단장은 답례사에서 '북남통일축구가 통일의 대문을 열어가는 역사적인 마당'이라고 강조하고, 이어 통일의 열망을 안고 남북 축구선수들과 함께 민족화합과 통일의 역사적인 새 장을 펼쳐나가자고 했다.[71)]

경기는 1대 0으로 남측이 승리한 가운데 끝났으며, 게임이 끝난 후 양측 선수들은 손에 손을 잡고 그라운드를 돌며 관중들의 환호와 격려에 보답했다. 잠실벌에서 벌어진 남북통일축구경기는 한 겨레 한 핏줄의 동포애를 다시 확인한 한마당 축제였다. 그것은 민족의 통일 열기가 체제를 초월하여 하나로 응축된 극적 순간이었다. 승패를 떠난 관중들의 뜨거운 동족의식이 운동장의 분위기를 시종 압도했으며 남북의 대결장이 아닌 우정의 교감 무대였다.[72)]

남북 통일축구경기는 1946년의 경평축구대회 이후 최초로 개최된 남북간의 직접 경기로서 남북체육교류의 본격적인 추진의 계기가 되었다. 베이징아시아경기대회에서의 남북 공동응원, 통일축구경기에서 보인 승부에 집착하지 않은 선전 그리고 관중들의 편을 가르지 않은 응원과 격려 등은 45년의 단절을 극복하고 남북간의 이질감을 해소하는 데 기여한 동시에, 분단 이래 최초로 남북체육교류를 성취함으로써 향후 문화, 예술, 경제 교류추진에 유리한 여건을 조성했다.

남북통일축구대회는 2000년 6·15 선언으로 상징되는 남북 화해분위기에 힘입어 온

70) 鄭東星, 앞의 글, 111~112쪽.

71) 『로동신문』, 1990년 10월 24일자.

72) 體育青少年部, 앞의 책, 332쪽.

국민이 열광했던 2002 한·일월드컵의 열기가 온전히 남은 상암월드컵 경기장에서 다시 재현되었다. 대한축구협회와 유럽-코리아재단으로 구성된 남측 실무대표단은 2002년 8월 17일부터 19일까지 금강산에서 북한 축구협회 대표들과 회의를 갖고 남북통일축구경기를 2002년 9월 7일 한일월드컵 개막전이 벌어졌던 상암경기장에서 열기로 합의한 것에 따른 것이다.[73)]

부산아시아경기대회 출전에 대비하는 성격을 겸한 2002년 남북통일축구경기에서는 양측이 국기 또는 국가를 사용하지 않는 대신 한반도기를 게양하고 '아리랑'을 부르기로 했으며, 공동으로 응원을 하기로 했다. 이 경기는 10년만에 재개되었다는 면에서만 아니라 당시 교착상태에 빠져있던 남북체육교류의 물꼬를 트고, 북한의 부산아시아경기대회 참가 가능성을 한층 높여줄 것이라는 점에서 큰 평가를 받았다.[74)]

이 경기는 전·후반 동안 점수를 내지 못하고 0대 0으로 비겼다. 지난 1990년 대회(1:1)와 마찬가기로 승부를 가리지 못한 것이다. 북한은 선수들의 강화훈련을 통해 21명의 새로운 대표팀을 구성하여 서울에서 그 전력을 선보였다. 대표팀에는 일본 J리그에서 활약하고 있는 재일동포 안영학도 포함시켰다. 6만 5,000여 명 수용 규모의 경기장에 관중이 가득찬 가운데 열린 2002년 남북통일축구대회에서 남북은 스피드와 투지를 앞세워 일진일퇴 공방을 벌였다.[75)]

한편, 북한 선수단을 인솔해 남한을 방문한 리광근(내각 무역상) 북한축구협회 위원장은 9월 5일 공항 귀빈실에서 가진 환영행사에서 "저는 이번 북남통일축구경기가 력사적인 7·4 공동성명과 6·15 공동선언의 기치 높이 우리 민족끼리 힘을 합쳐 더 큰 하나로 되어가고 있는 장한 모습을 과시하고 민족의 슬기와 재능을 만방에 떨치는 자랑스러운 통일축제로 되리라고 믿어 마지 않습니다"고 밝혔다.

2) 남북통일농구대회

종전의 남북체육교류가 주로 정부차원에서 이루어진 것에 비해 남북통일농구대회는 민간기업의 대북경제협력 사업 추진과정에서 이루어졌다. 김일성 사후 남북간 체육회담이 소강상태였던 1999년 현대그룹은 평양에 실내 종합체육관을 건설하여 기부하기로 발표했는데, 그 기공식 전인 9월 제1차 통일농구대회가 열렸다.[76)] 첫 경기는 1999년 9월 28일 남북 선수들로 혼성한 '단합'과 '단결' 팀이, 다음날에는 현대 남녀 농구팀과

73) 『연합뉴스』, 2002년 8월 19일자.

74) 『문화일보』, 2002년 6월 6일자.

75) 연합뉴스, 『2004 북한연감』, 2003, 290쪽.

76) 문화관광부, 『2002 체육백서』, 658쪽.

북한의 '벼락(남자)' '회오리(여자)' 팀이 경기를 했다. 이 경기에서 현대 남녀팀은 북한팀에 완패했다.

제2차 대회는 같은 해 12월 서울에서 열렸다.[77] 남북통일농구대회를 위해 북한 선수단이 서울을 방문한 것은 1990년 10월의 통일축구대회와 1991년에 있었던 제6회 세계청소년축구대회 단일팀 구성을 위한 서울 평가전에 이어 세 번째였다.

북한의 남녀 통일농구단은 현대산업개발의 정몽헌 회장 초청으로 1999년 12월 22일 서울에 도착했다. 북한 통일농구단은 송호경 아시아·태평양위원회 부위원장 인솔하에 선수단 38명, 평양교예단 14명, 아태(亞太) 관계자 8명, 텔레비전 중계요원 2명 등 모두 62명으로 구성되었다.

정몽헌 회장은 환영사에서 '지난 9월 평양 경기에 이어 열리는 이번 대회는 남북신뢰 회복의 중요한 계기가 될 것'이라고 말했으며, 송호경 아·태 부위원장은 답사에서 '이번 경기가 새 천년을 맞아 북남이 서로 화해·단결하는 계기가 될 것이라는 판단 아래 서울에 왔다'고 화답했다.

통일농구대회는 첫날인 12월 23일 남북한 남녀 선수들을 '단결'과 '단합' 2개 혼합팀으로 나눠 친선경기를 치루고, 12월 24일에는 현대산업개발과 북한 회오리팀 간의 여자경기에 이어 남자부의 현대 농구단과 우뢰팀이 대항전 성격의 경기를 가졌다. 우뢰팀에는 세계 최장신 센터 이명훈(235cm)을 비롯해 '북한의 마이클 조던'이라고 일컫는 박천종(186cm) 등 국가대표급 선수들이 대거 포함되어 눈길을 끌었다. 또한 세계적 수준의 평양교예단은 경기 중간 휴식시간 20분 동안 최고의 기량을 선보여 관중들의 열렬한 박수를 받았다.

북한 농구단은 12월 25일 3박4일의 일정을 마치고 북한으로 돌아갔다. 세계 최장신 선수인 리명훈 선수는 출국 직전 기자회견을 자청해 '서울 시민과 남조선 동포들의 진심에서 우러난 환영에 감사한다'면서, '통일이 되면 전 세계적으로 부러울 게 없는 나라가 될 것으로 믿는다'고 말했다.[78]

통일농구대회는 한층 더 진전된 남북관계에 따라 2003년 10월에도 열렸다. 정주영체육관 건립을 기념하여 평양에서 열린 이 대회는 남한의 공연단과 평양 취주악단의 연주로 시작되었으며, 1만 2,000여 명의 관중이 관람했다. 이 대회는 남북한이 같이 중계하기도 했으며,[79] 대회 진행을 위해 200여 명의 참관단을 비롯하여 약 1,000여 명이 판문점을 통해 이동하기도 했다.[80]

---

77) 『한국일보』, 1999년 12월 22일자.

78) 『한국일보』, 1999년 12월 27일자.

79) 『연합뉴스』, 2003년 10월 7일자.

80) 『연합뉴스』, 2003년 9월 3일자.

3) 남북통일탁구대회

축구·농구에 이어 탁구에서도 남북간의 친선경기가 열렸다.[81] 2000년 7월 28일 남한의 삼성생명과 북한의 모란봉체육선수단이 평양 실내체육관에서 1만 2,000여 명의 관중이 지켜본 가운데 통일탁구대회가 열렸던 것이다. 이 대회는 평양 현지공장 설립을 앞두고 삼성전자가 평양체육관에 전광판을 기증한 것을 기념하는 대회였다.

경기는 남녀 단식과 복식, 그리고 남남북녀, 북남남녀로 짝을 이룬 남북 선수들이 한팀을 이룬 혼합복식 등 5경기로 진행되었는데, 경기에 앞서 삼성이 기증한 전광판 점등식, 예술체조 시범이 있었다. 북한의 조선중앙방송은 이 경기를 편집하여 당일 저녁에 녹화방송하기도 했다. 다음날 이 방송은 '이 경기가 7천만 겨레의 단합된 힘을 과시하고 남북 체육인들 사이의 연대를 강화하는 데 의의가 있다'고 강조했다.

4) 남북 노동자축구대회

1990년과 1991년 남북통일축구대회와 제6회 세계청소년축구대회 선수 선발 및 훈련을 위해 북한 청소년대표선수들이 서울을 방문한 이후, 남북축구교류는 다시 실현되었다. 1999년 8월 12일 평양 양각도 축구경기장에서 열린 '통일념원 북남로동자축구대회'가 그것이다.[82] 이 대회는 남과 북의 노동자가 한 자리에 모인 사상 초유의 사건일 뿐만 아니라 민간 체육교류의 한 장을 처음 열었다는 점에서 큰 의미가 있다. 경기는 승부를 뛰어넘어 민족 대단결과 통일을 염원하는 마음으로 남북의 노동자 축구선수들이 혼합하여 '연대'·'연합' 팀으로 나누어 진행되었다. 이 외에도 남북 학생들 간에 농구경기도 진행되었다.

이렇게 1990년대부터 본격적으로 전개된 남북 스포츠교류는 더 이상 체육인들만의 것은 아니었다. 사회 각층에서 남북 화해무드에 따라 북한과의 교류를 시도했고, 일부 성과도 거두었다. 1999년 남북의 노동자들과 학생들이 한 자리에 모여 스포츠경기를 진행한 것이 바로 그 대표적 사례다. 이는 남북한 사이에 조성된 화해분위기가 크게 작용한 것이며, 또 남북한 사회가 성숙했음을 보여주는 좋은 예이기도 하다. 무엇보다 중요한 것은 스포츠가 반세기 이상 분단된 한민족의 교류에 여전히 중요한 역할을 담당하고 있으며, 앞으로도 이질화된 남북의 동질감 회복에 큰 가교가 될 것임을 확인해 주었던 점이다.

---

81) 연합뉴스, 『2002 북한연감』, 2002, 809쪽; 문화관광부, 앞의 책, 658쪽.

82) 『로동신문』, 1999년 8월 13일·14일자.

5) 태권도 시범경기

남북한 태권도 시범단이 2002년 9월과 10월 평양과 서울을 방문하여 공연을 가졌다. 태권도 시범단 교류는 제7차 남북 장관급회담 합의에 따른 것이다.[83] 남측 태권도 시범단이 9월 14~17일 먼저 방북하여 평양 태권도전당에서 시범공연을 가졌다. 구천서 태권도협회장을 단장으로 한 태권도시범단은 임원 5명, 초등학생 6명을 포함한 시범선수 35명, 진행요원 등 50명으로 구성되었다. 남측 시범단은 15일과 16일 두 차례 시범공연을 가졌다. 남한 태권도 시범단은 15일 태권도전당에서 열린 1차 공연에서 절제된 힘과 부드러움을 보여주었고 2,400여 명의 평양 시민들은 아낌없는 박수를 보냈다. 16일 2차 공연에서도 첫날과 같은 프로그램으로 공연을 펼친 시범단은 현란한 기술과 파워에 깔끔한 운영으로 남한 태권도의 진면목을 유감없이 보여주었다.

남한 시범단의 평양 공연에 이어 북한 태권도 시범단이 10월 23일부터 3박 4일간 서울을 방문하여 북한 태권도의 위력을 선보였다. 북한 선수단은 단장 1명과 부단장 2명에 감독 2명, 선수 21명, 실무일꾼과 보장성원 등 진행요원 12명, 기자 3명으로 구성되었다. 선수들은 대부분 경력 10년 안팎의 4~5단으로 구성되었고 가장 낮은 선수는 2단인 것으로 알려졌다. 북한 시범단은 24일과 25일 서울올림픽 공원 역도경기장에서 공연을 가졌다. 대형 한반도기 아래서 '단군' 틀(품새) 시범으로 공연을 시작한 북한 시범단은 절제된 동작으로 틀, 위력(격파), 맞서기(겨루기), 호신술 등을 고루 섞어가며 북한 태권도의 진수를 아낌없이 보여주었다. 또 북한의 태권도 전용 경기장인 태권도 전당 안내원의 상세한 설명까지 곁들여 북한 태권도에 익숙하지 않은 남한 관중들을 배려했다. 북한 시범단은 2차 공연에서도 1차 공연과 같은 내용의 프로그램을 통해 기량을 과시했다.

6) 제주도 통일민족평화체육축전

북한이 2002년 부산아시아경기대회에 참가함으로써 남북체육교류는 본격화되었다. 그 첫 사례가 바로 남북의 민간단체가 공동으로 발의하여 2003년 10월 23일부터 27일까지 제주도에서 열린 민족통일평화체육축전이다.[84] 남측 150여 명, 북측 184명의 대표단이 참가한 이 대회 개막식에는 북한의 정성옥 마라톤선수가 남한의 김무교 탁구선수와 성화를 들고 경기장을 돌았다. 북한의 김영대 단장은 '6·15 공동선언의 기본 이념에 따라 우리 민족끼리 추진한 자주와 단결의 축전, 평화와 통일의 축전'이라고 의의를

---

83) 연합뉴스, 『2004 북한연감로동신문』, 2003, 290~291쪽.

84) 『민족시보』, 2003년 11월 1일자.

밝혔다. 이에 대해 남측의 김원웅 공동조직위원장은 '민족 화합과 남북관계의 진전을 바라는 7천만 겨레의 염원이 담긴 꽃다발과 분단의 아픔을 평화의지로 승화시킨 제주도민의 꽃다발을 북측 대표단에게 드린다'고 인사했다.

이 축전에서는 마라톤, 축구, 탁구, 태권도, 그네, 널뛰기, 씨름 등의 경기가 진행되었다. 특히 26일 남북평화기원 시민마라톤에는 2002년 부산아시아경기대회 마라톤 남녀 우승자인 남측의 이봉주 선수, 북측의 함봉실 선수가 함께 출전하여 서로 손잡고 관중들에게 인사함으로써 남북 화해와 화합 분위기를 연출하기도 했다.

이 축전은 북한이 이라크 파병 문제 등을 이유로 예술단과 취주악단 등을 파견하지 않음으로써 반쪽 행사가 되어 버렸다. 하지만 2000년 시드니올림픽대회, 2002년 부산아시아경기대회, 2003년 아오모리동계아시아경기대회 동반입장, 2003년 대구유니버시아드대회 참가에 이어 이 축전이 이루어짐으로써 남북한의 체육교류가 지속되었다는 점에서 그 규모나 열기를 떠나 의미가 크다고 할 수 있다. 특히 기존 남북 동반입장이 올림픽대회, 아시아경기대회, 유니버시아드대회 등 국제체육기구 주관하에 이뤄진 것인데 비해, 이 축전은 남북한이 직접 당사자가 되어 주관했다는 점에서 더욱 그렇다.

3. 남북 스포츠단일팀 구성 및 동반입장

1) 남북 단일팀 구성

분단 이후 최조의 남북통일축구 교환경기가 7천만 민족의 염원을 담아 평양과 서울을 오가며 두 차례에 걸쳐 치러진 후 남북 스포츠교류의 실현은 결코 꿈이 아닌 현실로 다가섰다. 이에 대한 기대는 결국 남북한 단일팀의 구성으로 이어져 더욱 뜻있게 그 의미를 확산시키기에 이르렀다.

1990년 남북통일축구대회를 계기로 이루어진 남북체육장관회담의 결과 사상 첫 남북 스포츠 단일팀이 구성되었다. 남북 체육장관들은 북측 남북통일축구 선수단의 서울 체류 기간 중인 1990년 10월 24일 워커힐호텔에서 다시 회담을 갖고 남북체육회담 재개 등을 논의하여 공동합의문을 채택했다. 이 공동합의문은 그 후 남북한 축구 및 탁구 단일팀 구성과 이를 뒷받침하기 위한 체육회담 개최의 계기가 되었다.[85)]

이때의 남북체육장관 합의문에 따라 제1차 남북체육회담이 예정대로 1990년 11월 29일 판문점 북측 지역 통일각에서 개최되었다. 그러나 양측의 견해 차이로 합의를 이루지 못한 채 회담을 종료하게 되었다. 이어 개최된 제2·3차 남북체육회담도 별다른

85) 이학래, 앞의 글, 27쪽.

성과를 거두지 못하다가 마침내 남측수석대표 장충식과 북측수석대표 김형진은 1991년 2월 12일 판문점 평화의 집에서 열린 제4차 회담에서 제41회 세계탁구선수권대회와 제6회 세계청소년축구선수권대회 남북 단일팀 구성·참가에 관한 합의서에 서명을 했다. 합의서 전문은 <부록-16, 17>과 같다.[86)]

이로써 조국 분단 반세기만에, 남북체육회담 시작 30여 년만에 최초로 역사적인 남북 스포츠 단일팀의 꿈이 실현되었다. 1990년 11월 29일 제1차 남북회담을 개최한 뒤 4차례의 체육회담을 거쳐 불과 두 달 반만에 성사시킨 남북 스포츠단일팀의 구성은 1990년대 남북대화의 새로운 가능성을 보여주었다.

(1) 코리아 탁구 단일팀

흰색 바탕에 하늘색 한반도 지도를 가슴에 새기고, 제41회 세계탁구선수권대회에 남북 단일팀으로 참가한 코리아 탁구 단일팀은 1991년 4월 29일 일본 지바의 닛폰 컨벤션센터에서 열린 제41회 세계탁구선수권대회 여자단체전 결승에서 9연패에 도전하는 중국을 접전 끝에 3대 2로 꺾고 우승했다. 한국이 이 대회에서 우승하기는 1973년 사라예보대회 이후 18년만의 쾌거였다.[87)]

김형진 조선올림픽위원회 부위원장을 단장, 김창제 대한탁구협회 부회장을 총감독으로 한 56명의 단일팀 선수단은 남북한 겨레의 여망을 안고 선전분투하여 금메달 1개, 은메달 1개, 동메달 2개를 획득하여 중국(금 3, 은 4, 동 4)과 스웨덴(금 3, 은 1, 동 1)에 이어 종합 3위를 차지하는 쾌거를 이룩했다. 특히 1991년 4월 24일부터 30일까지 계속된 단체전에서 여자팀은 당초 예상대로 결승에 무난히 진출하여 중국과의 결승전에서 승리하여 대망의 우승컵을 가슴에 안았다.[88)]

코리아팀의 우승은 남북한 선수와 임원이 한몸이 되어 한달 동안 열심히 합동훈련을 했기 때문이기도 했다. 일본 나가노, 나가오까, 지바에서의 남북 합동훈련은 분단 이후 처음으로 이루어진 남북 하나되기의 본격적인 실험이었다. 다만 국내에서도 충분히 가능한 합동훈련을 일본에서만 실시했다는 점이 다소 아쉬었다. 이처럼 짧은 기간 동안의 훈련이었지만 남북의 선수들은 예상 외로 융화를 잘해 내어 18년만에 여자 단체우승을 안게 된 것이다.[89)]

이렇게 남과 북이 하나 되어 이룬 '작은 통일'의 성과가 세계를 제패할 만큼 위대한

86) 대한올림픽위원회, 『南北體育交流 資料集』, 96~104쪽.
87) 이학래·김동선, 『북한의 체육』, 사람과 사람, 1992, 271쪽.
88) 『체육』, 1991년 12월호 36쪽.
89) 體育青少年部, 앞의 책, 336쪽.

승리를 가져올 수 있음을 보여주었다. 7천만 겨레의 감격을 자아낸 코리아 탁구단일팀의 세계 제패라는 '신화' 창조는 한민족의 잠재력을 불러 일으켜 통일을 현실화시키고자 한 통일 의지의 산물이 아닐 수 없었다. 특히 코리아 탁구 단일팀의 우승 장면이 텔레비전을 통해 남북한에 중계됨으로써 7천만 겨레에게 남북한이 진정 한민족이라는 엄연한 사실과 우리에게 왜 통일이 필요한 것인가를 가슴 깊이 느끼게 해 주었다. 언론은 이러한 모습을 가리켜 '냉전 장벽에 탁구 구멍 뚫다'라든가 '코리아팀이 새긴 역사' 등의 표현을 써서 그 감격을 나타내기도 했다.

북한의 『로동신문』도 '이번 세계탁구선수권대회는 하나된 민족의 우수한 힘과 기량을 온 세상에 과시하고 온 겨레에게 통일의 확신을 더욱 크게 안겨준 통일제전'이라고 평가했다.[90] 또한 코리아 탁구팀은 이념의 갈등으로 불신의 벽을 쌓아온 재일교포사회에도 민족의 동일성을 회복하는 데 기폭제가 되었다. 민단과 조총련 교포들이 함께 선수단을 뒷바라지 했고 공동응원을 펼쳤다. 조총련계 출신의 이호의 재일동포 응원단장은 "너무 기쁘다. 민단과 조총련의 단합의 계기가 되었다."고 감격하며 목이 메었다.[91]

이처럼 남과 북이 하나 되어 세계의 정상을 정복한 탁구 단일팀의 세계 제패는 남북이 하나가 될 때의 저력을 실감할 수 있게 하여 체제와 이념의 장벽으로 가로막혀 있던 민족적 잠재력에 대한 새로운 기대와 확신을 깨우쳤으며, 이런 남북 화합의 계기 마련을 통해 한민족 공동체 형성의 지름길을 개척할 수 있게 했다. 이같은 맥락에서 볼 때, 노태우 정부의 체육정책은 북방정책에 기반을 둔 통일정책에 발맞추어 남북 스포츠단일팀의 구성이라는 남북 스포츠교류를 실현시킴으로써 통일민족사의 새로운 장을 열었다고 평가할 수 있다.

(2) 코리아 청소년축구 단일팀

1991년 6월 14일부터 보름간 포르투갈의 수도 리스본에서 개최된 제6회 세계청소년축구대회에 남북 단일팀으로 참가하게 된 코리아팀 선수들은 서울과 평양을 오가면서 두 차례의 평가전을 가진 후 합숙훈련을 통해 팀웍도 다졌다. 때문에 청소년축구 평가전은 제3국에서 합동훈련을 가졌던 탁구 단일팀이나, 1990년 10월 남과 북이 편을 나누어 승부를 겨뤘던 통일축구경기보다 더 중요한 의미를 지녔다고 하겠다. 특히 코리아팀 구성 평가전은 남북통일축구 교환경기가 이루어진 후 7개월만에 전개된 남북 스포츠교류라는 점에서 또다시 7천만 민족 모두의 시선을 모았고, 남북 스포츠교류의 실현을 통한 인적 교류의 가능성을 재확인할 수 있게 했다.[92]

---

90) 『로동신문』, 1991년 3월 24일자.

91) 體育靑少年部, 앞의 책, 338쪽.

1991년 5월 8일 서울에서 제1차 평가전을 가진 뒤, 북측 선수단의 김정식 대변인은 서울을 떠나기에 앞서 성명을 발표하면서 "북과 남은 이번 평가전을 계기로 이미 하나가 됐다. 서울 평가전은 46년간 분단의 역사에 종지부를 찍는 역사적인 한마당이었다"고 강조했다.[93] 평양에서의 제2차 평가전을 지원하기 위해 동행했던 김우중 대한축구협회 회장은 북한 축구협회가 베푼 만찬에서 제2회 다이내스티컵 축구대회의 평양 개최, 통일축구의 정례화, 여자축구 남북 단일팀 구성 등을 북측에 제의하면서 "지난해 통일축구 개최에 이어 올해 또 청소년축구 단일팀 구성을 위해 양측 선수단이 서울과 평양을 오가며 서로 이해의 폭을 넓히게 된 것은 상당히 의미있는 일로 이를 계기로 축구가 남북 화해의 결정적 디딤돌이 될 수 있도록 하자"고 말했다.[94]

이러한 남북 스포츠교류의 중요성과 현실적 의미는 선수 개개인들에게도 영향을 미쳐서 코리아팀으로 출전한 청소년축구 단일팀은 아르헨티나 등의 세계 최강팀을 격파하면서 8강 진출이라는 위업을 달성했다. 3월 16일 포르투갈 에스토릴에서 열린 예선 조 추첨에서 코리아팀은 A조를 뽑았다. A조는 지난 대회 우승팀 포르투갈과 남미지역 1위팀 아르헨티나, 이탈리아월드컵에서 8강에 오른 아일랜드 등 강호들이 포진해 있었다. A~D조까지 4개조가 조별 리그를 통해 상위 2팀을 가리고 조별 예선리그를 통과한 8개 팀이 토너먼트로 치루게 되는 이 대회에서 코리아팀은 강적 아르헨티나와 아일랜드를 연이어 격파하고 현지 전문가들 누구도 예상하지 못했던 8강 진출이라는 쾌거를 이루었다. 8강전에서 코리아팀은 영원한 우승후보인 브리질에 석패하여 8강에 머무는 데 만족해야 했다.[95]

코리아 청소년축구팀은 이처럼 통일을 열망하는 7천만 겨레의 성원과 세계의 주목 속에 유감없이 싸워서 좋은 성적을 거두었던 것이다. 오랜 분단의 장벽으로 경기용어까지 다른 낯선 환경과 사고방식에도 불구하고 남북의 선수들은 단일팀이 구성된 지 불과 1개월 여의 짧은 시간 속에서도 선수단 내에 작은 통일을 이루어 이처럼 기적 같은 결과를 이루어냈다.

실제로 남북한 선수 18명을 포함한 62명의 선수단은 합숙훈련 및 대회 기간 동안 상호 이해와 신뢰를 위해 나름대로 힘을 기울였고, 결국 끊임없는 대화와 만남만이 불신과 오해를 해소시킬 수 있는 길이라는 평범한 진리를 재차 확인시켜 주었다. 코리아 청소년축구선수단의 장충식 단장은 "남북 선수들이 함께 생활하며 자기 중심의 사고방식에서 상대를 이해하는 쪽으로 변화하는 것을 목격했다"고 밝히면서 "탁구에

---

92) 이학래·김동선, 앞의 책, 272쪽.

93) 『한국일보』, 1991년 5월 9일자.

94) 이학래, 앞의 글, 29쪽.

95) 『체육』, 1991년 5·6월호, 24~25쪽.

서 비롯된 남북화합이 축구를 통해 다져졌다"고 평가했는데, 바로 남북 스포츠교류 실현의 의의를 한마디로 표현한 것이었다.96)

이렇게 남북한은 제41회 세계탁구선수권대회와 제6회 세계청소년축구대회 양 대회에 단일팀을 구성하여 출전시켰다.

제41회 세계탁구선수권대회와 제6회 세계청소년축구대회 두 국제경기대회 단일팀 참가 현황은 <표 3-19>와 같다.97)

〈표 3-19〉 국제경기대회 단일팀 참가 현황

구 분	제41회 세계탁구선수권대회	제6회 세계청소년축구대회
일정 / 장소	'91. 4. 24 ~ 5. 6 / 일본 지바현	'91. 6. 14 ~ 6. 30 / 포르투갈 리스본
호 칭	『코리아』, 『KOREA』	좌 동
단 기	흰색바탕에 하늘색 우리나라 지도	좌 동
단 가	1920년 우리나라 「아리랑」	좌 동
선 수 선 발	단일팀 공동추진기구에서 협의·선발	서울·평양 공개 평가전을 기초로 단일팀 공동추진기구에서 협의·선발
선수단 구성	단장(북측) 총 56명 (남북 각28명, 선수 각 11명씩)	단장(남측) 총62명 (남북 각 31명, 선수 각9명씩)
선 수 훈 련	일본전지훈련 ('91. 3. 26 ~ 4. 23)	남·북 왕래훈련('91. 5. 6 ~ 5. 21) - 서울평가전 5. 6 ~ 9 / 70명(잠실) - 평양평가전 5. 10 ~ 16 / 70명(5·1) - 서울강화훈련 및 결단식 5. 17 ~ 21 / 72명(잠실주경기장)
선수단 경비	남·북 공동부담	좌 동
장 비 조 달	단복-북측, 운동복 등-남측	좌 동
귀 국	'91. 5. 8 (동경에서 서울·평양으로)	'91. 6. 28(북한). '91. 6. 29(남한) (포르투칼→평양→서울)
대 회 결 과	여자단체전 우승 및 개인단식 준우승(리분희) 남자개인단식 3위(김택수) 혼합단식 3위	8강 진출(예선 1승1무1패) 준준결승전에서 브라질에 패배(5:1)

그러나 1991년 제41회 세계탁구선수권대회와 제6회 세계청소년축구선수권대회의 남북 단일팀 구성과 참가는 더 이상 남북체육교류를 가져오지 못하고 일회적인 행사로 그쳐 아쉬움을 남겼다. 하지만 새 천년 21세기 벽두부터 시드니올림픽대회 동반입장, 부산아시아경기대회와 대구유니버시아드대회 북한 선수단 참가 등 다시 활발해진 남북체육교류의 시발점이 되었다는 점에서 1990남북통일축구대회와 1991세계탁구 및 청소년축구 단일팀 구성의 의의는 자못 크다고 하겠다.

96) 이학래, 앞의 글, 30쪽.

97) 문화관광부, 앞의 책, 656~657쪽.

2) 남북한 동반입장

(1) 시드니올림픽대회

남북 체육교류의 역사에서 하나의 전기를 마련한 것은 바로 국제대회의 남북 동반입장이었다. 제27회 시드니올림픽대회는 새 밀레니엄을 맞는 2000년에 열린 특별한 의의를 지닌 올림픽 제전이었다. 사마란치 국제올림픽위원장은 2000년 6월 남북한이 시드니올림픽대회 입장식 때 한반도기를 들고 동시에 입장할 예정이라고 발표했다.[98]

이같은 시드니올림픽대회의 남북 동반입장은 김운용 대한올림픽위원회 위원장 주도로 추진되어 왔다. 2000년 5월 브라질에서 열린 국가올림픽위원회(ANOC) 총회에서 김운용 위원장은 북한 대표단의 유성일 서기장 등을 만나 남북한의 올림픽대회 동반입장을 거론했다. 이어 그는 사마란치 IOC위원장에게도 이런 아이디어를 제공해 IOC차원에서 추진하도록 협조를 구했다. 이에 따라 IOC는 사마란치 위원장의 공식서한을 보내 김정일 국방위원장에게 시드니올림픽대회 개회식에서 남북한의 동반입장을 제의하기에 이르렀다. 같은 해 6월 평양에서 개최된 남북정상회담에 김운용 위원장은 김대중 대통령의 특별수행원 자격으로 참가했다. 이때 김운용 위원장은 북한 체육계 대표들에게 남북한 동반입장에 대한 의견을 타진하며 사전 정지작업을 벌였다.[99]

이어 남북한은 2000년 7월 30일 서울에서 열린 제1차 남북장관급회담에서 시드니올림픽대회 남북 동반입장을 사실상 합의했다.[100] 하지만 북한 선수단이 시드니에 도착하기까지 북한은 동반입장에 구체적인 입장을 표명하지 않았다. 그 후 북한 선수단이 9월 10일 시드니에 도착하자, 남북 양측과 IOC는 개회식을 불과 5일 앞두고 한반도기를 앞세운 남북한 선수단의 동반입장안을 극적으로 타결지었다.[101]

2000년 9월 15일 시드니올림픽대회 메인 스타디움에서 남북한 선수들은 한반도 깃발을 든 공동기수인 남한의 정은순 여자농구선수, 북한의 박정철 유도감독을 앞세우며 손을 맞잡고 “코리아”의 이름으로 200개 참가국 가운데 96번째로 입장했다.[102] 남북한 선수들이 함께 손잡고 한반도기를 앞세워 입장할 때 사마란치 IOC위원장을 비롯한 본부석 임원들과 관중들까지 모두 기립박수로 맞이해 한반도 평화를 염원하는 인류의 소망을 실감케 했다. 윤성범 북한선수단 단장은 남북 선수단이 올림픽대회 개막식에 동반입장하는 것은 “조선은 하나라는 것을 전 세계에 시위하게 되었으며, 체육부문에

98) 『한국일보』, 2000년 6월 17일자.
99) 『체육』, 2000년 8·9·10월호, 20~21쪽.
100) 『연합뉴스』, 2000년 7월 30일자.
101) 『체육』, 2000년 8·9·10월호, 21~22쪽.
102) 『연합뉴스』, 2000년 9월 15일자.

서 통일을 향한 첫 걸음"이라고 강조했다.

시드니올림픽대회 개막식 남북한 선수단의 이러한 동반입장은 전 세계의 이목을 집중시켰다. 사마란치 위원장은 개막식에서 남북한 동반입장을 시드니올림픽의 세 가지 화제 가운데 첫 번째로 꼽았다『요미우리신문』, 『아사히신문』 등 일본의 주요 언론들도 16일 시드니올림픽 개막식에서의 남북한 동시입장을 대대적으로 보도했다. 『요미우리신문』은 '남북한 첫 합동행진'이라는 제목과 함께 한반도기를 앞세우고 입장하는 남북한 선수단의 사진을 1면 전체에 실어 높은 관심을 나타냈다. 또 『아사히신문』은 1면 머리기사로 남북한 입장 사진과 함께 "한국과 북한의 동반입장도 실현, 국가의 틀을 넘어서 인종 및 민족의 융화를 목표로 하는 평화운동으로서의 올림픽을 세계에 보여주었다"고 전했다.

또한 AFP와 AP 등 외국 주요 통신사들도 남북한 선수단의 동반입장을 일제히 긴급기사로 타전했으며, AFP는 "남북한 선수들이 올림픽에서 처음으로 함께 입장함으로써 통일의 당위성을 강조했다"고 평가했다. AP는 "동시입장은 개막식에서 특별한 주목을 받았으며 통일을 향한 발걸음으로 받아들여졌다"고 보도했다.

북한도 시드니올림픽대회 남북 동반입장을 방송을 통해 보도했다.[103] 조선중앙방송은 2000년 9월 17일 시드니올림픽대회 개막소식을 전하면서 "오스트레일리아 총독이 제27차 올림픽경기대회의 개막을 선언한 데 이어 북남 선수들은 흰색 바탕에 조선지도가 그려진 하나의 내형 통일 깃발을 앞세우고 공동으로 립장했다"며, "악대는 민족적 정서가 넘쳐나는 민요 아리랑을 연주했다"고 보도했다. 특히 AP통신을 인용하여 "체육인들의 전통적인 행진은 북남 조선의 화해를 지향하는 상징적인 조치이며 올림픽대회 역사상 처음으로 서로 어깨를 나란히 하고 립장한 것으로 해서 특별한 의의를 가졌다"고 방송했다.

사상 첫 남북한의 동반입장은 "스포츠를 통한 상호이해의 증진과 우호의 정신으로 세계평화에 기여한다"는 올림픽대회의 목적에 부합할 뿐만 아니라 새 천년 지구촌 축제 분위기를 한껏 고조시키며 세계 평화에 큰 기여를 한 것이었다. 시드니올림픽대회에서의 남북한 동반입장 실현은 사마란치 IOC위원장 등의 역할이 컸지만, 이보다 앞서 3개월 전에 이루어진 남북정상회담과 6·15 남북공동선언의 결실이기도 했다. 김대중 대통령과 김정일 국방위원장은 6·15 남북공동선언에서 남북관계의 진전을 위한 획기적 조치가 이루어질 수 있는 틀을 마련하고, 남북장관급회담을 통해 그 후속 조치를 신속히 이루어 나가도록 했는데,[104] 그 후속 조치의 일환으로 시드니올림픽대

103) 연합뉴스, 『2002 북한연감』, 808쪽.

104) 민족통일체육연구원 엮음, 「6·15 남북공동선언」, 『남북통일체육의 법적 과제』, 사람과 사람, 2001, 272~273쪽.

회 남북 동반입장이 이루어졌던 것이다.

이렇게 남북관계에 있어 근본적인 개선과 진전이 이루어진 것은 그 동안 김대중 정부가 꾸준히 추진해 온 대북 포용정책의 결실이었다. 김대중 정부는 대내외적으로 어려움에 처한 북한을 몰아붙이기보다 감싸안아 지속적으로 신뢰를 구축해 나갈 수 있었다. 또한 남북정상회담을 통해 이를 뒷받침하여 남북관계의 본질적 해결을 모색함으로써 각 분야의 교류 협력을 도모해 체육 분야에서도 남과 북이 하나가 되는 모습을 보여줄 수 있었다.

시드니올림픽대회에서의 이같은 남북 동반입장은 이후 남북 체육교류의 활성화를 기대하게 해주었으며, 실제로 부산아시아경기대회, 아오모리동계아시아경기대회, 대구유니버시아드대회 등에서 남북한 동반입장을 이끌어낸 계기가 되었다.

(2) 아오모리동계아시아경기대회

남북은 시드니올림픽대회에 이어 2003년 동계아시아경기대회에서도 동반입장을 성사시켰다. 이연택 대한체육회장 겸 대한올림픽위원회 위원장과 북한의 조상남 조선올림픽위원회 서기장은 2003년 1월 31일 아오모리 메인프레스센터에서 개막식과 폐막식 때 동반입장하기로 합의했다.[105] 양측은 이날 "시드니올림픽대회와 부산아시아경기대회 동반입장을 통해 화합과 평화의 의지를 세계 만방에 과시했다"고 지난 두 차례의 동반입장을 평가하면서 "통일을 향한 민족의 염원을 담아 남북한의 화합과 협력을 다지기 위해 이번에 다시 공동입장에 합의했다"는 내용의 합의문을 발표했다. 비록 이 회담이 급작스럽게 이루어져 남북 단일팀 구성, 참가 등 민족의 하나됨을 드러내는 상징물을 만들지는 못했지만 한반도기를 앞세우고 남북한 선수단이 함께 입장할 것과 선수단의 단복 상의에 한반도기 부착 등을 합의했다. 그리고 합의문 결정 이후 양측 대표는 2004년 아테네올림픽대회 때도 동반입장할 것을 약속하고, 2008년 베이징올림픽대회 단일팀 구성 용의를 밝히기도 했다.[106]

공동합의에 따라 남북한은 2월 1일 개막식에 'KOREA'라는 피켓 아래 9번째로 입장했다.[107] 공동기수인 남한의 여자 바이애슬론 선수 김자연과 북한의 스피드스케이팅 선수 출신의 임원 강현수는 독도가 표시된 대형 한반도기를 나란히 붙잡고 입장함으로써 독도 영유권에 대한 남북의 공통된 정서를 반영하기도 했다. 선수들은 북측이 준비한 한반도기를 흔들었고, 일본의 민단과 조총련 교민들은 각기 '한국선수 화이팅'을

---

105) 『연합뉴스』, 2003년 1월 31일자.

106) 『연합뉴스』, 2003년 2월 4일자.

107) 『연합뉴스』, 2003년 2월 1일자.

새긴 플래카드와 한반도기를 흔들며 남북 화합의 장을 감격해 했다. 또한 남북의 선수들은 이전과 달리 처음으로 행사장을 반 바퀴 돈 뒤 중앙 관람석 왼쪽 하단에 섞여 자리를 잡는 등 화기애애한 분위기를 연출했다.

한편, 이 대회에서 남북한은 상호교류에 더욱 힘을 쓸 것을 다짐하면서 구체적인 교류방안을 서로 제시하기도 했다.[108] 예컨대 2월 7일에는 피겨스케이팅 합동공연 등 활발한 스포츠교류를 이루어 나가자는 의향서를 교환했으며, 남측의 신현택 선수단장과 북측의 리동호 단장은 이날 스포츠교류가 통일의 밑거름 역할을 해내자는 데 뜻을 함께 했다. 또한 신현택 단장은 북측 선수단장에게 바이애슬론팀 창단을 제안하며 장비 지원과 국제바이애슬론연맹(IBU) 가입 지원을 약속했다. 윤원호 한국선수단 총감독은 국제빙상연맹(ISU) 기술위원으로서 국제빙상연맹 발전프로그램 기금이 북한에 지원될 수 있도록 노력하겠다고 약속했다. 그리고 북한은 남북 여자아이스하키경기가 끝난 뒤 2010년 동계올림픽대회의 평창 유치를 지지하며 꼭 참가하겠다는 적극적인 의사를 밝히기도 했다.

이렇게 아오모리동계아시아경기대회는 남북 스포츠교류의 활성화에 대한 기대와 전망을 밝게 해주었으며, 이는 바로 대구유니버시아드대회의 북한팀 참가와 남북 동반입장을 실현하는 성과로 나타났다.

(3) 아테네올림픽대회

남북한은 2002년 시드니올림픽대회, 2002년 부산아시아경기대회, 2003년 아오모리동계아시아경기대회 그리고 2003년 대구유니버시아드대회에 이어 2004년 아테네올림픽대회에서도 동반입장을 성사시켰다. 아테네대회는 국제경기대회에서 남북한이 동반입장하는 5번째 대회였다. 스포츠를 통한 인류 평화에 기여한다는 올림픽 정신을 올림픽대회의 발상지인 그리스 아테네에서 구현한다는 점에서 남북한 선수단의 동반입장은 세계인에게 보다 뜨거운 관심의 대상이 되었다.[109]

그동안 국제경기대회의 남북체육교류 현황을 보면 1991년 4월 일본 지바에서 개최된 제41회 세계탁구선수권대회와 1991년 6월 포르투갈에서 열린 제6회 세계청소년축구대회에 단일팀으로 출전한 것이 최초였다. 이후 시드니올림픽대회에서 동반입장이 이루어지까지 단일팀 구성이나 동시입장과 같은 남북체육교류는 이루어지지 않았다.

---

108) 『연합뉴스』, 2003년 2월 2일·7일·8일자.

109) 문화관광부, 『2004 체육백서』, 2005, 658쪽.

〈표 3-20〉 역대 국제경기대회 남북 동반입장 현황

구 분	연 도	합 의 내 용		
		공동기	입장 인원	기수
시드니올림픽대회	2000	한반도기	180(90/91)	정은순(남) 박정철(북)
부산아시아경기대회	2002	한반도기	600(300/300)	황보성일(남) 리정희(북)
아오모리 동계아시아경기대회	2003	한반도기	150(110/40)	김지연(남) 강현수(북)
대구유니버시아드대회	2003	한반도기	326(201/125)	최태웅(남) 김혜영(북)
아테네올림픽대회	2004	한반도기	186(136/50)	구민정(남) 김성호(북)

*문화관광부, 『2004 체육백서』, 2005, 658쪽.

아테네올림픽대회 개·폐회식에서의 남북 동반입장을 위한 세부사항 협의는 2004년 6월 24일 중국 베이징 캠핀스키호텔에서 가진 실무회담에서 이루어졌다. 이 날 남북실무회담에서 남북 양측은 호칭, 입장기, 입장 인원 및 대형, 입장시 사용할 음악, 복장, 기수 등에 대해 이미 4차례에 걸친 남북 동반입장의 전례를 따르기로 합의하고 서명을 했다. 실무회담은 별 어려움 없이 순탄하게 진행되었다. 이는 주요 종합국제대회에서 이미 4차례 공동입장을 해온 경험이 있어 논란의 부분이 적었으며, 2003년 10월 제주도에서의 민족통일평화체육축전을 통해 남북 스포츠계 인사들 간의 신뢰를 쌓아온 것도 큰 힘이 되었다.110)

아테네올림픽대회 동반입장의 첫 단추는 이미 2004년 2월 25일 그리스 아테네에서 끼워졌다. 당시 국가올림픽위원회 연합회(ANOC) 총회에 참석했던 이연택 대한올림픽위원회 위원장과 조성남 조선올림픽위원회 부위원장은 아테네올림픽대회에서 남북 동반입장과 2008년 베이징올림픽대회 남북 단일팀 구성 추진에 의견을 모은 바 있어 이 실무회담은 양측의 입장을 최종 조율하고 단일안을 만들어 가는 실무적 만남이었다. 아테네올림픽대회 남북 공동입장은 남북 당사자만의 관심사항이 아니다. 지난 2월 24일 국제올림픽위원회에서도 아테네올림픽대회에 남북 선수단의 동반입장을 공개 지지한 바 있으며 협조를 아끼지 않았다.

110) 『체육』, 2004년 7월호, 6~7쪽.

4. 북한의 남한 주최 국제경기대회 참가

1) 부산아시아경기대회

2000년 6월 13일 김대중 대통령은 남한 정상으로선 최초로 평양을 방문하여 김정일 국방위원장과 정상회담을 갖고 역사적인 6·15 남북공동선언을 이끌어냈다. 김대중 대통령과 김정일 국방위원장은 6·15 남북공동선언에서 남북관계의 진전을 위한 획기적 조치가 이루어질 수 있는 틀을 마련하고, 남북장관급회담을 통해 그 후속 조치를 신속히 이루어 나가도록 했다. 국민의 정부 출범 이후 이처럼 남북관계에 있어 근본적인 개선과 진전이 이루어진 것은 국민의 정부가 꾸준히 추진해 온 대북 포용정책의 결실이었다.

그 동안 체육분야는 어느 분야보다 활발한 남북교류를 추진해 왔는데, 그 획기적 성과가 바로 북한의 남한 주최 국제경기대회 참가였다. 제14회 부산아시아경기대회조직위원회는 새 천년을 맞아 민족의 염원인 평화적 통일기반 조성과 부산아시아경기대회의 성공적 개최를 위해 북한 참가를 적극 추진했다. 북한의 부산아시아경기대회 참가는 스포츠를 통한 한반도의 화합과 평화를 전 세계에 과시할 수 있는 상징적인 사건이 될 수 있기 때문이다. 조직위원회는 이처럼 평화적 통일기반 조성과 대회의 성공적 개최를 위한 북한 참가를 크게 3가지 방향에서 추진했다. 첫째 북한 선수단의 대회 참가, 둘째 백두산 성화 채화 및 봉송, 셋째 북한 예술단의 개·폐회식 등 문화예술 행사 참가였다. 이러한 북한 참여방향은 그 세부 추진방안에 있어서 남북관계 변동에 따라 다소 수정되었지만 그 골격은 대체로 유지되면서 추진되었다.111)

북한의 대회 참가는 2002년 8월 4일 제7차 남북장관급회담 개최를 위한 금강산 실무접촉에서 남북한 당국간에 합의되었다. 하지만 북한이 실제 부산아시아경기대회에 참가하기까지는 많은 관문이 남아있었다. 특히 북한의 참가종목과 선수단 규모, 백두산 성화 채화 및 봉송, 편의내용 보장 등은 원활한 대회 준비를 위해 빠른 시간 내에 협의가 완료될 필요가 있었다. 이를 위해 조직위원회는 먼저 8월 6일 통일부에서 열린 관계기관 합동회의 등에서 북한 참가와 관련한 정부 차원의 대책 마련 및 적극적인 지원을 요청했다. 이에 관계기관에서도 북한 참가와 관련된 실무협의기구를 설치, 운영하고 신속히 북한측과 실무회담을 개최토록 적극적인 협조의사를 밝혔다.

8월 9일 북한측에서 조선올림픽위원회 박명철 위원장 명의로 8월 17일부터 20일까지 실무회담을 개최하자는 서한이 판문점을 통해 조직위원회에 전달되었다. 이에 대해

---

111) 제14회부산아시아경기대회조직위원회, 『제14회부산아시아경기대회조직위원회 공식보고서』, 2003, 723~724쪽.

조직위원회가 정순택 부산아시아경기대회조직위원회 위원장 명의로 8월 17일부터 19일까지 실무회담을 개최하자는 수정제의를 했다. 북측이 동의하면서 북한 참가를 위한 금강산 실무회담이 시작되었다. 제1차 실무접촉에서는 조직위원회 백기문 사무총장과 조선올림픽위원회 조상남 서기장이 양측의 수석대표로 참가했다. 이 회담에서 양측은 북한의 참가에 따른 선수단의 규모와 이동 경로, 편의 제공 및, 백두산 성화 채화 등에 대해서는 상당한 의견 접근을 보았으나 공동입장 문제, 응원단 파견 문제 등에 대해서는 합의에 이르지 못했다. 이처럼 완전한 합의에 이르지 못한 양측은 8월 26일부터 28일까지 금강산여관에서 제2차 실무접촉을 갖고 8월 28일 합의서를 서명 교환함으로써 북한의 대회 참가가 최종 확정되었다.

이렇게 남측 부산아시아경기대회조직위와 북측 올림픽위원회는 두 차례 금강산에서 실무회담 접촉을 갖고 북한의 부산아시아경기대회 참가와 개·폐회식 남북 동반입장이라는 큰 성과를 이끌어냈다. 제14회 부산아시아경기대회 북한선수단 참가를 위한 남북실무접촉 합의서는 <부록-18>과 같다.[112]

합의서의 주요 내용은 첫째 북측 선수단의 남측 방문시와 귀환시 직항 노선과 북측 항공기 이용, 둘째 선수단 표지판은 '코리아', 영어로는 'KOREA'로 하며 선수단 복장은 지난 2000년 시드니올림픽대회 때의 전례를 따를 것, 셋째 부산아시아경기대회 성화는 백두산에서 채화하며, 금강산에서 조직위원회 관계자에게 인계할 것, 이때 북측은 남측 인원이 백두산 현장에서 채화과정을 녹화 및 참관할 수 있도록 최대한 편의를 보장할 것, 넷째 대회기간 북측의 국기 게양은 아시아올림픽평의회 헌장과 국제 관례에 따를 것 등이었다.

북한 선수단 및 응원단의 입·출국과 관련한 지원은 각 소관부처별로 대책을 마련하여 시행했다. 선수단의 입·출국 수송대책은 건설교통부가, 응원단 해상경비대책은 해양경찰청이, 만경봉호 입·출항 지원대책은 해양수산부가, 선수단 및 응원단의 입·출국 심사의 편의 제공 대책은 법무부가 담당했다. 북한 선수단의 입·출국 지원에서 특히 의미있는 사항은 선수단 수송과 관련되어 부산과 평양간에 항공기의 직항노선이 개설되었으며, 응원단 수송과 관련하여 부산과 원산간 선박의 직항 해로가 분단 이후 처음으로 남북간에 개척되었다는 점이다. 또 선수단 입국 심사에서도 출입신고서 제출을 생략하고 조직위원회에서 발급한 ID카드만으로 입국이 가능하도록 하여 남한방문증명서 발급을 생략한 것도 의미 있는 부분이다.[113]

이렇게 해서 분단 이후 국내에서 개최되는 국제대회에 처음으로 북한이 대규모 선수단(18개 종목, 318명)을 파견하여 개회식 때 남과 북이 동시에 입장함으로써, 아시

112) 연합뉴스, 『2004 북한연감』, 334~335쪽.

113) 제14회부산아시아경기대회조직위원회, 앞의 책, 727쪽.

아경기대회라는 스포츠의 장을 통하여 민족통일에 대한 의지를 전 세계에 보여주었다. 또한 북한의 만경봉호가 응원단(응원단 143명, 취주악대 150명)을 싣고 분단 반세기만에 처음으로 부산항에 입항했다. 그리고 북한 선수단 도착에 앞서 9월 16일에는 광복 이후 국내에서 처음으로 북한의 인공기가 공식적으로 게양되었다.[114)]

개회식에서 남북 선수단은 시드니올림픽대회 때와 같은 복장, 대열로 손을 맞잡고 44개 참가국 중 맨 마지막으로 입장했다.[115)] 공동기수인 남측의 황보성일 남자 핸드볼 선수와 북측의 최정희 여자 축구선수가 '아리랑'이 울려 퍼지는 가운데 한반도기를 들고 주경기장에 들어서자 6만 관중은 한반도에서 이룬 '작은 통일'을 감격해 했다. 이어 정순택 부산아시아경기대회 조직위원장은 "이곳에는 통일된 조국을 염원하며 두 손을 마주잡은 남북한의 젊은이들이 있으며 이들은 스포츠를 통해 서로 꿈꾸고 격려하며 정상에 서서 승리의 포옹을 나누게 될 것"이라는 대회사를 했다. 김대중 대통령의 개회선언에 뒤이어 백두산과 한라산에서 각각 채화돼 임진각에서 합화된 성화를 남측의 전 국가대표 유도선수 하형주와 북측의 유도선수 계순희가 경기장을 돌아 성화대에 점화했다.

대회기간 중에 남과 북이 한마음이 되어 응원하는 모습은 한민족이라는 동질성을 회복하는 계기가 되었고, 북한 응원단은 가는 곳마다 인기와 화제를 불러 일으켜 통일 아시아드의 절정을 이루었다.[116)] 특히 '미녀응원단'으로 불린 북한 응원단은 국내외 언론의 관심을 집중시켜 대회의 성공에도 크게 기여했다. 9월 28일부터 10월 15일까지 만경봉호가 정박한 다대포항은 관광객 12만여 명이 방문하여 남과 북의 보통 사람들이 광범위하게 교류하고 접촉하는 남북교류협력의 상징적 장소와 평화와 통일의 공간으로 부상했다.[117)]

이러한 역사적인 북한 선수단의 부산아시아경기대회 참가 및 남북 동반입장은 즉각 전 세계의 이목을 집중시켰다. 예컨대 영국의 유력지 『파이낸셜타임지』는 2002년 9월 39일자 기사에서 "부산에 선수단을 보내기로 한 평양의 결정은 최근 수주간 벌어진 일련의 놀라운 이니셔티브의 일환으로 세계에서 가장 폐쇄된 국가가 개방될 수 있다는 희망을 자아냈다. 양측팀이 통일 한국을 상징하는 기를 앞세우고 손을 맞잡고 입장하자 관중들은 우렁차게 환호했으며 남북에서 동시에 불러지는 민요 아리랑이 울려 퍼졌다"고 평가했다.

이렇게 북한 선수단의 부산아시아경기대회 참가는 50여 년간 공고했던 이념의 장벽

114) 문화관광부, 『2002 체육백서』, 615~616쪽.
115) 『체육』, 2002년 9·10월호, 54쪽.
116) 문화관광부, 『2002 체육백서』, 616쪽.
117) 제14회부산아시아경기대회조직위원회, 앞의 책, 730쪽.

을 일거에 무너뜨린 사건이었다. 백두산과 한라산에서 각각 채화된 성화가 임진각에서 하나로 합쳐진 것에서 상징적으로 드러났듯이 부산아시아경기대회는 한민족이 한 순간이나마 작은 통일을 이룬 남북체육교류사의 한 획을 그은 대회였다.

2) 대구유니버시아드대회

북한의 남한 주최 국제대회 참가와 동반입장이라는 체육교류사상 신기원을 이룬 성과는 2003년 대구유니버시아드대회에까지 이어졌다. 북한의 대구유니버시아드대회 참가는 사상·인종·계층의 벽을 뛰어넘어 대회주제인 '하나가 되는 꿈'을 실현하고자 하는 대회의 상징적인 이유가 되었다. 국내외 언론의 집중적인 관심과 취재활동을 통해 국제적인 관심을 높혀 나가고자 했으며, 아울러 남북 상호간의 신뢰를 구축하고 교류를 확대하는 데 기여코자 했다. 이에 따라 조직위원회는 북한의 대회 참가를 추진함에 있어 세 가지의 추진방향을 정했다. 첫째, 비정치적인 사회·문화분야 교류확대 차원의 한 영역으로서 남북 상호간의 신뢰 회복과 세계인의 문화·체육축전 행사로 추진한다. 둘째, 북한 선수단과 응원단이 체류하는 동안 수송·숙박 등에 최대한 편의를 제공한다. 셋째, 다른 참가 국가와는 별도로 신변보호 등 특별 관리를 한다.[118]

2002년 3월 조직위원회는 국제대학스포츠연맹(FISU)에 북한의 대회 참가에 대한 협조를 요청했고, 북한과 조직위원회가 직접 접촉에 대비해 주민접촉 승인을 받는 등 북한의 대회 참가에 대비했다. 2002년 8월 북한의 조선대학생체육협회 전극만 위원장에게 공식초청장을 발송하고, 같은 해 9월 개최된 부산아시아경기대회에 참가한 북한 체육관계자와의 접촉을 통해 북한의 초청장 접수를 확인했다. 또 남북장관급회담과 남북경제협력추진회 회의 등을 통해서도 대회 참가와 관련한 남북실무회담 개최를 요구했다. 이어 조직위원회는 2003년 3월 북한의 대회 참가와 관련한 각종 문제를 협의해결해 나가기 위해 통일부, 국가정보원, 문화관광부, 대구시 관계자를 주축으로 실무협의회를 구성했으며, 북한참가 문제를 장관급회담에서 공식 의제화하도록 통일부에 요청했다.[119]

이에 따라 2003년 4월 평양에서 개최된 제10차 남북장관급회담에서 북한의 대회 참가 문제가 공식적으로 논의되었으며, 이 문제는 체육관련기관 상호간에 협의하기로 했다. 이같은 합의에 따라 관계기관 실무협의회 및 관계 부처와의 협의를 거쳐 대구유니버시아드대회조직위원회 사무총장을 수석대표로 하는 남북 실무접촉 대표를 구성

118) 2003대구하계유니버시아드대회조직위원회, 『2003 대구 제22회하계유니버시아드대회 공식 보고서』, 2004, 178쪽.

119) 위의 책, 178~179쪽.

했으며, 6월 27일부터 6월 29일까지 금강산에서 남북 실무접촉을 갖자는 조직위원장 명의의 실무접촉 제안을 판문점 연락관 접촉을 통해 북측에 전달했다. 이에 북측은 실무접촉 기간을 7월 4일부터 7월 6일까지로 하자는 수정 제안을 하고 조선대학생체육협회 부위원장을 단장으로 하는 대표단을 보내겠다는 연락을 해왔으며, 남측이 이를 수용함에 따라 남북 실무접촉 일정이 확정되었다.

이렇게 해서 금강산에서 열린 남북실무접촉에서 개·폐회식 동시입장, 인공기 게양, 이동경로, 선수단과 응원단 규모 등에 있어 상당한 의견차이가 있었다. 하지만 쌍방의 입장을 충분히 개진하고 부분적으로 서로 양보하여 상대방의 주장을 수용함으로써 합의에 이르게 되었으며, 공식합의서에 서명 교환함으로써 북한의 대회 참가가 확정되었다. 대구하계유니버시아드대회 북한참가관련 대북실무접촉 합의서는 <부록-19>와 같다.[120]

그런데 북한은 8월 17일 조국평화통일위원회 대변인 성명에서 국내 보수단체들이 '건국 55주년 반핵·반김 8·15국민대회'를 개최, 북한체제를 모독하는 행위를 했다며 '동족이 동족의 안전과 존엄을 공공연히 해치는 위험천만한 남조선 지역으로 우리(북) 사람들이 내왕하는 문제에 대하여, 대구에서 진행되는 세계 대학생체육경기대회에 우리 선수들을 가게 할 수 없다는 것은 명백한 사실이다'며 북측 선수단과 응원단을 파견하지 않을 것임을 강력히 시사하면서, 남측의 공식적인 사과를 요구했다.[121]

이에 대해 노무현 대통령은 8월 19일 보수단체의 '8·15국민대회'에서 발생한 인공기와 김정일 국방위원장 초상화 소각에 대해 '적절치 않았다'며 공식 유감을 표명, 북한측 요구를 사실상 수용했다. 북한 당국도 노무현 대통령의 이런 유감 표명을 받아들였다. 이런 우여곡절 끝에 북한 대학생체육협회 위원장 전극만을 총대표로 한 선수 및 임원 189명과 응원단 303명이 20일 부산 김해공항을 통해 남녘 땅을 밟았다. 이에 따라 북한이 불참할 경우 파행이 우려됐던 대구유니버시아드대회는 예정대로 진행될 수 있었다.

대구유니버시아드대회에 참가한 북한 선수단의 규모는 금강산 남북실무접촉 당시 합의했던 200명보다 11명이 줄어든 것이며, 부산아시아경기대회에 참가했던 318명에는 미치지 못했다. 하지만 북한의 역대 유니버시아드대회 대표단 사상 최대 규모였다. 또 북한 선수단의 서포터스인 '미녀응원단'의 수는 당초 310명에서 303명으로 줄어들었지만, 취재 및 카메라 기자는 19명에서 24명으로 증원됐다.

남북한 선수단은 8월 21일 개회식에서 171개국 가운데 맨 마지막으로 한반도기를 들고 2000년 시드니올림픽대회와 2002년 부산아시아경기대회, 2003년 아오모리동계아시아경기대회에 이어 국제대회 사상 네 번째로 동반입장했다. 특히 북한 응원단은

120) 연합뉴스, 『2004 북한연감』, 335쪽.

121) 『연합뉴스』, 2003년 8월 18일자.

다양하고 열띤 응원으로 관중을 몰고 다녀 대회에 대한 관심을 배가시켰으며, 응원단에 대한 시민의 관심과 국내외 언론의 집중 조명으로 북한 응원단이 참가하는 경기장은 입장권이 매진되는 등 대회 분위기를 이끌어 나갔다. 경기장 응원과는 별도로 응원단 공연행사가 3차례나 개최되었는데 이때마다 많은 시민들이 관람하여 대회 분위기를 북돋우었다.[122)]

이렇게 북한 선수단과 응원단이 참가한 대구유니버시아드대회는 전 세계의 이목을 집중시키면서 부산아시아경기대회의 환희와 감동을 그대로 재현했다. 동시에 남북한의 교류와 동질감 회복에 많은 노력과 시간이 필요하다는 사실도 일깨워 주었다는 점에서 의미를 부여할 수 있다. 북한 선수단의 입국과정에서 노출된 인공기 소각 문제와 이에 따른 북한의 불참 통보, 이를 무마하기 위한 남한 정부의 유감 표명 등 일련의 사태에 북한의 대회 참가에 대한 근본적인 회의가 제기되기도 했다. 게다가 김정일 국방위원장의 사진을 비에 맞게 해서는 안 된다며, 이를 철거하고 오열하는 북측 응원단의 모습과 대회 도중 남측 보수단체 회원과 북한 기자단의 충돌을 보면서 남측 시민들은 아직 남북 사이에 극복되어야 할 많은 이질감이 있다는 사실을 깨닫기도 했다.

이런 우여곡절에도 불구하고 대회가 성공적으로 치루어질 수 있었던 것은 북측의 무리한 요구에 의연하고 대승적인 대응을 한 남한 정부와 대회조직위원회, 대구 시민의 노력 덕택이었다. 대구유니버시아드대회의 이같은 경험은 앞으로 더욱 자주, 그리고 다양하게 전개될 남북체육교류에서 남북한 양측이 상대에 대한 보다 섬세한 이해와 태도가 필요함을 다시 한번 확인시켜주었다는 점에서 그 의의를 찾을 수 있겠다.

122) 2003대구하계유니버시아드대회조직위원회, 앞의 책, 180쪽.

제 XI 장

요 약

1. 국내 체육사업

국민의 건강과 체력관리는 개인의 행복과 생존을 위해서도 중요하지만 국가의 생산성과 경쟁력 제고라는 측면에서 중요하다. 선진국에서는 오래 전부터 국민의 체력을 정부 차원에서도 관리하고 지원하기 위해 국민체력장 또는 성인스포츠장을 통하여 국민체력 수준을 정기적으로 파악하고 체력운동을 장려하는 등의 적극적인 노력을 해오고 있다. 우리나라에서도 이러한 건강과 체력의 중요성을 인식하여 정부 차원에서 1988년에 국민체력실태조사를 처음 실시했으며, 1989년부터 3년 주기로 실시해오고 있다.

이같은 국민체력실태조사는 초등학교 1학년 이상의 전국민 약 6,000명의 표본을 대상으로 이루어진다. 조사항목은 신장, 체중, 체질량지수 등 체격 3항목, 1,200미터 달리기, 윗몸일으키기, 팔굽혀펴기, 앉아윗몸앞으로굽히기, 체지방률 등 건강관련 체력 5항목, 제자리멀리뛰기와 50미터 달리기 등 기능관련 체력 2항목이다. 이런 조사결과는 국민체력 증진을 위한 체육정책 수립을 위한 기초 자료의 확보와 국민체력지표 개발·보급이라는 두 가지의 중요한 기능으로 이용되고 있다.

국민체력실태조사에 앞서 1971년부터 모든 학생을 대상으로 한 학생체능검사, 즉 체력장 제도를 실시했다. 체력장 제도의 목적은 학생들로 하여금 스포츠활동에 대한 이해와 이에 관한 습관 및 태도를 기르게 하여 스포츠를 생활화하고, 국민체위 향상과 체육 인구의 저변 확대를 도모하고자 한 것이었다. 즉 학생들에 대한 체능검사를 통해 학생 스스로가 자신의 신체기능이나 운동능력을 인식하고, 자발적으로 체육활동을 하게 함으로써 전 국민의 체력을 증진하고자 하는 데 목적이 있었다.

이러한 목적을 위해 입시에 체능검사 성적을 반영함으로써 학생은 물론 학부모들의 체력 향상에 대한 관심을 제고하여 전반적인 국민의 체력 향상에 기여했다. 그러나 체력장 제도는 1994년부터 폐지되었다. 이런 조치는 학생체능검사가 형식화되었다는 비판에 따른 것이기도 했다. 체능검사 결과, 대입에서 만점을 취득한 숫자가 90%를 상회하여 평가의 의미가 상실되었고, 특히 평가 도중 사망사고가 발생했기 때문이었다.

그러나 사망사고는 기준이 완화되었던 시기에 오히려 늘어났다. 이는 체력장 기준의 완화가 학생들의 운동 기피를 더욱 조장한 결과이며, 평가의 무의미화나 사망 등 안전사고를 체력장 폐지의 계기로 삼았던 정부의 정책이 오류였음을 보여주는 사례이다. 결국 체력장 제도의 폐지는 갈수록 비만 현상과 체력 저하 현상을 나타내고 있는 학생들의 체력 유지 및 향상에 역행하고, 체육 수업시간의 감축 및 파행적 운영, 나아가 학교체육의 부실화를 가져왔다는 점에서 문제의 심각성을 더욱 조장하는 결과가 되었다.

전국체육대회는 1920년 11월 4일부터 6일까지 경성에서 개최된 제1회 전조선야구대회가 그 기원이다. 1945년 광복을 맞이하여 체육인들이 우선 조선체육동지회를 조직하여 제26회 전국체육대회를 10월 27일부터 5일간에 걸쳐 '자유해방 경축 전국종합경기대회'라는 명칭으로 개최했으며, 1948년의 제29회 대회부터는 전국체육대회로 부르기 시작했다.

특히 1967년에 열린 제48회 전국체육대회부터 지방체육의 균형적 발전을 도모한다는 취지 아래, 각 시·도에서 번갈아 개최하면서 전국체육대회는 지역체육의 발전뿐만 아니라 지역사회의 발전에도 큰 기여를 해 왔다. 대회에 참가하는 선수와 임원들이 1만여 명이 넘기 때문에 이들을 위한 숙박시설 마련과 경기장 건설 등은 자연스럽게 지역사회가 새롭게 발전할 수 있는 계기로 이어질 수 있었다.

1970년의 제51회 전국체육대회와 1972년의 제53회 전국체육대회는 대회 사상 하나의 분수령을 이루었다. 제51회 대회에서는 태릉 국제수영장 개장에 따라 지금껏 분리 개최되어온 하계대회를 통합 실시하게 되었다. 특히 제53회 대회부터는 소년체육대회를 분리 개최하게 되었다. 대회 분리의 기본 취지는 소년들이 성인들의 그늘 밑에서 경기 기량을 충분히 발휘할 수 없다는 점과, 과열경쟁에 휘말려 체육교육적인 효과를 거둘 수 없다는 점 등을 고려한 것이었다.

이렇게 1972년 전국소년체육대회의 창설로 그 동안 성인스포츠에 가려 등한시되었던 소년스포츠가 활성화되었고, 우수선수의 조기 발굴 기회와 스포츠 저변의 확대에 큰 기여를 했다. 나아가 한국 스포츠의 발전을 위한 토대를 확립했다. 즉 서울올림픽대회 이래 올림픽대회 4회 연속 10위권 유지와 아시아경기대회 2위 고수에는 이처럼 보이지 않는 힘이 뒷받침되어 가능했다. 서울올림픽대회 때의 참가 선수 477명 가운데 53%인 204명의 선수들이 소년체육대회 출신이었다. 한편, 소년체육대회는 시·도간의 과열경쟁을 부추기고, 학교의 정상적인 교육과정을 무시하고 지나친 훈련과 부정선수

시비 등 비교육적 사례도 빈발했다.

따라서 전국소년체육대회는 노태우 정부 시기부터 그 운영상의 개선이 시도되었다. 1989년부터 소년체육대회는 시·도 단위로 이관되어 실시되었다. 그러나 이로 인해 등록선수의 감소, 경기부 해체, 초·중등학교 선수의 경기력 저하 등의 문제점이 나타났다. 그러자 1992년 대회부터 전국대회로 다시 환원되었고, 1994년부터는 전국체육대회 개최지에서 그 다음해에 소년체전을 개최하도록 명문화했다. 이로써 개최를 희망하는 시·도의 부족으로 어려움을 겪었던 개최 장소의 선정난이 해소되었고, 전국체육대회 시설을 소년체전에서 재활용할 수 있게 되어 개최비용의 최소화에도 일조하게 되었다. 이처럼 전국대회로의 환원 및 내실화를 기하자 한때 시·도별 지방대회로 진행할 때보다는 풍성한 기록을 거두는 성과가 나타나게 되었었고, 참가 인원 역시 증가했다. 하지만 전반적으로 국민의 참여와 관심 부족으로 대회의 의의 및 효율성이 크게 저하되고 있으며, 초등학교와 중학교 운동부의 비율이 1.1:1에 불과하여 선수 저변이 매우 취약한 상황이다.

이러한 전국체육대회 및 전국소년체육대회와 같은 종합경기대회 외에도 1946년 봄부터 축구, 농구, 배구, 야구 등 주요 종목들이 제1회 대회라는 명칭을 내걸고 개최되기 시작했다. 또한 해당 종목의 경기연맹 또는 협회가 재건되거나 창립되면서 각종 종목별 경기대회가 활발하게 개최되어 급격히 스포츠 붐을 이루었다.

2. 국제 체육사업

한국은 아시아경기대회에 처음 선수단을 파견한 1954년의 제2회 마닐라대회부터 3위에 오르는 등 아시아무대에서 스포츠 강국으로 군림해 왔다. 하지만 올림픽대회 첫 금메달의 길은 멀고도 험했다. 1964년 도쿄올림픽대회의 교훈을 되새기며 체육발전 6개년계획을 착실히 추진하기 시작하여 1968년 멕시코올림픽대회과 1972년 뮌헨올림픽대회의 단계를 밟아, 드디어 1976년 몬트리올올림픽대회에서 숙원의 첫 금메달을 따냈다. 몬트리올대회에서의 금메달 획득은 특히 뮌헨대회에서 북한이 첫 금메달을 따내 국제 스포츠무대에서 한발 뒤쳐졌던 남북대결에서 역전을 이루는 중요한 계기가 되었다.

몬트리올올림픽대회 이전의 상황을 먼저 살펴보면, 도쿄대회에 대규모 선수단을 파견했던 한국은 1968년 멕시코올림픽대회에 이병희를 단장으로 비교적 소규모인 76명의 선수단을 참가시켰다. 멕시코대회에서는 기대했던 유망주들이 초반에 탈락하는 불운 속에서 복싱의 지용주가 라이트플라이급에서 은메달을 획득하고 장순길이 밴텀급에서 동메달을 건져 겨우 체면을 유지했다. 1972년 뮌헨올림픽대회에는 김성집을 단장으로 62명의 선수단이 출전했다. 이 대회에서 한국은 유도 미들급에서 오승립이 은메달을 따내 겨우 노메달의 수치를 면했다.

마침내 1976년 7월에 개최된 제21회 몬트리올올림픽대회에서 한국은 드디어 광복 이후 빛나는 첫 금메달을 일구어 냈다. 레슬링 자유형 페더급에 출전한 양정모가 결승전에서 몽고의 오이도프를 물리치고 대망의 금메달을 차지한 것이다. 양정모의 쾌거는 일제하의 손기정이 마라톤을 제패한 후 40년만에 이루진 것이다.

양정모의 금메달에 힘입어 한국은 금메달 1개, 은메달 1개, 동메달 4개 등 모두 6개의 메달을 획득해 금메달 1개, 은메달 1개에 그친 북한을 누르고 종합성적 19위를 차지하면서 뮌헨올림픽대회에서의 패배를 설욕했다. 이러한 성적은 1960년대 이후 꾸준히 추진되어온 국민체육진흥정책이 결실을 거두기 시작했음을 보여준 것이기도 했다.

한국 체육계의 숙원인 세계 10위권 진입도 마침내 1984년의 제23회 로스앤젤레스올림픽대회에서 달성했다. 비록 모스크바대회의 여파로 소련 등 동구권 국가들이 참가하지 않은 채 반쪽 대회로 개최되긴 했지만, 한국 선수단은 금메달 6개, 은메달 7개, 동메달 7개를 따냄으로써 종합성적 10위를 기록하는 쾌거를 이룩했다. 이어 열린 서울올림픽대회에서 금메달 12개, 은메달 16개, 동메달 11개를 따내 종합성적 4위라는 경이로운 기록을 수립했다.

1992년 7월 스페인의 항구도시 바르셀로나에서 개최된 제25회 올림픽대회는 여러 측면에서 뜻깊은 대회였다. 서울대회에서의 눈부신 성적은 개최지의 이점을 안고 얻은 성과여서 그 가치에 의문이 제기되었다. 하지만 바로셀로나대회에서도 한국 선수단은 서울대회와 똑같은 12개의 금메달을 획득하여 종합성적 7위를 차지하며 안팎의 의문 제기를 깨끗이 불식시킬 수 있었다. 또한 이 대회에서 마라톤의 황영조가 손기정 이후 56년만에 올림픽대회 마라톤 우승의 신화를 재현했다는 점에서 그 의의가 더욱 컸다. 특히 바로셀로나대회에서는 무명의 선수 여갑순이 여자 공기소총부문에서 우승하면서 대회 첫 금메달의 주인공이 되었고, 황영조가 대회 마지막 메달의 주인공이 되어 한국은 그야말로 세계 뉴스의 초점이 되었다. 이로써 서울올림픽대회의 성공적인 개최로 아로새겼던 스포츠 강국의 이미지를 전 세계에 다시 한번 과시할 수 있었다.

한국은 2000년 시드니올림픽대회에 금메달 10~12개를 획득하여 10위권의 성적을 차지하겠다는 목표를 세웠으나, 금메달 8개, 은메달 10개, 동메달 10개를 획득해 종합 12위에 그치고 말았다. 그러다가 한국 선수단은 2004년 아테네올림픽대회에서 금메달 9개, 은메달 12개, 동메달 9개 등 총 30개의 메달 획득으로 종합 성적 9위를 달성하여 시드니대회에서 12위로 물러난 이후 다시 한번 한국 엘리트스포츠의 염원인 세계 10위권 진입에 성공하는 쾌거를 연출했다. 한마디로 한국은 1984년 로스앤젤레스대회 때

체육계의 숙원인 세계 10위권에 진입한 이후 5회째 10위권의 종합성적을 보여 주었다.

한국 선수단이 동계올림픽대회에 처음 참가한 시기는 하계대회와 같았으나 참가 성적은 하계대회에 비해 상대적으로 부진함을 보였다. 하계대회의 경우 처음 출전한 1948년 런던올림픽대회에서 이미 메달을 획득했고 금메달도 동계대회보다 훨씬 앞서 1976년 몬트리올대회에서 따냈다. 반면에 동계올림픽대회는 세계의 벽이 높아 그동안 참가에 의의를 두어 오고 있었다. 그러다가 한국은 1992년 알베르빌동계올림픽대회에서 지난 반세기 동안 노메달의 불명예에서 벗어나 금메달 2, 은메달 1, 동메달 1개를 따내며 종합 순위 10위라는 놀라운 성적을 거두어 동계올림픽대회사에 새로운 장을 열게 되었다.

한국 선수단이 동계올림픽대회에서 처음 메달을 획득한 것은 1988년 캘거리대회 때 시범종목으로 채택된 숏트랙에서 김기훈(1,500미터)과 이준호(3,000미터)가 금메달을 따내면서부터다. 한국은 1992년 알베르빌대회부터 정식종목으로 채택된 숏트랙에서 김기훈이 1,000미터에서 사상 첫 동계올림픽대회 금메달을 따낸 뒤 남자 계주팀이 연이어 금메달 1개를 더 보태면서 종합순위 10위에 오르는 기염을 토했다. 1994년 열린 릴레함메르올림픽대회에서는 한국의 숏트랙 대표팀이 무려 4개의 금메달을 쏟아내면서 종합 6위를 차지해 세계 스포츠계를 깜짝 놀라게 했다. 1998년 나가노동계올림픽대회에서도 숏트랙에서만 3개의 금메달을 따내면서 종합 9위를 지켰던 한국은 2002년 솔트레이크대회에서 15위로 밀리면서 주춤하는 듯 했다.

그러다가 2006년 토리노동계올림픽 개막 3일만인 2월 13일 안현수와 이호석이 남자 숏트랙 1,500미터에서 나란히 금메달과 은메달을 따내면서 기분 좋은 출발을 보인 한국 선수단은 마침내 안현수와 진선유가 나란히 3관왕에 오르는 영광을 안으며 남녀 숏트랙에 걸린 8개의 금메달 중 6개를 휩쓸면서 '숏트랙 왕국'임을 다시 한번 입증한 동시에, 동계올림픽대회 사상 최초의 3관왕을 두 명이나 동시에 배출해내는 성과를 냈다.

이렇게 올림픽대회에서 어느 한 국가가 특정 종목을 계속 석권한다는 것은 쉬운 일이 아니다. 그러나 한국의 숏트랙 독주가 언제까지 이어질 수 있겠느냐 하는 불안감도 느끼게 되었다. 특히 1998년 나가노동계올림픽에서는 그 동안 한국에 한 수 뒤지는 것으로 여겨졌던 일본이 이 대회를 기점으로 단거리에서 세계 정상에 오르는 등 한국과의 간격을 거의 없앴으며, 라이벌 국가들인 중국, 미국, 이탈리아, 캐나다 등의 수준도 우리와 별 차이가 없는 것으로 나타나 한국 숏트랙이 세계 정상권의 지위를 계속 유지하기 위해서는 신인선수들의 발굴 및 세대교체를 얼마나 성공적으로 수행하느냐에 달려 있다는 점을 뚜렷이 확인할 수 있었다.

한국의 국제경기대회 유치는 1960년대부터 시작되었다. 1960년의 제2회 아시아축구선수권대회를 시작으로 제4회 아시아야구선수권대회(1963), 제4회 아시아농구선수권대회(1967) 등을 유치하여 성공적으로 개최해 왔다. 1970년대 후반부터는 세계선수권대회도 본격적으로 유치하여 개최해 왔는데, 제42회 세계사격선수권대회(1978), 제8회 세계여자농구선수권대회(1979), 제27회 세계야구선수권대회(1982), 제14회 세계유도선수권대회(1985), 제33회 세계양궁선수권대회(1985), 99세계펜싱선수권대회(1999), 2002 FIFA 월드컵대회 등이 그 대표적인 사례다.

이러한 종목별 국제경기대회의 성공적인 개최를 기반으로 국제종합경기대회도 유치, 개최할 수 있었다. 이중 1986년의 아시아경기대회와 1988년 올림픽대회의 유치와 개최는 광복 이후 반세기 체육사 속에서 드러난 가장 큰 성과였다. 86아시아경기대회는 88서울올림픽대회를 준비하는 과정의 일환으로 평가될 수 있으나 이 두 대회를 유기적으로 잘 연결시켜 상승적인 효과를 발휘한 것은 한국 체육계의 큰 업적이었음에 틀림없다.

특히 서울올림픽대회는 몬트리올올림픽대회 후 12년만에 동서 양 진영이 자리를 함께 한 진정한 올림픽대회였으며, 이를 통해 한국은 대외적으로 동서 이념의 갈등을 넘어 한반도 및 세계 평화를 구현하고자 하는 의지를 부각시킬 수 있었고, 대내적으로도 인류 대제전을 치러낼 수 있을 만큼 축적된 민족적 역량에 대한 자신감을 느낄 수 있게 했다. 경제면에서도 흑자를 기록했을 뿐만 아니라 경제의 선진화를 대내외적으로 확인시켜 국민경제의 발전을 가져왔다. 한마디로 한국은 서울올림픽대회의 성공적인 개최를 통해 개발도상국가로서의 이미지를 벗고, 국제사회에서 당당한 발언권을 행사할 수 있는 국제적 위상을 정립하는 계기를 이루었다.

이러한 86아시아경기대회와 88올림픽대회 양 대회의 성공적인 개최 이후에도 연이어 종합국제경기대회를 유치하였는데, 1997년 무주·전주동계유니버시아드대회. 1999년 강원동계아시아경기대회, 2002년 부산아시아경기대회, 2003년 대구하계유니버시아드대회 등이 그것이다. 이로써 한국은 동계올림픽대회를 제외한 하계올림픽대회, 동·하계아시아경기대회, 동·하계유니버시아드대회 등 세계 3대 스포츠이벤트를 성공적으로 모두 개최함으로써 경기력뿐만 아니라 대회 개최 능력에서도 스포츠 선진국의 입지를 확고히 구축했다.

국제경기대회 외에도 한국은 1986년 제5차 국가올림픽위원회연합회(ANOC) 총회를 비롯하여 1990년 제109차 국제올림픽위원회(IOC) 총회, 1995년 제29차 국제스포츠경기연맹(GAISF) 총회, 1996년 제6차 세계생활체육총회 등을 연이어 개최해 왔다. 이밖에도 제16차 아시아올림픽평의회(OCA) 총회, 제5차 하계올림픽연합회(ASOIF) 총회, 아시아경기연맹(GAASF) 총회 등을 서울에 유치하여 아시아는 물론 세계 스포츠 외교무대를 화려하게 수놓았다. 이같은 주요 국제회의의 국내 유치는 국제 스포츠계의 영향력이 있는 인사들의 한국 방문을 유도하여 문화·관광 분야에 긍정적인 파급효과를 가져올 뿐만 아니라, 우리나라와 관련된 각종 스포츠 관계 회의의 의사결정 과정에서 우리에게 유리하게 작용할 수 있다는 점에서 볼 때 스포츠외교 활동의 주요 영역라 할 수 있다.

3. 북한의 체육사업

북한에서도 각종 체육사업이 이루어지고 있다. 그 주요 사업으로는 인민체력검정, 해양체육월간, 겨울철 체육월간 등을 꼽을 수 있다. 인민체력검정제도는 노동자·청소년을 비롯한 인민 전체의 체력 향상을 목적으로 1948년 7월 8일 인민위원회 교육국 명령 제8호로 공포, 실시했다. 하지만 구 소련의 인민체력검정제도인 게테오(ГТО) 제도를 모방했기 때문에, 북한 주민의 체격과 체력을 고려해 여러 차례 개정할 수 밖에 없었다. 인민체력검정은 나이에 따라 몇 개의 조로 나누어 진행되며, 그 종목은 달리기, 높이뛰기, 멀리뛰기, 보건체조, 수영 등의 기본적인 종목과 수류탄 던지기, 행군, 산야횡단경주 등 군사훈련 못지 않은 종목들도 있다.

해양체육월간사업은 주로 청소년·학생들을 대상으로 한 체력 향상을 위한 프로그램이다. 1971년 김정일의 지시에 따라 기존의 '7, 8월 수영보급월간'을 '7, 8월 해양체육월간'으로 이름을 바꿔 현재까지 실시하고 있다. 기존 수영보급월간이 수영 위주인 반면에 해양체육월간은 수영을 비롯한 여러 해양체육 종목과 국방체육 종목이 포함된 체육행사다.

겨울철 체육월간사업은 1982년 4월 30일 청소년·학생·근로자들의 겨울철 체육활동을 강화하기 위한 조처로 제정되어, 1983년부터 매년 1~2월에 진행하고 있다. 북한은 여름철 체육활동에 비해 상대적으로 등한시된 겨울철 체육활동을 강화하기 위해 이미 1950년대부터 '동기체육사업'을 실시해 왔다. 그런데 1960년대 이후 국방체육 종목이 강화되면서 70년대에는 매년 12월 첫 일요일에 겨울철체육개막식을 실시했다. 그러다가 1982년 김정일의 지시로 겨울철 체육활동을 보다 성공적으로 진행하기 위해 겨울철 체육월간을 본격적으로 실시하게 되었다.

이외의 체육사업으로는 모범체육군(郡)·학교 선정사업도 있다. 애초 이들 사업은 기존 인민체력검정과 여름철·겨울철 체육월간사업을 강화하기 위한 조치로 실시되었다가, 점차 지역·각급 학교의 전반적 체육활동을 강화하기 위한 목적으로 확대되었다. 1971년 '인민체력검정에 관한 규정'이 개정되어 인민체력검정사업에서 우수한 성적을 올린 시·군에 모범체육군 칭호를 수여하는 모범체육군 제도는 1972년부터 시작되었다. 그러다가 1979년 6월 김일성의 교시에 따라 선정사업이 강화되어 군 단위 지역의 전반적 체육활동을 평가하는 사업으로 확대되었다. 모범체육학교 제도는 1983년 김정일의 지시에 따라 모범체육군 제도를 토대로 이듬해인 1984년부터 실시되었다.

모범체육군 및 학교에 선정되기 위해서는 기본적으로 모든 구성원들이 인민체력검정에서 우수한 성적을 올려야 한다. 또 군내 기관, 기업소, 농업협동조합과 각급 학교마다 종목별 체육소조를 운영하고, 전국규모 경기대회에서 2~3개 이상의 종목이 순위권에 들어야 한다. 그리고 일정 수준의 체육시설 및 기구도 반드시 갖추어야 한다. 이들 사업은 체육의 노동 및 국방에의 연계를 위한 대중동원체제의 한 수단이었다.

이러한 체육사업 이외에 북한에서는 각종 경기대회도 개최하여 왔다. 경기대회에는 중앙 및 시도 단위의 종합경기대회뿐만 아니라 직업별·종목별 경기대회 등이 있다. 이같은 경기대회는 주로 조선로동당창당, 공화국창건, 체육절제정, 5·1절, 8·15 광복 등의 기념일 전후에 개최된다. 종합경기대회는 광복 직후부터 개최되었는데, 공화국선수권대회, 5년마다 개최되는 인민체육대회 등이 그 대표적인 대회였다. 게다가 1969년 만경대상 체육경기대회, 1977년 백두산상 체육경기대회가 각각 김일성과 김정일의 생일을 기념하여 창설되어 최대 종합대회로 자리잡았다. 뿐만 아니라 1997년에는 김정일의 생모 김정숙의 생일을 기념하는 '오산덕상 체육경기대회'를 창설하여 이른바 '백두산 3대장군'으로 선전되는 김정일 일가족을 기념하는 체육경기대회의 체계가 일단락되었다.

종합대회 외에도 각급 학교별 경기대회, 전문체육학교 및 체육구락부 등 체육교육기관의 경기대회도 개최되고 있다. 그 밖에 종목별 경기대회가 중앙 및 지방 단위로 열리고 있으며, 겨울철 스포츠대회도 일찍부터 개최되어 왔다. 또 1950년대부터 실시한 씨름, 그네, 궁술 등 민족 고유의 스포츠 종목을 겨루는 민족체육경기대회도 있다. 특히 최근에는 '텔레비젼 전국 민족씨름 경기대회'를 개최할 정도로 민속놀이의 경기화가 활발하게 이루어지고 있다.

북한에서도 국제경기대회를 개최하고 있다. 1979년 창설한 국제친선예술체조경기대회를 비롯하여 평양국제초청탁구경기대회(1980년), 만경대상 국제마라톤대회(1981년), 평양국제권투대회(1980년), 평양컵국제축구대회(1990년) 등이 그것이다. 이 외에도 유도, 배구, 스피드스케이팅, 역도, 체조, 피겨 등 종목의 국제대회를 개최해 왔다. 이들 대회에는 사회주의권이나 제3세계 국가는 물론 서방국가들의 선수들도 초청되었다. 특히 평양컵국제축구대회는 상금제를 실시하기도 했다. 이들 대회를 통하여 북한은 스포츠 강국들과의 친선 도모와 경기력 향상은 물론 국제 스포츠계에서 영향력을 증대시켜려 했다. 하지만 대부분의 참가국들의 경기수준이 낮고, 참가규모도 2~3개국에 불과하는 등 당초 기대했던 성과는 거두지 못했다. 극심한 경제난으로 대회도 비정기적으로 열렸는데,

평양컵국제축구대회가 자금사정으로 중단된 것은 그 단적인 사례다.

북한의 국제경기대회 참가는 1960년대까지 주로 사회주의권에서 주최·개최하는 대회에 한정되었다. 이는 남한이 한반도 유일의 국제올림픽위원회(IOC) 회원국에 가입함으로써 올림픽대회에 참가할 수 없었기 때문이다. 그러다가 북한의 올림픽대회 참가는 1963년 독일 바덴바덴 IOC총회 때 회원국으로 정식 가입하면서 가능해져, 이듬해 오스트리아 인스부룩동계올림픽대회에 참가했다. 하지만 정식국호를 쓰지 못한다는 이유로 1964년 도쿄올림픽대회에는 불참했다. 그러다가 1969년 IOC 68차 총회에서 북한의 정식국호가 'D.P.R. Korea'로 결정되면서 1972년 독일 뮌헨대회를 시작으로 본격적으로 올림픽대회에 참가했다. 뮌헨대회에선 체조부문에서 리송섭 선수의 기술이 국제체조연맹에 '리송섭내리기'로 등록되는 등 선전을 펼쳐, 종합 22위를 차지했다. 하지만 이후 하계올림픽대회에서의 성적은 그리 좋지 못했고, 이는 동계대회의 경우에도 마찬가지였다. 북한은 또한 정치적 목적을 이유로 1984년 미국 로스앤젤레스대회와 1988년 서울올림픽대회에 불참했다. 하지만 1992년 바르셀로나대회, 1996년 애틀란타대회, 2000년 시드니대회, 2004년 아테네대회에는 참가했다.

북한이 세계선수권대회에 처음 참가한 것은 1956년 8월 30일부터 9월 12일까지 프랑스 파리에서 열렸던 세계배구선수권대회였다. 이 대회에서 여자 팀은 미국팀에 3시간이 넘는 접전 끝에 승리하여, 세계의 주목을 받았다. 북한은 1970년대부터 본격적으로 서구에서 개최된 세계선수권대회에 참가했는데, 올림픽대회와는 달리 뛰어난 성적을 올리기도 했다. 성적이 돋보인 종목은 체조·사격·스피드스케이팅·역도, 레슬링, 탁구 등이있다. 하지만 체조종목은 90년대 후반부터 쇠퇴하기 시작하여, 1999년 세계선수권대회에서는 올림픽대회 출전권도 따내지 못했을 정도였다. 그러나 최근에는 여자 역도와 마라톤, 유도 등에서 좋은 성적을 올리고 있다.

북한은 1970년대 들어 아시아경기대회나 아시아선수권대회에 주력하기 시작했다. 이는 전통적인 대공산권 외교 강화와 남한 고립화라는 외교정책을 스포츠분야에까지 확대하기 위해서였다. 1972년 뮌헨 올림픽대회 이후 이란·쿠웨이트 등 아시아경기단체를 주도하는 중동국가와 교류를 강화하여 결국 1974년 3월 아시아경기연맹(AGF)에 가입했고, 8월에는 아시아경기연맹의 집행위원국에 피선됨으로써 스포츠 외교를 통한 남한 고립화 정책을 상당 부분 관철시킬 수 있었다. 특히 중국·일본 등과 함께 1972년 기존 아시아탁구연맹(ATTF)을 대신하는 아시아탁구연합(ATTU)을 창설한 것은 그 단적인 사례이다. 따라서 북한의 아시아경기대회나 아시아선수권대회 참가는 남북 체제대결의 연장선에서 이루어졌다고 볼 수 있다. 아시아경기대회에는 1974년 테헤란대회를 시작으로 1986년 서울대회와 1994년 히로시마대회를 제외하곤 모두 참가했다. 단일팀 참가가 무산되었지만, 남북의 공동응원이 펼쳐진 1990년 북경대회에서는 종합 4위를 차지했다. 사상 최초로 남한이 주최하는 국제대회 참가라는 신기원을 이룩한 2002년 부산아시아경기대회에서는 여자 역도에서 세계신기록을 달성했지만, 성적은 종합 9위에 머물고 말았다.

4. 남북체육교류

한편, 남북분단은 남북의 체제경쟁을 불러와 정치·경제·사회·문화·군사 등 모든 분야에서 극도의 대립과 갈등을 빚어냈다. 체육분야 역시 남북한의 체제경쟁에서 예외일 수 없었다. 오히려 체육이 체제경쟁에서의 우위를 직접 드러낼 수 있는 좋은 기회로 활용될 수 있다는 점에서 체제대결과 선전의 도구가 되기도 했다. 그러나 다른 한편으로는 참된 스포츠정신을 발휘하여 이념과 체제를 뛰어 넘는 인적 교류의 통로가 되어 남북간 대화 및 교류의 지렛대 역할을 할 수 있었다. 가령 일제 식민통치하에서 서울과 평양을 오가며 민족적 일체감을 다져 온 경평축구대회는 광복 후에도 잠시 동안 남북한 사회를 연결하는 통로의 역할을 했고, 특히 1990년에 이루어진 남북통일축구대회는 경평축구의 정신을 복원하면서 남북 화해협력의 새 지평을 여는 시대적 의미를 뚜렷하게 드러내 보여주었다.

남북관계는 한국전쟁 후 1960년대에 접어들면서 가장 첨예한 체제대결 양상을 보였다. 그럼에도 불구하고 남북한은 이 시기에 분단 후 최초의 체육회담을 성사시켰다. 남북체육회담이 남북간 체제대결을 뛰어넘지는 못했지만, 제18회 도쿄올림픽대회에 남북 단일팀으로 참가하는 문제를 협의하여 원칙적인 합의와 아울러 실무적인 문제에 이르기까지 상당한 논의의 진전을 보았다. 이때의 남북체육회담은 비록 국제올림픽위원회의 중재 아래 이루어진 것이기는 했지만, 회담의 실질적인 성과 여부와 관계없이 남북간의 대화의 필요성과 그 가능성을 확인시켜 주었다는 점에서 커다란 의의를 지니는 것이었다.

남북체육회담은 1972년의 7·4 남북공동성명 발표에도 불구하고 큰 진전을 이루지는 못했다. 70년대 남북체육회담은 1979년 4월에 평양에서 개최된 제35회 세계탁구선수권대회 참가와 관련하여 남북한이 단일팀을 구성하는 문제 협의를 위해 재개되었지만, 결국 단일팀 구성에 실패해 결실을 거두지는 못했다.

1980년대 남북체육회담도 올림픽대회 단일팀 구성을 주 의제로 다루었다. 로스앤젤레스올림픽대회 참가를 위한 남북 단일팀 구성을 위한 회담이 1984년 4월부터 5월까지 진행되었으나 공산권의 불참 결정으로 무위로 돌아갔으며, 88서울올림픽대회 개최와 관련하여 1985년 10월부터 1986년 6월까지 진행된 남북체육회담도 북한의 올림픽대회 분산개최 주장 등으로 성사되지는 못했다.

그러다가 1990년대에 와서 남북체육회담은 폭넓게 진행되었다. 그 결과 남북체육교류는 가시적이고 의미있는 성과를 이루어냈다. 1990년에 열린 제11회 북경아시아경기대회 단일팀 구성을 위한 남북체육회담은 무려 9차례에 걸쳐 진행되어 단일팀의 호칭, 단기, 선수선발 문제에 이르기까지 상당한 진전을 보았으나 역시 결실을 보지 못했다. 그러나 베이징아시아경기대회 이후 개최된 남북체육회담에서 1991년 제41회 세계탁구선수권대회와 제6회 세계청소년축구선수권대회 남북 단일팀 구성 및 참가를 성사시킴으로써 마침내 남북 스포츠교류의 역시에 첫 결실을 맺었다.

특히 1990년 9월에 개최된 베이징아시아경기대회에서 보여준 남북 공동응원과 같은 해 10월 평양과 서울에서의 남북통일축구 개최 합의는 1990년대로 접어드는 남북관계의 새로운 전망을 예시한 것이라는 점에서 중요한 의미를 담고 있었다. 그 후 남북한 선수들이 실제로 몸을 부딪치며 경기를 갖고 서로 손을 맞잡아 관중들의 환호에 답하는 모습을 보여줌으로써 남북 스포츠교류의 가공할 위력을 실감케 했다. 이런 체험은 남북관계의 진전이 있을 때마다 거듭되어 남북통일농구대회, 남북통일탁구대회 등으로 이어졌고, 드디어 2000년 시드니올림픽에서 남북한 선수들 모두가 코리아의 이름으로 손을 맞잡고 한반도기를 들고 동반 입장하여 전 세계에 한반도와 세계 평화의 염원을 펼쳐 보이는 벅찬 감격으로까지 이어졌다. 이런 일련의 성과가 축적됨에 따라 북한 선수단과 응원단의 2002년 부산아시아경기대회, 2003년 대구유니버시아드대회 대규모 참가라는 남북체육교류사의 신기원을 이룰 수 있었다.

참고문헌

1. 자 료

『官報』, 『근로자』, 『正路』, 『행정백서』

경북대학교, 『경북대학교요람』(86-87), 1986.
경향신문사, 『실록 제5공화국』, 1987.
공보처, 『第6共和國實錄』 4, 1992.
_____, 『변화와 개혁-金泳三政府 國政5年 資料集』, 1997.
公州師大三十五年史編纂委員會, 『公州師範大學三十五年史』, 1983.
공주사범대학, 『공주사범대학요람』, 1985.
과학백과사전출판사, 『백과전서』(Ⅰ), 1984.
_______________, 『체육백과사전』 하, 1987.
교육과정·교과서연구회편, 『韓國教科教育課程의 變遷』(中學校), 大韓教科書株式會社, 1990.
교육도서출판사, 『해방 후 10년 간의 공화국인민교육의 발전』, 1955.
교육법전편찬회편, 『교육법전』, 교학사, 1991.
교육부, 『고등학교 교육과정』, 대한교과서주식회사, 1992.
_____, 『고등학교 교육과정 해설』, 2000.
_____, 『국민학교 교육과정』, 대한교과서주식회사, 1992.
_____, 『중학교 교육과정』, 대한교과서주식회사, 1992.
_____, 『체육과 교육과정』, 1997.
_____, 『초등학교 교육과정』, 1992.
국군체육부대, 『부대사』 1, 발간년도 미상.
국민체육진흥공단, 『3대 프로리그 무엇이 문제인가』, 2004.
국방부 군사편찬연구소편, 『한국전쟁사의 새로운 연구』, 2001.
국립출판사, 『조선민주주의인민공화국법규집』 5, 1961.
국사편찬위원회, 『자료 대한민국사Ⅰ』, 1970.
국토통일원, 『남북한 사회문화 현황』 66, 1985.
_________, 『남북한 통일·대화 제의 비교』, 1986.
_________, 『북한개요』, 1986.
_________, 『北韓의 體育分野 事業總和集』(1949-1970), 1973.

_________, 『북한자료』, 1984.
극동문제연구소, 『북한전서』, 1980.
김대중, 「제109차 IOC총회 개회식 연설」, 1999년 6월 16일자.
_____, 「태릉선수촌 대표선수훈련 개소식 연설」, 2000년 1월 17일자.
김영삼, 「제76회 전국체육대회연설」, 1995년 10월 2일자.
김정일, 『교육사업을 더욱 발전시킬 데 대하여』, 구월서방(도쿄), 1984.
대통령비서실, 『박정희대통령연설문집』, 1965.
__________, 『박정희대통령연설문집』 1-군정편-, 1973.
__________, 『박정희대통령연설문집』 2, 1973.
__________, 『대통령각하지시사항』, 1981.
__________, 『全斗煥大統領演說文集』 3, 1983.
大韓골프協會, 『韓國골프100年』, 2001.
大韓敎育聯合會, 『敎育課程 : 理論과 運營』, 1969.
_____________, 『韓國敎育年鑑』, 새한신문사, 1962.
_____________, 『韓國敎育年鑑』, 새한신문사, 1964.
_____________, 『韓國敎育年鑑』, 새한신문사, 1974.
대한민국정부, 『서울아시아경기대회백서』 I (총괄편) · II (대회운영편), 1987.
대한배구협회, 『韓國排球70年史』, 1994.
대한야구협회 · 한국야구위원회, 『韓國野球史』, 1999.
대한올림픽위원회, 『南北體育交流 資料集』, 1992.
______________, 『KOC 50年史』, 1996.
大韓體育會, 『大韓體育會史』, 1965.
_________, 大韓體育會七十『年史』, 1990.
_________, 『북한스포츠자료집』, 1973.
_________, 『體育白書』, 1972.
_________, 『體育年鑒』(1976-1980).
_________, 『體育靑書』, 1976.
대한축구협회, 『韓國蹴球百年史』, 1986.
__________, 『’83~’89한국프로축구연감』, 1989.
동아일보사, 『동아연감』, 1982.
리영환, 『조선교육사』 6, 사회과학출판사, 1995.
문교부, 『국민학교 교육과정』 별책 2, 대한교과서주식회사, 1982
_____, 『國民學校 敎育課程解說』, 敎學圖書出版社, 1963.
_____, 『문교법전』, 교학사, 1990.
_____, 『문교 40년사』, 1988.
_____, 『제5차 교육과정-고등학교 교육과정』, 대한교과서주식회사, 1988.

______, 『제5차 교육과정-국민학교 교육과정』, 대한교과서주식회사, 1987.
______, 『제5차 교육과정-중학교 교육과정』, 대한교과서주식회사, 1987.
______, 『중학교 교육과정』, 1987.
______, 『중학교 교육과정 해설』, 교학도서, 1973.
______, 『중학교 체육과 교육과정해설』, 1988.
______, 『연수자료-고등학교 새 교육과정 개요』, 한국원호복지공단, 1982.
______, 『연수자료-중학교 새 교육과정 개요』, 한국원호복지공단, 1982.
______, 『초·중·고등학교 교육과정-체육과·교련과-』(1946-1981), 대한교과서, 1986.
______, 『초·중·고등학교 교육과정-총론-』(1946-1981), 대한교과서, 1986.
______, 『八十年代의 韓國教育改革』, 대한교과서주식회사, 1983.
문화관광부, 『국민체육진흥5개년계획』, 1998.
_________, 『체육진흥정책평가회 자료』, 1998.
_________, 『2002 체육백서』, 2002.
_________, 『2003 체육백서』, 2004.
_________, 『2004 체육백서』, 2005.
_________, 『2005 체육백서』, 2006.
문화체육부, 『국민체육진흥5개년계획』, 1993.
_________, 『국민체육 참여 실태조사』, 1997.
_________, 『체육진흥정책평가회 자료』, 1994.
_________, 『체육진흥정책평가회 자료』, 1995.
북한연구소, 『북한총람』, 1983.
사회과학원 력사연구소, 『조선전사』 24-32, 과학백과사전출판사, 1981-1982.
사회과학출판사, 『정치용어사전』, 1970.
____________, 『조선문화어사전』, 1973.
____________, 『주체의 사회주의 헌법 리론』, 1977.
서울大學校 師範大學 體育硏究所, 『體育振興長期計劃-제2차 중간보고서-』, 1986.
서울대학교이십년사편찬위원회, 『서울대학교이십년사』, 1966.
서울올림픽기념국민체육진흥공단, 「정기국회 체육관련 법·제도정비를 위한 체육인조찬간담회 자료」, 2005.
서울올림픽대회조직위원회, 『제24회 서울올림픽대회 綱要』, 1989.
서울특별시교육위원회, 『서울교육사』 상 · 하, 1981
스포츠서울, 『한국스포츠 총람』, 2001.
아시아체육학회 창립총회 준비위원회, 「아시아체육학회 창립총회 회의자료」, 2000년 8월 24일.
연합뉴스, 『2000 북한연감』, 1999.
_______, 『2001 북한연감』, 2000.

________, 『2002 북한연감』, 2001.
________, 『2004 북한연감』, 2003.
이화팔십년사편찬위원회, 『梨花八十年史』, 梨花女大, 1967.
재정경제부, 『경제백서』, 1999.
전북대학교, 『전북대학교요람』(1988-1989), 1988.
鄭慶謨·崔達坤 共編, 『北韓法令集』 4, 大陸研究所, 1990.
제24회 서울올림픽대회지원특별위원회, 『제113회 국회회의록』, 1982.
조선로동당출판사, 『김일성선집』, 1953-1954, 1960-1964, 1993, 1997-1998.
________________, 『김일성저작집』, 1974, 1979-1987.
________________, 『김정일선집』, 1993, 1997-1998.
조선인쇄회사, 『체육문화』, 1948.
조선중앙통신사, 『조선중앙년감』
체육부, 『제5차 경제사회개발5개년계획: 체육부문수정계획(1984-1986)』, 1983.
______, 『體育·青少年 長期綜合計劃(案)』, 1989.
______, 『체육한국』, 1983-1984.
______, 『체육한국인』, 1986.
체육청소년부, 『第7次 經濟社會發展5個年계획-體育部門計劃』(1992-1996), 1991.
____________, 『體育青少年 行政10年史』, 1992.
____________, 「1991년도 국정감사 교육체육청소년위원회 회의록」, 1991.
____________, 『1991年度學校體育管理指針』, 1991.
____________, 「1992년도 국정감사 교육체육청소년위원회 위원요구자료」(Ⅰ), 1992.
청주사범대학, 『청주사범대학요람』(1986-1987), 1986.
통일대비교육연구회, 『남북한 교육내용 비교 분석』, 1991.
통일부, 『98 통일백서』, 1998.
한국교육개발원 교육과정개정연구위원회, 『제7차 체육과 교육과정 개발 연구』, 1997.
韓國教育問題研究所, 『文教史』, 중앙대 출판부, 1974.
韓國教育十年史刊行會, 『韓國教育十年史』, 豊文社, 1959.
한국법제연구원, 『대한민국법률연혁집』 11-12, 1994.
______________, 『대한민국법률연혁집』 13, 2004.
韓國社會體育振興會, 『社會體育同好人클럽年鑑』, 1987.
한국역사연구회 현대사연구반, 『한국현대사』 3-4, 풀빛, 1991.
한국체육과학연구원, 『제2차국민체육진흥5개년계획 수립을 위한 기초연구』, 1996.
한국체육대학교, 『한국체육대학교 20년사』, 1997.
한국농구80년사편찬위원회, 『한국농구 80년』, 한국농구협회, 1989.
한국에어로빅스건강과학협회, 『한국 에어로빅스 보급 30주년의 발자취』, 2005.
한국여성스포츠회, 『사단법인 한국여성스포츠회 연혁』. 2007.

한국여성체육학회, 『한국여성체육학회 정관』, 1993.
한국체육학회, 『한국체육학회 50년사』, 2004.
__________, 2000년 2월 23일자 밀레니엄 선언문
현대경제연구원, 『2002한·일월드컵대회의 경제적 파급 효과』, 2002.

2. 보고서

교육부, 『1998학년도 대학입학전형 기본계획』(교육부 고시 1997-3호).
국민생활체육협의회, 『1997년도 사업실적보고서』, 1997.
국민체육진흥공단, 『국민체육진흥기금운용평가보고서』, 2000.
대한민국 국회사무처, 「제93회 국회 문교공보위원회 회의록 제1호」, 1975년 7월 4일.
대한민국정부, 『서울아시아경기대회백서』 I (총괄편) · II (대회운영편), 1987.
대한올림픽위원회, 『로잔느남북체육회담백서』, 1988.
______________, 『제12회 히로시마 아시아경기대회/제17회 릴레함메르 동계올림픽대회 참가보고서』, 1994.
______________, 『제15차 ANOC총회 결과보고서』, 2006.
대한유도회, 『제14회세계유도선수권대회보고서』, 1985.
서울大學校 師範大學 體育硏究所, 『體育振興長期計劃-제2차 중간보고서-』, 1986.
서울아시안게임 스포츠과학학술대회 조직위원회, 『86아시안게임 스포츠과학학술대회 결과보고서』, 1986.
서울올림픽 스포츠과학학술대회조직위원회, 『서울올림픽 스포츠과학 학술대회 결과보고서』, 1988.
제14회부산아시아경기대회조직위원회, 『제14회부산아시아경기대회조직위원회 공식보고서』, 2003.
제4회강원동계아시아경기대회조직위원회, 『1999 제4회강원동계아시아경기대회 공식보고서』, 1999.
第42回 世界射擊選手權大會組織委員會, 『第42回世界射擊選手權大會報告書』, 1979.
체육부, 『올림픽 이후의 체육정책에 관한 공청회 결과보고』, 1989.
한국체육단체총연합 재결성식준비위원회, 『한국체육단체총연합 재결성식 경과보고』, 2007.
'97무주·전주동계유니버시아드대회조직위원회, 『'97무주·전주동계유니버시아드대회조직위원회 공식보고서』, 1997.
2002년월드컵대회조직위원회, 『2002 FIFA 월드컵 공식보고서』, 2002.
2003대구하계유니버시아드대회조직원회, 『2003 대구 제22회하계유니버시아드대회 공식보고서』, 2004.

3. 신 문·잡 지

『경향신문』, 『내외통신』, 『동아일보』, 『로동신문』, 『문화일보』, 『민족시보』, 『세계일보』, 『스포츠서울』, 『연합뉴스』, 『일간스포츠』, 『조선일보』, 『중앙일보』, 『평양신문』, 『한겨레신문』, 『한국교육신문』, 『한국일보』

『계간 태권도』, 『국민생활체육』, 『월간 태권도』, 『体育學會報』, 『체육』, 『學校體育界』

4. 저 서

康吉秀, 『教育行政』, 豊國學園, 1957.

강순원, 『한국교육의 정치경제학』, 한길사, 1990.

고광헌, 『스포츠와 정치』, 푸른나무, 1988.

고두현, 『베를린의 월계관』(이야기 한국체육사 제1권), 서울올림픽기념 국민체육진흥공단, 1997.

곽형기·이진수·이학래·임영무, 『한국체육사』, 지식산업사, 1994.

교육도서출판사, 『조선교육사』, 1961.

김광희, 『금메달을 향한 기나긴 여정-한알의 밀알, 이야기한국체육사』 5, 서울올림픽기념 국민체육진흥공단, 1998.

김문관, 『인민체력검정지도서』, 내각체육지도위원회, 1956.

金錫基, 『시울올림픽의 의의외 성괴』, 한국개발연구원, 1989.

金詢教, 『북한체육의 허상과 실상』, 民族統一中央協議會, 1984.

김영삼, 『회고록』 상, 조선일보사, 2001.

金英宇, 『韓國中等教員養成教育史』, 教育科學社, 1989.

김운용, 『위대한 올림픽』, (주)두산동아, 1997.

金鍾基 외, 『서울올림픽의 意義와 成果』, 한국개발연구원, 1989.

김종철, 『교육행정의 이론과 실재』, 교육과학사, 1970.

金鍾喆 외, 『中等教員養成制度에 관한 硏究』, 대한교육연합회, 1973.

김진경, 『전환기의 민족교육』, 푸른나무, 1985.

김학준, 『북한50년사』, 동아출판사, 1995.

김형찬, 『북한 교육 발달사』, 한백사, 1988.

______, 『북한의 주체교육사상』, 한백사, 1990.

羅絢成, 『韓國體育史』, 青雲出版社, 1963.

______, 『韓國學校體育制度史』, 圖書出版教育院, 1970.

민족통일체육연구원 엮음, 『남북통일체육의 법적 과제』, 사람과 사람, 2001.

박상만, 『한국교육사』 하, 대한교육연합회, 1959.
朴正熙, 『國家와 革命과 나』, 向文社, 1963.
백낙준, 『한국의 현실과 이상』, 동아출판사, 1963.
북한연구소, 『북한교육론』, 1977.
브루스 커밍스 지음, 김동노 외 옮김, 『한국현대사』, 창작과 비평사, 2001.
사회과학원, 『주체사상에 기초한 사회주의 교육리론』, 사회과학출판사, 1975.
__________, 『주체의 사회주의 헌법 리론』, 사회과학출판사, 1977.
서대숙 지음, 현대사연구회 옮김, 『한국공산주의운동사연구』, 禾多, 1985.
성내운, 『분단시대의 민족교육』, 학언사, 1989.
孫仁銖, 『미군정과 교육정책』, 민영사, 1992.
______, 『韓國教育史』 Ⅱ, 文音社, 1998.
스칼라피노·이정식 지음, 한홍구 옮김, 『한국공산주의운동사』 1, 돌베게, 1986.
______________________________, 『한국공산주의운동사』 2, 돌베게, 1986.
______________________________, 『한국공산주의운동사』 3, 돌베게, 1987.
신효숙, 『소련군정기 북한의 교육』, 교육과학사, 2003.
안호상, 『민주적 민족론』, 어문각, 1961.
역사학연구소, 『한국근현대사』, 서해문집, 2004.
吳天錫, 『韓國新教育史』, 現代教育叢書出版社, 1964.
外務部, 『韓國의 北方外交』, 1990.
劉奉鎬, 『韓國教育課程史 研究』, 교학연구사, 1992.
이명영, 『통일의 조건』, 종로서적, 1989.
이우영, 『김정일 문예정책의 지속과 변화』, 민족통일연구원, 1998.
이응호, 『미군정기의 한글운동』, 삼청사, 1973.
이종각, 『국제경쟁력 강화를 위한 엘리트 체육 발전 모델 연구』, 국민체육진흥공단체육과학연구원, 2000.
이종석, 『현대북한의 이해』, 역사비평사, 2000.
이창우, 『북한의 교육실태와 특징』, 국토통일원, 1986.
이학래, 『북한체육사연구』, 민족통일체육연구원, 2004.
______, 『韓國近代體育史研究』, 지식산업사, 1990.
______, 『韓國柔道發達史』, 保景文化社, 1990.
______, 『韓國體育百年史』, 한국체육학회, 2000.
______, 『한국체육사연구』, 국학자료원, 2003.
이학래 엮음, 『남북통일기반 조성과 민족전통체육』, 도서출판 사람과 사람, 2004.
__________, 『남북통일체육의 법적 과제』, 도서출판 사람과 사람, 2001.
__________, 『남북통일체육의 정치적 과제』, 도서출판 사람과 사람, 2003.
__________, 『남북 학자들이 함께 쓴 민족의 체육발전 연구』, 도서출판 사람과 사람, 2005.

__________, 『스포츠교류와 한반도 평화』, 도서출판 사람과 사람, 2003.
이학래·김동선, 『북한의 체육』, 도서출판 사람과 사람, 1995.
이학래·김동선 엮음, 『북한체육자료집』, 도서출판 사람과 사람, 1995.
________________, 『북한체육자료해제집』, 단국대학교출판부, 2002.
임영태, 『대한민국 50년사』 1,2, 들녘, 1998.
전상진, 『세계는 서울로』, 범양사출판부, 1990.
전영선, 『북한의 북한예술 운영체계와 문예 이론』, 역락, 2002.
鄭慶謨·崔達坤 共編, 『北韓法令集』 4, 大陸研究所.
정동길, 『북한 체육 스포츠 영웅』, 다인미디어, 2001.
정동성, 『국민생활체육』, 史草, 1991.
정홍진, 『5공의 체육정책공과』, 동아일보사, 1993.
조남훈, 『조선체육사』 2, 금성청년출판사, 1992.
조동표, 『순간의 힘을 모아, 이야기 한국체육사』 8, 서울올림픽기념국민체육진흥공단, 1998.
조성일·김영출, 『한국교육행정사』, 집문당, 1996.
中央大附設 韓國敎育問題研究所, 『文敎史』, 中央大 出版局, 1974.
한성일 외, 『사회체육』, 동화문화사, 1988.
한정일, 『한국정치행정론』, 박영사, 1979.
함종규, 『교육과정 연혁조사』(후편), 문교부, 1980.
______, 『미군정시대의 교육과 교과과정』, 한국교육개발원, 1984.
홍응선, 『새초등교육과정』, 교학연구사, 1988.

5. 논 문

강병규, 「중학교 체육특기자들의 학교 수업 참여 실태」, 『教育論叢』 38, 건국대, 2002.
강신복, 「체육교육 중요성 경시한 6차 교육과정 시안」, 『체육』 276, 대한체육회, 1991.
공기화, 「제5차 교육과정의 초등학교 체육수업 운영실태」, 『學生生活研究』 20, 부산교대 학생생활연구소, 2001.
공응대, 「새마을스포츠를 통한 새마을운동활성화」, 『새마을스포츠』 27, 1984.
권미정·김경숙, 「고등학교 체육심화반의 편성 및 운영 실태와 개선방향」, 『한국스포츠교육학회지』 11-3, 2004.
김갑철, 「북한의 '인민민주'정권 수립과정」, 『北韓學槪論』, 文佑社, 1990.
김기태, 「중학생 체력장 검사의 요인 구조 분석」, 『教育論叢』14, 중앙대, 1997.
김남주, 「남·북한 체육교육 비교분석을 통한 이질화 극복 방안」, 세종대 박사논문, 1999.
______, 「남북한 학생선수 양성체제 및 교류 방안」, 『남북한 평화통일을 위한 학교체육교류의 이론과 실천방향』(제6회 민족통일 기반조성을 위한 한민족 체육학술대회자료집),

2005.
김달우, 「한국 체육학 발전과정의 역사적 고찰-한국체육학회 변천과정을 중심으로」, 『한국체육사학회지』 3, 1999.
김대광, 「한국체육정책의 변천과정과 방향설정」, 한국체육대학 박사논문, 2003.
김대욱, 「초등학교 학교체육 운영실태」, 『學校保健·體育研究所論文集』 3-1, 한국교원대學校保健·體育研究所, 1996.
김동규, 「`94학년도 체육특기자 대입 수능 고사 적용의 문제점과 대책」, 『스포츠과학연구지』 3-1, 1994.
______, 「교육사」, 『북한의 교육』, 을유문화사, 1990.
______, 「북한 교육학의 기본원리」, 『북한의 교육』, 을유문화사, 1990.
金東善, 「北韓體育의 基本原理와特性에 관한 研究」, 한양대 박사논문, 1991.
金東吉, 「民族的 民主主義라는 教育理念」, 『새교육』 1962년 12월호.
김두현, 「대학입학 체육특기자제도 개선방안」, 『스포츠과학』 39, 한국체육과학연구원, 1992.
김문규 외, 「움직임 교육 현장적용 문제점과 대안 연구」, 『체육과 교육세미나 자료집』, 부산교대 초등교육연구소, 1997.
김민경, 「해방이후 한국 사회체육의 변천과정에 관한 연구」, 이화여대 석사논문, 1993.
김사엽, 「한국체육정책의 변천과정과 방향실정」, 한국체대 박사논문, 2003.
김사엽·김대광, 「한국체육행정의 변천과정에 대한 연구」, 『체육사학회지』 11, 2003.
김상국, 「국민체육에 있어 중등 체육교육의 문제점과 개선 방안」, 『국민체육에 있어서 기초교육의 제문제』(제21회 국민체육진흥세미나 발표집), 한국체육학회, 2002.
김선호, 「고등 교육」, 『북한의 교육』, 을유문화사, 1990.
김성규, 「한국체육진흥정책의 개선방향에 관하여」, 『체육』 69, 대한체육회, 1972.
김성집, 「제3회 전국스포츠소년대회에 즈음하여- 당면한 문제점을 중심으로」, 『체육』 1974년 5월호, 대한체육회.
김순교, 「북한의 체육현황 조사 연구」, 국토통일원 조사연구실, 1982.
김승영, 「역대 정권별 체육정책에 관한 연구」, 조선대 박사논문, 2003.
金永逑, 「體育民衆化의 龜鑑이 되라」, 『체육문화』 창간호, 1948.
김용환, 「조선학생운동의 방향」, 『민주주의』 14, 1947.
______, 「체육 교사 교육의 방향」, 『교육개발』 14-3, 한국교육개발원, 1992.
______, 「체육과 교육과정의 의사결정 준거」, 『1991 국제 스포츠세미나 학술발표집』, 1991.
김유환, 「초등교사 신규 임용제도에 대한 교사, 학부모, 대학생의 인식 비교분석」, 순천향대 석사논문, 2001.
김일성, 「체육을 대중화하여 전체 인민들을 로동과 국방에 튼튼히 준비시키자」, 『김일성저작집』 24, 조선로동당출판사, 1983.
金載常, 「初·中等教員의 養成制度에 관한 研究」, 관동대 석사논문, 1998.

김정일, 「집단체조를 더욱 발전시킬 데 대하여」, 『김정일선집』 9, 조선로동당출판사, 1997.
______, 「4·25체육선수단 앞에 나서는 과업에 대하여」, 『김정일선집』 2, 조선로동당출판사, 1993.
______, 「체육을 대중화하며 체육기술을 빨리 발전시킬 데 대하여」, 『김정일선집』 8, 조선로동당출판사, 1998.
______, 「체육을 발전시킬 데 대하여」, 『김정일선집』 9, 조선로동당출판사, 1997.
김정명, 「청소년 인권의 사각지대 : 체육특기생」, 『청소년학연구』 6-2, 1999.
김종희, 「박정희 정권의 정치이념과 체육정책에 관한 연구」, 한양대 박사논문, 1999.
김준헌·여인성, 「한국 프로야구의 발전방안에 관한 연구」, 『한국체육학지』 제42권, 제4호, 2003.
김천수, 「국민체육 진흥을 위한 정책방향에 관한 연구」, 연세대 석사논문, 1987.
김택수, 「스포오츠大衆化의 轉機로-제13회 體育週間을 맞으며」, 『체육』 101, 1975.
金炫錫, [韓國體育行政組織의 發展方案에 關한 研究], 한양대 박사논문, 1998.
김형찬, 「중등교육」, 『북한의 교육』, 을유문화사, 1990.
나영일, 「한국체육학 50년의 오늘과 내일-인문사회과학 분야를 중심으로」, 『체육사학회지』 제1권 1호, 韓國體育史學會, 1996.
남석희·김문일, 「제7차 초등학교 체육과 교육과정 운영 실태와 개선 방안」, 『초등교육연구논총』 18-3, 대구교육대, 2003.
남 일, 「교육부문」, 『인민』 제3권 제4호, 1948.
류태호, 「학교체육 정책에 관한 제도개선 연구」, 교육인적자원부, 2003.
문교부, 「중등학교 체육보건과 교수요목」, 『초중등학교 각과 교수요목(11)』, 조선교학도서주식회사, 1948.
민춘기 외, 「중등체육교사의 수업현황 및 학교체육실태」, 『體育科學研究誌』 12-1, 충남대 체육과학연구소, 1994.
박광주, 「집정관적 신중상주의국가론-권위주의 국가 현상에 대한 새로운 접근-」, 『현대한국정치와 국가』(한국정치학회편), 법문사, 1987.
박노일, 「초등교사 공개전형제도에 관한 실증적 연구」, 한남대 석사논문, 1999.
박명기, 「학교 체육의 발전을 위한 정책적 과제」, 『스포츠과학』 1999년 여름호..
박상열, 「한국체육학 연구의 시대적 변천에 관한 연구」, 『한국체육학회지』 19, 1980.
박성학, 「초등학교 체육과 교육과정 운영 실태 분석」, 한남대 석사논문, 1996.
박수희, 「국·공립 중등 체육교원 임용고사 연구」, 한국교원대 석사논문, 2002.
박신률, 「초등학교 체육과 교육과정 운영 실태와 개선에 관한 연구」, 전남대 석사논문, 1995.
박용연, 「초등학교 체육시설 실태에 관한 고찰」, 『論文集』 34, 전주교육대학교, 1997.
______, 「한국 학교체육의 진흥방안에 관한 연구」, 고려대 박사논문, 1990.
박용헌, 「교육제도와 행정」, 『북한의 교육』, 을유문화사, 1990.

朴柱漢, 「南北韓 스포츠交流의 史的 考察과 展望」, 한국체육대 박사논문, 1997.
박혜란, 「김영삼 정권의 체육정책에 관한 연구」, 한양대 박사논문, 2005.
배순학, 「소년체전」, 『스포츠과학』, 한국체육과학연구원.
서지영 외, 「체육과 교육 목표 및 내용 체계 연구(Ⅰ)」, 한국교육과정평가원, 2002.
선우몽령, 「인민정권의 수립과 그의 공고화를 위한 조선로동당의 투쟁」, 조선로동당출판사, 1958.
선인원, 「재단법인 국민체육진흥재단 정관의 개정과 그 현황」, 『체육』 96, 대한체육회, 1974.
손수범, 「경제성장에 따른 한국스포츠의 변천」, 용인대 박사논문, 2002.
孫仁銖, 「文教9000日」, 『새교육』 1970년 9월호.
孫晉泰, 「民主主義 民族教育의 理念」, 『새교육』 4, 1949.
송기성, 「현행 체력장 검사에 대한 분석 연구」, 『論文集』13, 대전간호전문대, 1987.
송형석·김홍식, 「한국 엘리트스포츠 발달의 정치적 배경에 관한 연구」, 『체육연구소논집』 10-2, 서울대, 1997.
신승호·김승재, 「고등학교 2,3학년의 제7차 체육과 교육과정 선택경향 및 원인 분석」, 『한국스포츠교육학회지』 11-2, 2004.
신효숙, 「소군정기 북한의 교육정책」, 정신문화연구원 박사논문, 1998.
안양옥, 「게임수업의 질적 제고를 위하 대안적 접근」, 『체육』 1998년 11월호..
安在鴻, 「體育文化와 民族文化」, 『體育文化』 창간호, 1948.
안희숙, 「체육교사 양성 및 임용 제도 연구」, 한국교원대 박사논문, 2003.
오정석, 「체육적 앎과 체육교육의 방향」, 『체육연구소논집』 16-2, 서울대체육연구소, 1995.
유응욱·최관용·최정환·김승일, 「제7차 선택 중심 교육과정에서 체육과목 선택에 대한 학생인식 조사」, 『지방화시대와 스포츠』(제39회 한국체육학회 학술발표회논문집), 2001.
유정애, 「제7차 교육과정에 따른 초등학교 체육 교육과정 및 수업 운영 실태 분석」, 『한국체육학회지』 43-3, 2004.
윤남식, 「體力章 體力檢查 種目과 그 基準値의 調整에 대한 研究」, 『韓國 生活科學研究院 論叢』, 이화여대, 1979.
______, 「체력장제도 실시에 즈음하여」, 『체육』 , 1969년 7월호, 대한체육회.
윤인호, 「신체육의 성격」, 『교육』 창간호, 서울사대교육회, 1954.
李康雨, 「韓國 스포츠의 支配이데올로기的 機能에 關한 研究」, 성균관대 박사논문, 1994.
이달원, 「한국 체육교육과정 변천에 따른 요인 분석」, 계명대 박사논문, 2000.
이병위, 「현대 체육의 사조와 방향」, 『체육』 창간호, 한국체육학회, 1955.
이병익·유경호, 「엘리트체육의 현황과 과제」, 『논문집』 16, 용인대, 1998.
李丙學, 「體育民主化의 根本理念」, 『새교육』 1-3, 1948.
이성희, 「박정희대통령 집권하의 교육정책과 그의 교육이념 연구」, 강원대 석사논문, 1994.

李承紀, 「韓國의 中等敎員 養成制度에 관한 硏究」, 단국대 석사논문, 1986.

이옥흔, 「제3공화국과 제5공화국의 국가주의 스포츠정책 비교」, 영남대 석사논문, 2002.

李旭烈, 「전두환정부와 김대중정부의 체육정책 비교연구-정치체제와 체육정책의 상호관계를 중심으로-」, 숭실대 박사논문, 2002.

이의호, 「2000년도 학교체육의 진단과 대책 : 고등학교를 중심으로」, 『교육경남』 133, 경상남도 교육청, 1998.

이종범, 「김영삼대통령의 리더쉽 특성과 국정관리유형: 문민정부 1년의 정책평가」, 『한국행정하보』 28-4, 1994.

이종원, 「제5공화국의 스포츠정책 연구」, 서울대 박사논문, 2002.

이학래, 「남북 체육교류의 정치사회적 기능」, 『체육과학』, 한양대학교, 1993.

______, 「한민족 화합을 위한 남북체육교류의 진전과 전망」, 『남북체육교류에 관한 국제학술대회 발표문』, 1992.

______, 「21세기 대비 한국 체육의 발전 전략을 위한 제언」, 『엘리트스포츠 발전을 위한 정책 대토론회 자료집』, 1997.

이학래 · 김동선, 「북한의 스포츠외교정책에 관한 연구」, 한국체육학회지, 1993.

이형준, 「체력장제도의 문제점 및 체력실태 분석 연구」, 『學生生活硏究』17, 춘천교대 學生生活硏究所, 1992.

임용태, 「체육 청소년부 예산을 통해 본 체육정책의 분석에 관한 연구」, 서울대 석사논문, 1992.

장경표, 「남북한 초등(인민)학교 체육교육에 대한 비교연구」, 한양대 석사논문, 2000.

징종식, 「북조선 교육의 당면과제」, 『인민』 1-1, 1946.

鄭東星, 「南北韓 體育交流의 統合機能에 관한 硏究』, 경희대 박사논문, 1997.

丁永槿, 「中等學校 體育敎育의 改善에 관한 硏究」, 한양대 박사논문, 1991.

정인철, 「중등 체육교원 임용전형에 대한 사범계 재학생의 의식 실태」, 한국교원대 석사논문, 2002.

정천택, 「체력장 실시의 계획과 방향」, 『체육』, 1969년 7월호, 대한체육회.

조미혜, 「제7차 고등학교 2-3학년 체육교육과정 운영의 문제점 및 효율적 실천방안 탐색」, 『한국스포츠교육학회지』 8-2, 2001.

최관용 · 유응욱, 「여고생의 체육교과에 대한 선택과 비선택 요인 탐색」, 『한국체육학회지』 43-4, 2004.

최무현, 「중등학교 체육운영 실태-경남지역을 중심으로-」, 『교육이론과 실천』 2, 경남대 교육문제연구소, 1992.

崔承萬, 「健全한 體育奬勵의 推進隊」, 『체육문화』 창간호, 1948.

최지용, 「중등 체육교사 양성 과정 변천에 관한 연구」, 한국교원대 석사논문, 2003.

한성일, 「사회체육진흥 5개년계획의 실시에 즈음하여」, 『체육』 1977년 1월호.

한승주, 「정치 : 민주화의 시련과 진로」, 『계간 사상』 창간호, 1989.

한양순, 「한국체육에 있어서의 몬트리올올림픽의 역사적 의의」, 76몬트리올올림픽 제패 20주년 기념강연회 발표 논문, 한국올림픽성화회, 1996.
한익선, 「국대안과 조선교육」, 『우리공론』 1-1, 1947.
한준상·정미숙, 「1948-1953 문교정책의 이념과 특성」, 『해방전후사의 인식』 4, 한길사, 1989.
허동찬, 「교육과정」, 『북한의 교육』, 을유문화사, 1990.
홍상완·이교화, 「초등학교 체육 교육 현장 개선을 위한 실태 분석」, 『초등교육연구논총』 15, 대구교육대, 2000.
홍성표, 「교육행정가 입장에서 본 학교 엘리트스포츠의 문제점」, 『한국올림픽성화회 창립1주년 기념학술대회 자료집』, 1997.
______, 「학교체육의 강화 및 체계적 관리방안」, 『한국올림픽성화회 회지』제3호, 한국올림픽성화회, 1999.
황수연, 「한국 체육행정의 변천 연구」, 단국대 박사논문, 2003.

부 록

〈부록 1〉 시·도의 체육행정조직과 인력

구 분	기구	인력					
		계	행정직	기술직[1]	기능직[2]	별정직[3]	계약직[4]
서울	소 계	243	77	27	117	4	18
	문화국 체육과(체육진흥, 체육시설)	23	16	1	3	2	1
	제육시설관리사업소	162	18	26	114	2	2
	시설관리공단	58	43				15
부산	소 계	161	40	40	74	7	
	행정자치국 체육진흥과(체육진흥, 체육시설, 체육교류)	22	20	1	1		
	체육시설관리사업소	139	20	39	73	7	
대구	소 계	116	32	24	58	2	
	문화국 체육청소년과(체육지원, 생활체육, 체육시설)	28	21	5	1	1	
	체육시설관리사업소	56	7	8	40	1	
	월드컵경기장관리사업소	32	4	11	17		
인천	소 계	76	26	17	18		15
	문화관광체육국 체육진흥과 (생활체육, 체육지원, 체육시설)	17	13	3	1		
	체육시설관리공단	59	13	14	17		15
광주	소 계	46	15	15	15	1	
	관광문화국 체육청소년과(체육지원, 생활체육, 체육청소년시설)	15	10	4	1		
	체육시설관리사무소	16	2	5	8	1	
	월드컵경기장 관리사업소	15	3	6	6		
대전	소 계	95	14	3	1		77
	문화체육국 체육청소년과(체육지원, 생활체육, 시설관리)	13	9	3	1		
	대전시시설관리공단 체육시설사업소	82	5				77
울산	소 계	124	35	51	35		3
	문화체육국 체육청소년과(체육지원, 체육시설)	18	10	7	1		
	시설관리공단	106	25	44	34		3
경기	소 계	19	13	4	2		
	문화관광국 체육진흥과(본청)	15	10	4	1		
	문화관광국 문화체육과(2청)	4	3		1		
강원	자치행정국 체육청소년과(체육진흥, 체육시설)/국제행사과	25	15	8	1		1
충북	문화관광국 체육청소년과(체육담당, 체육시설담당)	9	7	1	1		
충남	문화관광국 체육청소년과(체육지원)	8	5	1	1		1
전북	문화관광국 체육청소년과(체육지원, 체육시설)	10	7	2	1		
전남	관광문화국 체육지원과	15	12	2	1		
경북	문화체육관광국 체육청소년과(체육지원, 생활체육)	10	8	1	1		
경남	문화관광국 체육청소년과(체육행정, 체육시설)	17	14	2	1		
제주	문화스포츠국 스포츠산업과	12	9	2	1		
총계	총 계	986	329	200	328	14	115
	본청	261	189	47	19	3	3
	시설관리사업소	725	140	153	309	11	112

1. 기술직 : 전기·토목·건축·기계
2. 기능직 : 사무 보조(워드 등)
3. 별정직 : 공무원분류 상 별정직으로 채용된 체육지도사 등
4. 계약직(전문직 포함) : 일용계약 등에 따라 채용된 체육전문가

〈부록 2〉 시·군·구의 체육행정조직과 인력

구 분	기구	인력					
		계	행정직	기술직[1]	기능직[2]	별정직[3]	계약직[4]
서울	소　계	947	244	46	136	229	292
	문화체육과(문화공보과 등)/자치행정과 (자치행정체육과 등)/사회진흥과(공원녹지과) 생활체육팀(계), 체육시설팀 등	153	95	4	13	40	1
	시설관리공단(센터)	794	149	42	123	189	291
부산	소　계	88	73	1	9		5
	총무과(구민협력계)	79	71		8		
	실내빙상장	9	2	1	1		5
대구	문화체육과 생활체육팀	37	31	1	5		
인천	문화공보실(문화체육과 등)문화체육팀(체육청소년팀 등)	43	35	7	1		
광주	소　계	27	17	3	2	5	
	문화체육과 생활체육팀	18	15	2	1		
	시설관리사업소	9	2	1	1	5	
대전	소　계	28	18	1	8	1	
	문화공보과(실)	20	16	1	2	1	
	체육관	8	2		6		
울산	문화공보과(실)/자치행정과/총무과 체육지원계(체육청소년계)	23	18	3	2		
경기	소　계	481	202	77	120	3	79
	체육청소년과(문화체육과 등)/자치행정과(주민자치과 등)/사회경제(산업)과/총무과 문화체육팀(체육진흥팀 등)/주민자치팀/생활환경정비팀	179	129	33	17		
	시설관리공단(사무소)	302	73	44	103	3	79
강원	문화체육과(체육진흥과 등)/문화관광과(관광경제과 등)/자치행정과/스포츠산업단	113	75	15	20	2	1
충북	소　계	137	61	29	27	9	11
	문화체육과(문화관광과 등)/복지문화과	55	41	5	5	2	2
	시설관리사업소	82	20	24	22	7	9
충남	소　계	100	50	19	20		11
	문화체육과(문화관광과 등)/자치행정과(주민자치과 등)	96	50	17	18		11
	공공시설사업소	4		2	2		
전북	소　계	237	74	48	66	11	38
	문화관광과(문화체육과 등)	117	49	17	15	3	33
	시설관리사업소(사무소)	120	25	31	51	8	5
전남	소　계	206	82	36	51	8	29
	문화관광과(문화체육과 등)/자치행정과(자치행정)	98	57	11	15	2	13
	시설관리공단(사무소)	108	25	25	36	6	16
경북	소　계	216	107	30	64	6	9
	문화관광과(문화체육과 등)/새마을과(새마을체육과 등)/총무과/사회진흥과	132	81	15	21	6	9
	시설관리사무소	84	26	15	43		
경남	소　계	565	175	45	92	30	223
	문화관광과(문화체육과 등)/체육청소년과/자치행정체육과	165	83	18	19	6	39
	시설관리공단	400	92	27	73	24	184
제주	소　계	98	23	26	28		21
	문화체육과/총무과	18	7	5	4		2
	시설관리사업소	80	16	21	24		19
총계	총　계	3,346	1,285	387	651	304	719
	본청	1,346	853	154	166	62	111
	시설관리 조직	2,000	432	233	485	242	608

1. 기술직 : 전기·토목·건축·기계
2. 기능직 : 사무 보조(워드 등)
3. 별정직 : 공무원분류 상 별정직으로 채용된 체육지도사 등
4. 계약직(전문직 포함) : 일용계약 등에 따라 채용된 체육전문가

〈부록 3〉 전국 대학부설 스포츠과학 연구기관 현황

구분	연구기관명	설립년월	연구원	보유기자재	
				종	점
국공립대학 부설(15)	강원대 체육과학연구소	75. 4	15	24	43
	경북대 체육과학연구소	85. 5	12	15	15
	부산대 체육과학연구소	84.10	14	45	55
	서울대 사대 체육연구소	78. 3	19	31	34
	서울대 의대 국민체력과학연구소	65. 3	38	14	21
	전남대 체육과학연구소	83. 9	14	20	30
	전북대 체육과학연구소	82.11	12	20	22
	충남대 체육과학연구소	82.10	19	41	52
	충북대 평생체육연구소	84.11	12	34	34
	한국교원대 학교보건체육연구소	90. 9	16	20	20
	강릉대 체육연구소	89.10	7	21	27
	공주대 스포츠과학연구소	83. 3	16	16	16
	인천교육대 스포츠과학연구소	90. 4	7	3	3
	한국체대 스포츠과학연구소	78. 8	8	33	41
	한국체대 체육연구소	82. 2	7	5	5
사립대학부설(20)	경희대 체육과학연구소	64. 4	27	25	25
	고려대 스포츠과학연구소	84.12	11	40	56
	국민대 스포츠과학연구소	82. 3	7	11	14
	단국대 스포츠과학연구소	85. 6	20	26	36
	동아대 스포츠과학연구소	82. 5	20	65	96
	동의대 사회체육연구소	90. 4	10	11	15
	상명여대 사회체육연구소	87. 3	5	15	20
	성균관대 체력과학연구소	82. 5	8	46	68
	연세대 스포츠과학연구소	64. 7	17	28	84
	영남대 스포츠과학연구소	89.10	34	18	21
	원광대 체력과학연구소	75. 6	19	14	23
	이화여대 보건체육연구소	71.11	15	60	113
	인천대 스포츠과학연구소	82. 3	10	9	9
	인하대 스포츠과학연구소	87. 5	9	31	44
	조선대 체육과학연구소	88. 5	15	5	5
	한양대 스포츠과학연구소	66. 2	23	56	82
	대한체육과학대 무도연구소	80. 9	28	44	75
	용인대 체육과학연구소	90. 3	12	54	109
	전주우석대 체육과학연구소	89.10	6	13	15
	호남대 체육연구소	85. 5	7	4	7

〈부록 4〉 1991년 현재 학교체육 시설현황

구분			합계	국민학교	중학교	고등학교	기타
실외체육시설	계		18,284	9171	4948	4054	111
	운동장	소계	11,589	7077	2543	1876	93
		대형운동장	449	145	108	193	3
		중형운동장	4,251	1995	1248	994	14
		간이운동장	6,889	4937	1187	689	76
	테니스장		4,291	1093	1662	1524	12
	농구장		437	103	178	154	2
	배구장		1,312	675	341	293	3
	핸드볼장		66	13	26	27	
	사격장		115	5	54	56	
	궁도장		111	52	36	23	
	씨름장		164	79	46	38	1
	배드민턴장		5	1	3	1	
	클리스케이트장		4	4			
	기타		190	69	59	62	
실내체육시설	계		2,253	681	628	917	27
	체육관	정규체육관	364	50	72	239	3
		강당	710	241	165	295	9
	간이체육시설		1,179	390	391	383	15
수영장	계		108	69	20	18	1
	수영장	실외수영장	76	50	13	13	
		실내수영장	23	13	6	3	1
	풀장	실외풀장	8	6	1	1	
		실내풀장	1			1	

〈부록 5〉 2004년 현재 학교체육시설 현황

구 분			계	초	중	고	
						일반	실업
실외체육시설	실 외 체 육 시 설 계		117,003	53,495	17,447	18,496	16,564
	계	개소	63,589	28,434	1,857	10,234	12,064
	대형운동장	개소	22,976	3214	10526	9105	131
	중형운동장	개소	35,333	21935	1136	577	11685
	소형운동장	개소	5,280	3285	1195	552	248
	계	개소	53,414	25,062	15,590	8,262	4,500
	테니스장	개소	3,445	921	1251	765	508
	배구장	개소	5,413	2764	1432	772	445
	농구장	개소	6,521	2414	2157	1317	633
	핸드볼장	개소	1,712	578	670	309	155
	배드민턴장	개소	577	177	215	109	76
	씨름장	개소	4,452	2719	1029	437	267
	양궁장	개소	156	78	47	28	3
	야구장	개소	125	53	36	27	9
	게이트볼장	개소	157	122	22	8	5
	사격장	개소	25	0	16	4	5
	레슬링장	개소	6	0	5	0	1
	족구장	개소	303	62	99	75	67
	하키장	개소	30	5	11	6	8
	멀리뛰기	개소	5,170	2473	1534	761	402
	롤러스케이트	개소	93	61	26	3	3
	철봉 및 평행봉	개소	21,594	9524	6724	3495	1851
	정구장	개소	180	82	59	26	13
	럭비장	개소	20	0	8	7	5
	소프트볼장	개소	56	6	26	17	7
	기타	개소	3,379	3023	223	96	37

구 분			계	초	중	고	
						일반	실업
	실 내 체 육 시 설 계		12,717	4,773	3,229	3,447	1,268
	계	개소	5,961	3,196	976	1,394	385
	정규체육관	개소	3,161	1,872	243	894	152
	강당	개소	2,790	1,324	733	500	233
실외체육시설	계	개소	6,766	1,577	2,253	2,053	883
	유도장	개소	179	30	64	65	20
	검도장	개소	57	4	20	30	3
	태권도장	개소	204	30	84	65	25
	탁구장	개소	1,104	388	331	251	134
	체력단련장	개소	904	186	303	289	126
	농구장	개소	622	115	179	226	102
	배드민턴장	개소	1,167	218	364	398	187
	레슬링장	개소	68	1	38	22	7
	복싱장	개소	52	0	25	15	12
	펜싱장	개소	62	0	29	24	9
	역도장	개소	69	0	39	21	9
	롤러스케이트	개소	7	3	3	0	1
	체조실	개소	91	35	26	25	5
	무용실	개소	858	135	351	308	64
	사격장	개소	140	2	80	41	17
	씨름장	개소	102	42	34	15	11
	배구장	개소	815	255	216	221	123
	기타	개소	265	133	67	37	28
	계	개소	130	77	22	31	5
수영장	계	개소	123	70	20	29	4
	실내수영장	개소	96	50	17	26	3
	실외수영장	개소	27	20	3	3	1
	계	개소	25	20	2	2	1
	실내풀장	개소	7	7	0	0	0
	실외풀장	개소	18	13	2	2	1

〈부록 6〉 국민체육센터 연도별·지역별 건립 지원 현황 (단위 : 개소, 억 원)

구분	계		1997	1999	2000	2001	2002	2003
	수량	금액						
계	55	1,738	3개 (180)	17개 (516)	5개 (142)	7개 (210)	10개 (300)	13개 (390)
서울	2	120	강서(90)				성동(30)	
부산	3	97.5		서구(37.5)			사하(30)	금정구(30)
대구	2	67.5		동구(37.5)				경북대(30)
인천	3	97.5		계양(37.5)		부평(30)		남동(30)
광주	3	97.5		광산(37.5)		서구(30)		북구(30)
대전	2	52		유성(22)			서구(30)	
울산	2	60		중구(30)		동구(30)		
경기	5	150		의왕(30) 부천(30)			광명(30) 평택(30)	가평(30)
강원	3	90		춘천(30)	원주(30)			고성(30)
충북	4	135	제천(45)		충주(30)		보은(30)	청원(30)
충남	5	150		천안(30)	공주대(30)	금산(30)	연기(30)	서산(30)
전북	5	165	익산(45)		전주(30)	군산(30)	정읍(30)	완주(30)
전남	5	150		강진(30) 목포(30)		무안(30)		영광(30) 곡성(30)
경북	5	142		영주(30) 군위(22)			문경(30) 경주(30)	안동(30)
경남	4	112		진해(30) 밀양(22)		함안(30)		의령(30)
제주	2	52		제주(30)	서귀포(22)			

※ 완공지역(19개소) : 서울(강서), 충북(제천), 전북(익산), 부산(서구), 대구(동구), 인천(계양), 광주(광산), 대전(유성), 경기(의왕),강원(춘천), 충남(천안), 전남(강진), 경남(진해), 제주(제주), 경기(부천), 전남(목포), 경북(군위), 경남(밀양), 충남(공주)

〈부록 7〉 생활체육공원 연도별·지역별 지원실적

시·도	계	2000년	2001년	2002년	2003년
서 울	-				
부 산	1				기 장
대 구	-				
인 천	2				남동, 계양
광 주	3			서 구	북구, 광산
대 전	1				대덕구
울 산	2			북 구	중 구
경 기	6		과 천	가평, 양평	안양, 수원, 평택
강 원	7	화 천		평창, 고성, 정선	남동
충 북	5		충 주	제천, 단양, 진천	옥천
충 남	5	연기(취소), 부여		금 산	당진, 연기
전 북	8	익산, 진안		전주, 순창	완주, 장수, 정읍, 임실
전 남	7	광 양	해 남	목포, 곡성	담양, 함평, 화순
경 북	6	안 동		영주, 영덕, 봉화	고령, 군위
경 남	9	김 해	진 주	진해, 밀양, 함안, 합천, 거창	하동, 거제
제 주	2		제 주		서귀포
계	64개소	8	5	23	26

〈부록 8〉 마을단위 생활체육시설 연도별·지역별 지원실적

시·도	계	'96까지	'97년	'98년	'99년	'00년	'02년	'03년
서 울	773	576	12	34	64	64	5	18
부 산	270	204	32	7	7	11	2	7
대 구	122	93	4	-	-	21	1	3
인 천	219	159	27	-	6	22	2	3
광 주	85	53	11	-	9	-	6	6
대 전	136	81	14	13	12	6	4	6
울 산	91	-	50	12	9	6	9	5
경 기	858	365	134	85	163	81	15	15
강 원	218	140	-	23	14	21	13	7
충 북	173	89	18	11	9	28	13	5
충 남	214	131	9	15	15	15	10	19
전 북	267	205	9	12	11	7	14	9
전 남	381	186	28	65	19	36	26	21
경 북	327	160	21	54	33	33	12	14
경 남	481	279	17	61	36	56	14	18
제 주	81	44	9	1	9	8	4	6
계	4,696	2,769	401	383	416	415	150	162

〈부록 9〉 연도별·지역별 운동장 지원 현황

(단위 : 개소, 백만원)

구 분	확보대상	미확보	확보	'82~'98			'99	'00	'01	'02	'03
				계	지원	자체					
합 계	165	29	136	133	122	11	-	-	1 (685)	1 (1,204)	1 (350)
부 산	1	1	0	0	0	-	-	-	-	-	-
대 구	1	1	0	0	0	-	-	-	-	-	-
인 천	2	2	0	0	0	0	-	-	-	-	-
울 산	1	0	1	1	1	-	-	-	-	-	-
경 기	31	9	22	22	20	2	-	-	-	-	-
강 원	18	1	17	17	17	0	-	-	-	-	-
충 북	12	1	11	11	9	2	-	-	-	-	-
충 남	16	5	11	10	10	0	-	-	부여 (685)	-	-
전 북	14	1	13	12	11	1	-	-	-	임실 (1,204)	-
전 남	22	3	19	18	17	1	-	-	-	-	구례 (350)
경 북	23	5	18	18	15	3	-	-	-	-	-
경 남	20	0	20	20	16	4	-	-	-	-	-
제 주	4	0	4	4	4	0	-	-	-	-	-

〈부록 10〉 연도별·지역별 체육관 지원실적 (단위 : 개소, 백만원)

구분	확보대상	미확보	확보	'82~'98			'99	'00	'01	'02	'03
				계	지원	자체					
합계	165	48	117	110	90	20	-	3 (1,791)	2 (1,194)	1 (1,100)	1 (700)
부산 (기장)	1	0	1	1	0	1	-	-	-	-	-
대구 (날성)	1	0	1	1	1	0	-	-	-	-	-
인천	2	1	1	1	0	1	-	-	-	-	-
울산 (울주)	1	0	1	1	1	0	-	-	-	-	-
경기	31	7	24	24	18	6	-	-	-	-	-
강원	18	5	13	11	9	2	-	-	고 성 (597)	양구 (1,100)	-
충북	12	6	6	5	4	1	-	-	-	-	단 양 (700)
충남	16	6	10	9	9	-	-	당 진 (597)	-	-	-
전북	14	5	9	9	8	1	-	-	-	-	-
전남	22	7	15	12	10	2	-	구 례 (597) 진 도 (597)	신 안 (597)	-	-
경북	23	9	14	14	11	3	-	-	-	-	-
경남	20	2	18	18	15	3	-	-	-	-	-
제주	4	0	4	4	4	0	-	-	-	-	-

〈표 11〉 연도별·지역별 실내빙상장 지원실적 (단위 : 개소, 백만원)

구분	확보대상	미확보	확보	'98까지			'99	'00	'01	'02	'03	비 고
				계	지원	자체						
합계	18	7	11	8	7	1	-	-	-	-	-	
서울	2	0	2	2	1	1	-	-	-	-	-	목동, 태릉
부산	1	0	1	1	1	0	-	-	-	-	-	북구
대구	1	0	1	1	1	0	-	-	-	-	-	북구
인천	1	1	0	0	0	0	-	-	-	-	-	
광주	1	0	1	1	1	0	-	-	-	-	-	서구
대전	1	0	1	1	1	0	-	-	-	-	-	서구
울산	1	1	0	0	0	0	고 양 (600)	-	-	-	-	
경기	2	0	2	1	1	0	-	-	-	-	-	과천, 고양
강원	1	0	1	1	1	0	-	-	-	-	-	춘천
충북	1	1	0	0	0	0	-	-	-	-	-	
충남	1	1	0	0	0	0	-	-	-	-	-	
전북	1	0	1	1	1	0	-	-	-	-	-	전주(2)
전남	1	1	0	0	0	0	-	-	-	-	-	
경북	1	1	0	0	0	0	-	김 해 (1,600)	-	-	-	
경남	1	0	1	1	1	0	-	-	-	-	-	
제주	1	1	0	0	0	0	-	-	-	-	-	

〈부록 12〉 전국체전시설 지원실적 (단위 : 백만원)

개최년도	지 역	지원금액	지 원 대 상
'82	경 남	1,200	마산야구장(1,200)
'83	인 천	200	종합운동장(200)
'84	대 구	2,000	종합운동장(500), 수영장(1,500)
'85	강 원	4,500	춘천종합운동장(3,000), 벨로드롬(500), 원주운동장(500), 강릉운동장(500)
'87	광주·전남	7,000	광주체육관(2,800), 목표운동장(400), 체육관(600), 수영장(1,700), 나주사격장(700), 벨로드롬(800)
'89	경 기	3,000	성남롤러장(300), 의정부벨로드롬(700), 안양수영장(2,000)
'90	충 북	7,000	청주수영장(3,600), 롤러장(1,430), 궁도장(170), 사격장(1,100), 음성벨로드롬(600)
'91	전 북	8,000	전주수영장(2,500), 벨로드롬(1,500), 롤러스케이트장(1,000), 승마장(500), 군산체육관(1,500), 이리운동장(1,000)
'92	대 구	3,843	사격장(360), 롤러장(1,010), 다이빙장(250), 테니스장(505), 승마장(1,168), 궁도장(300), 조정카누장(250)
'93	광 주	4,000	수영장(4,000)
'94	대 전	4,913	수영장(2,736), 벨로드롬(2,177)
'98	제 주	5,500	제주체육관 4개소(2,300), 동홍, 조천, 한경, 안덕, 표선체육관(2,000), 서귀포궁도장(600), 서귀포 테니스장(600)
'01	충 남	14,537	천안종합운동장(12,750), 천안실내체육관(750), 보령요트장(750), 예산운동장(500)
'02	제 주	2,500	제주시 주경기장 및 야구장보수(1,250), 서귀포 롤러스케이트장(750), 유도체육관(500)
'03	전 북	10,300	전북임실도립사격장(3,500), 전주실내수영장(5,800), 롤러스케이트장(500), 요트장(500)

〈부록 13〉 2005년 현재 국가대표 선수촌 시설 현황

지역	구분	건물명	용도 및 수용인원	규 모	건립연도
태릉(26)	숙소(5)	올림픽의 집	250실	지상4, 지하2(4,206.67평)	1996
		영광의 집	102실	지상4, 지하1(1,706.08평)	2003
		필승관A	51실	지상3, 지하1(946.52평)	1978
		필승관B	36실	지상3, 지하1(644.17평)	1979
		필승관C	30실	지상3 (498.86평)	1980
	훈련시설(15)	월계관	체력단련장	지상1 (487.86평)	1978
		개선관	체조, 탁구, 역도, 펜싱, 태권도	지상2, 지하1 (2,357.36평)	2003
		승리관	배구, 유도	지상3 (627.78평)	1973
		다목적체육관	농구	지상2, 지하1(481.88평)	1983
		실내수영장	경영, 수구, 싱크로	지상1, 지하1(800.04평)	1985
		오륜관	육상, 핸드볼, 배드민턴	지상1 (3,055.99평)	2000
		실내빙상장	숏트랙, 피겨, 아이스하키, 컬링	지상3, 지하1(1,634.13평)	1970
		감래관		지상2, 지하1(231.55평)	1978
		태릉국제스케이트장	스피드스케이팅, 피겨, 컬링	지상3, 지하1(8,187평)	2000
		필승체육관A	우슈	지상3, 지하1(1,331.82평)	1978
		필승관	유도, 레슬링, 복싱, 볼링	지상2, 지하1(1,529.6평)	2005
		실내빙상장	숏트랙, 피겨, 아이스하키, 컬링	지상4, 지하1(1,656.9평)	2005
		양궁장	양궁	110×50M	2005
		크로스컨트리	기초체력훈련	1.6km×3M 톱밥포설	1986
		인조잔디구장	육상, 하키, 축구	400M트랙 6레인, 인조잔디	1984
	부대시설(6)	선 수 회 관	편의시설 (영화관, 음악감상실)	지상2, 지하2(763.24평)	1986
		행 정 동	행정업무, 기계실	지상2, 지하2(579.98평)	1987
		수 위 실(정 문)	수위실	지상1 (9.48평)	2003
		수 위 실(연구원)	수위실	지상1(18.83평)	1966
		양 궁 장 부 속 시 설 (사 선 대)	사대	지상2 (123.69평)	2005
		체 육 과 학 연 구 원	행정, 연구실	지상3, 지하1층(1,374.54평)	1978
태백	시설	숙 소, 체육관	68명(17실~4명)	지상2 (652평 : 행정동포함)	1997
		행 정 동		지상2, 지하1	
무주	숙소	무 주 합 숙 소	60명 38평 : 3실×8명 28평 : 4실×6명 19평 : 3실×4명	무주리조트	1997.8 ~ 2022.7

* 태릉선수촌 : 93,985평(310,696㎡), 태백분촌 : 18,600평 (61,486㎡)

〈부록 14〉 국민체력실태조사 결과

자료 : 문화관광부(2004), 국민체력실태조사

신장 (단위 : ㎝)

연령	성별	1989	1992	1995	1998	2001	2004
19-24	남	169.9	171.0	172.8	173.4	173.7	175.5
	여	157.9	159.3	160.0	160.7	161.4	161.6
25-29	남	169.1	171.0	172.5	171.8	173.0	172.7
	여	156.9	158.4	158.8	160.7	160.9	161.8
30-34	남	168.5	169.2	171.0	171.4	172.3	172.8
	여	156.3	157.1	158.8	158.9	159.9	160.3
35-39	남	167.7	168.2	169.5	170.1	171.1	171.6
	여	155.8	156.0	157.2	158.4	159.2	159.5
40-44	남	166.8	167.5	169.5	168.9	169.8	170.4
	여	154.8	155.5	157.4	156.7	157.9	158.5
45-49	남	165.8	167.7	168.9	168.8	168.4	169.8
	여	154.6	155.4	156.4	156.3	157.7	157.5
50이상	남	164.9	165.9	166.5	167.1	167.2	167.0
	여	152.4	153.6	155.3	154.4	155.0	154.3

체중 (단위 : ㎏)

연령	성별	1989	1992	1995	1998	2001	2004
19-24	남	62.4	66.7	69.3	68.0	68.0	71.3
	여	52.1	54.9	53.9	53.4	53.6	53.6
25-29	남	63.7	66.1	69.2	67.9	69.7	69.7
	여	52.7	53.2	51.9	54.5	54.1	54.2
30-34	남	64.5	67.2	68.0	69.4	70.5	71.3
	여	55.4	55.9	55.0	55.7	56.0	54.2
35-39	남	65.8	67.5	67.7	69.9	70.1	71.2
	여	56.8	57.3	55.7	56.4	56.6	55.6
40-44	남	65.9	67.3	69.0	69.1	70.4	71.1
	여	57.3	58.6	57.8	57.7	57.8	56.5
45-49	남	65.0	67.7	69.9	69.2	69.7	71.0
	여	59.1	59.0	58.8	59.3	59.8	57.4
50이상	남	63.3	66.7	67.2	68.5	67.9	66.7
	여	56.7	58.4	58.9	58.2	58.2	55.8

신체질량지수 (단위 : kg/㎡)

연령	성별	1989	1992	1995	1998	2001	2004
19-24	남	21.6	22.8	23.2	22.6	22.4	23.1
	여	20.9	21.6	21.1	20.7	20.6	20.5
25-29	남	22.3	22.6	23.3	23.0	23.2	23.4
	여	21.4	21.2	20.6	21.1	20.9	20.7
30-34	남	22.7	23.5	23.3	23.6	23.7	23.9
	여	22.7	22.6	21.8	22.1	21.9	21.1
35-39	남	23.4	23.9	23.6	24.2	23.9	24.2
	여	23.4	23.5	22.5	22.5	22.3	21.9
40-44	남	23.7	24.0	24.0	24.2	24.4	24.5
	여	23.9	24.2	23.3	23.5	23.2	22.5
45-49	남	23.6	24.1	24.5	24.3	24.5	24.6
	여	24.7	24.4	24.0	24.3	24.2	23.2
50이상	남	23.3	24.2	24.2	24.5	24.2	23.9
	여	24.4	24.8	24.4	24.4	24.2	23.4

주 : 1989-1998년도 신체질량지수는 신장과 체중의 평균치에 기초로 계산된 것임

체지방율 (단위 : %)

연령	성별	1992	1995	1998	2001	2004
19-24	남	12.3	10.8	12.8	16.3	12.4
	여	23.2	21.6	22.8	23.2	23.4
25-29	남	12.1	11.3	13.8	17.0	12.5
	여	21.4	19.8	23.7	25.0	24.6
30-34	남	14.5	12.4	14.8	18.5	13.9
	여	24.6	21.1	23.9	25.9	24.0
35-39	남	16.8	14.2	16.8	20.0	14.8
	여	24.9	23.3	23.6	25.7	25.2
40-44	남	17.3	16.1	16.3	20.6	16.6
	여	26.3	23.2	24.5	27.2	25.7
45-49	남	17.6	15.9	18.0	21.1	16.9
	여	26.9	25.6	26.7	28.4	26.8
50이상	남	18.4	17.6	17.8	22.2	17.5
	여	27.7	24.4	25.2	28.8	26.4

50m달리기 (단위 : 초)

연령	성별	1989	1992	1995	1998	2001	2004
19-24	남	7.8	7.7	7.5	7.5	7.8	7.5
	여	10.1	10	9.9	9.8	9.7	9.7
25-29	남	7.8	7.8	7.5	7.6	7.7	7.6
	여	10.8	9.9	10.4	9.7	9.9	9.6
30-34	남	8.2	8.0	7.9	7.7	8.6	7.7
	여	10.9	10.5	10.3	10.0	10.6	9.7
35-39	남	8.5	8.3	8.0	7.7	8.3	7.9
	여	11.1	10.7	10.7	10.2	10.6	10.0
40-44	남	8.9	8.7	8.2	8.0	8.7	8.0
	여	11.7	11.1	10.9	10.7	11.1	10.5
45-49	남	9.4	8.8	8.8	8.5	9.0	8.3
	여	12.4	12.0	12.3	11.6	11.7	11.3
50이상	남	10.4	9.7	9.7	9.2	9.9	9.4
	여	13.7	13.2	13.4	12.7	13.1	12.6

1,200달리기 (단위 : 초)

연령	성별	1989	1992	1995	1998	2001	2004
19-24	남	326.5	346.3	323.2	325.5	374.7	330.7
	여	456.3	491.8	490.6	436.8	483.5	436.4
25-29	남	334.6	349.2	345.2	343.9	360.4	345.7
	여	468.0	475.7	490.3	453.5	461.0	434.3
30-34	남	348.2	362.9	377.5	351.8	382.7	351.9
	여	470.4	474.1	484.9	458.6	468.5	439.7
35-39	남	359.7	380.2	379.4	365.0	379.7	356.5
	여	480.5	480.8	498.9	465.7	463.6	445.6
40-44	남	375.5	368.2	385.4	372.3	390.6	351.3
	여	482.1	486.5	492.6	486.0	472.0	445.4
45-49	남	393.6	392.3	410.2	403.2	397.6	364.4
	여	505.8	538.7	543.0	483.7	487.1	456.9
50이상	남	428.3	421.9	458.0	438.2	435.8	416.3
	여	545.0	555.6	560.8	529.5	527.6	500.5

제자리멀리뛰기 (단위 : cm)

연령	성별	1989	1992	1995	1998	2001	2004
19-24	남	233.0	230.5	242.5	229.8	225.6	232.1
	여	167.7	165.2	172.6	161.2	165.9	158.3
25-29	남	228.7	227.4	238.5	225.5	223.1	229.7
	여	159.9	174.7	165.8	163.2	162.4	163.4
30-34	남	219.7	223.8	230.5	222.8	219.2	228.5
	여	155.4	165.3	161.4	159.3	163.3	164.8
35-39	남	214.7	217.8	229.6	216.6	211.4	223.1
	여	150.2	158.0	154.9	157.9	160.2	160.4
40-44	남	203.7	209.4	215.9	211.5	202.1	216.9
	여	143.2	147.1	152.6	146.5	154.1	155.1
45-49	남	191.9	206.5	208.4	206.7	204.4	212.3
	여	137.4	131.2	143.0	145.2	145.2	143.6
50이상	남	175.1	186.9	185.9	183.7	183.7	186.8
	여	121.6	120.0	123.2	127.9	127.9	131.3

팔굽혀펴기 (단위 : 회)

연령	성별	1989	1992	1995	1998	2001	2004
19-24	남	29.3	26.6	37.5	31.6	30.7	36.2
	여	21.0	17.8	22.8	23.6	23.9	23.7
25-29	남	28.2	25.4	38.2	31.6	29.8	34.0
	여	20.0	15.9	18.9	20.6	20.6	22.8
30-34	남	23.7	22.9	30.3	30	27.2	29.4
	여	20.7	18.9	20.9	23.1	21.3	24.2
35-39	남	22.6	22.1	24.9	27.6	25.0	28.0
	여	21.0	18.1	20.8	23.3	21.3	24.5
40-44	남	21.1	20.3	22.8	24.6	22.9	28.5
	여	20.6	18.1	18.6	21.5	22.4	23.7
45-49	남	20.4	19.5	25.0	22.8	23.6	23.4
	여	20.5	15.4	19.3	20.3	19.4	23.0
50이상	남	16.0	17.2	18.5	18.2	19.2	21.4
	여	17.5	14.5	17.3	19.8	18.3	20.0

주 : 남녀 모두 30cm높이의 봉을 짚고하며, 여자는 무릎을 땅에 대고 실시함

윗몸일으키기 (단위 : 회)

연령	성별	1989	1992	1995	1998	2001	2004
19-24	남	26.0	43.3	43.3	43.3	39.5	45.2
	여	17.7	31.0	31.0	33.2	31.1	29.5
25-29	남	23.5	34.7	34.7	39.4	39.8	40.1
	여	12.5	19.9	23.5	28.2	27.2	28.6
30-34	남	20.1	29.2	29.2	35.8	35.2	36.2
	여	8.4	13.9	17.1	23.3	24.3	27.3
35-39	남	17.9	25.7	25.7	33.6	32.2	35.5
	여	7.0	11.1	18.4	21.2	21.6	23.4
40-44	남	16.2	22.1	22.1	30.0	29.8	33.9
	여	6.2	9.8	14.6	14.1	18.7	19.5
45-49	남	14.4	20.9	20.9	27.4	26.8	30.0
	여	4.0	9.2	12.7	11.4	13.5	15.4
50이상	남	12.5	17.6	17.6	22.5	21.5	23.3
	여	2.6	5.0	10.2	9.4	8.2	11.3

앉아윗몸앞으로굽히기 (단위 : cm)

연령	성별	1989	1992	1995	1998	2001	2004
19-24	남	16.4	16.3	17.7	15.8	12.4	16.8
	여	16.4	17.6	17.5	19.3	17.1	17.0
25-29	남	15.3	14.1	17.6	16.3	14.4	13.9
	여	17.1	18.2	16.1	18.8	16.7	17.2
30-34	남	13.8	12.8	14.7	14.5	14.7	14.1
	여	17.3	18.3	16.4	19.2	15.8	18.1
35-39	남	12.7	13.4	15.6	13.9	12.7	13.0
	여	16.8	18.0	16.7	17.5	16.0	18.0
40-44	남	11.7	13.0	12.2	12.6	12.8	13.6
	여	16.6	17.1	16.6	17.5	16.2	17.4
45-49	남	10.2	11.2	12.6	12.8	12.0	12.5
	여	15.6	16.4	16.2	15.7	15.4	16.5
50이상	남	8.0	9.6	9.7	10.0	10.1	10.2
	여	14.2	14.8	14.3	15.9	15.2	16.6

〈부록 15〉 동호인 한마음리그 현황

2002-2003 축구리그 운영 현황

2001년			2002년			2003년		
권역 리그 명칭	예선 일정	조편성	권역 리그 명칭	예선 일정	조편성	권역 리그 명칭	예선 일정	조편성
서울 권역	8월	서울	서울 권역	8월	서울	서울 권역	7월	서울
낙동강 권역	9월	부산, 대구, 울산, 경북, 경남	낙동강 권역	8월	부산, 대구, 울산, 경북, 경남	낙동강 권역	8월	부산, 대구, 울산, 경북, 경남
영산강 권역	9월	광주, 전북, 전남	영산강 권역	9월	광주, 전북, 전남	영산강 권역	9월	광주, 전북, 전남
금강 권역	10월	대전, 충북, 충남	금강 권역	9월	대전, 충북, 충남	금강 권역	10월	대전, 충북, 충남
한강 권역	10월	인천, 경기(북부), 경기(남부), 강원	한강 권역	10월	인천, 경기(북부), 경기(남부), 강원	한강 권역	8월	인천, 경기(북부), 경기(남부), 강원

2002-2003 탁구리그 운영 현황

2001년				2002년				2003년			
구분	일정	장소	규모	구분	일정	장소	규모	구분	일정	장소	규모
시·도 리그	4-10월	각 시·도	17개 시·도 리그 서울 (2개리그)	시·도 리그	5-10월	각 시·도	17개 시·도 리그 서울 (2개리그)	시·도 리그	5-10월	각 시·도	17개 시·도 리그 서울 (2개리그)
최종 결승	11월	광명 실내 체육관	90개팀 600명	최종 결승	11월	광명 실내 체육관	87개팀 609명	최종 결승	11월	춘천 호반 체육관	91개팀 637명

2002-2003 배드민턴리그 운영 현황

2001년				2002년				2003년			
구분	일정	장소	규모	구분	일정	장소	규모	구분	일정	장소	규모
시·도 리그	4-10월	각 시·도	17개 시·도 리그 서울 (2개리그)	시·도 리그	7-11월	각 시·도	17개 시·도 리그 서울 (2개리그)	시·도 리그	8-10월	각 시·도	17개 시·도 리그 서울 (2개리그)
최종 결승	11월	대전	64개팀 1,300명	최종 결승	11월	대전	50개팀 800명	최종 결승	11월	울산	50개팀 800명

〈부록 16〉 제41회 세계탁구선수권대회 남북 단일팀 구성·참가에 관한 합의서

1. 선수단 호칭

우리말로 '코리아'로, 영어로는 'KOREA'(약자 : KOR)로 한다.

2. 선수단 단기

가. 흰색 바탕에 하늘색 우리나라 지도를 그려 넣는 것으로 한다.

나. 지도에는 한반도와 제주도를 상징적으로 그려 넣고 독도·마라도·마안도 등 기타 섬들은 생략하기로 한다.

3. 선수난 난가

1920년대에 우리나라에서 부르던 '아리랑'으로 한다.

4. 선수 선발

단일팀 공동추진기구에서 협의하여 선발한다.

5. 선수단 구성

가. 1991년 3월 초순까지 완료한다.

나. 국제탁구연맹 규칙과 제41회 세계탁구선수권대회 조직위원회의 관계규정에 따른다.

다. 단장은 북측에서 맡는다.

라. 기타 임원 구성도 단일팀 공동추진기구에서 협의·결정한다.

6. 선수 훈련

가. 대회 현지에서 실시한다.

나. 훈련에 참가할 단일팀의 규모, 훈련기간, 장소, 방법, 경비 등은 단일팀 공동추진기구에서 협의·결정한다.

다. 훈련은 선수단이 구성된 때로부터 대회 참가시까지 실시한다.

7. 선수단 경비

남북이 공동부담하는 것을 원칙으로 하되, 세부적인 사항은 단일팀 공동추진기구에서 협의·결정한다.

8. 단일팀 공동추진기구

가. 단일팀 구성 및 참가 문제에 관한 사항을 구체적으로 협의·추진하기 위하여 '탁구단일팀 실무위원회'(이하 '실무위원회'라 함)를 구성·운영한다.

나. '실무위원회'는 단일팀 구성·참가에 대한 기본합의서 서명일로부터 10일 이내에 구성한다.

다. '실무위원회'는 쌍방 대표 각기 5명으로 구성하며 남과 북이 각각 1명씩의 공동위원장을 둔다.

라. '실무위원회' 회의는 필요시 수시로 판문점에서 개최한다.

마. '실무위원회'는 다음 사항을 협의·결정한다.

(1) 선수선발 및 훈련에 관한 사항

(2) 선수단 구성 및 관리에 관한 사항

(3) 선수단 단복 및 참가에 따른 장비에 관한 사항

(4) 기타 단일팀 구성 및 참가에 따르는 제반사항

바. '실무위원회'의 구성·운영에 관한 합의서는 별도로 작성한다.

9. 본 합의서는 서명일로부터 효력을 발생한다.

1991년 2월 12일

남측 대한올림픽위원회 부위원장 장 충 식

북측 조선올림픽위원회 부위원장 김 형 진

〈부록 17〉 제6회 세계청소년축구선수권대회 남북 단일팀 구성·참가에 관한 합의서

1. 선수단 호칭

우리말로 '코리아'로, 영어로는 'KOREA'(약자 : KOR)로 한다.

2. 선수단 단기

가. 흰색 바탕에 하늘색 우리나라 지도를 그려 넣는 것으로 한다.

나. 지도에는 한반도와 제주도를 상징적으로 그려 넣고 독도·마라도·마안도 등 기타 섬들은 생략하기로 한다.

3. 선수단 단가

1920년대에 우리나라에서 부르던 '아리랑'으로 한다.

4. 선수 선발

가. 평가전을 기초로 하여 단일팀 공동추진기구에서 협의·결정한다.

나. 평가전은 1991년 4월 말부터 5월 초 사이에 완료하며 공개적으로 실시한다.

다. 평가전은 서울과 평양 등 남북의 지역에서 각 1회씩 실시함을 원칙으로 한다.

라. 평가전 개최경비는 단일팀 공동추진기구에서 협의·결정한다.

5. 선수단 구성

가. 늦어도 1991년 5월 초까지 완료한다.

나. 국제축구연맹 규칙과 제6회 세계청소년축구선수권대회 조직위원회의 관계규정에 따른다.

다. 단장은 남측에서 맡는다.

라. 기타 임원 구성도 단일팀 공동추진기구에서 협의·결정한다.

6. 선수 훈련

가. 남북을 왕래하며 1회씩 번갈아 실시한다.

나. 훈련에 참가할 쌍방 선수단의 규모, 훈련기간, 장소, 방법, 경비 등은 단일팀 공동추진기구에서 협의·결정한다.

다. 선수단이 구성된 때로부터 대회 참가 시까지 실시한다.

7. 선수단 경비

남북이 공동부담하는 것을 원칙으로 하되, 세부사항은 단일팀 공동추진기구에서 협의·결정한다.

8. 신변안전보장

훈련과 평가전에 참가하는 선수들과 관계 인원들에 대한 신변안전보장은 남과 북의 관계당국이 신변안전보장각서를 교환하는 방법으로 보장한다.

9. 단일팀 공동추진기구

가. 단일팀 구성 및 참가문제에 관한 사항을 구체적으로 협의·추진하기 위하여 '축구단일팀 실무위원회'(이하 '실무위원회'라 함)를 구성·운영한다.

나. '실무위원회'는 단일팀 구성·참가에 대한 기본합의서 서명일로부터 10일 이내에 구성한

다.

다. '실무위원회'는 쌍방 대표 각기 5명으로 구성하며, 남과 북이 각각 1명씩의 공동위원장을 둔다.

라. '실무위원회' 회의는 필요시 수시로 판문점에서 개최한다.

마. '실무위원회'는 다음 사항을 협의·결정한다.

(1) 선수선발 및 훈련에 관한 사항

(2) 선수단 구성 및 관리에 관한 사항

(3) 선수단의 남북왕래와 관련된 사항

(4) 선수단 단복 및 대회참가에 따른 장비에 관한 사항

(5) 기타 단일팀 구성 및 대회참가에 따르는 제반사항

바. '실무위원회'의 구성·운영에 관한 합의서는 별도로 작성한다.

10. 본 합의서는 서명일로부터 효력을 발생한다.

1991년 2월 12일

남측 대한올림픽위원회 부위원장 장 충 식

북측 조선올림픽위원회 부위원장 김 형 진

〈부록 18〉 제14회 부산아시아경기대회 북한선수단 참가합의서

1. 북측은 제14회 부산아시아경기대회에 선수, 올림픽위원회 대표, 심판원을 포함하여 305명 규모의 선수단을 파견한다.
2. 북측은 8월 30일까지 부산아시아경기대회조직위원회에 종목별 최종 선수단 명단과 등록 서류를 제출한다.
3. 북측 선수단은 9월 23일과 27일 2차례에 걸쳐 북측 항공기를 이용하여 직항노선으로 남측에 온다. 경기종료 후 귀환시에도 동일한 방법을 적용한다.
4. 남측 선수단과 북측 선수단은 개·폐회식 행사에 한반도기를 앞세우고 공동으로 입장한다. 선수단 표지판은 코리아, 영어로는 KOREA로 하며, 선수단의 복장은 2000년 시드니올림픽 때의 전례를 따른다.
5. 남북 선수단은 경기에 각각 출전하여 시상식 때에는 각기 자국의 국기를 게양하고 국가를 연주한다. 또한 대회기간 중 열리는 각종 회의에 남과 북은 대표 또는 대표단을 각각 참가시킨다.
6. 북측은 부산아시아경기대회에 취주악대와 예술인을 중심으로 구성된 355명 규모의 응원단을 파견한다. 북측 응원단은 만경봉-92호를 타고 원산을 출발하여 2002년 9월 28일 부산항으로 오며, 배에서 숙식하면서 대회행사와 경기응원에 참가한다.
7. 북측은 9월 5일 백두산에서 부산아시아경기대회 성화를 채화하고, 9월 6일 금강산에서 부산아시아경기대회조직위원회 관계자에게 성화를 인계한다. 이와 관련하여 북측은 10여 명의 남측 인원이 백두산 현장에서 채화과정을 녹화 및 참관할 수 있도록 최대한의 편의를 보장한다.
8. 남측은 부산아시아경기대회에 참가하는 북측 선수단과 응원단에 대해 체류기간 중 신변안전을 보장한다.
9. 북측 선수단에 대해서는 남측 체류기간 중 소요되는 제반 경비를 남측이 부담하며, 응원단의 남측 체류경비는 방문자측의 부담으로 하는 것을 원칙으로 하되 남측이 최대한 편의를 제공하는 것으로 한다.
10. 남측은 부산아시아경기대회기간 중 북측의 국기 게양문제에 대해 아시아올림픽평의회 헌장과 국제관례에 따르기로 한다.
11. 북측 선수단·응원단은 남측의 안내와 질서를 따르며, 응원은 스포츠 정신에 입각한다.
12. 남측은 북측 선수단에 국제전화 2회선, 남북직통전화 10회선을 보장한다.
13. 기타 북측 인원의 남측 체류기간 중 제기될 있는 제반 문제에 대해서는 쌍방이 신뢰를 바탕으로 하여 우호적으로 협의·해결해 나가기로 한다.
14. 추후 구체적인 실무절차 문제 등은 판문점을 통한 문서교환 방식으로 세부협의를 진행한다.

2002년 8월 28일

남측 제14회 부산아시아경기대회조직위원회 사무총장 백 기 문
북측 조선올림픽위원회 서기장 조 상 남

〈부록 19〉 대구하계유니버시아드 북한선수단 참가합의서

1. 북측은 2003대구하계유니버시아드대회에 선수, 임원, 심판진을 포함하여 200명 정도의 선수단과 310명 정도의 응원단을 파견하며 기자단은 19명으로 한다.
2. 북측은 7월 21일까지 대구하계유니버시아드대회 조직위원회에 종목별 최종 선수단 명단과 등록 서류를 제출한다.
3. 북측 선수단은 8월 17일, 응원단은 18일 북측 항공기를 이용하여 직항노선으로 남측에 오며 남측지역 이동시에는 남측이 제공하는 운송수단을 이용한다. 경기종료 후 귀환시에도 동일한 방법을 적용한다.
4. 남측 선수단과 북측 선수단은 개·폐회식 행사에 한반도기를 앞세우고 공동으로 입장한다. 선수단 표지판과 복장은 부산아시아경기대회의 전례를 따른다.
5. 남측은 북측의 선수단, 응원단에 대해 숙소배정, 수송, 훈련과 경기, 응원활동, 신변안전 등 체류기간 동안의 편의를 보장하며, 북측은 경기대회 참가기간 중 남측의 안내와 질서에 따른다.
6. 남북 선수단은 경기에 각각 출전하며 시상식 때에는 각기 자국의 국기를 게양하고 국제대학스포츠연맹(FISU) 찬가를 연주한다. 또한 대회기간 중 열리는 각종 회의에 남과 북은 대표 또는 대표단을 각각 참가시킨다.
7. 남측은 북측 선수단에 대해 체류기간 중 소요되는 제반경기를 부담하며, 북측 응원단 및 기자단에 대해서도 최대한 편의를 제공하는 것으로 한다.
8. 대구유니버시아드대회 기간 중 한반도기는 남북 공동입장 및 남북간의 경기시에 사용하며 남측은 북측의 국기 게양과 국호 표기를 국제대학스포츠연맹 규정과 국제관례에 따르기로 한다.
8. 남측은 북측 선수단과 응원단에 각각 국제전화 1회선, 남북직통전화 5회선을 보장하며, 북측 기자단에 TV전송 1회선, 사진전송 1회선, 남북직통전화 2회선과 국제전화 4회선, FAX 2회선을 제공한다.
9. 남측은 북측 선수단과 응원단의 남측 체류기간 중 제기될 수 있는 기타 제반 문제에 대해 쌍방 사이의 신뢰를 바탕으로 하여 우호적으로 합의 해결해 나가기로 한다.
10. 대회기간 중 북측 선수단과 응원단, 기자단의 활동에서 제기되는 문제들을 신속히 협의, 해결하기 위하여 남북 쌍방은 현지에 연락관을 파견한다.
11. 북측 선수단과 응원단의 경기대회 참가와 관련하여 추후 제기되는 구체적인 실무절차 문제는 판문점을 통한 문서교환 방식으로 세부협의를 진행한다.

2003년 7월 6일

남측 2003대구하계유니버시아드대회 조직위원회 사무총장 하 진 규
북측 조선민주주의인민공화국 대학생체육협회 부위원장 장 정 남

체육 연표

1945년

9. 1	8·15 광복을 맞아 조선탁구협회(회장 조동식) 창립
9. 5	조선체육회 재건을 위한 조선체육동지회 결성(위원장 이상백)
9. 10	조선체육지도연구회 결성(위원장 김현국, 부위원장 최주남, 위원 13명 선출). 중등학교 체육교원 120여 명을 포함한 체육계 증지 200명 참가
9. 18	군정청 학무국에서 '신 조선의 조선인을 위한 교육방침' 공포. 체육을 적극적으로 장려하여 강건한 기운을 함양할 것을 강조
9. 23	조선체조연맹 결성(위원장 이병학)
9. 23	대한육상경기연맹 전신인 조선육상경기연맹(회장 김승식) 창립
9. 30	한미 농구 교환경기(YMCA 회관)
9.	조선축구협회(회장 하경덕) 재건
9.	산악인의 친목단체 조선산악회 발족. 1948년 정부 수립과 함께 한국산악회로 개칭
10. 1	조선정구협회 발족(회장 황명원)
10. 15	조선체조연맹에서 체육전문가 45명으로 학교체육과 교수요목재정위원회(위원장 이병위)를 조직하여 '체육과교수요목' 제정
10. 19	조선농구협회 창립(회장 대행 이성구)
10. 27	광복 후 최초의 전국체육대회인 자유해방경축 전국종합경기대회가 조선체육동지회 주최로 개최(제26회로 기산). 10개 종목 4,100명 참가
10.	조선축구협회 주최 제1회 전조선축구대회
10.	한국 최초로 이화여대 체육학과 설치. 1962년 체육대학으로 승격(체육학과, 무용과, 건강교육과 등)
10.	조선체조연맹 창설(회장 서상천)
10.	조선아마추어권투연맹 창설(회장 안동원)
10.	조선유도연맹 창설(회장 이범석)
11. 26	조선체육동지회 제1차 평의원회에서 헌장 제정 및 새 임원 선출하여 조선체육회 제11대 회장에 여운형 취임(YMCA)
11. 20	조선송구협회 창립
11. 24	경남체육협회 창립
12. 22	영남체육회 창립
12. 26	경평(京平) 아이스하키경기(서울 창경원 링크)

- 조선빙상경기협회(회장 최도용), 조선역도연맹(회장 이병학), 조선승마협회(회장 柳東悅), 조선학생육상경기연맹, 조선학생경기연맹 등 결성

12. 27 자유해방경축 전국종합경기대회(제26회 전국체육대회로 통산, 서울, 10종목, 4,100명)

1946년

1. 24 조선럭비축구협회 창립(이사장 이종구)
1. 29 광복 후 첫 빙상경기로 해방경축 종합경기대회 동계대회(한강 특설링크)
1. 29 경평 아이스하키대회(창경원 특설링크)
2. 1 조선학생육상경기연맹 창립
2. 10 조선궁술연구회 부활(1922년 창립)
2. 제1회 전조선빙상경기선수권대회
2. 충청남도체육회 결성
2. 체육전문 월간지 '조선스포츠' 창간
3. 10 전국 중등학교 대항 서울-수원간 역전경기대회 창설
3. 20 제1회 농구종합선수권대회
3. 25 광복 후 첫 경평축구경기(서울). 1차전 경성 승리, 2차전 평양 승리
3. 29 미군정법령 제64호로 학무국이 문교부로 승격, 문교부 교화국 내에 체육과 설치
3. 조선농구협회에서 전국남녀종합선수권대회 창설
3. 충청북도체육협회를 충청북도체육회로 개칭
3. 조선아마추어레슬링협회 창립(회장 김동원)
4. 1 경남체육협회를 경남체육회로 개칭
4. 15 정치적 중립을 선언하는 조선체육회 성명서 발표
4. 15 조선스키협회 창립(이사장 권영대)
4. 조선배구협회에서 광복 후 첫 공식대회인 춘계리그 경기 진행
4. 제1회 전국기계체조선수권대회, 제1회 전국역도선수권대회, 제1회 전국신인권투선수권대회 개최
4. 우리나라 최초로 고려펜싱클럽 조직
5. 제1회 전국남녀종합탁구선수권대회, 제1회 전국씨름대회 개최
5. 학생야구연맹 창립
5. 전국종별배구선수권대회(조선배구협회). 전국중학교 축구선수권대회 창설
6. 16 조선체육회 런던올림픽대책위원회 조직(위원장 유억겸)
6. 전국도시대항 축구대회 개최. 제1회 전국대학·전문학교 대항 육상경기대회
7. 21 조선연식야구연맹 창설
7. 문교부 교화국을 문화국으로 개편
7. 전국대학축구와 야구선수권대회, 전국야구선수권대회 창설

7. 유도연맹회관 및 중앙도장 개관

8. 15 전남체육회 창립

8. 20 베를린올림픽 마라톤 우승 10주년 기념 축하회

8. 22 서울대학교 사범대학 체육학과 설립

8. 문교부에서 각 학교에 체육시간을 늘리도록 시달. 초급중학교는 주당 5시간, 고급중학교 주당 3~5시간

8. 최초의 우리말 농구규칙서 발간

9. 1 초등학교 체육이 연간 교육시간 수를 전학년 200시간으로 확대

9. 10 조선자전거경기연맹 창립(회장 민원식)

9. 전국남녀육상경기선수권대회, 전국중등학교야구선수권대회

10. 16 第27회 전국체육대회가 조선올림픽대회라는 명칭으로 개최(서울 운동장). 6개 종목에 4,950명 참가. 마라톤 종목에서 서윤복 우승

10. 27 단축마라톤대회 창설

10. 전국남녀학생송구선수권대회, 전국학생권투선수권대회, 제1회 전국경식정구선수권대회, 제1회 전조선축구대회

11. 제1회 전국레슬링선수권대회(조선아마추어레슬링협회 주최)

11. 제1회 전국럭비축구선수권대회, 전국학생대항유도대회

- 조선아마추어권투연맹이 국제권투연맹에 가입
- 강원도체육회 창립
- 조선야구협회(회장 서상국), 조선씨름협회(서상천), 조선배구협회(위원장 조동식), 조선궁도협회(회장 박창번) 조선수상경기연맹, 조선연식야구연맹(최선익)이 각각 창설
- 전국남자중등학교대항 육상경기대회 창설
- 탁구전문 월간지 '탁구타임스' 창간
- 경복, 중동, 용산, 배재중학 등에 아이스하키팀 결성하여 리그전 개최

1947년

1. 第28회 전국체육대회 동계대회(스피드스케이팅·아이스하키·스키)

2. 10 조선궁도회를 조선궁도협회로 개칭

4. 10 광복 후 최초로 서울축구단이 상해로 해외원정

4. 17 제51회 보스턴마라톤에서 서윤복이 2시간 25분 39초(세계신기록)로 우승

5. 29 국제올림픽위원회 가입을 위해 제41차 스톡홀름 총회 참석하러 가던 올림픽대책위원회 전경식 부위원장이 비행기 조난으로 사망(이원순이 대신 참석)

6. 14 제25회 전국여자정구대회 부활

6. 15 조선올림픽위원회 공식 발족(초대 위원장에 여운형)

6. 20 조선올림픽위원회 국제올림픽위원회에 가입

6. 20 조선농구협회 국제아마추어농구연맹(FIBA) 가입

6. 국제축구연맹 가입

7. 1 런던올림픽대회 참가를 위한 준비위원회 결성. 빙상, 육상, 축구, 농구, 역도, 권투 등 6개 종목 선정(후에 레슬링과 사이클 추가)

7. 6 광복 후 첫 전국체육대회 하계대회(경성운동장). 자유형 100·200·400·800미터, 평영 100·200미터, 혼영 100·300미터, 다이빙 및 수구경기 진행

7. 19 조선체육회장 여운형(제11대) 피습 사망(8월 3일 국민장)

7. 27 런던올림픽후원회 조직(위원장 안재홍)

8. 9 손기정 세계제패기념 조선일보 마라톤선수권대회 창설(조선육상경기연맹)

8. 조선역도연맹 국제역도연맹 가입

9. 조선탁구협회를 대한탁구협회로 개칭, 국무총리기 전국시도대항 탁구대회와 전국남녀종합선수권대회 창설

9. 18 세계역도선수권대회(미국 필라델피아)에서 남수일 2위, 김성집 3위로 종합 2위

9. 18 제12대 조선체육회장에 유억겸 취임

10. 13 제28회 전국체육대회. 고려·서울상대 응원단간 분규로 럭비결승전 중지

11. 8 조선체육회장 유억겸 사망

11. 18 서울시내 대학 체육담당 교수·학생 대표들이 대학간 경기에 불상사 방지 대책을 논의

12. 올림픽후원권 발매(수익금 8만여 달러)

- 조선씨름협회를 대한씨름협회로 개칭
- 조선아이스하키협회(최선익), 조선필드하키협회, 조선검도회(임시회장 강락원), 조선펜싱연맹(회장 윤치영) 창립
- 조선육상경기연맹, 국제아마추어육상경기연맹(IAAF) 가입 및 전조선 육상경기대회 창설

1948년

1. 20 고우체육회(高友體育會) 발족(보성전문, 고려대학 출신 체육인들의 모임)

1. 30 우리 나라 최초로 제5회 생모리츠동계올림픽대회에 1종목 5명 참가(인솔자 정월타, 감독 최용진, 선수 이효창, 문동성, 이진국)

2. 6 조선육상연맹 정항범 회장이 제13대 체육회장에 피선

3. 세계자전거연맹 가입

4. 18 보스턴마라톤 우승기념 단축마라톤대회 창설

6. 3 대한검사회(大韓劍士會) 창설(대한검도회 전신)

6. 14 조선체육회 임시평의원회에서 미군정당국의 올림픽 대표단 일부 임원 변경 요구를 거부

6. 18 제헌국회에서 런던올림픽 출전선수단을 격려하는 격려문 채택

7. 29 우리 나라 최초로 제14회 런던올림픽대회에 출전. 7개 종목 67명 참가하여 권투 한수안, 역도 김성집이 각각 3위 입상(8월 14일 폐막)

7. 조선아마추어레슬링협회를 조선아마추어레슬링연맹으로 개칭하고, 국제레슬링연맹에 가입

8. 조선기계체조연맹과 조선체조연맹이 통합하여 대한체조경기연맹으로 개칭

9. 3 조선체육회 명칭을 대한체육회로 개칭하고 제14대 회장에 신익희 선임

9. 12 전국남녀학생수영경기대회 부활

10. 20 제29회 전국체육대회 자전거경기에서 황산웅이 한국신기록 수립

1949년

1. 영남체육회를 경북체육회로 개칭

3. 대한체육회에서 '해외파견선수 심사규정' 제정

4. 보스턴 마라톤 임원 파견 문제로 육상경기연맹 내분 발생

5. 경찰국 무도회 창립

6 전국여자체육대회에서 처음으로 축구경기 실시. 무학여중 우승

7. 2 이화여대 체육과에서 최초의 졸업생 13명 배출

9. 최초의 펜싱강습회 진행

10. 15 제30회 전국체육대회('대한체육회가' 제정)

10. 26 YMCA 창립 46주년 기념행사에서 우리나라 최초의 펜싱 시범경기

10. 29 대한체육회 제15대 회장에 신흥우 피선(제4대 KOC 위원장 겸임)

- 제29회 전국체육대회 스키대회(울릉도)
- YMCA에서 한국 최초의 펜싱부 설치
- 학도호국단 체육대회 창설, 제1회 대회 진행(서울)

1950년

2. 대한체육회 일본지부 설치

2. 제54회 보스턴마라톤대회에서 함기용, 송길윤, 최윤칠이 1, 2, 3위 획득

4. 국제탁구연맹 가입

6. 10 경기도체육회 창립

6. 25 6·25 전쟁 발발. 이로 인해 대한체육회의 문헌기록이 전부 약탈당함

11. 대한유도연맹과 대한연무관이 통합하여 대한유도회로 재발족

- 6·25 사변으로 제31회 전국체육대회 중단
- 체육전문 월간지 '월간 스포츠' 창간
- 서울대학교 체육과에서 첫 졸업생 배출

1951년

3. 10 문교부령 제15호 '학교 신체검사규정' 공포
6. 제주도체육회 창립
6. 17 대한체육회 제16대 회장에 조병옥 선출
8. 31 조선대학교 체육과 설립. 1953년에 문리과대학 체육학과로 승격
10. 27 제32회 전국체육대회(수복된 전남 광주). 15개 종목에 2,254명 참가. 마라톤 최윤칠, 역도 김성집, 이규혁이 세계신기록 수립
11. 2 경기고등학교 교내 체육대회가 피난지 부산에서 진행
\- 임시수도 부산에 대한체육회 연락사무소 설치, '남하한 체육인' 등록 실시

1952년

1. 19 전국체육대회 빙상대회(수원 서호)
2. 21 경희대학교(신흥대학) 체육과 설립. 1954년에 체육학과로 승격
3. 9 서라벌 예술대학 체육무용과 설립
3. 아시아탁구연맹 가입
4. 7 6·25 사변 발발 후 처음으로 축구팀이 홍콩, 싱가포르 원정
4. 27 대한체육회 조병옥 회장이 종합경기장, 수영장, 경마장 등 체육시설 건립을 표명
5. 28 경북대학교 사범대학 체육학과 설립
5. 30 최초의 중등학교 체육교과서 『고등체육과 고등체육교본』(저자 장영완) 발행
6. 국제아마추어수영연맹(FIFA) 가입
7. 9 제15회 헬싱키올림픽대회. 육상, 역도, 복싱, 사이클, 레슬링, 승마 등 6개 종목(단장 최순주, 총감독 이상백, 부감독 손기정)에서 역도 김성집, 복싱 강준호 각각 3위 (8월 31일 폐막)
7. 24 아시아경기연맹(AGF) 2차 총회에서 정식 회원국 가입
7. 국제마술연맹(FEI) 가입
8. 유럽 각지에서 개최되는 국제마술대회(CHIO) 장애물 비월경기에 참가
9. 27 올림픽 대표단 인선 문제의 분규로 체육회 임원 총사퇴. 제17대 회장에 이기붕 선출 (KOC 제6대 위원장 겸임)
10. 4 제7회 전국도시대항 야구대회(서울 우승)
10. 18 제33회 전국체육대회(서울). 20개 종목 3,300명 선수 참가(서울 종합우승) 재일교포 선수단이 최초로 참가
11. 22 제1회 아시아탁구선수권대회 참가(싱가폴)

1953년

1. 17 전국체육대회 빙상대회(청주)

2. 20　서울시체육회 창립
3.　체육과 교과과정 개정작업 착수
6. 15　대한유도학교(2년제) 개교
6. 27　제1회 전국무도(검도)개인선수권대회
9. 13　대한체육회 정관 개정(사단법인으로 재발족)
9.　대한권투연맹 창립(회장 장택상)
10. 17　제34회 전국체육대회(서울). 20개 종목 5,000여 명의 선수 참가
10. 25　한국체육학회 창립총회(고문 이병학, 김명선, 회장 이병위)
10.　청룡기쟁탈 제8회 전국고교야구선수권대회 부활(인천고 우승)
11. 20　대한검도회 재조직. 이어 대한도검제작소 설치
- 세계남자빙상속도선수권대회(일본 札幌)에 선수단 파견
- 미국인 2세인 올림픽 금메달리스트 세미 이 내한

1954년

3. 1　3·1절 경축 자전거도로경기대회 창설
3. 16　대한체육회가 사단법인체로 새 출발
3.　문교부에서 지방 일선학교에 교수요목제정위원을 파견하여 강습회 실시 (대한체조연맹 주관). 1차로 서울, 경기, 충남, 충북, 경북지역을, 10~12월에는 제2차로 강원, 전남, 전북, 제주, 경남지역에서 진행
3.　세계축구선수권대회 극동지역 예선에서 일본을 제압
4. 18　경영(京永)단축마라톤 부활
4. 20　문교부령 제235호로 교과과정 시간배당기준령 공포. 초등학교 보건은 주당 110~170분, 중등학교 체육시간은 주당 2시간, 고등학교는 필수 1시간, 선택 0~6시간, 교련 4시간, 사범학교는 2~4시간 실시
4.　실업야구연맹전 부활(한성실업춘계연맹전)
5. 1　제2회 마닐라아시아경기대회(필리핀)에 최초로 참가. 6개 종목 81명 선수 파견. 종합전적 3위(금8, 은6, 동5)
6. 20　대한체육회에서 '전국체육대회 헌장'과 '심판규정' 제정
6.　청룡기쟁탈 제9회 전국고교야구선수권대회(인천고 우승)
7.　세계축구선수권대회 참가(스위스)
8. 15　대한체육회 국민체육관건립위원회 구성(위원장 이기붕). 수용능력 1만여 명 규모의 육상경 기장 후보지로 효창운동장을 선정(지하 수영풀장 마련)
8.　문교부에서 체육강습회 진행(서울 수도여고). 수료자 125명. 이를 계기로 한국체육교사연맹 결성
8.　아시아축구선수권대회 부활
9. 4　전국남녀학생 빙상경기대회 재부활

10. 5 최초의 3군사관학교 체육대회(서울운동장)

10. 제35회 전국체육대회. 선수 7,000여 명 참가. 세계적 장대높이뛰기 선수인 미국의 로버트 리차드 초청 시범경기

10. 미군으로부터 서울운동장 완전 인수

11. 5 국제야구연맹 가입

11. 한국체육학회에서 민병체조 제정

12. 18 제1회 아시아야구대회 참가(마닐라)

- 일본의 조일(朝日) 국제마라톤에 첫 참가
- 이화여대 대학원에서 이학부문 석사학위 수여를 계기로 각 대학에서 체육학분야의 석사사학위 수여
- 한국여성체육학회를 대한여성체육학회로 개칭(회장 김신실)
- 아시아경기연맹 가입
- 서울컨트리클럽 개장

1955년

1. 문교부 주관 체육강습회. 수강자 391명에게 특별고시 검정에 의한 준교사증 부여(창덕여중)

2. 8 대한사격연맹 창립

2. 2 부산사범대학 체육과, 광주사범대학 체육과 설립

2. 한국체육학회 회지 『체육(Physical Education)』 창간

4. 1 국군체육선수단이 자유중국 원정(축구, 농구, 복싱)

4. 7 대한체육회 사무실을 지금의 플라자호텔 자리(서울 태평로 소재)로 이전

5. 5 애버리 브런디지 국제올림픽위원장 내한

5. 11 제1회 아시아배구선수권대회 참가(동경). 9인제 준우승

5. 17 아시아재단 알선으로 육상 코치 해넬 내한

6. 13 대한올림픽위원회 이기붕 위원장이 51차 파리 총회에서 우리나라 최초로 국제올림픽위원 피선

7. 3 한·중(韓中) 친선야구경기대회

7. 31 세계군인육상경기대회에 첫 출전(아테네). 멀리뛰기에서 서영주 1위

7. 수도여자사범대학 체육과 설립

8. 3 미국인 농구코치 존 W. 번이 아시아재단 초청으로 내한하여 3개월간 지방순회 강습회 진행

8. 대한유도학교 4년제로 승격

8. 문교부 주관 체육강습회. 수강인원 408명(대전)

9. 15 세계역도선수권대회 참가(뮌헨)

10. 문교부에서 초등학교 전 학년을 대상으로 신체검사를 실시

10.　　제36회 전국체육대회. 처음으로 성화 등장
10. 30　세계학생육상경기선수권대회에 선수단 파견(스페인)
-　『야구 규칙서』 발간
-　전국야구선수권대회 우승팀에게 국제야구연맹 트로피를 수여

1956년

1. 26　제 7회 동계올림픽대회에 5개 종목 선수 5명 파견(이탈리아 코티나담페초)
2. 20　제1회 아시아축구선수권대회 참가(마닐라)
4. 10　초등학교 전학년을 대상으로 실시한 신체검사(1955년 10월) 결과 발표(문화 941호)
4. 14　대한학교체육회 창립
4. 18　대한검도회에서 충무공 부검 봉안식 거행
4.　　제23회 세계탁구선수권대회 참가(동경)
5. 28　제23회 올림픽대회 축구예선 참가(동경)
8. 3　한국체육학회, 대한체조연맹 공동주최 체육강습회. 중·고등학교 각급 교사 및 중·고등학교 자격고시 응시희망자 대상으로 총 40시간 진행
10. 3　제1회 아시아연식정구대회 참가
10. 24　세계사격연맹 임시회원국으로 가입
11. 22　제16회 멜버른올림픽대회에 파견(임원 14명, 선수 35명). 복싱 송순천이 은메달, 역도 김창희가 동메달 획득. 69개국 중 아르헨티나와 함께 공동 29위 (12월 8일 폐막)
12. 31　아시아여자친선농구대회에서 우승(마닐라)
-　육군 사격부 창설
-　재일교포 학생야구단 모국방문경기 정례화 확정
-　국제군인체육회 가입. 1966년에 극동분회 회원국으로 피선

1957년

1. 16　제4회 아시아탁구선수권대회 참가. 여자단체 2위
2. 20　제1회 아시아자유국가친선 3만미터대회. 임종우 1위, 한승철 3위(홍콩)
2. 27　제24회 세계탁구선수권대회 참가
2.　　대한송구협회를 대한핸드볼협회로 개칭
3.　　제24회 세계정구선수권대회 참가. 여자단체 5위(스톡홀름)
4.　　문교부에서 각급 학교에 '체육 및 보건시설 2개년 시설계획표' 시달. 중·고등학교 일정 기준의 시설을 구비할 것 등을 규정
4. 8　보스톤마라톤대회 참가. 임종우 3위
7. 15　스포츠 연감인 『체육대감(體育大鑑)』 발행(연합신문사)

9. 12 국민종합경기장 건설위원회 조직발기인회

9. 12 국제스키연맹 가입

10. 13 어머니 대운동회 개최

10. 제38회 전국체육대회(부산). 24개 종목 5,579명 참가(종합우승 서울). 입장하려는 인파에 밟혀 매스게임에 참가할 여학생 1명과 육상경기 심판대가 넘어져 남학생 2명이 압사한 사고 발생

10. 체육 전문월간지 '체육문화' 창간

11. 15 대한배드민턴협회 창립

12. 5 배드민턴 보급강습회 겸 전국남녀배드민턴대회

\- 대한하키협회를 대한휠드하키협회로 개칭

\- 체육교재 『중등교육』(이병위 지음) 검인정본 발행

\- 국제군인체육회(CISM) 가입

1958년

2. 14 축구대표단, 홍콩과 사이공 원정

2. 23 야구의 '이영민 타격상' 제정

2. 25 한국은행 여자농구단 필리핀 원정

5. 12 제3회 아시아경기대회(일본 동경). 13개 종목 156명 파견. 유도 종목은 단외(團外)팀으로 파견. 종합전적 3위(금 8, 은 7, 동 12). 6월 1일 폐막

9. 11 제1회 한국오픈골프선수권대회

9. 20 제2회 아시아연식정구선수권대회 참가

9. 20 문교부에서 '학생운동경기대회 참가요령 개정요강' 개정. 학교장 추천과 출석이나 학업 불량자, 징계자 등의 선수자격 제한 등 요건 강화

9. 27 서울운동장 야구장 개장

10. 3 제39회 전국체육대회를 정부 수립 10주년 기념대회로 진행(서울)

10. 28 자유중국 장개석 총통 탄신경축 농구대회 참가(서울농구팀)

11. 27 제2회 세계유도선수권대회 참가

\- 해병대 사격부 창설

\- 배구 6인제 경기 보급

\- 충북대 사범대학에 체육교육과 개설

1959년

1. 13 육군 야구단 필리핀 원정. 테니스 남자대표팀, 대만과 홍콩 원정

2. 제2의 대한펜싱협회 창립

3. 31 제25회 세계탁구선수권대회 참가. 여자팀 2위

4.	제1회 아시아청소년축구선수권대회 참가. 우승(쿠아라룸푸르)
4.	대한아마추어레슬링연맹을 대한아마추어레슬링협회로 개칭
4.	재일교포 성인야구단 모국방문경기
5. 21	문교부 전국체육담당자회의에서 건강교육을 3대 장학지침의 하나로 지시(문화 제2247호)
6. 13	전국학생검도대회 창설
8. 25	실업야구연맹 발족
8. 27	제3회 유니버시아드경기대회에 비공식 참가. 1개 종목 12명 파견. 멀리뛰기에서 서정주 6위(이탈리아 토리노)
8.	사상 최초의 전국일주자전거경기대회(경향신문사 주최)
9. 28	국제마라톤대회 창설(한국일보사 주최)
9.	대전 종합공설운동장 완공
10. 3	제41회 전국체육대회 기간을 '체육주간'으로 제정, 유공자 표창 및 체육전시회 개최. 배구 6인제 경기를 처음으로 전국체전에서 실시
10.	국제체조연맹(FIG) 가입. 국제배구연맹에 정식 가입
12. 29	제1회 동부아시아아마추어권투선수권대회 참가

1960년

1. 12	제1회 아시아농구선수권대회 참가
1. 25	조선펜싱연맹(1947년 창립)과 대한펜싱협회(1959년 창립)를 통합하여 대한펜싱협회로 재발족
1. 27	제8회 동계올림픽대회 2개 종목에 참가(미국 스퀴벨리). 3월 10일에 폐막
2. 22	대한체육회에서 처음으로 지방순례 체육계몽 강연 및 영화시사회 진행(3월 11일까지 계속)
3. 25	라만컵 청소년축구대회에 청소년대표단 참가
3.	국제아이스하키연맹(IIH) 가입
4. 2	데이비스컵 테니스대회(1960년도 극동지구 예선전)에 처음으로 참가
5. 12	4·19 혁명으로 대한체육회 임원 총사퇴
8. 1	제3회 말레이시아 독립기념 축구대회 참가. 우승 획득
8. 9	제17회 로마올림픽대회에 9개 종목 67명 참가(9월 19일 폐막)
8.	세계펜싱협회 가입
9. 23	국제핸드볼연맹 가입
10. 10	제41회 전국체육대회(대전)
10. 14	제2회 아시아축구선수권대회를 서울에서 개최(한국 2연패)
11. 6	제7회 세계축구선수권대회 아시아지역 극동 2차 예선전
11. 7	한·일 친선축구경기대회

12. 6　5개국(한국, 자유중국, 북한, 일본, 홍콩) 여자농구대회에 경기여고팀 참가
12. 8　제5회 아시아탁구선수권대회 참가
12. 11　전국남녀개인펜싱선수권대회 창설
- 세계사격연맹 가입
- 전북체육회, 도 산하단체에서 사회단체로 재발족
- 동국대학교 사범대학에 체육교육과 설치

1961년

1. 28　대한체육회 정기총회에서 이철승 회장 선출
2. 13　국제군인체육회 가입
4. 1　브라질 축구팀 초청 친선경기
4. 10　제3회 아시아청소년축구대회 참가
5. 16　5·16 군사혁명으로 체육활동 일시 중단
6. 2　세계레슬링선수권대회 참가
6. 15　혁명정부, 대한체육회 수습대책위원 위촉
7. 8　군사혁명 체육축전
7. 10　재건국민운동본부에서 '재건국민체조' 제정
7. 29　대한체육회 제19대 회장에 김동하 선임(제7대 KOC 위원장 겸임)
8.　우리 나라 최초의 외국 배구단 초청으로 일본 경응(慶應)대학팀 내한
9. 19　대한태수도협회 창립
9. 22　자유중국 공군농구팀(虎風팀) 내한
9. 28　9·28 수복기념 국제마라톤대회
10. 2　정부조직법 전면 개정으로 문화국 체육과를 체육국으로 독립 승격(국민체육과, 학교체육과 설치)
10. 11　제42회 전국체육대회 7,371명 참가(서울)
10. 21　처음으로 일본 체육대학 핸드볼팀 초청경기
11. 14　한국레크리에이션협회 창립
11. 26　세계축구선수권대회 동반구 최종예선전

1962년

1. 4　대한체육회 '체력관리규정' 제정
1. 9　대한체육회 제20대 회장에 이주일 선임
2. 22　대한체육회 사단법인체로 설립등기
3. 16　대한올림픽위원회 제8대 위원장에 이주일 취임
5. 2　대한체육회 주최 학교체육 교양강좌 실시

6. 6　제1회 한·일친선배드민턴대회

7. 7　국제배드민턴연맹(IBF) 가입

7. 10　대한체육회에서『게임지도서』발간

8. 3　전국학교대항 배드민턴대회 창설

8. 14　대한올림픽위원회, 국제올림픽위원회 결의를 따른 남북한 단일팀 구성을 위한 회의 개최 동의

8. 17　제4회 아시아경기대회에 10개 종목 173명 선수 파견(인도네시아 자카르타). 9월 4일 폐막

8.　아시아자전거경기연맹 가입

9. 17　국가재건최고회의에서 '국민체육진흥법'(법률 제1146호) 제정·공포

10. 24　제43회 전국체육대회. 9,768명 참가(대구)

10. 31　우리 나라 최초의 전국학생조정경기대회(한강)

12. 9　북한, 호칭을 North Korea(북조선)에서 DPR Korea로 개정 요구

12.　제3회 파리세계유도선수권대회 참가

- 전국배드민턴종합선수권대회와 4·19기념 자전거도로경기대회 창설
- 씨름경기 '왼씨름'으로 통일
- 한국레크리에이션협회에서 한국민속집단무용 창작발표회 진행

1963년

1. 10　대한체육회의 우수선수 강화훈련단 발족

1. 24　제1차 남북체육회담(스위스 로잔느). 단기, 단가, 선수선발원칙 등 동경올림픽대회 남북단일팀 구성 원칙에 합의

1. 26　체육회, 사상 최초로 선수 정밀체력검사 실시

1.　제17회 동경올림픽 파견선수 훈련비 모금

2. 1　장충체육관 준공

2. 2　박정희 장군배 동남아여자농구대회 창설

2. 14　경남도체육회와 부산시체육회 분리

2. 14　문교부에서 체육회의 정비·강화 등 체육진흥지침 시달

3. 17　부산직할시체육회 조직

3. 18　'체육진흥법시행령' 공포

3. 31　제1회 아시아청소년배구선수권대회(서울). 한국 남녀 2위

4. 24　대한체육회 주관 '체육주간' 행사 창설

4. 29　대한체육회 제21대 회장에 이효 부회장 선임. 국군, 학교, 사회체육위원회 두기로 결정

5. 17　제2차 남북체육회담(홍콩). 북측의 남측 대표단 비방 문제에 대한 사과 거부 등 정치적 상황의 악화로 결렬

7. 27 국제궁도연맹 가입

9. 21 제5회 아시아야구선수권대회. 한국 최초로 우승(서울)

10. 4 제44회 전국체육대회. 1만 3,934명 참가(전주)

10. 10 동경 국제스포츠대회(18회 프레올림픽) 참가 및 연구조사원 파견

11. 14 가네포(GANEFO)대회 연구조사원 파견

11. 29 펜싱 전기심판기 도입. 12월 1일 개최된 제2회 학생펜싱선수권대회 결승전에서 한국 최초로 사용

12. 7 한국체육학회 제1회 학술발표회

12. 14 새 정부조직법에 의거, 체육국 폐지. 체육행정 담당기구가 문예체육국 내의 1개 과로 격하

- 11인제 배구경기 폐지
- 한양대학교 체육학과 설치. 1964년 체육대학 체육학과·무용학과 설치

1964년

1. 20 대한체육회 제22대 회장에 민관식 선임

1. 29 제9회 동계올림픽대회에 2개 종목 11명 파견(오스트리아 인스브루크). 올림픽 최초의 남북한 동시 참가한 대회로서 여자스피드스케이팅 3000미터에서 북한의 한필화가 동메달 획득(2월 9일 폐막)

1. 최초의 실내 스케이트장(창신동 소재) 개장

2. 27 전국학생검도연맹, 대한검도회 가입

2. ‘군체력검정규정’ 제정(국방부 훈령 제71호)

4. 2 대한체육회 체력관리위원회 구성

4. 7 경희대학교 한국체육과학연구소 설립

4. 19 세계여자농구선수권대회에 상업은행팀 참가(페루)

7. 1 연세대학교 의과대학에 스포츠과학연구소 설립

9. 13 제45회 전국체육대회. 1만 3,429명 참가(인천)

9. 8 대한올림픽위원회를 대한체육회에서 분리(국제올림픽헌장 제24조 및 제25조에 의거하여 각국 올림픽위원회의 독립과 자주성을 살려야 한다는 이유)

9. 29 제7회 아시아탁구선수권대회(서울)

10. 5 북한이 호칭문제로 동경올림픽 참가를 보이코트

10. 7 대한올림픽위원회 이상백 위원장이 제63차 동경 총회에서 국제올림픽위원으로 선임

10. 10 제18회 동경올림픽대회에 16개 종목 224명 참가. 은 2, 동 1 획득

12. 15 동경올림픽 은메달리스트인 장창선(레슬링)와 정신조(복싱), 동메달리스트인 김의태(유도)에게 대통령 표창 수여(운동선수에 대한 최초의 포상)

12. 전일본마술대회 특수장애물부 우승

- 대한체육회 주관으로 코치강습회 진행(경기지도자의 자질 상과 우수 경기지도자 양성목적으로 코치강습회 개최)

1965년

1. 3 대한사격협회가 이플, 클레이 협회로 분리되고 통할기관으로 대한사격연맹 발족
1. 23 대한체육회장에 민관식 회장 재선임
3. 1 서울대학교 의과대학 국민체력과학연구소 설립
3. 12 대한체육회 체육장학회 설립
3. 17 대한학교체육회가 사단법인으로 인가받음. 전국 중고체육총련을 흡수함. 전문대, 교육대, 초급대 체육연맹은 회원으로 가맹
4. 20 아시아여자농구선수권대회(서울)
5. 31 『대한체육회사』 발간(대한체육회)
9. 12 제2회 아시아아마추어복싱선수권대회(서울). 한국은 금 8, 은 1 획득
10. 5 제46회 전국체육대회. 1만 3,152명 참가. 입장객 37명 압사, 100여 명 중경상의 불상사 발생(광주)
10. 29 여자대학농구연맹전 창설
11. 5 태릉선수촌 착공
11. 9 전국남녀초등학교농구대회 창설
12. 20 대한체육회 주관 제1회 코치정규강습회 진행. 15개 종목 41명 수료자 배출
- 대한체육회에서 농구, 배구를 위한 신인 장신자 26명 선발 및 체육부흥 6개년계획(1965~1970년) 수립

1966년

1. 10 대한체육회 기관지 『체육』 창간
1. 박정희 대통령. 남북 축구경기 재개 제의
4. 14 대한올림픽위원회 이상백 위원장 별세
5. 30 한국프로골프협회(KGA), 사단법인체로 발족
5. 제1회 학도체육대회(대한학교체육회)
6. 15 무교동 체육회관 개관
6. 15 제11대 대한올림픽위원장에 장기영 선임
6. 16 세계아마추어레슬링대회 플라이급에서 장창선이 우승(미국 톨리도)
6. 25 권투 주니어미들급에서 김기수가 벤베누티를 이기고 한국 최초의 세계챔피언 획득
6. 태릉선수촌 완공
7. 27 대한체육회가 한·일 스포츠교류를 중시한다고 정식 발표

10. 10 제47회 전국체육대회. 입장상 재정 및 표어 '굳센 체력, 알찬 단결, 빛나는 전진' 채택(서울)

11. 26 '대한민국 체육상 시상규정' 공포

11. 26 태릉선수촌에 부대시설 확충

12. 8 가네포 경기대회에 참가한 북한 복싱선수(김귀하)가 일본대사관에 망명 요청(12월 13일 강제 소환)

12. 9 제5회 아시아경기대회. 14개 종목 233명 참가. 금 12, 은 18, 동 21개 획득(태국 방콕)

12. 15 대한올림픽위원회에서 이상백 전 위원장을 기리기 위한 '상백배' 제정을 AGF에 제안

12. 31 태릉선수촌 실내체육관 건립(220평 규모)

12. 1970년의 아시아경기대회 서울 유치

12. 대한체육회와 대한올림픽위원회, 제4회 방콕아시아경기대회 참가 대표단 선수 전형과정에서 대립

- 대한휠드하키협회를 대한하키협회로 개칭
- 대한체육회 체육장학사업 시작. 1977년 이후 국민체육진흥재단으로 이관
- 한양대학교 체육과학연구소 설립

1967년

1. 26 제5회 세계여자배구선수권대회에서 3위 입상

3. 제6회 아시아경기대회 유치준비위원회 구성

4. 15 제5회 세계여자농구선수권대회에서 준우승. 박신자가 최우수선수로 선정(체코 프라하)

5. 3 대한올림픽위원회 장기영 위원장이 제66차 테헤란 IOC총회에서 국제올림픽위원으로 선임

7. 21 제1회 아시아사격선수권대회 참가. 금 3, 은 7, 동 1개 획득(일본 동경)

8. 10 제5회 세계유도선수권대회에서 경량급 박길순 은메달(미국 솔트레이크 시티)

8. 15 광복절기념 사이클경기대회 창설

8. 24 국제대학스포츠연맹(FISU) 회원국으로 가입(동경 총회)

8. 27 동경유니버시아드대회에 정식회원국으로 참가. 8개 종목 11명 파견. 금 1, 은 9, 동 1개 획득, 명예단장 김연준 한양대 총장, 단장 김명복 경희대 체대학장(9월 4일 폐막)

9. 13 제4회 아시아연식정구선수권대회(서울)

11. 12 세계아마추어레슬링대회 자유형 플라이급에서 오정룡이 3위(뉴델리)

- 대학 레슬링선발팀, 일본 원정
- 한국체육학회, 한국과학기술단체총연합회 가입

- 원주시에 정규 링크, 아이스하키장 및 피겨스케이트장 건설. 태릉선수촌에 72명 규모의 테스트 룸 설치

1968년

1. 18　인스부르크 동계유니버시아드대회에 첫 참가, 2개 종목 15명 참가
1.　대한아마추어레슬링협회를 대한아마추어레슬링연맹으로 개칭
2. 6　제10회 동계올림픽대회에 2개 종목 15명 참가(프랑스 그레노블). 북한은 호칭 문제로 선수단 철수(18일 폐막)
2. 27　대통령의 체육단체기구 일원화 지시에 따라 대한체육회, 대한올림픽위원회, 대한학교체육회 등 3개 단체를 대한체육회로 통합
2. 29　통합된 새 대한체육회 회장에 민관식 선임(대한올림픽위원장 겸임)
3. 7　대한체육회 체력관리위원회를 스포츠과학위원회로 개칭
4. 8　동남아시아 태평양연안국 탁구선수권대회 여자개인 단복식 우승(멜버른)
4. 11　서울 강동구 둔촌동 일대(79만 평)를 국립경기장 예정지로 지정(건설부 고시 제212호)
4. 30　아시아경기연맹 임시총회에서 1970년의 제6회 아시아경기대회 개최권을 반납 결의(서울)
5. 2　제10회 아시아청소년축구대회(서울)
6. 26　국제올림픽위원회 브런디지 위원장 내한. 근대올림픽 부활 74주년 기념행시 참관
7. 10　고려대학교 행동과학연구소 설립
7. 22　아시아여자농구선수권대회에서 우승
7. 24　정부조직법 개정으로 문예체육국을 사회교육국으로 개칭. 체육과는 사회교육국의 1개 부서로 전락
8. 12　한일고교교환경기대회 창설. 첫 행사를 서울에서 개최
9. 22　제9회 아시아탁구선수권대회 참가(자카르타)
9. 22　태릉선수촌 국제수영장 착공
10. 8　제19회 멕시코올림픽대회에 10개 종목 76명 참가. 지용주 2위, 장길순 3위(멕시코시티)
11.　한국체육학회 정기총회에서 임원개선(회장 이병위, 부회장에 김명복, 김오중, 류근석, 백용기 등)
- 신세기체조 제정

1969년

1. 25　한국체육인동우회 창립
2. 1　아시아배드민턴선수권대회 참가(마닐라)

2. 대한체육회에서 '한국체육의 현황과 진흥 방안(1차)'을 마련하여 정부에 건의. 주요 내용은 체육의 대중화, 지도자의 자질 향상, 경기수준 향상과 국위선양, 체육행정의 과학화 등

3. 3 제18회 세계아마추어레슬링선수권대회 크레코로망형 밴턴급에서 안천영이 2위(마델플라타)

3. 7 아시아럭비풋볼선수권대회 참가(동경)

4. 27 제4회 국제사회인검도대회(서울)

4. 30 대한체육회에서 '체육인헌장' 제정

5. 10 코치강습회를 코치아카데미로 개편

5. 30 제4회 아시아사이클선수권대회(서울)

8. 30 제3회 아시아청소년배구선수권대회. 남녀 우승(서울)

9. 대한체육회에서 '한국체육의 현황과 진흥방안(2차)'을 정부에 제출. 주요 내용은 체육담당 행정기구의 확대, 스포츠외교의 목표 및 방향, 스포츠대학 창설, 전담코치제 실시 등

10. 13 제6회 세계유도선수권대회에서 경량급 김상철, 경중량급 김칠복, 중량급 오승립이 각각 3위(멕시코)

10. 18 제50회 전국체육대회. 처음으로 전국일주 성화계주 시도. 마라톤에서 3년만에 기록갱신 (2시간18분 18초)

11. 3 '국민체육진흥법 시행령'(대통령령 제4187호)에 따라 체육심의회 설치(위원장 문교부차관)

11. 18 ABC 남자농구선수권대회에서 우승(방콕)

11. 27 킹스컵 축구대회에서 우승(방콕)

11. AGF 총회에서 아시아경기대회(1970년 예정)를 정식반환

12. 제2회 홍콩마라톤대회에서 김차환이 우승

- 한국여성체육학회, 국제여성체육스포츠연맹(IAPESGW) 가입
- 한국체육학회 회지를 『한국체육학회지』로 개칭

1970년

3. 3 체육심의회를 국민체육심의위원회로 개편(대통령령 제4694호)

3. 23 태릉선수촌에 국제수영장 개장

4. 4 동계유니버시아드대회에 2개 종목 17명 참가(핀란드 로바니예미)

4. 6 제10회 아시아탁구선수권대회 참가(일본 나고야)

4. 15 제12회 아시아청소년축구선수권대회 참가(마닐라)

5. 10 제6회 세계남자농구선수권대회 참가(스프림트)

5. 15 제2회 아시아유도선수권대회 참가(대만)

7. 4 제19회 세계아마추어레슬링선수권대회 자유형 밴텀급에서 안재원이 2위(에드먼

턴)

7. 13　대한체육회 창립 50주년을 기념하여『대한체육회 50년』발간

8. 23　새로 창설된 아시아청소년농구선수권대회를 서울에서 개최

8. 26　이탈리아 토리노유니버시아드대회에 4개 종목 41명 참가

8. 31　행정기구 개편(대통령령 제5320호)에 따라 체육국 신설, 체육과를 국민체육과와 학교체육과로 분리(체육행정 기능 강화)

10. 17　제40회 세계사격선수권대회 참가(피닉스)

11. 12　스칸디나비아오픈선수권대회 참가(스웨덴)

12. 9　제6회 방콕아시아경기대회에 11개 종목 172명 파견. 금 18, 은 13, 동 23 획득(12월 20일 폐막)

- 체육시설확충 3개년계획 수립(1970년 2억 3,800만원, 1971년 5억 3,100만원 투입)

1971년

2. 7　삿포르 국제동계스포츠대회에 17명 참가

2. 20　태릉선수촌에 국제스케이트장 개장

3. 28　제31회 세계탁구선수권대회 참가(일본 나고야)

5. 1　세계주니어아마추어레슬링대회 자유형 페더급에서 양정모 2위(일본)

5. 2　박정희대통령배 쟁탈 아시아축구대회 창설. 첫 대회에서 한국, 미안마 공동 우승

5. 13　제6회 세계여자농구선수권대회 참가(브라질)

5. 20　태릉선수촌에 전진관(남자숙소) 개관

7. 5　대한체육회 제23대 회장에 김용우 선임(제13대 KOC위원장 겸임)

8. 18　제3회 아시아배드민턴선수권대회 참가(자카르타)

8. 24　제5회 아시아아마추어복싱선수권대회 참가(테헤란)

9. 2　제7회 세계유도선수권대회 라이트급에서 최종삼이 3위(독일)

9. 8　제9회 아시아탁구선수권대회에서 우승

10. 8　제52회 전국체육대회. 1만 6,597명 참가(서울)

10. 21　제21회 아시아사격선수권대회(서울)

10. 30　제6회 아시아남자농구선수권대회 참가(일본)

11. 7　제4회 킹스컵축구대회에서 우승(방콕)

11. 20　대한체육회 제24대 회장에 김택수 선임(제14대 KOC위원장 겸임)

11.　이화여자대학교 보건체육연구소 설립

- 일반학생들을 대상으로 체력장검사제도 실시
- 서울체육학교 개설

1972년

1. 31 삿뽀로올림픽 동계대회기념 국제스포츠청소년대회에 4명의 대표단 파견(일본 후까가와)

2. 3 제11회 동계올림픽대회에 1개 종목 7명 파견(일본 삿뽀로)

2. 20 아시아테니스선수권대회(홍콩) 참가

2. 26 미국 레이크플레시드동계유니버시아드대회에 1개 종목 5명 파견. 금 1, 은 2, 동 1 획득 (3월 5일 폐막)

2. 태릉선수촌에 국제규격의 파이프 아이스링크인 국제스케이트장 개장

3. 6 세계피겨스케이팅선수권대회 참가(캐나다)

5. 1 '학교신체검사규정' 개정(문교부령 제294호). 1973년부터 '대학입학예비고사령' 제12조에 의거하여 대학입시 내신을 위한 체력장제 실시

6. 7 대한체육회 미국지부 설치

6. 16 전국소년체육대회를 스포츠소년단 창단 기념 전국 제1회 스포츠소년대회라는 명칭으로 개최. 19개 종목에 6,552명 참가. 충남 우승(서울)

7. 3 대한체육회 서독지부 설립

7. 8 제16회 메르데카배 축구대회에서 우승

7. 31 남자배구팀 북한 누르고(아시아예선) 뮈헨올림픽(제20회) 출전권 차지

8. 26 제20회 뮌헨올림픽대회에 8개 종목 68명 참가. 유도 미들급 오승립 2위. 뮌헨올림픽 청소년캠프에 대표단 4명 파견. 북한 첫 출전(9월 11일 폐막)

9. 8 남북한 스포츠교류를 위한 '남북체육공동성명'을 대한올림픽위원회 김택수 위원장과 북한 오현주 위원장 명의로 발표

9. 14 한일 축구정기경기대회 창설(일본 동경)

9. 23 국민체육진흥재단 설립

9. 24 제1회 KBS배 쟁탈 전국장사씨름대회

11. 9 '교육법 시행령'(대통령령 제6377호)에 의거하여 체육특기자제도 실시

11. 14 아시아여자농구선수권대회 참가(대만)

11. 18 제15회 스칸디나비아오픈탁구선수권대회의 여자복식 우승, 단식 준우승(스웨덴)

11. 30 국내 최초의 태권도 상설체육관인 국기원 건립(서울 강남구 역삼동 소재)

12. 3 일·조(日朝)스포츠교류촉진연맹 결성(동경)

12. 5 제11회 아시아탁구선수권대회에서 종합우승(자카르타)

- '학교체육시설 5개년계획' 수립(1972년 43억 원 투입)
- 대한체육회에서 『체육백서』 발간
- 대한체육회에서 경기지도자양성소 지정하여 2급 경기지도자과정 개설

1973년

1. 9 대한태권도협회 '세계대회요강' 확정

2. 28 세계피겨스케이팅선수권대회 참가(체코 브리티슬라바)

3. 3 체능 특기자에 대해 보충역에 편입시킬 수 있는 '병역의무의 특례규제에 관한 법률' 제정 공포

3. 5 대한궁도협회가 국궁협회와 양궁협회로 분리

3. 9 정부조직법 개정에 따라 체육국 산하에 급식과 추가

4. 4 제4회 세계검도선수권대회 개인전에서 이종림 3위 입상(로스앤젤레스)

4. 10 제32회 세계탁구선수권대회에서 여자탁구팀 세계 제패(유고 사라예보)

5. 1 한국스포츠기자단, 국제스포츠기자협회(AIPS) 가입

5. 11 아시아친선육상경기대회 창설, 첫 대회를 서울에서 개최(7개국 참가)

5. 16 제25회 국제군인복싱선수권대회(서울)

5. 16 1974년 월드컵축구 아시아A조예선이 7개국 참가리에 진행(서울)

5. 25 제1회 세계태권도선수권대회. 17개국 20개 팀 161명 참가(서울)

5. 28 세계태권도연맹 창립. 초대총재에 김운용 선출(서울)

6. 1 제2회 소년체육대회. 7,240명 참가(대전)

9. 6 세계레슬링선수권대회 삼보 레슬링에서 김영복 3위(테헤란)

10. 12 제54회 전국체육대회. 1만 2,837명 참가(부산)

10. 19 제3회 월드컵여자배구대회에서 3위 입상(몬테비데오)

11. 3 세계배구선수권대회 아시아예선에서 남녀 우승(마닐라)

12. 1 제6회 아시아남자농구선수권대회 우승(마닐라)

1974년

2. 12 대한체육회에서 『체육연표』와 『중국스포츠자료집』 발간. 대한체육회 제24대 회장에 김택수 재선임

4. 1 국민체육진흥기금 조성을 위해 전국 체육시설 입장료에 10퍼센트 부가모금을 결정

4. 9 대한체육회 산하 22개 위원회를 13개로 통폐합

6. 22 제5회 아시아여자농구선수권대회에서 우승(서울)

7. 3 홍수환, WBA 밴텀급 세계챔피언 획득

7. 문교부에서 체육회 사회체육위원회와 체조협회가 공동으로 마련한 '새마을체조' 시안을 확정

8. 16 일본체육협회에서 한일고교대회 중지를 통고

9. 1 제7회 아시아경기대회에 15개 종목 231명 참가. 금 16, 은 26, 동 15개 획득(이란, 테헤란)

9. 25 대한체육회, 문교부에 국제대회 입상 기능자의 병역 면제 추진
10. 12 제8회 세계배구선수권대회에서 3위 입상(멕시코 과달리하라)
10. 20 제18회 세계체조선수권대회에 12명 참가(불가리아 바르나)
10. 31 국민체육진흥재단을 문교부에서 대한체육회로 이관하고 대한체육회 산하기구로 편입
11. 2 제3회 아시아유도선수권대회(서울)
12. 24 올림픽대회, 세계선수권대회, 아시아경기대회 메달리스트에 대한 종신연금계획 확정(1971년 1월부터 비공식 지급)

1975년

2. 6 세계탁구선수권대회 여자단체에서 준우승(캘커타)
2. 7 대한체육회에서 '선수강화훈련 4개년 기본계획' 확정
2. 16 킹스컵복싱대회에서 유종만, 박태식, 김성철 우승(방콕)
2. 20 『체육연감』 창간(대한체육회)
4. 22 장기영 IOC위원이 일본 체육계 지도자들에게 중국의 IOC복귀문제 원칙 준수를 촉구
4. 강원대학교 체육과학연구소 설립
5. 9 FIFA 호앙 아베란제 회장 방한
5. 31 전국스포츠소년대회를 전국소년체육대회로 개칭. 7,583명 참가(부산)
6. 7 유제두, 프로복싱 WBA 주니어미들급 챔피언 획득
6. 21 제11회 아시아야구선수권대회에서 우승(서울)
6. 24 국무회의에서 국민체육기금의 정부 기금출연 조항 삽입하는 개정안 의결
6. 원광대학교 체력과학연구소 설립
7. 25 최초로 국제척추장애자올림픽대회에 참가(런던)
8. 17 아시아배구선수권대회에서 남녀 모두 준우승(멜버른)
8. 제2회 세계태권도선수권대회. 30개국 임원 91명과 156명 선수, 유공사범 23명 참가(서울)
9. 10 세계아마추어레슬링선수권대회 참가(소련 민스크)
9. 15 제29회 세계역도선수권대회 참가(모스크바)
10. 5 제1회 세계연식정구선수권대회에서 여자단체·개인 우승, 남자단체 2위
10. 7 제56회 전국체육대회. 1만 1,906명 참가(대구)
11. 17 태릉선수촌에 실내체육관(개선관) 개관
11. 20 김택수 체육회장, 비동맹회원국과의 본격적 스포츠교류 방침 언명
12. 2 '국민체육진흥기금에 관한 법률 개정안' 국회 통과
- 비올림종목들의 협의체인 국제경기연맹총연합회(GAISF) 가입

1976년

1. 7　세계주니어스피드스케이팅선수권대회에서 사상 처음으로 이영하 우승
1. 20　대한체육회 캐나다지부 발족
2. 4　제12회 동계올림픽대회에 1개 종목 7명 참가(오스트리아 인스부르크)
2. 7　대한체육회장에 김택수 회장 재선임(2월 9일 제14대 KOC 위원장 취임)
4. 10　국제군인체육회(CISM) 집행위원회(서울)
4. 11　제2회 아시아역도선수권대회에서 방신희가 금메달 3개 획득(방콕)
4. 16　제27회 세계청소년펜싱선수권대회 참가(폴란드 포츠만)
5. 2　비동맹 회원국과의 스포츠교류 정책에 따라 축구, 탁구팀이 리비아 방문
5.　대한축구협회 김윤하 회장, 방콕에서 북한선수단장 김종협과 면담을 통해 남북축구경기 제의
7. 16　정월타 KOC 상임고문에게 올림픽훈장(銅章) 수여
7. 17　제21회 몬트리올올림픽대회에 5개 종목 72명 파견. 레슬링 자유형 페더급에서 양정모가 광복 후 올림픽 참가사상 첫 금메달 획득
8. 10　대한체육회, 모든 국가대표선수들에게 체력장제 적용키로 결정
11. 24　염동균이 WBC 슈퍼밴텀급 세계타이틀 획득
12. 21　전국체육대회에서 공동우승제 폐지 결정
12. 30　‘한국체육대학 설치령’(대통령령 제8322호) 공포
\- 대한체육회 산하 사회체육위원회에서 ‘사회체육진흥 5개년계획’ 발표
\- 국제군인스포츠위원회에서 태권도를 정식종목으로 채택

1977년

2.　『국제스포츠정보자료집』 발행(대한체육회)
3. 11　대한체육회에서 ‘국민체조’ 제정
3. 26　제4회 아시아핸드볼선수권대회에서 준우승(쿠웨이트)
3. 26　제34회 세계탁구선수권대회에서 여자단체전 2위, 혼합·여자복식 3위 입상
3.　한국체육대학 설립(초대 학장 유근석)
4. 11　장기영 국제올림픽위원 별세
6. 1　제6회 전국소년체육대회. 6,627명 참가(서울)
6. 16　김택수 체육회장이 국제올림픽위원 피선
7. 29　국제청소년역도대회에서 종합우승(마닐라)
8. 17　유니버시아드대회에 2개 종목 24명 참가. 동 1개 획득(불가리아 소피아)
9. 15　고상돈이 에베레스트 정복(개인으로는 56번, 국가별로는 8번째)
10. 10　제58회 전국체육대회. 1만 2,146명 참가(광주)
10. 28　데이비스컵 테니스 동부지역 2회전에서 파키스탄을 물리치고 사상 처음으로 3회

전 진출

12. 13 대한체육회 주최 '승리의 노래' 가사공모에 김상곤 작품이 당선

12. 20 서울운동장 메인 스타디움에 실내수영장 기공

- '사회체육진흥 5개년계획' 시행. 사회체육시설의 확대, 지도자 양성, 관련 사회체육 단체 사이의 협의회 조직 등

1978년

2. 4 세계주니어 스피스스케이팅선수권대회 여자 500미터에서 이남순이 3위(몬트리올)

3. 서울대학교 사범대학 체육연구소 설립

4. 1 대한체육회 제정 '국민체조'를 전국에 보급

4. 13 대한사격연맹 발족

4. 23 제7회 전국소년체육대회. 6,538명 참가(대구)

8. 20 세계아마추어레슬링선수권대회에서 양정모 3위(멕시코)

8. 25 제8회 세계배구선수권대회 참가(레닌그라드)

8. 한국체육대학교 체육연구소 설립

9. 9 문교부, 과열 스카우트 방지책의 하나로 중·고 선수의 타도에서 전입 및 편입을 금지

9. 24 제42회 세계사격선수권대회. 64개국 910명 참가(태릉 국제사격장)

9. 26 제10회 세계청소년야구선수권대회에서 준우승(베네수엘라)

10. 1 제8회 세계남자농구선수권대회 참가(마닐라)

10. 12 제59회 전국체육대회. 1만 2,371명 참가(인천)

12. 9 제8회 방콕아시아경기대회에 17개 종목 267명 참가. 금 18, 은 20, 동 31 획득

1979년

2. 20 북한, 평양에서 열릴 제35회 세계탁구선수권대회에 남북한 단일팀 구성을 위한 남북체육회담 제의

2. 27 남북 탁구협회 회담이 4차에 걸쳐 진행되었으나 무산(3월 12일 중단)

3. 17 대한요트협회 창립

3. 19 문교부 직제 개정에 따라 체육국 업무 조정. 학교체육과, 국민체육과, 학교급식과에서 체육과, 학교보건과, 체육교류과로 변경

3. 대한체육회에서 '제24회 올림픽 유치 건의안.'을 문교부에 제출

4. 29 제8회 세계여자농구대회를 아시아지역 최초로 개최. 12개국 250명 참가. 2위 획득

6. 4 한국 9인제 배구연맹 발족

6. 11 단국대학교 스포츠과학연구소 설립

6. 13 세계주니어역도선수권대회 참가차 헝가리에 사상 최초로 입국

6. 19 대한체육회, 요트·롤러스케이팅협회를 준가맹단체로 승인

7. 19 제30회 세계양궁선수권대회 60미터 더블라운드에서 김진호가 643점(세계신기록)으로 우승. 개인·단체 우승 획득

8. 3 문교부, '제24회 올림픽 유치 건의안'을 국민체육진흥심의위원회에 상정

8. 16 제1회 세계공기총격선수권대회(6위)

8. 22 신현확 부총리, 국민체육진흥심의소위원회에서 아시아경기대회 유치 제의(10월 8일 유치방침 확정)

9. 2 멕시코유니버시아드대회에 5개 종목, 60명 참가. 금 1, 동 1 획득

10. 8 제24회 올림픽대회 유치계획과 함께 제10회 아시아경기대회 유치계획을 서울특별시장이 공식 발표

10. 26 박정희 대통령 서거로 전 종목 경기대회 중지

11. 9 대한요트협회, 국제요트연맹(IYRU) 가입

12. 6 세계체조선수권대회에서 여자팀 올림픽 출장권 획득(미국)

문교부, 체력장을 5개 종목으로 축소, 상대평가로 평가방법 전환

1980년

1. 4 '도시공원법'(체육공원) 제정·공포

1. 29 대한올림픽위원회, 소련의 올림픽 초청장 접수

2. 1 한국대학육상경기연맹 창립

2. 13 제13회 동계올림픽대회에 2개 종목 20명 참가(미국 레이크플래시드)

2. 22 모스크바올림픽대회 불참 결정

3. 22 여자 핸드볼팀, 첫 올림픽 참가 자격 획득

4. 15 문교부, 1986년 아시안게임의 서울 유치 결정

5. 17 대한올림픽위원회, 모스크바올림픽대회 불참 통보

6. 10 제9회 전국소년체육대회. 6,878명 참가. 종합성적 시상제 폐지(춘천, 원주)

7. 14 대한체육회장(제26대) 및 대한올림픽위원장(16대)에 조상호(대한체육회 부회장) 선임

7. 19 북한, 모스크바올림픽에 101명의 선수단 파견(서방 제국과 중국이 불참)

8. 11 조오련이 대한해협(53킬로미터)을 13시간 16분 10초로 도영(渡泳)

8. 서울오픈국제탁구선수권대회 창설

8. 모스크바올림픽 불참국 대체올림픽 복싱대회에서 김인창이 금메달(케냐)

10. 아시아청소년배구선수권대회에서 남녀 모두 우승(서울)

10. 8 제61회 전국체육대회가 전주, 군산, 이리에서 분산 개최. 1만 3,047명 참가

11. 5 북한이 제10회 아시안게임의 평양 유치의사 표명

12. 4 국제올림픽위원회, 서울이 일본 나고야와 함께 공식 유치 신청 도시가 되었음을

발표

12. 20 국내 첫 프로축구팀 할렐루야 창단

12. 29 대한체육회 스포츠과학위원회를 스포츠과학연구소로 확대 개편

- 전국소년체육대회의 종합성적 시상제도 폐지
- 태권도가 국제올림픽위원회 승인종목으로 채택
- 학생체력검사제도를 학교장 관리체제에서 지역공동관리로 전환, 상대평가제에서 절대평가제로 환원

1981년

2. 26 올림픽 유치신청서를 국제올림픽위원회에 제출

4. 14 제34회 세계탁구선수권대회에서 여자단체 준우승(유고 노비사드)

5. 19 서울올림픽 유치준비위원회 구성

5. 29 제10회 전국소년체육대회. 7,189명 참가. 종합채점제 폐지(광주, 목포)

7. 19 루마니아의 부카레스트하계유니버시아드대회에 7개 종목 70명 참가. 은1, 동 4 획득

8. 15 국내 첫 국제육상경기인 1981년 서울국제주니어오픈육상경기대회. 12개국 218명 참가. 금 9, 은 19, 동 12 획득. 사상 최초로 전자 사진판정기 등장

9. 4 올림픽대회 유치활동을 위한 비상대책회의 개최. 노태우 정무 제2장관의 주도하에 올림픽대회 유치활동 대표단 구성

9. 4 제2회 세계남자주니어배구선수권대회에서 3위 입상(미국 스프링스)

9. 5 세계유도선수권대회에서 한국 유도 사상 최초로 박종학이 라이트급 우승(네덜란드)

9. 29 올림픽대회 유치대표단, 바덴바덴의 쿠르하우스 2층 국제올림픽위원회총회 회의실에서 설명회 개최

9. 30 국제올림픽위원회 제84차 총회(서독 바덴바덴)에서 52대 27로 일본 나고야를 제치고 1988년 올림픽 서울 개최권 획득

10. 10 제62회 전국체육대회. 1만 5,429명 참가(서울)

10. 14 아시아경기연맹 조사단, 평양 시찰. 이어 10월 19일 서울 시찰

11. 2 서울올림픽대회조직위원회(SLOOC) 발족

11. 22 정부조직 개편으로 종전의 체육국이 체육국제국으로 명칭 변경되고 학교체육과, 국민체육과, 국제경기과, 교육협력과, 재외국민교육과로 정비

11. 26 인도 뉴델리에서 열린 아시아경기연맹(AGF) 집행위원회에서 1986년 제10회 아시아경기대회 개최지를 서울로 결정

11. 30 서울올림픽대회 국회지원특별위원회 설치

12. 8 86·88대회 조직위원회 사업에 대한 정부의 행정 및 재정 지원을 위한 정부지원위원회 구성(위원장 국무총리)

12. 11 사상 최초의 프로야구 개최를 위한 한국프로야구위원회(KPBC) 창립
12. 31 '서울아시아경기대회·올림픽대회조직위원회 지원법' 공포(법률 제3535호)
- 사상 처음으로 세계복싱평의회(WBC) 총회를 서울에서 개최

1982년

1. 15 한국프로야구위원회를 한국야구위원회(KBO)로 개칭
1. 23 서독오픈탁구선수권대회에서 여자부 단체 우승
2. 27 한국체육학회, '한국체육의 현황과 그 전망, 88서울올림픽을 대비하여'라는 주제로 제18차 학술발표회 개최
3. 20 체육부 발족. 초대 장관에 노태우 취임(1실, 3국, 10과, 6담당관)
3. 우수선수 발굴 및 육성 위한 꿈나무 육성정책 본격 추진
3. 27 프로야구 첫경기(MBC와 삼성전)
4. 23 아시아경기대회조직위원회 제1차 위원총회에서 86아시아경기대회조직위원회(SAGOC) 발족(위원장 조상호 대한체육회 회장)
4. 29 한국체육학회, 체육부 후원으로 '국민체육진흥세미나' 개최
5. 19 제11회 전국소년체육대회. 9,041명 참가. 시·도 종합순위제도 부활(대전)
6. 12 한국여성체육학회, '88서울올림픽과 우리의 역할'을 주제로 학술대회
7. 12 제27대 대한체육회 회장 겸 제17대 KOC위원장에 정주영 현대그룹 회장 선임
7. 내무부, 5가지의 '체육공원 표준형' 발표
8. 11 체육부, 86아시안게임과 88올림픽의 종합계획 확정
9. 4 제2회 세계아마추어야구대회를 사상 처음으로 서울, 인천 등지에서 개최(우승)
9. 6 대한체육회 스페인지부 설치
10. 14 제63회 전국체육대회. 1만 6,418명 참가(마산, 진주, 진해, 창원)
11. 18 프로복싱 WBA 라이트급 도전자 김득구가 뇌 부상으로 사망(미국 라스베가스)
11. 19 제9회 뉴델리아시아경기대회에 20개 종목 406명 참가. 금 28, 은 28, 동 37 획득
12. 28 국무총리 지시사항으로 '86아시아경기대회 및 88서울올림픽대회 지원기구 정비강화방안' 하달
12. 31 '국민체육진흥법' 전면 개정(학교체육과 직장체육의 진흥 노력에 박차)

1983년

1. 1 서울올림픽대회 조직위원회, 대회기금의 운용을 위한 회계규정 제정
1. 14 내무부의 시·도 체육지원 전담기구 설치지침 하달
2. 8 한국체육학회, 임의단체에서 사단법인체로 확대 개편
3. 16 민속씨름협회 발족(씨름의 프로화)
4. 13 사상 최초의 프로씨름대회인 천하장사대회 겸 체급별 씨름대회 개최

4.　아시아 탁구(ATTU) 가입

4.　한국체육학회, '제2회 국민체육진흥세미나' 개최

5. 8　축구 슈퍼리그 출범

5. 9　태릉선수촌에 테니스 케미컬 코트 및 역도장 개장

5. 12　제12회 전국소년체육대회. 1만 378명 참가. 종합채점제 부활 및 성취상, 질서상 신설 (전주, 군산, 이리)

6. 12　멕시코 세계청소년축구선수권대회에서 4강 진출

6.　국제아마추어복싱연맹 총회를 서울에서 진행

7. 1　캐나다 애드번튼유니버시아드대회에 8개 종목, 81명 파견(동 1)

7. 17　김택수 국제올림픽위원 사망

7.　아시아경기연맹총연합회 총회(GAASF)를 서울에서 개최

8. 7　제1회 세계육상선수권대회 참가(헬싱키)

8. 22　국군체육부대 창설준비위원회 발족

9.　대한체육회의 경기지도자양성소 폐지, 한국체육대학을 2급 경기지도자연수원으로 지정

10. 6　제64회 전국체육대회를 인천 개항 100주년을 기념하여 진행(인천). 대회사상 처음으로 컴퓨터에 의해 각종 기록이 전산처리

10. 18　제32회 세계양궁선수권대회에서 여자부 종합우승, 개인 1·2위, 남자부 단체 2위, 김진호는 5관왕(미국 롱비치)

10. 18　월드컵복싱대회에서 라이트 플라이급의 김광선, 미들급의 신준섭이 각각 은메달 획득

11. 8　한·일 남자하키 정기전 창설

11.　한국여성체육학회, '86아시안게임과 88서울올림픽대회의 마스게임 방향 모색'을 주제로 세미나 개최

11. 23　대한체육회의 행정기능 강화를 위해 사단법인에서 특수법인(법정법인)으로 격상

12.　국기원, 태권도지도자연수원으로 지정

- 태권도가 팬암대회 정식종목으로 채택
- 학생체력검사제도, 5종목에서 6종목으로 확대(오래달리기 추가)

1984년

1. 1　국군체육부대 창설(대통령령 제11288호)

1. 21　프랑스 오픈유도선수권대회 하프헤비급에서 하형주 우승

2. 8　제14회 사라예보동계올림픽대회에 3개 종목 32명 참가

3. 2　데이비스컵 팀이 사상 처음으로 중국(昆明) 입국

4. 5　중국 스포츠선수단이 사상 최초로 제8회 아시아청소년농구선수권대회 참가차 내한

4. 9 로스앤젤레스올림픽 남북한 단일팀 구성을 위한 남북체육회담이 3차례 진행(판문점 중립국감독위원회). 공산국가들의 올림픽 보이코트로 인한 북한의 대회 참가 포기로 인해 결렬 (5월 25일 중단)
4. 28 중국 수영선수단이 제2회 아시아수영선수권대회 참가차 내한
4. 태릉선수촌 실내아이스링크 개장
4. 올림픽공원 건설공사 기공
6. 제13회 전국소년체육대회. 1만 455명 참가. 한국신기록 3개, 한국타이기록 1개, 대회신기록 407개 수립(제주)
7. 28 제23회 로스앤젤레스올림픽대회에 18개 종목 288명 참가. 금 6, 은 6, 동 7로 종합전적 6위(8월 12일 폐막)
8. 24 올림픽회관 착공
8. 31 대한체육회 홍콩지부 설치
9. 2 제5회 세계대학생탁구선수권대회에서 여자단체 우승(폴란드 그다니스크)
9. 30 86아시아경기대회와 아시아올림픽평의회(OCA) 총회가 서울에서 진행. 중국 참가
10. 2 제28대 대한체육회장에 노태우 서울올림픽대회조직위원장 선임
10. 11 제65회 전국체육대회. 1만 8,409명 참가(대구)
10. 30 태릉훈련원 진해훈련분원 개원. 1996년말 유적지 판정 및 태백선수촌 건립 등으로 폐원
10. 30 아시아테니스선수권대회에서 전종목 석권(일본)
11. 3 제1회 월드컵유도선수권대회에서 김재엽, 이쾌화가 금메달 획득(빈)
11. 8 캐나다와 스포츠 교류협정 조인
12. 1 제8회 세계대학생유도선수권대회 하프 라이트급에서 윤용발 우승(프랑스 스트라스부르크)

1985년

1. 86아시안·88올림픽 스포츠과학학술대회 조직위원회 발족(위원장 장충식). 이어 전문분과위원회 구성
5. 1 제29대 대한체육회장 겸 제19대 KOC위원장에 김종하 선임
5. 22 제14회 전국소년체육대회. 1만 1,556명 참가(포항, 경주)
5. 28 서울그랑프리탁구대회. 11개국 28명 참가(서울)
7. 30 북한 정준기 정무원 총리, 제24회 올림픽의 남북한 공동 개최, 남북한 단일팀 구성 등 제안
8. 2 이영호 체육부장관, 서울올림픽 남북한 공동 개최 철회 등 남북한 직접 체육회담 촉구
8. 24 일본 고베유니버시아드대회에 11개 종목 144명 참가. 금 3, 동 5개 획득
9. 4 제7회 세계태권도대회. 53개국 506명 참가(서울)

9. 14 잠실올림픽 주경기장 개장기념 육상대회. 세계 육상스타 칼 루이스와 메리데커 등이 참가

9. 26 대한체육회 브라질지부 설치

9. 26 제14회 세계유도선수권대회. 38개국 409명 참가. 금 4, 은 1, 동 1로 종합전적 2위(서울)

10. 1 제33회 세계양궁선수권대회. 처음으로 소련을 비롯한 공산권 국가 선수들이 내한. 남자단체에서 금메달 획득(서울)

10. 2 아시아경기대회 조직위원회에서 자원봉사자 모집

10. 19 제5회 세계주니어여자핸드볼선수권대회 개최. 준우승. 15개국 231명 참가

11. 9 85월드컵복싱에서 문성길이 최우수 복서로 선정(서울)

11. 16 한국여성체육학회의 민속놀이 작품전

12. 3 박종규 국제올림픽위원 사망(12월 5일 KOC장 엄수)

1986년

1. 8 북한의 서울올림픽 참가문제를 논의하기 위한 제2차 남북체육회담(스위스 로잔느)

1. 8 제4대 체육부장관에 박세직 취임

1. 서울아시아경기대회 조직위원회, 대회운영본부 조직체계 확정

1. 20 정남 KBC 회장이 WBC 부회장에 피선

2. 9 제67회 전국체전 동계스키대회가 빙상, 스키 종목을 통합하여 태릉과 용평에서 개최. 종합채점제 및 쇼트트랙 종목 실시

3. 8 프로야구 빙그레 이글스 창단

3. 25 올림픽회관 준공

4. 2 태릉훈련원에 국내 최초의 실내육상경기장 준공

4. 3 올림픽공원 준공(서울 송파구 방이동 소재)

4. 29 제24회 대한민국 체육상 시상. 경기부문 구자청(양궁), 지도부문 한성귀(배드민턴 코치)와 서울 YMCA, 공로부문 장충식(단국대 총장), 유이균(배드민턴 회장), 연구상부문 오진구(전북대 교수), 채학원(경북대 교수)

4. 제5차 세계올림픽연합회(ANOC) 총회 개최. 152개국 770명 참가(서울)

5. 5 제15회 전국소년체전을 전국 분산 개최(제주도 제외). 26개 종목 1만 1,937명 참가

6. 20 제67회 전국체육대회. 34개 종목 2만 1,797명 참가(서울, 경기, 부산, 광주)

6. 22 월드컵축구 올스타에 박창선 선정

7. 10 '서울아시아대회·서울올림픽대회 운영규정'(대통령령 제11946호) 공포

8. 20 86아시아경기대회 문화예술축전(8월 11일 까지 계속), 제5대 체육부장관에 이세기 취임

9. 16 86아시안게임 스포츠과학학술대회가 '스포츠를 통한 보다 나은 삶'을 주제로 단국

대 천안캠퍼스에서 개최. 33개국 611명 참가, 185편의 논문 발표

9. 20 제10회 아시아경기대회 개최. 27개국 4,800여명 참가. 금 93, 은 55, 동 76개로 중국에 이어 2위(10월 5일 폐막)

9. 25 한국 체육 뿌리찾기사업의 하나로 한국스포츠사료전 개최(10월 9일 종료)

10. 15 태릉훈련원에 선수회관 준공

12. 22 태릉훈련원에 어학연수원 개설

12. 27 온양 실내온천수영장 준공

태권도, 아시아경기대회 정식종목으로 채택

1987년

1. 16 제7회 서울시빙상대회 여자 1600미터 계주에서 한체대팀이 2분 27초 45(한국신기록)로 우승

2. 18 제68회 전국체육대회 동계빙상대회(태릉, 용평). 스피드스케이팅 여대부 500미터에서 유선희가 41초 93(한국신기록)으로 우승

3. 6 한국프로축구위원회(KPFO) 출범(초대 회장 유흥수)

3. 15 제58회 동아마라톤대회에서 이종희(2시간 12분 21초), 허의구(2시간 12분 23초), 김원탁(2시간 12분 26초), 김재룡(2시간 13분 35초), 안재필(2시간 13분 41초)등 5명이 한국신기록 수립(서울)

4. 11 제2회 월드컵마라톤대회에서 김미경(2시간 32분 40초), 임은주(2시간 37분 06초)가 한국신기록 수립(서울)

4. 18 제16회 전국종별선수권대회 높이뛰기에서 김희선이 1미터 90으로 한국신기록 수립

4. 29 제25회 대한민국 체육상 시상. 공로부문 김승연(복싱연맹 회장), 정수봉(동아대 총장), 연구부문 이학래(한양대 체육대학장), 경기부문 안병근(대한유도대학 조교), 임춘애(육상선수), 지도부문 김성은(복싱코치), 김정행(용인대학 교수)

5. 19 프로야구 통산 관중 1,000만 명 돌파

6. 17 1936년 베를린올림픽 마라톤 우승한 손기정이 받은 고대 희랍 투구를 독립기념관에 기증

6. 21 대통령배 국제축구대회에서 우승(서울)

7. 14 제6대 체육부장관에 조상호 취임

8. 19 박세직 서울올림픽대회 조직위원장, 올림픽의 남북한 공동 개최는 현실적으로 불가능하다고 언명

9. 29 87서울월드컵국제사격대회 남자공기소총 결선에서 이근철이 589점으로 올림픽타이. 한국신기록 수립

10. 2 한국육상그랑프리 남자 장대높이뛰기에서 이재복이 5미터 20, 5,000미터 달리기에서 백승도가 13분 50초 35로 한국신기록 수립

10. 3 제68회 전국체육대회. 34개 종목 2만 1,797명 참가. 부분별 종합시상제 실시(광주)
11. 27 김종하 KOC위원장이 서울올림픽 남북한 단일팀 구성문제는 시기적으로 불가능하다고 언명
12. 9 부산 수영만 요트경기장 준공
- 전국소년체육대회, 과열경쟁과 개최지의 재정부담 가중으로 폐지
- 학생체력검사제도, 지역공동관리제에서 교장책임관리제로 전환

1988년

1. 8 제25회 백상체육대상 수상자로 배기태(빙상) 선정
1. 10 대한올림픽안전협회(NAO) 창설
1. 11 북한, 서울올림픽대회 불참선언
1. 27 '서울올림픽의 노래(Hand in Hand)' 제정
2. 2 제69회 전국체육대회 동계대회(태릉, 용평)
2. 18 이만기, 88통일천하장사 타이틀 획득
3. 3 용평스키장 국제대회 스키경기장을 공인
5. 4 카타르와 스포츠교류협정 조인
5. 11 서울올림픽 한국선수단 27개 종목 643명 확정
6. 8 KOC 올림픽기념품 전시회(롯데호텔)
6. 19 KOC 주최 IOC 후원 88기념달리기대회(잠실 주경기장 - 평화의 문)
7. 서울올림픽대회 운영요원의 수급 업무를 주관하는 인력지원단 발족
9. 1 88서울올림픽 한국선수단 결단식(단장 김집). 서울올림픽 선수촌과 기자촌 공개
9. 9 서울올림픽 스포츠과학학술대회. '체육의 새로운 전망'을 주제로 단국대 천안캠퍼스에서 개최, 58개국 1,670명과 참관인사 등 3,585명 참석. 논문 655편 발표
9. 17 제24회 서울올림픽대회 개막. 160개국 1만 3,000여 명 참가, 한국선수단 금 12, 은 10, 동 11개로 종합전적 4위
9. 30 대한올림픽위원회, 베닌올림픽위원회와 체육교류협정 체결
11. 16 스페인과 스포츠교류협정 체결
11. 19 서울올림픽 대승기념 전국민달리기대회(전국 일원)
11. 26 아시아수중연맹(AUF) 가입
12. 5 제7대 체육부장관에 김집 취임
12. 21 김유순 북한올림픽위원장, 제11회 베이징아시아경기대회 남북한 단일팀 구성문제 협의를 위한 남북체육회담을 제의
12. 22 제26회 대한민국체육상 시상. 경기부문 여자핸드볼 국가대표팀, 지도부문 장은경(유도코치), 공로부문 엄삼탁(국군체육부대장), 진흥부문 이건희(레슬링협회장), 연구부문 스포츠과학연구소
12. 30 김종하 대한올림픽위원장, 대북서한을 통해 북한측 제의에 동의

12. 한국여성체육학회, 88여성체육세미나 개최

1989년

1. 6 대전직할시체육회 창립(충남체육회에서 분리 독립)
1. 12 제26회 백상체육대상 수상자 선정. 김수녕(기록경기), 유남규(개인경기), 한명우(투기경기), 성경화(구기개인)
1. 20 우수협회 창설
2. 17 서울올림픽대회 기록사진전 및 스포츠그림전시회
2. 18 제30대 대한체육회장 겸 제20대 대한올림픽위원장에 김종렬 선임
2. 22 제70회 전국체육대회 동계대회(태릉, 용평)
2. 소련 체육성차관 가브릴린 외 2명 방한
3. 9 베이징아시아대회 남북 단일팀 구성을 위한 남북체육회담(수석대표 장충식, 차석대표 이학래, 대표 장병조·임태순·박수창). 1990년 2월 7일까지 9차례의 본회의와 6차례 실무접촉 진행
3. 9 한국프로축구위원회, 대한축구협회에 통합
3. 9 90베이징아시안게임 단일팀 구성을 위한 남북체육회담에서 선수 단가를 '아리랑'으로 결정
3. 31 '국민체육진흥법' 대폭 개정. 국민체육진흥기금의 설치, 국민체육진흥공단의 운용·관리 등
4. 1 '국민체육진흥광고물 관리지침 및 광고물 등 관리법', '시·도 시행규칙' 제정(내무부)
4. 3 서울올림픽조직위원회 해체. 국민체육진흥공단에 자산 이관
4. 3 체육청소년부, 국민체육진흥 광고사업 승인
4. 20 서울올림픽기념 국민체육진흥공단 발족('국민체육진흥법' 제24조)
4. 21 세계한민족체육축전 준비위원회 발족
5. 4 폴란드와 스포츠교류협회 체결
5. 9 전국소년체육대회. 시·도 단위별 대회방식으로 변경 개최
5. 11 행정개혁위원회 전체회의에서 체육부를 폐지하고 문화공보부의 문화행정과 체육부의 청소년 및 사회체육행정을 흡수 통합하여 문화체육부를 설치하는 내용의 개편안 결정
5. 제4회 동부아시아도시대항 베테랑테니스대회에 중국선수단 참가(서울)
6. 28 기네스북에 서울올림픽의 참가국 수, 선수 수 등 2개 분야의 세계기록 등재
6. 체코선수단 25명이 제18회 대통령배국제축구대회 참가
7. 8 한국체육과학연구원, 독자 운영체제를 갖춘 종합연구기관으로 재설립
7. 8 프로야구 제8구단 쌍방울 출범
7. 23 전국체육지도자강습회(진해 훈련분원)

8. 16 한국과학기술원(KIST)의 도핑컨트롤센타가 국제올림픽위원회 선정 스포츠약물 통제시험소로 지정

9. 11 제1회 윤곡상에 박신자(농구) 선정

9. 26 제70회 전국체육대회. 34개 종목 2만 447명 참가. 입장상 폐지. 종목별 종합시상식 운영(해당 시·도 노래 반주) 질서상 대신 모범선수단상(경기도)

9. 26 제1회 세계한민족체전. 50개국 1,326명 참가(서울·경기)

10. 2 태릉훈련원 선수회관 앞에 서울올림픽 대승기념비 제막

10. 16 제27회 대한민국체육상 시상. 경기부문 김수녕(양궁), 지도부문 이기식(양궁코치), 연구부문 동아대부설 스포츠과학연구소, 공로부문 유기정(서울체고 교장), 진흥부문 박용성(대한유도회회장)

10. 21 90년 베이징아시안게임 단일팀 구성을 위한 3차 남북체육회담에서 단기 합의

10. 소련의 육상코치 3명이 태릉선수촌에서 선수들 지도

10. 제9회 세계태권도선수권대회. 58개국 310명 참가(서울)

11. 16 제4차 남북체육회담에서 베이징아시안게임 선수단 호칭을 '코리아'로 합의

11. 29 대한체육회 사무실을 올림픽회관으로 이전

11. 한국체육과학연구원을 1급 경기지도자연수원으로 지정

12. 5 체육청소년부, 세계한민족체육축전 평가단회의 개최. 격년제 개최, 행사규모 확대 및 상설기구 발족 결의

12. 22 민관식의 공적을 기념하는 태릉선수촌 건립기념비 제막

지방체육 활성화를 위해 주민체육 업무를 전담할 행정부서를 생활체육과로 확대 설치

1990년

1. 11 경기단체협의회 창립(위원장 이달순)

1. 12 제27회 백상체육대상 수상자로 김수녕(기록경기), 김봉수(개인경기), 기병주(투기경기), 임계숙(구기경기) 기아산업 농구팀(대상) 선정

2. 7 베이징아시아경기대회 남북한 단일팀 구성 관련 제9차 남북체육회담(판문점)

2. 12 체육부 직제 개정. 학교체육과 폐지, 학교체육 급식 관련 업무는 교육부로 이관, 체육특기생 및 체육계 학교 관련 업무는 체육지도국, 학교체육시설은 체육시설과, 정규 체육수업 관련 업무는 생활체육과에서 각각 관장

2. 21 제71회 전국체육대회 동계대회(태릉, 용평). 아이스하키, 피겨는 목동링크

3. 17 국민생활진흥종합계획(호돌이 계획) 확정

3. 18 동아마라톤대회에서 김완기가 2시간 11분 34초로 한국신기록 수립

3. 19 제8대 체육부장관에 정동성 취임

4. 13 태릉훈련원을 태릉선수촌으로 명칭 환원

4. 28 한국체육학회, '제9회 국민체육진흥세미나' 개최

5. 4 제2회 굿윌게임(Goodwill Game)에 처음으로 참가

5. 12 '대한민국청소년헌장' 공포

5. 21 대한올림픽위원회, 멕시코올림픽위원회와 체육교류협정 체결. 이어 유고와도 협정 체결

5. 23 불가리아와 체육교류협정 체결

5. 25 루마니아와 체육교류협정 체결

5. 29 전국소년체육대회를 시·도 단위별 대회로 진행

6. 15 아시아·태평양·오세아니아 스포츠연합회(APOSA) 집행위원회(서울)

8. 28 제1회 서울평화상 수상자로 사마란치 IOC 위원장 선정

9. 7 재단법인 세계한민족체육축전위원회 창립총회

9. 11 제2회 윤곡상에 신민자(수영) 선정

9. 22 제11회 베이징아시아경기대회. 37개국 6,122명 참가. 28개 종목 674명 참가하여 금 54, 은 54, 동 73개로 종합전적 2위

9. 23 남북체육장관회담에서 주요 국제경기대회에서 남북 단일팀 구성·참가 문제, 남북체육교류 문제 협의(베이징호텔)

9. 29 장충식 한국선수단장과 김형진 북한올림픽위 부위원장이 남북통일축구대회를 10월 11일 평양, 10월 23일 서울에서 각각 개최하기로 합의 발표

10. 11 남북통일축구대회 제1차전(평양 능라도 5·1경기장). 북측이 2대 1로 승리

10. 15 제71회 전국체육대회. 35개 종목 2만 1,293명 참가. 해외동포 별도 경기 실시(충북)

10. 23 남북통일축구대회 제2차전(서울 잠실주경기장). 남측이 1대 0으로 승리

10. 24 남측(정동성 체육부장관)과 북측(김유순 국가체육위원장)이 남북체육교류 및 단일팀 구성을 위한 공동합의문 발표

10. 소련과 체육교류협정 체결

11. 10 제1회 체육청소년가족체육대회(태릉선수촌)

11. 29 남북체육교류와 국제대회 단일팀 참가를 위한 남북체육회담 개최(수석대표 장충식, 차석대표 이학래, 대표 장병조·임태순·박수창). 1991년 2월 21일까지 모두 4차례에 걸쳐 진행

11. 30 15개 시·도에 생활체육협의회 결성

12. 21 제28회 대한민국체육상 시상. 경기부문 천인식(카누선수), 지도부문 박영조(여자하키감독), 공로부문 최원석(대한탁구협회장), 연구부문 이화여대부설 보건체육연구소, 진흥부문 한국사회체육진흥회 대구지부

12. 27 체육부를 체육청소년부로 개칭. 제1대 체육청소년부장관에 박철언 취임

1991년

1. 25 세계한민족체육축전위원회가 재단법인체로 출범

2. 6 국민생활체육협의회 설립(초대 회장 최일홍)

2. 12 남북한, 제41회 세계탁구선수권대회와 제6회 세계청소년축구대회 남북단일팀 구성·참가합의서 서명(판문점 : 남측 수석대표 장충식, 북측 수석대표 김형진)

2. 20 제72회 전국체육대회 동계대회(태릉, 목동, 용평)

4. 24 제41회 세계탁구선수권대회에 남북단일팀 참가. 여자단체 우승(일본 지바)

5. 6 제6회 세계청소년축구대회 남북단일팀 구성. 1차 평가전 서울, 2차 평가전 평양

5. 23 건강생활체조 '가슴을 열자' 개발 보급

5. 29 체코와 체육교류협정 체결

6. 14 제6회 세계청소년축구대회에 남북단일팀 참가. 8강 진출(포르투갈 리스본)

8. 8 제17회 세계잼버리대회(강원 고성)

9. 12 제2회 세계한민족체육제전. 85개국 1,601명 참가

10. 7 제72회 전국체육대회. 35개 종목, 2만 2,068명(전북)

10. 23 대한올림픽위원회, 베트남올림픽위원회와 체육교류협정

10. 25 대한올림픽위원회, 라오스올림픽위원회와 체육교류협정

10. 29 제1회 국제올림픽위원회 어린이스포츠미술대회(올림픽공원)

12. 제29회 대한민국체육상 시상. 경기부문 박주봉(배드민턴), 지도부문 윤상문(탁구대표코치), 연구부문 서병희(경희대 의대 교수), 공로부문 조내벽(대한펜싱협회장)

12. 20 제2대 체육청소년부장관에 이진삼 취임

1992년

2. 8 제16회 동계올림픽대회에 3개 종목 50명 참가. 금 2, 은 1, 동 1개 획득(프랑스 알베르빌)

2. 26 제73회 전국체육대회 동계대회(태릉, 목동, 용평)

4. 16 대한올림픽위원회, 몽골올림픽위원회와 체육교류협정

6. 13 제21회 전국소년체육대회. 26개 종목 1만 2,855명 참가(대구, 광주, 경기, 전북)

7. 25 제25회 바르셀로나올림픽대회. 23개 종목 9,344명 참가. 마라톤에서 황영조가 손기정 이후 56년만에 차지한 금메달을 비롯, 금 12, 은 5, 동 12개 획득

9. 14 올림픽기념사업추진위원회 발족

9. 27 제2회 국제올림픽위원회 어린이스포츠미술대회(올림픽공원)

9. 한국체육학회, 서울올림픽 4주년 기념 국제스포츠학술대회

10. 5 제2회 서울평화상에 슐츠(미국) 선정

10. 10 제73회 전국체육대회. 35개 종목 2만 2,210명 참가(대구)

10. 22 남북한 체육교류에 대한 학술대회(한양대)

11. 27 제4회 윤곡상에 양정순(테니스) 선정

12. 7 제4기 대한올림픽위원회 올림픽아카데미 정규과정

12. 제30회 대한민국체육상 시상. 경기부문 황영조(육상), 지도부문 정봉수(육상코치), 공로부문 김기한, 진흥부문 국군체육부대

1993년

2. 5	93동계유니버시아드대회에 3개 종목 62명 참가. 금 4, 은 2, 동 3개 획득(폴란드 자코펜)
2. 17	제74회 전국체육대회 동계대회(태릉, 목동, 용평)
2. 26	제31대 대한체육회장에 김운용 선임(제21대 대한올림픽위원장 겸임)
3. 6	문화부와 체육청소년부를 통합한 문화체육부 발족(대통령령 제13869호). 체육담당 기구는 3국, 9과, 94명
4. 1	중국과 스포츠교류협정 체결
4. 8	전라북도, 97동계유니버시아드대회 유치를 위한 정부 승인 요청
5. 27	대한올림픽위원회 스포츠마케팅 행사(올림픽회관)
5. 28	제22회 전국소년체육대회. 26개 종목 1만 3,397명 참가. 종목별 개회식 실시(서울, 경기)
7. 6	미국 버팔로에서 개최된 국제대학스포츠연맹(FISU) 집행위원회에서 제18회 동계유니버시아드대회 개최지로 무주·전주 결정
7. 8	미국 버팔로하계유니버시아드대회에 10개 종목 134명 파견. 금 3, 은 4, 동 4개 획득(단장 : 이학래 한양대 교수)
7. 22	대한올림픽위원회, 카자흐스탄올림픽위원회와 체육교류협정
8. 5	대전 EXPO에 국제올림픽위원회 기념관 개관
8. 18	제6대 세계태권도연맹(WTF) 총재에 김운용 재신임
8. 22	카자흐스탄공화국과 스포츠교류협정 체결
8. 25	제1회 한·중·일 주니어종합경기대회 참가(일본 후쿠시마현)
9. 9	대한올림픽위원회, 중국올림픽위원회와 체육교류협정
9. 14	제5회 윤곡상 김진수(체조, 경희대 교수) 선정
9. 28	97 무주·전주 동계유니버시아드대회 조직위원장에 김운용 선임
9.	박갑철 대한올림픽위원회 부위원장, 세계체육기자연맹(AIPS) 부회장 선출
10. 11	제74회 전국체육대회(광주). 35개 종목 2만 2,447명 참가. 시설과 여건 문제 관계로 6개 종목은 경기도(조정, 카누)와 전남(사이클, 사격, 요트, 골프)으로 분산 개최
11. 24	대한올림픽위원회, 러시아올림픽위원회와 체육교류협정
12. 12	OCA 쿠웨이트 총회에서 북한이 반납한 1999년 제3회 동계아시아경기대회를 강원도 용평에서 개최키로 결정
12. 15	한국체육기자연맹, 『일장기 말소 의거 기자 李吉用』 출간
12.	제31회 대한민국체육상 시상. 경기부문 현정화(탁구), 지도부문 전규삼(농구코치), 공로부문 조정순(정구협회장), 진흥부문 정진택

1994년

1. 18　2002년 월드컵축구 유치위원회 발족
1. 26　대한컬링경기대회연맹 창립
2. 1　대한체육회, 93남녀최우수선수에 박장순(레슬링)과 유선희(빙상) 선정
2. 2　제75회 동계체전(서울, 무주)
2. 12　제17회 릴레함메르 동계올림픽에 4개 종목 63명 참가. 금 3, 은 1, 동 2개 획득(노르웨이)
3. 10　KBO 총재에 권영해(전 안기부장) 취임
3. 20　94동아국제마라톤대회. 12개국 96명 참가. 김완기가 2시간 8분 34초(한국신기록)로 2위
3.　월드컵유치위원회(위원장 이홍구) 공식 발족
7. 23　대한축구협회 대표팀 감독으로 아나톨리 비쇼베츠와 2년기간 계약
9.　제103차 국제올림픽위원회 총회에서 태권도가 올림픽 정식종목으로 채택
9.　국무회의에서 정부 차원의 월드컵 유치활동의 지원 결의
10. 27　제75회 전국체육대회(대전)
11.　국제축구연맹에 월드컵 유치의사를 공식 접수
12. 12　프로축구 제8구단 전북 아이노스 창단
12. 16　프로축구 제9구단 전남 드레곤즈 창단
12. 23　문화체육부 체육지원국 폐지(스포츠과학 육성, 체육지도자 양성 및 우수선수 육성을 담당하는 행정기능이 사라지는 등 급격한 변화 초래)
12. 24　문화체육부장관에 주돈식 취임
12.　제32회 대한민국체육상 시상. 경기부문 전이경(빙상), 지도부문 전명규(빙상코치), 공로부문 한기풍(역도연맹 부회장), 진흥부문 선상규
-　대입제도 개선계획에 따라 체력장제도 폐지

1995년

2. 7　제76회 동계체전. 서울 10연패 달성
3. 19　95동아국제마라톤대회에서 이봉주가 2시간 10분 58초로 우승
4. 15　95프로야구 개막
4. 28　한국체육학회의 영문 약자표기를 'KAHPERD'로 변경
5. 5　95프로축구 정규리그 개막
5.　제14차 아시아올림픽평의회 총회에서 부산을 2002년 제14회 아시아경기대회 개최지로 결정(서울)
8. 23　95유니버시아드대회에 12개 종목 204명 참가. 금 10, 은 7, 동 10개 획득(일본 후쿠오카)

9. 9 일본에서 활동해 온 프로복서 이동춘이 경기 직후 사망

9. 26 대한유도회 박용성 회장이 한국인 최초로 국제유도연맹 회장에 피선

9. 26 일본 CHIBA 세계유도선수권대회에서 한국선수단 종합 2위(단장: 이학래 한양대 교수)

9. 29 2002년 월드컵축구대회 유치신청서를 국제축구연맹에 제출

10. 2 제76회 전국체육대회. 35개 종목 2만 490며 참가. 양궁 남자 일반부 개인전에서 심영성(경기)이 685점 기록(경북)

10. 17 한국축구가 국제축구연맹 랭킹에서 48위로 추락(일본 34위)

11. 9 전 축구대표팀 한홍기 감독이 국제축구연맹 선수에이전트 자격 획득

12. 4 한국체육기자연맹, 95최우수선수로 남자 전기영(유도), 여자 박세리(골프) 선정

12. 12 허영호, 남극대륙 최고봉인 빈슨매시프(5,140m) 등정 성공. 세계 3극점 7대륙 정상 정복

12. 21 문화체육부장관에 김영수 취임

12. 제33회 대한민국체육상 시상. 경기부문 이경출(양궁), 지도부문 이근배(펜싱협회 부회장), 공로부문 박상하(정구협회장), 진흥부문 김병희

1996년

2. 14 제77회 전국체육대회 동계대회(서울, 용평)

4. 21 제6차 세계생활체육총회가 '21세기 지구가족과 스포츠'라는 주제 하에 아시아 최초로 서울에서 개최. 73개국 422명 참가

4. 27 스포츠 경기인 출신 대학교수들의 모임 '한국올림픽성화회' 창립(초대 회장 이학래 한양대 교수)

5. 31 2002년 월드컵대회의 한·일 공동개최 결정

5. 대한올림픽위원회 장주호 부위원장이 범태평양지역스포츠기구(ODECOP) 부위원장에 피선

6. 7 KBO 총재에 홍재형(전 부총리) 선임

7. 5 한국올림픽성화회, 몬트리올 제패 20주년 기념강연회

7. 이건희 대한올림픽위원회 명예위원장이 국제올림픽위원으로 피선

10. 7 제77회 전국체육대회. 35개 종목 2만 556명 참가. 세계신기록 2개, 세계타이신기록 2개, 한국신기록 29개, 대회신기록 269개 수립(강원)

10. 18 한국농구연맹(KBL) 창립

11. 96국내 여자프로골프 13개 대회에서 박세리가 동일레나온, 필라오픈, SBS최강전, 로즈오픈 등 4개 대회에서 우승. 김미현은 미도파오픈, 유공인비테이셔널, 한국여자오픈에서 우승

12. 제34회 대한민국체육상 시상. 경기부문 김경욱(양궁), 연구부문 안횡균(스포츠과학연구원장), 지도부문 김관현(유도코치), 공로부문 정보근(하키협회장), 진흥부문

전윤수

1997년

1. 24　제18회 무주·전주 동계유니버시아드대회. 48개국 1,406명 참가

2. 3　제78회 전국체육대회 동계대회(전주, 용평)

2. 26　제32대 대한체육회장 겸 제22대 대한올림픽위원장에 김운용 재선(임기 4년)

9.　97프로야구에서 해태 우승, 한국시리즈에서 해태가 통산 9번째 우승

10. 8　제78회 전국체육대회. 36개 종목 2만 1,671명 참가(경남)

10. 17　제35회 대한민국체육상 시상. 경기부문 전기영(유도), 지도부문 정형균(핸드볼코치), 연구부문 이진수(한양대 교수), 공로부문 박갑철(대한아이스하키협회장), 진흥부문 김창재(생활체육전국육상협회장)

10. 26　97춘천국제마라톤대회에서 남자부 김이용이 2시간 9분 1초로 2위. 여자부에서 권은주가 2시간 36분 12초로 1위

10. 30　한국체육학회, 한국올림픽성화회, '엘리트 스포츠 발전을 위한 정책 대토론회' 공동 주최

11.　프로야구 이종범, 서재응, 봉중근 등 일본과 미국에 진출

12. 1　춘천 실외빙상경기장 개장

12. 29　2002년 월드컵 개최지로 서울, 부산, 대구, 광주, 인천, 대전, 울산, 수원, 전주, 서귀포 등 10개 도시 결정

1998년

1. 3　제35회 백상체육대상 수상자로 구기부문 최용수(축구), 투기부문 김제경(태권도), 개인부문 김영화(펜싱), 기록부문 이규혁(빙상) 선정

1. 16　정부조직개편심의위원회, 문화체육부 조직 개편의 제1안으로 명칭을 문화부로, 체육업무를 대한체육회 등 관련단체로 이양한다는 방안 제시

2. 7　제18회 나가노동계올림픽. 금 3개, 은 1개, 동 1개 획득

2. 28　정부조직법 개정(법률 제5529호)에 따라 문화체육부 폐지, 문화관광부 발족. 체육관련 조직은 1국 4과로 축소

3. 3　문화관광부장관에 신낙균 취임

3. 27　21세기 스포츠포럼 창립(초대회장 김창규 국민대 교수). 2000년 3월부터 공동대표로 변경(공동대표 김창규, 이태영)

3. 29　경기 하남시 신광테니스장 개장

4. 1　월드컵 공동개최기념 한일친선축구대회(잠실)

4. 30　한국올림픽성화회 창립 2주년 기념학술대회를 통해 한국 체육계의 위기를 지적

5. 4　대한체육회에서 초등학교와 중·고등학교의 주당 체육시간을 각각 5시간, 4시간

으로 확대해줄 것을 정부에 건의

5. 21 2002 월드컵조직위원회 제2대 위원장에 박세직 선임

5. 22 국제올림픽위원회에서 태릉선수촌을 세계 최고의 훈련센터로 선정

5. 23 제27회 소년체육대회. 창원, 마산 등 64개 도시에서 분산 개최

6. 7 프로야구 해태 타이거스 김응룡 감독이 국내 최초로 통산 1,000승 기록

6. 25 국민체육진흥공단 이사장에 이연택(전 서울올림픽 조직위 사무처장) 취임

6. 30 국가대표 제2선수촌인 태백선수촌 개촌(강원도 소도동 함백산 고지대)

7. 9 문화관광부, 체육회 가맹경기단체의 법인화를 촉진하기 위해 법인료 지원금 5억원을 추가 지원

7. 27 국민생활체육협의회 제2대 회장에 엄삼탁(국민회의 부총재) 취임

9. 14 98국제올림픽위원회 집행위원회(서울)

9. 17 국제올림픽위원회에서 가장 성공적인 대회로 평가받은 88서울올림픽 개최 10주년 기념조형물을 대한올림픽위원회에 기증

9. 25 제79회 전국체육대회가 사상 처음으로 제주에서 개막

10. 7 태백선수촌 실내체육관 준공

10. 18 국제경기연맹총연합회(GAISF) 회장에 김운용(대한체육회장) 재선

10. 20 대한근대5종 바이아스론경기연맹 조부영 회장이 아시아연맹 회장에 피선

12. 1 한국야구위원회(KBO) 제12대 총재로 박용오(두산 구단주) 선임

12. 6 제13회 방콕아시아경기대회. 33개 종목에 41개국 9,545명 참가. 33개 종목에 700명 파견하여 금 65, 은 46, 동 53 획득

12. 17 아시아경기단체총연합회(FAASP) 회장에 신박제(대한하키협회장) 피선

12. 9 아시아승마협회(AEF) 회장에 안덕기(대한승마협회장) 피선

1999년

1. 10 제80회 전국체육대회 동계대회. 울산, 제주를 제외한 14개 시·도와 해외지부에서 2,393명 참가

1. 30 제4회 동계아시아경기대회가 강원도 춘천, 용평, 강릉에서 개최. 23개국 807명 참가

2. 11 한국체육단체연합(가칭), '체육청 설치를 위한 체육단체토론회' 개최

2. 22 한국체육학회, 일본체육학회와 체육과학학술교류협정 체결

2. 23 한국체육학회 제16대 회장에 이학래(한양대 교수) 취임

3. 10 한국체육단체연합(가칭) 주최 '국민체육진흥기금 공공기금화 결사 반대' 모임

3. 10 한국올림픽성화회, 사단법인 설립인가(회장 정동구 한국체육대학 교수)

3. 한국여성체육학회, 사단법인 설립인가(회장 김을교 명지대학 교수)

4. 21 한국체육인동우회(회장 신도환)에서 체육부 부활 등 체육활성화 방안을 마련하여 대정부 건의

4. 23 27개 체육관련 단체들이 참여한 한국체육단체연합 창립(대표 이학래 한국체육학회장)

5. 29 제28회 전국소년체육대회. 16개 시·도 선수단 및 재미동포 선수단 등 1만 3,715명 참가(제주도)

6. 12 제109차 국제올림픽위원회 총회 개최(서울)

7. 한국대학스포츠연맹(KUSB) 김종량 위원장이 국제대학스포츠연맹(FISU) 집행위원에 피선

9. 5 이길용기념사업회에서 『20세기 한국스포츠백년』 출간 및 기념전시회

10. 30 한국체육학회, 중국체육학회와 한·중 체육학술교류협정 조인

11. 2 99세계펜싱선수권대회 개최. 58개국 360여 명 참가(서울)

11. 19 한국체육학회 주최 2002년 월드컵축구대회 한·일 공동개최를 준비하기 위한 국제학술심포지엄

12. 22 북한의 남녀 통일농구단이 현대산업개발의 정몽헌 회장의 초청으로 서울에서 친선경기

12. 한국체육학회, 캐나다 체육학회와 학술교류협정 조인

2000년

1. 4 문화관광부, 생활체육공원을 전국 8개 시·군에 시범 건설 결정

1. 7 서울은행 축구팀, 5년 6개월만에 재창단

1. 19 국제올림픽위원회, 한국과학기술연구원 도핑컨트롤센터를 1등급 판정

1. 31 99~2000 월드컵스피드스케이팅대회 1,000미터에서 이규혁(고려대)이 1분 09초 78로 한국신기록 수립(캐나다 캘거리)

2. 1 이규창 KBS스포츠국장, 국제올림픽위원회 TV·라디오분과위원으로 선임

2. 3 태릉선수촌에 수중치료실 개장

2. 23 한국체육학회, '21세기를 향한 밀레니엄 선언' 발표

5. 아시아대학스포츠연맹 제2대 회장에 정동구(한국올림픽성화회장) 피선

8. 24 아시아체육학회(ASPES) 창립총회. 13개국 324명 참가(초대 회장 이학래 한국체육학회장)

8. 30 태릉 국제스케이트장 일반인 개장

9. 10 제27회 시드니올림픽 개막식에 남북한 선수단 동시 입장

\- 교육부, 자문기관인 학교체육발전위원회와 대학체육발전위원회 설치 운영

10. 30 제38회 대한민국체육상 시상

11. 3 민족통일체육연구원 창립(초대 이사장에 이학래 한양대 교수)

11. 13 최일홍 국민체육진흥공단 이사장 취임

11. 15 한국마사회장에 윤영호씨 취임

11. 30 대한체육회 올림픽아카데미 개최(~12월 2일)

12. 19　태권도 2004아테네올림픽 정식종목 확정

2001년

2. 7　2001동계U대회 개최 (선수단 단장 장철희)

2. 19　82회 전국동계체육대회 용평에서 개막

3. 12　제33대 대한체육회 회장 겸 제23대 KOC위원장에 김운용 회장 취임

6. 14　국제배구연맹(FIVB) 부회장(홍양자) 피선

8. 23　제9회 한중일 주니어종합경기대회 개최(중국 심양)

8. 29　문화관광부, '생활체육활성화 대책' 발표

10. 10　제82회 전국체전 개최(천안)

10. 12　제39회 대한민국체육상 시상 경기부문 김영호(펜싱), 연구부문 임번창(서울대학교 교수), 지도부문 장영술(국군체육부대 양궁), 공로부문 최병욱(초당대학교 부총장), 진흥부문 서울올림픽기념국민체육진흥공단

11. 05　문화관광부장관, 대한체육회 가맹경기단체장과의 조찬간담회 개최

12. 12　문화관광부, 대한산악연맹에 발전기금 10억 지원

2002년

1. 10　국민체육진흥공단 체육과학연구원장에 임번장교수 취임

1. 24　2002년월드컵축구대회 및 부산아시아경기대회 성공 개최 주진

2. 8　솔트레이크동계올림픽 개최

2. 26　제83회 전국동계체육대회 개최 (서울을 비롯 경기, 강원지역) 14개 시·도에서 2,658명

3. 4　월드컵 경축전야제 POP페스티발

5. 11　제31회 전국소년체육대회 개최(천안, 충남 9개 시군)

5. 31　2002 한일월드컵축구대회 개최

7. 23　국민체육진흥공단 감사에 김준영씨 임명

7. 24　대한체육회 제34대 회장 겸 KOC 제24대 위원장에 이연택 선임(김운용 회장의 잔여 임기)

8. 6　이종인 국민체육진흥공단 이사장 취임

9. 29　부산아시안게임 개최

10. 30　제40회 대한민국체육상 시상 경기부문 고기현(쇼트트랙), 연구부문 강신복(서울대학교 교수), 지도부문 유영태(마산시청 레슬링감독), 공로부문 신민자 (대한수영연맹 부회장), 진흥부문 최현락(국민생활체육전국축구연합회 회장)

11. 9　제83회 전국체전(제주) 개최

11. 15　손기정 KOC 고문 별세(KOC장으로 장례 거행)

12. 8　제3회 국민생활체육 전국 택견경연대회
12. 15　『북한체육자료해제집』(882쪽) 출간, 민족통일체육연구원

2003년

1. 16　2003동계유니버시아드대회 개최(이탈리아 타르비시오)
2. 3　제5회 아오모리 동계아시안게임 남북 공동 입장
2. 19　제84회 전국동계체육대회 개최(서울,대전,강원) 14개시·도 2,826명
4. 23　제3회 국무총리배 전국게이트볼대회 23일(부산아시아드 보조경기장)
5. 3　제8회 문화관광부장관기 전국족구대회
5. 31　제32회 전국소년체육대회 개최(제주 일원). 16개 시·도 선수 총 16,000여 명 참가
6. 25　'참여정부 국민체육진흥5개년계획' 발표
6. 29　제17회 올림픽의 날 달리기 대회 개최
8. 21　대구하계유니버시아드대회 개최
10. 8　제84회 전국체육대회 개최 16개시·도와 12개 해외동포 선수 및 임원 22,873명
10. 21　제41회 대한민국체육상 및 생활체육유공자 시상 경기부문에 김동문, 라경민(배드민턴 혼합복식조), 연구부문 유 진(중앙대학교 교수), 지도부문 민준기(국군체육부대 럭비감독), 공로부문 윤영석(대한요트협회 회장), 진흥부문 권영관(충청북도 생활체육협의회)
10. 23　민족통일평화체육문화축전 개최(제주도)
11. 2　2003 외국인근로자 생활체육대회 개최

2004년

2. 18　제85회 전국동계체육대회 개최(전북 무주와 서울)
5. 29　2004 전국 국민생활체육 대축전
7. 2　『2003 체육백서』 발간
10. 6　제85회 전국체육대회 개최 16개시·도와 해외동포 선수 및 임원 2만 3,836명 참가
10. 13　한국 - 중국 정부간 체육교류협력 강화 합의
10. 15　제42회 대한민국체육상 경기분야에 제28회 아테네올림픽대회 국가대표 여자핸드볼팀 연구분야 정청희(서울대학교 교수), 지도분야 권성세(보성고등학교 유도감독), 공로분야 천신일(대한레슬링협회 회장), 진흥분야 김광수(국민생활체육전국배드민턴연합회)
12. 22　대한체육회 선수촌 이전 후보지로 충북 진천군 추천

2005년

1. 22　동계유니버시아드대회 개최(오스트리아 인스부르크)

2. 24 제35대 대한체육회장 겸 제25대 KOC위원장에 김정길 취임
3. 16 이건희 IOC위원, 대한올림픽위원회 명예위원장 수락
5. 14 2005 전국국민생활체육대축전
5. 17 『2004 체육백서』 발간
5. 28 제34회 전국소년체육대회 개최 (청주, 충주)
6. 2 제1회 ASEM 청소년체육대회 개최 (태국 방콕)
6. 29 제1차 KOC문화위원회 개최
8. 10 박재호 국민체육진흥공단 신임이사장 임명
8. 11 2005 하계유니버시아드대회 개최(터키 이즈미르)
8. 18 문화관광부, 한국 - 이집트 정부간 체육교류협력 양해각서 체결
8. 24 제13회 한·중·일 주니어 종합경기대회 개최(로이튼 삿포로)
9. 9 2005 세계한민족축전
9. 15 세계 최초 산악 그랜드슬램 달성 기념 '탐험의 별, 박영석' 특별기획전 개최
10. 14 제86회 전국체육대회 울산에서 개최 16개 시·도 선수와 해외동포 선수 및 임원 등 24,214명 참가
10. 29 제4회 동아시아경기대회 개최(마카오)
11. 08 장애인체육활동의 중추적 역할 '대한장애인체육회' 출범
11. 12 제1회 실내아시안게임 개최 (방콕, 푸켓 외)
12. 7 남북체육회담 개최, 도하아시안경기대회 등 남북 단일팀 참가 협의
12. 20 '2005년도 우수 공공체육시설 선정' 확정

2006년

2. 1 제87회 전국동계체육대회 개최(강원도 평창)
2. 10 제20회 동계올림픽대회 개최(이탈리아 토리노), 남북 공동입장
3. 8 이에리사 태릉선수촌장, 2006 IOC 여성과 스포츠 트로피 수상
3. 27 김명곤 문화관광부 장관 취임
3. 31 학교체육실무협의회 '06년 1차회의 개최, 제15차 ANOC 총회 및 2006 Sport Accord 회의 개최
4. 14 2006 전국국민생활체육대축전 개최
5. 18 한국스포츠중재위원회 개최 (안동수 위원장)
6. 7 『2005 체육백서』 발간
6. 17 제35회 전국소년체육대회(울산)
6. 29 남북체육회담, 2008 베이징올림픽경기대회 단일팀 구성 합의
9. 4 장애인스포츠 최대 규모 국제회의, IPC 정기총회 한국유치 확정
9. 6 제26회 전국장애인체육대회
10. 17 제87회 전국체육대회 (경상북도 김천) 개최

11. 30　제3차 남북체육회담 개최(카타르 도하)
12. 1　제15회 아시아경기대회 개최(카타르 도하)
12. 14　故 김형칠 선수(도하아시아경기대회 승마대표) 영결식
12. 17　제1회 전국청소년스포츠클럽 교류대회 개최

2007년

1. 17　제23회 토리노동계유니버시아드대회 개최(종합 1위 차지)
1. 28　제6회 동계아시아경기대회 개최(중국 장춘)
2. 21　제88회 전국동계체육대회와 제4회 전국장애인동계체육대회 공동개최
5. 26　제36회 전국소년체육대회 개최(경상북도 일원)
8. 8　제24회 하계유니버시아드대회 개최(방콕)

색 인

인 명

【ㄱ】
강낙원 354
강량욱 228, 229, 541
강룡운 576
강병길 497
강상조 495
강세철 672
강신복 393, 494, 495, 919, 993
강영중 806
강영철 10, 352
강재권 39, 364
강재성 332
강준호 679, 956
강진구 10, 352
강창성 39, 364
강칠구 712
강표원 366
경흥기 420
계순희 842, 844, 845, 850, 854, 897
고기현 694, 993
고원훈 352, 367
고재곤 497
고재일 46, 338
곽형기 676, 917
구대성 720
구본석 366
구옥희 675
구자옥 354
구자청 777, 980
구천서 884
굴릭(L.H.Gulick) 6
권상선 369
권영대 354, 952
권오석 332
권이혁 725
권재희 369
권태명 662
권태하 9, 351
길영아 688
길전식 37, 320, 338, 796
길패트릭(W.H. Kilpatrick) 6
김 진 805, 806
김경수 332, 494
김경욱 688, 990
김계현 662
김관우 9, 351
김광선 491, 492, 978
김광수 577, 994
김광숙 577
김광형 683
김 구 3
김규면 9, 351, 352, 367
김규식 10, 352
김극찬 39, 364
김기도 9, 351
김기수 207, 208, 226, 227, 292, 541, 672, 697, 866, 966
김기웅 494, 495
김기훈 692, 693, 695, 704, 711, 721, 905
김남구 806
김대원 806
김대중 20, 27~32, 41, 67~69, 72~74, 100, 112~114,

118, 120, 121, 151~155, 157, 193~196, 303, 306, 308, 310, 333, 379, 434, 447, 461, 475, 482, 514, 515, 523, 597, 602, 689, 800, 890~892, 895, 897, 913, 918, 923
김덕팔 697
김덕현 332
김동길 78
김동문 688, 690, 994
김동선 200, 224, 232, 233, 263, 266, 282, 293, 295, 299, 497, 533, 535~537, 539, 541, 545, 552, 554, 559~561, 569, 576, 577, 582, 585, 815, 829, 835~837, 840, 841~843, 846, 849, 854, 859, 860, 863, 886, 888, 919, 923
김동성 355, 638, 655, 694, 695
김동영 662
김동원 354, 952
김동철 9, 351
김동하 359, 367, 962
김동현 709
김동형 5
김득봉 697
김득준 868, 869, 873
김명곤 678, 997
김명남 576
김명복 39, 361, 364, 491, 493, 967
김명선 491, 957
김명하 662
김무교 884
김무길 497
김무종 663
김미영 717
김미정 687
김미현 675, 989
김병림 541
김병주 662
김병현 720
김봉선 354
김사달 37, 338, 339
김사홍 876
김상겸 365, 366, 505, 704, 776
김상광 639
김상구 369
김상국 113, 415, 494, 806, 920
김상부 872
김상철 497, 968
김상태 639
김상현 332
김성곤 355, 638
김성관 332
김성근 662
김성률 673
김성수 10, 352
김성은 806, 981
김성집 39, 46, 338, 363~366, 615, 640, 678~680, 683, 714, 904, 920, 954~956
김세원 725, 733
김세진 869, 872
김소희 693, 704, 721
김수녕 346, 701, 717, 983, 984
김수잔 499
김숙자 804
김승권 10, 352
김승식 353, 953
김승일 384, 576, 922
김승철 374, 497, 503
김신실 10, 352, 355, 491, 501, 638, 958
김양배 355
김양종 497, 503, 504
김양중 662
김양희 721
김연실 639
김연준 796, 967
김영구 8, 9, 10, 351, 352, 353, 355, 638
김영기 365, 366
김영대 884
김영배 639
김영삼 24~28, 30~32, 61~67, 69, 72~74, 109, 110~118, 120, 121, 146, 147~151, 154, 155, 157, 187~193 ,195, 308, 310, 329, 378, 383, 391, 394, 412, 415, 446, 461, 473, 474, 475, 480~482, 512~515, 523, 587, 602 ,614, 621, 779, 913, 917, 922, 923

김영석 9, 351, 876
김영수 852, 989
김영식 577, 850
김영호 689, 778, 993
김영환 374, 495, 639, 753, 805
김오중 37, 320, 491~493, 505, 967
김옥규 355, 638, 678
김옥선 851
김용구 10, 352, 866
김용모 365, 366
김용식 10, 352, 736
김용우 359, 365, 367, 969
김용익 683
김용준 365
김용채 39, 364
김용철 369
김용택 355, 638
김용희 420
김우길 683
김우중 365, 366, 888
김운용 359, 367, 689, 753, 756, 760, 771, 773, 799, 801, 803~805, 890, 917, 971, 987, 990, 991, 993
김원권 355, 638
김원기 46, 338
김원웅 885
김원춘 266
김유순 541, 868~870, 872, 874, 875, 878~880, 982, 985
김윤근 355, 638
김윤기 356
김윤만 692~694, 695
김윤미 693, 711
김윤하 868, 873, 973
김은배 9, 351, 352, 678
김은하 709
김응룡 662, 991
김의태 682, 965
김의형 39, 364
김인수 353
김인영 639
김 일 238, 841, 842
김일성 24, 197~200, 202~220, 222~233, 235, 236~239, 242, 243, 245, 246, 248~258, 263~287, 290, 293~297, 299~301, 312, 533, 534, 536, 537, 541, 542, 544, 546, 551~553, 555, 560, 561, 562, 564, 571, 573, 576, 578, 580, 582, 584, 603, 810, 811, 813, 815, 821, 822, 826, 827, 830, 832~836, 841, 844, 855, 857, 859, 862, 867, 881, 908, 913, 915, 921
김재박 776
김재송 662
김재위 355, 638
김정길 359, 367, 798, 995
김정묵 494
김정수 776
김정식 876, 888
김정연 355, 357, 638, 677, 691, 866
김정일 209~215, 223, 230, 234~247, 258, 268~270, 279, 281~284, 286, 295~299, 301, 311~313, 538, 539, 544, 554, 567, 573, 574, 576, 578, 585, 604, 607, 689, 810, 811, 813, 826, 827, 830, 832~834, 838, 855, 857, 858, 890, 891, 895, 899, 900, 907, 908, 913, 915, 918, 921, 923
김정학 9, 352, 355, 638
김정행 806, 981,
김조순 688
김 종 497, 499
김종규 365, 869
김종락 39, 361, 364
김종량 499, 796, 804, 992
김종렬 40, 358, 359, 361, 364, 365, 367, 725, 983
김종부 667
김종선 10, 352, 494
김종섭 491, 492
김종신 715
김종욱 639
김종익 359
김종필 37, 67, 320
김종하 359, 366, 367, 869, 870, 872, 979, 982, 983
김종협 868, 973

김종훈 494
김종희 16, 34, 37, 38, 45, 84, 92, 97, 125, 166, 168, 172, 175, 319, 320, 339, 376, 380, 421, 423, 444, 467, 478, 519, 520, 612, 613, 921
김진선 366, 756
김진웅 39, 364
김진원 366, 494
김진호 659, 700, 716, 717, 778, 975, 978
김 집 366, 736, 984
김창규 332, 494, 495, 503, 504, 806, 990
김창제 886
김창희 679, 680, 959
김철주 804
김철호 672
김철환 577
김칠구 712
김태식 355, 638
김택수 17, 37, 46, 320, 338, 359, 361, 365, 367, 487, 734, 736, 803, 867, 889, 921, 970~973, 978
김택천 374
김해남 679
김 혁 671, 846
김현국 5, 951
김현기 712
김현덕 497
김현일 845
김현철 24
김형진 872, 875, 876, 878, 886, 987, 988
김형찬 254, 260~262, 265, 546~551, 918, 921
김홍수 721
김화집 9, 351
김효영 46, 338
김희철 666

【ㄴ】
나영일 491, 921
나정선 332, 503
나추건 355, 638
나현성 420, 492, 493
남덕우 37, 320
남수일 714, 954
남승룡 10, 352
남승진 662
노무현 798, 899
노태우 21~26, 52, 55, 56, 58~61, 64, 88~90, 104, 107~109, 115, 141~143, 146, 148, 149, 175, 177, 183~187, 189, 192, 303, 304, 306, 307, 309, 310, 324, 337, 341, 344, 359, 366, 367, 369, 445, 454, 460, 470, 474, 479, 480, 510, 511, 587, 588, 591, 595, 601, 621, 735, 741, 749, 750, 871, 887, 903, 976, 977, 979
노희덕 494

【ㄹ】
라경민 688, 690, 994
류근석 5, 491~493, 967
리광근 881
리동호 705, 846, 893
리명훈 838, 882
리분희 889
리영화 852
리춘만(Li Chun-Man) 500
리호준 841, 851, 852
리희봉 852

【ㅁ】
마리오 바즈케즈 라냐 798
마형열 369
맥아더(MacArthur) 201
맹관호 332
명의군 577
명의준 577
명인화 10, 352
모지수 693, 721
문대성 690
문동성 12, 691, 954
문동후 782
문성길 718, 980
문영기 338
문영현 491, 493
문정식 788

문현주 491, 492
문희갑 763
미도리 시마오까(Midori Shimaoka) 500
민관식 37, 39, 164, 320, 359, 361, 362, 364, 365, 367, 528, 681, 682, 964, 965, 967, 984
민원식 354, 357, 677, 953

【ㅂ】

바야스갈란 단잔도츠지(Bayasgalan Danzandorj) 500
박갑철 366, 804, 805, 987, 990
박경호 806
박관주 366
박귀조 639
박기출 354
박길용 677
박길준 366, 492, 639
박동석 332
박동욱 714
박두병 37
박만태 365
박명규 10, 352
박명철 541, 844, 895
박미라 715
박범조 673
박병규 46, 338
박병철 705
박병택 719
박봉식 638
박삼규 357, 677
박상만 37, 77, 918
박상하 804, 805, 989
박성인 365
박성현 717
박세리 675, 989
박세우 711
박세직 730, 741, 742, 781, 980, 981, 990
박수창 872, 876, 983, 985
박신자 372, 707, 966, 984
박영숙 716
박영순 231, 849
박영우 332
박영진 10, 352, 355, 638
박용성 803~805, 984, 989
박용운 332
박원익 40, 364
박인덕 357, 677
박정철 890, 894
박정희 14~19, 23, 33, 34, 38, 41, 43~45, 47~50, 84~92, 94, 96, 97, 99, 100, 104, 109, 120, 125, 126, 128~130, 135~137, 141, 159, 164~166, 168, 169, 171, 172, 175, 182, 183, 303~307, 309, 319, 360, 361, 376, 380, 381, 421, 422, 430, 432, 440, 444, 448, 449, 467, 468, 510, 519, 528, 590, 592, 594, 596, 611, 612, 662, 671, 672, 681, 682, 734, 913, 921, 923, 963, 965, 969, 975
박종규 39, 359, 364, 365, 367, 733, 734, 773, 803, 868, 980
박종성 497
박종학 718, 976
박주봉 688, 718, 986
박주한 865
박준규 361
박지은 675
박진경 497
박진관 365, 366
박진식 374
박진희 366
박찬규 366
박찬호 664, 720
박창번 354, 953
박창하 352, 367
박천종 838, 882
박철빈 365, 366, 370
박철순 663
박필호 10, 352
박헌영 198, 215, 222, 536
박혜원 694
박희백 805
방수현 688
방 열 503, 504

배기태 653, 691, 692, 704, 721, 982
배길수 841, 842, 844, 850
백기문 845, 896
백낙준 79, 80, 918
백용기 5, 493, 967
백용호 355, 638
백인천 664
변석종 806
변종문 705
보오드(Boyd Bode) 6

【ㅅ】

사마란치 688, 689, 730, 736, 741, 742, 747, 799, 800~802, 869, 870, 890, 891, 985
서강일 672
서만교 777
서명학 10, 40, 352, 364
서복희 355, 638
서상국 9, 10, 351, 352, 354, 953
서상천 9, 351, 353, 354, 952, 953
서영주 349, 697, 706, 958
서원준 541
서윤복 365, 366, 637, 639, 678, 713, 714, 953
서인교 639
서재응 720, 988
서정훈 805
서종철 662
서향순 659, 685, 778
서형석 355, 638
성동준 39, 364
성의경 9, 351
성정순 365, 366
손광호 797
손기정 9, 10, 351, 352, 355, 358, 636~638, 640, 655, 656, 678, 684, 686, 687, 697, 708, 713, 866, 904, 954, 956, 981, 986, 993
손두옥 497
손디(G, D, Sondhi) 696
손미나 741
손종묵 366
손진태 76
손효준 9, 351
솜바트 카른자나키트(Sombat Karnjanakit) 499
송경택 712
송 구 353, 360, 519, 542, 585, 657, 835, 951, 953, 959
송길윤 638, 639, 713, 955
송순천 332, 680, 959
송재근 693, 711
송호경 882
수삐트르 사마히또(Supitr Samahito) 500
시마오카 미도리(Shimaoka Midori) 499
신국권 9, 352
신금단 576, 681, 831, 840, 851, 852
신기원 9, 351, 648, 676, 710, 719, 774, 853, 898, 910, 911
신길수 494
신동일 39, 361, 364
신민자 332, 985, 993
신박제 805, 806, 991
신상성 332
신양일 697
신익희 355, 359, 367, 638
신태영 492
신현택 705, 846, 893
신현확 734, 977
신흥우 352, 355, 359, 367, 638, 955
심권호 688
심재원 776
심창유 338
심태진 6
심홍택 806

【ㅇ】

아놀드 테일러 672
아벨란제 779, 780
안덕기 806, 991
안동원 9, 351, 353, 951
안병구 700
안양옥 118, 394, 497, 922
안영식 9, 351
안영한 638

안재순 716
안재홍 10, 12, 352, 677, 954
안중희 9, 351
안철영 357, 677
안현수 695, 696, 713, 722, 905
안호상 6, 11, 12, 76, 77, 918
알렉 야우 에유 쿠오크(Alec Yau Yew Kuok) 499
양정모 169, 440, 468, 643, 659, 684, 904, 969, 973, 974
양찬우 37, 320
양창훈 701, 717
애버리 브런디지(Avery Brundage) 357, 677, 794, 956
어우홍 776
엄상탁 370
엄정득 491
엄팔용 638, 639
여갑순 686, 687, 904
여운형 3, 9, 10, 351, 352, 357, 359, 367, 677, 795, 951, 953, 954
여홍철 708
연기영 332, 504, 505
연덕춘 674
염동균 672, 975
염은현 9, 351, 353
오광섭 39, 358, 364
오광수 718
오상영 366
오세창 10, 352
오승립 683, 904, 968, 970
오완건 365
오재경 338
오현주 541, 867, 970
옥명철 494
옥선경 852
옥준진 355, 638
왕 따웨이(Wang Da Wei) 500
우병택 760
원한경 10, 352
원혜경 693, 705
위성식 497
유건호 365
유경선 806
유근석 37, 40, 170, 320, 364, 440, 468, 973
유동열 353
유명우 672
유백만 662
유선희 692, 695, 711, 981, 988
유성일 689, 890
유승민 690
유승희 497, 499, 504
유억겸 9, 352, 357, 367, 676, 677, 794, 952, 954
유재흥 37, 320
유제두 672, 972
유 진 497, 679, 680
유태목 666
유태영 358
유홍종 806
육완순 495
육인수 37, 148, 320
윤강로 805
윤미진 717
윤상대 354
윤석병 365
유용밤 708, 979
윤인호 7, 420, 491, 492, 923
윤주영 37, 320
윤천주 361
윤치영 354, 954
윤치호 352, 367
윤하영 354
윤혜영 688
윤환섭 351
이강석 695, 713
이건희 803, 804, 982, 989, 994
이경석 10, 352
이광호 366
이규혁 640, 694, 705, 956, 990, 992
이규현 5, 10, 352
이극로 10, 352
이근배 332, 497, 503, 504, 989
이긍세 365, 366, 494

이기붕 355, 356, 359, 367, 680, 788, 803, 956, 957, 958
이길용 9, 351, 352, 357, 992
이낙선 37, 320, 873
이남순 653, 974
이내흔 806
이대순 806
이대희 365
이덕분 494
이동규 497
이동수 365, 366
이동식 352, 367
이동찬 781
이만기 673, 982
이명박 365
이문호 10, 352
이범석 353, 951
이병관 10, 352
이병위 5, 10, 352, 398, 420, 491, 492, 493, 923, 951, 957, 960, 967
이병학 5, 7, 9, 10, 351, 352, 353, 357, 491, 677, 951, 957
이병희 37, 320, 683, 903
이봉주 688, 703, 714, 885, 988
이상기 778
이상백 8, 9, 351, 352, 357~359, 676~678, 680, 681, 696, 697, 803, 951, 956, 964~956
이상연 639
이상주 365
이상찬 365, 366
이상철 495
이상호 369
이상환 366
이선희 717
이성구 10, 39, 352, 353, 364, 951
이성주 355, 638
이성환 355, 638
이세정 9, 351
이세준 366
이소연 713
이수영 366, 452
이순재 355, 638
이승만 3, 4, 11~13, 76, 80, 82, 85, 90, 305, 636, 637, 678
이승엽 665, 720
이승원 805, 806
이에리사 715, 995
이여성 9, 351
이연주 653
이연택 359, 367, 740, 781, 892, 894, 991, 993
이영구 663
이영민 9, 351, 352, 355, 638, 960
이영선 703
이영숙 332, 373, 504
이영실 420
이영진 354
이영하 652, 721, 973
이오카 히로키 672
이용득 369
이용일 662
이우세 366
이운용 9, 351, 352, 357, 677
이원경 338, 736
이원복 638
이원순 357, 677, 795, 953
이유찬 497
이윤석 638
이윤용 9, 10, 39, 351, 352, 364
이윤재 806
이윤채 369
이은경 701, 717
이은철 686
이재명 879
이정석 365, 366
이제형 500
이종갑 46, 338, 358
이종구 9, 10, 351, 352, 354, 952
이종국 12, 691
이종범 32, 720, 923, 990
이종영 497
이종호 355, 638
이주일 359, 367, 962, 963

이준호 692, 693, 695, 711, 905
이준희 673
이진일 703
이진수 676, 917, 989
이진택 703
이창근 355, 638
이창수 577
이창승 369
이창훈 680, 697
이철승 367, 962
이춘호 9, 351
이태영 332, 503, 504, 990
이학래 332, 373, 434, 494, 495, 503, 741, 805, 872, 876, 878, 917, 981, 987, 989, 991, 992
이해창 776
이혁근 662
이현정 717
이형택 709
이호석 695, 722, 905
이호준 576, 683
이호헌 662
이홍구 779, 799, 988
이회림 365
이 효 367, 963
이효창 12, 691, 954
이희봉 577
이희수 806
임동수 9, 351, 353
임동현 717
임번장 332, 495, 497, 504, 993
임병혁 9, 10, 351, 352
임상조 638, 639
임성휘 577
임송본 355
임순분 420, 502
임오경 720
임태성 374, 497, 504
임태순 869, 870, 872, 876, 983, 985
임홍순 788

【ㅈ】
자얀다 다싸나야케(Jayantha Dassanayake) 499
자크 로게 798
장 권 9, 351, 729, 741, 762, 848, 900, 977
장기영 37, 39, 320, 358, 359, 361, 362, 364, 681, 723, 803, 965, 966, 972, 973
장덕진 37, 320
장두현 352, 367
장명부 663
장명재 497
장명희 704, 805, 806
장병조 872, 983, 985
장순길 683, 903
장영수 805, 806
장영완 398, 956
장 웅 870, 872, 878
장윤창 374
장일홍 9, 352
장재근 708, 730
장재식 338
장주호 503, 804, 989
장창선 682, 715, 964, 965
장충식 494, 499, 746, 747, 753, 796, 870, 872, 875, 876, 878, 886, 888, 979, 980, 983, 985, 986
장태영 662
장태화 37
장택상 672, 957
장효조 776
전경무 357, 676, 677, 794
전경환 139, 365, 366, 453
전규홍 680
전극만 847, 898, 899
전기영 688, 989, 990
전두환 18~21, 23, 48~50, 52, 54, 55, 87~90, 99~104, 109, 136~141, 175, 176, 180~183, 186, 192, 303~307, 309, 381, 382, 453, 480, 488, 510, 511, 515, 520, 586, 590, 598, 662, 663, 728, 730, 734~736, 744, 918, 923
전병관 686, 714
전선옥 710

전이경 693, 705, 722, 804, 988
전이락 355, 638
전인수 717, 777
전재옥 711
전철호 852
전춘자 577
정근영 10, 352
정근종 673
정기철 366
정도모 332
정동구 332, 503, 504, 805, 931, 992
정동성 124, 328, 874, 875, 878, 879, 880, 919, 984, 985
정두영 662
정몽준 779, 780, 781, 785, 805
정상윤 9, 351, 353, 357, 677, 866
정상택 497
정상희 9, 351, 355, 357, 638, 677, 696
정석모 46, 338
정성옥 300, 301, 575, 579, 850, 854, 884
정성일 209, 711
정성태 366, 747
정순택 760, 844, 896, 897
정승화 39, 364
정신조 682, 697, 964
정운용 10, 352
정(鄭)월타 39, 358, 364, 691, 714, 866, 954, 973
정은순 890, 894
정재봉 717
정재헌 717
정주영 359, 365, 366, 367, 734~736, 869, 882, 977
정찬모 332
정채진 354
정철수 497
정철정 497
정청회 332
정항범 359, 367, 678, 954
정해원 666
정현숙 715
정현옥 369
정화용 345, 420, 491
제갈성렬 705
조경자 716
조관연 806
조광민 497
조규찬 492
조남희 639
조동식 9, 351, 353, 354, 951, 953
조동표 366, 714, 919
조동환 10, 352
조만식 10, 197, 247, 352, 533
조민국 666
조민선 688
조병옥 355, 359, 367, 956
조병학 9, 351, 352, 357, 677
조복덕 500
조상남 845, 892, 896
조상호 359, 365, 367, 725, 733~735, 803, 975, 977, 981
조석인 366
조성남 894
조성옥 46, 338, 776
조영란 775
조영식 491
조영증 666
조영하 9, 10, 352, 491
조오련 699, 975
조응호 369
조이 올리버 672
조인상 9, 351
조충훈 46, 338
조형수 708
조희연 703
존 듀이(John Dewey) 6
좀바트 카른자나키트(Sombat Karnjanakit) 499
주동식 663
주민진 694
지용주 683, 903, 967
진선유 695, 696, 722, 905
질레트 662

【ㅊ】
채지훈 693, 705, 721, 722
천갑진 357, 677
천희주 705
최 감 9, 351
최경달 420
최경자 716
최경주 675
최규동 10, 352
최낙철 366
최도용 353, 951
최동순 491, 492
최 린 352, 367
최만립 366, 870
최석채 37
최선익 354, 953, 954
최세진 366
최순영 366
최순주 678, 956
최순호 666
최승만 8
최열곤 366
최영근 494
최영기 639
최영호 491
최용건 541
최용직 712
최용진 12, 691, 954
최윤칠 639, 679, 683, 696, 713, 955, 956
최은경 694, 713
최일홍 369, 370, 988, 992
최재구 46, 338, 684
최재원 497
최정환 366, 384, 920
최정희 897
최주남 5, 951
최중희 710
최창신 781
최창흡 354
최충식 696
최해룡 9, 351
최홍철 712
최홍희 802, 814
최희섭 720

【ㅋ】
카쑤히꼬 쿠사노(Katsuhiko Kusano) 500
케니 차우(K. W. Kenny Chow) 500
쿠베르탱 745, 795
타케오 타카하시(Takeo Takahashi) 499

【ㅍ】
폴 릭스미(Pok Leaksmy) 499
프랭크 친 룽 황(Frank Chin-Lung Fang, 타이완) 499
필립 쳉(Philip S.T. Cheng) 499, 500

【ㅎ】
하경덕 353, 951
하형주 708, 718, 897, 978
한경시 576
한대화 776
한병석 5
한병철 491, 492
한봉진 577
한상국 805
한상덕 497
한수안 678, 955
한양순 365, 366, 502, 684, 924
한영국 662
한영준 806
한재원 365, 366
한정옥 845
한중식 708
한필화 843, 846, 964
함기용 639, 713, 714, 955
함봉실 845, 885
허광수 806
허 재 741
허 정 679
허정규 662
허종만 662

허혁필 872
헤더링턴(C.Hetherington) 6
현동완 355, 638
현우영 493
현정주 355, 638, 710
현정화 989
현준혁 197
호진수 777
홍석기 487
홍성천 806
홍성하 9, 351
홍수환 672, 971
홍순지 354
홍양자 332, 494, 495, 497, 499, 993
홍영희 420
홍옥성 848
홍윤희 662
홍재욱 493
홍재형 664, 989
홍현욱 673
황대걸 678
황명원 353, 951
황보성일 894, 897
황산웅 638, 955
황숙주 716
황영조 686, 687, 708, 714, 805, 904, 986
황율자 716
황을수 355, 638
황인승 495
황정오 718
황천성 338
휴(I. S. Hsu) 499
히딩크 785

사 항

【ㄱ】
가네포대회(GANEFO, 신생국경기대회) 294, 538, 681, 840, 851, 859, 860, 964, 966
가족 농구팀 246
가족생활체육캠프 148
'각도 당 책임일군들 앞에서 한 연설' 249
강원도체육회 354, 363, 953
강원동계아시아경기대회 367, 512, 755, 758, 906
강원체육고등학교 179, 436, 472
강철체육협회 563
건강교육과 439
건강태권도 244, 246, 247, 284, 286, 312
건국준비위원회 3, 10, 352
건민체육 15, 18, 33, 34, 41, 47, 98, 99, 125, 303, 381, 405, 590
건설자체육협회 563
게테오(ГТО) 262, 274, 807, 816, 907
겨울철 체육사업 566, 824, 825
겨울철 체육월간사업 567, 810, 823, 826, 907
경기도체육회 354, 363, 955
'경기력향상5개년기본계획' 45
경기력향상위원회 362, 367
경기지도자 연수원 170, 171, 179, 186, 478, 480, 597
경남체육고등학교 179, 436, 472
경륜 · 경정사업 71, 191, 333, 334, 344, 345
경상남도체육회 363, 951
경상북도체육회 363, 955
경평축구대회 126, 158, 867, 878, 880, 910, 952
고등교육성 232, 262, 536, 537, 545, 551, 564
『고등체육과 고등체육교본』 398, 956
고등체육전문학교 296, 558, 559, 560, 605, 606, 611
고려공산당 10, 352
공산주의적 인간 257, 267, 270, 271, 311, 555, 605, 812
공산청년동맹 198
'공화국 체육사업 발전을 위한 안' 278, 288, 568

공화국선수권대회(전국선수권대회) 830, 831, 908
공훈체육인 266, 290, 293, 294, 556, 559, 569, 576, 577
과외체육활동 95, 115, 258, 259, 260, 265, 266, 267, 270, 292, 378, 544, 550, 555, 556, 559, 569, 605, 810
광주 민주화운동 48, 49 ,87, 99, 381, 743
광주직할시체육회 355
'교원자격검정령' 422, 424, 425, 426, 529
'교육공무원법' 425, 426, 592
교육문화성 232, 536, 544, 545
'교육에 관한 임시 특별법' 422
'교육정상화 및 과열과외 해소방안' 87, 102, 381
교통일군체육협회 563
99세계펜싱선수권대회 906, 689, 778
9월 5일상 체육경기대회 810, 811, 813
국가올림픽위원회(NOC) 540, 736, 795, 797, 798, 799, 839, 840
국가올림픽위원회 연합회(ANOC) 689, 772, 795, 797, 890, 894, 906
국가재건최고회의 14, 34, 126, 448
국가종합체육신수단 539, 573
국가주의 5,19, 22, 23
국가체육위원회 214, 234, 538, 539, 540, 544,
국군체육부대 576, 604, 874, 878, 879, 978
국궁(國弓) 659
국기원 186, 480, 584, 716, 771, 772, 978
'국립서울종합대학안(국대안)' 11
'국립학교 설치령' 422
국립한국체육대학 440
국민교육헌장 96, 97, 381, 386, 402
국민생활체육 전국한마당축전 633~635
'국민생활체육진흥3개년종합계획' 58, 60, 369, 455, 495
'국민생활체육진흥종합계획(호돌이계획)' 21, 125, 143, 328, 446, 495, 628, 984
국민생활체육협의회 58, 59, 144~146, 304, 307, 328, 368, 369~372, 446, 454~457, 596, 628, 629, 632, 085, 991
국민체력과학연구소 162, 486, 598
국민체력실태조사 6, 335, 448, 625~627, 901
국민체위 14, 34, 38, 40, 45, 47, 85~87, 91, 93, 109, 125, 126, 303, 305, 360, 365, 421, 589, 616, 901
국민체육관 건립위원회 356
국민체육문화축제 632
국민체육센터 153, 524, 602
국민체육심의위원회 37, 131, 135, 307, 320, 321, 448, 508, 594, 968, 975
국민체육심의회 336
'국민체육진흥5개년계획' 26, 28, 46, 62, 63, 65, 67, 70, 113, 117, 120, 146, 147, 151, 155, 190, 308, 461, 475, 523, 524, 602, 628
국민체육진흥공단 27, 143, 187, 307,309, 333, 338, 340, 341~347, 489, 497, 498, 509, 511, 511, 524, 600, 767, 779, 983, 993
국민체육진흥기금 46, 63, 64, 71, 72, 117, 121, 137, 138, 139, 140, 142, 144, 146, 167, 177, 188, 191, 192, 309, 310, 324, 326, 327, 332, 334, 338~341, 344~346, 379, 374, 444,460, 470, 508, 509, 511~518, 523, 599, 600, 754, 783, 972, 983
'국민체육진흥기금에 관한 법률' 45
'국민체육진흥법' 18, 20, 34~36, 41, 45, 47, 51, 53, 54, 100, 101, 111, 112, 124~128, 131, 132, 135~139, 152, 159, 160, 166, 167, 174, 176, 184, 186~188, 193, 286, 304, 306~309, 321, 325, 326, 340~344, 365, 376, 445, 448, 449, 451, 453, 458~460, 465, 469, 474, 475, 477, 480, 481, 509, 520, 522, 526, 594, 601, 963, 983
국민체육진흥심의소위원회 724, 975
국민체육진흥재단 18, 45, 46, 167, 182, 309, 326, 338, 339, 344, 470, 508, 509,523, 599, 966, 972
'국민체육진흥제2차계획' 152
국민체조 974
'국방체육 강화지침' 281
국방체육구락부 276, 281, 559, 605
국방체육협회 539
국제경기연맹총연합회(GAISF) 772, 795, 798, 802, 803, 972
국제경기연맹(ISF) 357, 358, 540,677, 732, 735, 736, 739, 794, 799, 804, 860, 866

국제군인체육대회 179, 349, 350
국제군인체육축구대회 349
국제군인체육회(CISM) 165, 349, 959, 973
국제권투경기대회 243, 857, 861, 908
국제권투연맹 658, 953
국제농구연맹(FIBA) 774, 775
국제대학생체육연맹 862
국제대학스포츠연맹(FISU) 706, 707, 752, 753, 755, 763, 765, 766, 796, 803, 804, 847, 898, 987, 992
국제레크리에이션회의 456
국제바이애슬론연맹(IBU) 893
국제보건 · 체육 · 레크리에이션협회(ICHPER) 491,492, 502, 748
국제빙상연맹(ISU) 722, 805, 893
국제사격대회 243, 719, 857, 861
국제사격연맹(UIT) 774
국제수영연맹 681
국제스포츠경기연맹(GAISF) 797~799, 906, 954
국제스포츠과학 · 체육평의회(ICSSPE) 746
국제스포츠의학연맹(FIMS) 746
국제아마추어수영연맹(FIFA) 956
국제아마추어육상경기연맹(IAAF) 353, 840
국제야구연맹(AINBA) 775, 831, 958
국제여성체육스포츠연맹(IAPESGW) 502
국제역도연맹 697, 714, 805, 954
국제예술체조경기대회 855, 857
국제올림픽위원회(IOC) 158, 291, 356, 357, 362, 538, 588, 589, 603, 604, 676, 677, 681, 730, 734, 735, 745, 772, 794, 801, 839, 851, 852, 859, 864, 894, 909, 910, 991
국제올림픽위원회(IOC) 총회 31, 49, 291, 357, 367, 538, 603, 637, 677, 680, 688, 709, 735, 794, 797, 800~803, 840, 851, 852, 859, 860, 864~867, 906, 909, 953, 976
'국제올림픽헌장' 38, 39, 360
국제요트협회(IYRU) 975
국제유도경기대회 243, 857, 861
국제유도연맹(IJF) 803, 805
국제육상경기연맹 681, 697, 699, 805
국제육상연맹 861
국제자유형레슬링경기대회 243, 861
국제체력검사표준위원회(ICSPFT) 95, 612
국제체육교육스포츠비교협회(ICCPES) 502
국제체육교육연맹(FIEP) 502
국제체육연맹(FIEF) 746
국제축구경기대회 243, 858, 861
국제축구연맹(FIFA) 353, 779~786, 805, 954, 988
국제탁구연맹(ITTF) 805, 863, 873, 874, 955
국제태권도연맹(ITF) 802
국제펜싱연맹 778, 805
국제학생경기대회 700
군국주의 5, 12, 78~80, 83~85, 90, 305, 397
군중체육 6, 219, 231~235, 239, 243, 247, 268, 271~289, 299, 311, 312, 535, 537, 543, 561~566, 577, 603, 605, 606, 815, 822, 825, 827, 830, 832
'군중체육사업을 발전시키며 스포츠기술수준을 제고할 데 대하여' 220, 261, 275, 563, 566, 607, 808, 817, 821, 574, 577
권투협회 539
극동오픈선수권대회 674
기관차체육선수단 576, 834, 835
길거리 응원 786, 787
김광숙동작 850
김일성 유일체제 203, 205~207, 212, 214, 223, 229, 231, 255, 257, 267, 268, 275, 290, 311, 832
김일성경기장 580, 584
김일성주의 207, 211, 212

【ㄴ】

나가노동계올림픽대회 243, 655, 693~695, 843, 862, 905, 990
남북 노동자축구대회 883
남북 단일팀 504, 575, 681, 858, 859, 868~870, 873~877, 885~889, 892, 894, 910, 911, 984~986
'남북 간의 화해와 불가침 및 교류협력에 관한 합의서' 871
남북체육교류 30, 31, 70, 187, 193, 284, 291, 310, 313, 475, 504, 505, 703, 864~869, 873, 876~881, 884, 889, 893, 898, 900, 910, 911
남북통일농구대회 881

남북통일축구대회 877, 984
남북통일탁구대회 883
남조선과도입법의원 4
남포체육촌 295, 297, 312, 559, 583, 605, 608
내각체육지도위원회 274, 604, 817, 824, 837
내무국체육단 575
내무원체육협회 563
농구대잔치 657
능라도 5 · 1경기장 584, 585, 879

【ㄷ】
대구직할시체육회 354
대구하계유니버시아드대회 763~766, 847, 899, 906, 994
대동강빙상대회 652
'대를 이어 충성하자' 237
대중률동체조 244, 246, 247, 284, 286, 312, 830
대통령기 전국수영대회 656
대통령배 전국남녀배구대회 657
대통령하사 봉황기전국사격대회 659
대학생체육협회 539, 899
대한검도회 363, 954
대한공수도연맹 332
대한궁도협회 363, 659, 971
대한권투연맹 957
대한권투위원회 672
대한농구협회 363
대한대학스포츠위원회(KUSB) 359, 359, 363, 707, 753, 796, 804
대한럭비축구협회 363
대한배구협회 363
대한배드민턴협회 363, 960
대한빙상경기연맹 363, 660
대한사격연맹 363, 659, 773, 958, 965, 974
대한사격협회 659, 965
대한사이클경기연맹 363
대한산악연맹 134, 449, 453, 993
대한송구협회 657, 959
대한수상경기연맹 656
대한수영연맹 363, 656
대한스키협회 363, 660
대한승마협회 363
대한씨름협회 673, 674, 954
대한아마추어레슬링연맹 659, 961, 967
대한아이스하키협회 363
대한야구협회 363, 658
대한양궁협회 659
대한역도연맹 363, 658
대한연식정구협회 363
대한올림픽위원회(KOC) 19, 38, 39, 158, 172, 322, 356~366, 368, 528, 589, 590, 637, 676, 680, 681, 723, 724, 734, 736, 759, 763, 794~796, 865, 866, 958, 964, 967, 982
대한요트협회 975
대한유도연맹 658, 955
대한유도회 363, 658, 955
대한육상경기연맹 358, 363, 707, 951
대한장애인체육회 335, 995
대한조정협회 363
대한체육회(大韓體育會) 15, 19, 38~41, 46, 47, 51, 59, 71, 108, 124, 129~135, 141, 160~164, 166~169, 172~177, 179~182, 190, 286, 307, 308, 318, 326, 333, 338 350, 354~368, 431, 459, 467, 469, 470, 477~479, 481, 485, 487, 488, 507~512, 514, 516, 517, 528, 529, 531, 586, 588~590, 594~598, 615, 620, 638, 640, 654, 662, 678, 696, 723, 724, 727, 734~736, 767, 773, 796, 868, 873, 955, 964, 967
대한체육회 사회체육위원회 450
대한체육회가(大韓體育會歌) 639, 955
대한체조경기연맹 656, 955
대한체조연맹 421, 492
대한체조협회 363, 656
대한탁구협회 363, 657, 868, 873, 953
대한태권도협회 363, 771
대한택견협회 332
대한테니스협회 363
대한펜싱협회 363, 778, 960, 961
대한프로레슬링협회 661
대한하키협회 363, 960, 966
대한학교체육회 38, 39, 172, 359~362, 589, 590, 965, 967

대한핸드볼협회 363, 657, 959
도쿄올림픽대회 160, 161, 164, 291, 485, 507, 528, 538, 597, 680~684, 745, 746, 840, 851, 852, 859, 860, 866, 867, 877, 903, 909, 910
도쿄유니버시아드대회 707, 796
동계스포츠교실 155
동계체육사업 824
동네체육시설 138, 148, 523, 525, 602
동아시아대회협의회(EAGA) 805
동양권투연맹 672
동평양경기장 579, 580, 582

【ㄹ】
런던올림픽대회 12, 356, 357, 538, 588, 637, 638, 658, 659, 676~679, 685, 905, 953, 955
레이크플레시드동계유니버시아드대회 710, 843, 970
로마올림픽대회 672, 680, 865, 961
로비니에미동계유니버시아드대회 846, 847, 853
로스앤젤레스올림픽대회 178, 243, 470, 659, 685, 687, 688, 690, 691, 702, 716, 717, 742, 778, 841, 853, 860, 861, 866, 870, 876, 904, 909, 910
로잔느회담 681
롯데 자이언츠 662
리명수선수단 576
'리철헌동작' 850
릴레함메르동계올림픽대회 655, 693, 695, 711, 843, 905

【ㅁ】
마닐라아시아경기대회 696, 903
만경대상 경기대회 830, 832, 836, 837, 908
만경대상 국제마라톤대회 243, 855, 858, 861, 908
맑스-레닌주의 202, 204~206, 212, 214, 215, 225, 226, 229, 231, 252, 253, 255~257, 267, 292, 295, 311, 546
맨손교련 79, 82
멕시코시티올림픽대회 45, 539, 860, 967
멕시코시티유니버시아드대회 707, 975
멕시코월드컵 668
멕시코월드컵사격대회 719
멜버른올림픽대회 538, 679, 680, 682, 959
'모든 사람을 위한 스포츠(Sport for All)' 124, 271, 272, 561, 815
'모든 사람을 위한 스포츠(Sport for All) 유럽헌장' 124
모란봉경기장 579, 580, 581, 584
모란봉체육선수단 883
모범체육군 235, 240, 247, 280~283, 312, 810, 819, 827, 907. 908
모범체육학교 240, 247, 544, 810, 811, 908
모스크바 국제역도선수권대회 576
모스크바 국제육상대회 276
모스크바올림픽대회 169, 243, 440, 468, 657, 685, 802, 841, 861, 868, 869, 975
몬트리올올림픽대회 46, 164, 169, 338, 440, 468, 469, 503, 643, 659, 683, 684, 685, 738, 841, 903, 904, 906, 973
무용교육과 424
무용학과 424
무주 · 전주동계유니버시아드대회 149, 712, 754, 755, 906
무주합숙소 531, 532
문교부 37, 38, 46, 47, 53, 57, 75~82, 86, 89, 100, 101, 104, 107, 128, 130, 132, 158, 169, 172, 174, 176, 304, 317~321, 325, 335, 339, 359, 360, 364, 365, 375~382, 398, 405, 419, 421~426, 431. 435, 440, 443, 445, 450, 453, 468, 477, 478, 509, 519, 529, 586, 589~592, 594, 597, 617, 644, 662, 727, 734~736, 975
문예체육국 37, 128, 131, 319, 376, 443
문화관광부 30, 67, 70, 123, 155, 193, 331. 332, 378, 379, 447, 475, 497, 524, 587, 588, 626, 990
문화체육부 25, 30, 57, 65, 66, 70, 111, 115, 117, 151, 155, 188, 193, 326, 329, 331, 332, 378, 379, 433, 446, 447, 475, 587, 756, 759, 763, 781, 983, 987
뮌헨올림픽대회 18, 44, 45, 164, 230, 295, 297, 312, 576, 683, 684, 843, 845, 852, 860, 903, 904, 970

미 · 소(美蘇) 공동위원회 4
미국여자프로골프(LPGA) 675
미국프로골프(PGA) 675
민병체조 492, 958
민속씨름협회 674
민속집단무용 452
민족보위성 체육중대 562, 575, 828
민족통일평화체육축전 884
민족통일체유연구원 504, 505, 992
민주교육연구회 6
민주적 민족교육 75, 76
민주청년동맹(민청) 252, 258, 579
민청체육관 258, 579
민청체조 258, 565

【ㅂ】
바르셀로나올림픽대회 441, 585, 686, 687, 691, 719, 802, 841, 853, 858, 909
반공이데올로기 5, 11, 15, 23, 41, 84, 90, 303
방콕아시안게임 361, 575, 698, 700, 702, 746, 838, 843, 844, 852, 966, 969, 974
배움의 천리길상 마라톤대회 544
백구구락부 652
백누산상 성기대회 830, 832, 908
백두산상 국제피겨축전 857
버팔로유니버시아드대회 708
'번개' 563, 575, 838
범태평양지역스포츠기구(ODECOP) 804, 989
베를린올림픽대회 18, 503, 636, 637, 640, 687, 708, 713
베이징아시아경기대회 621, 646, 701, 703, 762, 872~880, 911, 983
베이징올림픽대회 710, 892, 894
베이징유니버시아드대회 709, 765
'벼락' 838, 882
'병역의무의 특례 규제에 관한 법률' 171, 431 465, 468, 971
보건체육부 133, 452
보스톤 국제마라톤대회 637, 639, 953, 959
보천보홰불상 경기대회 833
부산아시아경기대회 333, 367, 512, 648, 649, 703, 705, 759~763, 766, 782, 842, 844~848, 881, 884, 885, 889, 892, 893, 895~900, 910, 911, 993
부산직할시체육회 354, 363, 963
부카레스트유니버시아드대회 707, 976
북방외교 22, 23, 60, 744
북조선농민동맹(농맹) 198
북조선민주여성동맹(여맹) 198
북조선민주청년동맹(민청) 198
북조선임시인민위원회 197, 198, 247, 534, 541, 546, 549
북조선직업총동맹(직맹) 98
북조선체육동맹 533, 534, 541, 571, 602, 603, 606
북조선체육위원회 534, 541, 565, 603, 605
비상설체육위원회 543, 544

【ㅅ】
4대 군사노선 204, 276
사모니대회 752
사상교양사업 228, 229, 232, 239, 268
사상전 209~211, 215, 284, 295, 301
4 · 25 체육선수단 210, 230, 295, 560, 576, 835, 838
'4 · 25 체육선수단 앞에 나서는 과업에 대하여' 210, 230, 295, 536
4 · 18 우승컵대회 811
4 · 18 우승컵 쟁취를 위한 전국청소년학생체육대회 811, 810
4 · 19 혁명 13, 14, 84, 204, 205
사회주의 헌법 206, 236, 244, 253, 264, 540
'사회주의건설에서 청년들의 과업에 대하여' 219, 253
'사회주의교육에 관한 테제' 256, 265, 267, 311, 553, 604, 811, 812
사회주의노동청년동맹(사로청) 232, 537
사회체육 5, 38, 40, 42, 125, 126~141, 158, 324, 365, 369, 443, 500, 589, 594, 595
사회체육대학원 171, 441
사회체육센타 132, 133, 451
사회체육위원회 40, 132, 133, 362, 450, 451, 459, 973
사회체육지도자 강습회 133, 451, 459, 595

사회체육지도자회 133, 451, 459
'사회체육진흥 5개년계획' 132, 450, 595
산업별 체육협회 563
산업체조 557, 807
3대혁명소조운동 236, 237
3·1절 경축대회 637, 957
삼지연스키장 568, 582, 826
삿포르동계아시아경기대회 711, 969
상무 180, 350, 669, 671
새국민체조 140
새마을스포츠교실 135
새마을운동 43, 44, 46, 86, 129, 130, 135~137, 304, 307, 453
새마을체육 129, 130, 141
새마을체육회 130, 137, 139~141, 304, 307, 450, 453, 454, 595
새마을체조 135
생모리츠동계올림픽대회 158, 677, 691, 954
생산체육 221, 227, 245, 262, 267, 272, 273, 553, 562, 567, 808, 815, 825
생산체조 207, 244, 276, 830
생체역학과 측정평가 429
생활체육 13, 23, 26~32, 35, 43~45, 54~59, 62, 64, 66, 68~74, 111, 124~126, 141~157, 171, 176, 183, 184, 188, 192~196, 244, 246, 271~273, 282, 284~286, 304~307, 310, 312, 320, 322, 325~335, 337, 340, 369, 372, 441, 443~464, 479, 482, 484, 487, 489, 496, 504, 510, 512~515, 517, 522, 523, 561, 588, 594~602, 605, 625, 627, 632~635, 661, 799, 800, 815, 816, 823
'생활체육 활성화정책' 58, 74, 108, 151, 152, 155~157, 187, 328, 523, 993
생활체육공원 524, 602
'생활체육공원 조성 기본계획' 524
생활체육동호인 144, 153, 333, 335, 369, 447, 448, 450, 455, 457, 458, 628, 629, 633
생활체육전국게이트볼대회 456
생활체육전국배드민턴대회 456
생활체육전국축구대회 456
생활체육지도자 58, 142, 144, 145, 147~149, 153, 155~157, 327, 449, 455, 458~464, 483, 596
생활체육협의회 58, 59, 144~146, 148, 304, 307, 328, 369, 370, 446, 454~457, 628, 629, 632, 633, 984
서울세계사격선수권대회 868
서울아시아경기대회 323~325, 336, 349, 350, 366, 367, 422, 445, 470, 472, 487, 488, 494, 509, 586~588, 597~600, 618, 644, 645, 656, 658, 701, 708, 723~727, 729~733, 737, 738, 742, 755, 760, 761, 777
서울아시안게임 스포츠과학학술대회 981
서울올림픽 스포츠과학학술대회 491, 495, 982
서울올림픽기념 국민체육진흥공단 10, 121, 143, 184, 326, 333, 338, 340, 341, 352, 509, 767, 983
서울올림픽대회 495, 496, 498, 509, 511, 523, 584, 586~588, 595, 597~601, 621, 644, 685~687, 694, 708, 717, 719, 725, 730, 731, 733~745, 748, 749, 754, 755, 760, 761, 767, 772, 777, 778, 783, 797, 799, 801, 802, 853, 860, 869, 872, 876, 902, 853, 860, 869, 872, 876, 902, 904, 906, 909, 910, 982
서울올림픽대회 조직위원회(SLOOC) 725, 736, 782, 870, 987, 983
서울체육고등학교 170, 440, 468, 594, 969
서울체육학교 167, 436, 466
서울특별시체육회 354, 363, 957
서전(西典; 스웨덴) 체조 7
선수강화위원회 40, 160, 363
세경진흥 씨름단 674
세계레슬링선수권대회 715
세계레크리에이션연맹(WRA) 502
세계배드민턴선수권대회 718
세계사격선수권대회 733~775, 868, 873, 906
세계생활체육총회 369, 797, 799, 906, 989
세계스키연맹 757
세계스피드스케이팅선수권대회 721
세계아마추어레슬링선수권대회 715
세계아마추어복싱선수권대회 718
세계야구선수권대회 775, 906
세계양궁선수권대회 716, 717, 777, 849, 906
세계여자농구선수권대회 716, 774, 906

세계여자태권도선수권대회 772
세계여자핸드볼선수권대회 719
세계역도선수권대회 714, 792, 841, 849, 954, 960
세계올림픽연합회 795, 803, 980
세계유도선수권대회 718, 776, 777, 906
세계육상선수권대회 300, 301, 575, 579, 850, 854
세계청년학생축전 250, 287, 571, 584, 839
세계청소년축구선수권대회
세계체육기자연맹(AIPS) 804
세계체조선수권대회 719, 850
세계탁구선수권대회 231, 504, 575, 715, 716, 849, 851, 854, 856, 858, 860, 863, 868, 873~877, 886~889, 893, 910, 911
세계태권도연맹(WTF) 771~773, 802, 805, 971, 987
세계한민족체육축전 645, 767, 768, 984
세계한민족체육축전위원회 370, 767, 984
세계한민족축전 371, 767, 770, 995
소년단체조 557, 807,
소년탁구왕컵 탁구대회 544
소년회관 814
소백수체육선수단 834
속도전 209~211, 215, 295, 301
손기정기념 마라톤선수권대회 656
솔트레이크동계올림픽대회 649, 655, 694~696, 712, 761, 905, 993
송도원수영장 581
수영보급월간 821, 822, 907
스테이트 아마추어(State amateur) 679
스포츠과학 66, 161, 163, 165, 170, 180~183, 299, 309, 330, 441, 465, 485~489, 500, 528, 578, 598, 748
스포츠과학연구소 51, 162~164, 178, 180, 181, 470, 485, 486, 488, 528, 598, 976
스포츠과학위원회 40, 161~163, 172, 180, 363, 485, 486, 488, 528, 598, 967, 976
스포츠교실 43, 48, 58, 132, 135, 144, 155, 346, 449, 451
스포츠구락부 218, 288, 297, 312, 569, 606
스포츠내셔널리즘 13, 16~24, 26, 27, 30~33, 41, 44~47, 50, 51, 55, 62, 87, 90, 136, 166, 173, 182, 183, 187, 193, 196, 212~215, 247, 286, 287, 290, 292, 301, 303, 304, 308~312, 475, 479
'스포츠선수 등급제에 관한 규정' 288, 568, 574
스포츠소년단 43, 615~617
스포츠심리 429, 746, 747
스포츠여가산업 334, 447
스포츠정치화 86
시드니올림픽대회 193, 475, 499, 688, 691, 694, 703, 705, 714, 717, 762, 772, 778, 801, 842, 845, 846, 848, 852, 885, 889~897, 899, 904, 911
시장주의 24~32, 67~69, 73,112,114, 193, 195, 196, 304, 305, 308, 310, 475, 482
식민주의체육 484
신세기체조 133, 451, 595
신의주 10월청년경기장 581
신의주교원대학 289, 557, 560, 605
신창건설 코뿔소씨름단 674
신체육 5~8, 11~13, 80, 84, 126, 303, 305
'심판원 자격 부여에 관한 규정' 288, 572

【ㅇ】

아마튜어심의위원회 363
아시아경기연맹(AGF) 50, 696, 697, 700, 723, 724, 795, 796, 805, 843, 853, 863, 909
아시아경기연맹(GAASF) 총회 723, 797, 843, 851, 906, 978
아시아근대5종바이애슬론경기연맹(AMPBC) 806
아시아농구선수권대회 790, 906
아시아대학스포츠연맹(AUSF) 805
아시아럭비풋볼선수권대회 793
아시아레슬링연맹(AAWC) 806
아시아배드민턴연맹(ABC) 806
아시아빙상연맹(ASU) 806
아시아소프트볼연맹(SCA) 806
아시아수영연맹(AASF) 806
아시아스키연맹(ASF) 806
아시아스포츠최고회의(The Supreme Council for Sports in Asia) 700
아시아승마연맹(AEF) 836

아시아아마튜어복싱연맹(FAAB) 806
아시아야구연맹(BFA) 836
아시아양궁연맹(AAF) 806
아시아여자농구선수권대회 790
아시아역도선수권대회 792, 851
아시아역도연맹 843, 863
아시아올림픽평의회(OCA) 845, 896, 906
아시아요트연맹(ASAF) 806
아시아유도선수권대회 791
아시아유도연맹(JUA) 806
아시아육상선수권대회 791, 851
아시아정구연맹(ASTF) 806
아시아조정연맹(ARF) 806
아시아체육교육협회(AAPE) 502
아시아체육기자연맹(ASPU) 805
아시아체육학회(ASPES) 499, 500, 805, 992
아시아체조연맹(AGU) 806
아시아축구선수권대회 788, 905, 957
아시아축구연맹(AFC) 780, 860
아시아클레이사격연맹(ACSF) 806
아시아탁구선수권대회 851, 854, 863
아시아탁구연맹(ATTF) 853, 854, 863, 873, 909, 956
아시아탁구연합(ATTU) 851, 853, 854, 863, 874, 909
아시아태권도연맹(ATU) 806
아시아-태평양골프연맹(A-PGC) 806
아시아트라이애슬론연맹(ASTC) 806
아시아펜싱연맹(AFC) 806
아시아하키연맹(AHF) 806
아시아학생스포츠연맹(ASSF) 805
아시아핸드볼선수권대회 792
아오모리동계아시아경기대회 705, 706, 713, 842, 846, 848, 885, 892, 893, 899, 994
아테네올림픽대회 665, 669, 690, 691, 842, 853, 892~894, 904, 909
아프리카축구연맹(CAF) 780
안골체육촌 584
알베르빌동계올림픽대회 655, 692~695, 711, 721, 843, 854, 905
압록강체육선수단 575, 834, 835
'앞날의 조선은 청년들의 것이다' 208, 287
애틀란타올림픽대회 243, 301, 688, 702, 714, 836, 841, 844, 850, 853, 854, 862, 909
어린이 체능교실 148, 452
어린이회관 452, 522
엘리트스포츠 136~142, 146, 154, 158~160, 164~169, 171~177, 179, 182~196, 223, 284, 286~292, 294~298, 300~312, 320, 339~341, 348, 350, 369, 378, 379, 430, 432, 434, 446, 454, 465~470, 472~475, 479~481, 496, 502~504, 507~515, 526, 530, 591, 595, 596, 599, 600, 630, 646, 648, 661, 681, 684, 689, 691, 702, 904
엘리트스포츠 선진화방안 185, 479
여자프로농구 670
연 · 보전 637
연광구락부 652
예술체조 263, 266, 277, 552, 810, 812, 883
오산덕상 체육경기대회 834, 908
5 · 16 군사쿠데타 14, 15, 33, 84, 86, 126, 159, 204, 680, 962
올림픽기념 지역생활체육센타 142
올림픽아카데미 358
올림픽청소년캠프 358
올림픽파크텔 342, 343, 373, 495, 499
용평동계아시아경기대회 705
용평스키장 653, 660
용호놀이 644
'우뢰' 838, 882
운동기록부 435
월드베이스볼클래식(WBC) 720
월드컵경기장관리사무소 337, 347
월드컵축구대회 71, 338, 498, 860
유니버시아드대회 706, 846
유럽축구연맹(UFFA) 780
유일사상 205, 210, 211, 214, 223, 224, 228, 239, 264, 282, 312, 548, 553, 564, 568, 606, 807~810, 816~821, 827
유일사상체계 10대 원칙 223
'6개년 장기훈련계획' 160, 308이즈미르유니버시아드대회 709
6 · 10 민주항쟁 89

'6 · 15 남북공동선언' 891, 895
'2002년 월드컵축구대회 및 제14회 부산아시아경기대회 정부지원규정' 782
2002년 월드컵축구대회유치위원회 779
'2002년 월드컵축구대회지원법' 781
2002부산아시안게임 스포츠과학학술대회 763
21세기스포츠포럼 70, 332, 503, 990
2월 2일상 경기대회 834
인간개조 14, 15, 18, 86
인민군체육협회 563
인민보건체조 287, 565, 605, 807, 820
인민주의 198, 248, 250, 311
인민체력검정사업 216~218, 222, 232, 233, 235, 259, 262, 273, 274, 276, 280, 288, 537, 548, 544
'인민체력검정에 관한 규정' 235, 276, 288, 565, 568, 605, 810, 827, 907
'인민체력검정에 관한 규정을 승인함에 대하여' 809
인민체육인 290, 294, 575, 577
인천스포츠아카데미 332
인천직할시체육회 355
1교 1기(一校一技)운동 53, 167
1교 1체육관 496
일민주의(한백성주의) 11, 12, 76~78, 80
일본오픈골프선수권대회 674
일본체육학회 493, 499
1인 1기운동 47, 100, 104
1인 1운동(一人一運動) 42
잉글랜드 월드컵축구대회 576

【ㅈ】
자그레브하계유니버시아드대회 847
자카르타아시아경기대회 715
'작가, 예술인들 속에서 혁명적 창작기풍과 생활기풍을 세울 데 대하여' 245
재건국민운동 14, 15, 126
재건국민운동본부 14, 34, 85, 126, 962
재일본대한체육회 363
전국 시 · 도대항 탁구대회 657
전국건강생활체조경연대회 145, 456
전국교수테니스연맹 332
전국국민생활체육대축전 635, 994, 995
전국남녀종별배구선수권대회 657
전국남녀종별탁구선수권대회 657
전국남녀종합배구선수대회 657
전국남녀종합빙상선수권대회 660
전국남녀종합탁구선수권대회 657
전국노동조합평의회 북조선총국 198
전국농구자유투대회 452
전국난체유도대회 452, 658
전국대학생체육대회 813
전국대학체육교수협의회 332
전국동계체육대회 525, 663~655
전국레슬링선수권대회 659, 953
전국민족체육경기대회 828
전국소년체육대회 100, 174, 333, 335, 366, 379, 448, 469, 473, 517, 615, 619~624, 642, 645, 902, 903, 972
전국스키선수권대회 660
전국스포츠소년대회 615
전국신인역도선수권대회 658
전국신인펜싱선수권대회 452
전국실업연맹전 658
전국어린이수영대회 452
전국어린이탁구데회 372
전국여자체육대회 656
전국육상경기선수권대회 655, 837
전국장애인체육대회 335
전국족구연합회 332
전국종별사격선수권대회 659
전국종별육상경기선수권대회 656
전국종합개인유도선수권대회 658
전국주니어역도선수권대회 658
전국청년사회주의건설자대회 219, 252
전국체육고등학교체육대회 101, 179, 472
전국체육구락부생 경기대회 293, 812
전국체육대회 16, 17, 26, 40, 71, 129, 138, 191, 272, 333, 335, 336, 356, 360, 364, 366, 379, 448, 502, 516, 526, 527, 615, 616, 618~622, 636~660, 783, 830, 902, 903, 952
전국체육열성자대회 219, 225, 294, 572, 859

전국체육인대회 224, 228, 233, 239, 250, 254, 264, 273, 277, 281, 293, 294, 537, 569, 582, 815, 822
전국체육축전 217, 832
전국축구선수권대회 657
전국학도체육대회 360, 361
전국학생경기연맹 353
전국학생육상경기연맹 353
전국활쏘기대회 659
전국YMCA배구대회 452
전라남도체육회 363, 952
전라북도체육회 363
전승컵 경기대회 835
전시하 교육특별조치요강 79, 82
전조선빙상경기대회 652
전조선수상경기대회 651
전조선야구대회 636, 637, 643, 651
전조선종합경기대회 636, 637, 651
전조선축구대회 656, 951
전체주의 8, 12, 258, 311, 484
정말(丁末; 덴마크)체조 7
정무원 결정 제54호 809, 820
정일봉 달리기 553, 567
정일봉상 빙상대회 814
정일봉상 전국청소년축구대회 544, 813
정일봉상 체육경기대회 811, 813
제1차 교육과정 384, 385, 396, 398
제2차 교육과정 84, 85, 91, 92, 94, 97, 380, 385, 386, 390, 398~400, 402, 404, 590
제3차 교육과정 87, 96~99, 102, 380, 381, 386~390, 401~405, 408, 590
제4차 교육과정 88, 89, 102~106, 382, 388~390, 405~409, 411, 590
제5차 교육과정 89, 104~106, 108, 382, 389~392, 409~413, 591
제6차 교육과정 73, 110, 111, 116, 383, 384, 391~393, 412~415
제7차 교육과정 112, 113, 118, 119, 121, 122, 306, 384, 394, 396, 415~419, 520, 591, 615
제주도체육회 354, 364, 956
조국근대화 33, 43, 44, 84, 98, 126, 159, 381, 405
조국보위후원회 201, 252
조선검도회 354, 954
조선공산당 북조선분국 197, 248, 562
조선궁도협회 354, 953
조선농구협회 353, 657, 951~953
조선대학생체육협회 847, 848, 899, 898
조선럭비축구협회 354
조선로동당 200, 202~206, 210, 216, 222~229, 236, 240, 243, 252, 255, 256, 258, 259, 276, 278, 533, 542, 562, 830, 908
조선민주당 197, 247
조선배구협회 354, 657, 658, 953
조선빙상경기연맹 652, 659, 660
조선빙상경기협회 353, 659, 952
조선산악회 353, 951
조선송구협회 353, 951
조선수상경기연맹 354, 656, 953
조선수영구락부 651
조선스키협회 354, 952
조선승마협회 353, 952
조선씨름협회 354, 953, 954
조선아마추어권투연맹 353, 658, 951
조선아마추어레슬링연맹 354, 955
조선아마추어레슬링협회 659, 952, 953
조선아이스하키협회 354, 660, 954
조선야구협회 354, 658, 953
조선역도연맹 353, 658, 714, 952, 954
조선연식야구연맹 354, 952, 953
조선연식정구협회 353
조선올림픽대회 637, 651, 953
조선올림픽위원회 357, 538, 540, 588, 589, 676, 677, 795, 844, 845, 953
조선유도연맹 353, 658, 951
조선육상경기연맹 353, 655, 951, 954
조선자전거경기연맹 354, 952
조선정구협회 353, 951
조선체육대학 558, 560, 605
조선체육동지회(朝鮮體育同志會) 89, 351, 636, 902, 951
조선체육연맹 419, 591
조선체육지도연구회(朝鮮體育指導研究會) 5

조선체육회(朝鮮體育會) 8~10, 126, 158, 350~353, 355~357, 588, 636~638, 643, 651, 652, 676, 677, 794, 795, 951
조선체조연맹 5, 7, 79, 353, 656, 951, 955
조선축구협회 353, 656, 951
조선탁구협회 353, 657, 951, 954
조선펜싱연맹 354, 954
조선필드하키협회 354
조선학생경기연맹 952
조선학생빙상경기연맹 652
조선학생야구연맹 658
조선학생육상경기연맹 952
조-일체육인 친선모임 244, 862
종파투쟁 202, 215, 219, 222, 231, 255, 274, 290
주지주의 67, 73, 74. 112, 114, 115, 117, 122, 384, 430, 497, 593
주체사상 2201, 202, 204~215, 223, 224, 228, 229, 231~233, 236, 239~241, 247, 255~258, 264~268, 270, 272, 277~279, 285, 292, 295, 297, 301, 311~313, 384, 537, 555, 567, 826
주체조선 211, 215, 231, 301, 312
주체체육 201, 207~215, 223, 240, 242, 247, 299, 301, 312, 833, 859
주체형의 인간상 258, 264, 267, 311
중국체육학회 499
중앙교원강습회 556
중앙체육간부양성소 300, 557, 573, 607
중앙체육간부학교 300, 573, 607
중앙체육기구 364
중앙체육연구소(조선체육증진연구소의 후신) 484
중앙체육의료소 221, 240. 299, 578, 607
중앙체육지도위원회 221, 533~535, 542, 571, 603, 607
중앙체육학원 296, 558, 559, 570, 605, 606
중앙학도훈련소 78
'중학교, 고등학교 및 대학의 입학에 관한 임시조치법' 93, 611
즐거운 주말리그 629
지바세계탁구선수권대회 504, 575, 715, 858, 886, 893
지방체육심의위원회 320, 336
지역체육진흥협의회 336
직맹체육협회 563
직장 동호인클럽 전국리그 631
직장대항 초심자 배드민턴대회 452
직장체육 34, 38, 42, 43, 47, 54, 124, 131, 133, 137, 138, 142, 145, 147, 304, 320, 325, 326, 333, 373, 444, 445, 450, 453, 459, 460, 594, 631
직장체육관리위원회 36, 376, 449
직장체육진흥관리위원회 54, 127, 325
진해선수촌(태릉훈련원 진해훈련분원) 180, 531, 979
집단달리기 265, 277, 278, 553, 562, 567, 604, 815
집단체조 254, 260, 265, 277~279, 282, 312, 550, 553, 554, 562, 585, 604, 810, 815
집단체조창작단 539
쯔메난스키형제상 국제육상대회 840, 851, 852

【ㅊ】

창광원수영장 584, 608
천리마운동 204, 225~227, 274, 275
천리마체육협회 563
청년체조 557, 807
청산리 방법 227
청산리 정신 227
'청소년들을 지덕체를 갖춘 사회주의, 공산주의 건설자로 키우자' 231, 264, 822
청소년스포츠구락부 297, 372
청소년스포츠학교 220, 288, 289, 558, 569, 606, 812
청소년체련교실 148
청소년체육구락부 293, 558, 559, 569, 570, 605, 606
체력관리위원회 161, 485, 487, 967
체력측정요원 강습회 133, 459, 487
'체육 · 청소년 장기종합계획안' 142, 182
체육 대중화 208, 212, 215, 218, 219, 221, 222, 232, 235, 239, 240, 246, 257, 267, 283, 287, 288, 296, 311, 312
'체육 및 보건시설 2개년 시설계획표' 519

'체육 및 스포츠 보급과 체육간부 양성사업을 개선 할 데 관하여' 218, 606
체육 및 스포츠사업을 개선 강화할 데 관하여' 217
체육 중 · 고등학교 167, 436, 466, 593, 596
체육간부양성소 294, 557, 572, 573
체육계 학교 36, 53, 62, 101, 116, 168, 169, 176, 182, 189, 191, 194, 306, 309, 320, 324, 325, 377, 414, 436, 466, 467, 469, 474, 593, 728
체육고등학교 168, 174, 436, 441, 593
체육과교육론 429
체육과학국 52, 57, 176, 323, 324, 432, 469, 586, 587
체육과학도서관 241, 299, 578
체육과학연구소 162, 163, 170, 171, 240~242, 290, 297, 299, 300, 312, 346, 441, 442, 485, 486, 577~579, 598, 607
체육과학연구원 187, 343, 461, 462, 476, 483, 487, 489, 490, 837
체육과학위원회 296, 570
체육교류협정 22, 328, 329, 333
체육교원강습회 556
체육교재연구 및 지도법 429
'체육기술을 급속히 제고할 데 대하여' 293, 859
체육기술협회 539
체육명수 266, 288, 290, 293, 556, 568, 570
체육무용 263, 277, 552, 557, 810
체육무용강습회 556
'체육문화운동정형과 당 단체들의 협조정형에 대하여' 258, 579
『체육백서』 40, 95
체육복권 142, 345
체육부 23, 41, 50, 52, 53, 55~57, 100~104, 107, 122, 125, 136~141, 151, 175~179, 182~184, 187, 304, 307, 309, 322~328, 336, 365, 377, 431, 432, 436, 444, 445, 453, 469, 470, 472, 478, 487, 494, 509, 516, 525, 526, 529, 534, 541, 586~589, 597, 599, 600, 603, 620, 644, 701, 736, 740, 743, 767, 877, 977, 983~985
'체육부문에서 체육사업을 전 인민적 운동으로 전개할 데 대하여' 224, 232, 263, 537, 551, 559, 564, 809, 819
'체육부흥 6개년계획' 165, 528, 682, 683
'체육사업을 발전시킬 데 대하여' 265
체육상담기구 133, 451
체육선진화 55
체육성 540, 541, 604
체육소조 258, 265, 266, 270, 276, 280, 281, 563~566, 577, 604, 810, 811, 908
체육시범학교 101, 176, 377, 469
'체육시설건설을 전 인민적 운동으로 전개할 데 대하여' 295
체육심의회 36, 37, 320, 321, 336, 448, 968
체육연맹 533
체육원리 419, 420, 429, 492
체육월간사업 235, 283
체육위생연구소 299. 578, 607
'체육을 대중화하기 위하여' 199, 200, 212, 250, 271~273
'체육을 대중화하며 체육기술을 빨리 발전시킬 데 대하여' 212, 213, 239, 241, 245, 269, 283, 297, 298, 573, 858
'체육을 대중화하여 전체 인민들을 로동과 국방에 튼튼히 준비시키자' 224, 239, 264, 582, 822
'체육을 발전시킬 데 대하여' 230
체육의 날 34~36, 40, 54, 127, 137, 144, 262, 265, 266, 306, 324, 326, 333, 334, 364, 444, 445, 447, 556
체육의 노동과 국방에의 연계 267, 276, 286, 311, 822, 823, 908
체육의 대중화노선 197, 199, 200, 201, 215, 222, 250, 254, 258, 270, 282
체육의 민주화 6
체육의 민중화 6, 8
체육의 왕국 280, 286, 295, 297, 312, 564
체육인동우회 533, 967, 991
체육입국 21, 48~50, 54, 55, 87, 100, 136, 138, 139, 141, 175, 176, 182, 183, 303, 304, 309, 341, 344, 510
체육장학회운영위원회 40, 363
체육전민화 565
체육절 207~209, 224, 225, 227, 251, 287, 292, 566,

606, 813, 830, 831, 836, 908
체육주간 34~36, 40, 54, 127, 144, 307, 326, 333, 334, 364, 445, 447, 641, 961, 963
체육중학교 168, 170, 436, 440, 466, 468, 594
체육지도위원회 216, 217, 221~228, 232~235, 239, 240, 276, 285, 288~290, 292, 294, 534~536, 541~545, 557, 558, 563, 564, 568, 572, 577, 581, 602, 603, 820, 823, 825
'체육지도육성강화책' 228, 233, 537, 604
체육지도자회(體育指導者會) 5
체육진흥관리위원회 35, 36, 101, 376, 449, 594
체육진흥예산 55, 108, 510
체육진흥투표권사업 334
체육청소년부 25, 57, 65, 66, 105, 107~109, 145, 151, 184, 187, 188, 304, 306, 309, 326~329, 332, 344, 377, 378, 445~447, 460, 473, 587, 767, 768, 983, 985
체육특기생 122, 430~436, 467, 469, 593, 596, 597
체육학술교류협정 499
체육행정의 공동화(空洞化) 현상 71, 334
체육행정의 이원화 101, 115, 304
체육후생연맹 533
체조협회 539
체코 유도선수권대회 577
최저 학력제 433, 597
축구대제전 667
충남체육고등학교 179, 436, 472
충북체육고등학교 179, 436, 472
충청남도체육회 363, 952
충청북도체육회 363, 952
'7 · 4 남북공동성명' 17 867, 868, 910

【ㅋ】
캐나다 체육학회 499
캘거리올림픽대회 721
코리아 청소년축구 단일팀 887, 888
코리아 탁구 단일팀 715, 886, 887
코치아카데미 170, 441, 447, 478, 528, 589, 594, 597, 683
키크기 운동 266, 270, 281, 554, 810, 814

【ㅌ】
타르비시오유니버시드대회 712, 713, 993
태릉 국제수영장 508, 642, 902, 967, 968
태릉 국제스케이트장 508, 529, 652, 653, 969, 970, 992
태릉 국제종합사격장 659, 733, 740, 773, 774
태릉선수촌 60, 164~166, 170, 180, 195, 308, 441, 488, 508, 526~532, 594, 598, 651~659, 682, 684, 721, 965, 972, 979, 984, 991, 992
태백분촌 531, 532, 979, 991
'태풍' 838
테헤란 아시아경기연맹 대표자회의 843, 863
텔레비젼 민족씨름경기대회 838, 839
통일주체국민회의 48
통일천하장사대회 674
투지전 209~211, 215, 295~301
트림(Trim) 124
특수체육진흥관리위원회 85

【ㅍ】
팔마유니버시아드대회 709
8 · 28 청년컵농구경기대회 814, 836
8 · 15 해방 1주년 기념대회 637
평생체육(Sport for Lifetime) 561, 815
평양국제친선여자배구대회 855
평양국제친선축구대회 855
평양국제친선탁구대회 243, 855, 861
평양볼링관 244, 829, 838
평양빙상관 584, 608
평양사범대학 289, 557, 560, 571, 607
평양시체육선수단 577, 835
평양체육대학 221, 289, 290, 296, 300, 557, 558, 560, 561, 570, 572, 573, 605~607
평양컵국제축구대회 908, 909
평양탁구초청경기대회 856
포르투갈 세계청소년축구선수권대회 504, 858, 887, 888, 893
포철 666
'폭풍' 838
풍년체육협회 563
프로골프 674

프로농구 670, 837
프로배구 670, 671
프로복싱 672
프로씨름 672
프로야구 661
프로축구 666
프로축구선수권대회 667
프로축구위원회 668
프롤레타리아 국제주의 251, 252, 257, 311

【ㅎ】
하계올림픽연합회(ASOIF) 총회 797, 906
하얼빈동계아시아경기대회 705
'학교교육림시조치요강' 248, 258
'학교체육 및 보건관리지침' 403
'학교체육관리지침' 57, 94, 304
학교체육시설 69, 74, 112, 117, 120, 137, 144, 324, 325, 327, 445, 446, 519~523
학교체육위원회 40, 362, 363, 367
학교체육의 공동화(空洞化) 116, 415
학교체육진흥관리위원회 36, 57, 107, 115, 376, 378, 393, 449
학도호국단 12, 77, 78, 80, 96
학생소년궁전 814
학생체능검사제도 6, 91, 93, 611, 612, 901, 902
학생체력검사제도 93, 976, 982
학생체력장제도 42, 65, 95, 117, 122, 133, 140, 305, 306, 325, 451, 612~614, 969, 988
학생체육협회 563
학생특수체육종목 85
한국농구연맹 661, 989
한국농구연맹설립준비위원회 670
한국대학생활체육연맹 371
한국대학스포츠연맹(KUSU) 753, 796, 992
한국레크리에이션협회 133, 449, 452, 595
한국배구연맹 661, 671
한국사회체육진흥회 137, 138, 140, 141, 304, 307, 453, 454, 460, 595
한국산악회 133, 449, 452, 595, 951
한국상업은행축구단 657
한국수영장경영자협회 332
한국스키교육연구회 332
한국스키장사업협회 332
한국스포츠문학가협회 332
한국스포츠법학회 332, 505, 506
한국스포츠외교문화원 332
한국스포츠TV(주) 342, 343
한국씨름연맹 661
한국씨름협회 673
한국안전교육학회 332
한국야구위원회 354, 658, 661, 665, 789, 977, 001
한국에어로빅스건강과학협회 332, 373
한국여가레크리에이션협회 332, 371, 962
한국여성스포츠연맹 502
한국여성스포츠회 332, 371, 372
한국여성체육학회(KPEAW) 332, 373, 501, 502, 958, 978
한국여자농구연맹 661
한국여자프로골프협회 661
한국오륜불암회 332
한국오픈골프선수권대회 674, 960
한국올림픽성화회 70, 115, 332, 370, 434, 502, 503, 989~991
한국유산소운동과학회 332
한국은행여자농구팀 657
한국직업야구추진위원회 662
한국체력단련장경영자협회 332
한국체육과학연구원 181, 184, 186, 187, 190, 343, 346, 460, 478, 480, 481, 488, 512, 597, 598, 626, 983
한국체육단체연합 70, 322, 991, 992
한국체육단체총연합 373, 374
한국체육대학 169~171, 182, 186, 309, 346, 441, 467, 468, 478, 480, 529, 530, 593, 594, 597, 973
한국체육산업개발(주) 342, 343
한국체육지도자총연합회 332
한국체육학회 70, 332, 373, 484, 491~501, 509, 805, 957, 959, 966, 984, 986, 988, 990, 992
한국체육학회 회보 493
한국체육학회지 493
한국태권도학회 332

한국프로골프협회 462, 661, 674
한국프로볼링협회 661
한국프로축구연맹 661
한국학교체육학회 332
한마음리그 628, 630
한보 멧돼지씨름단 674
한성실업 춘계연맹전 658
한성실업야구연맹 658
한일월드컵축구대회 5, 16, 30, 70, 71, 120, 333, 475, 498, 623, 634, 649, 668, 762, 669, 779, 780, 781, 785~788, 798, 799, 839, 881, 906
해군참모총장배 전국수영대회 656
해방경축종합경기대회 동계대회 660
해양집단체조 567, 822
해양체육구락부 559, 605
해양체육선수단 576
해양체육월간 566, 567, 810, 821~823, 907
해외파견 및 초청 심의위원회 40
햇볕정책 31, 859
행동과학연구소 161, 163, 485, 486, 598
행정개혁조사위원회 57, 326, 361
헬싱키올림픽대회 290, 355, 658, 678, 679, 696, 864, 956
혁명전적지답사 267, 275, 555, 605
현대삼호중공업 코끼리씨름단 674
현대씨름단 673
현대캐피탈 671
혜산체육관 581
홍익인간 75
'회오리' 838, 882
회장기쟁탈 전국단체유도대회 658
효창운동장 356, 360, 361, 526, 788, 957
후쿠오카유니버시아드대회 708, 709

이 학 래 (李 學 來)

1938년 경기도 남양주 출생.

한양대학교 경제학과와 체육학과를 졸업하고 프랑스 뚤루스대학교에서 체육학 Diplome d'Etude Superieur를 취득한 다음 동국대학교 대학원 사학과에서 문학박사 학위를 받음.

한양대학교 체육학과 교수(체육대학장, 학생처장, 교육대학원장 역임), KOC 상임위원 겸 남북체육회담 대표, 대한체육회 부회장 겸 남북체육교류협력위원장, 한국체육학회장 및 아시아체육학회장, 민족통일체육연구원 이사장 등을 역임.

현재 학교법인 한양학원 이사, 학교법인 단국대학 이사로 재임 중임.

주요 저서로는 『한국체육사연구』, 『한국근대체육사연구』, 『북한체육사연구』, 『한국체육백년사』, 『스포츠와 인간승리』 등이 있음.

「대한민국체육상(연구부문)」, 「대한민국체육훈장(백마장)」, 「서울특별시문화상(체육부문)」, 「대한민국 옥조근정훈장」 등을 수상.

한국현대체육사

2008년 3월 20일 초판 인쇄
2008년 3월 25일 초판 발행

[값 45,000원]

저 자 이 학 래
발 행 단국대학교출판부
등 록 1968.2.27 : No,제03-00095호
경기도 용인시 수지구 죽전동 126번지
Tel.031-8005-2405, Fax.031-8005-2406

편집 성두현 · 표지 이어진

인 쇄 (주)네오프린텍

Published by Dankook University Press

Printed in Gyeonggi-do, Korea

ISBN 978-89-7092-388-8 93690